Hǎinánshěng ハイナンション **海南省**（海南省）[瓊]	Hǎikǒu ハイコウ **海口**（海口）
Sìchuānshěng スーチュワンション **四川省**（四川省）[川, 蜀]	Chéngdū チョンドゥ **成都**（成都）
Guìzhōushěng グゥイチョウション **贵州省**（貴州省）[贵, 黔]	Guìyáng グゥイヤン **贵阳**（貴陽）
Yúnnánshěng ユィンナンション **云南省**（雲南省）[云, 滇]	Kūnmíng クゥンミィン **昆明**（昆明）
Shǎnxīshěng シャンシィション **陕西省**（陝西省）[陝, 秦]	Xī'ān シィアン **西安**（西安）
Gānsùshěng ガンスゥション **甘肃省**（甘粛省）[甘, 陇]	Lánzhōu ランチョウ **兰州**（蘭州）
Qīnghǎishěng チィンハイション **青海省**（青海省）[青]	Xīníng シィニィン **西宁**（西寧）
Táiwānshěng タイワンション **台湾省**（台湾省）[台]	Táiběi タイペイ **台北**（台北）

■自治区　[略称]　　　　　　　　　　　区都

Guǎngxī Zhuàngzú zìzhìqū グアンシィ チュアンヅゥ ヅーチーチュィ
广西壮族自治区（広西チワン族自治区）[桂]

Nánníng ナンニィン
南宁（南寧）

Nèiménggǔ zìzhìqū ネイモングゥ ヅーチーチュィ
内蒙古自治区（内モンゴル自治区）[内蒙]

Hūhéhàotè ホゥホァハオトゥア
呼和浩特（フフホト）

Níngxià Huízú zìzhìqū ニィンシア ホゥイヅゥ ヅーチーチュィ
宁夏回族自治区（寧夏回族自治区）[宁]

Yínchuān インチュワン
银川（銀川）

Xīzàng zìzhìqū シィヅァアン ヅーチーチュィ　　Lāsà ラァサア
西藏自治区（チベット自治区）[藏]　　**拉萨**（ラサ）

Xīnjiāng Wéiwú'ěr zìzhìqū シンジアンウェイウゥアル ヅーチーチュィ
新疆维吾尔自治区（新疆ウイグル自治区）[新]

Wūlǔmùqí ウゥルゥムゥチィ

■特別行政区　[略称]

Xiānggǎng tèbié xíngzhèngqū シア
香港特别行政区（香港特別行

Àomén tèbié xíngzhèngqū アオメン
澳门特别行政区（マカオ特別

デイリー
日中英
中日英
辞典

Daily Japanese-Chinese-English Dictionary

池田 巧 [監修]
三省堂編修所 [編]

三省堂

© Sanseido Co., Ltd. 2002

Printed in Japan

装丁　米谷テツヤ
装画　東恩納裕一

まえがき

　２１世紀に入り，私たちを取り巻く世界は急速な変化を遂げつつあります．コンピュータ技術の飛躍的な発展により，地球は一挙に狭くなりました．これは言語の世界にも影響を及ぼし，とくに，インターネットの分野における英語の優位性は揺るぎないものとなりました．

　しかし，技術の革新は世界の各言語の文字によるコミュニケーションをも確実に可能にしつつあり，世界各地の固有の言語の重要性も増しています．言語は文化を映す鏡，その多様性に私たちは強く惹かれます．いろいろな国の人々とその国の言葉でコミュニケーションできる楽しみは，外国語を学ぶ原点ともいえましょう．一つの単語から，外国語学習の扉が無限に開かれます．

　その際に，強い味方となるのが辞書です．しかし，多くの辞書は限られたスペースに最大の情報を盛ろうとするため，見やすさ，引きやすさの点で問題があります．また，詳細な語義区分や文法解説などが入っていても，初学者にとっては，かえって単語そのものの意味に迫りにくくなっている場合もあります．

　本書は，学生からシルバー世代まで幅広い初学者の立場を考え，思い切ってシンプルに編集しました．

　まず，「日中英」の部では，日本語に対応する中国語がひと目で分かります．日常よく使う１万３千の日本語が五十音順に並んでいます．色が付いているのは，比較的，頻度の高い重要語２４００語です．また，〈サッカー〉や〈インターネット〉など分野別のコラムで，関連する単語を同時に覚えることもできます．

　つぎに，「中日英」の部は，ＨＳＫ（中国語能力認定試験）の重要語に基づき５千語を収録した簡単な辞書です．３段階のランクが表示されていますので，中国語学習の重要語の標準がはっきりと分かります．「日中英」の部と相互に補い合って利用することが可能であり，語学のベテランの備忘録としても役立ちます．

　「日常会話」の部では，テーマや場面ごとによく使われる表現を集めました．旅行やコミュニケーションに，きっと役に立つことでしょう．

そして，すべての部に英語を併記しましたので，日本語と英語，中国語と英語を比較対照しながら，語彙力をアップすることができます．

　全編にわたって中国語にはピンインがついていますが，その他に日本人が発音しやすいカタカナ表記も工夫して付けました．中国語を知らない人にとっても最低限のよりどころとなることでしょう．

　本書の編集は，日本語と英語の選定および英語のカタカナ発音は原則としてシリーズ共通のものとしたうえで，中国語の部分と全体の監修を京都大学人文科学研究所助教授 池田巧先生にお願いいたしました．また，編集作業の全般にわたって，株式会社ジャレックスにご協力いただきました．

　携帯に便利で，見やすくシンプルなこの「デイリー日中英・中日英辞典」が読者の皆様の中国語学習の強い味方になってくれることを，心から願っています．

2002年 4月

三省堂編修所

目　次

- この辞典の使い方.............. (v)～(vii)
- 中国語のカタカナ発音表記について
  .... (vii)～(viii)
- 日中英辞典................. 1～912
- 日常会話.................. 913～944
- 中日英辞典................. 945～1058
- 索引..................... 1059～1078

この辞典の使い方

【日中英の部】

●日本語見出し語欄

- 日常よく使われる日本語1万3千を五十音順に配列.
- 長音「ー」は直前の母音に置き換えて配列.
  例：アーチスト→ああちすと，チーム→ちいむ
- 常用漢字以外の漢字も使用し，漢字についてはすべてふりがなを付した.
- とくに使用頻度の高い重要語2400語は赤字で表示.
- 語義が複数ある場合には，（ ）内に限定的な意味を記述.
- 見出し語を用いた派生語，複合語も約1250語収録.

●中国語欄

- 見出しの日本語に対応する中国語を掲載.
- 該当する中国語の単語のみではなく，ものを数える場合に用いる量詞や目的語の例，語順等も適宜指示した．括弧類については，「略語・記号一覧」を参照.
- 中国語にはピンインとカタカナ発音を表示.
- 声調の表記は，ピンインに示した.

  例： ā 　第1声（高く平らに）
  　　 á 　第2声（高く昇る）
  　　 ǎ 　第3声（低く抑える）
  　　 à 　第4声（鋭く降る）

- 離合詞（動詞＋目的語に分離できる語）のピンインには，分離可能な位置に ▼ を付した.

  会う　　和(人)見面
  　　　　hé ...jiàn▼miàn
  　　　　ホォア… ジエンミエン

●英語欄

- 見出しの日本語に対応する英語を掲載．ただし，品詞が一致しない場合もある.
- 英語にもカタカナ発音を付した.

(vi)

●コラム

- 関連する単語を，36のテーマやキーワードのもとに掲載.
- 対応する英語も表示．ただし，カタカナ発音は省略.
- コラム目次は，裏見返しを参照.

【中日英の部】

- HSK（中国語能力認定試験）の重要語に基づき，中国語を学習する際に有効な5千語を見出しとした.
- HSKの3段階（甲乙丙）のランクを，それぞれ ＊，*，無印で表示.
- 中国語の見出し語には，ピンインとカタカナ発音付き.
- 中国語に対応する英語も掲載.
- 中国語の品詞も明示．品詞の分類については「略語・記号一覧」を参照.
- 訳語は敢えて1語を原則とし，用例や成句は省いた.

【日常会話の部】

- テーマや状況別に，よく使われる日常会話表現を掲載.
- 対応する英語表現も掲載．ただし，カタカナ発音は省略.
- テーマ・状況別の目次は，裏見返しを参照.

■略語・記号一覧■

(日中英の部)

( )	省略可能・補足	
〔 〕	量詞	
	例：アーモンド	〔颗〕扁桃
〈 〉	語順の指示	
	例：敢えて	敢 (+动)
《 》	目的語の例示	
	例：飽きる	厌倦《做事》
▼	離合詞の分離点	

(中日英の部)

品詞
(名)	名詞	(介)	介詞	= 前置詞
(代)	代詞	(連)	連詞	= 接続詞
(动)	動詞	(量)	量詞	
(形)	形容詞	(成)	成語	
(副)	副詞	(组)	詞組	= 連語
(象声)	擬音語	(数)	数詞	
(叹)	感嘆詞 = 感動詞	(头)	接頭辞	
(尾)	接尾辞	(助)	助詞	
(助动)	助動詞			

(その他一般記号)

/.../	カタカナ発音
(英...)	見出し語に対応する英語
～	見出し語相当部分を示す

中国語のカタカナ発音表記について

カタカナ発音を付した目的は,次のとおりです.

1. ピンインに習熟していない利用者の便を計る.
2. ローマ字読みや英語の綴りのように読むと誤りやすい表記に,注意を向ける.
3. 中国語音の聴覚印象とピンイン表記のずれに注意を向ける.

カタカナだけでは,中国語の細かな音の区別を表現することは不可能なので,あくまでも中国語音の正式なローマ字表記であるピンインを理解するための補助的手段と考えてください.

■カタカナ発音表記の原則

1. 無気音 b d g を「バダガ…」,有気音 p t k を「パタカ…」で表記した.

2. 音節末鼻音の -n と -ng はいずれも「ン」で表記したが,たとえば,-man「マン」に対して,mang は「マァン」のように, -ng の場合には直前の母音をア行のカナで表記した.

3. 母音 ü は「ュィ」の2文字で表記したが，唇を絞り込む単母音である．

4. 反り舌音の zh- ch- sh- は，原則として拗音の「ヂャ／ヂュ／ヂョ／ヂォ，チャ／チュ／チョ／チォ，シャ／シュ／ショ」で表記した．

ただし，「ュィ」で表記する母音 ü の前でのみ j- q- x- の音であることに注意されたい．
　　chun チュン ： qün チュィン

5. カタカナ発音表記には声調は表示していない．ピンインの声調記号を参照されたい．

■誤りやすい発音の例

1. -ian は「イエン」．-iang は「イアン」．

2. -en はすこし奥寄りに「エン」．-eng は唇を丸めずに「オン」．

3. mai は「マイ」．
　　★「メイ」と読まないように注意．

4. cong は「ツォン」．
　　★「コン」と読まないように注意．

5. zi ci si は唇を横に引いて「ヅー ツー スー」．
　　★「ヅィ ツィ スィ」と読まないように注意．

6. hu は唇を丸めて口の中を大きく開け，喉の奥から「ホ」と発音する．
　　★「フ」と読まないように注意．
　　　huan は「フアン」ではなく「ホワン」が近い．

7. 儿化により音が変わる場合や，読まない文字が生じる場合がある．

　　yíhuìr → 「イーホアル」
　　yìdiǎnr → 「イーディアル」

日	中	英

あ，ア

アーケード	tiáo gǒngláng 〔条〕拱廊 ティアオ ゴンラァン	arcade アーケイド
（商店街）	yǒu gǒngdǐng de shāngdiànjiē 有拱顶的商店街 ヨウ ゴンディン ダ シャァンディエンジエ	arcade アーケイド
アース	tiáo dìxiàn, jiēˇdì 〔条〕地线，接地 ティアオ ディーシエン, ジエディー	ground グラウンド
アーチスト	yìshùjiā 艺术家 イーシュウジア	artist アーティスト
アーモンド	kē biǎntáo, bādànxìng 〔颗〕扁桃，巴旦杏 クァ ビエンタオ, バァダンシィン	almond アーモンド
あい 愛	àiqíng 爱情 アイチィン	love ラヴ
あいかぎ 合鍵	(hòupèi de) yàoshi (后配的)钥匙 (ホウペイ ダ) ヤオシ	duplicate key デュープリケト キー
あいか 相変わらず	réngjiù, zhàojiù 仍旧，照旧 ルォンジウ, チャオジウ	as usual アズ ユージュアル
あいきょう 愛嬌のある	kě'ài, hěn kě'ài de ... 可爱，很可爱的 ... クァアイ, ヘン クァアイ ダ…	charming チャーミング
あ ことば 合い言葉	kǒulìng 口令 コウリィン	password パスワード
アイコン	túbiāo 图标 トゥビアオ	icon アイカン
あいさつ 挨拶(する)	(dǎ) zhāohu (打)招呼 (ダァ) チャオホ	greeting グリーティング
アイシャドー	yǎnyǐng 眼影 イエンイィン	eye shadow アイ シャドウ
あいしゅう 哀愁	āichóu, bēi'āi 哀愁，悲哀 アイチョウ, ベイアイ	sadness サドネス
あいしょう 愛称	àichēng, nìchēng 爱称，昵称 アイチョン, ニィチョン	nickname ニクネイム

日	中	英
あいしょう わる 相性が悪い	(hé ...) hébulái （和(人)）合不来 (ホォァ…) ホォァブライ	be uncongenial *to* ビ アンコンヂーニャル
あいじょう 愛情	àiqíng 爱情 アイチィン	love, affection ラヴ, アフェクション
あいじん 愛人	xiānghǎo 相好 シアンハオ	*one's* lover ラヴァ
アイス	kuài bīng 〔块〕冰 クアイ ビィン	ice アイス
～クリーム	bēi/hé bīngjilíng 〔杯／盒〕冰激凌 ベイ／ホォァ ビィンジリィン	ice cream アイス クリーム
～ホッケー	(dǎ) bīngqiú (打) 冰球 (ダァ) ビィンチウ	ice hockey アイス ハキ
あいず 合図	xìnhào 信号 シンハオ	signal, sign スィグナル, サイン
～する	fāchū xìnhào, shǐ yǎnsè 发出信号，使眼色 ファアチュウ シンハオ, シー イエンスァ	give a signal ギヴ ア スィグナル
あい 愛する	ài 爱 アイ	love ラヴ
あいそ 愛想		
～のよい	hé'ǎi 和蔼 ホォァアイ	affable アファブル
～が尽きる	xiánqì 嫌弃 シエンチィ	become disgusted ビカム ディスガステド
あ 空いた	kòng, méiyǒu ... 空，没有(东西) コン, メイヨウ…	empty, vacant エンプティ, ヴェイカント
あいだ 間	zhōngjiān, kōngjiān 中间，空间 チョンジエン, コンジエン	space スペイス
（隔たり）	jùlí 距离 チュイリィ	distance ディスタンス
（間隔）	jiàngé 间隔 ジエングァ	interval インタヴァル

日	中	英
（隙間）	kòngxì 空隙 コンシィ	gap ギャップ
（関係）	guānxi 关系 グワンシ	relationship リレイションシプ
…の〜に	zài (A hé B) zhījiān 在（A和B）之间 ヅァイ（A ホァア B）ヂージエン	between, among ビトウィーン, アマング
あいづち 相槌をうつ	diǎntóu chēng shì 点头称是 ディエントウ チョン シー	chime in *with* チャイム イン
あいて 相手	duìfāng 对方 ドゥイファアン	the other party ジ アザ パーティ
（ライバル）	duìshǒu 对手 ドゥイショウ	*one's* rival ライヴァル
（パートナー）	huǒbàn 伙伴 ホゥオバン	partner パートナ
アイディア	zhǔyi, gòusī 主意，构思 ヂュウイ, ゴウスー	idea アイディーア
あいどくしょ 愛読書	ài kàn de shū 爱看的书 アイ カン ダ シュウ	*one's* favorite book フェイヴァリト ブク
アイドル	ǒuxiàng, hóngrén 偶像，红人 オウシアン, ホンレン	idol アイドル
あいにく 生憎	bùqiǎo, piānqiǎo 不巧，偏巧 ブチアオ, ピエンチアオ	unfortunately アンフォーチュネトリ
アイヌ	Āiyīnǔzú 阿伊努族 アイイーヌヅウ	Ainu, the Ainus アイヌ, ジ アイヌズ
あいはん 相反する	xiāngfǎn 相反 シアンファン	be contrary *to* ビ カントレリ
あいぶ 愛撫	àifǔ … 爱抚(人) アイフゥ…	caress カレス
あいま 合間	kòngr 空儿 コンル	interval, leisure インタヴァル, リージャ
あいまい 曖昧な	hánhu, àimèi 含糊，暧昧 ハンホ, アイメイ	vague, ambiguous ヴェイグ, アンビギュアス

日	中	英
アイロン	bǎ/zhī yùndǒu 〔把／只〕熨斗 バァ／チー ユィンドウ	iron アイアン
会う	(hé ...) jiàn·miàn (和(人))见面 (ホォァ…) ジエンミエン	see, meet スィー、ミート
合う	héshì 合适 ホォアシー	fit, suit フィト、スート
(合致)	(hé ...) yīzhì (和…)一致 (ホォァ…) イーヂー	match *with* マチ
(正確)	duì 对 ドゥイ	be right ビ ライト
アウト	wài, wàibian 外, 外边 ワイ, ワイビエン	out アウト
～プット	shūchū 输出 シュウチュウ	output アウトプト
～ライン	tígāng, gàiyào 提纲, 概要 ティーガァン, ガイヤオ	outline アウトライン
敢えて	gǎn ..., miǎnqiǎng 敢(+动), 勉强 ガン…, ミエンチアン	dare to *do* デア トゥ
和える	bàn 拌 バン	dress... with... ドレス
青	lán(sè) 蓝(色) ラン(スァ)	blue, green ブルー, グリーン
青い	lán 蓝 ラン	blue, green ブルー, グリーン
(未熟)	bù chéngshú 不成熟 ブゥ チョンシュウ	inexperienced イニクスピアリエンスト
仰ぐ	yǎngwàng, yǎngshì 仰望, 仰视 ヤンワァン, ヤンシー	look up *at* ルク アップ
(師と尊敬する)	zūnwéi (shīzhǎng) 尊为(师长) ヅュンウェイ (シーヂャァン)	look up *to*, respect ルク アップ, リスペクト
扇ぐ	shān 扇 シャン	fan ファン

日	中	英
あおじろ 青白い	cāngbái, huībái 苍白，灰白 ツァンバイ，ホゥイバイ	pale, wan ペイル，ワン
あおむ 仰向けに	yǎngzhe ... 仰着〈+动〉 ヤンヂャ…	on *one*'s back オン バク
あお 煽る	shāndòng... 煽动〈人〉 シャンドン…	fan ファン
（掻き立てる）	gǔdòng... 鼓动〈人〉 グゥドン…	stir up スター アップ
あか 垢	wūgòu 污垢 ウゥゴウ	dirt ダート
あか 赤(い)	hóng(sè) 红(色) ホン(スァ)	red レド
あか 証し	zhèngjù 证据 チョンヂュイ	evidence エヴィデンス
あかじ 赤字	chìzì, kuīkōng 赤字，亏空 チーヅー，クゥイコン	deficit デフィスィト
あ 明かす	jiēlù, jiēfā 揭露，揭发 ジエルゥ，ジエファア	disclose ディスクロウズ
（打ち明ける）	tǔlù《xīnqíng》 吐露《心情》 トゥルゥ《シンチィン》	disclose ディスクロウズ
夜を〜	guò'yè 过夜 グゥオイエ	spend a night スペンド ア ナイト
あか 赤ちゃん	xiǎobǎobāo, xiǎowáwa 小宝宝，小娃娃 シアオバオバオ，シアオワァワ	baby ベイビ
あかみ 赤身	shòuròu 瘦肉 ショウロウ	lean リーン
あ 明かり	zhǎn dēng 〔盏〕灯 ヂャン ドゥン	light, lamp ライト，ランプ
あ 上がる	shàng 上 シャァン	go up, rise ゴウ アップ，ライズ
（物価が）	(wùjià) shàngshēng, gāozhǎng (物价)上升，高涨 (ウゥジア) シャンション，ガオヂャン	rise, advance ライズ，アドヴァンス

日	中	英
(気後れする)	qièchǎng 怯场 チエチャァン	get nervous ゲト ナーヴァス
あか 明るい	míngliàng 明亮 ミィンリアン	bright ブライト
(明朗な)	mínglǎng 明朗 ミィンラァン	cheerful チアフル
(通暁)	shúxī, tōngxiǎo 熟悉，通晓 シュウシィ, トンシアオ	be familiar *with* ビ ファミリャ
あか ぼう 赤ん坊	wáwa, yīng'ér 娃娃，婴儿 ワァワ, イィンアル	baby ベイビ
あ 空き	kòngxì, fèngr 空隙，缝儿 コンシィ, フォンル	opening, gap オウプニング, ギャプ
(余地)	kōngjiān 空间 コンジェン	room ルーム
(空席)	kòng zuòwèi 空坐位 コン ヅゥオウェイ	vacant seat ヴェイカント スィート
(欠員)	quē'é, kòngquē 缺额，空缺 チュエウァ, コンチュエ	vacancy ヴェイカンスィ
〜部屋	jiān kòng wūzi 〔间〕空屋子 ジェン コン ウゥヅ	vacant room ヴェイカント ルーム
あき 秋	qiūtiān 秋天 チウティエン	autumn, fall オータム, フォール
あき 明らかな	míngxiǎn, fēnmíng 明显，分明 ミィンシエン, フェンミィン	clear, evident クリア, エヴィデント
あきら 諦める	xiǎngkāi, sǐxīn 想开，死心 シアンカイ, スーシン	give up, abandon ギヴ アップ, アバンドン
あ 飽きる	yànjuàn《zuòshì》, ...nì (le) 厌倦《做事》,(动+) 腻（了） イエンジュエン《ヅゥオシー》, … ニィ (ラ)	get tired ゲト タイアド
けん アキレス腱	Ājīlǐsījiàn 阿基里斯腱 アァジィリィスージェン	Achilles' tendon アキリーズ テンドン
あき 呆れる	jīngyà, chījīng, fālèng 惊讶，吃惊，发愣 ジィンヤァ, チージィン, ファアルォン	be amazed *at* ビ アメイズド

日	中	英
あく 悪	è 恶 ウァ	evil, vice イーヴィル, ヴァイス
あ 開く	kāi, kāiqǐ 开, 开启 カイ, カイチィ	open オゥプン
あ 空く	kòng (le) 空（了） コン（ラ）	become vacant ビカム ヴェイカント
アクアラング	shuǐzhōng hūxīqì, shuǐfèi 水中呼吸器, 水肺 シュイチォン ホゥシィチィ, シュイフェイ	aqualung アクワラング
あくい 悪意	èyì 恶意 ウァイー	malice マリス
あくうん 悪運	èyùn, zéiyùn 厄运, 贼运 ウァユィン, ツェイユィン	the devil's luck ザ デヴィルズ ラク
あくしつ 悪質な	èliè, huài 恶劣, 坏 ウァリエ, ホアイ	vicious ヴィシャス
あくしゅ 握手	wòshǒu 握手 ウオショウ	handshake ハンドシェイク
～する	wò (...de) shǒu 握（…的）手 ウオ（… ダ）ショウ	shake hands *with* シェイク ハンズ
あくしゅう 悪臭	èchòu 恶臭 ウァチョウ	bad smell バド スメル
あくせい 悪性の	èxìng 恶性 ウァシィン	malignant マリグナント
アクセス	jiējìn, fǎngwèn 接近, 访问 ジェジン, ファアンウェン	access アクセス
アクセント	zhòngyīn 重音 チォンイン	accent アクセント
（なまり）	kǒuyin 口音 コウイン	
あくとく 悪徳	quēdé, bú dàodé 缺德, 不道德 チュエドゥア, ブゥ ダオドゥア	vice ヴァイス
あくび 欠伸	hāqian 哈欠 ハァチエン	yawn ヨーン

日	中	英
<ruby>悪名<rt>あくめい</rt></ruby>	chòumíng, huài míngshēng 臭名，坏名声 チョウミン，ホアイ ミンシォン	bad name バド ネイム
<ruby>悪用<rt>あくよう</rt></ruby>する	lànyòng, wàngyòng 滥用，妄用 ランヨン，ワァンヨン	abuse アビューズ
<ruby>握力<rt>あくりょく</rt></ruby>	wòlì 握力 ウオリィ	grasping power グラスピング パウア
アクリル	bǐngxī 丙烯 ビンシィ	acrylic アクリリク
<ruby>明<rt>あ</rt></ruby>け<ruby>方<rt>がた</rt></ruby>	fúxiǎo, yídàzǎor 拂晓，一大早儿 フゥシアオ，イーダァザオル	daybreak デイブレイク
<ruby>開<rt>あ</rt></ruby>ける	kāi, (dǎ)kāi, xiān 开，(打)开，掀 カイ，(ダァ)カイ，シエン	open, undo オウプン，アンドゥー

■アクセサリー■

ヘアピン　　发夹 /fàjiā ファアジア / (㊈hairpin)

ネックレス　　项链 /xiàngliàn シアンリエン / (㊈necklace)

ペンダント　　垂饰 /chuíshì チュイシー / (㊈pendant)

タイピン　　领带夹 /lǐngdàijiā リィンダイジア / (㊈tiepin)

カフスボタン　　袖扣 /xiùkòu シゥコウ / (㊈cuff links)

ピアス　　耳钉 /ěrdīng アルディン / (㊈pierced earrings)

イヤリング　　耳环 /ěrhuán アルホワン / (㊈earring)

ブローチ　　别针 /biézhēn ビエヂェン / (㊈brooch)

ブレスレット　　手镯 /shǒuzhuó ショウヂュオ / (㊈bracelet)

<ruby>指輪<rt>ゆびわ</rt></ruby>　　戒指 /jièzhi ジエヂ / (㊈ring)

<ruby>宝石<rt>ほうせき</rt></ruby>　　宝石 /bǎoshí バオシー / (㊈jewel)

<ruby>純金<rt>じゅんきん</rt></ruby>　　纯金 /chúnjīn チュンジン / (㊈pure gold)

<ruby>銀<rt>ぎん</rt></ruby>　　银 /yín イン / (㊈silver)

プラチナ　　白金 /báijīn バイジン / (㊈platinum)

ダイヤモンド　　钻石 /zuànshí ヅワンシー / (㊈diamond)

エメラルド　　绿宝石 /lǜbǎoshí リュィバオシー / (㊈emerald)

オパール　　蛋白石 /dànbáishí ダンバイシー / (㊈opal)

ルビー　　红宝石 /hóngbǎoshí ホンバオシー / (㊈ruby)

<ruby>真珠<rt>しんじゅ</rt></ruby>　　珍珠 /zhēnzhū ヂェンヂュウ / (㊈pearl)

日	中	英
<ruby>空<rt>あ</rt></ruby>ける	kòng, kòngkāi, kòngchū, téng 空，空开，空出，腾 コン, コンカイ, コンチュウ, テゥン	empty, clear エンプティ, クリア
<ruby>明<rt>あ</rt></ruby>ける		
夜が〜	tiān liàng 天亮 ティエン リアン	The day breaks. ザ デイ ブレイクス
<ruby>挙<rt>あ</rt></ruby>げる	jǔxíng((hūnlǐ)) 举行《婚礼》 ヂュィシィン《ホゥンリィ》	celebrate セレブレイト
(成果)	qǔdé, huòdé 取得，获得 チュイドゥア, ホゥオドゥア	get results ゲト リザルツ
(示す)	jǔlì, lièjǔ 举例，列举 ヂュイリィ, リエヂュイ	give ギヴ
<ruby>上<rt>あ</rt></ruby>げる	tái, jǔ 抬，举 タイ, ヂュイ	raise, lift レイズ, リフト
(荷を)	xiè huò 卸货 シエ ホウオ	unload アンロゥド
(向上)	tígāo 提高 ティーガオ	promote, improve プロモウト, インプルーヴ
(贈与)	gěi, sòng 给，送 ゲイ, ソン	give, offer ギヴ, オーファ
<ruby>揚<rt>あ</rt></ruby>げる	zhá 炸 ヂャア	deep-fry ディープフライ
(空中に)	fàng 放 ファアン	fly フライ
<ruby>顎<rt>あご</rt></ruby>	xiàba, xiàhé 下巴，下颌 シアバ, シアホォア	jaw, chin チョー, チン
<ruby>憧<rt>あこが</rt></ruby>れ(る)	chōngjǐng, xiàngwǎng 憧憬，向往 チョンジィン, シアンワァン	yearning; aspire to ヤーニング；アスパイア
<ruby>朝<rt>あさ</rt></ruby>	zǎochen, zǎoshang 早晨，早上 ヅァオチェン, ヅァオシァン	morning モーニング
<ruby>麻<rt>あさ</rt></ruby>	dàmá 大麻 ダアマア	hemp ヘンプ

日	中	英
あさ **浅い**	qiǎn 浅 チエン	shallow シャロウ
(日が)	duǎn, qiǎn 短，浅 ドワン, チエン	short, brief ショート, ブリーフ
(関係)	qiǎn 浅 チエン	slight スライト
あざけ **嘲る**	cháoxiào 嘲笑 チャオシアオ	ridicule リディキュール
あさごはん **朝御飯**	zǎofàn 早饭 ヅァオファン	breakfast ブレクファスト
あさって **明後日**	hòutiān 后天 ホウティエン	the day after tomorrow ザ デイ アフタ トモーロウ
あさひ **朝日**	zhāoyáng, zhāohuī 朝阳，朝晖 チャオヤン, チャオホゥイ	the morning sun ザ モーニング サン
あさ **浅ましい**	bēibǐ, kěchǐ 卑鄙，可耻 ベイビィ, クァチー	shameful シェイムフル
あざむ **欺く**	mánhǒng, qīpiàn 瞒哄，欺骗 マンホン, チィピエン	cheat チート
あざ **鮮やかな**	xiānmíng, xiānyàn 鲜明，鲜艳 シエンミィン, シエンイエン	bright ブライト
(見事な)	qiǎomiào 巧妙 チァオミアオ	splendid スプレンディド
(印象)	xiānmíng 鲜明 シエンミィン	vivid ヴィヴィド
あさり **浅蜊**	xuángé 玄蛤 シュエングァ	clam クラム
あざわら **嘲笑う**	shànxiào, cháoxiào 讪笑，嘲笑 シャンシアオ, チャオシアオ	ridicule リディキュール
あし **脚**	tiáo/shuāng tuǐ 〔条／双〕腿 ティアオ／シュアン トゥイ	leg レグ
あし **足**	zhī/shuāng jiǎo 〔只／双〕脚 チー／シュアン ジアオ	foot フト

日	中	英
～の裏	jiǎozhǎng 脚掌 ジアオチャン	the sole of a foot ザ ソウル オブ ア フト
あじ 味	wèidao, zīwèi 味道，滋味 ウェイダオ，ヅーウェイ	taste テイスト
アジア	Yàzhōu 亚洲 ヤァヂョウ	Asia エイジャ
～の	Yàzhōu de 亚洲的 ヤァヂョウ ダ	Asian, Asiatic エイジャン，エイジアティク
あしくび 足首	jiǎowànzi, tuǐwànzi 脚腕子，腿腕子 ジアオワンヅ，トゥイワンヅ	ankle アンクル
あじけ 味気ない	fáwèi, méi yìsi 乏味，没意思 ファアウェイ，メイ イース	wearisome ウィアリサム

■味■

- うま
旨い　　香/xiāng シアン / (㉿nice)
- 美味しい　　好吃/hǎochī ハオチー / (㉿nice, delicious)
- まずい　　不好吃/bù hǎochī ブゥ ハオチー / (㉿not good)
- びみ
美味　　美味/měiwèi メイウェイ / (㉿delicacy)
- あま
甘い　　甜/tián ティエン / (㉿sweet)
- から
辛い　　辣/là ラァ / (㉿hot, pungent)
- にが
苦い　　苦/kǔ クゥ / (㉿bitter)
- しぶ
渋い　　涩/sè スァ / (㉿astringent)
- す
酸っぱい　　酸/suān スワン / (㉿sour, acid)
- しおから
塩辛い　　咸/xián シエン / (㉿salty)
- あまず
甘酸っぱい　　酸甜/suāntián スワンティエン / (㉿bitter-sweet)
- こ
濃い　　浓，稠/nóng, chóu ノン，チョウ / (㉿thick, strong)
- うす
薄い　　淡/dàn ダン / (㉿weak)
- あっさりした　　清淡，素淡/qīngdàn, sùdàn チンダン，スゥダン / (㉿simple)
- しつこい　　腻/nì ニィ / (㉿heavy)
- かる
軽い　　清淡/qīngdàn チンダン / (㉿light, slight)
- おも
重い　　腻，浓/nì, nóng ニィ，ノン / (㉿heavy)

日	中	英
アシスタント	zhùlǐ, zhùshǒu 助理，助手 ヂュウリィ, ヂュウショウ	assistant アシスタント
あした 明日	míngtiān 明天 ミィンティエン	tomorrow トモーロウ
あしば 足場	jiāoshou(jià), jiǎoshǒujià 交手(架)，脚手架 ジアオショウ(ジア), ジアオショウジア	scaffold スキャフォルド
あじみする 味見する	chángchang wèidao 尝尝味道 チャァンチャァン ウェイダオ	taste テイスト
あじ 味わう	(pǐn)cháng, xúnwèi (品)尝，寻味 (ピン)チャァン, シュィンウェイ	taste, relish テイスト, レリシュ
(鑑賞)	xīnshǎng, jiànshǎng 欣赏，鉴赏 シンシャァン, ジエンシャァン	appreciate アプリーシエイト
あす 明日	míngtiān 明天 ミィンティエン	tomorrow トモーロウ
あず 預かる	shōucún, bǎoguǎn, bǎocún 收存，保管，保存 ショウツゥン, バオグワン, バオツゥン	keep キープ
あずき 小豆	(hóng)xiǎodòu (红)小豆 (ホン)シアオドウ	red bean レド ビーン
あず 預ける	cún, cúnfàng, jìcún 存，存放，寄存 ツゥン, ツゥンファァン, ジィツゥン	leave, deposit リーヴ, ディパズィト
アスパラガス	lúsǔn, shídiāobǎi 芦笋，石刁柏 ルスゥン, シーディアオバイ	asparagus アスパラガス
アスピリン	āsīpǐlín 阿司匹林 アァスーピィリン	aspirin アスピリン
あせ 汗	hàn 汗 ハン	sweat スウェット
～をかく	chūhàn 出汗 チュウハン	sweat, perspire スウェット, パスパイア
あせも 汗疹	fèizi 痱子 フェイヅ	heat rash ヒート ラシュ
あせ 焦る	jiāojí, zháojí 焦急，着急 ジアオジィ, チャオジィ	be impatient ビ インペイシェント

日	中	英
あそこ	nàbiān, nàr 那边，那儿 ナァビエン, ナァル	that place, there ザト プレイス, ゼア
あそ 遊び	yóuxì 游戏 ヨウシィ	play, sport プレイ, スポート
（娯楽）	yúlè 娱乐 ユィルア	pleasure, amusement プレジャ, アミューズメント
（行楽）	yóuwán 游玩 ヨウワン	outing アウティング
あそ 遊ぶ	wán, yóuwán, yóuxì 玩，游玩，游戏 ワン, ヨウワン, ヨウシィ	play, enjoy *oneself* プレイ, インチョイ
（無為）	yóudàng, xiánzhe 游荡，闲着 ヨウダァン, シエンヂャ	be idle, be free ビ アイドル, ビ フリー
あたい 価・値	jiàgé 价格 ジアグァ	price, cost プライス, コースト
（価値）	jiàzhí 价值 ジアヂー	value, worth ヴァリュー, ワース
あた 与える	gěi, jǐyǔ, yǔyǐ 给，给予，予以 ゲイ, ジィユィ, ユィイー	give, present ギヴ, プリゼント
（被害を）	zhāozhì, zàochéng 招致，造成 ヂャオヂー, ヅァオチョン	cause, inflict コーズ, インフリクト
あたた 暖[温]かい	nuǎnhuo 暖和 ヌワンホゥオ	warm, mild ウォーム, マイルド
（心が）	wēnnuǎn 温暖 ウェンヌワン	genial ヂーニャル
（家庭が）	wēnnuǎn 温暖 ウェンヌワン	cheerful チアフル
あたた 暖[温]まる	nuǎnhuo 暖和 ヌワンホゥオ	get warm ゲト ウォーム
あたた 暖[温]める	rè 热 ルア	warm (up), heat ウォーム（アップ）, ヒート
あだな 仇名	wàihào, chuòhào 外号，绰号 ワイハオ, チュオハオ	nickname ニクネイム

日	中	英
アダプター	shìpèiqì 适配器 シーペイチィ	adapter アダプタ
あたま 頭	tóu, nǎodai, nǎoké 头, 脑袋, 脑壳 トウ, ナオダイ, ナオクァ	head ヘド
(脳)	tóunǎo 头脑 トウナオ	brains, intellect ブレインズ, インテレクト
あたまきん 頭金	dìngqián 定钱 ディンチエン	deposit ディパズィト
あたら 新しい	xīn 新 シン	new ニュー
あ 当たり	dǎzhòng 打中 ダァヂォン	hit ヒト
(成功)	chénggōng 成功 チョンゴン	success サクセス
あた 辺り	fùjìn, zhōuwéi 附近, 周围 フゥジン, チョウウェイ	the neighborhood ザ ネイバフド
(時間)	dàyuē (...), (...)zuǒyòu 大约(…), (…)左右 ダァユエ(…), (…)ヅゥオヨウ	about アバウト
あ まえ 当たり前の	pǔtōng, yìbān, zhèngcháng 普通, 一般, 正常 プゥトン, イーバン, ヂョンチァァン	common, ordinary カモン, オーディネリ
(当然)	dāngrán, zìrán 当然, 自然 ダァンラン, ヅーラン	natural ナチュラル
あ 当たる	dǎzhòng 打中 ダァヂォン	hit, strike ヒト, ストライク
(触れる)	pèngshang 碰上 ポンシャァン	touch タチ
(予想が)	cāizhòng 猜中 ツァイヂォン	come true カム トルー
あちこち	dàochù 到处 ダオチュウ	here and there ヒア アンド ゼア
あちら	nàli, nàbiān 那里, 那边 ナァリ, ナァビエン	(over) there (オウヴァ) ゼア

日	中	英
あつい 厚い	hòu 厚 ホウ	thick スィク
あっか 悪化する	èhuà, jiājù 恶化，加剧 ウァホア，ジアヂュイ	grow worse グロウ ワース
あつかい 扱い	chǔlǐ 处理 チュウリィ	treatment トリートメント
あつかう 扱う	chǔlǐ, bàn 处理，办 チュウリィ，バン	manage, deal with マニヂ，ディール ウィズ
（操作）	shǐyòng, cāozòng 使用，操纵 シーヨン，ツァオヅォン	handle ハンドル
（待遇）	duìdài, jiēdài 对待，接待 ドゥイダイ，ジエダイ	treat, entertain トリート，エンタテイン
あつ 厚かましい	hòuyán, wúchǐ, xián pí lài liǎn 厚颜，无耻，涎皮赖脸 ホウイエン，ウゥチー，シエン ピィ ライ リエン	impudent インピュデント
あつぎ 厚着する	duō chuān yīfu 多穿衣服 ドゥオ チュワン イーフ	be heavily clothed ビ ヘヴィリ クロウズド
あつくるしい 暑苦しい	mēnrè, yánrè, shǔrè 闷热，炎热，暑热 メンルァ，イエンルァ，シュウルァ	sultry, stuffy サルトリ，スタフィ
あつ 厚さ	hòubó, hòudù 厚薄，厚度 ホウボォ，ホウドゥ	thickness スィクネス
あっさり	sùdàn, qīngdàn, dànyǎ 素淡，清淡，淡雅 スゥダン，チィンダン，ダンヤァ	simply, plainly スィンプリ，プレインリ
（態度・性格が）	shuǎngkuai, shuǎngxìng 爽快，爽性 シュアンクアイ，シュアンシィン	frankly フランクリ
あっしゅく 圧縮	yāsuō 压缩 ヤァスゥオ	compression コンプレション
あっしょう 圧勝する	dàshèng, dàjié 大胜，大捷 ダァション，ダァジエ	runaway ラナウェイ
あつで 厚手の	hòu 厚 ホウ	thick スィク
あっとう 圧倒する	língjià, yādǎo 凌驾，压倒 リィンジア，ヤァダオ	overwhelm オウヴァホウェルム

日	中	英
あっぱく 圧迫する	yāpò 压迫 ヤアポォ	oppress, press オプレス, プレス
あつ 集まり	(yì) qún, chéngqún (一)群，成群 (イー) チュィン, チョンチュィン	crowd クラウド
（会合）	jíhuì, jùhuì 集会，聚会 ジィホゥイ, ヂュイホゥイ	gathering, meeting ギャザリング, ミーティング
あつ 集まる	jíjù, jíhé 集聚，集合 ジィヂュイ, ジィホァ	gather ギャザ
（整列）	pái′duì 排队 パイドゥイ	line up ラインナップ
（会合）	jùhuì 聚会 ヂュイホゥイ	meet, assemble ミート, アセンブル
あつ 厚み	hòudù 厚度 ホウドゥ	thickness スィクネス
あつ 集める	shōují 收集 ショウヂィ	gather, collect ギャザ, コレクト
あつら 誂える	dìngzuò 定做 ディンヅゥオ	order オーダ
あつりょく 圧力	yālì 压力 ヤァリィ	pressure プレシャ
あ 当て	mùdì, mùbiāo 目的，目标 ムゥディー, ムゥビアオ	aim, object エイム, アブヂクト
（期待）	zhǐwang, qīdài 指望，期待 ヂーワン, チィダイ	hopes ホウプス
（信頼）	yīkào, yīlài 依靠，依赖 イーカオ, イーライ	reliance リライアンス
（手がかり）	xiànsuǒ 线索 シエンスゥオ	clue クルー
あ さき 宛て先	xìngmíng dìzhǐ 姓名地址 シィンミィン ディーヂー	address アドレス
あ な 宛て名	shōujiànrén xìngmíng 收件人姓名 ショウヂエンレン シィンミィン	address, direction アドレス, ディレクション

日	中	英
当てはまる	shìyòng 适用 シーヨン	apply *to* アプライ
(該当)	shìhé, héshì 适合, 合适 シーホオア, ホオアシ	conform *to* コンフォーム
当てる	dǎ(zhòng) 打(中) ダァ(ヂォン)	hit, strike ヒト, ストライク
(推測)	tuīcè 推测 トゥイツゥア	guess ゲス
(あてがう)	pūshàng 铺上 プゥシャアン	apply アプライ
(成功)	chénggōng 成功 チョンゴン	succeed サクスィード
(充当・割当)	fēnpèi, fēnpài 分配, 分派 フェンペイ, フェンパイ	assign, allot アサイン, アラト
(風に)	chuī 吹 チュイ	expose *to* イクスポウズ
(日光に)	shài 晒 シャイ	expose *to* イクスポウズ
後	hòubian 后边 ホウビエン	the back ザ バク
(将来)	yǐhòu 以后 イーホウ	the future ザ フューチャ
(残り)	qíyú 其余 チィユイ	the rest ザ レスト
跡	hénjì 痕迹 ヘンジィ	mark, trace マーク, トレイス
後味	yúwèi, huíwèi 余味, 回味 ユイウェイ, ホイウェイ	aftertaste アフタテイスト
あどけない	tiānzhēn (lànmàn) 天真(烂漫) ティエンヂェン (ランマン)	innocent イノセント
後始末	shànhòu 善后 シャンホウ	settlement セトルメント

日	中	英
～する	cā pìgu, qīnglǐ, sǎowěi 擦屁股，清理，扫尾 ツァア ピイグ，チィンリィ，サオウェイ	settle セトル
あとつ 跡継ぎ	jiēbānrén 接班人 ジェバンレン	successor サクセサ
（後任）	hòurèn 后任 ホウレン	
（跡取り）	hòusì, jìchéngrén 后嗣，继承人 ホウスー，ジィチョンレン	
アドバイス	quàngào 劝告 チュエンガオ	advice アドヴァイス
アトピー	tèyìngxìng 特应性 トゥアイインシィン	atopy アタピ
アトランダム	suíyì, rènyì 随意，任意 スゥイイー，レンイー	at random アト ランダム
アトリエ	huàshì, gōngzuòshì 画室，工作室 ホアシー，ゴンヅゥオシー	atelier, studio アトリエイ，ステューディオウ
アドリブ	jíxìng biǎoyǎn 即兴表演 ジィシィン ビアオイエン	ad-lib アドリブ
アドレス	dìzhǐ, zhùzhǐ 地址，住址 ディーチー，チュウチー	address アドレス
あな 穴	yǎn, dòng, kūlong 眼，洞，窟窿 イエン，ドン，クゥロン	hole ホウル
アナウンサー	guǎngbōyuán 广播员 グアンボォユエン	announcer アナウンサ
アナウンスする	gàozhī, bàogào, tōngzhī 告知，报告，通知 ガオヂー，バオガオ，トンヂー	announce アナウンス
あなた 貴方[女]	nǐ, nín 你，您 ニィ，ニン	you ユ～
あなど 侮る	xiǎokàn, qīngshì, kànbuqǐ 小看，轻视，看不起 シアオカン，チィンシー，カンブチィ	despise, look down ディスパイズ，ルク ダウン
アナログ	mónǐ 模拟 モォニィ	analog アナローグ

日	中	英
あに 兄	gēge 哥哥 グァガ	elder brother エルダ ブラザ
アニメ	dònghuàpiàn, kǎtōng 动画片，卡通 ドンホアピエン, カァトン	animation アニメイション
あね 姉	jiějie 姐姐 ジェジェ	elder sister エルダ スィスタ
あねったい 亜熱帯	yàrèdài 亚热带 ヤアルァダイ	subtropical zone サブトラピカル ゾウン
あの	nà(ge/xiē) 那(个／些) ナァ(ガ／シェ)	the, that, those ザ, ザト, ゾウズ
〜頃	dāngnián, nà shíhou 当年，那时候 ダァンニエン, ナァ シーホウ	in those days イン ゾウズ デイズ
アパート	gōngyù 公寓 ゴンユイ	apartment (house) アパートメント (ハウス)
あば 暴く	bàolù, chāichuān, jiēpò 暴露，拆穿，揭破 パオルゥ, チャイチュワン, ジエポォ	disclose ディスクロウズ
あば 暴れる	luànnào 乱闹 ルワンナオ	behave violently ビヘイヴ ヴァイオレントリ
アピールする	hàozhào, hūyù 号召，呼吁 ハオヂャオ, ホウユイ	appeal to アピール
あ 浴びせる	pō 泼 ポォ	pour on ポー
(非難)	zénàn, pō (lěngshuǐ) 责难，泼(冷水) ヅゥァナン, ポォ (ルォンシュイ)	lay blame on レイ ブレイム
あ 浴びる	xǐ zǎo 洗澡 シィヅァオ	take a bath テイク ア バス
(光を)	shài 晒 シャイ	bask in バスク
アフターケア	bìng hòu tiáoyǎng 病后调养 ビィン ホウ ティアオヤン	aftercare アフタケア
(販売後)	shòu hòu fúwù 售后服务 ショウ ホウ フウゥ	after-sales service アフタセイルズ サーヴィス

日	中	英
<ruby>危<rt>あぶ</rt></ruby>ない	wēixiǎn 危险 ウェイシエン	dangerous, risky デインヂャラス, リスキ
アブノーマル	biàntài, fǎncháng 变态, 反常 ビエンタイ, ファンチャァン	abnormal アブノーマル
<ruby>脂<rt>あぶら</rt></ruby>	yóuzhī, zhīfáng 油脂, 脂肪 ヨウヂー, ヂーファアン	grease, fat グリース, ファト
<ruby>油<rt>あぶら</rt></ruby>	yóu 油 ヨウ	oil オイル
<ruby>油絵<rt>あぶらえ</rt></ruby>	yóuhuà 油画 ヨウホア	oil painting オイル ペインティング
<ruby>脂<rt>あぶら</rt></ruby>[油]っこい	yóunì 油腻 ヨウニィ	greasy, fatty; oily グリースィ, ファティ; オイリ
<ruby>炙<rt>あぶ</rt></ruby>る	kǎo 烤 カオ	roast ロウスト
<ruby>溢<rt>あふ</rt></ruby>れる	fànlàn, yìchū 泛滥, 溢出 ファンラン, イーチュウ	overflow, flood オウヴァフロウ, フラド
アプローチ	jiējìn 接近 ジエジン	approach アプロウチ
(研究する)	tàntǎo 探讨 タンタオ	
アベック	qínglǚ 情侣 チィンリュィ	couple カプル
アボカド	yóulí 油梨 ヨウリィ	avocado アヴォカードウ
<ruby>亜麻<rt>あま</rt></ruby>	yàmá 亚麻 ヤアマア	flax フラクス
<ruby>甘<rt>あま</rt></ruby>い	tián 甜 ティエン	sweet スウィート
(子供などに)	gūxī 姑息 グゥシィ	indulgent インダルヂェント
<ruby>甘<rt>あま</rt></ruby>える	sājiāo 撒娇 サアジアオ	behave like a spoilt child ビヘイヴ ライク ア スポイルト チャイルド

日	中	英
あまくち 甘口の	tiántou (de), tián wèi (de) 甜头(的),甜味(的) ティエントウ(ダ), ティエン ウェイ(ダ)	sweet スウィート
アマチュア	yèyú, wàiháng 业余,外行 イエユィ, ワイハァン	amateur アマチャ
あまど 雨戸	mùbǎn tàochuāng 木板套窗 ムゥバン タオチュアン	(sliding) shutter (スライディング) シャタ
あま がわ 天の川	yínhé, tiānhé 银河,天河 インホォア, ティエンホォア	the Milky Way ザ ミルキ ウェイ
あま 甘やかす	jiāoguàn, jiāo shēng guàn yǎng 娇惯,娇生惯养 ジアオグワン, ジアオ ション グワン ヤン	spoil スポイル
あま 余り	yúshèng, yúshù 余剩,余数 ユィション, ユィシュウ	the remainder ザ リメインダ
あま 余る	shèngyú, shèngxià 剩余,剩下 ションユィ, ションシア	remain リメイン
あま 甘んじる	ānyú, gānyú 安于,甘于 アンユィ, ガンユィ	be contented *with* ビ コンテンテド
あみ 網	wǎngzi, wǎngluó 网子,网罗 ワンヅ, ワンルオ	net ネト
あ もの 編み物	máoxiànhuór 毛线活儿 マオシエンホゥオル	knitting ニティング
あ 編む	biān, biān(zhī) 编,编(织) ビエン, ビエン(ヂー)	knit, crochet ニト, クロウシェイ
あめ 飴	kuài táng, tángkuàir 〔块〕糖,糖块儿 クアイ タァン, タァンクアル	candy キャンディ
あめ 雨	yǔ 雨 ユィ	rain レイン
～が降る	xià yǔ 下雨 シア ユィ	It rains. イト レインズ
アメリカ	Měizhōu 美洲 メイヂョウ	America アメリカ
(米国)	Měiguó 美国 メイグゥオ	United States of America ユーナイテド ステイツ オヴ アメリカ

日	中	英
〜の	Měizhōu de 美洲的 メイヂョウ ダ	American アメリカン
〜人	Měiguórén 美国人 メイグゥオレン	American アメリカン
あや 怪しい	kěyí 可疑 クァイー	doubtful, suspect ダウトフル, サスペクト
(奇妙な)	qíguài, guàiyì 奇怪, 怪异 チィグアイ, グアイイー	strange ストレインヂ
あや 怪しむ	fàn yí, huáiyí 犯疑, 怀疑 ファンイー, ホアイイー	suspect, doubt サスペクト, ダウト
あやま 過ち	cuòwù, shībài 错误, 失败 ツゥオウゥ, シーバイ	fault, error フォールト, エラ
(罪)	zuìguo, guòshī 罪过, 过失 ヅゥイグゥオ, グゥオシー	crime, sin クライム, スィン
あやま 誤り	cuòwù, guòcuò, miùwù 错误, 过错, 谬误 ツゥオウゥ, グゥオツゥオ, ミウウゥ	mistake, error ミステイク, エラ
あやま 誤る	cuò, nòngcuò 错, 弄错 ツゥオ, ノンツゥオ	mistake, fail in ミステイク, フェイル
あやま 謝る	xièzuì, dàoqiàn, péi búshi 谢罪, 道歉, 赔不是 シエヅゥイ, ダオチエン, ペイ ブゥシ	apologize to アポロヂャイズ
あゆ 歩み	jiǎobù, bùzi 脚步, 步子 ジアオブゥ, ブゥツ	walking, step ウォーキング, ステプ
あゆ 歩む	zǒu, xíng 走, 行 ヅォウ, シィン	walk ウォーク
アラーム	jǐngbào 警报 ジィンバオ	alarm アラーム
あらあら 荒々しい	cūbào, bàoliè 粗暴, 暴烈 ツゥバオ, バオリエ	harsh, rude ハーシュ, ルード
あら 粗い	cūcāo 粗糙 ツゥツァオ	rough, coarse ラフ, コース
(大ざっぱ)	cūcāo, máocao 粗糙, 毛糙 ツゥツァオ, マオツァオ	loose ルース

日	中	英
あら 洗う	xǐ 洗 シィ	wash, cleanse ウォーシュ, クレンズ
あらかじ 予め	yùxiān, zàixiān, shìxiān 预先, 在先, 事先 ユィシエン, ヅァイシエン, シーシエン	beforehand ビフォーハンド
アラカルト	dān diǎn de cài 单点的菜 ダン ディエン ダ ツァイ	a la carte アーラカート
あらし 嵐	fēngbào, kuángbiāo 风暴, 狂飙 フォンバオ, クアンビアオ	storm, tempest ストーム, テンペスト
あ 荒らす	shǐ (...) huāngwú, huǐhuài 使(…)荒芜, 毁坏 シー(…)ホアンウゥ, ホウイホアイ	lay waste レイ ウェイスト
(害する)	nònghuài 弄坏 ノンホアイ	damage ダミヂ
あらそ 争い	zhēngchǎo, zhēnglùn 争吵, 争论 ヂョンチャオ, ヂョンルゥン	quarrel, dispute クウォーレル, ディスピュート
(不和)	bùhé 不和 ブゥホォア	discord ディスコード
あらそ 争う	zhēng, dòuzhēng 争, 斗争 ヂョン, ドウヂョン	fight, quarrel ファイト, クウォーレル
(論争)	zhēnglùn 争论 ヂョンルゥン	dispute *with* ディスピュート
あらた 改まる	gèngxīn 更新 グンシン	be renewed ビ リニュード
(変更)	gǎibiàn 改变 ガイビエン	change チェインヂ
(儀式ばる)	zhuāngzhòng 庄重 ヂュアンヂョン	be formal ビ フォーマル
あらた 改める	gèngxīn 更新 グンシン	renew, revise リニュー, リヴァイズ
(変更)	gǎibiàn 改变 ガイビエン	change チェインヂ
(改善)	gǎizhèng, gǎishàn 改正, 改善 ガイヂョン, ガイシャン	reform, improve リフォーム, インプルーヴ

日	中	英
アラビア	Ālābó 阿拉伯 アーラァボォ	Arabia アレイビア
～語	Ālābóyǔ 阿拉伯语 アーラァボォユィ	Arabic アラビク
～数字	Ālābó shùzì 阿拉伯数字 アーラァボォ シュウヅー	Arabic figures アラビク フィギャズ
あらゆる	suǒyǒu, yíqiè 所有，一切 スゥオヨウ，イーチエ	all, every オール，エヴリ
あらわ 著す	zhù, zhuànxiě 著，撰写 チュウ，チュワンシエ	write, publish ライト，パブリシュ
あらわ 表す	biǎoshì, shūfā 表示，抒发 ビアオシー，シュウファア	show, manifest ショウ，マニフェスト
あら 露わに	gōngrán 公然 ゴンラン	openly, publicly オウプンリ，パブリクリ
（はっきり）	xiǎnrán 显然 シエンラン	clearly クリアリ
（むき出し）	lòuchū 露出 ロウチュウ	
あらわ 現れる	chūxiàn, xiǎnxiàn, fāshēng 出现，显现，发生 チュウシエン，シエンシエン，ファアション	come out, appear カム アウト，アピア
あらわ 表れる	biǎoxiàn, chūxiàn 表现，出现 ビアオシエン，チュウシエン	come in sight カム イン サイト
あり 蟻	mǎyǐ 蚂蚁 マアイー	ant アント
あ あま 有り余る	fùyu, guòshèng 富余，过剩 フウユイ，グゥオション	enough and to spare イナフ アンド トゥ スペア
あ う 有り得る	kěnéng (yǒu), huì (yǒu) 可能(有)，会(有) クァヌォン（ヨウ），ホゥイ（ヨウ）	possible パスィブル
あ え 有り得ない	bù kěnéng (yǒu) 不可能(有) ブウ クァヌォン（ヨウ）	impossible インパスィブル
あ がた 有り難い	nándé (de), kěguì (de) 难得(的)，可贵(的) ナンドゥァ（ダ），クァグゥイ（ダ）	thankful, grateful サンクフル，グレイトフル

日	中	英
あ 有り難う	xièxie, duōxiè 谢谢，多谢 シエシエ，ドゥオシエ	Thanks. サンクス
ありのまま	rúshí, jùshí 如实，据实 ルゥシー, ヂュイシー	frank, plain フランク, プレイン
アリバイ	bú zài xiànchǎng de zhèngjù 不在现场的证据 ブゥ ヅァイ シエンチャァン ダ ヂョンヂュイ	alibi アリバイ
ありふれた	chángjiàn, píngfán 常见，平凡 チャァンジエン，ピィンファン	common, ordinary カモン, オーディネリ
あ 在[有]る	zài, cúnzài 在，存在 ヅァイ, ツゥンヅァイ	be, exist ビ, イグズィスト
(位置)	zài(yú), wèiyú 在(于)，位于 ヅァイ(ユィ), ウェイユィ	be situated ビ スィチュエイテド
(所有)	yǒu, suǒyǒu 有，所有 ヨウ, スゥオヨウ	have, possess ハヴ, ポゼス
(起こる)	fāshēng 发生 ファアション	occur, happen オカー, ハプン
(挙行)	jǔxíng 举行 ヂュイシィン	be held, take place ビ ヘルド, テイク プレイス
ある 或いは	huòzhě 或者 ホゥオヂョァ	(either...) or (イーザ) オー
(多分)	huòxǔ, kěnéng 或许，可能 ホゥオシュィ, クァヌオン	perhaps, maybe パハプス, メイビ
アルカリ	jiǎn 碱 ジエン	alkali アルカライ
ある 歩く	zǒu(lù), xíngzǒu 走(路)，行走 ヅォウ(ルゥ), シィンヅォウ	walk, go on foot ウォーク, ゴウ オン フト
アルコール	jiǔjīng 酒精 ジウジィン	alcohol アルコホール
あるじ 主	zhǔrén, dōngdào 主人，东道 チュゥレン, ドンダオ	the head of a family ザ ヘド オヴ ア ファミリ
アルツハイマー病	ā'ěrcíhǎimòbìng 阿尔茨海默病 アァアルツゥハイモォビィン	Alzheimer's disease アールツハイマズ ディズィーズ

日	中	英
アルト	nǚdīyīn 女低音 ニュィディーイン	alto アルトゥ
アルバイト	línggōng, dǎgōng 零工，打工 リィンゴン，ダァゴン	part-time job パートタイム チャブ
～する	dǎgōng 打工 ダァゴン	work part-time ワーク パートタイム
アルバム	zhàoxiàngbù, yǐngjí 照相簿，影集 チャオシアンブゥ，イィンジィ	album アルバム
（CDなどの）	zhuānjí, gēqǔxuǎn 专辑，歌曲选 チュワンジィ，グァチュィシュエン	album アルバム
アルファベット	Yīngwén zìmǔ 英文字母 イィンウェン ヅームゥ	the alphabet ジ アルファベット
アルミニウム	lǚ 铝 リュィ	aluminum アルーミナム
あれ	nà, nàge;nèige 那，那个 ナァ，ナァガ；ネイガ	that, it ザト，イト
～から	cóng nà yǐhòu 从那以后 ツォン ナァ イーホウ	since then スィンス ゼン
～ほど	nàme, nàyàng 那么，那样 ナァマ，ナァヤン	so (much) ソウ (マチ)
荒れる	nào (tiānqì) 闹（天气） ナオ (ティエンチィ)	be rough ビ ラフ
（荒廃）	huāngwú, huāngfèi 荒芜，荒废 ホアンウゥ，ホアンフェイ	be ruined ビ ルーインド
（皮膚が）	biàn cūcāo 变粗糙 ビエン ツゥツァオ	get rough ゲト ラフ
アレルギー	guòmǐn(zhèng) 过敏（症） グゥオミン (ヂョン)	allergy アラヂ
アレンジする	gǎibiān, gǎixiě 改编，改写 ガイビエン，ガイシエ	arrange アレインヂ
（配列）	páiliè 排列 パイリエ	arrange アレインヂ

日	中	英
(手配)	ānpái, bùzhì 安排，布置 アンパイ, ブゥチー	arrange アレインヂ
あわ 泡	pàomò, pàor 泡沫，泡儿 パオモォ, パオル	bubble, foam バブル, フォウム
あわい 淡い	qīngdàn, qiǎndàn, qiǎn 清淡，浅淡，浅 チィンダン, チエンダン, チエン	light, pale ライト, ペイル
(わずかな)	wēixiǎo, wēiruò, yíxiàn 微小，微弱，一线 ウェイシアオ, ウェイルゥオ, イーシエン	slight スライト
あ 合わせる	héqǐ 合起 ホォアチィ	put together, unite プト トゲザ, ユーナイト
(適合)	shǐ shìyìng, pèihé 使适应，配合 シー シーイィン, ペイホォア	set adjust セト アヂャスト
(照合)	duìzhào 对照 ドゥイチャオ	compare コンペア
あわ 慌ただしい	jímáng, cōngmáng 急忙，匆忙 ジィマァン, ツォンマァン	hurried ハーリド
(慌てた)	huāngzhāng 慌张 ホアンチャァン	excited, confused イクサイテド, コンフューズド
あわ 慌てる	zháohuāng, huāngzhāng 着慌，慌张 チャオホアン, ホアンチャァン	be upset ビ アプセト
(急ぐ)	jímáng, cōngmáng 急忙，匆忙 ジィマァン, ツォンマァン	be hurried ビ ハーリド
あわび 鮑	bàoyú 鲍鱼 パオユィ	abalone アパロウニ
あわ 哀[憐]れ(な)	kělián (de) 可怜(的) クァリエン (ダ)	pity ピティ
(悲哀)	bēishāng 悲伤 ベイシャァン	sadness サドネス
(みじめさ)	bēicǎn 悲惨 ベイツァン	misery ミザリ
(憐憫)	kělián 可怜 クァリエン	pitiful ピティフル

日	中	英
_{あわ} 哀[憐]れむ	liánmǐn, liánxù 怜悯, 怜恤 リエンミン, リエンシュイ	pity, feel pity *for* ピティ, フィール ピティ
_{あん} 案	fāng'àn 方案 ファアンアン	plan プラン
(提案)	tí'àn, tíyì 提案, 提议 ティーアン, ティーイー	proposal プロポウザル
_{あんい} 安易な	qīngyì, róngyì 轻易, 容易 チィンイー, ロンイー	easy イーズィ
アンカー	máo 锚 マオ	anchor アンカ
(リレー競技)	jiēlìsài de zuìhòu pǎozhě 接力赛的最后跑者 ジエリィサイ ダ ヅゥイホウ パオチョァ	anchorman アンカマン
_{あんがい} 案外な	chū hū yì liào 出乎意料 チュウ ホウ イー リアオ	unexpected アニクスペクテド
_{あんき} 暗記する	jìzhù, bèi 记住, 背 ジィヂュウ, ベイ	learn by heart ラーン バイ ハート
アンケート	wènjuàn diàochá 问卷调查 ウェンジュエン ディアオチャア	questionnaire クウェスチョネア
_{あんごう} 暗号	mìmǎ 密码 ミィマア	cipher, code サイファ, コウド
アンコール(する)	(yāoqiú) chóngyǎn (要求)重演 (ヤオチウ) チョンイエン	encore アーンコー
_{あんこく} 暗黒	hēi'àn 黑暗 ヘイアン	dark, darkness ダーク, ダークネス
_{あんさつ} 暗殺	ànhài, ànshā 暗害, 暗杀 アンハイ, アンシャア	assassination アサスィネイション
_{あんざん} 暗算	xīnsuàn 心算 シンスワン	mental arithmetic メンタル アリスメティク
_{あんじ} 暗示(する)	ànshì 暗示 アンシー	suggest サグ**チェ**スト
_{あんしつ} 暗室	ànshì 暗室 アンシー	darkroom ダークルーム

日	中	英
あんしょう 暗誦(する)	bèisòng 背诵 ベイソン	recitation; recite レスィテイション；リサイト
あんしょうばんごう 暗証番号	ànmǎ, mìmǎ 暗码，密码 アンマァ, ミィマァ	code number コウド ナンバ
あん 案じる	guànniàn, dān xīn 挂念，担心 グアニエン, ダンシン	be anxious *about* ビ アン(ク)シャス
あんしん 安心(する)	fàng xīn 放心 ファアンシン	feel relieved フィール リリーヴド
あんず 杏	xìng(zi) 杏(子) シィン(ツ)	apricot アプリカト
あんせい 安静	ānjìng 安静 アンジィン	rest レスト
(寝ている)	jìngwò, jìngyǎng 静卧，静养 ジィンウオ, ジィンヤン	rest レスト
あんぜん 安全(な)	ānquán 安全 アンチュエン	safety セイフティ
〜ベルト	ānquándài 安全带 アンチュエンダイ	seat belt スィート ベルト
アンダーライン	zìxiàxiàn 字下线 ヅーシアシエン	underline アンダライン
あんてい 安定	āndìng, wěndìng 安定，稳定 アンディン, ウェンディン	stability, balance スタビリティ, バランス
〜する	āndìng, wěndìng 安定，稳定 アンディン, ウェンディン	be stabilized ビ ステイビライズド
アンティーク	gǔdǒng 古董 グゥドン	antique アンティーク
アンテナ	tiānxiàn 天线 ティエンシエン	antenna, aerial アンテナ, エアリアル
あんな	nàyàng; nèiyàng 那样 ナァヤン；ネイヤン	such, like that サチ, ライク ザト
〜に	nàme 那么 ナァマ	to that extent トゥ ザト イクステント

日	中	英
あんない **案内(する)**	xiàngdǎo, yǐndǎo 向导, 引导 シアンダオ, インダオ	guide ガイド
(通知)	tōngzhī, chuándá 通知, 传达 トンヂー, チュワンダァ	notice ノウティス
～所	wènshìchù, wènxùnchù 问事处, 问讯处 ウェンシーチュウ, ウェンシュインチュウ	information desk インフォメイション デスク
あん **暗に**	ànzhōng 暗中 アンチォン	tacitly タスィトリ
アンバランス	bù pínghéng, bù jūnhéng 不平衡, 不均衡 ブゥ ピィンヘゥン, ブゥ ジュインヘゥン	imbalance インバランス
あんぴ **安否**	píng'ān yǔ fǒu 平安与否 ピィンアン ユイ フォウ	safety セイフティ
アンペア	ānpéi 安培 アンペイ	ampere アンピア
あんみん **安眠**	ānmián 安眠 アンミエン	quiet sleep クワイエト スリープ
あんもく **暗黙の**	(jiān)mò (缄)默 ジエンモォ	tacit タスィト
アンモニア	āmóníyà, ān 阿摩尼亚, 氨 アァモオニィヤァ, アン	ammonia アモウニャ
あんらく **安楽**	ānlè 安乐 アンラァ	comfort, ease カンフォト, イーズ
～な	ānlè 安乐 アンラァ	comfortable, easy カンフォタブル, イーズィ

い, イ

日	中	英
い **胃**	wèi 胃 ウェイ	stomach スタマク
い **好い**	hǎo, liánghǎo 好, 良好 ハオ, リアンハオ	good, fine, nice グド, ファイン, ナイス
い あらそ **言い争い**	zhēngchǎo 争吵 ヂョンチャオ	dispute *with* ディスピュート

日	中	英
言い争う (いあらそ)	zhēngchǎo 争吵 チョンチャオ	quarrel クウォーレル
いいえ	bù, bú shì 不, 不是 ブウ, ブウ シー	no ノウ
言い返す (いかえ)	huí zuǐ, dǐng zuǐ 回嘴, 顶嘴 ホウイヅウイ, ディンヅウイ	answer back, retort アンサ バク, リトート
言い換える (いか)	huàn jù huà shuō 换句话说 ホワン チュイ ホア シュオ	say in the other words セイ イン ジ アザ ワーヅ
好い加減な (いかげん)	mǎhu, cǎoshuài, cūshuài 马虎, 草率, 粗率 マァホ, ツァオシュアイ, ツゥシュアイ	random ランダム
(あいまい)	hánhu 含糊 ハンホ	vague ヴェイグ
(無責任)	fūyan 敷衍 フウイエン	irresponsible イリスパンスィブル
言い過ぎ (いす)	shuōde zǒuhuǒ 说得走火 シュオダ ヅォウホゥオ	exaggeration イグザチェレイション
言い付け (いつ)	zhǔfù, fēnfù 嘱咐, 吩咐 チュウフウ, フェンフウ	instructions, order インストラクションズ, オーダ
言い伝え (いつた)	chuánshuō 传说 チュワンシュオ	legend レチェンド
言い逃れる (いのが)	zhīwú, tuītuō 支吾, 推脱 ヂーウゥ, トゥイトゥオ	evade イヴェイド
言い触らす (いふ)	yángyán, zhāngyáng 扬言, 张扬 ヤンイエン, チャアンヤン	spread スプレド
言い分 (いぶん)	zhǔzhāng, zhǔjiàn 主张, 主见 ヂュウチャアン, ヂュウジエン	say, opinion セイ, オピニョン
言い間違い (いまちが)	shuōcuò 说错 シュオツゥオ	
Eメール	diànzǐ yóujiàn 电子邮件 ディエンツー ヨウジエン	e-mail イーメイル

日	中	英
言い寄る（いよる）	zhuīqiú, qiú'ài 追求，求爱 ヂュイチウ，チウアイ	make a pass at メイク ア パス
言い訳（いわけ）	jièkǒu, shuōcí 借口，说辞 ジエコウ，シュオツー	excuse イクスキュース
委員（いいん）	wěiyuán 委员 ウェイユエン	committee コミティ
～会	wěiyuánhuì 委员会 ウェイユエンホゥイ	committee コミティ
言う（いう）	shuō, jiǎng, tán, gàosu 说，讲，谈，告诉 シュオ，ジアン，タン，ガオスゥ	say, tell セイ，テル
（称する）	jiào 叫 ジアオ	call, name コール，ネイム
家（いえ）	fángzi 房子 ファアンツ	house ハウス
（家庭）	jiātíng 家庭 ジアティン	home ホウム
（一家）	(yì) jiā （一）家 (イー) ジア	family ファミリ
（世帯）	jiātíng, hùkǒu 家庭，户口 ジアティン，ホゥコウ	household ハウスホウルド
家出（いえで）(する)	(lí jiā) chūzǒu （离家）出走 (リィ ジア) チュウヅォウ	run away from home ラナウェイ フラム ホウム
イオン	lízǐ 离子 リィヅー	ion アイオン
以下（いか）	...yǐxià, ...zhīxià …以下，…之下 … イーシア，… ヂーシア	less than, under レス ザン，アンダ
（下記）	rúcì, rúxià 如次，如下 ルゥツー，ルゥシア	(the) following (ザ) ファロウイング
（その他）	qítā, qítā 其他，其它 チィタァ，チィタァ	rest, other レスト，アザ
烏賊（いか）	zhī/tiáo mòyú, wūzéi 〔只/条〕墨鱼，乌贼 チー/ティアオ モォユイ，ウゥヅェイ	cuttlefish カトルフィシュ

■家■　⇒ 家具

家（いえ）　房子 /fángzi ファアンツ/ (㊗house)
門（もん）　（大）门 /(dà)mén (ダァ)メン/ (㊗gate)
玄関（げんかん）　门口 /ménkǒu メンコウ/ (㊗the entrance)
ドア　门 /mén メン/ (㊗door)
縁側（えんがわ）　后厦 /hòushà ホウシャア/ (㊗veranda)
庭（にわ）　庭园，院子 /tíngyuán, yuànzi ティンユエン, ユエンツ/ (㊗garden, yard)
部屋（へや）　房间 /fángjiān ファアンジエン/ (㊗room)
和室（わしつ）　日(本)式房间 /Rì(běn)shì fángjiān リー(ベン)シー ファアンジエン/ (㊗Japanese-style room)
洋室（ようしつ）　西式房间 /xīshì fángjiān シィシー ファアンジエン/ (㊗European-style room)
応接室（おうせつしつ）　会客室，接待室 /huìkèshì, jiēdàishì ホゥイクァシー, ジエダイシー/ (㊗reception room)
リビングルーム　起居室 /qǐjūshì チィジュィシー/ (㊗living room)
ダイニング　餐室 /cānshì ツァンシー/ (㊗dining room)
書斎（しょさい）　书房，书斋 /shūfáng, shūzhāi シュウファアン, シュウヂャイ/ (㊗study)
寝室（しんしつ）　卧房，卧室 /wòfáng, wòshì ウオファアン, ウオシー/ (㊗bedroom)
浴室（よくしつ）　浴室 /yùshì ユィシー/ (㊗bathroom)
トイレ　洗手间，厕所 /xǐshǒujiān, cèsuǒ シィショウジエン, ツゥァスゥオ/ (㊗toilet)
キッチン　厨房 /chúfáng チュウファアン/ (㊗kitchen)
物置（ものおき）　堆房，库房 /duīfang, kùfáng ドゥイファアン, クゥファアン/ (㊗storeroom)
屋根（やね）　屋顶 /wūdǐng ウゥディン/ (㊗roof)
窓（まど）　窗户 /chuānghu チュアンホ/ (㊗window)
車庫（しゃこ）　车库 /chēkù チョァクゥ/ (㊗garage)
塀（へい）　（围）墙 /(wéi)qiáng (ウェイ)チアン/ (㊗wall, fence)
インターホン　内线电话 /nèixiàn diànhuà ネイシエン ディエンホァ/ (㊗interphone)
ベランダ　阳台 /yángtái ヤンタイ/ (㊗veranda)

日	中	英
(するめいか)	zhī/tiáo yóuyú,〔只 / 条〕鱿鱼 チー/ティアオ ヨウユィ	squid スクウィド
いがい 以外	…yǐwài …以外 … イーワイ	except, but イクセプト, バト
いがい 意外な	yìwài, chū hū yì liào 意外, 出乎意料 イーワイ, チュウ ホウ イー リアオ	unexpected アニクスペクテド
いかいよう 胃潰瘍	wèikuìyáng 胃溃疡 ウェイクゥイヤン	stomach ulcer スタマク アルサ
いかが 如何	zěnmeyàng, rúhé 怎么样, 如何 ツェンマヤン, ルゥホォア	how, how about ハウ, ハウ アバウト
いかがわしい	kěyí, kàobuzhù 可疑, 靠不住 クァイー, カオブチュゥ	doubtful ダウトフル
(怪しげな)	kěyí 可疑 クァイー	suspicious サスピシャス
(みだらな)	wěixiè, wūhuì 猥亵, 污秽 ウェイシエ, ウゥホゥイ	indecent インディーセント
いがく 医学	yīxué 医学 イーシュエ	medical science メディカル サイエンス
い 生かす	liú huómìng 留活命 リウ ホゥオミィン	keep... alive キープ アライヴ
(活用)	huóyòng, lìyòng 活用, 利用 ホゥオヨン, リィヨン	make good use *of* メイク グド ユース
いかすい 胃下垂	wèixiàchuí 胃下垂 ウェイシアチュイ	gastroptosis ガストラプトウスィス
いか 厳めしい	lǐnlǐn, lǐnrán 凛凛, 凛然 リンリン, リンラン	dignified, grave ディグニファイド, グレイヴ
いか 怒り	huǒqì, fènnù 火气, 愤怒 ホゥオチィ, フェンヌウ	anger, rage アンガ, レイヂ
いき 息	hūxī, qìxī 呼吸, 气息 ホゥシィ, チィシィ	breath ブレス
いぎ 異議	yìyì, (fǎnduì) yìjiàn 异议, (反对)意见 イーイー, (ファンドゥイ) イージエン	objection オブチェクション

日	中	英
いぎ 意義	yìyì 意义 イーイー	meaning ミーニング
い い 生き生きと	shēngdòng de 生动地 ションドン ダ	lively, vividly ライヴリ, ヴィヴィドリ
いきお 勢い	shìli 势力 シーリ	power, force パウア, フォース
(気力)	qìshì 气势 チィシー	energy, vigor エナヂ, ヴィガ
〜で	chéngshì 乘势 チョンシー	necessarily ネセセリリ
い かえ 生き返る	fùhuó, huíshēng, sūshēng 复活，回生，苏生 フゥホゥオ, ホゥイション, スゥション	come back to life カム バク トゥ ライフ
い かた 生き方	shēnghuó fāngshì 生活方式 ションホゥオ ファァンシー	lifestyle ライフスタイル
い さき 行き先	mùdìdì 目的地 ムゥディーディー	destination デスティネイション
(行った場所)	qù(guo) de dìfang 去(过)的地方 チュイ(グゥオ) ダ ディーファアン	destination デスティネイション
いきさつ	yuánwěi, běnmò 原委，本末 ユエンウェイ, ベンモォ	circumstances サーカムスタンスズ
(詳細)	xiángqíng 详情 シアンチィン	details ディテイルズ
い 生きている	huó(zhe) de 活(着)的 ホゥオ(チャ) ダ	live, living ライヴ, リヴィング
い ど 行き止まり	zǒudào jìntóu 走到尽头 ヅォウダオ ジントウ	dead end デド エンド
(袋小路)	sǐhútòng 死胡同 スーホゥトン	dead lane デド レイン
いきなり	tūrán 突然 トゥラン	suddenly, abruptly サドンリ, アブラプトリ
いきぬ 息抜き	xiūxi 休息 シウシ	rest レスト

日	中	英
～する	xiē qì 歇气 シエチィ	take a rest テイク ア レスト
い のこ 生き残る	xìngcún, cáncún 幸存，残存 シィンツゥン, ツァンツゥン	survive サヴァイヴ
い もの 生き物	shēngwù 生物 ションウゥ	living thing, life リヴィング スィング, ライフ
イギリス	Yīngguó 英国 イィングゥオ	England イングランド
～人	Yīngguórén 英国人 イィングゥオレン	Englishman, Englishwoman イングリシュマン, イングリシュウマン
い 生きる	huó, shēngcún 活，生存 ホゥオ, ションツゥン	live, be alive リヴ, ビ アライヴ
い 行く	qù 去 チュイ	go, come, leave ゴウ, カム, リーヴ
いくじ 育児	yǎngyù yòu'ér 养育幼儿 ヤンユイ ヨウアル	child care, nursing チャイルド ケア, ナースィング
いく 幾つ	duōshao, jǐ (ge) 多少，几(个) ドゥオシャオ, ジィ (ガ)	how many ハウ メニ
(何歳)	jǐ suì, duō dà 几岁，多大 ジィ スゥイ, ドゥオ ダア	how old ハウ オウルド
いく 幾つか	yìxiē, jǐ ge 一些，几个 イーシエ, ジィ ガ	some, several サム, セヴラル
いく 幾らか	shāowēi, yǒuxiē 稍微，有些 シャオウェイ, ヨウシエ	some, a little サム, ア リトル
いけ 池	chítáng, chízi 池塘，池子 チータアン, チーヅ	pond, pool パンド, プール
いけいれん 胃痙攣	wèijìngluán 胃痉挛 ウェイジィンルワン	cramp in the stomach クランプ イン ザ スタマク
いけない	bù hǎo 不好 ブゥ ハオ	bad, naughty バド, ノーティ
(禁止)	bùxíng 不行 ブゥシィン	must not *do* マスト ナト

日	中	英
いばな 生け花	chāhuā 插花 チァアホア	flower arrangement フラウア アレインヂメント
い 生ける	chā (huā) 插（花） チァア（ホア）	arrange アレインヂ
いけん 意見	yìjiàn, zhǔyi, kànfǎ 意见，主意，看法 イージエン, ヂュウイ, カンファア	opinion, idea オピニオン, アイディーア
（忠告）	quàngào 劝告 チュエンガオ	advice, admonition アドヴァイス, アドモニション
いげん 威厳	wēiyán, zūnyán 威严，尊严 ウェイイエン, ヅウンイエン	dignity ディグニティ
いご 以後	yǐhòu, jīnhòu 以后，今后 イーホウ, ジンホウ	from now on フラム ナウ オン
（その後）	...yǐhòu, ...zhīhòu …以后，…之后 … イーホウ, … ヂーホウ	after, since アフタ, スィンス
いこう 意向	yìtú, yìxiàng 意图，意向 イートゥ, イーシアン	intention インテンション
イコール	A děngyú B A 等于 B A ヂュンユイ B	equality イクワリティ
（等号）	děnghào 等号 ヂュンハオ	equal sign イークワル サイン
いざこざ	jiūfēn, (kǒushé) shìfēi 纠纷,（口舌）是非 ジウフェン,（コウショア）シーフェイ	trouble トラブル
いさ 勇ましい	xióngzhuàng, yīngyǒng 雄壮，英勇 シオンヂュアン, イィンヨン	brave, courageous ブレイヴ, カレイヂャス
いさ 諌める	jiànzhèng 谏诤 ジエンヂョン	remonstrate リマンストレイト
いさん 遺産	yíchǎn 遗产 イーチャン	inheritance, legacy インヘリタンス, レガスィ
いし 意思	xīnyì 心意 シンイー	intention インテンション
いし 意志	yìzhì 意志 イーヂー	will, volition ウィル, ヴォウリション

日	中	英
いし 石	shítou 石头 シートウ	stone ストウン
いじ 意地	zhìqì 志气 ヂーチイ	backbone バクボウン
(意地っ張り)	gùzhí, juéjiàng 固执，倔强 グゥヂー, ジュエジアン	obstinacy アブスティナスィ
いしき 意識	yìshí, jīngshén 意识，精神 イーシー, ジィンシェン	consciousness カンシャスネス
～する	yìshídào 意识到 イーシーダオ	be conscious *of* ビ カンシャス
いじめる	qīfu, zhémó 欺负，折磨 チィフ, ヂョアモオ	torment, bully トーメント, ブリ
いしゃ 医者	dàifu, yīshēng 大夫，医生 ダイフ, イーション	doctor ダクタ
(内科医)	nèikē yīshēng 内科医生 ネイクァ イーション	physician フィズィシャン
(外科医)	wàikē yīshēng 外科医生 ワイクァ イーション	surgeon サーヂャン
いしゃりょう 慰謝料	péichángfèi 赔偿费 ペイチャァンフェイ	compensation money カンペンセイション マニ
いじゅう 移住	qiānyí, qiānxǐ 迁移，迁徙 チエンイー, チエンシィ	migration マイグレイション
～する	yímín 移民 イーミン	emigrate エミグレイト
(転居)	bānjiā 搬家 バンジア	move ムーヴ
いしゅく 萎縮	wěisuō 萎缩 ウェイスゥオ	atrophy アトロフィ
いしょ 遺書	yíyán 遗言 イーイエン	will ウィル
(遺言状)	yíshū 遗书 イーシュウ	will ウィル

日	中	英
いしょう 衣装	fúzhuāng, yīfu 服装，衣服	clothes, costume
いじょう 以上	yǐshàng 以上	more than, over
(…のからには)	jìrán 既然	since, now that
(終わり)	wán 完	That's all.
いじょう 異常な	yìcháng, fǎncháng 异常，反常	unusual
(アブノーマル)	biàntài 变态	abnormal
いしょく 異色	qítè 奇特	unique
いしょく 移植	yízhí 移植	transplantation
いじる	(bǎi)nòng (摆)弄	finger, fumble with
いじわる 意地悪(な)	huài xīnyǎnr, diāonàn 坏心眼儿，刁难	ill-natured
いす 椅子	yǐzi 椅子	chair, stool
(地位)	dìwèi 地位	post
いずみ 泉	quánshuǐ 泉水	spring, fountain
いずれ	nǎge 哪个	which, either
(そのうちに)	bùjiǔ 不久	another time
(早晩)	zǎowǎn 早晚	some day

日	中	英
(どのみち)	fǎnzhèng, bùguǎn zěnyàng 反正，不管怎样 ファンチョン，ブグワン ヅェンヤン	anyhow エニハウ
いせい 威勢	shēngwēi, wēishì 声威，威势 ションウェイ，ウェイシー	influence インフルエンス
(元気)	zhāoqì 朝气 チャオチィ	spirits スピリツ
いせい 異性	yìxìng 异性 イーシィン	the opposite sex ジ アポズィト セクス
いせえび 伊勢海老	lóngxiā 龙虾 ロンシア	lobster ラブスタ
いせき 遺跡	yíjì 遗迹 イージィ	ruins ルーインズ
いぜん 以前	yǐqián, cóngqián 以前，从前 イーチエン，ツォンチエン	ago, before アゴウ, ビフォー
いぜん 依然として	réngrán, hái, háishi 仍然，还，还是 ルオンラン，ハイ，ハイシ	still ティル
いそ 磯	hǎibīn, duō shí de hǎi'àn 海滨，多石的海岸 ハイビン，ドゥオ シー ダ ハイアン	beach, shore ビーチ，ショー
いそが 忙しい	máng, mánglù 忙，忙碌 マァン，マァンルウ	be busy ビ ビズィ
いそ 急ぐ	jímáng, gǎnjǐn, gǎnkuài 急忙，赶紧，赶快 ジィマァン，ガンジン，ガンクアイ	hurry, hasten ハーリ，ヘイスン
いぞく 遺族	yíshǔ 遗属 イーシュウ	the bereaved ザ ビリーヴド
いぞん 依存	yīkào, yīlài, yīcún 依靠，依赖，依存 イーカオ，イーライ，イーツゥン	dependence ペンデンス
いた 板	(mù)bǎn (木)板 (ムゥ)バン	board ボード
(金属板)	jīnshǔ báobǎn 金属薄板 ジンシュウ バオバン	plate プレイト
いたい 遺体	yítǐ 遗体 イーティー	dead body デド バディ

日	中	英
いた 痛い	téng, téngtòng 疼，疼痛	painful, sore
いだい 偉大な	wěidà 伟大	great, grand
いだ 抱く	(huái)bào, xiōnghuái((dàzhì)) (怀)抱，胸怀《大志》	have, bear
いたく 委託する	wěituō, fùtuō 委托，付托	entrust, consign
いたずら 悪戯	èzuòjù, táoqì 恶作剧，淘气	mischief, trick
～な	tiáopí, wánpí 调皮，顽皮	naughty
いたず 徒らに	wúyì, báibái 无益，白白	in vain
いただ 頂く	jiēshòu, lǐngshòu 接受，领受	receive
(飲食)	chī 吃	get, have
いたばさ 板挟み	zuǒ yòu wéi nán, shòu jiábǎnqì 左右为难，受夹板气	dilemma
いた 痛み	téngtòng 疼痛	pain, ache
(心の)	shāngxīn 伤心	mental pain
いた 傷む	téng, téngtòng, zuòtòng 疼，疼痛，作痛	ache, hurt
(損壊・腐敗)	huài 坏	rot
いた 炒める	chǎo, jiān 炒，煎	fry
イタリア	Yìdàlì 意大利	Italy

日	中	英
〜語	Yìdàlìyǔ 意大利语 イーダァリィユイ	Italian イタリヤン
いた 至る	zhì 至 チー	arrive *at* アライヴ
〜所	dàochù 到处 ダオチュウ	everywhere エヴリ(ホ)ウェア
いたわ 労る	zhàogù, wèiláo 照顾，慰劳 チャオグウ，ウェイラオ	take (good) care *of* テイク（グド）ケア
いち 位置	wèizhi, dìdiǎn 位置，地点 ウェイチ，ディーディエン	position ポズィション
いち 市	shìchǎng, jíshì 市场，集市 シーチャアン，ジイシー	fair, market フェア，マーケト
いちおう 一応	jīběnshang 基本上 ジィベンシャアン	generally チェネラリ
いちがつ 一月	yīyuè 一月 イーユエ	January チャニュエリ
いちげき 一撃	yì jī 一击 イー ジィ	blow ブロウ
いちご 苺	cǎoméi 草莓 ツァオメイ	strawberry ストローベリ
いちじ 一次の	dìyī cì 第一次 ディーイー ツー	primary, first プライメリ，ファースト
いちじる 著しい	xiǎnzhù 显著 シエンチュウ	remarkable, marked リマーカブル，マークト
いちど 一度	yí cì, yí dù 一次，一度 イー ツー，イー ドゥ	once, one time ワンス，ワン タイム
いちどう 一同	dàjiā 大家 ダァジア	all, everyone オール，エヴリワン
いちにち 一日	yì tiān 一天 イー ティエン	a day ア デイ
〜おきに	(měi) gé yì tiān （每）隔一天 (メイ) グァ イー ティエン	every other day エヴリ アザ デイ

日	中	英
～中	zhěngtiān, yì tiān dào wǎn 整天，一天到晚 ヂョンティエン，イー ティエン ダオ ワン	all day (long) オール デイ（ローング）
いちにんまえ 一人前	yí fènr 一份儿 イー フェル	per head パ ヘド
(ひとかどの)	gòugé, xiàngyàng 够格，像样 ゴウグァ，シアンヤン	dependent ディペンデント
いちねん 一年	yì nián, chūnqiū 一年，春秋 イー ニエン，チュンチウ	a year ア イア
いちば 市場	shìchǎng, jíshì 市场，集市 シーチャアン，ジィシー	market マーケト
いちばん 一番	dìyī 第一 ディーイー	the first, No.1 ザ ファースト，ナンバ ワン
(最も)	zuì 最 ヅゥイ	most, best モウスト，ベスト
いちぶ 一部	bùfen 部分 ブゥフェン	a part ア パート
(一冊)	yí bù, yí fèn, yì běn 一部，一份，一本 イー ブゥ，イー フェン，イー ベン	a copy ア カピ
いちめん 一面	yīmiàn 一面 イーミエン	one side ワン サイド
(新聞の)	tóubǎn, dìyī miàn 头版，第一面 トウバン，ディーイー ミエン	the front page ザ フラント ペイヂ
(全面)	zhōuwéi yídài 周围一带 ヂョウウェイ イーダイ	the whole surface ザ ホウル サーフェス
いちょう 胃腸	chángwèi 肠胃 チャアンウェイ	the stomach and intestines ザ スタマク アンド インテスティンズ
～薬	chángwèiyào 肠胃药 チャアンウェイヤオ	stomach medicine スタマク メディスィン
いちょう 銀杏	gōngsūnshù, yínxìng 公孙树，银杏 ゴンスゥンシュウ，インシィン	ginkgo ギンコウ
いちりゅう 一流の	(dì)yīliú (第)一流 (ディー)イーリウ	first-class ファーストクラス

日	中	英
(独特の)	dútè 独特 ドゥトゥア	unique ユーニーク
いつ	shénme shíhou, jǐshí 什么时候，几时 シェンマ シーホウ, ジィシー	when (ホ)ウェン
いつう 胃痛	wèitòng 胃痛 ウェイトン	stomachache スタマクエイク
いっか 一家		
(家族)	yì jiā 一家 イー ジア	family ファミリ
(家庭)	jiātíng 家庭 ジアティン	home ホウム
いつか	yǒu yì tiān, jiānglái 有一天，将来 ヨウ イー ティエン, ジアンライ	some time [day] サム タイム [デイ]
(過去の)	yǐqián, céngjīng 以前，曾经 イーチエン, ツンジィン	once, at one time ワンス, アト ワン タイム
いっき 一気に	yìgǔjìnr, yìkǒuqì 一股劲儿，一口气 イーグゥジル, イーコウチィ	in one go イン ワン ゴウ
いっけん 一見	kàn yì yǎn, yí zhà kàn 看一眼，一乍看 カン イー イエン, イー チァア カン	apparently アパレントリ
いっこ **一個**	yí ge 一个 イー ガ	one, a piece ワン, ア ピース
いっさい 一切	yíqiè, tǒngtǒng 一切，统统 イーチエ, トントン	all, everything オール, エヴリスィング
いっさくじつ 一昨日	qiántiān 前天 チエンティエン	the day before yesterday ザ デイ ビフォー イェスタディ
いっさくねん 一昨年	qiánnián 前年 チエンニエン	the year before last ザ イヤー ビフォー ラスト
いっさんかたんそ 一酸化炭素	yìyǎnghuàtàn 一氧化碳 イーヤンホアタン	carbon monoxide カーボン モナアクサイド
いっしき 一式	yí tào 一套 イー タオ	a complete set ア コンプリート セト

日	中	英
いっしゅ **一種**	yì zhǒng 一种 イー チォン	a kind, a sort ア カインド, ア ソート
いっしゅん **一瞬**	yíshùn, zhuǎnyǎn, chànà 一瞬，转眼，刹那 イーシュン, ヂュワンイエン, チャアナア	a moment ア モウメント
いっしょう **一生**	yìshēng, yíbèizi 一生，一辈子 イーション, イーベイツ	(whole) life (ホウル) ライフ
いっしょうけんめい **一生懸命**	pīnmìng 拼命 ピンミイン	with all *one's* might ウィズ オール マイト
いっしょ **一緒に**	gòngtóng, yíkuàir, yìqǐ 共同，一块儿，一起 ゴントン, イークアル, イーチィ	together, with トゲザ, ウィズ
いっせい **一斉に**	yìqí, yìtóng 一齐，一同 イーチィ, イートン	all at once オール アト ワンス
いっそう **一層**	yuèfā, gèngjiā 越发，更加 ユエファア, グンジア	much more マチ モー
いったい **一体**	dàtǐshang 大体上 ダァティーシャアン	on the whole オン ザ ホウル
～全体	dàodǐ 到底 ダオディー	on earth オン ナース
いっち **一致(する)**	yízhì 一致 イーヂー	agree *with* アグリー
いっちゅうや **一昼夜**	yì zhěngtiān, yí zhòuyè 一整天，一昼夜 イー ヂョンティエン, イー ヂョウイエ	for twenty-four hours フォ トウェンティフォー アウアズ
いつ **五つ**	wǔ ge 五个 ウゥ ガ	five ファイヴ
いっつい **一対の**	yí duì 一对 イー ドゥイ	a pair *of* ア ペア
いってい **一定の**	yídìng, gùdìng 一定，固定 イーディン, グゥディン	fixed フィクスト
いつ **何時でも**	lǎoshì, zǒngshì, suíshí 老是，总是，随时 ラオシー, ヅォンシー, スゥイシー	any time, always エニ タイム, オールウェイズ
いっとう **一等**	tóuděng 头等 トウデゥン	the first class ザ ファースト クラス

日	中	英
（一等車）	tóuděngchē 头等车 トウデゥンチョァ	first-class carriage ファースト クラス キャリヂ
（一等賞）	tóujiǎng 头奖 トウジアン	first prize ファースト プライズ
いっぱい 一杯	yì bēi 一杯 イー ベイ	a cup of, a glass of ア カプ, ア グラス
満杯（の）	chōngmǎn, chōngyíng 充满, 充盈 チォンマン, チォンイィン	full of; full フル; フル
いっぱん 一般（に）	yìbān (de), pǔtōng 一般（地），普通 イーバン（ダ），プゥトン	generally ヂェネラリ
〜的な	yìbān, pǔtōng 一般，普通 イーバン, プゥトン	general, common ヂェネラル, カモン
いっぽ 一歩	yí bù 一步 イー ブゥ	one step ワン ステプ
いっぽう 一方	(lìng) yì fāngmiàn （另）一方面 （リィン）イー ファアンミエン	one side ワン サイド
（話変わって）	tóngshí, quèshuō, qiěshuō 同时，却说，且说 トンシー, チュエシュオ, チエシュオ	meanwhile ミーン（ホ）ワイル
〜通行	dānxíngxiàn 单行线 ダンシィンシエン	one-way traffic ワンウェイ トラフィク
〜的な	piànmiàn, piāntǎn 片面，偏袒 ピエンミエン, ピエンタン	one-sided ワンサイデド
いつまでも	yǒngyuǎn, hěn jiǔ 永远，很久 ヨンユエン, ヘン ジウ	forever フォレヴァ
いつも	zǒngshì, jīngcháng 总是，经常 ヅォンシー, ジィンチャァン	always, usually オールウェイズ, ユージュアリ
いつわ 偽り	xūwéi, xūjiǎ 虚伪，虚假 シュイウェイ, シュイジア	lie, falsehood ライ, フォールスフド
いつわ 偽る	guǐchēng, màochōng 诡称，冒充 グゥイチョン, マオチォン	lie, deceive ライ, ディスィーヴ
イデオロギー	sīxiǎng, yìshí xíngtài 思想，意识形态 スースィアン, イーシー シィンタイ	ideology アイディアロヂ

日	中	英
いてざ 射手座	rénmǎzuò 人马座 レンマァヅゥオ	the Archer ジ アーチャ
いてん 移転	bān, qiānyí 搬, 迁移 バン, チエンイー	removal リムーヴァル
いでん 遺伝	yíchuán 遗传 イーチュワン	heredity ヘレディティ
～子	jīyīn 基因 ジィイン	gene チーン
～子組み換え	zhuǎn jīyīn 转基因 ヂュワン ジィイン	gene recombination チーン リーカンビネイション
～子工学	jīyīn gōngchéngxué 基因工程学 ジィイン ゴンチョンシュエ	biogenetics バイオウヂェネティクス
いと 糸	xiàn 线 シエン	thread, yarn スレド, ヤーン
いど 緯度	wěidù 纬度 ウェイドゥ	latitude ラティテュード
いど 井戸	shuǐjǐng 水井 シュイジィン	well ウェル
いどう 移動(する)	yídòng, zhuǎnyí 移动, 转移 イードン, ヂュワンイー	move ムーヴ
いとぐち 糸口	xiànsuǒ, tóuxù 线索, 头绪 シエンスゥオ, トウシュイ	clue クルー
いとこ 従兄弟[姉妹]		cousin カズン
(父方で年上の男)	tángxiōng 堂兄 タァンシオン	
(父方で年下の男)	tángdì 堂弟 タァンディー	
(父方で年上の女)	tángjiě 堂姐 タァンジエ	
(父方で年下の女)	tángmèi 堂妹 タァンメイ	

日	中	英
(母方で年上の男)	biǎoxiōng 表兄 ビアオシオン	
(母方で年下の男)	biǎodì 表弟 ビアオディー	
(母方で年上の女)	biǎojiě 表姐 ビアオジエ	
(母方で年下の女)	biǎomèi 表妹 ビアオメイ	
いどころ 居所	zhùdì 住地 ヂュウディー	whereabouts (ホ)ウェアラバウツ
いとな 営む	yíngshēng, wéishēng 营生，为生 イィンション，ウェイション	conduct, carry on コンダクト, キャリ オン
(経営)	jīngyíng 经营 ジィンイィン	run ラン
いど 挑む	tiǎozhàn 挑战 ティアオヂャン	challenge チャレンヂ
いない 以内	...zhīnèi, ...yǐnèi …之内，…以内 … ヂーネイ， … イーネイ	within, less than ウィズィン, レス ザン
いなか 田舎	xiāngcūn, xiāngxia 乡村，乡下 シアンツゥン，シアンシア	the countryside ザ カントリサイド
～者	xiāngxiarén, xiāngxialǎo 乡下人，乡下佬 シアンシアレン，シアンシアラオ	yokel ヨウケル
いなさく 稲作	zhòng dàozi 种稻子 ヂォン ダオヅ	rice crop ライス クラプ
いなずま 稲妻	shǎndiàn, diànguāng 闪电，电光 シャンディエン，ディエングアン	lightning ライトニング
イニシアチブ	zhǔdòngquán 主动权 ヂュウドンチュエン	initiative イニシャティヴ
イニシャル	kāitóu zìmǔ 开头字母 カイトウ ヅームゥ	initial イニシャル
いにん 委任する	wěipài, wěirèn 委派，委任 ウェイパイ，ウェイレン	leave, entrust リーヴ, イントラスト

日	中	英
いぬ 犬	tiáo gǒu 〔条〕狗 ティアオ ゴウ	dog ドーグ
いね 稲	dào(zi) 稲(子) ダオ(ヅ)	rice ライス
いねむり 居眠り	dǎdǔnr, dǎ kēshuì 打盹儿，打瞌睡 ダアドゥル, ダア クァシュイ	nap, doze ナプ, ドウズ
いのしし 猪	zhī yězhū 〔只〕野猪 ヂー イエヂュウ	wild boar ワイルド ボー
いのち 命	mìng, shēngmìng 命，生命 ミイン, ションミイン	life ライフ
いの 祈り	qídǎo 祈祷 チィダオ	prayer プレア
いの 祈る	qídǎo, dǎogào 祈祷，祷告 チィダオ, ダオガオ	pray to プレイ
（望む）	zhùyuàn 祝愿 ヂュウユエン	wish ウィシュ
いば 威張る	bǎi jiàzi, zì gāo zì dà 摆架子，自高自大 バイ ジアヅ, ヅー ガオ ヅー ダァ	be haughty ビ ホーティ
いはん 違反	wéifǎn, wéifàn 违反，违犯 ウェイファン, ウェイファン	violation ヴァイオレイション
いびき 鼾	hūlu, hānshēng 呼噜，鼾声 ホウルゥ, ハンション	snore スノー
〜をかく	dǎ hūlu, dǎhān 打呼噜，打鼾 ダァ ホウルゥ, ダァハン	snore スノー
いびつ 歪な	wāi 歪 ワイ	distorted ディストーテド
いひん 遺品	yíwù 遗物 イーウゥ	relic レリク
いふく 衣服	jiàn yīfu, yīshang 〔件〕衣服，衣裳 ジエン イーフ, イーシァン	clothes, dress クロウズ, ドレス
いぶ 燻す	xūn 熏 シュイン	smoke スモウク

■衣服■

スーツ	套装 /tàozhuāng タオチュアン/	(英suit)
ズボン	裤子 /kùzi クゥヅ/	(英trousers)
スラックス	休闲裤 /xiūxiánkù シゥシエンクゥ/	(英slacks)
スカート	裙子 /qúnzi チュィンヅ/	(英skirt)
ミニスカート	迷你裙 /mínǐqún ミィニィチュィン/	(英mini skirt)
ワンピース	连衣裙 /liányīqún リエンイーチュィン/	(英dress, one-piece)
シャツ	衬衫 /chènshān チェンシャン/	(英shirt)
ポロシャツ	开领短袖衬衫 /kāilǐng duǎnxiù chènshān カイリィン ドワンシウ チェンシャン/	(英polo shirt)
Tシャツ(ティー)	T恤衫 /T xùshān T シュィシャン/	(英T-shirt)
セーター	毛衣 /máoyī マオイー/	(英sweater, pullover)
タートルネック	高领 /gāolǐng ガオリィン/	(英turtleneck)
ベスト	背心 /bèixīn ベイシン/	(英vest)
ブラウス	衬衫 /chènshān チェンシャン/	(英blouse)
着物(きもの)	和服 /héfú ホァフゥ/	(英kimono)
コート	大衣 /dàyī ダァイー/	(英coat)
ジャケット	外套，夹克 /wàitào, jiákè ワイタオ, ジアクァ/	(英jacket)
ダウンジャケット	羽绒衣 /yǔróngyī ュィロンイー/	(英down jacket)
レインコート	雨衣 /yǔyī ュィイー/	(英raincoat)
長袖(ながそで)	长袖 /chángxiù チャァンシウ/	(英long sleeves)
半袖(はんそで)	短袖 /duǎnxiù ドワンシウ/	(英short sleeves)
ノースリーブの	无袖(的) /wúxiù (de) ウゥシウ (ダ)/	(英sleeveless)
ベルト	带子，腰带 /dàizi, yāodài ダイヅ, ヤオダイ/	(英belt)
ネクタイ	领带 /lǐngdài リィンダイ/	(英necktie, tie)
マフラー	围巾 /wéijīn ウェイジン/	(英muffler)
スカーフ	领巾 /lǐngjīn リィンジン/	(英scarf)
手袋(てぶくろ)	手套 /shǒutào ショウタオ/	(英gloves)
靴(くつ)	鞋(子) /xié(zi) シエ(ヅ)/	(英shoes, boots)
靴下(くつした)	袜子 /wàzi ワァヅ/	(英socks, stockings)

日	中	英
いぶんか 異文化の	bù tóng wénhuà (de) 不同文化(的) プゥトン ウェンホア (ダ)	intercultural インタカルチュラル
イベント	(jìniàn) huódòng (纪念)活动 (ジィニエン) ホゥオドン	event イヴェント
いほう 違法の	bùfǎ (de), fēifǎ (de) 不法(的), 非法(的) ブゥファア (ダ), フェイファア (ダ)	illegal イリーガル
いま 今	xiànzài, rújīn 现在, 如今 シエンヅァイ, ルゥジン	now, at (the) present ナウ, アト (ザ) プレズント
いまいま 忌々しい	gāisǐ, kěwù, tǎoyàn 该死, 可恶, 讨厌 ガイスー, クァウゥ, タオイエン	annoying アノイイング
いまごろ 今頃	zhèhuǐr 这会儿 チョァホアル	at this time アト ズィス タイム
いまさら 今更	shì dào rújīn 事到如今 シー ダオ ルゥジン	now, at this time ナウ, アト ズィス タイム
いま 忌わしい	bù jílì 不吉利 ブゥ ジィリィ	disgusting ディスガスティング
いみ 意味	yìsi, hányì 意思, 含义 イース, ハンイー	meaning, sense ミーニング, センス
～する	yìwèi 意味 イーウェイ	mean, signify ミーン, スィグニファイ
イミテーション	fǎngzhìpǐn 仿制品 ファアンヂーピン	imitation イミテイション
いみん 移民(する)	yímín 移民 イーミン	emigration エミグレイション
イメージ	xíngxiàng 形象 シィンシアン	image イミヂ
いも 芋	mǎlíngshǔ, tǔdòu 马铃薯, 土豆 マァリィンシュウ, トゥドウ	potato ポテイトウ
(さつまいも)	hóngshǔ 红薯 ホンシュウ	sweet potato スウィート ポテイトウ
いもうと 妹	mèimei, mèizi 妹妹, 妹子 メイメイ, メイツ	(younger) sister (ヤンガ) スィスタ

日	中	英
いやいや 嫌嫌	miǎnmiǎnqiǎngqiǎng 勉勉强强 ミエンミエンチアンチアン	reluctantly リラクタントリ
いや 嫌がらせ	sāorǎo, diāonàn 骚扰，刁难 サオラオ，ディアオナン	vexation ヴェクセイション
いやくきん 違約金	fákuǎn 罚款 ファアクワン	forfeit フォーフィト
いや 卑しい	tānlán 贪婪 タンラン	low, humble ロウ，ハンブル
（食べ物に）	zuǐ chán 嘴馋 ヅゥイ チャン	greedy グリーディ
（卑賤）	bēiwēi 卑微 ベイウェイ	low, humble ロウ，ハンブル
いや 癒す	zhìliáo 治疗 チーリアオ	heal, cure ヒール，キュア
いや 嫌な	tǎoyàn 讨厌 タオイエン	unpleasant アンプレズント
イヤホーン	ěrjī 耳机 アルジィ	earphone イアフォウン
いや 嫌らしい	tǎoyàn 讨厌 タオイエン	indecent インディーセント
イヤリング	ěrhuán 耳环 アルホワン	earring イアリング
いよいよ	zhōngyú 终于 チォンユイ	at last アト ラスト
（ますます）	yuèfā, gèngjiā 越发，更加 ユエファア，グンジア	more and more モー アンド モー
いよく 意欲	rèqíng, yìzhì 热情，意志 ルァチィン，イーチー	volition ヴォウリション
いらい 以来	yǐlái 以来 イーライ	since, after that スィンス，アフタ ザト
いらい 依頼(する)	wěituō 委托 ウェイトゥオ	request リクウェスト

日	中	英
いらいらする	xīnjí, xīnfán 心急，心烦 シンジィ，シンファン	be irritated ビ イリテイテド
イラスト	chāhuà, chātú 插画，插图 チャアホア，チャアトゥ	illustration イラストレイション
イラストレーター	chātú huàjiā 插图画家 チャアトゥ ホアジア	illustrator イラストレイタ
いらっしゃい	nín lái la, huānyíng huānyíng 您来啦，欢迎欢迎 ニン ライ ラ，ホワンイィン ホワンイィン	wellcome ウェルカム
入り江（い　え）	hǎiwān 海湾 ハイワン	inlet インレト
入り口（い　ぐち）	rùkǒu, jìnkǒu 入口，进口 ルゥコウ，ジンコウ	entrance エントランス
医療（いりょう）	yīliáo 医疗 イーリアオ	medical treatment メディカル トリートメント
偉力（いりょく）	wěidà de lìliang 伟大的力量 ウェイダァ ダ リィリァン	great power グレイト パウア
居る（い）	...zài ..., ...yǒu ... 〈东西／人〉在〈地方〉，〈地方〉有〈东西／人〉 … ヅァイ…，… ヨウ…	be, there is [are] ビー，ゼア イズ[ア]
要る（い）	yào, xūyào 要，需要 ヤオ，シュイヤオ	need, want ニー ド，ワント
衣類（いるい）	jiàn yīfu 〔件〕衣服 ジェン イーフ	clothing, clothes クロウズィング，クロウズ
イルミネーション	dēngcǎi, dēngshì 灯彩，灯饰 デゥンツァイ，デゥンシー	illuminations イルーミネイションズ
異例の（いれい）	pòlì, pògé, fǎncháng 破例，破格，反常 ポォリィ，ポォグァ，ファンチャアン	exceptional イクセプショナル
入れ替える（い　か）	huàn, hùhuàn 换，互换 ホワン，ホゥホワン	replace リプレイス
入れ智恵（い　ちえ）	guànshū, jiàosuō 灌输，教唆 グワンシュウ，ジアオスゥオ	suggestion サグチェスチョン

日	中	英
入れ歯（いば）	jiǎyá, yìchǐ 假牙，义齿 ジアヤァ, イーチー	artificial tooth アーティフィシャル トゥース
入れ物（いもの）	róngqì, chéngqì 容器，盛器 ロンチィ, チョンチィ	receptacle リセプタクル
入れる（いれる）	zhuāng, fàngjìn, gē 装，放进，搁 チュアン, ファアンジン, グァ	put... in プト
（人を）	róngnà 容纳 ロンナァ	let *into*, admit *into* レト, アドミト
（承認・受容）	tīngcóng 听从 ティンツォン	accept, take アクセプト, テイク
（茶などを）	dào, pào, qī, chōng 倒，泡，沏，冲 ダオ, パオ, チィ, チォン	make メイク
色（いろ）	yánsè, cǎisè, shǎi 颜色，彩色，色 イエンスァ, ツァイスァ, シャイ	color カラ
色々（いろいろ）	gè zhǒng gè yàng 各种各样 グァ チォン グァ ヤン	various ヴェアリアス
慰労する（いろう）	wèiláo 慰劳 ウェイラオ	acknowledge アクナリヂ
色気（いろけ）	wǔmèi, sèqíng, xìnggǎn 妩媚，色情，性感 ウゥメイ, スァチィン, シィンガン	sex appeal セクス アピール
色白の（いろじろ）	pífū bái, měi bái 皮肤白，美白 ピィフゥ バイ, メイ バイ	fair フェア
彩り（いろどり）	cǎisè, sècǎi, wéncǎi 彩色，色彩，文采 ツァイスァ, スァツァイ, ウェンツァイ	coloring カラリング
異論（いろん）	yìyì, bù tóng yìjiàn 异议，不同意见 イーイー, ブゥ トン イージェン	objection オブチェクション
岩（いわ）	kuài dà shítou, yánshí 〔块〕大石头，岩石 クアイ ダァ シートウ, イエンシー	rock ラク
祝い（いわい）	zhùhè 祝贺 チュゥホォア	celebration セレブレイション
（贈り物）	ge/jiàn hèlǐ 〔个/件〕贺礼 ガ/ジェン ホォアリィ	congratulatory gift コングラチュラトーリ ギフト

日	中	英
^{いわ}祝う	qìngzhù, zhùhè 庆祝，祝贺 チィンヂュウ, ヂュウホォア	congratulate コングラチュレイト
^{いわし}鰯	shādīngyú 沙丁鱼 シャアディンユイ	sardine サーディーン
^{いわゆる}所謂	suǒwèi 所谓 スゥオウェイ	what you call (ホ)ワト ユー コール
^{いわ}謂れ	yóulái 由来 ヨウライ	reason, origin リーズン, オーリヂン
^{いんが}因果	yīnguǒ 因果 イングゥオ	cause and effect コーズ アンド イフェクト
^{いんかん}印鑑	túzhāng 图章 トゥヂャアン	seal スィール

■色■

日	中	英
^{くろ}黒	黑色 /hēisè ヘイスァ /	(米)black
グレー	灰色 /huīsè ホウイスァ /	(米)gray
^{しろ}白	白色 /báisè バイスァ /	(米)white
^{あお}青	蓝色 /lánsè ランスァ /	(米)blue, green
^{あか}赤	红色 /hóngsè ホンスァ /	(米)red
^{みどり}緑	绿色 /lǜsè リュイスァ /	(米)green
^{ちゃ}茶	褐色 /hèsè ホォアスァ /	(米)light brown
^{むらさき}紫	紫色 /zǐsè ヅースァ /	(米)purple, violet
^き黄	黄色 /huángsè ホアンスァ /	(米)yellow
^{きみどり}黄緑	黄绿色 /huánglǜsè ホアンリュイスァ /	(米)yellowish green
^{とうめい}透明	透明 /tòumíng トウミィン /	(米)transparency
オレンジ	橘黄色 /júhuángsè ヂュイホアンスァ /	(米)orange
^{そらいろ}空色	天蓝色 /tiānlánsè ティエンランスァ /	(米)sky-blue
ピンク	粉红色 /fěnhóngsè フェンホンスァ /	(米)pink
^{こん}紺	藏青色，深蓝色 /zàngqīngsè, shēnlánsè ヅァアンチィンスァ, シェンランスァ /	(米)dark blue
ベージュ	浅陀色 /qiǎntuósè チェントゥオスァ /	(米)beige
^{きんいろ}金色	金黄色 /jīnhuángsè ヂンホアンスァ /	(米)golden
^{ぎんいろ}銀色	银色 /yínsè インスァ /	(米)silver

日	中	英
いんき 陰気な	yīn'àn 阴暗 インアン	gloomy グルーミ
インク	mòshuǐ 墨水 モォシュイ	ink インク
いんけん 陰険な	yīnxiǎn, xiǎn'è 阴险，险恶 インシエン, シエンウァ	crafty クラフティ
いんさつ 印刷(する)	yìnshuā, páiyìn 印刷, 排印 インシュア, パイイン	printing; print プリンティング；プリント
いんし 印紙	yìnhuā (shuìpiào) 印花(税票) インホアー (シュイピアオ)	revenue stamp レヴェニュー スタンプ
いんしゅう 因習	yīnxí 因袭 インシィ	convention コンヴェンション
(古いしきたり)	jiùxí(guàn) 旧习(惯) ジゥシィ(グワン)	
インシュリン	yídǎosù 胰岛素 イーダオスゥ	insulin インシュリン
いんしょう 印象	yìnxiàng, gǎnxiǎng 印象, 感想 インシアン, ガンシアン	impression インプレション
いんしょく 飲食	yǐnshí 饮食 インシー	food and drink フード アンド ドリンク
インスタントの	sùchéng, sùróng《kāfēi》 速成, 速溶《咖啡》 スゥチョン, スゥロン《カァフェイ》	instant インスタント
インストールする	ānzhuāng (ruǎnjiàn) 安装(软件) アンヂュアン (ルワンジエン)	install インストール
インストラクター	jiàoliàn 教练 ジアオリエン	instructor インストラクタ
インスピレーション	línggǎn 灵感 リィンガン	inspiration インスピレイション
いんぜい 印税	bǎnshuì, zhùzuò quánlìjīn 版税, 著作权利金 バンシュイ, ヂュウヅゥオ チュエンリィジン	royalty ロイアルティ
いんせき 姻戚	qìngjia 亲家 チィンジア	relative by marriage レラティヴ バイ マリヂ

日	中	英
引率する いんそつ	带领，引导 dàilǐng, yǐndǎo ダイリィン，インダオ	lead リード
インターチェンジ	高速公路出入口 gāosù gōnglù chūrùkǒu ガオスゥ ゴンルゥ チュウルゥコウ	interchange インタチェインヂ
インターネット	因特网，国际互联网 yīntèwǎng, guójì hùliánwǎng イントゥァワァン，グゥオジィ ホゥリエンワァン	the Internet インタネト

■インターネット■ ⇒ コンピュータ

インターネット　因特网 /yīntèwǎng イントゥァワァン/ (㊎the Internet)

アドレス　网址 /wǎngzhǐ ワァンヂー/ (㊎address)

モデム　调制解调器 /tiáozhì jiětiáoqì ティアオヂー ジエティアオチィ/ (㊎modem)

ブロードバンド　宽带 /kuāndài クヮンダイ/ (㊎broadband)

プロバイダー　网络服务商 /wǎngluò fúwùshāng ワァンルゥオ フゥウゥシャアン/ (㊎provider)

ドメイン名　域名 /yùmíng ユィミィン/ (㊎domain name)

ユーザー名　用户名 /yònghùmíng ヨンホゥミィン/ (㊎user name)

パスワード　密码 /mìmǎ ミィマァ/ (㊎password)

サーバー　服务器 /fúwùqì フゥウゥチィ/ (㊎server)

Eメール　电子邮件 /diànzǐ yóujiàn ディエンヅー ヨウジエン/ (㊎e-mail)

WWW　环球网 /huánqiúwǎng ホワンチウワァン/ (㊎world wide web)

アットマーク　电子邮件符号 /diànzǐ yóujiàn fúhào ディエンヅー ヨウジエン フゥハオ/ (㊎at)

ドット　点 /diǎn ディエン/ (㊎dot)

スラッシュ　斜线号 /xiéxiànhào シエシエンハオ/ (㊎slash)

ハイフン　连字号 /liánzìhào リエンヅーハオ/ (㊎hyphen)

ネットサーフ　浏览网页 /liúlǎn wǎngyè リウラン ワァンイエ/ (㊎net surfing)

ファイル　文件 /wénjiàn ウェンジエン/ (㊎file)

サーチエンジン　搜索引擎 /sōusuǒ yǐnqíng ソウスゥオ インチィン/ (㊎search engine)

日	中	英
インターフェロン	gānrǎosù 干扰素 ガンラオスゥ	interferon インタフィラン
インターホン	nèixiàn diànhuà 内线电话 ネイシエン ディエンホア	interphone インタフォウン
引退(する) ^{いんたい}	tuìxiū, tuìzhí, líxiū 退休, 退职, 离休 トゥイシウ, トゥイヂー, リィシウ	retirement; retire リタイアメント;リタイア
インタビュー	cǎifǎng 采访 ツァイファアン	interview インタヴュー
インテリ	zhīshi fènzǐ 知识分子 ヂーシ フェンヅー	intellectual インテレクチュアル
インテリア	shìnèi zhuāngshì, chénshè 室内装饰, 陈设 シーネイ ヂュアンシー, チェンショァ	interior design インティアリア ディザイン
インド(の)	Yìndù (de) 印度(的) インドゥ(ダ)	India; Indian インディア;インディアン
イントネーション	yǔdiào 语调 ユィディアオ	intonation イントネイション
インドネシア	Yìndùníxīyà, Yìnní 印度尼西亚, 印尼 インドゥニィシィヤァ, インニィ	Indonesia インドニージャ
インパクト	chōngjī 冲击 チョンジィ	impact インパクト
インフォーマルな	fēizhèngshì de, jiǎnliè de 非正式的, 简略的 フェイヂョンシー ダ, ジエンリュエ ダ	informal インフォーマル
インフォメーション	xìnxī, zīxùn 信息, 资讯 シンシィ, ヅーシュィン	information インフォメイション
(知らせ)	tōngzhī 通知 トンヂー	information インフォメイション
(案内所)	wènxùnchù 问讯处 ウェンシュィンチュウ	information インフォメイション
インプット	shūrù 输入 シュウルゥ	input インプト
インフルエンザ	liúxíngxìng gǎnmào 流行性感冒 リウシィンシィン ガンマオ	influenza インフルエンザ

日	中	英
インフレ	tōnghuò péngzhàng 通货膨胀 トンホウオ ポンチャアン	inflation インフレイション
いんぼう 陰謀	yīnmóu, mìmóu 阴谋，密谋 インモウ，ミィモウ	plot, intrigue プラト，イントリーグ
いんゆ 隠喩	yǐnyù 隐喻 インユィ	metaphor メタフォー
いんよう 引用(する)	yǐnyòng 引用 インヨン	quotation; quote, cite クウォテイション；クウォウト，サイト
いんりょう 飲料	yǐnliào 饮料 インリアオ	drink, beverage ドリンク，ベヴァリヂ
～水	yǐnyòngshuǐ 饮用水 インヨンシュイ	drinking water ドリンキング ウォータ
いんりょく 引力	yǐnlì, xīlì 引力，吸力 インリィ，シィリィ	gravitation グラヴィテイション
(物体間の)	yǐnlì 引力 インリィ	attraction アトラクション

う，ウ

日	中	英
ウイークデー	píngrì 平日 ピィンリー	weekday ウィークデイ
ウイークポイント	ruòdiǎn 弱点 ルゥオディエン	weak point ウィーク ポイント
ウイスキー	wēishìjì 威示忌 ウェイシージィ	whiskey (ホ)ウィスキ
ウイルス	bìngdú 病毒 ビィンドゥ	virus ヴァイアラス
ウインカー	fāngxiàng zhǐshìdēng 方向指示灯 ファアンシアン ヂーシーデゥン	blinkers ブリンカズ
ウインク	shǐ yǎnsè 使眼色 シー イエンスァ	wink ウィンク
(色目)	sòng qiūbō 送秋波 ソン チウボォ	wink ウィンク

日	中	英
ウインドサーフィン	fānbǎn (chōnglàng) 帆板(冲浪) ファンバン (チョンラァン)	windsurfing ウィンドサーフィング
ウール	níróng, yángmáo 呢绒，羊毛 ニィロン，ヤンマオ	wool ウル
うえ 上	shàngbian, shàngtou 上边，上头 シャァンビエン，シャァントウ	the upper part ジ アパ パート
（頂上）	dǐng 顶 ディン	the top, the summit ザ タプ, ザ サミト
（表面）	shàngmian, biǎomiàn 上面，表面 シャァンミエン，ピアオミエン	the surface ザ サーフェス
～の （年齢）	(niánjì) dà (年纪)大 (ニエンジィ) ダァ	older than オウルダ
（地位）	(dìwèi) gāo, shàngjí (地位)高，上级 (ディーウェイ) ガオ, シャァンジィ	upper アパ
（質・能力が）	(nénglì) gāo, (zhìliàng) hǎo (能力)高，(质量)好 (ヌォンリィ) ガオ, (チーリアン) ハオ	better than ベタ
ウエイター	nán fúwùyuán 男服务员 ナン フウゥユエン	waiter ウェイタ
ウエイトレス	nǚ fúwùyuán, xiǎojiě 女服务员，小姐 ニュィ フウゥユエン, シアオジェ	waitress ウェイトレス
うえき 植木	zāizhòng de shù, pénzāi de huāmù 栽种的树，盆栽的花木 ツァイチョン ダ シュウ, ペンツァイ ダ ホアムゥ	plant, tree プラント, トリー
ウエスト	yāoshēn 腰身 ヤオシェン	waist ウェイスト
う 飢える	jī'è 饥饿 ジィウァ	go hungry, starve ゴウ ハングリ, スターヴ
う 植える	zāizhòng, zāizhí, zhòngzhí 栽种，栽植，种植 ツァイチョン, ツァイチー, ヂョンヂー	plant プラント
（栽培）	zāipéi, zhòngzhí 栽培，种植 ツァイペイ, ヂョンヂー	raise, grow レイズ, グロウ

日	中	英
ウォーミングアップ	zhǔnbèi huódòng, rèshēn 准备活动，热身 ヂュンベイ ホゥオドン, ルァシェン	warm-up ウォームアップ
うおざ 魚座	shuāngyúzuò 双鱼座 シュアンユィヅゥオ	the Fishes ザ フィシズ
うかい 迂回(する)	yūhuí, ràoxíng 迂回，绕行 ユィホゥイ, ラオシィン	detour ディートゥア
うがい 嗽	shù(kǒu) 漱(口) シュウ(コウ)	gargling ガーグリング
うかが 伺う	bàifǎng, fǎngwèn 拜访，访问 バイファアン, ファアンウェン	make a call, visit メイク ア コール, ヴィズィット
(尋ねる)	wèn, dǎting 问，打听 ウェン, ダァティン	ask アスク
うかつ 迂闊	wúzhī, dàyi 无知，大意 ウゥヂー, ダァイ	careless ケアレス
う 浮かぶ	piāofú, fú(chū/qǐ) 漂(浮)，浮(出/起) ピアオ(フウ), フウ(チュウ/チィ)	float フロウト
(心に)	xiǎngqǐ, fúxiàn 想起，浮现 シアンチィ, フウシエン	occur to オカー トゥ
う 受かる	kǎoshàng 考上 カオシャアン	pass パス
う 浮き	yúpiāo 鱼漂 ユィピアオ	float フロウト
う ぶくろ 浮き袋	(yóu)yǒngquān (游)泳圈 (ヨウ)ヨンチュエン	swimming ring スウィミング リング
(救命用)	jiùshēngquān 救生圈 ジウションチュエン	life buoy ライフ ブーイ
う 浮く	fú, piāo 浮，漂 フウ, ピアオ	float フロウト
(余る)	(yǒu) shèngyú (有)剩余 (ヨウ) ションユィ	save セイヴ
うぐいす 鴬	huángyīng 黄莺 ホアンイィン	bush warbler ブシュ ウォーブラ

日	中	英
受け入れる (う い)	jiēshòu, róngnà 接受, 容纳 ジエショウ, ロンナァ	receive, accept リスィーヴ, アクセプト
請け負う (う お)	chéngbāo, chéngbàn 承包, 承办 チョンバオ, チョンバン	contract コントラクト
受け継ぐ (う つ)	jìchéng 继承 ジィチョン	succeed *to* サクスィード
受付 (うけつけ)	jiēshòu, shòulǐ 接受, 受理 ジエショウ, ショウリィ	receipt, acceptance リスィート, アクセプタンス
(受付所)	jiēdàichù, chuándáshì 接待处, 传达室 ジエダイチュウ, チュワンダァシー	information office インフォメイション オーフィス
〜係	chuándáyuán, jiēdàiyuán 传达员, 接待员 チュワンダァユエン, ジエダイユエン	information clerk インフォメイション クラーク
受け付ける (う つ)	jiēshòu, shòulǐ 接受, 受理 ジエショウ, ショウリィ	receive, accept リスィーヴ, アクセプト
受け取る (う と)	jiēshòu, lǐngqǔ 接受, 领取 ジエショウ, リィンチュィ	receive, get リスィーヴ, ゲト
受け身 (う み)	bèidòng, xiāojí 被动, 消极 ベイドン, シアオジィ	passivity パスィヴィティ
(文法の)	bèidòngtài 被动态 ベイドンタイ	the passive voice ザ パスィヴ ヴォイス
受け持つ (う も)	dānrèn, fùzé 担任, 负责 ダンレン, フゥヅゥア	take charge *of* テイク チャーヂ
受ける (う)	shòu, shòudào, jiē 受, 受到, 接 ショウ, ショウダオ, ジエ	receive, get リスィーヴ, ゲト
(試験を)	yìngshì, yìngkǎo 应试, 应考 イィンシー, イィンカオ	take テイク
(こうむる)	zāoshòu, méngshòu 遭受, 蒙受 ヅァオショウ, モンショウ	suffer サファ
動かす (うご)	bāndòng, nuódòng, dòng 搬动, 挪动, 动 バンドン, ヌゥオドン, ドン	move ムーヴ
(機械を)	kāidòng, cāozòng, qǐdòng 开动, 操纵, 启动 カイドン, ツァオヅォン, チィドン	run, work, operate ラン, ワーク, アパレイト

日	中	英
（心を）	dǎdòng, gǎndòng 打动，感动 ダァドン，ガンドン	move, touch ムーヴ, タチ
うご 動き	dòngzuò, biànhuà 动作，变化 ドンヅゥオ，ビエンホア	movement, motion ムーヴメント, モウション
（活動）	huódòng 活动 ホゥオドン	activity アクティヴィティ
（動向）	dòngxiàng 动向 ドンシアン	trend トレンド
うご 動く	dòng, xíngdòng, huódòng 动，行动，活动 ドン, シィンドン, ホゥオドン	move ムーヴ
（変わる）	biàndòng, zhuǎndòng 变动，转动 ビエンドン, ヂュワンドン	change チェインヂ
（運行する）	xíngshǐ, yídòng 行驶，移动 シィンシー, イードン	go, run, work ゴウ, ラン, ワーク
（心が）	dòngxīn, dòngyáo 动心，动摇 ドンシン, ドンヤオ	be moved ビ ムーヴド
うさぎ 兎	zhī tù(zi) 〔只〕兔(子) チー トゥ(ツ)	rabbit ラビト
（野兎）	yětù 野兔 イエトゥ	hare ヘア
うし 牛	tóu niú 〔头〕牛 トウ ニウ	cattle キャトル
（雌牛）	mǔniú 母牛 ムゥニウ	cow カウ
（雄牛）	gōngniú 公牛 ゴンニウ	bull ブル
うしな 失う	diū, sàngshī, shīdiào 丢，丧失，失掉 ディウ, サァンシー, シーディアオ	lose, miss ルーズ, ミス
うし 後ろ	hòumian, hòubian 后面，后边 ホウミエン, ホウビエン	the back ザ バク
うず 渦	wōliú, xuánwō 涡流，旋涡 ウオリゥ, シュエンウオ	whirlpool (ホ)ワールプール

日	中	英
うす 薄い	báo 薄 バオ	thin スィン
(味が)	(qīng)dàn, dànbó (清)淡，淡薄 (チィン)ダン，ダンボオ	weak ウィーク
(色が)	qiǎn(dàn), qīngdàn 浅(淡)，清淡 チエン(ダン)，チィンダン	light ライト
(濃度・密度)	xī, dànbó 稀，淡薄 シィ，ダンボオ	weak ウィーク
うすぐら 薄暗い	huī'àn, yīnsēn 灰暗，阴森 ホウイアン，インセン	dim, dark, gloomy ディム，ダーク，グルーミ
うずま 渦巻き	wōliú, xuán(wō) 涡流，漩(涡) ウオリウ，シュエン(ウオ)	whirlpool (ホ)ワールプール
うす 薄める	chōngdàn, nòngdàn 冲淡，弄淡 チォンダン，ノンダン	thin, dilute スィン，ダイリュート
うず 埋もれる	máimò, máishàng 埋没，埋上 マイモォ，マイシャアン	be buried ビ ベリド
うずら 鶉	zhī ānchún 〔只〕鹌鹑 チー アンチュン	quail クウェイル
うせつ 右折する	xiàng yòu guǎi, wǎng yòu zhuǎn 向右拐，往右转 シアン ヨウ グアイ，ワァン ヨウ デュワン	turn to the right ターン トゥ ザ ライト
うそ 嘘	huǎngyán, jiǎhuà 谎言，假话 ホアンイエン，ジアホア	lie ライ
〜をつく	sā'huǎng, shuō'huǎng 撒谎，说谎 サアホアン，シュオホアン	tell a lie テル ア ライ
うそつ 嘘吐き	(ài) shuōhuǎng de (rén) (爱)说谎的(人) (アイ) シュオホアン ダ (レン)	liar ライア
うた 歌	gē(qǔ) 歌(曲) グァ(チュイ)	song ソーング
(詩歌)	shī, shīgē 诗，诗歌 シー，シーグァ	poem ポウエム
うた 歌う	chàng (gē), gēyǒng 唱(歌)，歌咏 チャアン (グァ)，グァヨン	sing スィング

日	中	英
うたが 疑い	huáiyí, yíwèn 怀疑，疑问 ホアイイー、イーウェン	doubt ダウト
（不信・疑惑）	yíxīn, yíhuò 疑心，疑惑 イーシン、イーホゥオ	distrust ディストラスト
（嫌疑）	xiányí 嫌疑 シエンイー	suspicion サスピション
うたが 疑う	huáiyí, yíhuò 怀疑，疑惑 ホアイイー、イーホゥオ	doubt ダウト
（不信・疑惑）	bù xiāngxìn 不相信 ブゥ シアンシン	distrust ディストラスト
（嫌疑）	cāiyí 猜疑 ツァイイー	suspect サスペクト
うたが 疑わしい	kěyí 可疑 クァイー	doubtful ダウトフル
うち 家	jiā, fángzi 家，房子 ジア、ファアンヅ	house ハウス
うち 内	lǐbian 里边 リィビエン	the inside ジ インサイド
…の〜	(A hé B) zhījiān, …zhīnèi （A和B）之间，…之内 A ホゥア B ヂージエン、ヂーネイ	between, among ビトウィーン、アマング
う あ 打ち明ける	tǔlù 吐露 トゥルウ	tell, confess テル、コンフェス
う あ 打ち合わせる	pèngtóu, shìxiān shāngliáng 碰头，事先商量 ポントウ、シーシエン シャアンリアン	arrange アレインヂ
う か 打ち勝つ	kèfú, zhànshèng 克服，战胜 クァフウ、ヂャンション	conquer, overcome カンカ、オウヴァカム
うちがわ 内側	lǐmiàn, lǐtou 里面，里头 リィミエン、リィトウ	the inside ジ インサイド
うちき 内気な	nèixiàng, miǎntiǎn, xiūqiè 内向，腼腆，羞怯 ネイシアン、ミエンティエン、シウチエ	shy, timid シャイ、ティミド
う け 打ち消す	fǒudìng 否定 フォウディン	deny ディナイ

日	中	英
うちゅう 宇宙	yǔzhòu, tàikōng 宇宙，太空 ユィチョウ, タイコン	the universe ザ ユーニヴァース
～飛行士	yǔhángyuán, hángtiānyuán 宇航员，航天员 ユィハァンユエン, ハァンティエンユエン	astronaut アストロノート
うちわ 団扇	bǎ tuánshàn 〔把〕团扇 バァ トワンシャン	round fan ラウンド ファン
う 撃つ	shèjī, dǎqiāng 射击，打枪 ショァジィ, ダァチアン	fire, shoot ファイア, シュート
う 打つ	dǎ, pāi, qiāo 打，拍，敲 ダァ, パイ, チアオ	strike, hit ストライク, ヒト
（心を）	dǎdòng, gǎndòng 打动，感动 ダァドン, ガンドン	move, touch ムーヴ, タチ
うっかりして	shīshén, shūhu, bú liúshén 失神，疏忽，不留神 シーシェン, シュホ, ブゥ リウシェン	carelessly ケアレスリ
うつく 美しい	piàoliang, měilì, hǎokàn 漂亮，美丽，好看 ピアオリアン, メイリィ, ハオカン	beautiful ビューティフル
うつ 写し	chāojiàn, fùběn, fùyìnběn 抄件，副本，复印本 チャオジエン, フゥベン, フゥインベン	copy カピ
うつ 移す	bān, zhuǎnyí 搬，转移 バン, チュワンイー	move, transfer ムーヴ, トランスファー
（病気を）	chuánrǎn 传染 チュワンラン	give, infect ギヴ, インフェクト
うつ 写す	chāo 抄 チャオ	copy カピ
（写真を）	pāi(zhào) 拍（照） パイ（チャオ）	take テイク
うった 訴える	shēnsù, kòng(gào) 申诉，控（告） シェンスゥ, コン（ガオ）	sue スュー
（手段に）	sùzhū (wǔlì) 诉诸（武力） スゥチュウ（ウゥリィ）	resort to リゾート トゥ
（世論に）	hūyù (yúlùn) 呼吁（舆论） ホゥユィ（ユィルゥン）	appeal to アピール トゥ

日	中	英
うっとう 鬱陶しい	yīnyù, yùmèn 阴郁，郁闷 インユイ，ユイメン	gloomy グルーミ
うっとり	táozuì, xīnzuì 陶醉，心醉 タオヅゥイ，シンヅゥイ	be absent-minded ビ アブセント マインデド
うつむ 俯く	fǔshǒu, chuítóu 俯首，垂头 フゥショウ，チュイトウ	hang one's head ハング ヘド
うつ 移る	qiānyí, zhuǎnyí 迁移，转移 チエンイー，ヂュワンイー	move ムーヴ
（感染）	chuánrǎn, gǎnrǎn 传染，感染 チュワンラン，ガンラン	catch キャチ
うつ 写[映]る	yìng, zhào 映，照 イィン，ヂャオ	be reflected in ビ リフレクテド
（写真が）	zhào, pāizhào 照，拍照 ヂャオ，パイヂャオ	be taken ビ テイクン
うつわ 器	qìmǐn, róngqì 器皿，容器 チィミン，ロンチィ	vessel ヴェスル
（才能）	qìliàng, cáigàn 器量，才干 チィリアン，ツァイガン	ability アビリティ
うで 腕	zhī/tiáo gēbo, bìbó 〔只/条〕胳膊，臂膊 ヂー/ティアオ グァボ，ビィボォ	arm アーム
（腕前）	běnlíng 本领 ベンリィン	ability, skill アビリティ，スキル
うでどけい 腕時計	kuài shǒubiǎo 〔块〕手表 クアイ ショウビアオ	wristwatch リストワチ
うなぎ 鰻	tiáo mányú, mánlí 〔条〕鳗鱼，鳗鲡 ティアオ マンユイ，マンリィ	eel イール
うなず 頷く	diǎntóu, shǒukěn 点头，首肯 ディエントウ，ショウケン	nod ナド
うな 唸る	shēnyín 呻吟 シェンイン	groan グロウン
（動物が）	hǒu(jiào) 吼(叫) ホウ(ジアオ)	roar ロー

日	中	英
(犬などが)	jiào 叫 ジアオ	growl グラウル
(機械が)	hōngmíng 轰鸣 ホンミィン	roar, buzz ロー, バズ
うに 海胆	hǎidǎn 海胆 ハイダン	sea urchin スィー アーチン
(食品としての)	hǎidǎnjiàng 海胆酱 ハイダンジアン	sea urchin スィー アーチン
うぬぼれの強い 自惚れの強い	zì gāo zì dà, jiāozòng 自高自大, 骄纵 ヅー ガオ ヅー ダァ, ジアオヅォン	self-conceited セルフコンスィーテド
うぬぼ 自惚れる	qiào wěiba, zìfù 翘尾巴, 自负 チアオ ウェイバ, ヅーフゥ	become conceited ビカム コンスィーテド
うは 右派	yòupài 右派 ヨウパイ	the right wing ザ ライト ウィング
うば 奪う	(qiǎng)duó, qiǎngjié (抢)夺, 抢劫 (チアン)ドゥオ, チアンジエ	take... away, rob テイク アウェイ, ラブ
(地位・権利を)	bōduó 剥夺 ボォドゥオ	deprive ディプライヴ
うばぐるま 乳母車	yīng'érchē 婴儿车 イィンアルチョア	buggy バギ
うぶ 初な	chúnzhēn, tiānzhēn 纯真, 天真 チュンチェン, ティエンチェン	innocent, naive イノセント, ナーイーヴ
うま 馬	pǐ mǎ 〔匹〕马 ピィ マァ	horse ホース
うま 巧い	qiǎo(miào) 巧(妙) チアオ(ミアオ)	good, skillful グド, スキルフル
うま 旨い	hǎochī, kěkǒu, xiāng 好吃, 可口, 香 ハオチー, クァコウ, シアン	good, delicious グド, ディリシャス
(飲み物)	hǎohē 好喝 ハオホォア	good, delicious グド, ディリシャス
う 埋まる	máishàng, máimò 埋上, 埋没 マイシャアン, マイモォ	be buried ビ ベリド

日	中	英
^う生まれ	chūshēng 出生 チュウション	birth, origin バース, オーリヂン
^う産[生]まれる	chūshēng, chūshì 出生, 出世 チュウション, チュウシー	be born ビ ボーン
(成立)	chǎnshēng, chūxiàn 产生, 出现 チャンション, チュウシエン	establish イスタブリシュ
^{うみ}海	(dà)hǎi (大)海 (ダァ)ハイ	the sea, the ocean ザ スィー, ジ オウシャン
^{うみがめ}海亀	zhī hǎiguī 〔只〕海龟 ヂー ハイグイ	turtle タートル
^{う だ}生み出す	chǎnshēng, chuàngzào 产生, 创造 チャンション, チュアンヅァオ	produce プロデュース
^{うみべ}海辺	hǎibiān, hǎibīn 海边, 海滨 ハイビエン, ハイビン	the beach ザ ビーチ
^う生[産]む	shēng, chǎnshēng 生, 产生 ション, チャンション	bear ベア
(卵を)	chǎnluǎn, xiàdàn 产卵, 下蛋 チャンルワン, シアダン	lay レイ
(生じる)	chǎnshēng, chǎnchū 产生, 产出 チャンション, チャンチュウ	produce プロデュース
^{うめ}梅	kē méishù 〔棵〕梅树 クァ メイシュウ	plum tree プラム トリー
(花)	duǒ méihuā 〔朵〕梅花 ドゥオ メイホア	*umé* blossom ムメ ブラソム
(実)	méizi 梅子 メイヅ	plum プラム
^{うめ}呻く	shēnyín 呻吟 シェンイン	groan, moan グロウン, モウン
^{う た}埋め立てる	tiánzhù, tiántuò 填筑, 填拓 ティエンヂュウ, ティエントゥオ	fill in, fill up フィル イン, フィル アップ
(海を)	tián hǎi 填海 ティエン ハイ	fill in, fill up フィル イン, フィル アップ

日	中	英
うめぼ 梅干し	xiánméi, méigān 咸梅, 梅干 シエンメイ, メイガン	pickled plum ピクルド プラム
う 埋める	mái 埋 マイ	bury ベリ
（満たす）	tián 填 ティエン	fill フィル
（損失を）	míbǔ 弥补 ミィブゥ	cover カヴァ
うもう 羽毛	gēn yǔmáo 〔根〕羽毛 ゲン ユィマオ	feathers, down フェザズ, ダウン
うやま 敬う	jìng(zhòng), zūnchóng 敬(重), 尊崇 ジィン(ヂョン), ヅゥンチォン	respect, honor リスペクト, アナ
うら 裏	bèimiàn 背面 ベイミエン	the back ザ バク
（反対側）	fǎnmiàn 反面 ファンミエン	the wrong side ザ ローング サイド
うらがえ 裏返す	fān(guòlai) 翻(过来) ファン(グゥオライ)	turn over ターン オウヴァ
うらがわ 裏側	bèimiàn 背面 ベイミエン	the back ザ バク
うらぎ 裏切る	bèipàn, bèiqì, chūmài 背叛, 背弃, 出卖 ベイパン, ベイチィ, チュウマイ	betray ビトレイ
（予想を）	chū hū yì liào 出乎意料 チュウ ホゥ イー リアオ	*be contrary* to ビ カントレリ
うらぐち 裏口	hòumén 后门 ホウメン	the back door ザ バク ドー
うらごえ 裏声	jiǎsǎngzi 假嗓子 ジアサァンヅ	falsetto フォールセトウ
うらじ 裏地	chènbù, zuò yīlǐ de liàozi 衬布, 作衣里的料子 チェンブゥ, ヅゥオ イーリィ ダ リアオヅ	the lining ザ ライニング
うらづ 裏付ける	zhèngshí, zhèngmíng 证实, 证明 ヂョンシー, ヂョンミィン	prove プルーヴ

日	中	英
うらどお 裏通り	hòujiē, hòuxiàng 后街，后巷	back street
うらな 占い	zhānguà, suànmìng 占卦，算命	fortune-telling
うらな し 占い師	suànmìng xiānsheng, yīnyángshēng 算命先生，阴阳生	fortune-teller
うらな 占う	suànguà, zhānbǔ 算卦，占卜	tell *a person's* fortune
ウラニウム	yóu 铀	uranium
うら 恨み	chóuhèn, yuànhèn 仇恨，怨恨	grudge
うら 恨む	(yuàn)hèn, yuàn (怨)恨，怨	bear... a grudge
（残念に思う）	yíhàn 遗憾	regret
うらや 羨ましい	xiànmù 羡慕	enviable
うらや 羨む	xiànmù, yǎnhóng, jídù 羡慕，眼红，嫉妒	envy
うり 瓜	guā 瓜	melon
う あ 売り上げ	xiāoshòu'é 销售额	the amount sold
う き 売り切れ	shòuwán, màiwán 售完，卖完	sold out
う き 売り切れる	tuōxiāo, màiguāng 脱销，卖光	be sold out
う だ 売り出し	(dà)jiǎnjià (chūshòu) （大）减价（出售）	bargain sale
（蔵払い）	qīngcāng shuǎimài 清仓甩卖	clearance sale

日	中	英
う だ 売り出す	chūshòu, fāshòu 出售，发售 チュウショウ，ファアショウ	put... on sale プト オン セイル
う て 売り手	màifāng, màizhǔ 卖方，卖主 マイファアン，マイヂュウ	seller セラ
う ば 売り場	chūshòuchù, guìtái 出售处，柜台 チュウショウチュウ，グゥイタイ	department ディパートメント
う 売る	(xiāo)shòu, mài (销)售，卖 (シアオ)ショウ，マイ	sell セル
名を〜	yángmíng 扬名 ヤンミィン	win a reputation ウィナ レピュテイション
うるうどし 閏年	rùnnián 闰年 ルゥンニエン	leap year リープ イア
うるお 潤い	rùnzé, zīrùn 润泽，滋润 ルゥンヅゥア，ツールゥン	moisture モイスチャ
うるお 潤う	rùn 润 ルゥン	be moistured ビ モイスチャド
うるさい	tǎoyàn, máfan 讨厌，麻烦 タオイエン，マァファン	annoying アノイイング
(音が)	chǎo(nào) 吵(闹) チャオ(ナオ)	noisy ノイズィ
(しつこい)	sǐ qì bái lài, jiūchán bùxiū 死气白赖，纠缠不休 スー チィ バイ ライ，ジウチャン ブゥシウ	persistent パスィステント
うるし 漆	qī 漆 チィ	lacquer, japan ラカ，ヂャパン
うれ 憂える	yōulǜ, yōushāng 忧虑，忧伤 ヨウリュィ，ヨウシャアン	be anxious ビ アン(ク)シャス
うれ 嬉しい	gāoxìng, kuàilè, huānxǐ 高兴，快乐，欢喜 ガオシィン，クアイルァ，ホワンシィ	happy, delightful ハピ，ディライトフル
う ゆ 売れ行き	xiāolù 销路 シアオルゥ	sales セイルス
う 売れる	chàngxiāo 畅销 チャアンシアオ	sell well セル ウェル

日	中	英
(顔・名が)	wénmíng 闻名 ウェンミン	become well known ビカム ウェル ノウン
うろたえる	fāhuāng, cānghuáng 发慌, 仓皇 ファアホアン, ツァアンホアン	be upset ビ アプセト
うわき 浮気	hūnwàiqíng 婚外情 ホウンワイチン	faithless love フェイスレス ラヴ
うわぎ 上着	jiàn shàngyī, wàiyī 〔件〕上衣, 外衣 ジェン シャアンイー, ワイイー	coat コウト
うわごと 譫言	húhuà, mènghuà 胡话, 梦话 ホウホア, モンホア	delirium ディリリアム
うわさ 噂	fēngshēng, chuánwén 风声, 传闻 フォンション, チュワンウェン	rumor ルーマ
うわべ 上辺	wàibiǎo, wàiguān, ménmian 外表, 外观, 门面 ワイビアオ, ワイグワン, メンミエン	the surface ザ サーフェス
うわまわ 上回る	chāoguò 超过 チャオグゥオ	be more than, exceed ビ モー ザン, イクスィード
うわやく 上役	shàngjí, shàngsi 上级, 上司 シャアンジィ, シャアンス	superior スピアリア
うん 運	mìngyùn, yùnqi 命运, 运气 ミィンユイン, ユインチ	fate, destiny フェイト, デスティニ
(幸運)	zàohua, xìngyùn 造化, 幸运 ヅァオホア, シィンユイン	fortune, luck フォーチュン, ラク
うんえい 運営	guǎnlǐ, jīngyíng 管理, 经营 グワンリィ, ジィンイィン	management マニヂメント
うんが 運河	tiáo yùnhé 〔条〕运河 ティアオ ユインホアア	canal カナル
うんこ	dàbiàn, shǐ 大便, 屎 ダァビエン, シー	feces フィースィーズ
うんこう 運行	yùnxíng, xíngshǐ 运行, 行驶 ユインシィン, シィンシー	service, operation サーヴィス, アパレイション
うんざりする	yànfán, tǎoyàn 厌烦, 讨厌 イエンファン, タオイエン	be sick *of* ビ スィク

日	中	英
(退屈する)	nìfán, yànnì, yànjuàn 腻烦，厌腻，厌倦 ニィファン, イエンニィ, イエンジュエン	be bored ビボード
うんせい 運勢	yùnqi, mìngyùn 运气，命运 ユィンチ, ミィンユィン	fortune フォーチュン
うんそう 運送	yùnshū, yùnsòng, bānyùn 运输，运送，搬运 ユィンシュウ, ユィンソン, バンユィン	transportation トランスポティション
うんちん 運賃	chēfèi, jiāotōngfèi 车费，交通费 チョアフェイ, ジアオトンフェイ	fare フェア
(貨物の)	yùnfèi 运费 ユィンフェイ	freight rates フレイト レイツ
うんてん 運転(する)	jiàshǐ, kāi(chē) 驾驶，开(车) ジアシー, カイ(チョア)	driving; drive ドライヴィング；ドライヴ
(機械の)	(kāi)dòng, cāozòng (开)动，操纵 (カイ)ドン, ツァオヅォン	operation; operate アパレイション；アパレイト
うんてんしゅ 運転手	sījī 司机 スージィ	driver ドライヴァ
(列車の)	jiàshǐyuán 驾驶员 ジアシーユエン	engineer エンヂニア
うんてんめんきょしょう 運転免許証	jià(shǐ zhí)zhào, chēzhào 驾(驶执)照，车照 ジア(シー ヂー)チャオ, チョアチャオ	driver's license ドライヴァズ ライセンス
うんどう 運動(する)	yùndòng 运动 ユィンドン	movement, motion ムーヴメント, モウション
(身体の)	yùndòng 运动 ユィンドン	exercise エクササイズ
(競技)	(tǐyù) yùndòng (体育)运动 (ティーユィ) ユィンドン	sports スポーツ
(選挙などの)	huódòng, (zhèngzhì) yùndong 活动，(政治)运动 ホウォドン, (ヂョンヂー) ユィンドン	campaign キャンペイン
うんどうぐつ 運動靴	yùndòngxié, qiúxié 运动鞋，球鞋 ユィンドンシエ, チウシエ	sports shoes スポーツ シューズ
うんめい 運命	mìngyùn, tiānmìng 命运，天命 ミィンユィン, ティエンミィン	fate, destiny フェイト, デスティニ

日	中	英
うんゆ 運輸	yùnshū 运输 ユィンシュウ	transportation トランスポテイション
うん 運よく	jiǎoxìng, xìng'ér, xìnghǎo 侥幸，幸而，幸好 ジアオシィン, シィンアル, シィンハオ	fortunately フォーチュネトリ

え，エ

日	中	英
え 絵	zhāng/fú huà, huìhuà 〔张/幅〕画，绘画 ヂャアン/フゥ ホア, ホウイホア	picture ピクチャ
エアコン	kōngtiáo 空调 コンティアオ	air conditioner エアコンディショナ
エアメール	hángkōngxìn 航空信 ハァンコンシン	airmail エアメイル
えいえん 永遠の	yǒngyuǎn, héngjiǔ 永远，恒久 ヨンユエン, ヘゥンジウ	eternal イターナル
えいが 映画	bù diànyǐng, yǐngpiàn 〔部〕电影，影片 ブゥ ディエンイィン, イィンピエン	picture, movie, film ピクチャ, ムーヴィ, フィルム
～館	diànyǐngyuàn, yǐngyuàn 电影院，影院 ディエンイィンユエン, イィンユエン	cinema theater スィネマ スィーアタ
えいきゅう 永久に	yǒngjiǔ, yǒngyuǎn 永久，永远 ヨンジウ, ヨンユエン	permanently パーマネントリ
えいきょう 影響	yǐngxiǎng 影响 イィンシアン	influence インフルエンス
～する	yǐngxiǎng(dào ...), qiānshè(dào ...) 影响(到…)，牵涉(到…) イィンシアン(ダオ…), チエンショァ(ダオ…)	influence インフルエンス
えいぎょう 営業(する)	yíngyè 营业 イィンイエ	business; do business ビズネス；ドゥー ビズネス
えいご 英語	Yīngyǔ, Yīngwén 英语，英文 イィンユィ, イィンウェン	English イングリシュ
えいこう 栄光	guāngróng, guāngyào 光荣，光耀 グアンロン, グアンヤオ	glory グローリ
えいこく 英国	Yīngguó 英国 イィングゥオ	England イングランド

75

え

日	中	英
えいしゃ 映写(する)	fàngyìng 放映 ファアンイィン	projection; project
~機	fàngyìngjī 放映机 ファアンイィンジィ	projector プロチェクタ
えいじゅう 永住する	yǒngjiǔ jūzhù, yǒngjiǔ jūliú 永久居住，永久居留 ヨンジウ ヂュィヂュウ，ヨンジウ ヂュィリウ	reside permanently リザイド パーマネントリ
エイズ	àizībìng 艾滋病 アイヅービィン	AIDS エイヅ
えいせい 衛星	wèixīng 卫星 ウェイシィン	satellite サテライト
えいせい てき 衛生(的な)	wèishēng (de), qīngjié (de) 卫生(的)，清洁(的) ウェイション（ダ），チィンジエ（ダ）	hygienic, sanitary ハイヂーニク，サニテリ
えいぞう 映像	túxiàng, yǐngxiàng 图像，影像 トゥシアン，イィンシアン	image イミヂ
えいてん 栄転する	róngshēng, róngqiān 荣升，荣迁 ロンション，ロンチエン	be promoted ビ プロモウテド
えいびん 鋭敏な	mǐnruì, jiānruì, língmǐn 敏锐，尖锐，灵敏 ミンルゥイ，ジエンルゥイ，リィンミン	keen, sharp キーン，シャープ
えいゆう 英雄	yīngxióng, yīngjié 英雄，英杰 イィンシオン，イィンジエ	hero ヒーロウ
えいよ 栄誉	róngyù 荣誉 ロンユィ	honor アナ
えいよう 栄養	yíngyǎng 营养 イィンヤン	nutrition ニュートリション
エージェンシー	dàilǐshāng, dàilǐdiàn 代理商，代理店 ダイリィシャアン，ダイリィディエン	agency エイヂェンスィ
エージェント	dàilǐshāng, dàilǐrén 代理商，代理人 ダイリィシャアン，ダイリィレン	agent エイヂェント
エース	hǎoshǒu, gāoshǒu, wángpái 好手，高手，王牌 ハオショウ，ガオショウ，ワンパイ	ace エイス
(トランプ)	A pái A牌 A パイ	ace エイス

日	中	英
えがお 笑顔	xiàoróng, xiàoliǎn 笑容，笑脸 シアロン，シアオリエン	smiling face スマイリング フェイス
えが 描く	huà (huàr), miáo'huì 画(画儿)，描绘 ホア（ホアル），ミアオホゥイ	draw, paint ドロー，ペイント
（描写）	miáoxiě, miáohuì 描写，描绘 ミアオシエ，ミアオホゥイ	describe ディスクライブ
えき 駅	(huǒ)chēzhàn (火)车站 (ホゥオ)チョアチャン	station ステイション
液化ガス	yèhuàqì 液化气 イエホアチイ	liquefied gas リクウェファイド ギャス
エキジビション	zhǎnlǎnhuì 展览会 チャンランホゥイ	exhibition エクスィビション
（公開演技）	biǎoyǎn(sài), shìfànsài 表演(赛)，示范赛 ビアオイエン(サイ)，シーファンサイ	exhibition エクスィビション
えきしょう 液晶	yèjīng 液晶 イエジィン	liquid crystal リクウィド クリスタル
エキス	jīng(huá) 精(华) ジィン(ホア)	extract エクストラクト
エキスパート	zhuānjiā 专家 デュワンジア	expert エクスパート
エキゾチックな	yìguó qíngdiào 异国情调 イーグゥオ チィンディアオ	exotic イグザティク
えきたい 液体	yètǐ 液体 イエティー	liquid, fluid リクウィド，フルーイド
えきべん 駅弁	(chēzhànshang mài de) héfàn (车站上卖的)盒饭 チョアチャンシャン マイ ダ ホァファン	station lunch ステイション ランチ
エクスタシー	táozuì, xiāohún 陶醉，销魂 タオヅゥイ，シアオフゥン	ecstasy エクスタスィ
エグゼクティブ	xíngzhèng bùmén, dǒngshì 行政部门，董事 シィンヂョン ブゥメン，ドンシー	executive イグゼキュティヴ
えくぼ	jiǔwō, xiàowō 酒窝，笑窝 ジウウオ，シアオウオ	dimple ディンプル

日	中	英
エゴイスト	lìjǐ zhǔyìzhě 利己主义者 リィジィ ヂュウイーヂョァ	egoist イーゴウイスト
エゴイズム	lìjǐ zhǔyì 利己主义 リィジィ ヂュウイー	egoism イーゴウイズム
エコノミークラス	jīngjìcāng 经济舱 ジィンジィツァァン	economy class イカノミ クラス
エコノミスト	jīngjìxuéjiā 经济学家 ジィンジィシュエジア	economist イカノミスト
エコロジー	shēngtàixué 生态学 ションタイシュエ	ecology イカロヂ
えさ 餌	sìliào 饲料 スーリアオ	food, bait フード, ベイト
えしゃく 会釈(する)	diǎntóu, (diǎntóu) dǎ zhāohu 点头,（点头）打招呼 ディエントウ,（ディエントウ）ダァ ヂャオホ	salute, bow サルート, バウ
ＳＦ	kēhuàn xiǎoshuō 科幻小说 クァホワン シアオシュオ	science fiction サイエンス フィクション
エスカレーター	zìdòng fútī, diàndòng lóutī 自动扶梯，电动楼梯 ヅードン フゥティー, ディエンドン ロウティー	escalator エスカレイタ
エスカレート	shēngjí 升级 ションジィ	escalate エスカレイト
えだ 枝	gēn zhītiáo, shùzhī 〔根〕枝条，树枝 ゲン ヂーティアオ, シュウヂー	branch, bough ブランチ, バウ
エチケット	lǐyí, lǐmào 礼仪，礼貌 リィイー, リィマオ	etiquette エティケト
エックス線	àikèsī shèxiàn, X shèxiàn 爱克斯射线，X射线 アイクスー ショァシエン, X ショァシエン	X rays エクスレイズ
エッセイ	sǎnwén, suíbǐ 散文，随笔 サンウェン, スゥイビィ	essay エセイ
エッセンス	jīng, jīnghuá, jīngyīng 精，精华，精英 ジィン, ジィンホア, ジィンイィン	essence エセンス
えつらん 閲覧(する)	yuèlǎn 阅览 ユエラン	reading リーディング

日	中	英
エナメル	fàláng, tángcí, qīpí 珐琅，搪瓷，漆皮 ファアラァン, タァンツー, チィビィ	enamel イナメル
エネルギー	néng(yuán), qìlì, jīnglì 能(源)，气力，精力 ヌォン(ユエン), チィリィ, ジィンリィ	energy エナヂ
エネルギッシュな	chōngmǎn jīnglì, dàijìn 充满精力，带劲 チォンマン ジィンリィ, ダイジン	energetic エナヂェティク
え ぐ 絵の具	yánliào, shuǐcǎi 颜料，水彩 イエンリアオ, シュイツァイ	paints, colors ペインツ, カラズ
えはがき 絵葉書	(měishù) míngxìnpiàn (美术)明信片 (メイシュウ) ミィンシンピエン	picture postcard ピクチャ ポウストカード
えび 海老	xiā 虾 シア	shrimp, prawn シュリンプ, プローン
エピソード	chāhuà, yí duàn gùshi 插话，一段故事 チャアホア, イー ドワン グゥシ	episode エピソウド
エピローグ	wěishēng, jiéwěi 尾声，结尾 ウェイション, ジエウェイ	epilogue エピローグ
エプロン	wéiqún 围裙 ウェイチュィン	apron エイプロン
えほん 絵本	xiǎorénrshū, liánhuánhuà 小人儿书，连环画 シアオレルシュウ, リエンホワンホア	picture book ピクチャ ブク
エメラルド	lǜbǎoshí 绿宝石 リュィバオシー	emerald エメラルド
えら 鰓	sāi 鳃 サイ	gills ギルズ
エラー	cuòwù 错误 ツゥオウゥ	error エラ
えら 偉い	wěidà, liǎobuqǐ 伟大，了不起 ウェイダァ, リアオプチィ	great グレイト
えら 選ぶ	xuǎn(zé), tiāo(xuǎn) 选(择)，挑(选) シュエン(ヅァ), ティアオ(シュエン)	choose, select チューズ, セレクト
(選挙する)	xuǎnjǔ 选举 シュエンヂュイ	elect イレクト

日	中	英
えり 襟	lǐngzi 领子 リィンツ	collar カラ
エリート	jiéchū rénwù, jiānzi 杰出人物，尖子 ジエチュウ レンウゥ, ジエンツ	the elite ジ エイリート
え 得る	dédào, qǔdé 得到，取得 ドゥアダオ, チュイドゥア	get, gain, obtain ゲト, ゲイン, オブテイン
エレガントな	yǎzhi, yōuyǎ 雅致，优雅 ヤァヂ, ヨウヤァ	elegant エリガント
エレクトーン	diànzǐqín 电子琴 ディエンヅーチン	electronic organ イレクトリク オーガン
エレクトロニクス	diànzǐxué 电子学 ディエンヅーシュエ	electronics イレクトラニクス
エレベーター	diàntī, shēngjiàngjī 电梯，升降机 ディエンティー, ションジアンジィ	elevator エレヴェイタ
えん 円	yuán(xíng), quānzi, yuánquān 圆(形)，圈子，圆圈 ユエン(シィン), チュエンヅ, ユエンチュエン	circle サークル
（貨幣）	rìyuán 日元 リーユエン	yen イェン
えんかい 宴会	yànhuì 宴会 イエンホゥイ	banquet バンクウェト
えんかく 遠隔(の)	yuǎngé 远隔 ユエングァ	remote, distant リモウト, ディスタント
～操作	yáokòng 遥控 ヤオコン	remote control リモウト コントロウル
えんがわ 縁側	hòushà 后厦 ホウシャア	veranda ヴェランダ
えんがん 沿岸	yán'àn 沿岸 イエンアン	coast コウスト
（沿海）	yánhǎi 沿海 イエンハイ	inshore インショー
えんき 延期(する)	yán▼qī, huǎn▼qī, tuīchí 延期，缓期，推迟 イエンチィ, ホワンチィ, トゥイチー	postpone ポウストポウン

日	中	英
えんぎ 演技(する)	biǎoyǎn 表演 ビアオイエン	perform パフォーム
えんぎ 縁起	yóulái, qǐyuán 由来，起源 ヨウライ，チィユエン	the history, the origin ザ ヒストリ，ジ オーリヂン
(前兆)	yùzhào 预兆 ユィチャオ	omen オウメン
(霊験)	jílì, jíxiáng 吉利，吉祥 ジィリィ，ジィシアン	luck ラク
えんきょくな 婉曲な	wǎnzhuǎn, wěiwǎn 婉转，委婉 ワンヂュワン，ウェイワン	euphemistic ユーフェミスティク
えんきんほう 遠近法	yuǎnjìnfǎ, tòushì huàfǎ 远近法，透视画法 ユエンジンファア，トウシー ホアファア	perspective パスペクティヴ
えんけい 円形	yuánxíng 圆形 ユエンシィン	circle サークル
えんげい 園芸	yuányì 园艺 ユエンイー	gardening ガードニング
エンゲージリング	dìnghūn jièzhi 订婚戒指 ディンホゥン ジエチ	engagement ring インゲイヂメント リング
えんげき 演劇	xìjù 戏剧 シィヂュイ	play, the drama プレイ，ザ ドラーマ
えんこ 縁故	guānxi 关系 グワンシ	relation リレイション
えんさん 塩酸	yánsuān 盐酸 イエンスワン	hydrochloric acid ハイドロクローリック アスィド
えんし 遠視	yuǎnshì 远视 ユエンシー	farsightedness ファーサイテドネス
エンジニア	gōngchéngshī 工程师 ゴンチョンシー	engineer エンヂニア
えんしゅう 円周	yuánzhōu 圆周 ユエンチョウ	circumference サーカムフェレンス
～率	yuánzhōulǜ 圆周率 ユエンチョウリュイ	the circular constant ザ サーキュラ カンスタント

日	中	英
えんしゅつ **演出 (する)**	dǎoyǎn 导演 ダオイエン	direction; direct ディレクション；ディレクト
えんじょ **援助 (する)**	yuánzhù, zhīyuán 援助，支援 ユエンヂュウ, ヂーユエン	help; assist ヘルプ；アスィスト
エンジョイする	xiǎngshòu, xiǎnglè 享受，享乐 シアンショウ, シアンルァ	enjoy インヂョイ
えんしょう **炎症**	yánzhèng 炎症 イエンヂョン	inflammation インフラメイション
えん **演じる**	(biǎo)yǎn (表)演 (ビアオ)イエン	perform, play パフォーム, プレイ
エンジン	fādòngjī, yǐnqíng 发动机，引擎 ファアドンジィ, インチィン	engine エンヂン
えんしんりょく **遠心力**	líxīnlì 离心力 リィシンリィ	centrifugal force セントリフュガル フォース
えんすい **円錐**	yuánzhuī 圆锥 ユエンヂュイ	cone コウン
エンスト	yǐnqíng gùzhàng 引擎故障 インチィン グゥヂャァン	engine stall エンヂン ストール
えんせい **遠征 (する)**	yuǎnzhēng, chángzhēng 远征，长征 ユエンヂョン, チャァンヂョン	expedition エクスペディション
えんぜつ **演説 (する)**	jiǎnghuà, yǎnshuō, yǎnjiǎng 讲话，演说，演讲 ジアンホア, イエンシュオ, イエンジアン	speech スピーチ
えんそ **塩素**	lǜ 氯 リュイ	chlorine クローリーン
えんそう **演奏 (する)**	yǎnzòu 演奏 イエンゾォウ	play プレイ
えんそく **遠足**	jiāoyóu 郊游 ジアオヨウ	excursion イクスカージョン
エンターテイナー	yìrén, yǎnyì rényuán 艺人，演艺人员 イーレン, イエンイー レンユエン	entertainer エンタテイナ
エンターテイメント	yúlè, yǎnyì, yóuyì 娱乐，演艺，游艺 ユィルァ, イエンイー, ヨウイー	entertainment エンタテインメント

日	中	英
えんたい 延滞	tuōqiàn, tuōyán, wùqī 拖欠，拖延，误期 トゥオチェン，トゥオイエン，ウゥチィ	delay ディレイ
えんだか 円高	rìyuán shēngzhí 日元升值 リーユエン ションヂー	strong yen rate ストローング イェン レイト
えんだん 縁談	hūnshì 婚事 ホゥンシー	marriage proposal マリヂ プロポウザル
えんちゅう 円柱	yuánzhù 圆柱 ユエンヂュウ	column カラム
えんちょう 延長(する)	yáncháng 延长 イエンチャァン	extend イクステンド
えんどうまめ 豌豆豆	wāndòu 豌豆 ワンドウ	(green) pea (グリーン) ピー
えんとつ 煙突	yāncōng, yāntong 烟囱，烟筒 イエンツォン，イエントン	chimney チムニ
えんばん 円盤	yuánpán 圆盘 ユエンパン	disk ディスク
～投げ	tiěbǐng 铁饼 ティエビィン	discus throw ディスカス スロウ
えんぴつ 鉛筆	zhī qiānbǐ 〔枝〕铅笔 ヂー チエンビィ	pencil ペンスル
えんぶん 塩分	yánfèn 盐分 イエンフェン	salt ソールト
えんまん 円満な	wánměi 完美 ワンメイ	harmonious ハーモウニアス
(幸せである)	měimǎn 美满 メイマン	happy ハピ
えんめい 延命	yáncháng shòumìng 延长寿命 イエンチャァン ショウミィン	the prolongation of life ザ プロロローンゲイション オヴ ライフ
えんやす 円安	rìyuán biǎnzhí 日元贬值 リーユエン ビエンヂー	weak yen rate ウィーク イェン レイト
えんよう 遠洋	yuǎnyáng 远洋 ユエンヤン	ocean オウシャン

日	中	英
えんりょ 遠慮	kèqi 客气 クァチ	reserve リザーヴ
～がちな	hào kèqi, qiānxū 好客气，谦虚 ハオ クァチ，チエンシュイ	reserved, modest リザーヴド，マデスト
～する	círàng, xièjué ... 辞让，谢绝 (+动) ツーラァン，シエジュエ…	be reserved ビ リザーヴド

お，オ

お 尾	wěiba 尾巴 ウェイバ	tail テイル
オアシス	lùzhōu 绿洲 リュイチョウ	oasis オウエイスィス
おい 甥	zhír, zhízi 侄儿，侄子 チル，チーヅ	nephew ネフュー
お　かえ 追い返す	gǎn ...huíqù, zhútuì 赶〈人〉回去，逐退 ガン… ホゥイチュイ，チュウトゥイ	send away センド アウェイ
お　か 追い掛ける	gǎn, zhuīgǎn 赶，追赶 ガン，チュイガン	run after ラン アフタ
お　こ　ぎんし 追い越し禁止	jìnzhǐ chāochē 禁止超车 ジンチー チャオチョア	no passing ノウ パスィング
お　こ 追い越す	chāoguò, gǎnguò 超过，赶过 チャオグゥオ，ガングゥオ	overtake オウヴァテイク
おい 美味しい	hǎochī, xiānměi, xiāngtián 好吃，鲜美，香甜 ハオチー，シエンメイ，シアンティエン	nice, delicious ナイス，ディリシャス
お　だ 追い出す	gǎnpǎo, qūzǒu, niǎn 赶跑，驱走，撵 ガンパオ，チュイヅォウ，ニエン	drive out ドライヴ アウト
お　つ 追い付く	gǎnshàng, zhuīshàng 赶上，追上 ガンシャァン，チュイシャァン	catch up キャチ アプ
お　つ 追い詰める	jiānpò, zhuībī 煎迫，追逼 ジエンポォ，チュイビィ	drive... into ドライヴ イントゥ
お　はら 追い払う	gǎn, gǎnpǎo, qūzǒu, niǎn 赶，赶跑，驱走，撵 ガン，ガンパオ，チュイヅォウ，ニエン	drive away ドライヴ アウェイ

日	中	英
老いる	lǎo, shuāilǎo, shàng niánjì 老，衰老，上年纪 ラオ, シュアイラオ, シャアン ニエンジィ	grow old グロウ オウルド
オイル	yóu 油 ヨウ	oil オイル
お祝い	zhùhè 祝贺 チュウホアァ	celebration セレブレイション
（贈り物）	hèlǐ 贺礼 ホアリィ	congratulatory gift コングラチュラトーリ ギフト
王	wáng, guówáng 王，国王 ワァン, グゥオワァン	king キング
追う	zhuī, gǎn 追，赶 ヂュイ, ガン	run after, chase ランナフタ, チェイス
（牛や馬を）	gǎn, qū 赶，驱 ガン, チュイ	drive ドライヴ
（流行を）	gǎn (shímáo) 赶(时髦) ガン（シーマオ）	follow ファロウ
負う	bēi ((dōngxi)) 背《东西》 ベイ《ドンシ》	bear... on *one's* back ベア オン バク
（責任・義務を）	fù 负 フゥ	take... upon *oneself* テイク アパン
応援(する)	zhīyuán, bāngzhù, yuánzhù 支援，帮助，援助 ヂーユエン, バァンヂュウ, ユエンヂュウ	aid, support エイド, サポート
（声援）	zhùwēi, shēngyuán 助威，声援 ヂュウウェイ, ションユエン	cheer, root for チア, ルート フォー
横隔膜	hénggémó 横隔膜 ヘゥンガアモォ	diaphragm ダイアフラム
応急	yìngjí 应急 イィンジィ	emergency イマーヂェンスィ
〜手当	jíjiù, qiǎngjiù 急救，抢救 ジィジゥ, チアンジゥ	the first aid ザ ファースト エイド
王子	wángzǐ 王子 ワァンヅー	prince プリンス

日	中	英
おうじ 皇子	huángzǐ 皇子 ホアンヅー	Imperial prince インピアリアル プリンス
おうしざ 牡牛座	jīnniúzuò 金牛座 ジンニウヅゥオ	the Bull, Taurus ザ ブル, トーラス
おう 応じて	ànzhào 按照 アンヂャオ	according to アコーディング トゥ
おうしゅう 押収	mòshōu, cháchāo 没收, 查抄 モォショウ, チァアチャオ	seizure スィージャー
おうじょ 王女	gōngzhǔ 公主 ゴンヂュウ	princess プリンセス
おうじょ 皇女	gōngzhǔ 公主 ゴンヂュウ	Imperial princess インピアリアル プリンセス
おう 応じる	yìng, huídá 应, 回答 イィン, ホゥイダア	answer, reply *to* アンサ, リプライ
(承諾)	dāying, jiēshòu, tóngyì 答应, 接受, 同意 ダアイィン, ジエショウ, トンイー	comply *with*, accept コンプライ, アクセプト
おうせつしつ 応接室	huìkèshì, jiēdàishì, kètīng 会客室, 接待室, 客厅 ホゥイクァシー, ジエダイシー, クァティン	reception room リセプション ルーム
おうせつま 応接間	huìkèshì, jiēdàishì, kètīng 会客室, 接待室, 客厅 ホゥイクァシー, ジエダイシー, クァティン	living room リヴィング ルーム
おうだん 横断	héngduàn 横断 ヘゥンドワン	crossing クロースィング
～する	héngdù, héngchuān, héngduàn 横渡, 横穿, 横断 ヘゥンドゥ, ヘゥンチュワン, ヘゥンドワン	cross クロース
～歩道	rénxíng héngdào 人行横道 レンシィン ヘゥンダオ	crosswalk クロースウォーク
おうちょう 王朝	cháodài, wángcháo 朝代, 王朝 チャオダイ, ワァンチャオ	dynasty ダイナスティ
おうと 嘔吐	(ǒu)tù (呕)吐 (オウ)トゥ	vomiting ヴァミティング
おうとう 応答	yìngdá 应答 イィンダア	reply リプライ

日	中	英
おうひ 王妃	wánghòu, wángfēi 王后，王妃 ワンホウ，ワンフェイ	queen クウィーン
おうふく 往復(する)	láihuí, wǎngfǎn 来回，往返 ライホゥイ，ワンファン	go to... and back ゴウ トゥ アンド バク
～切符	láihuípiào, wǎngfǎnpiào 来回票，往返票 ライホゥイピアオ，ワンファンピアオ	round-trip ticket ラウンドトリプ ティケト
おうぼ 応募(する)	yìngmù, yìngzhāo 应募，应招 イィンムゥ，イィンヂャオ	subscription サブスクリプション
おうぼう 横暴な	mánhèng, zhuānhèng 蛮横，专横 マンヘゥン，ヂュワンヘゥン	oppressive オプレスィヴ
おうむ 鸚鵡	yīnggē, yīngwǔ 鹦哥，鹦鹉 イィングァ，イィンウゥ	parrot パロト
おうよう 応用(する)	yìngyòng, yùnyòng, lìyòng 应用，运用，利用 イィンヨン，ユィンヨン，リィヨン	apply アプライ
おうらい 往来	láiwǎng 来往 ライワン	traffic トラフィク
(道路)	dàjiē, mǎlù 大街，马路 ダァジエ，マァルウ	road, street ロウド，ストリート
おうりょう 横領	dàoyòng, tūnmò, qīnzhàn 盗用，吞没，侵占 ダオヨン，トゥンモォ，チンヂャン	embezzlement インベズルメント
おう 凹レンズ	āotòujìng 凹透镜 アオトゥジィン	concave lens カンケイヴ レンズ
お 終える	wánchéng, jiéshù 完成，结束 ワンチォン，ジエシュウ	finish, complete フィニシュ，コンプリート
おおあめ 大雨	dàyǔ 大雨 ダァユイ	heavy rain ヘヴィ レイン
おお 多い	duō, xǔduō, hǎoduō 多，许多，好多 ドゥオ，シュィドゥオ，ハオドゥオ	many, much メニ，マチ
おお 覆い	gàizi, zhàozi 盖子，罩子 ガイヅ，ヂャオヅ	cover カヴァ
おお 大いに	dà, pō, fēicháng, dàdà 大，颇，非常，大大 ダァ，ポォ，フェイチャァン，ダァダァ	very much ヴェリ マチ

日	中	英
おお 覆う	zhào, fùgài, yǎngài, zhēyǎn 罩，覆盖，掩盖，遮掩 チャオ，フウガイ，イエンガイ，チョアイエン	cover カヴァ
おおう だ 大売り出し	dàshuǎimài 大甩卖 ダアシュアイマイ	sale セイル
おおがた 大型の	dàxíng, zhòngxíng 大型，重型 ダアシィン，チォンシィン	large ラーヂ
おおかみ 狼	láng 狼 ラァン	wolf ウルフ
おお すく 多かれ少なかれ	huò duō huò shǎo 或多或少 ホウオ ドゥオ ホウオ シャオ	more or less モー オ レス
おお 大きい	dà 大 ダア	big, large ビグ，ラーヂ
おお 大きさ	dàxiǎo 大小 ダアシアオ	size サイズ
おお 大きな	dà 大 ダア	big, large ビグ，ラーヂ
（巨大・莫大）	jùdà, shuòdà, hóngdà 巨大，硕大，宏大 チュイダア，シュオダア，ホンダア	huge, enormous ヒューヂ，イノーマス
オークション	pāimài 拍卖 パイマイ	auction オークション
おおくまざ 大熊座	dàxióngzuò 大熊座 ダアシオンヅオ	the Great Bear ザ グレイト ベア
オーケー	hǎo, xíng, kěyǐ 好，行，可以 ハオ，シィン，クアイー	O.K. オウケイ
おおげさ 大袈裟(な)	kuāzhāng, kuādà, fúkuā 夸张，夸大，浮夸 クアチャアン，クアダア，フウクア	exaggerated イグザヂェレイテド
オーケストラ	guǎnxiányuè 管弦乐 グワンシエンユエ	orchestra オーケストラ
おおごえ 大声	dàshēng 大声 ダアション	loud voice ラウド ヴォイス
おおざっぱ 大雑把な	cūshuài, jiǎndān, cūliè (de) 粗率，简单，粗略(的) ツゥシュアイ，ジエンダン，ツゥリュエ(ダ)	rough, loose ラフ，ルース

日	中	英
オーストラリア	Àodàlìyà 澳大利亚 アオダアリイヤァ	Australia オーストレイリャ
おおぜい 大勢の	dàpī, yì qún 大批，一群 ダァピィ, イー チュイン	a large number *of* ア ラーヂ ナンバ
オーソドックス	zhèngtǒng 正统 チョントン	orthodox オーソダクス
オーソリティー	quánwēi 权威 チュエンウェイ	authority アソーリティ
オーダー	dìnghuò 订货 ディンホゥオ	order オーダ
(レストランの)	diǎn'cài 点菜 ディエンツァイ	order オーダ
おおて 大手	dà qǐyè, dà gōngsī 大企业，大公司 ダァ チイイエ, ダァ ゴンスー	big enterprise ビグ エンタプライズ
オーディション	(biǎoyǎn) píngxuǎn(huì) (表演)评选(会) (ビアオイエン) ピィンシュエン(ホゥイ)	audition オーディション
オーデコロン	huālùshuǐ, huàzhuāngshuǐ 花露水，化妆水 ホアルゥシュイ, ホアヂュアンシュイ	eau de cologne オウドコロウン
おおどお 大通り	dàjiē, mǎlù 大街，马路 ダァジエ, マアルゥ	main street メイン ストリート
オートバイ	mótuōchē 摩托车 モォトゥオチョァ	motorcycle モウタサイクル
オードブル	pīnpán, lěngpán 拼盘，冷盘 ピンパン, ルォンパン	hors d'oeuvre オーダーヴ
オートマチック	zìdòng 自动 ヅードン	automatic オートマティク
オートメーション	zìdònghuà 自动化 ヅードンホア	automation オートメイション
(自動制御)	zìdòng kòngzhì 自动控制 ヅードン コンヂー	automation オートメイション
オーナー	suǒyǒuzhě, yōngyǒuzhě 所有者，拥有者 スゥオヨウヂョァ, ヨンヨウヂョァ	owner オウナ

日	中	英
(経営者)	yèzhǔ 业主 イエチュウ	executive イグゼキュティヴ
オーバー	dàyī 大衣 ダァイー	overcoat オウヴァコウト
(超過)	chāoguò 超过 チャオグゥオ	over オウヴァ
オーバーホール	dàxiū 大修 ダァシウ	overhaul オウヴァホール
オーバーラップ	diéyìn 叠印 ディエイン	overlap オウヴァラプ
OB	xiàoyǒu, bìyèshēng 校友，毕业生 シアオヨウ, ビィエション	graduate グラヂュエト
オープニング	kāichǎng 开场 カイチャァン	opening オウプニング
オーブン	kǎolú, kǎoxiāng 烤炉，烤箱 カオルゥ, カオシアン	oven アヴン
オープン	kāifàng 开放 カイファアン	opening オウプニング
オーボエ	shuānghuángguǎn 双簧管 シュアンホアングワン	oboe オウボウ
おおみそか 大晦日	chúxī 除夕 チュウシィ	New Year's Eve ニュー イアズ イーヴ
おおむかし 大昔	yuǎngǔ 远古 ユエングゥ	great antiquity グレイト アンティクウィティ
おおむぎ 大麦	dàmài 大麦 ダァマイ	barley バーリ
おおめ み 大目に見る	kuānróng, kuānshù, hánróng 宽容，宽恕，涵容 クワンロン, クワンシュウ, ハンロン	overlook, tolerate オウヴァルク, タラレイト
おおや 大家	fángdōng 房东 ファアンドン	the owner ジ オウナ
おおやけ 公の	gōnggòng, gōngjia 公共，公家 ゴンゴン, ゴンジア	public パブリク

日	中	英
おおよろこ 大喜び	huān tiān xǐ dì 欢天喜地 ホワン ティエン シィ ディー	great joy グレイト チョイ
おおらかな	luò luò dà fāng, dàfang 落落大方，大方 ルゥオ ルゥオ ダァ ファアン, ダァファアン	large hearted ラーヂハーテド
オール	jiǎng 桨 ジアン	oar オー
（全部）	suǒyǒu, quánbù, zhěnggè, dōu 所有，全部，整个，都 スゥオヨウ, チュエンブゥ, ヂョングァ, ドウ	all オール
おおわら 大笑い	pěng fù dà xiào, xiàodiào dàyá 捧腹大笑，笑掉大牙 ポン フゥ ダァ シアオ, シアオディアオ ダァヤァ	hearty laugh ハーティ ラフ
おか 丘	gǎngzi, shāngāng 岗子，山冈 ガァンヅ, シャンガァン	hill ヒル
かあ お母さん	mǔqīn, māma 母亲，妈妈 ムゥチン, マァマ	mother マザ
かげ お陰	kuī(de), duōkuī, tuō ...de fú 亏(得)，多亏，托…的福 クゥイ(ダ), ドゥオクゥイ, トゥオ… ダ フゥ	help, favor ヘルプ, フェイヴァ
おか 可笑しい	hǎoxiào, kěxiào 好笑，可笑 ハオシアオ, クァシアオ	amusing, funny アミューズィング, ファニ
おか 侵す	qīnrù, qīnfàn 侵入，侵犯 チンルゥ, チンファン	invade インヴェイド
（侵害する）	qīnhài, qīnfàn 侵害，侵犯 チンハイ, チンファン	violate ヴァイオレイト
おか 犯す	fàn 犯 ファン	commit コミト
（法律などを）	fàn, wéifàn 犯，违犯 ファン, ウェイファン	violate ヴァイオレイト
（婦女を）	jiānwū 奸污 ジェンウゥ	rape レイプ
おか 冒す	màoxiǎn 冒险 マオシエン	brave, face ブレイヴ, フェイス
かね お金	qián, jīnqián 钱，金钱 チエン, ジンチエン	money マニ

日	中	英
<ruby>拝<rt>おが</rt></ruby>む	bài 拜 パイ	worship ワーシプ
(祈願する)	qídǎo 祈祷 チィダオ	pray *to* プレイ
<ruby>小川<rt>おがわ</rt></ruby>	hégōu, xiǎoxī 河沟，小溪 ホォアゴウ，シアオシィ	brook, stream ブルク，ストリーム
<ruby>悪寒<rt>おかん</rt></ruby>	fālěng 发冷 ファアルォン	chill チル
<ruby>沖<rt>おき</rt></ruby>	hǎishàng 海上 ハイシャァン	the offing ジ オーフィング
<ruby>起<rt>お</rt></ruby>き<ruby>上<rt>あ</rt></ruby>がる	qǐlái, páqilai 起来，爬起来 チィライ，パァチライ	get up ゲタップ
オキシダント	yǎnghuàjì 氧化剂 ヤンホアジィ	oxidant アキシダント
<ruby>掟<rt>おきて</rt></ruby>	chéngguī, guīdìng 成规，规定 チョングゥイ，グゥイディン	law, rule ロー，ルール
<ruby>置<rt>お</rt></ruby>き<ruby>時計<rt>どけい</rt></ruby>	zuòzhōng, táizhōng 座钟，台钟 ヅゥオチォン，タイチォン	table clock テイブル クラク
<ruby>補<rt>おぎな</rt></ruby>う	míbǔ, bǔchōng 弥补，补充 ミィブゥ，ブゥチォン	make up *for*, supplement メイカプ，サプレメント
お<ruby>気<rt>き</rt></ruby>に<ruby>入<rt>い</rt></ruby>り	xǐ'ài de 喜爱的 シィアイ ダ	favorite フェイヴァリト
<ruby>置物<rt>おきもの</rt></ruby>	chénshèpǐn 陈设品 チェンショァピン	ornament オーナメント
お<ruby>経<rt>きょう</rt></ruby>	fójīng 佛经 フォオジィン	sutra スートラ
<ruby>起<rt>お</rt></ruby>きる	qǐchuáng 起床 チィチュアン	get up, rise ゲタップ，ライズ
(目を覚ます)	xǐng 醒 シィン	wake up ウェイカプ
(事件などが)	fāshēng 发生 ファアション	happen, occur ハプン，オカー

日	中	英
おきわすれる 置き忘れる	là, wàng dài 落，忘带 ラァ，ワァン ダイ	forget, leave フォゲト，リーヴ
おく 奥	lǐbian, nèibù 里边，内部 リィビエン，ネイブゥ	the interior ジ インティアリア
おく 億	yì, wànwàn 亿，万万 イー，ワンワン	one hundred million ワン ハンドレド ミリョン
おく 置く	fàng, gē 放，搁 ファアン，グァ	put, place プト，プレイス
おくがい 屋外	wūwài, lùtiān, shìwài 屋外，露天，室外 ウゥワイ，ルゥティエン，シーワイ	outdoor アウトドー
おく 奥さん	fūrén, tàitai 夫人，太太 フゥレン，タイタイ	Mrs. ミスィズ
おくじょう 屋上	wūdǐng 屋顶 ウゥディン	the roof ザ ルーフ
おくそく 憶測	yìcè, cāixiǎng 臆测，猜想 イーツァ，ツァイシアン	supposition サポズィション
オクターブ	bādùyīn, yì zǔ yīnjiē 八度音，一组音阶 バァドゥイン，イー ヅゥ インジエ	octave アクテヴ
おくない 屋内	shìnèi, wūnèi 室内，屋内 シーネイ，ウゥネイ	indoor インドー
おくびょう 臆病な	dǎnqiè, qiènuò, wōnang 胆怯，怯懦，窝囊 ダンチエ，チエヌゥオ，ウオナァン	cowardly, timid カウアドリ，ティミド
おくふか 奥深い	shēn, yōushēn 深，幽深 シェン，ヨウシェン	deep, profound ディープ，プロファウンド
(内容などが)	shēn'ào, shēnsuì 深奥，深邃 シェンアオ，シェンスイ	deep, profound ディープ，プロファウンド
おくゆき 奥行	jìnshēn 进深 ジンシェン	depth デプス
(知識などの)	shēndù 深度 シェンドゥ	depth デプス
おく さき 送り先	sòngdá dìdiǎn 送达地点 ソンダァ ディーディエン	the destination ザ デスティネイション

日	中	英
送り状 (おく じょう)	fāpiào, fāhuòdān 发票，发货单 ファアピアオ, ファアホゥオダン	invoice インヴォイス
送り主 (おく ぬし)	jìjiànrén 寄件人 ジィジエンレン	sender センダ
贈り物 (おく もの)	lǐwù, zènglǐ 礼物，赠礼 リィウゥ, ヅンリィ	present, gift プレズント, ギフト
送る (おく)	jì 寄 ジィ	send センド
(金を)	huì 汇 ホゥイ	remit リミト
(見送る)	sòngxíng, sòngdào ... 送行，送到(地方) ソンシィン, ソンダオ…	see... off スィー オーフ
(送り届ける)	sòng, bànsòng, sòng ...qù 送，伴送，送(人)去 ソン, バンソン, ソン… チュイ	escort エスコート
(派遣)	pài ... qù 派(人)去 パイ… チュイ	dispatch ディスパチ
(過ごす)	guò 过 グゥオ	pass パス
贈る (おく)	sòng, zèngsòng 送，赠送 ソン, ヅンソン	present プリゼント
(称号を)	shòuyǔ ... (chēnghào) 授予(人)(称号) ショウユィ… (チョンハオ)	confer コンファー
(賞を)	shòuyǔ, bānfā 授予，颁发 ショウユィ, バンファア	award アウォード
遅れる (おく)	wǎn, dānwu 晚，耽误 ワン, ダンウ	be late *for* ビ レイト
(出発・到着が)	wùdiǎn, wǎndiǎn 误点，晚点 ウゥディエン, ワンディエン	be delayed ビ ディレイド
(時計が)	màn 慢 マン	lose ルーズ
(時代・流行などに)	luòhòu, gǎnbushàng 落后，赶不上 ルゥオホウ, ガンブシャァン	be behind ビ ビハインド

日	中	英
お 起こす	lìqǐ, fúqǐ 立起，扶起 リィチィ, フゥチィ	raise, set up レイズ, セタプ
（目を覚まさせる）	jiào xǐng 叫醒 ジアオシィン	wake ウェイク
（引き起こす）	fāqǐ, yǐnqǐ 发起，引起 ファアチィ, インチィ	cause コーズ
おこた 怠る	lǎnduò, xièdài 懒惰，懈怠 ランドゥオ, シエダイ	neglect ニグレクト
（注意を）	shūhu 疏忽 シュウホ	neglect ニグレクト
おこな 行い	xíngwéi, xíngdòng 行为，行动 シィンウェイ, シィンドン	act, action アクト, アクション
（身持ち）	pǐnxíng, jǔzhǐ 品行，举止 ピンシィン, デュイヂー	conduct カンダクト
おこな 行う	zuò, jìnxíng 做，进行 ヅゥオ, ジンシィン	do, act ドゥー, アクト
（実施）	shíxíng 实行 シーシィン	put in practice プト イン プラクティス
（催す）	jǔxíng, jǔbàn 举行，举办 ヂュイシィン, ヂュイバン	hold, celebrate ホウルド, セレブレイト
お 起こる	fāshēng, nào 发生，闹 ファアション, ナオ	happen, occur ハプン, オカ—
（戦争・火事が）	fāshēng 发生 ファアション	break out ブレイカウト
おこ 怒る	shēng qì, fā píqi, fā huǒ 生气，发脾气，发火 ションチィ, ファア ピィチ, ファアホゥオ	get angry ゲタングリ
おご 奢る	qǐngkè, zuòdōng 请客，做东 チィンクォ, ヅゥオドン	treat トリート
（贅沢をする）	shēchǐ 奢侈 ショアチー	be extravagant in ビ イクストラヴァガント
お 押さえる	yā(zhù) 压(住) ヤァ(ヂュウ)	hold... down ホウルド ダウン

日	中	英
おさ 抑える	zhènyā, yāzhì 镇压，压制 チェンヤァ, ヤァヂー	suppress サプレス
(抑制)	kòngzhì, yìzhì 控制，抑制 コンヂー, イーヂー	control コントロウル
(抑止)	yìzhì, zhìzhǐ 抑制，制止 イーヂー, ヂーヂー	restrain リストレイン
おさな 幼い	yòuxiǎo 幼小 ヨウシアオ	infant インファント
(子供っぽい)	yòuzhì, háiziqì 幼稚，孩子气 ヨウヂー, ハイヅチィ	childish チャイルディシュ
おさ 治まる	jiějué 解决 ジエジュエ	be settled ビ セトルド
(鎮まる)	píngdìng 平定 ピィンディン	calm down カーム ダウン
おさ 納まる	róngnà 容纳 ロンナァ	be put *in* ビ プト
(元に戻る)	huīfù 恢复 ホウイフゥ	be restored *to* ビ リストード
(落着)	jiějué 解决 ジエジュエ	be settled ビ セトルド
おさ 治める	tǒngzhì 统治 トンヂー	rule, govern ルール, ガヴァン
(鎮定)	píngdìng, zhènyā 平定，镇压 ピィンディン, チェンヤァ	suppress サプレス
おさ 納める	jiǎonà 缴纳 ジアオナァ	pay ペイ
おじ 伯[叔]父		uncle アンクル
(父の兄)	bófù 伯父 ボオフゥ	
(父の弟)	shūfù 叔父 シュウフゥ	

日	中	英
(母の兄弟)	jiùfù 舅父 ジウフウ	
(父の姉妹の夫)	gūfu 姑夫 グウフ	
(母の姉妹の夫)	yífu 姨夫 イーフ	
押し合う	yōngjǐ 拥挤 ヨンジィ	push one another プシュ ワン アナザ
惜しい	kěxī, yíhàn 可惜, 遗憾 クァシィ, イーハン	regrettable リグレタブル
おじいさん		grandfather グランドファーザ
(父の父)	zǔfù, yéye 祖父, 爷爷 ヅゥフウ, イエイエ	
(母の父)	wàizǔfù, lǎoye 外祖父, 老爷 ワイヅゥフウ, ラオイエ	
(老人)	yéye, lǎoyéye 爷爷, 老爷爷 イエイエ, ラオイエイエ	old man オウルド マン
教え	jiàoxun 教训 ジアオシュィン	lesson, teachings レスン, ティーチングズ
教える	jiāo 教 ジアオ	teach, instruct ティーチ, インストラクト
(告げる)	gàosu 告诉 ガオスゥ	tell テル
(知らせる)	tíxǐng, zhǐchū, tōngzhī 提醒, 指出, 通知 ティーシィン, ヂーチュウ, トンヂー	inform *of* インフォーム
お辞儀	jūgōng, xínglǐ 鞠躬, 行礼 ヂュィゴン, シィンリィ	bow バウ
惜しくも	zhēn kěxī 真可惜 ヂェン クァシィ	to *one's* regret トゥ リグレト
押し込む	sāijìn 塞进 サイジン	push in, stuff *into* プシュ イン, スタフ

日	中	英
押し付ける	qiángjiā 强加 チアンジア	press プレス
おしっこ	niào 尿 ニアオ	wee wee ウィーウィー
〜をする	sā niào 撒尿 サア ニアオ	wee wee ウィーウィー
押し潰す	yāhuài, yātā 压坏，压塌 ヤァホアイ，ヤァタァ	crush, smash クラシュ，スマシュ
押し止める	zhìzhǐ 制止 ヂーヂー	stop スタプ
押しボタン	ànniǔ 按钮 アンニウ	push button プシュ バトン
お仕舞い	jiéshù, zhōngliǎo 结束，终了 ジエシュウ，チョンリアオ	the end ジ エンド
惜しむ	lìnxī, shěbude 吝惜，舍不得 リンシィ，ショアブダ	spare スペア
（残念に思う）	kěxī, yíhàn, wǎnxī 可惜，遗憾，惋惜 クァシィ，イーハン，ワンシィ	regret リグレト
（大切）	zhēnxī 珍惜 ヂェンシィ	value ヴァリュー
おしめ	kuài niàobù 〔块〕尿布 クアイ ニアオブゥ	diaper ダイアパ
お喋り	huàxiázi, suìzuǐzi 话匣子，碎嘴子 ホアシアヅ，スゥイヅゥイヅ	chatterbox チャタバクス
〜する	xiánliáo, liáotiānr, tántiān 闲聊，聊天儿，谈天 シエンリアオ，リアオティアル，タンティエン	chat, chatter チャト，チャタ
〜な	ài jiǎnghuà de, suìzuǐzi 爱讲话的，碎嘴子 アイ ジアンホア ダ，スゥイヅゥイヅ	talkative トーカティヴ
お洒落	dǎban, xiūshì 打扮，修饰 ダァバン，シウシー	dressing up ドレスィング アプ
〜する	dǎban 打扮 ダァバン	dress smartly ドレス スマートリ

日	中	英
～な	xiāosǎ, piàoliang, shuài 潇洒，漂亮，帅 シアオサア, ピアオリアン, シュアイ	stylish スタイリシュ
お嬢さん(じょう)	xiǎojiě, gūniang 小姐，姑娘 シアオジェ, グゥニアン	young lady ヤング レイディ
汚職(おしょく)	tānwū, tānzāng 贪污，贪赃 タンウゥ, タンヅァアン	corruption, graft コラプション, グラフト
白粉(おしろい)	báifěn, xiāngfěn 白粉，香粉 バイフェン, シアンフェン	powder パウダ
押す(お)	tuī 推 トゥイ	push プシュ
（ボタンを）	àn(niǔ) 按(钮) アン(ニウ)	press プレス
（印を）	gài(zhāng) 盖(章) ガイ(ヂャアン)	stamp スタンプ
雄(おす)	xióng, gōng 雄，公 シオン, ゴン	male メイル
お世辞(せじ)	fèngchenghuà, gōngweihuà 奉承话，恭维话 フォンチョンホア, ゴンウェイホア	flattery フラタリ
～を言う	fèngcheng, gōngwei 奉承，恭维 フォンチョン, ゴンウェイ	flatter フラタ
お節介(せっかい)	hàoshì, guǎn xiánshì 好事，管闲事 ハオシー, グワン シエンシー	meddling メドリング
～な	hàoshì 好事 ハオシー	meddlesome メドルサム
汚染(おせん)	wūrǎn 污染 ウゥラン	pollution ポルーション
遅い(おそ)	wǎn 晚 ワン	late レイト
（速度が）	màn 慢 マン	slow スロウ
襲う(おそ)	xíjī 袭击 シィジィ	attack アタク

日	中	英
(天災などが)	xíjī 襲击 シィジィ	hit ヒト
遅かれ早かれ	zǎowǎn 早晩 ヅァオワン	sooner or later スーナ オ レイタ
お供え	gòngpǐn 供品 ゴンピン	offering オーファリング
恐らく	kǒngpà, kěnéng, dàgài, dàyuē 恐怕, 可能, 大概, 大约 コンパァ, クァヌォン, ダァガイ, ダァユエ	perhaps パハプス
恐れ	wèijù, hàipà 畏惧, 害怕 ウェイヂュィ, ハイパァ	fear フィア
(懸念)	yōulǜ, gùlǜ 忧虑, 顾虑 ヨウリュィ, グゥリュィ	apprehension アプリヘンション
～を知らない	dàwúwèi 大无畏 ダァウゥウェイ	intrepid イントレピド
恐れる	pà, hàipà, jùpà, wèijù 怕, 害怕, 惧怕, 畏惧 パァ, ハイパァ, チュイパァ, ウェイヂュィ	fear, be afraid of フィア, ビ アフレイド
恐ろしい	kěpà, xiàrén 可怕, 吓人 クァパァ, シアレン	fearful, awful フィアフル, オーフル
教わる	xué 学 シュエ	learn ラーン
オゾン	chòuyǎng 臭氧 チョウヤン	ozone オゥゾゥン
お互いに	hùxiāng 互相 ホゥシアン	each other イーチ アザ
お玉杓子	kēdǒu 蝌蚪 クァドウ	tadpole タドポウル
穏やかな	píngjìng 平静 ピィンジィン	calm カーム
(気性が)	wēnhé 温和 ウェンホァ	gentle ヂェントル
(気候が)	wēnhé, wēnnuǎn 温和, 温暖 ウェンホァ, ウェンヌワン	mild マイルド

日	中	英
(穏当な)	wěntuǒ, tuǒdang 稳妥，妥当 ウェントゥオ，トゥオダアン	moderate マダレト
落ち合う	xiānghuì, pèngtóu 相会，碰头 シアンホウイ，ポントウ	meet ミート
陥る	xiànrù, xiànyú 陷入，陷于 シエンルウ，シエンユイ	fall フォール
落ち着き	zhènjìng, zhèndìng, wěnzhòng 镇静，镇定，稳重 チェンジィン，チェンディン，ウェンチョン	composure コンポウジャ
落ち着く	zhènjìng, píngxī, ānjìng 镇静，平息，安静 チェンジィン，ピィンシィ，アンジィン	become calm ビカム カーム
(定住)	āndùn, dìngjū, luòhù 安顿，定居，落户 アンドゥン，ディンヂュイ，ルウオホウ	settle セトル
落ち度	cuòr, guòcuò, guòshī 错儿，过错，过失 ツウオル，グウオツウオ，グウオシー	fault フォールト
落ち葉	luòyè 落叶 ルウオイエ	fallen leaf フォールン リーフ
落ちる	luò, xiàluò, diào 落，下落，掉 ルウオ，シアルウオ，ディアオ	fall, drop フォール，ドラプ
(試験に)	kǎobushàng, bù jígé 考不上，不及格 カオブシャァン，ブウ ジィグア	fail in フェイル
(日・月が)	luò, chén 落，沉 ルウオ，チェン	set, sink セト，スィンク
(汚れ・しみが)	xǐdiào 洗掉 シィディアオ	come off カム オーフ
(色が)	tuìshǎi 退色 トゥイシャイ	fade フェイド
夫	zhàngfu, nánren 丈夫，男人 チァンフ，ナンレン	husband ハズバンド
おっとせい	hǎigǒu, wànàshòu 海狗，腽肭兽 ハイゴウ，ワナアシヨウ	fur seal ファー スィール
お釣り	zhǎotou, zhǎoqián 找头，找钱 チャオトウ，チャオチエン	change チェインヂ

日	中	英
おでこ	étóu 额头 ウァトウ	brow ブラウ
おてん 汚点	wūdiǎn 污点 ウゥディエン	stain ステイン
てんば お転婆	wánpí gūniang 顽皮姑娘 ワンピィ グゥニアン	tomboy タムボイ
おと 音	shēngyīn, shēngxiǎng 声音，声响 ションイン，ションシアン	sound サウンド
とう お父さん	fùqīn, bàba 父亲，爸爸 フゥチン，バァバ	father ファーザ
（呼びかけ）	bàba, bà 爸爸，爸 バァバ，バァ	dad ダド
おとうと 弟	dìdi 弟弟 ディーディ	(younger) brother ヤンガ ブラザ
おど 脅かす	wēixié, wēihè, kǒnghè 威胁，威吓，恐吓 ウェイシエ，ウェイホァ，コンホァア	threaten, menace スレトン，メナス
（びっくりさせる）	xià, xiàhu 吓，吓唬 シア，シアホ	surprise サプライズ
とくい お得意	náshǒu 拿手 ナァショウ	strong point ストローング ポイント
（得意先）	gùkè, zhǔgù 顾客，主顾 グゥクェ，チュウグゥ	customer カスタマ
おとこ 男	nánrén, nánxìng, nán de, hànzi 男人，男性，男的，汉子 ナンレン，ナンシィン，ナン ダ，ハンヅ	man, male マン，メイル
おとこ こ 男の子	nánháir 男孩儿 ナンハル	boy ボイ
（息子）	érzi 儿子 アルヅ	son サン
おど 脅し	kǒnghè, wēihè 恐吓，威吓 コンホァア，ウェイホァ	threat, menace スレト，メナス
としだま お年玉	yāsuìqián 压岁钱 ヤァスイチエン	New Year's gift ニュー イアズ ギフト

日	中	英
お 落とす	diào, shuāi 掉，摔 ディアオ, シュアイ	drop, let fall ドラプ, レト フォール
(失う)	diū, diūdiào, shīluò, yíshī 丢，丢掉，失落，遗失 ディウ, ディウディアオ, シールゥオ, イーシー	lose ルーズ
(抜かす)	yílòu, lòudiào, là 遗漏，漏掉，落 イーロウ, ロウディアオ, ラァ	omit オウミト
(汚れを)	xǐdiào 洗掉 シィディアオ	remove リムーヴ
(信用・人気を)	shīdiào, sàngshī 失掉，丧失 シーディアオ, サァンシー	lose ルーズ
おど 脅す	wēixié, wēihè, kǒnghè 威胁，威吓，恐吓 ウェイシエ, ウェイホァア, コンホァア	threaten, menace スレトン, メナス
おとず 訪れる	fǎngwèn, bàifǎng 访问，拜访 ファアンウェン, バイファアン	visit ヴィズィト
おととい 一昨日	qiántiān, qiánrì 前天，前日 チェンティエン, チェンリー	the day before yesterday ザ デイ ビフォー イェスタディ
おととし 一昨年	qiánnián 前年 チェンニエン	the year before last ザ デイ ビフォー ラスト
おとな 大人	chéngrén, dàren 成人，大人 チョンレン, ダァレン	adult, grown-up アダルト, グロウナプ
おとなしい	lǎoshi, wēnshùn 老实，温顺 ラオシ, ウェンシュン	gentle, quiet チェントル, クワイエト
おとめざ 乙女座	Shìnǚzuò, Chǔnǚzuò 室女座，处女座 シーニュイヅゥオ, チュウニュイヅゥオ	the Virgin ザ ヴァーヂン
おど 踊り	wǔdǎo, tiàowǔ 舞蹈，跳舞 ウゥダオ, ティアオウゥ	dance ダンス
おど ば 踊り場	lóutī píngtái 楼梯平台 ロウティー ピィンタイ	landing ランディング
おと 劣る	bùrú, chà, cì 不如，差，次 プゥルゥ, チャア, ツー	be inferior to ビ インフィアリア
おど 踊る	tiào'wǔ, wǔdǎo 跳舞，舞蹈 ティアオウゥ, ウゥダオ	dance ダンス

日	中	英
_{おど}躍る	tiào 跳 ティアオ	jump ヂャンプ
（胸が）	xīntiào 心跳 シンティアオ	throb スラブ
_{おとろ}衰える	shuāiruò, shuāituì 衰弱，衰退 シュアイルゥオ，シュアイトゥイ	become weak ビカム ウィーク
（健康が）	shuāiruò, shuāituì 衰弱，衰退 シュアイルゥオ，シュアイトゥイ	decline ディクライン
（人気などが）	xiàjiàng 下降 シアジアン	decline ディクライン
（風・火勢が）	jiǎnruò, biànruò 减弱，变弱 ジエンルゥオ，ビエンルゥオ	go down ゴウ ダウン
_{おどろ}驚かす	jīngdòng, xià ... 惊动，吓(人) ジィンドン，シア…	surprise, astonish サプライズ，アスタニシュ
_{おどろ}驚き	jīnghài, jīngyà 惊骇，惊讶 ジィンハイ，ジィンヤァ	surprise サプライズ
_{おどろ}驚く	chījīng, jīngyà 吃惊，惊讶 チージィン，ジィンヤァ	be surprised ビ サプライズド
_{なか}お腹	dùzi 肚子 ドゥヅ	the stomach ザ スタマク
_{おな}同じ	yíyàng, tóngyī 一样，同一 イーヤン，トンイー	the same ザ セイム
（等しい）	děngyú 等于 デゥンユィ	equal イークワル
（同様の）	tóngyàng 同样 トンヤン	similar スィミラ
（共通の）	xiāngtóng 相同 シアントン	common カモン
_{おに}鬼	móguǐ, yāoguài, yāomó 魔鬼，妖怪，妖魔 モォグゥイ，ヤオグアイ，ヤオモォ	ogre, demon オウガ，ディーモン
（遊戯の）	zhuōrénzhě 捉人者 チュオレンヂョア	tagger, it タガ，イト

日	中	英
おに 鬼ごっこ	zhuōmícáng 捉迷藏 デュオミィツァアン	tag タグ
おね 尾根	shānjǐ, shānliáng 山脊，山梁 シャンジィ，シャンリアン	ridge リヂ
おのおの 各々	gè, gèzì 各，各自 グァ，グァヅー	each イーチ
おば 伯[叔]母		aunt アント
（父の姉妹）	gūmǔ 姑母 グゥムゥ	
（父の弟の妻）	shěnmǔ 婶母 シェンムゥ	
（母の姉妹）	yímǔ 姨母 イームゥ	
（母の兄弟の妻）	jiùmu 舅母 ジウム	
おばあさん		grandmother グランドマザ
（父の母）	zǔmǔ, nǎinai 祖母，奶奶 ヅゥムゥ，ナイナイ	
（母の母）	wàizǔmǔ, lǎolao 外祖母，姥姥 ワイヅゥムゥ，ラオラオ	
（老婆）	lǎotàitai 老太太 ラオタイタイ	old woman オウルド ウマン
オパール	dànbáishí 蛋白石 ダンバイシー	opal オウパル
ば お化け	guǐ, yāoguài, guǐguài 鬼，妖怪，鬼怪 グゥイ，ヤオグアイ，グゥイグアイ	bogy, ghost ボウギ，ゴウスト
おはよう	zǎoshang hǎo, zǎo'ān 早上好，早安 ヅァオシャァン ハオ，ヅァオアン	Good morning. グド モーニング
おび 帯	dàizi, yāodài 带子，腰带 ダイヅ，ヤオダイ	belt, *obi*, sash ベルト，オウビ，サシュ

日	中	英
<ruby>怯<rt>お</rt></ruby>える	hàipà, wèijù 害怕，畏惧 ハイパァ，ウェイヂュィ	be frightened *at* ビ フライトンド
<ruby>牡羊座<rt>おひつじざ</rt></ruby>	Báiyángzuò 白羊座 バイヤンヅゥオ	the Ram ザ ラム
オフ	yèyú shíjiān, yúxiá 业余时间，余暇 イエユィ シージエン, ユィシア	off オーフ
オフィシャル	zhèngshì, gōngrèn 正式，公认 ヂョンシー, ゴンレン	official オフィシャル
オフィス	bàngōngshì 办公室 バンゴンシー	office オーフィス
オブザーバー	guāncháyuán 观察员 グワンチャアユエン	observer オブザーヴァ
オフシーズン	dànjì 淡季 ダンジィ	the off-season ジ オーフスィーズン
オプショナル	rènxuǎn 任选 レンシュエン	optional アプショナル
オプション	xuǎnzé, xuǎnxiàng 选择，选项 シュエンヅゥア, シュエンシアン	option アプション
<ruby>汚物<rt>おぶつ</rt></ruby>	lājī, shǐniào 垃圾，屎尿 ラァジィ, シーニアオ	filth フィルス
オフレコ	fēi zhèngshì de 非正式的 フェイ ヂョンシー ダ	off-the-record オーフザレコド
おべっか	chǎnmèi 谄媚 チャンメイ	flattery フラタリ
オペラ	gējù 歌剧 グァヂュィ	opera アパラ
オペレーター	huàwùyuán 话务员 ホアウゥユエン	operator アパレイタ
（機械などの）	cāozuò rényuán 操作人员 ツァオヅゥオ レンユエン	operator アパレイタ
オペレッタ	qīnggējù 轻歌剧 チィングァヂュィ	operetta アパレタ

日	中	英
覚え書き(おぼえがき)	bǐjì 笔记 ピィジィ	memo メモウ
(外交上の)	bèiwànglù 备忘录 ベイワンルゥ	note ノウト
覚えている(おぼえている)	jìde 记得 ジィダ	remember リメンバ
覚える(おぼえる)	xuéxí 学习 シュエシィ	learn ラーン
(記憶する)	jì, jìzhù, jìde 记，记住，记得 ジィ, ジィチュウ, ジィダ	remember リメンバ
(感じる)	juéde, gǎndào 觉得，感到 ジュエダ, ガンダオ	feel フィール
溺れる(おぼれる)	nì'shuǐ 溺水 ニィシュイ	be drowned ビ ドラウンド
(ふける)	dānnì, chénmiǎn 耽溺，沉湎 ダンニィ, チェンミエン	indulge *in* インダルヂ
お前(おまえ)	nǐ 你 ニィ	you ユー
おまけ	fùdài 附带 フゥダイ	extra エクストラ
(景品)	(fùdài de) zèngpǐn (附带的)赠品 (フゥダイ ダ) ゾンピン	premium プリーミアム
(割り引きする)	jiǎn'jià 减价 ジエンジア	discount ディスカウント
お守り(おまもり)	hùshēnfú 护身符 ホウシェンフウ	charm, talisman チャーム, タリスマン
お巡りさん(おまわりさん)	jǐngchá, xúnjǐng 警察，巡警 ジィンチァア, シュインジィン	cop, policeman カプ, ポリースマン
おむつ	niàobù 尿布 ニアオブゥ	diaper ダイアパ
おめでとう	gōngxǐ, gōngxǐ 恭喜，恭喜 ゴンシィ, ゴンシィ	Congratulations! コングラチュレイションズ

日	中	英
おも 重い	zhòng, chén 重，沉 ヂォン，チェン	heavy ヘヴィ
(重要・重大)	zhòngyào, zhòngdà, yánzhòng 重要，重大，严重 ヂォンヤオ，ヂォンダァ，イエンヂォン	important, grave インポータント，グレイヴ
(病が)	(bìng) zhòng, yánzhòng (病)重，严重 (ビィン)ヂォン，イエンヂォン	serious スィアリアス
(罰が)	(zuì) zhòng, yánlì (罪)重，严厉 (ヅゥイ)ヂォン，イエンリィ	severe スィヴィア
おも 思いがけない	yìwài, (liào)xiǎngbudào 意外，(料)想不到 イーワイ，(リアオ)シアンブダオ	unexpected アニクスペクテド
おも き 思い切り	duànniàn, sǐxīn 断念，死心 ドワンニエン，スーシン	resignation レズィグネイション
(決心)	juéxīn, juéyì 决心，决意 ジュエシン，ジュエイー	resolution レゾルーション
(思う存分)	jìnqíng 尽情 ジンチィン	to *one's* heart's content トゥ ハーツ コンテント
おもい こ 思い込む	yǐwéi 以为 イーウェイ	resolute レゾルート
おも だ 思い出す	xiǎngqǐlai 想起来 シアンチィライ	remember, recall リメンバ，リコール
おも ちが 思い違い	xiǎngcuò, wùhuì 想错，误会 シアンツゥオ，ウゥホイ	misunderstanding ミサンダスタンディング
おも つ 思い付く	xiǎngchūlai, xiǎngdào 想出来，想到 シアンチュウライ，シアンダオ	think *of* スィンク
おも で 思い出	huíyì 回忆 ホゥイイー	memories メモリズ
おも 思いやり	guānhuái, tǐtiē 关怀，体贴 グワンホアイ，ティーティエ	consideration コンスィダレイション
おも 思う	rènwéi, xiǎng 认为，想 レンウェイ，シアン	think スィンク
(見なす)	rènwéi, kànzuò, dàngzuò 认为，看做，当做 レンウェイ，カンヅゥオ，ダァンヅゥオ	consider *as* コンスィダ

日	中	英
(推測する)	tuīxiǎng, tuīcè, cāicè 推想，推测，猜测 トゥイシアン, トゥイツゥァ, ツァイツゥァ	suppose サポウズ
おもかげ 面影	fēngmào 风貌 フォンマオ	look, image ルク, イミヂ
おもくる 重苦しい	chénmèn, chénzhòng 沉闷，沉重 チェンメン, チェンヂォン	gloomy, oppressive グルーミ, オプレスィヴ
おも 重さ	fènliàng, zhòngliàng 分量，重量 フェンリアン, ヂォンリアン	weight ウェイト
おもしろ 面白い	yǒuqù, yǒu yìsi 有趣，有意思 ヨウチュイ, ヨウ イース	interesting インタレスティング
おもちゃ 玩具	wánjù, wányìr 玩具，玩意儿 ワンヂュイ, ワンイル	toy トイ
～屋	wánjùdiàn 玩具店 ワンヂュイディエン	toyshop トイシャプ
おもて 表	biǎomiàn, shàngmian 表面，上面 ビアオミエン, シャンミエン	the face ザ フェイス
(前面)	qiánmian 前面 チエンミエン	the front ザ フラント
(戸外)	wàimian, wàitou 外面，外头 ワイミエン, ワイトウ	out of doors アウト オヴ ドーズ
おもて 面		
(表面)	biǎomiàn, shàngmian 表面，上面 ビアオミエン, シャンミエン	the surface ザ サーフェス
(顔)	miàn, liǎn 面，脸 ミエン, リエン	face フェイス
おもてどお 表通り	dàjiē 大街 ダァジエ	main street メイン ストリート
おも 主な	zhǔyào 主要 ヂュウヤオ	main, principal メイン, プリンスィパル
おも 主に	zhǔyào, dàbùfen 主要，大部分 ヂュウヤオ, ダァブゥフェン	mainly, mostly メインリ, モウストリ

日	中	英
<ruby>趣<rt>おもむき</rt></ruby>	zōngzhǐ, qǐzhù 宗旨，旨趣 ヅォンヂー, チィヂュウ	import インポート
（内容）	dàyì, yìsi 大意，意思 ダァイー, イース	contents カンテンツ
（様子）	qíngxing 情形 チィンシィン	air, looks エア, ルクス
（雅趣）	qíngqù 情趣 チィンチュイ	taste, elegance テイスト, エリガンス
<ruby>思惑<rt>おもわく</rt></ruby>	yìtú, kànfǎ, yìjiàn 意图，看法，意见 イートゥ, カンファア, イージエン	thought, intention ソート, インテンション
<ruby>重<rt>おも</rt></ruby>んじる	zhùzhòng, zhòngshì 注重，重视 ヂュウヂォン, ヂォンシー	value ヴァリュー
（尊重する）	zūnzhòng 尊重 ヅゥンヂォン	esteem イスティーム
<ruby>親<rt>おや</rt></ruby>	fùmǔ, shuāngqīn 父母，双亲 フウムウ, シュアンチン	parent ペアレント
（トランプの）	zhuāngjia 庄家 ヂュアンジア	the dealer ザ ディーラ
<ruby>親方<rt>おやかた</rt></ruby>	shīfu 师傅 シーフ	foreman フォーマン
（主人）	lǎobǎn 老板 ラオバン	boss ボス
<ruby>親知<rt>おやし</rt></ruby>らず	zhìchǐ, zhìyá 智齿，智牙 ヂーチー, ヂーヤァ	wisdom tooth ウィズダム トゥース
お<ruby>休<rt>やす</rt></ruby>みなさい	wǎn'ān 晚安 ワンアン	Good night. グドナイト
お<ruby>八<rt>や</rt></ruby>つ	diǎnxin, língshí 点心，零食 ディエンシン, リィンシー	refreshments リフレシュメンツ
<ruby>親指<rt>おやゆび</rt></ruby>	(dà)mǔzhǐ, mǔzhǐ （大）拇指，拇指 （ダァ）ムウヂー, ムウヂー	thumb サム
（足の）	mǔzhǐ 拇趾 ムウヂー	big toe ビグ トゥ

日	中	英
およ 泳ぐ	yóuyǒng 游泳 ヨウヨン	swim スウィム
およ 凡そ	dàyuē, ...zuǒyòu 大约,(…)左右 ダァユエ, … ヅゥオヨウ	about, nearly アバウト, ニアリ
(まったく)	gēnběn, wánquán 根本,完全 ゲンベン, ワンチュエン	entirely インタイアリ
およ 及び	yǐjí 以及 イージィ	and アンド
およ 及ぶ	dádào, shèjí 达到,涉及 ダァダオ, ショァジィ	reach, amount to リーチ, アマウント
おり 檻	jiàn, ...juàn, ...lán 槛,…圈,…栏 ジエン, …ジュエン, …ラン	cage ケイヂ
オリーブ	yóugǎnlǎn, gǎnlǎn 油橄榄,橄榄 ヨウガンラン, ガンラン	olive アリヴ
～油	gǎnlǎnyóu 橄榄油 ガンランヨウ	olive oil アリヴ オイル
オリエンテーション	rùxué jiàoyù 入学教育 ルゥシュエ ジアオユイ	orientation オーリエンテイション
オリエンテーリング	yuèyě shítú bǐsài 越野识途比赛 ユエイエ シートゥ ビィサイ	orienteering オーリエンティアリング
ざ オリオン座	Lièhùzuò 猎户座 リエホゥヅゥオ	Orion オライオン
お かえ 折り返す	zhéhuí 折回 ヂョァホゥイ	turn down ターン ダウン
オリジナリティー	dúchuàngxìng 独创性 ドゥチュアンシィン	originality オリヂナリティ
オリジナル	yuánwù, yuánwén 原物,原文 ユエンウゥ, ユエンウェン	original オリヂナル
～な	dúchuàng (de) 独创(的) ドゥチュアン(ダ)	original オリヂナル
お たた 折り畳む	(zhé)dié (折)叠 (ヂョァ)ディエ	fold up フォウルド アプ

日	中	英
折り目(おりめ)	zhězi, zhéxiàn 褶子，折线 チョヅ, チョァシエン	fold フォウルド
織物(おりもの)	(fǎng)zhīwù (纺)织物 (ファアン)ヂーウゥ	textile, fabrics テクスタイル, ファブリクス
～工業	fǎngzhī gōngyè 纺织工业 ファアンヂー ゴンイエ	the textile industry ザ テクスタイル インダストリ
下[降]りる(お)	xià 下 シア	come down カム ダウン
(乗り物から)	xià chē 下车 シア チョァ	get off, get out of ゲト オーフ, ゲト アウト
(山から)	xià shān 下山 シア シャン	descend ディセンド
(霜が)	xià shuāng 下霜 シア シュアン	fall フォール
オリンピック	Àoyùnhuì 奥运会 アオユインホウイ	the Olympic games ジ オリンピク ゲイムズ
織る(お)	zhī (bù) 织(布) ヂー(ブゥ)	weave ウィーヴ
折る(お)	dǎduàn, zhé(duàn) 打断，折(断) ダァドワン, チョァ(ドワン)	break, snap ブレイク, スナプ
(曲げる)	zhé 折 チョァ	bend ベンド
オルガン	jià fēngqín 〔架〕风琴 ジア フォンチン	organ オーガン
オルゴール	bāyīnhé 八音盒 バァインホァア	music box ミューズィク バクス
折れる(お)	shé, duàn 折，断 ショァ, ドワン	break ブレイク
(折り畳める)	zhédié 折叠 ヂョァディエ	can be folded カン ビ フォウルデド
(譲歩)	qiānjiù, ràng(bù) 迁就，让步 チエンジウ, ラァンブゥ	give in ギヴ イン

日	中	英
オレンジ	chéngzi 橙子 チョンヅ	orange オーレンヂ
おろ 愚かな	shǎ, (yú)chǔn, (yú)bèn 傻,（愚）蠢,（愚）笨 シャア,（ユィ）チュン,（ユィ）ベン	foolish, silly フーリシュ, スィリ
おろし う 卸(売り)	pīfā, pīxiāo 批发, 批销 ピィファア, ピィシアオ	wholesale ホウルセイル
～売り業者	pīfāshāng 批发商 ピィファアシャアン	wholesale dealer ホウルセイル ディーラ
～値	pīfā jiàgé 批发价格 ピィファア ジアグァ	wholesale price ホウルセイル プライス
お 下[降]ろす	fàngxià, náxià 放下, 拿下 ファアンシア, ナアシア	take down テイク ダウン
(乗客を)	ràng chéngkè xià chē 让乘客下车 ラアン チョンクァ シア チョア	drop ドラプ
(積み荷を)	xiè huò 卸货 シエ ホウオ	unload アンロウド
お 終わり	mòwěi, jiéjú, zhōngjié 末尾, 结局, 终结 モォウェイ, ジエヂュイ, チォンジエ	end, close エンド, クロウズ
お 終わる	jiéshù, wánbì, (…)wán 结束, 完毕,（…）完 ジエシュウ, ワンビィ,（…）ワン	end, close エンド, クロウズ
(完成する)	wánchéng 完成 ワンチョン	finish フィニシュ
(完結する)	wánjié 完结 ワンジエ	conclude コンクルード
おん 恩	ēnqíng, ēnhuì 恩情, 恩惠 エンチィン, エンホゥイ	obligation アブリゲイション
おんがく 音楽	yīnyuè 音乐 インユエ	music ミューズィク
～家	yīnyuèjiā 音乐家 インユエジア	musician ミューズィシャン
おんかん 音感	yīngǎn 音感 インガン	hearing ヒアリング

日	中	英
おんきゅう 恩給	yǎnglǎojīn, fǔxùjīn 养老金，抚恤金 ヤンラオジン, フウシュイジン	pension ペンション
おんきょう 音響	yīnxiǎng 音响 インシアン	sound サウンド
～学	shēngxué, yīnxiǎngxué 声学，音响学 ションシュエ, インシアンシュエ	acoustics アクースティクス
おんけい 恩恵	ēnhuì, yǔlù 恩惠，雨露 エンホウイ, ユイルゥ	favor, benefit フェイヴァ, ベネフィト
おんけん 穏健な	wěnjiàn 稳健 ウェンジエン	moderate マダレト
おんこう 温厚な	wēnhòu, dūnhòu 温厚，敦厚 ウェンホウ, ドゥンホウ	gentile チェンタイル
おんしつ 温室	wēnshì, nuǎnfáng 温室，暖房 ウェンシー, ヌワンファアン	greenhouse グリーンハウス
～効果	(dìqiú) wēnshì xiàoyìng (地球)温室效应 (ディーチウ) ウェンシー シアオイィン	greenhouse effect グリーンハウス イフェクト
おんじん 恩人	ēnrén 恩人 エンレン	benefactor ベネファクタ
おんすい 温水	wēnshuǐ 温水 ウェンシュイ	hot water ハト ウォータ
おんせい 音声	shēngyīn, yǔyīn 声音，语音 ションイン, ユイイン	voice ヴォイス
おんせん 温泉	wēnquán 温泉 ウェンチュエン	hot spring, spa ハト スプリング, スパー
おんたい 温帯	wēndài 温带 ウェンダイ	the Temperate Zone ザ テンペレト ゾウン
おんだん 温暖な	wēnnuǎn, wēnhé 温暖，温和 ウェンヌワン, ウェンホァ	warm, mild ウォーム, マイルド
おんち 音痴	zuǒsǎngzi, zǒudiào 左嗓子，走调 ヅゥオサァンヅ, ヅォウディアオ	tone deafness トウン デフネス
～の	wǔyīn bù quán (de) 五音不全(的) ウゥイン ブゥ チュエン (ダ)	tone-deaf トウンデフ

日	中	英
おんど 温度	wēndù 温度 ウェンドゥ	temperature テンパラチャ
～計	wēndùjì, hánshǔbiǎo 温度计，寒暑表 ウェンドゥジィ，ハンシュウビアオ	thermometer サマメタ
おんな 女	nǚ de, nǚxìng, fùnǚ 女的，女性，妇女 ニュィ ダ，ニュィシィン，フゥニュィ	woman, the fair sex ウマン，ザ フェア セクス
おんなこ 女の子	nǚhái'r 女孩儿 ニュィハル	girl ガール
（娘）	nǚ'ér 女儿 ニュィアル	daughter ドータ
おんぷ 音符	yīnfú 音符 インフゥ	note ノウト
お 負んぶする	bēi《xiǎohái》 背《小孩》 ベイ《シアオハイ》	carry... on *one's* back キャリ オン バク
オンラインの	zàixiàn, liánjī, liánwǎng 在线，联机，联网 ヅァイシエン，リエンジィ，リエンワン	on-line オンライン
おんわ 穏和な	wēnhé, pínghé, róuhé 温和，平和，柔和 ウェンホァ，ピンホァ，ロウホァ	gentle チェントル
（気候が）	wēnhé, wēnnuǎn 温和，温暖 ウェンホァ，ウェンヌワン	mild マイルド

| 日 | 中 | 英 |

か，カ

か 科	kē 科 クァ	family ファミリ
（学科の分科）	xì 系 シィ	department ディパートメント
（学科・課程）	kè, kèchéng 课，课程 クァ，クァチョン	course コース
か 課	kē 科 クァ	section, division セクション，ディヴィジョン
（教科書などの）	kè 课 クァ	lesson レスン
か 蚊	zhī wénzi 〔只〕蚊子 チー ウェンヅ	mosquito モスキートウ
が 我	zìjǐ 自己 ヅージィ	self, ego セルフ，イーゴウ
カーソル	guāngbiāo 光标 グアンビアオ	cursor カーサ
カーディガン	jiàn duìjīn máoyī 〔件〕对襟毛衣 ジエン ドゥイジン マオイー	cardigan カーディガン
カーテン	kuài chuānglián, liánzi 〔块〕窗帘，帘子 クアイ チュアンリエン，リエンヅ	curtain カートン
カード	zhāng kǎpiàn 〔张〕卡片 ヂャァン カァピエン	card カード
ガードマン	jǐngwèi 警卫 ジィンウェイ	guard ガード
ガードレール	hùlán 护栏 ホゥラン	guardrail ガードレイル
カーブ	wān(zi) 弯(子) ワン(ヅ)	curve, turn カーヴ，ターン
カーペット	kuài dìtǎn 〔块〕地毯 クアイ ディータン	carpet カーペト

日	中	英
ガールフレンド	nǚpéngyou 女朋友 ニュィポンヨウ	girlfriend ガールフレンド
かい 会	cì huì, huìyì 〔次〕会，会议 ツー ホゥイ, ホゥイイー	meeting, party ミーティング, パーティ
（団体）	huì 会 ホゥイ	society ソサイアティ
（協会）	huì 会 ホゥイ	association アソウシエイション
かい 回	cì, huí 次，回 ツー, ホゥイ	time タイム
（競技・野球）	jú 局 ジュィ	round, inning ラウンド, イニング
かい 貝	bèi 贝 ベイ	shellfish シェルフィシュ
がい 害	hài, hàichu, wēihài 害，害处，危害 ハイ, ハイチュウ, ウェイハイ	harm, damage ハーム, ダミヂ
がいあつ 外圧	wàilái yālì 外来压力 ワイライ ヤァリィ	foreign pressure フォーリン プレシャ
かいいん 会員	huìyuán 会员 ホゥイユエン	member メンバ
かいえん 開演（する）	kāichǎng, kāiyǎn 开场，开演 カイチャァン, カイイエン	opening オウプニング
かいおうせい 海王星	Hǎiwángxīng 海王星 ハイワンシィン	Neptune ネプテューン
かいが 絵画	huìhuà 绘画 ホゥイホア	picture, painting ピクチャ, ペインティング
かいかい 開会	kāiʼhuì 开会 カイホゥイ	opening オウプニング
かいがい 海外	hǎiwài, guówài 海外，国外 ハイワイ, グゥオワイ	foreign countries フォーリン カントリズ
かいかく 改革（する）	gǎigé, wéixīn 改革，维新 ガイグァ, ウェイシィン	reform, innovation リフォーム, イノヴェイション

日	中	英
かいかつ **快活な**	kuàihuo 快活 クイホゥオ	cheerful チアフル
かいかん **会館**	huìguǎn, huìtáng 会馆，会堂 ホゥイグワン，ホゥイタァン	hall ホール
かいがん **海岸**	hǎi'àn, hǎibiān, hǎitān 海岸，海边，海滩 ハイアン，ハイビエン，ハイタン	seashore, beach スィーショー，ビーチ
がいかん **外観**	wàibiǎo, wàiguān 外表，外观 ワイビア오，ワイグワン	appearance アピアランス
かいかんじかん **開館時間**	kāimén shíjiān 开门时间 カイメン シージエン	the opening time ジ オウプニング タイム
かいぎ **会議**	huìyì 会议 ホゥイイー	meeting, conference ミーティング，カンファレンス
かいきゅう **階級**	jiējí 阶级 ジエジィ	class, rank クラス，ランク
かいきょう **海峡**	hǎixiá 海峡 ハイシア	strait, channel ストレイト，チャヌル
かいぎょう **開業**	kāibàn, kāi'yè, kāi'zhāng 开办，开业，开张 カイバン，カイイエ，カイチャァン	starting a business スターティング ア ビズネス
かいぐん **海軍**	hǎijūn 海军 ハイジュイン	the navy ザ ネイヴィ
かいけい **会計**	kuàijì 会计 クアイジィ	account, finance アカウント，フィナンス
～係	kuàijì 会计 クアイジィ	cashier, accountant キャシア，アカウンタント
～検査	jīhé 稽核 ジィホアー	auditing オーディティング
～士	kuàijìshī 会计师 クアイジィシー	accountant アカウンタント
～年度	kuàijì niándù 会计年度 クアイジィ ニエンドゥ	fiscal year フィスカル イア
かいけつ **解決(する)**	jiějué((wèntí)), 解决《问题》, ジエジュエ《ウェンティー》,	settlement セトルメント

日	中	英
	((bùkě)) kāijiāo 《不可》开交 《ブゥクァ》カイジアオ	
かいけん 会見	huìjiàn, jiējiàn 会见，接见 ホゥイジエン, ジエジエン	interview インタヴュー
記者～	jìzhě zhāodàihuì 记者招待会 ジィヂョァ チャオダイホゥイ	interview インタヴュー
がいけん 外見	wàiguān, wàimào, wàibiǎo 外观，外貌，外表 ワイグワン, ワイマオ, ワイビアオ	appearance アピアランス
かいご 介護(する)	hùlǐ, zhàohù 护理，照护 ホゥリィ, チャオホゥ	care ケア
かいこう 海溝	hǎigōu 海沟 ハイゴウ	oceanic trench オウシアニクトレンチ
かいごう 会合	jíhuì, jùhuì 集会，聚会 ジィホゥイ, ジュイホゥイ	meeting, gathering ミーティング, ギャザリング
がいこう 外交	wàijiāo 外交 ワイジアオ	diplomacy ディプロウマスィ
(保険などの)	dōulǎn 兜揽 ドウラン	canvassing キャンヴァスィング
～官	wàijiāoguān 外交官 ワイジアオグワン	diplomat ディプロマト
～政策	wàijiāo zhèngcè 外交政策 ワイジアオ ヂョンツァ	foreign policy フォーリン パリスィ
がいこく 外国	wàiguó 外国 ワイグゥオ	foreign country フォーリン カントリ
～為替	wàihuì 外汇 ワイホゥイ	foreign exchange フォーリン イクスチェインヂ
～人	wàiguórén 外国人 ワイグゥオレン	foreigner フォーリナ
～の	wàiguó de 外国的 ワイグゥオ ダ	foreign フォーリン
かいさい 開催する	jǔbàn, jǔxíng 举办，举行 ジュイバン, ジュイシィン	hold, open ホウルド, オウプン

日	中	英
かいさつぐち 改札口	jiǎnpiàochù, jiǎnpiàokǒu 剪票处，检票口 ジエンピアオチュウ, ジエンピアオコウ	ticket gate ティケト ゲイト
かいさん 解散	sàn▼huì 散会 サンホゥイ	breakup ブレイカプ
(議会の)解散	jiěsàn 解散 ジエサン	dissolution ディソルーション
がいさん 概算	gàisuàn 概算 ガイスワン	rough estimate ラフ エスティメト
かいさんぶつ 海産物	hǎichǎn, shuǐchǎnpǐn 海产，水产品 ハイチャン, シュイチャンピン	marine products マリーン プラダクツ
かいし 開始(する)	kāishǐ, kāi▼duān, kāi▼tóu 开始，开端，开头 カイシィ, カイドワン, カイトウ	start スタート
かいし 開始する	kāishǐ, zhuó▼shǒu 开始，着手 カイシィ, チュオショウ	begin, start, open ビギン, スタート, オウプン
か し 買い占める	lǒngduàn, túnjī 垄断，囤积 ロンドワン, トゥンジィ	buy up, corner バイ アプ, コーナ
かいしゃ 会社	gōngsī 公司 ゴンスー	company カンパニ
〜員	gōngsī zhíyuán 公司职员 ゴンスー チーユエン	office worker オーフィス ワーカ
かいしゃく 解釈(する)	jiěshì, lǐjiě 解释，理解 ジエシー, リィジエ	interpretation インタープリテイション
かいしゅう 回収	shōuhuí, huíshōu 收回，回收 ショウホゥイ, ホゥイショウ	recovery リカヴァリ
かいしゅう 改修(する)	gǎijiàn, gǎixiū 改建，改修 ガイジエン, ガイシウ	repair リペア
がいしゅつ 外出(する)	chū▼mén, wàichū, chūqù 出门，外出，出去 チュウメン, ワイチュウ, チュウチュイ	go out ゴウ アウト
かいじょ 解除(する)	jiěchú, chèxiāo 解除，撤消 ジエチュウ, チョァシアオ	cancellation; cancel キャンセレイション；キャンセル
かいじょ 介助	fúzhù 扶助 フゥチュウ	care ケア

日	中	英
かいじょう 会場	huìchǎng 会场 ホウイチャアン	meeting place ミーティング プレイス
かいじょう 海上	hǎishàng 海上 ハイシャアン	marine マリーン
～運送	hǎiyùn 海运 ハイユィン	marine transportation マリーン トランスポテイション
がいしょく 外食	wàichū chīfàn, zàiwài jiùcān 外出吃饭，在外就餐 ワイチュウ チーファン, ヅァイワイ ジウツァン	eating out イーティング アウト
～する	wàichū chīfàn, zàiwài jiùcān 外出吃饭，在外就餐 ワイチュウ チーファン, ヅァイワイ ジウツァン	eat out イート アウト
かいすい 海水	hǎishuǐ 海水 ハイシュイ	seawater スィーウォータ
かいすいよく 海水浴	hǎishuǐyù 海水浴 ハイシュイユィ	sea bathing スィー ベイジング
かいすう 回数	cìshù 次数 ツーシュウ	the number of times ザ ナンバ オヴ タイムズ
かいすうけん 回数券	huíshùpiào, běnpiào 回数票，本票 ホウイシュウピアオ, ベンピアオ	commutation ticket カミュテイション ティケト
がい 害する	hài, sǔnhài, shānghài 害，损害，伤害 ハイ, スゥンハイ, シャアンハイ	injure インチャ
（感情を）	shāng, shānghài 伤，伤害 シャアン, シャアンハイ	be hurt ビ ハート
（人の感情を）	dé'zuì 得罪 ドゥアヅゥイ	hurt ハート
かいせい 快晴	qínglǎng 晴朗 チィンラァン	fine weather ファイン ウェザ
かいせい 改正（する）	xiūzhèng, gǎizhèng 修正，改正 シウチョン, ガイチョン	revision リヴィジョン
かいせつ 解説（する）	jiǎngjiě, shuōmíng, jiěshì 讲解，说明，解释 ジアンジエ, シュオミィン, ジエシー	explanation エクスプラネイション
かいせん 開戦	kāi'zhàn 开战 カイチャン	outbreak of war アウトブレイク オヴ ウォー

日	中	英
かいぜん 改善(する)	gǎishàn, gǎijìn, gǎiliáng 改善，改进，改良 ガイシャン，ガイジン，ガイリアン	improvement インプルーヴメント
かいそう 回送する	zhuǎnsòng, zhuǎnjì 转送，转寄 チュワンソン，チュワンジィ	send on, forward センド アン，フォーワド
かいそう 海草	hǎizǎo 海藻 ハイヅァオ	seaweed スィーウィード
かいそう 階層	jiēcéng 阶层 ジエツン	class, stratum クラス，ストレイタム
かいぞう 改造	gǎizào 改造 ガイヅァオ	reconstruction リーコンストラクション
かいそく 快速	kuàisù, gāosù 快速，高速 クアイスゥ，ガオスゥ	high speed ハイ スピード
～列車	kuàichē 快车 クアイチョア	fast train ファスト トレイン
かいぞく 海賊	hǎidào 海盗 ハイダオ	pirate パイアレト
～版	dàobǎn, hǎidàobǎn 盗版，海盗版 ダオバン，ハイダオバン	pirated edition パイアレイテド イディション
かいたく 開拓(する)	kāikěn, kāifā, kāituò 开垦，开发，开拓 カイケン，カイファア，カイトゥオ	cultivation カルティヴェイション
(資源の)	kāifā 开发 カイファア	exploitation エクスプロイテイション
かいだん 会談	huìˈtán, huìwù 会谈，会晤 ホウイタン，ホウイウゥ	talk, conference トーク，カンファレンス
かいだん 階段	lóutī 楼梯 ロウティー	stairs ステアズ
かいちく 改築	gǎijiàn, chóngjiàn 改建，重建 ガイジエン，チョンジエン	rebuilding リービルディング
がいちゅう 害虫	zhī hàichóng 〔只〕害虫 ヂー ハイチョン	vermin ヴァーミン
かいちゅうでんとう 懐中電灯	diàntǒng, shǒudiàntǒng 电筒，手电筒 ディエントン，ショウディエントン	flashlight フラシュライト

日	中	英
かいつう 開通する	kāitōng 开通 カイトン	pass パス
(鉄道や電車が)	tōngchē 通车 トンチョア	open オウプン
か て 買い手	mǎizhǔ, mǎifāng 买主，买方 マイチュウ, マイファアン	buyer バイア
かいてい 改定 (する)	xiūgǎi, gǎidìng 修改，改定 シウガイ, ガイディン	revision リヴィジョン
かいてい 改訂 (する)	gǎidìng, xiūdìng 改订，修订 ガイディン, シウディン	revision; revise リヴィジョン；リヴァイズ
かいてき 快適な	shūshì, shūfu (de) 舒适，舒服（的） シュウシー, シュウフ (ダ)	comfortable カンフォタブル
かいてん 回転 (する)	zhuàn, xuánzhuǎn, zhuàndòng 转，旋转，转动 チュワン, シュエンヂュワン, チュワンドン	turn ターン
かいてん 開店	kāi diàn, kāizhāng 开店，开张 カイディエン, カイチャァン	opening オウプニング
ガイド	xiàngdǎo, dǎoyóu 向导，导游 シアンダオ, ダオヨウ	guide ガイド
～ブック	zhǐnán, cānkǎo shǒucè 指南，参考手册 チーナン, ツァンカオ ショウツゥア	guidebook ガイドブク
～ライン	(zhǐdǎo) fāngzhēn （指导）方针 (チーダオ) ファアンチェン	guidelines ガイドライン
かいとう 解答	jiědá, dá'àn 解答，答案 ジエダァ, ダァアン	answer, resolution アンサ, レゾルーション
～する	jiědá, huídá 解答，回答 ジエダァ, ホゥイダァ	answer, solve アンサ, サルヴ
かいとう 回答 (する)	huídá, huífù, dáfù 回答，回复，答复 ホゥイダァ, ホゥイフゥ, ダァフゥ	reply; reply to リプライ；リプライ
がいとう 街灯	jiēdēng, lùdēng 街灯，路灯 ジエデゥン, ルゥデゥン	streetlight ストリートライト
かいどく 解読 (する)	jiěmǎ, jiědú 解码，解读 ジエマァ, ジエドゥ	decipher ディサイファ

日	中	英
<ruby>海難救助<rt>かいなんきゅうじょ</rt></ruby>	hǎinàn jiùzhù 海难救助 ハイナン ジウヂュウ	sea rescue スィー レスキュー
<ruby>介入<rt>かいにゅう</rt></ruby>(する)	jièrù, gānyù, chāshǒu 介入, 干预, 插手 ジエルゥ, ガンユイ, チァアショウ	intervention インタヴェンション
<ruby>概念<rt>がいねん</rt></ruby>	gàiniàn, guānniàn 概念, 观念 ガイニエン, グワンニエン	notion, concept ノウション, カンセプト
<ruby>貝柱<rt>かいばしら</rt></ruby>	bìkéjī 闭壳肌 ビィカジィ	ligament リガメント
(乾物の)	gānbèi 干贝 ガンベイ	dry ligament ドライ リガメント
<ruby>開発<rt>かいはつ</rt></ruby>(する)	kāifā, kāipì 开发, 开辟 カイファア, カイピィ	development ディヴェロプメント
(技術の)	yánzhì 研制 イエンヂー	exploitation エクスプロイテイション
<ruby>海抜<rt>かいばつ</rt></ruby>	hǎibá 海拔 ハイバァ	above the sea アバヴ ザ スィー
<ruby>会費<rt>かいひ</rt></ruby>	huìfèi 会费 ホウイフェイ	(membership) fee (メンバシプ) フィー
<ruby>外部<rt>がいぶ</rt></ruby>	wàibù, wàijiè 外部, 外界 ワイブゥ, ワイジエ	the outside ジ アウトサイド
<ruby>回復<rt>かいふく</rt></ruby>(する)	huīfù, huífù, fùyuán 恢复, 回复, 复原 ホウイフゥ, ホウイフゥ, フゥユエン	recovery リカヴァリ
<ruby>快復<rt>かいふく</rt></ruby>(する)	huīfù, quányù, kāngfù 恢复, 痊愈, 康复 ホウイフゥ, チュエンユィ, カァンフゥ	recovery; recover リカヴァリ; リカヴァ
<ruby>解放<rt>かいほう</rt></ruby>(する)	jiěfàng 解放 ジエファアン	release リリース
<ruby>開放<rt>かいほう</rt></ruby>する	kāifàng 开放 カイファアン	open オウプン
<ruby>開幕<rt>かいまく</rt></ruby>	kāi ˇmù, kāi ˇchǎng 开幕, 开场 カイムゥ, カイチャァン	the opening ジ オウプニング
<ruby>外務<rt>がいむ</rt></ruby>	wàijiāo, wàishì 外交, 外事 ワイジアオ, ワイシー	foreign affairs フォーリン アフェアズ

日	中	英
～省	wàijiāobù 外交部 ワイジアオブゥ	the Ministry of Foreign Affairs ザ ミニストリ オヴ フォーリン アフェアズ
～大臣	wàijiāo bùzhǎng 外交部长 ワイジアオ ブゥチァァン	the Minister of Foreign Affairs ザ ミニスタ オヴ フォーリン アフェアズ
かいもの 買い物	gòuwù, mǎi dōngxi 购物，买东西 ゴウウゥ, マイ ドンシ	shopping シャピング
かいやく 解約	jiě'yuē 解约 ジエユエ	cancellation キャンセレイション
かいよう 海洋	hǎiyáng, dàyáng 海洋，大洋 ハイヤン, ダァヤン	the ocean ジ オウシャン
がいよう 概要	gàiyào, gāngyào, gàiliè 概要，纲要，概略 ガイヤオ, ガァンヤオ, ガイリュエ	outline, summary アウトライン, サマリ
がいらいご 外来語	wàiláiyǔ 外来语 ワイライユィ	loanword ロウンワード
がいりゃく 概略	gàiliè, yàoliè, dàliè 概略，要略，大略 ガイリュエ, ヤオリュエ, ダァリュエ	outline, summary アウトライン, サマリ
かいりゅう 海流	hǎiliú, yángliú 海流，洋流 ハイリウ, ヤンリウ	current カーレント
かいりょう 改良	gǎiliáng, gǎijìn, gǎishàn 改良，改进，改善 ガイリアン, ガイジン, ガイシャン	improvement インプルーヴメント
かいろ 回路	xiànlù, huílù 线路，回路 シエンルゥ, ホゥイルゥ	circuit サーキト
かいわ（する） 会話（する）	huìhuà, tán'huà, jiāotán 会话，谈话，交谈 ホゥイホア, タンホア, ジアオタン	conversation カンヴァセイション
か 飼う	yǎng, sìyǎng 养，饲养 ヤン, スーヤン	keep, raise キープ, レイズ
か 買う	mǎi, gòumǎi 买，购买 マイ, ゴウマイ	buy, purchase バイ, パーチェス

日	中	英
（認める）	qìzhòng 器重 チィヂォン	appreciate アプリーシエイト
カウンセラー	gùwèn, shēnghuó gùwèn 顾问，生活顾问 グウウェン，ションホウオ グウウェン	counselor カウンスラ
カウンター	guìtái 柜台 グゥイタイ	counter カウンタ
（帳場）	shōukuǎnchù 收款处 ショウクワンチュウ	counter カウンタ
カウント	jìsuàn, jìshù, jìfēn 计算，计数，计分 ジィスワン，ジィシュウ，ジィフェン	count カウント
かえ 返す	huán, tuì, sònghuí 还，退，送回 ホワン，トゥイ，ソンホゥイ	return, send back リターン，センド バク
（元の状態へ）	guīhuán, fù'yuán 归还，复原 グゥイホワン，フゥユエン	restore, return リストー，リターン
かえ 還す	huán 还 ホワン	send back センド バク
かえ 帰す	dǎfā, sòng'huí 打发，送回 ダァファア，ソンホゥイ	send back センド バク
かえって	fǎndào, fǎn'ér 反倒，反而 ファンダオ，ファンアル	on the contrary オン ザ カントレリ
かえ 帰り	huíjiā, huílái, fǎnchéng 回家，回来，返程 ホゥイジア，ホゥイライ，ファンチョン	return リターン
かえり 顧みる	huígù, huíxiǎng, zhuīyì 回顾，回想，追忆 ホゥイグウ，ホゥイシアン，チュイイー	look back ルク バク
かえり 省みる	fǎnsī, fǎnxǐng 反思，反省 ファンスー，ファンシィン	reflect *upon* リフレクト
かえる 蛙	zhī qīngwā, tiánjī 〔只〕青蛙，田鸡 ヂー チィンワァ，ティエンジィ	frog フローグ
か 換える	huàn, jiāohuàn, tìhuàn 换，交换，替换 ホワン，ジアオホワン，ティーホワン	exchange *for* イクス**チェ**インヂ
（小切手などを）	duìxiàn 兑现 ドゥイシエン	exchange *for* イクス**チェ**インヂ

日	中	英
(両替する)	duìhuàn 兑换 ドゥイホワン	exchange *for* イクスチェインヂ
かえ 帰る	huíjiā 回家 ホゥイジア	come home, go home カム ホウム, ゴウ ホウム
(辞去する)	huíqù, zǒu 回去, 走 ホゥイチュイ, ヅオウ	leave リーヴ
か 変える	gǎi, biàngēng, gǎibiàn 改, 变更, 改变 ガイ, ビエングン, ガイビエン	change チェインヂ
かえ 返る	huíqù, fǎnhuí 回去, 返回 ホゥイチュイ, ファンホゥイ	return, come back リターン, カム バク
かお 顔	liǎn, miànkǒng 脸, 面孔 リエン, ミエンコン	face, look フェイス, ルク
かおいろ 顔色	liǎnsè, qìsè 脸色, 气色 リエンスァ, チィスァ	complexion コンプレクション
かお 香り	xiāngwèir, xiāngqì 香味儿, 香气 シアンウェル, シアンチィ	smell, fragrance スメル, フレイグランス
かお 香[薫]る	sànfā xiāngwèir 散发香味儿 サンファア シアンウェル	be fragrant ビ フレイグラント
がか 画家	huàjiā, huàshī 画家, 画师 ホアジア, ホアシー	painter ペインタ
かがいしゃ 加害者	jiāhàizhě 加害者 ジアハイヂョァ	assailant アセイラント
かか 抱える	bào, jiā, lǒu 抱, 夹, 搂 バオ, ジア, ロウ	hold... in *one's* arms ホウルド イン アームズ
(雇う)	gù, gùyōng 雇, 雇佣 グゥ, グゥヨン	employ インプロイ
かかく 価格	jiàgé, jiàqian 价格, 价钱 ジアグァ, ジアチエン	price, value プライス, ヴァリュー
かがく 化学	huàxué 化学 ホアシュエ	chemistry ケミストリ
～工業	huàxué gōngyè, huàgōng 化学工业, 化工 ホアシュエ ゴンイエ, ホアゴン	chemical industry ケミカル インダストリ

日	中	英
～式	huàxuéshì 化学式 ホアシュエシー	chemical formula ケミカル フォーミュラ
かがく 科学	kēxué 科学 クァシュエ	science サイエンス
～者	wèi kēxuéjiā 〔位〕科学家 ウェイ クァシュエジア	scientist サイエンティスト
かかげる 掲げる	xuánguà, shēngqǐ, jǔqǐ 悬挂，升起，举起 シュエングア，ションチィ，チュイチィ	hoist ホイスト
かかと 踵	gēn, jiǎogēn 跟，脚跟 ゲン，ジアオゲン	the heel ザ ヒール
かがみ 鏡	miàn jìngzi 〔面〕镜子 ミエン ジンヅ	mirror, glass ミラ，グラス
かがむ 屈む	wān yāo, hā yāo 弯腰，哈腰 ワンヤオ，ハァヤオ	stoop ストゥープ
かがやかしい 輝かしい	huīhuáng, cànlàn, wěidà 辉煌，灿烂，伟大 ホゥイホアン，ツァンラン，ウェイダァ	brilliant ブリリャント
かがやき 輝き	guānghuī, guāngyào, guāngzé 光辉，光耀，光泽 グアンホゥイ，グアンヤオ，グアンヅゥァ	brilliance ブリリャンス
かがやく 輝く	shǎnyào, fāguāng 闪耀，发光 シャンヤオ，ファアグアン	shine, glitter シャイン，グリタ
かかりいん 係員	gōngzuò rényuán, fùzérén 工作人员，负责人 ゴンヅゥオ レンユエン，フゥヅゥァレン	person in charge of パーソン イン チャーヂ
か 掛かる	xuán, guà 悬，挂 シュエン，グア	hang on, from ハング
（金が）	huā, fèi, huāfèi 花，费，花费 ホア，フェイ，ホアフェイ	cost コースト
（時間が）	huā, fèi, huāfèi 花，费，花费 ホア，フェイ，ホアフェイ	take テイク
かかわらず	bùguǎn, búlùn 不管，不论 ブゥグワン，ブゥルゥン	in spite of イン スパイト オヴ
(…であるのに)	jǐnguǎn 尽管 ジングワン	though ゾウ

日	中	英
<ruby>関<rt>かか</rt></ruby>[係]わる		
（関係する）	关涉，关系，涉及 guānshè, guānxi, shèjí グワンショア, グワンシ, ショアジィ	be concerned in ビ コンサーンド イン
（関係がある）	有关 yǒuguān ヨウグワン	be concerned in ビ コンサーンド イン
<ruby>牡蛎<rt>かき</rt></ruby>	牡蛎，蚝 mǔlì, háo ムゥリィ, ハオ	oyster オイスタ
<ruby>夏期<rt>かき</rt></ruby>[季]	夏季，暑期 xiàjì, shǔqī シアジィ, シュウチィ	summer サマ
<ruby>柿<rt>かき</rt></ruby>	柿子 shìzi シーヅ	persimmon パースィモン
<ruby>鍵<rt>かぎ</rt></ruby>	〔把〕钥匙 bǎ yàoshi バァ ヤオシ	key キー
（錠前）	锁 suǒ スゥオ	lock ラク
<ruby>書<rt>か</rt></ruby>き<ruby>換<rt>か</rt></ruby>える	改写 gǎixiě ガイシエ	rewrite リーライト
（名義を）	更名 gēngmíng グンミィン	transfer トランスファー
<ruby>書留<rt>かきとめ</rt></ruby>	挂号 guàhào グアハオ	registration レヂストレイション
<ruby>書<rt>か</rt></ruby>き<ruby>留<rt>と</rt></ruby>める	记下 jìxià ジィシア	write down ライト ダウン
<ruby>書<rt>か</rt></ruby>き<ruby>取<rt>と</rt></ruby>り	听写 tīngxiě ティンシエ	dictation ディクテイション
<ruby>書<rt>か</rt></ruby>き<ruby>取<rt>と</rt></ruby>る	记下，抄录 jìxià, chāolù ジィシア, チャオルゥ	write down ライト ダウン
<ruby>書<rt>か</rt></ruby>き<ruby>直<rt>なお</rt></ruby>す	改写 gǎixiě ガイシエ	rewrite リーライト
<ruby>掻<rt>か</rt></ruby>き<ruby>混<rt>ま</rt></ruby>ぜる	搅，搅拌，搅和 jiǎo, jiǎobàn, jiǎohuo ジアオ, ジアオバン, ジアオホゥオ	mix up ミクス アプ

日	中	英
掻き回す (か まわ)	jiǎo, jiǎodòng, jiǎobàn 搅, 搅动, 搅拌 ジアオ, ジアオドン, ジアオバン	stir スター
下級 (かきゅう)	xiàjí, xiàděng 下级, 下等 シアジィ, シアデゥン	lower class ロウア クラス
家業 (かぎょう)	jiāchuán hángyè 家传行业 ジアチュワン ハァンイエ	the family business ザ ファミリ ビズネス
限り (かぎり)	xiàndù, jièxiàn 限度, 界限 シエンドゥ, ジエシエン	limit リミト
限る (かぎる)	xiàn, xiànzhì, júxiàn 限, 限制, 局限 シエン, シエンチー, ジュィシエン	limit リミト
各 (かく)	gè, měi 各, 每 グァ, メイ	each イーチ
核 (かく)	hé 核 ホォア	kernel, core カーネル, コー
(物事の中心)	héxīn 核心 ホォアシン	core コー
(原子核)	hé, yuánzǐhé 核, 原子核 ホォア, ユエンヅーホォア	nucleus ニュークリアス
角 (かく)	fāngxíng 方形 ファアンシィン	square スクウェア
(角度)	jiǎo 角 ジアオ	angle アングル
欠く (か)	kuī, quēshǎo, quēqiàn 亏, 缺少, 缺欠 クゥイ, チュエシャオ, チュエチエン	lack ラク
書く (か)	xiě 写 シエ	write ライト
(詩・文章を)	zuò《wénzhāng》, xiězuò 作《文章》, 写作 ヅゥオ《ウェンヂャアン》, シエヅゥオ	compose コンポウズ
(記述)	jìshù, miáoshù, miáoxiě 记述, 描述, 描写 ジィシュウ, ミアオシュウ, ミアオシエ	describe ディスクライブ
(絵を)	huà《huàr》 画《画儿》 ホア《ホアル》	draw, paint ドロー, ペイント

日	中	英
<ruby>掻<rt>か</rt></ruby>く	náo, sāo, zhuā 挠，搔，抓 ナオ, サオ, チュア	scratch, rake スクラチ, レイク
（水を）	huá 划 ホア	paddle パドル
<ruby>家具<rt>かぐ</rt></ruby>	jiàn jiājù 〔件〕家具 ジェン ジアジュイ	furniture ファーニチャ
<ruby>嗅<rt>か</rt></ruby>ぐ	wén, xiù 闻，嗅 ウェン, シウ	smell, sniff スメル, スニフ
<ruby>額<rt>がく</rt></ruby>	kuàng, é 框，额 クアン, ウァ	frame フレイム
（金額）	é, jīn'é 额，金额 ウァ, ジンウァ	amount, sum アマウント, サム
<ruby>学位<rt>がくい</rt></ruby>	xuéwèi 学位 シュエウェイ	degree ディグリー

■家具■　⇒ 家

<ruby>箪笥<rt>たんす</rt></ruby>　　衣柜 /yīguì イーグゥイ/ (㊎chest of drawers)

<ruby>椅子<rt>いす</rt></ruby>　　椅子 /yǐzi イーツ/ (㊎chair, stool)

<ruby>長椅子<rt>ながいす</rt></ruby>　　沙发，条凳 /shāfā, tiáodèng シャアファア, ティアオデゥン/ (㊎sofa, couch)

<ruby>肘掛け椅子<rt>ひじかけいす</rt></ruby>　　扶手椅 /fúshouyǐ フゥショウイー/ (㊎armchair)

ソファー　　沙发 /shāfā シャアファア/ (㊎sofa, couch)

<ruby>机<rt>つくえ</rt></ruby>　　书桌，桌子，写字台 /shūzhuō, zhuōzi, xiězìtái シュウヂュオ, ヂュオヅ, シエヅータイ/ (㊎desk, bureau)

テーブル　　桌子 /zhuōzi ヂュオヅ/ (㊎table)

<ruby>本棚<rt>ほんだな</rt></ruby>　　书架 /shūjià シュウジア/ (㊎bookshelf)

<ruby>食器棚<rt>しょっきだな</rt></ruby>　　橱柜，碗柜 /chúguì, wǎnguì チュウグゥイ, ワングゥイ/ (㊎cupboard)

カーテン　　窗帘 /chuānglián チュアンリエン/ (㊎curtain)

<ruby>絨毯<rt>じゅうたん</rt></ruby>　　地毯 /dìtǎn ディータン/ (㊎carpet, rug)

ベッド　　床 /chuáng チュアン/ (㊎bed)

ダブルベッド　　双人床 /shuāngrénchuáng シュアンレンチュアン/ (㊎double bed)

日	中	英
かくう 架空(の)	xūgòu, kòngxiǎng, jiǎxiǎng (de) 虚构，空想，假想(的) シュィゴウ, コンシアン, ジアシアン(ダ)	imaginary イマヂネリ
かくえきていしゃ 各駅停車	mànchē 慢车 マンチョァ	local train ロウカル トレイン
がくげい 学芸	wényì 文艺 ウェンイー	arts and sciences アーツ アンド サイエンスィーズ
かくご 覚悟	juéxīn, sīxiǎng zhǔnbèi 决心，思想准备 ジュエシン, スーシアン ヂュンベイ	preparedness プリペアレドネス
～する	juéxīn, xià juéxīn 决心，下决心 ジュエシン, シア ジュエシン	be prepared for ビ プリペアド
かくさ 格差	chābié, chājù 差别，差距 チャアビエ, チャアジュィ	difference, gap ディファレンス, ギャプ
かくじ 各自	gèzì 各自 グァズー	each イーチ
かくじつ 確実な	kěkào, quèshí, kěndìng 可靠，确实，肯定 クァカオ, チュエシー, ケンディン	sure, certain シュア, サートン
がくしゃ 学者	wèi xuézhě 〔位〕学者 ウェイ シュエヂョァ	scholar スカラ
がくしゅう 学習	xuéxí 学习 シュエシィ	learning ラーニング
～する	xué, xuéxí 学，学习 シュエ, シュエシィ	study, learn スタディ, ラーン
がくじゅつ 学術	xuéshù 学术 シュエシュゥ	learning ラーニング
かくしん 確信(する)	quèxìn, jiānxìn, bǎwò 确信，坚信，把握 チュエシン, ジエンシン, バァウオ	conviction コンヴィクション
かく 隠す	cáng, máicáng, yǐncáng 藏，埋藏，隐藏 ツァァン, マイツァァン, インツァァン	hide, conceal ハイド, コンスィール
(秘密にする)	bǎomì, yǐnmì 保密，隐秘 バオミィ, インミィ	hide, conceal ハイド, コンスィール
(身を)	duǒcáng, cángnì 躲藏，藏匿 ドゥオツァァン, ツァァンニィ	hide, conceal ハイド, コンスィール

日	中	英
がくせい 学生	xuésheng, xuéyuán 学生，学员 シュエション，シュエユエン	student ステューデント
~証	zhāng xuéshēngzhèng 〔张〕学生证 チャァン シュエションヂョン	student's ID card ステューデンツ アイディー カード
かくせいざい 覚醒剤	xīngfènjì 兴奋剂 シィンフェンジィ	stimulant スティミュラント
がくせつ 学説	xuéshuō 学说 シュエシュオ	doctrine, theory ダクトリン, スィーアリ
かくだい 拡大(する)	kuòdà, kuòzhǎn, fàngdà 扩大，扩展，放大 クゥオダァ, クゥオチャン, ファアンダァ	magnify マグニファイ
かくち 各地	gèdì, dàochù 各地，到处 グァディー, ダオチュウ	each place イーチ プレイス
かくちょう 拡張(する)	kuòzhāng, kuòjiàn 扩张，扩建 クゥオチャァン, クゥオジエン	extension イクステンション
がくちょう 学長	xiàozhǎng 校长 シアオチャァン	president プレジデント
かくてい 確定(する)	quèdìng 确定 チュエディン	decision; decide ディスィジョン; ディサイド
カクテル	bēi jīwěijiǔ 〔杯〕鸡尾酒 ベイ ジィウェイジウ	cocktail カクテイル
かくど 角度	jiǎodù 角度 ジアオドゥ	angle アングル
かくとう 格闘	gédòu, bódòu 格斗，搏斗 グァドウ, ボォドウ	fight ファイト
かくとく 獲得(する)	huòdé, huòqǔ, qǔdé 获得，获取，取得 ホゥオドゥア, ホゥオチュイ, チュイドゥア	acquire アクワイア
かくにん 確認(する)	quèrèn 确认 チュエレン	confirm コンファーム
がくねん 学年	niánjí, xuénián 年级，学年 ニエンジィ, シュエニエン	school year スクール イア
がくひ 学費	xuéfèi 学费 シュエフェイ	school expenses スクール イクスペンスィーズ

日	中	英
_{がくふ} 楽譜	yuèpǔ, gēpǔ 乐谱，歌谱 ユエプゥ，グァプゥ	music ミュージク
（総譜）	zǒngpǔ 总谱 ヅォンプゥ	score スコー
_{がくぶ} 学部	xì, xuéyuàn 系，学院 シィ，シュエユエン	faculty ファカルティ
_{かくへいき} 核兵器	héwǔqì 核武器 ホォアウゥチイ	nuclear weapon ニュークリア ウェポン
_{かくほ} 確保（する）	quèbǎo 确保 チュエバオ	reservation レザヴェイション
_{かくまく} 角膜	jiǎomó 角膜 ジアオモォ	the cornea ザ コーニア
_{かくめい} 革命	gé`mìng 革命 グァミィン	revolution レヴォルーション
_{がくもん} 学問	mén xuéwen 〔门〕学问 メン シュエウェン	learning, study ラーニング，スタディ
_{かくやすの} 格安の	liánjià, tèjià 廉价，特价 リエンジア，トゥァジア	cheap チープ
_{かくりつ} 確立（する）	quèlì 确立 チュエリィ	establishment イスタブリシュメント
_{かくりつ} 確率	gàilǜ 概率 ガイリュィ	probability プラバビリティ
_{がくりょく} 学力	xuélì 学力 シュエリィ	scholarship スカラシプ
_{がくれき} 学歴	xuélì 学历 シュエリィ	school career スクール カリア
_{かく} 隠れる	cáng, qiáncáng, duǒcáng 藏，潜藏，躲藏 ツァアン，チエンツァアン，ドゥオツァアン	hide *oneself* ハイド
_{がくわり} 学割	xuésheng yōuhuì 学生优惠 シュエション ヨウホゥイ	reduced fee for students リデュースド フィー フォ ステューデンツ
_か 賭け	dǔ 赌 ドゥ	gambling ギャンブリング

日	中	英
かげ 陰	yīn, bèiyīn, yìnliángchù 阴，背阴，荫凉处 イン，ベイイン，インリアンチュウ	shade シェイド
かげ 影	yǐng, yǐngzi 影，影子 イィン，イィンヅ	shadow, silhouette シャドウ，スィルーエト
がけ 崖	xuányá, qiàobì 悬崖，峭壁 シュエンヤァ，チアオビィ	cliff クリフ
かけい 家計	jiājì, jiātíng jīngjì 家计，家庭经济 ジアジィ，ジアティン ジィンジィ	household economy ハウスホウルド イカノミ
か ざん 掛け算	chéngfǎ 乘法 チョンファア	multiplication マルティプリケイション
かけつ 可決(する)	tōngguò 通过 トングゥオ	approval; approve アプルーヴァル；アプルーヴ
か ね 掛け値	huǎngjià 谎价 ホアンジア	overcharge オウヴァチャーヂ
か ひ 駆け引き	cèlüè 策略 ツゥアリュエ	tactics タクティクス
(値段の)	tǎo jià huán jià 讨价还价 タオ ジア ホワン ジア	bargaining バーゲニング
か ぶとん 掛け布団	zhāng bèizi, bèiwōr 〔张〕被子，被窝儿 チャアン ベイヅ，ベイウオル	quilt, comforter クウィルト，カンフォタ
かけら	chár, (yí)piàn 碴儿，(一)片 チャアル，(イ一)ピエン	fragment フラグメント
か 架ける	dā, jià《qiáo》 搭，架《桥》 ダァ，ジア《チアオ》	build... over ビルド オウヴァ
か 掛ける	guà, xuán, xuánguà 挂，悬，悬挂 グア，シュエン，シュエングア	hang, suspend ハング，サスペンド
(掛け算)	chéng(shù) 乘(数) チョン(シュウ)	multiply マルティプライ
(時間・金を)	huā《qián/shíjiān》 花《钱／时间》 ホア《チエン／シージエン》	spend スペンド
(ラジオなどを)	(dǎ)kāi《shōuyīnjī》 (打)开《收音机》 (ダァ)カイ《ショウインジィ》	turn on ターン オン

日	中	英
(CDを)	fàng ((yīnyuè)) 放《音乐》 ファアン《インユエ》	play プレイ
(電話を)	dǎ ((diànhuà)) 打《电话》 ダァ《ディエンホア》	call コール
か 駆ける	pǎo, bēnpǎo, bēnzǒu 跑, 奔跑, 奔走 パオ, ベンパオ, ベンヅォウ	run ラン
か 欠ける	quē 缺 チュエ	break *off* ブレイク
(不足する)	chà, quēshǎo, búgòu 差, 缺少, 不够 チャア, チュエシャオ, ブゴウ	lack ラク
か 賭ける	dǎdǔ 打赌 ダァドゥ	bet *on* ベト
(冒険する)	màoxiǎn 冒险 マオシエン	risk リスク
かこ 過去	guòqù, jìwǎng, yǐwǎng 过去, 既往, 已往 グゥオチュイ, ジィワン, イーワン	the past ザ パスト
(過去時制)	guòqùshì 过去式 グゥオチュイシー	the past tense ザ パスト テンス
かご 籠	lánzi, lǒuzi, kuāngzi 篮子, 篓子, 筐子 ランヅ, ロウヅ, クアンヅ	basket, cage バスケト, ケイヂ
かこ 囲い	dào líba, wéiqiáng 〔道〕篱笆, 围墙 ダオ リィパ, ウェイチアン	enclosure, fence インクロウジャ, フェンス
かこう 加工(する)	jiāgōng 加工 ジアゴン	processing; process プラセスィング；プラセス
かごう 化合(する)	huàhé 化合 ホアホア	combination カンビネイション
かこ 囲む	wéirào, huánrào, bāowéi 围绕, 环绕, 包围 ウェイラオ, ホワンラオ, バオウェイ	surround, enclose サラウンド, インクロウズ
かさ 傘	bǎ sǎn, yǔsǎn 〔把〕伞, 雨伞 バァ サン, ユィサン	umbrella アンブレラ
(日傘)	bǎ yángsǎn 〔把〕阳伞 バァ ヤンサン	parasol パラソール

日	中	英
かさい 火災	huǒzāi 火灾 ホゥオヅァイ	fire ファイア
～報知機	huǒzāi bàojǐngqì 火灾报警器 ホゥオヅァイ バオジンチィ	fire alarm ファイア アラーム
～保険	huǒxiǎn 火险 ホゥオシエン	fire insurance ファイア インシュアランス
かざかみ 風上	shàngfēng 上风 シャアンフォン	windward ウィンドワド
かざしも 風下	xiàfēng 下风 シアフォン	leeward リーワド
かさ 重なる	chóngchóng, céngcéng 重重, 层层 チォンチォン, ツンツン	be piled up ビ パイルド アプ
(重複する)	chóngdié, chóngfù 重叠, 重复 チォンディエ, チォンフゥ	overlap オウヴァラプ
(度重なる)	fǎnfù, chóngfù, yízài 反复, 重复, 一再 ファンフゥ, チォンフゥ, イーヅァイ	be repeated ビ リピーテド
(祭日などが)	gǎnzài yìqǐ, pèngzài yìqǐ 赶在一起, 碰在一起 ガンヅァイ イーチィ, ポンヅァイ イーチィ	fall on フォール オン
かさ 重ねる	dié, jīlěi, duīdié 叠, 积累, 堆叠 ディエ, ジィレイ, ドゥイディエ	pile up パイル アプ
(繰り返す)	fǎnfù, chóngfù 反复, 重复 ファンフゥ, チォンフゥ	repeat リピート
かさば 嵩張る	tǐjī dà, zhàn dìfang 体积大, 占地方 ティージィ ダァ, チャン ディーファアン	be bulky ビ バルキ
かさ 嵩む	zēngdà, zēngduō 增大, 增多 ヅンダァ, ヅンドゥオ	increase インクリース
かざ 飾り	zhuāngshì(pǐn) 装饰(品) チュアンシー(ピン)	ornament オーナメント
かざ 飾る	zhuāngshì, xiūshì 装饰, 修饰 チュアンシー, シウシー	decorate, ornament デコレイト, オーナメント
(陳列する)	chénliè 陈列 チェンリエ	put... on show プト オン ショウ

日	中	英
(言葉や文章を)	xiūshì, rùnsè 修饰，润色 シウシー, ルゥンスァ	modify マディファイ
かざん 火山	huǒshān 火山 ホゥオシャン	volcano ヴァルケイノウ
かし 歌詞	gēcí 歌词 グァツー	the words, the text ザ ワーズ, ザ テクスト
かし 菓子	gāodiǎn, diǎnxīn, tángguǒ 糕点，点心，糖果 ガオディエン, ディエンシン, タァングゥオ	confectionery コンフェクショネリ
かし 貸し	jièchū, chūzū 借出，出租 ジェチュウ, チュウヅゥ	loan ロウン
かじ 家事	jiāwù 家务 ジアウゥ	housework ハウスワーク
かじ 火事	huǒzāi, huǒjǐng 火灾，火警 ホゥオヅァイ, ホゥオジィン	fire ファイア
か き 貸し切り(の)	bāo((zhuānchē)), bāozū (de) 包((专车))，包租(的) バオ((ヂュワンチョァ)), バオヅゥ (ダ)	chartered チャータド
かしこ 賢い	cōngmíng, línglì, xiánmíng 聪明，伶俐，贤明 ツォンミィン, リィンリィ, シエンミィン	wise, clever ワイズ, クレヴァ
か だ 貸し出し	chūjiè, chūzū 出借，出租 チュウジエ, チュウヅゥ	lending レンディング
かしつ 過失	guòshī, guòcuò, cuòwù 过失，过错，错误 グゥオシー, グゥオツゥオ, ツゥオウゥ	fault, error フォールト, エラ
か つ 貸し付け	dàikuǎn 贷款 ダイクワン	loan, credit ロウン, クレディト
カシミヤ	yángróng, kāisīmǐ 羊绒，开司米 ヤンロン, カイスーミィ	cashmere キャジュミア
かしゃ 貨車	huòchē 货车 ホゥオチョァ	freight car フレイト カー
かしや 貸家	chūzū de fángwū, zūfáng 出租的房屋，租房 チュウヅゥ ダ ファアンウゥ, ヅゥファアン	house for rent ハウス フォ レント
かしゅ 歌手	gēshǒu, gēchàngjiā 歌手，歌唱家 グァショウ, グァチャアンジア	singer スィンガ

日	中	英
カジュアル(な)	qīngbiàn (de) 轻便(的) チィンビエン(ダ)	casual キャジュアル
～ウェア	biànfú, xiūxiánfú 便服，休闲服 ビエンフゥ, シウシエンフゥ	casuals キャジュアルズ
カシューナッツ	lì/kē yāoguǒ 〔粒 / 颗〕腰果 リィ/クァ ヤオグゥオ	cashew キャシュー
かじゅえん 果樹園	guǒyuán 果园 グゥオユエン	orchard オーチャド
かしょ 箇所	dìfang, chù, bùfen 地方，处，部分 ディーファアン, チュウ, ブゥフェン	part, place, spot パート, プレイス, スパト
かじょう 過剰	guòshèng 过剩 グゥオション	excess, surplus イクセス, サープラス
かしょくしょう 過食症	tānshízhèng, bàoshízhèng 贪食症，暴食症 タンシーチョン, バオシーチョン	bulimia ビューリミア
かじ 齧る	kěn, yǎo 啃，咬 ケン, ヤオ	gnaw *at* ノー
(少し知る)	yì zhī bàn jiě, bàn tōng bù tōng 一知半解，半通不通 イー チー バン ジエ, バン トン ブゥ トン	know a bit *of* ノウ ア ビト
か 貸す	jiè(gěi ...), chūzū, chūjiè 借(给…)，出租，出借 ジエ(ゲイ …), チュウヅゥ, チュウジエ	lend, advance レンド, アドヴァンス
かす 滓	zāopò, zhā, zhāzǐ 糟粕，渣，渣滓 ツァオポォ, チャア, チャアヅー	dregs ドレグズ
かず 数	shù, shùmǎ, shùmù 数，数码，数目 シュウ, シュウマァ, シュウムウ	number, figure ナンバ, フィギャ
ガス	méiqì, wǎsī 煤气，瓦斯 メイチィ, ワァスー	gas ギャス
(濃霧)	nóngwù, dàwù, yānwù 浓雾，大雾，烟雾 ノンウゥ, ダァウゥ, イエンウゥ	thick fog スィク フォーグ
かす 微かな	wēiwēi, xìwēi, yǐnyuē 微微，细微，隐约 ウェイウェイ, シィウェイ, インユエ	faint, slight フェイント, スライト
かす 霞む	xià wù 下雾 シア ウゥ	be hazy ビ ヘイジ

日	中	英
（目が）	kànbuqīngchu 看不清楚 カンブチンチュ	haze ヘイズ
か 課する	shǐ fùdān 使负担 シー フゥダン	impose インポウズ
（税を）	kèshuì 课税 クァシュイ	impose インポウズ
かす 掠れる（声が）	shāyǎ 沙哑 シャアヤア	get hoarse ゲト ホース
（字が）	móhu 模糊 モォホ	
かぜ 風	fēng 风 フォン	wind, breeze ウィンド, ブリーズ
かぜ 風邪	gǎnmào 感冒 ガンマオ	cold, flu コウルド, フルー
～をひく	gǎnmào, shāngfēng, zháoliáng 感冒, 伤风, 着凉 ガンマオ, シャアンフォン, ヂャオリアン	catch (a) cold キャチ (ア) コウルド
かせい 火星	huǒxīng 火星 ホウォシィン	Mars マーズ
かぜい 課税	kèshuì 课税 クァシュイ	taxation タクセイション
かせき 化石	kuài huàshí 〔块〕化石 クアイ ホアシー	fossil ファスィル
かせ 稼ぐ	zhuàn (qián), zhèng (qián) 赚(钱), 挣(钱) ヂュワン(チエン), ヂョン (チエン)	work, earn ワーク, アーン
（時間を）	tuōyán shíjiān 拖延时间 トゥオイエン シージエン	gain ゲイン
かせつ 仮説	jiǎshè, jiǎdìng, jiǎshuō 假设, 假定, 假说 ジアショァ, ジアディン, ジアシュオ	hypothesis ハイパセスィス
カセット	cídàihé, héshì 磁带盒, 盒式 ツーダイホォア, ホォアシー	cassette カセト
～テープ	hé (héshì) cídài, lùyīndài 〔盒〕(盒式)磁带, 录音带 ホォア (ホォアシー) ツーダイ, ルウインダイ	cassette tape カセト テイプ

日	中	英
かせん 河川	tiáo héchuān, héliú 〔条〕河川，河流 ティアオ ホォアチュワン, ホォアリウ	river リヴァ
がぞう 画像	túxiàng, yǐngxiàng 图像，影像 トゥシアン, イィンシアン	picture, image ピクチャ, イミヂ
かぞ 数える	shǔ, suàn 数，算 シュウ, スワン	count, calculate カウント, キャルキュレイト
かそく 加速(する)	jiāsù, jiākuài, jiājǐn 加速，加快，加紧 ジアスゥ, ジアクアイ, ジアジン	acceleration アクセラレイション
かぞく 家族	jiāshǔ, jiāzú, jiātíng 家属，家族，家庭 ジアシュウ, ジアヅゥ, ジアティン	family ファミリ
ガソリン	qìyóu 汽油 チィヨウ	gasoline, gas ギャソリーン, ギャス
～スタンド	jiāyóuzhàn 加油站 ジアヨウヂャン	filling station フィリング ステイション
かた 型・形	móxíng, múzi 模型，模子 モォシィン, ムゥヅ	pattern パタン
（形状）	xíngzhuàng, xíngtài, yàngzi 形状，形态，样子 シィンチュアン, シィンタイ, ヤンヅ	shape シェイプ
（形式）	xíngshì 形式 シィンシー	form フォーム
（様式）	yàngshì, xíngshì, shìyàng 样式，形式，式样 ヤンシー, シィンシー, シーヤン	style, mode, type スタイル, モゥド
（鋳型）	mújù, zhùmú, zhùxíng 模具，铸模，铸型 ムゥジュイ, チュウムウ, チュウシィン	mold モウルド
かた 肩	jiānbǎng, bǎngzi, jiāntóu 肩膀，膀子，肩头 ジエンバァン, バァンヅ, ジエントウ	the shoulder ザ ショウルダ
かた 固[堅・硬]い	yìng, jiānyìng, jiāngù, jǐn 硬，坚硬，坚固，紧 イィン, ジエンイィン, ジエングゥ, ジン	hard, solid ハード, サリド
かだい 課題	tímù 题目 ティームゥ	subject, theme サブヂクト, スィーム
（任務）	kètí, rènwu 课题，任务 クァティー, レンウゥ	task タスク

■家族■

父 ちち	父亲 /fùqīn フゥチン / (英father)	
母 はは	母亲 /mǔqīn ムゥチン / (英mother)	
兄 あに	哥哥 /gēge グァガ / (英(elder) brother)	
姉 あね	姐姐 /jiějie ジェジェ / (英(elder) sister)	
弟 おとうと	弟弟 /dìdi ディーディ / (英(younger) brother)	
妹 いもうと	妹妹 /mèimei メイメイ / (英(younger) sister)	
夫 おっと	丈夫 /zhàngfu ヂャンフゥ / (英husband)	
妻 つま	妻子 /qīzi チィヅ / (英wife)	
息子 むすこ	儿子 /érzi アルヅ / (英son)	
娘 むすめ	女儿 /nǚ'ér ニュィアル / (英daughter)

祖父 そふ　　祖父，外祖父 /zǔfù, wàizǔfù ヅゥフゥ，ワイヅゥフゥ / (英grandfather)

祖母 そぼ　　祖母，外祖母 /zǔmǔ, wàizǔmǔ ヅゥムゥ，ワイヅゥムゥ / (英grandmother)

叔父・伯父 おじ　　伯父，叔父，舅父，姑夫，姨夫 /bófù, shūfù, jiùfù, gūfu, yífu ボォフゥ，シュウフゥ，ジウフゥ，グゥフ，イーフ / (英uncle)

叔母・伯母 おば　　姑母，婶母，姨母，舅母 /gūmǔ, shěnmǔ, yímǔ, jiùmu グゥムゥ，シェンムゥ，イームゥ，ジウム / (英aunt)

いとこ　　堂兄弟，堂姐妹，表兄弟，表姐妹 /tángxiōngdì, tángjiěmèi, biǎoxiōngdì, biǎojiěmèi タァンシォンディー，タァンジエメイ，ピアオシォンディー，ピアオジエメイ / (英cousin)

甥 おい/めい　　侄子，外甥 /zhízi, wàisheng ヂーヅ，ワイション / (英nephew)

姪　　侄女，(外)甥女 /zhínǚ, (wài)shengnǚ ヂーニュィ，(ワイ)ションニュィ / (英niece)

曾祖父 そうそふ　　曾祖父 /zēngzǔfù ヅンヅゥフゥ / (英great-grandfather)

曾祖母 そうそぼ　　曾祖母 /zēngzǔmǔ ヅンヅゥムゥ / (英great-grandmother)

孫 まご　　孙子，孙女，外孙子，外孙女 /sūnzi, sūnnǚ, wàisūnzi, wàisūnnǚ スゥンヅ，スゥンニュィ，ワイスゥンヅ，ワイスゥンニュィ / (英grandchild)

曾孫 ひまご　　曾孙子，曾孙女 /zēngsūnzi, zēngsūnnǚ ヅンスゥンヅ，ヅンスゥンニュィ / (英great-grandchild)

はとこ　　从堂兄弟，从堂姐妹 /cóngtángxiōngdì, cóngtángjiěmèi ツォンタァンシオンディー，ツォンタァンジエメイ / (英second cousin)

継父（けいふ）	继父 /jìfù ジィフゥ/	stepfather
継母（けいぼ）	继母 /jìmǔ ジィムゥ/	stepmother
養父（ようふ）	养父 /yǎngfù ヤンフゥ/	foster father
養母（ようぼ）	养母 /yǎngmǔ ヤンムゥ/	foster mother
舅（しゅうと）	公公 /gōnggong ゴンゴン/	father-in-law
姑（しゅうとめ）	婆婆 /pópo ポォポ/	mother-in-law
義兄（ぎけい）	姐夫，大伯子，内兄 /jiěfu, dàbǎizi, nèixiōng ジエフ, ダァバイヅ, ネイシオン/	brother-in-law
義姉（ぎし）	嫂子，大姑子，大姨子 /sǎozi, dàgūzi, dàyízi サオヅ, ダァグヅ, ダァイーヅ/	sister-in-law
義弟（ぎてい）	妹夫，小叔子，内弟 /mèifu, xiǎoshūzi, nèidì メイフ, シアオシュヅ, ネイディー/	brother-in-law
義妹（ぎまい）	弟妹，小姑，小姨 /dìmèi, xiǎogū, xiǎoyí ディーメイ, シアオグゥ, シアオイー/	sister-in-law
親（おや）	父母 /fùmǔ フゥムゥ/	parent
両親（りょうしん）	双亲 /shuāngqīn シュアンチン/	parents
兄弟（きょうだい）	兄弟 /xiōngdì シオンディー/	brother
姉妹（しまい）	姐妹 /jiěmèi ジエメイ/	sister
夫婦（ふうふ）	夫妻 /fūqī フゥチィ/	couple
子供（こども）	孩子，儿女 /háizi, érnǚ ハイヅ, アルニュイ/	child
養子（ようし）	继子，养子 /jìzǐ, yǎngzǐ ジィヅー, ヤンヅー/	adopted child
養女（ようじょ）	继女，养女 /jìnǚ, yǎngnǚ ジィニュイ, ヤンニュイ/	adopted daughter
末っ子（すえっこ）	幺儿，末子 /yāor, mòzi ヤオル, モォヅ/	the youngest child
長男（ちょうなん）	长子 /zhǎngzǐ チァアンヅー/	oldest son
長女（ちょうじょ）	长女 /zhǎngnǚ チァアンニュイ/	oldest daughter
親戚（しんせき）	亲戚 /qīnqi チンチ/	relative
先祖（せんぞ）	祖先，祖宗 /zǔxiān, zǔzōng ヅゥシエン, ヅゥヅォン/	ancestor
母方（ははかた）	母系 /mǔxì ムゥシィ/	mother's side
父方（ちちかた）	父系 /fùxì フゥシィ/	father's side

日	中	英
かたが 肩書き	tóuxián 头衔 トウシエン	title タイトル
かたき 敵	yuānjia, chóurén, duìtou 冤家，仇人，对头 ユエンジア，チョウレン，ドゥイトウ	enemy, foe エネミ，フォウ
かたぎ 気質	qìzhì, qìdù 气质，气度 チィチー，チィドゥ	character キャラクタ
かたち 形	xíngzhuàng, yàngzi 形状，样子 シィンヂュアン，ヤンヅ	shape, form シェイプ，フォーム
かたづ 片付く	shōushihǎo, zhěnglǐhǎo 收拾好，整理好 ショウシハオ，ヂョンリィハオ	be put in order ビ プト イン オーダ
（完結）	jiéshù, wánliǎo 结束，完了 ジエシュウ，ワンリアオ	be finished ビ フィニシュト
（処理）	chǔlǐhǎo, jiějué 处理好，解决 チュウリィハオ，ジエジュエ	be settled ビ セトルド
かたづ 片付ける	shōushi, zhěnglǐ, qīnglǐ 收拾，整理，清理 ショウシ，ヂョンリィ，チィンリィ	put... in order プト イン オーダ
（完結）	jiéshù, wánliǎo 结束，完了 ジエシュウ，ワンリアオ	finish フィニシュ
（処理）	jiějué, chǔlǐ 解决，处理 ジエジュエ，チュウリィ	settle セトル
かたな 刀	bǎ dāo 〔把〕刀 バァ ダオ	sword ソード
かたはば 肩幅	jiānkuān, jiānbǎng de kuāndù 肩宽，肩膀的宽度 ジエンクワン，ジエンバァン ダ クワンドゥ	shoulder length ショウルダ レングス
かたほう 片方	bànbiān, yímiàn, yì fāng 半边，一面，一方 バンビエン，イーミエン，イー ファアン	one of the pair ワン ノヴ ザ ペア
かたまり 塊	kuài, tuózi 块，坨子 クアイ，トゥオヅ	lump, mass ランプ，マス
（集まり）	qún 群 チュィン	mass マス
かた 固まる	biàn yìng, yìngjié, yìnghuà 变硬，硬结，硬化 ビエン イィン，イィンジエ，イィンホア	harden ハードン

日	中	英
(凝結)	nínggù, níngjié 凝固，凝结 ニィングゥ，ニィンジエ	congeal コンチール
かたみち 片道	dānchéng 单程 ダンチョン	one way ワン ウェイ
～切符	zhāng dānchéngpiào 〔张〕单程票 チャァン ダンチョンピアオ	one-way ticket ワンウェイ ティケット
かたむく 傾く	qīngxié, piān, wāi 倾斜，偏，歪 チィンシエ，ピエン，ワイ	lean, incline リーン，インクライン
かたむける 傾ける	qīng, shǐ qīngxié 倾，使倾斜 チィン，シー チィンシエ	incline, bend インクライン，ベンド
かた 固める	jiāgù, shǐ biàn yìng 加固，使变硬 ジアグゥ，シー ビエン イィン	harden ハードン
(凝結)	shǐ nínggù, shǐ níngjié 使凝固，使凝结 シー ニィングゥ，シー ニィンジエ	congeal コンチール
(強化)	jiāqiáng, qiánghuà, gǒnggù 加强，强化，巩固 ジアチアン，チアンホア，ゴングゥ	strengthen ストレングスン
かたよる 偏る	piān, piānpō, piànmiàn 偏，偏颇，片面 ピエン，ピエンポォ，ピエンミエン	lean to, be biased リーン，ビ バイアスト
かた あ 語り合う	tán, jiāotán 谈，交谈 タン，ジアオタン	have a talk with ハヴ ア トーク
かた 語る	tán, jiǎng, xùshuō 谈，讲，叙说 タン，ジアン，シュイシュオ	talk, speak, narrate トーク，スピーク，ナレイト
カタログ	mùlù, yàngběn 目录，样本 ムゥルゥ，ヤンベン	catalog キャタローグ
かたわ 傍ら	biān, pángbiān 边，旁边 ビエン，パァンビエン	by the side of バイ ザ サイド
かだん 花壇	huātán, huāchízi 花坛，花池子 ホアタン，ホアチーヅ	flowerbed フラウアベド
かち 価値	jiàzhí 价值 ジアヂー	value, worth ヴァリュー，ワース
か 勝ち	shèng, shènglì 胜，胜利 ション，ションリィ	victory, win ヴィクトリ，ウィン

日	中	英
かちく 家畜	jiāchù, shēngchù, shēngkou 家畜，牲畜，牲口 ジアチュウ，ションチュウ，ションコウ	livestock ライヴスタク
かちょう 課長	kēzhǎng 科长 クァチャァン	section manager セクション マニヂャ
か 勝つ	yíng, shèng, qǔshèng 赢，胜，取胜 イィン，ション，チュィション	win ウィン
がっか 学科	kēmù 科目 クァムゥ	subject サブヂクト
（大学の）	zhuānyè 专业 ヂュワンイエ	department ディパートメント
がっか 学課	kèchéng, gōngkè 课程，功课 クァチョン，ゴンクァ	lesson レスン
がっかい 学会	xuéhuì 学会 シュエホゥイ	society, academy ソサイアティ，アキャデミ
がっかりする	huī˘xīn, sàng˘qì, xiè˘qì 灰心，丧气，泄气 ホゥイシン，サァンチィ，シエチィ	be disappointed ビ ディサポインテド
かっき 活気	huólì, zhāoqì, shēngdòng 活力，朝气，生动 ホゥオリィ，チャオチィ，ションドン	life, animation ライフ，アニメイション
がっき 学期	xuéqī 学期 シュエチィ	term ターム
がっき 楽器	yuèqì 乐器 ユエチィ	musical instrument ミュージカル インストルメント
かっきてきな 画期的な	huàshídài (de) 划时代(的) ホアシーダイ（ダ）	epochmaking エポクメイキング
がっきゅう 学級	bān, bānjí 班，班级 バン，バンジィ	class クラス
かつ 担ぐ	káng, dān, bēi 扛，担，背 カァン，ダン，ベイ	shoulder ショウルダ
（迷信を）	míxìn 迷信 ミィシン	be superstitious ビ スーパスティシャス
（だます）	piàn, qīpiàn, hǒngpiàn 骗，欺骗，哄骗 ピエン，チィピエン，ホンピエン	deceive ディスィーヴ

日	中	英
かっこいい	shuài, bàng, kù 帅，棒，酷 シュアイ，バァン，クウ	neat, super, cool ニート，スーパ，クール
かっこう 格好	yàngzi, múyàng, zīshì 样子，模样，姿势 ヤンヅ，ムウヤン，ヅーシィ	shape, form シェイプ，フォーム
〜な	qiàdàng (de), héshì (de) 恰当(的)，合适(的) チアダァン(ダ)，ホォアシー(ダ)	suitable スータブル
がっこう 学校	xuéxiào, xuétáng 学校，学堂 シュエシアオ，シュエタァン	school スクール
かっさい 喝采	hècǎi 喝彩 ホォアツァイ	cheers, applause チアズ，アプローズ
かつじ 活字	huózì, qiānzì 活字，铅字 ホゥオヅー，チエンヅー	type タイプ
がっしょう(する) 合唱(する)	héchàng 合唱 ホォアチャアン	chorus コーラス
がっそう(する) 合奏(する)	hézòu 合奏 ホォアヅォウ	ensemble アーンサーンブル
かっそうろ 滑走路	tiáo pǎodào 〔条〕跑道 ティアオ パオダオ	runway ランウェイ
かって 勝手	chúfáng 厨房 チュウファアン	kitchen キチン
(事情・様子)	qíngkuàng 情况 チィンクアン	circumstances サーカムスタンスィーズ
(都合・便利さ)	fāngbiàn 方便 ファアンビエン	convenience コンヴィーニェンス
(わがまま)	rènxìng, suíbiàn 任性，随便 レンシィン，スゥイビエン	selfishness セルフィシュネス
〜な	rènxìng (de), zìsī (de) 任性(的)，自私(的) レンシィン(ダ)，ヅース―(ダ)	selfish セルフィシュ
〜に	suíbiàn, rènyì, zìyì (de) 随便，任意，恣意(地) スゥイビエン，レンイー，ヅーイー(ダ)	as *one's* pleases アズ プリージズ
かつて	céngjīng 曾经 ツンジィン	once, before ワンス，ビフォー

日	中	英
カット	qiē, gē 切, 割 チエ, グァ	cut カト
(挿絵)	chātú, chāhuà 插图, 插画 チャアトゥ, チャアホア	cut, illustration カト, イラストレイション
かっとう 葛藤	jiūfēn, jiūgé 纠纷, 纠葛 ジウフェン, ジウグァ	complications カンプリケイションズ
かつどう 活動	huódòng 活动 ホゥオドン	activity アクティヴィティ
かっとなる	fāhuǒr, fā píqi 发火儿, 发脾气 ファアホゥオル, ファア ピィチ	fly into a rage フライ イントゥ ア レイヂ
かっぱつ 活発な	huóyuè, huópo 活跃, 活泼 ホゥオユエ, ホゥオポ	active, lively アクティヴ, ライヴリ
カップ	bēizi, chábēi 杯子, 茶杯 ベイヅ, チャアベイ	cup カプ
(トロフィー)	jiǎngbēi 奖杯 ジアンベイ	trophy トロウフィ
かっぷく 恰幅	shēncái, tǐgé 身材, 体格 シェンツァイ, ティーグァ	physique, build フィズィーク, ビルド
〜のよい	tǐgé hǎo de 体格好的 ティーグァ ハオ ダ	of stout build オヴ スタウト ビルド
カップル	qínglǚ, yíduìr 情侣, 一对儿 チンリュィ, イードゥイル	couple カプル
がっぺい 合併(する)	hébìng, jiānbìng 合并, 兼并 ホァビィン, ジエンビィン	merger; merge マーヂャ;マーヂ
かつやく 活躍(する)	huóyuè, dà xiǎn shēn shǒu 活跃, 大显身手 ホゥオユエ, ダァ シエン シェン ショウ	activity アクティヴィティ
かつよう 活用(する)	huóyòng, yìngyòng 活用, 应用 ホゥオヨン, イィンヨン	practical use プラクティカル ユース
(動詞などの)	huóyòng, cíxíng biànhuà 活用, 词形变化 ホゥオヨン, ツーシィン ビエンホア	conjugation カンヂュゲイション
かつら 鬘	tóutào, jiǎfà 头套, 假发 トウタオ, ジアファア	wig ウィグ

日	中	英
かてい 仮定(する)	jiǎshè, jiǎdìng, jiǎshuō 假设，假定，假说 ジアショァ, ジアディン, ジアシュオ	supposition サポジション
かてい 家庭	jiā, jiātíng 家，家庭 ジア, ジアティン	home, family ホウム, ファミリ
カテゴリー	fànchóu 范畴 ファンチョウ	category カテゴリ
かど 角	guǎiwān, guǎijiǎo 拐弯，拐角 グアイワン, グアイジアオ	corner, turn コーナ, ターン
かどう 稼動	láodòng, gōngzuò 劳动，工作 ラオドン, ゴンヅゥオ	operation アパレイション
(機械の)	yùnzhuǎn, kāidòng 运转，开动 ユィンヂュワン, カイドン	operation アパレイション
かとう 下等な	xiàděng 下等 シアデゥン	inferior, low インフィアリア, ロウ
カトリック	Tiānzhǔjiào, Jiùjiào 天主教，旧教 ティエンヂュジアオ, ジウジアオ	Catholicism カサリスィズム
～教徒	Tiānzhǔjiàotú 天主教徒 ティエンヂュジアオトゥ	Catholic キャソリク
かない 家内	jiālǐ, jiātíng 家里，家庭 ジアリ, ジアティン	family ファミリ
(自分の妻)	qīzi 妻子 チィヅ	my wife マイ ワイフ
かな 適う	shìhé, héhū, fúhé 适合，合乎，符合 シーホァア, ホァアホゥ, フゥホァア	suit スート
かな 叶える	mǎnzú yuànwàng 满足愿望 マンヅゥ ユエンワァン	grant, answer グラント, アンサ
かなぐ 金具	jīnshǔ língjiàn 金属零件 ジンシュウ リィンジエン	metal fittings メトル フィティングズ
かな 悲[哀]しい	bēi'āi, bēishāng, nánguò 悲哀，悲伤，难过 ベイアイ, ベイシャァン, ナングゥオ	sad, sorrowful サド, サロウフル
かな 悲しみ	bēi'āi, bēishāng, shāngxīn 悲哀，悲伤，伤心 ベイアイ, ベイシャァン, シャァンシン	sorrow, sadness サロウ, サドネス

日	中	英
かな 悲[哀]しむ	bēishāng, gǎnshāng, shāngxīn 悲伤，感伤，伤心 ベイシァン, ガンシァン, シァンシン	feel sad フィール サド
かなづち 金槌	bǎ chuízi, dīngchuí, lángtou 〔把〕锤子，钉锤，榔头 バァ チュイズ, ディンチュイ, ラァントウ	hammer ハマ
かなめ 要	shànzhóu 扇轴 シャンチョウ	the rivet ザ リヴェト
(要点)	guānjié, shūniǔ, yàodiǎn 关节，枢纽，要点 グワンジエ, シュウニウ, ヤオディエン	the point ザ ポイント
かなら 必ず	yídìng, bìdìng, kěndìng 一定，必定，肯定 イーディン, ビィディン, ケンディン	certainly サートンリ
(ぜひ, きっと)	yídìng, wùbì 一定，务必 イーディン, ウゥビィ	by all means バイ オール ミーンズ
(常に)	zǒng, lǎo, jīngcháng 总，老，经常 ヅォン, ラオ, ジンチァァン	always オールウェイズ
かなり	tǐng, xiāngdāng, pō 挺，相当，颇 ティン, シアンダァン, ポォ	fairly, pretty フェアリ, プリティ
～の	xiāngdāng ... (de) 相当(+形)(的) シアンダァン … (ダ)	considerable, fair コンスィダラブル, フェア
かに 蟹	zhī pángxiè 〔只〕螃蟹 ヂー パァンシエ	crab クラブ
～座	jùxièzuò 巨蟹座 ヂュイシエヅゥオ	the Crab, Cancer ザ クラブ, キャンサ
かにゅう 加入(する)	cānjiā, jiārù 参加，加入 ツァンジア, ジアルゥ	join, enter ヂョイン, エンタ
かね 金	qián, jīnqián, huòbì 钱，金钱，货币 チエン, ジンチエン, ホゥオビィ	money マニ
(金属)	jīnshǔ 金属 ジンシュゥ	metal メトル
かね 鐘	zhōng 钟 チォン	bell ベル
かねつ 加熱	jiārè 加热 ジアルァ	heating ヒーティング

日	中	英
かねつ **過熱**	guòrè 过热 グゥオルァ	overheating オウヴァヒーティング
かねもう **金儲け**	zhuàn qián, yínglì 赚钱，营利 ヂュワン チエン, イィンリィ	moneymaking マニレンメイキング
かねも **金持ち**	cáizhu 财主 ツァイヂュウ	rich person リチ パーソン
か **兼ねる**	jiān 兼 ジエン	combine *with* コンバイン
かのうせい **可能性**	kěnéngxìng 可能性 クァヌオンシィン	possibility パスィビリティ
かのう **可能な**	kěnéng (de) 可能（的） クァヌオン（ダ）	possible パスィブル
かのじょ **彼女**	tā 她 タァ	she シー
カバー	tàozi, zhàozi 套子，罩子 タオヅ, ヂャオヅ	cover カヴァ
かば **庇う**	hù, tǎnhù, bìhù 护，袒护，庇护 ホゥ, タンホゥ, ビィホゥ	protect プロテクト
かばん **鞄**	bāo, shūbāo 包，书包 バオ, シュウバオ	bag バグ
かはんすう **過半数**	guòbànshù 过半数 グゥオバンシュウ	majority マヂョーリティ
かび **黴**	méi 霉 メイ	mold, mildew モウルド, ミルデュー
かびん **花瓶**	huāpíng 花瓶 ホアピィン	vase ヴェイス
かぶ **株**	shùdūn 树墩 シュウドゥン	stump スタンプ
（株式）	gǔfèn 股份 グゥフェン	stocks スタクス
かぶ **蕪**	wújīng 芜菁 ウゥジィン	turnip ターニプ

か

日	中	英
カフェイン	kāfēijiǎn, kāfēiyīn 咖啡碱，咖啡因 カァフェイジエン, カァフェイイン	caffeine キャフィーン
かぶけん 株券	zhāng gǔpiào 〔张〕股票 チャアン グゥピアオ	stock certificate スタク サティフィケト
かぶしき 株式	gǔfèn 股份 グゥフェン	stocks スタクス
～会社	gǔfèn gōngsī 股份公司 グゥフェン ゴンスー	joint-stock corporation ヂョイントスタク コーポレイション
～市場	gǔshì, gǔpiào shìchǎng 股市，股票市场 グゥシー, グゥピアオ シーチャアン	stock market スタク マーケト
カフスボタン	xiùkòu 袖扣 シウコウ	cuff links カフ リンクス
かぶ 被せる	gài, zhào, pūgài 盖，罩，铺盖 ガイ, チャオ, プゥガイ	cover *with* カヴァ
(罪などを)	dài ((zuì)) 戴（罪） ダイ《ヅゥイ》	charge *with* チャーヂ
カプセル	jiāonáng 胶囊 ジアオナァン	capsule キャプスル
かぶぬし 株主	gǔdōng 股东 グゥドン	stockholder スタクホウルダ
かぶ 被る	dài 戴 ダイ	put on プト オン
(覆う)	méng 蒙 モン	put on プト オン
(着る)	chuān 穿 チュワン	put on, wear プト アン, ウェア
かぶれ	yánzhèng, jiēchùxìng píyán 炎症，接触性皮炎 イエンチョン, ジエチュウシィン ピィイエン	skin eruptions スキン イラプションズ
かふん 花粉	huāfěn 花粉 ホアフェン	pollen パルン
かべ 壁	kuài qiáng, qiángbì 〔块〕墙，墙壁 クアイ チアン, チアンビィ	wall, partition ウォール, パーティション

日	中	英
かへい 貨幣	huòbì, qiánbì 货币, 钱币 ホウビィ, チエンビィ	money, coin マニ, コイン
かべがみ 壁紙	zhāng qiángzhǐ, bìzhǐ 〔张〕墙纸, 壁纸 チャアン チアンヂー, ビィヂー	wallpaper ウォールペイパ
カボチャ	nánguā 南瓜 ナングア	pumpkin パンプキン
かま 釜	guō 锅 グゥオ	iron pot アイアン パト
(陶器の)	yáo 窑 ヤオ	kiln キルン
かま 構う	guǎn, lǐ(cǎi), jièyì 管, 理(睬), 介意 グワン, リィ(ツァイ), ジエイー	care *about*, mind ケア, マインド
(干渉する)	gānshè, gānyù 干涉, 干预 ガンショァ, ガンユィ	meddle *in, with* メドル
(世話する)	zhàogù, zhàoliào 照顾, 照料 チャオグゥ, チャオリアオ	care for ケア フォー
(からかう)	xìnòng, dòunong 戏弄, 逗弄 シィノン, ドウノン	tease ティーズ
かまきり 蟷螂	zhī tángláng 〔只〕螳螂 チー タァンラァン	mantis マンティス
がまん 我慢(する)	rěnnài, rěnshòu, róngrěn 忍耐, 忍受, 容忍 レンナイ, レンショウ, ロンレン	be patient ビ ペイシェント
かみ 紙	zhāng zhǐ, zhǐzhāng 〔张〕纸, 纸张 チャアン チー, チーチャアン	paper ペイパ
かみ 神	shén, shàngdì, lǎotiānyé 神, 上帝, 老天爷 シェン, シャアンディー, ラオティエンイエ	god ガド
かみ 髪	gēn tóufa 〔根〕头发 ゲン トウファ	hair ヘア
かみそり 剃刀	bǎ guāliǎndāo, tìdāo 〔把〕刮脸刀, 剃刀 バァ グアリエンダオ, ティーダオ	razor レイザ
かみつ 過密な	chóumì, guòmì 稠密, 过密 チョウミィ, グゥオミィ	tight, heavy タイト, ヘヴィ

日	中	英
かみなり 雷	léi 雷 レイ	thunder サンダ
かみん 仮眠	xiǎoshuì, jiǎmèi 小睡，假寐 シアオシュイ, ジアメイ	doze ドウズ
か 噛む	yǎo, jiáo 咬，嚼 ヤオ, ジアオ	bite, chew, gnaw バイト, チュー, ノー
ガム	kuài kǒuxiāngtáng 〔块〕口香糖 クアイ コウシアンタァン	chewing gum チューイング ガム
カムフラージュ	wěizhuāng, zhàngyǎnfǎ 伪装，障眼法 ウェイヂュアン, ヂァァンイエンファア	camouflage キャモフラージュ
かめ 亀	zhī wūguī, wángba, hǎiguī 〔只〕乌龟，王八，海龟 ヂー ウゥグゥイ, ワンパ, ハイグゥイ	tortoise, turtle トータス, タートル
かめい 加盟(する)	jiāméng, jiārù 加盟，加入 ジアモン, ジアルゥ	affiliation アフィリエイション
カメラ	xiàngjī, zhàoxiàngjī 相机，照相机 シアンジィ, ヂャオシアンジィ	camera キャメラ
〜マン	shèyǐngshī 摄影师 ショアインシー	cameraman キャメラマン
かめん 仮面	jiǎmiànjù, miànjù 假面具，面具 ジアミエンジュイ, ミエンジュイ	mask マスク
がめん 画面	huàmiàn, píngmù, yíngguāngpíng 画面，屏幕，荧光屏 ホアミエン, ピィンムゥ, イィングアンピィン	screen, picture スクリーン, ピクチャ
かも 鴨	zhī yěyā 〔只〕野鸭 ヂー イエヤァ	duck ダク
(騙され易い人)	dàtóu, yuāndàtóu 大头，冤大头 ダトウ, ユエンダトウ	sucker サカ
かもく 科〔課〕目	kēmù, xuékē 科目，学科 クアムゥ, シュエクア	subject サブヂクト
かもつ 貨物	huòwù 货物 ホウオウゥ	freight, cargo フレイト, カーゴウ
〜船	sōu huòchuán, huòlún 〔艘〕货船，货轮 ソウ ホウオチュワン, ホウオルゥン	freighter フレイタ

日	中	英
～列車	liàng huòchē 〔辆〕货车 リアン ホゥオチョァ	freight train フレイト トレイン
かやく 火薬	huǒyào 火药 ホゥオヤオ	gunpowder ガンパウダ
かゆ 粥	wǎn zhōu, xīfàn 〔碗〕粥，稀饭 ワン チョウ, シィファン	rice gruel ライス グルーエル
かゆ 痒い	yǎng, yǎngyang 痒，痒痒 ヤン, ヤンヤン	itchy イチ
かよ 通う	láiwǎng, wǎnglái 来往，往来 ライワン, ワンライ	commute *to*, attend カミュート, アテンド
（通勤する）	shàng▾bān 上班 シャアンバン	go to work ゴー トゥ ワーク
（通学する）	shàng▾xué 上学 シャアンシュエ	go to school ゴー トゥ スクール
（電車などが）	tōng▾chē, yùnxíng 通车，运行 トンチョァ, ユインシィン	run *between* ラン
かようび 火曜日	xīngqī'èr, lǐbài'èr 星期二，礼拜二 シィンチィアル, リィバイアル	Tuesday テューズディ
から 殻	ké, pí 壳，皮 クァ, ピィ	husks ハスクス
（堅果の）	jiānguǒké 坚果壳 ジエングゥオクァ	husks ハスクス
（貝の）	bèiké 贝壳 ベイクァ	shell シェル
（卵の）	dànké 蛋壳 ダンクァ	eggshell エグシェル
がら 柄	huāyàng, tú'àn 花样，图案 ホアヤン, トゥアン	pattern, design パタン, ディザイン
カラー （襟）	lǐngzi 领子 リィンヅ	collar カラ
（色）	yánsè, sècǎi 颜色，色彩 イエンスァ, スァツァイ	color カラ

日	中	英
<ruby>辛<rt>から</rt></ruby>い	là 辣	hot, pungent
（塩辛い）	xián 咸	salty
カラオケ	kǎlā OK 卡拉OK	*karaoké*
からかう	kāi wánxiào, zuònòng, dòunong 开玩笑，作弄，逗弄	make fun of
<ruby>辛口<rt>からくち</rt></ruby>	làwèir 辣味儿	hot, pungent
（塩辛い）	xiánwèir 咸味儿	salty
（酒が）	bù tián 不甜	dry
（批評などが）	yánlì 严厉	harsh, sharp
<ruby>芥子<rt>からし</rt></ruby>	jièmo 芥末	mustard
<ruby>烏<rt>からす</rt></ruby>	zhī wūyā 〔只〕乌鸦	crow
ガラス	kuài bōli 〔块〕玻璃	glass
<ruby>体<rt>からだ</rt></ruby>	shēntǐ, shēnzi, shēnqū 身体，身子，身躯	the body
（体格）	tǐgé, shēncái, shēnqū 体格，身材，身躯	physique
（健康）	jiànkāng, shēntǐ (zhuàngkuàng) 健康，身体（状况）	health
カラット	kèlā 克拉	carat
<ruby>空手<rt>からて</rt></ruby>	quánshù 拳术	*karaté*

日	中	英
カラフルな	鲜艳，华美，华丽 シエンイエン, ホアメイ, ホアリィ	colorful カラフル
借り	债，欠款，借款 チャイ, チエンクワン, ジエクワン	debt, loan デト, ロウン

■体■ ⇒ 人体

日	中	英
頭 (あたま)	头 /tóu トウ/	(英head)
肩 (かた)	肩膀 /jiānbǎng ジエンバァン/	(英the shoulder)
首 (くび)	脖子 /bózi ボォツ/	(英neck)
胸 (むね)	胸脯 /xiōngpú シオンプゥ/	(英the breast, the chest)
腹 (はら)	肚子 /dùzi ドゥツ/	(英the belly)
背 (せ)	(脊)背 /(jǐ)bèi (ジィ)ベイ/	(英the back)
手 (て)	手 /shǒu ショウ/	(英hand, arm)
手首 (てくび)	手腕子 /shǒuwànzi ショウワンツ/	(英wrist)
掌 (てのひら)	手掌 /shǒuzhǎng ショウチャアン/	(英the palm of the hand)
肘 (ひじ)	(胳膊)肘子 /(gēbo) zhǒuzi (グァボ) チョウツ/	(英elbow)
腰 (こし)	腰 /yāo ヤオ/	(英the waist)
足 (あし)	脚 /jiǎo ジアオ/	(英foot)
膝 (ひざ)	膝盖 /xīgài シィガイ/	(英knee, lap)
股 (もも)	大腿 /dàtuǐ ダァトゥイ/	(英the thigh)
ふくらはぎ	腿肚子 /tuǐdùzi トゥイドゥツ/	(英the calf)
足首 (あしくび)	脚腕子 /jiǎowànzi ジアオワンツ/	(英ankle)
髪 (かみ)	头发 /tóufa トウファ/	(英hair)
顔 (かお)	脸 /liǎn リエン/	(英face, look)
眉 (まゆ)	眉(峰) /méi(fēng) メイ(フォン)/	(英eyebrow)
睫毛 (まつげ)	睫毛 /jiémáo ジエマオ/	(英the eyelashes)
目 (め)	眼睛 /yǎnjing イエンジィン/	(英eye)
耳 (みみ)	耳朵 /ěrduo アルドゥオ/	(英ear)
鼻 (はな)	鼻子 /bízi ビィツ/	(英nose)
口 (くち)	嘴 /zuǐ ヅゥイ/	(英mouth)
歯 (は)	牙(齿) /yá(chǐ) ヤァ(チー)/	(英tooth)

日	中	英
<ruby>借<rt>か</rt></ruby>り<ruby>入<rt>い</rt></ruby>れ	jiè kuǎn 借款 ジエクワン	borrowing バロウイング
カリキュラム	kèchéng, jiàoxué jìhuà 课程，教学计划 クァチョン, ジアオシュエ ジィホア	curriculum カリキュラム
カリスマ	chāofán mèilì 超凡魅力 チャオファン メイリィ	charisma カリズマ
<ruby>仮<rt>かり</rt></ruby>の	línshí de, zànshí de 临时的，暂时的 リンシー ダ, ヅァンシー ダ	temporary テンポレリ
カリフラワー	kē càihuā 〔棵〕菜花 クァ ツァイホア	cauliflower コーリフラウア
<ruby>下流<rt>かりゅう</rt></ruby>	xiàyóu, xiàliú 下游，下流 シアヨウ, シアリウ	the lower reaches ザ ロウア リーチズ
<ruby>借<rt>か</rt></ruby>りる	jiè, zū 借，租 ジエ, ヅゥ	borrow, rent バロウ, レント
<ruby>刈<rt>か</rt></ruby>る	shōugē 收割 ショウグァ	reap, harvest リープ, ハーヴェスト
（髪を）	jiǎn (tóufa) 剪(头发) ジェン (トウファ)	cut カト
（草木を）	gē, xiūjiǎn 割，修剪 グァ, シウジエン	cut, clip カト, クリプ
<ruby>軽<rt>かる</rt></ruby>い	qīng 轻 チィン	light, slight ライト, スライト
（楽な）	qīng, qīngsōng 轻，轻松 チィン, チィンソン	easy イーズィ
カルシウム	gài 钙 ガイ	calcium キャルスィアム
カルテ	bìnglì, bìng'àn 病历，病案 ビィンリィ, ビィンアン	chart チャート
カルテット	sìchóngzòu, sìchóngchàng 四重奏，四重唱 スーチォンヅォウ, スーチォンチャァン	quartet クウォーテト
カルテル	kǎtè'ěr 卡特尔 カァトゥアアル	cartel カーテル

日	中	英
かれ 彼	tā 他 ター	he ヒー
ちょう 鰈	diéyú 鲽鱼 ディエユイ	flatfish, a flounder フラトフィシュ, フラウンダ
かれい 華麗な	huálì, fùlì 华丽, 富丽 ホアリィ, フゥリィ	splendid, gorgeous スプレンディド, ゴーヂャス
カレー	gālí 咖喱 ガァリィ	curry カーリ
〜ライス	gālífàn 咖喱饭 ガァリィファン	curry and rice カーリ アンド ライス
ガレージ	chēkù 车库 チョアクゥ	garage ガラージ
かれら 彼等	tāmen 他们 ターメン	they ゼイ
か 枯れる	kūwěi, diāolíng, diāowěi 枯萎, 凋零, 凋萎 クゥウェイ, ディアオリン, ディアオウェイ	wither, die ウィザ, ダイ
(円熟する)	yuánshú, lǎoliàn, chéngshú 圆熟, 老练, 成熟 ユエンシュウ, ラオリエン, チョンシュウ	mature マテュア
カレンダー	rìlì, yuèlì 日历, 月历 リーリィ, ユエリィ	calendar キャレンダ
かろう 過労	guòláo, guòdù píláo 过劳, 过度疲劳 グゥオラオ, グゥオドゥ ピィラオ	overwork オウヴァワーク
がろう 画廊	huàláng 画廊 ホアラァン	art gallery アート ギャラリ
かろ 辛うじて	hǎobù róngyì, chàdiǎnr 好不容易, 差点儿 ハオブゥ ロンイー, チャアディアル	barely ベアリ
カロリー	kǎlùlǐ 卡路里 カァルゥリィ	calorie キャロリ
かろ 軽んじる	qīngshì, kànbuqǐ, qiáobuqǐ 轻视, 看不起, 瞧不起 チィンシー, カンブチィ, チアオブチィ	make light of メイク ライト
かわ 川	tiáo hé, héliú, héchuān 〔条〕河, 河流, 河川 ティアオ ホアァ, ホアァリウ, ホアァチュワン	river リヴァ

日	中	英
かわ 皮	kuài pí, pífū 〔块〕皮，皮肤 クアイ ピィ, ピィフウ	skin スキン
（レザー）	pígé 皮革 ピィグァ	leather レザ
（樹皮）	kuài shùpí 〔块〕树皮 クアイ シュウピィ	bark バーク
（果皮）	guǒpí 果皮 グゥオピィ	peel ピール
（堅果の）	jiānguǒké 坚果壳 ジエングゥオクァ	peel ピール
がわ 側	...fāng, ...biān, fāngmiàn …方, …边, 方面 …ファアン, …ビエン, ファアンミエン	side サイド
かわい 可愛い	kě'ài 可爱 クァアイ	pretty, lovely, cute プリティ, ラヴリ, キュート
かわい 可愛がる	téng, téng'ài, chǒng'ài 疼, 疼爱, 宠爱 テゥン, テゥンアイ, チォンアイ	love, pet, caress ラヴ, ペト, カレス
かわいそう 可哀想な	kělián (de) 可怜（的） クァリエン（ダ）	poor, pitiable プア, ピティアブル
かわ 乾かす	shàigān, kǎogān, hōnggān 晒干, 烤干, 烘干 シャイガン, カオガン, ホンガン	dry ドライ
かわ 乾く	gān 干 ガン	dry (up) ドライ（アプ）
かわせ 為替	zhāng huìpiào 〔张〕汇票 チャアン ホゥイピアオ	money order マニ オーダ
～銀行	wàihuì yínháng 外汇银行 ワイホゥイ インハァン	exchange bank イクスチェインヂ バンク
～レート	huìlǜ, huìjià 汇率, 汇价 ホゥイリュィ, ホゥイジア	exchange rate イクスチェインヂ レイト
かわら 瓦	kuài wǎ 〔块〕瓦 カイ ワァ	tile タイル
か 代わり（に）	dàitì, dàilǐ 代替, 代理 ダイティー, ダイリィ	instead of インステド オヴ

日	中	英
か 変わり	biànhuà 变化 ピエンホア	change チェインヂ
(相違)	chāyì, chābié, qūbié 差异，差别，区别 チャアイー, チャアビエ, チュィビエ	difference ディファレンス
(変事)	yìzhuàng 异状 イーヂュアン	accident アクスィデント
か 変わりやすい	duōbiàn, biànhuàn, wúcháng 多变，变幻，无常 ドゥオビエン, ビエンホワン, ウゥチャアン	changeable チェインヂャブル
か 代わる	qǔdài, dàitì, tìhuàn 取代，代替，替换 チュィダイ, ダイティー, ティーホワン	replace リプレイス
か 変わる	biàn, biànhuà, gǎibiàn 变，变化，改变 ビエン, ビエンホア, ガイビエン	change チェインヂ
かん 勘	zhígǎn, línggǎn 直感，灵感 ヂーガン, リィンガン	intuition インテューイション
かん 感	gǎn, gǎnjué, yìnxiàng 感，感觉，印象 ガン, ガンジュエ, インシアン	feeling, sense フィーリング, センス
がん 癌	ái(zhèng), èxìng zhǒngliú 癌(症)，恶性肿瘤 アイ(ヂョン), ウァシィン ヂォンリウ	cancer キャンサ
かんい 簡易な	jiǎnyì, jiǎnbiàn 简易，简便 ジエンイー, ジエンビエン	simple スィンプル
かんえん 肝炎	gānyán 肝炎 ガンイエン	hepatitis ヘパタイティス
がんか 眼科	yǎnkē 眼科 イエンクァ	ophthalmology アフサルマロヂ
～医	yǎnkē yīshēng 眼科医生 イエンクァ イーション	eye doctor アイ ダクタ
かんがい 灌漑	guàngài, jiāoguàn 灌溉，浇灌 グワンガイ, ジアオグワン	irrigation イリゲイション
かんが 考え	xiǎngfa, yìjiàn, sīxiǎng 想法，意见，思想 シアンファ, イージエン, スーシアン	thought, thinking ソート, スィンキング
かんが 考える	xiǎng, rènwéi, yǐwéi 想，认为，以为 シアン, レンウェイ, イーウェイ	think スィンク

日	中	英
かんかく **感覚**	gǎnjué, zhījué 感觉，知觉 ガンジュエ，チージュエ	sense センス
かんかく **間隔**	jiàngé, jùlí 间隔，距离 ジエングァ，ジュィリィ	space, interval スペイス，インタヴァ
かんかつ **管轄**	guǎnxiá 管辖 グワンシア	jurisdiction *of* デュアリスディクション
かんがっき **管楽器**	guǎnyuèqì 管乐器 グワンユエチィ	wind instrument ウィンド インストルメント
かんき **換気(する)**	tōngfēng, huànqì, tōngqì 通风，换气，通气 トンフォン，ホワンチィ，トンチィ	ventilation ヴェンティレイション
かんきゃく **観客**	guānzhòng 观众 グワンヂォン	spectator スペクテイタ
〜席	guānzhòngxí, kàntái 观众席，看台 グワンヂォンシィ，カンタイ	seat, stand スィート，スタンド
かんきょう **環境**	huánjìng 环境 ホワンジィン	environment インヴァイアロンメント
かんき **缶切り**	kāiguànqì, bǎ guàntoudāo 开罐器，〔把〕罐头刀 カイグワンチィ，バア グワントウダオ	can opener キャン オゥプナ
かんきん **監禁**	jiānjìn, yōuqiú 监禁，幽囚 ジエンジン，ヨウチウ	confinement コンファインメント
がんきん **元金**	běnjīn, běnqián 本金，本钱 ベンジン，ベンチエン	the principal ザ プリンスィパル
がんぐ **玩具**	wánjù, wánwù, wányìr 玩具，玩物，玩意儿 ワンジュイ，ワンウゥ，ワンイール	toy トイ
かんけい **関係**	guānxi, liánxì, guānlián 关系，联系，关联 グワンシ，リエンシィ，グワンリエン	relation(ship) リレイション(シプ)
〜する	yǒu guānxi, qiānshè, shèjí 有关系，牵涉，涉及 ヨウ グワンシ，チエンショァ，ショァジィ	be related *to* ビ リレイテド
(連座)	qiānlián, shèjí 牵连，涉及 チエンリエン，ショァジィ	be involved *in* ビ インヴァルヴド
かんげい **歓迎(する)**	huānyíng 欢迎 ホワンイィン	welcome ウェルカム

日	中	英
~会	zhāodàihuì, huānyíng (yàn)huì 招待会，欢迎(宴)会 チャオダイホゥイ，ホワンイィン(イェン)ホゥイ	reception リセプション
かんげき 感激(する)	gǎnjī, gǎndòng, jīdòng 感激，感动，激动 ガンジィ，ガンドン，ジィドン	deep emotion ディープ イモウション
かんけつ 完結(する)	wánjié, wánliǎo, jiéshù 完结，完了，结束 ワンジェ，ワンリアオ，ジェシュウ	conclusion; finish コンクルージョン；フィニシュ
かんけつ 簡潔な	jiǎnjié, jiǎnliàn, jiǎnyào 简洁，简练，简要 ジェンジェ，ジェンリェン，ジェンヤオ	brief, concise ブリーフ，コンサイス
かんげんがく 管弦楽	guǎnxiányuè 管弦乐 グワンシェンユエ	orchestral music オーケストラル ミューズィク
~団	guǎnxiányuètuán 管弦乐团 グワンシェンユエトワン	orchestra オーケストラ
かんこ 歓呼	huānhū 欢呼 ホワンフゥ	cheer チア
かんご 看護(する)	kānhù, hùlǐ, zhàohù 看护，护理，照护 カンホゥ，ホゥリィ，チャオホゥ	nursing; nurse ナースィング；ナース
かんこう 観光	guānguāng, yóulǎn 观光，游览 グワングアン，ヨウラン	sightseeing サイトスィーイング
~客	yóukè 游客 ヨウクァ	tourist トゥアリスト
~バス	liàng yóulǎnchē 〔辆〕游览车 リアン ヨウランチョァ	sightseeing bus サイトスィーイング バス
かんこうちょう 官公庁	xíngzhèng jīguān 行政机关 シィンチョン ジィグワン	government and municipal offices ガヴァンメント アンド ミューニスィパル オーフィスィーズ
かんこうへん 肝硬変	gānyìnghuà, gānyìngbiàn 肝硬化，肝硬变 ガンイィンホァ，ガンイィンビェン	cirrhosis スィロウスィス
かんこく 韓国	Hánguó 韩国 ハングゥオ	Korea コリーア
~語	Cháoxiǎnyǔ, Hánguóyǔ 朝鲜语，韩国语 チャオシェンユィ，ハングゥオユィ	Korean コリーアン

日	中	英
がんこ 頑固な	wángù, gùzhí, zhíniù 顽固, 固执, 执拗 ワングゥ, グゥヂー, ヂーニウ	stubborn, obstinate スタボン, アブスティネト
かんごふ 看護婦	nǚhùshi 女护士 ニュイホウシ	nurse ナース
かんさ 監査	jiāndū, jiǎnchá, jiānchá 监督, 检查, 监查 ジエンドゥ, ジエンチァア, ジエンチァア	inspection インスペクション
がんさく 贋作	yànpǐn, yànběn 赝品, 赝本 イエンピン, イエンベン	fake, counterfeit フェイク, カウンタアフィット
かんさつ 観察(する)	guānchá, dǎliang 观察, 打量 グワンチァア, ダアリアン	observation アブザヴェイション
かんさん 換算(する)	huànsuàn, zhéhé, zhésuàn 换算, 折合, 折算 ホワンスワン, ヂョアホォア, ヂョアスワン	conversion コンヴァージョン
～率	zhéhélǜ, zhésuànlǜ 折合率, 折算率 ヂョアホォアリュイ, ヂョアスワンリュイ	the exchange rate ジ イクスチェインヂ レイト
かんし 監視(する)	jiānshì, kānguǎn 监视, 看管 ジエンシー, カングワン	surveillance サヴェイランス
かん 感じ	gǎnjué, yìnxiàng, chùjué 感觉, 印象, 触觉 ガンジュエ, インシアン, チュウジュエ	feeling フィーリング
かんじ 漢字	Hànzì 汉字 ハンヅー	Chinese character チャイニーズ キャラクタ
がんじつ 元日	yuándàn 元旦 ユエンダン	New Year's Day ニュー イアズ デイ
かんしゃ 感謝(する)	gǎnxiè 感谢 ガンシエ	thanks サンクス
かんじゃ 患者	bìngrén, huànzhě 病人, 患者 ビィンレン, ホワンチョァ	patient, case ペイシェント, ケイス
かんしゅう 観衆	guānzhòng 观众 グワンチォン	the audience ジ オーディエンス
かんじゅせい 感受性	gǎnshòuxìng 感受性 ガンショウシィン	sensibility センスィビリティ
がんしょ 願書	fēng shēnqǐngshū 〔封〕申请书 フォン シェンチィンシュウ	application for アプリケイション

日	中	英

かんしょう
干渉(する) — gānshè, gānyù 干涉，干预 / ガンショァ, ガンユィ — intervention インタヴェンション

かんしょう
感傷 — shānggǎn, gǎnshāng 伤感，感伤 / シャァンガン, ガンシャァン — sentiment センチメント

かんしょう
鑑賞(する) — xīnshǎng, jiànshǎng 欣赏，鉴赏 / シンシャァン, ジェンシャァン — appreciation アプリーシエイション

かんじょう
勘定(する) — shǔ, suàn, jìsuàn 数，算，计算 / シュウ, スワン, ジィスワン — calculation キャルキュレイション

(支払い) — jiézhàng, fùkuǎn, mǎidān 结账，付款，买单 / ジェチャァン, フゥクワン, マイダン — payment; pay ペイメント；ペイ

(勘定書) — zhàngdān 账单 / チャァンダン — bill ビル

かんじょう
感情 — gǎnqíng, qínggǎn, qíngxù 感情，情感，情绪 / ガンチィン, チィンガン, チィンシュィ — feeling, emotion フィーリング, イモウション

がんじょう
頑丈な — láogù, jiāngù, jiēshi 牢固，坚固，结实 / ラオグゥ, ジェングゥ, ジェシ — strong, stout ストローング, スタウト

かんしょく
間食 — língshí, xiǎochī, diǎnxin 零食，小吃，点心 / リィンシー, シアオチー, ディエンシン — nosh, snack ナシュ, スナク

〜する — chī língshí, chī diǎnxin 吃零食，吃点心 / チー リィンシー, チー ディエンシン — eat... between meals イート ビトウィーン ミールズ

かん
感じる — gǎndào, gǎnjué, juéde 感到，感觉，觉得 / ガンダオ, ガンジュエ, ジュエダ — feel フィール

かんしん
関心 — guānxīn, xìngqù 关心，兴趣 / グワンシン, シィンチュィ — concern, interest コンサーン, インタレスト

かんしん
感心する — pèifú, tànfú, qīnpèi 佩服，叹服，钦佩 / ペイフゥ, タンフゥ, チンペイ — admire アドマイア

かんしん
感心な — lìng rén pèifú de 令人佩服的 / リィン レン ペイフゥダ — admirable アドミラブル

かんじん
肝心な — jǐnyào, guānjiàn, zhòngyào (de) 紧要，关键，重要(的) / ジンヤオ, グワンジェン, チォンヤオ (ダ) — important, essential インポータント, イセンシャル

かんすう
関数 — hánshù 函数 / ハンシュウ — function ファンクション

日	中	英
かん 関する	guānyú, yǒuguān 关于，有关 グワンユイ，ヨウグワン	on, about アン，アバウト
かんせい 完成 (する)	wánchéng 完成 ワンチョン	completion コンプリーション
かんせい 歓声	huānshēng 欢声 ホワンション	shout of joy シャウト オヴ チョイ
かんぜい 関税	guānshuì 关税 グワンシュイ	customs, duty カスタムズ，デューティ
かんせいとう 管制塔	tǎtái 塔台 タァタイ	control tower コントロウル タウア
かんせつ 関節	guānjié 关节 グワンジエ	joint チョイント
かんせつぜい 間接税	jiànjiēshuì 间接税 ジェンジエシュイ	indirect tax インディレクト タクス
かんせん 感染 (する)	gǎnrǎn, zhānrǎn, qīnrǎn 感染，沾染，侵染 ガンラン，ヂャンラン，チンラン	infection インフェクション
かんぜん 完全 (な)	wánquán, wánměi, wánshàn 完全，完美，完善 ワンチュエン，ワンメイ，ワンシャン	perfection; perfect パフェクション；パーフィクト
かんせん 観戦する	guānkàn bǐsài 观看比赛 グワンカン ビィサイ	watch a game ワチ ア ゲイム
かんせんどうろ 幹線道路	gànxiàn gōnglù, gànlù 干线公路，干路 ガンシエン ゴンルゥ，ガンルゥ	highway ハイウェイ
かんそ 簡素な	jiǎnpǔ, pǔsù 简朴，朴素 ジエンプゥ，プゥスゥ	simple スィンプル
かんそう 乾燥 (する)	gānzào 干燥 ガンヅァオ	dryness; dry ドライネス；ドライ
かんそう 感想	gǎnxiǎng 感想 ガンシアン	thoughts ソーツ
かんぞう 肝臓	gān(zàng) 肝(脏) ガン(ヅァァン)	the liver ザ リヴァ
かんそうきょく 間奏曲	jiānzòuqǔ 间奏曲 ジエンヅォウチュイ	intermezzo インタメッツオウ

日	中	英
かんそく 観測	guāncè 观测 グワンツゥア	observation アブザヴェイション
～する	guāncè, guānchá 观测，观察 グワンツゥア，グワンチアア	observe オブザーヴ
かんたい 寒帯	hándài 寒带 ハンダイ	the Frigid Zone ザ フリヂド ゾーン
かんだい 寛大な	kuān, kuāndà, kuānróng 宽，宽大，宽容 クワン，クワンダア，クワンロン	generous ヂェネラス
かんたく 干拓	páishuǐ kāikěn 排水开垦 パイシュイ カイケン	reclamation レクラメイション
かんたん 感嘆(する)	gǎntàn, zàntàn 感叹，赞叹 ガンタン，ヅアンタン	admire アドマイアラ
がんたん 元旦	yuándàn 元旦 ユエンダン	New Year's Day ニュー イアズ デイ
かんたん 簡単な	jiǎndān, róngyì, qīngyì 简单，容易，轻易 ジエンダン，ロンイー，チンイー	simple, easy スィンプル，イーズィ
かんちが 勘違い(する)	wùhuì, wùjiě, nòngcuò 误会，误解，弄错 ウゥホウイ，ウゥジエ，ノンツゥオ	mistake ミステイク
かんちょう 官庁	guāntīng, zhèngfǔ jīguān 官厅，政府机关 グワンティン，チョンフウ ジィグワン	government offices ガヴァンメント オーフィスィーズ
かんちょう 干潮	tuìcháo, dīcháo 退潮，低潮 トゥイチアオ，ディーチアオ	low water ロウ ウォータ
かんづ 缶詰め	guàntou 罐头 グワントウ	canned food キャンド フード
かんてい 鑑定	jiàndìng 鉴定 ジエンディン	expert opinion エクスパート オピニョン
かんてい 官邸	guāndǐ 官邸 グワンディー	official residence オフィシャル レズィデンス
かんてん 観点	guāndiǎn, jiǎodù, yǎnguāng 观点，角度，眼光 グワンディエン，ジアオドゥ，イエングアン	viewpoint ヴューポイント
かんでんち 乾電池	gāndiànchí 干电池 ガンディエンチー	dry cell ドライ セル

日	中	英
かんどう 感動	gǎndòng, jīdòng 感动，激动 ガンドン，ジィドン	impression インプレション
～的な	dòngrén (de), kě gē kě qì (de) 动人(的)，可歌可泣(的) ドンレン (ダ)，クァ グァ クァ チィ (ダ)	impressive インプレスィヴ
かんとうし 間投詞	tàncí, gǎntàncí 叹词，感叹词 タンツー，ガンタンツー	interjection インタヂェクション
かんとく 監督(する)	jiāndū 监督 ジエンドゥ	supervise スーパヴァイズ
(人)	jiāndū, guǎnlǐrén 监督，管理人 ジエンドゥ，グワンリィレン	superintendent スューパリンテンデント
(映画の)	dǎoyǎn 导演 ダオイエン	director ディレクタ
(スポーツの)	lǐngduì 领队 リィンドゥイ	manager マニヂャ
かんな 鉋	bàozi 刨子 バオヅ	plane プレイン
カンニング	(kǎoshì) zuòbì (考试)作弊 (カオシー) ヅゥオビィ	cheating チーティング
かんねん 観念	guānniàn, gàiniàn 观念，概念 グワンニエン，ガイニエン	idea, conception アイディーア，コンセプション
(あきらめ)	duànniàn, sǐxīn 断念，死心 ドワンニエン，スーシン	resignation レズィグネイション
かんぱ 寒波	háncháo, hánliú 寒潮，寒流 ハンチャオ，ハンリウ	cold wave コウルド ウェイヴ
かんぱい 乾杯(する)	gānbēi 干杯 ガンベイ	toast トウスト
かんばつ 旱魃	gānhàn 干旱 ガンハン	drought ドラウト
がんば 頑張る	jiāyóu, jiājìn, pīnmìng 加油，加劲，拼命 ジアヨウ，ジアジン，ピンミイン	work hard ワーク ハード
(持ちこたえる)	jiānchí 坚持 ジエンチー	hold out ホウルド アウト

日	中	英
(主張する)	jiānchí jǐjiàn, jiānjué yāoqiú 坚持己见，坚决要求 ジェンチー ジィジエン，ジェンジュエ ヤオチウ	insist on インスィスト
かんばん 看板	pái, páizi, zhāopai 牌，牌子，招牌 パイ，パイヅ，チャオパイ	billboard, signboard ビルボード，サインボード
かんびょう 看病(する)	kānhù, hùlǐ 看护，护理 カンホゥ，ホゥリィ	nursing ナースィング
かんぶ 幹部	gànbù 干部 ガンブゥ	the management ザ マニヂメント
かんぶ 患部	huànchù 患处 ホワンチュゥ	the affected part ジ アフェクテド パート
かんぷ 還付	tuìhuán, guīhuán 退还，归还 トゥイホワン，グゥイホワン	return リターン
かんぺき 完璧(な)	wánměi, wánshàn 完美，完善 ワンメイ，ワンシャン	perfect パーフィクト
かんべん 勘弁する	ráoshù, kuānshù, yuánliàng 饶恕，宽恕，原谅 ラオシュゥ，クワンシュゥ，ユエンリアン	pardon, forgive パードン，フォギヴ
がんぼう 願望	yuànwàng, xīnyuàn, xīwàng 愿望，心愿，希望 ユエンワン，シンユエン，シィワン	wish, desire ウィシュ，ディザ
カンボジア	Jiǎnpǔzhài 柬埔寨 ジエンプゥチャイ	Cambodia キャンボウディア
カンマ	dòuhào 逗号 ドウハオ	comma カマ
かんむり 冠	guān 冠 グワン	crown クラウン
かんゆう 勧誘(する)	quànyòu 劝诱 チュエンヨウ	solicitation ソリスィテイション
かんよ 関与(する)	gānyù, guòwèn, cānyù 干预，过问，参与 ガンユィ，グゥオウェン，ツァンユイ	participation パーティスィペイション
かんよう 寛容な	kuānróng, bāoróng 宽容，包容 クワンロン，バオロン	tolerant, generous タララント，ヂェネラス
かんようく 慣用句	shúyǔ, chéngyǔ 熟语，成语 シュウユイ，チョンユイ	idiom イディオム

日	中	英
がんらい 元来	běnlái, yuánlái, yuánběn 本来，原来，原本 ベンライ，ユエンライ，ユエンベン	originally オリヂナリ
かんらく 陥落	xiànluò, lúnxiàn, shīshǒu 陷落，沦陷，失守 シエンルウオ，ルゥンシエン，シーショウ	surrender サレンダ
かんらんせき 観覧席	kàntái, guānzhòngxí 看台，观众席 カンタイ，グワンチォンシィ	seat, stand スィート，スタンド
かんり 管理（する）	guǎnlǐ, guǎnxiá 管理，管辖 グワンリィ，グワンシア	control コントロウル
（支配）	guǎnlǐ, zhìlǐ, jīnglǐ 管理，治理，经理 グワンリィ，チーリィ，ジィンリィ	management マニヂメント
（保管）	jīngguǎn, kānguǎn, bǎoguǎn 经管，看管，保管 ジィングワン，カングワン，バオグワン	keep キープ
～人	jīnglǐ, guǎnlǐyuán 经理，管理员 ジィンリィ，グワンリィユエン	caretaker, janitor ケアテイカ，チャニタ
かんりゅう 寒流	hánliú 寒流 ハンリウ	cold current コウルド カーレント
かんりょう 完了	wánliǎo 完了 ワンリアオ	completion コンプリーション
～時制	wánchéng shítài 完成时态 ワンチョン シータイ	the perfect tense ザ パーフィクト テンス
～する	wánliǎo, wánbì, wánchéng 完了，完毕，完成 ワンリアオ，ワンビィ，ワンチョン	finish, complete フィニシュ，コンプリート
かんれい 慣例	guànlì, chénglì 惯例，成例 グワンリィ，チョンリィ	custom, usage カスタム，ユースィヂ
かんれん 関連（する）	guānlián, xiāngguān, shèjí 关联，相关，涉及 グワンリエン，シアングワン，ショァジィ	relation リレイション
かんろく 貫禄	wēiyán, qìpài 威严，气派 ウェイイエン，チィパイ	dignity ディグニティ
かんわ 緩和（する）	huǎnhé, huǎnjiě 缓和，缓解 ホワンホォア，ホワンジエ	mitigation ミティゲイション

日	中	英

き，キ

き 木	kē shù, shùmù 〔棵〕树，树木	tree
(木材)	mùtou, mùcái 木头，木材	wood
ギア	chǐlún 齿轮	gear
きあつ 気圧	qìyā 气压	atmospheric pressure
～計	qìyābiǎo, qíngyǔbiǎo 气压表，晴雨表	barometer
キー	bǎ yàoshi 〔把〕钥匙	key
(PCなどの)	jiàn 键	key
キーボード	jiànpán 键盘	keyboard
キーホルダー	yàoshiquān 钥匙圈	key ring
きいろ 黄色	huáng, huángsè 黄，黄色	yellow
～い	huáng(sè de) 黄（色的）	yellow
キーワード	guānjiàncí 关键词	key word
ぎいん 議員	yìyuán 议员	member of an assembly
キウイ(フルーツ)	zhī míhóutáo 〔只〕猕猴桃	kiwi
き 消える	xiāoshī 消失	vanish, disappear

日	中	英
(明かりが)	miè (dēng) 灭(灯) ミエ (デゥン)	go out ゴウ アウト
ぎえんきん 義援金	juānkuǎn 捐款 ジュエンクワン	contribution カントリビューション
きおく 記憶	jìyì 记忆 ジィイー	memory メモリ

■木■ ⇒ 花

き
木　树(木)/shù(mù) シュゥ(ムゥ)/ (㊟tree)

ね
根　根/gēn ゲン/ (㊟root)

みき
幹　树干/shùgàn シュゥガン/ (㊟trunk)

えだ
枝　枝条，树枝/zhītiáo, shùzhī ヂーティアオ, シュゥヂー/ (㊟branch, bough)

め
芽　芽/yá ヤァ/ (㊟bud)

は
葉　叶子/yèzi イエヅ/ (㊟blade)

み
実　果实/guǒshí グゥオシー/ (㊟fruit, nut)

しゅし
種子　种子/zhǒngzǐ チォンヅー/ (㊟seed)

まつ
松　松树/sōngshù ソンシュゥ/ (㊟pine)

すぎ
杉　杉树/shānshù シャンシュゥ/ (㊟Japan cedar)

やなぎ
柳　柳树/liǔshù リゥシュゥ/ (㊟willow)

たけ
竹　竹子/zhúzi ヂゥヅ/ (㊟bamboo)

しらかば
白樺　白桦/báihuà バイホア/ (㊟white birch)

いちょう
銀杏　公孙树，银杏/gōngsūnshù, yínxìng ゴンスゥンシュゥ, インシィン/ (㊟ginkgo)

けやき
欅　光叶榉/guāngyèjǔ グアンイエヂュイ/ (㊟zelkova tree)

くりのき
栗の木　栗(子)树/lì(zi)shù リィ(ヅ)シュゥ/ (㊟chestnut tree)

さくら
桜　樱花树/yīnghuāshù イィンホアシュゥ/ (㊟cherry tree)

さんざし
山査子　山楂/shānzhā シャンチァア/ (㊟hawthorn)

アカシヤ　金合欢/jīnhéhuān ジンホァァホワン/ (㊟acacia)

つばき
椿　山茶/shānchá シャンチァア/ (㊟camellia)

うめ
梅　梅树/méishù メイシュゥ/ (㊟plum tree)

やし
椰子　椰子/yēzi イエヅ/ (㊟palm)

日	中	英
～する	jì, (bǎ ...) jìzhù 记，(把…)记住 ジィ，(バァ …) ジィチュウ	memorize メモライズ
きおくれする 気後れする	qièchǎng, dǎnqiè, wèisuō 怯场，胆怯，畏缩 チエチャァン，ダンチエ，ウェイスゥオ	lose heart ルーズ ハート
きおん 気温	qìwēn 气温 チィウェン	temperature テンパラチャ
きか 幾何	jǐhé 几何 ジィホオア	geometry ヂーアメトリ
きが 飢餓	jī'è 饥饿 ジィウア	hunger ハンガ
きかい 機会	jīhuì 机会 ジィホゥイ	opportunity, chance アパチューニティ，チャンス
きかい 機械	jīqì, jīxiè 机器，机械 ジィチィ，ジィシエ	machine, apparatus マシーン，アパラタス
～工学	jīxiè gōngchéngxué 机械工程学 ジィシエ ゴンチョンシュエ	mechanical engineering ミキャニカル エンヂニアリング
ぎかい 議会	yìhuì, yìyuàn, guóhuì 议会，议院，国会 イーホゥイ，イーユエン，グゥオホゥイ	assembly アセンブリ
きがえ 着替え	huàn yīfu, gēngyī 换衣服，更衣 ホワン イーフ，グンイー	change of clothes チェインヂ オヴ クロウズ
きがかり 気掛かり	diànjì, guàniàn, dānxīn 惦记，挂念，担心 ディエンジィ，グアニエン，ダンシン	anxiety, worry アングザイエティ，ワーリ
きかく 企画(する)	guīhuà, jìhuà 规划，计划 グゥイホア，ジィホア	plan プラン
きかざ 着飾る	dǎban, zhuāngbàn, zhuāngshì 打扮，装扮，妆饰 ダァバン，チュアンバン，チュアンシー	dress up ドレス アプ
き 聞かせる	gěi ... tīng 给(人)听 ゲイ … ティン	tell; let... know テル，レト ノウ
き つ 気が付く	fāxiàn, fājué, chájué 发现，发觉，察觉 ファアシェン，ファアジュエ，チャアジュエ	notice ノウティス
(行き届く)	zhōudào, xìxīn 周到，细心 チョウダオ，シィシン	be attentive ビ アテンティヴ

日	中	英
(意識を取り戻す)	xǐngguòlai 醒过来 シィングゥオライ	come to *oneself* カム トゥ
きがる 気軽な	qīngsōng yúkuài, suíbiàn 轻松愉快，随便 チィンソン ユィクァイ, スゥイビエン	lighthearted ライトハーテド
きかん 器官	qìguān 器官 チィグワン	organ オーガン
きかん 期間	qījiān 期间 チィジエン	period, term ピアリアド, ターム
きかん 機関	jīqì, jīxiè, jīguān 机器，机械，机关 ジィチィ, ジィシエ, ジィグワン	engine, machine エンヂン, マシーン
(機構)	jīguān, jīgòu, zǔzhī 机关，机构，组织 ジィグワン, ジィゴウ, ヅゥヂー	organ, organization オーガン, オーガニゼイション
きかんさんぎょう 基幹産業	jīchǔ chǎnyè, jīchǔ gōngyè 基础产业，基础工业 ジィチュウ チャンイエ, ジィチュウ ゴンイエ	key industries キー インダストリズ
きかんし 気管支	zhīqìguǎn 支气管 チーチィグワン	the bronchus ザ ブランカス
～炎	qìguǎnyán, zhīqìguǎnyán 气管炎，支气管炎 チィグワンイエン, チーチィグワンイエン	bronchitis ブランカイティス
きかんしゃ 機関車	jīchē, huǒchētóu 机车，火车头 ジィチョァ, ホゥオチョァトウ	locomotive ロウコモウティヴ
きかんじゅう 機関銃	bǎ jīguǎnqiāng, jīqiāng 〔把〕机关枪，机枪 バァ ジィグワンチアン, ジィチアン	machine gun マシーン ガン
きき 危機	wēijī 危机 ウェイジィ	crisis クライスィス
きと 聞き取り	tīng, tīngjiàn 听，听见 ティン, ティンジエン	hearing ヒアリング
きめ 効き目	xiàolì, xiàoyàn 效力，效验 シアオリィ, シアオイエン	effect, efficacy イフェクト, エフィカスィ
ききょう 帰郷	huíxiāng, huí lǎojiā 回乡，回老家 ホゥイシアン, ホゥイ ラオジア	homecoming ホウムカミング
きぎょう 企業	qǐyè 企业 チィイエ	enterprise エンタプライズ

日	中	英
きぎょうか 起業家	chuàngyèzhě 创业者 チュアンイエヂョア	entrepreneur アーントレプレナー
ぎきょく 戯曲	xìjù 戏剧 シィヂュイ	drama, play ドラーマ, プレイ
ききん 基金	jījīn 基金 ジィジン	fund ファンド
ききんぞく 貴金属	guìjīnshǔ 贵金属 グゥイジンシュウ	precious metals プレシャス メトルズ
きく 菊	jú, júhuā 菊, 菊花 ヂュイ, ヂュイホア	chrysanthemum クリサンセマム
き 効く	yǒuxiào, jiànxiào, líng 有效, 见效, 灵 ヨウシアオ, ジェンシアオ, リィン	have effect *on* ハヴ イフェクト
き 聞[聴]く	tīng, qīngtīng 听, 倾听 ティン, チンティン	listen *to* リスン
(従う)	tīngcóng 听从 ティンツォン	obey, follow オウベイ, ファロウ
(尋ねる)	wèn, dǎtīng 问, 打听 ウェン, ダァティン	ask, inquire アスク, インクワイア
きぐ 器具	qìjù, gōngjù, yíqì 器具, 工具, 仪器 チィヂュイ, ゴンヂュイ, イーチイ	utensil ユーテンスィル
きくば 気配り	zhàogù, guānhuái, guānxīn 照顾, 关怀, 关心 チャオグゥ, グワンホアイ, グワンシン	care, consideration ケア, コンスィダレイション
ぎけい 義兄 (姉の夫)	jiěfu 姐夫 ジェフ	brother-in-law ブラザインロー
(夫の兄)	dàbǎizi 大伯子 ダァバイツ	brother-in-law ブラザインロー
(妻の兄)	nèixiōng 内兄 ネイシゥン	brother-in-law ブラザインロー
きげき 喜劇	xǐjù, xiéjù, xiàojù 喜剧, 谐剧, 笑剧 シィヂュイ, シエヂュイ, シアオヂュイ	comedy カメディ
きけん 危険(な)	wēixiǎn, (yǒu) fēngxiǎn 危险, (有)风险 ウェイシエン,(ヨウ) フォンシエン	danger デインヂャ

日	中	英
きげん 期限	qīxiàn, xiànqī 期限，限期 チィシエン，シエンチィ	term, deadline ターム，デドライン
きげん 機嫌	qíngxù, xīnqíng 情绪，心情 チィンシュィ，シンチィン	humor, mood ヒューマ，ムード
きげん 起源	qǐyuán, lànshāng, yuánqǐ 起源，滥觞，缘起 チィユエン，ランシャァン，ユエンチィ	origin オーリヂン
きこう 気候	qìhòu, tiānqì 气候，天气 チィホウ，ティエンチィ	climate, weather クライメト，ウェザ
きごう 記号	jìhào, fúhào 记号，符号 ジィハオ，フゥハオ	mark, sign マーク，サイン
ぎごう 技巧	jìqiǎo, shǒufǎ 技巧，手法 ジィチアオ，ショウファア	technique, art テクニーク，アート
き 聞こえる	tīngjiàn, tīngdejiàn 听见，听得见 ティンジエン，ティンダジエン	hear ヒア
きこく 帰国(する)	guīguó, huíguó 归国，回国 グゥイグゥオ，ホゥイグゥオ	homecoming ホウムカミング
ぎこちない	bènzhuō, shēngyìng 笨拙，生硬 ベンヂュオ，ションイィン	awkward, clumsy オークワド，クラムズィ
きこん 既婚の	yǐhūn (de) 已婚(的) イーホゥン(ダ)	married マリド
きさい 記載	jìzǎi, zǎi 记载，载 ジィツァイ，ツァイ	mention, entry メンション，エントリ
き 気さくな	tǎnshuài, zhíshuǎng 坦率，直爽 タンシュアイ，ヂーシュアン	frank フランク
きざ 兆し	zhàotou, yùzhào, qiánzhào 兆头，预兆，前兆 チャオトウ，ユイヂャオ，チエンヂャオ	sign, indication サイン，インディケイション
きざ 気障な	zhuāng mú zuò yàng 装模作样 ヂュアン ムゥ ヅゥオ ヤン	affected アフェクテド
きざ 刻む	qiēxì 切细 チエシィ	cut カト
(彫刻する)	kè, diāokè 刻，雕刻 クァ，ディアオクァ	carve カーヴ

日	中	英
きし 岸	àn 岸 アン	the bank ザ バンク
きじ 記事	xīnwén, xiāoxi, bàodào 新闻，消息，报道 シンウェン, シアオシ, パオダオ	article アーティクル
ぎし 技師	gōngchéngshī, jìshī 工程师，技师 ゴンチョンシー, ジィシー	engineer エンヂニア
ぎじ 議事	yìshì 议事 イーシー	proceedings プロスィーディングズ
ぎしき 儀式	diǎnlǐ, yíshì 典礼，仪式 ディエンリィ, イーシー	ceremony, rites セレモウニ, ライツ
きしつ 気質	qìzhì, xìngzi, píqi 气质，性子，脾气 チィヂー, シンヅ, ピィチ	disposition ディスポズィション
きじつ 期日	rìqī, rìzi 日期，日子 リーチィ, リーヅ	date, time limit デイト, タイム リミト
きしゃ 汽車	liàng huǒchē 〔辆〕火车 リアン ホウオチョア	train トレイン
きじゅつ 記述(する)	jìxù, jìshù 记叙，记述 ジィシュイ, ジィシュウ	describe ディスクライブ
ぎじゅつ 技術	jìshù 技术 ジィシュウ	technique テクニーク
～提携	jìshù hézuò 技术合作 ジィシュウ ホオアヅゥオ	technical tie-up テクニカル タイアプ
きじゅん 基準	biāozhǔn, jīzhǔn, zhǔnzé 标准，基准，准则 ピアオヂュン, ジィチュン, チュンヅゥア	standard, basis スタンダド, ベイスィス
きしょう 気象	qìxiàng 气象 チィシアン	weather ウェザ
キス	jiēwěn 接吻 ジエウェン	kiss キス
きず 傷	shāng, chuāngshāng 伤，创伤 シャアン, チュアンシャアン	wound, injury ウーンド, インヂャリ
(品物の)	cī, bā 疵，疤 ツー, バァ	flaw フロー

日	中	英
（心の）	xīnlíng chuāngshāng **心灵创伤** シンリィン チュアンシャァン	trauma トラウマ
きすう **奇数**	jīshù, dānshù **奇数，单数** ジィシュウ, ダンシュウ	odd number アド ナンバ
きず **築く**	zhù, jiànzhù, xiūjiàn **筑，建筑，修建** チュウ, ジェンチュウ, シウジェン	build, construct ビルド, コンストラクト
きずつ **傷付く**	shòushāng, fùshāng **受伤，负伤** ショウシャァン, フゥシャァン	be wounded ビ ウーンデド

■気象■

日	中	英
は **晴れ**	晴(天) /qíng(tiān) チィン(ティエン)/	(🇺🇸fine weather)
かいせい **快晴**	晴朗 /qínglǎng チィンラァン/	(🇺🇸fine weather)
くも **曇り**	阴天 /yīntiān インティエン/	(🇺🇸cloudy weather)
あめ **雨**	雨 /yǔ ユィ/	(🇺🇸rain)
こさめ **小雨**	小雨 /xiǎoyǔ シアオユィ/	(🇺🇸light rain)
ごうう **豪雨**	暴雨 /bàoyǔ バオユィ/	(🇺🇸heavy rain)
ゆき **雪**	雪 /xuě シュエ/	(🇺🇸snow)
なだれ **雪崩**	雪崩 /xuěbēng シュエボン/	(🇺🇸avalanche)
みぞれ **霙**	雨夹雪 /yǔ jiā xuě ユィ ジア シュエ/	(🇺🇸sleet)
きり **霧**	雾 /wù ウゥ/	(🇺🇸fog, mist)
かみなり **雷**	雷 /léi レイ/	(🇺🇸thunder)
らいう **雷雨**	雷雨 /léiyǔ レイユィ/	(🇺🇸thunderstorm)
たいふう **台風**	台风 /táifēng タイフォン/	(🇺🇸typhoon)
スコール	骤雨 /zhòuyǔ ヂョウユィ/	(🇺🇸squall)
きおん **気温**	气温 /qìwēn チィウェン/	(🇺🇸temperature)
しつど **湿度**	湿度 /shīdù シードゥ/	(🇺🇸humidity)
ふうりょく **風力**	风力 /fēnglì フォンリィ/	(🇺🇸the force of the wind)
きあつ **気圧**	气压 /qìyā チィヤァ/	(🇺🇸atmospheric pressure)
こうきあつ **高気圧**	高气压 /gāoqìyā ガオチィヤァ/	(🇺🇸high atmospheric pressure)
ていきあつ **低気圧**	低气压 /dīqìyā ディーチィヤァ/	(🇺🇸low pressure, depression)
スモッグ	烟雾 /yānwù イエンウゥ/	(🇺🇸smog)

日	中	英
_{きずつ} 傷付ける	shānghài, sǔnshāng, huǐshāng 伤害，损伤，毁伤 シャアンハイ, スゥンシャアン, ホウイシアン	wound, injure ウーンド, インヂャ
_{きずな} 絆	niǔdài, qíngyì 纽带，情义 ニウダイ, チィンイー	bond バンド
_{きせい} 帰省	guīxǐng, tànqīn, huíxiāng 归省，探亲，回乡 グゥイシィン, タンチン, ホウイシアン	homecoming ホウムカミング
_{ぎせい} 犠牲	xīshēng 牺牲 シィション	sacrifice サクリファイス
～者	xīshēngzhě 牺牲者 シィションヂョア	victim ヴィクティム
_{きせいちゅう} 寄生虫	jìshēngchóng 寄生虫 ジィションチョン	parasite パラサイト
_{きせい} 既製の	xiànchéng 现成 シエンチョン	ready-made レディメイド
～服	chéngyī 成衣 チョンイー	ready-made レディメイド
_{きせき てき} 奇跡 (的な)	qíjì(xìng de) 奇迹(性的) チィジィ(シィン ダ)	miracle ミラクル
_{きせつ} 季節	jìjié, shíjié, shílìng 季节，时节，时令 ジィジエ, シージエ, シーリィン	season スィーズン
_{きぜつ} 気絶	hūnsǐ 昏死 ホゥンスー	faint, swoon フェイント, スウーン
～する	hūnjué, hūnsǐ, hūnmí 昏厥，昏死，昏迷 ホゥンジュエ, ホゥンスー, ホゥンミィ	faint, swoon フェイント, スウーン
_き 着せる	gěi ... chuānshàng (yīfu) 给(人)穿上(衣服) ゲイ … チュワンシャアン (イーフ)	dress ドレス
(罪を)	zuì, guījiù 罪，归咎 ツゥイ, グゥイジゥ	lay *on* レイ
_{きせん} 汽船	lúnchuán 轮船 ルゥンチュワン	steamer スティーマ
_{ぎぜん てき} 偽善 (的な)	wěishàn (de) 伪善(的) ウェイシャン (ダ)	hypocrisy ヒパクリスィ

日	中	英
きそ 基礎	jīchǔ, gēndǐ, gēnjī 基础，根底，根基 ジィチゥウ, ゲンディー, ゲンジィ	the base ザ ベイス
きそ 起訴(する)	qǐsù, gōngsù 起诉，公诉 チスゥ, ゴンスゥ	prosecution プラスィキューション
きそ 競う	jìngzhēng, bǐsài, bǐshì 竞争，比赛，比试 ジィンチョン, ビィサイ, ビィシ	compete コンピート
きぞう 寄贈	zèngsòng, juānzèng 赠送，捐赠 ヅンソン, ジュエンヅン	donation ドウネイション
ぎそう 偽装	wěizhuāng 伪装 ウェイヂュアン	camouflage キャモフラージュ
ぎぞう 偽造(する)	wěizào, jiǎzào 伪造，假造 ウェイヅァオ, ジアヅァオ	forgery; forge フォーヂャリ；フォーヂ

■季節・月■ ⇒ 時間, 曜日

きせつ 季節	季节 /jìjié ジィジエ / (⑱season)
はる 春	春天 /chūntiān チュンティエン / (⑱spring)
なつ 夏	夏天 /xiàtiān シアティエン / (⑱summer)
あき 秋	秋天 /qiūtiān チウティエン / (⑱autumn, fall)
ふゆ 冬	冬天 /dōngtiān ドンティエン / (⑱winter)
つき 月	月(份)/yuè(fèn) ユエ(フェン)/ (⑱month)
がつ 1月	一月 /yīyuè イーユエ / (⑱January)
がつ 2月	二月 /èryuè アルユエ / (⑱February)
がつ 3月	三月 /sānyuè サンユエ / (⑱March)
がつ 4月	四月 /sìyuè スーユエ / (⑱April)
がつ 5月	五月 /wǔyuè ウゥユエ / (⑱May)
がつ 6月	六月 /liùyuè リウユエ / (⑱June)
がつ 7月	七月 /qīyuè チィユエ / (⑱July)
がつ 8月	八月 /bāyuè バァユエ / (⑱August)
がつ 9月	九月 /jiǔyuè ジウユエ / (⑱September)
がつ 10月	十月 /shíyuè シーユエ / (⑱October)
がつ 11月	十一月 /shíyīyuè シーイーユエ / (⑱November)
がつ 12月	十二月 /shí'èryuè シーアルユエ / (⑱December)

日	中	英
きそく 規則	guīzé, guīzhāng, guīchéng 规则，规章，规程 グウイヅゥア, グウイヂャアン, グウイチョン	rule ルール
～的な	guīzé (de), yǒu guīlǜ (de) 规则(的)，有规律(的) グウイヅゥア (ダ), ヨウ グウイリュィ (ダ)	regular レギュラ
きた 北	běi, běifāng, běibiān 北，北方，北边 ベイ, ベイファアン, ベイビエン	the north ザ ノース
ギター	bǎ jítā 〔把〕吉他 バァ ジィタァ	guitar ギター
きたい 期待	qīdài, qīwàng, xīwàng 期待，期望，希望 チィダイ, チィワァン, シィワァン	expectation, hope エクスペクテイション, ホウプ
～する	qīdài, qīwàng, zhǐwang 期待，期望，指望 チィダイ, チィワァン, ヂーワァン	expect イクスペクト
きたい 気体	qìtǐ 气体 チィティー	gaseous body, gas ギャシアス バディ, ギャス
ぎだい 議題	yìtí 议题 イーティー	agenda アヂェンダ
きた 鍛える	duànzào 锻造 ドワンヅァオ	forge, temper フォーヂ, テンパ
(心身を)	duànliàn, chuíliàn 锻炼，锤炼 ドワンリエン, チュイリエン	train トレイン
きたく 帰宅(する)	huí jiā 回家 ホゥイジア	get home ゲト ホウム
きたな 汚い	zāng, āngzāng 脏，肮脏 ヅァアン, アァンヅァアン	dirty, soiled ダーティ, ソイルド
(金銭に)	lìnsè, xiǎoqi 吝啬，小气 リンスァ, シアオチ	stingy スティンヂ
(卑劣な)	āngzāng, bēibǐ 肮脏，卑鄙 アァンヅァアン, ベイビィ	dirty ダーティ
(勝負に)	fànguī 犯规 ファングゥイ	unfair アンフェア
きたな 汚らしい	āngzāng 肮脏 アァンヅァアン	dirty-looking ダーティルキング

日	中	英
きたはんきゅう 北半球	běibànqiú 北半球 ベイバンチウ	the Northern Hemisphere ザ ノーザン ヘミスフィア
きち 基地	jīdì 基地 ジィディー	base ベイス
きちょう 機長	jīzhǎng 机长 ジィヂャアン	captain キャプティン
ぎちょう 議長	zhǔxí 主席 ヂュウシィ	the chairperson ザ チェアパースン
きちょうな 貴重な	guìzhòng, bǎoguì, zhēnguì 贵重，宝贵，珍贵 グゥイヂォン, バオグゥイ, チェングゥイ	precious, valuable プレシャス, ヴァリュアブル
きちょうひん 貴重品	guìzhòng wùpǐn 贵重物品 グゥイヂォン ウゥピン	valuables ヴァリュアブルズ
きちょうめんな 几帳面な	yì sī bù gǒu, guīguījǔjǔ 一丝不苟，规规矩矩 イー スーブゥ ゴウ, グゥイグゥイヂュイヂュイ	methodical ミサディカル
きちんと	zhěngqí, duānzhèng, guīju 整齐，端正，规矩 ヂョンチィ, ドゥワンヂョン, グゥイヂュ	exactly, accurately イグザクトリ, アキュレトリ
きつい	qiángliè, lièxìng 强烈，烈性 チアンリエ, リエシィン	strong, hard ストロング, ハード
（厳しい）	yánlì 严厉 イエンリィ	hard ハード
（窮屈な）	jǐn 紧 ジン	tight タイト
きつえん 喫煙	chōuyān, xīyān 抽烟，吸烟 チョウイエン, シィイエン	smoking スモウキング
〜室	xīyānshì 吸烟室 シィイエンシー	smoking room スモウキング ルーム
〜車	xīyān chēxiāng 吸烟车厢 シィイエン チョァシアン	smoking car スモウキング カー
きづかう 気遣う	guānqiè, guānxīn, tǐtiē 关切，关心，体贴 グワンチエ, グワンシン, ティーティエ	mind, worry マインド, ワーリ
（心配する）	guàniàn, diànniàn 挂念，惦念 グアニエン, ディエンニエン	worry ワーリ

日	中	英
切っ掛け (きっかけ)	qìjī, jīhuì 契机, 机会 チィジィ, ジィホゥイ	chance, opportunity チャンス, アポテューニティ
(始め)	kāiduān 开端 カイドワン	start スタート
(手がかり)	tóuxù, xiànsuǒ 头绪, 线索 トウシュイ, シエンスゥオ	clue クルー
気付く (きづ)	fāxiàn, chájué, zhùyìdào 发现, 察觉, 注意到 ファアシエン, チャアジュエ, デュウイーダオ	notice ノゥティス
喫茶店 (きっさてん)	kāfēiguǎn 咖啡馆 カァフェイグワン	coffee shop コフィ シャプ
生粋の (きっすい)	dìdao 地道 ディーダオ	genuine, native チェニュイン, ネイティヴ
キッチン	chúfáng 厨房 チュウファアン	kitchen キチン
切手 (きって)	zhāng yóupiào 〔张〕邮票 チャアン ヨウピアオ	stamp スタンプ
きっと	yídìng, bìdìng, kěndìng 一定, 必定, 肯定 イーディン, ビィディン, ケンディン	surely, certainly シュアリ, サートンリ
狐 (きつね)	zhī húli 〔只〕狐狸 チー ホゥリ	fox ファクス
切符 (きっぷ)	zhāng piào 〔张〕票 チャアン ピアオ	ticket ティケト
規定 (きてい)	tiáo guīdìng, zhāngchéng 〔条〕规定, 章程 ティアオ グゥイディン, チャアンチョン	regulations レギュレイションズ
義弟(妹の夫) (ぎてい)	mèifu 妹夫 メイフ	brother-in-law ブラザインロー
(夫の弟)	xiǎoshūzi 小叔子 シアオシュウヅ	brother-in-law ブラザインロー
(妻の弟)	nèidì 内弟 ネイディー	brother-in-law ブラザインロー
議定書 (ぎていしょ)	fèn yìdìngshū 〔份〕议定书 フェン イーディンシュウ	protocol プロウトコル

日	中	英
きどう 軌道	guǐdào, lùguǐ, gāngguǐ 轨道, 路轨, 钢轨 グウイダオ, ルウグイ, ガアングウイ	orbit オービト
きとく 危篤の	bìngwēi 病危 ビィンウェイ	critical クリティカル
きど 気取る	zhuāng mú zuò yàng, bǎi jiàzi 装模作样, 摆架子 チュアン ムゥ ヅゥオ ヤン, バイ ジアヅ	be affected ビ アフェクテド
き い 気に入る	kànzhòng, rùyǎn 看中, 入眼 カンヂョン, ルゥイエン	be pleased *with* ビ プリーズド
き 気にする	guānxīn, jièyì, zàihu 关心, 介意, 在乎 グワンシン, ジエイー, ヅァイホ	worry *about* ワーリ
(心配する)	dānxīn, guàniàn, diànniàn 担心, 挂念, 惦念 ダンシン, グアニエン, ディエンニエン	worry *about* ワーリ
きにゅう 記入(する)	tiánbiǎo, tiánxiě 填表, 填写 ティエンビアオ, ティエンシエ	writing in; write *in* ライティング イン;ライト
きぬ 絹	sīchóu, zhēnsī 丝绸, 真丝 スーチョウ, ヂェンスー	silk スィルク
きねん 記念	jìniàn 纪念 ジィニエン	commemoration コメモレイション
〜碑	jìniànbēi 纪念碑 ジィニエンベイ	monument マニュメント
〜日	jìniànrì, jiérì 纪念日, 节日 ジィニエンリー, ジエリー	memorial day メモーリアル デイ
きのう 機能	gōngnéng, jīnéng 功能, 机能 ゴンヌォン, ジヌォン	function ファンクション
きのう 昨日	zuótiān, zuórì 昨天, 昨日 ヅゥオティエン, ヅゥオリー	yesterday イェスタディ
ぎのう 技能	jìnéng, néngnai, běnlǐng 技能, 能耐, 本领 ジィヌォン, ヌォンナイ, ベンリィン	skill スキル
きのこ 茸	mógu 蘑菇 モォグ	mushroom マシュルム
き どく 気の毒な	kělián, kěbēi 可怜, 可悲 クァリエン, クァベイ	pitiable, poor ピティアブル, プア

日	中	英
きばつ 奇抜な	xīnyǐng 新颖 シンイン	novel, original ナヴェル, オリヂナル
きば 気晴らし	xiāoqiǎn, sàn xīn 消遣，散心 シアオチエン, サンシン	pastime, diversion パスタイム, ダイヴァーション
きはん 規範	guīfàn 规范 グイファン	norm ノーム
きばん 基盤	jīchǔ 基础 ジィチュウ	base, foundation ベイス, ファウンデイション
きび 厳しい	yángé, yánlì, yánjǐn 严格，严厉，严紧 イエングァ, イエンリィ, イエンジン	severe, strict スィヴィア, ストリクト
きひん 気品	pǐngé 品格 ピングァ	grace, dignity グレイス, ディグニティ
～のある	wényǎ, gāoshàng 文雅，高尚 ウェンヤァ, ガオシャアン	graceful グレイスフル
きびん 機敏な	jīmǐn 机敏 ジィミン	smart, quick スマート, クウィク
きふ 寄付(する)	juānxiàn, juānzèng 捐献，捐赠 ジュエンシエン, ジュエンヅン	donation ドウネイション
ぎふ(夫の父)	gōnggong 公公 ゴンゴン	father-in-law ファーザインロー
(妻の父)	yuèfù, yuèzhàng 岳父，岳丈 ユエフウ, ユエヂャァン	father-in-law ファーザインロー
(継父)	jìfù 继父 ジィフウ	stepfather ステプファーザ
(養父)	yǎngfù 养父 ヤンフウ	foster father フォスタ ファーザ
ギブアップ	fàngqì, xiángfú 放弃，降服 ファァンチィ, シアンフウ	abandonment アバンドンメント
ギブアンドテイク	hùzhù hùràng 互助互让 ホゥチュウ ホゥラァン	give-and-take ギヴアンテイク
きぶん 気分	qíngxù, xīnqíng, xīnjìng 情绪，心情，心境 チィンシュイ, シンチィン, シンジィン	mood, feeling ムード, フィーリング

日	中	英
（雰囲気）	qìfēn 气氛 チィフェン	mood ムード
きぼ 規模	guīmó 规模 グゥイモォ	scale スケイル
ぎぼ 義母 （夫の母）	pópo 婆婆 ポォポ	mother-in-law マザインロー
（妻の母）	yuèmǔ 岳母 ユエムゥ	mother-in-law マザインロー
（継母）	jìmǔ 继母 ジィムゥ	stepmother ステプマザ
（養母）	yǎngmǔ 养母 ヤンムゥ	foster mother フォスタ マザ
きぼう 希望 (する)	xīwàng, qīwàng, yuànwàng 希望，期望，愿望 シィワァン, チィワァン, ユエンワァン	hope, wish ホウプ, ウィシュ
きほん 基本 (的な)	jīběn (de), jīchǔ (de) 基本（的），基础（的） ジィベン（ダ）, ジィチュウ（ダ）	basic ベイスィク
きまえ 気前のよい	dàfang, kāngkǎi 大方，慷慨 ダァファアン, カァンカイ	generous ヂェナラス
きまぐ 気紛れ（な）	rènxìng (de), fǎn fù wú cháng (de) 任性（的），反复无常（的） レンシィン（ダ）, ファン フゥ ウゥ チァン（ダ）	capricious カプリシャス
きまつ 期末	qīmò 期末 チィモォ	the end of the term ジ エンド オヴ ザ タァム
き 気ままな	suíbiàn, rènyì, rènxìng 随便，任意，任性 スゥイビエン, レンイー, レンシィン	carefree ケアフリー
き 決まり	dìngguī, guīju, guīdìng 定规，规矩，规定 ディングゥイ, グゥイヂュ, グゥイディン	rule, regulation ルール, レギュレイション
（慣習）	guànlì, xíguàn, guīju 惯例，习惯，规矩 グヮンリィ, シィグヮン, グゥイヂュ	custom カスタム
～文句	kǒutóuyǔ, lǎodiào 口头语，老调 コウトウユィ, ラオディアオ	set phrase セト フレイズ
き 決まる	dìng, juédìng 定，决定 ディン, ジュエディン	be settled ビ セトルド

日	中	英
きみ 黄身	dànhuáng, luǎnhuáng 蛋黄，卵黄 ダンホアン, ルワンホアン	the yolk ザ ヨウク
きみつ 機密	jīmì, jīyào, juémì 机密，机要，绝密 ジィミィ, ジィヤオ, ジュエミィ	secrecy, secret スィークレスィ, スィークレト
きみどり 黄緑	huánglǜsè 黄绿色 ホアンリュイスァ	yellowish green イェロウイシュ グリーン
きみょうな 奇妙な	qíguài, qítè, qíyì 奇怪，奇特，奇异 チィグアイ, チィトゥア, チィイー	strange, queer ストレインヂ, クウィア
ぎむ 義務	yìwù 义务 イーウゥ	duty, obligation デューティ, アブリゲイション
きむずかしい 気難しい	nányǐ duìfu, bù hǎorě 难以对付，不好惹 ナンイー ドゥイフ, ブウ ハオルァ	hard to please ハード トゥ プリーズ
ぎめい 偽名	huàmíng, jiǎmíng 化名，假名 ホアミィン, ジアミィン	assumed name アスュームド ネイム
きめる 決める	juédìng, quèdìng 决定，确定 ジュエディン, チュエディン	fix, decide *on* フィクス, ディサイ
きも 肝	gān, gānzàng 肝，肝脏 ガン, ガンヅァアン	the liver ザ リヴァ
(度胸)	dǎnzi, dǎnliàng 胆子，胆量 ダンヅ, ダンリアン	pluck プラク
きもち 気持ち	xīnqíng, xīnjìng, xīnyì 心情，心境，心意 シンチィン, シンジィン, シンイー	feeling, sensation フィーリング, センセイション
きもの 着物	héfú 和服 ホァフウ	*kimono* キモノウ
(衣服)	yīfu, yīshang 衣服，衣裳 イーフ, イーシァァン	clothing クロウズィング
ぎもん 疑問	yíwèn 疑问 イーウェン	question, doubt クウェスチョン, ダウト
きゃく 客	kèrén, bīnkè, fǎngkè 客人，宾客，访客 クァレン, ビンクァ, ファアンクァ	caller, visitor コーラ, ヴィズィタ
(店の)	gùkè, zhǔgù 顾客，主顾 グゥクァ, ヂュウグゥ	customer カスタマ

日	中	英
_{きやく} 規約	guīyuē, zhāngchéng 规约, 章程 グウイユエ, チャァンチョン	agreement, contract アグリーメント, カントラクト
_{ぎゃく} 逆(の)	xiāngfǎn (de), nì 相反(的), 逆 シアンファン (ダ), ニィ	the reverse ザ リヴァース
ギャグ	wánxiào, chā kē dǎ hùn 玩笑, 插科打诨 ワンシアオ, チャア クァ ダ ホウン	gag ギャグ
_{きゃくしゃ} 客車	liàng kèchē 〔辆〕客车 リアン クァチョァ	passenger car パセンヂャ カー
_{ぎゃくしゅう} 逆襲	fǎnjī, fǎngōng, huánjī 反击, 反攻, 还击 ファンジィ, ファンゴン, ホワンジィ	counterattack カウンタアタック
_{きゃくせん} 客船	sōu kèchuán, kèlún 〔艘〕客船, 客轮 ソウ クァチュワン, クァルゥン	passenger boat パセンヂャ ボウ
_{ぎゃくたい} 虐待	nüèdài, cánnüè, língnüè 虐待, 残虐, 凌虐 ニュエダイ, ツァンニュエ, リィンニュエ	abuse アビューズ
_{ぎゃくてん} 逆転(する)	fǎnzhuàn, nìzhuǎn, niǔzhuǎn 反转, 逆转, 扭转 ファンチュワン, ニィチュワン, ニウチュワン	reversal リヴァーサル
_{きゃくほん} 脚本	jiǎoběn, jùběn 脚本, 剧本 ジアオベン, チュイベン	scenario スィネアリオウ
ギャザー	zhězi 褶子 ヂョアヅ	gathers ギャザズ
_{きゃしゃ} 華奢な	xiānruò, xiānxì, xìtiao 纤弱, 纤细, 细条 シエンルゥオ, シエンシィ, シィティアオ	delicate デリケト
キャスター	jiǎolún 脚轮 ジアオルゥン	caster キャスタ
キャスト	yǎnyuán zhènróng 演员阵容 イエンユエン チェンロン	the cast ザ キャスト
_{きゃっかんてき} 客観的な	kèguān 客观 クァグワン	objective オブヂェクティヴ
キャッシュ	xiànjīn, xiànkuǎn 现金, 现款 シエンジン, シエンクワン	cash キャシュ
～カード	tíkuǎnkǎ 提款卡 ティクワンカァ	bank card バンク カード

日	中	英
キャッチ(する)	抓住, 捕捉, 捉拿 zhuāzhù, bǔzhuō, zhuōná ヂュアヂュウ, ブゥヂュオ, ヂュオナァ	catch; get, obtain キャチ；ゲト, オブテイン
～フレーズ	标语, 口号, 广告词 biāoyǔ, kǒuhào, guǎnggàocí ビアオュイ, コウハオ, グアンガオツー	catchphrase キャチフレイズ
ギャップ	差距, 鸿沟 chājù, hónggōu チャアヂュィ, ホンゴウ	gap ギャプ
キャディー	球童 qiútóng チウトン	caddie キャディ
キャビア	鱼子酱 yúzǐjiàng ユィヅージアン	caviar キャヴィアー
キャビン	客舱, 房舱 kècāng, fángcāng クァツァアン, ファアンツァアン	cabin キャビン
キャプテン	队长 duìzhǎng ドゥイヂャアン	captain キャプティン
キャベツ	圆白菜, 洋白菜 yuánbáicài, yángbáicài ユエンバイツァイ, ヤンバイツァイ	cabbage キャビヂ
キャラクター	性格 xìnggé シィングァ	character キャラクタ
(登場人物)	登场人物 dēngchǎng rénwù デゥンチャアン レンウゥ	character キャラクタ
ギャラリー	画廊 huàláng ホアラァン	gallery ギャラリ
(見物人)	观众 guānzhòng グワンヂョン	gallery ギャラリ
キャリア	资历, 资格, 经历 zīlì, zīgé, jīnglì ヅーリィ, ヅーグァ, ジィンリィ	career カリア
ギャング	匪徒, 歹徒, 黑社会 fěitú, dǎitú, hēishèhuì フェイトゥ, ダイトゥ, ヘイショアホゥイ	gang, gangster ギャング, ギャングスタ
キャンセル(する)	解约, 取消 jiěyuē, qǔxiāo ジエユエ, チュイシアオ	cancel キャンセル
～待ち	等退票 děng tuìpiào デゥン トゥイピアオ	standby スタンバイ

日	中	英
キャンデー	kuài/kē táng, tángguǒ〔块/颗〕糖，糖果クアイ/クァ タァン，タァングゥオ	candyキャンディ
キャンプ	lùyíng, yěyíng露营，野营ルウイン，イエイィン	campキャンプ
ギャンブル	dǔbó赌博ドゥボォ	gamblingギャンブリング
キャンペーン	yùndòng, huódòng运动，活动ユィンドン，ホゥオドン	campaignキャンペイン
きゅう急	jǐnjí, wēijí, jípò紧急，危急，急迫ジンジィ，ウェイジィ，ジィポォ	emergencyイマーヂェンスィ
～に	hūrán, tūrán忽然，突然ホゥラン，トゥラン	suddenlyサドゥンリ
きゅう級	bānjí, niánjí班级，年级バンジィ，ニエンジィ	classクラス，グレイド
（等级）	děngjí, jí, děng等级，级，等デゥンジィ，ジィ，デゥン	class, gradeクラス，グレイド
きゅうえん救援	jiùyuán, jiùjì, yuánjiù救援，救济，援救ジウユエン，ジウジィ，ユエンジウ	relief, rescueリリーフ，レスキュー
きゅうか休暇	jià, xiūjià假，休假ジア，シウジア	vacation, holidayヴェイケイション，ハリデイ
きゅうがく休学	xiūxué休学シウシュエ	absence from schoolアブセンス フラム スクール
きゅうかん急患	jízhěn bìngrén急诊病人ジィチェン ビィンレン	emergency caseイマーヂェンスィ ケイス
きゅうぎ球技	qiúlèi yùndòng, qiúsài球类运动，球赛チウレイ ユィンドン，チウサイ	ball gameボール ゲイム
きゅうきゅうしゃ救急車	liàng jiùhùchē〔辆〕救护车リアン ジウホゥチョア	ambulanceアンビュランス
きゅうぎょう休業	tíngyè, xiūyè, xiūxi停业，休业，休息ティンイエ，シウイエ，シウシ	closureクロウジャ
きゅうくつ窮屈な	shòuxiǎo, shòu, jǐn瘦小，瘦，紧ショウシアオ，ショウ，ジン	narrow, tightナロウ，タイト

日	中	英
(厳しい)	jiāngyìng, sǐbǎn, jūnì 僵硬，死板，拘泥 ジアンイィン，スーバン，ヂュイニィ	strict, rigid ストリクト，リヂド
(気詰まり)	bù shūchàng 不舒畅 ブゥ シュウチャァン	constrained カンストレインド
きゅうけい 休憩(する)	xiūxi, xiūqì, xiē(xi) 休息，休憩，歇(息) シウシ，シウチィ，シエ(シ)	rest レスト
きゅうげき 急激な	jíjù 急剧 ジィヂュイ	sudden, abrupt サドン，アブラプト
きゅうこう 急行する	bēnfù 奔赴 ベンフゥ	hurry ハーリ
きゅうこうれっしゃ 急行列車	kuàichē 快车 クアイチョア	express イクスプレス
きゅうさい 救済	jiùjì, zhōujì, zhènjì 救济，周济，赈济 ジウジィ，チョウジィ，チェンジィ	relief, aid リリーフ，エイド
きゅうし 休止	xiūzhǐ, tíngdùn, zàntíng 休止，停顿，暂停 シウヂー，ティンドゥン，ヅァンティン	pause ポーズ
きゅうしき 旧式の	jiùshì 旧式 ジウシー	old-fashioned オゥルドファションド
きゅうじつ 休日	xiūxirì, jiàrì 休息日，假日 シウシーリー，ジアリー	holiday ハリデイ
きゅうしゅう 吸収(する)	xīshōu, xīqǔ 吸收，吸取 シィショウ，シィチュイ	absorption; absorb アブソープション；アブソーブ
きゅうじょ 救助(する)	jiùzhù, zhěngjiù 救助，拯救 ジウヂュウ，ヂョンジウ	rescue レスキュー
きゅうじん 求人	zhāopìn rényuán, zhāorén 招聘人员，招人 ヂャオピン レンユエン，ヂャオレン	job offer ヂャブ オーファ
きゅうしんてき 急進(的な)	jíjìn (de), jījìn (de) 急进(的)，激进(的) ジィジン (ダ)，ジィジン (ダ)	radical ラディカル
きゅうすい 給水	jǐshuǐ 给水 ジィシュイ	water supply ウォータ サプライ
きゅうせい 旧姓	yuánxìng, niángjiaxìng 原姓，娘家姓 ユエンシィン，ニアンジアシィン	former name フォーマ ネイム

日	中	英
きゅうせい 急性の	jíxìng 急性 ジィシィン	acute アキュート
きゅうせん 休戦	xiūzhàn 休战 シゥヂャン	armistice アーミスティス
きゅうそく 休息	xiūxi, xiēxi 休息，歇息 シゥシ, シエシ	repose, rest リポウズ, レスト
きゅうそく 急速な	jísù, xùnsù 急速，迅速 ジィスゥ, シュインスゥ	rapid, prompt ラピド, プランプト
きゅうとう 急騰（する）	bàozhǎng 暴涨 バオヂャン	sudden rise; jump サドン ライズ；チャンプ
ぎゅうにく 牛肉	kuài/piàn niúròu 〔块／片〕牛肉 クアイ／ピエン ニウロウ	beef ビーフ
ぎゅうにゅう 牛乳	niúnǎi 牛奶 ニウナイ	milk ミルク
きゅうびょう 急病	jízhèng, bàobìng 急症，暴病 ジィヂョン, バオビィン	sudden illness サドン イルネス
きゅうふ 給付	zhīfù, fāfàng, gōngjǐ 支付，发放，供给 チーフゥ, ファアファァン, ゴンジィ	benefit ベネフィト
きゅうめい 救命	jiù˴mìng, jiùshēng 救命，救生 ジゥミィン, ジゥション	lifesaving ライフセイヴィング
～胴衣	jiùshēngyī 救生衣 ジゥションイー	life jacket ライフ ヂャケト
きゅうゆ 給油	jiāyóu 加油 ジアヨウ	refueling リーフューアリング
きゅうゆう 旧友	jiùyǒu, jiùjiāo, lǎopéngyou 旧友，旧交，老朋友 ジウヨウ, ジウジアオ, ラオポンヨウ	old friend オウルド フレンド
きゅうよ 給与	gōngzī, xīnshui, xīnjīn 工资，薪水，薪金 ゴンヅー, シンシュイ, シンジン	salary, pay サラリ, ペイ
きゅうよう 休養（する）	xiūyǎng 休养 シウヤン	rest; take a rest レスト；テイク ア レスト
きゅうよう 急用	jiàn jíshì 〔件〕急事 ジエン ジィシー	urgent business アーヂェント ビズネス

日	中	英
きゅうり 胡瓜	gēn/tiáo huánggua 〔根 / 条〕黄瓜 ゲン / ティアオ ホアングア	cucumber キューカンバ
きゅうりょう 給料	gōngzī, xīnshui, xīnjīn 工资，薪水，薪金 ゴンツー，シンシュイ，シンジン	pay, salary ペイ，サラリ
きよ 清い	qīngjié, gānjìng 清洁，干净 チンジエ，ガンジン	clean, pure クリーン，ピュア
(潔白である)	qīngbái 清白 チンバイ	clean クリーン
(澄んでいる)	qīngchè 清澈 チンチョア	clear クリア
きょう 今日	jīntiān, jīnrì 今天，今日 ジンティエン，ジンリー	today トデイ
きょう 器用な	qiǎo, língqiǎo 巧，灵巧 チアオ，リィンチアオ	skillful スキルフル
ぎょう 行	háng 行 ハァン	line ライン
きょうい 驚異	jīngrén, jīngyì 惊人，惊异 ジィンレン，ジィンイー	wonder ワンダ
きょういく 教育 (する)	jiàoyù, jiàoxué 教育，教学 ジアオユイ，ジアオシュエ	education エデュケイション
きょうか 強化 (する)	jiāqiáng, qiánghuà 加强，强化 ジアチアン，チアンホア	strengthening ストレンクスニイング
きょうか 教科	kēmù, kèchéng 科目，课程 クァムゥ，クァチョン	subject サブヂクト
きょうかい 協会	xiéhuì 协会 シエホゥイ	association アソウスィエイション
きょうかい 境界	jìngjiè, biānjiè 境界，边界 ジィンジエ，ビエンジエ	boundary, border バウンダリ，ボーダ
きょうかい 教会	jiàotáng, jiàohuì 教堂，教会 ジアオタァン，ジアオホゥイ	church チャーチ
ぎょうかい 業界	yèjiè, hángyè 业界，行业 イエジエ，ハァンイエ	the industry ジ インダストリ

日	中	英
きょうがく 共学	nánnǚ tóngxiào 男女同校 ナンニュイ トンシアオ	coeducation コウエデュケイション
きょうかしょ 教科書	běn jiàokēshū, kèběn 〔本〕教科书，课本 ベン ジアオクァシュウ, クァベン	textbook テクストブク
きょうかつ 恐喝	kǒnghè 恐吓 コンホォア	threat, blackmail スレト, ブラクメイル
きょうかん 共感	gòngmíng, tóngqíng 共鸣，同情 ゴンミィン, トンチィン	sympathy スィンパスィ
きょうき 凶器	xiōngqì 凶器 シゥンチィ	weapon ウェポン
きょうぎ 競技	bǐsài, jìngsài 比赛，竞赛 ビィサイ, ジィンサイ	competition カンペティション
ぎょうぎ 行儀	jǔzhǐ, lǐmào 举止，礼貌 チュィヂー, リィマオ	behavior, manners ビヘイヴァ, マナズ
きょうきゅう 供給(する)	gōngjǐ, gōngyìng, tígōng 供给，供应，提供 ゴンジィ, ゴンイィン, ティーゴン	supply サプライ
〜者	gōngyìngzhě, tígōngzhě 供应者，提供者 ゴンイィンヂョア, ティーゴンヂョア	supplier サプライア
きょうぐう 境遇	jìngyù, jìngdì, jìngkuàng 境遇，境地，境况 ジィンユィ, ジィンディー, ジィンクアン	circumstances サーカムスタンスィズ
きょうくん 教訓	jiàoxun 教训 ジアオシュィン	lesson レスン
きょうげん 狂言	kuángyán 狂言 クアンイエン	*Noh* farce ノウ ファース
(作りごと)	piànjú, piànshù, guǐjì 骗局，骗术，诡计 ピエンジュィ, ピエンシュウ, グゥイジィ	fake フェイク
きょうこ 強固(な)	gǒnggù, jiāngù 巩固，坚固 ゴングゥ, ジエングゥ	firm, solid ファーム, サリド
きょうこう 恐慌	kǒnghuāng, jīnghuāng 恐慌，惊慌 コンホアン, ジィンホアン	panic パニク
(経済の)	kǒnghuāng, wēijī 恐慌，危机 コンホアン, ウェイジィ	panic パニク

日	中	英
きょうごう 競合	jìngzhēng 竞争 ジィンチョン	compete *with* コンピート
ぎょうざ 餃子	jiǎozi 饺子 ジアオヅ	chaotzu チャオヅ
きょうざい 教材	jiàocái 教材 ジアオツァイ	teaching material ティーチング マティアリアル
きょうさんしゅぎ 共産主義	gòngchǎn zhǔyì 共产主义 ゴンチャン ヂュウイー	communism カミュニズム
きょうさんとう 共産党	gòngchǎndǎng 共产党 ゴンチャンダァン	the Communist Party ザ カミュニスト パーティ
きょうし 教師	jiàoshī, jiàoyuán, lǎoshī 教师，教员，老师 ジアオシー, ジアオユエン, ラオシー	teacher, professor ティーチャ, プロフェサ
ぎょうじ 行事	huódòng, yíshì 活动，仪式 ホゥオドン, イーシー	event, function イヴェント, ファンクション
きょうしつ 教室	jiàoshì, kètáng 教室，课堂 ジアオシー, クァタァン	classroom クラスルーム
ぎょうしゃ 業者	gōngshāngyèzhě 工商业者 ゴンシャァンイエヂョァ	trader トレイダ
きょうじゅ 教授	jiàoshòu 教授 ジアオショウ	professor プロフェサ
きょうしゅう 郷愁	xiāngchóu, xiāngsī 乡愁，乡思 シアンチョウ, シアンスー	nostalgia ナスタルヂャ
きょうしょ 教書	zīwén 咨文 ヅーウェン	message メスィヂ
きょうせい 強制(する)	qiángzhì, qiǎngpò, bīpò 强制，强迫，逼迫 チアンヂー, チアンポォ, ビィポォ	compulsion コンパルション
ぎょうせい 行政	xíngzhèng 行政 シィンヂョン	administration アドミニストレイション
～機関	xíngzhèng jīguān 行政机关 シィンヂョン ジィグワン	administrative organ アドミニストレイティヴ オーガン
ぎょうせき 業績	chéngjiù, yèjì 成就，业绩 チョンジウ, イエジィ	achievement, results アチーヴメント, リザルツ

日	中	英
きょうそう 競争 (する)	jìngzhēng, jìngsài 竞争，竞赛 ジィンヂョン, ジィンサイ	competition カンピティション
～力	jìngzhēnglì 竞争力 ジィンヂョンリィ	competitiveness コンペティティヴネス
きょうそう 競走 (する)	sàipǎo 赛跑 サイパオ	race; run a race レイス ; ラン ア レイス
きょうぞう 胸像	xiōngxiàng, bànshēnxiàng 胸像，半身像 シュンシアン, バンシェンシアン	bust バスト
きょうそうきょく 協奏曲	xiézòuqǔ 协奏曲 シエヅォウチュイ	concerto カンチェアトウ
きょうそん 共存 (する)	gòngcún, gòngchǔ, bìngcún 共存，共处，并存 ゴンツュン, ゴンチュウ, ビィンツュン	coexistence コウイグズィステンス
きょうだい 兄弟	xiōngdì 兄弟 シュンディー	brother ブラザ
きょうだん 教壇	jiǎngtái 讲台 ジアンタイ	the platform ザ プラトフォーム
きょうちょう 強調 (する)	qiángdiào 强调 チアンディアオ	emphasis, stress エンファスィス, ストレス
きょうつう 共通の	gòngtóng, gòngtōng 共同，共通 ゴントン, ゴントン	common カモン
きょうてい 協定	xiédìng 协定 シエディン	agreement アグリーメント
きょうど 郷土	xiāngtǔ 乡土 シアントゥ	native district ネイティヴ ディストリクト
きょうどう 共同 (する)	gòngtóng, liánhé, hézuò 共同，联合，合作 ゴントン, リエンホォア, ホォアヅゥオ	cooperation コウアパレイション
きょうどうくみあい 協同組合	hézuòshè 合作社 ホォアヅゥオシォア	cooperative コウアパラティヴ
きょうばい 競売	pāimài 拍卖 パイマイ	auction オークション
きょうはく 脅迫 (する)	wēixié, xiépò, kǒnghè 威胁，胁迫，恐吓 ウェイシエ, シエポォ, コンホォア	threat スレト

日	中	英
きょうはん 共犯	gòngfàn 共犯 ゴンファン	complicity カンプリスィティ
～者	bāngxiōng, tóngfàn 帮凶，同犯 バァンシゥン，トンファン	accomplice アカンプリス
きょうふ 恐怖	wèijù, kǒngbù, jīngkǒng 畏惧，恐怖，惊恐 ウェイヂュィ，コンブゥ，ジィンコン	fear, fright, terror フィア，フライト，テラ
きょうほ 競歩	jìngzǒu 竞走 ジィンヅォウ	walk ウォーク
きょうみ 興味	xìngqù, xìngzhì 兴趣，兴致 シィンチュィ，シィンヂー	interest インタレスト
ぎょうむ 業務	yèwù 业务 イエウゥ	business ビズネス
きょうゆう 共有	gòngyǒu, gōngyǒu 共有，公有 ゴンヨウ，ゴンヨウ	joint-ownership ヂョイントオウナシプ
きょうよう 教養	jiàoyǎng, xiūyǎng 教养，修养 ジアオヤン，シウヤン	culture, education カルチャ，エヂュケイション
きょうりょく 協力 (する)	hézuò, xiélì 合作，协力 ホォアヅゥオ，シエリィ	cooperation コウアパレイション
きょうりょく 強力な	qiányǒulì, qiángjìn, yǒulì (de) 强有力，强劲，有力(的) チアンヨウリィ，チアンジン，ヨウリィ(ダ)	strong, powerful ストロング，パウアフル
ぎょうれつ 行列 (する)	duìwu, hángliè 队伍，行列 ドゥイウ，ハァンリエ	procession プロセション
(列をつくる)	páiduì 排队 パイドゥイ	line up, queue up ライン アプ，キュー アプ
きょうれつ 強烈な	qiángliè 强烈 チアンリエ	intense インテンス
きょうわこく 共和国	gònghéguó 共和国 ゴンホォアグゥオ	republic リパブリク
きょえいしん 虚栄心	xūróngxīn 虚荣心 シュィロンシン	vanity ヴァニティ
きょか 許可 (する)	xǔkě, rènkě, pīzhǔn 许可，认可，批准 シュイクァ，レンクァ，ピィヂュン	permission; permit パミション；パミト

日	中	英
きょぎ 虚偽	xūwěi 虚伪 シュイウェイ	falsehood フォールスフド
ぎょぎょう 漁業	yúyè 渔业 ユイイエ	fishery フィシャリ
きょく 曲	qǔ, yuèqǔ, qǔzi 曲, 乐曲, 曲子 チュイ, ユエチュイ, チュイヅ	tune, piece テューン, ピース
きょくげい 曲芸	zájì, bǎxì 杂技, 把戏 ツァジィ, バァシィ	acrobat アクロバト
きょくげん 極限	jíxiàn 极限 ジィシエン	the limit ザ リミト
きょくせん 曲線	qūxiàn 曲线 チュイシエン	curve カーヴ
きょくたん 極端な	jíduān, piānjī 极端, 偏激 ジィドワン, ピエンジィ	extreme, excessive イクストリーム, イクセスィヴ
きょくとう 極東	Yuǎndōng 远东 ユエンドン	the Far East ザ ファー イースト
きょこう 虚構	xūgòu 虚构 シュイゴウ	fiction フィクション
ぎょこう 漁港	yúgǎng 渔港 ユイガアン	fishing port フィシング ポート
きょじゃくな 虚弱な	xūruò, xiānruò, bìngruò 虚弱, 纤弱, 病弱 シュイルゥオ, シエンルゥオ, ビィンルゥオ	weak, delicate ウィーク, デリケト
きょじゅう 居住(する)	zhù, jūzhù 住, 居住 ヂュウ, ジュイヂュウ	reside リザイド
～者	jūmín, jūzhùzhě 居民, 居住者 ジュイミン, ジュイヂュウヂョァ	resident, inhabitant レズィデント, インハビタント
きょしょう 巨匠	dàjiā, dàshī, jùjiàng 大家, 大师, 巨匠 ダァジア, ダァシー, ジュイジアン	great master グレイト マスタ
きょしょくしょう 拒食症	yànshízhèng 厌食症 イエンシーヂョン	anorexia アナレキシア
きょぜつ 拒絶(する)	jùjué, tuīquè 拒绝, 推却 ジュイジュエ, トゥイチュエ	refusal リフューザル

日	中	英
ぎょせん 漁船	yúchuán, yúlún 渔船, 渔轮	fishing boat
ぎょそん 漁村	yúcūn 渔村	fishing village
きょだい 巨大な	jùdà, hóngdà 巨大, 宏大	huge, gigantic
きょっかい 曲解する	qūjiě 曲解	distort
きょてん 拠点	jùdiǎn 据点	base, stronghold
きょねん 去年	qùnián, tóunián 去年, 头年	last year
きょひ(する) 拒否(する)	jùjué, fǒujué, fǒurèn 拒绝, 否决, 否认	reject
ぎょみん 漁民	yúmín 渔民	fisherman
きょり 距離	jùlí 距离	distance
きら 嫌いな	tǎoyàn de, yànwù de, xiánwù de 讨厌的, 厌恶的, 嫌恶的	disliked
きら 嫌う	tǎoyàn, xiánwù, bù xǐhuan 讨厌, 嫌恶, 不喜欢	dislike
きらく 気楽な	ānyì, ānxián, qīngsōng 安逸, 安闲, 轻松	optimistic, easy
きり 錐	zhuīzi, zuàn 锥子, 钻	drill, gimlet
き 切り	zhōngjié, jiéshù 终结, 结束	end, limits
(区切り)	duànluò 段落	end
(際限)	jièxiàn 界限	end

日	中	英
<ruby>霧<rt>きり</rt></ruby>	wù, wùqì 雾，雾气 ウウ, ウウチィ	fog, mist フォグ, ミスト
<ruby>義理<rt>ぎり</rt></ruby>	rénqíng, rénshì, qíngyì 人情，人事，情义 レンチィン, レンシー, チィンイー	duty, obligation デューティ, アブリゲイション
<ruby>切り上げ<rt>き あ</rt></ruby>	jìn'wèi 进位 ジンウェイ	raising to a unit レイズィング トゥ ア ユーニト
（平価の）	shēngzhí 升值 ションヂー	revaluation リヴァリュエイション
（終了）	jiéshù 结束 ジエシュウ	closing クロウズィング
<ruby>切り換える<rt>き か</rt></ruby>	zhuǎnbiàn, zhuǎnhuàn, gǎibiàn 转变，转换，改变 ヂュワンビエン, ヂュワンホワン, ガイビエン	change チェインヂ
<ruby>切り下げ<rt>き さ</rt></ruby>	biǎnzhí 贬值 ビエンヂー	devaluation ディーヴァリュエイション
<ruby>霧雨<rt>きりさめ</rt></ruby>	xìyǔ, yānyǔ, máomaoyǔ 细雨，烟雨，毛毛雨 シィユイ, イエンユイ, マオマオユイ	drizzle ドリズル
<ruby>切り捨てる<rt>き す</rt></ruby>	gēdiào, qiēqù 割掉，切去 グァディアオ, チエチュイ	cut away カト アウェイ
（端数を）	shěqù 舍去 ショアチュイ	round down ラウンド ダウン
キリスト<ruby>教<rt>きょう</rt></ruby>	Jīdūjiào 基督教 ジィドゥジアオ	Christianity クリスチアニティ
<ruby>規律<rt>きりつ</rt></ruby>	jìlǜ, fēngjì 纪律，风纪 ジィリュイ, フォンジィ	order, discipline オーダ, ディスィプリン
<ruby>切り詰める<rt>き つ</rt></ruby>	jiéjiǎn, jiéyuē 节减，节约 ジエジエン, ジエユエ	reduce, cut down リデュース, カト ダウン
<ruby>切り抜き<rt>き ぬ</rt></ruby>	jiǎntiē 剪贴 ジエンティエ	clipping クリピング
<ruby>切り抜ける<rt>き ぬ</rt></ruby>	bǎituō, táotuō 摆脱，逃脱 バイトゥオ, タオトゥオ	get through ゲト スルー
<ruby>切り離す<rt>き はな</rt></ruby>	gēliè, gēduàn, fēnkāi 割裂，割断，分开 グァリエ, グァドワン, フェンカイ	cut off, separate カト オーフ, セパレイト

日	中	英
き ひら 切り開く	záokāi 凿开 ヅァオカイ	cut out カト アウト
（開拓する）	kāikěn, kāihuāng 开垦，开荒 カイケン, カイホアン	reclaim リクレイム
（新領域を）	kāipì, kāituò 开辟，开拓 カイピィ, カイトゥオ	carve out カーヴ アウト
き ふだ 切り札	wángpái 王牌 ワンパイ	trump トランプ
き み 切り身	ròupiàn, yúpiàn 肉片，鱼片 ロウピェン, ユィピエン	slice, fillet スライス, フィレイ
きりゅう 気流	qìliú 气流 チィリウ	air current エア カーレント
きりょく 気力	qìlì, jīnglì, ruìqì 气力，精力，锐气 チィリィ, ジンリィ, ルイチィ	energy, vigor エナヂ, ヴィガ
きりん 麒麟	chángjǐnglù 长颈鹿 チャァンジンルゥ	giraffe ヂラフ
き 切る	qiē, gē, zhǎn 切，割，斩 チエ, グァ, チャン	cut カト
（薄く）	qiēpiàn, qiēchéng báopiàn 切片，切成薄片 チエピエン, チエチョン パオピエン	slice スライス
（鋸で）	jù 锯 ジュイ	saw ソー
（はさみで）	jiǎn 剪 ジエン	cut カト
（スイッチを）	guān 关 グワン	turn off ターン オフ
（電話を）	guà 挂 グア	ring off リング オフ
き 着る	chuān 穿 チュワン	put on プト オン
（着ている）	chuānzhe 穿着 チュワンヂャ	wear ウェア

日	中	英
き 切れ	xiǎopiàn 小片 シアオピエン	piece, cut ピース, カト
布	bùpǐ 布匹 ブゥピィ	cloth クロス
きれい 綺麗な	hǎokàn, piàoliang 好看, 漂亮 ハオカン, ピアオリアン	pretty, beautiful プリティ, ビューティフル
(清潔な)	gānjìng, qīngjié 干净, 清洁 ガンジィン, チィンジエ	clean クリーン
きれい 綺麗に	piàoliang 漂亮 ピアオリアン	beautifully ビューティフリ
(すっかり)	yì gān èr jìng 一干二净 イー ガン アル ジィン	completely カンプリートリ
きれつ 亀裂	jūnliè, lièfèng 龟裂, 裂缝 ジュィンリエ, リエフォン	crack クラク
き 切れる	kuài, fēnglì 快, 锋利 クアイ, フォンリィ	cut well カト ウェル
(電話が)	zhōngduàn 中断 チォンドワン	be cut off ビ カト オフ
(不足する)	duǎnquē 短缺 ドワンチュエ	be out of ビ アウト
(頭が)	línghuó, jīngmíng, nénggàn 灵活, 精明, 能干 リィンホゥオ, ジィンミィン, ヌォンガン	sharp シャープ
きろ 帰路	huíchéng, guīchéng, guītú 回程, 归程, 归途 ホゥイチョン, グゥイチョン, グゥイトゥ	the way home ザ ウェイ ホウム
きろく 記録(する)	jìlù, jìzǎi 记录, 记载 ジィルゥ, ジィヅァイ	record; record レコド ; リコード
キログラム	gōngjīn 公斤 ゴンジン	kilogram キログラム
キロメートル	gōnglǐ 公里 ゴンリィ	kilometer キロミータ
キロリットル	qiānshēng 千升 チエンション	kiloliter キロリータ

日	中	英
キロワット	qiānwǎ 千瓦 チェンワァ	kilowatt キロワト
ぎろん 議論	yìlùn, zhēnglùn, tánlùn 议论，争论，谈论 イールゥン, ヂョンルゥン, タンルゥン	discussion ディスカション
ぎわく 疑惑	yíhuò, huáiyí 疑惑，怀疑 イーホゥオ, ホアイイー	doubt, suspicion ダウト, サスピション
きわだつ 際立つ	tūchū, xiǎnzhù, xiǎnyǎn 突出，显著，显眼 トゥチュウ, シエンヂュウ, シエンイエン	stand out スタンド アウト
きわどい 際どい	xiǎnxiē, chà yìdiǎnr 险些，差一点儿 シエンシエ, チャア イーディエンル	dangerous, risky デインヂャラス, リスキ
きわめて 極めて	jíqí, jíwéi, wànfēn 极其，极为，万分 ジイチイ, ジイウェイ, ワンフェン	very, extremely ヴェリ, イクストリームリ
きん 金	huángjīn, jīn 黄金，金 ホアンジン, ジン	gold ゴウルド
ぎん 銀	yín 银 イン	silver スィルヴァ
きんいつ 均一の	jūnyī 均一 ジュインイー	uniform ユーニフォーム
きんえん 禁煙	jìnzhǐ xīyān 禁止吸烟 ジンヂー シィイエン	No Smoking ノウ スモウキング
～車	bù xīyān chēxiāng 不吸烟车厢 ブゥ シィイエン チョアシアン	nonsmoking car ノンスモウキング カー
～する	jièyān 戒烟 ジエイエン	give up smoking ギヴ アプ スモウキング
～席	jìnyānqū 禁烟区 ジンイエンチュイ	nonsmoking seat ノンスモウキング スィート
ぎんが 銀河	yínhé 银河 インホォア	the Galaxy ザ ギャラクスィ
きんかい 近海	jìnhǎi 近海 ジンハイ	inshore インショー
きんがく 金額	jīn'é, kuǎn'é 金额，款额 ジンウァ, クワンウァ	sum サム

き

日	中	英
きんかんがっき 金管楽器	tóngguǎn yuèqì 铜管乐器 トングワン ユエチィ	brass instrument ブラス インストルメント
きんきゅう 緊急(の)	jǐnjí, wēijí, huǒsù (de) 紧急, 危急, 火速(的) ジンジィ, ウェイジィ, ホゥオスゥ (ダ)	emergency イマーヂェンスィ
きんこ 金庫	bǎoxiǎnxiāng 保险箱 バオシエンシアン	safe, vault セイフ, ヴォールト
きんこう 均衡	jūnhéng, pínghéng 均衡, 平衡 ジュインヘゥン, ピィンヘゥン	balance バランス
ぎんこう 銀行	yínháng 银行 インハアン	bank バンク
きんこんしき 金婚式	jīnhūn 金婚 ジンホゥン	golden wedding ゴウルデン ウェディング
ぎんこんしき 銀婚式	yínhūn 银婚 インホゥン	silver wedding スィルヴァウェディング
きんし 禁止(する)	jìnzhǐ, chájìn, bù zhǔn 禁止, 查禁, 不准 ジンヂー, チァジン, ブゥ ヂュン	prohibit プロヒビト
きんし 近視	jìnshì 近视 ジンシー	near-sightedness ニアサイテドネス
きんしゅ 禁酒	jièjiǔ, jìjiǔ 戒酒, 忌酒 ジェジウ, ジィジウ	abstinence アブスティネンス
きんしゅく 緊縮	jǐnsuō 紧缩 ジンスゥオ	retrenchment リトレンチメント
きんじょ 近所	fùjìn, línjū, jìnlín 附近, 邻居, 近邻 フゥジン, リンヂュイ, ジンリン	neighborhood ネイバフド
きん 禁じる	jìnzhǐ, bù zhǔn 禁止, 不准 ジンヂー, ブゥ ヂュン	forbid, prohibit フォビド, プロヒビト
きんせい 近世	jìnshì 近世 ジンシー	early modern ages アーリ マダン エイヂズ
きんせい 金星	jīnxīng, chénxīng, tàibáixīng 金星, 晨星, 太白星 ジンシィン, チェンシィン, タイバイシィン	Venus ヴィーナス
きんせん 金銭	jīnqián, yínqián, qiáncái 金钱, 银钱, 钱财 ジンチエン, インチエン, チエンツァイ	money マニ

日	中	英
きんぞく 金属	jīnshǔ, wǔjīn 金属，五金 ジンシュウ，ウジン	metal メタル
きんだい 近代	jìndài 近代 ジンダイ	modern ages マダン エイヂズ
きんちょう 緊張 (する)	jǐnzhāng 紧张 ジンヂャアン	tension テンション
ぎんなん 銀杏	lì/kē yínxìng, báiguǒ 〔粒 / 颗〕银杏，白果 リィ/クァ インシィン，バイグゥオ	ginkgo nut ギンコウ ナト
きんにく 筋肉	jīròu, jīnròu 肌肉，筋肉 ジィロウ，ジンロウ	muscles マスルズ
きんねん 近年	jìnnián 近年 ジンニエン	in recent years イン リーセント イアズ
きんぱく 緊迫	jǐnpò, jǐnzhāng, chījǐn 紧迫，紧张，吃紧 ジンポォ，ジンヂャアン，チージン	tension テンション
きんべん 勤勉 (な)	qínfèn, qínláo, qínmiǎn 勤奋，勤劳，勤勉 チンフェン，チンラオ，チンミエン	industrious インダストリアス
ぎんみ 吟味 (する)	xìkàn, zhēnzhuó, tiāoxuǎn 细看，斟酌，挑选 シィカン，ヂェンヂュオ，ティアオシュエン	scrutiny スクルーティニ
きんむ 勤務 (する)	gōngzuò, fúwù 工作，服务 ゴンヅゥオ，フゥウゥ	work ワーク
きんゆう 金融	jīnróng 金融 ジンロン	finance フィナンス
きんようび 金曜日	xīngqīwǔ 星期五 シィンチィウゥ	Friday フライディ
きんよく てき 禁欲 (的な)	jìnyù (de) 禁欲 (的) ジンユィ (ダ)	stoic ストウイク
きんり 金利	lìlǜ 利率 リィリュイ	interest rates インタレスト レイツ
きんりょうく 禁漁区	jìnyúqū 禁渔区 ジンユィチュイ	marine preserve マリーン プリザーヴ
きんりょく 筋力	jīròu lìliang 肌肉力量 ジィロウ リィリアン	muscular power マスキュラ パウア

日	中	英
きんりん 近隣	jìnlín, fùjìn 近邻，附近 ジンリン, フゥジン	neighborhood ネイバフド
きんろう 勤労	láodòng, qínláo 劳动，勤劳 ラオドン, チンラオ	labor, work レイバ, ワーク

く, ク

日	中	英
く 区	qū 区 チュイ	ward, district ウォード, ディストリクト
ぐ 具	càimǎr, miànmǎr 菜码儿，面码儿 ツァイマァル, ミエンマァル	ingredients イングリーディエンツ
ぐあい 具合	zhuàngkuàng 状况 ヂュアンクアン	condition, state カンディション, ステイト
くい 杭	mùzhuāng 木桩 ムゥヂュアン	stake, pile ステイク, パイル
く 悔い	huǐhèn, hòuhuǐ 悔恨，后悔 ホゥイヘン, ホウホゥイ	regret, remorse リグレト, リモース
くいき 区域	dìduàn, qūyù, fànwéi 地段，区域，范围 ディードワン, チュイユイ, ファンウェイ	area, zone エアリア, ゾウン
クイズ	zhìlì cèyàn 智力测验 ヂーリィ ツァイエン	quiz クウィズ
く ちが 食い違う	bù yízhì, bùfú 不一致，不符 ブゥ イーヂー, ブゥフゥ	be different *from* ビ ディファレント
クインテット	wǔchóngchàng, wǔchóngzòu 五重唱，五重奏 ウゥチョンチャァン, ウゥチョンヅォウ	quintet クウィンテト
く 食う	chī 吃 チー	eat, have, take イート, ハヴ, テイク
（虫が）	yǎo, dīng 咬，叮 ヤオ, ディン	bite, sting バイト, スティング
（消費する）	fèi 费 フェイ	take, spend テイク, スペンド

日	中	英
<ruby>空間<rt>くうかん</rt></ruby>	kōngjiān 空间 コンジエン	space, room スペイス, ルーム
<ruby>空気<rt>くうき</rt></ruby>	kōngqì 空气 コンチィ	air エア
(雰囲気)	qìfēn 气氛 チィフェン	atmosphere アトモスフィア
<ruby>空虚<rt>くうきょ</rt></ruby>	kōngxū, kōngdòng 空虚, 空洞 コンシュィ, コンドン	emptiness エンプティネス
<ruby>空軍<rt>くうぐん</rt></ruby>	kōngjūn 空军 コンジュィン	air force エア フォース
<ruby>空港<rt>くうこう</rt></ruby>	fēijīchǎng, jīchǎng 飞机场, 机场 フェイジィチャアン, ジィチャアン	airport エアポト
<ruby>空襲<rt>くうしゅう</rt></ruby>(する)	kōngxí 空袭 コンシィ	air raid エア レイド
<ruby>偶数<rt>ぐうすう</rt></ruby>	ǒushù, shuāngshù 偶数, 双数 オウシュゥ, シュアンシュゥ	even number イーヴン ナンバ
<ruby>空席<rt>くうせき</rt></ruby>	kòng zuòwèi 空座位 コン ヅゥオウェイ	vacant seat ヴェイカント スィート
(ポスト)	kòngquē, quēwèi 空缺, 缺位 コンチュエ, チュエウェイ	vacant position ヴェイカント ポズィション
<ruby>偶然<rt>ぐうぜん</rt></ruby>	ǒurán, pèngqiǎo 偶然, 碰巧 オウラン, ポンチアオ	chance, accident チャンス, アクスィデント
～に	ǒurán (de) 偶然(地) オウラン (ダ)	by chance バイ チャンス
～の	ǒurán (de) 偶然(的) オウラン (ダ)	accidental アクスィデンタル
<ruby>空前<rt>くうぜん</rt></ruby>の	kōngqián, wúqián 空前, 无前 コンチエン, ウゥチエン	unprecedented アンプレセデンティド
<ruby>空想<rt>くうそう</rt></ruby>(する)	huànxiǎng, kōngxiǎng 幻想, 空想 ホワンシアン, コンシアン	daydream デイドリーム
<ruby>空中<rt>くうちゅう</rt></ruby>	bànkōng, kōngzhōng 半空, 空中 バンコン, コンチォン	the air, the sky ジ エア, ザ スカイ

日	中	英
クーデター	kǔdiédǎ, zhèngbiàn 苦迭打, 政变 クゥディエダァ, チョンビエン	coup d'etat クー ディター
くうはく 空白	kòngbái 空白 コンバイ	blank ブランク
くうふく 空腹	kōngfù, kōngdùzi 空腹, 空肚子 コンフゥ, コンドゥヅ	hunger ハンガ
～である	è 饿 ウァ	be hungry ビ ハングリ
くうゆ 空輸	kōngyùn 空运 コンユィン	air transport エア トランスポート
クーラー	lěngqìjī 冷气机 ルオンチィジィ	air conditioner エア カンディショナ
クールな	lěngjìng 冷静 ルオンジィン	cool クール
くかく 区画	qūhuà, huàfēn 区划, 划分 チュィホア, ホアフェン	division ディヴィジョン
くがつ 九月	jiǔyuè 九月 ジウユエ	September セプテンバ
くかん 区間	qūjiān, qūduàn 区间, 区段 チュイジエン, チュイドワン	the section ザ セクション
くき 茎	jīng, gǎn 茎, 秆 ジィン, ガン	stalk, stem ストーク, ステム
くぎ 釘	kē dīng, dīngzi 〔颗〕钉, 钉子 クァ ディン, ディンヅ	nail ネイル
くきょう 苦境	cǎnjìng, jiǒngkuàng, kǔjìng 惨境, 窘况, 苦境 ツァンジィン, ジオンクアン, クゥジィン	difficult situation ディフィカルト スィチュエイション
くぎり 区切り	duànluò, jièxiàn 段落, 界限 ドワンルゥオ, ジエシエン	end エンド
くぎる 区切る	fēn'jiè, jièhuà 分界, 界划 フェンジエ, ジエホア	divide ディヴァイド
（文を）	fēn duàn 分段 フェン ドワン	punctuate パンクチュエイト

日	中	英
くぐる 潜る	zuān 钻 ヅワン	pass *under* パス
くさ 草	cǎo 草 ツァオ	grass, herb グラス, ハーブ
くさい 臭い	chòu 臭 チョウ	smelly, stinking スメリ, スティンキング
くさり 鎖	liàn, liànzi, suǒliàn 链, 链子, 锁链 リエン, リエンヅ, スゥオリエン	chain チェイン
くさる 腐る	fǔlàn, làn, fǔbài 腐烂, 烂, 腐败 フゥラン, ラン, フゥバイ	rot, go bad ラト, ゴウ バド
(気が)	yùmèn, xiāochén 郁闷, 消沉 ユィメン, シアオチェン	be depressed ビ ディプレスト
くし 串	qiānzi 扦子 チエンヅ	spit, skewer スピト, スキューア
くし 櫛	shūzi 梳子 シュウヅ	comb コウム
くじ 籤	qiān 签 チエン	lot, lottery ラト, ラタリ
くじく 挫く	niǔ 扭 ニウ	sprain, wrench スプレイン, レンチ
くじける 挫ける	qìněi, huī•xīn 气馁, 灰心 チィネイ, ホゥイシン	be discouraged ビ ディスカリヂド
くじゃく 孔雀	zhī kǒngquè 〔只〕孔雀 ヂー コンチュエ	peacock ピーカク
くしゃみ 嚏	pēntì, tìpen 喷嚏, 嚏喷 ペンティー, ティーペン	sneeze スニーズ
～をする	dǎ pēntì 打喷嚏 ダァ ペンティー	sneeze スニーズ
くしょう 苦笑(する)	kǔxiào 苦笑 クゥシアオ	bitter smile ビタ スマイル
くじょう 苦情	láosāo, yāoqiú, yìjiàn 牢骚, 要求, 意见 ラオサオ, ヤオチウ, イージエン	complaint カンプレイント

日	中	英
ぐしょうてき 具象的な	jùtǐ 具体 ジュイティー	concrete カンクリート
くじら 鯨	jīngyú 鲸鱼 ジィンユイ	whale ホウェイル
くしん 苦心(する)	kǔxīn, cāo xīn 苦心, 操心 クゥシン, ツァオシン	efforts エファツ
くず 屑	zhār, zhāzi, pòlàn 渣儿, 渣子, 破烂 チャアル, チャアヅ, ポォラン	waste, rubbish ウェイスト, ラビシュ
(役立たずの)	bàilèi, kāngbǐ 败类, 糠秕 バイレイ, カァンビィ	rubbish ラビシュ
～入れ	lājīxiāng 垃圾箱 ラァジィシアン	trash can トラシュ キャン
ぐずぐずする	chíhuǎn, chóuchú, móceng 迟缓, 踌躇, 磨蹭 チーホワン, チョウチュウ, モォツン	be slow, hesitate ビ スロウ, ヘズィテイト
くすぐったい	yǎng, yǎngyang 痒, 痒痒 ヤン, ヤンヤン	ticklish ティクリシュ
くすぐる	gézhi, shǐ fāyǎng 胳肢, 使发痒 グァヂ, シー ファアヤン	tickle ティクル
くず 崩す	shǐ bēngkuì 使崩溃 シー ボンクゥイ	pull down, break プル ダウン, ブレイク
(金を)	pòchéng (língqián) 破成(零钱) ポォチョン (リィンチエン)	change チェインヂ
くすり 薬	fù/piàn yào 〔服/片〕药 フゥ/ピエン ヤオ	medicine, drug メディスィン, ドラグ
～屋	yàodiàn, yàofáng, yàopù 药店, 药房, 药铺 ヤオディエン, ヤオファアン, ヤオプゥ	pharmacy ファーマスィ
くすりゆび 薬指	wúmíngzhǐ 无名指 ウゥミィンヂー	the ring finger ザ リング フィンガ
くず 崩れる	kuǎ, tān, bēngtā, dǎotā 垮, 坍, 崩塌, 倒塌 クア, タン, ボンタア, ダオタア	crumble, collapse クランブル, カラプス
(形が)	shīqù yuánxíng, zǒuyàng 失去原形, 走样 シーチュイ ユエンシィン, ヅォウヤン	get out of shape ゲト アウト オヴ シェイプ

日	中	英
(天気が)	biàn huài 变坏 ビエン ホアイ	break ブレイク
くすんだ	huīliūliū 灰溜溜 ホゥイリウリウ	somber サンバ
くせ 癖	xíqì, xíguàn, máobìng 习气，习惯，毛病 シィチィ, シィグワン, マオビン	habit ハビト
くだ 管	guǎnzi 管子 グワンツ	pipe, tube パイプ, テューブ
ぐたいてき 具体的な	jùtǐ 具体 ジュイティー	concrete カンクリート
くだ 砕く	dǎsuì 打碎 ダァスゥイ	break, smash ブレイク, スマシュ
くだ 砕ける	suì 碎 スゥイ	break, be broken ブレイク, ビ ブロウクン
くたびれる	pífá, píláo, jīn pí lì jìn 疲乏，疲劳，筋疲力尽 ピィファア, ピィラオ, ジン ピィ リィ ジン	be fatigued ビ ファティーグド
くだもの 果物	guǒzi, shuǐguǒ 果子，水果 グゥオヅ, シュイグゥオ	fruit フルート
くだ 下らない	méiqùr, wúwèi, wúliáo 没趣儿，无谓，无聊 メイチュァル, ウゥウェイ, ウゥリアオ	trifling, trivial トライフリング, トリヴィアル
くだ 下り	xiàxíng 下行 シアシィン	descent ディセント
(下り列車)	xiàxíng lièchē 下行列车 シアシィン リエチョァ	down train ダウン トレイン
くだ 下る	xià, xiàjiàng 下，下降 シア, シアジアン	go down, descend ゴウ ダウン, ディセンド
(命令などが)	xià《mìnglìng》 下《命令》 シア《ミィンリィン》	be issued ビ イシュード
くち 口	zuǐ, kǒu 嘴，口 ヅゥイ, コウ	mouth マウス
ぐち 愚痴	yuànyán, láosāo, bàoyuàn 怨言，牢骚，抱怨 ユエンイエン, ラオサオ, バオユエン	idle complaint アイドル カンプレイント

日	中	英
くちげんか 口喧嘩	chǎo˘zuǐ, chǎo˘jià, zhēngchǎo 吵嘴，吵架，争吵 チャオヅゥイ, チャオジア, ヂョンチャオ	quarrel クウォレル
くちびる 唇	zuǐchún 嘴唇 ヅゥイチュン	lip リプ
くちぶえ 口笛	kǒushàor 口哨儿 コウシャオル	whistle (ホ)ウィスル

■果物■　⇒ 野菜

果物 (くだもの)　果子，水果 /guǒzi, shuǐguǒ グゥオヅ, シュイグゥオ/ (㊥fruit)
杏 (あんず)　杏(子)/xìng(zi) シィン(ヅ)/ (㊥apricot)
苺 (いちご)　草莓 /cǎoméi ツァオメイ/ (㊥strawberry)
オレンジ　橙子 /chéngzi チョンヅ/ (㊥orange)
キウイ　猕猴桃 /míhóutáo ミィホウタオ/ (㊥kiwi)
グレープフルーツ　葡萄柚 /pútaoyóu プゥタオヨウ/ (㊥grapefruit)
サクランボ　樱桃 /yīngtáo イィンタオ/ (㊥cherry)
西瓜 (すいか)　西瓜 /xīguā シィグア/ (㊥watermelon)
梨 (なし)　梨 /lí リィ/ (㊥pear)
柿 (かき)　柿子 /shìzi シーヅ/ (㊥persimmon)
枇杷 (びわ)　枇杷 /pípá ピィパァ/ (㊥loquat)
パイナップル　菠萝 /bōluó ボォルゥオ/ (㊥pineapple)
バナナ　香蕉 /xiāngjiāo シアンジアオ/ (㊥banana)
パパイヤ　(番)木瓜 /(fān)mùguā (ファン)ムゥグア/ (㊥papaya)
葡萄 (ぶどう)　葡萄 /pútao プゥタオ/ (㊥grapes)
プラム　李子 /lǐzi リィヅ/ (㊥plum)
マンゴー　芒果 /mángguǒ マァングゥオ/ (㊥mango)
蜜柑 (みかん)　橘子 /júzi ヂュイヅ/ (㊥mandarin)
メロン　甜瓜，香瓜 /tiánguā, xiāngguā ティエングア, シアングア/ (㊥melon)
桃 (もも)　桃(子) /táo(zi) タオ(ヅ)/ (㊥peach)
林檎 (りんご)　苹果 /píngguǒ ピィングゥオ/ (㊥apple)
レモン　柠檬 /níngméng ニィンモン/ (㊥lemon)
棗 (なつめ)　枣(儿) /zǎo(r) ヅァオ(ル)/ (㊥date)
無花果 (いちじく)　无花果 /wúhuāguǒ ウゥホアグゥオ/ (㊥fig)

日	中	英
口紅 (くちべに)	口红, 唇膏	rouge, lipstick
口調 (くちょう)	口吻, 语气, 语调	tone
靴 (くつ)	鞋	shoes
(長靴)	靴	boots
苦痛 (くつう)	痛苦, 苦处, 苦痛	pain, pang
覆す (くつがえす)	打倒	upset
クッキー	小甜饼干	cookie, biscuit
靴下 (くつした)	袜子	socks, stockings
クッション	靠垫, 垫子	cushion
(緩衝物)	缓冲	shock absorber
靴墨 (くつずみ)	鞋油	shoe polish
屈折 (くっせつ)	折射	refraction
くっつく	沾, 附着, 贴	stick *to*
くっつける	贴上	join, stick
靴紐 (くつひも)	鞋带	shoestring
靴磨き (くつみがき)	刷鞋, 擦鞋	shoe polishing

日	中	英
（人）	cā píxié de rén 擦皮鞋的人 ツァア ピィシエ ダ レン	shoeblack シューブラク
<ruby>靴屋<rt>くつや</rt></ruby>	xiédiàn 鞋店 シエディエン	shoe store シュー ストー
<ruby>寛ぐ<rt>くつろ</rt></ruby>	shūchàng, wú jū wú shù, zìzai 舒畅，无拘无束，自在 シュウチャァン, ウゥ ジュイ ウゥ シュウ, ツーヅァイ	make *oneself* at home メイク アト ホウム
<ruby>駆動<rt>くどう</rt></ruby>	qǔdòng 驱动 チュィドン	drive ドライヴ
<ruby>句読点<rt>くとうてん</rt></ruby>	biāodiǎn fúhào 标点符号 ビアオディエン フゥハオ	punctuation marks パンクチュエイション マークス
<ruby>口説く<rt>くど</rt></ruby>	shuōfú 说服 シュオフゥ	persuade パスウェイド
（女性を）	zhuīqiú 追求 ヂュイチウ	make advances *to* メイク アドヴァーンスィズ
<ruby>国<rt>くに</rt></ruby>	...guó, guójiā …国，国家 …グゥオ, グゥオジア	country カントリ
（祖国）	zǔguó 祖国 ヅゥグゥオ	fatherland ファーザランド
（国家）	guójiā 国家 グゥオジア	state ステイト
<ruby>苦悩<rt>くのう</rt></ruby>	kǔnǎo, chóucháng, kǔmèn 苦恼，愁肠，苦闷 クゥナオ, チョウチャァン, クゥメン	suffering サファリング
<ruby>配る<rt>くば</rt></ruby>	fēn, fēnfā, fēnsàn 分，分发，分散 フェン, フェンファア, フェンサン	distribute ディストリビュト
（配達）	fāsòng, fēnsòng 发送，分送 ファアソン, フェンソン	deliver ディリヴァ
<ruby>首<rt>くび</rt></ruby>	bózi, jǐng, jǐngxiàng 脖子，颈，颈项 ボォヅ, ジィン, ジィンシアン	neck ネク
（頭部）	tóu 头 トウ	head ヘド
（免職）	chèzhí, jiěgù 撤职，解雇 チョアヂー, ジエグゥ	dismissal ディスミサル

日	中	英
<ruby>工夫<rt>くふう</rt></ruby>する	shèfǎ, yánjiū 设法，研究 ショァファア, イエンジウ	devise, contrive ディヴァイズ, カントライヴ
<ruby>区分<rt>くぶん</rt></ruby>	qūfēn, huàfēn 区分，划分 チュイフェン, ホアフェン	division ディヴィジョン
（分類）	fēnlèi 分类 フェンレイ	classification クラスィフィケイション
<ruby>区別<rt>くべつ</rt></ruby>	fēnbié, qūbié, qūfēn 分别，区别，区分 フェンビエ, チュイビエ, チュイフェン	distinction ディスティンクション
<ruby>窪<rt>くぼ</rt></ruby>み	wā 洼 ワァ	hollow ハロウ
<ruby>熊<rt>くま</rt></ruby>	xióng 熊 シオン	bear ベア
<ruby>組<rt>くみ</rt></ruby>	zǔ, bān, huǒ 组，班，伙 ヅウ, バン, ホゥオ	class クラス
（一揃い）	(yí) tào, (yí) fù (一)套，(一)副 (イー) タオ,(イー) フウ	set セト
（対）	(yí) tào, (yí) fù, duì (一)套，(一)副，对 (イー) タオ,(イー) フウ, ドゥイ	pair ペア
<ruby>組合<rt>くみあい</rt></ruby>	gōnghuì, hézuòshè 工会，合作社 ゴンホゥイ, ホォアヅゥオショァ	union ユーニオン
<ruby>組<rt>く</rt></ruby>み<ruby>合<rt>あ</rt></ruby>わせ	pèihé 配合 ペイホォア	combination カンビネイション
<ruby>組曲<rt>くみきょく</rt></ruby>	tàoqǔ, zǔqǔ 套曲，组曲 タオチュイ, ヅゥチュイ	suite スウィート
<ruby>組<rt>く</rt></ruby>み<ruby>立<rt>た</rt></ruby>て	zǔzhī 组织 ヅゥヂー	structure ストラクチャ
（機械などの）	zǔzhī 组织 ヅゥヂー	assembling アセンブリング
<ruby>組<rt>く</rt></ruby>み<ruby>立<rt>た</rt></ruby>てる	ānzhuāng, dājiàn, zhuāngpèi 安装，搭建，装配 アンヂュアン, ダァジエン, ヂュアンペイ	assemble アセンブル
<ruby>汲<rt>く</rt></ruby>む	yǎo shuǐ, dǎ shuǐ 舀水，打水 ヤオ シュイ, ダァ シュイ	draw ドロー

日	中	英
(気持ちを)	tǐliàng xīnqíng 体谅心情 ティーリアン シンチィン	grasp; catch on グラスプ；キャチ オン
く 組む （人と）	hézuò, héhuǒ 合作，合伙 ホォアヅゥオ，ホォアホゥオ	unite *with* ユーナイト
（物と物を）	zǔchéng, zā, dā 组成，扎，搭 ヅゥチョン，ヅァア，ダァ	unite *with* ユーナイト
足を〜	jiāochā 交叉 ジアオチャア	cross *one's* legs クロース レグズ
くも 雲	yúncai 云彩 ユィンツァイ	cloud クラウド
くも 蜘蛛	zhī zhīzhū 〔只〕蜘蛛 チー チーヂュウ	spider スパイダ
くも 曇り	yīntiān, duōyún 阴天，多云 インティエン，ドゥオユィン	cloudy weather クラウディ ウェザ
（レンズなどの）	móhu bù qīng 模糊不清 モォホ ブゥ チィン	blur ブラ
くも 曇る	yīn 阴 イン	become cloudy ビカム クラウディ
（レンズなどが）	móhu 模糊 モォホ	collect moisture カレクト モイスチャ
くや 悔しい	qìrén, kěhèn, yíhàn 气人，可恨，遗憾 チィレン，クァヘン，イーハン	mortifying モーティファイング
く 悔やむ	huǐhèn, àohuǐ, zhuīhuǐ 悔恨，懊悔，追悔 ホゥイヘン，アオホゥイ，ヂュイホゥイ	repent, regret リペント，リグレト
くら 倉・蔵	cāngkù, cāngfáng 仓库，仓房 ツァアンクゥ，ツァアンファアン	warehouse ウェアハウス
くら 暗い	àndàn, hēi'àn, yīn'àn 暗淡，黑暗，阴暗 アンダン，ヘイアン，インアン	dark, gloomy ダーク，グルーミ
（不案内）	bù shúxī, bù dǒng 不熟悉，不懂 ブゥ シュウシィ，ブゥ ドン	be ignorant *of* ビ イグノラント
グライダー	huáxiángjī 滑翔机 ホアシアンジィ	glider グライダ

日	中	英
クライマックス	gāocháo, dǐngdiǎn, jiémù 高潮，顶点，结幕 ガオチャオ，ディンディエン，ジエムゥ	the climax ザ クライマクス
グラウンド	cāochǎng, yùndòngchǎng 操场，运动场 ツァオチャァン，ユィンドンチャァン	ground グラウンド
クラクション	qìchē lǎba 汽车喇叭 チィチョァ ラァバ	horn ホーン
くらげ 水母	shuǐmǔ 水母 シュイムゥ	jellyfish ヂェリフィシュ
（食材）	hǎizhé 海蜇 ハイヂョァ	jellyfish ヂェリフィシュ
暮らし	shēnghuó, rìzi 生活，日子 ションホゥオ，リーヅ	life, living ライフ，リヴィング
クラシック	gǔdiǎn 古典 グゥディエン	classic クラスィク
～音楽	gǔdiǎn yīnyuè 古典音乐 グゥディエン インユエ	classical music クラスィカル ミューズィク
暮らす	guò rìzi, shēnghuó 过日子，生活 グゥオ リーヅ，ションホゥオ	live, make a living リヴ，メイク ア リヴィング
グラス	bōli bēi 玻璃杯 ボォリ ベイ	glass グラス
～ファイバー	bōlisī, bōli xiānwéi 玻璃丝，玻璃纤维 ボォリスー，ボォリ シエンウェイ	glass fiber グラス ファイバ
クラスメート	tóngbān tóngxué 同班同学 トンバン トンシュエ	classmate クラスメイト
ぐらつく	huódòng, yáohuàng 活动，摇晃 ホゥオドン，ヤオホアン	shake シェイク
（決心が）	(juéxīn) dòngyáo (决心)动摇 (ジュエシン) ドンヤオ	waver ウェイヴァ
クラッチ	líhéqì 离合器 リィホォアチィ	crutch クラチ
クラブ	jùlèbù 俱乐部 ジュイルアブゥ	club クラブ

日	中	英
(ゴルフの)	gāo'ěrfūqiúgùn 高尔夫球棍 ガオアルフゥチウグゥン	(golf) club (ゴルフ) クラブ
グラフ	túbiǎo 图表 トゥビアオ	graph グラフ
比べる	bǐjiào, xiāngbǐ, dǎbǐ 比较，相比，打比 ビィジアオ, シアンビィ, ダァビィ	compare カンペア
グラム	kè 克 クァ	gram グラム
暗闇	hēi'àn, qīhēi, ànchù 黑暗，漆黑，暗处 ヘイアン, チィヘイ, アンチュゥ	darkness, the dark ダークネス, ザ ダーク
クラリネット	dānhuángguǎn 单簧管 ダンホアングワン	clarinet クラリネト
グランプリ	zuìgāojiǎng, dàjiǎng 最高奖，大奖 ヅゥイガオジアン, ダァジアン	grand prix グランド プリー
栗	kē/lì lìzi 〔颗/粒〕栗子 クァ/リィ リィヅ	chestnut チェスナト
クリーニング	xǐyī 洗衣 シィイー	cleaning クリーニング
～店	xǐyīdiàn 洗衣店 シィイーディエン	laundry ローンドリ
クリーム	nǎiyóu 奶油 ナイヨウ	cream クリーム
(化粧品など)	xuěhuāgāo 雪花膏 シュエホアガオ	cream クリーム
クリーンな	qīngjié 清洁 チィンジエ	clean クリーン
グリーン	lǜsè 绿色 リュイスァ	green グリーン
(ゴルフの)	qiúxuéqū cǎodì 球穴区草地 チウシュエチュイ ツァオディー	(putting) green (パティング) グリーン
グリーンピース	qīngwāndòu 青豌豆 チィンワンドウ	pea ピー

日	中	英
繰り返し	lěicì, fǎnfù, chóngfù 累次，反复，重复	repetition, refrain レペティション, リフレイン
繰り返す	fǎnfù, zhēteng, chóngyǎn 反复，折腾，重演	repeat リピート
繰り越す	zhuǎnrù 转入	carry forward キャリ フォーワド
クリスタル	shuǐjīng, jīngtǐ 水晶，晶体	crystal クリスタル
クリスチャン	jīdūjiàotú 基督教徒	Christian クリスチャン
クリスマス	Shèngdàn(jié) 圣诞(节)	Christmas, Xmas クリスマス, クリスマス
～イブ	Shèngdànyè 圣诞夜	Christmas Eve クリスマス イーヴ
クリックする	dānjī 单击	click クリク
クリップ	jiā, qiǎzi, jiāzi 夹，卡子，夹子	clip クリプ
来る	lái 来	come, arrive カム, アライヴ
狂う	fāfēng 发疯	go mad ゴウ マド
(調子が)	shīcháng 失常	go wrong ゴウ ロング
グループ	xiǎozǔ, qúntǐ 小组，群体	group グループ
苦しい	tòngkǔ 痛苦	painful, hard ペインフル, ハード
(困難な)	miǎnqiǎng 勉强	hard, difficult ハード, ディフィカルト
苦しみ	tòngkǔ, kǔchǔ, kùnnan 痛苦，苦楚，困难	pain, suffering ペイン, サファリング

日	中	英
<ruby>苦<rt>くる</rt></ruby>しむ	tòngkǔ, kǔnǎo, nánshòu 痛苦，苦恼，难受 トンクゥ, クゥナオ, ナンショウ	suffer *from* サファ
（悩む）	fánnǎo, kǔnǎo 烦恼，苦恼 ファンナオ, クゥナオ	be troubled *with* ビ トラブルド
<ruby>苦<rt>くる</rt></ruby>しめる	zhémó, zhēteng, shǐ rén kǔnǎo 折磨，折腾，使人苦恼 チョァモオ, チョァテゥン, シー レン クゥナオ	torment トーメント
<ruby>踝<rt>くるぶし</rt></ruby>	jiǎohuái 脚踝 ジアオホアイ	the ankle ジ アンクル
<ruby>車<rt>くるま</rt></ruby>	chēzi 车子 チョァヅ	vehicle ヴィーイクル
（自動車）	liàng qìchē 〔辆〕汽车 リアン チィチョァ	car カー
（車輪）	chēlún 车轮 チョァルゥン	wheel ホウィール
<ruby>胡桃<rt>くるみ</rt></ruby>	kē hétao, hútáo 〔颗〕核桃，胡桃 クァ ホァタオ, ホゥタオ	walnut ウォールナト
くるむ	dōu, guǒ 兜，裹 ドウ, グゥオ	wrap up ラプ アプ
<ruby>暮<rt>く</rt></ruby>れ	bàngwǎn, huánghūn 傍晚，黄昏 バァンワン, ホアンホゥン	nightfall ナイトフォール
（年末）	niándǐ 年底 ニエンディー	the year-end ジ イアエンド
グレー	huīsè 灰色 ホウイスァ	gray グレイ
グレード	dàng, pǐnjí, céngcì 档，品级，层次 ダァン, ピンジィ, ツンツー	grade グレイド
グレープフルーツ	pútáoyòu 葡萄柚 プゥタオヨウ	grapefruit グレイプフルート
クレーム	suǒpéi, shēnsù bùmǎn 索赔，（申诉）不满 スゥオペイ,（シェンスゥ）ブマン	claim, complaint クレイム, カンプレイント
クレーン	diàochē, qǐzhòngjī 吊车，起重机 ディアオチョァ, チィヂョンジィ	crane クレイン

日	中	英
クレジット	xìndài 信贷 シンダイ	credit クレディト
～カード	xìnyòngkǎ 信用卡 シンヨンカァ	credit card クレディト カード
クレバス	bīngxì 冰隙 ビィンシィ	crevasse クリヴァス
クレヨン	làbǐ 蜡笔 ラァビィ	crayon クレイアン
呉れる	gěi 给 ゲイ	give, present ギヴ, プリゼント
暮れる	tiānhēi 天黑 ティエンヘイ	get dark ゲト ダーク
(日が)	rìmù 日暮 リームゥ	end エンド
(年が)	dàoniánmò 到年末 ダオニエンモォ	end エンド
クレンザー	qùwūfěn 去污粉 チュィウゥフェン	cleanser クレンザ
黒	hēisè 黑色 ヘイスァ	black ブラク
黒い	hēi(sè de) 黑(色的) ヘイ(スァ ダ)	black ブラク
(日焼けして)	shài hēi 晒黑 シャイ ヘイ	sunburnt サンバーント
苦労	jiānkǔ 艰苦 ジェンクゥ	troubles, hardships トラブルズ, ハードシプズ
(骨折り)	xīnkǔ 辛苦 シンクゥ	toil, labor トイル, レイバ
(心配)	cāo·xīn 操心 ツァオシン	anxiety アングザイエティ
～する	chī·kǔ, chī·lì, shòu·lèi 吃苦, 吃力, 受累 チークゥ, チーリィ, ショウレイ	suffer, work hard サファ, ワーク ハード

日	中	英
くろうと 玄人	nèiháng, hángjia, zàiháng 内行，行家，在行 ネイハン，ハンジア，ヅァイハン	expert エクスパート
クローク	yīmàojiān 衣帽间 イーマオジェン	cloakroom クロウクルム
グローバリ ゼーション	shìjièhuà, quánqiúhuà 世界化，全球化 シージエホア，チュエンチウホア	globalization グロウバライゼイション
グローバル	quánqiú 全球 チュエンチウ	global グロウバル
クロール	páyǒng, zìyóushì 爬泳，自由式 パアヨン，ヅーヨウシー	the crawl ザ クロール
くろじ 黒字	yíngyú 盈余 イィンユィ	the black ザ ブラク
クロスワード	zònghéng zìmí 纵横字谜 ヅォンヘォン ヅーミィ	crossword クロースワード
くろ 黒っぽい	dài hēisè 带黑色 ダイ ヘイスァ	blackish ブラキシュ
グロテスクな	qíxíng guàizhuàng 奇形怪状 チィシィン グアイヂュアン	grotesque グロウテスク
くろまく 黒幕	hòutái 后台 ホウタイ	black curtain ブラク カートン
(人)	qiānxiànrén, mùhòurén 牵线人，幕后人 チエンシエンレン，ムゥホウレン	wirepuller ワイアプラ
くわ 桑	kē sāngshù 〔棵〕桑树 クァ サンシュウ	mulberry マルベリ
くわ 加える	jiā, tiān, jiārù 加，添，加入 ジア，ティエン，ジアルゥ	add *to* アド
くわ 詳しい	xiángxì 详细 シアンシィ	detailed ディーテイルド
(熟知)	shúxī, shúzhī 熟悉，熟知 シュウシィ，シュウヂー	be well acquainted *with* ビ ウェル アクウェインテド
くわだ 企てる	jìhuà, qǐtú, cèhuà 计划，企图，策划 ジィホア，チィトゥ，ツァホア	plan, project プラン，プロチェクト

日	中	英
くわわる 加わる	cānjiā, jiārù, cānyù 参加，加入，参与 ツァンジア，ジアルゥ，ツァンユイ	join, enter チョイン，エンタ
ぐん 軍	zhī jūnduì 〔支〕军队 チー，ジュィンドゥイ	army, forces アーミ，フォースィズ
ぐん 郡	jùn 郡 ジュィン	county カウンティ
ぐんじ 軍事	jūnshì 军事 ジュィンシー	military affairs ミリテリ アフェアズ
～政府	jūnzhèngfǔ 军政府 ジュィンヂョンフゥ	military regime ミリテリ レジーム
ぐんしゅう[集] 群衆[集]	qúnzhòng 群众 チュィンヂョン	crowd クラゥド
ぐんしゅく 軍縮	cáijūn 裁军 ツァイジュィン	armaments reduction アーマメンツ リダクション
くんしょう 勲章	xūnzhāng, jiǎngzhāng 勋章，奖章 シュィンチャァン，ジアンチャァン	decoration デコレイション
ぐんじん 軍人	jūnrén 军人 ジュィンレン	soldier, serviceman ソゥルヂャ，サーヴィスマン
くんせい 燻製の	xūn, xūnzhì 熏，熏制 シュィン，シュィンヂー	smoked スモゥクト
ぐんたい 軍隊	zhī jūnduì 〔支〕军队 チー ジュィンドゥイ	army, troops アーミ，トループス
ぐんび 軍備	jūnbèi, wǔbèi, zhànbèi 军备，武备，战备 ジュィンベイ，ウゥベイ，チャンベイ	armaments アーマメンツ
くんれん 訓練(する)	xùnliàn 训练 シュィンリエン	training トレイニング

日	中	英

け, ケ

け 毛	máofà 毛发 マオファア	hair ヘア
(髪の毛)	gēn tóufa 〔根〕头发 ゲン トウファ	hair ヘア
(羽毛)	tiáo yǔmáo 〔条〕羽毛 ティアオ ユィマオ	feather フェザ
(綿毛)	róngmáo 绒毛 ロンマオ	down ダウン
(獣毛)	shòulèi de ruǎnmáo 兽类的软毛 ショウレイ ダ ルワンマオ	fur ファー
(羊毛)	yángmáo 羊毛 ヤンマオ	wool ウル
けい 刑	xíngfá 刑罚 シィンファア	penalty, sentence ペナルティ, センテンス
げい 芸	jìyì 技艺 ジィイー	art アート
けいい 敬意	jìngyì 敬意 ジィンイー	respect リスペクト
けいえい 経営 (する)	jīngyíng 经营 ジィンイィン	management マニヂメント
～者	jīnglǐ 经理 ジィンリィ	manager マニヂャ
けいおんがく 軽音楽	qīngyīnyuè 轻音乐 チィンインユエ	light music ライト ミューズィク
けいか 経過 (する)	jīngguò 经过 ジィングゥオ	progress プラグレス
けいかい 警戒 (する)	jièbèi, jǐngtì, dīfang 戒备, 警惕, 提防 ジエベイ, ジィンティー, ディーファアン	caution コーション
けいかい 軽快な	qīngjié, qīngkuài 轻捷, 轻快 チィンジエ, チィンクアイ	light ライト

日	中	英
けいかく 計画 (する)	jìcè, jìhuà, chóuhuà 计策，计划，筹划 ジィツゥァ, ジィホア, チョウホア	plan, project プラン, プロチェクト
けいかん 警官	jǐngchá, xúnjǐng 警察，巡警 ジィンチァア, シュィンジィン	police officer ポリース オーフィサ
けいき 景気	jǐngkuàng, shìmiàn 景况，市面 ジィンクアン, シーミエン	business ビズネス
(市況)	shìmiàn 市面 シーミエン	market マーケット
けいく 警句	jǐngjù, miàoyǔ 警句，妙语 ジィンヂュィ, ミアオユィ	aphorism, epigram アフォリズム, エパグラム
けいぐ 敬具	cǐzhì 此致 ツーチー	Yours sincerely, ユアズ スィンスィアリ
けいけん 経験 (する)	jīngyàn, jīnglì, tǐyàn 经验，经历，体验 ジィンイエン, ジィンリィ, ティーイエン	experience イクスピアリエンス
けいげん 軽減	jiǎnqīng, qīngjiǎn 减轻，轻减 ジェンチィン, チィンジエン	reduction リダクション
けいこ (する)	liànxí, páiliàn, xùnliàn 练习，排练，训练 リエンシィ, パイリエン, シュィンリエン	practice プラクティス
(芝居の)	páiyǎn 排演 パイエン	rehearsal リハーサル
けいご 敬語	jìngcí, jìngyǔ 敬辞，敬语 ジィンツー, ジィンユィ	honorific アナリフィク
けいこう 傾向	miáotou, qīngxiàng, qūshì 苗头，倾向，趋势 ミアオトウ, チィンシアン, チュィシー	tendency テンデンスィ
けいこうぎょう 軽工業	qīnggōngyè 轻工业 チィンゴンイエ	light industries ライト インダストリズ
けいこうとう 蛍光灯	yíngguāngdēng, rìguāngdēng 荧光灯，日光灯 イィングアンドゥン, リーグアンドゥン	fluorescent lamp フルーオレスント ランプ
けいこく (する)	jǐnggào, jǐngjiè 警告，警戒 ジィンガオ, ジィンジエ	warning ウォーニング
けいさい (する)	kāndēng, kānzǎi 刊登，刊载 カンドゥン, カンヅァイ	publishing; publish パブリシング；パブリシュ

日	中	英
けいざい 経済	jīngjì 经济 ジィンジィ	economy, finance イカノミ, フィナンス
～学	jīngjìxué 经济学 ジィンジィシュエ	economics イーコナミクス
～学者	jīngjìxuéjiā 经济学家 ジィンジィシュエジア	economist イカノミスト
～的な	jīngjìxìng de 经济性的 ジィンジィシィン ダ	economical イーコナミカル
けいさつ 警察	jǐngchá, gōng'ān 警察, 公安 ジィンチァア, ゴンアン	the police ザ ポリース
～官	jǐngchá 警察 ジィンチァア	police officer ポリース オーフィサ
～署	jǐngcháshǔ, gōng'ānjú 警察署, 公安局 ジィンチァアシュゥ, ゴンアンヂュィ	police station ポリース ステイション
けいさん 計算	jìsuàn 计算 ジィスワン	calculation キャルキュレイション
～機	jìsuànjī 计算机 ジィスワンジィ	calculator キャルキュレイタ
～する	jìsuàn, suàn 计算, 算 ジィスワン, スワン	calculate, count キャルキュレイト, カウント
けいじ 掲示	jiēshì 揭示 ジエシー	notice, bulletin ノウティス, ブレティン
～板	bùgàolán, jiēshìpái 布告栏, 揭示牌 ブゥガオラン, ジエシーパイ	notice board ノウティス ボード
けいじ 刑事	xíngjǐng, xíngshì(ànjiàn) 刑警, 刑事(案件) シィンジィン, シィンシー(アンジエン)	detective ディテクティヴ
けいしき 形式	xíngshì, yàngshì 形式, 样式 シィンシー, ヤンシー	form, formality フォーム, フォーマリティ
～的な	xíngshì de 形式的 シィンシー ダ	formal フォーマル
けいじじょうがく 形而上学	xíng'érshàngxué, xuánxué 形而上学, 玄学 シィンアルシャンシュエ, シュエンシュエ	metaphysics メタフィズィクス

日	中	英
けいじゅつ 芸術	yìshù 艺术 イーシュウ	art アート
～家	yìshùjiā 艺术家 イーシュウジア	artist アーティスト
けいしょう 敬称	jìngchēng, zūnchēng 敬称，尊称 ジンチョン, ヅゥンチョン	title of honor タイトル オヴ アナ
けいしょう 警鐘	jǐngzhōng 警钟 ジンヂョン	warning ウォーニング
けいしょう 継承(する)	jìchéng, chéngxù, chéngshòu 继承，承续，承受 ジィチョン, チョンシュイ, チョンショウ	succession サクセション
けいじょうしゅうし 経常収支	jīngcháng shōuzhī 经常收支 ジンチャアン ショウヂー	current balance カーレント バランス
けいしょく 軽食	diǎnxin, xiǎochī 点心，小吃 ディエンシン, シアオチー	light meal ライト ミール
けいず 系図	jiāpǔ 家谱 ジアプゥ	genealogy ヂーニアロヂィ
けいせい 形成	chéngxíng, shēngchéng, xíngchéng 成形，生成，形成 チョンシィン, ションチョン, シィンチョン	formation フォーメイション
けいぞく 継続(する)	chíxù, jìxù, yánxù 持续，继续，延续 チーシュイ, ジィシュイ, イエンシュイ	continue カンティニュー
(更新)	jìxù, gēngxīn 继续，更新 ジィシュイ, グンシン	renewal リニューアル
けいそつな 軽率な	qīngshuài, màorán, màoshi 轻率，贸然，冒失 チィンシュアイ, マオラン, マオシ	careless, rash ケアレス, ラシュ
けいたい 形態	xíngtài, tǐzhì 形态，体制 シィンタイ, ティーヂー	form, shape フォーム, シェイプ
けいたい 携帯(する)	xiédài, qièdài 携带，挈带 シエダイ, チエダイ	carrying; carry キャリイング ; キャリ
～電話	xiédài diànhuà, shǒujī 携带电话，手机 シエダイ ディエンホア, ショウジィ	cellular phone セリュラ フォウン
けいてき 警笛	jǐngdí 警笛 ジンディー	alarm whistle アラーム ホウィスル

日	中	英
(車の)	lǎba 喇叭 ラァパ	horn ホーン
けいと 毛糸	máoxiàn, róngxiàn 毛线，绒线 マオシエン，ロンシエン	woolen yarn ウレン ヤーン
けいど 経度	jīngdù 经度 ジィンドゥ	longitude ランヂテュード
けいとう 系統	xìtǒng 系统 シィトン	system スィステム
げいにん 芸人	yìrén 艺人 イーレン	artiste アーティースト
げいのう 芸能	yǎnyì 演艺 イエンイー	entertainments エンタテインメンツ
～人	màiyì de, biǎoyǎn yìshù rénshì 卖艺的，表演艺术人士 マイイー ダ，ビアオイエン イーシュウ レンシー	artiste アーティースト
けいば 競馬	pǎomǎ, sàimǎ 跑马，赛马 パオマア，サイマア	horse racing ホース レイスィング
～場	sàimǎchǎng 赛马场 サイマアチャアン	race track レイス トラク
けいはくな 軽薄な	qīngtiāo, qīngfú 轻佻，轻浮 チンティアオ，チンフウ	frivolous フリヴォラス
けいばつ 刑罰	xíngfá 刑罚 シィンファア	punishment パニシュメント
けいはんざい 軽犯罪	qīngwēi de zuìxíng 轻微的罪行 チンウェイ ダ ヅゥイシィン	minor offense マイナ オフェンス
けいひ 経費	fèiyong, huāxiāo, jīngfèi 费用，花消，经费 フェイヨン，ホアシアオ，ジィンフェイ	expenses イクスペンスィズ
けいび(する) 警備(する)	jǐngbèi, jǐngjiè 警备，警戒 ジィンベイ，ジィンジエ	defense, guard ディフェンス，ガード
けいひん 景品	jiǎngpǐn, zèngpǐn 奖品，赠品 ジアンピン，ヅンピン	premium プリーミアム
けいふ 系譜	jiāpǔ 家谱 ジアプゥ	genealogy ヂーニアロヂィ

日	中	英
けいべつ 軽蔑	qīngshì 轻视 チィンシー	contempt, scorn カンテンプト, スコーン
～する	qīngmiè, tǔqì, tuòqì 轻蔑，吐弃，唾弃 チィンミエ, トゥチィ, トゥオチィ	despise, scorn ディスパイズ, スコーン
けいぼ 継母	hòumǔ, jìmǔ 后母，继母 ホウムゥ, ジィムゥ	stepmother ステプマザ
けいほう 警報	jǐngbào 警报 ジィンバオ	warning, alarm ウォーニング, アラーム
けいむしょ 刑務所	dàláo, jiānláo, jiānyù 大牢，监牢，监狱 ダァラオ, ジエンラオ, ジエンユィ	prison プリズン
けいもう 啓蒙(する)	qǐméng 启蒙 チィモン	enlightenment インライトンメント
けいやく 契約(する)	hétong 合同 ホォアトン	contract; contract カントラクト；コントラクト
～書	hétongshū 合同书 ホォアトンシュゥ	contract カントラクト
けいゆ 経由	jīngyóu, qǔdào 经由，取道 ジィンヨウ, チュィダオ	by way of, via バイ ウェイ オヴ, ヴァイア
けいようし 形容詞	xíngróngcí 形容词 シィンロンツー	adjective アヂクティヴ
けいり 経理	cáiwù, cáikuài 财务，财会 ツァイウゥ, ツァイクアイ	accounting アカウンティング
けいりゃく 計略	jìmóu, jìcè 计谋，计策 ジィモウ, ジィツゥア	stratagem ストラタヂャム
けいりゅう 渓流	xīliú 溪流 シィリウ	mountain stream マウンテン ストリーム
けいりょう 計量	liáng, chēngliáng 量，称量 リアン, チョンリアン	measurement メジャメント
けいりん 競輪	zìxíngchē jìngsài 自行车竞赛 ヅーシィンチョア ジィンサイ	bike race, *keirin* バイク レイス, ケイリン
けいれき 経歴	jīnglì, lǚlì 经历，履历 ジィンリィ, リュイリィ	career カリア

日	中	英
けいれん 痙攣	chōuchù, chōujīn, jìngluán 抽搐，抽筋，痉挛 チョウチュウ，チョウジン，ジィンルワン	spasm, cramp スパズム，クランプ
けいろ 経路	qùlù, lùjìng 去路，路径 チュイルウ，ルウジィン	course, route コース，ルート
ケーキ	dàngāo, jīdàngāo 蛋糕，鸡蛋糕 ダンガオ，ジィダンガオ	cake ケイク
ケース	xiāng, hé, guì 箱，盒，柜 シアン，ホオア，グウイ	case ケイス
(場合)	chǎnghé, qíngkuàng 场合，情况 チャアンホオア，チィンクアン	case ケイス
ゲート	shuǐzhá 水闸 シュイヂァア	gate ゲイト
ケーブル	(diàn)lǎn, tiěsuǒ (电)缆，铁索 (ディエン)ラン，ティエスウオ	cable ケイブル
～カー	(diàn)lǎnchē (电)缆车 (ディエン)ランチョア	cable car ケイブル カー
ゲーム	bǐsài 比赛 ビィサイ	game ゲイム
けおりもの 毛織物	máoliào, máozhīpǐn 毛料，毛织品 マオリアオ，マオヂーピン	woolen goods ウレン グヅ
けが 怪我	chuāngshāng, chuāngyí 创伤，疮痍 チュアンシャアン，チュアンイー	wound, injury ウーンド，インヂュリ
～する	shòushāng 受伤 ショウシャアン	get hurt ゲト ハート
げか 外科	wàikē 外科 ワイクァ	surgery サーヂャリ
～医	wàikē yīshēng 外科医生 ワイクァ イーション	surgeon サーヂョン
けが 汚す	nòngzāng, wūrǔ, rǔmò 弄脏，污辱，辱没 ノンヅァァン，ウウルウ，ルウモオ	stain ステイン
(名誉などを)	bàihuài 败坏 バイホアイ	disgrace ディスグレイス

日	中	英
けがれ	wūhuì, wūdiǎn, wūzhuó 污秽，污点，污浊 ウゥホゥイ，ウゥディエン，ウゥチュオ	impurity インピュアリティ
(汚点)	wūdiǎn 污点 ウゥディエン	stain ステイン
けがわ 毛皮	píhuò, pízi, pímáo 皮货，皮子，皮毛 ピィホゥオ，ピィヅ，ピィマオ	fur ファー
げき 劇	xìjù 戏剧 シィヂュイ	play プレイ
～作家	xìjùjiā 戏剧家 シィヂュイジア	dramatist ドラマティスト
げきじょう 劇場	jùchǎng, xìyuàn 剧场，戏院 ジュイチャアン，シィユエン	theater スィアタ
げきだん 劇団	jùtuán 剧团 ジュイトワン	theatrical company スィアトリカル カンパニィ
げきれい(する) 激励(する)	gǔlì, jīlì, miǎnlì 鼓励，激励，勉励 グゥリィ，ジィリィ，ミエンリィ	encouragement インカーリヂメント
けさ 今朝	jīnzǎo, jīntiān zǎoshang 今早，今天早上 ジンヅァオ，ジンティエン ヅァオシャアン	this morning ズィス モーニング
げざい 下剤	xièyào 泻药 シエヤオ	purgative, laxative パーガティヴ，ラクサティヴ
げし 夏至	xiàzhì 夏至 シアヂー	the summer solstice ザ サマ サルスティス
けしいん 消印	yóuchuō 邮戳 ヨウチュオ	postmark ポウストマーク
けしき 景色	fēngguāng, fēngjǐng, jǐngsè 风光，风景，景色 フォングァン，フォンジィン，ジィンスァ	scenery, view スィーナリ，ヴュー
け 消しゴム	xiàngpí 橡皮 シアンピィ	eraser, rubber イレイサ，ラバ
けじめ	fēncun, jièxiàn 分寸，界限 フェンツゥン，ジエシエン	distinction ディスティンクション
～をつける	huàqīng jièxiàn 划清界限 ホアチィン ジエシエン	distinguish *between* ディスティングウィシュ

日	中	英
げしゃ 下車する	xià chē 下车 シア チョア	get off ゲト オフ
げしゅく 下宿 (する)	jìsù 寄宿 ジィスゥ	lodgings; room *at* ラヂングズ；ルーム
げじゅん 下旬	xiàxún 下旬 シアシュィン	the latter part of a month ザ ラタ パート オヴ ア マンス
けしょう 化粧 (する)	dǎban, huàzhuāng, shūzhuāng 打扮，化妆，梳妆 ダァバン, ホアヂュアン, シュウヂュアン	makeup メイカプ

■化粧品■

くちべに
口紅　口红 /kǒuhóng コウホン / (⑱rouge, lipstick)

アイシャドー　眼影 /yǎnyǐng イエンイン / (⑲eye shadow)

マスカラ　睫毛膏 /jiémáogāo ジエマオガオ / (⑲mascara)

リップクリーム　唇膏 /chúngāo チュンガオ / (⑲lip cream)

リップグロス　唇彩 /chúncǎi チュンツァイ / (⑲lip gloss)

けしょうすい
化粧水　化妆水 /huàzhuāngshuǐ ホアヂュアンシュイ / (⑲skin lotion)

にゅうえき
乳液　乳液 /rǔyè ルゥイエ / (⑲milky lotion)

クレンジングクリーム　洁面霜 /jiémiànshuāng ジエミエンシュアン / (⑲cleansing cream)

コールドクリーム　冷霜 /lěngshuāng ルォンシュアン / (⑲cold cream)

ファンデーション　粉底(霜) /fěndǐ(shuāng) フェンディー(シュアン) / (⑲foundation)

パック　面膜 /miànmó ミエンモォ / (⑲pack)

せんがんりょう
洗顔料　洁肤水 /jiéfūshuǐ ジエフゥシュイ / (⑲facial cleansing foam)

ひや
日焼けクリーム　美黑润肤膏 /měihēi rùnfūgāo メイヘイ ルゥンフゥガオ / (⑲suntan cream)

ひや　ど
日焼け止めクリーム　防晒膏 /fángshàigāo ファアンシャイガオ / (⑲sunscreen)

シャンプー　香波，洗发剂 /xiāngbō, xǐfàjì シアンボォ, シィファアジィ / (⑲shampoo)

リンス　护发素，润丝 /hùfàsù, rùnsī ホゥファアスゥ, ルゥンスー / (⑲rinse)

トリートメント　梳理 /shūlǐ シュウリィ / (⑲treatment)

せっけん
石鹸　肥皂，香皂 /féizào, xiāngzào フェイヅァオ, シアンヅァオ / (⑲soap)

日	中	英
～室	huàzhuāngshì 化妆室 ホアヂュアンシー	dressing room ドレスィング ルーム
～品	huàzhuāngpǐn 化妆品 ホアヂュアンピン	toilet articles トイレト アーティクルズ
消す	mǒ, xī, xīmiè 抹，熄，熄灭 モォ，シィ，シィミエ	put out プト アウト
(文字などを)	cādiào 擦掉 ツァアディアオ	erase イレイス
げすい 下水	wūshuǐ 污水 ウゥシュイ	sewage シュイヂ
けず 削る	shān, xiāo 删，削 シャン，シアオ	shave, delete シェイヴ，デリート
(削減)	xuējiǎn 削减 シュエジエン	curtail カーテイル
(削除)	chúdiào, shānqù 除掉，删去 チュウディアオ，シャンチュイ	delete デリート
けた 桁	gēn/tiáo lǐn, héngjià 〔根/条〕檩，横架 ゲン/ティアオ リン，ヘゥンジア	beam ビーム
(数字の)	wèi, shùwèi 位，数位 ウェイ，シュウウェイ	figure フィギャ
けだか 気高い	gāodà, gāoguì, gāoshàng 高大，高贵，高尚 ガオダァ，ガオグゥイ，ガオシャアン	noble, dignified ノゥブル，ディグニファイド
けちな	shǒujǐn, xiǎoqi, lìnsè 手紧，小气，吝啬 ショウジン，シアオチ，リンスァ	stingy スティンヂ
ケチャップ	fānqiéjiàng 番茄酱 ファンチエジアン	catsup ケチャプ
けつあつ 血圧	xuèyā 血压 シュエヤア	blood pressure ブラド プレシャ
けつい 決意(する)	juéxīn, juéyì, juéjì 决心，决意，决计 ジュエシン，ジュエイー，ジュエジィ	resolution レゾルーション
けつえき 血液	xuèyè 血液 シュエイエ	blood ブラド

日	中	英
けつえん 血縁	xuèyuán 血缘 シュエユエン	blood relation ブラド リレイション
けっか 結果	jiéguǒ 结果 ジエグゥオ	result, consequence リザルト, カンスィクウェンス
けっかく 結核	jiéhé 结核 ジエホァ	tuberculosis テュバーキュロウスィス
けっかん 欠陥	cīdiǎn, quēdiǎn, quēxiàn 疵点, 缺点, 缺陷 ツーディエン, チュエディエン, チュエシエン	defect, fault ディフェクト, フォルト
けっかん 血管	xuèguǎn 血管 シュエグワン	blood vessel ブラド ヴェセル
けっきょく 結局	bìjìng, dàodǐ, guī gēn jié dǐ 毕竟, 到底, 归根结底 ビィジン, ダオディー, グゥイ ゲン ジエ ディー	after all アフタ オール
けっきん 欠勤	quēqín 缺勤 チュエチン	absence アブセンス
げっけい 月経	yuèjīng 月经 ユエジィン	period ピアリオド
げっけいじゅ 月桂樹	yuèguìshù 月桂树 ユエグゥイシュウ	laurel ローラル
けっこう 結構	hái, xiāngdāng 还, 相当 ハイ, シアンダァン	quite, rather クワイト, ラザ
〜です	kěyǐ, (néng) xíng 可以, (能)行 クァイー, (ヌォン) シィン	all right, do オール ライト, ドゥ
(断わり)	bú yòng, bú yào 不用, 不要 ブヨン, ブヤオ	No, thank you. ノウ サンク ユー
〜な	shànghǎo (de) 上好(的) シャァンハオ (ダ)	excellent, nice エクセレント, ナイス
けつごう 結合(する)	jiéhé, ǒuhé, fùhé 结合, 耦合, 复合 ジエホァ, オウホァ, フウホァ	union ユーニョン
げっこう 月光	yuèguāng 月光 ユエグアン	moonlight ムーンライト
けっこん 結婚(する)	jié'hūn, chéng'hūn 结婚, 成婚 ジエホゥン, チョンホゥン	marriage マリヂ

日	中	英
けっさい 決済 (する)	jiāogē, cáijué 交割，裁决 ジアオグァ，ツァイジュエ	settlement; settle セトルメント；セトル
けっさく 傑作	jiézuò, jīngpǐn 杰作，精品 ジエヅゥオ，ジィンピン	masterpiece マスタピース
けっさん 決算	jiésuàn, jiézhàng, qīngzhàng 结算，结账，清账 ジエスワン，ジエヂャアン，チィンヂャアン	settlement of accounts セトルメント オヴ アカウンツ
けっ 決して	jué bù ..., wànwàn 决〈不…〉，万万 ジュエ ブゥ …，ワンワン	never, by no means ネヴァ，バイ ノウ ミーンズ
げっしゃ 月謝	měiyuè de xuéfèi 每月的学费 メイユエ ダ シュエフェイ	monthly fee マンスリ フィー
げっしゅう 月収	yuèxīn 月薪 ユエシン	monthly income マンスリ インカム
けっしょう 決勝	juésài 决赛 ジュエサイ	the finals ザ ファイナルズ
けっしょう 結晶 (する)	jiéjīng 结晶 ジエジィン	crystal; crystallize クリスタル；クリスタライズ
げっしょく 月食	yuèshí 月食 ユエシー	eclipse of the moon イクリプス オヴ ザ ムーン
けっしん 決心 (する)	juéxīn, juéjì, juéyì 决心，决计，决意 ジュエシン，ジュエジィ，ジュエイー	decide ディサイド
けっせい 血清	xuèqīng 血清 シュエチィン	serum スィアラム
けっせき 欠席 (する)	quēxí 缺席 チュエシィ	absence アブセンス
けつだん 決断 (する)	juéduàn 决断 ジュエドワン	decision; decide ディスィジョン；ディサイド
けってい 決定 (する)	juédìng, juéduàn 决定，决断 ジュエディン，ジュエドワン	decision ディスィジョン
けってん 欠点	máobìng, quēdiǎn, duǎnchu 毛病，缺点，短处 マオビィン，チュエディエン，ドワンチュウ	fault フォルト
けっとう 血統	xuètǒng 血统 シュエトン	blood, lineage ブラド，リニイヂ

日	中	英
けっぱく 潔白	qīngbái 清白 チィンバイ	innocence イノセンス
げっぷ	(dǎ)gé (打)嗝 (ダァ)グァ	burp バープ
けっぺき 潔癖な	liánjié 廉洁 リエンジェ	cleanly, fastidious クレンリ, ファスティディアス
けつぼう 欠乏(する)	duǎnquē, quēfá, quēshǎo 短缺, 缺乏, 缺少 ドワンチュエ, チュエファア, チュエシャオ	lack ラク
けつまつ 結末	jiémù, jiéjú, shōuchǎng 结幕, 结局, 收场 ジエムゥ, ジエヂュイ, ショウチャアン	end, the result エンド, ザ リザルト
げつまつ 月末	yuèdǐ, yuèmò 月底, 月末 ユエディー, ユエモォ	the end of the month ジ エンド オヴ ザ マンス
げつようび 月曜日	lǐbàiyī, xīngqīyī 礼拜一, 星期一 リィバイイー, シィンチイイー	Monday マンディ
けつれつ 決裂	juéliè, pòliè 决裂, 破裂 ジュエリエ, ポォリエ	rupture ラプチャ
けつろん 結論	duànyǔ, jiélùn, dìnglùn 断语, 结论, 定论 ドワンユィ, ジエルゥン, ディンルゥン	conclusion カンクルージョン
けな 貶す	biǎndī 贬低 ビエンディー	speak ill of スピーク イル
げねつざい 解熱剤	jiěrèjì, tuìshāoyào 解热剂, 退烧药 ジエルァジィ, トゥイシャオヤオ	antipyretic アンティパイレティク
けはい 気配	dòngjing 动静 ドンジィン	sign, indication サイン, インディケイション
けびょう 仮病	jiǎbìng 假病 ジアビィン	feigned illness フェインド イルネス
げひん 下品な	xiàliú, xiàzuo 下流, 下作 シアリウ, シアヅゥオ	vulgar, coarse ヴァルガ, コース
けむ 煙い	yān, yānqì qiàng rén 烟, 烟气呛人 イエン, イエンチィ チアン レン	smoky スモウキ
けむし 毛虫	máochóng, máomaochóng 毛虫, 毛毛虫 マオチォン, マオマオチォン	caterpillar キャタピラ

日	中	英
けむり 煙	tuán/piàn yānwù 〔团／片〕烟雾 トワン／ピエン イエンウゥ	smoke スモウク
けもの 獣	zǒushòu 走兽 ヅォウショウ	beast ビースト
げらく 下落	diē jià 跌价 ディエジア	fall フォール
げり 下痢(する)	(fù)xiè, xièdù (腹)泻, 泻肚 (フゥ)シエ, シエドゥ	diarrhea ダイアリア
ゲリラ	yóujīduì 游击队 ヨウジィドゥイ	guerrilla ガリラ
け 蹴る	tī, chuài 踢, 踹 ティー, チュアイ	kick キク
(拒絶)	jùjué 拒绝 ジュィジュエ	reject リヂェクト
ゲルマニウム	zhě 锗 ヂョア	germanium ヂャーメイニアム
げれつ 下劣な	bēibǐ, xiàliú 卑鄙, 下流 ベイビィ, シアリウ	mean, base ミーン, ベイス
ゲレンデ	huáxuěchǎng 滑雪场 ホアシュエチャアン	slope スロウプ
けわ 険しい	dǒuqiào, xiǎn'è 陡峭, 险恶 ドウチアオ, シエンウァ	steep スティープ
(顔付きが)	yánlì, kěpà 严厉, 可怕 イエンリィ, クァパァ	severe スィヴィア
けん 件	jiàn shì, shìqíng 〔件〕事, 事情 ジエン シー, シーチィン	matter, affair, case マタ, アフェア, ケイス
けん 券	zhāng piào, ...quàn 〔张〕票, …券 チャアン ピアオ, …チュエン	ticket, coupon ティケト, キューパン
けん 県	xiàn 县 シエン	county カウンティ
げん 弦	gōngxián 弓弦 ゴンシエン	bowstring ボウストリング

日	中	英
(楽器の)	〔根〕弦 gēn xián ゲン シエン	string ストリング
けんあく 険悪な	险恶 xiǎn'è シエンウァ	threatening スレトニング
げんあん 原案	原案 yuán'àn ユエンアン	the original bill ジ オリヂナル ビル
けんい 権威	泰斗, 权威 tàidǒu, quánwēi タイドウ, チュエンウェイ	authority, prestige オサリティ, プレスティージュ
けんいん 検印	检验章, 检印 jiǎnyànzhāng, jiǎnyìn ジエンイエンヂャン, ジエンイン	seal スィール
げんいん 原因	原因, 根由, 起因 yuányīn, gēnyóu, qǐyīn ユエンイン, ゲンヨウ, チイイン	cause, the origin コーズ, ジ オリヂン
けんえき 検疫	检疫 jiǎnyì ジエンイー	quarantine クウォランティーン
げんえき 現役	正担任职务的人 zhèng dānrèn zhíwù de rén ヂョン ダンレン ヂーウゥ ダ レン	active service アクティヴ サーヴィス
げんえき 減益	减少收益 jiǎnshǎo shōuyì ジエンシャオ ショウイー	decrease in profits ディークリース イン プラフィッ
けんえつ 検閲	检查, 审查 jiǎnchá, shěnchá ジエンチャア, シェンチャア	inspection インスペクション
けんお 嫌悪	嫌恶 xiánwù シエンウゥ	abhorrence アブホーレンス
けんか(する) 喧嘩(する)	打架, 吵架 dǎ'jià, chǎo'jià ダァジア, チャオジア	quarrel クウォレル
(殴り合い)	打架, 争斗 dǎjià, zhēngdòu ダァジア, ヂョンドウ	fight ファイト
げんか 原価	原价, 成本 yuánjià, chéngběn ユエンジア, チョンベン	the coat price ザ コウト プライス
けんかい 見解	见解, 看法, 意见 jiànjiě, kànfǎ, yìjiàn ジエンジエ, カンファア, イージエン	opinion, view オピニオン, ヴュー
げんかい 限界	极限, 界限, 限度 jíxiàn, jièxiàn, xiàndù ジィシエン, ジエシエン, シエンドゥ	limit, bounds リミト, バウンツ

日	中	英
けんがく 見学(する)	cānguān 参观 ツァングワン	inspection インスペクション
げんかく 厳格な	yángé 严格 イエングァ	strict, rigorous ストリクト, リガラス
げんかしょうきゃく 減価償却	zhéjiù 折旧 チョァジウ	depreciation ディプリーシエイション
げんがっき 弦楽器	xiányuèqì 弦乐器 シエンユエチィ	the strings ザ ストリングズ
げんかん 玄関	ménkǒu 门口 メンコウ	the entrance ジ エントランス
げんき 元気	jīngshen 精神 ジンシェン	spirits, energy スピリツ, エナヂ
〜な	yǒu jīngshen 有精神 ヨウ ジンシェン	spirited スピリティド
けんきゅう 研究	yánjiū 研究 イエンジウ	study, research スタディ, リサーチ
〜者	yánjiūjiā 研究家 イエンジウジア	student, scholar ステューデント, スカラ
〜所	yánjiūsuǒ 研究所 イエンジウスゥオ	institute インスティテュート
〜する	yánjiū, zuānyán, kǎojiu 研究, 钻研, 考究 イエンジウ, ヅワンイエン, カオジウ	study スタディ
けんきょ 謙虚な	qiānxū 谦虚 チエンシュイ	modest マデスト
けんきん 献金	juānkuǎn 捐款 ジュエンクワン	donation ドウネイション
げんきん 現金	xiànjīn, xiànkuǎn, xiànqián 现金, 现款, 现钱 シエンジン, シエンクワン, シエンチエン	cash キャシュ
げんきん 厳禁する	yánjìn 严禁 イエンジン	forbid strictly フォビド ストリクトリ
げんけい 原形	yuánxíng 原形 ユエンシィン	the original form ジ オリヂナル フォーム

日	中	英
げんけい 原型	tāi, yuánxíng 胎，原型 タイ，ユエンシィン	prototype プロトタイプ
けんけつ 献血	xiànxiě 献血 シエンシエ	blood donation ブラド ドウネイション
けんげん 権限	quánbǐng, quánlì, quánxiàn 权柄，权力，权限 チュエンビィン，チュエンリィ，チュエンシエン	competence カンピテンス
げんご 言語	yǔyán 语言 ユィイエン	language ラングウィヂ
けんこう 健康（な）	jiànkāng 健康 ジエンカァン	health ヘルス
げんこう 原稿	yuángǎo, gǎozi, dǐgǎo 原稿，稿子，底稿 ユエンガオ，ガオヅ，ディーガオ	manuscript, copy マニュスクリプト，カピ
げんこうはん 現行犯	xiànxíngfàn 现行犯 シエンシィンファン	flagrant offense フレイグラント オフェンス
げんこく 原告	yuángào 原告 ユエンガオ	plaintiff プレインティフ
げんこつ 拳骨	quántóu 拳头 チュエントウ	fist フィスト
けんさ 検査（する）	cháyàn, jiǎnyàn 查验，检验 チャアイエン，ジエンイエン	inspection インスペクション
げんざい 現在（の）	xiànzài, rújīn, mùqián (de) 现在，如今，目前（的） シエンヅァイ，ルゥジン，ムゥチエン（ダ）	the present; present ザ プレズント；プレズント
けんさく 検索（する）	chá, jiǎnsuǒ 查，检索 チャア，ジエンスゥオ	reference レファレンス
げんさく 原作	yuánzhù, yuánzuò 原著，原作 ユエンヂュウ，ユエンヅゥオ	the original ジ オリヂナル
けんさつ 検札	chápiào 查票 チャアピアオ	inspection of tickets インスペクション オヴ ティケツ
げんさんち 原産地	yuánchǎndì 原产地 ユエンチャンディー	the original home *of* ジ オリヂナル ホウム
けんじ 検事	jiǎncháyuán 检察员 ジエンチャアユエン	public prosecutor パブリク プラスィキュータ

日	中	英
<ruby>原子<rt>げんし</rt></ruby>	yuánzǐ 原子 ユエンヅー	atom アトム
原始の ^{げんしの}	yuánshǐ (de) 原始(的) ユエンシー(ダ)	primitive プリミティヴ
堅実な ^{けんじつな}	tāshi (de) 塌实(的) タァシ(ダ)	steady ステディ
現実(の) ^{げんじつ}	xiànshí (de) 现实(的) シエンシー(ダ)	reality リアリティ
元首 ^{げんしゅ}	yuánshǒu 元首 ユエンショウ	sovereign サヴレン
研修 ^{けんしゅう}	yánxiū, jìnxiū 研修，进修 イエンシウ，ジンシウ	study スタディ
〜生	jìnxiūshēng 进修生 ジンシウション	trainee トレイニー
拳銃 ^{けんじゅう}	zhī shǒuqiāng 〔枝〕手枪 チー ショウチアン	pistol, revolver ピストル，リヴァルヴァ
減収 ^{げんしゅう}	jiǎnshōu 减收 ジエンショウ	decrease in income ディークリース イン インカム
厳重な ^{げんじゅうな}	yánzhòng 严重 イエンチョン	strict, severe ストリクト，スィヴィア
厳粛な ^{げんしゅくな}	yánsù 严肃 イエンスゥ	grave, solemn グレイヴ，サレム
懸賞 ^{けんしょう}	xuánshǎng 悬赏 シュエンシャアン	prize プライズ
謙譲 ^{けんじょう}	qiānràng 谦让 チエンラァン	modesty マディスティ
減少(する) ^{げんしょう}	jiǎnshǎo 减少 ジエンシャオ	decrease ディークリース
現象 ^{げんしょう}	xiànxiàng 现象 シエンシアン	phenomenon フィナメノン
現状 ^{げんじょう}	xiànzhuàng 现状 シエンヂュアン	the present condition ザ プレズント カンディション

け

日	中	英
げんしょく 原色	yuánsè, zhèngsè 原色，正色 ユエンスァ, ヂョンスァ	primary color プライメリ カラ
げんしりょく 原子力	yuánzǐnéng 原子能 ユエンヅーヌォン	nuclear power ニュークリア パウア
けんしん 検診	zhěnchá, jiǎnchá jíbìng 诊察，检查疾病 チェンチァア, ジエンチャア ジィビィン	medical examination メディカル イグザミネイション
けんしん てき 献身(的に)	pū, xiànshēn 扑，献身 プゥ, シエンシェン	devotedly ディヴォウテドリ
げんぜい 減税	jiǎnshuì 减税 ジエンシュイ	tax reduction タクス リダクション
げんせいりん 原生林	yuánshǐ sēnlín 原始森林 ユエンシー センリン	primeval forest プライミーヴァル フォリスト
けんせつ 建設(する)	jiànlì, jiànshè, xiūjiàn 建立，建设，修建 ジエンリィ, ジエンショァ, シウジエン	construction カンストラクション
けんぜん 健全な	jiànkāng, jiànquán 健康，健全 ジエンカァン, ジエンチュエン	sound, wholesome サウンド, ホウルサム
げんそ 元素	yuánsù 元素 ユエンスゥ	element エレメント
けんぞう 建造	jiànzào, xīngjiàn, xīngxiū 建造，兴建，兴修 ジエンヅァオ, シィンジエン, シィンシウ	construction カンストラクション
げんそう 幻想	huànjué, huànxiǎng 幻觉，幻想 ホワンジュエ, ホワンシアン	illusion, vision イルージョン, ヴィジョン
げんぞう 現像(する)	xiǎnyǐng, chōngxǐ 显影，冲洗 シエンイィン, チォンシィ	development ディヴェロプメント
げんそく 原則	yuánzé 原则 ユエンヅゥア	principle プリンスィブル
げんそく 減速する	jiǎnsù 减速 ジエンスゥ	slow down スロウ ダウン
けんそん 謙遜(する)	zìqiān, qiānxū 自谦，谦虚 ヅーチエン, チエンシュイ	modesty マディスティ
けんたい 倦怠	yànjuàn, juàndài 厌倦，倦怠 イエンジュエン, ジュエンダイ	weariness, ennui ウィアリネス, アーンウィー

日	中	英
げんだい 現代(の)	xiàndài (de), dāngdài (de) 现代(的), 当代(的) シエンダイ (ダ), ダァンダイ (ダ)	modern マダン
げんち 現地	dāngdì 当地 ダァンディー	the spot ザ スパト
～時間	dāngdì shíjiān 当地时间 ダァンディー シージエン	local time ロウカル タイム
～の	dāngdì de 当地的 ダァンディー ダ	local ロウカル
けんちく 建築	jiànzhù 建筑 ジエンチュウ	building ビルディング
～家	jiànzhùjiā 建筑家 ジエンチュウジア	architect アーキテクト
けんちょ 顕著な	xiǎnzhù (de) 显著(的) シエンチュウ (ダ)	remarkable リマーカブル
げんつきじてんしゃ 原付自転車	jītà liǎngyòngchē 机踏两用车 ジィタァ リアンヨンチョア	motor-bike モウタバイク
げんてい(する) 限定(する)	xiànzhì, júxiàn, xiàndìng 限制, 局限, 限定 シエンチー, ジュィシエン, シエンディン	limitation; limit *to* リミテイション; リミト
げんてん 減点	kòufēn, páofēnr 扣分, 刨分儿 コウフェン, パオフェル	demerit mark ディーメリト マーク
げんてん 原点	qǐyuán, chūfādiǎn 起源, 出发点 チィユエン, チュウファアディエン	the starting point ザ スターティング ポイント
げんど 限度	jièxiàn, xiàndù 界限, 限度 ジエシエン, シエンドゥ	limit リミト
けんとう(する) 検討(する)	yánjiū, yántǎo 研究, 研讨 イエンジウ, イエンタオ	examination イグザミネイション
けんとう 見当	fāngxiàng, mùbiāo 方向, 目标 ファアンシアン, ムウビアオ	aim エイム
(推測)	gūjì 估计 グウジィ	guess ゲス
(およそ)	dàyuē 大约 ダァユエ	approximately アプラクスィメトリ

け

日	中	英
げんどう 言動	yánxíng 言行 イエンシィン	speech and action スピーチ アンド アクション
げんどうりょく 原動力	dònglì, yuándònglì 动力, 原动力 ドンリィ, ユエンドンリィ	motive power モウティヴ パウア
げんば 現場	xiànchǎng 现场 シエンチャァン	the spot, the scene ザ スパト, ザ スィーン
げんばく 原爆	yuánzǐdàn 原子弹 ユエンヅーダン	atomic bomb アタミク バム
けんばん 鍵盤	jiànpán 键盘 ジエンパン	keyboard キーボード
けんびきょう 顕微鏡	xiǎnwēijìng 显微镜 シエンウェイジィン	microscope マイクロスコウプ
けんぶつ 見物(する)	cānguān, guānkàn, yóulǎn 参观, 观看, 游览 ツァングワン, グワンカン, ヨウラン	sight-seeing サイトスィーイング
げんぶん 原文	yuánwén 原文 ユエンウェン	the original text ジ オリヂナル テクスト
けんぽう 憲法	xiànfǎ 宪法 シエンファア	constitution カンスティテューション
げんまい 玄米	cāomǐ 糙米 ツァオミィ	brown rice ブラウン ライス
げんみつ 厳密な	yánmì, zhōumì 严密, 周密 イエンミィ, ヂョウミィ	strict, close ストリクト, クロウス
けんめい 賢明な	xiánmíng 贤明 シエンミィン	wise, prudent ワイズ, プルーデント
けんめい 懸命に	pīnmìng 拼命 ピンミィン	eagerly, hard イーガリ, ハード
けんもん 検問	cháwèn 查问 チャアウェン	checkup チェカプ
けんやく 倹約(する)	jiéyuē, jiǎnshěng 节约, 俭省 ジエユエ, ジエンション	thrift スリフト
げんゆ 原油	yuányóu 原油 ユエンヨウ	crude oil クルード オイル

日	中	英
けんり 権利	quánlì 权利 チュエンリィ	right ライト
げんり 原理	dàoli, yuánlǐ 道理，原理 ダオリ, ユエンリィ	principle, theory プリンスィプル, スィオリ
げんりょう 原料	yuánliào, cáiliào 原料，材料 ユエンリアオ, ツァイリアオ	raw materials ロー マティアリアルズ
けんりょく 権力	quánlì 权力 チュエンリィ	power, authority パウア, オサリティ
げんろん 言論	yánlùn 言论 イエンルゥン	speech and writing スピーチ アンド ライティング

こ, コ

日	中	英
こ 個	ge 个 ガ	piece ピース
こ 子	háizi, xiǎoháir 孩子，小孩儿 ハイヅ, シアオハル	child, infant チャイルド, インファント
（自分の）	zǐnǚ 子女 ヅーニュイ	child チャイルド
ご 後	... yǐhòu, ... zhīhòu …以后，…之后 … イーホウ, … チーホウ	after, since アフタ, スィンス
ご 碁	pán wéiqí 〔盘〕围棋 パン ウェイチィ	go ゴウ
ご 語	...yǔ, ...huà …语，…话 …ユィ, …ホア	word, language ワード, ラングウィヂ
こい 鯉	tiáo lǐyú 〔条〕鲤鱼 ティアオ リィユィ	carp カープ
こい 濃い	nóng, chóu 浓，稠 ノン, チョウ	dark, deep ダーク, ディープ
（色が）	shēn 深 シェン	dark, deep ダーク, ディープ

日	中	英
(濃度が)	chóu 稠 チョウ	thick, strong スィク, ストロング
(密度が)	mì 密 ミィ	thick, strong スィク, ストロング
こい 恋	liàn'ài 恋爱 リエンアイ	love ラヴ
ごい 語彙	cíhuì, yǔhuì 词汇, 语汇 ツーホゥイ, ユイホゥイ	vocabulary ヴォウキャビュレリ
こい 恋しい	xiǎngniàn, huáiniàn, huáiliàn 想念, 怀念, 怀恋 シアンニエン, ホアイニエン, ホアイリエン	miss ミス
(慕わしい)	àimù 爱慕 アイムゥ	miss ミス
こい 恋する	(tán) liàn'ài (谈)恋爱 (タン) リエンアイ	fall in love *with* フォール イン ラヴ
こいぬ 子犬	tiáo xiǎogǒu 〔条〕小狗 ティアオ シアオゴウ	puppy パピ
こいびと 恋人	duìxiàng, qínglǚ 对象, 情侣 ドゥイシアン, チンリュイ	sweetheart, lover スウィートハート, ラヴァ
コイン	yìngbì 硬币 イィンビィ	coin コイン
～ロッカー	tóubìshì jìwùguì 投币式寄物柜 トウビィシー ジィウゥグゥイ	coin-operated locker コインアパレイテド ラカ
ごう 号	...qī, ...hào …期, …号 …チィ, …ハオ	number ナンバ
(雅号)	hào, biéhào 号, 别号 ハオ, ビエハオ	pen name ペン ネイム
こうあん 考案(する)	shèjì, xiǎngchū 设计, 想出 ショァジィ, シアンチュウ	device; devise ディヴァイス; ディヴァイズ
こうい 好意	hǎoxīn, hǎoyì, shànyì 好心, 好意, 善意 ハオシン, ハオイー, シャンイー	goodwill グドウィル
こうい 行為	xíngwéi 行为 シィンウェイ	act, action, deed アクト, アクション, ディード

日	中	英
ごうい 合意	tóngyì, xiéyì 同意，协议 トンイー，シエイー	agreement, consent アグリーメント，コンセント
こういしつ 更衣室	gēngyīshì 更衣室 グンイーシー	dressing room ドレスィング ルーム
こういしょう 後遺症	hòuyízhèng 后遗症 ホウイーチョン	sequelae シクウィーリー
ごうう 豪雨	bàoyǔ 暴雨 バオユイ	heavy rain ヘヴィ レイン
こううん 幸運	hǎoyùn, xìngyùn, jiǎoxìng 好运，幸运，侥幸 ハオユイン，シィンユイン，ジアオシィン	fortune, luck フォーチュン，ラク
こうえい 光栄	róngxìng, guāngróng 荣幸，光荣 ロンシィン，グアンロン	honor, glory アナ，グローリ
こうえん 公園	gōngyuán 公园 ゴンユエン	park パーク
こうえん(する) 講演(する)	yǎnjiǎng, jiǎngyǎn 演讲，讲演 イエンジアン，ジアンイエン	lecture; lecture on レクチャ；レクチャ
こうおん 高音	gāoyīn 高音 ガオイン	high tone ハイ トウン
ごうおん 轟音	hōngmíng 轰鸣 ホンミィン	roar ロー
こうか 効果	chéngxiào, xiàoguǒ 成效，效果 チョンシアオ，シアオグゥオ	effect, efficacy イフェクト，エフィカスィ
こうか 校歌	shǒu xiàogē 〔首〕校歌 ショウ シアオグァ	school song スクール ソング
こうか(な) 高価(な)	gāojià, zhòngjià, ángguì 高价，重价，昂贵 ガオジア，チョンジア，アァングゥイ	expensive, costly イクスペンスィヴ，コストリ
ごうか(な) 豪華(な)	háohuá, shēhuá 豪华，奢华 ハオホア，ショァホア	gorgeous, deluxe ゴーヂャス，デルクス
こうかい(する) 後悔(する)	hòuhuǐ, àohuǐ, zhuīhuǐ 后悔，懊悔，追悔 ホウホゥイ，アオホゥイ，チュイホゥイ	regret リグレト
こうかい(する) 公開(する)	gōngkāi, kāifàng 公开，开放 ゴンカイ，カイファアン	disclosure ディスクロウジャ

日	中	英
こうかい **航海**(する)	hánghǎi 航海 ハンハイ	navigation ナヴィゲイション
こうがい 公害	gōnghài 公害 ゴンハイ	pollution ポリューション
こうがい **郊外**	jiāowài, chéngjiāo 郊外，城郊 ジアオワイ，チョンジアオ	the suburbs ザ サバーブズ
こうがく 光学	guāngxué 光学 グアンシュエ	optics アプティクス
ごうかく **合格**(する)	hégé, jígé, kǎoshàng 合格，及格，考上 ホアグア，ジィグア，カオシァァン	passing; pass パスィング；パス
こうかく 広角レンズ	guǎngjiǎo jìng(tóu) 广角镜(头) グアンジアオ ジィン(トウ)	wide-angle lens ワイダングル レンズ
こうかん **交換**(する)	huàn, jiāohuàn, duìdiào 换，交换，对调 ホワン，ジアオホワン，ドゥイディアオ	exchange イクスチェインヂ
こうがん 睾丸	gāowán 睾丸 ガオワン	the testicles ザ テスティクルズ
こうがんざい 抗癌剤	kàng'áiyào 抗癌药 カァンアイヤオ	anticancer agent アンティキャンサ エイヂェント
こうかんしゅ 交換手	huàwùyuán, jiēxiànyuán 话务员，接线员 ホアウゥユエン，ジエシエンユエン	telephone operator テレフォウン アペレイタ
こうき 高貴(な)	gāoguì 高贵 ガオグゥイ	nobility; noble ノウビリティ；ノウブル
こうき 後期	hòuqī, hòubànqī 后期，后半期 ホウチィ，ホウバンチィ	the latter term ザ ラタ タ－ム
こうぎ **抗議**(する)	kàngyì 抗议 カァンイー	protest; protest *against* プロテゥスト；プロテスト
こうぎ 講義	kè 课 クァ	lecture レクチャ
～する	jiǎngkè, jiǎngshòu, jiǎngxué 讲课，讲授，讲学 ジアンクァ，ジアンショウ，ジアンシュエ	lecture レクチャ
こうきあつ 高気圧	gāoqìyā 高气压 ガオチィヤァ	high atmospheric pressure ハイ アトモスフェリク プレシャ

日	中	英
こうきしん 好奇心	hàoqíxīn 好奇心 ハオチィシン	curiosity キュアリアスィティ
こうきゅう 高級な	gāojí, gāodàng 高级，高档 ガオジィ，ガオダァン	high-class *articles* ハイクラス
こうきょ 皇居	huánggōng, wánggōng 皇宫，王宫 ホアンゴン，ワァンゴン	the Imperial Palace ジ インピアリアル パレス
こうきょう 好況	fánróng, jǐngqì 繁荣，景气 ファンロン，ジィンチィ	prosperity プラスペリティ
こうきょう 公共 (の)	gōnggòng, gōngyòng 公共，公用 ゴンゴン，ゴンヨン	public, common パブリク，カモン
〜料金	gōngyòng shìyèfèi 公用事业费 ゴンヨン シーイエフェイ	public utility charges パブリク ユーティリティ チャーヂズ
こうぎょう 工業	gōngyè 工业 ゴンイエ	industry インダストリ
〜地帯	gōngyèqū 工业区 ゴンイエチュイ	industrial area インダストリアル エアリア
こうぎょう 鉱業	kuàngyè 矿业 クアンイエ	mining マイニング
こうきょうきょく 交響曲	shǒu jiāoxiǎngqǔ 〔首〕交响曲 ショウ ジアオシアンチュイ	symphony スィンフォニ
ごうきん 合金	héjīn 合金 ホォアジン	alloy アロイ
こうぐ 工具	gōngjù 工具 ゴンジュイ	tool, implement トゥール，インプレメント
こうくう 航空	hángkōng 航空 ハァンコン	aviation エイヴィエイション
〜会社	hángkōng gōngsī 航空公司 ハァンコン ゴンスー	airline エアライン
〜機	jià fēijī 〔架〕飞机 ジア フェイジィ	aircraft エアクラフト
〜券	fēijīpiào, jīpiào 飞机票，机票 フェイジィピアオ，ジィピアオ	airline ticket エアライン ティケト

日	中	英
～便	fēng hángkōngxìn〔封〕航空信 フォン ハァンコンシン	airmail エアメイル
こうけい 光景	guāngjǐng, qíngjǐng 光景，情景 グアンジィン, チィンジィン	spectacle, scene スペクタクル, スィーン
こうげい 工芸	gōngyì 工艺 ゴンイー	craft クラフト
ごうけい 合計(する)	héjì, zǒngjì 合计，总计 ホァジィ, ヅォンジィ	total トウタル
こうけいき 好景気	fánróng, hǎo jǐng 繁荣，好景 ファンロン, ハオ ジィン	prosperity, boom プラスペリティ, ブーム
こうけいしゃ 後継者	jiēbānrén, hòujìrén 接班人，后继人 ジエバンレン, ホウジィレン	successor サクセサ
こうげき 攻撃(する)	gōngjī, gōngdǎ 攻击，攻打 ゴンジィ, ゴンダァ	attack アタク
こうけつあつ 高血圧	gāoxuèyā 高血压 ガオシュエヤア	high blood pressure ハイ ブラド プレシャ
こうけん 貢献(する)	gòngxiàn 贡献 ゴンシエン	contribution カントリビューション
こうげん 高原	gāoyuán 高原 ガオユエン	plateau プラトウ
こうごの 口語の	kǒuyǔ de 口语的 コウユィ ダ	colloquial コロウクウィアル
こうご 交互(に)	jiāohù, jiāotì, lúnliú 交互，交替，轮流 ジアオホゥ, ジアオティー, ルゥンリウ	alternately オールタネトリ
こうこう 高校	gāozhōng, gāojí zhōngxué 高中，高级中学 ガオヂォン, ガオジィ ヂォンシュエ	high school ハイ スクール
～生	gāozhōngshēng 高中生 ガオヂォンシォン	high school student ハイ スクール ステューデント
こうごう 皇后	huánghòu, wánghòu 皇后，王后 ホアンホウ, ワァンホウ	empress エンプレス
こうこがく 考古学	kǎogǔxué 考古学 カオグゥシュエ	archaeology アーキアロヂ

日	中	英
こうこく 広告	guǎnggào 广告 グアンガオ	advertisement アドヴァ**タイ**ズメント
～する	zuò guǎnggào 做广告 ヅゥオ グアンガオ	advertise, publicize **ア**ドヴァタイズ, **パ**ブリサイズ
こうさ 交叉[差](する)	jiāochā, jiāocuò 交叉, 交错 ジアオチャア, ジアオツゥオ	cross ク**ロ**ス
～点	shízì lùkǒu, jiāochādiǎn 十字路口, 交叉点 シーヅー ルゥコウ, ジアオチャアディエン	crossing, crossroads ク**ロ**スィング, ク**ロ**スロウヅ
こうざ 講座	jiǎngzuò 讲座 ジアンヅゥオ	chair, lecture **チェ**ア, **レ**クチャ
(ラジオの)	guǎngbō jiǎngzuò 广播讲座 グアンボォ ジアンヅゥオ	course **コ**ース
こうざ 口座	zhànghù, hùtóu 账户, 户头 ジャアンホゥ, ホゥトウ	account ア**カ**ウント
～番号	zhànghào 账号 ヂャアンハオ	number of a bank account **ナ**ンバ オヴ ア バンク ア**カ**ウント
こうさい 交際	jiāojì, jiāowǎng, láiwang 交际, 交往, 来往 ジアオジィ, ジアオワァン, ライワァン	company **カ**ンパニ
こうさく 工作	shǒugōngyì 手工艺 ショウゴンイー	handicraft **ハ**ンディクラフト
～機械	jīchuáng 机床 ジィチュアン	machine tool マ**シ**ーン トゥール
(軍事)～する	cèhuà 策划 ツゥァホア	maneuver マ**ヌ**ーヴァ
こうさん 降参(する)	tóuxiáng, rènshū 投降, 认输 トウシアン, レンシュウ	surrender サ**レ**ンダ
こうざん 鉱山	kuàngshān 矿山 クアンシャン	mine **マ**イン
こうし 講師	jiǎngshī 讲师 ジアンシー	lecturer, instructor **レ**クチャラ, インス**ト**ラクタ
こうじ 工事	gōngchéng 工程 ゴンチョン	work, construction **ワ**ーク, カンスト**ラ**クション

日	中	英
こうしき 公式	gōngshì 公式 ゴンシー	formula フォーミュラ
～の	zhèngshì 正式 ヂョンシー	official, formal オフィシャル, フォーマル
こうじつ 口実	jièkǒu, tuōcí 借口, 托词 ジエコウ, トゥオツー	excuse イクスキューズ
こうしゃ 校舎	xiàoshè 校舎 シアオショァ	schoolhouse スクールハウス
こうしゅう 公衆	gōngzhòng, gōnggòng, gōngyòng 公众, 公共, 公用 ゴンヂォン, ゴンゴン, ゴンヨン	the public ザ パブリク
～電話	gōngyòng diànhuà 公用电话 ゴンヨン ディエンホア	pay phone ペイ フォウン
～トイレ	gōngcè, gōnggòng cèsuǒ 公厕, 公共厕所 ゴンツゥァ, ゴンゴン ツゥアスゥオ	public lavatory パブリク ラヴァトーリ
こうしゅう 講習	jiǎngxí 讲习 ジアンシィ	course コース
こうじゅつ 口述 (する)	kǒushù 口述 コウシュウ	dictate ディクテイト
こうじょ 控除 (する)	kòuchú 扣除 コウチュウ	deduction; deduct ディダクション;ディダクト
こうしょう 交渉 (する)	tánpàn, jiāoshè 谈判, 交涉 タンパン, ヂィアオショァ	negotiations ニゴウシエイションズ
こうしょう 高尚な	gāoshàng, gāoyǎ 高尚, 高雅 ガオシャァン, ガオヤァ	noble, refined ノウブル, リファインド
こうじょう 工場	gōngchǎng 工厂 ゴンチャァン	factory, plant ファクトリ, プラント
ごうじょう 強情	niújìn, niúpíqi 牛劲, 牛脾气 ニウジン, ニウピィチ	obstinacy アブスティナスィ
～な	juéjiàng, wángù 倔强, 顽固 ジュエジアン, ワングゥ	obstinate アブスティネト
こうしょうにん 公証人	gōngzhèngrén 公证人 ゴンヂョンレン	notary ノウタリ

日	中	英
こうしょきょうふしょう 高所恐怖症	kǒnggāozhèng 恐高症 コンガオチョン	acrophobia アクロフォウビア
こうしん 行進 (する)	xíngjìn, yóuxíng 行进，游行 シィンジン，ヨウシィン	march マーチ
こうしんりょう 香辛料	xiāngxīnliào 香辛料 シアンシンリアオ	spices スパイスィズ
こうすい 香水	dī/píng xiāngshuǐ 〔滴 / 瓶〕香水 ディー / ピィン シアンシュイ	perfume パーフューム
こうずい 洪水	hóngshuǐ 洪水 ホンシュイ	flood, inundation フラド，イノンデイション
こうせい 公正 (な)	gōngzhèng, gōngpíng, gōngdao 公正，公平，公道 ゴンチョン，ゴンピィン，ゴンダオ	fair フェア
こうせい 厚生	shèhuì fúlì, bǎojiàn 社会福利，保健 ショアホゥイ フゥリィ，バオジェン	public welfare パブリック ウェルフェア
こうせい 構成	jiégòu, gòuchéng 结构，构成 ジエゴウ，ゴウチョン	composition カンポズィション
～する	gòuchéng, zǔchéng 构成，组成 ゴウチョン，ヅゥチョン	compose カンポウズ
ごうせい 合成	héchéng 合成 ホォチョン	synthesis スィンサスィス
～樹脂	héchéng shùzhī 合成树脂 ホォチョン シュゥヂー	synthetic resin スィンセティク レズィン
こうせいぶっしつ 抗生物質	kàngshēngsù 抗生素 カァンションスゥ	antibiotic アンティバイアティク
こうせん 光線	guāngxiàn, liàngguāng 光线，亮光 グアンシェン，リアングアン	ray, beam レイ，ビーム
こうぜんと 公然と	gōngrán 公然 ゴンラン	openly, publicly オウプンリ，パブリクリ
こうそ 控訴	shàngsù 上诉 シャァンスゥ	appeal アピール
こうそう 香草	xiāngcǎo 香草 シアンツァオ	herb アーブ

日	中	英
こうそう 構想	gòusī, gòuxiǎng 构思，构想 ゴウスー，ゴウシアン	plan, conception プラン，コンセプション
こうぞう 構造	gòuzào, jiégòu 构造，结构 ゴウヅァオ，ジエゴウ	structure ストラクチャ
こうそうけんちく 高層建築	gāocéng jiànzhù 高层建筑 ガオツン ジエンヂュウ	high-rise ハイライズ
こうそく 高速	gāosù 高速 ガオスゥ	high speed ハイ スピード
～道路	dào/tiáo gāosù gōnglù 〔道／条〕高速公路 ダオ／ティアオ ガオスゥ ゴンルゥ	expressway イクスプレスウェイ
こうたい 交替[代](する)	jiāotì, jiāojiē, huàn'bān 交替，交接，换班 ジアオティー，ジアオジエ，ホワンバン	shift; take turns シフト；テイク ターンズ
こうだい 広大な	guǎngdà, hóngdà 广大，宏大 グアンダァ，ホンダァ	vast, immense ヴァスト，イメンス
こうたいし 皇太子	huángtàizǐ, tàizǐ 皇太子，太子 ホアンタイヅー，タイヅー	the Crown Prince ザ クラウン プリンス
こうたく 光沢	guāngzé 光泽 グアンヅゥァ	luster, gloss ラスタ，グロス
こうちゃ 紅茶	hóngchá 红茶 ホンチァア	tea ティー
こうちょう 校長	xiàozhǎng 校长 シアオチャァン	principal プリンスィパル
こうちょう 好調な	shùnlì, shùndang 顺利，顺当 シュンリィ，シュンダァン	in good condition イン グド カンディション
こうつう 交通	jiāotōng 交通 ジアオトン	traffic トラフィク
(運輸)	yùnshū 运输 ユインシュウ	transport トランスポート
～機関	jiāotōng gōngjù 交通工具 ジアオトン ゴンジュィ	transportation トランスポーテイション
～規制	jiāotōng guǎnzhì, jiāotōng guīzé 交通管制，交通规则 ジアオトン グワンヂー，ジアオトン グウイヅゥァ	traffic regulations トラフィク レギュレイションズ

日	中	英
～事故	chēhuò, jiāotōng shìgù 车祸，交通事故 チョァホウオ, ジアオトン シーグゥ	traffic accident トラフィク アクスィデント
～標識	lùbiāo, jiāotōng biāozhì 路标，交通标志 ルゥビアオ, ジアオトン ビアオヂー	traffic sign トラフィク サイン
こうてい 皇帝	huángdì, tiānzǐ 皇帝，天子 ホアンディー, ティエンヅー	emperor エンペラ
こうてい 肯定(する)	kěndìng, chéngrèn 肯定，承认 ケンディン, チョンレン	affirmation; affirm アファーメイション；アファーム
こうてき 公的	gōngjia de, gōnggòng (de) 公家的，公共(的) ゴンジア ダ, ゴンゴン (ダ)	official, public オフィシャル, パブリク
こうてつ 鋼鉄	kuài gāngtiě 〔块〕钢铁 クアイ ガァンティエ	steel スティール
こうてん 好転する	hǎozhuǎn 好转 ハオヂュワン	turn around ターン アラウンド
こうど 高度	gāodù 高度 ガオドゥ	altitude アルティテュード
こうとう 高等(な)	gāoděng 高等 ガオデゥン	superiority; high スピアリオーリティ；ハイ
こうとう 高騰(する)	shàngzhǎng, shēngzhǎng 上涨，升涨 シャァンヂャァン, ションヂャァン	sudden rise; jump サドン ライズ；ジャンプ
こうとう 口頭(の)	kǒutóu (de) 口头(的) コウトウ (ダ)	oral, verbal オーラル, ヴァーバル
こうどう 行動	xíngdòng, xíngwéi, jǔdòng 行动，行为，举动 シィンドン, シィンウェイ, デュィドン	action, conduct アクション, カンダクト
～する	xíngdòng 行动 シィンドン	act アクト
こうどう 講堂	lǐtáng 礼堂 リィタァン	hall, auditorium ホール, オーディトーリアム
ごうとう 強盗	qiángdào 强盗 チアンダオ	robber, burglar ラバ, バーグラ
ごうどう 合同	liánhé 联合 リエンホオア	union, combination ユーニョン, カンビネイション

日	中	英
こうとうがっこう **高等学校**	gāozhōng, gāojí zhōngxué 高中，高级中学 ガオヂォン, ガオジィ ヂォンシュエ	high school ハイ スクール
こうとうさいばんしょ **高等裁判所**	gāojí rénmín fǎyuàn, 高级人民法院, ガオジィ レンミン ファアユエン, gāoděng fǎyuàn 高等法院 ガオデゥン ファアユエン	high court ハイ コート
こうどく **購読**	dìngyuè 订阅 ディンユエ	subscription サブスクリプション
～料	dìngfèi 订费 ディンフェイ	subscription サブスクリプション
こうないえん **口内炎**	kǒuqiāngyán 口腔炎 コウチアンイエン	stomatitis ストウマタイティス
こうにゅう **購入(する)**	gòumǎi, gòuzhì 购买，购置 ゴウマイ, ゴウヂー	buy バイ
こうにん **公認(の)**	gōngrèn (de) 公认(的) ゴンレン (ダ)	official, approved オフィシャル, アプルーヴド
こうにん **後任**	hòurèn 后任 ホウレン	successor サクセサ
こうはい **後輩**	hòubèi, hòujìn 后辈，后进 ホウベイ, ホウジン	junior ヂューニア
こうばい **勾配**	xiépō 斜坡 シエポォ	slope スロウプ
こう **香ばしい**	xiāng, fēnfāng 香，芬芳 シアン, フェンファアン	fragrant フレイグラント
こうはん **後半**	hòubàn, hòu yíbàn 后半，后一半 ホウバン, ホウ イーバン	the latter half ザ ラタ ハフ
こうばん **交番**	pàichūsuǒ, gǎngtíng 派出所，岗亭 パイチュウスゥオ, ガァンティン	police box ポリース バクス
こうひょう **好評(の)**	hǎopíng, chēngzàn 好评，称赞 ハオピィン, チョンヅァン	popular パピュラ
こうふく **幸福(な)**	xìngfú 幸福 シィンフウ	happiness; happy ハピネス ; ハピ

日	中	英
こうぶつ 好物	ài chī de dōngxi 爱吃的东西 アイ チー ダ ドンシ	favorite food フェイヴァリト フード
こうぶつ 鉱物	kuàngwù 矿物 クアンウゥ	mineral ミナラル
こうふん 興奮	xīngfèn 兴奋 シィンフェン	excitement イクサイトメント
～する	xīngfèn, jīdòng, gǔwǔ 兴奋，激动，鼓舞 シィンフェン，ジィドン，グゥウゥ	be excited ビ イクサイテド
こうぶん 構文	jùfǎ, jùzi jiégòu 句法，句子结构 ジュィファア，ジュィツ ジエゴウ	construction コンストラクション
こうぶんしょ 公文書	zhāng gōngwén, wénshū 〔张〕公文，文书 チャアン ゴンウェン，ウェンシュゥ	official document オフィシャル ダキュメント
こうへい 公平	gōngpíng 公平 ゴンピィン	impartiality インパーシァリティ
～な	gōngpíng, gōngdao, gōngyǔn 公平，公道，公允 ゴンピィン，ゴンダオ，ゴンユィン	fair, impartial フェア，インパーシャル
ごうべんじぎょう 合弁事業	hézī jīngyíng 合资经营 ホォアズー ジィンイン	joint venture ヂョイント ヴェンチャ
こうほ 候補	hòubǔ 候补 ホウブゥ	candidature キャンディダチャ
～者	hòuxuǎnrén, hòubǔzhě 候选人，候补者 ホウシュエンレン，ホウブゥヂョァ	candidate キャンディデイト
こうぼ 酵母	jiàomǔ 酵母 ジアオムゥ	yeast, leaven イースト，レヴン
こうほう 広報	xuānchuán, bàodǎo 宣传，报导 シュエンチュワン，バオダオ	public information パブリク インフォメイション
～活動	gōngguān, xuānchuán huódòng 公关，宣传活动 ゴングワン，シュエンチュワン ホゥオドン	public relations パブリク リレイションズ
ごうほう(てき) 合法(的な)	héfǎ (de) 合法(的) ホォアファア (ダ)	lawfulness; legal ローフルネス；リーガル
ごうまん 傲慢な	àomàn, jiāo'ào 傲慢，骄傲 アオマン，ジアオアオ	haughty ホーティ

日	中	英
こうみゃく 鉱脈	kuàngmài 矿脉 クアンマイ	vein of ore ヴェイン オヴ オー
こうみょうな 巧妙な	qiǎomiào 巧妙 チアオミアオ	skillful, dexterous スキルフル, デクストラス
こうむ 公務	gōngwù, gōngshì 公务, 公事 ゴンウゥ, ゴンシー	official duties オフィシャル デューティズ
こうむいん 公務員	gōngwùyuán, gōngpú 公务员, 公仆 ゴンウゥユエン, ゴンプゥ	public official パブリック オフィシャル
こうむる 被る	shòudào, zāoshòu 受到, 遭受 ショウダオ, ヅァオショウ	suffer, receive サファ, リスィーヴ
こうもく 項目	xiàngmù, tiáomù, tiáokuǎn 项目, 条目, 条款 シアンムゥ, ティアオムゥ, ティアオクワン	item, clause アイテム, クローズ
こうもん 肛門	gāngmén 肛门 ガァンメン	anus エイナス
こうや 荒野	huāngyě, huāngyuán 荒野, 荒原 ホアンイエ, ホアンユエン	the wilds ザ ワイルヅ
こうやく 膏薬	tiē/zhāng/kuài gāoyao 〔贴 / 张 / 块〕膏药 ティエ/チャァン/クアイ ガオヤオ	plaster プラスタ
こうよう 紅葉	kuài hóngyè 〔块〕红叶 クアイ ホンイエ	red leaves レド リーヴズ
～する	yè biàn hóng, yè biàn huáng 叶变红, 叶变黄 イエ ビエン ホン, イエ ビエン ホアン	turn red ターン レド
こうようじゅ 広葉樹	kē kuòyèshù 〔棵〕阔叶树 クァ クゥオイエシュゥ	broadleaf tree ブロードリーフ トリー
こうらく 行楽	yóulǎn, yóuwán 游览, 游玩 ヨウラン, ヨウワン	excursion イクスカージョン
～客	yóukè 游客 ヨウクァ	excursionist イクスカージョニスト
こうり 小売り	língshòu, ménshì 零售, 门市 リィンショウ, メンシー	retail リーテイル
～する	língshòu, língmài 零售, 零卖 リィンショウ, リィンマイ	retail リーテイル

日	中	英
こうり てき 合理(的な)	hélǐ 合理 ホァリィ	rational ラショナル
～化	hélǐhuà 合理化 ホァリィホア	rationalization ラショナリゼイション
こうりつ 効率	xiàolǜ 効率 シアオリュイ	efficiency イフィシェンスィ
～的な	xiàolǜ gāo (de) 効率高(的) シアオリュイ ガオ (ダ)	efficient イフィシェント
こうりゅう 交流(する)	jiāoliú 交流 ジアオリウ	exchange イクスチェインヂ
(電流の)	jiāoliú 交流 ジアオリウ	alternating current オールタネイティング カーレント
ごうりゅう 合流	huìhé, huìhé 汇合, 会合 ホウイホァ, ホウイホァ	confluence カンフルーエンス
(川が)	héliú 合流 ホァリウ	confluence カンフルーエンス
～点	huìhédiǎn 汇合点 ホウイホァディエン	the confluence ザ カンフルーエンス
こうりょ 考慮	kǎolǜ 考虑 カオリュイ	consideration カンスィダレイション
～する	kǎolǜ, zhēnzhuó 考虑, 斟酌 カオリュイ, チェンチュオ	consider カンスィダ
こうりょう 香料	xiāngliào 香料 シアンリアオ	perfume パーフューム
(食品)	xiāngliào 香料 シアンリアオ	flavor フレイヴァ
こうりょう 荒涼とした	huāngliáng 荒凉 ホアンリアン	desolate デソレト
こうりょく 効力	xiàolì, xiàonéng 效力, 效能 シアオリィ, シアオヌォン	effect, efficacy イフェクト, エフィカスィ
こうれい 高齢	gāolíng, niánmài 高龄, 年迈 ガオリィン, ニエンマイ	advanced age アドヴァンスト エイヂ

日	中	英
~化社会	lǎonián shèhuì 老年社会 ラオニエン ショァホゥイ	aging society エイヂング ソサイアティ
号令（ごうれい）	hàolìng, kǒulìng 号令, 口令 ハオリィン, コウリィン	command カマンド
功労（こうろう）	gōngláo, gōngjì 功劳, 功绩 ゴンラオ, ゴンジィ	merits メリツ
講和（こうわ）	jiǎnghé, gòuhé 讲和, 媾和 ジアンホァァ, ゴウホァァ	peace ピース
声（こえ）	...shēng, shēngyīn …声, 声音 …ション, ションイン	voice ヴォイス
護衛（ごえい）	hùwèi, jǐngwèi, bǎobiāo 护卫, 警卫, 保镖 ホゥウェイ, ジィンウェイ, バオビアオ	guard, escort ガード, エスコート
超[越]える	chāoguò, yuèguò 超过, 越过 チャオグゥオ, ユエグゥオ	exceed, pass イクスィード, パス
ゴーグル	fēngjìng, hùmùjìng 风镜, 护目镜 フォンジン, ホウムゥジン	goggles ガグルズ
コース	lùxiàn 路线 ルゥシエン	course コース
（競走などの）	tiáo pǎodào 〔条〕跑道 ティアオ パオダオ	lane レイン
コーチ	jiàoliàn 教练 ジアオリエン	coach コウチ
コーデュロイ	dēngxīnróng 灯心绒 デゥンシンロン	corduroy コードゥロイ
コート	jiàn dàyī, wàitào 〔件〕大衣, 外套 ジエン ダァイー, ワイタオ	coat コウト
（球技の）	qiúchǎng 球场 チウチャァン	court コート
コード	tiáo shéng, xiàn 〔条〕绳, 线 ティアオ ション, シエン	cord コード
（暗号）	mìmǎ 密码 ミィマァ	code コウド

日	中	英
(規定)	zhǔnzé, guīdìng 准则，规定	code
コーナー (かど・すみ)	jiǎoluò 角落	corner
(曲がり角)	guǎiwānchù, guǎijiǎochù, zhuǎnjiǎo 拐弯处，拐角处，转角	corner
(一画)	zhuānguì 专柜	corner
コーヒー	bēi kāfēi 〔杯〕咖啡	coffee
～店	jiā kāfēiguǎn, kāfēidiàn 〔家〕咖啡馆，咖啡店	coffee shop
コーラ	kělè 可乐	coke
コーラス	héchàng 合唱	chorus
こおり 氷	kuài/piàn bīng 〔块 / 片〕冰	ice
こお 凍る	dòng, dòngjié, jiébīng 冻，冻结，结冰	freeze
ゴール	zhōngdiǎn 终点	goal
(球技の)	qiúmén 球门	goal
(目的)	mùbiāo, mùdì 目标，目的	goal
～キーパー	shǒuményuán 守门员	goalkeeper
ゴールインする	dàodá zhōngdiǎn 到达终点	reach the goal

日	中	英
(達成する)	dádào mùbiāo 达到目标 ダァダオ ムゥビアオ	achieve *one's* goal アチーヴ ゴウル
こおろぎ 蟋蟀	zhī xīshuài, qūqur 〔只〕蟋蟀，蛐蛐儿 チー シィシュアイ, チュィチュル	cricket クリケット
こがい 戸外	hùwài, yěwài, shìwài 户外，野外，室外 ホゥワイ, イエワイ, シーワイ	the outdoors ジ アウトドーズ
ごかい 誤解(する)	wùhuì, wùjiě 误会，误解 ウゥホゥイ, ウゥジエ	misunderstanding ミスアンダスタンディング
こがいしゃ 子会社	zǐgōngsī 子公司 ヅーゴンスー	subsidiary サブスィディエリ
コカイン	kěkǎyīn, gǔkējiǎn 可卡因，古柯碱 クァカイン, グゥクァジエン	cocaine コウケイン
ごがく 語学	wàiyǔ, wàiyǔ xuéxí 外语，外语学习 ワイユィ, ワイユィ シュエシィ	language study ラングウィヂ スタディ
(言語学)	yǔyánxué 语言学 ユィイエンシュエ	linguistics リングウィスティクス
ごかくけい 五角形	wǔbiānxíng, wǔjiǎoxíng 五边形，五角形 ウゥビエンシィン, ウゥジアオシィン	pentagon ペンタガン
こかげ 木陰	shùliángr, shùyīn 树凉儿，树阴 シュウリアンル, シュウイン	the shade of a tree ザ シェイド オヴ ア トリー
こ 焦がす	kǎohú, shāojiāo 烤煳，烧焦 カオホゥ, シャオジアオ	burn, scorch バーン, スコーチ
こがた 小型の	xiǎoxíng 小型 シアオシィン	small, compact スモール, コンパクト
ごがつ 五月	wǔyuè 五月 ウゥユエ	May メイ
こが 木枯らし	hánfēng, lěngfēng 寒风，冷风 ハンフォン, ルォンフォン	cold winter wind コウルド ウィンタ ウィンド
ごかん 五感	wǔgǎn 五感 ウゥガン	the five senses ザ ファイヴ センスィズ
ごかんせい 互換性	hùhuànxìng 互换性 ホゥホワンシィン	compatibility コンパティビリティ

日	中	英
〜のある	kě hùhuàn de 可互换的 クァ ホゥホワン ダ	compatible コンパティブル
こぎって 小切手	zhāng zhīpiào, piàojù 〔张〕支票，票据 チァン チーピアオ, ピアオチュイ	check チェク
ゴキブリ	zhī zhānglang 〔只〕蟑螂 チー チャンランラン	cockroach カクロウチ
こきゃく 顧客	gùkè, zhǔgù 顾客，主顾 グゥクァ, チュウグゥ	customer, client カスタマ, クライエント
こきゅう(する) 呼吸(する)	hūxī 呼吸 ホゥシィ	respiration; breathe レスピレイション；ブリーズ
こきょう 故郷	gùxiāng, jiāxiāng, lǎojiā 故乡，家乡，老家 グゥシアン, ジアシアン, ラオジア	home ホウム
こぐ 漕ぐ	huá《chuán》 划《船》 ホア《チュワン》	row ラウ
ごく 語句	cíjù, cíyǔ 词句，词语 ツージュイ, ツーユイ	words ワーヅ
こくえい 国営(の)	guóyíng 国营 グゥオイィン	state-run ステイトラン
こくおう 国王	guówáng 国王 グゥオワン	king, monarch キング, マナク
こくがい 国外(に[で])	(zài) guówài, hǎiwài (在)国外，海外 (ヅァイ) グゥオワイ, ハイワイ	abroad アブロード
こくぎ 国技	guóshù 国术 グゥオシュゥ	national sport ナショナル スポート
こくご 国語	guóyǔ, guówén 国语，国文 グゥオユイ, グゥオウェン	the national language ザ ナショナル ラングウィヂ
こくさい 国際	guójì 国际 グゥオジィ	international インタナショナル
〜結婚	guójì hūnyīn, guójì jiéhūn 国际婚姻，国际结婚 グゥオジィ ホゥンイン, グゥオジィ ジエホゥン	mixed marriage ミクスト マリヂ
〜線	guójì hángxiàn 国际航线 グゥオジィ ハァンシエン	international air line インタナショナル エア ライン

日	中	英
〜電話	国际电话 グゥオジィ ディエンホア	overseas telephone call オウヴァスィーズ テレフォウン コー—
〜法	国际法 グゥオジィファア	international law インタナショナル ロー—
こくさん 国産(の)	国产 グゥオチャン	domestic ドメスティク
こくせき 国籍	国籍 グゥオジィ	nationality ナショナリティ
こくそ 告訴(する)	控告，控诉，打官司 コンガオ, コンスゥ, ダァ グワンス	accusation アキュゼイション
こくたん 黒檀	乌木，黑檀 ウゥムゥ, ヘイタン	ebony エボニ
こくち 告知(する)	通知，启事，告白 トンヂー, チィシー, ガオバイ	notice; notify ノウティス；ノウティファイ
こくど 国土	国土 グゥオトゥ	national land ナショナル ランド
こくどう 国道	公路 ゴンルゥ	national road ナショナル ロウド
こくないの 国内の	国内，海内 グゥオネイ, ハイネイ	domestic ドメスティク
〜線	国内航线 グゥオネイ ハァンシエン	the domestic airline service ザ ドメスティク エアライン サーヴィス
こくはく 告白	坦白 タンバイ	confession カンフェション
〜する	坦白，交代，自白 タンバイ, ジアオダイ, ヅーバイ	confess カンフェス
こくはつ 告発(する)	告发，检举 ガオファア, ジエンヂュイ	accusation; accuse アキュゼイション；アキューズ
こくばん 黒板	〔块〕黑板 クアイ ヘイバン	blackboard ブラクボード
こくふく 克服する	克服 クァフゥ	conquer, overcome カンカ, オウヴァカム

日	中	英
こくべつしき 告別式	(yítǐ) gàobié yíshì (遗体)告别仪式 イーティー ガオビエ イーシー	funeral フューネラル
こくほう 国宝	guóbǎo, zhòngdiǎn wénwù 国宝，重点文物 グゥオバオ，チョンディエン ウェンウゥ	national treasure ナショナル トレジャ
こくぼう 国防	guófáng 国防 グゥオファアン	national defense ナショナル ディフェンス
こぐまざ 小熊座	xiǎoxióngzuò 小熊座 シアオシオンヅゥオ	the Little Bear ザ リトル ベア
こくみん 国民(の)	guómín (de) 国民(的) グゥオミン (ダ)	nation ネイション
こくもつ 穀物	gǔwù 谷物 グゥウゥ	grain, cereals グレイン, スィアリアルズ
こくゆう 国有の	guóyǒu de 国有的 グゥオヨウ ダ	national ナショナル
こくりつ 国立の	guólì (de) 国立(的) グゥオリィ (ダ)	national, state ナショナル, ステイト
こくれん 国連	Liánhéguó 联合国 リエンホォアグゥオ	UN ユーエン
こけい 固形	gùtǐ 固体 グゥティー	solid サリド
こ 焦げる	hú, jiāo 煳，焦 ホゥ, ジアオ	burn バーン
ここ	zhèr, zhèlǐ 这儿，这里 ヂョアル, ヂョアリィ	here, this place ヒア, ズィス プレイス
こご 古語	gǔyǔ 古语 グゥユイ	archaic word アーケイイク ワード
ごご 午後	xiàwǔ, wǔhòu 下午，午后 シアウゥ, ウゥホウ	afternoon アフタヌーン
ココア	kěkě 可可 クァクァ	cocoa コウコウ
こご 凍える	dòngjiāng 冻僵 ドンジアン	freeze フリーズ

日	中	英
ここち 心地よい	shūfu, shūshì, qièyì 舒服，舒适，惬意 シュウフ，シュウシー，シュウチャアン	comfortable カンフォタブル
こごと 小言	shēnchì, zébèi 申斥，责备 シェンチー，ヅゥアベイ	scolding, rebuke スコウルディング，リビューク
ココナツ	yēzi 椰子 イエヅ	coconut コウコナト
こころ 心	xīn, xīnlíng, xīnxiōng 心，心灵，心胸 シン，シンリィン，シンシオン	mind, heart マインド，ハート
（精神）	jīngshén, línghún 精神，灵魂 ジィンシェン，リィンホゥン	spirit スピリト
（感情）	gǎnqíng, qíngxù, qínggǎn 感情，情绪，情感 ガンチィン，チンシュィ，チィンガン	feeling フィーリング
（意向）	yìxiàng, yìtú, dǎsuan 意向，意图，打算 イーシアン，イートゥ，ダアスワン	intention, will インテンション，ウィル
こころえ 心得る	dǒngde, lǐjiě, liǎojiě 懂得，理解，了解 ドンドゥア，リィジエ，リアオジエ	understand アンダスタンド
こころが 心掛ける	liúxīn, míngjì zàixīn, bú wàng 留心，铭记在心，不忘 リウシン，ミィンジィ ヅァイシン，ブウ ワン	bear in mind ベア イン マインド
こころがま 心構え	juéxīn, sīxiǎng zhǔnbèi 决心，思想准备 ジュエシン，スーシアン ヂュンベイ	preparation プレパレイション
こころざし 志	zhì, zhìxiàng, zhìyuàn 志，志向，志愿 ヂー，ヂーシアン，ヂーユエン	will, intention ウィル，インテンション
こころざ 志す	zhìyuàn, lìzhì 志愿，立志 ヂーユエン，リィヂー	intend, aim インテンド，エイム
こころぼそ 心細い	xīnzhōng bù'ān, tǎntè bù'ān 心中不安，忐忑不安 シンヂォン ブゥアン，タントゥア ブゥアン	forlorn フォローン
こころ 試みる	chángshì, shìxíng 尝试，试行 チャァンシー，シーシィン	try, attempt トライ，アテンプト
こころよ 快い	yúkuài, shuǎngkuai, shūshì 愉快，爽快，舒适 ユイクアイ，シュアンクアイ，シュウシー	pleasant, agreeable プレザント，アグリーアバル
こころよ 快く	kǎirán, xīnrán, gāoxìng de 慨然，欣然，高兴地 カイラン，シンラン，ガオシィン ダ	with pleasure ウィズ プレジャ

日	中	英
こさめ 小雨	xiǎoyǔ, wēi yǔ 小雨，微雨 シアオユイ，ウェイ ユイ	light rain ライト レイン
ごさん 誤算	shīcè, suàncuò, gūjì cuòwù 失策，算错，估计错误 シーツァ，スワンツゥオ，グゥジィ ツゥオウゥ	misjudge ミスヂャヂ
こし 腰	yāo 腰 ヤオ	the waist ザ ウェイスト
こじ 孤児	gū'ér 孤儿 グゥアル	orphan オーファン
こしか 腰掛ける	zuò 坐 ヅゥオ	sit (down) スィト（ダウン）
こじき 乞食	qǐgài, tǎofàn de 乞丐，讨饭的 チィガイ，タオファン ダ	beggar ベガ
こしつ 固執(する)	gùzhí, zhíní, jūní 固执，执泥，拘泥 グゥヂー，ヂーニィ，ジュィニィ	persistence; persist パスィステンス；パスィスト
こしつ 個室	dānjiān, yǎzuò 单间，雅座 ダンジエン，ヤァヅゥオ	private room プライヴェト ルーム
ごじつ 後日	rìhòu, gǎitiān 日后，改天 リーホウ，ガイティエン	later, some day レイタ，サム デイ
ゴシック		
（書体）	hēitǐ 黑体 ヘイティー	Gothic ガスィク
（美術様式）	gētèshì 哥特式 グァトゥアシー	Gothic ガスィク
ゴシップ	xiánhuà, xiántán, jiē tán xiàng yì 闲话，闲谈，街谈巷议 シエンホア，シエンタン，ジエ タン ｼｬﾝ イー	gossip ガスィプ
こしょう 故障(する)	gùzhàng, (chū) máobìng 故障，(出)毛病 グゥヂャアン，(チュウ) マオビィン	breakdown ブレイクダウン
ごしょく 誤植	cuòzì, páicuò, yìncuò 错字，排错，印错 ツゥオヅー，パイツゥオ，インツゥオ	misprint ミスプリント
こしら 拵える	zuò 做 ヅゥオ	make メイク

日	中	英
(準備)	zhǔnbèi 准备 ヂュンベイ	prepare プリペア
こじん 個人	gèrén, gètǐ 个人，个体 グァレン，グァティー	individual インディヴィデュアル
～主義	gèrén zhǔyì 个人主义 グァレン ヂュウイー	individualism インディヴィデュアリズム
～的な	sīrén, gèrén (de) 私人，个人(的) スーレン，グァレン (ダ)	personal パーソナル
こ 越[超]す	chāoguò, yuèguò, yúyuè 超过，越过，逾越 チャオグゥオ，ユエグゥオ，ユイユエ	exceed, pass イクスィード，パス
コスト	chéngběn, gōngběn 成本，工本 チョンベン，ゴンベン	cost コスト
こす 擦る	cā, róu, cèng 擦，揉，蹭 ツァア，ロウ，ツン	rub ラブ
こせい 個性	gèxìng 个性 グァシィン	personality パーソナリティ
～的な	dútè de 独特的 ドゥトゥァ ダ	unique ユーニーク
こせき 戸籍	hùkǒu 户口 ホゥコウ	family register ファミリ レヂスタ
こぜに 小銭	língqián, xiǎoqián 零钱，小钱 リィンチエン，シアオチエン	change チェインヂ
～入れ	xiǎoqiánbāo 小钱包 シアオチエンバオ	coin purse コイン パース
ごぜん ちゅう 午前(中)	shàngwǔ 上午 シャアンウゥ	morning モーニング
こたい 固体	gùtǐ 固体 グゥティー	solid サリド
こだい 古代(の)	gǔdài (de) 古代(的) グゥダイ (ダ)	ancient エインシェント
こた 答え	huídá, dáfù 回答，答复 ホゥイダァ，ダァフゥ	answer, reply アンサ，リプライ

日	中	英
(解答)	dá'àn, jiědá 答案，解答 ダァアン, ジエダァ	solution ソルーション
こた 答える	huídá, dáfù, yìngdá 回答，答复，应答 ホゥイダァ, ダァフゥ, イィンダァ	answer, reply アンサ, リプライ
(解答する)	jiědá 解答 ジエダァ	answer, solve アンサ, サルヴ
(返事をする)	dāying 答应 ダァイィン	answer, reply アンサ, リプライ
こた 応える	xiǎngyìng, fǎnyìng 响应，反应 シアンイィン, ファンイィン	respond リスパンド
(報いる)	bàodá 报答 バオダァ	reward *for* リウォード
こだわる	jūnì, gùzhí, jiǎngjiu 拘泥，固执，讲究 ジュィニィ, グゥヂー, ジアンジウ	be particular *about* ビ パティキュラ
ごちそう 御馳走	fēngshèng de cài, yáozhuàn 丰盛的菜，肴馔 フォンション ダ ツァイ, ヤオヂュワン	feast フィースト
〜する	kuǎndài, qǐngkè, yànqǐng 款待，请客，宴请 クワンダイ, チンクァ, イエンチィン	treat, feast トリート, フィースト
こちょう 誇張	kuāzhāng 夸张 クアヂャアン	exaggeration イグザチャレイション
〜する	kuāzhāng, kuādà, fúkuā 夸张，夸大，浮夸 クアヂャアン, クアダァ, フゥクア	exaggerate イグザチャレイト
こつ	mìjué, miàojué, qiàomén 秘诀，妙诀，窍门 ミィジュエ, ミアオジュエ, チアオメン	knack ナク
こっか 国家	guójiā 国家 グゥオジア	state ステイト
〜元首	guójiā yuánshǒu 国家元首 グゥオジア ユエンショウ	sovereign サヴレン
こっか 国歌	guógē 国歌 グゥオグア	national anthem ナショナル アンセム
こっかい 国会	guóhuì, yìhuì 国会，议会 グゥオホゥイ, イーホゥイ	the Diet ザ ダイエト

日	中	英
こづか 小遣い	língyòngqián, língqián 零用钱，零钱 リィンヨンチエン, リィンチエン	pocket money パケト マニ
こっかく 骨格	gǔgé 骨格 グゥグァ	frame, build フレイム, ビルド
こっき 国旗	guóqí 国旗 グゥオチィ	the national flag ザ ナショナル フラグ
こっきょう 国境	guójìng, biānjìng, biānjiè 国境，边境，边界 グゥオジィン, ビエンジィン, ビエンジエ	frontier フランティア
コック	chúshī, dàshīfu 厨师，大师傅 チュウシー, ダアシーフ	cook クク
こっこう 国交	bāngjiāo, guójiāo 邦交，国交 バァンジアオ, グゥオジアオ	diplomatic relations ディプロマティク リレイションズ
ごつごつした	āotū bù píng, jiānyìng 凹凸不平，坚硬 アオトゥ ブゥ ピィン, ジエンイィン	rugged ラゲド
こつずい 骨髄	gǔsuǐ 骨髄 グゥスゥイ	marrow マロウ
こっせつ 骨折(する)	gǔzhé 骨折 グゥヂョア	fracture; break フラクチャ ; ブレイク
こっそり	tōutōu, àn'àn, qiāoqiāo 偷偷，暗暗，悄悄 トウトウ, アンアン, チアオチアオ	quietly クワイエトリ
こっち	zhèbiān, zhèlǐ, zhèr 这边，这里，这儿 ヂョアビエン, ヂョアリィ, ヂョアル	this way, here ズィス ウェイ, ヒア
こづつみ 小包	bāoguǒ 包裹 バオグゥオ	package, parcel パキヂ, パースル
こっとうひん 骨董品	gǔwán, gǔdǒng 古玩，古董 グゥワン, グゥドン	curio, antique キュアリオウ, アンティーク
コップ	bēizi 杯子 ベイヅ	glass グラス
こてい 固定する	gùdìng 固定 グゥディン	fix フィクス
こてん　てき 古典(的な)	gǔdiǎn (de) 古典(的) グゥディエン (ダ)	classic クラスィク

日	中	英
～文学	gǔdiǎn wénxué 古典文学 グゥディエン ウェンシュエ	classics クラスィクズ
ことごと 毎	měi 每 メイ	every, each エヴリ, イーチ
こどう 鼓動(する)	bódòng, tiàodòng 搏动, 跳动 ボオドン, ティアオドン	beat, pulsation; beat ビート, パルセイション; ビート
こどく 孤独(な)	gūdú (de) 孤独(的) グゥドゥ(ダ)	solitude, solitary サリテュード, サリテリ
ことし 今年	jīnnián 今年 ジンニエン	this year ズィス イア
ことづ 言付け	kǒuxìn 口信 コウシン	message メスィヂ
こと 異なった	bù tóng de 不同的 ブゥ トン ダ	different ディフレント
こと 異なる	bù tóng, bù yíyàng, liǎngyàng 不同, 不一样, 两样 ブゥ トン, ブゥ イーヤン, リアンヤン	differ *from* ディファ
こと 殊に	tèbié, géwài, yóuqí 特别, 格外, 尤其 トゥアビエ, グアワイ, ヨウチィ	especially イスペシャリ
ことば 言葉	huà, huàyǔ 话, 话语 ホア, ホアユイ	speech スピーチ
こども 子供	háizi, xiǎoháir, értóng 孩子, 小孩儿, 儿童 ハイヅ, シアオハイル, アルトン	child チャイルド
(子女)	háizi, érnǚ 孩子, 儿女 ハイヅ, アルニュイ	child チャイルド
ことわざ 諺	yànyǔ, súyǔ, súhuà 谚语, 俗语, 俗话 イエンユイ, スゥユイ, スゥホア	proverb プラヴァブ
こと 断わる	jùjué, huíjué, xièjué 拒绝, 回绝, 谢绝 ジュイジュエ, ホゥイジュエ, シエジュエ	refuse リフューズ
(辞退する)	tuīcí, cítuì, círàng 推辞, 辞退, 辞让 トゥイツー, ツートゥイ, ツーラン	decline ディクライン
こな 粉	fěn, fěnmò, miàn 粉, 粉末, 面 フェン, フェンモォ, ミエン	powder; flour パウダ; フラウア

日	中	英
こなごな 粉々に	fěnsuì 粉碎 フェンスゥイ	to pieces トゥ ピースィズ
コネ	hòumén, ménlu, guānxi 后门，门路，关系 ホウメン，メンルゥ，グワンシ	connections カネクションズ
こねこ 子猫	xiǎomāor 小猫儿 シアオマオル	kitty キティ
こ 捏ねる	huó 和 ホゥオ	knead ニード
この	zhè, zhège, zhèxiē 这，这个，这些 ヂョア，ヂョアガ，ヂョアシエ	this, these ズィス，ズィーズ
あいだ この間	qián bùjiǔ, qián jǐ tiān 前不久，前几天 チエン ブゥジウ，チエン ジィ ティエン	the other day ジ アザ デイ
ごろ この頃	zuìjìn, jìnlái, zhèzhènr 最近，近来，这阵儿 ヅゥイジン，ジンライ，ヂョアヂェンル	now, these days ナウ，ズィーズ デイズ
まえ この前	shàngcì 上次 シャンツー	the last time ザ ラスト タイム
この 好ましい	shòu huānyíng, lìng rén xǐhuan 受欢迎，令人喜欢 ショウ ホワンイィン，リィン レン シィホワン	desirable ディザイアラブル
（感じのいい）	lìng rén mǎnyì 令人满意 リィン レン マンイー	agreeable アグリーアブル
（よりよい）	gèng hǎo de 更好的 グン ハオ ダ	preferable プレファラブル
この 好み	àihào, shìhào, kǒuwèi 爱好，嗜好，口味 アイハオ，シーハオ，コウウェイ	taste テイスト
この 好む	xǐhuan, xǐ'ài, àihào 喜欢，喜爱，爱好 シィホワン，シィアイ，アイハオ	like, be fond of ライク，ビ フォンド
よ この世	rénshì, rénjiān 人世，人间 レンシー，レンジエン	this world ズィス ワールド
こはく 琥珀	hǔpò 琥珀 ホゥポォ	amber アンバ
こば 拒む	jùjué, bóhuí 拒绝，驳回 ジュィジュエ，ボォホゥイ	refuse リフューズ

日	中	英
コバルト	gǔ 钴 グゥ	cobalt コウボールト
こはん 湖畔	húbīn, húpàn, húbiān 湖滨，湖畔，湖边 ホゥビン, ホゥパン, ホゥビエン	lakeside レイクサイド
はん ご飯	fàn, mǐfàn 饭，米饭 ファン, ミィファン	rice ライス
（食事）	fàn, cān 饭，餐 ファン, ツァン	meal ミール
コピー	fùyìn(jiàn) 复印(件) フゥイン(ジェン)	photocopy, copy フォウトカピ, カピ
（広告の）	guǎnggào yòngyǔ 广告用语 グアンガオ ヨンユイ	copy カピ
こひつじ 子羊	zhī xiǎoyáng, gāoyáng 〔只〕小羊，羔羊 チー シアオヤン, ガオヤン	lamb ラム
こぶし 拳	quántóu 拳头 チュエントウ	fist フィスト
こぶん 子分	bùxià, dǎngyǔ, dǎngtú 部下，党羽，党徒 ブシア, ダァンユイ, ダァントウ	follower ファロウア
こぼす	sǎ, sǎ 洒，撒 サア, サア	spill スピル
（不平を）	bàoyuàn, mányuàn, fā láosāo 抱怨，埋怨，发牢骚 バオユエン, マンユエン, ファア ラオサオ	complain カンプレイン
こぼれる	sǎ, sǎ, yìchū 洒，撒，溢出 サア, サア, イーチュウ	fall, drop, spill フォール, ドラブ, スピル
（刃が）	(dāorèn) quē le (刀刃) 缺了 (ダオレン) チュエ ラ	be scattered ビ スキャタド
こま 独楽	tuóluó 陀螺 トゥオルゥオ	top タプ
ごま 胡麻	zhīma 芝麻 チーマ	sesame セサミ
～油	xiāngyóu, máyóu 香油，麻油 シアンヨウ, マアヨウ	sesame oil セサミ オイル

日	中	英
コマーシャル	shāngyè (de) 商业(的) シャアンイエ (ダ)	commercial カマーシャル
(広告)	guǎnggào 广告 グアンガオ	advertisement アドヴァタイズメント
細かい	xì, xiān, xiānxì 细, 纤, 纤细 シィ, シエン, シエンシィ	small, fine スモール, ファイン
(詳細)	xiángxì, xìmì 详细, 细密 シアンシィ, シィミィ	detailed ディテイルド
(金銭に)	lìnsè, xiǎoqi 吝啬, 小气 リンスァ, シアオチ	stingy スティンヂ
誤魔化す	piàn, hùn, mán 骗, 混, 瞒 ピエン, ホゥン, マン	cheat, swindle チート, スウィンドル
鼓膜	gǔmó, ěrmó 鼓膜, 耳膜 グゥモォ, アルモォ	the eardrum ジ イアドラム
困らせる	diāonàn, kùnrǎo, wéinán 刁难, 困扰, 为难 ディアオナン, クゥンラオ, ウェイナン	embarrass, annoy インバラス, アノイ
困る	wéinán, shòujiǒng, nánshòu 为难, 受窘, 难受 ウェイナン, ショウジオン, ナンショウ	have trouble ハヴ トラブル
(当惑する)	kùnhuò, kùnjiǒng 困惑, 困窘 クゥンホゥオ, クゥンジオン	be annoyed ビ アノイド
(金に)	pínqióng, jiǒngpò, jiǒngkùn 贫穷, 窘迫, 窘困 ピンチオン, ジオンポォ, ジオンクゥン	be hard up (*for*) ビ ハード アプ
ごみ	lājī, huìtǔ, chéntǔ 垃圾, 秽土, 尘土 ラァジィ, ホゥイトゥ, チェントゥ	dust, refuse ダスト, レフュース
～箱	lājīxiāng, guǒpíxiāng 垃圾箱, 果皮箱 ラァジィシアン, グゥオピィシアン	dustbin ダストビン
コミュニケ	gōngbào 公报 ゴンバオ	communiqué コミューニケイ
コミュニ ケーション	gōutōng, jiāoliú 沟通, 交流 ゴゥトン, ジアオリウ	communication カミューニケイション
込[混]む	yōngjǐ 拥挤 ヨンジィ	be jammed ビ ヂャムド

日	中	英
ゴム	xiàngjiāo, xiàngpí, jiāopí 橡胶，橡皮，胶皮 シアンジアオ, シアンピィ, ジアオピィ	rubber ラバ
こむぎ 小麦	xiǎomài, màizi 小麦，麦子 シアオマイ, マイヅ	wheat ホウィート
～粉	miàn, miànfěn, báimiàn 面，面粉，白面 ミエン, ミエンフェン, パイミエン	flour フラウア
こめ 米	dàmǐ, dàomǐ 大米，稻米 ダァミィ, ダオミィ	rice ライス
こめかみ	éjiǎo, tàiyángxué, nièrú 额角，太阳穴，颞颥 ウァジアオ, タイヤンシュエ, ニエルゥ	the temple ザ テンプル
コメディ	xǐjù 喜剧 シィジュイ	comedy カミディ
こ 込める	zhuāngtián 装填 ヂュアンティエン	charge チャーヂ
コメンテーター	pínglùnyuán 评论员 ピィンルゥンユエン	commentator カメンテイタ
コメント	píngyǔ 评语 ピィンユィ	comment カメント
ごめんなさい	duìbuqǐ 对不起 ドゥイブチィ	I'm sorry. アイム サリ
こもじ 小文字	xiǎoxiě 小写 シアオシエ	small letter スモール レタ
こもり 子守	bǎomǔ, āyí 保姆，阿姨 バオムゥ, ァアイー	baby-sitter ベイビスィタ
こもん 顧問	gùwèn 顾问 グゥウェン	adviser, counselor アドヴァイザ, カウンセラ
こや 小屋	xiǎomùwū 小木屋 シアオムゥウゥ	hut, shed ハト, シード
ごやく 誤訳	wùyì, cuòyì 误译，错译 ウゥイー, ツゥオイー	mistranslation ミストランスレイション
こゆう 固有(の)	tèyǒu (de) 特有(的) トゥァヨウ (ダ)	peculiar to ピキューリア

日	中	英
～名詞	固有名词 gùyǒu míngcí	proper noun
小指 (こゆび)	小指 xiǎozhǐ	little finger
雇用(する) (こよう)	雇佣 gùyōng	employment
堪える (こらえる)	忍耐, 忍受 rěnnài, rěnshòu	bear, endure
(抑制する)	控制, 抑制, 克制 kòngzhì, yìzhì, kèzhì	control, suppress
娯楽 (ごらく)	娱乐, 文娱, 游艺 yúlè, wényú, yóuyì	amusement
コラム	专栏 zhuānlán	column
コラムニスト	专栏作家 zhuānlán zuòjiā	columnist
孤立(する) (こりつ)	孤立 gūlì	isolation
ゴリラ	〔只〕大猩猩 zhī dàxīngxing	gorilla
懲りる (こりる)	惩前毖后, 吃够苦头 chéng qián bì hòu, chīgòu kǔtóu	have had enough *of*
凝る (こる)	热中, 入迷 rèzhōng, rùmí	be absorbed *in*
(肩などが)	发酸, 酸痛 fāsuān, suāntòng	grow stiff
ゴルフ	高尔夫球 gāo'ěrfūqiú	golf
～場	高尔夫球场 gāo'ěrfūqiúchǎng	golf links
これ	这, 这个, 此 zhè, zhège; zhèige, cǐ	this

日	中	英
これから	jīnhòu, cóngcǐ 今后，从此 ジンホウ, ツォンツー	hereafter ヒアラフタ
コレクション	shōují, shōucáng 收集，收藏 ショウジィ, ショウツァン	collection カレクション
(集めたもの)	shōucángpǐn, zhēncángpǐn 收藏品，珍藏品 ショウツァンピン, チェンツァンピン	collection カレクション
コレクトコール	duìfāng fùkuǎn diànhuà 对方付款电话 ドゥイファアン フゥクワン ディエンホア	collect call カレクト コール
コレステロール	dǎngùchún 胆固醇 ダングゥチュン	cholesterol コレスタロウル
ころ 転がる	gǔn, gǔndòng 滚，滚动 グゥン, グゥンドン	roll ロウル
(倒れる)	dǎoxià 倒下 ダオシア	fall フォール
(寝転ぶ)	tǎngxià 躺下 タァンシア	lie down ライ ダウン
ころ 殺す	shā, shāsǐ, zhūlù 杀，杀死，诛戮 シャア, シャアスー, チュウルゥ	kill, murder キル, マーダ
ころ 転ぶ	shuāi, diē, diēdǎo 摔，跌，跌倒 シュアイ, ディエ, ディエダオ	tumble down タンブル ダウン
ころも 衣	yī 衣 イー	clothes クロウズ
(フライなどの)	miànyī 面衣 ミエンイー	coating コーティング
こわ 恐[怖]い	kǒngbù, kěpà 恐怖，可怕 コンブゥ, クァパァ	terrible, fearful テリブル, フィアフル
こわ 恐[怖]がる	pà, hàipà 怕，害怕 パァ, ハイパァ	fear, be afraid フィア, ビ アフレイド
こわ 壊す	huǐhuài, nònghuài, sǔnhuài 毁坏，弄坏，损坏 ホゥイホアイ, ノンホアイ, スゥンホアイ	break, destroy ブレイク, ディストロイ
こわ 壊れる	huài, pò, pòsǔn, cánpò 坏，破，破损，残破 ホアイ, ポォ, ポォスゥン, ツァンポォ	break, be broken ブレイク, ビ ブロウクン

日	中	英
<ruby>紺<rt>こん</rt></ruby>	zàngqīngsè, shēnlánsè 藏青色，深蓝色 ヅァアンチンスァ，シェンランスァ	dark blue ダーク ブルー
<ruby>今回<rt>こんかい</rt></ruby>	zhècì, zhè huí 这次，这回 ヂョァツー，ヂョァ ホウイ	this time ズィス タイム
<ruby>根気<rt>こんき</rt></ruby>	nàixìng, yìlì 耐性，毅力 ナイシィン，イーリィ	perseverance パースィヴィアランス
<ruby>根拠<rt>こんきょ</rt></ruby>	gēnjù, yījù 根据，依据 ゲンジュイ，イージュイ	ground グラウンド
コンクール	jìngsài, bǐsài 竞赛，比赛 ジンサイ，ビィサイ	contest カンテスト
コンクリート	hùnníngtǔ 混凝土 ホウンニィントゥ	concrete カンクリート
<ruby>今月<rt>こんげつ</rt></ruby>	zhège yuè, běnyuè 这个月，本月 ヂョァガ ユエ，ベンユエ	this month ズィス マンス
<ruby>今後<rt>こんご</rt></ruby>	jīnhòu 今后 ジンホウ	from now on フラム ナウ オン
<ruby>混合<rt>こんごう</rt></ruby>（する）	hùnhé, jiāohùn, chānhuo 混合，交混，搀和 ホウンホォア，ジアオホゥン，チャンホゥオ	mix ミクス
コンサート	yīnyuèhuì, yǎnzòuhuì 音乐会，演奏会 インユエホゥイ，イエンゾウホゥイ	concert カンサト
（歌の）	yǎnchànghuì 演唱会 イエンチャァンホゥイ	concert カンサト
<ruby>混雑<rt>こんざつ</rt></ruby>（する）	yōngjǐ, yōngsè, zátà 拥挤，拥塞，杂沓 ヨンジィ，ヨンスァ，ヅアアタァ	congestion コンチェスチョン
コンサルタント	(zīxún) gùwèn （咨询）顾问 （ヅーシュイン）グゥウェン	consultant カンサルタント
<ruby>今週<rt>こんしゅう</rt></ruby>	zhège xīngqī, běnzhōu 这个星期，本周 ヂョァガ シィンチィ，ベンヂョウ	this week ズィス ウィーク
<ruby>根性<rt>こんじょう</rt></ruby>	píqi, xìnggé, xìngqíng 脾气，性格，性情 ピィチ，シィングァ，シィンチィン	nature ネイチャ
（気力）	xuèxìng, gǔqì, yìlì 血性，骨气，毅力 シュエシィン，グゥチィ，イーリィ	spirit, grit スピリト，グリト

日	中	英
コンスタントな	búduàn, wěndìng (de) 不断，稳定(的) プゥドワン, ウェンディン (ダ)	constant カンスタント
こんせい 混成の	hùnhé, hùnchéng (de) 混合，混成(的) ホゥンホォア, ホゥンチョン (ダ)	mixed ミクスト
こんぜつ 根絶(する)	gēnjué, chǎnchú, duàngēn 根绝，铲除，断根 ゲンジュエ, チャンチュウ, ドワンゲン	eradication イラディケイション
コンセプト	gàiniàn, guānniàn, sīxiǎng 概念，观念，思想 ガイニエン, グワンニエン, スーシアン	concept カンセプト
こんせん 混線(する)	chuànxiàn 串线 チュワンシエン	get cross ゲト クロース
コンセンサス	gòngshí, yīzhì yìjiàn, yúlùn 共识，一致意见，舆论 ゴンシー, イーチー イージエン, ユイルゥン	consensus コンセンサス
コンセント	chāzuò 插座 チャアヅゥオ	outlet アウトレト
コンソメ	qīngtāng 清汤 チィンタァン	consommé カンソメイ
コンタクト	liánxì, jiēchù 联系，接触 リエンシィ, ジエチュウ	contact カンタクト
～レンズ	yǐnxíng yǎnjìng 隐形眼镜 インシィン イエンジィン	contact lenses カンタクト レンズィズ
こんだて 献立	shípǔ, càidān, càipǔ 食谱，菜单，菜谱 シープゥ, ツァイダン, ツァイプゥ	menu メニュー
こんだん 懇談	chàngtán, tánxīn 畅谈，谈心 チャァンタン, タンシン	familiar talk ファミリア トーク
～会	zuòtánhuì 座谈会 ヅゥオタンホゥイ	round-table conference ラウンドテーブル カンファレンス
こんちゅう 昆虫	zhī kūnchóng 〔只〕昆虫 チー クゥンチォン	insect インセクト
コンディション	tiáojiàn, qíngkuàng, zhuàngkuàng 条件，情况，状况 ティアオジエン, チィンクアン, チュアンクアン	condition カンディション
コンテスト	bǐsài, jìngsài 比赛，竞赛 ビィサイ, ジィンサイ	contest カンテスト

日	中	英
コンテナ	jízhuāngxiāng 集装箱 ジィヂュアンシアン	container カンテイナ
コンデンサー	diànróngqì 电容器 ディエンロンチィ	condenser カンデンサ
こんど 今度	zhècì 这次 ヂョアツー	this time ズィス タイム
（次回）	xiàcì 下次 シアツー	next time ネクスト タイム
こんどう 混同する	hùntóng, hùnxiáo 混同，混淆 ホゥントン，ホゥンシアオ	confuse コンフューズ
コンドーム	bìyùntào 避孕套 ビィユィンタオ	condom カンドム
コンドミニアム	àn hù chūshòu de gōngyù 按户出售的公寓 アン ホゥ チュウショウ ダ ゴンユィ	condominium カンドミニアム
コントラスト	duìzhào 对照 ドゥイヂャオ	contrast カントラスト
（写真の）	fǎnchā 反差 ファンチャア	contrast カントラスト
（テレビの）	duìbǐdù 对比度 ドゥイビィドゥ	contrast カントラスト
コントラバス	dīyīn tíqín 低音提琴 ディーイン ティーチン	contrabass カントラベイス
コントロール （する）	kòngzhì, cāozòng, guǎnzhì 控制，操纵，管制 コンヂー，ツァオヅォン，グワンヂー	control カントロウル
こんとん 混沌	hùndùn 混沌 ホゥンドゥン	chaos ケイアス
こんな	zhèyàng, zhème 这样，这么 ヂョアヤン，ヂョアマ	such サチ
こんなん 困難	kùnnan, nánchu, nánshì 困难，难处，难事 クゥンナン，ナンチュ，ナンシー	difficulty ディフィカルティ
～な	kùnnan (de), jiānnán (de) 困难（的），艰难（的） クゥンナン（ダ），ジエンナン（ダ）	difficult ディフィカルト

日	中	英
今日 (きょう/こんにち)	jīntiān, jīnrì, xiànjīn 今天，今日，现今 ジンティエン, ジンリー, シエンジン	today トデイ
こんにちは	nǐ hǎo 你好 ニィ ハオ	Hello. ヘロウ
コンバーター	zhuǎnhuànqì, biànliúqì 转换器，变流器 ヂュワンホワンチィ, ビエンリウチィ	converter カンヴァータ
コンパートメント	bāofáng 包房 バオファアン	compartment カンパートメント
コンパクトな	xiǎoxíng, xiùzhēn 小型，袖珍 シアオシィン, シウヂェン	compact コンパクト
今晩 (こんばん)	jīnwǎn, jīntiān wǎnshang 今晚，今天晚上 ジンワン, ジンティエン ワンシャアン	this evening ズィス イーヴニング
こんばんは	wǎnshang hǎo 晚上好 ワンシャアン ハオ	Good evening. グド イーヴニング
コンビ	zǔhé, yíduì 组合，一对 ヅゥホォア, イードゥイ	combination カンビネイション
コンビナート	liánhé qǐyè 联合企业 リエンホォア チィイエ	industrial complex インダストリアル カンプレクス
コンビニ	biànlì (shāng)diàn 便利(商)店 ビエンリィ (シャアン)ディエン	convenience store カンヴィーニェンス ストー
コンビネーション	liánhé, pèihé 联合，配合 リエンホォア, ペイホォア	combination カンビネイション
コンピュータ	diànnǎo, (diànzǐ) jìsuànjī 电脑，(电子)计算机 ディエンナオ, (ディエンヅー) ジィスワンジィ	computer カンピュータ
昆布 (こんぶ)	hǎidài, hǎicài 海带，海菜 ハイダイ, ハイツァイ	kelp, tangle ケルプ, タングル
コンプレックス	zìbēigǎn, qíngjié 自卑感，情结 ヅーベイガン, チィンジエ	complex カンプレクス
梱包 (こんぽう) (する)	kǔnzā, dǎbāo, bāozhuāng 捆扎，打包，包装 クゥンヅァア, ダァバオ, バオヂュアン	packing; pack up パキング; パク アプ
根本 (こんぽん)	gēnběn, jīběn, gēnyuán 根本，基本，根源 ゲンベン, ジィベン, ゲンユエン	the foundation ザ ファウンデイション

日	中	英
コンマ	逗号 dòuhào ドウハオ	comma カマ
こんや 今夜	今晚，今天晚上 jīnwǎn, jīntiān wǎnshang ジンワン, ジンティエン ワンシャアン	tonight トナイト
こんやく 婚約	婚约 hūnyuē ホゥンユエ	engagement インゲイヂメント
～者	对象 duìxiàng ドゥイシアン	one's betrothed ビトロウスト
(男)	未婚夫 wèihūnfū ウェイホゥンフウ	fiancé フィアーンセイ

■コンピュータ■ ⇒ インターネット

コンピュータ　电脑，(电子)计算机/diànnǎo, (diànzǐ) jìsuànjī ディエンナオ, (ディエンヅー) ジィスワンジィ / (英computer)

パソコン　(个人)电脑/(gèrén) diànnǎo (グァレン) ディエンナオ / (英personal computer)

デスクトップ　桌面/zhuōmiàn ヂュオミエン / (英desk-top computer)

ノートパソコン　笔记本电脑/bǐjìběn diànnǎo ビィジィベン ディエンナオ / (英notebook-type computer)

ハードウェア　硬件/yìngjiàn イィンジエン / (英hardware)

ハードディスク　硬盘/yìngpán イィンパン / (英hard disk)

ソフトウェア　软件/ruǎnjiàn ルワンジエン / (英software)

オペレーティングシステム　操作系统/cāozuò xìtǒng ツァオヅゥオ シィトン / (英operating system, OS)

プログラム　程序/chéngxù チョンシュィ / (英program)

インストール　安装/ānzhuāng アンヂュアン / (英installation)

ぶんしょ
文書　文件/wénjiàn ウェンジエン / (英document)

バーチャルリアリティー　虚拟现实/xūnǐ xiànshí シュィニィ シエンシー / (英virtual reality)

キーボード　键盘/jiànpán ジエンパン / (英keyboard)

キー　键/jiàn ジエン / (英key)

マウス　鼠标/shǔbiāo シュウビアオ / (英mouse)

マウスパッド　鼠标垫/shǔbiāodiàn シュウビアオディエン / (英mouse pad)

モニター　显示器/xiǎnshìqì シエンシーチィ / (英monitor)

日	中	英
(女)未婚妻 ウェイホゥンチィ		fiancée フィアーンセイ
～する 訂婚 ディンホゥン		be engaged to ビ インゲイヂド
こんらん 混乱(する)	hùnluàn, fēnluàn 混乱，纷乱 ホゥンルワン, フェンルワン	confusion カンフュージョン
こんれい 婚礼	hūnlǐ, xǐshì 婚礼，喜事 ホゥンリィ, シィシー	wedding ウェディング
こんわく 困惑	kùnhuò, míwǎng 困惑，迷惘 クゥンホゥオ, ミィワン	embarrassment インバラスメント

モデム　調制解調器 /tiáozhì jiětiáoqì ティアオヂー ジエティアオチィ /
(英modem)

データベース　数据库 /shùjùkù シュウヂュイクゥ / (英data base)

ネットワーク　网络 /wǎngluò ワンルゥオ / (英network)

ハッカー　黑客 /hēikè ヘイクァ / (英hacker)

バグ　错误 /cuòwù ツゥオウゥ / (英bug)

プリンター　打印机 /dǎyìnjī ダァインジィ / (英printer)

レーザープリンター　激光打印机 /jīguāng dǎyìnjī ジィグアン ダァインジィ / (英laser printer)

スキャナー　扫描仪 /sǎomiáoyí サオミアオイー / (英scanner)

プリント　印刷，印出 /yìnshuā, yìnchū インシュア, インチゥワ / (英printing)

モバイル　移动通信 /yídòng tōngxìn イードン トンシン / (英mobile)

データ　数据 /shùjù シュウヂュイ / (英data)

ファイル　文件 /wénjiàn ウェンジエン / (英file)

カーソル　光标 /guāngbiāo グアンビアオ / (英cursol)

フォルダ　文件夹 /wénjiànjiā ウェンジエンジア / (英folder)

アイコン　图标 /túbiāo トゥビアオ / (英icon)

ウインドウ　窗口 /chuāngkǒu チュアンコウ / (英window)

メモリ　内存 /nèicún ネイツン / (英memory)

フロッピーディスク　软盘 /ruǎnpán ルワンパン / (英floppy)

ハブ　集线器 /jíxiànqì ジィシエンチィ / (英hub)

しゅうへんきき
周辺機器　外围设备 /wàiwéi shèbèi ワイウェイ ショァベイ / (英peripherals)

日	中	英

さ, サ

さ 差	chābié, chājù 差别，差距 チャアビエ, チャアヂュイ	difference ディファレンス
サーカス	mǎxì, zájì(tuán) 马戏，杂技(团) マァシィ, ヅァアジィ(トワン)	circus サーカス
サーキット	sàichēchǎng 赛车场 サイチョアチャアン	circuit サーキット
サークル	xiǎozǔ, bān 小组，班 シアオヅゥ, バン	circle サークル
サーバー		
(コンピュータの)	fúwùqì 服务器 フウウウチイ	server サーヴァ
(球技の)	fāqiúyuán 发球员 ファアチウユエン	server サーヴァ
サービス	fúwù 服务 フウウウ	service サーヴィス
～料	fúwùfèi 服务费 フウウウフェイ	service charge サーヴィス チャーヂ
サーブ	fāqiú 发球 ファアチウ	serve, service サーヴ, サーヴィス
サーファー	chōnglàng yùndòngyuán 冲浪运动员 チォンラァン ユィンドンユエン	surfer サーファ
サーフィン	chōnglàng 冲浪 チォンラァン	surfing サーフィング
サーフボード	chōnglàngbǎn 冲浪板 チォンラァンバン	surfboard サーフボード
サーモスタット	héngwēnqì 恒温器 ヘゥンウェンチイ	thermostat サーマスタト
さいあい 最愛の	zuì ài de, zuì qīn'ài de 最爱的，最亲爱的 ヅゥイ アイ ダ, ヅゥイ チンアイ ダ	beloved ビラヴェド

日	中	英
さいあく 最悪の	zuì zāogāo de, zuì huài de 最糟糕的，最坏的 ヅゥイ ヅァオガオ ダ, ヅゥイ ホアイ ダ	the worst ザ ワースト
ざいあく 罪悪	zuì'è, zuìlì 罪恶，罪戾 ヅゥイウァ, ヅゥイリィ	crime, sin クライム, スィン
さいかい(する) 再開(する)	chóngxīn kāishǐ 重新开始 チョンシン カイシー	reopen リーオウプン
さいがい 災害	zāihài 灾害 ヅァイハイ	calamity, disaster カラミティ, ディザスタ
ざいかい 財界	jīngjìjiè 经济界 ジィンジィジエ	the financial world ザ フィナンシャル ワールド
ざいがく(する) 在学する	zàixiào 在校 ヅァイシアオ	be in school ビ イン スクール
さいきん 最近	jìnlái, zuìjìn 近来，最近 ジンライ, ヅゥイジン	recently リースントリ
さいきん 細菌	xìjūn 细菌 シィジュイン	bacteria, germ バクティアリア, ヂャーム
さいく 細工	(shǒu)gōngyì (手)工艺 (ショウ)ゴンイー	work ワーク
(詭計)	huāzhāo 花招 ホアヂャオ	trick トリク
さいくつ(する) 採掘(する)	kāicǎi, cǎijué 开采，采掘 カイツァイ, ツァイジュエ	mining; mine マイニング；マイン
サイクリング	qí zìxíngchē 骑自行车 チィ ヅースィンチョァ	cycling サイクリング
サイクル	zhōuqī, xúnhuán 周期，循环 ヂョウチィ, シュインホワン	cycle サイクル
さいけつ 採血	cǎixiě 采血 ツァイシエ	drawing blood ドローイング ブラド
さいけつ 採決	biǎojué 表决 ビアオジュエ	vote ヴォウト
さいげつ 歳月	shíjiān, suìyuè 时间，岁月 シージエン, スゥイユエ	time タイム

日	中	英
さいけん 債券	zhàiquàn 债券 チャイチュエン	debenture, bond ディベンチャ, バンド
ざいげん 財源	cáiyuán 财源 ツァイユエン	funds ファンズ
さいけんとう 再検討する	chóngxīn shěnchá 重新审查 チョンシン シェンチァア	reexamine リーイグザミン
さいご 最期	línzhōng 临终 リンヂォン	death, last moment デス, ラスト モウメント
さいご 最後	zuìhòu, zuìzhōng 最后, 最终 ヅゥイホウ, ヅゥイヂォン	the last, the end ザ ラスト, ジ エンド
~の	zuìhòu 最后 ヅゥイホウ	last, final ラスト, ファイナル
ざいこ 在庫	kùcún 库存 クゥツゥン	stocks スタクス
さいこう 最高	zuìgāo, zhì gāo wú shàng 最高, 至高无上 ヅゥイガオ, チー ガオ ウゥ シャァン	supremacy シュプレマスィ
~裁判所	zuìgāo fǎyuàn 最高法院 ヅゥイガオ ファアユエン	the Supreme Court ザ シュプリーム コート
さいこん 再婚	zàihūn 再婚 ヅァイホゥン	remarry リマリ
(女性が)	gǎijià 改嫁 ガイジア	remarry リマリ
さいさん 採算	hésuàn 核算 ホォアスワン	profit, gain プラフィト, ゲイン
ざいさん 財産	cáichǎn, cáifù 财产, 财富 ツァイチャン, ツァイフゥ	estate, fortune イステイト, フォーチュン
さいじつ 祭日	jiérì 节日 ジエリー	national holiday ナショナル ハリデイ
ざいしつ 材質	zhìdì 质地 チーディー	material マティアリアル
さいしゅう 採集(する)	cǎijí, shōují 采集, 收集 ツァイジィ, ショウジィ	collection カレクション

日	中	英
さいしゅう 最終の	zuìhòu, zuìzhōng 最后，最终 ヅウイホウ, ヅウイヂォン	the last ザ ラスト
～バス	mòbānchē 末班车 モォバンチョア	the last bus ザ ラスト バス
さいしょ 最初(の)	zuìchū, kāitóu 最初，开头 ヅウイチュウ, カイトウ	the first ザ ファースト
さいしょう 最小(の)	zuìxiǎo de 最小的 ヅウイシアオ ダ	the least ザ リースト
～公倍数	zuìxiǎo gōngbèishù 最小公倍数 ヅウイシアオ ゴンベイシュウ	the least common multiple ザ リースト カモン マルティプル
さいしょうげん 最小限	zuìdī xiàndù 最低限度 ヅウイディー シエンドゥ	minimum ミニマム
さいじょう 最上の	zuìhǎo, zuìyōu 最好，最优 ヅウイハオ, ヅウイヨウ	the best ザ ベスト
さいしょくしゅぎしゃ 菜食主義者	sùshízhě 素食者 スウシーヂョァ	vegetarian ヴェヂテアリアン
さいしん 細心の	xìxīn de, yánmì de 细心的，严密的 シィシン ダ, イエンミィ ダ	careful, prudent ケアフル, プルーデント
さいしん 最新の	zuìxīn de 最新的 ヅウイシン ダ	the latest ザ レイティスト
サイズ	chǐcun, dàxiǎo 尺寸，大小 チーツゥン, ダァシアオ	size サイズ
(靴や帽子の)	chǐmǎ 尺码 チーマァ	size サイズ
さいせい 再生(する)	zàishēng, gēngshēng 再生，更生 ヅァイション, グンション	rebirth, regenerate リーバース, リヂェナレイト
(録音物の)	chóngfàng 重放 チォンファアン	playback プレイバク
ざいせい 財政	cáizhèng 财政 ツァイヂォン	finances フィナンスィズ
さいせいき 最盛期	zuìshèngqī, dǐngshèngqī, wàngjì 最盛期，鼎盛期，旺季 ヅウイションチィ, ディンションチィ, ワンジィ	the prime ザ プライム

日	中	英
さいぜん 最善	zuì hǎo 最好 ヅゥイ ハオ	the best ザ ベスト
さいぜんせん 最前線	zuìqiánxiàn, dìyīxiàn 最前线，第一线 ヅゥイチエンシエン, ディーイーシエン	the front ザ フラント
さいそく 催促(する)	cuī, cuīcù 催, 催促 ツゥイ, ツゥイツゥ	press プレス
さいだい 最大(の)	zuìdà 最大 ヅゥイダア	the maximum ザ マクスィマム
～公約数	zuìdà gōngyuēshù 最大公约数 ヅゥイダア ゴンユエシュウ	the greatest common measure ザ グレイティスト カモン メジャ
さいだいげん 最大限	zuìdà xiàndù 最大限度 ヅゥイダア シエンドゥ	maximum マクスィマム
さいたく 採択	tōngguò 通过 トングゥオ	adoption, choice アダプション, チョイス
さいだん 裁断	cáijué, cáiduàn 裁决, 裁断 ツァイジュエ, ツァイドワン	judgment ヂャヂメント
(洋服などの)	jiǎncái, cáijiǎn 剪裁, 裁剪 ジエンツァイ, ツァイジエン	cutting カティング
ざいだん 財団	cáituán 财团 ツァイトワン	foundation ファウンデイション
さいちゅう 最中に	zhèngzài ... shí 正在…时 チョンヅァイ … シー	in the midst of イン ザ ミドスト
さいてい 最低の	zuìdī, zuì chà 最低, 最差 ヅゥイディー, ヅゥイ チャア	the minimum ザ ミニマム
さいてき 最適な	zuì héshì 最合适 ヅゥイ ホァシー	the most suitable ザ モウスト スータブル
さいてん 採点(する)	píngfēn, pànfēn 评分, 判分 ピィンフェン, パンフェン	mark マーク
サイト	wǎngzhàn 网站 ワンチャン	site サイト
さいど 再度	zàicì, zàidù 再次, 再度 ヅァイツー, ヅァイドゥ	again アゲン

日	中	英
ナイド	cèmiàn, pángbiān 侧面，旁边 ツゥアミエン, パァンビエン	side サイド
（立場）	fāngmiàn 方面 ファアンミエン	side サイド
さいなん 災難	zāinàn 灾难 ツァイナン	misfortune ミスフォーチョン
さいにゅう 歳入	suìrù 岁入 スウイルウ	annual revenue アニュアル レヴェニュー
さいのう 才能	cáinéng, cáihuá 才能，才华 ツァイヌォン, ツァイホア	talent, ability タレント, アビリティ
さいばい 栽培（する）	zāipéi, zhòngzhí 栽培，种植 ツァイペイ, ヂォンチー	cultivation カルティヴェイション
さいはつ 再発（する）	fùfā, chóng fā 复发，重发 フゥファア, チォン ファア	relapse リラプス
さいばん 裁判	shěnpàn, shěnlǐ 审判，审理 シェンパン, シェンリィ	justice, trial チャスティス, トライアル
～官	fǎguān, shěnpànyuán 法官，审判员 ファアグワン, シェンパンユエン	judge, the court チャヂ, ザ コート
～所	fǎyuàn 法院 ファアユエン	court of justice コート オヴ チャスティス
さいふ 財布	qiánbāo 钱包 チエンバオ	purse, wallet パース, ワレト
さいへん 再編	gǎizǔ 改组 ガイヅゥ	reorganization リオーガニゼイシャン
さいほう 裁縫	cáiféng, féngrèn 裁缝，缝纫 ツァイフォン, フォンレン	needlework ニードルワーク
さいぼう 細胞	xìbāo 细胞 シィバオ	cell セル
さいみんじゅつ 催眠術	cuīmiánshù 催眠术 ツゥイミエンシュウ	hypnotism ヒプノティズム
さいむ 債務	zhàiwù 债务 ヂャイウゥ	debt デト

日	中	英
ざいむ 財務	cáiwù 财务 ツァイウゥ	financial affairs ファイナンシャル アフェアズ
ざいもく 材木	mùcái 木材 ムゥツァイ	wood, lumber, timber ウド, ランバ, ティンバ
さいよう 採用(する)	cǎiyòng, cǎinà 采用, 采纳 ツァイヨン, ツァイナァ	adoption; adopt アダプション；アダプト
(任用する)	lùyòng 录用 ルゥヨン	employment インプロイメント
(雇いいれる)	lùqǔ, lùyòng 录取, 录用 ルゥチュイ, ルゥヨン	employ インプロイ
ざいりゅう 在留	qiáojū 侨居 チアオチュイ	residence, stay レズィデンス, ステイ
～邦人	rìběn qiáomín 日本侨民 リーベン チアオミン	Japanese residents チャパニーズ レズィデンツ
さいりょう 裁量	zhuóqíng chǔlǐ, dìngduó 酌情处理, 定夺 ヂュオチン チュウリィ, ディンドゥオ	judgement ヂャチメント
さいりょう 最良(の)	zuìjiā (de), zuì hǎo (de) 最佳(的), 最好(的) ヅゥイジア (ダ), ヅゥイ ハオ (ダ)	best ベスト
さいりよう 再利用	zàicì lìyòng, fèiwù lìyòng 再次利用, 废物利用 ヅァイツー リヨン, フェイウゥ リヨン	recycle リーサイクル
ざいりょう 材料	cáiliào, yuánliào 材料, 原料 ツァイリアオ, ユエンリアオ	materials マティアリアルズ
ざいりょく 財力	cáilì 财力 ツァイリィ	financial power ファイナンシャル パウア
サイレン	jǐngdí, qìdí 警笛, 汽笛 ジィンディー, チディー	siren サイアレン
さいわ 幸い	xìngyùn, wànxìng 幸运, 万幸 シィンユイン, ワンシィン	happiness ハピネス
(運良く)	hǎozài, xìngkuī 好在, 幸亏 ハオヅァイ, シィンクゥイ	fortunately フォーチュネトリ
～な	xìnghǎo, jiǎoxìng 幸好, 侥幸 シィンハオ, ジアオシィン	happy, fortunate ハピ, フォーチュネト

日	中	英
サイン	qiānmíng, qiānzì 签名，签字 チエンミィン, チエンヅー	signature スィグナチャ
(合図)	xìnhào, ànhào 信号，暗号 シンハオ, アンハオ	sign サイン
(数学)	zhèngxián 正弦 チョンシエン	sine サイン
サウナ	sāngnàyù, zhēngqìyù 桑那浴，蒸汽浴 サァンナァユィ, チョンチィユィ	sauna サウナ
さえぎる 遮る	zǔzhǐ, zǔdǎng 阻止，阻挡 ヅゥヂー, ヅゥダアン	interrupt, obstruct インタラプト, オブストラクト
(日光などを)	zhēdǎng, zhēbì 遮挡，遮蔽 チョァダアン, チョァビィ	obstruct オブストラクト
さえる 冴える	qīngchè, xiānmíng 清澈，鲜明 チンチョァ, シエンミィン	be bright ビ ブライト
(腕が)	shúliàn, língqiǎo 熟练，灵巧 シュウリエン, リィンチアオ	be skilled ビ スキルド
(目が)	qīngxǐng 清醒 チンシィン	be wakeful ビ ウェイクフル
さか 坂	xiépō, pōdào 斜坡，坡道 シエポォ, ポォダオ	slope, hill スロウプ, ヒル
さかい 境	jièxiàn, biānjiè 界限，边界 ジエシエン, ビエンジエ	boundary, border バウンダリ, ボーダ
さか 栄える	fánróng, xīngshèng 繁荣，兴盛 ファンロン, シィンション	prosper プラスパ
さがく 差額	chā'é 差额 チァアウァ	difference ディファレンス
さが だ 探し出す	zhǎochū, zhǎodào 找出，找到 ヂャオチュウ, ヂャオダオ	find ファインド
さが 捜[探]す	zhǎo, xúnzhǎo 找，寻找 ヂャオ, シュィンヂャオ	seek *for*, look *for* スィーク, ルク
(調べる)	chá 查 チァア	look up, look... out ルク アプ, ルク アウト

日	中	英
<ruby>杯<rt>さかずき</rt></ruby>	酒杯 jiǔbēi ジウベイ	cup, glass カプ, グラス
<ruby>逆立ちする<rt>さかだ</rt></ruby>	倒立 dàolì ダオリィ	do a handstand ドゥ ア ハンドスタンド
<ruby>魚<rt>さかな</rt></ruby>	〔条〕鱼 tiáo yú ティアオ ユィ	fish フィシュ
<ruby>遡る<rt>さかのぼ</rt></ruby>	逆流 nìliú ニィリウ	go up ゴウ アプ
（時間を）	追溯 zhuīsù チュイスゥ	go back ゴウ バク
<ruby>坂道<rt>さかみち</rt></ruby>	坡道, 坡路 pōdào, pōlù ポオダオ, ポオルゥ	slope スロウプ
<ruby>酒屋<rt>さかや</rt></ruby>	酒店, 酒铺 jiǔdiàn, jiǔpù ジウディエン, ジウプゥ	liquor store リカ ストー
<ruby>逆らう<rt>さか</rt></ruby>	反对, 顶撞 fǎnduì, dǐngzhuàng ファンドウイ, ディンチュアン	oppose, go against オポウズ, ゴウ アゲインスト
<ruby>盛り<rt>さか</rt></ruby>	旺盛, 旺季 wàngshèng, wàngjì ワンション, ワンジィ	the height ザ ハイト
（人生の）	盛年 shèngnián ションニエン	prime プライム
<ruby>下がる<rt>さ</rt></ruby>	下降, 降低 xiàjiàng, jiàngdī シアジアン, ジアンディー	fall, drop フォール, ドラプ
（ぶら下がる）	垂, 垂悬 chuí, chuíxuán チュイ, チュイシュエン	hang *down* ハング
（後退する）	后退 hòutuì ホウトゥイ	fall *off* フォール
<ruby>左岸<rt>さがん</rt></ruby>	左岸 zuǒ'àn ヅゥオアン	the left bank *of* ザ レフト バンク
<ruby>盛んな<rt>さか</rt></ruby>	旺盛 wàngshèng ワンション	prosperous プラスペラス
（元気な）	健壮, 强壮 jiànzhuàng, qiángzhuàng ジエンチュアン, チアンチュアン	active アクティヴ

日	中	英
(繁盛)	fánróng, xīngshèng 繁荣，兴盛 ファンロン, シィンション	prosperous プラスペラス
(熱心)	rèliè, jījí 热烈，积极 ルァリエ, ジィジィ	heartily ハーティリ
さき 先	jiānduān, jiānr, tóur 尖端，尖儿，头儿 ジェンドワン, ジェル, トウル	the point, the tip ザ ポイント, ザ ティプ
(先頭)	qiántou, qiánmian 前头，前面 チェントウ, チェンミエン	the head ザ ヘド
(未来)	tóuli, jīnhòu 头里，今后 トウリ, ジンホウ	the future ザ フューチャ
(続き)	jìxù, xùjí 继续，续集 ジィシュイ, シュイジィ	the sequel ザ スィークウェル
さぎ 詐欺	qīpiàn, zhàpiàn 欺骗，诈骗 チィピエン, チャピエン	fraud フロード
～師	piànzi 骗子 ピエンヅ	swindler スウィンドラ
さきおとい 一昨昨日	dàqiántiān 大前天 ダァチエンティエン	three days ago スリー デイズ アゴウ
サキソフォン	sàkè(sī)guǎn 萨克(斯)管 サアクァ(スー)グワン	saxophone サクソフォウン
さきほど 先ほど	gāngcái, fāngcái 刚才，方才 ガァンツァイ, ファアンツァイ	a little while ago ア リトル (ホ)ワイル アゴウ
さきものとりひき 先物取引	qīhuò jiāoyì 期货交易 チィホウオ ジアオイー	futures trading フューチャズ トレイディング
さきゅう 砂丘	shāqiū 沙丘 シャアチウ	dune デューン
さぎょう 作業(する)	gōngzuò, láodòng 工作，劳动 ゴンヅゥオ, ラオドン	work ワーク
～服	gōngzuòfú 工作服 ゴンヅゥオフウ	overalls オウヴァロールズ
さ 裂く	sī 撕 スー	rend, tear, sever レンド, テア, セヴァ

日	中	英
さ 割く	chōu, téngchū 抽，腾出 チョウ, テゥンチュウ	spare スペア
さ 咲く	kāi, kāihuā 开，开花 カイ, カイホア	bloom, come out ブルーム, カム アウト
さく 柵	zhàlan, wéilán 栅栏，围栏 チャアラン, ウェイラン	fence フェンス
さくいん 索引	suǒyǐn 索引 スゥオイン	index インデクス
さくげん 削減	jǐnsuō, xuējiǎn 紧缩，削减 ジンスゥオ, シュエジエン	reduction, cut リダクション, カト
さくし 作詞する	zuòcí 作词 ヅゥオツー	write the lyrics ライト ザ リリクズ
さくじつ 昨日	zuórì, zuótiān 昨日，昨天 ヅゥオリー, ヅゥオティエン	yesterday イェスタディ
さくしゃ 作者	zuòzhě 作者 ヅゥオチョア	writer, author ライタ, オーサ
さくしゅ 搾取(する)	bōxuē, zhàqǔ 剥削，榨取 ボォシュエ, チャアチュイ	squeeze スクウィーズ
さくじょ 削除(する)	shāndiào, shānchú 删掉，删除 シャンディアオ, シャンチュウ	deletion; delete デリーション；ディリート
さくせい 作成する	biānzhì, nǐdìng 编制，拟定 ビエンチー, ニィディン	draw up, make out ドロー アプ, メイク アウト
さくせん 作戦	zuòzhàn 作战 ヅゥオチャン	operations アペレイションズ
さくねん 昨年	qùnián 去年 チュイニエン	last year ラスト イア
さくばん 昨晩	zuówǎn, zuótiān wǎnshang 昨晚，昨天晚上 ヅゥオワン, ヅゥオティエン ワンシァアン	last night ラスト ナイト
さくひん 作品	zuòpǐn 作品 ヅゥオピン	work, piece ワーク, ピース
さくぶん 作文	zuòwén 作文 ヅゥオウェン	composition カンポズィション

日	中	英
<ruby>作物<rt>くもつ</rt></ruby>	zuòwù, zhuāngjia 作物，庄稼 ヅオウウ, ヂュアンジア	crops クラプス
<ruby>昨夜<rt>さくや</rt></ruby>	zuówǎn, zuóyè 昨晚，昨夜 ヅオワン, ヅオイエ	last night ラスト ナイト
<ruby>桜<rt>さくら</rt></ruby>	kē yīnghuāshù 〔棵〕樱花树 クァ イインホアシュウ	cherry tree チェリー トリー
(花)	yīnghuā 樱花 イィンホア	cherry blossoms チェリ ブラソムズ
<ruby>桜桃<rt>さくらんぼ</rt></ruby>	kē/lì yīngtáo 〔颗 / 粒〕樱桃 クァ / リィ イィンタオ	cherry チェリ
<ruby>策略<rt>さくりゃく</rt></ruby>	cèlüè, jìcè 策略，计策 ツァリュエ, ジィツァ	plan, plot プラン, プラト
<ruby>探る<rt>さぐ</rt></ruby>	shìtàn, zhēnchá 试探，侦察 シータン, チェンチャア	search, look for サーチ, ルク フォー
(見えないものを)	mō, mōsuǒ 摸，摸索 モオ, モオスウオ	feel for フィール フォー
(動向を)	dǎtàn 打探 ダアタン	spy スパイ
<ruby>鮭<rt>さけ</rt></ruby>	guìyú, sānwényú 鲑鱼，三文鱼 グウイユィ, サンウェンユィ	salmon サモン
<ruby>酒<rt>さけ</rt></ruby>	bēi jiǔ 〔杯〕酒 ベイ ジウ	*saké*, alcohol サーキ, アルコホール
～を飲む	hē jiǔ 喝酒 ホオア ジウ	drink ドリンク
<ruby>叫ぶ<rt>さけ</rt></ruby>	hǎn, hǎnjiào 喊，喊叫 ハン, ハンジアオ	shout, cry シャウト, クライ
<ruby>避ける<rt>さ</rt></ruby>	bìkāi, duǒbì 避开，躲避 ビィカイ, ドゥオビィ	avoid アヴォイド
<ruby>裂ける<rt>さ</rt></ruby>	lièkāi, pòliè 裂开，破裂 リエカイ, ポオリエ	split スプリト
<ruby>下げる<rt>さ</rt></ruby>	jiàngdī, jiàngxià 降低，降下 ジアンディー, ジアンシア	lower, drop ラウア, ドラプ

日	中	英
（つるす）	guà, diào 挂，吊 グア, ディアオ	hang ハング
ささ 笹	xìzhú, ǎizhú 细竹，矮竹 シィヂュウ, アイヂュウ	bamboo grass バンブー グラス
ささい 些細な	suǒxiè, xìsuì 琐屑，细碎 スゥオシエ, シィスゥイ	trifling, trivial トライフリング, トリヴィアル
ささ 支える	zhīchēng, zhīchí 支撑，支持 ヂーチョン, ヂーチー	support, maintain サポート, メインテイン
（物を）	chēng, dǐng, tuō 撑，顶，托 チョン, ディン, トゥオ	hold ホウルド
ささくれ	dàocì 倒刺 ダオツー	hangnail ハングネイル
ささ 捧げる	qíng, pěng 擎，捧 チィン, ポン	lift up リフト アプ
（献上）	xiàn, gòng 献，供 シエン, ゴン	give, offer ギヴ, オファ
（奉仕）	gòngxiàn, fèngxiàn 贡献，奉献 ゴンシエン, フォンシエン	devote *oneself* to ディヴォウト
ささや 囁く	dīyǔ, ěryǔ, dígu 低语，耳语，嘀咕 ディーユィ, アルユィ, ディーグ	whisper ホウィスパ
さ 刺さる	cìrù 刺入 ツールゥ	stick スティク
さ あ 差し上げる	jǔ, qíng 举，擎 ヂュィ, チィン	lift up, raise リフト アプ, レイズ
（与える）	fèngsòng, jìngfèng 奉送，敬奉 フォンソン, ジィンフォン	give, present ギヴ, プレゼント
さしえ 挿絵	chāhuà, chātú 插画，插图 チャアホア, チャアトゥ	illustration イラストレイション
さ こ 差し込み	chā, chārù 插，插入 チャア, チャアルゥ	insertion インサーション
（プラグ）	chātóu, chāxiāo 插头，插销 チャアトウ, チャアシアオ	plug プラグ

日	中	英
（激痛）	jùtòng 剧痛 ヂュイトン	griping pain グリピング ペイン
さ こ 差し込む	chā, chārù 插，插入 チァア，チァアルウ	insert インサート
（光が）	shèrù 射入 ショアルウ	shine in シャイン イン
さしず 指図	zhǐshì, zhǐlìng 指示，指令 ヂーシー，ヂーリィン	instructions インストラクションズ
～する	zhǐshì, zhǐhuī, zhǐshǐ, fēnfù 指示，指挥，指使，吩咐 ヂーシー，ヂーホゥイ，ヂーシー，フェンフゥ	direct, instruct ディレクト，インストラクト
さしだしにん 差出人	fāxìnrén 发信人 ファアシンレン	sender, remitter センダ，リミタ
さ つか 差し支え	fáng'ài 妨碍 ファアンアイ	hindrance ヒンドランス
さ ひ 差し引く	kòu, kòuchú 扣，扣除 コウ，コウチュウ	deduct *from* ディダクト
さ み 刺し身	shēngyúpiàn 生鱼片 ションユイピエン	*sashimi* サシミ
ざしょう 座礁する	chùjiāo 触礁 チュウジアオ	strike a rock ストライク ア ラク
さ 差す	chā 插 チァア	insert インサート
（傘を）	dǎ (sǎn) 打（伞） ダァ（サン）	put up an umbrella プト アップ アン アンブレラ
（水を）	guàn, qīngzhù 灌，倾注 グワン，チィンヂュウ	pour ポー
さ 刺す	zhā, cì 扎，刺 ヂァア，ツー	pierce, stab ピアス，スタブ
（蚊やノミなどが）	dīng 叮 ディン	bite, sting バイト，スティング
（毒虫が）	zhē 蜇 ヂョア	bite, sting バイト，スティング

日	中	英
指す	zhǐ, zhǐshì 指，指示 チー, チーシー	point *to* ポイント
(指名)	zhǐmíng 指名 チーミイン	name, nominate ネイム, ナミネイト
射す	zhàoshè, shè 照射，射 チャオショア, ショア	shine *in* シャイン
授ける	shòuyǔ, shǎngcì 授予，赏赐 ショウユイ, シャンツー	give, grant ギヴ, グラント
(伝授)	chuánshòu 传授 チュワンショウ	induct インダクト
サスペンス	xuánniàn, xuányí 悬念，悬疑 シュエンニエン, シュエンイー	suspense サスペンス
サスペンダー	bèidài 背带 ベイダイ	suspenders サスペンダズ
さすらう	liúlàng, piāobó 流浪，漂泊 リウラァン, ピアオボォ	wander ワンダ
擦る	fǔmó, róu 抚摩，揉 フウモォ, ロウ	rub ラブ
座席	wèizi, zuòwèi, xíwèi 位子，座位，席位 ウェイズ, ヅゥオウェイ, シィウェイ	seat スィート
(船や飛行機の)	cāngwèi 舱位 ツァアンウェイ	seat スィート
左折(する)	zuǒzhuǎn, wǎng zuǒ guǎi 左转，往左拐 ヅゥオヂュアン, ワァン ヅゥオ グアイ	left turn; turn left レフト ターン ; ターン レフト
挫折(する)	shòucuò, cuòzhé 受挫，挫折 ショウツゥオ, ツゥオヂョア	failure フェイリャ
させる	jiào, shǐ, ràng 叫，使，让 ジアオ, シー, ラァン	make *a person do* メイク
(許可)	qǐng ..., ràng ... 请(人)(+动)，让(人)(+动) チィン …, ラァン …	let *a person do* レト
(依頼)	qǐng yǔnxǔ ... 请允许(人)(+动) チィン ユインシュイ …	have *a person do* ハヴ

日	中	英
さそい 誘い	yāoqǐng 邀请 ヤオチン	invitation インヴィテイション
（誘惑）	yǐnyòu 引诱 インヨウ	temptation テンプテイション
さそう 誘う	yuē, yāoqǐng 约，邀请 ユエ, ヤオチン	invite インヴァイト
（引き起こす）	zhāoyǐn, yǐnqǐ 招引，引起 チャオイン, インチイ	induce インデュース
（誘惑）	gōuyǐn 勾引 ゴウイン	tempt テンプト
さだめる 定める	zhìdìng 制定 チーディン	decide *on*, fix ディサイド, フィクス
さち 幸	xìngfú, xìngyùn 幸福，幸运 シンフウ, シンユイン	happiness ハピネス
さつ 冊	běn, cè 本，册 ベン, ツゥア	volume, copy ヴァリュム, カピ
さつ 札	chāopiào, piàozi 钞票，票子 チャオピアオ, ピアオヅ	bill ビル
～入れ	píjiāzi, qiánbāo 皮夹子，钱包 ピィジアヅ, チエンバオ	wallet ワレト
さつえい 撮影（する）	pāishè, shèyǐng 拍摄，摄影 パイショア, ショアイイン	photographing フォウトグラフィング
ざつおん 雑音	záyīn, zàoshēng 杂音，噪声 ヅァアイン, ヅァオション	noise ノイズ
さっか 作家	zuòjiā 作家 ヅゥオジア	writer, author ライタ, オーサ
サッカー	zúqiú 足球 ヅウチウ	soccer, football サカ, フトボール
さっかく 錯覚	cuòjué 错觉 ツゥオジュエ	illusion イルージョン
ざっかや 雑貨屋	záhuòpù 杂货铺 ヅァアホウオプウ	variety store ヴァライエティ ストー

日	中	英
さっき	gāngcái 刚才 ガァンツァイ	(just) now (ヂャスト) ナウ
さっきょく 作曲(する)	zuòqǔ, pèiqǔ 作曲, 配曲 ヅゥオチュイ, ペイチュイ	composition カンポズィション
さっきん 殺菌	shājūn, mièjūn 杀菌, 灭菌 シャアジュィン, ミエジュィン	sterilization ステリリゼイション

■サッカー■　⇒ スポーツ

サッカー　　足球 /zúqiú ヅゥチウ / (㋳football)

ワールドカップ　　世界杯 /shìjièbēi シージエベイ / (㋳the World Cup)

フーリガン　　足球流氓 /zúqiú liúmáng ヅゥチウ リウマァン / (㋳hooligan)

ゴール　　球门 /qiúmén チウメン / (㋳goal)

キックオフ　　开球 /kāiqiú カイチウ / (㋳kickoff)

ぜんはん
前半　　上半场 /shàngbànchǎng シャァンバンチャァン / (㋳first half)

こうはん
後半　　下半场 /xiàbànchǎng シアバンチャァン / (㋳second half)

ロスタイム　　损耗的时间 /sǔnhào de shíjiān スゥンハオ ダ シージエン / (㋳injury time)

ハーフタイム　　中场休息 /zhōngchǎng xiūxi ヂォンチャアン シウシ / (㋳half time)

ハットトリック　　帽子戏法 /màozi xìfǎ マオツ シィファア / (㋳hat trick)

パス　　传球 /chuánqiú チュワンチウ / (㋳pass)

ドリブル　　运球 /yùnqiú ュィンチウ / (㋳dribble)

カウンターアタック　　反击 /fǎnjī ファンジィ / (㋳counter attack)

ヘディング　　头球 /tóuqiú トウチウ / (㋳heading)

インサイドキック　　内脚背踢球 /nèijiǎobèi tīqiú ネイジアオベイ ティーチウ / (㋳inside kick)

シュート　　射门 /shèmén ショァメン / (㋳shoot)

オーバーヘッドキック　　倒钩球 /dàogōuqiú ダオゴウチウ / (㋳overhead kick)

プレス　　抗干扰 /kàng gānrǎo カァン ガンラオ / (㋳pressure)

ペナルティーキック　　(罚)点球 /(fá)diǎnqiú (ファア)ディエンチウ / (㋳penalty kick)

コーナーキック　　角球 /jiǎoqiú ジアオチウ / (㋳corner kick)

日	中	英
さっさと	jímáng de, xùnsù de 急忙地，迅速地 ジィマアン ダ，シュインスゥダ	quickly, promptly クゥイクリ，プランプトリ
ざっし 雑誌	zázhì, kānwù 杂志，刊物 ヅァヂー，カンウゥ	magazine マガズィーン
ざっしゅ 雑種	zájiāozhǒng, zázhǒng 杂交种，杂种 ヅァジアオヂォン，ヅァヂォン	crossbreed, hybrid クロースブリード，ハイブリド

ちょくせつ
直接フリーキック 直接任意球 /zhíjiē rènyìqiú チージエ レンイーチウ / (英direct free kick)

かんせつ
間接フリーキック 间接任意球 /jiānjiē rènyìqiú ジエンジエ レンイーチウ / (英indirect free kick)

イエローカード 黄牌 /huángpái ホアンパイ / (英yellow card)

レッドカード 红牌 /hóngpái ホンパイ / (英red card)

たいじょう
退場 罚令出场 /fálìng chūchǎng ファアリィン チュウチァアン / (英sending off)

けいこく
警告 警告 /jǐnggào ジィンガオ / (英booking)

ポジション 位置 /wèizhi ウェイヂ / (英position)

ストライカー 中锋 /zhōngfēng ヂォンフォン / (英striker)

フォワード 前锋 /qiánfēng チエンフォン / (英forward)

ミッドフィルダー 中场 /zhōngchǎng ヂォンチァアン / (英midfielder)

ディフェンダー 守卫 /shǒuwèi ショウウェイ / (英defender)

ゴールキーパー 守门员 /shǒuményuán ショウメンユエン / (英goal keeper)

オフサイド 越位 /yuèwèi ユエウェイ / (英offside)

スローイン 掷界外球 /zhìjièwàiqiú ヂージエワイチウ / (英throw-in)

ハンド 手球 /shǒuqiú ショウチウ / (英handling)

はんそく
反則 犯规 /fànguī ファングゥイ / (英foul)

しんぱん
審判 裁判(员) /cáipàn(yuán) ツァイパン(ユエン) / (英referee)

ふくしんぱん
副審判 巡边员 /xúnbiānyuán シュィンビエンユエン / (英linesman)

かんとく
監督 领队 /lǐngduì リィンドゥイ / (英coach)

だいひょうかんとく
代表監督 国家队主教练 /guójiāduì zhǔjiàoliàn グゥオジアドゥイ ヂュウジアオリエン / (英trainer manager (of a national team))

日	中	英
さつじん 殺人	shārén 杀人 シャアレン	homicide, murder ハミサイド, マーダ
～犯	shārénfàn, xiōngshǒu 杀人犯，凶手 シャアレンファン, シオンショウ	homicide, murderer ハミサイド, マーダラ
さっ 察する	tuīcè, juéchá 推测，觉察 トゥイツゥア, ジュエチャア	guess, imagine ゲス, イマヂン
ざっそう 雑草	zácǎo 杂草 ヅァアツァオ	weeds ウィーヅ
さっそく 早速	dāngjí, lìjí, lìkè 当即，立即，立刻 ダァンジィ, リィジィ, リィクァ	immediately イミーディエトリ
ざつだん 雑談	xiánhuà, xiántán 闲话，闲谈 シエンホア, シエンタン	gossip, chat ガスィプ, チャト
～する	liáotiānr, xiántán 聊天儿，闲谈 リアオティアル, シエンタン	chat チャト
さっちゅうざい 殺虫剤	shāchóngjì, shāchóngyào 杀虫剂，杀虫药 シャアチォンジィ, シャアチォンヤオ	insecticide インセクティサイド
さっとう 殺到(する)	yǒnglái, fēngyōng ér lái 涌来，蜂拥而来 ヨンライ, フォンヨン アル ライ	rush ラシュ
ざっとう 雑踏	hùnluàn yōngjǐ 混乱拥挤 ホゥンルワン ヨンジィ	congestion コンチェスチョン
ざつ 雑な	cūcāo 粗糙 ツゥツァオ	rough, rude ラフ, ルード
さつまいも 薩摩芋	báishǔ, gānshǔ 白薯，甘薯 バイシュウ, ガンシュウ	sweet potato スウィート ポテイトウ
ざつむ 雑務	záwù 杂务 ヅァアウゥ	small jobs スモール チャブズ
さてい 査定	shěndìng, héshí 审定，核实 シェンディン, ホォアシー	assessment アセスメント
さと 里	cūnzhuāng 村庄 ツゥンヂュアン	village, the country ヴィリヂ, ザ カントリ
(実家)	niángjia 娘家 ニアンジア	old home オウルド ホウム

日	中	英
(故郷)	lǎojiā 老家 ラオジア	hometown ホウムタウン
さといも 里芋	yùtou, yùnǎi 芋头,芋艿 ユイトウ, ユイナイ	taro ターロウ
さとう 砂糖	táng, shātáng 糖,砂糖 タァン, シャアタァン	sugar シュガ
さどう 茶道	chádào 茶道 チャアダオ	the tea ceremony ザ ティー セリモニ
さとうきび 砂糖黍	gānzhe 甘蔗 ガンヂャ	sugarcane シュガケイン
さとる 悟る	lǐnghuì, rènshi, juéchá 领会,认识,觉察 リィンホゥイ, レンシ, ジュエチァア	realize, notice リーアライズ, ノウティス
サドル	ānzuò, zuòzi 鞍座,座子 アンヅゥオ, ヅゥオヅ	saddle サドル
さは 左派	zuǒpài 左派 ヅゥオパイ	left レフト
さば 鯖	tiáo qīnghuāyú 〔条〕青花鱼 ティアオ チンホアユイ	mackerel マクレル
サバイバル	shēngcún, sǐ lǐ táo shēng 生存,死里逃生 ションツゥン, スー リィ タオ ション	survival サヴァイヴァル
さばく 砂漠	shāmò 沙漠 シャアモォ	desert デザト
さび 錆	xiù 锈 シウ	rust ラスト
さび 寂しい	jìmò, qīliáng 寂寞,凄凉 ジィモオ, チィリアン	lonely, desolate ロウンリ, デソレト
さ 錆びる	shēngxiù 生锈 ションシウ	rust ラスト
サファイア	lánbǎoshí 蓝宝石 ランバオシー	sapphire サファイア
ざぶとん 座布団	kuài zuòdiàn 〔块〕坐垫 クアイ ヅゥオディエン	cushion クション

日	中	英
サフラン	zànghónghuā 藏红花 ヅァンホンホア	saffron サフロン
さべつ 差別(する)	qūbié (duìdài), qíshì 区别(对待), 歧视 チュイビエ (ドゥイダイ), チィシー	discrimination ディスクリミネイション
さほう 作法	lǐjié, guīju 礼节, 规矩 リィジエ, グゥイヂュ	manners マナズ
サポーター		supporter サポータ
(膝の)	hùxī 护膝 ホゥシィ	supporter サポータ
(腕の)	hùwàn 护腕 ホゥワン	supporter サポータ
(支持者)	zhīchízhě, qiúmí 支持者, 球迷 チーチーチョァ, チウミィ	supporter サポータ
サボる	tōulǎn, kuànggōng, kāi xiǎochāi 偷懒, 旷工, 开小差 トウラン, クアンゴン, カイ シアオチャイ	be idle ビ アイドル
さまざま 様々な	gè zhǒng gè yàng, xíng xíng sè sè 各种各样, 形形色色 グァ チォン グァ ヤン, シィン シィン スァ スァ	various ヴェアリアス
さ 冷ます	liàng, nòngliáng 凉, 弄凉 リアン, ノンリアン	cool クール
(興を)	sǎoxìng 扫兴 サオシィン	spoil *one's* pleasure スポイル プレジャ
さまた 妨げる	fáng'ài, zǔ'ài 妨碍, 阻碍 ファアンアイ, ヅゥアイ	disturb ディスターブ
さまよ 彷徨う	pánghuáng, páihuái, piāodàng 彷徨, 徘徊, 飘荡 パァンホアン, パイホアイ, ピアオダァン	wander about ワンダ アバウト
サミット	shǒunǎo huìyì, gāofēng huìyì 首脑会议, 高峰会议 ショウナオ ホゥイイー, ガオフォン ホゥイイー	summit サミト
さむ 寒い	lěng, hánlěng 冷, 寒冷 ルォン, ハンルォン	cold, chilly コウルド, チリ
さむけ 寒気(がする)	fālěng 发冷 ファアルォン	chill; feel a chill チル; フィール ア チル

日	中	英
<ruby>寒<rt>さむ</rt></ruby>さ	hánqì 寒气 ハンチィ	the cold ザ コウルド
<ruby>鮫<rt>さめ</rt></ruby>	tiáo shāyú 〔条〕鲨鱼 ティアオ シャアユィ	shark シャーク
<ruby>冷<rt>さ</rt></ruby>める	liáng, biànliáng 凉,变凉 リアン, ビエンリアン	cool (down) クール (ダウン)
(興が)	jiǎntuì, sǎoxìng 减退,扫兴 ジェントゥイ, サオシィン	cool down クール ダウン
さもないと	yàobù, fǒuzé 要不,否则 ヤオブゥ, フォウヅゥア	otherwise アザワイズ
<ruby>莢隠元<rt>さやいんげん</rt></ruby>	dòujiá, dòujiǎor 豆荚,豆角儿 ドウジア, ドウジアオル	green bean グリーン ビーン
<ruby>坐薬<rt>ざやく</rt></ruby>	zuòyào, shuānjì 坐药,栓剂 ヅゥオヤオ, シュワンジィ	suppository サパズィトーリ
<ruby>左右<rt>さゆう</rt></ruby>	zuǒyòu 左右 ヅゥオヨウ	right and left ライト アンド レフト
<ruby>作用<rt>さよう</rt></ruby>(する)	zuòyòng, yǐngxiǎng 作用,影响 ヅゥオヨン, イィンシアン	action アクション
さようなら	zàijiàn, zàihuì 再见,再会 ヅァイジェン, ヅァイホゥイ	Good-bye. グドバイ
<ruby>皿<rt>さら</rt></ruby>	pánzi, diézi 盘子,碟子 パンヅ, ディエヅ	plate, dish プレイト, ディシュ
<ruby>再来週<rt>さらいしゅう</rt></ruby>	xiàxiàzhōu 下下周 シアシアヂョウ	the week after next ザ ウィーク アフタ ネクスト
<ruby>再来年<rt>さらいねん</rt></ruby>	hòunián 后年 ホウニエン	the year after next ザ イア アフタ ネクスト
ざらざらの	cūcāo de 粗糙的 ツゥツァオ ダ	rough, coarse ラフ, コース
<ruby>曝<rt>さら</rt></ruby>す		expose, soak イクスポウズ, ソウク
(日光に)	shài, pùshài 晒,曝晒 シャイ, プゥシャイ	expose イクスポウズ

日	中	英
(水に)	piǎo, piǎobái 漂，漂白 ピアオ, ピアオバイ	expose イクスポウズ
サラダ	sèlā, shālā, shēngcài 色拉，沙拉，生菜 スァラァ, シャアラァ, ションツァイ	salad サリド
さらに 更に	gèng, gèngjiā, jìn yí bù 更，更加，进一步 グン, グンジア, ジン イー ブゥ	still more, further スティル モー, ファーザ
サラリーマン	gōngxīn jiēcéng 工薪阶层 ゴンシン ジエツン	office worker オフィス ワーカ
さりげない	ruò wú qí shì 若无其事 ルゥオ ウゥ チイ シー	natural, casual ナチュラル, キャジュアル
さりげなく	ruò wú qí shì (de) 若无其事(地) ルゥオ ウゥ チイ シー (ダ)	naturally ナチュラリ
さる 猿	zhī hóuzi 〔只〕猴子 ヂー ホウツ	monkey, ape マンキ, エイプ
さ 去る	líkāi, líqù 离开，离去 リイカイ, リイチュイ	quit, leave クウィト, リーヴ
ざる 笊	zhàolí 笊篱 ヂャオリイ	bamboo basket バンブー バスケト
サルモネラ菌	shāménjūn 沙门菌 シャアメンジュイン	salmonella germs サルモネラ ヂャームズ
さわ 騒がしい	chǎonào, xuānhuá 吵闹，喧哗 チャオナオ, シュエンホア	noisy ノイズィ
さわ 騒ぎ	xuānnào, jiàorǎng 喧闹，叫嚷 シュエンナオ, ジアオラァン	noise, clamor ノイズ, クラマ
(騒動)	sāoluàn, dòngluàn 骚乱，动乱 サオルワン, ドンルワン	disturbance ディスターバンス
さわ 騒ぐ	chǎo, nào, chǎonào 吵，闹，吵闹 チャオ, ナオ, チャオナオ	make a noise メイク ア ノイズ
(騒動)	nàoshì 闹事 ナオシー	make a disturbance メイク ア ディスターバンス
さわ 爽やかな	qīngshuǎng de 清爽的 チィンシュアン ダ	refreshing リフレシング

日	中	英
(言葉や音が)	qīngchu, liáoliàng 清楚，嘹亮 チンチュ, リアオリアン	clear, fluent クリア, フルエント
さわ 触る	chù, mō, pèng 触，摸，碰 チュウ, モォ, ポン	touch, feel タチ, フィール
さん 酸	suān 酸 スワン	acid アスィド
さんか 参加(する)	cānjiā, jiārù 参加，加入 ツァンジア, ジアルゥ	participation パーティスィペイション
～者	cānjiāzhě 参加者 ツァンジアチョァ	participant パーティスィパント
ざんがい 残骸	cánhái 残骸 ツァンハイ	remains, wreckage リメインズ, レキヂ
さんかく 三角	sānjiǎo 三角 サンジアオ	triangle トライアングル
～の	sānjiǎoxíng de 三角形的 サンジアオシィン ダ	triangular トライアンギュラ
～法	sānjiǎo, sānjiǎoxué 三角，三角学 サンジアオ, サンジアオシュエ	trigonometry トリゴナメトリ
さんがく 山岳	shānyuè 山岳 シャンユエ	mountains マウンテンズ
～地帯	shānyuè dìdài 山岳地帯 シャンユエ ディーダイ	mountainous region マウンテナス リーヂョン
ざんがく 残額	yú'é 余额 ユィウァ	the remainder ザ リメインダ
さんがつ 三月	sānyuè 三月 サンユエ	March マーチ
さんかっけい 三角形	sānjiǎoxíng 三角形 サンジアオシィン	triangle トライアングル
さんかん 参観(する)	cānguān, guānkàn 参观，观看 ツァングワン, グワンカン	visit, inspect ヴィズィト, インスペクト
さんきゃく 三脚	sānjiǎojià 三脚架 サンジアオジア	tripod トライパド

日	中	英
ざんぎゃく 残虐(な)	cánniè, xiōngcán, cánrěn 残虐, 凶残, 残忍 ツァンニュエ, シオンツァン, ツァンレン	atrocity アトラスィティ
さんぎょう 産業	chǎnyè 产业 チャンイエ	industry インダストリ
ざんぎょう 残業(する)	jiā bān 加班 ジアバン	overtime work オウヴァタイム ワーク
ざんきん 残金	yú'é, yúkuǎn 余额, 余款 ユィウァ, ユィクワン	the balance, surplus ザ バランス, サープラス
サングラス	fù mòjìng, tàiyángjìng 〔副〕墨镜, 太阳镜 フゥ モォジィン, タイヤンジィン	sunglasses サングラスィズ
ざんげ 懺悔	chànhuǐ 忏悔 チャンホゥイ	confession コンフェション
さんご 珊瑚	zhī shānhú 〔枝〕珊瑚 チー シャンホゥ	coral カラル
〜礁	shānhújiāo 珊瑚礁 シャンホゥジアオ	coral reef カラル リーフ
さんこう 参考	cānkǎo 参考 ツァンカオ	reference レファレンス
〜にする	cānkǎo, cānzhào 参考, 参照 ツァンカオ, ツァンヂャオ	consult コンサルト
ざんこく 残酷な	cánkù de, cánrěn de 残酷的, 残忍的 ツァンクゥ ダ, ツァンレン ダ	cruel, merciless クルエル, マースィレス
さんじせいげん 産児制限	jiézhì shēngyù, jìhuà shēngyù 节制生育, 计划生育 ジエヂー ションユィ, ジィホア ションユィ	birth control バース カントロウル
さんじゅう 三重の	sān chóng, sān céng de 三重, 三层的 サン チォン, サン ツン ダ	threefold, triple スリーフォウルド, トリプル
さんしゅつ 算出(する)	héjì, hésuàn, jìsuàn 核计, 核算, 计算 ホォアジィ, ホォアスワン, ジィスワン	calculation キャルキュレイション
さんしょう 参照(する)	cānzhào, cānyuè, cānkàn 参照, 参阅, 参看 ツァンヂャオ, ツァンユエ, ツァンカン	reference; refer to レファレンス；リファー
ざんしん 斬新な	zhǎnxīn de, xīnyǐng de 崭新的, 新颖的 チャンシン ダ, シンイィン ダ	new, novel ニュー, ナヴェル

日	中	英
さんすう 算数	suànshù 算术 スワンシュウ	arithmetic アリスメティク
さん 産する	chūchǎn 出产 チュウチャン	produce プロデュース
さんせい 賛成 (する)	tóngyì, zànchéng, zàntóng 同意，赞成，赞同 トンイー, ツァンチョン, ヅァントン	approval アプルーヴァル
さんせい 酸性	suānxìng 酸性 スワンシィン	acidity アスィディティ
～雨	suānyǔ 酸雨 スワンユイ	acid rain アスィド レイン
さんそ 酸素	yǎngqì 氧气 ヤンチィ	oxygen アクスィヂェン
～マスク	yǎngqì miànzhào 氧气面罩 ヤンチィ ミエンチャオ	oxygen mask アクスィチェン マスク
さんぞく 山賊	jiéfěi, tǔfěi 劫匪，土匪 ジェフェイ, トゥフェイ	bandit バンディト
ざんだか 残高	yú'é 余额 ユイウア	the balance ザ バランス
サンタクロース	Shèngdàn lǎorén 圣诞老人 ションダン ラオレン	Santa Claus サンタ クローズ
サンダル	shuāng liángxié, tuōxié 〔双〕凉鞋，拖鞋 シュアン リアンシエ, トゥオシエ	sandals サンダルズ
さんだんと 三段跳び	sānjí tiàoyuǎn 三级跳远 サンジィ ティアオユエン	triple jump トリプル チャンプ
さんち 産地	chǎndì 产地 チャンディー	place of production プレイス オヴ プロダクション
さんちょう 山頂	shāndiān, shānfēng 山巅，山峰 シャンディエン, シャンフォン	the top of a mountain ザ タプ オヴ ア マウンティン
サンドイッチ	sānmíngzhì 三明治 サンミィンチー	sandwich サンドウィチ
ざんねん 残念な	yíhàn de, kěxī de 遗憾的，可惜的 イーハン ダ, クァシィ ダ	regrettable リグレタブル

日	中	英
さんばし 桟橋	zuò mǎtou, chuánbù 〔座〕码头，船埠 ヅゥオ マァトウ，チュワンブゥ	pier ピア
さんぱつ 散髪	lǐfà 理发 リィファア	haircut ヘアカト
さんび 賛美(する)	gēsòng, zànměi 歌颂，赞美 グァソン，ヅァンメイ	praise プレイズ
さんぴ 賛否	zànchéng hé fǎnduì 赞成和反对 ヅァンチョン ホァ ファンドゥイ	yes or no イェス オ ノウ
さんふじんか 産婦人科	fùchǎnkē 妇产科 フゥチャンクァ	obstetrics and gynecology オブステトリクス アンド ガイニカロヂィ
～医	fùchǎnkē yīshēng 妇产科医生 フゥチャンクァ イーション	obstetrician アブステトリシャン
さんぶつ 産物	chǎnwù 产物 チャンウゥ	product, produce プラダクト，プロデュース
(成果)	chéngguǒ, jiéguǒ 成果，结果 チョングゥオ，ジエグゥオ	result, outcome リザルト，アウトカム
サンプル	huòyàng, yàngběn, yàngpǐn 货样，样本，样品 ホゥオヤン，ヤンベン，ヤンピン	sample サンプル
さんぶん 散文	piān sǎnwén 〔篇〕散文 ピエン サンウェン	prose プロウズ
さんぽ 散歩(する)	sànbù, liūda 散步，溜达 サンブゥ，リウダ	walk; take a walk ウォーク；テイク ア ウォーク
さんまんな 散漫な	sǎnmàn de, sōngsǎn de 散漫的，松散的 サンマン ダ，ソンサン ダ	loose ルース
さんみ 酸味	suānwèi 酸味 スワンウェイ	acidity アスィディティ
さんみゃく 山脈	shānmài 山脉 シャンマイ	mountain range マウンティン レインヂ
さんらん 産卵	chǎnluǎn 产卵 チャンルワン	lay eggs レイ エグズ
さんらん 散乱する	sànluàn 散乱 サンルワン	be dispersed ビ ディスパースド

日	中	英
さんりんしゃ 三輪車	liàng sānlúnchē 〔辆〕三轮车 リアン サンルゥンチョア	tricycle トライスィクル
さんれつ(する) 参列(する)	chūxí, lièxí 出席, 列席 チュウシィ, リエシィ	attendance; attend アテンダンス；アテンド

し, シ

日	中	英
し 市	shì, chéngshì 市, 城市 シー, チョンシー	city, town スィティ, タウン
し 死	sǐ, sǐwáng 死, 死亡 スー, スーワァン	death デス
し 氏	xiānsheng 先生 シエンション	Mr. ミスタ
し 詩	shī, shīpiān 诗, 诗篇 シー, シーピエン	poetry, poem ポウイトリ, ポウイム
じ 字	zì, wénzì 字, 文字 ツー, ウェンツー	letter, character レタ, キャラクタ
(筆跡)	bǐjì 笔迹 ビィジィ	handwriting ハンドライティング
じ 時	shíjiān, shíhou 时间, 时候 シージエン, シーホウ	hour, time アウア, タイム
(…時)	… diǎn …点 … ディエン	o'clock オクラク
じ 痔	zhì, zhìchuāng 痔, 痔疮 ヂー, ヂーチュアン	piles, hemorrhoids パイルズ, ヘモロイヅ
しあい 試合	bǐsài, jìngsài 比赛, 竞赛 ビィサイ, ジィンサイ	game, match ゲイム, マチ
しあ 仕上がる	wánchéng, zuòwán 完成, 做完 ワンチョン, ヅゥオワン	be completed ビ カンプリーテド
しあ 仕上げる	wánchéng, zuòwán 完成, 做完 ワンチョン, ヅゥオワン	finish, complete フィニシュ, カンプリート
しあさって 明々後日	dàhòutiān 大后天 ダァホウティエン	two days after tomorrow トゥー デイズ アフタ トマロウ

日	中	英
しあわ 幸せ	xìngfú 幸福 シィンフゥ	happiness ハピネス
〜な	xìngfú de, xìngyùn de 幸福的，幸运的 シィンフゥ ダ, シィンユィン ダ	happy, fortunate ハピ, フォーチュネト
じい 辞意	cízhí zhī yì 辞职之意 ツーチー チー イー	resignation レズィグネイション
しいく 飼育	yǎng, wèi, sìyǎng 养，喂，饲养 ヤン, ウェイ, スーヤン	breeding ブリーディング
じい 爺さん	lǎotóur 老头儿 ラオトウル	old man オウルド マン
（祖父）	yéye 爷爷 イエイエ	grandpa グランパー
じいしき 自意識	zìwǒ yìshí 自我意识 ヅーウオ イーシー	self-consciousness セルフカンシャスネス
シーズン	jìjié 季节 ジィジエ	season スィーズン
（最盛期）	wàngjì 旺季 ワァンジィ	season スィーズン
シーソー	yàbǎn, qiāoqiāobǎn 压板，跷跷板 ヤァバン, チアオチアオバン	seesaw スィーソー
シーツ	zhāng bèidān, chuángdān 〔张〕被单，床单 チャアン ベイダン, チュアンダン	(bed) sheet (ベド) シート
ＣＤ	zhāng jīguāng chàngpiàn, guāngpán 〔张〕激光唱片，光盘 チャアン ジィグアン チャアンピエン, グアンパン	compact disk カンパクト ディスク
〜ロム	guāngpán, zhǐdú guāngpán 光盘，只读光盘 グアンパン, チードゥ グアンパン	CD-ROM スィーディーラム
シート	zuòwèi, zuòxí 坐位，座席 ヅゥオウェイ, ヅゥオシィ	seat スィート
（一枚の紙や布）張	zhāng 张 チャアン	sheet of シート
〜ベルト	ānquándài 安全带 アンチュエンダイ	seatbelt スィートベルト

日	中	英
ジープ	liàng jípǔchē, yuèyěchē 〔辆〕吉普车，越野车 リアン ジィプゥチョァ, ユエイエチョァ	jeep チープ
シーフード	hǎixiān 海鲜 ハイシエン	seafood スィーフード
強いる	bī, qiǎngpò 逼，强迫 ビィ, チアンポォ	compel, press コンペル, プレス
シール	tiēzhǐ, biāoqiān 贴纸，标签 ティエヂ―, ビアオチエン	seal スィール
仕入れ	cǎigòu, jìnhuò 采购，进货 ツァイゴウ, ジンホゥオ	stocking スタキング
仕入れる	cǎigòu, gòujìn 采购，购进 ツァイゴウ, ゴウジン	stock スタク
子音	fǔyīn, zǐyīn 辅音，子音 フゥイン, ズーイン	consonant カンソナント
シーン	chǎngjǐng, chǎngmiàn 场景，场面 チャァンジィン, チャァンミエン	scene スィーン
寺院	sìyuàn, sìmiào 寺院，寺庙 スーユエン, スーミアオ	Buddhist temple ブディスト テンプル
ジーンズ	tiáo niúzǎikù 〔条〕牛仔裤 ティアオ ニウヅァイクゥ	jeans チーンズ
仕打ち	xíngwéi, dàiyù 行为，待遇 シィンウェイ, ダイユイ	treatment トリートメント
シェア	shìchǎng zhànyǒulǜ 市场占有率 シーチャァン チャンヨウリュイ	share シェア
市営	shìyíng 市营 シーイィン	municipal ミューニスィパル
自衛	zìwèi 自卫 ズーウェイ	self-defense セルフディフェンス
～隊	zìwèiduì 自卫队 ズーウェイドゥイ	the Self-Defense Force ザ セルフディフェンス フォース
シェーバー	tìxūdāo 剃须刀 ティーシュィダオ	shaver シェイヴァ

日	中	英
シェービングクリーム	tìxūgāo 剃须膏 ティーシュィガオ	shaving cream シェイヴィング クリーム
ジェスチャー	shǒushì 手势 ショウシー	gesture チェスチャ
(見せかけ)	zītài 姿态 ヅータイ	gesture チェスチャ
ジェット機	pēnqìshì fēijī 喷气式飞机 ペンチィシー フェイジィ	jet plane チェト プレイン
ジェネレーション	dài, bèi 代, 辈 ダイ, ベイ	generation チェナレイション
シェフ	chúshī 厨师 チュウシー	chef シェフ
シェルター	bìnànsuǒ 避难所 ビィナンスゥオ	shelter シェルタ
しえん 支援	zhīyuán 支援 チーユエン	support サポート
しお 塩	yán 盐 イエン	salt ソールト
~辛い	xián 咸 シエン	salty ソールティ
~漬け	yān 腌 イエン	salted food ソールティド フード
~水	yánshuǐ, cháoshuǐ 盐水, 潮水 イエンシュイ, チャオシュイ	salt water ソールト ウォータ
しお 潮	hǎicháo 海潮 ハイチャオ	the tide ザ タイド
~風	hǎifēng 海风 ハイフォン	sea breeze スィー ブリーズ
しおどき 潮時	cháoshuǐ zhǎngluò shí 潮水涨落时 チャオシュイ チャアンルゥオ シー	time タイム
しか 鹿	zhī lù 〔只〕鹿 チー ルゥ	deer ディア

日	中	英
じか 時価	shíjià 时价 シージア	the current price ザ カーレント プライス
じが 自我	zìwǒ 自我 ツーウオ	self, ego セルフ, イーゴウ
しかい 司会 ~者	zhǔchírén 主持人 ヂュウチーレン	the chairperson ザ チェアパースン
~する	zhǔchí 主持 ヂュウチー	preside *at* プリザイド
しかい 視界	yǎnjiè, shìyě 眼界, 视野 イエンジエ, シーイエ	sight サイト
しがい 市外	shìwài 市外 シーワイ	the suburbs ザ サバーブズ
~通話	chángtú diànhuà 长途电话 チャアントゥ ディエンホア	long-distance call ロングディスタンス コール
しがいせん 紫外線	zǐwàixiàn 紫外线 ツーワイシエン	ultraviolet rays アルトラヴァイオレト レイズ
しかえし 仕返し(する)	bàochóu 报仇 バオチョウ	revenge リヴェンヂ
しかく 四角	sìjiǎoxíng, sìfāngxíng 四角形, 四方形 スージアオシィン, スーファアンシィン	square スクウェア
しかく 資格	zīgé, shēnfen 资格, 身份 ツーグァ, シェンフェン	qualification クワリフィケイション
じかく 自覚(する)	juéwù, zìjué 觉悟, 自觉 ジュエウゥ, ツージュエ	consciousness カンシャスネス
しか 仕掛け	zhuāngzhì, jiégòu 装置, 结构 ヂュアンヂー, ジエゴウ	device, mechanism ディヴァイス, メカニズム
(からくり)	shǒufǎ, jīguān 手法, 机关 ショウファア, ジィグワン	trick トリク
しかし	dànshì, kěshì, rán'ér 但是, 可是, 然而 ダンシー, クァシー, ランアル	but, however バト, ハウエヴァ

日	中	英
じかせい 自家製の	zìzhì de 自制的 ツーヂーダ	homemade ホウムメイド
じがぞう 自画像	zìhuàxiàng 自画像 ヅーホアシアン	self-portrait セルフポートレト
しかた 仕方	fāngfǎ 方法 ファアンファア	method, way メソド, ウェイ
しかた 仕方がない	méi bànfǎ 没办法 メイ バンファア	cannot help キャナト ヘルプ
しがつ 四月	sìyuè 四月 スーユエ	April エイプリル
じかつ 自活(する)	zì shí qí lì 自食其力 ヅー シー チィ リィ	self-support セルフ サポート
じか 直に	zhíjiē, jìngzhí 直接, 径直 ヂージエ, ジンヂー	directly ディレクトリ
(自ら)	qīnzì, dāngmiàn 亲自, 当面 チンヅー, ダァンミエン	personally パーソナリ
(肌に)	tiēshēn 贴身 ティエシェン	
しがみつく	jǐnjǐn bàozhù, lǒuzhù 紧紧抱住, 搂住 ジンジン バオヂュウ, ロウヂュウ	cling to クリング
しかも	érqiě, tóngshí 而且, 同时 アルチエ, トンシー	moreover, besides モーロウヴァ, ビサイヅ
じかようしゃ 自家用車	sīrén qìchē, zìyòngchē 私人汽车, 自用车 スーレン チィチョア, ヅーヨンチョア	one's car カー
しか 叱る	pīpíng, chìzé 批评, 叱责 ピィピィン, チーヅゥア	scold, reprove スコウルド, リプルーヴ
しがん 志願(する)	zhìyuàn 志愿 ヂーユエン	desire ディザイア
(申し込み)	bào míng 报名 バオミィン	application アプリケイション
じかん 時間	shíjiān, shíkè 时间, 时刻 シージエン, シークァ	time, hour タイム, アウア

日	中	英
～給	jìshí gōngzī 计时工资 ジィシー ゴンズー	time wages タイム ウェイヂズ
指揮(する)	zhǐhuī 指挥 ヂーホゥイ	command カマンド

■時間■ ⇒ 季節・月，曜日

- 年 年/nián ニエン / (英year)
- 月 月(份)/yuè(fèn) ユエ(フェン) / (英month)
- 週 星期，周/xīngqī, zhōu シンチィ, ヂョウ / (英week)
- …日 …号/... hào… ハオ / (英date)
- …日間 …天/... tiān… ティエン / (英day)
- …時 …点/... diǎn… ディエン / (英o'clock)
- …時間 …小时/... xiǎoshí… シアオシー / (英hour)
- 分 分/fēn フェン / (英minute)
- 秒 秒/miǎo ミアオ / (英second)
- 日付 日期/rìqī リーチィ / (英date)
- …曜日 星期…/xīngqī... シンチィ… / (英day)
- 午前 上午/shàngwǔ シャアンウゥ / (英morning)
- 午後 下午/xiàwǔ シアウゥ / (英afternoon)
- 朝 早晨/zǎochen ヅァオチェン / (英morning)
- 昼 白天，中午/báitiān, zhōngwǔ バイティエン, ヂォンウゥ / (英the daytime, noon)
- 夜 夜晚，晚上/yèwǎn, wǎnshang イエワン, ワンシャアン / (英night)
- 夜明け 黎明/límíng リィミィン / (英dawn, daybreak)
- 日没 日落/rìluò リールゥオ / (英sunset)
- 夕方 傍晚/bàngwǎn バァンワン / (英late afternoon, evening)
- 深夜 深更半夜，深夜/shēngēng bànyè, shēnyè シェン グン バンイエ, シェンイエ / (英midnight)
- 今日 今天/jīntiān ジンティエン / (英today)
- 明日 明天/míngtiān ミィンティエン / (英tomorrow)
- 明後日 后天/hòutiān ホウティエン / (英the day after tomorrow)
- 昨日 昨天/zuótiān ヅゥオティエン / (英yesterday)
- 一昨日 前天/qiántiān チエンティエン / (英the day before yesterday)

日	中	英
(演奏の)	zhǐhuī 指挥 チーホゥイ	conduct カンダクト
～者	zhǐhuīzhě 指挥者 チーホゥイヂョァ	commander カマンダ
しき 式	yíshì, diǎnlǐ 仪式，典礼 イーシー, ディエンリィ	ceremony セリモニ
(数式)	shìzi, suànshì, gōngshì 式子，算式，公式 シーヅ, スワンシー, ゴンシー	expression イクスプレション
(方式)	fāngshì 方式 ファアンシー	method, system メソド, スィステイム
(型)	yàngshì 样式 ヤンシー	style スタイル
じき 時期	shíqī 时期 シーチィ	time, season タイム, スィーズン
じき 磁気	cíxìng 磁性 ツーシィン	magnetism マグネティズム
しきいし 敷石	pūlùshí 铺路石 プゥルゥシー	pavement ペイヴメント
しききん 敷金	yājīn 押金 ヤァジン	deposit ディパズィト
しきさい 色彩	sècǎi, yánsè 色彩，颜色 スァツァイ, イエンスァ	color, tint カラ, ティント
しきじょう 式場	lǐtáng 礼堂 リィタァン	the hall of ceremony ザ ホール オヴ セリモニ
しきそ 色素	sèsù 色素 スァスゥ	pigment ピグメント
しきちょう 色調	sèdiào 色调 スァディアオ	tone トウン
しきてん 式典	diǎnlǐ 典礼 ディエンリィ	ceremony セリモニ
じきひつ 直筆	qīnbǐ 亲笔 チンビィ	autograph オートグラフ

日	中	英
しきべつ 識別(する)	biànbié, fēnbiàn, shíbié 辨别，分辨，识别 ビエンビエ, フェンビエン, シービエ	discrimination ディスクリミネイション
しきもの 敷物	diànzi, pūdiàn 垫子，铺垫 ディエンヅ, プゥディエン	carpet, rug カーペト, ラグ
しきゅう 子宮	zǐgōng 子宫 ヅーゴン	the uterus, the womb ジ ユータラス, ザ ウーム
じきゅう 時給	xiǎoshí gōngzī 小时工资 シアオシー ゴンヅー	hourly wage アウアリ ウェイヂ
じきゅうじそく 自給自足	zì jǐ zì zú 自给自足 ヅー ジィ ヅー ヅゥ	self-sufficiency セルフサフィセンスィ
しきょう 市況	hángqíng, shìchǎng qíngkuàng 行情，市场情况 ハァンチン, シーチャァン チィンクアン	the market ザ マーケト
しぎょう 始業	kāishǐ gōngzuò 开始工作 カイシー ゴンヅゥオ	commencement of work カメンスメント オヴ ワーク
(学校が)	kāixué 开学 カイシュエ	commencement of school カメンスメント オヴ スクール
じきょう 自供	kǒugòng, zìgòng 口供，自供 コウゴン, ヅーゴン	voluntary confession ヴァランテリ カンフェション
じぎょう 事業	shìyè 事业 シーイエ	enterprise エンタプライズ
しきり 仕切り	jiàngé, gébǎn 间隔，隔板 ジエングァ, グァバン	partition パーティション
しきりに 頻りに	pínfán, lǚcì, jiēlián búduàn 频繁，屡次，接连不断 ピンファン, リュィツー, ジエリエン ブゥドワン	very often ヴェリ オフン
(熱心に)	rèxīn de 热心地 ルァシン ダ	eagerly イーガリ
しきん 資金	zījīn 资金 ヅージン	capital, funds キャピタル, ファンヅ
し 敷く	pū, diàn 铺，垫 プゥ, ディエン	lay, spread レイ, スプレド
じく 軸	zhóu 轴 ヂョウ	axis, shaft アクスィス, シャフト

日	中	英
<ruby>仕草<rt>しぐさ</rt></ruby>	jǔzhǐ, dòngzuò 举止，动作 チュイチー，ドンヅゥオ	behavior, action ビヘイヴャ，アクション
ジグザグ	zhīzìxíng, jùchǐxíng 之字形，锯齿形 チーヅーシィン，チュイチーシィン	zigzag ズィグザグ
ジグソーパズル	pīntú, qīqiǎobǎn 拼图，七巧板 ピントゥ，チィチアオパン	jigsaw puzzle チグソー パズル
<ruby>仕組み<rt>しく</rt></ruby>	jiégòu 结构 ジェゴゥ	mechanism メカニズム
<ruby>時化<rt>しけ</rt></ruby>	hǎishàng fēngbào 海上风暴 ハイシャァン フォンパオ	stormy weather ストーミ ウェザ
<ruby>死刑<rt>しけい</rt></ruby>	sǐxíng 死刑 スーシィン	capital punishment キャピタル パニシュメント
<ruby>刺激<rt>しげき</rt></ruby>(する)	cìjī 刺激 ツージィ	stimulus スティミュラス
(心を)	zhènfèn 振奋 ヂェンフェン	excite イクサイト
<ruby>繁[茂]<rt>しげ</rt></ruby>る	fánmào, màoshèng 繁茂，茂盛 ファンマオ，マオション	grow thick グロウ スィク
<ruby>試験<rt>しけん</rt></ruby>(する)	kǎoshì, cèyàn 考试，测验 カオシー，ツゥアイエン	examination イグザミネイション
(物の性能を)	jiǎnyàn, huàyàn 检验，化验 ジエンイエン，ホアイエン	test テスト
～管	shìguǎn 试管 シーグワン	test tube テスト テューブ
<ruby>資源<rt>しげん</rt></ruby>	zīyuán 资源 ヅーユエン	resources リソースィズ
<ruby>事件<rt>じけん</rt></ruby>	shìjiàn, ànjiàn 事件，案件 シージエン，アンジエン	case ケイス
<ruby>次元<rt>じげん</rt></ruby>	cìyuán 次元 ツーユエン	dimension ディメンション
<ruby>自己<rt>じこ</rt></ruby>	zìwǒ, zìjǐ 自我，自己 ヅーウオ，ヅージィ	self, ego セルフ，エゴウ

日	中	英
じこ 事故	shìgù, yìwài 事故，意外 シーグゥ，イーワイ	accident アクスィデント
しこう 思考	sīkǎo, sīwéi 思考，思维 スーカオ，スーウェイ	thinking スィンキング
じこう 時効	shíxiào 时效 シーシアオ	prescription プリスクリプション
じこく 時刻	shíkè, zhōngdiǎn, shíhou 时刻，钟点，时候 シークァ，ヂォンディエン，シーホウ	time, hour タイム，アウア
～表	shíkèbiǎo 时刻表 シークァビアオ	timetable, schedule タイムテイブル，スケヂュル
じごく 地獄	dìyù 地狱 ディーユイ	hell, the inferno ヘル，ジ インファーノウ
しごと 仕事	gōngzuò 工作 ゴンヅゥオ	work, business, task ワーク，ビズネス，タスク
しこむ 仕込む	cǎigòu 采购 ツァイゴウ	stock スタク
(教える)	péiyǎng, péixùn 培养，培训 ペイヤン，ペイシュイン	train, teach トレイン，ティーチ
しさ 示唆(する)	ànshì, qǐfā 暗示，启发 アンシー，チィファア	suggestion サグチェスチョン
じさ 時差	shíchā 时差 シーチャア	difference in time ディフレンス イン タイム
～ぼけ	shíchā bú shìyìng 时差不适应 シーチャア ブゥ シーイィン	jet lag チェト ラグ
じざけ 地酒	tǔchǎnjiǔ 土产酒 トゥチャンジウ	local brew ロウカル ブルー
しさつ 視察(する)	kǎochá, shìchá 考察，视察 カオチャア，シーチャア	inspection インスペクション
じさつ 自殺(する)	zìshā 自杀 ヅーシャア	suicide スーイサイド
～者	zìshāzhě 自杀者 ヅーシャアヂョア	suicide スーイサイド

日	中	英
しさん 資産	cáichǎn, zīchǎn 财产，资产 ツァイチャン, ヅーチャン	property, fortune プラパティ, フォーチュン
（会社の）	zīchǎn 资产 ヅーチャン	assets アセツ
じさん 持参（する）	zìbèi 自备 ヅーベイ	bring, carry ブリング, キャリ
～金	jiàzhuangqián 嫁妆钱 ジアチュアンチエン	dowry ダウアリ
しじ 指示（する）	zhǐshì, mìnglìng 指示，命令 チーシー, ミンリィン	indication インディケイション
しじ 支持（する）	yōnghù, zhīchí 拥护，支持 ヨンホゥ, チーチー	support サポート
じじ 時事	shíshì 时事 シーシー	current events カーレント イヴェンツ
ししざ 獅子座	shīzizuò 狮子座 シーヅヅゥオ	the Lion; Leo ザ ライオン, レオ
ししつ 資質	zīzhì, tiānzī 资质，天资 ヅーチー, ティエンヅー	nature ネイチャ
じじつ 事実	shìshí 事实 シーシー	fact, the truth ファクト, ザ トルース
ししゃ 使者	shǐzhě 使者 シーヂョァ	messenger, envoy メスィンヂャ, エンヴォイ
ししゃ 支社	fēngōngsī 分公司 フェンゴンスー	branch ブランチ
ししゃ 死者	sǐzhě, sǐrén 死者，死人 スーヂョァ, スーレン	dead person デド パースン
じしゃく 磁石	císhí, xītiěshí 磁石，吸铁石 ツーシー, シィティエシー	magnet マグネト
ししゃごにゅう 四捨五入する	sì shě wǔ rù 四舍五入 スー ショア ウゥ ルゥ	round ラウンド
じしゅ 自首（する）	zìshǒu, tóu'àn 自首，投案 ヅーショウ, トウアン	deliver *oneself* to the police ディリヴァ トゥ ザ ポリース

日	中	英
しゅう 刺繍	cìxiù 刺绣 ツーシウ	embroidery インブロイダリ
しじゅう 始終	jīngcháng, shícháng, zǒngshì 经常，时常，总是 ジンチャアン, シーチャアン, ヅォンシー	all the time, always オール ザ タイム, オールワズ
ししゅつ 支出	zhīchū 支出 ヂーチュウ	expenses イクスペンスィズ
じしゅてき 自主的な	dúlì de 独立的 ドゥリィダ	independent インディペンデント
（自発的）	zìfā de, zhǔdòng de 自发的，主动的 ツーファア ダ, ヂュウドン ダ	voluntary ヴァランテリ
ししゅんき 思春期	qīngchūnqī 青春期 チィンチュンチィ	adolescence アドレセンス
ししょ 司書	túshū guǎnlǐyuán 图书管理员 トゥシュウ グワンリィユエン	librarian ライブレアリアン
じしょ 辞書	cídiǎn 词典 ツーディエン	dictionary ディクショネリ
じじょ 次女	cìnǚ, èrnǚ'ér 次女，二女儿 ツーニュィ, アルニュィアル	second daughter セコンド ドータ
ししょう 支障	gùzhàng, zhàng'ài 故障，障碍 グゥヂャアン, ヂャアンアイ	hindrance, troubles ヒンドランス, トラブルズ
しじょう 市場	shìchǎng 市场 シーチャアン	market マーケト
じじょう 事情	qíngkuàng, qíngxing, nèiqíng 情况，情形，内情 チィンクアン, チィンシィン, ネイチィン	circumstances サーカムスタンスィズ
（理由）	lǐyóu, yuángù 理由，缘故 リィヨウ, ユエングゥ	reasons リーズンズ
ししょく 試食	pǐncháng 品尝 ピンチャアン	sampling, tasting サンプリング, テイスティング
じしょく 辞職(する)	cízhí 辞职 ツーヂー	resignation; resign レズィグネイション；リザイン
じじょでん 自叙伝	zìzhuàn 自传 ツーヂュワン	autobiography オートバイアグラフィ

日	中	英
<ruby>詩人<rt>しじん</rt></ruby>	shīrén 诗人 シーレン	poet, poetess ポウイト, ポウイテス
<ruby>自信<rt>じしん</rt></ruby>	xìnxīn, zìxìn 信心, 自信 シンシン, ヅーシン	confidence カンフィデンス
<ruby>自身<rt>じしん</rt></ruby>	běnshēn, zìjǐ, zìshēn 本身, 自己, 自身 ベンシェン, ヅージィ, ヅーシェン	self, oneself セルフ, ワンセルフ
<ruby>地震<rt>じしん</rt></ruby>	dìzhèn 地震 ディーヂェン	earthquake アースクウェイク
<ruby>自炊<rt>じすい</rt></ruby>する	zìjǐ zuòfàn 自己做饭 ヅージィ ヅゥオファン	cook for *oneself* クク フォー
<ruby>指数<rt>しすう</rt></ruby>	zhǐshù 指数 ヂーシュウ	index number インデクス ナンバ
<ruby>静<rt>しず</rt></ruby>かな	ānjìng de, píngjìng de 安静的, 平静的 アンジィン ダ, ピィンジィン ダ	silent, quiet サイレント, クワイエト
<ruby>滴<rt>しずく</rt></ruby>	dī 滴 ディー	drop ドラプ
<ruby>静<rt>しず</rt></ruby>けさ	jìjìng, ānjìng 寂静, 安静 ジィジィン, アンジィン	silence, stillness サイレンス, スティルネス
システム	tǐxì, tǐzhì, xìtǒng 体系, 体制, 系统 ティーシィ, ティーヂー, シィトン	system スィステム
<ruby>地滑<rt>じすべ</rt></ruby>り	huápō, tānˇfāng 滑坡, 坍方 ホアポォ, タンファアン	landslip ランドスリプ
<ruby>静<rt>しず</rt></ruby>まる	jìngxiàlai, biàn píngjìng 静下来, 变平静 ジィンシアライ, ピエン ピィンジィン	calm down カーム ダウン
(騒動などが)	píngxī 平息 ピィンシィ	calm down カーム ダウン
(反乱などが)	bèi píngdìng 被平定 ベイ ピィンディン	calm down カーム ダウン
<ruby>沈<rt>しず</rt></ruby>む	chénmò, xiàchén 沉没, 下沉 チェンモォ, シアチェン	sink, go down スィンク, ゴウ ダウン
(太陽などが)	luò 落 ルゥオ	set セト

日	中	英
(気分が)	xiāochén 消沉 シアオチェン	feel depressed フィール ディプレスト
しず 鎮める	zhèndìng, píngdìng, píngxī 镇定，平定，平息 チェンディン, ピィンディン, ピィンシィ	quell クウェル
(痛みを)	yìzhǐ 抑止 イーチー	relieve リリーヴ
しせい 姿勢	zīshì 姿势 ツーシー	posture, pose パスチャ, ポウズ
(態度)	tàidu, zītài 态度，姿态 タイドゥ, ツータイ	attitude アティテュード
じせい 自制(する)	zìzhì, kèzhì 自制，克制 ツーチー, クァチー	self-control セルフコントロウル
しせいかつ 私生活	sīshēnghuó 私生活 スーションホゥオ	private life プライヴェト ライフ
しせき 史跡	shǐjì, gǔjì 史迹，古迹 シージィ, グゥジィ	historic site ヒストリク サイト
しせつ 施設	shèbèi, shèshī 设备，设施 ショァベイ, ショァシー	institution インスティテューション
しせん 視線	shìxiàn, yǎnguāng 视线，眼光 シーシエン, イエングアン	eyes, glance アイズ, グランス
しぜん 自然	zìrán, zìránjiè 自然，自然界 ツーラン, ツーランジエ	nature ネイチャ
～科学	zìrán kēxué 自然科学 ツーラン クァシュエ	natural science ナチュラル サイエンス
～に	zì rán ér rán, zìrán de 自然而然，自然地 ツー ラン アル ラン, ツーラン ダ	naturally ナチュラリ
じぜん 慈善	císhàn 慈善 ツーシャン	charity チャリティ
しそう 思想	sīxiǎng 思想 スーシアン	thought, idea ソート, アイディア
じそく 時速	shísù 时速 シースゥ	speed per hour スピード パー アウア

日	中	英
じぞく **持続(する)**	chíxù, yánxù, jìxù 持续，延续，继续 チーシュイ, イエンシュイ, ジィシュイ	continue コンティニュー
しそん **子孫**	érsūn, hòudài, hòuyì 儿孙，后代，后裔 アルスゥン, ホウダイ, ホウイー	descendant ディセンダント
じそんしん **自尊心**	zìzūnxīn 自尊心 ヅーヅゥンシン	self-respect, pride セルフリスペクト, プライド
した **下**	dǐxia, xiàbian, xiàmian 底下，下边，下面 ディーシア, シアビエン, シアミエン	the lower part ザ ラウア パート
した **舌**	shétou 舌头 ショァトウ	the tongue ザ タング
したい **死体**	shīshou, shītǐ 尸首，尸体 シーショウ, シーティー	dead body, corpse デド バディ, コープス
しだい **次第**	cìxù, chéngxù 次序，程序 ツーシュイ, チョンシュイ	order オーダ
～に	jiànjiàn, mànmān, zhújiàn 渐渐，慢慢，逐渐 ジェンジエン, マンマン, チュウジエン	gradually グラチュアリ
じたい **事態**	shìtài, xíngshì 事态，形势 シータイ, シィンシー	the situation ザ スィチュエイション
じたい **辞退(する)**	tuīcí, xièjué 推辞，谢绝 トゥイツー, シエジュエ	refusal リフューザル
じだい **時代**	shídài 时代 シーダイ	time, period, era タイム, ピアリオド, イアラ
した **慕う**	àimù, xiàngwǎng 爱慕，向往 アイムゥ, シアンワン	yearn *after*, long *for* ヤーン, ロング
したう **下請け(する)**	zhuǎnbāo 转包 チュワンバオ	subcontract サブカントラクト
したが **従う**	gēnsuí 跟随 ゲンスゥイ	follow, accompany ファロウ, アカンパニ
(逆らわない)	fúcóng, tīngcóng, shùncóng 服从，听从，顺从 フゥツォン, ティンツォン, シュンツォン	obey オベイ
(規則などに)	zūnxún, zūnshǒu 遵循，遵守 ヅゥンシュィン, ヅゥンショウ	follow ファロウ

日	中	英
したがき 下書き	cǎogǎo, dǐgǎo 草稿，底稿 ツァオガオ, ディーガオ	draft ドラフト
したぎ 下着	jiàn nèiyī 〔件〕内衣 ジェン ネイイー	undergarment アンダガーメント
したく(する)	zhǔnbèi, yùbèi 准备，预备 チュンベイ, ユイベイ	preparations プレパレイションズ
じたく 自宅	zìzhái, zìjiā 自宅，自家 ツーチャイ, ツージア	one's house ハウス
したごしらえ 下拵え	yùbèi, zhǔnbèi 预备，准备 ユイベイ, チュンベイ	preparations プレパレイションズ
したじ 下地	jīchǔ, dǐzi 基础，底子 ジィチュウ, ディーヅ	groundwork グラウンドワーク
したしい 親しい	qīnmì de, qīnjìn de 亲密的，亲近的 チンミィ ダ, チンジン ダ	close, familiar クロウス, ファミリア
したしらべ 下調べ	yùxiān diàochá 预先调查 ユイシエン ディアオチャア	preliminary inquiry プリリミネリ インクワイアリ
したたる 滴る	dīda 滴答 ディーダ	drop, drip ドラプ, ドリプ
したて 仕立て	féngrèn 缝纫 フォンレン	tailoring, cut テイラリング, カト
したどり 下取り	tiēhuàn, yǐ jiù huàn xīn 贴换，以旧换新 ティエホワン, イー ジウ ホワン シン	trade-in トレイディン
したびらめ 舌平目	niúshéyú 牛舌鱼 ニウショアユイ	sole ソウル
したみ 下見	yùxiān jiǎnchá 预先检查 ユイシエン ジエンチャア	preliminary inspection プリリミネリ インスペクション
じだん 示談	héjiě 和解 ホォアジエ	private settlement プライヴェト セトルメント
しち 質	dǐyāpǐn 抵押品 ディーヤアピン	pawn, pledge ポーン, プレヂ
～に入れる	diǎnyā, diǎndàng 典押，典当 ディエンヤア, ディエンダァン	pawn ポーン

日	中	英
じち **自治**	zìzhì 自治 ツーヂー	self-government セルフガヴァンメント
しちがつ **七月**	qīyuè 七月 チイユエ	July デュライ
しちゃく **試着する**	shìchuān 试穿 シーチュワン	try on トライ オン
シチュー	dùn 炖 ドゥン	stew ステュー
しちゅう **支柱**	zhījià, zhīzhù 支架，支柱 ヂージア, ヂーヂュウ	prop プラプ
シチュエーション		
（位置）	wèizhi 位置 ウェイヂ	situation スィチュエイション
（状況）	xíngshì, júshì, qíngkuàng 形势，局势，情况 シィンシー, デュイシー, チィンクアン	situation スィチュエイション
しちょう **市長**	shìzhǎng 市长 シーヂァアン	mayor メイア
しちょうしゃ **視聴者**	guānzhòng 观众 グワンヂォン	the TV audience ザ ティーヴィー オーディエンス
しつ **質**	zhìliàng 质量 ヂーリアン	quality クワリティ
じつ **実**	zhēnshí, shíjì 真实，实际 ヂェンシー, シージィ	the truth ザ トルース
（実体）	shízhì 实质 シーヂー	substance サブスタンス
（誠意）	chéngyì, chéngxīn 诚意，诚心 チョンイー, チョンシン	sincerity, kindness スィンセリティ, カインドネス
しつう **歯痛**	yáténg 牙疼 ヤアテゥン	toothache トゥーセイク
じっか **実家**	niángjiā, lǎojiā 娘家，老家 ニアンジア, ラオジア	parents' home ペアレンツ ホウム

日	中	英
しっかく 失格	bù hégé 不合格 プゥ ホァグァ	disqualification ディスクヮリフィケイション
～する	shīqù zīgé 失去资格 シーチュィ ヅーグァ	be disqualified ビ ディスクヮリファイド
しっかりする	jiēshi, jiànzhuàng 结实，健壮 ジエシ, ジエンヂュアン	become strong ビカム ストロング
(頑張る)	jiāyóu, gǔjìn 加油，鼓劲 ジアヨウ, グゥジン	stand firm スタンド ファーム
(元気を出す)	zhènzuò jīngshen 振作精神 ヂェンヅゥオ ジンシェン	take courage テイク カーリヂ
しつぎょう 失業(する)	shīyè 失业 シーイエ	unemployment アニンプロイメント
～者	shīyèzhě 失业者 シーイエヂョァ	the unemployed ジ アニンプロイド
じっきょう 実況	shíkuàng 实况 シークアン	live ライヴ
～中継	shíkuàng zhuǎnbō 实况转播 シークアン ヂュワンボォ	live broadcast ライヴ ブロードキャスト
じつぎょう 実業	shíyè 实业 シーイエ	business ビズネス
～家	shíyèjiā 实业家 シーイエジア	businessman ビズニスマン
シックな	xiāosǎ de, fēngyǎ de 潇洒的，风雅的 シアオサア ダ, フォンヤア ダ	chic シーク
じっくり	zǐxì de, mànmān de 仔细地，慢慢地 ヅーシィ ダ, マンマン ダ	slowly and carefully スロウリ アンド ケアフリ
しっけ 湿気	cháoqì, shīqì 潮气，湿气 チャオチィ, シーチィ	moisture モイスチャ
しつけ 躾(る)	jiàoyù, guǎnjiao 教育，管教 ジアオユィ, グワンジアオ	training トレイニング
じっけん 実験(する)	shìyàn, shíyàn 试验，实验 シーイエン, シーイエン	experiment イクスペリメント

日	中	英
～室	shíyànshì 实验室 シーイエンシー	laboratory ラブラトーリ
じつげん 実現(する)	shíxiàn 实现 シーシエン	realization リーアリゼイション
しつこい	chánrén, zhíniù 缠人, 执拗 チャンレン, チーニウ	persistent パスィステント
(味が)	féinì, yóunì 肥腻, 油腻 フェイニィ, ヨウニィ	heavy ヘヴィ
しっこう 失効	shīxiào 失效 シーシアオ	lapse ラプス
じっこう 実行(する)	shīxíng, shíxíng, zhíxíng 施行, 实行, 执行 シーシィン, シーシィン, ヂーシィン	practice プラクティス
じっさい 実際	shíjì 实际 シージィ	fact, reality ファクト, リアリティ
～に	shíjìshàng, díquè 实际上, 的确 シージィシャァン, ディーチュエ	actually アクチュアリ
じつざい 実在	kèguān cúnzài 客观存在 クァグワン ツゥンヅァイ	actual existence アクチュアル イグズィステンス
じっし 実施(する)	shíshī, shíxíng 实施, 实行 シーシー, シーシィン	enforcement インフォースメント
じっしつ 実質	shízhì 实质 シーヂー	substance サブスタンス
じっしゅう 実習	shíxí 实习 シーシィ	practice, training プラクティス, トレイニング
～生	shíxíshēng 实习生 シーシィション	trainee トレイニー
じつじょう 実情	shíqíng, shìshí 实情, 事实 シーチィン, シーシー	the actual condition ジ アクチュアル カンディション
しっしん 失神(する)	hūnmí 昏迷 ホゥンミィ	swoon スウーン
しっせき 叱責	shēnchì, xùnchì 申斥, 训斥 シェンチー, シュィンチー	reproof, reproach リプルーフ, リプロウチ

日	中	英
じっせき 実績	shíjì chéngjì 实际成绩 シージィ チョンジィ	results リザルツ
じっせん 実践 (する)	shíjiàn 实践 シージエン	practice プラクティス
しっそう 失踪する	shīzōng 失踪 シーヅォン	disappear ディサピア
しっそ 質素な	jiǎnpǔ de, pǔsù de 俭朴的, 朴素的 ジェンプゥ ダ, プゥスゥ ダ	plain, simple プレイン, スィンプル
じったい 実態	zhēnshí qíngkuàng 真实情况 チェンシー チィンクアン	the realities ザ リーアリティズ
じっちょく 実直な	hānhòu de 憨厚的 ハンホウ ダ	honest アネスト
しっと 嫉妬 (する)	jídù, dùjì 嫉妒, 妒忌 ジィドゥ, ドゥジィ	jealousy ヂェラスィ
しつど 湿度	shīdù 湿度 シードゥ	humidity ヒューミディティ
じっと	yí dòng bú dòng 一动不动 イー ドン ブゥ ドン	quietly, still クワイエトリ, スティル
しつない 室内	shìnèi 室内 シーネイ	indoor インドー
～で	zài shìnèi 在室内 ヅァイ シーネイ	indoors インドーズ
～の	shìnèi de 室内的 シーネイ ダ	indoor インドー
ジッパー	lāsuǒ 拉锁 ラァスゥオ	zipper ズィパ
しっぱい 失敗 (する)	shībài 失败 シーバイ	failure; fail *in* フェイリュア ; フェイル
しっぴつ 執筆	zhíbǐ, zhuàngǎo 执笔, 撰稿 ヂービィ, ヂュワンガオ	writing ライティング
しっぷ 湿布	shīfū 湿敷 シーフゥ	compress カンプレス

日	中	英
じつぶつ **実物**	shíwù 实物 シーウゥ	the thing ザ スイング
しっぽ **尻尾**	tiáo wěiba 〔条〕尾巴 ティアオ ウェイバ	tail テイル
しつぼう **失望**(する)	shīwàng 失望 シーワァン	disappointment ディサポイントメント
しつもん **質問**(する)	tíwèn, zhìyí 提问，质疑 ティーウェン，チーイー	question クウェスチョン
じつよう **実用**	shíyòng 实用 シーヨン	practical use プラクティカル ユース
じつりょく **実力**	shílì 实力 シーリィ	ability アビリティ
～者	shílì rénwù 实力人物 シーリィ レンウゥ	influential person インフルエンシャル パースン
しつれい **失礼**	wúlǐ 无礼 ウゥリィ	rudeness ルードネス
～な	bù lǐmào de, wúlǐ de 不礼貌的，无礼的 ブゥ リィマオ ダ，ウゥリィ ダ	rude, impolite ルード，インポライト
じつれい **実例**	shílì 实例 シーリィ	example イグザンプル
しつれん **失恋**(する)	shīliàn 失恋 シーリエン	unrequited love アンリクワイテド ラヴ
じつわ **実話**	shíhuà, zhēnshì 实话，真事 シーホア，チェンシー	true story トルー ストーリ
してい **指定**(する)	zhǐdìng 指定 チーディン	designation デズィグネイション
～席	zhǐdìngxí, duìhào zuòwèi 指定席，对号座位 チーディンシィ，ドゥイハオ ヅゥオウェイ	reserved seat リザーヴド スィート
してき **指摘**(する)	zhǐchū, zhǐzhāi 指出，指摘 チーチュウ，チーチャイ	point out ポイント アウト
してき **私的な**	sīrén de 私人的 スーレン ダ	private, personal プライヴェト，パーソナル

日	中	英
してつ 私鉄	sīyíng tiělù 私营铁路 スーイン ティエルウ	private railroad プライヴェト レイルロウド
してん 支店	jiā fēndiàn, fēngōngsī 〔家〕分店，分公司 ジア フェンディエン, フェンゴンスー	branch ブランチ
(銀行)	fēnháng 分行 フェンハァン	branch ブランチ
じてん 辞典	bù cídiǎn, císhū 〔部〕词典，辞书 ブゥ ツーディエン, ツーシュウ	dictionary ディクショネリ
じでん 自伝	zìzhuàn 自传 ツーチュワン	autobiography オートバイアグラフィ
じてんしゃ 自転車	liàng zìxíngchē 〔辆〕自行车 リアン ツーシィンチョア	bicycle バイスィクル
しどう 指導(する)	zhǐdǎo, jiàodǎo, lǐngdǎo 指导，教导，领导 ヂーダオ, ジアオダオ, リィンダオ	guidance ガイダンス
じどう 児童	értóng, háitóng 儿童，孩童 アルトン, ハイトン	child チャイルド
じどうし 自動詞	bùjíwù dòngcí, zìdòngcí 不及物动词，自动词 ブゥジィウゥ ドンツー, ツードンツー	intransitive verb イントランスィティヴ ヴァーブ
じどうしゃ 自動車	liàng qìchē 〔辆〕汽车 リアン チィチョア	car, automobile カー, オートモビール
～事故	chēhuò 车祸 チョアホゥオ	car accident カー アクスィデント
じどうてき 自動的に	zìdòng de 自动地 ツードン ダ	automatically オートマティカリ
じどう 自動ドア	zìdòngmén 自动门 ツードンメン	automatic door オートマティク ドー
じどうはんばいき 自動販売機	tái wúrén shòuhuòjī 〔台〕无人售货机 タイ ウゥレン ショウホゥオジィ	vending machine ヴェンディング マシーン
しとやか	xiányǎ, wényǎ 娴雅，文雅 シエンヤア, ウェンヤア	graceful グレイスフル
しな 品	wùpǐn, shāngpǐn 物品，商品 ウゥピン, シャァンピン	article, goods アーティクル, グヅ

日	中	英
（品質）	zhìliàng 质量 ヂーリアン	quality クワリティ
しない 市内	shìnèi 市内 シーネイ	in the city イン ザ スィティ
～通話	shìnèi diànhuà 市内电话 シーネイ ディエンホア	local call ロウカル コール
しなぎ 品切れ	quēhuò, tuōxiāo, màiguāng 缺货，脱销，卖光 チュエホゥオ, トゥオシアオ, マイグアン	sold out ソウルド アウト
しな 萎びる	kūwěi, niān, gānbiě 枯萎，蔫，干瘪 クゥウェイ, ニエン, ガンビエ	wither ウィザ
しなもの 品物	wùjiàn, wùpǐn 物件，物品 ウゥジエン, ウゥピン	article, goods アーティクル, グヅ
シナモン	ròuguì 肉桂 ロウグゥイ	cinnamon スィナモン
しなやかな	róurèn de 柔韧的 ロウレン ダ	flexible フレクスィブル
シナリオ	jiǎoběn, jùběn 脚本，剧本 ジアオベン, デュィベン	scenario スィネアリオウ
じなん 次男	cìzǐ, èr'érzi 次子，二儿子 ツーヅー, アルアルツ	the second son ザ セコンド サン
じにん 辞任（する）	cízhí 辞职 ツーヂー	resignation; resign レズィグネイション；リザイン
し 死ぬ	sǐ, qùshì 死，去世 スー, チュィシー	die ダイ
じぬし 地主	dìzhǔ 地主 ディーヂュウ	landowner ランドウナ
しの 凌ぐ	rěnshòu 忍受 レンショウ	endure, bear インデュア, ベア
（防ぐ）	duǒbì 躲避 ドゥオビィ	keep out キープ アウト
（切り抜ける）	dùguò, kèfú 渡过，克服 ドゥグゥオ, クァフゥ	tide over タイド オウヴァ

日	中	英
(追い越す)	chāoguò, língjià 超过，凌驾 チャオグゥオ, リィンジア	exceed, surpass イクスィード, サーパス
しの 忍ぶ	rěnshòu 忍受 レンショウ	endure, bear インデュア, ベア
しはい 支配(する)	tǒngzhì, zhīpèi 统治，支配 トンヂー, チーペイ	management マニヂメント
～人	jīnglǐ 经理 ジィンリィ	manager マニヂャ
しばい 芝居	xìjù 戏剧 シィジュイ	play, drama プレイ, ドラーマ
じばさんぎょう 地場産業	dìfāng gōngyè 地方工业 ディーファアン ゴンイエ	local industry ロウカル インダストリ
しばしば	lǚcì, chángcháng 屡次，常常 リュィツー, チャアンチャアン	often オーフン
しはつ 始発(電車)	tóubānchē 头班车 トウバンチョウ	the first train ザ ファースト トレイン
じはつてき 自発的	zhǔdòng, zìfā 主动，自发 ヂュウドン, ヅーファア	spontaneous スパンテイニアス
～な	zhǔdòng de, zìfā de 主动的，自发的 ヂュウドン ダ, ヅーファア ダ	spontaneous スパンテイニアス
しばふ 芝生	cǎodì, cǎopíng 草地，草坪 ツァオディー, ツァオピィン	lawn ローン
しはら 支払い	zhīfù, fùkuǎn 支付，付款 チーフウ, フゥクワン	payment ペイメント
しはら 支払う	zhīfù, fùkuǎn 支付，付款 チーフウ, フゥクワン	pay ペイ
しばら 暫く	yíhuìr, bùjiǔ, zànqiě 一会儿，不久，暂且 イーホアル, ブゥジウ, ヅァンチエ	for a while フォー ア ホワイル
(かなりの時間)	hǎo bàntiān, xǔjiǔ 好半天，许久 ハオ バンティエン, シュィジウ	for a long time フォー ア ロング タイム
しば 縛る	bǎng, kǔn, shuān 绑，捆，拴 バアン, クゥン, シュワン	bind バインド

日	中	英
（束縛）	zhìyuē 制约 チーユエ	bind バインド
しはん 市販の	gōngkāi chūshòu de 公开出售的 ゴンカイ チュウショウ ダ	on the market オン ザ マーケット
じばん 地盤	dìpán, dìjī 地盘，地基 ディーパン，ディージィ	foundation, base ファウンデイション, ベイス
（土地）	dìjī 地基 ディージィ	the ground ザ グラウンド
（選挙の）	dìpán 地盘 ディーパン	constituency カンスティチュエンスィ
（地歩）	dìpán 地盘 ディーパン	footing フティング
しひ 私費	zìfèi 自费 ツーフェイ	private expense プライヴェト イクスペンス
じひ 慈悲	cíbēi, císhàn 慈悲，慈善 ツーベイ，ツーシャン	mercy, pity マースィ, ピティ
シビアな	yánlì de 严厉的 イエンリィ ダ	severe スィヴィア
じびいんこうか 耳鼻咽喉科	ěrbíhóukē 耳鼻喉科 アルビィホウクァ	otorhinolar- yngology オウトウライノウラリンゴロヂ
しひょう 指標	zhǐbiāo, mùbiāo, biāozhì 指标，目标，标志 ヂービアオ, ムゥビアオ, ビアオヂー	index インデクス
じひょう 辞表	cíchéng, cízhíshū 辞呈，辞职书 ツーチョン, ツーヂーシュウ	resignation レズィグネイション
じびょう 持病	lǎobìng, gùjí, chénbìng 老病，痼疾，陈病 ラオビィン, グウジィ, チェンビィン	chronic disease クラニク ディズィーズ
しびれる	mámù, fāmá 麻木，发麻 マアムゥ, ファアマァ	become numb ビカム ナム
しぶ 支部	fēnzhī jīgòu, zhībù 分支机构，支部 フェンヂー ジィゴウ, ヂーブゥ	branch ブランチ

日	中	英
じふ 自負	zìfù 自负 ヅーフウ	pride プライド
しぶい 渋い	kǔsè de 苦涩的 クウスアダ	astringent アストリンジェント
(好みが)	gǔyǎ, yǎzhi 古雅，雅致 グウヤア，ヤアチ	quiet, tasteful クワイエト，テイストフル
(顔つきが)	yàngyàng bú lè 怏怏不乐 ヤアンヤアン ブウ ルア	glum, sullen グラム，サルン
しぶき 飛沫	fēimò 飞沫 フェイモオ	spray スプレイ
しぶとい	wángù, píqi juè 顽固，脾气倔 ワングウ，ピイチ ジュエ	tenacious, obstinate テネイシャス，アブスティネト
(粘り強い)	wánqiáng 顽强 ワンチアン	tenacious テネイシャス
しぶ 渋る	bù kěn, bù shuǎngkuai 不肯，不爽快 ブウ ケン，ブウ シュアンクアイ	hesitate ヘズィテイト
じぶん 自分	zìjǐ, zìgěr 自己，自个儿 ヅージイ，ヅーグァル	self セルフ
～で	qīnzì 亲自 チンヅー	by oneself バイ ワンセルフ
しへい 紙幣	zhāng zhǐbì, chāopiào 〔张〕纸币，钞票 ヂャアン チービイ，チャオピアオ	bill ビル
しほう 四方	sìfāng, sìzhōu 四方，四周 スーファアン，スーヂョウ	every direction エヴリ ディレクション
しぼう 志望(する)	zhìyuàn, zhìxiàng 志愿，志向 ヂーユエン，ヂーシアン	wish, desire ウィシュ，ディザイア
しぼう 死亡(する)	sǐwáng, sǐqù 死亡，死去 スーワン，スーチュイ	death, decease; die デス，ディスィース；ダイ
しぼう 脂肪	zhīfáng 脂肪 ヂーファアン	fat, grease ファト，グリース
しほうけん 司法権	sīfǎquán 司法权 スーファアチュエン	jurisdiction ヂュアリスディクション

日	中	英
萎<small>しぼ</small>む	kūwěi, diāoxiè 枯萎, 凋谢 クウェイ, ディアオシエ	wither, fade ウィザ, フェイド
絞<small>しぼ</small>り	(nínggān de) shī máojīn (拧干的) 湿毛巾 (ニィンガン ダ) シー マオジン	wrung out towel ラングアウト タウル
(レンズの)	guāngquān 光圈 グアンチュエン	stop スタプ
絞<small>しぼ</small>[搾]る	zhà, jǐ 榨, 挤 チャア, ジィ	squeeze スクウィーズ
(金を)	bōxuē 剥削 ボオシュエ	extort イクストート
(頭を)	jiǎo nǎozhī 绞脑汁 ジアオ ナオヂー	rack *one's* brain ラク ブレイン
(レンズを)	tiáojié 调节 ティアオジエ	stop (down) スタプ (ダウン)
資本<small>しほん</small>	zīběn 资本 ツーベン	capital キャピタル
〜家	zīběnjiā 资本家 ツーベンジア	capitalist キャピトリスト
〜金	běnjīn, běnqián 本金, 本钱 ベンジン, ベンチエン	capital キャピタル
〜主義	zīběn zhǔyì 资本主义 ツーベン チュウイー	capitalism キャピタリズム
縞<small>しま</small>	tiáowén 条纹 ティアオウェン	stripes ストライプス
島<small>しま</small>	dǎo, hǎidǎo, dǎoyǔ 岛, 海岛, 岛屿 ダオ, ハイダオ, ダオユイ	island アイランド
姉妹<small>しまい</small>	jiěmèi, zǐmèi 姐妹, 姊妹 ジエメイ, ヅーメイ	sisters スィスタズ
仕舞<small>しま</small>う	fàngjìn, shōushi 放进, 收拾 ファアンジン, ショウシ	put away プト アウェイ
(終える)	jiéshù 结束 ジエシュウ	put an end *to* プト アン エンド

日	中	英
字幕(じまく)	字幕 zìmù ヅームゥ	subtitles サブタイトルズ
始末(しまつ)	处理, 收拾 chǔlǐ, shōushi チュウリィ, ショウシ	management マニヂメント
(結果)	结果 jiéguǒ ジェグゥオ	the result ザ リザルト
(事情)	始末, 颠末 shǐmò, diānmò シーモォ, ディエンモォ	circumstances サーカムスタンスィズ
(倹約)	节俭 jiéjiǎn ジェジェン	thrift スリフト
閉まる(しまる)	关, 关闭 guān, guānbì グワン, グワンビィ	shut, be closed シャト, ビ クロウズド
自慢(じまん)(する)	自夸, 自豪 zìkuā, zìháo ヅークア, ヅーハオ	boast ボウスト
地味(じみ)な	素淡, 老气 sùdàn, lǎoqì スゥダン, ラオチィ	plain, quiet プレイン, クワイエト
(考え・態度が)	朴素, 朴实 pǔsù, pǔshí プウスウ, プウシー	plain, quiet プレイン, クワイエト
シミュレーション	模拟, 仿真 mónǐ, fǎngzhēn モォニィ, ファアンヂェン	simulation スィミュレイション
染(し)みる	浸, 渗 jìn, shèn ジン, シェン	penetrate, soak ペネトレイト, ソウク
市民(しみん)	市民 shìmín シーミン	citizen スィティズン
～権	公民权 gōngmínquán ゴンミンチュエン	citizenship スィティズンシプ
事務(じむ)	事务 shìwù シーウゥ	business, affairs ビズネス, アフェアズ
～員	办事员 bànshìyuán バンシーユエン	clerk, office worker クラーク, オフィス ワーカ
～所	办事处 bànshìchù バンシーチュウ	office オフィス

日	中	英
～的な	shìwùxìng de 事务性的 シーウゥシィン ダ	businesslike ビズネスライク
しめい 使命	rènwu, shǐmìng 任务，使命 レンウ，シーミィン	mission ミション
しめい 指名(する)	zhǐmíng, tímíng 指名，提名 チーミィン，ティーミィン	nomination ナミネイション
しめい 氏名	xìngmíng 姓名 シィンミィン	name ネイム
し き 締め切り	jiézhǐ 截止 ジェチー	closing クロウズィング
(期日の)	jiézhǐ rìqī 截止日期 ジェチー リーチィ	the deadline ザ デドライン
し き 締め切る	jǐnbì, guānjǐn 紧闭，关紧 ジンピィ，グワンジン	keep closed キープ クロウズド
じめじめした	shīlùlù de, cháoshī de 湿漉漉的，潮湿的 シールゥルゥ ダ，チャオシー ダ	damp, moist ダンプ，モイスト
(陰気な)	chénmèn de 沉闷的 チェンメン ダ	melancholy メランカリ
しめ 示す	chūshì, zhǐshì 出示，指示 チュウシー，チーシー	show, indicate ショウ，インディケイト
し だ 締め出す	páijǐ 排挤 パイジィ	shut out シャト アウト
じめつ 自滅する	zìqǔ mièwáng 自取灭亡 ヅーチュィ ミエワァン	ruin *oneself* ルーイン
しめ 湿る	shī, cháoshī, shòucháo 湿，潮湿，受潮 シー，チャオシー，ショウチャオ	dampen ダンプン
し 占める	zhànjù, zhànyǒu 占据，占有 ヂャンジュィ，ヂャンヨウ	occupy アキュパイ
し 閉める	guānbì, guānshàng 关闭，关上 グワンビィ，グワンシャァン	shut, close シャト，クロウズ
し 締める	lēi, jì 勒，系 レイ，ジィ	tie, tighten タイ，タイトン

日	中	英
じめん 地面	dìmiàn, dìxia 地面，地下 ディーミエン，ディーシア	the ground ザ グラウンド
しも 霜	shuāng 霜 シュアン	frost フロスト
じもと 地元	běndì, dāngdì 本地，当地 ベンディー，ダァンディー	local area ロウカル エアリア
しもはんき 下半期	xiàbànnián 下半年 シアバンニエン	the latter half of the year ザ ラタ ハーフ オヴ ザ イア
しもん 指紋	zhǐwén, zhǐyìn 指纹，指印 ヂーウェン，ヂーイン	fingerprint フィンガプリント
しや 視野	shìyě 视野 シーイエ	the range of vision ザ レインヂ オヴ ヴィジョン
(思考・判断の範囲)	yǎnjiè 眼界 イエンジエ	outlook アウトルク
ジャージ	zhēnzhī tǒngxíngbù 针织筒形布 チェンヂー トンシィンブゥ	jersey チャーズィ
ジャーナリスト	jìzhě 记者 ジィチョア	journalist チャーナリスト
ジャーナリズム	xīnwén bàodàojiè 新闻报道界 シンウェン バオダオジエ	journalism チャーナリズム
シャープな	jiānruì de, fēnglì de 尖锐的，锋利的 ジエンルイ ダ，フォンリィ ダ	sharp シャープ
シャープペンシル	zhī huóxīn qiānbǐ 〔枝〕活心铅笔 ヂー ホウォシン チエンビィ	mechanical pencil メキャニカル ペンスル
シャーベット	guǒzilù bīngjílíng 果子露冰激凌 グゥオズルゥ ビィンジリィン	sherbet シャーベト
シャイな	hàixiū de, xiūqiè de 害羞的，羞怯的 ハイシウ ダ，シウチエ ダ	shy シャイ
しゃいん 社員	wèi gōngsī zhíyuán 〔位〕公司职员 ウェイ ゴンスー ヂーユエン	employee, the staff インプロイィー，ザ スタフ
しゃか 釈迦	Shìjiā 释迦 シージア	Buddha ブダ

日	中	英
しゃかい 社会	shèhuì 社会 ショァホゥイ	society ソサイエティ
～学	shèhuìxué 社会学 ショァホゥイシュエ	sociology ソウスィアロヂィ
～主義	shèhuì zhǔyì 社会主义 ショァホゥイ ヂュウイー	socialism ソウシャリズム
じゃが芋 いも	tǔdòur, mǎlíngshǔ 土豆儿，马铃薯 トゥドウル, マァリィンシュウ	potato ポテイトウ
しゃがむ	dūn 蹲 ドゥン	squat down スクワト ダウン
しゃくしょ 市役所	shìzhèngfǔ 市政府 シーヂョンフゥ	city hall スィティ ホール
じゃぐち 蛇口	shuǐlóngtóu 水龙头 シュイロントウ	tap, faucet タプ, フォーセト
じゃくてん 弱点	ruòdiǎn, quēdiǎn 弱点，缺点 ルゥオディエン, チュエディエン	weak point ウィーク ポイント
しゃくほう 釈放(する)	shìfàng 释放 シーファアン	release リリース
しゃくめい 釈明(する)	biànmíng, chǎnmíng 辩明，阐明 ビエンミィン, チャンミィン	explain イクスプレイン
しゃくや 借家	zūfáng 租房 ヅゥファアン	rented house レンテド ハウス
～人	fángkè, zūhù 房客，租户 ファアンクァ, ヅゥホゥ	tenant テナント
しゃくよう 借用	jièyòng 借用 ジエヨン	borrowing バロウイング
しゃげき 射撃(する)	shèjī 射击 ショァジィ	shooting シューティング
ジャケット	jiàn wàitào, jiākè 〔件〕外套，茄克 ジエン ワイタオ, ジアクァ	jacket ヂャケト
(CDなどの)	chàngpiàntào 唱片套 チャァンピエンタオ	jacket ヂャケト

日	中	英
じゃけん 邪険な	wúqíng de 无情的 ウゥチィン ダ	cruel, hardhearted クルーエル, ハードハーテド
しゃこ 車庫	chēkù 车库 チョアクゥ	garage ガラージ
しゃこう 社交	shèjiāo 社交 ショアジアオ	social intercourse ソウシャル インタコース
〜界	shèjiāojiè 社交界 ショアジアオジエ	fashionable society ファショナブル ソサイアティ
〜ダンス	jiāojìwǔ 交际舞 ジアオジィウゥ	social dance ソウシャル ダンス
しゃざい 謝罪(する)	péizuì, dàoqiàn 赔罪, 道歉 ペイヅゥイ, ダオチエン	apology; apologize アパロヂィ; アパロヂャイズ
しゃじつ 写実	xiěshí 写实 シエシー	real picture リーアル ピクチャ
〜主義	xiěshí zhǔyì 写实主义 シエシー チュウイー	realism リーアリズム
しゃしょう 車掌	wèi chéngwùyuán, lièchēyuán 〔位〕乘务员, 列车员 ウェイ チョンウゥユエン, リエチョアユエン	conductor, guard カンダクタ, ガード
しゃしん 写真	zhāng zhàopiàn, xiàngpiàn 〔张〕照片, 相片 ヂャァン ヂャオピエン, シアンピエン	photograph フォウトグラフ
〜家	shèyǐngjiā 摄影家 ショアイィンジィア	photographer フォタグラファ
〜屋	zhàoxiàngguǎn 照相馆 ヂャオシアングワン	photo studio フォウトウ ステューディオウ
ジャズ	juéshìyuè 爵士乐 ジュエシーユエ	jazz ヂャズ
ジャスミン	duǒ mòlì, mòlihuā 〔朵〕茉莉, 茉莉花 ドゥオ モオリィ, モオリホア	jasmine ヂャズミン
しゃせい 写生(する)	xiěshēng 写生 シエション	sketch スケチ
しゃせつ 社説	shèlùn 社论 ショアルウン	editorial エディトーリアル

日	中	英
しゃせん 車線	xíngchēxiàn 行车线 シィンチョァシエン	lane レイン
しゃたく 社宅	zhígōng sùshè 职工宿舍 ヂーゴン スゥショァ	company house カンパニ ハウス
しゃだん 遮断(する)	zhēduàn 遮断 チョァドワン	interception インタセプション
しゃちょう 社長	zǒngjīnglǐ 总经理 ヅオンジィンリィ	the president ザ プレズィデント
シャツ	jiàn chènshān, chènyī, hànshān 〔件〕衬衫，衬衣，汗衫 ジエン チェンシャン，チェンイー，ハンシャン	shirt シャート
(下着)	nèiyī, hànshān 内衣，汗衫 ネイイー，ハンシャン	undershirt アンダシャート
しゃっかん 借款	jièkuǎn, dàikuǎn 借款，贷款 ジエクワン，ダイクワン	loan ロウン
じゃっかん 若干	ruògān 若干 ルゥオガン	some, a few サム, ア フュー
しゃっきん 借金	fùzhài, qiànkuǎn 负债，欠款 フゥヂャイ，チエンクワン	debt, loan デト, ロウン
しゃっくり	gé 嗝 グァ	hiccup ヒカプ
ジャッジ	cáipànyuán 裁判员 ツァイパンユエン	judge ヂャヂ
(判定)	pànjué 判决 パンジュエ	judge ヂャヂ
シャッター	bǎiyèchuāng 百叶窗 バイイエチュアン	shutter シャタ
(カメラの)	kuàimén 快门 クアイメン	shutter シャタ
しゃどう 車道	chēdào 车道 チョァダオ	roadway ロウドウェイ
しゃふつ 煮沸(する)	zhǔfèi 煮沸 ヂュウフェイ	boiling; boil ボイリング；ボイル

日	中	英
しゃぶる	suō, zā 嘬，咂 スオ，ヅアア	suck サク
シャベル	bǎ tiěqiāo, tiěxiān 〔把〕铁锹，铁锨 バア ティエチアオ，ティエシエン	shovel シャヴル
写本 しゃほん	chāoběn, xiěběn 抄本，写本 チャオベン，シエベン	manuscript マニュスクリプト
邪魔(する) じゃま	gānrǎo, fáng'ài 干扰，妨碍 ガンラオ，ファアンアイ	disturb ディスターブ
～な	lìng rén tǎoyàn de 令人讨厌的 リィン レン タオイエン ダ	cumbersome カンバサム
三味線 しゃみせん	Rìběn sānxián 日本三弦 リーベン サンシエン	*samisen*
ジャム	guǒjiàng 果酱 グゥオジアン	jam チャム
斜面 しゃめん	xiépō, xiémiàn 斜坡，斜面 シエポォ，シエミエン	slope スロウプ
砂利 じゃり	suìshí 碎石 スゥイシー	gravel グラヴェル
車両 しゃりょう	chēxiāng 车厢 チョァシアン	vehicles, cars ヴィーイクルズ，カーズ
車輪 しゃりん	chēlún, chēgūlu 车轮，车轱辘 チョァルゥン，チョァグゥルゥ	wheel ホウィール
洒落 しゃれ	qiàopihuà, huīxiéhuà 俏皮话，诙谐话 チアオピホア，ホゥイシエホア	joke, witticism チョウク，ウィティスィズム
謝礼 しゃれい	bàochou, xièlǐ 报酬，谢礼 バオチョウ，シエリィ	remuneration リミューナレイション
洒落た しゃれ	biézhì, yǎzhì 别致，雅致 ビエチー，ヤァヂ	witty, smart ウィティ，スマート
シャワー	línyù 淋浴 リンユィ	shower シャウア
ジャンパー	jiākè, fēngyī 夹克，风衣 ジアクァ，フォンイー	windbreaker ウィンドブレイカ

日	中	英
シャンパン	[瓶]香檳酒 píng xiāngbīnjiǔ ピィン シアンビンジウ	champagne シャンペイン
ジャンプ	跳躍 tiàoyuè ティアオユエ	jump チャンプ
シャンプー	香波，洗发剂 xiāngbō, xǐfàjì シアンボォ，シィファアジィ	shampoo シャンプー
ジャンル	种类，体裁 zhǒnglèi, tǐcái ヂォンレイ，ティーツァイ	genre ジャーンル
しゅい 首位	第一名，首位 dìyī míng, shǒuwèi ディーイー ミン，ショウウェイ	the leading position ザ リーディング ポズィション
しゅう 週	星期，礼拜，周 xīngqī, lǐbài, zhōu シィンチィ，リィバイ，ヂョウ	week ウィーク
しゆう 私有	私有 sīyǒu スーヨウ	private プライヴェト
～財産	私有财产 sīyǒu cáichǎn スーヨウ ツァイチャン	private property プライヴェト プラパティ
じゅう 銃	[枝]枪 zhī qiāng ヂー チアン	gun ガン
じゆう 自由	自由 zìyóu ツーヨウ	freedom, liberty フリードム，リバティ
～形	自由泳，爬泳 zìyóuyǒng, páyǒng ツーヨウヨン，パァヨン	free-style swimming フリースタイル スウィミング
～席	散座儿 sǎnzuòr サンヅゥオル	non-reserved seat ナンリザーヴド スィート
～な	自由的 zìyóu de ツーヨウ ダ	free, liberal フリー，リベラル
しゅうい 周囲	四周，周围 sìzhōu, zhōuwéi スーヂョウ，ヂョウウェイ	circumference サカムファレンス
（環境）	环境 huánjìng ホワンジィン	surroundings サラウンディングズ
じゅうい 獣医	兽医 shòuyī ショウイー	veterinarian ヴェテリネアリアン

日	中	英
じゅういちがつ 十一月	shíyīyuè 十一月 シーイーユエ	November ノウヴェンバ
しゅうえき 収益	shōuyì 收益 ショウイー	profits, gains プラフィツ, ゲインズ
じゅうおく 十億	shíyì 十亿 シーイー	a billion ア ビリョン
しゅうかい 集会	jíhuì 集会 ジィホゥイ	meeting, gathering ミーティング, ギャザリング
しゅうかく 収穫(する)	shōu, shōuhuò 收，收获 ショウ, ショウホゥオ	harvest ハーヴィスト
しゅうがくりょこう 修学旅行	xiūxué lǚxíng 修学旅行 シウシュエ リュィシィン	school trip スクール トリプ
じゅうがつ 十月	shíyuè 十月 シーユエ	October アクトウバ
しゅうかん 習慣	xíguàn 习惯 シィグワン	habit, custom ハビト, カスタム
～的な	xíguànxìng de 习惯性的 シィグワンシィン ダ	habitual ハビチュアル
しゅうかんし 週刊誌	zhōukān 周刊 ヂョウカン	weekly ウィークリ
しゅうき 周期	zhōuqī 周期 ヂョウチィ	cycle, period サイクル, ピアリアド
しゅうきゅう 週休	zhōuxiū 周休 ヂョウシウ	weekly holiday ウィークリ ハリデイ
しゅうきゅう 週給	zhōuxīn 周薪 ヂョウシン	weekly pay ウィークリ ペイ
じゅうきょ 住居	zhùzhái 住宅 ヂュウヂャイ	dwelling, residence ドウェリング, レズィデンス
しゅうきょう 宗教	zōngjiào 宗教 ヅォンジアオ	religion リリヂョン
しゅうぎょうしき 終業式	jiéyèshì 结业式 ジエイエシー	closing ceremony クロウズィング セレモウニ

日	中	英
じゅうぎょういん 従業員	gōngzuò rényuán, zhígōng 工作人员，职工 ゴンヅゥオ レンユエン, ヂーゴン	employee, worker インプロイイー, ワーカ
しゅうきん 集金	shōukuǎn, shōu qián 收款，收钱 ショウクワン, ショウ チエン	collection of mone
じゅうきんぞく 重金属	zhòngjīnshǔ 重金属 ヂォンジンシュウ	heavy metal ヘヴィ メタル
しゅうけい 集計する	héjì, zǒngjì 合计，总计 ホォアジィ, ヅォンジィ	total トウタル
しゅうげき 襲撃	xíjī 袭击 シージィ	attack, assault アタク, アソールト
しゅうごう 集合(する)	jíhé 集合 ジィホォア	gathering; gather ギャザリング；ギャザ
(数学の)	jíhé, jí 集合，集 ジィホォア, ジィ	set セト
じゅうこうぎょう 重工業	zhònggōngyè 重工业 ヂォンゴンイエ	heavy industries ヘヴィ インダストリズ
ジューサー	zhàzhīqì 榨汁器 チャアヂーチィ	juicer ヂューサ
しゅうさい 秀才	xiùcai, gāocái, jiānzi 秀才，高才，尖子 シウツァイ, ガオツァイ, ジエンヅ	talented person タレンティド パースン
しゅうし 修士	shuòshì 硕士 シュオシー	master マスタ
～課程	shuòshì kèchéng 硕士课程 シュオシー クァチョン	master's course マスタズ コース
～号	shuòshì xuéwèi 硕士学位 シュオシー シュエウェイ	master's degree マスタズ ディグリー
しゅうじ 習字	xízì 习字 シィヅー	penmanship ペンマンシプ
じゅうし 重視(する)	zhòngshì, zhùzhòng 重视，注重 ヂォンシー, ヂュウヂォン	attach importance to アタチ インポータンス
じゅうじ 十字	shízì 十字 シーヅー	cross クロス

日	中	英
～架	十字架 shízìjià	cross クロス
～路	十字街头，十字路口 shízì jiētóu, shízì lùkǒu	crossroads クロスロウヅ
しゅうじつ 終日	整天，终日 zhěngtiān, zhōngrì	all day オール デイ
じゅうじつ 充実(する)	充实，充分 chōngshí, chōngfèn	fullness フルネス
しゅうしふ 終止符	句号 jùhào	period ピアリオド
～を打つ	结束，终止 jiéshù, zhōngzhǐ	put a period to プト ア ピアリオド
しゅうしゅう 収集(する)	收集，搜集 shōují, sōují	collection; collect カレクション；コレクト
～家	收藏家 shōucángjiā	collector カレクタ
しゅうしゅく 収縮	收缩 shōusuō	contraction コントラクション
じゅうじゅん 従順な	驯服的，顺从的 xùnfú de, shùncóng de	obedient オビーディエント
じゅうしょ 住所	地址，住址 dìzhǐ, zhùzhǐ	address アドレス
じゅうしょう 重傷	重伤 zhòngshāng	serious wound スィリアス ウーンド
しゅうしょく 就職(する)	就业 jiùyè	find employment ファインド インプロイメント
しゅうじん 囚人	犯人，囚犯 fànrén, qiúfàn	prisoner プリズナ
じゅうしん 重心	重心 zhòngxīn	the center of gravity ザ センタ オヴ グラヴィティ
しゅうしんけい 終身刑	无期徒刑 wúqī túxíng	life imprisonment ライフ インプリズンメント

日	中	英
ジュース	guǒzhī 果汁 グゥオヂー	juice チュース
しゅうせい 習性	xípǐ 习癖 シィピィ	habit ハビト
しゅうせい 修正する	xiūgǎi, xiūzhèng 修改, 修正 シウガイ, シウヂョン	amend, revise アメンド, リヴァイズ
しゅうせん 終戦	zhànzhēng jiéshù 战争结束 チャンヂョン ジエシュウ	the end of the war ジ エンド オヴ ザ ウォー
しゅうぜん 修繕(する)	xiūlǐ, xiūshàn 修理, 修缮 シウリィ, シウシャン	repair リペア
じゅうぞく 従属する	lìshǔ, cóngshǔ 隶属, 从属 リィシュウ, ツォンシュウ	be subordinate to ビ サボーディネト
じゅうたい 渋滞	(jiāotōng) dǔsè, (jiāotōng) zǔsè (交通)堵塞, (交通)阻塞 (ジアオトン) ドゥスァ, (ジアオトン) ヅゥスァ	jam チャム
じゅうたい 重体	bìngqíng yánzhòng 病情严重 ビィンチィン イエンヂョン	serious condition スィリアス カンディション
しゅうたいせい 集大成	jídàchéng 集大成 ジィダァチョン	compilation カンピレイション
じゅうだい 重大な	zhòngdà de, yánzhòng de 重大的, 严重的 ヂョンダァ ダ, イエンヂョン ダ	serious スィリアス
じゅうたく 住宅	zhùzhái, zhùfáng 住宅, 住房 ヂュウチャイ, ヂュウファアン	house, housing ハウス, ハウズィング
しゅうだん 集団	jítǐ, jítuán 集体, 集团 ジィティー, ジィトワン	group, body グループ, バディ
じゅうだん 縦断する	zòngguàn 纵贯 ヅォングワン	traverse トラヴァース
しゅうちしん 羞恥心	xiūchǐxīn 羞耻心 シウチーシン	sense of shame センス オヴ シェイム
しゅうち 周知の	zhùmíng de 著名的 ヂュウミィン ダ	well-known ウェルノウン
しゅうちゃく 執着(する)	tānliàn, zhízhuó 贪恋, 执著 タンリエン, ヂーヂュオ	attachment; stick to アタチメント ; スティク

日	中	英
しゅうちゃくえき 終着駅	zhōngdiǎnzhàn 终点站 チォンディエンヂャン	terminus, terminal ターミナス, ターミナル
しゅうちゅう 集中(する)	jízhōng, jùjí 集中，聚集 ジィヂォン, ヂュィジィ	concentration カンセントレイション
(専念)	zhuānxīn 专心 ヂュワンシン	devote *oneself* ディヴォウト
しゅうてん 終点	zhōngdiǎn 终点 ヂォンディエン	the end of a line ジ エンド オヴ ア ライン
しゅうでん 終電	mòbānchē 末班车 モォバンチョア	the last train ザ ラスト トレイン
じゅうてん 重点	zhòngdiǎn 重点 ヂォンディエン	emphasis エンフシィス
じゅうでん 充電(する)	chōngdiàn 充电 チォンディエン	charge チャーヂ
シュート		
(野球)	zìrán qūxiànqiú 自然曲线球 ヅーラン チュィシエンチウ	screwball スクルーボール
(サッカー)	shèmén 射门 ショァメン	shot シャト
しゅうと 舅	gōnggong 公公 ゴンゴン	father-in-law ファーザインロー
じゅうど 重度	yánzhòng 严重 イエンヂォン	seriousness スィリアスネス
〜の	yánzhòng de 严重的 イエンヂォン ダ	serious スィリアス
じゅうどう 柔道	róudào 柔道 ロウダオ	*judo* チュードウ
しゅうとく 修[習]得(する)	xuéhuì, zhǎngwò 学会，掌握 シュエホゥイ, ヂャァンウオ	learning ラーニング
しゅうとめ 姑	pópo 婆婆 ポォポ	mother-in-law マザインロー

日	中	英
じゅうなん 柔軟な	línghuó de 灵活的 リィンホゥオ ダ	flexible, supple フレクスィブル, サプル
(体が)柔軟	róuruǎn 柔软 ロウルワン	flexible, supple フレクスィブル, サプル
じゅうにがつ 十二月	shí'èryuè 十二月 シーアルユエ	December ディセンバ
じゅうにしちょう 十二指腸	shí'èrzhǐcháng 十二指肠 シーアルヂーチャァン	duodenum デューアディーナム
しゅうにゅう 収入	shōurù 收入 ショウルゥ	income インカム
しゅうにん 就任	jiùrèn, jiùzhí 就任, 就职 ジウレン, ジウヂー	inauguration イノーギュレイション
しゅうのう 収納	shōunà, shōujìn 收纳, 收进 ショウナァ, ショウジン	storage ストーリヂ
(金銭などの)納入	nàrù 纳入 ナァルゥ	receipt リスィート
しゅうはすう 周波数	pínlǜ 频率 ピンリュイ	frequency フリークウェンスィ
じゅうびょう 重病	zhòngbìng 重病 ヂォンビィン	serious illness スィリアス イルネス
しゅうふく 修復(する)	xiūfù 修复 シウフゥ	restoration; restore レストレイション; リストー
じゅうぶん 十分な	chōngzú de, chōngfèn de 充足的, 充分的 チォンヅゥ ダ, チォンフェン ダ	sufficient, enough サフィシェント, イナフ
しゅうへん 周辺	zhōuwéi, sìwéi 周围, 四围 ヂョウウェイ, スーウェイ	circumference サーカムフェレンス
しゅうまつ 週末	zhōumò 周末 ヂョウモォ	weekend ウィーケンド
じゅうみん 住民	jūmín 居民 ジュイミン	inhabitants インハビタンツ
~登録	hùkǒu dēngjì 户口登记 ホゥコウ デゥンジィ	resident registration レズィデント レジストレイション

日	中	英
じゅうやく 重役	dǒngshì 董事 ドンシー	director ディレクタ
じゅうゆ 重油	cháiyóu, zhòngyóu 柴油, 重油 チャイヨウ, ヂォンヨウ	heavy oil ヘヴィ オイル
しゅうゆう 周遊	zhōuyóu 周游 ヂョウヨウ	tour, excursion トゥア, イクスカージョン
しゅうよう(する) 収容	róngnà, shōuróng 容纳, 收容 ロンナァ, ショウロン	accommodation アカモデイション
じゅうよう 重要な	zhòngyào de, yàojǐn de 重要的, 要紧的 ヂォンヤオ ダ, ヤオジン ダ	important, principal インポータント, プリンスィパル
じゅうらい 従来	cónglái, lìlái 从来, 历来 ツォンライ, リィライ	up to this time アプ トゥ ズィス タイム
しゅうり 修理(する)	xiūlǐ 修理 シウリィ	repair; repair, mend リペア; リペア, メンド
しゅうりょう 終了(する)	zhōngliǎo 终了 ヂォンリアオ	end, conclusion エンド, カンクルージョン
じゅうりょう 重量	zhòngliàng, fènliàng 重量, 分量 ヂォンリアン, フェンリアン	weight ウェイト
～挙げ	jǔzhòng 举重 ヂュイヂォン	weight lifting ウェイト リフティング
じゅうりょく 重力	zhònglì 重力 ヂォンリィ	gravity, gravitation グラヴィティ, グラヴィテイション
しゅうろく 収録	lùyīn 录音 ルゥイン	recording リコーディング
しゅうわい 収賄	shòuhuì 受贿 ショウホゥイ	corruption, graft コラプション, グラフト
しゅえい 守衛	ménwèi 门卫 メンウェイ	guard ガード
しゅえん 主演	zhǔyǎn, zhǔjué 主演, 主角 ヂュウイエン, ヂュウジュエ	the leading role ザ リーディング ロウル
～する	zhǔyǎn 主演 ヂュウイエン	play the leading part プレイ ザ リーディング パート

日	中	英
しゅかん 主観	zhǔguān 主观 ヂュウグワン	subjectivity サブヂェクティヴィティ
～的な	zhǔguān de 主观的 ヂュウグワン ダ	subjective サブヂェクティヴ
しゅぎ 主義	zhǔyì 主义 ヂュウイー	principle, doctrine プリンスィプル, ダクトリン
しゅぎょう 修行	xiūxíng 修行 シウシィン	apprenticeship アプレンティスシプ
じゅきょう 儒教	Rújiào 儒教 ルゥジアオ	Confucianism カンフューシャニズム
じゅぎょう 授業	kè, gōngkè 课, 功课 クァ, ゴンクァ	teaching, lesson ティーチング, レスン
じゅく 塾	sīshú 私塾 スーシュウ	private school プライヴェト スクール
しゅくえん 祝宴	xǐyàn 喜宴 シィイエン	feast, banquet フィースト, バンクウィト
しゅくがかい 祝賀会	qìngzhùhuì 庆祝会 チィンヂュウホゥイ	celebration セレブレイション
じゅくご 熟語	fùhécí, chéngyǔ, guànyòngyǔ 复合词, 成语, 惯用语 フゥホァツー, チョンユィ, グワンヨンユィ	idiom, phrase イディオム, フレイズ
しゅくさいじつ 祝祭日	jiérì, jiéjiàrì 节日, 节假日 ジエリー, ジエジアリー	national holiday ナショナル ハリデイ
しゅくしょう 縮小(する)	suōxiǎo 缩小 スゥオシアオ	reduction; reduce リダクション;リデュース
じゅく 熟する	shú, chéngshú 熟, 成熟 シュウ, チョンシュウ	become ripe ビカム ライプ
しゅくだい 宿題	(jiātíng) zuòyè, kèwài zuòyè (家庭)作业, 课外作业 (ジアティン) ヅゥオイエ, クァワイ ヅゥオイエ	homework ホウムワーク
しゅくはい 祝杯	zhùjiǔ, jìngjiǔ 祝酒, 敬酒 ヂュウジウ, ジィンジウ	toast トウスト
しゅくはく 宿泊(する)	zhùsù, tóusù 住宿, 投宿 ヂュウスゥ, トウスゥ	lodging; lodge, stay ラヂング;ラヂ, ステイ

日	中	英
～料	zhùsùfèi 住宿费	hotel charges
しゅくふく 祝福 (する)	zhùfú 祝福	blessing; bless
じゅくれん 熟練する	shúliàn, xiánshú 熟练，娴熟	become skilled
しゅけん 主権	zhǔquán 主权	sovereignty
じゅけん 受験 (する)	yìngkǎo, yìngshì 应考，应试	take an examination
しゅご 主語	zhǔyǔ 主语	the subject
しゅごう 酒豪	hǎiliàng 海量	heavy drinker
しゅさい 主催する	zhǔbàn, zhǔchí 主办，主持	sponsor
しゅざい 取材する	cǎifǎng, tànfǎng 采访，探访	gather information
しゅじゅつ 手術	shǒushù 手术	operation
～する	kāidāo 开刀	operate
しゅしょう 主将	duìzhǎng 队长	the captain
しゅしょう 首相	shǒuxiàng, zǒnglǐ 首相，总理	the prime minister
じゅしょう 受賞 (する)	huòjiǎng 获奖	win a prize
～者	huòjiǎngzhě 获奖者	prize winner
～する	huòjiǎng 获奖	win a prize

日	中	英
しゅしょく 主食	zhǔshí 主食 デュウシー	the staple food ザ ステイブル フード
しゅじん 主人		
(店の)	zhǔrén, dōngdào 主人，东道 デュウレン，ドンダオ	the proprietor ザ プロプライエタ
(夫)	zhàngfu, xiānsheng 丈夫，先生 ヂャンフ，シエンション	husband ハズバンド
じゅしん 受信 (する)	jiēshōu 接收 ジエショウ	reception; receive リセプション；リスィーヴ
しゅじんこう 主人公	zhǔréngōng, zhǔrénwēng 主人公，主人翁 デュウレンゴン，デュウレンウォン	hero, heroine ヒアロウ，ヘロウイン
しゅせき 首席	shǒuxí, dìyī míng 首席，第一名 ショウシィ，ディーイー ミン	the head ザ ヘド
しゅだい 主題	zhǔtí 主题 デュウティー	the subject ザ サブヂクト
しゅだん 手段	shǒuduàn, bànfǎ 手段，办法 ショウドワン，バンファア	means, way ミーンズ，ウェイ
しゅちょう (する) 主張	zhǔzhāng 主张 デュウヂャアン	assertion アサーション
しゅつえん (する) 出演	yǎnchū 演出 イエンチュウ	appear on the stage アピア オン ザ ステイヂ
しゅっか 出荷	fāhuò 发货 ファアホゥオ	shipment シプメント
しゅっきん (する) 出勤	shàngbān, chūqín 上班，出勤 シャアンバン，チュウチン	go to work ゴウ トゥ ワーク
しゅっけつ 出血	chūxuè 出血 チュウシュエ	hemorrhage, bleeding ヘモリヂ，ブリーディング
しゅつげん (する) 出現	chūxiàn 出现 チュウシエン	appearance; appear アピアランス；アピア
じゅつご 述語	wèiyǔ 谓语 ウェイユイ	the predicate ザ プレディケト

日	中	英
しゅっこく 出国 (する)	chūjìng, chūguó 出境，出国 チュウジン, チュウグゥオ	leave a country リーヴ ア カントリ
しゅっさん 出産 (する)	shēngchǎn, fēnmiǎn 生产，分娩 ションチャン, フェンミエン	birth バース
しゅっし 出資	chūzī 出资 チュウヅー	investment インヴェストメント
しゅつじょう 出場 (する)	chūsài, cānjiā 出赛，参加 チュウサイ, ツァンジア	participation パーティスィペイション
しゅっしん 出身	chūshēn 出身 チュウシェン	be from ビ フラム
～校	mǔxiào 母校 ムゥシアオ	alma mater school アルマ メイタ スクール
～地	chūshēngdì 出生地 チュウションディー	home town ホウム タウン
しゅっせ 出世 (する)	chénggōng, chéngmíng 成功，成名 チョンゴン, チョンミィン	success in life サクセス イン ライフ
しゅっせき 出席 (する)	chūxí, cānjiā 出席，参加 チュウシィ, ツァンジア	attendance アテンダンス
～者	chūxízhě 出席者 チュウシィヂョァ	attendance アテンダンス
しゅっちょう 出張 (する)	chūchāi 出差 チュウチャイ	business trip ビズネス トリプ
しゅっぱつ 出発 (する)	chūfā, qǐchéng 出发，启程 チュウファア, チィチョン	departure ディパーチャ
しゅっぱん 出版 (する)	chūbǎn, fāxíng 出版，发行 チュウバン, ファアシィン	publication パブリケイション
～社	chūbǎnshè 出版社 チュウバンショァ	publishing company パブリシング カンパニ
～物	kānwù, chūbǎnwù 刊物，出版物 カンウゥ, チュウバンウゥ	publication パブリケイション
しゅっぴ 出費	kāixiāo, huāfei 开销，花费 カイシアオ, ホアフェイ	expenses イクスペンスィズ

日	中	英
しゅつりょく 出力(する)	shūchū 输出 シュウチュウ	output アウトプト
しゅと 首都	shǒudū, jīngchéng 首都, 京城 ショウドゥ, ジィンチョン	capital, metropolis キャピタル, メトラポリス
しゅどう 手動	shǒudòng, shǒugōng 手动, 手工 ショウドン, ショウゴン	manual マニュアル
～の	shǒudòng de 手动的 ショウドン ダ	hand-operated ハンドアパレイテド
しゅどうけん 主導権	zhǔdǎoquán 主导权 ヂュウダオチュエン	initiative イニシャティヴ
じゅどうたい 受動態	bèidòngshì 被动式 ベイドンシー	the passive voice ザ パスィヴ ヴォイス
しゅとく 取得(する)	qǔdé, huòdé 取得, 获得 チュイドゥア, ホウオドゥア	acquire アクワイア
じゅなん 受難	shòunàn 受难 ショウナン	sufferings サファリングズ
じゅにゅう 授乳(する)	wèi nǎi, bǔrǔ 喂奶, 哺乳 ウェイ ナイ, ブゥルゥ	nurse ナース
しゅにん 主任	zhǔrèn 主任 ヂュウレン	chief, head チーフ, ヘド
しゅのう 首脳	shǒunǎo 首脑 ショウナオ	the head ザ ヘド
シュノーケル	tōngqìguǎn 通气管 トンチグワン	snorkel スノーケル
しゅび 守備	shǒubèi, fángbèi 守备, 防备 ショウベイ, ファアンベイ	defense ディフェンス
しゅひん 主賓	zhǔbīn, zhǔkè 主宾, 主客 ヂュウビン, ヂュウクァ	the guest of honor ザ ゲスト オヴ アナ
しゅふ 主婦	zhǔfù, jiātíng fùnǚ 主妇, 家庭妇女 ヂュウフウ, ジアティン フウニュイ	housewife ハウスワイフ
しゅみ 趣味	àihào, xìngqù 爱好, 兴趣 アイハオ, シィンチュイ	taste, hobby テイスト, ハビ

日	中	英
じゅみょう 寿命	shòumìng, shòushu 寿命，寿数 ショウミィン, ショウシュウ	the span of life ザ スパン オヴ ライフ
しゅもく 種目	xiàngmù 项目 シアンムゥ	item; event アイテム；イヴェント
しゅやく 主役	zhǔjué 主角 ヂュウジュエ	the leading part ザ リーディング パート
しゅよう 腫瘍	zhǒngliú 肿瘤 ヂォンリウ	tumor テューマ
じゅよう 需要	xūqiú, xūyào 需求，需要 シュィチウ, シュィヤオ	demand ディマンド
しゅよう 主要な	zhǔyào 主要 ヂュヤオ	principal, main プリンスィパル, メイン
じゅりつ 樹立(する)	jiànlì 建立 ジエンリィ	establish イスタブリシュ
しゅりょう 狩猟	shòuliè 狩猎 ショウリエ	hunting ハンティング
しゅりょく 主力	zhǔlì 主力 ヂュウリィ	the main force ザ メイン フォース
しゅるい 種類	zhǒnglèi, pǐnzhǒng 种类，品种 ヂォンレイ, ピンヂォン	kind, sort カインド, ソート
しゅわ 手話	shǒuyǔ, yǎyǔ 手语，哑语 ショウユィ, ヤアユィ	sign language サイン ラングウィヂ
じゅわき 受話器	shòuhuàqì, tīngtǒng 受话器，听筒 ショウホアチィ, ティントン	receiver リスィーヴァ
じゅん 準	zhǔn 准 ヂュン	semi- セミ
じゅん 順	cìxù, shùnxù 次序，顺序 ツーシュィ, シュンシュィ	order, turn オーダ, ターン
じゅんい 順位	míngcì, wèicì 名次，位次 ミィンツー, ウェイツー	grade, ranking グレイド, ランキング
じゅんえき 純益	chúnlì, jìnglì 纯利，净利 チュンリィ, ジィンリィ	net profit ネト プラフィト

し

日	中	英
しゅんかん 瞬間	shùnjiān, zhuǎnyǎn zhījiān 瞬间，转眼之间 シュンジエン，ヂュワンイエン ヂージエン	moment モウメント
じゅんかん 循環 (する)	xúnhuán, zhōu ér fù shǐ 循环，周而复始 シュインホワン，ヂョウ アル フゥ シー	circulation サーキュレイション
じゅんきん 純金	chúnjīn, chìjīn 纯金，赤金 チュンジン，チージン	pure gold ピュア ゴウルド
じゅんけつ 純潔	chúnjié 纯洁 チュンジエ	purity, chastity ピュアリティ，チャスティティ
じゅんけっしょう 準決勝	bànjuésài 半决赛 バンジュエサイ	the semifinals ザ セミファイナルズ
じゅんじゅんけっしょう 準々決勝	sì fēn zhī yī juésài 四分之一决赛 スー フェン ヂー イー ジュエサイ	the quarterfinals ザ クウォータファイナルズ
じゅんじょ 順序	shùnxù, yīcì 顺序，依次 シュンシュイ，イーツー	order オーダ
じゅんじょう 純情	chúnzhēn 纯真 チュンヂェン	pure heart ピュア ハート
じゅんしん 純真な	chúnzhēn de, chúnjié de 纯真的，纯洁的 チュンヂェン ダ，チュンジエ ダ	naive, innocent ナーイーヴ，イノセント
じゅんすい 純粋な	chúncuì de, chúnzhēn de 纯粹的，纯真的 チュンツウイ ダ，チュンヂェン ダ	pure, genuine ピュア，チェニュイン
じゅんちょう 順調な	shùnlì de, shùnchàng de 顺利的，顺畅的 シュンリィ ダ，シュンチャァン ダ	smooth, favorable スムーズ，フェイヴァラブル
じゅんのう 順応 (する)	shùnyìng, shìyìng 顺应，适应 シュンイィン，シーイィン	adaptation アダプテイション
じゅんばん 順番	shùnxù, cìxù 顺序，次序 シュンシュイ，ツーシュイ	order, turn オーダ，ターン
じゅんび 準備 (する)	zhǔnbèi, chóubèi 准备，筹备 ヂュンベイ，チョウベイ	preparation プレパレイション
じゅんろ 順路	shùndào 顺道 シュンダオ	the route ザ ルート
しょう 省	bù 部 ブゥ	ministry ミニストリ

日	中	英
しょう 章	zhāng 章 ヂャアン	chapter チャプタ
しょう 賞	jiǎng 奖 ジアン	prize, reward プライズ, リウォード
しよう 使用(する)	shǐyòng, yòng 使用, 用 シーヨン, ヨン	use ユーズ
～人	yōngrén, yòngren 佣人, 用人 ヨンレン, ヨンレン	employee インプロイイー
～料	shǐyòngfèi 使用费 シーヨンフェイ	fee フィー
しよう 私用	sīshì 私事 スーシー	private business プライヴェト ビズネス
じょう 錠	suǒ 锁 スゥオ	lock ラク
じょうえい 上映する	shàngyìng, fàngyìng 上映, 放映 シャアンイィン, ファアンイィン	put on, show プト オン, ショウ
しょう 省エネ	jié(shěng) néng(yuán) 节(省)能(源) ジエ(ション) ヌォン(ユエン)	energy conservation エナヂ カンサヴェイション
じょうえん 上演(する)	shàngyǎn, biǎoyǎn 上演, 表演 シャアンイエン, ピアオイエン	presentation プリーゼンテイション
しょうか 消化(する)	xiāohuà 消化 シアオホア	digestion ディヂェスチョン
～不良	xiāohuà bùliáng 消化不良 シアオホア ブゥリアン	indigestion インディヂェスチョン
しょうか 消火(する)	mièhuǒ, jiùhuǒ 灭火, 救火 ミエホゥオ, ジウホゥオ	fire fighting ファイア ファイティング
～器	mièhuǒqì 灭火器 ミエホゥオチィ	extinguisher イクスティングウィシャ
しょうが 生姜	jiāng, shēngjiāng 姜, 生姜 ジアン, ションジアン	ginger ヂンヂャ
しょうかい 紹介(する)	jièshào 介绍 ジエシャオ	introduction イントロダクション

日	中	英
しょうがい **傷害**	shānghài 伤害 シャァンハイ	injury インデュリ
しょうがい **障害**	zhàng'ài, zǔ'ài 障碍, 阻碍 ヂャアンアイ, ヅゥアイ	obstacle アブスタクル
しょうがい **生涯**	shēngpíng, shēngyá 生平, 生涯 ションピィン, ションヤァ	lifetime ライフタイム
しょうがくきん **奨学金**	jiǎngxuéjīn, zhùxuéjīn 奖学金, 助学金 ジアンシュエジン, ヂュウシュエジン	scholarship スカラシプ
しょうがくせい **小学生**	xiǎoxuéshēng 小学生 シアオシュエション	schoolchild スクールチャイルド
しょうがくせい **奨学生**	jiǎngxuéshēng 奖学生 ジアンシュエション	scholar スカラ
しょうがつ **正月**	xīnnián, zhēngyuè 新年, 正月 シンニエン, ヂョンユエ	the New Year ザ ニュー イア
しょうがっこう **小学校**	xiǎoxué 小学 シアオシュエ	elementary school エレメンタリ スクール
じょうき **蒸気**	zhēngqì 蒸气 ヂョンチィ	vapor, steam ヴェイパ, スティーム
じょうぎ **定規**	chǐ 尺 チー	ruler ルーラ
じょうきゃく **乗客**	chéngkè 乘客 チョンクァ	passenger パセンヂャ
しょうきゅう **昇給**	jiāxīn, tíxīn 加薪, 提薪 ジアシン, ティーシン	raise レイズ
じょうきゅう **上級**	gāojí 高级 ガオジィ	high rank ハイ ランク
～の	gāojí de 高级的 ガオジィ ダ	higher, upper ハイヤ, アパ
しょうぎょう **商業**	shāngyè 商业 シャアンイエ	commerce カマス
じょうきょう **情[状]況**	qíngkuàng, zhuàngkuàng, qíngxing 情况, 状况, 情形 チィンクゥアン, チュアンクアン, チィンシィン	circumstances サーカムスタンスィズ

日	中	英
しょうきょくてき 消極的な	xiāojí de 消极的 シアオジィ ダ	negative, passive ネガティヴ, パスィヴ
しょうぐん 将軍	jiāngjūn 将军 ジアンヂュイン	general ヂェナラル
じょうげ 上下	shàngxià 上下 シアンシア	top and bottom タプ アンド バトム
～する	shàng shàng xià xià, wǎngfǎn 上上下下, 往返 シアン シアン シア シア, ワァンファン	rise and fall ライズ アンド フォール
(変動)	bōdòng, zhǎngluò 波动, 涨落 ボォドン, ヂャァンルゥオ	fluctuate フラクチュエイト
じょうけい 情景	qíngjǐng, guāngjǐng 情景, 光景 チィンジィン, グアンジィン	spectacle, sight スペクタクル, サイト
しょうげき 衝撃	dǎjī, chōngjī 打击, 冲击 ダァジィ, チォンジィ	shock, impact シャク, インパクト
しょうけん 証券	zhèngquàn 证券 ヂョンチュエン	bill, bond ビル, バンド
しょうげん 証言	zhèngyán 证言 ヂョンイエン	testimony テスティモウニ
～する	zuòzhèng 作证 ヅゥオヂョン	testify テスティファイ
じょうけん 条件	tiáojiàn 条件 ティアオジエン	condition, terms カンディション, タームズ
しょうこ 証拠	zhèngjù, zuǒzhèng 证据, 佐证 ヂョンヂュイ, ヅゥオヂョン	proof, evidence プルーフ, エヴィデンス
しょうご 正午	zhōngwǔ, zhèngwǔ 中午, 正午 ヂョンウゥ, ヂョンウゥ	noon ヌーン
じょうこう 条項	tiáokuǎn 条款 ティアオクワン	articles, clauses アーティクルズ, クローズィズ
じょうこく 上告	shànggào 上告 シァンガオ	appeal アピール
しょうさい 詳細	xiángxì, zǐxì 详细, 仔细 シアンシィ, ヅーシィ	details ディーテイルズ

日	中	英
〜な	xiángxì de 详细的 シアンシィ ダ	detailed ディテイルド
じょうざい 錠剤	wánjì, yàopiàn 丸剂，药片 ワンジィ，ヤオピエン	tablet タブレト
しょうさん 硝酸	xiāosuān 硝酸 シアオスワン	nitric acid ナイトリク アスィド
じょうし 上司	shàngjí, shàngsi 上级，上司 シャンヂィ，シャンス	superior, boss スピアリア，ボース
しょうじき 正直	zhèngzhí, lǎoshi, chéngshí 正直，老实，诚实 ヂョンヂー，ラオシ，チョンシー	honesty アニスティ
〜な	lǎoshi de, tǎnshuài de 老实的，坦率的 ラオシ ダ，タンシュアイ ダ	honest アニスト
じょうしき 常識	chángshí, chángqíng 常识，常情 チャアンシー，チャアンチィン	common sense カモン センス
じょうしつ 上質の	yōuzhì de 优质的 ヨウヂー ダ	fine quality ファイン クワリティ
しょうしゃ 商社	shāngháng, màoyì gōngsī 商行，贸易公司 シャアンハァン，マオイー ゴンスー	trading company トレイディング カンパニ
じょうしゃ 乗車(する)	shàng chē, chéng chē 上车，乘车 シャアン チョァ，チョン チョァ	board, take, get in ボード，テイク，ゲト イン
〜券	chēpiào 车票 チョァピアオ	ticket ティケト
しょうしゅう 召集する	zhàojí 召集 チャオジィ	convene, call カンヴィーン，コール
(軍隊を)	zhēngjí, jíhé 征集，集合 チョンジィ，ジィホァァ	muster, call out マスタ，コール アウト
じょうじゅん 上旬	shàngxún 上旬 シャアンシュィン	the first ten days of a month ザ ファースト テン デイズ オヴ ア マンス
しょうしょ 証書	zhèngshū, zìjù 证书，字据 ヂョンシュウ，ヅージュィ	bond, deed バンド，ディード
しょうじょ 少女	shàonǚ, xiǎogūniang 少女，小姑娘 シャオニュィ，シアオグゥニアン	girl ガール

日	中	英
しょうしょう 少々	yǒudiǎnr, shǎoxǔ 有点儿，少许	a little, a few
しょうじょう 症状	bìngqíng, zhèngzhuàng 病情，症状	symptom
しょうじょう 賞状	jiǎngzhuàng 奖状	certificate of merit
じょうしょう 上昇(する)	shàngshēng 上升	rise
じょうじょう 上場する	shàngshì, shàngchǎng 上市，上场	list on the stock exchange
しょう 生じる	chǎnshēng, fāshēng 产生，发生	happen, take place
しょうしん 昇進(する)	jìnjí, jìnshēng 晋级，晋升	promotion
しょうすう 小数	xiǎoshù 小数	decimal
しょうすう 少数	shǎoshù 少数	minority
じょうず 上手な	shànyú, shàncháng 善于，擅长	skillful
じょうせい 情勢	xíngshì, qíngkuàng 形势，情况	situation
しょうせつ 小説	xiǎoshuō 小说	novel
～家	xiǎoshuōjiā 小说家	novelist
じょうせつ 常設の	chángshè de 常设的	standing
じょうせん 乗船(する)	zuò chuán 坐船	embarkation
じょうぞう 醸造	niàngzào 酿造	brewing

日	中	英
しょうそく 消息	xìnxī, xiāoxi 信息，消息 シンシイ，シアオシ	news, information ニューズ，インフォメイション
しょうたい 招待 (する)	yāoqǐng, yuēqǐng 邀请，约请 ヤオチン，ユエチン	invitation インヴィテイション
じょうたい 状態	zhuàngtài, qíngxing 状态，情形 ヂュアンタイ，チンシィン	state, situation ステイト，スィチュエイション
しょうだく 承諾 (する)	dāying, yǔnnuò 答应，允诺 ダァイン，ユインヌゥオ	consent カンセント
じょうたつ 上達 (する)	zhǎngjìn, jìnbù 长进，进步 ヂャアンジン，ジンブゥ	improvement インプルーヴメント
しょうだん 商談	shāngyè tánpàn 商业谈判 シャアンイエ タンパン	business talk ビズネス トーク
じょうだん 冗談	wánxiào, wánhuà 玩笑，玩话 ワンシアオ，ワンホア	joke, jest ヂョウク，ヂェスト
〜半分に	bànkāi wánxiào de 半开玩笑地 バンカイ ワンシアオ ダ	half in joke ハフ イン ヂョウク
しょうち 承知 (する)	dāying, tóngyì 答应，同意 ダァイン，トンイー	agree アグリー
じょうちょ 情緒	qíngdiào 情调 チンディアオ	atmosphere アトモスフィア
(感情)	qíngxù 情绪 チンシュィ	emotion イモウション
しょうちょう 象徴 (する)	xiàngzhēng 象征 シアンヂョン	symbol; symbolize スィンボル；スィンボライズ
〜主義	xiàngzhēng zhǔyì 象征主义 シアンヂョン ヂュウイー	symbolism スィンボリズム
しょうてん 商店	diànpù, shāngdiàn 店铺，商店 ディエンプゥ，シャアンディエン	store, shop ストー，シャプ
しょうてん 焦点	jiāodiǎn 焦点 ジアオディエン	focus フォウカス
じょうと 譲渡 (する)	yíjiāo, zhuǎnràng 移交，转让 イージアオ，ヂュワンラァン	transfer トランスファー

日	中	英
しょうどう 衝動	chōngdòng 冲动 チョンドン	impulse インパルス
~的な	chōngdòngxìng de 冲动性的 チョンドンシィン ダ	impulsive インパルスィヴ
じょうとう 上等の	gāojí de, shàngděng de 高级的，上等的 ガオジィ ダ，シャアンデゥン ダ	good, superior グド，スピアリア
しょうどく 消毒(する)	xiāodú 消毒 シアオドゥ	disinfection ディスインフェクション
~薬	xiāodújì 消毒剂 シアオドゥジィ	disinfectant ディスインフェクタント
しょうとつ 衝突(する)	chōngzhuàng, kēpèng 冲撞，磕碰 チョンチュアン，クァポン	clash クラシュ
しょうにか 小児科	érkē, xiǎo'érkē 儿科，小儿科 アルクァ，シアオアルクァ	pediatrics ピーディアトリクス
~医	érkē yīshēng 儿科医生 アルクァ イーション	pediatrician ピーディアトリシャン
しょうにん 商人	shāngrén 商人 シャアンレン	merchant マーチャント
しょうにん 証人	zhèngren, jiànzhèngrén 证人，见证人 ヂョンレン，ジエンヂョンレン	witness ウィトネス
しょうにん 承認(する)	pīzhǔn, chéngrèn 批准，承认 ピィヂュン，チョンレン	approval アプルーヴァル
じょうにん 常任の	chángrèn 常任 チャァンレン	standing, regular スタンディング，レギュラ
じょうねつ 情熱	rèqíng, jīqíng 热情，激情 ルァチィン，ジィチィン	passion, ardor パション，アーダ
しょうねん 少年	shàonián 少年 シャオニエン	boy ボイ
じょうば 乗馬	qí mǎ 骑马 チィ マア	riding ライディング
しょうはい 勝敗	shèngfù 胜负 ションフゥ	victory or defeat ヴィクトリ オ ディフィート

日	中	英
しょうばい 商売	mǎimai, shēngyi 买卖，生意 マイマイ，ションイ	trade, business トレイド, ビズネス
じょうはつ 蒸発(する)	zhēngfā 蒸发 ヂョンファア	evaporation イヴァポレイション
しょうひ 消費(する)	xiāohào, xiāofèi 消耗，消费 シアオハオ, シアオフェイ	consume カンシューム
～者	xiāofèizhě 消费者 シアオフェイヂョァ	consumer カンシューマ
～税	xiāofèishuì 消费税 シアオフェイシュイ	consumption tax カンサンプション タクス
しょうひょう 商標	páihào, shāngbiāo 牌号，商标 パイハオ, シャンビアオ	trademark, brand トレイドマーク, ブランド
しょうひん 賞品	jiǎngpǐn 奖品 ジアンピン	prize プライズ
しょうひん 商品	shāngpǐn 商品 シャァンピン	commodity, goods コマディティ, グヅ
～化する	shāngpǐnhuà 商品化 シャァンピンホア	commercialize カマーシャライズ
じょうひん 上品な	wényǎ de, yōuyǎ de 文雅的，优雅的 ウェンヤァ ダ, ヨウヤァ ダ	elegant, refined エリガント, リファインド
しょうぶ 勝負	shèngbài, bǐsài 胜败，比赛 ションバイ, ビィサイ	game, match ゲイム, マチ
～する	zhēng shèngfù, jìngsài 争胜负，竞赛 ヂョン ションフゥ, ジンサイ	contest, fight カンテスト, ファイト
じょうぶ 丈夫な	zhuàngjiàn de, jiēshi de 壮健的，结实的 ヂュアンジエン ダ, ジエシ ダ	strong, robust ストロング, ロウバスト
しょうべん 小便	niào, xiǎobiàn, xiǎojiě 尿，小便，小解 ニアオ, シアオビエン, シアオジエ	urine ユアリン
じょうほ 譲歩(する)	ràngbù 让步 ランブゥ	concession; concede カンセション；カンスィード
しょうほう 商法	jīngshāng fāngfǎ 经商方法 ジンシャァン ファアンファア	the commercial code ザ カマーシャル コウド

日	中	英
しょうぼう 消防	xiāofáng 消防 シアオファアン	fire fighting ファイア ファイティング
～士	xiāofángyuán 消防员 シアオファアンユエン	fire fighter ファイア ファイタ
～車	jiùhuǒchē, xiāofángchē 救火车，消防车 ジウホウオチョア, シアオファアンチョア	fire engine ファイア エンヂン
～署	xiāofángjú 消防局 シアオファアンジュイ	firehouse ファイアハウス
じょうほう 情報	xìnxī, qíngbào 信息，情报 シンシィ, チンバオ	information インフォメイション
しょうみ 正味	jìng《zhòng》, shízhì 净《重》, 实质 ジィン《ヂョン》, シーヂー	net ネト
じょうみゃく 静脈	jìngmài 静脉 ジンマイ	vein ヴェイン
じょうむいん 乗務員	chéngwùyuán 乘务员 チョンウゥユエン	crew クルー
しょうめい 照明	zhàomíng, dēngguāng 照明，灯光 ヂャオミィン, デゥングアン	illumination イルーミネイション
しょうめい 証明(する)	zhèngmíng 证明 ヂョンミィン	proof プルーフ
～書	zhèngjiàn, zhèngmíngshū 证件，证明书 ヂョンジエン, ヂョンミィンシュウ	certificate サティフィケト
しょうめん 正面	zhèngmiàn, duìmiàn 正面，对面 ヂョンミエン, ドゥイミエン	the front ザ フラント
じょうやく 条約	tiáoyuē, gōngyuē 条约，公约 ティアオユエ, ゴンユエ	treaty, pact トリーティ, パクト
しょうゆ 醤油	jiàngyóu 酱油 ジアンヨウ	soy sauce ソイ ソース
しょうよう 商用	shāngwù 商务 シャアンウゥ	business ビズネス
～で	shāngwùshàng 商务上 シャアンウゥシャアン	on business オン ビズネス

日	中	英
じょうよう 常用(する)	chángyòng 常用 チャァンヨン	common use カモン ユース
〜者	chángkè 常客 チャァンクァ	habitual user ハビチュアル ユーザ
しょうらい 将来	jiānglái, qiánchéng 将来，前程 ジアンライ, チエンチョン	future フューチャ
しょうり 勝利	shènglì 胜利 ションリィ	victory ヴィクトリ
じょうりく 上陸	dēnglù 登陆 ドゥンルゥ	landing ランディング
しょうりつ 勝率	huòshènglǜ 获胜率 ホゥオションリュイ	winning percentage ウィニングパセンティヂ
しょうりゃく 省略(する)	shěnglüè 省略 ションリュエ	abridgment アブリヂメント
じょうりゅう 上流	shàngliú, shàngyóu 上流，上游 シャァンリウ, シャァンヨウ	the upper stream ジ アパ ストリーム
〜階級	shàngliú jiējí 上流阶级 シャァンリウ ジエジィ	the higher classes ザ ハイヤ クラスィズ
じょうりゅう 蒸留(する)	zhēngliú 蒸馏 ヂョンリウ	distillation ディスティレイション
〜酒	báijiǔ 白酒 バイジウ	distilled liquor ディスティルド リカ
しょうりょう 少量の	shǎoliàng de, shǎoxǔ de 少量的，少许的 シャオリアン ダ, シャオシュィ ダ	a little ア リトル
しょうれい 奨励(する)	jiǎnglì, gǔlì 奖励，鼓励 ジアンリィ, グゥリィ	encouragement インカーリヂメント
じょうれい 条例	tiáolì 条例 ティアオリィ	regulations, rules レギュレイションズ, ルールズ
じょうれん 常連	chángkè 常客 チャァンクァ	frequenter フリークウェンタ
しょうろんぶん 小論文	xiǎo lùnwén 小论文 シアオ ルゥンウェン	essay エセイ

日	中	英
しょえん 初演	shǒucì yǎnchū 首次演出 ショウツー イエンチュウ	the first public performance ザ ファースト パブリク パフォーマンス
ショー	xiù, zhǎnlǎn, biǎoyǎn 秀, 展览, 表演 シウ, チャンラン, ビアオイエン	show ショウ
ショーウインドー	chúchuāng 橱窗 チュウチュアン	show window ショウ ウィンドウ
ジョーク	xiàohuà 笑话 シアオホア	joke ヂョウク
ショーツ	sānjiǎokù 三角裤 サンジアオクゥ	shorts ショーツ
ショート	duǎnlù 短路 ドワンルゥ	short circuit ショート サーキト
(野球の)	yóujīshǒu 游击手 ヨウジィショウ	shortstop ショーツタプ
～パンツ	duǎnkù 短裤 ドワンクゥ	short pants ショート パンツ
ショール	pījiān 披肩 ピィジエン	shawl ショール
しょか 初夏	chūxià 初夏 チュウシア	early summer アーリ サマ
じょがい(する) 除外(する)	chúwài, chúdiào 除外, 除掉 チュウワイ, チュウディアオ	exception イクセプション
しょき 初期	chūqī 初期 チュウチィ	the first stage ザ ファースト ステイヂ
しょき 書記	shūjì 书记 シュウジ	clerk, secretary クラーク, セクレテリ
しょきゅう 初級	chūjí 初级 チュウジィ	the beginners' class ザ ビギナズ クラス
じょきょ(する) 除去(する)	chúdiào, chúqù 除掉, 除去 チュウディアオ, チュウチュィ	remove リムーヴ
じょきょうじゅ 助教授	fùjiàoshòu 副教授 フゥジアオショウ	assistant professor アスィスタント プロフェサ

日	中	英
ジョギング(する)	pǎobù 跑步 パオブウ	jogging; jog チャギング；チャグ
しょく 職	gōngzuò 工作 ゴンヅゥオ	job, work チャブ, ワーク
しょくいん 職員	zhíyuán 职员 チーユエン	the staff ザ スタフ
しょくぎょう 職業	zhíyè 职业 チーイエ	occupation オキュペイション

■職業■ ⇒ 店

いしゃ
医者　　　大夫，医生 /dàifu, yīshēng ダイフ, イーション / (㊥doctor)

イラストレーター　　插图画家 /chātú huàjiā チャアトゥ ホアジア / (㊥illustrator)

うんてんしゅ
運転手　　司机 /sījī スージィ / (㊥driver)

エンジニア　　工程师 /gōngchéngshī ゴンチョンシー / (㊥engineer)

おんがくか
音楽家　　音乐家 /yīnyuèjiā インユエジア / (㊥musician)

かいしゃいん
会社員　　公司职员 /gōngsī zhíyuán ゴンスー チーユエン/ (㊥office worker)

がか
画家　　　画家 /huàjiā ホアジア / (㊥painter)

しゃしんか
写真家　　摄影家 /shèyǐngjiā ショアイィンジア / (㊥photographer)

かんごふ
看護婦　　女护士 /nǚhùshi ニュィホゥシ / (㊥nurse)

きょういん
教員　　　教师，教员 /jiàoshī, jiàoyuán ジアオシー, ジアオユエン/ (㊥teacher)

りょうし
漁師　　　渔夫 /yúfū ユィフゥ / (㊥fisherman)

ぎんこういん
銀行員　　银行职员 /yínháng zhíyuán インハァン チーユエン/ (㊥bank clerk)

けいさつかん
警察官　　警察，公安人员 /jǐngchá, gōng'ān rényuán ジィンチャア, ゴンアン レンユエン/ (㊥police officer)

げいじゅつか
芸術家　　艺术家 /yìshùjiā イーシュウジア / (㊥artist)

けんちくか
建築家　　建筑家 /jiànzhùjiā ジエンヂュウジア / (㊥architect)

こういん
工員　　　工人 /gōngrén ゴンレン / (㊥factory worker)

こうむいん
公務員　　公务员 /gōngwùyuán ゴンウゥユエン/ (㊥public official)

さいばんかん
裁判官　　法官 /fǎguān ファアグワン / (㊥judge, the court)

さかん
左官　　　泥水匠 /níshuǐjiàng ニィシュイジアン/ (㊥plasterer)

さっか
作家　　　作家 /zuòjiā ヅゥオジア / (㊥writer, author)

しょうにん
商人　　　商人 /shāngrén シャァンレン / (㊥merchant)

日	中	英
～病	zhíyèbìng 职业病 チーイエビン	occupational disease アキュペイショナル ディズィーズ
しょくご 食後	fànhòu, shíhòu 饭后，食后 ファンホウ, シーホウ	after a meal アフタ ア ミール
しょくざい 贖罪	shúzuì 赎罪 シュヅゥイ	atonement アトウンメント
しょくじ 食事	fàn, cān 饭, 餐 ファン, ツァン	meal ミール

しょうぼうし
消防士 消防员 /xiāofángyuán シアオファンユエン/ (㊤fire fighter)

しょくにん
職人 工匠 /gōngjiàng ゴンジアン/ (㊤workman, artisan)

しんぶんきしゃ
新聞記者 新闻记者 /xīnwén jìzhě シンウェン ジィチョァ/ (㊤pressman, reporter)

スタイリスト 设计师 /shèjìshī ショァジィシー/ (㊤stylist)

スチュワーデス 空中小姐，女乘务员 /kōngzhōng xiǎojiě, nǚchéngwùyuán コンチォン シアオジエ, ニュィチョンウゥユエン/ (㊤stewardess)

せいじか
政治家 政治家 /zhèngzhìjiā ヂョンチージア/ (㊤statesman, politician)

セールスマン 推销员 /tuīxiāoyuán トゥイシアオユエン/ (㊤salesman)

せっけいし
設計士 设计师 /shèjìshī ショァジィシー/ (㊤designer)

せんいん
船員 船员，水手 /chuányuán, shuǐshǒu チュワンユエン, シュイショウ/ (㊤crew, seaman)

だいく
大工 木匠 /mùjiang ムゥジアン/ (㊤carpenter)

つうやく
通訳 翻译 /fānyì ファンイー/ (㊤interpreter)

デザイナー 设计家 /shèjìjiā ショァジィジア/ (㊤designer)

てんいん
店員 店员 /diànyuán ディエンユエン/ (㊤clerk)

はんじ
判事 法官，审判员 /fǎguān, shěnpànyuán ファアグワン, シェンパンユエン/ (㊤judge)

ひしょ
秘書 秘书 /mìshū ミィシュウ/ (㊤secretary)

びようし
美容師 理发师 /lǐfàshī リィファアシー/ (㊤beautician)

ふどうさんや
不動産屋 房地产代理商 /fángdìchǎn dàilǐshāng ファンディーチャン ダイリィシァアン/ (㊤estate agent)

べんごし
弁護士 律师 /lǜshī リュィシー/ (㊤lawyer, barrister)

へんしゅうしゃ
編集者 编辑 /biānjí ビエンジィ/ (㊤editor)

やくざいし
薬剤師 药剂师 /yàojìshī ヤオジィシー/ (㊤pharmacist, druggist)

日	中	英
しょくぜん 食前	fànqián 饭前 ファンチエン	before a meal ビフォー ア ミール
しょくたく 食卓	cānzhuō, fànzhuō 餐桌，饭桌 ツァンヂュオ, ファンヂュオ	dining table ダイニング テイブル
しょくちゅうどく 食中毒	shíwù zhòngdú 食物中毒 シーウゥ ヂォンドゥ	food poisoning フード ポイズニング
しょくつう 食通	měishíjiā 美食家 メイシージア	gourmet グァメイ
しょくどう 食堂	cānshì 餐室 ツァンシー	dining room ダイニング ルーム
（飲食店）	cāntīng, shítáng 餐厅，食堂 ツァンティン, シーターン	eating house イーティング ハウス
～車	cānchē 餐车 ツァンチョア	dining car ダイニング カー
しょくにん 職人	gōngjiàng, jiàngrén 工匠，匠人 ゴンジアン, ジアンレン	workman, artisan ワークマン, アーティザン
しょくば 職場	gōngzuò dānwèi, gǎngwèi 工作单位，岗位 ゴンヅゥオ ダンウェイ, ガァンウェイ	place of work プレイス オヴ ワーク
しょくひ 食費	huǒshífèi 伙食费 ホゥオシーフェイ	food expenses フード イクスペンスィズ
しょくひん 食品	shípǐn 食品 シーピン	food フード
～添加物	shípǐn tiānjiājì 食品添加剂 シーピン ティエンジアジィ	alimentary additives アリメンタリ アディティヴズ
しょくぶつ 植物	zhíwù 植物 ヂーウゥ	plant, vegetation プラント, ヴェヂテイション
～園	zhíwùyuán 植物园 ヂーウゥユエン	botanical garden バタニカル ガーデン
～学	zhíwùxué 植物学 ヂーウゥシュエ	botany バタニ
しょくみんち 植民地	zhímíndì 殖民地 ヂーミンディー	colony カロニ

日	中	英
しょくむ 職務	rènwu, zhíwù 任务，职务 レンウ，チーウゥ	duty, work デューティ，ワーク
しょくもつ 食物	shíwù 食物 シーウゥ	food フード
しょくようの 食用の	shíyòng de 食用的 シーヨン ダ	for food, edible フォ フード，エディブル
しょくよく 食欲	shíyù, wèikǒu 食欲，胃口 シーユィ，ウェイコウ	appetite アペタイト
しょくりょう 食糧	shíwù 食物 シーウゥ	food, provisions フード，プロヴィジョンズ
しょくりょうひんてん 食料品店	shípǐndiàn, fùshí shāngdiàn 食品店，副食商店 シーピンディエン，フゥシー シャァンディエン	grocery グロウサリ
じょげん 助言	zhōnggào, jiànyì 忠告，建议 ヂォンガオ，ジエンイー	advice, counsel アドヴァイス，カウンセル
～する	jiànyì, quàn 建议，劝 ジエンイー，チュエン	advise, counsel アドヴァイズ，カウンセル
じょこう 徐行する	xúxíng, màn xíng 徐行，慢行 シュイシン，マン シィン	go slow ゴウ スロウ
しょさい 書斎	shūfáng, shūzhāi 书房，书斋 シュウファアン，シュウヂャイ	study スタディ
しょざいち 所在地	suǒzàidì 所在地 スゥオヅァイディー	location ロウケイション
じょさい 如才ない	(bànshì) yuánhuá, zhōudào （办事）圆滑，周到 （バンシー）ユエンホア，ヂョウダオ	tactful, shrewd タクトフル，シュルード
しょしき 書式	géshi 格式 グァシ	form, format フォーム，フォーマト
じょしゅ 助手	zhùlǐ, zhùshǒu 助理，助手 ヂュウリィ，ヂュウショウ	assistant アスィスタント
じょじゅつ 叙述	xùshù 叙述 シュィシュウ	description ディスクリプション
しょじゅん 初旬	chūxún 初旬 チュウシュィン	the first third of a month ザ ファースト サード オヴ ア マンス

日	中	英
じょじょに 徐々に	zhújiàn de 逐渐地 ヂュウジエン ダ	gradually, slowly グラヂュアリ, スロウリ
しょしんしゃ 初心者	chūxuézhě 初学者 チュウシュエヂョア	beginner ビギナ
じょすう 序数	xùshù 序数 シュイシュウ	ordinal オーディナル
じょせい 女性	nǚxìng, fùnǚ 女性, 妇女 ニュイシイン, フウニュイ	woman ウマン
じょそう 助走	zhùpǎo 助跑 ヂュウパオ	approach run アプロウチ ラン
しょぞく 所属(する)	guīshǔ, suǒshǔ 归属, 所属 グウイシュウ, スウオシュウ	belong to ビローング
しょたい 所帯	zhùhù, hùkǒu 住户, 户口 ヂュウホウ, ホウコウ	household, family ハウスホウルド, ファミリ
しょたいめん 初対面	chūcì jiànmiàn 初次见面 チュウツー ジエンミエン	the first meeting ザ ファースト ミーティング
しょち 処置(する)	chǔzhì, cuòshī 处置, 措施 チュウヂー, ツゥオシー	disposition ディスポズィション
(治療)	chǔlǐ, zhìliáo 处理, 治疗 チュウリィ, ヂーリアオ	treatment; treat トリートメント; トリート
しょちょう 所長	suǒzhǎng 所长 スゥオヂャアン	head, director ヘド, ディレクタ
しょちょう 署長	shǔzhǎng 署长 シュウヂャアン	head ヘド
しょっかく 触覚	chùjué 触觉 チュウジュエ	the sense of touch ザ センス オヴ タチ
しょっき 食器	cānjù 餐具 ツァンヂュイ	tableware テイブルウェア
～棚	chúguì, wǎnguì 橱柜, 碗柜 チュウグゥイ, ワングゥイ	cupboard カバド
ショッキングな	hài rén tīngwén de 骇人听闻的 ハイ レン ティンウェン ダ	shocking シャキング

日	中	英
ショック	dǎjī 打击 ダァジィ	shock シャク
しょっぱい	xián 咸 シエン	salty ソールティ
ショッピング	gòuwù, mǎi dōngxi 购物、买东西 ゴウウゥ, マイ ドンシ	shopping シャピング
～センター	gòuwù zhōngxīn 购物中心 ゴウウゥ チォンシン	shopping center シャピング センタ

■食器■ ⇒ 台所用品

コップ 杯子 /bēizi ベイヅ / (㊀glass)

カップ 杯子 /bēizi ベイヅ / (㊀cup)

ティーカップ 茶杯 /chábēi チャアベイ / (㊀tea cup)

デミタスカップ 小型咖啡杯 /xiǎoxíng kāfēibēi シアオシィン カァフェイベイ / (㊀demitasse)

ソーサー 小碟子 /xiǎodiézi シアオディエヅ / (㊀saucer)

グラス 玻璃杯 /bōlibēi ボォリベイ / (㊀glass)

ワイングラス 葡萄酒杯 /pútaojiǔbēi プゥタオジウベイ / (㊀wineglass)

ジョッキ 大啤酒杯 /dà píjiǔbēi ダァ ピィジウベイ / (㊀jug, mug)

水差し 水瓶, 水罐 /shuǐpíng, shuǐguàn シュイピィン, シュイグワン / (㊀pitcher)

ティーポット 茶壶 /cháhú チャアホゥ / (㊀teapot)

コーヒーポット 咖啡壶 /kāfēihú カァフェイホゥ / (㊀coffeepot)

コースター 杯垫 /bēidiàn ベイディエン / (㊀coaster)

皿 盘子 /pánzi パンヅ / (㊀plate, dish)

小皿 碟子 /diézi ディエヅ / (㊀small plate)

大皿 大浅盘 /dàqiǎnpán ダアチエンパン / (㊀platter)

お碗 碗 /wǎn ワン / (㊀bowl)

箸 筷子 /kuàizi クアイヅ / (㊀chopsticks)

スプーン 匙子 /chízi チーヅ / (㊀spoon)

フォーク 叉子 /chāzi チャアヅ / (㊀fork)

ナイフ 餐刀 /cāndāo ツァンダオ / (㊀knife)

ストロー 吸管 /xīguǎn シィグワン / (㊀straw)

日	中	英
しょてん 書店	shūdiàn 书店 シュウディエン	bookstore ブクストー
しょとう 諸島	zhūdǎo 诸岛 ヂュウダオ	islands, archipelago アイランヅ, アーキペラゴウ
じょどうし 助動詞	zhùdòngcí 助动词 ヂュウドンツー	auxiliary verb オーグズィリャリ ヴァーブ
しょとく 所得	shōurù 收入 ショウルゥ	income インカム
～税	suǒdéshuì 所得税 スゥオドゥァシュイ	income tax インカム タクス
しょばつ 処罰(する)	chǔfèn, chǔfá 处分, 处罚 チュウフェン, チュウファア	punishment; punish パニシュメント; パニシュ
じょばん 序盤	chūqī jiēduàn 初期阶段 チュウチィ ジエドワン	the early stage ジ アーリ ステイヂ
しょひょう 書評	shūpíng 书评 シュウピィン	book review ブク リヴュー
しょぶん 処分(する)	chǔlǐ 处理 チュウリィ	disposal; dispose of ディスポウザル; ディスポウズ
(処罰)	chǔfèn, chǔfá 处分, 处罚 チュウフェン, チュウファア	punishment; punish パニシュメント; パニシュ
しょほ 初歩	chūjí 初级 チュウジィ	the rudiments ザ ルーディメンツ
しょほうせん 処方箋	yàofāng, chǔfāngjiān 药方, 处方笺 ヤオファアン, チュウファアンジエン	prescription プリスクリプション
しょみん 庶民	lǎobǎixìng, qúnzhòng, shùmín 老百姓, 群众, 庶民 ラオバイシィン, チュインヂョン, シュウミン	the people ザ ピープル
～的な	shùmín de 庶民的 シュウミン ダ	popular パピュラ
しょめい 署名(する)	qiānmíng, qiānshǔ 签名, 签署 チエンミィン, チエンシュウ	signature; sign スィグナチャ; サイン
じょめい 除名(する)	chúmíng, kāichú 除名, 开除 チュウミィン, カイチュウ	expulsion イクスパルション

日	中	英
しょゆう 所有(する)	yōngyǒu, suǒyǒu 拥有，所有 ヨンヨウ, スゥオヨウ	have ハヴ
～権	chǎnquán, suǒyǒuquán 产权，所有权 チャンチュエン, スゥオヨウチュエン	ownership, title オウナシプ, タイトル
～者	wùzhǔ 物主 ウゥヂュウ	owner, proprietor オウナ, プロプライエタ
～物	suǒyǒuwù 所有物 スゥオヨウウゥ	property プラパティ
じょゆう 女優	wèi nǚyǎnyuán 〔位〕女演员 ウェイ ニュィイエンユエン	actress アクトレス
しょり 処理(する)	chǔlǐ 处理 チュウリィ	disposition ディスポズィション
じょりょく 助力	bāngzhù 帮助 バンヂュウ	help, aid ヘルプ, エイド
しょるい 書類	gōngwén, wénjiàn 公文，文件 ゴンウェン, ウェンジエン	documents, papers ダキュメンツ, ペイパズ
ショルダーバッグ	kuàbāo 挎包 クアバオ	shoulder bag ショウルダ バグ
じらい 地雷	kē dìléi 〔颗〕地雷 クァ ディーレイ	mine マイン
しらが 白髪	gēn báifà 〔根〕白发 ゲン バイファア	gray hair グレイ ヘア
しら 白ける	bàixìng, sǎoxìng 败兴，扫兴 バイシィン, サオシィン	be chilled ビ チルド
しらじら 白々しい	míngxiǎn de, jiǎzhuāng bùjiě 明显地，假装不解 ミィンシエン ダ, ジアヂュアン ブゥジエ	transparent トランスペアレント
し 知らせ	tōngzhī, xiāoxi 通知，消息 トンヂー, シアオシィ	information インフォメイション
(前兆)	qiánzhào, yùzhào 前兆，预兆 チエンヂャオ, ユィヂャオ	omen, sign オウメン, サイン
し 知らせる	gàosu, tōngzhī 告诉，通知 ガオスゥ, トンヂー	inform, tell, report インフォーム, テル, リポート

日	中	英
しらばくれる	zhuāng hútu 装糊涂 ヂュアン ホゥトゥ	feign ignorance フェイン イグノランス
しらふ 素面	méi hēzuì 没喝醉 メイ ホォアヅゥイ	soberness ソウバネス
しら 調べ	diàochá 调查 ディアオチャア	investigation インヴェスティゲイション
（楽曲）	diàozi 调子 ディアオヅ	tune トゥン
しら 調べる	diàochá, cháyuè 调查，查阅 ディアオチャア, チャアユエ	examine イグザミン
しり 尻	pìgu 屁股 ピィグ	the hips ザ ヒプス
し あ 知り合い	xiāngshí 相识 シアンシー	acquaintance アクウェインタンス
し あ 知り合う	jiéshí 结识 ジエシー	get to know ゲト トゥ ノウ
シリアスな	yánzhòng de, zhòngdà de 严重的，重大的 イエンチォン ダ, チォンダア ダ	serious スィリアス
（真剣な）	yánsù de, rènzhēn de 严肃的，认真的 イエンスゥ ダ, レンチェン ダ	serious スィリアス
シリーズ	xìliè 系列 シィリエ	series スィリーズ
しりぞ 退く	hòutuì, tuì 后退，退 ホウトゥイ, トゥイ	retreat, go back リトリート, ゴウ バク
しりぞ 退ける	jītuì 击退 ジィトゥイ	drive back ドライヴ バク
（要求を）	jùjué, bóhuí 拒绝，驳回 ジュイジュエ, ボォホゥイ	reject, refuse リヂェクト, レフュース
（負かす）	jībài 击败 ジィバイ	beat, defeat ビート, ディフィート
じりつ 自立（する）	zìlì 自立 ヅーリィ	independence インディペンデンス

日	中	英
私立の	私立 sīlì スーリィ	private プライヴェト
市立の	市立 shìlì シーリィ	municipal ミューニスィパル
支流	支流 zhīliú チーリウ	tributary, branch トリビュテリ, ブランチ
思慮	思虑 sīlǜ スーリュィ	thought ソート
～深い	深思熟虑 shēn sī shú lǜ シェン スー シュウ リュィ	prudent プルーデント
資料	材料, 资料 cáiliào, zīliào ツァイリアオ, ズーリアオ	materials, data マティアリアルズ, デイタ
視力	视力, 眼力 shìlì, yǎnlì シーリィ, イエンリィ	sight, vision サイト, ヴィジョン
磁力	磁力 cílì ツーリィ	magnetism マグネティズム
汁	汁, 汁液 zhī, zhīyè チー, チーイエ	juice チュース
(スープなど)	汤 tāng タァン	soup スープ
知る	知道 zhīdào チーダオ	know ノウ
(学ぶ)	理解, 懂, (学)会 lǐjiě, dǒng, (xué)huì リィジエ, ドン, (シュエ)ホゥイ	learn ラーン
(気づく)	发现, 感(觉) fāxiàn, gǎn(jué) ファアシエン, ガン(ジュエ)	be aware of ビ アウェア
シルエット	身影 shēnyǐng シェンイィン	silhouette スィルエト
シルク	丝(绸) sī(chóu) スー(チョウ)	silk スィルク
～ロード	丝绸之路 Sīchóu zhī lù スーチョウ チー ルゥ	the Silk Road ザ スィルク ロウド

日	中	英
しるし 印	jìhao 记号 ジィハオ	mark, sign マーク, サイン
(証拠)	zhèngjù, zuǒzhèng 证据, 佐证 ヂョンジュィ, ヅゥオヂョン	proof, evidence プルーフ, エヴィデンス
しる 記す	jìxià 记下 ジィシア	write down ライト ダウン
しれい 司令	sīlìng 司令 スーリィン	command コマンド
～官	sīlìngyuán 司令员 スーリィンユエン	commander コマンダ
～部	sīlìngbù 司令部 スーリィンブゥ	headquarters ヘドクウォータズ
しれい 指令	zhǐlìng, mìnglìng 指令, 命令 ヂーリィン, ミィンリィン	order, instructions オーダ, インストラクションズ
じれい 辞令	cílìng, cuòcí 辞令, 措辞 ツーリィン, ツゥオツー	appointment アポイントメント
(任命書)	rènmiǎn mìnglìng 任免命令 レンミエン ミィンリィン	written appointment リトン アポイントメント
し わた 知れ渡る	chuánbiàn 传遍 チュワンビエン	be known to all ビ ノウン トゥ オール
しれん 試練	kǎoyàn 考验 カオイエン	trial, ordeal トライアル, オーディール
ジレンマ	jìn tuì liǎng nán 进退两难 ジン トゥイ リアン ナン	dilemma ディレマ
しろ 城	chéng(bǎo) 城(堡) チョン(バオ)	castle キャスル
しろ 白	bái(sè) 白(色) バイ(スァ)	white ホワイト
(潔白)	qīngbái 清白 チィンバイ	innocence イノセンス
しろい 白い	bái de 白的 バイ ダ	white ホワイト

日	中	英
(色白)	bái 白 バイ	fair フェア
素人 (しろうと)	wàiháng, ménwàihàn 外行, 门外汉 ワイハァン, メンワイハァン	amateur アマター
シロップ	tángjiāng 糖浆 タァンジアン	syrup スィラプ
皺 (しわ)	zhòuwén, zhězi 皱纹, 褶子 チョウウェン, チョアヅ	wrinkles; creases リンクルズ; クリースィズ
仕分ける (しわける)	fēnlèi, qūfēn 分类, 区分 フェンレイ, チュイフェン	classify, sort クラスィファイ, ソート
仕業 (しわざ)	suǒzuò, xíngwéi 所做, 行为 スゥオヅゥオ, シィンウェイ	act, deed アクト, ディード
芯 (しん)	zhōngxīn, héxīn 中心, 核心 チォンシン, ホァシン	core コー
(ろうそくの) 芯	xīn 芯 シン	wick ウィク
(鉛筆の) 芯	xīn 芯 シン	lead レド
ジン	dùsōngzǐjiǔ 杜松子酒 ドゥソンヅーゥジウ	gin ヂン
親愛なる (しんあいなる)	qīn'ài de 亲爱的 チンアイ ダ	dear, beloved ディア, ビラヴェド
真意 (しんい)	zhēnyì 真意 ヂェンイー	real intention リーアル インテンション
人為 (じんい)	rénwéi, réngōng 人为, 人工 レンウェイ, レンゴン	human work ヒューマン ワーク
〜的な	réngōng de 人工的 レンゴン ダ	artificial アーティフィシャル
人員 (じんいん)	rényuán 人员 レンユエン	the staff ザ スタフ
進化 (する) (しんか)	jìnhuà 进化 ジンホア	evolution; evolve エヴォルーション; イヴァルヴ

日	中	英
しんがい 侵害(する)	qīnhài, qīnfàn 侵害，侵犯 チンハイ，チンファン	infringement インフリンヂメント
しんがく 進学(する)	shēngxué 升学 ションシュエ	go on *to* ゴウ オン
じんかく 人格	pǐnxìng, réngé 品性，人格 ピンシィン，レングァ	character キャラクタ
しんがた 新型	xīnxíng 新型 シンシィン	new model ニュー マドル
しんがっき 新学期	xīnxuéqī 新学期 シンシュエチィ	new school term ニュー スクール ターム
シンガポール	Xīnjiāpō 新加坡 シンジアポォ	Singapore スィンガポー
しんかん 新刊	xīnkān 新刊 シンカン	new publication ニュー パブリケイション
しんぎ 審議(する)	shěnyì, zīyì 审议，咨议 シェンイー，ツーイー	discussion ディスカション
しんき 新規の	xīn 新 シン	new, fresh ニュー，フレシュ
しんきゅう 進級(する)	shēngbān, shēngjí 升班，升级 ションバン，ションジィ	promotion プロモウション
しんきょう 心境	xīnjìng, xīndì 心境，心地 シンジィン，シンディー	frame of mind フレイム オヴ マインド
しんきろう 蜃気楼	hǎi shì shèn lóu, huànjǐng 海市蜃楼，幻景 ハイ シー シェン ロウ，ホワンジィン	mirage ミラージ
しんきろく 新記録	xīnjìlù 新记录 シンジィルゥ	new record ニュー レコド
しんきんかん 親近感	qīnjìngǎn 亲近感 チンジンガン	affinity アフィニティ
しんぐ 寝具	qǐnjù 寝具 チンジュイ	bedding ベディング
ジンクス	dǎoméi shì, bù jíxiáng de shìwù 倒霉事，不吉祥的事物 ダオメイ シー，ブゥ ジィシィアン ダ シーウゥ	jinx ヂンクス

日	中	英
シンクタンク	zhìnángtuán 智囊团 ヂーナァントワン	think tank スィンク タンク
シングル	dān((rén/yī)) 单((人／一)) ダン《レン／イー》	single スィングル
(ホテルの)	dānrénjiān 单人间 ダンレンジエン	single bed スィングル ベド
シングルス	dāndǎ 单打 ダンダァ	singles スィングルズ
しんけい 神経	shénjīng 神经 シェンジィン	nerve ナーヴ
〜痛	shénjīngtòng 神经痛 シェンジィントン	neuralgia ニュアラルヂャ
しんげん 震源	zhènyuán 震源 チェンユエン	the seismic center ザ サイズミク センタ
じんけん 人権	rénquán 人权 レンチュエン	human rights ヒューマン ライツ
しんけん 真剣な	rènzhēn, yánsù 认真，严肃 レンチェン，イエンスゥ	serious, earnest スィリアス，アーニスト
じんけんひ 人件費	rénshìfèi 人事费 レンシーフェイ	personnel expenses パーソネル イクスペンスィズ
しんこう(する) 信仰(する)	xìnyǎng 信仰 シンヤン	faith, belief; believe フェイス，ビリーフ；ビリーヴ
しんこう(する) 進行(する)	qiánjìn 前进 チェンジン	progress プラグレス
しんごう 信号	xìnhào 信号 シンハオ	signal スィグナル
じんこう 人口	rénkǒu 人口 レンコウ	population パピュレイション
じんこう 人工		
〜衛星	rénzào wèixīng 人造卫星 レンツァオ ウェイシィン	artificial satellite アーティフィシャル サテライト

日	中	英
～呼吸	réngōng hūxī 人工呼吸 レンゴン ホウシイ	artificial respiration アーティフィシャル レスピレイション
～的な	réngōng de, rénzào de 人工的，人造的 レンゴン ダ, レンヅァオ ダ	artificial アーティフィシャル
～的に	rénwéi de 人为地 レンウェイ ダ	artificially アーティフィシャリ
しんこきゅう 深呼吸	shēnhūxī 深呼吸 シェンホゥシイ	deep breathing ディープ ブリージング
しんこく 申告(する)	shēnbào, bàogào 申报，报告 シェンバオ, バオガオ	report リポート
しんこく 深刻な	yánzhòng, liǎobudé 严重，了不得 イエンヂォン, リアオブドゥア	serious, grave スィリアス, グレイヴ
しんこん 新婚	xīnhūn 新婚 シンホゥン	the newlyweds ザ ニューリウェッ
～旅行	mìyuè lǚxíng, xīnhūn lǚxíng 蜜月旅行，新婚旅行 ミイユエ リュイシィン, シンホゥン リュイシィン	honeymoon ハニムーン
しんさ 審査	shěnchá, shěnhé 审查，审核 シェンチァア, シェンホァア	examination イグザミネイション
じんざい 人材	réncái 人才 レンツァイ	talented person タレンテド パーソン
しんさつ 診察(する)	zhěnchá, zhěnshì 诊察，诊视 ヂェンチァア, ヂェンシー	examine イグザミン
しんし 紳士	shēnshì 绅士 シェンシー	gentleman ヂェントルマン
じんじ 人事	rénshì 人事 レンシー	personnel matters パーソネル マタズ
シンジケート	xīndíjiā 辛迪加 シンディージア	syndicate スィンディケト
しんしつ 寝室	wòfáng, wòshì 卧房，卧室 ウオファアン, ウオシー	bedroom ベドルム
しんじつ 真実	shìshí 事实 シーシー	truth トルース

日	中	英
〜の	真实的 zhēnshí de	true, real
しんじゃ 信者	教徒, 信徒 jiàotú, xìntú	believer
しんじゅ 真珠	〔颗 / 粒〕珍珠 kē/lì zhēnzhū	pearl
じんしゅ 人種	人种, 种族 rénzhǒng, zhǒngzú	race
〜差別	种族歧视 zhǒngzú qíshì	racial discrimination
しんしゅく 伸縮	伸缩 shēnsuō	elasticity
しんしゅつ 進出 (する)	进入 jìnrù	advance
しんじょう 信条	信条, 信念 xìntiáo, xìnniàn	belief, principle
しんしょく 侵食 (する)	侵害, 侵蚀 qīnhài, qīnshí	erosion; erode
しん 信じる	信, 相信 xìn, xiāngxìn	believe
(信用)	信赖, 信任 xìnlài, xìnrèn	trust
しんじん 新人	新人, 新手 xīnrén, xīnshǒu	new face
しんすい 浸水 (する)	浸水 jìnshuǐ	flood
しんせい 申請 (する)	申请 shēnqǐng	apply *for*
しんせい 神聖な	神圣 shénshèng	holy, sacred
じんせい 人生	人生 rénshēng	life

日	中	英
しんせいじ 新生児	xīnshēng yīng'ér 新生婴儿 シンション イィンアル	newborn baby ニューボーン ベイビ
しんせき 親戚	qīnqi 亲戚 チンチ	relative レラティヴ
シンセサイザー	diànzǐ héchéngqì 电子合成器 ディエンヅー ホォアチョンチィ	synthesizer スィンセサイザ
しんせつ 親切	hǎoxīn, hǎoyì, shànyì 好心, 好意, 善意 ハオシン, ハオイー, シャンイー	kindness カインドネス
〜な	hǎoyì, hòuyì, rèqíng 好意, 厚意, 热情 ハオイー, ホウイー, ルァチィン	kind カインド
しんぜん 親善	qīnshàn, yǒuhǎo 亲善, 友好 チンシャン, ヨウハオ	friendship フレンシプ
しんせん 新鮮な	xīnxiān 新鲜 シンシエン	fresh, new フレシュ, ニュー
しんそう 真相	shíqíng, zhēnxiàng 实情, 真相 シーチィン, ヂェンシアン	truth トルース
しんぞう 心臓	xīnzàng 心脏 シンヅアン	the heart ザ ハート
〜病	xīnzàngbìng 心脏病 シンヅアンビィン	heart disease ハート ディズィーズ
〜発作	xīnzàngbìng fāzuò 心脏病发作 シンヅアンビィン ファヅゥオ	heart attack ハート アタク
〜麻痺	xīnzàngbìng tūfā 心脏病突发 シンヅアンビィン トゥファア	heart failure ハート フェイリュア
じんぞう 腎臓	shènzàng 肾脏 シェンヅアン	the kidney ザ キドニ
しんぞく 親族	qīnshǔ 亲属 チンシュウ	relative レラティヴ
じんそく 迅速	xùnsù 迅速 シュインスウ	rapidity ラピディティ
〜な	xùnjié 迅捷 シュインジエ	rapid, prompt ラピド, プランプト

日	中	英
しんたい 身体	shēntǐ, qūtǐ 身体，躯体 シェンティー, チュイティー	body バディ
しんだい 寝台	chuáng, wòchuáng 床，卧床 チュアン, ウオチュアン	bed ベド
〜車	wòchē, lièchē wòpù 卧车，列车卧铺 ウオチョァ, リエチョァ ウオプゥ	sleeping car スリーピング カー
しんたく 信託	xìntuō 信托 シントゥオ	trust トラスト
しんだん(する) 診断(する)	zhěnduàn 诊断 チェンドワン	diagnosis; diagnose ダイアグノウスィス；ダイアグノウズ
しんちゅう 真鍮	huángtóng 黄铜 ホアントン	brass ブラス

■人体■ ⇒ 体

- のう 脳 脑子 /nǎozi ナオツ/ (英the brain)
- ほね 骨 骨头 /gǔtou グゥトウ/ (英bone)
- きんにく 筋肉 肌肉 /jīròu ジィロウ/ (英muscles)
- けっかん 血管 血管 /xuèguǎn シュエグワン/ (英blood vessel)
- しんけい 神経 神经 /shénjīng シェンジィン/ (英nerve)
- きかんし 気管支 支气管 /zhīqìguǎn チーチィグワン/ (英the bronchus)
- しょくどう 食道 食道 /shídào シーダオ/ (英gorge)
- はい 肺 肺(脏) /fèi(zàng) フェイ(ヅァアン)/ (英the lungs)
- しんぞう 心臓 心脏 /xīnzàng シンヅァアン/ (英the heart)
- い 胃 胃 /wèi ウェイ/ (英stomach)
- だいちょう 大腸 大肠 /dàcháng ダァチャアン/ (英large intestine)
- しょうちょう 小腸 小肠 /xiǎocháng シアオチャアン/ (英small intestine)
- じゅうにしちょう 十二指腸 十二指肠 /shí'èrzhǐcháng シーアルチーチャアン/ (英duodenum)
- もうちょう 盲腸 盲肠，阑尾 /mángcháng, lánwěi マァンチャアン, ランウェイ/ (英cecum)
- かんぞう 肝臓 肝(脏) /gān(zàng) ガン(ヅァアン)/ (英the liver)
- すいぞう 膵臓 胰脏 /yízàng イーヅァアン/ (英pancreas)
- じんぞう 腎臓 肾脏 /shènzàng シェンヅァアン/ (英the kidney)

日	中	英
しんちょう 慎重 (な)	shènzhòng, jǐnshèn 慎重，谨慎 シェンチョン, ジンシェン	cautious, prudence コーシャス, プルーデンス
しんちょう 身長	shēncháng, shēngāo 身长，身高 シェンチャァン, シェンガオ	stature スタチャ
しんちんたいしゃ 新陳代謝	xīn chén dài xiè 新陈代谢 シン チェン ダイ シエ	metabolism メタボリズム
しんつう 心痛	dānxīn, dānyōu 担心，担忧 ダンシン, ダンヨウ	anguish アングウィシュ
じんつう 陣痛	zhèntòng 阵痛 チェントン	labor レイバ
しんてん 進展 (する)	jìnzhǎn 进展 ジンチャン	development ディヴェロプメント
しんでんず 心電図	xīndiàntú 心电图 シンディエントゥ	electrocardiogram イレクトロウカーディオグラム
しんど 震度	zhèndù 震度 チェンドゥ	seismic intensity サイズミック インテンスィティ
しんどう 振動 (する)	zhèndàng, zhèndòng 振荡，振动 チェンダァン, チェンドン	vibration ヴァイブレイション
じんどう 人道	réndào 人道 レンダオ	humanity ヒューマニティ
～主義	réndào zhǔyì 人道主义 レンダオ ヂュウイー	humanitarianism ヒューマニテアリアニズム
～的な	réndào de 人道的 レンダオ ダ	humane ヒューメイン
シンドローム	zōnghézhèng, zhènghòuqún 综合症，症候群 ヅォンホァヂョン, ヂョンホウチュイン	syndrome スィンドロウム
シンナー	xīshìjì, xìnnàshuǐ 稀释剂，信纳水 シィシージィ, シンナァシュイ	thinner スィナ
しんにゅう 侵入 (する)	rùqīn, qīnrù, qīnlüè 入侵，侵入，侵略 ルゥチン, チンルゥ, チンリュエ	invasion インヴェイジョン
しんにゅうせい 新入生	xīnshēng 新生 シンション	new student ニュー ステューデント

日	中	英
しんにん 信任	xìnrèn 信任 シンレン	confidence カンフィデンス
～状	guóshū 国书 グゥオシュウ	credentials クリデンシャルズ
～投票	xìnrèn tóupiào 信任投票 シンレン トウピアオ	vote of confidence ヴォウト オヴ カンフィデンス
しんねん 新年	xīnnián 新年 シンニエン	new year ニュー イア
しんぱい 心配	xuánniàn 悬念 シュエンニエン	anxiety, worry アングザイエティ, ワーリ
～する	dānxīn, diànjì, guàlǜ 担心，惦记，挂虑 ダンシン, ディエンジィ, グアリュイ	be anxious *about* ビ アンクシャス
シンバル	bó 钹 ボオ	cymbals スィンバルズ
しんぱん 審判(する)	cáipàn, shěnpàn 裁判，审判 ツァイパン, シェンパン	judgment; judge ヂャヂメント; ヂャヂ
(人)	cáipàn(yuán) 裁判(员) ツァイパン(ユエン)	umpire, referee アンパイア, レファリー
しんぴ 神秘	àomì, shénmì 奥秘，神秘 アオミィ, シェンミィ	mystery ミスタリ
～的な	shénmì de 神秘的 シェンミィ ダ	mysterious ミスティアリアス
しんぴょうせい 信憑性	kěkàoxìng 可靠性 クァカオシン	authenticity オーセンティスィティ
しんぴん 新品	xīnhuò 新货 シンホゥオ	new article ニュー アーティクル
しんぷ 新婦	xīnniáng, xīnfù 新娘，新妇 シンニアン, シンフゥ	bride ブライド
シンフォニー	jiāoxiǎngyuè 交响乐 ジアオシアンユエ	symphony スィンフォニ
じんぶつ 人物	rénwù 人物 レンウゥ	person, man パースン, マン

日	中	英
(人格)	为人，人品 wéirén, rénpǐn	personality
(傑物)	人杰 rénjié	man of character
～画	人物画 rénwùhuà	portrait
シンプル	简单，朴素 jiǎndān, pǔsù	simple
新聞	报，报纸 bào, bàozhǐ	newspaper
～記者	新闻记者 xīnwén jìzhě	pressman, reporter
～社	报社，报馆 bàoshè, bàoguǎn	newspaper publishing company
人文科学	人文科学 rénwén kēxué	the humanities
進歩(する)	进步，向上 jìnbù, xiàngshàng	advance
～的な	先进，现代 xiānjìn, xiàndài	advanced
辛抱(する)	忍耐，忍受 rěnnài, rěnshòu	patience
人望	名望，声望 míngwàng, shēngwàng	popularity
信奉者	信仰者，信奉者 xìnyǎngzhě, xìnfèngzhě	believer, follower
親睦	和睦 hémù	friendship
シンポジウム	学术讨论会 xuéshù tǎolùnhuì	symposium
シンボル	象征 xiàngzhēng	symbol

日	中	英
しんまい 新米	xīn mǐ 新米 シン ミィ	new rice ニュー ライス
(初心者)	nènshǒu, shēngshǒu 嫩手，生手 ネンショウ, ションショウ	novice, newcomer ナヴィス, ニューカマ
じんましん 蕁麻疹	xúnmázhěn 荨麻疹 シュインマアヂェン	nettle rash, hives ネトル ラシュ, ハイヴズ
しんみつ 親密	qīnmì, tiēxīn 亲密，贴心 チンミィ, ティエシン	intimacy インティマスィ
～な	qīnmì de, tiēxīn de 亲密的，贴心的 チンミィ ダ, ティエシン ダ	close クロウス
じんみゃく 人脈	rén de guānxi 人的关系 レン ダ グワンシ	connections コネクションズ
シンメトリー	duìchèn 对称 ドゥイチェン	symmetry スィメトリ
じんもん 尋問(する)	pánwèn, xùnwèn 盘问，讯问 パンウェン, シュインウェン	interrogation インテロゲイション
しんや 深夜	shēn gēng bàn yè, shēnyè 深更半夜，深夜 シェン グン バン イエ, シェンイエ	midnight ミドナイト
しんゆう 親友	mìyǒu, zhìyǒu 密友，挚友 ミィヨウ, チーヨウ	close friend クロウス フレンド
しんよう 信用(する)	xìnyòng, xìnrèn 信用，信任 シンヨン, シンレン	confidence カンフィデンス
(信頼)	xìnlài 信赖 シンライ	reliance, trust リライアンス, トラスト
しんようじゅ 針葉樹	kē zhēnyèshù 〔棵〕针叶树 クァ チェンイエシュウ	conifer カニファ
しんらい 信頼(する)	xìnlài, xìnrèn 信赖，信任 シンライ, シンレン	reliance リライアンス
しんらつ 辛辣	jiānsuān 尖酸 ジエンスワン	harshness, vitriol ハーシネス, ヴィトリオル
～な	xīnlà, jiānkè 辛辣，尖刻 シンラァ, ジエンクァ	biting バイティング

日	中	英
しんり 心理	xīnlǐ 心理 シンリィ	mental state メンタル ステイト
～学	xīnlǐxué 心理学 シンリィシュエ	psychology サイカロヂィ
～学者	xīnlǐxuéjiā 心理学家 シンリィシュエジア	psychologist サイカロヂスト
しんり 真理	zhēnlǐ, zhēndì 真理，真谛 チェンリィ，チェンディー	truth トルース
しんりゃく 侵略(する)	qīnlüè 侵略 チンリュエ	aggression アグレション
しんりん 森林	sēnlín 森林 センリン	forest, woods フォリスト，ウッヅ
しんるい 親類	qīnshǔ 亲属 チンシュウ	relative レラティヴ
じんるい 人類	rénlèi 人类 レンレイ	mankind マンカインド
～学	rénlèixué 人类学 レンレイシュエ	anthropology アンスロパロヂィ
しんろ 進路	jìnchéng, jìnlù 进程，进路 ジンチョン，ジンルゥ	course, way コース，ウェイ
しんろう 新郎	xīnláng 新郎 シンラァン	bridegroom ブライドグルーム
しんわ 神話	shénhuà 神话 シェンホア	myth, mythology ミス，ミサロヂィ

す，ス

日	中	英
す 酢	cù 醋 ツゥ	vinegar ヴィニガ
す 巣	wō, wōcháo 窝，窝巢 ウオ，ウオチャオ	nest ネスト
(蜂の)	fēngfáng 蜂房 フォンファアン	beehive ビーハイヴ

日	中	英
（クモの）	zhīzhūwǎng 蜘蛛网 ヂーヂュウワン	cobweb カブウェブ
図	tú, túbiǎo, túhuà 图，图表，图画 トゥ, トゥビアオ, トゥホア	picture, figure ピクチャ, フィギャ
ずあん 図案	tú'àn 图案 トゥアン	design, sketch ディザイン, スケチ
ずい 髄	suǐ 髄 スイ	the marrow ザ マロウ
（植物の）	suǐ 髄 スイ	the pith ザ ピス
すいい 水位	shuǐwèi 水位 シュイウェイ	water level ウォタ レヴル
すいい 推移	tuīyí 推移 トゥイイー	change チェインヂ
すいえい 水泳	yóuyǒng 游泳 ヨウヨン	swimming スウィミング
すいおん 水温	shuǐwēn 水温 シュイウェン	water temperature ウォタ テンパラチャ
すいか 西瓜	xīguā 西瓜 シィグア	watermelon ウォタメロン
すいがい 水害	hóngzāi, shuǐzāi 洪灾，水灾 ホンヅァイ, シュイヅァイ	flood disaster フラド ディザスタ
す がら 吸い殻	yāntóu 烟头 イエントウ	cigarette end スィガレト エンド
すいきゅう 水球	shuǐqiú 水球 シュイチウ	water polo ウォタ ポウロウ
すいぎん 水銀	gǒng, shuǐyín 汞，水银 ゴン, シュイイン	mercury マーキュリ
すいこう 推敲（する）	tuīqiāo 推敲 トゥイチアオ	elaboration; polish イラボレイション；パリシュ
すいこう 遂行（する）	wánchéng, zhíxíng 完成，执行 ワンチョン, ヂーシィン	execution エクセキューション

す

日	中	英
すいさいが 水彩画	shuǐcǎihuà 水彩画 シュイツァイホア	watercolor ウォータカラ
すいさんぎょう 水産業	shuǐchǎnyè 水产业 シュイチャンイエ	fisheries フィシャリズ
すいさんぶつ 水産物	shuǐchǎnwù 水产物 シュイチャンウゥ	marine products マリーン プラダクツ
すいじ 炊事	chuīshì 炊事 チュイシー	cooking クキング
すいしつ 水質	shuǐzhì 水质 シュイヂー	water quality ウォタ クワリティ
すいしゃ 水車	shuǐchē 水车 シュイチョァ	water mill ウォタ ミル
すいじゃく 衰弱する	shuāiruò 衰弱 シュアイルゥオ	grow weak グロウ ウィーク
すいじゅん 水準	shuǐpíng, shuǐzhǔn 水平, 水准 シュイピィン, シュイヂュン	level, standard レヴル, スタンダド
すいしょう 水晶	shuǐjīng 水晶 シュイジィン	crystal クリスタル
すいじょうき 水蒸気	shuǐzhēngqì, zhēngqì 水蒸气, 蒸汽 シュイヂョンチィ, ヂョンチィ	steam, vapor スティーム, ヴェイパ
すいじょう 水上スキー	huáshuǐ 滑水 ホアシュイ	water-skiing ウォータスキーイング
すいしん 推進(する)	tuījìn, tuīdòng 推进, 推动 トゥイジン, トゥイドン	propulsion プロパルション
すいすい	qīngkuài de, shùnlì de 轻快地, 顺利地 チィンクアイ ダ, シュンリィ ダ	lightly, smoothly ライトリ, スムーズリ
すいせい 水星	shuǐxīng 水星 シュイシィン	Mercury マーキュリ
すいせん 推薦	tuījiàn, jiànjǔ 推荐, 荐举 トゥイジェン, ジエンチュイ	recommendation レコメンデイション
すいせんべんじょ 水洗便所	chōushuǐ mǎtǒng 抽水马桶 チョウシュイ マァトン	flush toilet フラシュ トイレト

日	中	英
すいそ 水素	qīng 氢 チィン	hydrogen ハイドロヂェン
～爆弾	qīngdàn 氢弹 チィンダン	hydrogen bomb ハイドロヂェン バム
すいそう 水槽	shuǐcáo 水槽 シュイツァオ	water tank, cistern ウォタ タンク, スィスタン
(熱帯魚などの)	shuǐcáo 水槽 シュイツァオ	aquarium アクウェアリアム
すいそく(する) 推測(する)	tuīcè, cāixiǎng, tuīxiǎng 推测, 猜想, 推想 トゥイツァ, ツァイシアン, トゥイシアン	guess, conjecture ゲス, カンヂェクチャ
すいぞくかん 水族館	shuǐzúguǎn 水族馆 シュイツゥグワン	aquarium アクウェアリアム
すいたい(する) 衰退(する)	shuāituì, shuāituí 衰退, 衰颓 シュアイトゥイ, シュアイトゥイ	decline ディクライン
すいちょく 垂直		
～な	chuízhí, qiānzhí 垂直, 铅直 チュイヂー, チエンヂー	vertical ヴァーティカル
～に	chuízhí de 垂直地 チュイヂーダ	vertically ヴァーティカリ
スイッチ	diànmén, kāiguān 电门, 开关 ディエンメン, カイグワン	switch スウィチ
すいてい(する) 推定(する)	cèduó, gūliáng 测度, 估量 ツゥアドゥオ, グゥリアン	presumption プリザンプション
すいでん 水田	shuǐdì, shuǐtián 水地, 水田 シュイディー, シュイティエン	rice field ライス フィールド
すいとう 水筒	shuǐhú 水壶 シュイホゥ	water bottle ウォタ バトル
すいどう 水道	zìláishuǐguǎn 自来水管 ヅーライシュイグワン	water service ウォタ サーヴィス
ずいひつ 随筆	suíbǐ, mànbǐ, xiǎopǐnwén 随笔, 漫笔, 小品文 スゥイビィ, マンビィ, シアオピンウェン	essay エセイ

日	中	英
～家	suíbǐ zuòjiā 随笔作家 スウイビィ ヅゥオジア	essayist エセイイスト
すいぶん 水分	shuǐfèn 水分 シュイフェン	water, moisture ウォタ, モイスチャ
ずいぶん 随分	hěn, xiāngdāng 很，相当 ヘン, シアンダァン	fairly, extremely フェアリ, イクストリームリ
すいへい 水平	shuǐpíng 水平 シュイピィン	level レヴル
～線	shuǐpíngxiàn 水平线 シュイピィンシエン	the horizon ザ ホライズン
～の	shuǐpíng de 水平的 シュイピィン ダ	level, horizontal レヴル, ホーリザントル
すいぼつ 水没	chénmò, yānmò 沉没，淹没 チェンモォ, イエンモォ	submergence サブマーチェンス
すいみん 睡眠	shuìmián 睡眠 シュイミエン	sleep スリープ
～薬	piàn cuīmiányào, ānmiányào 〔片〕催眠药，安眠药 ピエン ツゥイミエンヤオ, アンミエンヤオ	sleeping drug スリーピング ドラグ
すいめん 水面	shuǐmiàn 水面 シュイミエン	the surface of the water ザ サーフィス オヴ ザ ウォタ
すいようび 水曜日	xīngqīsān 星期三 シィンチィサン	Wednesday ウェンズディ
すいり 推理(する)	tuīlǐ 推理 トゥイリィ	reasoning リーズニング
～小説	zhēntàn xiǎoshuō 侦探小说 チェンタン シアオシュオ	detective story ディテクティヴ ストーリ
すいりょく 水力	shuǐlì 水力 シュイリィ	water power ウォタ パウア
～発電	shuǐlì fādiàn 水力发电 シュイリィ ファアディエン	hydroelectricity ハイドロウイレクトリスィティ
すいれん 睡蓮	shuìlián 睡莲 シュイリエン	water lily ウォタ リリ

日	中	英
すいろ 水路	shuǐlù, shuǐdào, shuǐqú 水路，水道，水渠 シュイルゥ, シュイダオ, シュイチュイ	waterway, channel ウォタウェイ, チャネル
すいろん 推論	tuīlùn 推论 トゥイルゥン	reasoning リーズニング
スイング	yáobǎi, huīdòng 摇摆，挥动 ヤオバイ, ホウイドン	swing スウィング
すう	xī, shǔn, shǔnxī 吸，吮，吮吸 シィ, シュン, シュンシィ	breathe in, inhale ブリーズ イン, インヘイル
すう（液体を）	xī, shǔn, shǔnxī 吸，吮，吮吸 シィ, シュン, シュンシィ	sip, suck スィプ, サク
すう（たばこを）	chōu (yān), xī (yān) 抽(烟), 吸(烟) チョウ (イエン), シィ (イエン)	smoke スモウク
すう 数	shù, shùmù, shùliàng 数，数目，数量 シュウ, シュウムゥ, シュウリアン	number, figure ナンバ, フィギャ
すうがく 数学	shùxué 数学 シュウシュエ	mathematics マセマティクス
すうこう 崇高	chónggāo 崇高 チォンガオ	sublimity サブリミティ
～な	chónggāo de 崇高的 チォンガオ ダ	sublime サブライム
すうじ 数字	shùzì, shùmǎ 数字，数码 シュウヅー, シュウマァ	figure, numeral フィギャ, ニューメラル
すうしき 数式	suànshì 算式 スワンシー	expression イクスプレション
ずうずうしい 図々しい	liǎnpí hòu, hòuyán wúchǐ 脸皮厚，厚颜无耻 リエンピィ ホウ, ホウイエン ウゥチー	impudent インピュデント
スーツ	tào tàozhuāng 〔套〕套装 タオ タオヂュアン	suit シュート
～ケース	shǒutíxiāng, tíxiāng 手提箱，提箱 ショウティーシアン, ティーシアン	suitcase シュートケイス
すうにん 数人	jǐ ge rén 几个人 ジィ ガ レン	several men セヴラル メン

■数字■

0 　零 /líng リィン / (㋶zero)

1 　一 /yī イー / (㋶one)
　　(序数)　第一 /dìyī ディーイー / (㋶first)

2 　二 /èr アル / (㋶two)
　　(序数)　第二 /dì'èr ディーアル / (㋶second)

3 　三 /sān サン / (㋶three)
　　(序数)　第三 /dìsān ディーサン / (㋶third)

4 　四 /sì スー / (㋶four)
　　(序数)　第四 /dìsì ディースー / (㋶fourth)

5 　五 /wǔ ウゥ / (㋶five)
　　(序数)　第五 /dìwǔ ディーウゥ / (㋶fifth)

6 　六 /liù リゥ / (㋶six)
　　(序数)　第六 /dìliù ディーリゥ / (㋶sixth)

7 　七 /qī チィ / (㋶seven)
　　(序数)　第七 /dìqī ディーチィ / (㋶seventh)

8 　八 /bā バァ / (㋶eight)
　　(序数)　第八 /dìbā ディーバァ / (㋶eighth)

9 　九 /jiǔ ジウ / (㋶nine)
　　(序数)　第九 /dìjiǔ ディージウ / (㋶ninth)

10 　十 /shí シー / (㋶ten)
　　(序数)　第十 /dìshí ディーシー / (㋶tenth)

11 　十一 /shíyī シーイー / (㋶eleven)
　　(序数)　第十一 /dìshíyī ディーシーイー / (㋶eleventh)

12 　十二 /shí'èr シーアル / (㋶twelve)
　　(序数)　第十二 /dìshí'èr ディーシーアル / (㋶twelfth)

13 　十三 /shísān シーサン / (㋶thirteen)
　　(序数)　第十三 /dìshísān ディーシーサン / (㋶thirteenth)

14 　十四 /shísì シースー / (㋶fourteen)
　　(序数)　第十四 /dìshísì ディーシースー / (㋶fourteenth)

15 　十五 /shíwǔ シーウゥ / (㋶fifteen)
　　(序数)　第十五 /dìshíwǔ ディーシーウゥ / (㋶fifteenth)

16 　十六 /shíliù シーリゥ / (㋶sixteen)
　　(序数)　第十六 /dìshíliù ディーシーリゥ / (㋶sixteenth)

17 　十七 /shíqī シーチィ / (㋶seventeen)
　　(序数)　第十七 /dìshíqī ディーシーチィ / (㋶seventeenth)

18 　十八 /shíbā シーバァ / (㋶eighteen)
　　(序数)　第十八 /dìshíbā ディーシーバァ / (㋶eighteenth)

19	十九 /shíjiǔ シージゥ/ (🇬🇧nineteen)	
	(序数) 第十九 /dìshíjiǔ ディーシージゥ/ (🇬🇧nineteenth)	
20	二十 /èrshí アルシー/ (🇬🇧twenty)	
	(序数) 第二十 /dì'èrshí ディーアルシー/ (🇬🇧twentieth)	
21	二十一 /èrshiyī アルシイー/ (🇬🇧twenty-one)	
	(序数) 第二十一 /dì'èrshiyī ディーアルシイー/ (🇬🇧twenty-first)	
30	三十 /sānshí サンシー/ (🇬🇧thirty)	
	(序数) 第三十 /dìsānshí ディーサンシー/ (🇬🇧thirtieth)	
40	四十 /sìshí スーシー/ (🇬🇧forty)	
	(序数) 第四十 /dìsìshí ディースーシー/ (🇬🇧fortieth)	
50	五十 /wǔshí ウゥシー/ (🇬🇧fifty)	
	(序数) 第五十 /dìwǔshí ディーウゥシー/ (🇬🇧fiftieth)	
60	六十 /liùshí リゥシー/ (🇬🇧sixty)	
	(序数) 第六十 /dìliùshí ディーリゥシー/ (🇬🇧sixtieth)	
70	七十 /qīshí チィシー/ (🇬🇧seventy)	
	(序数) 第七十 /dìqīshí ディーチィシー/ (🇬🇧seventieth)	
80	八十 /bāshí バァシー/ (🇬🇧eighty)	
	(序数) 第八十 /dìbāshí ディーバァシー/ (🇬🇧eightieth)	
90	九十 /jiǔshí ジゥシー/ (🇬🇧ninety)	
	(序数) 第九十 /dìjiǔshí ディージゥシー/ (🇬🇧ninetieth)	
100	一百 /yìbǎi イーバイ/ (🇬🇧a hundred)	
	(序数) 第一百 /dìyībǎi ディーイーバイ/ (🇬🇧hundredth)	
1,000	一千 /yìqiān イーチエン/ (🇬🇧a thousand)	
10,000	一万 /yíwàn イーワン/ (🇬🇧ten thousand)	
100,000	十万 /shíwàn シーワン/ (🇬🇧one hundred thousand)	
1000,000	一百万 /yìbǎiwàn イーバイワン/ (🇬🇧one million)	
10,000,000	一千万 /yìqiānwàn イーチエンワン/ (🇬🇧ten million)	
100,000,000	一亿 /yíyì イーイー/ (🇬🇧one hundred million)	
2倍(ばい)	两倍 /liǎng bèi リアン ベイ/ (🇬🇧double)	
3倍(ばい)	三倍 /sān bèi サン ベイ/ (🇬🇧triple)	
1/2	二分之一 /èr fēn zhī yī アル フェン チー イー/ (🇬🇧a half)	
2/3	三分之二 /sān fēn zhī èr サン フェン チー アル/ (🇬🇧two thirds)	
2 4/5	二又五分之四 /èr yòu wǔ fēn zhī sì アル ヨウ ウゥ フェン チー スー/ (🇬🇧two and four fifths)	
0.1	零点一 /líng diǎn yī リィン ディエン イー/ (🇬🇧point one)	
2.14	二点一四 /èr diǎn yī sì アル ディエン イー スー/ (🇬🇧two point fourteen)	

日	中	英
すうねん 数年	jǐ nián 几年 ジィ ニエン	several years セヴラル イアズ
スーパー	chāojí 超级 チャオジィ	super- シューパー
〜スター	chāojí míngxīng 超级明星 チャオジィ ミンシィン	superstar シューパスター
〜マーケット	chāojí shìchǎng 超级市场 チャオジィ シーチャァン	supermarket シューパマーケト
すうはい 崇拝(する)	chóngbài 崇拜 チォンバイ	worship ワーシプ
スープ	tāng 汤 タァン	soup スープ
すえ 末	jiéjú, jiéguǒ, zuìhòu 结局, 结果, 最后 ジエチュイ, ジエグゥオ, ヅゥイホウ	the end ジ エンド
(将来)	jiānglái, qiántú 将来, 前途 ジアンライ, チエントゥ	future フューチャ
スエード	fānpí, fānmáo 翻皮, 翻毛 ファンピィ, ファンマオ	suede スウェイド
すえ こ 末っ子	yāor, mòzi 幺儿, 末子 ヤオル, モォヅ	the youngest child ザ ヤンゲスト チャイルド
(息子)	lǎo'érzi 老儿子 ラオアルヅ	son サン
(娘)	lǎoguīnü 老闺女 ラオグゥイニュ	daughter ドータ
す 据える	fàng, bǎi 放, 摆 ファアン, バイ	place, lay, set プレイス, レイ, セト
(取り付ける)	ānzhuāng 安装 アンチュアン	set セト
ずが 図画	zhāng túhuà 〔张〕图画 ヂャアン トゥホア	drawing, picture ドローイング, ピクチャ
スカート	tiáo qúnzi 〔条〕裙子 ティアオ チュィンヅ	skirt スカート

日	中	英
スカーフ	〔块／条〕领巾，头巾 kuài/tiáo lǐngjīn, tóujīn クアイ/ティアオ リィンジン，トウジン	scarf スカーフ
ずがいこつ 頭蓋骨	颅骨，头(盖)骨 lúgǔ, tóu(gài)gǔ ルゥグゥ，トウ(ガイ)グゥ	the skull ザ スカル
スカイダイビング	跳伞 tiàosǎn ティアオサン	skydiving スカイダイヴィング
スカウト	物色 wùsè ウゥスァ	scout スカウト
すがすが 清々しい	清爽的，清新的 qīngshuǎng de, qīngxīn de チィンシュアン ダ，チィンシン ダ	refreshing, fresh リフレシング，フレシュ
すがた 姿	姿态，形象，身段 zītài, xíngxiàng, shēnduàn ヅータイ，シィンシアン，シェンドワン	figure, shape フィギャ，シェイプ
ずかん 図鑑	图鉴，图谱 tújiàn, túpǔ トウジエン，トウプゥ	illustrated book イラストレイテド ブク
すき 隙	缝，缝隙 fèng, fèngxì フォン，フォンシィ	opening, gap オゥプニング，ギャプ
(余地)	余地，空地，空当 yúdì, kòngdì, kòngdāng ユィディー，コンディー，コンダアン	space, room スペイス，ルーム
(弱点)	空子，疏忽 kòngzi, shūhu コンヅ，シュウホ	unguarded point アンガーデド ポイント
すぎ 杉	杉树，杉木 shānshù, shānmù シャンシュウ，シャンムゥ	Japan cedar ヂャパン スィーダ
スキー	滑雪 huáˇxuě ホアシュエ	skiing, ski スキーイング；スキー
す きら 好き嫌い	好恶 hàowù ハオウゥ	likes and dislikes ライクス アンド ディスライクス
す とお 透き通った	透明的 tòumíng de トウミィン ダ	transparent, clear トランスペアレント，クリア
す 好きな	喜欢的，喜爱的 xǐhuan de, xǐ'ài de シィホワン ダ，シィアイ ダ	favorite フェイヴァリト
すきま 隙間	缝隙，空隙，间隙 fèngxì, kòngxì, jiànxì フォンシィ，コンシィ，ジエンシィ	opening, gap オゥプニング，ギャプ

日	中	英
スキムミルク	tuōzhī niúnǎi 脱脂牛奶 トゥオチー ニウナイ	skim milk スキム ミルク
スキャンダル	chǒuwén 丑闻 チョウウェン	scandal スキャンダル
スキューバダイビング	shuǐfèi qiánshuǐ 水肺潜水 シュイフェイ チエンシュイ	scuba diving スキューバ ダイヴィング
過ぎる	guò, jīngguò, tōngguò 过，经过，通过 グゥオ, ジィングゥオ, トングゥオ	pass, go past パス, ゴウ パスト
(時が)	guò, guòqù 过，过去 グゥオ, グゥオチュイ	pass, elapse パス, イラプス
(程度を)	guòdù, guòfèn 过度，过分 グゥオドゥ, グゥオフェン	go too far ゴウ トゥ ファー
(超過)	chāoguò 超过 チャオグゥオ	be over, exceed ビ オウヴァ, イクスィード
スキンシップ	jīfū jiēchù, àifǔ 肌肤接触，爱抚 ジィフゥ ジエチゥウ, アイフゥ	physical contact フィズィカル カンタクト
スキンダイビング	qiánshuǐ 潜水 チエンシュイ	skin diving スキン ダイヴィング
空く	shǎo, xīshū 少，稀疏 シャオ, シィシュウ	become less crowded ビカム レス クラウディド
(腹が)	è 饿 ウァ	feel hungry フィール ハングリ
(手が)	kòngxián, yǒu kòng 空闲，有空 コンシエン, ヨウ コン	be free ビ フリー
直ぐ	mǎshàng, suíjí 马上，随即 マァシャアン, スゥイジィ	at once アト ワンス
(容易に)	qīngyì de, róngyì 轻易地，容易 チィンイー ダ, ロンイー	easily, readily イーズィリ, レディリ
(距離的に)	jìn 近 ジン	close, nearby クロウス, ニアバイ
救い	jiù, jiùyuán, yuánzhù 救，救援，援助 ジゥ, ジウユエン, ユエンチュウ	help, aid, relief ヘルプ, エイド, リリーフ

日	中	英
すくう	lāo, yǎo 捞，舀	scoop, ladle
すくう	jiù, jiějiù, zhěngjiù 救，解救，拯救	help, relieve
スクーター	xiǎoxíng mótuō 小型摩托	scooter
スクープ	dújiā xīnwén 独家新闻	scoop
少ない	shǎo 少	few, little
少なくとも	zhìshǎo, qǐmǎ 至少，起码	at least
竦む	wèisuō 畏缩	cower, be cramped
スクラップ	fèipǐn 废品	scrap
（切り抜き）	jiǎntiē 剪贴	clipping, cutting
スクリーン	yínmù 银幕	screen
優れた	yōuliáng de, chūsè de 优良的，出色的	excellent, fine
優れる	yōuyuè, yōuxiù, chūsè 优越，优秀，出色	be better
スクロール	gǔndòng 滚动	scroll
図形	túxíng 图形	figure, diagram
スケート	huá bīng 滑冰	skating
～靴	shuāng bīngxié 〔双〕冰鞋	skates

日	中	英
スケール	guīmó 规模 グゥイモォ	scale スケイル
スケジュール	rìchéng 日程 リーチョン	schedule スケヂュル
スケッチ	sùxiě 速写 スゥシエ	sketch スケチ
す 透ける	tòuguò 透过 トウグゥオ	be transparent ビ トランスペアレント
スコア	défēn 得分 ドゥアフェン	score スコー
～ボード	jìfēnbǎn 记分板 ジィフェンバン	scoreboard スコーボード
すご 凄い		
（すばらしい）	liǎobuqǐ, jīngrén 了不起, 惊人 リアオブチィ, ジィンレン	wonderful, great ワンダフル, グレイト
（大層な）	fēicháng, lìhai 非常, 厉害 フェイチァン, リィハイ	great グレイト
（恐ろしい）	kěpà 可怕 クァパァ	terrible, horrible テリーブル, ホリブル
すこ 少し	shāowēi, lüèwēi 稍微, 略微 シャオウェイ, リュエウェイ	a few, a little ア フュー, ア リトル
（程度）	shǎoxǔ, shǎoliàng 少许, 少量 シャオシュィ, シャオリアン	slightly, somewhat スライトリ, サムホワト
（時間）	yíhuìr 一会儿 イーホァル	a little while ア リトル ホワイル
す 過ごす	guò, dùguò, xiāomó 过, 度过, 消磨 グゥオ, ドゥグゥオ, シアオモォ	pass, spend パス, スペンド
スコップ	bǎ chǎnzi, tiěqiāo 〔把〕铲子, 铁锹 バァ チャンヅ, ティエチアオ	scoop, shovel スクープ, シャヴル
すこ 健やか	jiànkāng, jiànzhuàng 健康, 健壮 ジエンカァン, ジエンヂュアン	healthy ヘルスィ

日	中	英
すさまじい	kěpà de, jīngrén de 可怕的，惊人的 クパァ ダ, ジィンレン ダ	dreadful, terrible ドレドフル, テリーブル
(程度が)	měng, měngliè 猛，猛烈 モン, モンリエ	tremendous, terrific トリメンダス, テリフィク
ずさんな	cūcāo, cǎoshuài 粗糙，草率 ツゥツァオ, ツァオシュアイ	careless, slipshod ケアレス, スリプシャド
すし	shòusī 寿司 ショウスー	sushi
すじ	tiáowén 条纹 ティアオウェン	line, stripe ライン, ストライプ
(腱)	jiàn 腱 ジエン	tendon テンドン
(条理)	dàoli, tiáolǐ 道理，条理 ダオリ, ティアオリィ	reason, logic リーズン, ラヂク
(話の)	gěnggài, qíngjié 梗概，情节 グンガイ, チンジエ	plot プラト
(方面)	fāngmiàn 方面 ファアンミエン	source ソース
すし詰めの	yōngjǐ, jǐmǎn 拥挤，挤满 ヨンジィ, ジィマン	overcrowded オウヴァクラウディド
すじみち 筋道	lúncì, dàoli, chéngxù 伦次，道理，程序 ルゥンツー, ダオリ, チョンシュイ	reason, logic リーズン, ラヂク
すじょう 素性	láilu, láilì 来路，来历 ライルゥ, ライリィ	birth, origin バース, オリヂン
すず 鈴	língdang 铃铛 リィンダァン	bell ベル
すす 濯ぐ	chōngxǐ, shuàn 冲洗，涮 チォンシィ, シュワン	rinse リンス
(口を)	shù (kǒu) 漱(口) シュウ (コウ)	rinse リンス
すす 煤ける	yānxūn 烟熏 イエンシュイン	become sooty ビカム スティ

日	中	英
すず 涼しい	liángkuai de, liángshuǎng de 凉快的，凉爽的 リアンクアイ ダ, リアンシュアン ダ	cool クール
すす 進む	jìn, qiánjìn, xíngjìn 进，前进，行进 ジン, チエンジン, シィンジン	go forward ゴウ フォーワド
（進行）	jìnzhǎn 进展 ジンヂャン	progress プログレス
（悪化する）	èhuà, jiājù 恶化，加剧 ウァホア, ジアヂュイ	deteriorate, worsen ディティリオレイト, ワースン
（時計が）	kuài 快 クアイ	gain ゲイン
すず 涼む	chéngliáng, nàliáng 乘凉，纳凉 チョンリアン, ナァリアン	enjoy the cool air インチョイ ザ クール エア
すずめ 雀	zhī máquè 〔只〕麻雀 ヂー マァチュエ	sparrow スパロウ
すす 勧める	quàn, quànshuō 劝，劝说 チュエン, チュエンシュオ	advise アドヴァイズ
すす 進める	tuījìn 推进 トゥイジン	advance, push on アドヴァンス, プシュ オン
（物事を）	jìnxíng, kāizhǎn 进行，开展 ジンシィン, カイヂャン	promote プロモウト
（時計を）	bōkuài 拨快 ボォクアイ	advance アドヴァンス
すす 薦める	tuījiàn, tuījǔ 推荐，推举 トゥイジエン, トゥイヂュイ	recommend レコメンド
すずり 硯	yàntai 砚台 イエンタイ	inkstone インクストウン
すす 啜る	hē, xiā 喝，呷 ホォア, シア	sip, slurp スィプ, スラープ
（鼻水を）	chōu (bítì) 抽（鼻涕） チョウ（ビィティー）	sniff スニフ
すそ 裾	xiàbǎi 下摆 シアバイ	the skirt, the train ザ スカート, ザ トレイン

日	中	英
(山の)	shānlù, shānjiǎo 山麓，山脚 シャンルゥ, シャンジアオ	the foot ザ フト
スター	míngxīng 明星 ミンシィン	star スター
スターター	qǐdòngqì, qǐdòngjī 启动器，起动机 チィドンチィ, チィドンジィ	starter スタータ
スターダム	míngxīng de dìwèi 明星的地位 ミンシィン ダ ディーウェイ	stardom スタードム
スタート	kāishǐ 开始 カイシー	start スタート
(競技で)	qǐpǎo 起跑 チィパオ	start スタート
～ライン	qǐpǎoxiàn 起跑线 チィパオシエン	starting line スターティング ライン
スタイリスト	jiǎngjiu chuāndài de rén 讲究穿戴的人 ジアンジウ チュワンダイ ダ レン	stylist スタイリスト
(職業)	shèjìshī 设计师 ショアジィシー	stylist スタイリスト
スタイル	yàngshì 样式 ヤンシー	style スタイル
(容姿)	zītài, shēncái 姿态，身材 ツータイ, シェンツァイ	figure フィギャ
スタジアム	qiúchǎng, tǐyùchǎng 球场，体育场 チウチャアン, ティーユィチャアン	stadium ステイディアム
スタジオ		
(放送用の)	yǎnbōshì 演播室 イエンボォシー	studio ステューディオウ
(録音用の)	lùyīnshì 录音室 ルゥインシー	studio ステューディオウ
スタッフ	gōngzuò rényuán, bāndǐ 工作人员，班底 ゴンヅゥオ レンユエン, バンディー	the staff ザ スタフ

日	中	英
スタミナ	nàilì, dòuzhì 耐力, 斗志 ナイリィ, ドウヂー	stamina スタミナ
すた 廃れる	fèichú, fèiqì, guòshí 废除, 废弃, 过时 フェイチュウ, フェイチィ, グゥオシー	go out of use ゴウ アウト オヴ ユース
スタンス	jīqiú de zīshì 击球的姿势 ジィチウ ダ ヅーシー	stance スタンス
スタンド	kàntái 看台 カンタイ	the stand, bleachers ザ スタンド, ブリーチャズ
（電灯）	zhǎn táidēng, luòdìdēng 〔盏〕台灯, 落地灯 チャン タイデゥン, ルゥオディーデゥン	desk lamp デスク ランプ
スタンプ	túzhāng, chuōzi 图章, 戳子 トゥヂャァン, チュオヅ	stamp スタンプ
（郵便の）	yóuchuō 邮戳 ヨウチュオ	postmark ポウストマーク
スチーム	zhēngqì 蒸汽 ヂョンチィ	steam スティーム
スチュワーデス	wèi kōngzhōng xiǎojiě 〔位〕空中小姐 ウェイ コンヂョン シアオジエ	stewardess ステュアデス
ずつう 頭痛	tóutòng 头痛 トウトン	headache ヘディク
すっかり	quánbù, wánquán 全部, 完全 チュエンブゥ, ワンチュエン	all, entirely オール, インタイアリ
すづ 酢漬け	cùpào 醋泡 ツゥパオ	pickling ピクリング
す 酸っぱい	dài suānwèi de 带酸味的 ダイ スワンウェイ ダ	sour, acid サウア, アスィッド
すっぽん 鼈	biē, jiǎyú 鳖, 甲鱼 ビエ, ジアユィ	soft-shelled turtle ソフトシェルド タートル
ステーキ	niúpái 牛排 ニウパイ	steak ステイク
ステージ	wǔtái, xìtái 舞台, 戏台 ウゥタイ, シィタイ	the stage ザ ステイヂ

日	中	英
てき 素敵な	jí hǎo de, miào 极好的，妙 ジィ ハオ ダ, ミアオ	great, fine グレイト, ファイン
ステッカー	biāoqiān, zhāngtiēwù 标签，张贴物 ビアオチエン, チャアンティエウゥ	sticker スティカ
ステッキ	gēn guǎizhàng, shǒuzhàng 〔根〕拐杖，手杖 ゲン グアイチャアン, ショウチャアン	cane ケイン
ステッチ	zhēnjiao 针脚 ヂェンジアオ	stitch スティチ
ステップ	wǔbù 舞步 ウゥブゥ	step ステプ
（段階）	jiētī 阶梯 ジエティー	step ステプ
で 既に	yǐjing, yèyǐ 已经，业已 イージィン, イエイー	already オールレディ
捨てる	rēng, pāoqì, fàngqì 扔，抛弃，放弃 ルォン, パオチィ, ファアンチィ	throw away, dump スロウ アウェイ, ダンプ
（断念）	fàngqì, diūqì 放弃，丢弃 ファアンチィ, ディウチィ	abandon アバンドン
ステレオ	yīnxiǎng 音响 インシアン	stereo スティアリオウ
～タイプ	lǎotào, chéngguī, jiùxí 老套，陈规，旧习 ラオタオ, チェングゥイ, ジウシィ	stereotype ステリオタイプ
ステンドグラス	cǎisè bōli 彩色玻璃 ツァイスァ ボオリ	stained glass スティンド グラス
ステンレス	búxiùgāng 不锈钢 ブゥシウガァン	stainless steel スティンレス スティール
ストイックな	jìnyù 禁欲 ジンユィ	stoic ストウイク
ストーカー	gēnzōngzhě, tōuxízhě 跟踪者，偷袭者 ゲンヅォンチョァ, トウシィチョァ	stalker ストーカ
ストーブ	huǒlú, lúzi 火炉，炉子 ホゥオルゥ, ルゥヅ	heater, stove ヒータ, ストウヴ

日	中	英
ストーリー	qíngjié, gùshi 情节，故事 チィンジエ，グゥシ	story ストーリ
ストール	pījiān 披肩 ピィジエン	stole ストウル
ストッキング	liánkùwà, chángtǒngwà 连裤袜，长筒袜 リエンクゥワァ，チャアントンワァ	stockings スタキングズ
ストック	cúnhuò, kùcúnpǐn 存货，库存品 ツゥンホゥオ，クゥツゥンピン	stock スタク
（スキーの）	huáxuězhàng 滑雪杖 ホアシュエヂァン	stick スティク
ストップ	tíngzhǐ 停止 ティンヂー	stop スタプ
～ウォッチ	pǎobiǎo 跑表 パオビアオ	stopwatch スタプワチ
ストライキ	bà gōng 罢工 バァゴン	strike ストライク
ストリップ	tuōyīwǔ 脱衣舞 トゥオイーウゥ	striptease ストリプティーズ
ストレートな	zhí, bǐzhí 直，笔直 ヂー，ビィヂー	straight ストレイト
ストレス	jīngshén yālì, píláo 精神压力，疲劳 ジィンシェン ヤァリィ，ピィラオ	stress ストレス
ストレッチ	shēnsuōcāo, róuruǎn tǐcāo 伸缩操，柔软体操 シェンスゥオツァオ，ロウルワン ティーツァオ	stretch ストレチ
ストローク		
（水泳の）	huá 划 ホア	stroke ストロウク
（テニスなどの）	jī 击 ジィ	stroke ストロウク
ストロボ	shǎnguāngdēng 闪光灯 シャングアンドゥン	strobe ストロウブ

日	中	英
な 砂	shāzi 沙子 シャアヅ	sand サンド
なお 素直な	tiānzhēn, zhíshuài, lǎoshi 天真，直率，老实 ティエンチェン, チーシュアイ, ラオシ	docile, obedient ダスィル, オビーディエント
スナック（菓子）	xiǎochī 小吃 シアオチー	snack スナク
スナック店	jiǔbā 酒吧 ジウバァ	snack (bar) スナク (バー)
スナップ	kuàixiàng 快相 クアイシアン	snapshot スナプシャト
スナップ（留め金）	ànkòu, zǐmǔkòur 按扣，子母扣儿 アンコウ, ヅームゥコウル	snap スナプ
すなわ 即ち	jí, jiù shì 即，就是 ジィ, ジウ シー	namely, that is ネイムリ, ザト イズ
スニーカー	shuāng yùndòngxié, qiúxié 〔双〕运动鞋，球鞋 シュアン ユィンドンシエ, チウシエ	sneakers スニーカズ
すね 脛	xiǎotuǐ 小腿 シアオトゥイ	the leg, the shin ザ レグ, ザ シン
す 拗ねる	sādiāo, nào bièniu 撒刁，闹别扭 サアディアオ, ナオ ビエニウ	be sulky, be cynical ビ サルキ, ビ スィニカル
ずのう 頭脳	tóunǎo, nǎodai 头脑，脑袋 トウナオ, ナオダイ	brains, head ブレインズ, ヘド
スノーボード	huábǎn huáxuě 滑板滑雪 ホアバン ホアシュエ	snowboard スノウボード
スノッブ	shìli xiǎorén, shìliyǎn 势利小人，势利眼 シーリ シアオレン, シーリイエン	snob スナブ
スパーク	fēi huǒxīng, fā huǒhuā 飞火星，发火花 フェイ ホウオシィン, ファア ホウオホア	spark スパーク
スパイ	jiàndié, mìtàn, tèwu 间谍，密探，特务 ジエンディエ, ミィタン, トゥアウ	spy スパイ

日	中	英
スパイク靴	shuāng dīngxié 〔双〕钉鞋 シュアン ディンシエ	spiked shoes スパイクト シューズ
スパイス	tiáoliào 调料 ティアオリアオ	spice スパイス
すばしこい	mǐnjié 敏捷 ミンジエ	nimble, agile ニンブル, アヂル
素肌	wèihuàzhuāng de pífū 未化妆的皮肤 ウエイホアヂュアン ダ ピィフウ	bare skin ベア スキン
スパナ	bǎ bānshou 〔把〕扳手 バァ バンショウ	wrench, spanner レンチ, スパナ
ずば抜けて	chūzhòng, chāoqún 出众, 超群 チュウヂォン, チャオチュイン	exceptionally イクセプショナリ
素早い	mǐnjié, máli 敏捷, 麻利 ミンジエ, マァリ	nimble, quick ニンブル, クウィク
素晴らしい	jīngcǎi, juémiào, liǎobuqǐ 精彩, 绝妙, 了不起 ジィンツァイ, ジュエミアオ, リアオブチィ	wonderful ワンダフル
スピーカー	yángshēngqì, kuòyīnqì, lǎba 扬声器, 扩音器, 喇叭 ヤンションチィ, クゥオインチィ, ラァバ	speaker スピーカ
スピーチ	yǎnjiǎng, yǎnshuō 演讲, 演说 イエンジアン, イエンシュオ	speech スピーチ
スピーディーな	xùnsù de, mǐnjié de, máli de 迅速的, 敏捷的, 麻利的 シュインスゥ ダ, ミンジエ ダ, マァリ ダ	speedy スピーディ
スピード	sùdù 速度 スゥドゥ	speed スピード
スプーン	bǎ chízi, xiǎosháor 〔把〕匙子, 小勺儿 バァ チーヅ, シアオシャオル	spoon スプーン
ずぶ濡れの	(húnshēn) shītòu （浑身）湿透 (ホゥンシェン) シートウ	soaked to the skin ソウクト トゥ ザ スキン
スプレー	pēnwùqì, pēnzi 喷雾器, 喷子 ペンウゥチィ, ペンヅ	spray スプレイ
スペア	bèijiàn, bèiyòngpǐn 备件, 备用品 ベイジエン, ベイヨンピン	spare, refill スペア, リーフィル

日	中	英
スペイン	Xībānyá 西班牙 シィパンヤァ	Spain スペイン
～語	Xībānyáyǔ 西班牙语 シィパンヤァユィ	Spanish スパニシュ
スペース	kòngdì, kōngjiān 空地, 空间 コンディー, コンジエン	space スペイス
(余白)	kòngbái 空白 コンバイ	space スペイス
スペード	hēitáo 黑桃 ヘイタオ	spade スペイド
スペクタクル	zhuàngguān, qíguān 壮观, 奇观 チュアングワン, チィグワン	spectacle スペクタクル
スペクトル	guāngpǔ 光谱 グアンプゥ	the spectrum ザ スペクトラム
スペシャリスト	zhuānjiā 专家 チュワンジア	specialist スペシャリスト
スペシャルの	tèbié, tèshū, zhuānmén 特别, 特殊, 专门 トゥアビエ, トゥアシュウ, チュワンメン	special スペシャル
すべすべした	guānghuá, guāngliūliū 光滑, 光溜溜 グアンホア, グアンリウリウ	smooth, slippery スムーズ, スリパリ
全て(の)	quánbù, suǒyǒu, yíqiè 全部, 所有, 一切 チュエンブゥ, スゥオヨウ, イーチエシュウ	all オール
滑る	huá, liū 滑, 溜 ホア, リウ	slip, slide, glide スリプ, スライド, グライド
(スケートで)	huá'bīng, liū'bīng 滑冰, 溜冰 ホアビィン, リウビィン	skate スケイト
(試験に)	kǎobushàng, bù jígé 考不上, 不及格 カオブシャアン, ブゥ ジィグァ	fail in an examination フェイル イン アン ネグザミネイション
スペル	pīnzì 拼字 ピンヅー	spelling スペリング
スポークスマン	fāyánrén, dàiyánrén 发言人, 代言人 ファアイエンレン, ダイイエンレン	spokesman スポウクスマン

日	中	英
スポーツ	体育, 运动 tǐyù, yùndòng ティーユイ, ユインドン	sports スポーツ
～マン	运动员, 选手 yùndòngyuán, xuǎnshǒu ユインドンユエン, シュエンショウ	sportsman, athlete スポーツマン, アスリート
スポットライト	〔盏〕聚光灯 zhǎn jùguāngdēng チャン チュイグアンドゥン	spotlight スパトライト
ズボン	〔条〕裤子 tiáo kùzi ティアオ クッヅ	trousers トラウザズ
～吊り	〔根〕背带 gēn bēidài ゲン ベイダイ	suspenders サスペンダズ

■スポーツ■　⇒ サッカー

柔道（じゅうどう）　柔道 /róudào ロウダオ / (⽶*judo*)
体操（たいそう）　体操 /tǐcāo ティーツァオ / (⽶gymnastics)
新体操（しんたいそう）　艺术体操 /yìshù tǐcāo イーシュウ ティーツァオ / (⽶rhythmic gymnastics)
バレーボール　排球 /páiqiú パイチウ / (⽶volleyball)
バスケットボール　篮球 /lánqiú ランチウ / (⽶basketball)
ハンドボール　手球 /shǒuqiú ショウチウ / (⽶handball)
卓球（たっきゅう）　乒乓球 /pīngpāngqiú ピンパンチウ / (⽶table tennis)
バドミントン　羽毛球 /yǔmáoqiú ユイマオチウ / (⽶badminton)
水泳（すいえい）　游泳 /yóuyǒng ヨウヨン / (⽶swimming)
水球（すいきゅう）　水球 /shuǐqiú シュイチウ / (⽶water polo)
クロール　爬泳 /páyǒng パアヨン / (⽶the crawl)
平泳ぎ（ひらおよぎ）　蛙泳 /wāyǒng ワアヨン / (⽶the breast stroke)
背泳ぎ（せおよぎ）　仰泳 /yǎngyǒng ヤンヨン / (⽶the backstroke)
バタフライ　蝶泳 /diéyǒng ディエヨン / (⽶the butterfly stroke)
テニス　网球 /wǎngqiú ワンチウ / (⽶tennis)
スケート　滑冰 /huábīng ホアビィン / (⽶skating)
ラグビー　橄榄球 /gǎnlǎnqiú ガンランチウ / (⽶Rugby)
アメリカンフットボール　美式足球 /Měishì zúqiú メイシーヅゥチウ / (⽶(American) football)

日	中	英
スポンサー	zànzhùzhě 赞助者 ヅァンチュウヂョァ	sponsor スパンサ
スポンジ	kuài hǎimián 〔块〕海绵 クアイ ハイミエン	sponge スパンヂ
スマート	miáotiao 苗条 ミアオティアオ	slender, stylish スレンダ, スタイリシュ
住まい	zhùfáng, fángzi, yùsuǒ 住房, 房子, 寓所 チュウファアン, ファアンヅ, ュイスゥオ	house ハウス
(住所)	dìzhǐ, zhùzhǐ, zhùchù 地址, 住址, 住处 ディーチー, ヂュウチー, ヂュウチュウ	address アドレス

野球 (やきゅう)　棒球 /bàngqiú バァンチウ / (⑧baseball)

ソフトボール　垒球 /lěiqiú レイチウ / (⑧softball)

サッカー　足球 /zúqiú ヅゥチウ / (⑧soccer, football)

フットサル　迷你足球 /mínǐ zúqiú ミィニィ ヅゥチウ / (⑧futsal)

ゴルフ　高尔夫球 /gāo'ěrfūqiú ガオアルフゥチウ / (⑧golf)

スキー　滑雪 /huáxuě ホアシュエ / (⑧skiing, ski)

マラソン　马拉松 /mǎlāsōng マァラァソン / (⑧marathon)

陸上競技 (りくじょうきょうぎ)　田径赛 /tiánjìngsài ティエンジンサイ / (⑧athletic sports)

100メートル走　一百米短跑 /yìbǎi mǐ duǎnpǎo イーバイ ミィド ワンパオ / (⑧the 100-meter dash)

障害物競走 (しょうがいぶつきょうそう)　障碍赛跑 /zhàng'ài sàipǎo ヂャアンアイ サイパオ / (⑧obstacle race)

ハンマー投げ (な)　(掷)链球/(zhì)liànqiú (ヂー)リエンチウ / (⑧hammer throw)

槍投げ (やりなげ)　标枪 /biāoqiāng ビアオチアン / (⑧the javelin throw)

幅跳び (はばとび)　跳远 /tiàoyuǎn ティアオユエン / (⑧broad jump)

走り高跳び (はしりたかとび)　跳高 /tiàogāo ティアオガオ / (⑧high jump)

棒高跳び (ぼうたかとび)　撑杆跳高 /chēnggān tiàogāo チョンガン ティアオガオ / (⑧pole vault)

自転車競技 (じてんしゃきょうぎ)　自行车赛 /zìxíngchēsài ヅーシィンチョァサイ / (⑧bicycle race)

ロード・レース　公路赛 /gōnglùsài ゴンルゥサイ / (⑧road racing)

日	中	英
済(す)ます	zuòwán, bànwán, jiéshù 作完，办完，结束 ヅゥオワン, バンワン, ジエシュゥ	finish フィニシュ
(間に合わせる)	jiāngjiu, duìfu 将就，对付 ジアンジゥ, ドゥイフ	do without ドゥ ウィザウト
スマッシュ	kòushā 扣杀 コウシャァ	smashing, smash スマシング, スマシュ
隅(すみ)	jiǎoluò 角落 ジアオルゥオ	nook, corner ヌク, コーナ
墨(すみ)	mò(shuǐ) 墨(水) モォ(シュイ)	China ink チャイナ インク
すみません	duìbuqǐ, bàoqiàn 对不起，抱歉 ドゥイブチィ, バオチエン	I'm sorry. アイム サリ
(依頼)	láojià, duìbuqǐ 劳驾，对不起 ラオジア, ドゥイブチィ	Excuse me. イクスキューズ ミ
菫(すみれ)	jǐncài 堇菜 ジンツァイ	violet ヴァイオレト
済(す)む	jiéshù, wán 结束，完 ジエシュゥ, ワン	be finished ビ フィニシュト
住(す)む	jūzhù, zhù 居住，住 ヂュイヂュゥ, ヂュゥ	live リヴ
澄(す)む	chéngqīng, qīngchè 澄清，清澈 チョンチィン, チィンチョァ	become clear ビカム クリア
スムースな	shùnlì, yuánmǎn 顺利，圆满 シュンリィ, ユエンマン	smooth スムーズ
相撲(すもう)	xiāngpū, shuāijiāo 相扑，摔跤 シアンプゥ, シュアイジアオ	*sumo* wrestling スーモウ レスリング
スモークサーモン	xūnguīyú, xūnsānwényú 熏鲑鱼，熏三文鱼 シュィングイユィ, シュィンサンウェンユィ	smoked salmon スモゥクト サモン
スモッグ	yānwù 烟雾 イエンウゥ	smog スマグ
李(すもも)	lǐzi 李子 リィヅ	plum, damson プラム, ダムゾン

日	中	英
素焼き	piàn wǎ 〔片〕瓦 ピエン ワァ	unglazed pottery アングレイズド パタリ
スライス	qiēpiàn 切片 チエピエン	slice スライス
スライド	huàndēng 幻灯 ホワンデゥン	slide スライド
ずらす	nuó(dòng), yídòng 挪(动), 移动 ヌオ(ドン), イードン	shift, move シフト, ムーヴ
(時間を)	cuòkāi 错开 ツゥオカイ	stagger スタガ
すらすらと	liúlì, liúchàng, shùnlì 流利, 流畅, 顺利 リウリィ, リウチャアン, シュンリィ	smoothly, fluently スムーズリ, フルエントリ
スラング	líyǔ 俚语 リィユイ	slang スラング
(隠語)	hánghuà, yǐnyǔ 行话, 隐语 ハァンホァ, インユィ	slang スラング
スランプ	wěimǐ, xiāochén 委靡, 消沉 ウェイミィ, シアオチェン	slump スランプ
すり 掏摸	páshǒu, xiǎotōu 扒手, 小偷 パァショウ, シアオトウ	pickpocket ピクパケト
擦り下ろす	mòsuì, yánsuì, cāsuì 磨碎, 研碎, 擦碎 モォスイ, イエンスイ, ツァアスイ	grind, grate グラインド, グレイト
擦り傷	cāshāng 擦伤 ツァアシャアン	abrasion アブレイジョン
擦り切れる	mópò 磨破 モォポォ	wear out ウェア アウト
スリット	chà, kāichà 衩, 开衩 チャア, カイチャア	slit スリト
スリッパ	shuāng tuōxié 〔双〕拖鞋 シュアン トゥオシエ	slippers スリパズ
スリップ(する)	dǎhuá 打滑 ダァホア	slip; slip, skid スリプ; スリプ, スキド

日	中	英
（下着）	chènqún 衬裙 チェンチュィン	slip スリプ
スリムな	miáotiao de 苗条的 ミアオティアオ ダ	slim スリム
スリリング	jīngxiǎn, máo gǔ sǒng rán 惊险，毛骨悚然 ジィンシエン，マオ グゥ ソン ラン	thrilling スリリング
スリル	jīngxiǎn, zhànlì, máo gǔ sǒng rán 惊险，战栗，毛骨悚然 ジィンシエン，チャンリィ，マオ グゥ ソン ラン	thrill スリル
為る	zuò, gàn, bàn 做，干，办 ヅゥオ，ガン，バン	do, try, play ドゥ，トライ，プレイ
擦る	cā, mó 擦，磨 ツァア，モォ	rub, chafe ラブ，チェイフ
ずる 狡い	jiǎohuá, jiǎozhà 狡猾，狡诈 ジアオホア，ジアオチャア	sly スライ
ずる賢い	jiǎohuá, jiānzhà 狡猾，奸诈 ジアオホア，ジエンチャア	cunning, crafty カニング，クラフティ
鋭い	fēnglì, ruìlì, jiānruì 锋利，锐利，尖锐 フォンリィ，ルゥイリィ，ジエンルゥイ	sharp, pointed シャープ，ポインテド
（感覚などが）	mǐnruì, língmǐn 敏锐，灵敏 ミンルゥイ，リィンミン	sharp シャープ
ずる休み	tōulǎn 偷懒 トウラン	truancy トルーアンスィ
（仕事を）	kuàng gōng 旷工 クアンゴン	truancy トルーアンスィ
（授業を）	kuàng kè, táoxué 旷课，逃学 クアンクァ，タオシュエ	truancy トルーアンスィ
スレート	kuài shíbǎn 〔块〕石板 クアイ シーバン	slate スレイト
擦れ違う	cuòguò 错过 ツゥオグゥオ	pass each other パス イーチ アザ
ずれる	cuòdòng, cuòwèi 错动，错位 ツゥオドン，ツゥオウェイ	shift シフト

日	中	英
(逸脱)	piānlí, bèilí 偏离，背离 ピエンリィ，ベイリィ	deviate ディーヴィエイト
スローガン	kǒuhào, hūhào 口号，呼号 コウハオ，ホウハオ	slogan, motto スロウガン，マトウ
スロープ	xiépō, qīngxié 斜坡，倾斜 シエポォ，チィンシエ	slope スロウプ
スローモーション	mànjìngtóu, màndòngzuò 慢镜头，慢动作 マンジィントウ，マンドンヅゥオ	slow motion スロウ モウション
スロットマシン	tái lǎohǔjī 〔台〕老虎机 タイ ラオホゥジィ	slot machine スラト マシーン
すわる 座る	zuò 坐 ヅゥオ	sit down スィト ダウン
ずんぐりした	ǎipàng de, pàngdūndūn de 矮胖的，胖墩墩的 アイパァン ダ，パァンドゥンドゥン ダ	thickset, dumpy スィクセト，ダンピ
すんぜん 寸前	jíjiāng, yǎnkàn jiùyào 即将，眼看就要 ジィジアン，イエンカン ジュウヤオ	just before チャスト ビフォー
すんぽう 寸法		
(長さ)	chǐcun, chángduǎn 尺寸，长短 チーツゥン，チャァンドワン	measure, size メジャ，サイズ
(大きさ)	chǐmǎ, dàxiǎo 尺码，大小 チーマァ，ダァシアオ	measure, size メジャ，サイズ

せ，セ

日	中	英
せ 背	jǐbèi, hòubèi 脊背，后背 ジィベイ，ホウベイ	the back ザ バク
(身長)	gèzi, shēngāo 个子，身高 グァヅ，シェンガオ	height ハイト
せい 姓	xìng, xìngshì 姓，姓氏 シィン，シィンシー	family name ファミリ ネイム
せい 性	xìng, xìngbié 性，性别 シィン，シィンビエ	sex セクス

日	中	英
<ruby>生<rt>せい</rt></ruby>	shēnghuó 生活 ションホゥオ	life, living ライフ, リヴィング
<ruby>税<rt>ぜい</rt></ruby>	shuì 税 シュイ	tax タクス
<ruby>誠意<rt>せいい</rt></ruby>	chéngyì, chéngxīn 诚意，诚心 チョンイー, チョンシン	sincerity スィンセリティ
<ruby>精一杯<rt>せいいっぱい</rt></ruby>	jiéjìn quánlì, pīnmìng 竭尽全力，拼命 ジエジン チュエンリィ, ピンミィン	as hard as possible アズ ハード アズ パスィブル
<ruby>声援<rt>せいえん</rt></ruby>(する)	shēngyuán, zhùwēi 声援，助威 ションユエン, ヂュウウェイ	support サポート
<ruby>西欧<rt>せいおう</rt></ruby>	Xī'ōu 西欧 シィオウ	West Europe ウェスト ユアロップ
<ruby>成果<rt>せいか</rt></ruby>	chéngguǒ, chéngjiù, shōuhuò 成果，成就，收获 チョングゥオ, チョンジゥ, ショウホゥオ	result, the fruits リザルト, ザ フルーツ
<ruby>政界<rt>せいかい</rt></ruby>	zhèngjiè 政界 ヂョンジエ	the political world ザ ポリティカル ワールド
<ruby>正解<rt>せいかい</rt></ruby>	zhèngquè dá'àn 正确答案 ヂョンチュエ ダアァン	correct answer カレクト アンサ
<ruby>性格<rt>せいかく</rt></ruby>	píqi, xìnggé, xìngqíng 脾气，性格，性情 ピィチ, スィングァ, スィンチィン	character キャラクタ
<ruby>声楽<rt>せいがく</rt></ruby>	shēngyuè 声乐 ションユエ	vocal music ヴォウカル ミューズィク
<ruby>正確<rt>せいかく</rt></ruby>な	zhèngquè de, quèqiè de 正确的，确切的 ヂョンチュエ ダ, チュエチエ ダ	exact, correct イグザクト, カレクト
<ruby>生活<rt>せいかつ</rt></ruby>(する)	guò rìzi, shēnghuó 过日子，生活 グゥオ リーズ, ションホゥオ	life, livelihood; live ライフ, ライヴリフド ; リヴ
<ruby>税関<rt>ぜいかん</rt></ruby>	hǎiguān 海关 ハイグワン	the customs ザ カスタムズ
<ruby>静観<rt>せいかん</rt></ruby>する	jìngguān 静观 ジィングワン	wait and see ウェイト アンド スィー
<ruby>世紀<rt>せいき</rt></ruby>	shìjì 世纪 シージィ	century センチュリ

日	中	英
せいぎ 正義	zhèngyì, gōngdào 正义，公道 ヂョンイー, ゴンダオ	justice チャスティス
せいきゅう 請求(する)	yāoqiú, qǐngqiú 要求，请求 ヤオチウ, チンチウ	demand ディマンド
～書	zhàngdān 账单 ヂャンダン	bill ビル
せいぎょ 制御(する)	kòngzhì, cāozòng, tiáojié 控制，操纵，调节 コンヂー, ツァオゾォン, ティアオジエ	control カントロウル
せいきょく 政局	zhèngjú 政局 ヂョンジュイ	the political situation ザ ポリティカル スィチュエイション
ぜいきん 税金	shuì, shuìkuǎn 税，税款 シュイ, シュイクワン	tax タクス
せいけい 生計	shēngjì 生计 ションジイ	living リヴィング
せいけいげか 整形外科	zhěngxíng wàikē 整形外科 ヂョンシィン ワイクァ	plastic surgery プラスティク サーヂャリ
せいけつ 清潔な	gānjìng de, qīngjié de 干净的，清洁的 ガンジィン ダ, チンジエ ダ	clean, neat クリーン, ニート
せいけん 政権	zhèngquán 政权 ヂョンチュエン	political power ポリティカル パウア
せいげん 制限(する)	xiànzhì, xiàndìng 限制，限定 シエンヂー, シエンディン	restriction リストリクション
せいこう 成功(する)	chénggōng, shènglì 成功，胜利 チョンゴン, ションリイ	success; succeed *in* サクセス；サクスィード
(富などを得る)	fājì 发迹 ファアジイ	succeed *in* サクスィード
せいざ 星座	xīngzuò, xīngxiù 星座，星宿 シィンヅゥオ, シィンシウ	constellation カンステレイション
せいさい 制裁	zhìcái 制裁 ヂーツァイ	punishment パニシュメント
せいさく 制[製]作(する)	chuàngzuò, zhìzuò 创作，制作 チュアンヅゥオ, ヂーヅゥオ	production プロダクション

日	中	英
せいさく 政策	zhèngcè 政策 ヂョンツァ	policy パリスィ
せいさん 生産(する)	shēngchǎn 生产 ションチャン	production プロダクション
～高	chǎnliàng 产量 チャンリアン	output アウトプト
せいし 生死	shēngsǐ, sǐhuó 生死，死活 ションスー，スーホゥオ	life and death ライフ アンド デス
せいし 静止	jìngzhǐ 静止 ジンヂー	stillness, repose スティルネス, リポウズ
せいし 製紙	zàozhǐ 造纸 ヅァオヂー	paper manufacture ペイパ マニュファクチャ
せいじ 政治	zhèngzhì 政治 ヂョンヂー	politics パリティクス
～家	zhèngzhìjiā 政治家 ヂョンヂーヂア	statesman ステイツマン
せいしき 正式	zhèngshì 正式 ヂョンシー	formality フォーマリティ
～な	zhèngshì de 正式的 ヂョンシー ダ	formal, official フォーマル, オフィシャル
せいしつ 性質	xìnggé, wéirén 性格，为人 シィングァ, ウェイレン	nature, disposition ネイチャ, ディスポズィション
(事物の特徴)	xìngzhì, tèxìng 性质，特性 シィンヂー, トゥアシィン	nature, disposition ネイチャ, ディスポズィション
せいじつ 誠実な	lǎoshi de, chéngshí de 老实的，诚实的 ラオシ ダ, チョンシー ダ	sincere, honest スィンスィア, アニスト
せいじゃく 静寂	jìngjì, chénjì 静寂，沉寂 ジィンジィ, チェンジィ	stillness, silence スティルネス, サイレンス
せいしゅく 静粛	sùjìng, jìngmù 肃静，静穆 スゥジィン, ジィンムゥ	silence サイレンス
せいじゅく 成熟(する)	chéngshú 成熟 チョンシュウ	ripeness ライプネス

日	中	英
青春 (せいしゅん)	qīngchūn 青春 チィンチュン	youth ユース
清書 (せいしょ)	téngxiě, téngqīng 誊写, 誊清 テゥンシエ, テゥンチィン	fair copy フェア カピ
聖書 (せいしょ)	shèngjīng 圣经 ションジィン	the Bible ザ バイブル
正常な (せいじょうな)	zhèngcháng de 正常的 チョンチャァン ダ	normal ノーマル
清浄な (せいじょうな)	qīngjié 清洁 チィンジエ	pure, clean ピュア, クリーン
青少年 (せいしょうねん)	qīngshàonián 青少年 チィンシャオニエン	the younger generation ザ ヤンガ ヂェナレイション
精神 (せいしん)	jīngshén, shénsī 精神, 神思 ジィンシェン, シェンスー	spirit, mind スピリト, マインド
成人 (せいじん)	chéngrén, chéngnián 成人, 成年 チョンレン, チョンニエン	adult, grown-up アダルト, グロウナプ
～する	chéngrén, zhǎngdà chéngrén 成人, 长大成人 チョンレン, チャァンダァ チョンレン	grow up グロウ アプ
聖人 (せいじん)	wèi shèngrén 〔位〕圣人 ウェイ ションレン	saint セイント
精神科医 (せいしんかい)	wèi jīngshénkē yīshēng 〔位〕精神科医生 ウェイ ジィンシェンクァ イーション	psychiatrist サイカイアトリスト
製図 (せいず)	zhìtú, huìtú 制图, 绘图 チートゥ, ホウイトゥ	drafting, drawing ドラフティング, ドローイング
整数 (せいすう)	zhěngshù 整数 チョンシュウ	integer インティチャ
せいぜい	dàbuliǎo, zhìduō 大不了, 至多 ダァブリアオ, チードゥオ	at most アト モウスト
成績 (せいせき)	chéngjì, chéngguǒ 成绩, 成果 チョンジィ, チョングゥオ	result, record リザルト, リコード
整然 (せいぜん)	jǐng jǐng yǒu tiáo, zhěngqí 井井有条, 整齐 ジィン ジィン ヨウ ティアオ, チョンチィ	good order グド オーダ

日	中	英
～と	jǐng jǐng yǒu tiáo, zhěngqí 井井有条，整齐 ジン ジン ヨウ ティアオ, チョンチィ	regularly レギュラリ
せいせんしょくりょうひん 生鮮食料品	xiānhuò 鲜货 シエンホゥオ	perishables ペリシャブルズ
せいそ 清楚	zhěngjié, qīngxiù 整洁，清秀 チョンジエ, チンシウ	neatness ニートネス
～な	zhěngjié de, qīngxiù de 整洁的，清秀的 チョンジエ ダ, チンシウ ダ	neat ニート
せいそう 清掃	qīngsǎo, dǎsǎo 清扫，打扫 チンサオ, ダサオ	cleaning クリーニング
せいぞう 製造(する)	zhìzào, shēngchǎn 制造，生产 チーヅァオ, ションチャン	manufacture マニュファクチャ
～業	zhìzàoyè 制造业 チーヅァオイエ	manufacturing industry マニュファクチャリング インダストリ
せいそうけん 成層圏	píngliúcéng, tóngwēncéng 平流层，同温层 ピィンリウツン, トンウェンツン	the stratosphere ザ ストラトスフィア
せいぞん 生存(する)	shēngcún 生存 ションツゥン	survive サヴァイヴ
せいだい 盛大な	shèngdà de, lóngzhòng de 盛大的，隆重的 ションダァ ダ, ロンヂォン ダ	prosperous, grand プラスペラス, グランド
ぜいたく 贅沢	shēchǐ, háohuá 奢侈，豪华 ショァチー, ハオホア	luxury ラクシュリ
～な	shēchǐ de, háohuá de, kuòqi de 奢侈的，豪华的，阔气的 ショァチー ダ, ハオホア ダ, クゥオチ ダ	luxurious ラグジュアリアス
せいちょう 成[生]長(する)	chéngzhǎng, shēngzhǎng, fāyù 成长，生长，发育 チョンヂャァン, ションヂャァン, ファアユイ	growth; grow グロウス ; グロウ
(発展)	zēngzhǎng, fāzhǎn 增长，发展 ヅンヂャァン, ファアヂャン	growth グロウス
(規模などが)	zēngzhǎng, fāzhǎn 增长，发展 ヅンヂャァン, ファアヂャン	grow グロウ
せいつう 精通(する)	jīngtōng, tōngxiǎo, nèiháng 精通，通晓，内行 ジィントン, トンシアオ, ネイハァン	be familiar with ビ ファミリア

日	中	英
せいてつ 製鉄	liàntiě 炼铁 リエンティエ	iron manufacture アイアン マニュファクチャ
せいでんき 静電気	jìngdiàn 静电 ジンディエン	static electricity スタティク イレクトリスィティ
せいと 生徒	xuésheng 学生 シュエション	student, pupil ステューデント, ピューピル
せいど 制度	zhìdù 制度 ヂードゥ	system, institution スィスティム, インスティテューション
せいとう 政党	zhèngdǎng 政党 ヂョンダァン	political party ポリティカル パーティ
せいとう 正当な	zhèngdàng de 正当的 ヂョンダァン ダ	just, proper, legal ヂャスト, プラパ, リーガル
せいとうぼうえい 正当防衛	zhèngdàng fángwèi, zìwèi 正当防卫, 自卫 ヂョンダァン ファアンウェイ, ヅーウェイ	self-defense セルフディフェンス
せいとん(する) 整頓(する)	zhěngdùn, shōushi 整顿, 收拾 ヂョンドゥン, ショウシ	order オーダ
せいなん 西南	xīnán 西南 シィナン	the southwest ザ サウスウェスト
せいねん 青年	qīngnián, niánqīngrén 青年, 年轻人 チィンニエン, ニエンチィンレン	young man, youth ヤング マン, ユース
せいねん 成年	chéngnián 成年 チョンニエン	adult age アダルト エイヂ
せいねんがっぴ 生年月日	chūshēng niányuèrì 出生年月日 チュウション ニエンユエリー	the date of birth ザ デイト オヴ バース
せいのう 性能	xìngnéng 性能 シィンヌオン	capacity, efficiency カパスィティ, イフィシェンスィ
せいはんたい 正反対	zhèng xiāngfǎn 正相反 ヂョン シアンファン	the exact opposite ジ イグザクト アポズィト
せいび(する) 整備(する) (修繕)	wéixiū, bǎoyǎng 维修, 保养 ウェイシウ, バオヤン	maintenance メインテナンス

日	中	英
(整える)	zhuāngbèi, pèibèi 装备，配备 チュアンベイ, ペイベイ	maintenance メインテナンス
せいびょう 性病	xìngbìng, huāliǔbìng 性病，花柳病 シィンビィン, ホアリゥビィン	venereal disease ヴィニアリアル ディズィーズ
せいひん 製品	chǎnpǐn, chéngpǐn, ... zhìpǐn 产品，成品，…制品 チャンピン, チォンピン, … チーピン	product プラダクト
せいふ 政府	zhèngfǔ 政府 チォンフゥ	the government ザ ガヴァンメント
せいぶ 西部	xībù 西部 シィブゥ	the west ジ ウェスト
せいふく 制服	zhìfú 制服 チーフゥ	uniform ユーニフォーム
せいふく 征服(する)	zhēngfú 征服 チォンフゥ	conquest; conquer カンクウェスト；カンカ
せいぶつ 生物	shēngwù 生物 シォンウゥ	living thing, life リヴィング スィング, ライフ
〜学	shēngwùxué 生物学 シォンウゥシュエ	biology バイアロヂィ
せいぶつが 静物画	jìngwùhuà 静物画 ジィンウゥホア	still life スティル ライフ
せいぶん 成分	chéngfèn 成分 チォンフェン	ingredient イングリーディエント
せいべつ 性別	xìngbié 性别 シィンビエ	sex distinction セクス ディスティンクション
せいぼ 歳暮	hènián lǐpǐn, niánzhōng lǐpǐn 贺年礼品，年终礼品 ホァニエン リィピン, ニエンヂォン リィピン	year-end gift イアエンド ギフト
せいほうけい 正方形	zhèngfāngxíng 正方形 チォンファアンシィン	square スクウェア
せいほく 西北	xīběi 西北 シィベイ	the northwest ザ ノースウェスト
せいみつ 精密な	jīngmì de, xìzhì de 精密的，细致的 ジィンミィダ, シィチーダ	precise, minute プリサイス, マイニュート

日	中	英
ぜいむ 税務	shuìwù 税务 シュイウゥ	taxation business タクセイション ビズネス
～署	shuìwùjú 税务局 シュイウゥジュイ	tax office タクス オフィス
せいめい 姓名	xìngmíng, míngzi 姓名, 名字 シィンミィン, ミィンヅ	(full) name (フル) ネイム
せいめい 生命	shēngmìng, xìngmìng 生命, 性命 ションミィン, シィンミィン	life ライフ
～保険	rénshòu bǎoxiǎn, shēngmìng bǎoxiǎn 人寿保险, 生命保险 レンショウ バオシエン, ションミィン バオシエン	life insurance ライフ インシュアランス
せいめい 声明	shēngmíng, gōngbào 声明, 公报 ションミィン, ゴンバオ	declaration デクラレイション
せいもん 正門	zhèngmén, qiánmén 正门, 前门 ヂョンメン, チエンメン	front gate フラント ゲイト
せいやく 制約	zhìyuē, xiànzhì 制约, 限制 ヂーユエ, シエンヂー	restriction, limitation リストリクション, リミテイション
せいやく 誓約	shìyuē 誓约 シーユエ	oath, pledge オウス, プレヂ
せいよう 西洋	Xīyáng 西洋 シィヤン	the West ジ ウェスト
せいよう 静養(する)	jìngyǎng, xiūyǎng 静养, 休养 ジィンヤン, シウヤン	rest レスト
せいり 整理(する)	shōushi, zhěnglǐ 收拾, 整理 ショウシ, ヂョンリィ	arrangement アレインジュメント
(整える)	zhěnglǐ, zhěngdùn 整理, 整顿 ヂョンリィ, ヂョンドゥン	arrangement アレインジュメント
せいり 生理	shēnglǐ 生理 ションリィ	physiology フィズィアロヂィ
(月経)	yuèjīng 月经 ユエジィン	period ピアリオド
～学	shēnglǐxué 生理学 ションリィシュエ	physiology フィズィアロヂィ

日	中	英
ぜいりし 税理士	wèi shuìwùshī 〔位〕税务师 ウェイ シュイウゥシー	licensed tax accountant ライセンスト タクス アカウンタント
せいりつ 成立(する)	chénglì, shíxiàn 成立，实现 チョンリィ，シーシエン	formation フォーメイション
ぜいりつ 税率	shuìlǜ 税率 シュイリュイ	tax rates タクス レイツ
せいりょういんりょう 清涼飲料	qīngliáng yǐnliào 清凉饮料 チンリィアン インリアオ	soft drink, beverage ソフト ドリンク，ベヴァリヂ
せいりようひん 生理用品	fùnǚ wèishēng yòngpǐn 妇女卫生用品 フウニュイ ウェイション ヨンピン	sanitary napkin サニテリ ナプキン
せいりょく 勢力	shìli 势力 シーリ	influence, power インフルエンス，パウア
せいりょく 精力	jīnglì 精力 ジィンリィ	energy, vitality エナヂ，ヴァイタリティ
～的な	jīnglì chōngpèi de 精力充沛的 ジィンリィ チョンペイ ダ	energetic エナヂェティク
せいれき 西暦	gōnglì, yánglì 公历，阳历 ゴンリィ，ヤンリィ	the Christian Era ザ クリスチャン イアラ
せいれつ 整列する	zhàn▾duì, pái▾duì 站队，排队 ヂャンドゥイ，パイドゥイ	stand in a row スタンド イン ア ラウ
セーター	jiàn máoyī 〔件〕毛衣 ジェン マオイー	sweater, pullover スウェタ，プロウヴァ
セール	jiànmài, liánjià xiāoshòu 贱卖，廉价销售 ジェンマイ，リエンジア シアオショウ	sale セイル
セールスマン	tuīxiāoyuán 推销员 トゥイシアオユエン	salesman セイルズマン
せお 背負う	bēi, bēifù 背，背负 ベイ，ベイフゥ	carry on *one's* back キャリ オン バク
せおよ 背泳ぎ	yǎngyǒng 仰泳 ヤンヨン	the backstroke ザ バクストロウク
せかい 世界	shìjiè, quánqiú 世界，全球 シージエ，チュエンチウ	the world ザ ワールド

日	中	英
～史	shìjiè lìshǐ, shìjièshǐ 世界历史，世界史 シージエ リィシー, シージエシー	world history ワールド ヒストリ
～的な	shìjiè fànwéi de, quánqiúxìng de 世界范围的，全球性的 シージエ ファンウェイ ダ, チュエンチウシィン ダ	worldwide ワールドワイド
せ 急かす	cuīcù 催促 ツイツゥ	expedite, hurry エクスペダイト, ハーリ
せき 咳(をする)	késou 咳嗽 クァソウ	cough コフ
せき 席	zuòwèi 座位 ヅゥオウェイ	seat スィート
せきがいせん 赤外線	hóngwàixiàn 红外线 ホンワイシエン	infrared rays インフラレド レイズ
せきじゅうじ 赤十字	hóngshízì 红十字 ホンシーヅー	red cross レド クロス
せきずい 脊髄	jǐsuǐ 脊髄 ジィスウイ	spinal cord スパイナル コード
せ　た 急き立てる	cuī 催 ツゥイ	hurry, hasten ハーリ, ヘイスン
せきたん 石炭	méi, méitàn 煤，煤炭 メイ, メイタン	coal コウル
せきどう 赤道	chìdào 赤道 チーダオ	the equator ジ イクウェイタ
せきど 咳止め	zhǐkéyào 止咳药 ヂークァヤオ	cough remedy コフ レメディ
せきにん 責任	zérèn 责任 ヅゥアレン	responsibility リスパンスィビリティ
せきばら 咳払い	gānké 干咳 ガンクァ	cough コフ
せきひ 石碑	kuài shíbēi 〔块〕石碑 クアイ シーベイ	stone monument ストウン マニュメント
せきぶん 積分	jīfēn 积分 ジィフェン	integral calculus インテグラル キャルキュラス

日	中	英
せきめん 赤面	hóngliǎn 红脸 ホンリエン	flushed face フラシュト フェイス
～する	liǎnhóng 脸红 リエンホン	blush ブラシュ
せきゆ 石油	shíyóu, méiyóu 石油, 煤油 シーヨウ, メイヨウ	petroleum, oil ピトロウリアム, オイル
せきり 赤痢	lìji 痢疾 リィジ	dysentery ディセンテアリ
セクシーな	ròugǎn de, xìnggǎn de 肉感的, 性感的 ロウガン ダ, シィンガン ダ	sexy セクスィ
セクハラ	xìngsāorǎo 性骚扰 シィンサオラオ	sexual harassment セクシュアル ハラスメント
せけん 世間	shìjiān, shèhuì 世间, 社会 シージエン, ショアホウイ	the world, society ザ ワールド, ソサイエティ
セコンド	zhùshǒu 助手 チュウショウ	second セコンド
せしゅう 世襲	shìxí 世袭 シーシィ	heredity ヒレディティ
ぜせい 是正(する)	gǎizhèng, jiūzhèng, xiūzhèng 改正, 纠正, 修正 ガイヂョン, ジウヂョン, シウヂョン	correction; correct カレクション ; カレクト
せそう 世相	shìtài 世态 シータイ	social conditions ソウシャル カンディションズ
せだい 世代	yídàirén 一代人 イーダイレン	generation ヂェナレイション
せつ 説	yìjiàn, zhǔzhāng, jiànjiě 意见, 主张, 见解 イージエン, ヂュヂャアン, ジエンジエ	opinion オピニオン
(理論)	xuéshuō 学说 シュエシュオ	theory スィオリ
ぜつえん 絶縁(する)	juéliè, juéjiāo 决裂, 绝交 ジュエリエ, ジュエジアオ	breaking the connection ブレイキング ザ カネクション
(電気)	juéyuán 绝缘 ジュエユエン	insulation インシュレイション

日	中	英
せっかい 石灰	shíhuī 石灰 シーホゥイ	lime ライム
せっかく 折角	tèyì 特意 トゥイー	specially スペシャリ
(やっとのことで)	hǎoróngyì 好容易 ハオロンイー	at great pains アト グレイト ペインズ
せっかちな	jíxìng de, xìngjí de 急性的，性急的 ジィシィン ダ，シィンジィ ダ	hasty, impetuous ヘイスティ，インペチュアス
せっきょう 説教(する)	shuōjiào 说教 シュオジアオ	sermon サーモン
(小言)	jiàoxun, pīpíng 教训，批评 ジアオシュィン，ピィピィン	
せっきょく 積極	jījí 积极 ジィジィ	positive パズィティヴ
～性	jījíxìng 积极性 ジィジィシィン	positiveness パズィティヴネス
～的な	jījí de, zhǔdòng de 积极的，主动的 ジィジィ ダ，チュゥドン ダ	positive, active パズィティヴ, アクティヴ
せっきん 接近する	jiējìn, kàojìn, bījìn 接近，靠近，逼近 ジエジン，カオジン，ビィジン	approach アプロウチ
セックス	xìngjiāo 性交 シィンジアオ	sex セクス
せっけい 設計(する)	shèjì 设计 ショァジィ	plan, design プラン, ディザイン
～者	wèi shèjìshī 〔位〕设计师 ウェイ ショァジィシー	designer ディザイナ
～図	zhāng shèjìtú 〔张〕设计图 チャァン ショァジィトゥ	plan, blueprint プラン, ブループリント
せっけん 石鹸	kuài féizào, xiāngzào 〔块〕肥皂，香皂 クアイ フェイツァオ，シアンツァオ	soap ソウプ
せっこう 石膏	kuài shígāo 〔块〕石膏 クアイ シーガオ	gypsum, plaster ヂプサム, プラスタ

日	中	英
ぜっこう 絶交	juéjiāo 绝交 ジュエジアオ	cutting contact カティング カンタクト
ぜっこうの 絶好の	juéhǎo, jí hǎo 绝好，极好 ジュエハオ, ジィ ハオ	best, ideal ベスト, アイディアル
ぜっさん 絶賛(する)	zànshǎng, zàn bù jué kǒu 赞赏，赞不绝口 ヅァンシャァン, ヅァン ブゥ ジュエ コウ	extol イクストウル
せっし 摂氏	Shèshì 摄氏 ショァシー	Celsius セルスィアス
せっしゅ 摂取(する)	shèqǔ 摄取 ショァチュイ	intake; take in インテイク；テイク イン
せっしょう 折衝(する)	jiāoshè, tánpàn 交涉，谈判 ジアオショァ, タンパン	negotiation ニゴウシエイション
せっしょく 接触(する)	jiēchù 接触 ジエチュゥ	contact カンタクト
(個人的)	jiēchù, liánxì, láiwǎng 接触，联系，来往 ジエチュウ, リエンシィ, ライワァン	contact カンタクト
せつじょく 雪辱	xuěchǐ 雪耻 シュエチー	shame シェイム
ぜっしょく 絶食(する)	juéshí 绝食 ジュエシー	fasting ファスティング
せっ 接する	jiēdài, duìdài 接待，对待 ジエダイ, ドゥイダイ	touch タチ
(隣接)	línjiē 邻接 リンジエ	adjoin アヂョイン
せっせい 節制(する)	jiézhì 节制 ジエヂー	temperance テンパランス
せっせと	pīnmìng de, zīzī, bújuàn de 拼命地，孜孜，不倦地 ピンミィン ダ, ヅーヅー, ブゥジュエン ダ	diligently ディリヂェントリ
せっせん 接戦	jīliè jiāofēng 激烈交锋 ジィリエ ジアオフォン	close game クロウス ゲイム
せつぞく 接続(する)	liánjiē, liánjié 连接，连结 リエンジエ, リエンジエ	connection カネクション

日	中	英
せつぞくし 接続詞	liáncí 连词 リエンツー	conjunction カンヂャンクション
せったい 接待 (する)	zhāodài, jiēdài 招待，接待 チャオダイ, ジエダイ	reception リセプション
ぜつだい 絶大な	jídà de, jùdà de 极大的，巨大的 ジィダァ ダ, ジュィダァ ダ	the greatest ザ グレイティスト
ぜったい 絶対の	juéduì de 绝对的 ジュエドゥイ ダ	absolute アブソリュート
せつだん 切断する	qiēduàn, jiéduàn, qiēgē 切断，截断，切割 チエドワン, ジエドワン, チエグァ	cut off カト オフ
せっちゃくざい 接着剤	jiāozhānjì, niánhéjì 胶粘剂，黏合剂 ジアオヂャンジィ, ニエンホァジィ	adhesive アドヒースィヴ
せっちゅうあん 折衷案	tào zhézhōng fāng'àn 〔套〕折衷方案 タオ ヂョァヂォン ファアンアン	compromise カンプロマイズ
ぜっちょう 絶頂	jídiǎn, dǐngfēng 极点，顶峰 ジィディエン, ディンフォン	height ハイト
(山の)	shāndǐng, dǐngfēng 山顶，顶峰 シャンディン, ディンフォン	summit サミト
せってい 設定 (する)	shèlì, jiànlì 设立，建立 ショァリィ, ジエンリィ	setting up セティング アプ
せってん 接点	jiēchùdiǎn 接触点 ジエチュゥディエン	point of contact ポイント オヴ カンタクト
セット	tào 套 タオ	set セト
(試合の)	jú 局 ヂュィ	set セト
(映画などの)	wǔtái zhuāngzhì, bùjǐng 舞台装置，布景 ウゥタイ チュアンチー, ブゥジィン	set セト
せつど 節度	jiédù 节度 ジエドゥ	moderation モダレイション
せっとう 窃盗	dàoqiè, tōudào 盗窃，偷盗 ダオチエ, トウダオ	theft セフト

日	中	英
せっとく 説得する	shuōfú, quànshuō 说服，劝说 シュオフウ, チュエンシュオ	persuade パスウェイド
せっぱく 切迫	jǐnpò, pòjìn 紧迫，追近 ジンポォ, ポォジン	urgency, imminence アーヂェンスィ, イミネンス
ぜっぱん 絶版の	juébǎn 绝版 ジュエバン	out of print アウト オヴ プリント
せつび 設備	shèbèi 设备 ショァベイ	equipment イクウィプメント
～投資	shèbèi tóuzī 设备投资 ショァベイ トウズー	plant and equipment investment プラント アンド イクウィプメント インヴェストメント
ぜつぼう 絶望(する)	(duì ...) juéwàng (对…)绝望 (ドゥイ …) ジュエワァン	despair; despair *of* ディスペア；ディスペア
～的な	juéwàng de 绝望的 ジュエワァン ダ	desperate, hopeless デスパレト, ホウプレス
せつめい 説明(する)	shuōmíng, jiěshì, jièshào 说明，解释，介绍 シュオミィン, ジエシー, ジエシャオ	explain イクスプレイン
～書	shuōmíngshū 说明书 シュオミィンシュウ	explanatory note イクスプラナトーリ ノウト
ぜつめつ 絶滅(する)	juémiè, juézhǒng 绝灭，绝种 ジュエミエ, ジュエチォン	extinction イクスティンクション
せつやく 節約(する)	jiéshěng, jiéyuē 节省，节约 ジエション, ジエユエ	economy イカノミ
せつりつ 設立(する)	shèlì, chuànglì 设立，创立 ショァリィ, チュアンリィ	establish イスタブリシュ
せともの 瀬戸物	jiàn táocí, cíqì, táoqì 〔件〕陶瓷，瓷器，陶器 ジエン タオツー, ツーチィ, タオチィ	earthenware, china アースンウェア, チャイナ
せなか 背中	bèi, jǐbèi 背，脊背 ベイ, ジィベイ	the back ザ バク
せの 背伸びする	qiāo, qiāoqǐ jiǎo 跷，跷起脚 チアオ, チアオチィ ジアオ	stand on tiptoe スタンド オン ティプトウ
ぜひ 是非	shìfēi, hǎohuài, qūzhí 是非，好坏，曲直 シーフェイ, ハオホアイ, チュイヂー	right and wrong ライト アンド ロング

日	中	英
〜とも	wùbì, yídìng 务必，一定 ウゥビィ, イーディン	by all means バイ オール ミーンズ
さびる	yāngqiú, sǐ pí lài liǎn de yào 央求，死皮赖脸地要 ヤンチウ, スー ピィ ライ リエン ダ ヤオ	tease ティーズ
せびろ 背広	tào xīfú, (nánshì) xīzhuāng 〔套〕西服，(男式)西装 タオ シィフゥ, (ナンシー) シィチュアン	business suit ビズネス シュート
せぼね 背骨	jǐlianggǔ, jǐzhù 脊梁骨，脊柱 ジィリアングゥ, ジィチュウ	the backbone ザ バクボウン
せまい 狭い	zhǎi, xiáxiǎo, zhǎixiǎo 窄，狭小，窄小 チャイ, シアシアオ, チャイシアオ	narrow, small ナロウ, スモール
せまる 迫る	bījìn, pòjìn 逼近，迫近 ビィジン, ポォジン	approach アプロウチ
(切迫)	jǐnpò, jípò, pòqiè 紧迫，急迫，迫切 ジンポォ, ジィポォ, ポォチエ	be on the verge of ビ オン ザ ヴァーヂ
(強いる)	qiǎngpò, bīpò 强迫，逼迫 チアンポォ, ビィポォ	press, urge プレス, アーヂ
セミコロン	fēnhào 分号 フェンハオ	semicolon セミコウロン
せめて	zhìshǎo 至少 ヂーシャオ	at least, at most アト リースト, アト モウスト
せ 攻める	jìngōng, gōngjī 进攻，攻击 ジンゴン, ゴンジィ	attack, assault アタク, アソルト
せ 責める	zébèi, zéguài, chìzé 责备，责怪，斥责 ヅゥアベイ, ヅゥアグアイ, チーヅゥア	blame, reproach ブレイム, リプロウチ
セメント	shuǐní 水泥 シュイニィ	cement スィメント
セラピスト	wèi zhìliáoshī 〔位〕治疗师 ウェイ ヂーリアオシー	therapist セラピスト
セラミック(ス)	táocí, zhìtáo, táoyì 陶瓷，制陶，陶艺 タオツー, ヂータオ, タオイー	ceramics スィラミクス
ゼリー	guǒdòng 果冻 グゥオドン	jelly チェリ

日	中	英
せりふ 台詞	táicí, dàobái 台词，道白 タイツー，ダオバイ	speech, dialogue スピーチ，ダイアローグ
セルフサービス	zìxuǎn, zìzhù 自选，自助 ヅーシュエン，ツーヂュウ	self-service セルフサーヴィス
セルフタイマー	zìpāiqì 自拍器 ヅーパイチィ	self-timer セルフタイマ
セレナーデ	zhī/shǒu xiǎoyèqǔ 〔支／首〕小夜曲 ヂー／ショウ シアオイエチュイ	serenade セレネイド
セレモニー	yíshì, diǎnlǐ 仪式，典礼 イーシー，ディエンリィ	ceremony セリモニ
ゼロ	líng 零 リィン	zero ズィアロウ
（何もない事）	wú 无 ウゥ	zero ズィアロウ
セロテープ	pán (tòumíng) jiāodài 〔盘〕（透明）胶带 パン（トウミィン）ジアオダイ	Scotch tape スカチ テイプ
セロリ	kē qíncài 〔棵〕芹菜 クァ チンツァイ	celery セラリ
せろん 世論	yúlùn, shìlùn 舆论，世论 ユィルゥン，シールゥン	public opinion パブリク オピニオン
せわ 世話（する）	guānzhào, zhàogù 关照，照顾 グワンヂャオ，ヂャオグゥ	care, aid; take care ケア，エイド；テイク ケア
せん 千	qiān 千 チエン	thousand サウザンド
せん 栓	sāi, sāizi, shuān 塞，塞子，栓 サイ，サイヅ，シュワン	stopper, plug スタパ，プラグ
せん 線	(...)xiàn （…）线 （…）シエン	line ライン
（駅の）	yuètái, zhàntái 月台，站台 ユエタイ，ヂャンタイ	track トラク
（電線）	diànxiàn 电线 ディエンシエン	wire ワィア

日	中	英
ぜん 禅	chán 禅 チャン	Zen ゼン
ぜん 膳	zhāng fànzhuō 〔张〕饭桌 チャアン ファンチュオ	table, tray テイブル, トレイ
ぜんあく 善悪	shàn'è, hǎohuài 善恶，好坏 シャンウァ, ハオホアイ	good and evil グド アンド イーヴル
せんい 繊維	xiānwéi 纤维 シエンウェイ	fiber ファイバ
ぜんい 善意	shànyì, hǎoyì 善意，好意 シャンイー, ハオイー	goodwill グドウィル
ぜんいん 全員	quántǐ rényuán 全体人员 チュエンティー レンユエン	all members オール メンバズ
ぜんえい 前衛	xiānfēng, qiánfēng 先锋，前锋 シエンフォン, チエンフォン	advanced guard アドヴァンスト ガード
(スポーツ)	qiánfēng 前锋 チエンフォン	forward フォーワド
ぜんかい 全快	quányù 痊愈 チュエンユイ	complete recovery カンプリート リカヴァリ
ぜんかい 前回	shàngcì 上次 シャアンツー	the last time ザ ラスト タイム
ぜんき 前期	qiánqī 前期 チエンチィ	first term ファースト ターム
(学校の)	qián bàn qī 前半期 チエン パン チィ	the first semester ザ ファースト スィメスタ
せんきょ 選挙(する)	cì xuǎnjǔ 〔次〕选举 ツー シュエンヂュィ	election; elect イレクション；イレクト
せんくしゃ 先駆者	wèi xiānqū, xiānqūzhě 〔位〕先驱，先驱者 ウェイ シエンチュィ, シエンチュィヂョァ	pioneer パイオニア
せんげつ 先月	shàng (ge) yuè 上(个)月 シャアン (ガ) ユエ	last month ラスト マンス
せんげん 宣言(する)	xuānyán, xuānbù 宣言，宣布 シュエンイエン, シュエンブゥ	declaration デクラレイション

日	中	英
戦後（せんご）	zhànhòu 战后 チャンホウ	after the war アフタ ザ ウォー
前後（ぜんご）	qiánhòu 前后 チエンホウ	front and rear フラント アンド リア
（時間的な）	xiānhòu 先后 シエンホウ	before and after ビフォー アンド アフタ
（順序）	xiānhòu, shùnxù, cìxù 先后，顺序，次序 シエンホウ, シュンシュイ, ツーシュイ	order, sequence オーダ, スィークウェンス
（およそ）	zuǒyòu, dàyuē 左右，大约 ヅゥオヨウ, ダァユエ	about, or so アバウト, オー ソウ
専攻（せんこう）	zhuānyè 专业 ヂュワンイエ	special study スペシャル スタディ
～する	zhuāngōng 专攻 ヂュワンゴン	major *in* メイヂャ
宣告（する）（せんこく）	xuānpàn 宣判 シュエンパン	sentence センテンス
（告げ知らせる）	xuāngào 宣告 シュエンガオ	sentence センテンス
全国（ぜんこく）	quánguó 全国 チュエングゥオ	the whole country ザ ホウル カントリ
～的な	quánguóxìng de 全国性的 チュエングゥオシン ダ	national ナショナル
センサー	chuángǎnqì 传感器 チュワンガンチイ	sensor センサ
戦災（せんさい）	zhànhuò 战祸 ヂャンホゥオ	war damage ウォー ダミヂ
繊細（せんさい）		
～な	xìnì de 细腻的 シィニィ ダ	delicate デリケト
（物が）	xiānxì 纤细 シエンシィ	delicate デリケト

日	中	英
せんざい 洗剤	xǐdíjì, qīngjiéjì 洗涤剂，清洁剂 シィディージィ, チィンジエジィ	detergent, cleanser ディターヂェント, クレンザ
ぜんさい 前菜	liángcài, pīnpán 凉菜，拼盘 リアンツァイ, ピンパン	hors d'oeuvre オーダーヴル
せんし（する） 戦死（する）	zhènwáng, zhànsǐ 阵亡，战死 ヂェンワン, ヂャンスー	death in battle デス イン バトル
～者	zhènwángzhě, zhànsǐzhě 阵亡者，战死者 ヂェンワンヂョァ, ヂャンスーヂョァ	the war dead ザ ウォー デド
せんしつ 船室	chuáncāng 船舱 チュワンツァアン	cabin キャビン
せんじつ 先日	qián jǐ tiān, rìqián 前几天，日前 チェン ジィ ティエン, リーチェン	the other day ジ アザ デイ
ぜんじつ 前日	qián yì tiān, tóutiān 前一天，头天 チェン イー ティエン, トウティエン	the day before ザ デイ ビフォー
せんしゃ 戦車	liàng tǎnkè 〔辆〕坦克 リアン タンクァ	tank タンク
せんしゅ 選手	xuǎnshǒu, yùndòngyuán 选手，运动员 シュエンショウ, ユィンドンユエン	athlete, player アスリート, プレイア
～権	jǐnbiāosài 锦标赛 ジンビアオサイ	championship チャンピオンシプ
せんしゅう 先週	shàng (ge) xīngqī, shàng (ge) lǐbài 上(个)星期，上(个)礼拜 シャアン (ガ) シィンチィ, シャアン (ガ) リィパイ	last week ラスト ウィーク
ぜんしゅう 全集	quánjí 全集 チュエンジィ	the complete works ザ カンプリート ワークス
せんしゅつ（する） 選出（する）	tuīxuǎn, xuǎnjǔ 推选，选举 トゥイシュエン, シュエンジュイ	election; elect イレクション；イレクト
せんじゅつ 戦術	zhànshù 战术 ヂャンシュウ	tactics タクティクス
ぜんじゅつの 前述の	qiánshù, shàngshù 前述，上述 チェンシュウ, シャアンシュウ	above-mentioned アバヴメンションド
せんじょう 戦場	zhànchǎng 战场 ヂャンチャアン	battlefield バトルフィールド

日	中	英
せんしょくたい 染色体	rǎnsètǐ 染色体 ランスァティー	chromosome クロウモソウム
ぜんしん 前進(する)	qiánjìn 前进 チエンジン	advance アドヴァンス
ぜんしん 全身	quánshēn, húnshēn 全身, 浑身 チュエンシェン, ホウンシェン	the whole body ザ ホウル バディ
せんしんこく 先進国	fādá guójiā 发达国家 ファアダア グゥオジア	industrialized countries インダストリアライズド カントリス
せんす 扇子	bǎ shànzi, zhéshàn 〔把〕扇子, 折扇 バア シャンヅ, ヂョアシャン	folding fan フォウルディング ファン
せんすいかん 潜水艦	zhī/sōu qián(shuǐ)tǐng 〔只／艘〕潜(水)艇 ヂー／ソウ チエン(シュイ)ティン	submarine サブマリーン
せんすい 潜水する	qiánshuǐ 潜水 チエンシュイ	dive ダイヴ
せんせい 先生	lǎoshī, jiàoshī 老师, 教师 ラオシー, ジアオシー	teacher, instructor ティーチャ, インストラクタ
(尊称)	(...) xiānsheng (…)先生 (…) シエンション	Mr., Ms. ミスタ, ミズ
(医者)	yīshēng, dàifu 医生, 大夫 イーション, ダイフ	doctor ダクタ
せんせい 宣誓(する)	xuānshì 宣誓 シュエンシー	oath オウス
せんせい 専制	zhuānzhì 专制 ヂュワンヂー	despotism デスパティズム
ぜんせい 全盛	quánshèng, jíshèng 全盛, 极盛 チュエンション, ジイション	the height of prosperity ザ ハイト オヴ プラスペリティ
～期	quánshèngqī 全盛期 チュエンションチイ	best days ベスト デイズ
せんせいじゅつ 占星術	zhānxīngshù 占星术 ヂャンシィンシュウ	astrology アストラロヂィ
センセーショナルな	hōngdòngxìng de 轰动性的 ホンドンシィン ダ	sensational センセイショナル

日	中	英
ンセーション	dà hōngdòng 大轰动 ダァ ホンドン	sensation センセイション
せんぜん 戦前	zhànqián 战前 ヂャンチエン	prewar プリーウォー
ぜんせん 前線	qiánxiàn, qiánfāng 前线，前方 チエンシエン，チエンファアン	the front ザ フラント
ぜんぜん 全然	gēnběn, wánquán, sīháo 根本，完全，丝毫 ゲンベン，ワンチュエン，スーハオ	*not* at all アト オール
せんぞ 先祖	zǔxiān, zǔzōng 祖先，祖宗 ヅゥシエン，ヅゥヅォン	ancestor アンセスタ
せんそう 戦争	cháng/cì zhànzhēng 〔场/次〕战争 チャアン/ツー ヂャンヂョン	war, warfare ウォー，ウォーフェア
ぜんそうきょく 前奏曲	qiánzòu(qǔ) 前奏(曲) チエンヅォウ(チュィ)	overture, prelude オウヴァチャ，プレリュード
ぜんそく 喘息	qìchuǎn, xiàochuǎn 气喘，哮喘 チィチュワン，シアオチュワン	asthma アズマ
センター (中心)	zhōngxīn 中心 ヂォンシン	center センタ
ぜんたい 全体	quántǐ, zhěngtǐ 全体，整体 チュエンティー，ヂョンティー	the whole ザ ホウル
～の	quántǐ de 全体的 チュエンティー ダ	whole, general ホウル，ヂェナラル
せんたく 洗濯	xǐyī 洗衣 シィイー	wash, laundry ワシュ，ローンドリ
～機	xǐyījī 洗衣机 シィイージィ	washing machine ワシング マシーン
～屋	xǐyīdiàn 洗衣店 シィイーディエン	laundry ローンドリ
せんたく(する) 選択(する)	xuǎnzé, juézé 选择，抉择 シュエンヅゥア，ジュエヅゥア	select スィレクト

日	中	英
せんたん 先端	dǐngduān, jiānduān 顶端，尖端 ディンドワン，ジェンドワン	the point, the tip ザ ポイント, ザ ティプ
ぜんちし 前置詞	qiánzhìcí, jiècí 前置词，介词 チェンヂーツー，ジェツー	preposition プレポズィション
センチメートル	gōngfēn, límǐ 公分，厘米 ゴンフェン，リィミィ	centimeter センティミータ
センチメンタルな	gǎnshāng de 感伤的 ガンシャァン ダ	sentimental センティメンタル
せんちょう 船長	wèi chuánzhǎng 〔位〕船长 ウェイ チュワンヂャァン	captain キャプティン
ぜんちょう 前兆	qiánzhào, yùzhào 前兆，预兆 チェンヂャオ，ユィヂャオ	omen オウメン
ぜんてい 前提	qiántí 前提 チェンティー	premise プレミス
せんでん 宣伝(する)	xuānchuán 宣传 シュエンチュワン	advertise アドヴァタイズ
ぜんてんこうがた 全天候型の	quántiānhòu de 全天候的 チュエンティエンホウ ダ	all-weather オールウェザ
ぜんと 前途	qiánchéng, qiántú 前程，前途 チェンチョン，チェントゥ	future, prospects フューチャ, プラスペクツ
せんとう 先頭	qiánliè, xiāntóu 前列，先头 チェンリエ，シェントウ	the head ザ ヘド
せんどう 扇動	gǔdòng, shāndòng 鼓动，煽动 グゥドン，シャンドン	agitation アヂテイション
せんとうき 戦闘機	jià jiānjījī 〔架〕歼击机 ジア ジェンジィジィ	fighter ファイタ
せんにゅうかん 先入観	chéngjiàn 成见 チョンジェン	preconception プリーコンセプション
ぜんにん 善人	hǎorén 好人 ハオレン	good man グドマン
ぜんにんしゃ 前任者	qiánrèn 前任 チェンレン	predecessor プレディセサ

日	中	英
栓抜き	起子 (チィヅ)	bottle opener (バトル オウプナ)
(コルクの)	螺丝锥 (luósīzhuī / ルゥオスーチュイ)	corkscrew (コークスクルー)
前年	前一年, 头年 (qián yì nián, tóunián / チエン イー ニエン, トウニエン)	the previous year (ザ プリーヴィアス イア)
専念する	专心 (zhuānxīn / ヂュワンシン)	devote *oneself to* (ディヴォウト)
洗脳(する)	洗脑 (xǐnǎo / シィナオ)	brainwashing (ブレインウォーシング)
専売	专卖 (zhuānmài / ヂュワンマイ)	monopoly (モナポリ)
～特許	专利, 专卖执照 (zhuānlì, zhuānmài zhízhào / ヂュワンリィ, ヂュワンマイ ヂーヂャオ)	patent (パテント)
先輩	前辈 (qiánbèi / チエンベイ)	senior, elder (スィーニア, エルダ)
(学校の)	学长 (xuézhǎng / シュエヂャアン)	senior (スィーニア)
選抜(する)	选拔, 挑选 (xuǎnbá, tiāoxuǎn / シュエンバア, ティアオシュエン)	selection (スィレクション)
旋盤	车床, 旋床 (chēchuáng, xuànchuáng / チョアチュアン, シュエンチュアン)	lathe (レイズ)
前半	前半 (qiánbàn / チエンバン)	the first half (ザ ファースト ハフ)
全般	全盘, 通盘 (quánpán, tōngpán / チュエンパン, トンパン)	the whole (ザ ホウル)
～の	全盘的 (quánpán de / チュエンパン ダ)	whole (ホウル)
全部	全部, 全体 (quánbù, quántǐ / チュエンブゥ, チュエンティー)	all, the whole (オール, ザ ホウル)
扇風機	〔台〕电(风)扇 (tái diàn(fēng)shàn / タイ ディエン(フォン)シャン)	electric fan (イレクトレク ファン)

日	中	英
<ruby>潜伏<rt>せんぷく</rt></ruby>(する)	qiánfú, máifú 潜伏，埋伏 チエンフウ, マイフウ	concealment カンスィールメント
(病気が)	qiánfú 潜伏 チエンフウ	latency; be latent レイテンスィ; ビ レイテント
<ruby>全文<rt>ぜんぶん</rt></ruby>	quánwén 全文 チュエンウェン	whole sentence ホウル センテンス
<ruby>羨望<rt>せんぼう</rt></ruby>	xiànmù 羨慕 シエンムウ	envy エンヴィ
<ruby>先方<rt>せんぽう</rt></ruby>	duìfāng 对方 ドゥイファアン	the other party ジ アザ パーティ
<ruby>前方<rt>ぜんぽう</rt></ruby>の	qiánbian, qiánfāng, qiánmian 前边，前方，前面 チエンビエン, チエンファアン, チエンミエン	in front, ahead イン フラント, アヘッド
<ruby>鮮明<rt>せんめい</rt></ruby>	xiānmíng, qīngxī 鲜明，清晰 シエンミィン, チンシィ	clearness クリアネス
〜な	xiānmíng de, qīngxī de 鲜明的，清晰的 シエンミィン ダ, チンシィ ダ	clear クリア
<ruby>全滅<rt>ぜんめつ</rt></ruby>	mièjué 灭绝 ミエジュエ	annihilation アナイイレイション
<ruby>全面的<rt>ぜんめんてき</rt></ruby>な	quánmiàn de 全面的 チュエンミエン ダ	all-out, overall オールアウト, オウヴァロール
<ruby>洗面所<rt>せんめんじょ</rt></ruby>	guànxǐshì, xǐshǒujiān 盥洗室，洗手间 グワンシィシー, シィショウジエン	lavatory, toilet ラヴァトーリ, トイレト
<ruby>専門<rt>せんもん</rt></ruby>	zhuānmén, zhuānyè 专门，专业 チュワンメン, チュワンイエ	specialty スペシャルティ
〜家	wèi zhuānjiā 〔位〕专家 ウェイ チュワンジア	specialist スペシャリスト
〜学校	zhuānkē xuéxiào 专科学校 チュワンクァ シュエシアオ	special school スペシャル スクール
〜的な	zhuānyèxìng de 专业性的 チュワンイエシィン ダ	professional プロフェショナル
<ruby>先約<rt>せんやく</rt></ruby>	qián yuē 前约 チエン ユエ	previous engagement プリーヴィアス インゲイジメント

日	中	英
せんゆう 占有(する)	zhànjù, zhànyǒu 占据，占有 チャンヂュイ，チャンヨウ	occupy アキュパイ
せんよう 専用	zhuānyòng 专用 ヂュワンヨン	exclusive use イクスクルースィヴ ユース
せんりつ 旋律	xuánlǜ 旋律 シュエンリュイ	melody メロディ
せんりゃく 戦略	zhànlüè 战略 チャンリュエ	strategy ストラテヂィ
せんりょう(する) 占領(する)	zhànlǐng, bàzhàn 占领，霸占 チャンリィン，バアチャン	occupation アキュペイション
ぜんりょう 善良な	shànliáng de 善良的 シャンリアン ダ	good, virtuous グド，ヴァーチュアス
ぜんりょく 全力	quánlì, jiélì 全力，竭力 チュエンリィ，ジエリィ	all *one's* strength オール ストレンクス
せんれい 洗礼	xǐlǐ 洗礼 シィリィ	baptism バプティズム
ぜんれい 前例	qiánlì, xiānlì 前例，先例 チエンリィ，シエンリィ	precedent プレスィデント
せんれん(する) 洗練(する)	xǐliàn, gāoyǎ, jiǎngjiu 洗练，高雅，讲究 シィリエン，ガオヤァ，ジアンジウ	refinement; refine リファインメント；リファイン
せんろ 線路	tiělù, guǐdào 铁路，轨道 ティエルゥ，グウイダオ	railway line レイルウェイ ライン

そ, ソ

日	中	英
そあく 粗悪な	cū'è de, dīliè de 粗恶的，低劣的 ツウゥア ダ，ディーリエ ダ	of poor quality オヴ プア クワリティ
そ 沿う	yánzhe, shùnzhe 沿着，顺着 イエンヂャ，シュンヂャ	go along ゴウ アロング
…に沿って	yánzhe 沿着 イエンヂャ	along..., on... アロング，オン
そ 添う	suí, péi 随，陪 スウイ，ペイ	accompany アカンパニ

日	中	英
(目的に適う)	héhū, fúhé, shìhé 合乎，符合，适合 ホォアホウ, フゥホォア, シーホォア	meet, suit ミート, シュート
ぞう 象	(dà)xiàng （大）象 （ダァ）シアン	elephant エレファント
ぞう 像	xiàng, diāoxiàng 像，雕像 シアン, ディアオシアン	image イミヂ
そうあん 草案	cǎo'àn 草案 ツァオアン	draft ドラフト
そうい 相異[違]	bù tóng, chāyì, chābié 不同，差异，差别 ブゥトン, チャアイー, チャアビエ	difference ディフレンス
ぞうお 憎悪	chóuhèn, zēngwù, zēnghèn 仇恨，憎恶，憎恨 チョウヘン, ヅンウゥ, ヅンヘン	hatred ヘイトリド
そうおん 騒音	zàoyīn, zàoshēng 噪音，噪声 ヅァオイン, ヅァオション	noise ノイズ
ぞうか(する) 増加(する)	zēngzhǎng, zēngjiā 增长，增加 ヅンチャァン, ヅンジア	increase インクリース
そうかい 総会	dàhuì, quánhuì 大会，全会 ダァホゥイ, チュエンホゥイ	general meeting ヂェナラル ミーティング
そうがく 総額	zǒng'é, zǒngshù 总额，总数 ヅォンウァ, ヅォンシュウ	the total (amount) ザ トウタル (アマウント)
そうかん 創刊	chuàngkān 创刊 チュアンカン	foundation ファウンデイション
そうかんかんけい 相関関係	xiāngguān guānxi, liándài guānxi 相关关系，连带关系 シアングワン グワンシ, リエンダイ グワンシ	correlation コリレイション
そうがんきょう 双眼鏡	shuāngtǒng wàngyuǎnjìng 双筒望远镜 シュアントン ワァンユエンジィン	binoculars バイナキュラズ
そうき 早期	zǎoqī, zǎorì 早期，早日 ヅァオチィ, ヅァオリー	early stage アーリ ステイヂ
そうぎ 葬儀	sāngshì, zànglǐ 丧事，葬礼 サァンシー, ヅァァンリィ	funeral フューネラル
ぞうきばやし 雑木林	zámùlín 杂木林 ヅァアムゥリン	coppice カピス

日	中	英
そうきん 送金(する)	huìkuǎn, jì qián 汇款,寄钱	send money
そうきん 雑巾	kuài/ tiáo mābù 〔块／条〕抹布	dustcloth
ぞうげ 象牙	xiàngyá 象牙	ivory
そうけい 総計	zǒngjì, zǒnggòng 总计,总共	total amount
そうげん 草原	cǎoyuán 草原	plain, prairie
そうこ 倉庫	cāngkù, kùfáng 仓库,库房	warehouse
そうご 相互	hùxiāng, xiānghù 互相,相互	mutuality
～の	hùxiāng de 互相的	mutual
そうこう 走行	xíngshǐ 行驶	travelling
～距離	xíngshǐ jùlí 行驶距离	mileage
そうごう 総合		synthesis
～する	zōnghé, zǒngkuò 综合,总括	synthesize
～的な	zōnghéxìng de 综合性的	synthetic
そうごん 荘厳	zhuāngyán 庄严	solemnity
～な	zhuāngyán de 庄严的	solemn, sublime
そうさ 捜査(する)	sōuchá, zhēnchá 搜查,侦查	investigation

日	中	英
そうさ 操作(する)	cāozòng, cāozuò 操纵，操作 ツァオヅォン，ツァオヅゥオ	operation アペレイション
そうさい 相殺する	dǐxiāo, duìxiāo 抵消，对消 ディーシアオ，ドゥイシアオ	offset, setoff オフセト，セトーフ
そうさく 創作	chuàngzuò, chuàngzào 创作，创造 チュアンヅゥオ，チュアンヅァオ	creation クリエイション
～する	chuàngzuò, chuàngzào 创作，创造 チュアンヅゥオ，チュアンヅァオ	create, compose クリエイト，カンポウズ
そうさく 捜索(する)	sōusuǒ, sōuxún 搜索，搜寻 ソウスゥオ，ソウシュィン	investigation インヴェスティゲイション
そうじ 掃除(する)	dǎsǎo, sǎochú, qīngsǎo 打扫，扫除，清扫 ダサオ，サオチュウ，チンサオ	cleaning クリーニング
そうしき 葬式	zànglǐ, sāngshì 葬礼，丧事 ヅァンリィ，サァンシー	funeral フューネラル
そうしつ 喪失	sàngshī 丧失 サァンシー	loss ロス
そうしゃ 走者	sàipǎo xuǎnshǒu 赛跑选手 サイパオ シュエンショウ	runner ラナ
(リレーの)	jiēlìsài xuǎnshǒu 接力赛选手 ジェリィサイ シュエンショウ	runner ラナ
(野球の)	pǎolěiyuán 跑垒员 パオレイユエン	runner ラナ
そうじゅう 操縦(する)	cāozòng, cāozuò 操纵，操作 ツァオヅォン，ツァオヅゥオ	handling; operate ハンドリング；アペレイト
(飛行機の)	jiàshǐ 驾驶 ジアシー	piloting; pilot パイロティング；パイロト
～士	fēixíngyuán 飞行员 フェイシィンユエン	pilot パイロト
そうじゅく 早熟な	zǎoshú de 早熟的 ヅァオシュウ ダ	precocious プリコウシャス
そうしゅん 早春	zǎochūn 早春 ヅァオチュン	early spring アーリ スプリング

日	中	英
そうしょく 装飾(する)	zhuāngshì, xiūshì 装饰，修饰 ヂュアンシー，シウシー	decoration デコレイション
そうしん 送信(する)	fāsòng 发送 ファアソン	transmission トランスミション
そうしんぐ 装身具	zhuāngshìpǐn, shǒushi 装饰品，首饰 ヂュアンシーピン，ショウシ	accessories アクセソリィズ
ぞうぜい 増税	zēngshuì, jiāshuì 增税，加税 ヅンシュイ，ジアシュイ	tax increase タクス インクリース
そうせつ 創設(する)	chuàngshè, chuàngjiàn 创设，创建 チュアンショア，チュアンジエン	foundation ファウンデイション
ぞうせん 造船	zàochuán 造船 ヅァオチュワン	shipbuilding シプビルディング
そうぞう 創造(する)	chuàngzào, shǒuchuàng 创造，首创 チュアンヅァオ，ショウチュアン	creation; create クリエイション；クリエイト
～的な	yǒu chuàngzàoxìng de 有创造性的 ヨウ チュアンヅァオシィン ダ	creative クリエイティヴ
そうぞう 想像(する)	xiǎngxiàng, shèxiǎng, jiǎxiǎng 想像，设想，假想 シアンシアン，ショァシアン，ジアシアン	imagination イマヂネイション
～上の	xiǎngxiàng zhōng de, huànxiǎng de 想像中的，幻想的 シアンシアン ヂォン ダ，ホワンシアン ダ	imaginary イマヂネリ
そうぞう 騒々しい	cáozá, nàohōnghōng chǎonào 嘈杂，闹哄哄，吵闹 ツァオヅァア，ナオホンホン，チャオナオ	noisy, loud ノイズィ，ラウド
そうぞく 相続(する)	jìchéng 继承 ジィチョン	inheritance インヘリタンス
～税	yíchǎnshuì 遗产税 イーチャンシュイ	inheritance tax インヘリタンス タクス
～人	jìchéngrén 继承人 ジィチョンレン	heir, heiress エア，エアレス
そうそふ 曾祖父	zēngzǔfù, lǎoyéye 曾祖父，老爷爷 ヅンヅゥフゥ，ラオイエイエ	great-grandfather グレイトグランファーザ
そうそぼ 曾祖母	zēngzǔmǔ, lǎonǎinai 曾祖母，老奶奶 ヅンヅゥムゥ，ラオナイナイ	great-grandmother グレイトグランマザ

日	中	英
そうだ 操舵	zhǎng duò 掌舵 ヂャアンドゥオ	steering スティアリング
そうたい 早退する	zǎotuì 早退 ヅァオトゥイ	leave earlier than usual リーヴ アーリア ザン ユージュアル
そうたいてき 相対的な	xiāngduì de 相对的 シアンドゥイ ダ	relative レラティヴ
そうだい 壮大な	hóngwěi de, xióngwěi de 宏伟的, 雄伟的 ホンウェイ ダ, シゥンウェイ ダ	magnificent, grand マグニフィセント, グランド
そうだん 相談 (する)	shāngliáng, xiéshāng, qǐngjiào 商量, 协商, 请教 シャアンリアン, シエシャアン, チィンジアオ	consultation カンスルテイション
そうち 装置	tào zhuāngzhì, shèbèi 〔套〕装置, 设备 タオ ヂュアンヂー, ショァベイ	equipment イクウィプメント
そうちょう 早朝に	língchén, qīngchén 凌晨, 清晨 リィンチェン, チィンチェン	early in the morning アーリ イン ザ モーニング
ぞうてい 贈呈	fèngsòng, zèngsòng 奉送, 赠送 フォンソン, ヅンソン	presentation プリーゼンテイション
そうどう 騒動	jiūfēn, fēngbō 纠纷, 风波 ジウフェン, フォンボォ	disturbance ディスターバンス
そうとう 相当 (する)	shìhé, shìdàng 适合, 适当 シーホォア, シーダァン	suit, be fit *for* シュート, ビ フィト
(かなりな)	xiāngdāng, pō 相当, 颇 シアンダァン, ボォ	considerable, fair コンスィダラブル, フェア
そうなん 遭難 (する)	yùnàn, yùxiǎn 遇难, 遇险 ユィナン, ユィシエン	disaster ディザスタ
(船の)	hǎinàn 海难 ハイナン	shipwreck シプレク
～者	yùnànzhě 遇难者 ユィナンヂョア	victim, sufferer ヴィクティム, サファラ
そうにゅう 挿入 (する)	chārù, chājìn 插入, 插进 チャアルゥ, チャアジン	insertion; insert インサーション; インサート
そうば 相場	hángshi, hángqíng 行市, 行情 ハァンシ, ハァンチィン	the market price ザ マーケト プライス

日	中	英
(投機)	tóujī, tóujī dǎobǎ 投机，投机倒把 トウジィ，トウジィ ダオバァ	speculation スペキュレイション
そうび 装備(する)	zhuāngbèi, pèibèi 装备，配备 チュアンベイ，ペイベイ	outfit アウトフィト
そうふ 送付(する)	jìsòng, fāsòng 寄送，发送 ジィソン，ファアソン	sending; send センディング；センド
〜先	shōujiànrén dìzhǐ 收件人地址 ショウジエンレン ディーチー	the addressee ジ アドレスィー
ぞうふく 増幅	fàngdà 放大 ファアンダァ	amplification アンプリフィケイション
そうべつ 送別	sòngbié, sòngxíng 送别，送行 ソンビエ，ソンシィン	farewell, send-off フェアウェル，センドーフ
〜会	huānsònghuì 欢送会 ホワンソンホゥイ	farewell party フェアウェル パーティ
そうほう 双方	shuāngfāng, bǐcǐ 双方，彼此 シュアンファアン，ビィツー	both parties ボウス パーティズ
そうめいな 聡明な	cōngmíng de, xiánmíng de 聪明的，贤明的 ツォンミィン ダ，シエンミィン ダ	bright, intelligent ブライト，インテリヂェント
そうりだいじん 総理大臣	zǒnglǐ (dàchén) 总理(大臣) ヅォンリィ ダアチェン	Prime Minister プライム ミニスタ
そうりつ 創立(する)	chuànglì, chuàngjiàn 创立，创建 チュアンリィ，チュアンジエン	foundation ファウンデイション
〜者	chuàngshǐrén, chuànglìzhě 创始人，创立者 チュアンシーレン，チュアンリィチョア	founder ファウンダ
そうりょ 僧侶	sēnglǚ, héshang 僧侣，和尚 スォンリュイ，ホォアシヤァン	priest, bonze プリースト，バンズ
そうりょう 送料	yùnfèi, yóufèi 运费，邮费 ユインフェイ，ヨウフェイ	postage, carriage ポウスティヂ，キャリヂ
ぞうわい 贈賄	huìlù, xínghuì 贿赂，行贿 ホゥイルゥ，シィンホゥイ	bribery ブライバリ
そ 添える	tiān, fùjiā, zēngtiān 添，附加，增添 ティエン，フゥジア，ヅンティエン	affix, attach アフィクス，アタチ

日	中	英
ソース	〔瓶〕调味汁 píng tiáowèizhī ピン ティアオウェイヂー	sauce ソース
ソーセージ	〔根〕香肠, 腊肠 gēn xiāngcháng, làcháng ゲン シアンチャァン, ラァチャァン	sausage ソスィヂ
ソーダ	碱, 苏打 jiǎn, sūdá ジエン, スゥダァ	soda ソウダ
ゾーン	范围 fànwéi ファンウェイ	zone ゾウン
（地域）	地域, 地带, 地区 dìyù, dìdài, dìqū ディーユイ, ディーダイ, ディーチュイ	zone ゾウン
俗語	俚语 lǐyǔ リィユイ	slang スラング
即死(する)	当场死亡 dāngchǎng sǐwáng ダァンチャァン スーワァン	instant death インスタント デス
促進(する)	促进, 推动, 促成 cùjìn, tuīdòng, cùchéng ツゥジン, トゥイドン, ツゥチョン	promotion プロモウション
属する	属于 shǔyú シュウユイ	belong *to* ビローング
即席の	即席的 jíxí de ジィシィ ダ	instant インスタント
ぞくぞくする	激动 jīdòng ジィドン	be thrilled *with* ビ スリルド
（寒さで）	打寒战, 发冷 dǎ hánzhàn, fālěng ダァ ハンヂャン, ファアルォン	feel a chill フィール ア チル
（恐怖で）	战抖, 战栗 zhàndǒu, zhànlì ヂャンドウ, ヂャンリィ	be thrilled *with* ビ スリルド
続々と	陆续, 接二连三 lùxù, jiē èr lián sān ルゥシュイ, ジエ アル リエン サン	one after another ワン アフタ アナザ
速達	〔封〕快信, 快件 fēng kuàixìn, kuàijiàn フォン クアイシン, クアイジエン	special delivery スペシャル ディリヴァリ

日	中	英
‐くてい 測定(する)	cèdìng, cèliáng 测定，测量 ツウァディン, ツウァリアン	measurement メジャメント
そくど 速度	sùdù, sùlǜ 速度，速率 スゥドゥ, スゥリュイ	speed, velocity スピード, ヴィラスィティ
～計	sùdùbiǎo, lǐchéngbiǎo 速度表，里程表 スゥドゥビアオ, リィチョンビアオ	speedometer スピダメタ
～制限	sùdù xiànzhì 速度限制 スゥドゥ シエンヂー	speed limit スピード リミット
そくばい 即売	zhǎnxiāo, dāngchǎng chūshòu 展销，当场出售 ヂャンシアオ, ダァンチャァン チュウショウ	spot sale スパト セイル
そくばく 束縛(する)	shùfù, xiànzhì, jūshù 束缚，限制，拘束 シュウフウ, シエンヂー, ジュイシュウ	restraint リストレイント
そくほう 速報	kuàibào 快报 クアイバオ	prompt report プランプト リポート
そくめん 側面	cèmiàn 侧面 ツゥアミエン	side サイド
そくりょう 測量(する)	cèliáng, zhàngliáng 测量，丈量 ツゥアリアン, ヂャァンリアン	measurement メジャメント
そくりょく 速力	sùdù, sùlǜ 速度，速率 スゥドゥ, スゥリュイ	speed, velocity スピード, ヴィラスィティ
そこ 底	dǐ, dǐzi 底，底子 ディー, ディーヅ	the bottom ザ バトム
(靴の)	xiédǐ 鞋底 シエディー	the sole ザ ソウル
(川の)	hédǐ 河底 ホゥアディー	the bed ザ ベド
そこく 祖国	zǔguó 祖国 ヅゥグゥオ	motherland マザランド
そこぢから 底力	qiánlì 潜力 チエンリィ	latent power レイテント パウア

日	中	英
そこ 損なう		
（害する）	shānghài, sǔnhài 伤害，损害 シァンハイ，スゥンハイ	hurt ハート
（壊す）	huǐhuài, sǔnhuài 毁坏，损坏 ホゥイホァイ，スゥンホァイ	hurt ハート
そざい 素材	sùcái, yuáncáiliào 素材，原材料 スゥツァイ，ユエンツァイリアオ	material マティアリアル
そし 阻止(する)	zǔlán, zǔzhǐ 阻拦，阻止 ヅゥラン，ヅゥチー	obstruction オブストラクション
そしき 組織(する)	zǔzhī, gòuchéng 组织，构成 ヅゥチー，ゴウチョン	organization オーガニゼイション
そしつ 素質	sùzhì, tiānfèn 素质，天分 スゥチー，ティエンフェン	nature, gift ネイチャ，ギフト
そして	yúshì, ránhòu, bìngqiě 于是，然后，并且 ユィシー，ランホウ，ビィンチエ	and, then アンド，ゼン
そしょう 訴訟	jiàn sùsòng, guānsi 〔件〕诉讼，官司 ジエン スゥソン，グワンス	suit, action シュート，アクション
～を起こす	qǐsù, gàozhuàng 起诉，告状 チィスゥ，ガオチュアン	bring a suit *against* ブリング ア シュート
そしょく 粗食	cūshí 粗食 ツゥシー	simple diet スィンプル ダイエト
そせん 祖先	zǔxiān, zǔzōng 祖先，祖宗 ヅゥシエン，ヅゥヅォン	ancestor アンセスタ
そそ 注ぐ	liúrù, zhùrù 流入，注入 リウルゥ，チュウルゥ	flow *into* フロウ
（液体を）	dào 倒 ダオ	pour ポー
そそっかしい	màoshi, cūxīn 冒失，粗心 マオシ，ツゥシン	careless ケアレス
そそのか 唆す	tiǎosuō, sǒngyǒng, zhǐshǐ 挑唆，怂恿，指使 ティアオスゥオ，ソンヨン，チーシー	tempt, seduce テンプト，スィデュース

日	中	英
そだ 育つ	shēngzhǎng, chéngzhǎng 生长，成长	grow
そだ 育てる	péiyǎng, péiyù, fǔyù, yǎng 培养，培育，抚育，养	bring up
そち 措置	tiáo cuòshī 〔条〕措施	measure, step
そちら	nàbiān, nàli, nàr 那边，那里，那儿	that way, there
そっきょう 即興	jíxìng 即兴	improvisation
そつぎょう 卒業（する）	((dàxué)) bì'yè 《大学》毕业	graduation
～生	bìyèshēng 毕业生	graduate
ソックス	shuāng duǎnwà 〔双〕短袜	socks
そっくり	kùsì, yì mú yí yàng 酷似，一模一样	just like
（全部）	quánbù, tōngtōng 全部，通通	all, entirely
そっけない	lěngdàn 冷淡	cold, blunt
そっこう 即効	lìkè shēngxiào, sùxiào 立刻生效，速效	immediate effect
そっちょく 率直な	tǎnshuài de, zhíshuài de 坦率的，直率的	frank, outspoken
そっと	qīngqīng de 轻轻地	quietly, softly
ぞっとする	máo gǔ sǒng rán, bù hán ér lì 毛骨悚然，不寒而栗	shudder, shiver
そつろん 卒論	piān bìyè lùnwén 〔篇〕毕业论文	graduation thesis

日	中	英
そで 袖	tiáo xiùzi 〔条〕袖子 ティアオ シウヅ	sleeve スリーヴ
そと 外	wàibian, wàimian, wàitou 外边，外面，外头 ワイビェン, ワイミェン, ワイトウ	the outside ジ アウトサイド
（戸外・屋外）	hùwài, wūwài 户外，屋外 ホウワイ, ウゥワイ	the out-doors ジ アウトドアズ
～の	hùwài de 户外的 ホウワイ ダ	outdoor, external アウトドー, エクスターナル
そとがわ 外側	wàicè, wàibian, wàimian 外侧，外边，外面 ワイツゥア, ワイビェン, ワイミェン	the outside ジ アウトサイド
そな 備える	shèzhì, zhuāngzhì, ānzhuāng 设置，装置，安装 ショァヂー, ヂュアンヂー, アンヂュアン	provide, equip プロヴァイド, イクウィプ
（準備する）	zhǔnbèi, yùbèi 准备，预备 ヂュンベイ, ユイベイ	prepare *oneself for* プリペア
その	nà ((ge/běn)) 那《个/本》 ナァ《ガ/ベン》	that ザト
うえ その上	bìngqiě, cǐwài, jiāshang 并且，此外，加上 ビィンチエ, ツーワイ, ジアシャァン	besides ビサイヅ
そのうち	bùjiǔ, yíhuìr 不久，一会儿 ブゥジウ, イーホァル	soon スーン
その代わり	dànshì, kěshì 但是，可是 ダンシー, クァシー	instead インステド
ご その後	cǐhòu, ránhòu, hòulái 此后，然后，后来 ツーホウ, ランホウ, ホウライ	after that アフタ ザト
ころ その頃	dāngshí, nàge shíhou 当时，那个时候 ダァンシー, ナァガ シーホウ	about that time アバウト ザト タイム
とき その時	nà shí, dāngshí 那时，当时 ナァ シー, ダァンシー	then, at that time ゼン, アト ザト タイム
そば 傍	pángbiān, fùjìn 旁边，附近 パァンビェン, フゥジン	the side ザ サイド
～に	zài pángbiān, zài fùjìn 在旁边，在附近 ヅァイ パァンビェン, ヅァイ フゥジン	by, beside バイ, ビサイド

日	中	英
そふ 祖父		
（父方の）	zǔfù, yéye 祖父，爷爷 ヅゥフゥ, イエイエ	grandfather グランファーザ
（母方の）	wàizǔfù, wàigōng, lǎoye 外祖父，外公，老爷 ワイヅゥフゥ, ワイゴン, ラオイエ	grandfather グランファーザ
ソファー	zhāng shāfā 〔张〕沙发 ヂァアン シャアファア	sofa ソウファ
ソフトウェア	tào ruǎnjiàn 〔套〕软件 タオ ルワンジエン	software ソフトウェア
ソフトクリーム	ruǎnbīngqílín, ruǎnbīnggāo 软冰淇淋，软冰糕 ルワンビィンチィリン, ルワンビィンガオ	soft ice cream ソフト アイス クリーム
そふぼ 祖父母	zǔfùmǔ 祖父母 ヅゥフゥムゥ	grandparents グランペアレンツ
ソプラノ	nǚgāoyīn 女高音 ニュィガオイン	soprano ソプラーノゥ
そぶり 素振り	tàidu, jǔzhǐ, shéntài 态度，举止，神态 タイドゥ, ヂュイヂー, シェンタイ	air, behavior エア, ビヘイヴャ
そぼ 祖母		
（父方の）	zǔmǔ, nǎinai 祖母，奶奶 ヅゥムゥ, ナイナイ	grandmother グランマザ
（母方の）	wàizǔmǔ, wàipó, lǎolao 外祖母，外婆，姥姥 ワイヅゥムゥ, ワイポォ, ラオラオ	grandmother グランマザ
そぼく 素朴な	pǔsù de, pǔshí de 朴素的，朴实的 プゥスゥ ダ, プゥシィ ダ	simple, artless スィンプル, アートレス
そまつ 粗末な	cūcāo de, cūliè de, cūlòu de 粗糙的，粗劣的，粗陋的 ツゥツァオ ダ, ツゥリエ ダ, ツゥロウ ダ	coarse, humble コース, ハンブル
そむ 背く	wéibèi, wéifǎn 违背，违反 ウェイベイ, ウェイファン	disobey, betray ディスオベイ, ビトレイ
（裏切る）	bèipàn, chūmài 背叛，出卖 ベイパン, チュウマイ	betray ビトレイ
（期待に）	gūfù 辜负 グゥフゥ	against アゲンスト

日	中	英
そむ 背ける	bèiguòqu 背过去 ベイグゥオチュ	avert アヴァート
ソムリエ	wèi jiǔshì 〔位〕酒侍 ウェイ ジウシー	sommelier サマリエイ
そ 染める	rǎn《fà/bù》 染《发/布》 ラン《ファア/ブゥ》	dye, color ダイ, カラ
そよかぜ 微風	wēifēng, héfēng 微风, 和风 ウェイフォン, ホォアフォン	breeze ブリーズ
そら 空	tiānkōng 天空 ティエンコン	the sky ザ スカイ
そらまめ 空豆	kē cándòu, luóhàndòu 〔颗〕蚕豆, 罗汉豆 クァ ツァンドウ, ルゥオハンドウ	broad bean ブロード ビーン
ソリスト		
(演奏の)	dúzòuzhě 独奏者 ドゥヅォウヂョア	soloist ソウロウイスト
(歌の)	dúchàngzhě 独唱者 ドゥチャァンヂョア	soloist ソウロウイスト
そ 剃る	tì, guā 剃, 刮 ティー, グア	shave シェィヴ
それ	nà(ge) 那(个) ナァ(ガ)	it, that イト, ザト
(事柄)	nàyàng 那样 ナァヤン	it, that イト, ザト
それから	nà yǐhòu 那以后 ナァ イーホウ	and, since then アンド, スィンス ゼン
(そして)	hái, háiyǒu 还, 还有 ハイ, ハイヨウ	then ゼン
(次に)	ránhòu 然后 ランホウ	then, next ゼン, ネクスト
(その後)	hòulái, zhīhòu 后来, 之后 ホウライ, ヂーホウ	then, after *that* ゼン, アフタ

日	中	英
それぞれ	gègè 各个 グァグァ	respectively リスペクティヴリ
(別々に)	fēnbié 分别 フェンビエ	respectively リスペクティヴリ
～の	měi ge de, gèzì de 每个的, 各自的 メイガダ, グァヅーダ	respective, each リスペクティヴ, イーチ
それでも	jǐnguǎn rúcǐ 尽管如此 ジングワン ルウツー	but, nevertheless バト, ネヴァザレス
それどころか	qiàqià xiāngfǎn 恰恰相反 チアチア シアンファン	on the contrary オン ザ カントレリ
それとも	(shì ...) háishi (是…)还是 (シー …) ハイシ	or オー
それなら	nàme, rúguǒ nàyàng 那么, 如果那样 ナァマ, ルウグウオ ナァヤン	if so, in that case イフ ソウ, イン ザト ケイス
それに	érqiě, zàishuō 而且, 再说 アルチエ, ヅァイシュオ	besides, moreover ビサイヅ, モーロウヴァ
それはそうと	lìngwài, cǐwài 另外, 此外 リィンワイ, ツーワイ	meanwhile ミーンホワイル
それまで	dào nà shí 到那时 ダオ ナァ シー	till then ティル ゼン
逸れる	piānlí 偏离 ピエンリィ	turn away ターン アウェイ
(話が)	lítí 离题 リィティー	wander *from* ワンダ
ソロ	dúzòu(qǔ), dúchàng(qǔ) 独奏(曲), 独唱(曲) ドゥヅォウ(チュィ), ドゥチャアン(チュィ)	solo ソウロウ
(演奏の)	dúzòu 独奏 ドゥヅォウ	solo ソウロウ
(歌の)	dúchàng 独唱 ドゥチャアン	solo ソウロウ
(演技の)	dāndú biǎoyǎn 单独表演 ダンドゥ ビアオイエン	solo ソウロウ

日	中	英
そろ 揃う	yízhì, zhěngqí 一致，整齐 イーヂー，ヂョンチィ	be even ビ イーヴン
（整う）	qíquán 齐全 チィチュエン	become complete ビカム カンプリート
（集まる）	jùqí 聚齐 ヂュイチィ	gather ギャザ
そろ 揃える	shǐ yízhì 使一致 シー イーヂー	make even メイク イーヴン
（まとめる）	bèiqí, còuqí 备齐，凑齐 ベイチィ，ツォウチィ	complete, collect カンプリート, カレクト
（整える）	zhěngqí, zhěnglǐ 整齐，整理 ヂョンチィ，ヂョンリィ	arrange アレインジュ
そん 損	sǔnshī, búlì 损失，不利 スゥンシー，ブゥリィ	loss, disadvantage ロス, ディサドヴァンティヂ
～をする	chīkuī, sǔnshī 吃亏，损失 チークウイ，スゥンシー	lose ルーズ
そんがい 損害	sǔnhài, sǔnshī 损害，损失 スゥンハイ，スゥンシー	damage, loss ダミヂ, ロス
そんけい 尊敬(する)	zūnjìng 尊敬 ヅゥンヂィン	respect リスペクト
そんげん 尊厳	zūnyán 尊严 ヅゥンイエン	dignity ディグニティ
そんざい 存在(する)	cúnzài 存在 ツゥンヅァイ	existence イグズィステンス
ぞんざいな	cǎoshuài, mǎhu 草率，马虎 ツゥシュアイ，マァホ	rough ラフ
（無礼な）	wúlǐ, cūlǔ 无礼，粗鲁 ウゥリィ，ツゥルゥ	impolite インポライト
そんしつ 損失	sǔnshī 损失 スゥンシー	loss, disadvantage ロス, ディサドヴァンティヂ
そんちょう 尊重(する)	zūnzhòng, zhòngshì 尊重，重视 ヅゥンヂォン，ヂォンシー	respect, esteem リスペクト, イスティーム

日　中　英

た，タ

た 田	tián, shuǐdì 田, 水地 ティエン, シュイディー	rice field ライス フィールド
ターゲット	mùbiāo, bǎzi 目标, 靶子 ムゥビアオ, バァツ	target ターゲット
（対象）	duìxiàng 对象 ドゥイシアン	target ターゲット
ダース	dá 打 ダァ	dozen ダズン
タートルネック	gāolǐng 高领 ガオリィン	turtleneck タートルネク
ダービー	dàsàimǎ 大赛马 ダアサイマア	the Derby ザ ダービー
ターミナル	zhōngdiǎnzhàn 终点站 チォンディエンヂャン	terminal ターミナル
ターン	huízhuǎn, zhuàndòng 回转, 转动 ホゥイヂュワン, ヂュワンドン	turn ターン
～テーブル	zhuàntái 转台 ヂュワンタイ	turntable ターンテイブル
たい 対	duì 对 ドゥイ	versus ヴァーサス
たい 鯛	diāoyú, dàtóuyú 鲷鱼, 大头鱼 ディアオユイ, ダアトウユイ	sea bream スィー ブリーム
だい 代	(...)fèi, qián (…)费, 钱 (…)フェイ, チエン	price プライス
（時代）	niándài 年代 ニエンダイ	age, period エイヂ, ピアリオド
（世代）	dài, bèi 代, 辈 ダイ, ベイ	generation ヂェナレイション
だい 台	ànzi, tái 案子, 台 アンツ, タイ	stand, pedestal スタンド, ペデスタル

日	中	英
たいあ 体当たり(する)	chōngzhuàng 冲撞 チョンヂュアン	throw *oneself* スロウ ワンセルフ
タイアップ	liánhé, hézuò, xiézuò 联合, 合作, 协作 リエンホアァ, ホアヅゥオ, シエヅゥオ	tie-up タイアプ
たいい 大意	dàyì, dàzhǐ 大意, 大旨 ダァイー, ダァヂー	the general idea ザ ヂェナラル アイディア
たいいく 体育	tǐyù 体育 ティーユイ	physical education フィズィカル エヂュケイション
～館	tǐyùguǎn 体育馆 ティーユイグワン	gymnasium ヂムネイズィアム
だいいち 第一の	dìyī, tóuhào, tóuděng 第一, 头号, 头等 ディーイー, トウハオ, トウデゥン	first, primary ファースト, プライメリ
たいいん 退院(する)	chū▼yuàn 出院 チュウユエン	leave the hospital リーヴ ザ ハスピタル
たいえき 退役(する)	tuìwǔ, tuìyì 退伍, 退役 トゥイウゥ, トゥイイー	retirement リタイアメント
ダイエット (をする)	jiǎnféi 减肥 ジエンフェイ	diet; go on a diet ダイエト; ゴウ オン ナ ディエータ
たいおう 対応(する)	duìyìng, yìngfù 对应, 应付 ドゥイイィン, イィンフゥ	correspondence コレスパンデンス
ダイオキシン	èr'èyīng 二恶英 アルヴァイィン	dioxin ダイアクスィン
たいおん 体温	tǐwēn 体温 ティーウェン	temperature テンパラチャ
～計	tǐwēnbiǎo 体温表 ティーウェンビアオ	thermometer セマメタ
たいか 大家	dàshī, zhuānjiā, quánwēi 大师, 专家, 权威 ダァシー, ヂュワンジアー, チュエンウェイ	authority オサリティ
たいかい 大会	dàhuì 大会 ダァホゥイ	general meeting ヂェナラル ミーティング
たいがい 大概	dàgài, jīhū 大概, 几乎 ダァガイ, ジィホゥ	generally, almost ヂェナラリ, オールモウスト

日	中	英
たいかく 体格	tǐgé, jīngǔ, shēnduàn 体格，筋骨，身段 ティーグァ, ジングゥ, シェンドワン	physique, build フィズィーク, ビルド
たいがく 退学(する)	tuì xué 退学 トゥイシュエ	leave school リーヴ スクール
だいがく 大学	dàxué 大学 ダァシュエ	university, college ユーニヴァースィティ, カリヂ
～院	yánjiūshēngyuàn 研究生院 イエンジュウションユエン	graduate school グラヂュエイト スクール
～生	dàxuéshēng 大学生 ダァシュエション	university student ユーニヴァースィティ ステューデント
たいき 大気	dàqì 大气 ダァチイ	the air ジ エア
～汚染	dàqì wūrǎn, kōngqì wūrǎn 大气污染，空气污染 ダァチイ ウゥラン, コンチイ ウゥラン	air pollution エア ポリューション
～圏	dàqìcéng, dàqìquān 大气层，大气圈 ダァチイツン, ダァチイチュエン	the atmosphere ジ アトモスフィア
だいきぼ 大規模	dàguīmó, hàodà 大规模，浩大 ダァグゥイモォ, ハオダァ	large-scale ラーヂスケイル
たいきゃく 退却(する)	chètuì, tuìquè 撤退，退却 チョアトゥイ, トゥイチュエ	retreat リトリート
たいきゅうせい 耐久性	nàijiǔxìng 耐久性 ナイジウシィン	durability デュアラビリティ
たいきょ 退去する	líkāi 离开 リィカイ	leave, withdraw リーヴ, ウィズドロー
たいきん 大金	jùkuǎn, dàqián 巨款，大钱 ヂュイクワン, ダァチエン	a large amount of money ア ラーヂ アマウント オヴ マニ
だいきん 代金	jiàkuǎn 价款 ジアクワン	price, cost プライス, コスト
だいく 大工	mùjiang, mùgōng 木匠，木工 ムゥジアン, ムゥゴン	carpenter カーペンタ
たいぐう 待遇(する)	dàiyù, duìdài 待遇，对待 ダイユイ, ドゥイダイ	treatment; treat トリートメント; トリート

日	中	英
たいくつ 退屈	wúliáo, yànjuàn, mèn 无聊，厌倦，闷 ウゥリアオ，イエンジュエン，メン	boredom ボーダム
〜な	wúliáo de, fáwèi de 无聊的，乏味的 ウゥリアオ ダ，ファアウェイ ダ	boring, tedious ボーリング，ティーディアス
たいけい 体形	tǐxíng, tǐxíng, shēnxíng 体型，体形，身形 ティーシィン，ティーシィン，シェンシィン	figure フィギャ
たいけい 体系	tǐxì, xìtǒng 体系，系统 ティーシィ，シィトン	system スィステム
だいけい 台形	tīxíng 梯形 ティーシィン	trapezoid トラペゾイド
たいけつ 対決(する)	jiàoliàng, jiāo'fēng 较量，交锋 ジアオリアン，ジアオフォン	confrontation カンフランテイション
たいけん 体験(する)	jīnglì, tǐyàn 经历，体验 ジィンリィ，ティーイエン	experience イクスピアリエンス
たいこ 太鼓	ge/miàn gǔ 〔个/面〕鼓 ガ/ミエン グゥ	drum ドラム
たいこう 対抗(する)	duìkàng, duìlì 对抗，对立 ドゥイカアン，ドゥイリィ	opposition アポズィション
だいこう 代行する	dàibàn, dàilǐ 代办，代理 ダイバン，ダイリィ	act *for* アクト
たいこく 大国	dàguó 大国 ダアグゥオ	great nation グレイト ネイション
だいこん 大根	gēn/zhī luóbo 〔根/只〕萝卜 ゲン/チー ルゥオボ	radish ラディシュ
たいざい 滞在(する)	dòuliú, tíngliú 逗留，停留 ドゥリウ，ティンリウ	stay ステイ
だいざい 題材	tícái 题材 ティーツァイ	subject, theme サブヂクト，スィーム
たいさく 対策	duìcè, cuòshī 对策，措施 ドゥイツゥア，ツゥオシー	measures メジャズ
だいさん 第三の	dìsān 第三 ディーサン	third サード

日	中	英
～国	dìsānguó 第三国 ディーサングゥオ	third power サード パウア
たいし 大使	dàshǐ 大使 ダァシー	ambassador アンバサダ
～館	(dà)shǐguǎn (大)使馆 (ダァ)シーグワン	embassy エンバスィ
だいじ 大事	dàshì, zhòngyào de shìqing 大事，重要的事情 ダァシー, ヂョンヤオ ダ シーチィン	very important matter ヴェリ インポータント マタ
～な	zhòngyào, yàojǐn, bǎoguì 重要，要紧，宝贵 ヂョンヤオ, ヤオジン, バオグゥイ	important, precious インポータント, プレシャス
～にする	zhēnxī, zhēnzhòng, àihù 珍惜，珍重，爱护 ヂェンシィ, ヂェンヂョン, アイホゥ	take care of テイク ケア オヴ
ダイジェスト	zhāiyào, wénzhāi 摘要，文摘 チャイヤオ, ウェンチャイ	digest ダイヂェスト
たい 大した	liǎobuqǐ 了不起 リアオブチィ	great グレイト
(重要)	xiāngdāng zhòngyào 相当重要 シアンダァン ヂョンヤオ	important インポータント
たいしつ 体質	tǐzhì 体质 ティーヂー	constitution カンスティテューション
たい 大して		
～…でない	bìng bú nàme … 并不那么(+形) ビィン ブゥ ナァマ …	not very ナト ヴェリ
たいしゅう 大衆	qúnzhòng, dàzhòng 群众，大众 チュインヂョン, ダァヂォン	the general public ザ ヂェナラル パブリク
たいじゅう 体重	tǐzhòng 体重 ティーヂョン	weight ウェイト
たいしょう 対照(する)	duìzhào, duìbǐ 对照，对比 ドゥイチャオ, ドゥイビィ	contrast カントラスト
たいしょう 対象	duìxiàng 对象 ドゥイシアン	object アブヂクト

日	中	英
たいじょう 退場(する)	tuìchǎng, tuì xí 退场，退席 トゥイチャァン, トゥイシィ	leaving リーヴィング
だいしょう 代償	péicháng 赔偿 ペイチャァン	compensation カンペンセイション
だいじょうぶ 大丈夫	bú yàojǐn, méi guānxi 不要紧，没关系 ブゥ ヤオジン, メイ グワンシ	safe, secure セイフ, スィキュア
たいしょく 退職(する)	tuìxiū, tuì zhí 退休，退职 トゥイシウ, トゥイヂー	retirement リタイアメント
たいしん 耐震(の)	kàngzhèn, nàizhèn jiégòu 抗震，耐震结构 カァンヂェン, ナイヂェン ジエゴウ	earthquake-proof アースクウェイクプルーフ
だいじん 大臣	dàchén 大臣 ダァチェン	minister ミニスタ
だいず 大豆	kē/lì dàdòu, huángdòu 〔颗/粒〕大豆，黄豆 クァ/リィ ダァドウ, ホアンドウ	soybean ソイビーン
たいすい 耐水の	fáng shuǐ, nàishuǐ 防水，耐水 ファアンシュイ, ナイシュイ	waterproof ウォータプルーフ
だいすう 代数	dàishù(xué) 代数(学) ダイシュウ(シュエ)	algebra アルヂブラ
たいせい 体制	tǐzhì 体制 ティーヂー	organization オーガニゼイション
たいせいよう 大西洋	Dàxīyáng 大西洋 ダアシィヤン	the Atlantic ジ アトランティク
たいせき 体積	tǐjī 体积 ティージィ	volume ヴァリュム
たいせつ 大切(な)	zhòngyào (de), yàojǐn (de) 重要(的)，要紧(的) ヂォンヤオ (ダ), ヤオジン (ダ)	important インポータント
～にする	zhēnxī 珍惜 ヂェンシィ	carefully, with care ケアフリ, ウィズ ケア
たいせん 対戦(する)	duìzhàn 对战 ドゥイヂャン	fight *with* ファイト
たいそう 体操	tǐcāo 体操 ティーツァオ	gymnastics ヂムナスティクス

日	中	英
たいだ 怠惰(な)	lǎnduò, lǎndai 懒惰，懒怠 ランドゥオ, ランダイ	laziness; lazy レイズィネス；レイズィ
だいたい 大体	dàlüè, dàgài 大略，大概 ダアリュエ, ダアガイ	outline, summary アウトライン, サマリ
(おおよそ)	dàyuē, chàbuduō 大约，差不多 ダアユエ, チァアブドゥオ	about アバウト
だいたすう 大多数	dàduōshù 大多数 ダアドゥオシュウ	a large majority ア ラーヂ マヂョリティ
たいだん 対談(する)	duìtán, huìtán, duìhuà 对谈，会谈，对话 ドゥイタン, ホゥイタン, ドゥイホア	talk トーク
だいたんな 大胆な	dàdǎn, yǒnggǎn 大胆，勇敢 ダアダン, ヨンガン	bold, daring ボウルド, デアリング
たいちょう 体調	jiànkāng zhuàngtài 健康状态 ジェンカァン ヂュアンタイ	physical condition フィズィカル カンディション
～がいい	shēntǐ hǎo, jiànkāng 身体好，健康 シェンティー ハオ, ジェンカァン	be in good shape ビ イン グド シェイプ
だいちょう 大腸	dàcháng 大肠 ダアチャアン	the large intestine ザ ラーヂ インテスティン
タイツ	liánkùwà, jǐnshēn yīkù 连裤袜，紧身衣裤 リエンクゥワア, ジンシェン イークゥ	tights タイツ
たいてい 大抵	yìbān, tōngcháng 一般，通常 イーバン, トンチァアン	generally ヂェナラリ
(大部分)	dàdōu, duōbàn 大都，多半 ダアドウ, ドゥオバン	almost オールモウスト
たいど 態度	tàidu, biǎoxiàn 态度，表现 タイドゥ, ビアオシエン	attitude, manner アティテュード, マナ
たいとう 対等(の)	duìděng, píngděng 对等，平等 ドゥイデゥン, ピィンデゥン	equality イクワリティ
だいどうみゃく 大動脈	zhǔdòngmài, dàdòngmài 主动脉，大动脉 ヂュドンマイ, ダアドンマイ	aorta エイオータ
だいとうりょう 大統領	zǒngtǒng 总统 ヅォントン	president プレズィデント

日	中	英
だいどころ 台所	chúfáng 厨房 チュウファアン	kitchen キチン
だいとし 大都市	dàchéngshì, dàdūshì 大城市，大都市 ダアチョンシー，ダアドゥシー	big city ビグ スィティ
タイトル	biāotí, tímù 标题，题目 ビアオティー，ティームゥ	title タイトル
（選手権）	jǐnbiāo, guànjūn 锦标，冠军 ジンビアオ，グワンジュイン	title タイトル
だいな 台無しにする	zāotà, duànsòng, wándàn 糟蹋，断送，完蛋 ヅァオタァ，ドワンソン，ワンダン	ruin, spoil ルーイン，スポイル
ダイナマイト	(dánà) zhàyào (达纳) 炸药 (ダアナァ) ヂャアヤオ	dynamite ダイナマイト
ダイナミックな	yǒulì (de), shēngdòng (de) 有力(的)，生动(的) ヨウリィ (ダ)，ションドン (ダ)	dynamic ダイナミク

■台所用品■ ⇒ 電気製品，食器

なべ
鍋　　锅 /guō グゥオ / (㊥pan)

あつりょくなべ
圧力鍋　　高压锅 /gāoyāguō ガオヤァグゥオ / (㊥pressure cooker)

やかん
薬缶　　水壶 /shuǐhú シュイホゥ / (㊥kettle)

フライパン　　煎锅 /jiānguō ジエングゥオ / (㊥frying pan)

ほうちょう
包丁　　菜刀 /càidāo ツァイダオ / (㊥kitchen knife)

まないた
俎　　砧板 /zhēnbǎn チェンバン / (㊥cutting board)

しゃくし
杓子　　勺子 /sháozi シャオヅ / (㊥ladle)

しゃもじ
杓文字　　饭勺 /fànsháo ファンシャオ / (㊥ladle)

ボウル　　盆 /pén ペン / (㊥bowl)

みずき
水切りボール　　滤器 /lùqì リュィチィ / (㊥colander)

けいりょう
計量カップ　　量杯 /liángbēi リアンベイ / (㊥measuring cup)

ちょうり
調理ばさみ　　厨房用剪刀 /chúfángyòng jiǎndāo チュウファアンヨンジエンダオ / (㊥poultry shears)

がえ
フライ返し　　锅铲 /guōchǎn グゥオチャン / (㊥spatula)

あわだ
泡立て器　　打蛋器 /dǎdànqì ダァダンチィ / (㊥whisk)

日	中	英
だいに 第二の	dì'èr 第二 ディーアル	second セコンド
たいねつ 耐熱	nàirè 耐热 ナイルァ	heatproof ヒートプルーフ
ダイバー	qiánshuǐyuán 潜水员 チエンシュイユエン	diver ダイヴァ
たいはい てき 退廃(的な)	tuífèi (de) 颓废(的) トゥイフェイ (ダ)	corruption カラプション
たいはん 大半	duōbàn, dàduō 多半，多大 ドゥオバン, ダァドゥオ	the greater part of ザ グレイタ パート
だいひょう 代表(する)	dàibiǎo 代表 ダイビアオ	representative レプリゼンタティヴ
～団	dàibiǎotuán 代表团 ダイビアオトゥワン	delegation デリゲイション
～的な	yǒu dàibiǎoxìng de, diǎnxíng de 有代表性的，典型的 ヨウ ダイビアオシィン ダ, ディエンシィン ダ	representative レプリゼンタティヴ
タイピン	lǐngdàijiā, lǐng(dài bié)zhēn 领带夹，领(带别)针 リィンダイジア, リィン(ダイ ビエ)チェン	tiepin タイピン
ダイビング	qiánshuǐ 潜水 チエンシュイ	diving ダイヴィング
タイプ	lèixíng, yàngshì 类型，样式 レイシィン, ヤンシー	type タイプ
だいぶ 大分	xiāngdāng 相当 シアンダァン	very, pretty ヴェリ, プリティ
たいふう 台風	táifēng 台风 タイフォン	typhoon タイフーン
だいぶぶん 大部分	dàbùfen, dàduō, duōbàn 大部分，大多，多半 ダァブウフェン, ダァドゥオ, ドゥオバン	the greater part ザ グレイタ パート
たいへいよう 太平洋	Tàipíngyáng 太平洋 タイピィンヤン	the Pacific ザ パスィフィク
たいへん 大変	hěn, tài, fēicháng 很，太，非常 ヘン, タイ, フェイチャァン	very, extremely ヴェリ, イクストリームリ

日	中	英
～な	zhòngdà, yánzhòng 重大，严重 チョンダァ, イエンヂョン	serious, grave スィリアス, グレイヴ
(やっかいな)	liǎobudé, hái liǎode, zāogāo 了不得，还了得，糟糕 リアオブドゥア, ハイ リアオダ, ヅァオガオ	troublesome トラブルサム
(たいした)	liǎobuqǐ, liǎobudé 了不起，了不得 リアオブチィ, リアオブドゥア	wonderful, splendid ワンダフル, スプレンディド
だいべん 大便	dàbiàn, fèn, shǐ 大便，粪，屎 ダァビエン, フェン, シー	feces フィースィーズ
たいほ 逮捕(する)	dàibǔ, jūbǔ, zhuōná 逮捕，拘捕，捉拿 ダイブゥ, チュイブゥ, チュオナァ	arrest アレスト
たいほう 大砲	mén/jià (dà)pào 〔门／架〕(大)炮 メン／ジア (ダァ)パオ	gun, cannon ガン, キャノン
たいぼう 待望の	qīdài, qīwàng 期待，期望 チィダイ, チィワァン	long-awaited ロングアウェイテド
だいほん 台本	jùběn, jiǎoběn, táiběn 剧本，脚本，台本 デュイベン, ジアオベン, タイベン	playbook プレイブク
たいま 大麻	kē dàmá 〔棵〕大麻 クァ ダアマア	hemp ヘンプ
(麻薬)	dàmá 大麻 ダアマア	marijuana マリホワーナ
タイマー	dìngshíqì 定时器 ディンシーチィ	timer タイマ
たいまん 怠慢(な)	xièdài, wánhū 懈怠，玩忽 シエダイ, ワンホゥ	negligence ネグリヂェンス
タイミング	shíjī, shìyí, shìshí 时机，时宜，适时 シージィ, シーイー, シーシー	timing タイミング
タイム	shíjiān, shíhou 时间，时候 シージエン, シーホウ	time タイム
(植物)	bǎilǐxiāng, shèxiāngcǎo 百里香，麝香草 バイリィシアン, ショアシアンツァオ	thyme タイム
(中断)	zàntíng 暂停 ヅァンティン	time-out タイマウト

日	中	英
だいめい 題名	biāotí, tímíng 标题，题名 ビアオティー, ティーミン	title タイトル
だいめいし 代名詞	dàimíngcí 代名词 ダイミィンツー	pronoun プロナウン
タイヤ	zhī lúntāi, chētāi 〔只〕轮胎，车胎 チー ルゥンタイ, チョァタイ	tire タイア
ダイヤ		
(列車の)	lièchē shíkèbiǎo 列车时刻表 リエチョァ シーク ァビアオ	timetable タイムテイブル
ダイヤモンド	kē/lì zuànshí, jīngāngshí 〔颗 / 粒〕钻石，金刚石 クァ / リィ ヅワンシー, ジンガァンシー	diamond ダイアモンド
たいよう 太陽	tàiyáng 太阳 タイヤン	the sun ザ サン
だいよう(する) 代用(する)	dàiyòng, dàitì 代用，代替 ダイヨン, ダイティー	substitute for サブスティテュート
～品	dàiyòngpǐn 代用品 ダイヨンピン	substitute サブスティテュート
たい 平らげる	chīguāng 吃光 チーグアン	eat up イート アプ
たい 平らな	píng(tǎn) 平(坦) ピィン(タン)	even, level, flat イーヴン, レヴル, フラト
だいり 代理	dàilǐ 代理 ダイリィ	representative レプリゼンタティヴ
～店	dàilǐshāng, dàilǐdiàn 代理商，代理店 ダイリィシャァン, ダイリィディエン	agency エイヂェンスィ
たいりく 大陸	dàlù 大陆 ダァルゥ	continent カンティネント
だいりせき 大理石	dàlǐshí 大理石 ダァリィシー	marble マーブル
たいりつ(する) 対立(する)	duìlì, duìkàng 对立，对抗 ドゥイリィ, ドゥイカァン	opposition アポズィション

日	中	英
たいりょう 大量	dàliàng, dàpī, dàzōng 大量，大批，大宗 ダァリアン, ダァピィ, ダァヅォン	mass マス
～生産	pīliàng shēngchǎn, dàliàng shēngchǎn 批量生产，大量生产 ピィリアン ションチャン, ダァリアン ションチャン	mass production マス プロダクション
たいりょく 体力	tǐlì 体力 ティーリィ	physical strength フィズィカル ストレンクス
タイル	cízhuān 瓷砖 ツーチュワン	tile タイル
ダイレクト(の)	zhíjiē 直接 ヂージエ	direct ディレクト
～メール	yóujì guǎnggào 邮寄广告 ヨウジィ グアンガオ	direct mail ディレクト メイル
たいわ 対話(する)	duìhuà 对话 ドゥイホア	dialogue ダイアローグ
たいわん 台湾	Táiwān 台湾 タイワン	Taiwan タイワーン
たう 田植え	chāyāng 插秧 チャアヤン	rice-planting ライスプランティング
ダウンロードする	xiàzài, xièzài 下载，卸载 シアヅァイ, シエヅァイ	download ダウンロウド
だえき 唾液	tuòyè, kǒushuǐ 唾液，口水 トゥオイエ, コウシュイ	saliva サライヴァ
た 絶えず	búduàn, jīngcháng 不断，经常 ブゥドワン, ジィンチャアン	always オールウェイズ
た 絶える	duànjué, juémiè 断绝，绝灭 ドワンジュエ, ジュエミエ	cease, die out スィース, ダイ アウト
た 耐[堪]える	rěnshòu, rěnnài 忍受，忍耐 レンショウ, レンナイ	bear, stand ベア, スタンド
(持ちこたえる)	...dezhù 〈动+〉得住 …ダヂュウ	withstand ウィズスタンド
だえん 楕円	tuǒyuán, chángyuán 椭圆，长圆 トゥオユエン, チャアンユエン	ellipse, oval イリプス, オウヴァル

日	中	英
倒す	dǎoxià, dǎfān, tuīdǎo 倒下，打翻，推倒 ダオシア，ダァファン，トゥイダオ	knock down ナク ダウン
(負かす)	dǎbài, jībài 打败，击败 ダァバイ，ジィバイ	defeat, beat ディフィート，ビート
(政府などを)	dǎdǎo, tuīfān 打倒，推翻 ダァダオ，トゥイファン	overthrow オウヴァスロウ
タオル	máojīn 毛巾 マオジン	towel タウエル
倒れる	dǎo, kuǎ 倒，垮 ダオ，クア	fall, break down フォール，ブレイク ダウン
鷹	yīng 鹰 イィン	hawk ホーク
高い	gāo 高 ガオ	high, tall ハイ，トール
(値段が)	guì 贵 グゥイ	expensive イクスペンスィヴ
(声が)	dàshēng 大声 ダァション	loud ラウド
互い(に)	hùxiāng, bǐcǐ 互相，彼此 ホゥシアン，ビィツー	mutually ミューチュアリ
～の	xiānghù (zhī) jiān de 相互(之)间的 シアンホゥ (ヂー) ジエン ダ	mutual ミューチュアル
打開(する)	dǎkāi, jiějué, kèfú 打开，解决，克服 ダァカイ，ジエジュエ，クァフウ	break ブレイク
多額	jù'é 巨额 ヂュイウァ	a large sum of ア ラーヂ サム
高さ	gāodù, gāodī 高度，高低 ガオドゥ，ガオディー	height, altitude ハイト，アルティテュード
高値	gāojià 高价 ガオジア	high price ハイ プライス
高まる	gāozhǎng, tígāo 高涨，提高 ガオヂャアン，ティーガオ	rise ライズ

日	中	英
(感情が)	xīngfèn 兴奋 シィンフェン	get excited ゲト イクサイティド
たか 高める	tígāo 提高 ティーガオ	raise レイズ
たがや 耕す	gēng(dì) 耕(地) グン(ディー)	cultivate, plow カルティヴェイト, プラウ
たから 宝	bǎobèi, zhēnbǎo 宝贝, 珍宝 バオベイ, チェンバオ	treasure トレジャ
たからくじ 宝籤	cǎipiào 彩票 ツァイピアオ	public lottery パブリク ラタリ
たき 滝	pùbù 瀑布 ブブウ	waterfall, falls ウォタフォール, フォールズ
タキシード	wǎnlǐfú 晚礼服 ワンリィフウ	tuxedo タクスィードウ
た び 焚き火	huǒduī, gōuhuǒ 火堆, 篝火 ホウオドゥイ, ゴウホウオ	bonfire バンファイア
だきょう 妥協(する)	tuǒxié, tiáohé 妥协, 调和 トゥオシエ, ティアオホァァ	compromise カンプロマイズ
た 炊く	zhǔ, shāo 煮, 烧 チュウ, シャオ	cook, boil クク, ボイル
た 焚く	shāo, fén 烧, 焚 シャオ, フェン	make a fire メイク ア ファイア
だ 抱く	bào 抱 バオ	embrace インブレイス
(鳥が卵を)	fūluǎn 孵卵 フウルワン	sit スィト
たくえつ 卓越(した)	zhuóyuè 卓越 チュオユエ	excellence エクセレンス
たくさん 沢山の	hěn duō, hǎoduō, xǔduō 很多, 好多, 许多 ヘン ドゥオ, ハオドゥオ, シュイドゥオ	many, much メニ, マチ
(十分な)	gòu duō 够多 ゴウ ドゥオ	enough イナフ

日	中	英
タクシー	chūzū (qì)chē, díshì 出租(汽)车, 的士 チュウヅゥ (チィ)チョァ, ディーシー	taxi タクスィ
たくじしょ 託児所	tuō'érsuǒ 托儿所 トゥオアルスゥオ	day nursery デイ ナーサリ
たくはい 宅配	sònghuò shàngmén 送货上门 ソンホゥオ シャァンメン	door-to-door delivery ドータドー ディリヴァリ
たくましい 逞しい	jiànzhuàng, qiángzhuàng 健壮, 强壮 ジェンヂュアン, チアンヂュアン	sturdy, stout スターディ, スタウト
たく 巧みな	qiǎomiào, shúliàn 巧妙, 熟练 チアオミアオ, シュウリエン	skillful スキルフル
たくら 企む	qǐtú, cèhuà, túmóu 企图, 策划, 图谋 チィトゥ, ツゥアホア, トゥモウ	plan, design プラン, ディザイン
たくわ 蓄[貯]え	chǔxù, chǔcún 储蓄, 储存 チュウシュイ, チュウツゥン	store, reserve ストー, リザーヴ
(貯金)	cúnkuǎn, jīxù 存款, 积蓄 ツゥンクワン, ジイシュイ	savings セイヴィングズ
たくわ 蓄[貯]える	zhùcún, jīzǎn 贮存, 积攒 ヂュツゥン, ジイヅァン	store, keep ストー, キープ
(貯金)	chǔxù, jīxù 储蓄, 积蓄 チュウシュイ, ジイシュイ	save セイヴ
たけ 竹	gēn zhúzi 〔根〕竹子 ゲン ヂュウヅ	bamboo バンブー
だげき 打撃	dǎjī 打击 ダァジィ	blow, shock ブロウ, シャク
(野球などの)	dǎqiú, jīqiú 打球, 击球 ダァチウ, ジィチウ	batting バティング
だけつ 妥結(する)	dáchéng xiéyì 达成协议 ダァチョン シエイー	agreement アグリーメント
たこ 凧	zhī fēngzheng 〔只〕风筝 チー フォンヂョン	kite カイト
たこ 蛸	zhāngyú 章鱼 ヂャァンユイ	octopus アクトパス

日	中	英
たこくせき 多国籍の	kuàguó, duōguó 跨国,多国 クアグウオ,ドゥオグウオ	multinational マルティナショナル
たさい 多彩な	fēng fù duō cǎi 丰富多彩 フォン フゥ ドゥオ ツァイ	colorful カラフル
ださんてき 打算的な	huàn dé huàn shī (de) 患得患失(的) ホワン ドゥア ホワン シー (ダ)	calculating キャルキュレイティング
たし 確か	dàgài, huòxǔ 大概,或许 ダァガイ,ホウオスゥイ	probably プラバブリ
〜な	quèshí, zhēnquè 确实,真确 チュエシー,チェンチュエ	sure, certain シュア,サートン
(信用できる)	kěkào, xìndeguò 可靠,信得过 クァカオ,シンダグゥオ	reliable リライアブル
〜に	yídìng, bìdìng, kěndìng 一定,必定,肯定 イーディン,ビィディン,ケンディン	certainly サートンリ
たし 確かめる	chámíng 查明 チャアミィン	make sure *of* メイク シュア
た ざん 足し算	jiāfǎ 加法 ジアファァ	addition アディション
だしん 打診(する)	shìtàn, tànwèn 试探,探问 シータン,タンウェン	sound out サウンド アウト
た 足す	jiā 加 ジア	add アド
だ 出す	náchū 拿出 ナァチュウ	take out テイク アウト
(提出)	jiāochū, tíjiāo, tíchū 交出,提交,提出 ジアオチュウ,ティージアオ,ティーチュウ	hand in ハンド イン
(発行)	fāxíng 发行 ファアシィン	publish パブリシュ
(露出)	lùchū 露出 ルゥチュウ	expose イクスポウズ
(手紙などを)	fā《chuánzhēn》, jì《xìn》 发《传真》,寄《信》 ファア《チュワンヂェン》,ジィ《シン》	mail, post メイル, ポウスト

日	中	英
たすう 多数(の)	xǔduō, hǎoxiē 许多，好些 シュィドゥオ, ハオシエ	the majority ザ マチョリティ
～決	duōshù biǎojué 多数表决 ドゥオシュウ ビアオジュエ	decision by majority ディスィジョン バイ マチョリティ
たすかる 助かる	huòjiù, déjiù, yǒujiù 获救，得救，有救 ホウオジウ, ドゥァジウ, ヨウジウ	be rescued ビ レスキュード
たすける 助ける	bāngzhù, zhīyuán, jiù 帮助，支援，救 バァンヂュウ, ヂーユエン, ジウ	help, save ヘルプ, セイヴ
たずねる 尋ねる	(xún)wèn, tànwèn, dǎting (询)问，探问，打听 (シュィン)ウェン, タンウェン, ダァティン	ask アスク
たずねる 訪ねる	zhǎo, bàifǎng, fǎngwèn 找，拜访，访问 チャオ, バイファアン, ファアンウェン	visit ヴィズィト
だせい 惰性	duòxìng, guànxìng 惰性，惯性 ドゥオシィン, グワンシィン	inertia イナーシャ
(習慣)	xíguàn 习惯 シィグワン	habit ハビト
たそがれ 黄昏	huánghūn 黄昏 ホアンホゥン	dusk, twilight ダスク, トワイライト
ただ 唯[只](の)	zhǐ, jǐn, (zhǐ) búguò (shì) 只，仅，(只)不过(是) チー, ジン, (チー) ブゥグゥオ (シー)	only オウンリ
(無料)	miǎnfèi 免费 ミエンフェイ	gratis グラティス
ただいま 唯[只]今	xiànzài 现在 シエンヅァイ	now ナウ
(すぐに)	mǎshàng, lìkè, yíhuìr 马上，立刻，一会儿 マアシァァン, リィクァ, イーホアル	soon スーン
(挨拶)	wǒ huílái le. 我回来了。 ウオ ホゥイライ ラ.	I'm home. アイム ホウム
たたかい 戦[闘]い	zhànzhēng 战争 チャンヂョン	war ウォー
(戦闘)	zhàndòu 战斗 チャンドウ	battle バトル

日	中	英
(闘争)	dòuzhēng 斗争 ドウヂョン	fight ファイト
たたか 戦[闘]う	zhàndòu, zuò zhàn 战斗, 作战 チャンドウ, ヅゥオチャン	fight ファイト
たた 叩く	qiāo, dǎ, pāi, jī 敲, 打, 拍, 击 チアオ, ダァ, パイ, ジィ	strike, hit ストライク, ヒト
(ドアなどを)	qiāo((mén)) 敲《门》 チアオ《メン》	knock *at* ナク
(手を)	gǔ zhǎng 鼓掌 グゥヂャァン	clap クラプ
ただ 但し	dàn(shì), búguò 但(是), 不过 ダン(シー), ブグオ	but, however バト, ハウエヴァ
ただ 正しい	zhèngquè, duì 正确, 对 ヂョンチュエ, ドゥイ	right, correct ライト, カレクト
ただ 正す	jiūzhèng, gǎizhèng 纠正, 改正 ジウヂョン, ガイヂョン	correct カレクト
たたず 佇む	zhùlì 伫立 ヂュウリィ	stand still スタンド スティル
ただ 直ちに	likè, mǎshàng 立刻, 马上 リイクァ, マアシャァン	at once アト ワンス
たた 畳む	(zhé)dié (折)叠 (ヂョア)ディエ	fold フォウルド
(商売などを)	guānzhāng, guānbì, tíngyè 关张, 关闭, 停业 グワンヂャァン, グワンビィ, ティンイエ	shut, close シャト, クロウズ
ただよ 漂う	piāodàng, fúdòng 漂荡, 浮动 ピアオダァン, フゥドン	drift, float ドリフト, フロウト
ただ 爛れる	(mí)làn (糜)烂 (ミィ)ラン	be inflamed ビ インフレイムド
た あ 立ち上がる	qǐlái, qǐlì 起来, 起立 チライ, チィリィ	stand up スタンド アプ
た あ 立ち上げる	shèlì 设立 ショァリィ	start up スタート アプ

日	中	英
(パソコンを)	qǐdòng 启动 チィドン	boot ブート
ちいりきんし 立入禁止	jìnzhǐ rù nèi 禁止入内 ジンヂー ルゥ ネイ	No Admittance ノウ アドミタンス
たちうお 太刀魚	dàiyú 带鱼 ダイユィ	scabbard fish スキャバド フィシュ
た さ 立ち去る	líkāi 离开 リィカイ	leave リーヴ
た ど 立ち止まる	zhǐbù, zhànzhù 止步，站住 ヂーブゥ, ヂャンヂュウ	stop, halt スタプ, ホールト
た なお 立ち直る	huīfù 恢复 ホゥイフゥ	get over, recover ゲト オウヴァ, リカヴァ
た の 立ち退く	bānchū, líkāi 搬出，离开 バンチュウ, リィカイ	leave, move out リーヴ, ムーヴ アウト
たちば 立場	lìchǎng, chǔjìng 立场，处境 リィチャアン, チュウジィン	standpoint スタンドポイント
だちょう 駝鳥	tuóniǎo 鸵鸟 トゥオニアオ	ostrich オストリチ
た よ 立ち寄る	shùnlù dào, shùnbiàn qù 顺路到，顺便去 シュンルゥ ダオ, シュンビエン チュイ	drop by ドラプ バイ
た 経つ	guò ... 过(时间) グゥオ ...	pass, go by パス, ゴウ バイ
た 建つ	jiànlì 建立 ジエンリィ	be built ビ ビルト
た 発つ	chūfā, dòngshēn 出发，动身 チュウファア, ドンシェン	start, leave スタート, リーヴ
た 立つ	zhàn(lì) 站(立) ヂャン(リィ)	stand, rise スタンド, ライズ
たっきゅう 卓球	pīngpāngqiú 乒乓球 ピィンパァンチウ	table tennis テイブル テニス
だっきゅう 脱臼(する)	tuōwèi, tuōjiù 脱位，脱臼 トゥオウェイ, トゥオジウ	dislocation ディスロケイシャン

日	中	英
タックル	qínbào 擒抱 チンバオ	tackle タクル
たっしゃ 達者な	jiànkāng, jiēshi 健康，结实 ジエンカァン, ジエシ	healthy ヘルスィ
（上手な）	shúliàn, huì 熟练，会 シュウリエン, ホゥイ	good, skillful グド, スキルフル
ダッシュ(する)	(měng)chōng, quánlì bēnpǎo （猛）冲，全力奔跑 (モン)チョン, チュエンリィ ベンパオ	dash ダシュ
だっしゅつ 脱出(する)	táotuō, tuōchū 逃脱，脱出 タオトゥオ, トゥオチュウ	escape イスケイプ
たっ 達する	dá(dào) 达(到) ダァ(ダオ)	reach リーチ
（到着する）	dào, dàodá, dǐdá 到，到达，抵达 ダオ, ダオダァ, ディーダァ	arrive at アライヴ
たっせい 達成(する)	dáchéng, chéngjiù, wánchéng 达成，成就，完成 ダァチョン, チョンジウ, ワンチョン	accomplishment アカンプリシュメント
だつぜい 脱税(する)	lòushuì, tōushuì 漏税，偷税 ロウシュイ, トウシュイ	tax evasion; evade a tax タクス イヴェイジョン; イヴェイド ア タクス
だっせん 脱線	tuōguǐ 脱轨 トゥオグゥイ	derailment ディレイルメント
～する	tuōˊguǐ 脱轨 トゥオグゥイ	be derailed ビ ディレイルド
（話が）	lí(kāi běn)tí 离(开本)题 リィ(カイ ベン)ティー	digress from ダイグレス
たった	cái, zhǐ, jǐnjǐn 才，只，仅仅 ツァイ, チー, ジンジン	only, just オゥンリ, ヂャスト
～今	gāngcái, gānggāng 刚才，刚刚 ガァンツァイ, ガァンガァン	just now ヂャスト ナウ
だったい 脱退(する)	tuì (huì), tuìchū 退(会)，退出 トゥイ (ホゥイ), トゥイチュウ	withdrawal ウィズドローアル
タッチ	jiēchù 接触 ジエチュウ	touch タチ

日	中	英
たづな 手綱	jiāngshéng 缰绳 ジアンシォン	reins, bridle レインズ, ブライドル
だっぴ 脱皮 (する)	tuìhuà, tuìpí 蜕化, 蜕皮 トゥイホア, トゥイピィ	ecdysis エクディスィス
タップダンス	tītàwǔ 踢踏舞 ティータァウゥ	tap dance タプ ダンス
たっぷり	chōngfèn, zúgòu 充分, 足够 チォンフェン, ヅゥゴウ	fully フリ
たつまき 竜巻	lóngjuǎnfēng 龙卷风 ロンジュエンフォン	tornado トーネイドウ
だつもう 脱毛	tuōmáo, bámáo 脱毛, 拔毛 トゥオマオ, バアマオ	loss of hair ロス オヴ ヘア
(除毛)	tuōmáo 脱毛 トゥオマオ	depilation デピレイション
だつらく 脱落 (する)	tuōlòu, tuōluò 脱漏, 脱落 トゥオロウ, トゥオルゥオ	omission オウミション
たて 縦	zòng 纵 ヅォン	length レンクス
たて 盾	zhāng dùn 〔张〕盾 チャアン ドゥン	shield シールド
たてがみ 鬣	zōng(máo) 鬃(毛) ヅォン(マオ)	mane メイン
たてじま 縦縞	shùtiáowén 竖条纹 シュウティアオウェン	vertical stripes ヴァーティカル ストライプス
た ふだ 立て札	kuài gàoshìpái 〔块〕告示牌 クアイ ガオシーパイ	bulletin board ブレティン ボード
たてまえ 建前	fāngzhēn, yuánzé 方针, 原则 ファアンチェン, ユエンヅゥア	professed intention プロフェスト インテンション
たてもの 建物	jiànzhù(wù), fángwū 建筑(物), 房屋 ジェンチュゥ(ウゥ), ファアンウゥ	building ビルディング
た 建てる	jiànzào, xiūjiàn 建造, 修建 ジェンヅァオ, シゥジェン	build, construct ビルド, カンストラクト

日	中	英
(設立)	shèlì, chuànglì 设立，创立 ショアリィ，チュアンリィ	establish, found イスタブリシュ，ファウンド
立てる	(shù)lì (竖)立 (シュウ)リィ	stand, put up スタンド，プト アプ
(立案する)	nǐdìng 拟订 ニィディン	form, make フォーム，メイク
妥当(な)	qiàdàng, tuǒdang 恰当，妥当 チアダァン，トゥオダァン	propriety プロプライエティ
打倒(する)	dǎdǎo 打倒 ダァダオ	defeat ディフィート
他動詞	jíwù dòngcí 及物动词 ジィウゥ ドンツー	transitive verb トランスィティヴ ヴァーブ
たとえ(…でも)	jíshǐ, jiùshì 即使，就是 ジィシー，ジウシー	even if イーヴン イフ
例えば	bǐrú, bǐfang, lìrú 比如，比方，例如 ビィルウ，ビィファアン，リィルウ	for example フォー イグザンプル
例える	bǐfang, bǐyù, bǐnǐ 比方，比喻，比拟 ビィファアン，ビィユィ，ビィニィ	compare to カンペア
棚	jiàzi 架子 ジアヅ	shelf, rack シェルフ，ラク
七夕	qīxī 七夕 チィシィ	the Star Festival ザ スター フェスティヴァル
谷	shāngǔ, shāngōu 山谷，山沟 シャングゥ，シャンゴウ	valley ヴァリ
ダニ	pí, bìshī 蜱，壁虱 ピィ，ビィシー	tick ティク
他人	biérén, tārén 别人，他人 ビエレン，タァレン	others アザズ
(知らない人)	mòshēngrén 陌生人 モォションレン	stranger ストレインヂャ
種	zhǒngzǐ 种子 ヂォンヅー	seed スィード

日	中	英
(原因)	原因, 缘故 yuányīn, yuángù ユエンイン, ユエングゥ	the cause ザ コーズ
～蒔き	播种 bōzhǒng ボォヂォン	sowing, seeding ソウイング, スィーディング
～を蒔く	播种, 下子 bō‧zhǒng, xià‧zǐ ボォヂォン, シアヅー	sow ソウ
たの 楽しい	愉快, 快乐, 好玩儿 yúkuài, kuàilè, hǎowánr ユィクアイ, クアイルァ, ハオワル	happy, cheerful ハピ, チアフル
たの 楽しみ	乐趣, 乐事, 享受 lèqù, lèshì, xiǎngshòu ルァチュイ, ルァシー, シアンショウ	pleasure, joy プレジャ, ヂョイ
たの 楽しむ	享受, 享乐, 欣赏 xiǎngshòu, xiǎnglè, xīnshǎng シアンショウ, シアンルァ, シンシャァン	enjoy インヂョイ
たの 頼み	请求, 要求 qǐngqiú, yāoqiú チンチウ, ヤオチウ	request, favor リクウェスト, フェイヴァ
(信頼)	信赖, 依靠 xìnlài, yīkào シンライ, イーカオ	reliance, trust リライアンス, トラスト
たの 頼む	请求, 要求, 委托 qǐngqiú, yāoqiú, wěituō チンチウ, ヤオチウ, ウェイトゥオ	ask, request アスク, リクウェスト
たの 頼もしい	可靠, 靠得住 kěkào, kàodezhù クァカオ, カオダヂュウ	reliable リライアブル
(有望な)	有(希)望, 前途光明 yǒu (xī)wàng, qiántú guāngmíng ヨウ (シィ)ワァン, チエントゥ グアンミイン	promising プラミスィング
たば 束	束, 捆, 扎 shù, kǔn, zā シュウ, クウン, ヅァア	bundle, bunch バンドル, バンチ
たばこ 煙草	烟 yān イエン	tobacco トバコウ
たはた 田畑	田地 tiándì ティエンディー	fields, farm フィールヅ, ファーム
たび 旅	旅行, 旅游 lǚxíng, lǚyóu リュイシィン, リュイヨウ	travel, journey トラヴル, ヂャーニ
～立つ	动身, 起身 dòngshēn, qǐshēn ドンシェン, チィシェン	start on a journey スタート オン ア ヂャーニ

日	中	英
～人	guòkè, lǚkè 过客，旅客 グゥオクァ，リュイクァ	traveler トラヴラ
たびたび 度々	zàisān, lǚcì 再三，屡次 ヅァイサン，リュイツー	often オフン
ダビング(する)	fānlù, fùzhì 翻录，复制 ファンルゥ，フゥヂー	dubbing; dub ダビング；ダブ
タフな	jiēshi, jiānqiáng, wánqiáng 结实，坚强，顽强 ジエシ，ジエンチアン，ワンチアン	tough, hardy タフ，ハーディ
タブー	jìnjì, jìnqū, jìhuì 禁忌，禁区，忌讳 ジンジィ，ジンチュイ，ジィホゥイ	taboo タブー
ダブる	chóng(fù) 重(复) チォン(フゥ)	overlap オウヴァラプ
ダブル	shuāng 双 シュアン	double ダブル
タブロイド	xiǎobào 小报 シアオバオ	tabloid タブロイド
たぶん 多分	dàgài, kěnéng, xiǎnglái 大概，可能，想来 ダァガイ，クァヌォン，シアンライ	perhaps, maybe パハプス，メイビ
た もの 食べ物	shíwù, shípǐn 食物，食品 シーウゥ，シーピン	food, provisions フード，プロヴィジョンズ
た 食べる	chī 吃 チー	eat イート
たほう 他方	lìng yì fāngmiàn 另一方面 リィン イー ファァンミエン	on the other hand オン ジ アザ ハンド
たぼう 多忙な	fánmáng, mánglù 繁忙，忙碌 ファンマァン，マァンルゥ	busy ビズィ
だぼく 打撲	pèngshāng, diēdǎ sǔnshāng 碰伤，跌打损伤 ポンシャァン，ディエダ スゥンシャァン	bruise ブルーズ
たま 球	qiú 球 チウ	ball, bulb ボール，バルブ
たま 玉	kē zhū 〔颗〕珠 クァ ヂュウ	bead, gem ビード，ヂェム

日	中	英
たま 弾	kē (zǐ)dàn 〔颗〕(子)弹 クァ (ヅー)ダン	ball, shell ボール, シェル
たまご 卵・玉子	jīdàn 鸡蛋 ジイダン	egg エグ
たましい 魂	línghún, húnpò 灵魂, 魂魄 リィンホゥン, ホゥンポォ	soul, spirit ソウル, スピリト
だま 騙す	(qī)piàn (欺)骗 (チィ)ピエン	deceive, cheat ディスィーヴ, チート
たまたま	ǒurán 偶然 オウラン	by chance バイ チャンス
だま 黙って	mòmò (de), chénmò (de) 默默(地), 沉默(地) モォモォ(ダ), チェンモォ(ダ)	silently サイレントリ
(無断で)	qiāoqiāo de 悄悄地 チアオチアオ ダ	without leave ウィザウト リーヴ
たまに	ǒu'ěr, yǒushí 偶尔, 有时 オウアル, ヨウシー	occasionally オケイジョナリ
たまねぎ 玉葱	yángcōng 洋葱 ヤンツォン	onion アニオン
たま 堪らない	shòubuliǎo, gòushòude 受不了, 够受的 ショウブリアオ, ゴウショウダ	unbearable アンベアラブル
(渇望・切望)	hènbude, bābude 恨不得, 巴不得 ヘンブダ, バァブダ	be anxious *for* ビ アンクシャス
た 溜まる	jīcún 积存 ジィツゥン	accumulate, gather アキューミュレイト, ギャザ
だま 黙る	chénmò, zhù▼kǒu 沉默, 住口 チェンモォ, ヂュウコウ	become silent ビカム サイレント
ダム	shuǐbà, shuǐkù 水坝, 水库 シュイバァ, シュイクゥ	dam ダム
ため 為		
…の〜の[に]	wèi ..., wèile ... 为…, 为了… ウェイ …, ウェイラ …	for, to フォー, トゥ

日	中	英
～になる	yǒuyì 有益 ヨウイー	good for, profitable グド フォー, プラフィタブル
だめ 駄目(な)	bù hǎo, huài 不好, 坏 プゥ ハオ, ホアイ	useless, no use ユースレス, ノウ ユース
た いき 溜め息(をつく)	tàn▼xī, (āi shēng) tàn▼qì 叹息, (唉声)叹气 タンシイ, (アイ ション) タンチイ	sigh サイ
ダメージ	sǔnhài, sǔnhuài, sǔnshāng 损害, 损坏, 损伤 スゥンハイ, スゥンホアイ, スゥンシャァン	damage ダミヂ
ためす 試す	shìyàn, (cháng)shì 试验, (尝)试 シーイェン, (チャァン)シー	try, test トライ, テスト
ためら 躊躇う	yóuyù, chóuchú, chíyí 犹豫, 踌躇, 迟疑 ヨウユイ, チョウチュウ, チーイー	hesitate ヘヅィテイト
た 貯める	xùjī, jīxù, zǎn 蓄积, 积蓄, 攒 シュイジィ, ジィシュイ, ヅァン	save, store セイヴ, ストー
た 溜める	jīcún 积存 ジィツゥン	accumulate, collect アキューミュレイト, カレクト
(収集する)	shōují, sōují 收集, 搜集 ショウジィ, ソウジィ	collect カレクト
たも 保つ	bǎocún 保存 バオツゥン	keep キープ
(維持する)	bǎochí, wéichí 保持, 维持 バオチー, ウェイチー	preserve, maintain プリザーヴ, メインテイン
たよ 頼り	yīkào, yīlài 依靠, 依赖 イーカオ, イーライ	reliance リライアンス
(信頼)	xìnlài, xìnrèn 信赖, 信任 シンライ, シンレン	confidence カンフィデンス
たよ 頼る	(yī)kào, yīlài (依)靠, 依赖 (イー)カオ, イーライ	rely on, depend on リライ オン, ディペンド オン
たら 鱈	tiáo xuěyú, dàtóuyú 〔条〕鳕鱼, 大头鱼 ティアオ シュエユイ, ダァトウユイ	cod カド
だらく 堕落(する)	duòluò 堕落 ドゥオルゥオ	degeneration ディヂネレイション

日	中	英
だらける	xièdài, sōngxiè, sǎnmàn 懈怠，松懈，散漫 シエダイ, ソンシエ, サンマン	be lazy ビ レイズィ
だらしない	yīguān bù zhěng 衣冠不整 イーグワン ブゥ ヂョン	untidy アンタイディ
（内面的に）	lǎnsǎn, mǎhu, làngdàng 懒散，马虎，浪荡 ランサン, マァホ, ラァンダァン	slovenly スラヴンリ
たらす 垂らす	diào, xuán, chuí 吊，悬，垂 ディアオ, シュエン, チュイ	hang down ハング ダウン
（こぼす）	dī 滴 ディー	drop, spill ドラプ, スピル
だらだらと	rǒngcháng 冗长 ロンチャアン	slowly スロウリ
タラップ	xiántī 舷梯 シエンティー	gangway, ramp ギャングウェイ, ランプ
た 足りない	bùzú, búgòu 不足，不够 ブゥヅゥ, ブゥゴウ	be short of ビ ショート
たりょう 多量に	dàliàng 大量 ダァリアン	abundantly アバンダントリ
た 足りる	(zú)gòu (足)够 (ヅゥ)ゴウ	be enough ビ イナフ
（間に合う）	(kěyǐ) jiāngjiu (可以)将就 (クァイー) ジアンジウ	serve サーヴ
たる 樽	(mù)tǒng (木)桶 (ムゥ)トン	barrel, cask バレル, キャスク
だるい	(fā)lǎn, (fā)suān, wúlì (发)懒，(发)酸，无力 (ファア)ラン, (ファア)スワン, ウゥリィ	feel heavy, be dull フィール ヘヴィ, ビ ダル
たる 弛む	sōngchí 松弛 ソンチー	be loose, slacken ビ ルース, スラクン
だれ 誰	shéi;shuí 谁 シェイ；シュイ	who フ
～か	shéi, (mǒu)rén 谁，(某)人 シェイ, (モウ)レン	someone, somebody サムワン, サムボディ

日	中	英
たれる 垂れる	chuí(xialai), xiàchuí 垂(下来),下垂 チュイ(シアライ),シアチュイ	hang, drop ハング,ドラプ
(滴る)	dī 滴 ディー	drop, drip ドラプ,ドリプ
だれる	píta, chíxiè 疲塌,弛懈 ピィタ,チーシエ	dull ダル
(退屈)	yànjuàn, (yàn)nì 厌倦,(厌)腻 イエンジュエン,(イエン)ニィ	be bored *by* ビ ボード
タレント	yǎnyuán, diànshì míngxīng 演员,电视明星 イエンユエン,ディエンシー ミンシィン	personality パーソナリティ
たわむ 撓む	wānqū 弯曲 ワンチュイ	bend ベンド
たわむ 戯れる	wánr, wánshuǎ, yóuxì 玩儿,玩耍,游戏 ワル,ワンシュア,ヨウシィ	play プレイ
たん 痰	tán 痰 タン	phlegm, sputum フレム,スピュータム
だん 段	jí 级 ジィ	step, stair ステプ,ステア
だんあつ 弾圧(する)	zhènyā, yāzhì, yāpò 镇压,压制,压迫 チェンヤァ,ヤァヂー,ヤァポォ	suppression サプレション
たんい 単位	dānwèi 单位 ダンウェイ	unit ユーニト
(授業の)	xuéfēn 学分 シュエフェン	credit クレディト
たんいつ 単一の	dānyī 单一 ダンイー	single, sole スィングル,ソウル
たんか 担架	fù dānjià 〔付〕担架 フゥ ダンジア	stretcher ストレチャ
タンカー	yóuchuán, yóulún 油船,油轮 ヨウチュワン,ヨウルゥン	tanker タンカ
だんかい 段階	jiēduàn 阶段 ジエドワン	step, stage ステプ,ステイヂ

日	中	英
だんがい 断崖	xuányá 悬崖 シュエンヤア	cliff クリフ
だんがん 弾丸	zǐdàn, qiāngdàn 子弹, 枪弹 ツーダン, チアンダン	bullet, shell ブレト, シェル
たんき 短期	duǎnqī 短期 ドワンチイ	short term ショート ターム
たんき 短気	xìngjí, jíxìngzi, jízào 性急, 急性子, 急躁 シィンジィ, ジィシィンヅ, ジィヅァオ	quick temper クウィク テンパ
～な	xìngjí, bàozào, huǒxìng 性急, 暴躁, 火性 シィンジィ, バオヅァオ, ホゥオシィン	quick-tempered クウィクテンパド
たんきゅう 探究	tànjiū, tànqiú 探究, 探求 タンジウ, タンチウ	investigation インヴェスティゲイション
たんきょりきょうそう 短距離競走	duǎnpǎo 短跑 ドワンパオ	short-distance race ショートディスタンス レイス
タンク	guàn, cáo, xiāng 罐, 槽, 箱 グワン, ツァオ, シアン	tank タンク
だんけつ(する) 団結(する)	liánhé, tuánjié 联合, 团结 リエンホォア, トワンジエ	union ユーニオン
たんけん(する) 探検(する)	tànxiǎn 探险 タンシエン	explore イクスプロー
だんげん(する) 断言(する)	duànyán, duàndìng 断言, 断定 ドワンイエン, ドワンディン	assertion アサーション
たんご 単語	(dān)cí (单)词 (ダン)ツー	word ワード
たんこう 炭坑	méikuàng 煤矿 メイクアン	coal mine コウル マイン
だんごう(する) 談合(する)	huìshāng, shāngqià 会商, 商洽 ホゥイシァアン, シァアンチア	bid rigging ビド リギング
ダンサー	wǔdǎo yǎnyuán, wǔdǎojiā 舞蹈演员, 舞蹈家 ウゥダオ イエンユエン, ウゥダオジア	dancer ダンサ
(女性の)	wǔnǚ 舞女 ウゥニュイ	dancer ダンサ

日	中	英
炭酸(たんさん)	碳酸 tànsuān タンスワン	carbonic acid カーボニク アスィド
～ガス	二氧化碳 èryǎnghuàtàn アルヤンホアタン	carbonic acid gas カーボニク アスィド ギャス
～水	汽水 qìshuǐ チィシュイ	soda water ソウダ ウォタ
短縮(する)(たんしゅく)	缩短 suōduǎn スゥオドワン	reduction リダクション
単純な(たんじゅんな)	单纯, 简单 dānchún, jiǎndān ダンチュン, ジエンダン	plain, simple プレイン, スィンプル
短所(たんしょ)	短处, 缺点 duǎnchu, quēdiǎn ドワンチュ, チュエディエン	shortcoming ショートカミング
誕生(する)(たんじょう)	诞生, 出生 dànshēng, chūshēng ダンション, チュウション	birth; be born バース; ビ ボーン
～石	诞生石 dànshēngshí ダンションシー	birthstone バースストウン
～日	生日 shēngri ションリ	birthday バースデイ
箪笥(たんす)	衣柜, 衣橱 yīguì, yīchú イーグゥイ, イーチュウ	chest of drawers チェスト オヴ ドローアズ
ダンス	舞蹈, 跳舞 wǔdǎo, tiàowǔ ウゥダオ, ティアオウゥ	dancing, dance ダンスィング, ダンス
淡水(たんすい)	淡水 dànshuǐ ダンシュイ	fresh water フレシュ ウォタ
単数(たんすう)	单数 dānshù ダンシュウ	singular スィンギュラ
男性(だんせい)	男性, 男的 nánxìng, nánde ナンシィン, ナンダ	the male ザ メイル
胆石(たんせき)	胆石 dǎnshí ダンシー	bilestone バイルストゥン
断然(だんぜん)	断然, 毅然, 坚决 duànrán, yìrán, jiānjué ドワンラン, イーラン, ジエンジュエ	resolutely, firmly レゾルートリ, ファームリ

日	中	英
たんそ 炭素	tàn 碳 タン	carbon カーボン
だんそう 断層	duàncéng 断层 ドワンツン	fault フォルト
たんだい 短大	duǎnqī dàxué 短期大学 ドワンチイ ダアシュエ	two-year college トゥーイア カリヂ
だんたい 団体	tuántǐ, jítǐ 团体，集体 トワンティー, ジィティー	party, organization パーティ, オーガニゼイション
だんだん 段々	jiànjiàn, zhújiàn 渐渐，逐渐 ジェンジエン, ヂュウジエン	gradually グラヂュアリ
たんちょう 短調	xiǎodiào 小调 シアオディアオ	minor key マイナ キー
たんちょう 単調な	dāndiào, píngbǎn 单调，平板 ダンディアオ, ピィンバン	monotonous, dull モナトナス, ダル
たんてい 探偵	zhēntàn 侦探 チェンタン	detective ディテクティヴ
たんとう 担当(する)	dānrèn, zhǔguǎn, fùzé 担任，主管，负责 ダンレン, ヂュウグワン, フゥヅゥア	charge チャーヂ
たんどく 単独の	dúzì, dāndú, dānshēn 独自，单独，单身 ドゥヅー, ダンドゥ, ダンシェン	sole, individual ソウル, インディヴィチュアル
たん 単なる	jǐnjǐn, (zhǐ) búguò (shì) 仅仅，(只)不过(是) ジンジン, (ヂー) ブゥグゥオ (シー)	mere, simple ミア, スィンプル
たん 単に	jǐnjǐn, (zhǐ) búguò (shì) 仅仅，(只)不过(是) ジンジン, (ヂー) ブゥグゥオ (シー)	only, merely オウンリ, ミアリ
たんにん 担任	dānrèn, zhǔguǎn 担任，主管 ダンレン, ヂュウグワン	charge チャーヂ
(先生)	bānzhǔrèn 班主任 バンヂュウレン	teacher in charge of ティーチャ イン チャーヂ
たんねん 丹念な	xìxīn, jīngxīn 细心，精心 シイシン, ジンシン	careful, elaborate ケアフル, イラボレト
だんねん 断念(する)	sǐxīn, fàngqì 死心，放弃 スーシン, ファアンチィ	abandonment アバンドンメント

日	中	英
<ruby>胆嚢<rt>たんのう</rt></ruby>	dǎn(náng) 胆(囊) ダン(ナン)	the gall ザ ゴール
<ruby>堪能<rt>たんのう</rt></ruby>(する)	xīn mǎn yì zú 心满意足 シン マン イー ヅゥ	be satisfied ビ サティスファイド
～な	shàncháng, shànyú, chángyú 擅长, 善于, 长于 シャンチャァン, シャンユイ, チャァンユイ	good, proficient グド, プロフィシェント
<ruby>短波<rt>たんぱ</rt></ruby>	duǎnbō 短波 ドワンボォ	shortwave ショートウェイヴ
<ruby>淡白<rt>たんぱく</rt></ruby>	tǎnbái, shuàizhí, shuǎnglǎng 坦白, 率直, 爽朗 タンバイ, シュアイヂー, シュアンラァン	frank, indifferent フランク, インディファレント
(味・色が)	qīngdàn 清淡 チンダン	light, simple ライト, スィンプル
<ruby>蛋白質<rt>たんぱくしつ</rt></ruby>	dànbáizhì 蛋白质 ダンバイヂー	protein プロウティーイン
<ruby>談判<rt>だんぱん</rt></ruby>	tánpàn, jiāoshè 谈判, 交涉 タンパン, ジアオショァ	negotiation ニゴウシエイション
ダンピング	qīngxiāo, pāoshòu 倾销, 抛售 チンシアオ, パオショウ	dumping ダンピング
ダンプカー	liàng fǎndǒuchē 〔辆〕翻斗车 リアン ファンドウチョァ	dump truck ダンプ トラク
<ruby>断片<rt>だんぺん</rt></ruby>	piànduàn, bùfen 片断, 部分 ピエンドワン, ブゥフェン	fragment フラグメント
<ruby>短編小説<rt>たんぺんしょうせつ</rt></ruby>	duǎnpiān xiǎoshuō 短篇小说 ドワンピエン シアオシュオ	short story ショート ストーリ
<ruby>田圃<rt>たんぼ</rt></ruby>	shuǐdì, shuǐtián 水地, 水田 シュイディー, シュイティエン	rice field ライス フィールド
<ruby>担保<rt>たんぽ</rt></ruby>	dǐyā 抵押 ディーヤァ	security, mortgage スィキュアリティ, モーギヂ
<ruby>暖房<rt>だんぼう</rt></ruby>	nuǎnqì, gōngnuǎn 暖气, 供暖 ヌワンチィ, ゴンヌワン	heating ヒーティング
<ruby>段<rt>だん</rt></ruby>ボール	wǎléng zhǐ(bǎn) 瓦楞纸(板) ワァルオン ヂー(バン)	corrugated paper コラゲイティド ペイパ

日	中	英
たんぽぽ 蒲公英	púgōngyīng 蒲公英 プゥゴンイン	dandelion ダンディライオン
タンポン	miánsāi, zhǐxuèshuān 棉塞，止血栓 ミエンサイ，チーシュエシュワン	tampon タンパン
たんまつ 端末	zhōngduān 终端 チォンドワン	terminal ターミナル
だんめん 断面	duànmiàn, qiēmiàn, pōumiàn 断面，切面，剖面 ドワンミエン，チエミエン，ポウミエン	section, phase セクション；フェイズ
だんらく 段落	duànluò 段落 ドワンルゥオ	paragraph パラグラフ
たんり 単利	dānlì 单利 ダンリィ	simple interest スィンプル インタレスト
だんりゅう 暖流	nuǎnliú 暖流 ヌワンリウ	warm current ウォーム カーレント
だんりょく 弾力	tánlì, tánxìng 弹力，弹性 タンリィ，タンシィン	elasticity イラスティスィティ
だんわ 談話	tán'huà 谈话 タンホア	talk, conversation トーク，カンヴァセイション

ち, チ

ち 血	xuè 血 シュエ	blood ブラド
チアガール	lālāduì gūniang 啦啦队姑娘 ラァラァドゥイ グゥニアン	cheerleader チアリーダ
ちあん 治安	zhì'ān 治安 チーアン	public peace パブリク ピース
ちい 地位	dìwèi 地位 ディーウェイ	position ポズィション
（階級）	dìwèi 地位 ディーウェイ	rank ランク

日	中	英
地域(ちいき)	地区, 地域 dìqū, dìyù	area, region, zone
小さい(ちい)	小 xiǎo	small, little
(微細な)	微小, 微细 wēixiǎo, wēixì	minute, fine
(幼い)	幼小 yòuxiǎo	little, young
(こまごました)	琐细 suǒxì	trifling, petty
チーズ	干酪, 奶酪 gānlào, nǎilào	cheese
チーフ	主任 zhǔrèn	chief, head
チーム	队 duì	team
～ワーク	配合, 合作, 协作 pèihé, hézuò, xiézuò	teamwork
知恵(ちえ)	才智, 智慧 cáizhì, zhìhuì	wisdom
チェーン	锁链, 链条 suǒliàn, liàntiáo	chain
～ソー	链锯 liànjù	chain saw
～店	连锁店 liánsuǒdiàn	chain store
チェス	国际象棋 guójì xiàngqí	chess
チェック(する)	核对, 检点 héduì, jiǎndiǎn	check
(小切手)	支票 zhīpiào	check

日	中	英
～模様	gézi huāyàng, fānggé huāwén 格子花样，方格花纹 グァヅ ホアヤン, ファアングァ ホアウェン	checker チェカ
チェロ	dàtíqín 大提琴 ダァティーチン	cello チェロウ
ちえん 遅延	tuōyán, wǎndiǎn 拖延，晚点 トゥオイエン, ワンディエン	delay ディレイ
チェンバロ	yǔguǎn jiànqín 羽管键琴 ユィグワン ジエンチン	cembalo チェンバロウ
ちか 地下	dìxià 地下 ディーシア	underground アンダグラウンド
ちか 近い	jìn, jiējìn 近，接近 ヂン, ジエジン	near, close *to* ニア, クロウス
ちが 違い	chāyì 差异 チャアイー	difference ディフレンス
ちが 違いない	(yīng)gāi (shì), yídìng, bìdìng (应)该(是)，一定，必定 (イィン)ガイ (シー), イーディン, ビイディン	must be マスト ビー
ちがいほうけん 治外法権	zhìwài fǎquán 治外法权 ヂーワイ ファアチュエン	extraterritorial rights エクストラテリトーリアル ライツ
ちか 誓う	fā'shì 发誓 ファアシー	vow, swear ヴァウ, スウェア
ちが 違う	(A hé B) bù yíyàng (A和B)不一样 (A ホォア B) ブゥ イーヤン	differ *from* ディファ
ちかく 知覚	zhījué 知觉 ヂージュエ	perception パセプション
ちがく 地学	dìxué 地学 ディーシュエ	physical geography フィズィカル ヂアグラフィ
ちかごろ 近頃	zuìjìn, jìnlái 最近，近来 ヅゥイジン, ジンライ	recently, these days リーセントリ, ズィーズ デイズ
ちかしつ 地下室	dìxiàshì 地下室 ディーシアシー	basement, cellar ベイスメント, セラ
ちかづ 近付く	kàojìn, jiējìn 靠近，接近 カオジン, ジエジン	approach アプロウチ

日	中	英
ちかてつ 地下鉄	dìtiě 地铁 ディーティエ	subway サブウェイ
ちかどう 地下道	dìxià jiēdào 地下街道 ディーシア ジエダオ	underpass, subway アンダパス, サブウェイ
ちかみち 近道	biàndào, jìnlù 便道, 近路 ビエンダオ, ジンルゥ	short cut ショート カト
ちかよ 近寄る	jiējìn, kàojìn 接近, 靠近 ジエジン, カオジン	approach アプロウチ
ちから 力	lìqi, jìntóu, lìliang 力气, 劲头, 力量 リィチ, ジントウ, リィリアン	power, energy パウア, エナヂ
(体力)	lìqi, tǐlì 力气, 体力 リィチ, ティーリィ	strength, force ストレンクス, フォース
(能力)	nénglì, lìliang 能力, 力量 ヌオンリィ, リィリアン	ability, power アビリティ, パウア
ちきゅう 地球	dìqiú 地球 ディーチウ	the earth ジ アース
〜儀	dìqiúyí 地球仪 ディーチウイー	globe グロウブ
ちぎ 千切る	chě(suì), sīchě 扯(碎), 撕扯 チョア(スゥイ), スーチョア	tear off テア オフ
チキン	jīròu 鸡肉 ジィロウ	chicken チキン
ちく 地区	dìqū, qūyù 地区, 区域 ディーチュィ, チュィユィ	district, section ディストリクト, セクション
ちくいち 逐一	zhúgè, zhúyī 逐个, 逐一 チュグァ, チュウイー	in detail イン ディーテイル
ちくさん 畜産	xùchǎn 畜产 シュィチャン	stockbreeding スタクブリーディング
ちくせき 蓄積	jīxù, jīlěi 积蓄, 积累 ジィシュィ, ジィレイ	accumulation アキューミュレイション
ちくのうしょう 蓄膿症	xùnóngzhèng 蓄脓症 シュィノンチョン	empyema エンピイーマ

日	中	英
ちくび 乳首	nǎitóu, rǔtóu 奶头，乳头 ナイトウ，ルゥトウ	nipple, teat ニプル，ティート
(哺乳瓶の)	nǎitóu, nǎizuǐ 奶头，奶嘴 ナイトウ，ナイヅゥイ	nipple, teat ニプル，ティート
ちけい 地形	dìshì, dìxíng 地势，地形 ディーシー，ディーシィン	landform ランドフォーム
チケット	piào 票 ピアオ	ticket ティケト
ちこく(する) 遅刻(する)	chídào 迟到 チーダオ	be late for ビ レイト
ちじ 知事	zhīshì 知事 チーシー	governor ガヴァナ
ちしき 知識	zhīshi 知识 チーシ	knowledge ナリヂ
ちじょう 地上	dìmiàn, dìshang 地面，地上 ディーミエン，ディーシャアン	the ground ザ グラウンド
ちじん 知人	xiāngshí, shúrén 相识，熟人 シアンシー，シュウレン	acquaintance アクウェインタンス
ちず 地図	zhāng/fú dìtú 〔张/幅〕地图 ヂャアン/フウ ディートゥ	map, atlas マプ，アトラス
ちせい 知性	lǐzhì, cáizhì 理智，才智 リィヂー，ツァイヂー	intelligence インテリヂェンス
ちそう 地層	dìcéng 地层 ディーツン	stratum, layer ストレイタム，レイア
ちたい 地帯	dìdài 地带 ディーダイ	zone, region ゾウン，リーヂョン
チタン	tài 钛 タイ	titanium タイテイニアム
ちち 乳	nǎi, rǔzhī 奶，乳汁 ナイ，ルゥヂー	mother's milk マザズ ミルク
(乳房)	nǎi, rǔfáng 奶，乳房 ナイ，ルゥファアン	the breasts ザ ブレスツ

日	中	英
ちち・ちちおや 父・父親	fùqīn 父亲 フゥチン	father ファーザ
ちぢ 縮まる	shōusuō, suōxiǎo 收缩，缩小 ショウスオ，スゥオシアオ	be shortened ビ ショートンド
ちぢ 縮む	chōu(suō), wěisuō 抽(缩)，萎缩 チョウ(スオ)，ウェイスオ	shrink シュリンク
ちぢ 縮める	suōxiǎo 缩小 スゥオシアオ	shorten, abridge ショートン，アブリヂ
ちぢ 縮れる	juǎnqū 卷曲 ジュエンチュィ	be curled ビ カールド
ちつ 腟	yīndào 阴道 インダオ	the vagina ザ ヴァチャイナ
ちつじょ 秩序	guīlǜ, zhìxù 规律，秩序 グゥイリュー，チーシュー	order オーダ
ちっそ 窒素	dàn 氮 ダン	nitrogen ナイトロヂェン
ちっそく 窒息(する)	zhìxī 窒息 チーシィ	suffocation サフォケイション
チップ	xiǎofèi, jiǔqián 小费，酒钱 シアオフェイ，ジウチエン	tip ティプ
ちてき 知的な	zhìhuì de, lǐzhì de 智慧的，理智的 チーホゥイ ダ，リィチー ダ	intellectual インテレクチュアル
ちなみに	shùnbiàn shuō yíxià 顺便说一下 シュンピエン シュオ イーシア	incidentally インスィデンタリ
ちのう 知能	zhìlì, zhìnéng 智力，智能 チーリィ，チーヌオン	intellect インテレクト
ちぶさ 乳房	nǎi, rǔfáng 奶，乳房 ナイ，ルゥファアン	the breasts ザ ブレスツ
ちへいせん 地平線	dìpíngxiàn 地平线 ディーピィンシエン	the horizon ザ ホライズン
チベット	Xīzàng 西藏 シィヅァアン	Tibet ティベト

日	中	英
ちほう 地方	dìfāng 地方 ディーファアン	locality, the country ロウキャリティ, ザ カントリ
～自治	dìfāng zìzhì 地方自治 ディーファアン ヅーヂー	local autonomy ロウカル オータノミ
ちみつ 緻密(な)	zhìmì, zhōumì, xìzhì 致密，周密，细致 ヂーミィ, ヂョウミィ, シィヂー	accuracy アキュラスィ
ちめい 地名	dìmíng 地名 ディーミィン	the name of a place ザ ネイム オヴ ア プレイス
ちめいど 知名度	zhīmíngdù 知名度 ヂーミィンドゥ	celebrity スィレブリティ
ちゃ 茶	(qīng)chá, cháshuǐ (清)茶，茶水 (チィン)チャア, チャアシュイ	tea ティー
チャーターする	bāozū 包租 バオヅゥ	charter チャータ
チャーハン	chǎofàn 炒饭 チャオファン	fried rice フライド ライス
チャーミングな	yǒu mèilì, kě'ài 有魅力，可爱 ヨウ メイリィ, クァアイ	charming チャーミング
チャイム	zǔzhōng, ménlíng 组钟，门铃 ヅゥヂォン, メンリィン	chime チャイム
ちゃいろ 茶色(の)	hèsè, chásè 褐色，茶色 ホォアスァ, チャアスァ	light brown ライト ブラウン
ちゃくじつ 着実 ～な	tāshi, wěnbù 塌实，稳步 タァシ, ウェンブゥ	steady ステディ
～に	zhúbù, tāshi de 逐步，塌实地 ヂュウブゥ, タァシ ダ	steadily ステディリ
ちゃくしゅ 着手(する)	dòngshǒu, zhuóshǒu, kāishǐ 动手，着手，开始 ドンショウ, ヂュオショウ, カイシー	start スタート
ちゃくしょく 着色(する)	shàngsè, zhuósè 上色，着色 シャァンスァ, ヂュオスァ	coloring; color カラリング；カラ
ちゃくそう 着想	xiǎngfǎ, zhǔyi 想法，主意 シアンファア, ヂュウイ	idea アイディア

日	中	英
ちゃくち 着地(する)	jiē˙dì, luò˙dì 接地，落地 ジエディー, ルゥオディー	landing; land ランディング；ランド
ちゃくちゃく 着々と	shùnlì 顺利 シュンリィ	steadily, step by step ステディリ, ステップ バイ ステップ
ちゃくばら 着払い	shōufāng fù yùnfèi 收方付运费 ショウファアン フゥ ユィンフェイ	collect on delivery, C.O.D. カレクト オン ディリヴァリ
(品物代)	dào huò fùkuǎn 到货付款 ダオ ホゥオ フゥクワン	collect on delivery, C.O.D. カレクト オン ディリヴァリ
ちゃくりく 着陸(する)	jiàngluò, zhuólù 降落，着陆 ジアンルゥオ, ヂュオルゥ	landing; land ランディング；ランド
チャック	lāliàn, lāsuǒ 拉链，拉锁 ラァリエン, ラァスゥオ	zipper ズィパ
チャリティー	yìyǎn 义演 イーイエン	charity チャリティ
チャレンジ(する)	tiǎo˙zhàn 挑战 ティアオヂャン	challenge チャリンヂ
ちゃわん 茶碗	fànwǎn 饭碗 ファンワン	rice-bowl ライスボウル
チャンス	hǎojīhuì, shíjī 好机会，时机 ハオジィホゥイ, シージィ	chance, opportunity チャンス, アポチューニティ
ちゃんと	zhěngqí 整齐 ヂョンチィ	neatly ニートリ
(正しく)	zhèngshì, guīguījujǔ 正式，规规矩矩 ヂョンシー, グゥイグゥイヂュイヂュイ	properly プラパリ
(間違いなく)	díquè 的确 ディーチュエ	without fail ウィザゥト フェイル
チャンネル	píndào 频道 ピンダオ	channel チャネル
チャンピオン	guànjūn 冠军 グワンヂュィン	champion チャンピオン
ちゅう 中	zhōngděng 中等 ヂョンデゥン	the average ザ アヴァリヂ

ち

日	中	英
ちゅう 注	fùzhù, zhùjiě 附注，注解	notes
ちゅうい(する) 注意(する)	liúshén, zhùyì 留神，注意	attention
(忠告)	tíxǐng, zhōnggào 提醒，忠告	advice
ちゅうおう 中央	zhōngjiān, zhōngxīn 中间，中心	the center
ちゅうかい(する) 中介(する)	cóngzhōng jièshào 从中介绍	mediation
〜者	zhōngjièrén 中介人	mediator
ちゅうがく 中学	chū(jí) zhōng(xué) 初(级)中(学)	junior high school
〜生	chūzhōngshēng 初中生	junior high school student
ちゅうかりょうり 中華料理	zhōngguócài, zhōngcān 中国菜，中餐	Chinese food
ちゅうかん 中間	zhōngjiān 中间	the middle
ちゅうきゅうの 中級の	zhōngděng, zhōngjí 中等，中级	intermediate
ちゅうけい(する) 中継(する)	zhōngjì 中继	relay
〜放送	xiànchǎng zhuǎnbō (现场)转播	relay
ちゅうげん 中元	zhōngyuánjié lǐpǐn 中元节礼品	midyear gift
ちゅうこ(の) 中古(の)	bànjiù, bànxīn 半旧，半新	used, secondhand
〜車	èrshǒuchē 二手车	used car

日	中	英
ちゅうこく 忠告(する)	quàngào, zhōnggào 劝告，忠告 チュエンガオ, チォンガオ	advice; advise アドヴァイス；アドヴァイズ
ちゅうごく 中国	Zhōngguó 中国 ヂォングゥオ	China チャイナ
～語	Hànyǔ, Zhōngwén 汉语，中文 ハンユィ, ヂォンウェン	Chinese チャイニーズ
ちゅうさい 仲裁(する)	tiáojiě, tiáotíng 调解，调停 ティアオジエ, ティアオティン	arbitration アービトレイション
ちゅうざい 駐在	zhùzài 驻在 ヂュウヅァイ	residence レズィデンス
ちゅうざ 中座する	zhōngtú tuìxí 中途退席 ヂォントゥ トゥイシィ	leave... in the middle of リーヴ イン ザ ミドル オヴ
ちゅうし 中止(する)	zhōngzhǐ, tíngzhǐ 中止，停止 ヂォンヂー, ティンヂー	suspension; stop, suspend サスペンション；スタプ, サスペンド
ちゅうじえん 中耳炎	zhōng'ěryán 中耳炎 ヂォンアルイエン	tympanitis ティンパナイティス
ちゅうじつ 忠実な	zhōngshí 忠实 ヂォンシー	faithful フェイスフル
ちゅうしゃ 注射(する)	dǎ zhēn, zhùshè 打针，注射 ダァヂェン, ヂュウショァ	injection インヂェクション
ちゅうしゃ 駐車(する)	tíngchē 停车 ティンチョァ	parking; park パーキング；パーク
～禁止	jìnzhǐ tíngchē 禁止停车 ジンヂー ティンチョァ	No Parking ノウ パーキング
～場	tíngchēchù 停车处 ティンチョァチュウ	parking lot パーキング ラト
ちゅうしゃく 注釈	zhùshì, zhùjiǎo 注释，注脚 ヂュウシー, ヂュウジアオ	notes, annotation ノウツ, アノテイション
ちゅうじゅん 中旬	zhōngxún 中旬 ヂォンシュィン	the middle of ザ ミドル オヴ
ちゅうしょう 中傷(する)	fěibàng, zhòngshāng 诽谤，中伤 フェイバァン, ヂォンシャァン	slander; speak ill of スランダ；スピーク イル オヴ

日	中	英
ちゅうしょう 抽象	chōuxiàng 抽象 チョウシアン	abstraction アブストラクション
～画	chōuxiànghuà 抽象画 チョウシアンホア	abstract painting アブストラクト ペインティング
～的な	chōuxiàng de 抽象的 チョウシアン ダ	abstract アブストラクト
ちゅうしょうきぎょう 中小企業	zhōngxiǎo qǐyè 中小企业 ヂォンシアオ チイイエ	smaller enterprises スモーラ エンタプライズィズ
ちゅうしょく 昼食	wǔfàn 午饭 ウゥファン	lunch ランチ
ちゅうしん 中心	zhōngxīn 中心 ヂォンシン	the center, the core ザ センタ, ザ コー
～地	zhōngxīndì 中心地 ヂォンシンディー	the center ザ センタ
ちゅうせい 中世	zhōngshìjì 中世纪 ヂォンシージィ	the Middle Ages ザ ミドル エイヂズ
～の	zhōngshì 中世 ヂォンシー	medieval メディイーヴァル
ちゅうせいし 中性子	zhōngzǐ 中子 ヂォンヅー	neutron ニュートラン
ちゅうぜつ 中絶(する)	réngōng liúchǎn, dǎtāi 人工流产, 打胎 レンゴン リウチャン, ダァタイ	abortion アボーション
ちゅうせん 抽選(する)	chōu qiān 抽签 チョウチエン	lottery ラタリ
ちゅうたい 中退(する)	zhōngtú tuìxué 中途退学 ヂォントゥ トゥイシュエ	dropout ドラパウト
ちゅうだん 中断(する)	jiànduàn, zhōngduàn 间断, 中断 ジエンドワン, ヂォンドワン	interruption インタラプション
ちゅうちょ 躊躇(する)	yóuyù, chóuchú 犹豫, 踌躇 ヨウユィ, チョウチュウ	hesitation ヘズィテイション
ちゅうと 中途(で)	bàntú, zhōngtú 半途, 中途 バントゥ, ヂォントゥ	halfway ハフウェイ

日	中	英
ちゅうとうきょういく 中等教育	zhōngděng jiàoyù 中等教育 チォンドォン ジアオユィ	secondary education セコンデリ エヂュケイション
ちゅうどく 中毒 (する)	zhòngdú 中毒 チォンドゥ	poisoning ポイズニング
チューナー	tiáoxiéqì 调谐器 ティアオシエチィ	tuner テューナ
チューニング	tiáoxié, tiáotái 调谐，调台 ティアオシエ, ティアオタイ	tuning テューニング
ちゅうねん 中年	zhōngnián 中年 チォンニエン	middle age ミドル エイヂ
チューブ	ruǎnguǎn 软管 ルワングワン	tube テューブ
ちゅうもく 注目 (する)	zhùshì, zhùmù 注视，注目 チュウシー, チュウムゥ	notice ノウティス
～の的	zhùshì mùbiāo 注视目标 チュウシー ムゥビアオ	the center of attention ザ センタ オヴ アテンション
ちゅうもん 注文	dìnghuò 订货 ディンホゥオ	order, request オーダ, リクウェスト
(料理を)	diǎncài 点菜 ディエンツァイ	order オーダ
～する	dìng 订 ディン	order オーダ
ちゅうりつ 中立 (の)	zhōnglì 中立 チォンリィ	neutral ニュートラル
チューリップ	yùjīnxiāng 郁金香 ユィジンシアン	tulip テューリプ
ちゅうりゅう 中流	zhōngyóu 中游 チォンヨウ	midstream ミドストリーム
(階級)	xiǎokāng, zhōngděng 小康，中等 シアオカァン, チォンドォン	
～階級	zhōngchǎn jiējí 中产阶级 チォンチャン ジエジィ	the middle classes ザ ミドル クラスィズ

日	中	英
ちゅうわ 中和 (する)	zhōnghé 中和 ヂォンホォア	neutralization ニュートラリゼイション
ちょう 腸	cháng(guǎn) 肠(管) チャアン(グワン)	the intestines ジ インテスティンズ
ちょう 蝶	zhī húdié 〔只〕蝴蝶 ヂー ホゥディエ	butterfly バタフライ
ちょういん 調印 (する)	qiān'zì, qiānyuē 签字, 签约 チェンヅー, チェンユエ	signing; sign サイニング；サイン
ちょうえき 懲役	túxíng 徒刑 トゥシィン	imprisonment インプリズンメント
ちょうえつ 超越 (する)	chāoyuè, chāotuō 超越, 超脱 チャオユエ, チャオトゥオ	transcend トランセンド
ちょうおんぱ 超音波	chāoshēngbō 超声波 チャオションボォ	ultrasound アルトラサウンド
ちょうか 超過 (する)	chāoguò, chāochū 超过, 超出 チャオグゥオ, チャオチュウ	excess; exceed イクセス；イクスィード
ちょうかく 聴覚	tīngjué 听觉 ティンジュエ	hearing ヒアリング
ちょう 腸カタル	chángyán 肠炎 チャアンイエン	intestinal catarrh インテスティナル カタール
ちょうかん 朝刊	rìbào, chénbào 日报, 晨报 リーバオ, チェンバオ	morning paper モーニング ペイパ
ちょうかんず 鳥瞰図	niǎokàntú 鸟瞰图 ニアオカントゥ	bird's-eye view バードザイ ヴュー
ちょうき 長期 (の)	chángqī 长期 チャアンチィ	long period ロング ピアリオド
ちょうきょう 調教 (する)	tiáojiào, xùn((mǎ)) 调教, 驯(马) ティアオジアオ, シュイン《マァ》	training; train in トレイニング；トレイン
ちょうきょり 長距離	chángtú 长途 チャアントゥ	long distance ロング ディスタンス
〜電話	chángtú diànhuà 长途电话 チャアントゥ ディエンホアア	long-distance call ロングディスタンス コール

日	中	英
ちょうこう 聴講(する)	pángtīng 旁听 パァンティン	auditing; audit オーディティング；オーディト
～生	pángtīngshēng 旁听生 パァンティンション	auditor オーディタ
ちょうごう 調合(する)	tiáojì, pèi'yào 调剂，配药 ティアオジィ，ペイヤオ	mixing ミクスィング
ちょうこうそう 超高層ビル	chāogāo dàshà 超高大厦 チャオガオ ダァシャア	skyscraper スカイスクレイパ
ちょうこく 彫刻(する)	diāokè 雕刻 ディアオクァ	sculpture スカルプチャ
～家	diāokèjiā 雕刻家 ディアオクァジア	sculptor, carver スカルプタ，カーヴァ
ちょうさ 調査(する)	diàochá 调查 ディアオチャア	examination イグザミネイション
ちょうし 調子	yīndiào 音调 インディアオ	tune テューン
(拍子)	pāizi, diàozi 拍子，调子 パイヅ，ディアオヅ	time, rhythm タイム，リズム
(具合)	qíngkuàng, yàngzi 情况，样子 チィンクアン，ヤンヅ	condition カンディション
ちょうしゅ 聴取	tīngqǔ 听取 ティンチュィ	hearing, audition ヒアリング，オーディション
ちょうしゅう 聴衆	tīngzhòng 听众 ティンヂォン	audience, listener オーディエンス；リスナ
ちょうしょ 長所	chángchu, yōudiǎn 长处，优点 チャアンチュ，ヨウディエン	strong point, merit ストロング ポイント，メリト
ちょうじょ 長女	zhǎngnǚ 长女 チャアンニュィ	oldest daughter オルディスト ドータ
ちょうしょう 嘲笑(する)	cháoxiào, chǐxiào 嘲笑，耻笑 チャオシアオ，チーシアオ	ridicule リディキュール
ちょうじょう 頂上	shāndǐng, dǐngfēng 山顶，顶峰 シャンディン，ディンフォン	the summit ザ サミト

日	中	英
ちょうしょく 朝食	zǎocān, zǎofàn 早餐，早饭 ヅァオツァン, ヅァオファン	breakfast ブレクファスト
ちょうじん 超人	chāorén 超人 チャオレン	superman シューパマン
ちょうせい 調整 (する)	tiáozhěng 调整 ティアオヂョン	regulation レギュレイション
ちょうせつ 調節 (する)	tiáojié 调节 ティアオジエ	regulation レギュレイション
ちょうせん 挑戦 (する)	tiǎo zhàn 挑战 ティアオヂャン	challenge チャリンヂ
～者	tiǎozhànzhě 挑战者 ティアオヂャンヂョア	challenger チャレンヂャ
ちょうぞう 彫像	zàoxiàng, diāoxiàng 造像，雕像 ヅァオシアン, ディアオシアン	statue スタチュー
ちょうだい 頂戴する	lǐngshòu, méngzèng 领受，蒙赠 リィンショウ, モンヅン	receive, get リスィーヴ, ゲト
ちょうたつ 調達する	cǎigòu, chóují 采购，筹集 ツァイゴウ, チョウジィ	supply, provide サプライ, プロヴァイド
ちょうちょう 町長	zhènzhǎng 镇长 ヂェンヂャァン	mayor メイア
ちょうちょう 蝶々	zhī húdié 〔只〕蝴蝶 ヂー ホゥディエ	butterfly バタフライ
ちょうちん 提灯	zhǎn dēnglong 〔盏〕灯笼 ヂャン デゥンロン	paper lantern ペイパ ランタン
ちょうつがい 蝶番	héyè 合叶 ホォアイエ	hinge ヒンヂ
ちょうてい 調停 (する)	tiáochǔ, tiáojiě, tiáotíng 调处，调解，调停 ティアオチゥ, ティアオジェ, ティアオティン	arbitration アービトレイション
ちょうてん 頂点	dǐngdiǎn, jídiǎn 顶点，极点 ディンディエン, ジィディエン	the peak ザ ピーク
ちょうど 丁度	zhèng, gāng 正，刚 ヂョン, ガァン	just, exactly ヂャスト, イグザクトリ

日	中	英
ちょうなん 長男	zhǎngzǐ, dà érzi 长子，大儿子 チャンツー, ダァ アルツ	oldest son オルディスト サン
ちょう 蝶ネクタイ	(húdié) lǐngjié (蝴蝶)领结 (ホゥディエ) リィンジエ	bow tie バウ タイ
ちょうのうりょく 超能力	chāojí gōngnéng, tèyì gōngnéng 超级功能，特异功能 チャオジィ ゴンヌォン, トゥアイー ゴンヌォン	ESP イーエスピー
ちょうばつ 懲罰	chéngfá 惩罚 チョンファア	punishment パニシュメント
ちょうふく 重複（する）	chóngfù 重复 チョンフゥ	repetition; be repeated レペティション；ビ リピーテト
ちょうへい 徴兵	zhēngbīng 征兵 ヂョンビィン	conscription, draft カンスクリプション, ドラフト
ちょうへん 長編	chángpiān 长篇 チャアンピエン	long piece ロング ピース
～小説	chángpiān xiǎoshuō 长篇小说 チャアンピエン シアオシュオ	long piece novel ロング ピース ナヴェル
ちょうぼ 帳簿	zhàngběn, zhàngbù 账本，账簿 チャアンベン, チャアンブゥ	account book アカウント ブク
ちょうほう 重宝（な）	fāngbiàn 方便 ファアンビエン	handy, convenient ハンディ, コンヴィーニエント
ちょうぼう 眺望	tiàowàng, fēngjǐng 眺望，风景 ティアオワァン, フォンジィン	view ヴュ～
ちょうほうけい 長方形	chángfāngxíng, jǔxíng 长方形，矩形 チャアンファアンシィン, ヂュィシィン	rectangle レクタングル
ちょうみりょう 調味料	tiáoliào, zuòliao 调料，作料 ティアオリアオ, ヅゥオリアオ	seasoning スィーズニング
ちょうやく 跳躍（する）	tiàoyuè 跳跃 ティアオユエ	jump ヂャンプ
ちょうり 調理（する）	pēngtiáo 烹调 ポンティアオ	cooking; cook クキング；クク
ちょうりつ 調律	dìngxián 定弦 ディンシエン	tuning テューニング

日	中	英
ちょうりゅう 潮流	cháoliú 潮流	current, tide
ちょうりょく 聴力	tīnglì 听力	hearing
ちょうれい 朝礼	zǎohuì 早会	morning gathering
ちょうわ 調和(する)	xiétiáo, tiáohé 协调, 调和	harmony
チョーク	zhī fěnbǐ 〔支〕粉笔	chalk
ちょきん 貯金(する)	chǔxù, cúnkuǎn 储蓄, 存款	savings
ちょくしん 直進する	yìzhí qiánjìn 一直前进	go straight ahead
ちょくせつ 直接(の)	zhíjiē 直接	directly
～税	zhíjiēshuì 直接税	direct tax
ちょくせん 直線	zhíxiàn 直线	straight line
ちょくちょう 直腸	zhícháng 直肠	rectum
ちょくつう 直通(の)	zhítōng 直通	go direct to
ちょくばい 直売	zhíjiē xiāoshòu 直接销售	direct sales
ちょくめん 直面する	miànduì, miànlín 面对, 面临	face, confront
ちょくやく 直訳	zhíyì 直译	literal translation
ちょくりつ 直立の	lìzhèng, zhílì 立正, 直立	vertical, erect

日	中	英
ちょくりゅう 直流	zhíliú 直流 ヂーリウ	direct current, DC ディレクト カーレント
チョコレート	qiǎokèlì(táng) 巧克力(糖) チアオクァリィ(タァン)	chocolate チャコレト
ちょさく 著作(する)	zhùzuò, zhùshù 著作, 著述 ヂュウヅオ, ヂュウシュウ	writing; book, work ライティング；ブク, ワーク
～権	bǎnquán, zhùzuòquán 版权, 著作权 バンチュエン, ヂュウヅオチュエン	copyright カピライト
ちょしゃ 著者	zhùzhě, zuòzhě 著者, 作者 ヂュウヂョァ, ヅオチョァ	author, writer オーサ, ライタ
ちょぞう 貯蔵(する)	bǎocáng, chǔcáng, zhùcún 保藏, 储藏, 贮存 バオツァアン, チュウツァアン, ヂュウツゥン	store ストー
ちょちく 貯蓄(する)	chǔxù, cúnkuǎn 储蓄, 存款 チュウシュイ, ツゥンクワン	savings セイヴィングズ
ちょっかく 直角	zhíjiǎo 直角 ヂージアオ	right angle ライト アングル
ちょっかん 直感	zhíjué, zhígǎn 直觉, 直感 ヂージュエ, ヂーガン	intuition インテュイション
ちょっかん てき 直観(的な)	zhíjué gǎndào 直觉感到 ヂージュエ ガンダオ	intuitive インテューイティヴ
ちょっけい 直径	zhíjìng 直径 ヂージィン	diameter ダイアメタ
ちょっこう 直行する	zhídá 直达 ヂーダア	go direct ゴウ ディレクト
ちょっと	yíhuìr, yíhuì 一会儿, 一会 イーホァル, イーホゥイ	for a moment フォー ア モゥメント
(少し)	shāowēi, yìdiǎnr 稍微, 一点儿 シャオウェイ, イーディアル	a little ア リトル
(呼びかけ)	wèi! 喂！ ウェイ！	Hey!, Say! ヘイ, セイ
ちょめい 著名(な)	zhùmíng, yǒumíng, chūmíng 著名, 有名, 出名 ヂュウミィン, ヨウミィン, チュウミィン	famous フェイマス

日	中	英
散らかる	língluàn, luànqībāzāo 零乱，乱七八糟 リィンルワン, ルワンチィバァツァオ	be scattered ビ スキャタド
ちり 塵	chén'āi, chéntǔ, huīchén 尘埃，尘土，灰尘 チェンアイ, チェントゥ, ホウイチェン	dust, dirt ダスト, ダート
ちり 地理	dìlǐ 地理 ディーリィ	geography チアグラフィ
ちりょう 治療(する)	yīzhì, zhìliáo 医治，治疗 イーヂー, ヂーリアオ	medical treatment メディカル トリートメント
散る	sàn, fēnsàn 散，分散 サン, フェンサン	scatter, disperse スキャタ, ディスパース
(花が)	huā xiè, huā luò 花谢，花落 ホア シエ, ホア ルゥオ	fall フォール
(気が)	sǎnmàn, bù zhuānyī 散漫，不专一 サンマン, ブゥ ヂュワンイー	distract ディストラクト
ちんあ 賃上げ	jiāxīn 加薪 ジアシン	wage increase ウェイヂ インクリース
ちんか 沈下(する)	xiàchén, chénjiàng 下沉，沉降 シアチェン, チェンジアン	subsidence; sink サブサイデンス; スィンク
ちんがり 賃借りする	zūjiè 租借 ヅゥジエ	rent, lease レント, リース
ちんぎん 賃金	gōngzī, xīnshui 工资，薪水 ゴンヅー, シンシュイ	wages, pay ウェイヂズ, ペイ
ちんじゅつ 陳述(する)	chénshù 陈述 チェンシュウ	statement; state ステイトメント; ステイト
ちんじょう 陳情(する)	qǐngyuàn 请愿 チィンユエン	petition ピティション
ちんせいざい 鎮静剤	dìngxīnwán, zhènjìngjì 定心丸，镇静剂 ディンシンワン, チェンジィンジィ	sedative セダティヴ
ちんたい 沈滞	dāizhì, chénmèn, sǐqì chénchén 呆滞，沉闷，死气沉沉 ダイヂー, チェンメン, スーチィ チェンチェン	inactivity イナクティヴィティ
ちんたい 賃貸	chūzū 出租 チュウヅゥ	rent レント

日	中	英
ちんちゃく 沈着な	chénzhuó 沉着 チェンヂュオ	calm, composed カーム, コンポウズド
ちんつうざい 鎮痛剤	zhǐtòngyào 止痛药 ヂートンヤオ	analgesic アナルヂーズィク
ちんでん 沈殿(する)	chéndiàn 沉淀 チェンディエン	precipitation; settle プリスィピテイション；セトル
チンパンジー	hēixīngxing 黑猩猩 ヘイシィンシィン	chimpanzee チンパンズィー
ちんぼつ 沈没(する)	chénmò, xiàchén 沉没，下沉 チェンモォ, シアチェン	sinking; sink スィンキング；スィンク
ちんもく 沈黙(する)	chénmò, chénjì 沉默，沉寂 チェンモォ, チェンジィ	silence; be silent サイレンス；ビ サイレント
ちんれつ 陳列(する)	chénliè, pūchén 陈列，铺陈 チェンリエ, プゥチェン	exhibition エクスィビション

つ, ツ

日	中	英
ツアー	lǚxíng, lǚyóu 旅行，旅游 リュイシィン, リュイヨウ	tour トゥア
つい 対	(chéng)duì (成)对 (チョン)ドゥイ	pair, couple ペア, カプル
ついか 追加(する)	zhuījiā, tiānbǔ 追加，添补 ヂュイジア, ティエンブゥ	addition; add to アディション；アド
～の附加	fùjiā 附加 フゥジア	additional アディショナル
ついきゅう 追及(する)	zhuīchá, zhuījiū 追查，追究 ヂュイチァア, ヂュイジウ	questioning; cross-examine クウェスチョニング；クロースイグザミン
ついきゅう 追求(する)	zhuīqiú 追求 ヂュイチウ	pursuit; pursue パシュート；パシュー
ついきゅう 追究(する)	zhuījiū, tànsuǒ 追究，探索 ヂュイジウ, タンスゥオ	investigation インヴェスティゲイション

日	中	英
ついしん 追伸	yòují, zàizhě 又及，再者 ヨウジィ, ヅァイヂョァ	postscript, P.S. ポウストスクリプト
ついせき 追跡 (する)	gēnzōng, wěizhuī, zhuīzōng 跟踪，尾追，追踪 ゲンヅォン, ウェイヂュイ, ヂュイヅォン	chase チェイス
ついたち 一日・朔	yī hào 一号 イー ハオ	the first day ザ ファースト デイ
ついている	yùnqi hǎo, zǒuyùn 运气好，走运 ユィンチ ハオ, ヅォウユィン	be lucky ビ ラキ
ついとう 追悼する	zhuīdào 追悼 ヂュイダオ	mourn モーン
ついとつ 追突する	cóng hòumiàn zhuàngshàng 从后面撞上 ツォン ホウミエン ヂュアンシャァン	crash into the rear of クラシュ イントゥ ザ リア
つい 遂に	zhōngyú, dàodǐ 终于，到底 ヂォンユィ, ダオディー	at last アト ラスト
ついほう 追放 (する)	qūzhú, fàngzhú 驱逐，放逐 チュイヂュウ, ファアンヂュウ	banishment バニシュメント
つい 費やす	huā, fèi, huāfèi 花，费，花费 ホア, フェイ, ホアフェイ	spend スペンド
ついらく 墜落 (する)	zhuìluò 坠落 ヂュイルゥオ	fall, drop; crash フォール, ドラプ; クラシュ
ツイン (ルーム)	shuāngrén fángjiān 双人房间 シュアンレン ファアンジエン	twin room トウィン ルーム
つう 通	nèiháng, hángjia 内行，行家 ネイハァン, ハァンジア	authority オサリティ
つうか 通貨	tōnghuò, huòbì 通货，货币 トンホゥオ, ホゥオビィ	currency カーレンスィ
つうか 通過 (する)	tōngguò, jīngguò 通过，经过 トングゥオ, ジィングゥオ	passing by パシィング バイ
つうがく 通学 (する)	zǒudú, shàng xué 走读，上学 ヅォウドゥ, シャァンシュエ	go to school ゴウ トゥ スクール
つうかん 通関	guòguān shǒuxù, bàoguān 过关手续，报关 グゥオグワン ショウシュイ, バオグワン	customs clearance カスタムズ クリアランス

日	中	英
つうきん 通勤 (する)	shàng bān 上班 シャァンバン	go to the office ゴウ トゥ ザ オフィス
つうこう 通行 (する)	tōngxíng, wǎnglái 通行，往来 トンシィン, ワァンライ	traffic; pass トラフィク；パス
〜人	xíngrén 行人 シィンレン	passer-by パサバイ
つうじょう 通常 (の)	yìbān, tōngcháng 一般，通常 イーバン, トンチャァン	usually ユージュアリ
つう 通じる	tōng 通 トン	go *to*, lead *to* ゴウ, リード
(電話が)	tōng diànhuà 通电话 トン ディエンホア	get through *to* ゲト スルー
(知る)	tōngxiǎo, jīngtōng 通晓，精通 トンシアオ, ジィントン	be familiar *with* ビ ファミリア
つうしん 通信 (する)	tōng xìn, tōngxùn 通信，通讯 トンシン, トンシュィン	communication カミューニケイション
〜社	tōngxùnshè 通讯社 トンシュィンショア	news agency ニューズ エイヂェンスィ
つうち 通知 (する)	tōngzhī 通知 トンヂー	inform インフォーム
つうちょう 通帳	cúnzhé 存折 ツゥンチョア	passbook パスブク
つうふう 痛風	tòngfēng 痛风 トンフォン	gout ガゥト
つうやく 通訳 (する)	fānyì 翻译 ファンイー	interpreter; interpret インタープリタ；インタープリト
つうよう 通用する	tōngyòng 通用 トンヨン	pass *for*, be in use パス, ビ イン ユース
ツーリスト	lǚxíngshè 旅行社 リュイシィンショア	tourist トゥアリスト
つうれつ 痛烈	jīliè, měngliè 激烈，猛烈 ジィリエ, モンリエ	bitterly ビタリ

日	中	英
通路(つうろ)	guòdào, tōnglù 过道，通路 グゥオダオ, トンルゥ	passage, path パスィヂ, パス
～側の席	kào zǒudào de zuòwèi 靠走道的坐位 カオ ヅォウダオ ダ ヅゥオウェイ	aisle seat アイル スィート
杖(つえ)	shǒuzhàng, guǎizhàng 手杖，拐杖 ショウヂャァン, グアイヂャァン	stick, cane スティク, ケイン
使(つか)い	pài rén 派人 パイレン	errand, messenger エラン, メスィンヂャ
～を出す	dǎfa rén qù, pài rén qù 打发人去，派人去 ダァファ レン チュイ, パイ レン チュイ	
使(つか)い方(かた)	yòngfǎ 用法 ヨンファア	how to use ハウ トゥ ユース
使(つか)いこなす	yùnyòng zìrú 运用自如 ユィンヨン ヅールゥ	have a good command ハヴ ア グド カマンド
使(つか)う	yòng, shǐyòng 用，使用 ヨン, シーヨン	use ユース
(雇う)	gù 雇 グゥ	employ インプロイ
(費やす)	huā, fèi, huāfèi 花，费，花费 ホア, フェイ, ホアフェイ	spend スペンド
仕(つか)える	fúshi, cìhou, fúwù 服侍，伺候，服务 フゥシ, ツーホウ, フゥウゥ	serve サーヴ
束(つか)の間(ま)の	yíshùnjiān, zhuǎnyǎn zhī jiān 一瞬间，转眼之间 イーシュンジエン, ヂュワンイエン ヂー ジエン	momentary モウメンテリ
捕[掴](つか)まえる	zhuō, bǔzhuō 捉，捕捉 ヂュオ, ブゥヂュオ	catch キャチ
(逮捕する)	bǔhuò, zhuāzhù 捕获，抓住 ブゥホゥオ, ヂュアヂュウ	arrest アレスト
捕[掴](つか)まる	bèi zhuāzhù, bèibǔ 被抓住，被捕 ベイ ヂュアヂュウ, ペイブゥ	be caught ビ コート
(すがる)	bèi zhuàizhù 被拽住 ベイ ヂュアイヂュウ	grasp, hold on to グラスプ, ホウルド オン

日	中	英
掴む (つか)	zhuā, jiū 抓, 揪 ヂュア, ジウ	seize, catch スィーズ, キャチ
浸かる (つ)	pào 泡 パオ	be soaked ビ ソウクト
疲れ (つか)	píláo 疲劳 ピィラオ	fatigue ファティーグ
疲れる (つか)	lèi, píláo, píjuàn 累, 疲劳, 疲倦 レイ, ピィラオ, ピィジュエン	be tired ビ タイアド
月 (つき)	yuèliang 月亮 ユエリアン	the moon ザ ムーン
（暦の）	yuèfèn 月份 ユエフェン	month マンス
次 (つぎ)	xiàcì, xiàyíge 下次, 下一个 シアツー, シアイーガ	the next one ザ ネクスト ワン
～に	dì'èr, xiàmian 第二, 下面 ディーアル, シアミエン	next, secondly ネクスト, セコンドリ
～の	xià yí(ge), qícì 下一(个), 其次 シア イー(ガ), チィツー	next, following ネクスト, ファロウイング
付き合い (つ あ)	jiāowǎng, yìngchou 交往, 应酬 ジアオワン, イィンチョウ	association アソウスィエイション
付き合う (つ あ)	dǎ jiāodào, jiāowǎng, láiwang 打交道, 交往, 来往 ダァ ジアオダオ, ジアオワン, ライワン	keep company *with* キープ カンパニ
（男女が）	jiāo péngyou, tán liàn'ài 交朋友, 谈恋爱 ジアオ ポンヨウ, タン リエンアイ	
突き当たる (つ あ)	zhuàngshàng, pèngdào 撞上, 碰到 ヂュアンシャアン, ポンダオ	run against ラン アゲインスト
月極め (つきぎ)	àn yuè 按月 アン ユエ	monthly マンスリ
突き刺す (つ さ)	zhā, cì 扎, 刺 ヂャア, ツー	thrust, pierce スラスト, ピアス
付き添い (つ そ)	cìhou, zhàokàn, hùlǐ 伺候, 照看, 护理 ツーホウ, ヂャオカン, ホゥリイ	attendant, escort アテンダント, エスコート

日	中	英
つ そ 付き添う	fúshi, péibàn 服侍，陪伴 フウシ, ペイバン	accompany アカンパニ
つ だ 突き出す	tǐngqǐ, shēnchū 挺起，伸出 ティンチィ, シェンチュウ	thrust out スラスト アウト
(警察に)	niǔsòng 扭送 ニウソン	hand over ハンド オウヴァ
つ た 継ぎ足す	bǔshàng, tiānshàng 补上，添上 ブシャァン, ティエンシャァン	add to アド
つきづき 月々	měige yuè 每个月 メイガ ユエ	every month エヴリ マンス
つぎつぎ 次々	jiē èr lián sān, jiēlián búduàn 接二连三，接连不断 ジェ アル リエン サン, ジェリエン ブゥドワン	one after another ワン アフタ アナザ
つ で 突き出る	tūchū 突出 トゥチュウ	stick out スティク アウト
つ と 突き止める	chámíng, zhuījiū 查明，追究 チャアミィン, ヂュイジウ	find out, trace ファインド アウト, トレイス
つきな 月並みな	píngyōng, píngdàn wúqí 平庸，平淡无奇 ピィンヨン, ピィンダン ウウチィ	common カモン
つきひ 月日	shíguāng, suìyuè 时光，岁月 シーグアン, スゥイユエ	days, time デイズ, タイム
つ まと 付き纏う	chánzhù, jiūchán 缠住，纠缠 チャンヂュウ, ジウチャン	follow... about ファロウ アバウト
つ め 継ぎ目	jiēfèng 接缝 ジエフォン	joint, juncture チョイント, チャンクチャ
つ 尽きる	jìn, wán, jiéshù 尽，完，结束 ジン, ワン, ジエシュウ	be exhausted ビ イグゾーステド
つ 就く	jiùrèn 就任 ジウレン	get a job ゲト ア チャブ
床に	jiùqǐn 就寝 ジウチン	go to bed ゴウ トゥ ベド
つ 着く	dào 到 ダオ	arrive at, in アライヴ

日	中	英
(席に)	jiùxí, rùzuò 就席，入座 ジウシィ, ルゥヅゥオ	take *one's* seat テイク スィート
っ 突く	tǒng, zhā, chuō 捅，扎，戳 トン, チァア, チュオ	thrust, pierce スラスト, ピアス
っ 付く	fùzhuó, zhānshàng 附着，粘上 フゥヂュオ, ヂャンシャァン	stick *to* スティク
(接触)	pèngdào, jiēchù 碰到，接触 ポンダオ, ジエチュウ	touch タチ
っ 継ぐ	jìchéng 继承 ジィチョン	succeed, inherit サクスィード, インヘリト
つくえ 机	shūzhuō, zhuōzi, xiězìtái 书桌，桌子，写字台 シュウヂュオ, チュオヅ, シエヅータイ	desk, bureau デスク, ビュアロウ
っ 尽くす	jìn, jié 尽，竭 ジン, ジエ	exhaust イグゾースト
(尽力)	jìnlì, jiélì 尽力，竭力 ジンリィ, ジエリィ	serve, endeavor サーヴ, インデヴァ
つぐな 償う	péi, péicháng 赔，赔偿 ペイ, ペイチャァン	compensate *for* カンペンセイト
つく かた 作り方	zuòfǎ, zuòfǎ 做法，作法 ヅゥオファア, ヅゥオファア	how to make ハウ トゥ メイク
つく だ 作り出す	chuàngzào, zàochéng 创造，造成 チュアンヅァオ, ヅァオチョン	create クリエイト
(生産)	zhìzào, shēngchǎn 制造，生产 ヂーヅァオ, ションチャン	produce プロデュース
つく ばなし 作り話	jiǎhuà, biānzào de huà 假话，编造的话 ジアホア, ビエンヅァオ ダ ホア	made-up story メイダプ ストーリ
つく 作る	zuò, zuò, zào 做，作，造 ヅゥオ, ヅゥオ, ヅァオ	make メイク
(創造)	chuàngzào 创造 チュアンヅァオ	create クリエイト
(製造・産出)	zhìzuò, zhìzào, shēngchǎn 制作，制造，生产 ヂーヅゥオ, ヂーヅァオ, ションチャン	manufacture マニュファクチャ

日	中	英
(形成)	xíngchéng, gòuchéng 形成，构成 シィンチョン, ゴウチョン	form, organize フォーム, オーガナイズ
(建設)	xiūjiàn, gài((fángzi)) 修建，盖((房子)) シュジエン, ガイ《ファンヅ》	build, construct ビルド, カンストラクト
つくろ 繕う	féngbǔ, xiūbǔ 缝补，修补 フォンブゥ, シウブゥ	repair, mend リペア, メンド
(体裁を)	fūyan 敷衍 フゥイエン	save セイヴ
つ あ 付け合わせ	pèicài 配菜 ペイツァイ	garnish ガーニシュ
つ くわ 付け加える	fùjiā, bǔchōng 附加，补充 フゥジア, ブゥチォン	add アド
つけもの 漬物	xiáncài, pàocài 咸菜，泡菜 シエンツァイ, パオツァイ	pickles ピクルズ
つ 付ける	ānshàng, jiāshàng 安上，加上 アンシャァン, ジアシャァン	put, attach プト, アタチ
つ 着ける	tiēshàng, chuān 贴上，穿 ティエシャァン, チュワン	put on, wear プト オン, ウェア
つ 点ける	diǎn((huǒ)), kāi((dēng)) 点《火》, 开《灯》 ディエン《ホゥオ》, カイ《デゥン》	light, set fire ライト, セト ファイア
つ 告げる	gàosu 告诉 ガオスゥ	tell, inform テル, インフォーム
つごう 都合	qíngkuàng 情况 チィンクアン	convenience カンヴィーニェンス
～のよい	fāngbiàn 方便 ファアンビエン	convenient コンヴィーニェント
つじつま 辻褄	tiáolǐ 条理 ティアオリィ	
～が合う	yǒu tiáo yǒu lǐ 有条有理 ヨウ ティアオ ヨウ リィ	be consistent *with* ビ コンスィステント
つた 伝える	chuán(dá), zhuǎngào 传(达)，转告 チュワン(ダァ), チュワンガオ	tell, report テル, リポート

日	中	英
<ruby>伝<rt>つた</rt></ruby>わる	chuándào 传到 チュワンダオ	be conveyed ビ カンヴェイド
（噂が）	chuánbō 传播 チュワンボオ	spread, pass スプレド, パス
<ruby>土<rt>つち</rt></ruby>	tǔ, tǔrǎng 土, 土壤 トゥ, トゥラァン	earth, soil アース, ソイル
<ruby>培<rt>つちか</rt></ruby>う	péiyǎng 培养 ペイヤン	cultivate, foster カルティヴェイト, フォスタ
<ruby>筒<rt>つつ</rt></ruby>	guǎnzi, tǒngzi 管子, 筒子 グワンヅ, トンヅ	pipe, tube パイプ, テューブ
<ruby>続<rt>つづ</rt></ruby>き	jìxù, jiēxù 继续, 接续 ジィシュィ, ジエシュィ	sequel スィークウェル
<ruby>突付<rt>つつ</rt></ruby>く	tǒng, tǒnggu 捅, 捅咕 トン, トング	poke *at* ポウク
<ruby>続<rt>つづ</rt></ruby>く	jìxù, chíxù 继续, 持续 ジィシュィ, チーシュィ	continue, last カンティニュー, ラスト
（後に）	jiēlián, jiēzhe 接连, 接着 ジエリェン, ジエヂャ	follow, succeed *to* ファロウ, サクスィード
<ruby>続<rt>つづ</rt></ruby>ける	jìxù, chíxù, jiēzhe 继续, 持续, 接着 ジィシュィ, チーシュィ, ジエヂャ	continue カンティニュー
<ruby>突<rt>つ</rt></ruby>っ<ruby>込<rt>こ</rt></ruby>む	chājìn, sāijìn 插进, 塞进 チャアジン, サイジン	thrust... into スラスト イントゥ
<ruby>躑躅<rt>つつじ</rt></ruby>	dùjuān, yìngshānhóng 杜鹃, 映山红 ドゥジュエン, イィンシャンホン	azalea アゼイリァ
<ruby>慎<rt>つつし</rt></ruby>む	jǐnshèn, shènzhòng, jiézhì 谨慎, 慎重, 节制 ジンシェン, シェンヂォン, ジエヂー	refrain *from* リフレイン
<ruby>慎<rt>つつ</rt></ruby>ましい	qiānxū, pǔshí 谦虚, 朴实 チエンシュィ, プゥシー	modest, humble マディスト, ハンブル
<ruby>包<rt>つつ</rt></ruby>み	bāoguǒ 包裹 バオグゥオ	package, parcel パキヂ, パースル
<ruby>包<rt>つつ</rt></ruby>む	bāo, guǒ 包, 裹 バオ, グゥオ	wrap, envelop *in* ラプ, インヴェロプ

日	中	英
つづ 綴り	pīnxiě, pīnzì 拼写，拼字 ピンシエ，ピンヅー	spelling スペリング
(書類の)	(yí) cè (一)册 (イー) ツゥア	file ファイル
つづ 綴る	zhuì zì, pīn(xiě) 缀字，拼(写) チュイ ヅー，ピン(シエ)	spell スペル
つど 集い	jíhuì 集会 ジィホゥイ	gathering ギャザリング
つと 勤め	gōngzuò, zhíwù 工作，职务 ゴンヅゥオ，ヂーウゥ	business, work ビズネス，ワーク
つと 務め	rènwu, yìwù, fúwù 任务，义务，服务 レンウ，イーウゥ，フウゥ	duty, service デューティ，サーヴィス
つと 勤める	gōngzuò, rènzhí, zuòshì 工作，任职，做事 ゴンヅゥオ，レンヂー，ヅゥオシー	work ワーク
つと 務める	dānrèn, fúwù 担任，服务 ダンレン，フウゥウ	serve サーヴ
(演じる)	dāng, bànyǎn 当，扮演 ダァン，バンイエン	play, act プレイ，アクト
つと 努める	nǔlì, jìnlì 努力，尽力 ヌゥリィ，ジンリィ	try to トライ
つな 綱	tiáo cūshéng, shéngzi, shéngsuǒ 〔条〕粗绳，绳子，绳索 ティアオ ツゥション，ションヅ，ションスゥオ	rope ロウプ
～引き	báhé 拔河 バアホオア	tug of war タグ オヴ ウォー
つな 繋がる	liánjié, liánjiē 联结，连接 リエンジエ，リエンジエ	be connected with ビ カネクテド ウィズ
つな 繋ぐ	shuān, jì, liánjié, liánjiē 栓，系，联结，连接 シュワン，ジィ，リエンジエ，リエンジエ	tie, connect タイ，カネクト
つなみ 津波	hǎixiào 海啸 ハイシアオ	*tsunami*, tidal wave ツナーミ，タイドル ウェイヴ
つね 常に	jīngcháng, lǎo, zǒng 经常，老，总 ジィンチャアン，ラオ，ヅォン	always, usually オールワズ，ユージュアリ

日	中	英
つね 抓る	níng, qiā 拧,掐 ニィン,チア	pinch, nip ピンチ,ニプ
つの 角	jījiao 犄角 ジィジアオ	horn ホーン
つの 募る	zhāomù 招募 チャオムゥ	gather, collect ギャザ,カレクト
つば 唾	tuòmo, kǒushuǐ 唾沫,口水 トゥオモ,コウシュイ	spittle, saliva スピトル,サライヴァ
つばき 椿	shānchá, shāncháhuā 山茶,山茶花 シャンチァア,シャンチァアホア	camellia カミーリア
つばさ 翼	zhī/duì/shuāng chìbǎng 〔只/对/双〕翅膀 チー/ドゥイ/シュアン チーバァン	wing ウィング
つばめ 燕	zhī yànzi 〔只〕燕子 チー イエンヅ	swallow スワロウ
つぶ 粒	lìzi 粒子 リィヅ	grain, drop グレイン,ドラプ
つぶ 潰す	yāhuài, jǐsuì 压坏,挤碎 ヤァホアイ,ジスウイ	break, crush ブレイク,クラシュ
(暇・時間を)	xiāomó《shíguāng》 消磨《时光》 シアオモォ《シーグアン》	waste, kill ウェイスト,キル
つぶや 呟く	gūnong, xiǎoshēng shuō 咕哝,小声说 グウノン,シアオション シュオ	murmur マーマ
つぶ 潰れる	yāhuài 压坏 ヤァホアイ	break, be crushed ブレイク,ビ クラシュド
(破産)	pòchǎn, dǎobì 破产,倒闭 ポォチャン,ダオビィ	go bankrupt ゴウ バンクラプト
つぼみ 蕾	huāgūduo, huālěi, huābāo 花骨朵,花蕾,花苞 ホアグゥドゥオ,ホアレイ,ホアバオ	bud バド
つま 妻	qīzi, lǎopo, nèirén 妻子,老婆,内人 チィヅ,ラオポ,ネイレン	wife ワイフ
つまさき 爪先	jiǎojiān 脚尖 ジアオジエン	tiptoe ティプトウ

日	中	英
つまず 躓く	bàn(dǎo), diējiāo 绊(倒),跌跤 バン(ダオ),ディエジアオ	stumble スタンブル
つ 摘まみ	diànniǔ, tíniǔ 电钮,提扭 ディエンニウ,ティーニウ	knob ナブ
(一つまみ)	yì cuō((yán)) 一撮《盐》 イー ツゥオ《イエン》	a pinch ア ピンチ
(酒の)	xiàjiǔcài, jiǔyáo 下酒菜,酒肴 シアジウツァイ,ジウヤオ	relish レリシュ
つ 摘まむ	cuō, niān, qiā 撮,拈,掐 ツゥオ,ニエン,チア	pick, pinch ピク,ピンチ
つ 詰まらない	wúliáo, méiqù 无聊,没趣 ウゥリアオ,メイチュイ	worthless, trivial ワースレス,トリヴィアル
つ 詰まり	jiùshì shuō, zǒng ér yán zhī 就是说,总而言之 ジウシー シュオ,ヅォン アル イエン ヂー	after all, in short アフタ オール,イン ショート
つ 詰まる	dǔsè 堵塞 ドゥスァ	be stuffed ビ スタフト
(充満)	sāimǎn, jǐmǎn 塞满,挤满 サイマン,ジィマン	be packed ビ パクト
つみ 罪	zuì, zuìguo, zuìniè 罪,罪过,罪孽 ヅゥイ,ヅゥイグゥオ,ヅゥイニエ	sin スィン
(犯罪)	fànzuì, zuìxíng 犯罪,罪行 ファンヅゥイ,ヅゥイシィン	crime, offense クライム,オフェンス
～を犯す	fàn'zuì 犯罪 ファンヅゥイ	commit a crime カミト ア クライム
つ かさ 積み重ねる	lěijī, luò, jīlěi 垒积,摞,积累 レイジィ,ルゥオ,ジィレイ	pile up パイル アプ
つ き 積み木	jīmù 积木 ジィムゥ	blocks, bricks ブラクス,ブリクス
つ こ 積み込む	zhuāngzài, zhuāngjìn 装载,装进 デュアンヅァイ,デュアンジン	load ロウド
つ だ 積み出す	zhuāngchū, fāsòng 装出,发送 デュアンチュウ,ファアソン	send, forward センド,フォーワド

日	中	英
積み立てる (つ・た)	jīcún, jīzǎn 积存，积攒 ジィツゥン, ジィザン	deposit ディパズィト
積み荷 (つ・に)	zǎihuò 载货 ヅァイホゥオ	load, freight, cargo ロゥド, フレイト, カーゴゥ
積む (つ)	duījī, jīlěi 堆积，积累 ドゥイジィ, ジィレイ	pile, lay パイル, レイ
（積載）	zhuāngzǎi, zhuāng▾huò 装载，装货 ヂュアンヅァイ, ヂュアンホゥオ	load ロゥド
摘む (つ)	zhāi 摘 ヂャイ	pick, pluck ピク, プラク
爪 (つめ)	zhǐjia 指甲 ヂージア	nail, claw ネイル, クロー
～切り	zhǐjiadāo 指甲刀 ヂージアダオ	nail clipper ネイル クリパ
詰め合わせ (つ・あ)	hùnzhuāng 混装 ホゥンヂュアン	assortment アソートメント
詰め込む (つ・こ)	sāi(jìn), zhuāng(rù) 塞(进)，装(入) サイ(ジン), ヂュアン(ルゥ)	pack *with* パク
冷たい (つめ)	lěng, liáng 冷，凉 ルォン, リアン	cold, chilly コウルド, チリ
詰める (つ)	tián, sāi, zhuāng 填，塞，装 ティエン, サイ, ヂュアン	stuff, fill スタフ, フィル
（席を）	jǐjǐn, kàojǐn 挤紧，靠紧 ジィジン, カオジン	make room メイク ルーム
積もり (つ)	dǎsuan 打算 ダァスワン	intention インテンション
積もる (つ)	jīlěi, lěijī 积累，累积 ジィレイ, レイジィ	accumulate アキューミュレイト
艶 (つや)	guāngzé 光泽 グアンヅゥア	gloss, luster グロス, ラスタ
梅雨 (つゆ)	méiyǔ(qī), huángméitiān 梅雨(期)，黄梅天 メイユィ(チィ), ホアンメイティエン	the rainy season ザ レイニ スィーズン

日	中	英
つゆ 露	lùshuǐ 露水 ルウシュイ	dew, dewdrop デュー, デュードラブ
つよい 強い	qiáng(zhuàng), qiángliè 强(壮), 强烈 チアン(ヂュアン), チアンリエ	strong, powerful ストロング, パウアフル
つよきの 強気の	qiángyìng, jiānjué 强硬, 坚决 チアンイン, ジエンジュエ	strong, aggressive ストローング, アグレスィヴ
つよさ 強さ	qiángdù 强度 チアンドゥ	strength ストレンクス
つよび 強火	wǔhuǒ, dàhuǒ 武火, 大火 ウウホウオ, ダアホウオ	high flame ハイ フレイム
つよまる 強まる	jiāqiángqǐlai, zēngqiáng 加强起来, 增强 ジアチアンチライ, ゾンチアン	become strong ビカム ストロング
つらい 辛い	nánguò, nánshòu 难过, 难受 ナングウオ, ナンショウ	hard, painful ハード, ペインフル
つらなる 連なる	liánjiē, xiānglián 连接, 相连 リエンジエ, シアンリエン	stretch, run ストレチ, ラン
つらぬく 貫く	guàntōng, chuāntòu 贯通, 穿透 グワントン, チュワントウ	pierce, penetrate ピアス, ペネトレイト
(初志を)	guànchè chūzhōng 贯彻初衷 グワンチョウ チュウヂョン	accomplish アカンプリシュ
つらら 氷柱	bīnglíng, bīngzhuī, bīngzhù 冰凌, 冰锥, 冰柱 ビィンリィン, ビィンチュイ, ビィンヂュウ	icicle アイスィクル
つり 釣り	diàoyú 钓鱼 ディアオユイ	fishing フィシング
つりあい 釣り合い	pínghéng, jūnhéng 平衡, 均衡 ピィンヘゥン, ジュインヘゥン	balance バランス
〜をとる	bǎochí pínghéng 保持平衡 バオチー ピィンヘゥン	balance, harmonize バランス, ハーモナイズ
つりあう 釣り合う	pínghéng 平衡 ピィンヘゥン	balance, match バランス, マチ
つりせん 釣り銭	zhǎotou 找头 チャオトウ	change チェインヂ

日	中	英
つ ばし 吊り橋	diàoqiáo, xuánsuǒqiáo 吊桥，悬索桥 ディアオチアオ, シュエンスゥオチアオ	suspension bridge サスペンション ブリヂ
つ 釣る	diào 钓 ディアオ	fish フィシュ
つる 鶴	xiānhè 仙鹤 シエンホァr	crane クレイン
つ 吊るす	diào, guà, xuánguà 吊，挂，悬挂 ディアオ, グア, シュエングア	hang, suspend ハング, サスペンド
つ 連れ	tóngbàn, bànlǚ, huǒbàn 同伴，伴侣，伙伴 トンバン, バンリュイ, ホゥオバン	companion カンパニオン
つ い 連れて行く	dàizǒu 带走 ダイヅォウ	take テイク

て, テ

日	中	英
て 手	zhī/shuāng shǒu 〔只 / 双〕手 ヂー / シュアン ショウ	hand, arm ハンド, アーム
（手段・方法）	shǒuduàn, bànfǎ, fāngfǎ 手段，办法，方法 ショウドワン, バンファア, ファアンファア	way, means ウェイ, ミーンズ
であ 出会う	yùjiàn, pèngjiàn, pèngshang 遇见，碰见，碰上 ユィジエン, ポンジエン, ポンシャアン	meet, come across ミート, カム アクロス
てあし 手足	shǒujiǎo 手脚 ショウジアオ	hands and feet ハンヅ アンド フィート
てあつ 手厚い	yōuhòu 优厚 ヨウホウ	cordial, warm コーヂャル, ウォーム
てあ 手当て	zhìliáo 治疗 ヂーリアオ	medical treatment メディカル トリートメント
（給与）	jīntiē, bǔtiē 津贴，补贴 ジンティエ, ブゥティエ	allowance アラウアンス
ていあん 提案(する)	tí'àn, jiànyì, tíyì 提案，建议，提议 ティーアン, ジエンイー, ティーイー	propose プロポウズ

日	中	英
ティー	chá 茶 チャア	tea ティー
(ゴルフの)	qiúzuò 球座 チウヅゥオ	tee ティー
～カップ	chábēi 茶杯 チャアベイ	teacup ティーカプ
～バッグ	dàipàochá, dàichá 袋泡茶, 袋茶 ダイパオチャア, ダイチャア	teabag ティーバグ
～ポット	cháhú 茶壺 チャアホウ	teapot ティーパト
ティーシャツ	T xùshān, hànshān T恤衫, 汗衫 T シュイシャン, ハンシャン	T-shirt ティーシャート
ていいん 定員	míng'é, dìngyuán 名额, 定员 ミンウア, ディンユエン	capacity カパスィティ
ティーンエージャー	shíjǐ suì de qīngshàonián 十几岁的青少年 シージィ スゥイ ダ チンシャオニエン	teen-ager ティーネイヂャ
ていえん 庭園	huāyuán, tíngyuán 花园, 庭园 ホアユエン, ティンユエン	garden ガードン
ていか 定価	dìngjià 定价 ディンジア	fixed price フィクスト プライス
ていき 定期	dìngqī cúnkuǎn 定期存款 ディンチイ ツゥンクワン	deposit account ディパズィト アカウント
～券	yuèpiào 月票 ユエピアオ	commutation ticket カミュテイション ティケト
～的な	dìngqī 定期 ディンチイ	regular, periodic レギュラ, ピアリアディク
ていぎ 定義	dìngyì 定义 ディンイー	definition デフィニション
～する	xià dìngyì 下定义 シア ディンイー	define ディファイン
ていきあつ 低気圧	dīqìyā 低气压 ディーチイヤア	low pressure ロウ プレシャ

日	中	英
ていきゅう 低級な	dījí, lièděng 低级，劣等 ディージィ, リエデゥン	inferior, low インフィアリア, ロウ
ていきゅうび 定休日	(dìngqī) xiūxirì (定期)休息日 (ディンチィ) シウシリー	regular holiday レギュラ ハリデイ
ていきょう 提供(する)	tígōng, gōngjǐ 提供，供给 ティーゴン, ゴンジィ	supply, offer サプライ, オファ
テイクアウトの	wàimài 外卖 ワイマイ	takeout テイカウト
ていけい 提携(する)	hézuò 合作 ホォアヅゥオ	tie-up タイアプ
ていけつあつ 低血圧	dīxuèyā 低血压 ディーシュエヤァ	low blood pressure ロウ ブラド プレシャ
ていこう 抵抗(する)	dǐkàng, fǎnkàng 抵抗，反抗 ディーカァン, ファンカァン	resistance; resist リズィスタンス；リズィスト
ていこく 定刻	zhèngdiǎn, dìngshí 正点，定时 チョンディエン, ディンシー	the appointed time ジ アポインティド タイム
ていさい 体裁	wàimào, wàibiǎo, ménmian 外貌，外表，门面 ワイマオ, ワイビアオ, メンミエン	appearance アピアランス
ていさつ 偵察(する)	zhēnchá 侦察 チェンチャア	reconnaissance リカネサンス
ていし 停止(する)	tíngzhǐ 停止 ティンヂー	stop スタプ
ていじ 定時	zhèngdiǎn, zhǔnshí 正点，准时 チョンディエン, チュンシー	fixed time フィクスト タイム
ていしゃ 停車(する)	tíngchē 停车 ティンチョア	stop スタプ
ていじゅう 定住(する)	dìngjū, luòhù 定居，落户 ディンヂュイ, ルゥオホゥ	settlement セトルメント
ていしゅつ 提出(する)	tíchū, tíjiāo 提出，提交 ティーチュウ, ティージアオ	presentation; present プリーゼンテイション；プレゼント
ていしょう 提唱する	tíchàng, chàngdǎo 提倡，倡导 ティーチァン, チァンダオ	advocate, propose アドヴォケイト, プロポウズ

日	中	英
ていしょく 定食	fènrfàn, tàocān 份儿饭，套餐 フェルファン, タオツァン	table d'hote テイブル ドウト
ていすう 定数	dìngshù, dìng'é 定数，定额 ディンシュウ, ディンウァ	fixed number フィクスト ナンバ
（数学）	chángshù, héngshù 常数，恒数 チャアンシュウ, ヘゥンシュウ	constant カンスタント
ディスカウント	jiǎnjià, zhékòu 减价，折扣 ジェンジア, チョアンコウ	discount ディスカウント
ディスプレイ	xiǎnshìqì 显示器 シエンシーチィ	display ディスプレイ
てい 呈する	chéngxiàn 呈现 チョンシエン	offer, show オファ, ショウ
ていせい 訂正 (する)	gǎizhèng, dìngzhèng, xiūzhèng 改正，订正，修正 ガイチョン, ディンチョン, シウチョン	correction コレクション
ていせつ 定説	dìnglùn, dìngshuō 定论，定说 ディンルゥン, ディンシュオ	established theory イスタブリシュト スィオリ
ていせん 停戦	tíngzhàn 停战 ティンチャン	truce, cease-fire トルース, スィースファイア
ていそ 提訴する	qǐsù, kòngsù 起诉，控诉 チスゥ, コンスゥ	file a suit ファイル ア スート
ていぞく 低俗な	yōngsú, xiàliú 庸俗，下流 ヨンスゥ, シアリウ	vulgar, lowbrow ヴァルガ, ロウブラウ
ていたい 停滞 (する)	tíngzhì, tíngdùn 停滞，停顿 ティンチー, ティンドゥン	slump; stagnate スランプ ; スタグネイト
ていたく 邸宅	zháidì, zháidǐ, gōngguǎn 宅第，宅邸，公馆 チャイディー, チャイディー, ゴングワン	residence レズィデンス
ていちゃく 定着 (する)	gùdìng, zhāgēn 固定，扎根 グゥディン, チャアゲン	fixing; fix フィクスィング ; フィクス
ていちょう 丁重な	zhèngzhòng, yīnqín, chéngzhì 郑重，殷勤，诚挚 チョンチョン, インチン, チョンチー	polite, courteous ポライト, カーティアス
ていちょう 低調な	bú rèliè, dīchén 不热烈，低沉 ブゥ ルアリエ, ディーチェン	inactive, dull イナクティヴ, ダル

日	中	英
ティッシュ	wèishēngzhǐ, shǒuzhǐ 卫生纸，手纸 ウェイションヂー，ショウヂー	tissue ティシュー
ていでん 停電	tíngdiàn 停电 ティンディエン	power failure パウア フェイリュア
ていど 程度	chéngdù, shuǐpíng 程度，水平 チョンドゥ，シュイピン	degree, grade ディグリー, グレイド
ていとう 抵当	dǐyā 抵押 ディーヤア	mortgage モーギヂ
～に入れる	zuò dǐyā 作抵押 ヅゥオ ディーヤア	mortgage モーギヂ
ディナー	zhèngcān, wǎncān 正餐，晚餐 ヂョンツァン，ワンツァン	dinner ディナ
ていねい 丁寧　～な	gōngjìng, kěnqiè, zhèngzhòng 恭敬，恳切，郑重 ゴンジン，ケンチエ，ヂョンヂォン	polite ポライト
～に	yīnqín, qīnqiè, xìxīn 殷勤，亲切，细心 インチン，チンチエ，シィシン	politely ポライトリ
ていねん 定年	tuìxiū niánlíng 退休年龄 トゥイシウ ニエンリィン	the retirement age ザ リタイアメント エイヂ
ていはく 停泊する	tíngbó 停泊 ティンボォ	anchor アンカ
ディフェンス	fángshǒu 防守 ファアンショウ	defense ディフェンス
ていぼう 堤防	dī'àn, dīfáng, dībà 堤岸，堤防，堤坝 ディーアン，ディーファアン，ディーパア	bank, embankment バンク, インバンクメント
ていめい 低迷(する)	dāizhì, tíngzhì, dīcháo 呆滞，停滞，低潮 ダイヂー，ティンヂー，ディーチャオ	sluggishness スラギシュネス
ていり 定理	dìnglǐ 定理 ディンリィ	theorem スィオレム
でい 出入り	chūrù 出入 チュウルゥ	coming and going カミング アンド ゴウイング
ていりゅうじょ 停留所	(qì)chēzhàn (汽)车站 (チィ)チョアヂャン	stop スタプ

日	中	英
手入れ(する)	bǎoyǎng, xiūzhěng, wéixiū 保养，修整，维修 バオヤン, シウヂョン, ウェイシウ	maintenance メインテナンス
(警察の)	sōubǔ, jiǎnjǔ 搜捕，检举 ソウブゥ, ジエンヂュイ	police raid ポリース レイド
ディレクター	dǎoyǎn 导演 ダオイエン	director ディレクタ
データ	shùjù, zīliào, lùnjù 数据，资料，论据 シュウヂュイ, ヅーリアオ, ルウンヂュイ	data デイタ
〜ベース	shùjùkù 数据库 シュウヂュイクウ	data base デイタ ベイス
デート(する)	yuēhuì 约会 ユエホゥイ	date; date *with* デイト; デイト
テープ	dài 带 ダイ	tape テイプ
(磁気テープ)	cídài, jiāodài 磁带，胶带 ツーダイ, ジアオダイ	tape テイプ
〜レコーダー	lùyīnjī 录音机 ルウインジィ	tape recorder テイプ リコーダ
テーブル	zhāng zhuōzi, fànzhuō 〔张〕桌子，饭桌 ヂャアン ヂュオヅ, ファンヂュオ	table テイブル
〜クロス	kuài zhuōbù, táibù 〔块〕桌布，台布 クアイ ヂュオブゥ, タイブゥ	tablecloth テイブルクロス
テーマ	tímù, zhǔtí 题目，主题 ティームゥ, ヂュウティー	theme, subject スィーム, サブヂクト
手遅れ(になる)	dānwu, wéi shí yǐ wǎn 耽误，为时已晚 ダンウ, ウェイ シー イー ワン	be too late ビ トゥー レイト
手掛かり	xiànsuǒ, tóuxù 线索，头绪 シエンスゥオ, トウシュイ	clue, key クルー, キー
手書きの	shǒuxiě, shǒushū 手写，手书 ショウシエ, ショウシュウ	handwritten ハンドリトン
出掛ける	chūmén 出门 チュウメン	go out ゴウ アウト

日	中	英
てがた 手形	zhāng piàojù 〔张〕票据 チァァン ピアオヂュイ	note, bill ノウト, ビル
(手の形)	shǒuyìn, zhǎngyìn 手印, 掌印 ショウイン, チァァンイン	handprint ハンドプリント
てがみ 手紙	fēng xìn, shūxìn 〔封〕信, 书信 フォン シン, シュウシン	letter レタ
てがら 手柄	gōngláo, gōngjì 功劳, 功绩 ゴンラオ, ゴンジィ	exploit イクスプロイト
てがる 手軽な	qīngbiàn, jiǎnbiàn 轻便, 简便 チンビエン, ジエンビエン	easy, light イーズィ, ライト
てき 敵	dírén, duìtou, chóudí 敌人, 对头, 仇敌 ディーレン, ドゥイトウ, チョウディー	enemy, opponent エネミ, オポウネント
できあ 出来上がる	zuòhǎo 做好 ヅゥオハオ	be completed ビ カンプリーテド
てきい 敵意	díyì, díduì qíngxù 敌意, 敌对情绪 ディーイー, ディードゥイ チィンシュィ	hostility ハスティリティ
てきおう 適応(する)	shìyìng 适应 シーイィン	adjustment; adjust アヂャストメント; アヂャスト
てきかく 的確な	zhǔnquè, quèqiè 准确, 确切 ヂュンチュエ, チュエチエ	precise, exact プリサイス, イグザクト
てきごう 適合(する)	shìhé, shìyìng, fúhé 适合, 适应, 符合 シーホォア, シーイィン, フゥホォア	fitness; conform *to* フィトネス; コンフォーム
できごと 出来事	jiàn shì, shìjiàn 〔件〕事, 事件 ジエン シー, シージエン	event, incident イヴェント, インスィデント
てきし 敵視(する)	díshì, chóushì 敌视, 仇视 ディーシー, チョウシー	hostility; be hostile *to* ハスティリティ; ビ ハスティル
てきしゅつ 摘出(する)	zhāichú 摘除 チャイチュウ	removal リムーヴァル
テキスト	běn kèběn, jiàokēshū, 〔本〕课本, 教科书, ベン クァベン, ジアオクァシュウ, fèn jiàocái, jiǎngyì 〔份〕教材, 讲义 フェン ジアオツァイ, ジアンイー	text テクスト

日	中	英
てき 適する	shìhé, shìyìng 适合，适应 シーホオア, シーイィン	fit, suit フィト, スート
てきせい 適性	shìyìngxìng 适应性 シーイィンシィン	aptitude アプティテュード
てきせつ 適切な	shìdàng, qiàdàng, quèqiè (de) 适当，恰当，确切(的) シーダァン, チアダァン, チュエチエ (ダ)	proper, adequate プラパ, アディクウェト
できだか 出来高	shōuhuòliàng, chǎnliàng 收获量，产量 ショウホゥオリアン, チャンリアン	output, yield アウトプト, イールド
〜払いで	jìjiàn fùchóuzhì 计件付酬制 ジィジエン フゥチョウヂー	on a piece rate オン ナ ピース レイト
でき た 出来立て	gāng zuòhǎo 刚做好 ガァン ヅゥオハオ	new ニュー
てきとう 適当な	shìdàng, qiàdàng (de) 适当，恰当(的) シーダァン, チアダァン (ダ)	fit *for*, suitable *to, for* フィト, シュータブル
てきど 適度の	shìdàng, shìdù (de) 适当，适度(的) シーダァン, シードゥ (ダ)	moderate, temperate マダレト, テンプレト
てきぱき	máli, lìluo, mǐnjié 麻利，利落，敏捷 マァリ, リィルゥオ, ミンジエ	promptly プランプトリ
てきよう 適用(する)	shìyòng, yìngyòng 适用，应用 シーヨン, イィンヨン	application; apply アプリケイション；アプライ
でき 出来る	néng, huì, kěyǐ 能，会，可以 ヌオン, ホゥイ, カイー	can キャン
(可能)	kěyǐ, kěnéng 可以，可能 カイー, カァヌオン	be possible ビ パスィブル
(生産・産出)	shēngchǎn, chūchǎn 生产，出产 ションチャン, チュウチャン	be produced ビ プロデュースト
(生じる)	chǎnshēng, chūxiàn, fāshēng 产生，出现，发生 チャンション, チュウシエン, ファアション	be born, form ビ ボーン, フォーム
(能力がある)	huì, néng, nénggòu 会，能，能够 ホゥイ, ヌオン, ヌオンゴウ	able, good エイブル, グド
てぎわ 手際	jìqiǎo, shǒufǎ 技巧，手法 ジィチアオ, ショウファア	skill スキル

日	中	英
〜がよい	yǒu jìqiǎo de, shǒufǎ hǎo de 有技巧的，手法好的 ヨウ ジィチアオ ダ, ショウファア ハオ ダ	skillful スキルフル
てぐち 手口	shǒuduàn, shǒufǎ 手段，手法 ショウドワン, ショウファア	way, style ウェイ, スタイル
でぐち 出口	chūkǒu, chūlù 出口，出路 チュウコウ, チュウルゥ	exit, way out エクスィト, ウェイ アウト
テクニシャン	jìyì gāochāo de rén 技艺高超的人 ジィイー ガオチャオ ダ レン	technician テクニシャン
テクニック	jìqiǎo, jìyì 技巧，技艺 ジィチアオ, ジィイー	the technique ザ テクニーク
てくび 手首	shǒuwànzi, wànzi 手腕子，腕子 ショウワンヅ, ワンヅ	wrist リスト
てごころ くわ 手心を加える	zhuóqíng, zhuóliáng, zhēnzhuó 酌情，酌量，斟酌 ヂュオチン, ヂュオリアン, チェンヂュオ	use *one's* discretion ユーズ ディスクレション
て 手こずる	nánbàn, jíshǒu, làshǒu 难办，棘手，辣手 ナンバン, ジィショウ, ラァショウ	have trouble *with* ハヴ トラブル
てごた 手応えがある	xiàoguǒ 效果 シアオグゥオ	have effect ハヴ イフェクト
てごろ 手頃な	língqiǎo, qīngbiàn 灵巧，轻便 リィンチアオ, チィンビエン	handy, reasonable ハンディ, リーズナブル
（適している）	héshì, shìyí 合适，适宜 ホォアシー, シーイー	reasonable リーズナブル
てごわ 手強い	nán duìfu, nánbàn, jíshǒu 难对付，难办，棘手 ナン ドゥイフ, ナンバン, ジィショウ	tough, formidable タフ, フォーミダブル
デザート	tiándiǎn, tiánshí 甜点，甜食 ティエンディエン, ティエンシー	dessert ディザート
デザイナー	shèjìjiā 设计家 ショァジィジア	designer ディザイナ
（服飾の）	fúzhuāng shèjìshī 服装设计师 フゥヂュアン ショァジィシー	designer ディザイナ
デザイン	shèjì, shìyàng, kuǎnshì 设计，式样，款式 ショァジィ, シーヤン, クワンシー	design ディザイン

日	中	英
てさぐ 手探りする	mō, mōsuǒ 摸, 摸索 モオ, モオスウオ	grope グロウプ
てざわ 手触り	shǒugǎn 手感 ショウガン	touch, feel タチ, フィール
てしごと 手仕事	shǒugōng 手工 ショウゴン	manual work マニュアル ワーク
てした 手下	shǒuxiàrén, bùxià, zhǎoyá 手下人, 部下, 爪牙 ショウシアレン, ブウシア, チャオヤア	follower ファロウア
デジタルの	shùzì (shì), shùmǎ 数字(式), 数码 シュウヅー(シー), シュウマア	digital ディヂタル
てじな 手品	móshù, xìfǎ 魔术, 戏法 モオシュウ, シイファア	magic tricks マヂク トリクス
出しゃばる	chū fēngtou, duōzuǐ 出风头, 多嘴 チュウ フォントウ, ドゥオヅゥイ	thrust *one's* nose *into* スラスト ノウズ
てじゅん 手順	chéngxù, shùnxù 程序, 顺序 チョンシュイ, シュンシュイ	order, process オーダ, プラセス
てすう 手数	máfan 麻烦 マアファン	trouble トラブル
～料	yòngjīn, shǒuxùfèi 佣金, 手续费 ヨンジン, ショウシュイフェイ	commission カミション
デスク	xiězìtái, bàngōngzhuō 写字台, 办公桌 シエヅータイ, バンゴンヂュオ	desk デスク
～トップ	zhuōmiàn 桌面 ヂュオミエン	desk-top デスクタプ
～ワーク	shìwù 事务 シーウウ	deskwork デスクワーク
テスト	shìyàn, cèshì, cèyàn 试验, 测试, 测验 シーイエン, ツウアシー, ツウアイエン	test テスト
てすり 手摺	pái lángān, fúshou 〔排〕栏杆, 扶手 パイ ランガン, フウショウ	handrail ハンドレイル
てせい 手製の	shǒugōng, shǒuzhì, zìzhì 手工, 手制, 自制 ショウゴン, ショウヂー, ヅーヂー	handmade ハンドメイド

日	中	英
てそう 手相	shǒuxiàng 手相 ショウシアン	the lines of the palm ザ ラインズ オヴ ザ パーム
でたらめ 出鱈目	húshuō, pìhuà 胡说，屁话 ホゥシュオ, ピィホア	nonsense ナンセンス
～な	huāngtáng, wújī (de) 荒唐，无稽(的) ホアンタァン, ウゥジィ(ダ)	irresponsible イリスパンスィブル
てちがい 手違い	chācuò, cuòwù 差错，错误 チャアツゥオ, ツゥオウゥ	mistake ミステイク
てちょう 手帳	běn bǐjìběn 〔本〕笔记本 ベン ビィジィベン	notebook ノウトブク
てつ 鉄	kuài tiě 〔块〕铁 クアイ ティエ	iron アイアン
てっかい 撤回(する)	chèhuí, chèxiāo 撤回，撤销 チョアホゥイ, チョアシアオ	withdrawal ウィズドローアル
てつがく 哲学	zhéxué 哲学 ヂョアシュエ	philosophy フィラソフィ
～者	zhéxuéjiā 哲学家 ヂョアシュエジア	philosopher フィラソファ
てっきょう 鉄橋	tiěqiáo 铁桥 ティエチアオ	iron bridge アイアン ブリヂ
てづくりの 手作りの	shǒugōng, zìzhì, qīnshǒu zuò (de) 手工，自制，亲手做(的) ショウゴン, ヅーチー, チンショウ ヅゥオ(ダ)	handmade ハンドメイド
てつ きん 手付け金	dìngqián 定钱 ディンチエン	earnest money アーニスト マニ
てっこう 鉄鋼	gāngtiě 钢铁 ガァンティエ	iron and steel アイアン アンド スティール
てっこつ 鉄骨	gānggǔ 钢骨 ガァングゥ	iron frame アイアン フレイム
デッサン	sùmiáo 素描 スゥミアオ	sketch スケチ
てったい 撤退(する)	chètuì 撤退 チョアトゥイ	withdrawal ウィズドローアル

日	中	英
<ruby>手<rt>てつだ</rt></ruby>伝い	bāngzhù, bāngmáng, bāngshǒu 帮助，帮忙，帮手 バァンヂュウ, バァンマァン, バァンショウ	help ヘルプ
(人)	bāngshou 帮手 バァンショウ	help, assistant ヘルプ, アスィスタント
<ruby>手<rt>てつだ</rt></ruby>伝う	bāngzhù, bāngmáng, bāngshǒu 帮助，帮忙，帮手 バァンヂュウ, バァンマァン, バァンショウ	help, assist ヘルプ, アスィスト
<ruby>手<rt>てつづ</rt></ruby>続き	shǒuxù 手续 ショウシュイ	the procedure ザ プロスィーヂャ
<ruby>徹<rt>てってい</rt></ruby>底(的な)	chèdǐ (de) 彻底(的) チョァディー (ダ)	thorough, complete サロ, コンプリート
<ruby>鉄<rt>てつどう</rt></ruby>道	tiáo tiělù, tiědào 〔条〕铁路，铁道 ティアオ ティエルゥ, ティエダオ	railroad レイルロウド
デッドヒート	jīliè zhēngdòu, bù fēn shèng fù 激烈争斗，不分胜负 ジィリエ ヂョンドウ, ブゥ フェン ション フゥ	dead heat デド ヒート
<ruby>鉄<rt>てっぱん</rt></ruby>板	kuài tiěbǎn 〔块〕铁板 クアイ ティエバン	iron plate アイアン プレイト
<ruby>鉄<rt>てつぼう</rt></ruby>棒	gēn tiěgùn, tiěbàng 〔根〕铁棍，铁棒 ゲン ティエグゥン, ティエバァン	iron bar アイアン バー
(体操の)	gēn dānggàng 〔根〕单杠 ゲン ダンガァン	horizontal bar ホリザンタル バー
<ruby>徹<rt>てつや</rt></ruby>夜	chèyè 彻夜 チョァイエ	staying up all night スティング アプ オール ナイト
～する	áoyè, kāi yèchē 熬夜，开夜车 アオイエ, カイ イエチョァ	stay up all night ステイ アプ オール ナイト
テナー	nángāoyīn 男高音 ナンガオイン	tenor テナ
テナント	fángkè, zūlìnzhě 房客，租赁者 ファアンクァ, ヅゥリンヂョァ	tenant テナント
テニス	wǎngqiú 网球 ワァンチウ	tennis テニ
<ruby>手<rt>てにもつ</rt></ruby>荷物	suíshēn xíngli, shǒutí xíngli 随身行李，手提行李 スゥイシェン シィンリ, ショウティー シィンリ	baggage バギヂ

日	中	英
～預かり所	xíngli jìcúnchù 行李寄存处 シィンリ ジィツゥンチュウ	baggage room バギヂ ルーム
～預かり証	zhāng xínglipiào,〔张〕行李票, ヂァン シィンリピアオ, xíngli lǐngqǔzhèng 行李领取证 シィンリ リィンチュィヂォン	claim tag クレイム タグ
テノール	nángāoyīn 男高音 ナンガオイン	tenor テナ
手の甲	shǒubèi 手背 ショウベイ	the back of the hand ザ バク オヴ ザ ハンド
掌・手の平	shǒuzhǎng, zhǎng 手掌, 掌 ショウヂァァン, ヂァァン	the palm of the hand ザ パーム オヴ ザ ハンド
デノミネーション	suōxiǎo huòbì miànzhí 缩小货币面值 スゥオシアオ ホゥオビィ ミエンヂー	redenomination リーディナミネイション
デパート	jiā bǎihuò shāngdiàn,〔家〕百货商店, ジア バイホゥオ シャァンディエン, zhuàng bǎihuò dàlóu〔幢〕百货大楼 ヂュアン バイホゥオ ダァロウ	department store ディパートメント ストー
手配(する)	ānpái, chóubèi 安排, 筹备 アンパイ, チョウベイ	arrangement; arrange アレインヂメント；アレインヂ
手筈	chéngxù, jìhuà, zhǔnbèi 程序, 计划, 准备 チォンシュイ, ジィホア, ヂュンベイ	plan, arrangements プラン, アレインジュメンツ
手放す	gēshě, tuōshǒu, zhuǎnràng 割舍, 脱手, 转让 グァショァ, トゥオショウ, ヂュワンラァン	dispose of ディスポウズ
手引き	zhǐdǎo 指导 ヂーダオ	guidance ガイダンス
～書	běn zhǐnán, biànlǎn, shǒucè〔本〕指南, 便览, 手册 ベン ヂーナン, ビエンラン, ショウツゥア	guide, manual ガイド, マニュアル
デビュー(する)	chūcì dēngtái, chūcì yǎnchū 初次登台, 初次演出 チュツゥー デゥンタイ, チュツゥー イエンチュウ	debut デイビュー

日	中	英
デフォルメ	biànxíng 变形 ビエンシィン	deformation ディフォーメイション
てぶくろ 手袋	fù shǒutào 〔付〕手套 フゥ ショウタオ	gloves グラヴズ
て 手ぶらで	kōngshǒu 空手 コンショウ	empty-handed エンプティハンディド
デフレ	tōnghuò jǐnsuō 通货紧缩 トンホゥオ ジンスゥオ	deflation ディフレイション
てほん 手本	bǎngyàng, mófàn, yàngbǎn 榜样, 模范, 样板 バァンヤン, モォファン, ヤンバン	example, model イグザンプル, マドル
てま 手間	gōngfu, láolì 工夫, 劳力 ゴンフ, ラオリィ	time and labor タイム アンド レイバ
デマ	yáoyán, liúyán 谣言, 流言 ヤオイエン, リウイエン	false rumor フォルス ルーマ
でまえ 出前	sòng cài 送菜 ソン ツァイ	catering service ケイタリング サーヴィス
でむか 出迎える	yíngjiē 迎接 イィンジエ	meet, receive ミート, リスィーヴ
デメリット	quēdiǎn 缺点 チュエディエン	demerit ディーメリト
デモ	shìwēi, yóuxíng 示威, 游行 シーウェイ, ヨウシィン	demonstration デモンストレイション
デモクラシー	mínzhǔ, mínzhǔ zhǔyì 民主, 民主主义 ミンチュゥ, ミンチュゥ チュウイー	democracy ディマクラスィ
てもと 手許[元]に	shǒutóu, shǒuli, shǒu dǐxia 手头, 手里, 手底下 ショウトウ, ショウリィ, ショウ ディーシア	at hand アト ハンド
デモンストレーション	yǎnshì, shìwēi, shìfàn 演示, 示威, 示范 イエンシー, シーウェイ, シーファン	demonstration デモンストレイション
デュエット (重唱)	èrchóngchàng 二重唱 アルチョンチャァン	duet デュエト

日	中	英
(重奏)	èrchóngzòu 二重奏 アルチョンヅォウ	duet デュエト
てら 寺	jiān sìyuàn, sìmiào, fósì 〔间〕寺院，寺庙，佛寺 ジエン スーユエン, スーミアオ, フオスー	temple テンプル
て 照らす	zhào, zhàoyào, zhàoshè 照，照耀，照射 チャオ, チャオヤオ, チャオショア	light, illuminate ライト, イリューミネイト
デラックスな	háohuá, gāojí 豪华，高级 ハオホア, ガオジィ	deluxe デルクス
デリカシー	yōuyǎ, xìnì, jīngxì 优雅，细腻，精细 ヨウヤア, シイニィ, ジィンシィ	delicacy デリカスィ
デリケートな	wēimiào, jīngzhì, mǐngǎn (de) 微妙，精致，敏感(的) ウェイミアオ, ジィンチー, ミンガン (ダ)	delicate デリケト
テリトリー	lǐngyù, dìpán 领域，地盘 リィンユイ, ディーパン	territory テリトーリ
て 照る	zhào, zhàoyào 照，照耀 チャオ, チャオヤオ	shine シャイン
で 出る	chū 出 チュウ	go out ゴウ アウト
(出席・参加)	chūxí, cānjiā 出席，参加 チュウシィ, ツァンジア	attend, join アテンド, チョイン
(現れる)	chūxiàn, xiǎnlù 出现，显露 チュウシエン, シエンルウ	come out, appear カム アウト, アピア
テレパシー	xīnlíng gǎnyìng, xīn xīn xiāng yìn 心灵感应，心心相印 シンリィン ガンイン, シン シン シアン イン	telepathy テレパスィ
テレビ	diànshì, diànshìjī 电视，电视机 ディエンシー, ディエンシージィ	television テレヴィジョン
～電話	diànshì diànhuà, kěshì diànhuà 电视电话，可视电话 ディエンシー ディエンホア, クァシー ディエンホア	videophone ヴィディオウフォウン
テレフォンカード	diànhuàkǎ 电话卡 ディエンホアカァ	telephone card テレフォウン カード
て 照れる	hàixiū, pàxiū, miǎntiǎn 害羞，怕羞，腼腆 ハイシウ, パァシウ, ミエンティエン	be shy ビ シャイ

日	中	英
テロ	kǒngbù zhǔyì, kǒngbù xíngdòng 恐怖主义，恐怖行动 コンブゥ ヂュウイー, コンブゥ シィンドン	terrorism テラリズム
～リスト	kǒngbù fènzǐ 恐怖分子 コンブゥ フェンヅー	terrorist テラリスト
テロップ	zìmù 字幕 ヅームゥ	telop テロゥプ
てわた 手渡す	dìjiāo, jiāogěi 递交，交给 ディージアオ, ジアオゲイ	hand ハンド
てん 天	tiān, tiānkōng 天，天空 ティエン, ティエンコン	the sky ザ スカイ
(天国)	tiāntáng, tiānguó 天堂，天国 ティエンタァン, ティエングゥオ	Heaven ヘヴン
てん 点	diǎn 点 ディエン	dot, point ダト, ポイント
(点数)	bǐfēn, défēn 比分，得分 ビィフェン, ドゥァフェン	score, point スコー, ポイント
(品物の数)	jiàn, ge 件，个 ジエン, ガ	piece, item ピース, アイテム
でんあつ 電圧	diànyā 电压 ディエンヤァ	voltage ヴォゥルティヂ
てんい(する) 転移(する)	zhuǎnyí 转移 ヂュワンイー	metastasis; metastasize メタスタスィス；メタスタサイズ
てんいん 店員	diànyuán, shòuhuòyuán 店员，售货员 ディエンユエン, ショウホゥオユエン	clerk クラーク
てんか 天下	tiānxià 天下 ティエンシア	the world ザ ワールド
てんか(する) 点火(する)	diǎnhuǒ, diǎnrán 点火，点燃 ディエンホゥオ, ディエンラン	ignition イグニション
でんか 電化	diànqìhuà, diànhuà 电气化，电化 ディエンチィホア, ディエンホア	electrification イレクトリフィケイション
てんかい 展開	kāizhǎn, zhǎnkāi 开展，展开 カイヂャン, ヂャンカイ	development ディヴェロプメント

日	中	英
〜する	kāizhǎn, zhǎnkāi, zhǎnxiàn 开展，展开，展现 カイヂャン, ヂャンカイ, ヂャンシエン	develop ディヴェロプ
<ruby>添加物<rt>てんかぶつ</rt></ruby>	tiānjiāwù 添加物 ティエンジアウゥ	additive アディティヴ
<ruby>天気<rt>てんき</rt></ruby>	tiānqì 天气 ティエンチ	weather ウェザ
（晴天）	qíngtiān, hǎotiān 晴天，好天 チンティエン, ハオティエン	fine weather ファイン ウェザ
〜予報	tiānqì yùbào 天气预报 ティエンチ ユイバオ	the weather forecast ザ ウェザ フォーキャスト
<ruby>伝記<rt>でんき</rt></ruby>	zhuàn, zhuànjì 传，传记 ヂュワン, ヂュワンジィ	biography バイアグラフィ
<ruby>電気<rt>でんき</rt></ruby>	diàn, diànqì 电，电气 ディエン, ディエンチ	electricity イレクトリスィティ
（電灯）	diàndēng 电灯 ディエンデゥン	electric light イレクトレク ライト
〜洗濯機	tái xǐyījī 〔台〕洗衣机 タイ シィイージィ	washing machine ワシング マシーン
〜掃除機	xīchénqì 吸尘器 シィチェンチ	vacuum cleaner ヴァキュアム クリーナ
<ruby>電球<rt>でんきゅう</rt></ruby>	dēngpào 灯泡 デゥンパオ	electric bulb イレクトレク バルブ
<ruby>転居<rt>てんきょ</rt></ruby>（する）	bānjiā, qiānjū 搬家，迁居 バンジア, チエンヂュイ	move ムーヴ
<ruby>転勤<rt>てんきん</rt></ruby>（する）	diàodòng gōngzuò 调动工作 ディアオドン ゴンヅゥオ	transference トランス ファーランス
<ruby>典型<rt>てんけい</rt></ruby>	diǎnxíng 典型 ディエンシィン	model, type マドル, タイプ
〜的な	diǎnxíng (de) 典型（的） ディエンシィン（ダ）	typical, ideal ティピカル, アイディアル
<ruby>点検<rt>てんけん</rt></ruby>（する）	jiǎnchá, jiǎndiǎn 检查，检点 ジエンチャア, ジエンディエン	inspection インスペクション

■電気製品■   ⇒ 台所用品

- れいぼう 冷房　冷气 /lěngqì ルォンチィ/ (®air conditioning)
- せんぷうき 扇風機　电(风)扇 /diàn(fēng)shàn ディエン(フォン)シャン/ (®electric fan)
- だんぼう 暖房　暖气 /nuǎnqì ヌワンチィ/ (®heating)
- そうじき 掃除機　吸尘器 /xīchénqì シィチェンチィ/ (®vacuum cleaner)
- せんたくき 洗濯機　洗衣机 /xǐyījī シィイージィ/ (®washing machine)
- かんそうき 乾燥機　干燥器 /gānzàoqì ガンツァオチィ/ (®desiccator)
- ドライヤー　吹风机 /chuīfēngjī チュイフォンジィ/ (®drier)
- でんき 電気　电灯 /diàndēng ディエンドウン/ (®electric light)
- たくじょうでんき 卓上電気スタンド　台灯 /táidēng タイドゥン/ (®floor lamp)
- れいぞうこ 冷蔵庫　(电)冰箱 /(diàn)bīngxiāng (ディエン)ビィンシアン/ (®refrigerator)
- れいとうこ 冷凍庫　冰柜, 冷柜, 冰箱 /bīngguì, lěngguì, bīngxiāng ビィングゥイ, ルォングゥイ, ビィンシアン/ (®freezer)
- でんし 電子レンジ　微波炉 /wēibōlú ウェイボオルゥ/ (®microwave oven)
- テレビ　电视 /diànshì ディエンシー/ (®television)
- ビデオデッキ　录像机 /lùxiàngjī ルゥシアンジィ/ (®video tape recorder)
- ラジカセ　收录机 /shōulùjī ショウルゥジィ/ (®boom box)
- DVDデッキ　影碟机 /yǐngdiéjī イィンディエジィ/ (®DVD recorder)
- MDプレーヤー　MD机, MD随身听 /MD jī, MD suíshēntīng MD ジィ, MD スウィシェンティン/ (®MD player)
- テレビゲーム　电视游戏 /diànshì yóuxì ディエンシー ヨウシィ/ (®video game)
- ステレオ　(组合)音响 /(zǔhé) yīnxiǎng (ヅゥホォァ) インシアン/ (®stereo)
- パソコン　(个人)电脑 /(gèrén) diànnǎo (グァレン) ディエンナオ/ (®personal computer)
- プリンター　打印机 /dǎyìnjī ダァインジィ/ (®printer)
- ファックス　传真 /chuánzhēn チュワンヂェン/ (®fax)
- コピー機　复印机 /fùyìnjī フゥインジィ/ (®copier)

日	中	英
でんげん 電源	diànyuán 电源 ディエンユエン	power supply パウア サプライ
てんこう 天候	tiānqì, tiānhòu 天气，天候 ティエンチィ, ティエンホウ	weather ウェザ
てんこう 転向（する）	zhuǎnxiàng, zhuǎnbiàn fāngxiàng 转向，转变方向 チュワンシアン, チュワンビエン ファアンシアン	conversion カンヴァーション
でんこう 電光	diànguāng 电光 ディエングアン	flash of lightning フラシュ オヴ ライトニング
てんこう 転校する	zhuǎnxué, zhuǎnxiào 转学，转校 チュワンシュエ, チュワンシアオ	change one's school チェインヂ スクール
てんごく 天国	tiānguó, tiāntáng 天国，天堂 ティエングゥオ, ティエンタァン	Heaven, Paradise ヘヴン, パラダイス
でんごん 伝言	kǒuxìn 口信 コウシン	message メスィヂ
～する	zhuǎngào, chuánhuà 转告，传话 チュワンガオ, チュワンホア	give a message ギヴ ア メスィヂ
てんさい 天才	tiāncái 天才 ティエンツァイ	genius ヂーニアス
てんさい 天災	tiānzāi, zìrán zāihài 天灾，自然灾害 ティエンツァイ, ズーラン ヅァイハイ	calamity, disaster カラミティ, ディザスタ
てんさく 添削（する）	shāngǎi, pīgǎi, xiūgǎi 删改，批改，修改 シャンガイ, ピィガイ, シウガイ	correct; correction カレクト ; カレクション
てんし 天使	tiānshǐ, ānqí'ér 天使，安琪儿 ティエンシー, アンチィアル	angel エインジェル
てんじ 展示（する）	zhǎnshì, zhǎnlǎn, chénliè 展示，展览，陈列 ヂャンシー, ヂャンラン, チェンリエ	exhibition; exhibit エクスィビション ; イグズィビト
～会	zhǎnlǎnhuì 展览会 ヂャンランホゥイ	exhibition, show エクスィビション, ショウ
てんじ 点字	mángzì, diǎnzì 盲字，点字 マァンヅー, ディエンヅー	braille ブレイル
でんし 電子	diànzǐ 电子 ディエンヅー	electron イレクトラン

日	中	英
~工学	diànzǐxué 电子学 ディエンツースーシュエ	electronics イレクトラニクス
でんじ 電磁	diàncí 电磁 ディエンツー	
~石	kuài diàncítiě 〔块〕电磁铁 クアイ ディエンツーティエ	electromagnet イレクトロウマグネト
~波	diàncíbō 电磁波 ディエンツーボォ	electromagnetic wave イレクトロウマグネティク ウェイヴ
でんしゃ 電車	liàng diànchē 〔辆〕电车 リアン ディエンチョァ	electric train イレクトレク トレイン
てんじょう 天井	dǐngpéng, tiānpéng 顶棚，天棚 ディンポン, ティエンポン	the ceiling ザ スィーリング
でんしょう 伝承	kǒuchuán, chuánshuō 口传，传说 コウチュワン, チュワンシュオ	tradition トラディション
てんじょういん 添乗員	péitóng 陪同 ペイトン	tour conductor トゥア カンダクタ
てんしょく 転職(する)	gǎiháng, tiàocáo, zhuǎnyè 改行，跳槽，转业 ガイハァン, ティアオツァオ, チュワンイエ	job change チャブ チェインヂ
てん 転じる	zhuǎnbiàn, gǎibiàn, zhuǎnhuàn 转变，改变，转换 チュワンビエン, ガイビエン, チュワンホワン	change, turn チェインヂ, ターン
でんしん 電信	diànxìn, diànbào 电信，电报 ディエンシン, ディエンバオ	telegraphic communication テレグラフィク カミューニケイション
てんすう 点数	fēnshù 分数 フェンシュウ	marks, score マークス, スコー
(試合の)	défēn, bǐfēn 得分，比分 ドゥアフェン, ビィフェン	score スコー
てんせい 天性(の)	tiānxìng, bǐngxìng, tiānfù (de) 天性，禀性，天赋(的) ティエンシィン, ビィンシィン, ティエンフゥ(ダ)	natural ナチュラル
でんせつ 伝説	chuánshuō 传说 チュワンシュオ	legend レヂェンド
てんせん 点線	tiáo xūxiàn, diǎnxiàn 〔条〕虚线，点线 ティアオ シュイシエン, ディエンシエン	dotted line ダテド ライン

日	中	英
でんせん 伝染 (する)	chuánrǎn 传染 チュワンラン	infection インフェクション
～病	chuánrǎnbìng 传染病 チュワンランビィン	infectious disease インフェクシャス ディズィーズ
でんせん 電線	tiáo diànxiàn 〔条〕电线 ティアオ ディエンシエン	electric wire イレクトレク ワイア
てんそう 転送する	zhuǎnsòng 转送 ヂュワンソン	forward フォーワド
てんたい 天体	tiāntǐ, xīngqiú 天体，星球 ティエンティー，シィンチゥ	heavenly body ヘヴンリ バディ
でんたく 電卓	jìsuànqì, xiùzhēn jìsuànjī 计算器，袖珍计算机 ジスワンチィ，シゥヂェン ジスワンジィ	calculator キャルキュレイタ
でんたつ 伝達 (する)	chuándá, zhuǎndá 传达，转达 チュワンダァ，ヂュワンダァ	communication カミューニケイション
てんち 天地	tiāndì, tiānrǎng 天地，天壤 ティエンディー，ティエンランァン	heaven and earth ヘヴン アンド アース
(上と下)	shàngxià 上下 シャアンシア	top and bottom タプ アンド バトム
でんち 電池	diànchí 电池 ディエンチー	electric cell イレクトレク セル
てんちょう 転調	zhuǎndiào, biàndiào 转调，变调 ヂュワンディアオ，ビエンディアオ	modulation マヂュレイション
てんてき 点滴	diǎndī 点滴 ディエンディー	intravenous drip injection イントラヴィーナス ドリプ インヂェクション
テント	zhàngpeng, yíngzhàng 帐篷，营帐 ヂャアンポン，イィンヂャァン	tent テント
てんとう 転倒 (する)	shuāijiāo, bàndǎo, diēdǎo 摔跤，绊倒，跌倒 シュアイジアオ，バンダオ，ディエダオ	fall down フォール ダウン
でんとう 伝統 (の)	chuántǒng 传统 チュワントン	tradition; traditional トラディション；トラディショナル
でんどう 伝導	chuándǎo 传导 チュワンダオ	conduction カンダクション

日	中	英
(光・音の)	chuándǎo 传导 チュワンダオ	transmission トランスミション
てんねん 天然(の)	tiānrán (de) 天然，天然(的) ティエンラン(ダ)	nature; natural ネイチャ；ナチュラル
～ガス	tiānránqì 天然气 ティエンランチィ	natural gas ナチュラル ギャス
てんのう 天皇	tiānhuáng 天皇 ティエンホアン	emperor エンペラ
てんのうせい 天王星	tiānwángxīng 天王星 ティエンワンシィン	Uranus ユアラナス
でんぱ 電波	diànbō 电波 ディエンボォ	electric wave イレクトレク ウェイヴ
てんび 天火	kǎolú 烤炉 カオルゥ	oven アヴン
てんびき 天引(する)	yùkòu, yùxiān kòuchú 预扣，预先扣除 ユィコウ，ユィシェン コウチュウ	deduction; deduct ディダクション；ディダクト
でんぴょう 伝票	zhāng chuánpiào 〔张〕传票 チャアン チュワンピアオ	slip スリプ
てんびんざ 天秤座	tiānchèngzuò 天秤座 ティエンチョンヅゥオ	the Balance, Libra ザ バランス，ライブラ
てんぷ 添付(する)	tiānshàng, fùshàng, fùjiā 添上，附上，附加 ティエンシャアン，フゥシャアン，フゥジア	attachment; attach アタチメント；アタチ
てんぷく 転覆(する)	fāndǎo, diānfù 翻倒，颠覆 ファンダオ，ディエンフゥ	overturn; turn over オウヴァターン；ターン オウヴァ
てんぶん 天分	tiānfèn, tiānzī, tiānfù 天分，天资，天赋 ティエンフェン，ティエンツー，ティエンフゥ	gift ギフト
でんぷん 澱粉	diànfěn 淀粉 ディエンフェン	starch スターチ
テンポ	jiézòu, sùdù, pāizi 节奏，速度，拍子 ジエヅォウ，スゥドゥ，パイヅ	tempo テンポウ
てんぼう 展望(する)	zhǎnwàng, tiàowàng 展望，眺望 チャンワアン，ティアオワアン	view ヴュー

日	中	英
でんぽう 電報	fèn diànbào 〔份〕电报 フェン ディエンバオ	telegram テレグラム
てんまつ 顛末	shǐmò, yuánwěi, jīngguò 始末，原委，经过 シーモォ, ユエンウェイ, ジィングゥオ	the details ザ ディーテイルズ
(事情)	shǐmò, yuánwěi, jīngguò 始末，原委，经过 シーモォ, ユエンウェイ, ジィングゥオ	the whole circumstances ザ ホゥル サーカムスタンスィズ
てんまど 天窓	tiānchuāng 天窗 ティエンチュアン	skylight スカイライト
てんめつ 点滅(する)	yí míng yí àn, yí liàng yí miè 一明一暗，一亮一灭 イーミィン イーアン, イーリアン イーミエ	blink ブリンク
てんもんがく 天文学	tiānwénxué 天文学 ティエンウェンシュエ	astronomy アストラノミ
てんもんだい 天文台	tiānwéntái 天文台 ティエンウェンタイ	astronomical observatory アストロナミカル オブザーヴァトリ
てんらく 転落(する)	gǔnxià, gǔnluò, shuāiluò 滚下，滚落，摔落 グゥンシア, グゥンルゥオ, シュアイルゥオ	fall フォール
てんらんかい 展覧会	zhǎnlǎnhuì 展览会 チャンランホゥイ	exhibition エクスィビション
でんりゅう 電流	diànliú 电流 ディエンリウ	electric current イレクトレク カーレント
でんりょく 電力	diànlì 电力 ディエンリィ	electric power イレクトレク パウア
でんわ 電話	diànhuà 电话 ディエンホア	telephone テレフォウン
～局	diànhuàjú 电话局 ディエンホアヂュイ	telephone exchange テレフォウン イクスチェインヂ
～交換手	huàwùyuán, jiēxiànyuán 话务员，接线员 ホアウゥユエン, ジエシエンユエン	telephone operator テレフォウン アペレイタ
～する	dǎ diànhuà 打电话 ダァ ディエンホア	call コール
～帳	běn diànhuàbù, diànhuàhàobù 〔本〕电话簿，电话号簿 ベン ディエンホアブゥ, ディエンホアハオブゥ	telephone book テレフォウン ブク

日	中	英
～番号	diànhuà hàomǎ 电话号码 ディエンホア ハオマア	telephone number テレフォウン ナンバ
～ボックス	diànhuàtíng 电话亭 ディエンホアティン	telephone booth テレフォウン ブース

と, ト

日	中	英
と 戸	shàn mén 〔扇〕门 シャン メン	door ドー
ど 度	... cì …次 …ツー	time タイム
(角度・温度)	... dù …度 …ドゥ	degree ディグリー
(程度)	chéngdù 程度 チョンドゥ	degree, extent ディグリー, イクステント
ドア	shàn mén 〔扇〕门 シャン メン	door ドー
と 問い	wèntí 问题 ウェンティー	question クウェスチョン
と あ 問い合わせる	xúnwèn, dǎtīng 询问, 打听 シュィンウェン, ダァティン	inquire インクワイア
ドイツ	Déguó 德国 ドゥアグゥオ	Germany ヂャーマニ
～語	Déyǔ 德语 ドゥアユイ	German ヂャーマン
トイレ(ット)	xǐshǒujiān, cèsuǒ 洗手间, 厕所 シィショウジェン, ツゥアスゥオ	toilet トイレト
～ペーパー	wèishēngzhǐ 卫生纸 ウェイションヂー	toilet paper トイレト ペイパ
とう 党	dǎng 党 ダァン	party パーティ

日	中	英
とう **等**	děng(jí) 等(级) デゥン(ジィ)	the grade ザ グレイド
(賞)	děngjiǎng 等奖 デゥンジアン	prize プライズ
(など)	děng, děngděng 等，等等 デゥン，デゥンデゥン	and so on, etc アンド ソウ オン，エトセトラ
どう **胴**	qūgàn 躯干 チュイガン	the trunk ザ トランク
どう **銅**	tóng 铜 トン	copper カパ
とうあん(ようし) **答案(用紙)**	dájuàn, juànzi 答卷，卷子 ダアヂュエン，ヂュエンヅ	(examination) paper (イグザミネイション) ペイパ
どうい **同意**	tóngyì 同意 トンイー	agreement アグリーメント
～する	tóngyì 同意 トンイー	agree *with*, consent アグリー，カンセント
どういたしまして	búxiè 不谢 ブゥシエ	You are welcome. ユー アー ウェルカム
とういつ **統一**	tǒngyī 统一 トンイー	unity ユーニティ
～する	tǒngyī 统一 トンイー	unite, unify ユーナイト，ユーニファイ
どういつ **同一**	tóngyī 同一 トンイー	identity アイデンティティ
～の	tóngyī 同一 トンイー	the same, identical ザ セイム，アイデンティカル
どういん **動員**	dòngyuán 动员 ドンユエン	mobilization モウビリゼイション
～する	dòngyuán 动员 ドンユエン	mobilize モウビライズ
とうおう **東欧**	Dōng'ōu 东欧 ドンオウ	East Europe イースト ユアロプ

日	中	英
どうか 同化	tónghuà 同化 トンホア	assimilation アスィミレイション
～する	tónghuà 同化 トンホア	assimilate アスィミレイト
どうかく 同格	tónggé 同格 トングァ	the same rank ザ セイム ランク
とうがらし 唐辛子	làjiāo, làzi 辣椒，辣子 ラァジアオ, ラァヅ	red pepper レド ペパ
どうかん 同感	tónggǎn 同感 トンガン	agreement アグリーメント
～である	tónggǎn 同感 トンガン	agree with アグリー
とうかん 投函する	tóujì, tóujìn yóutǒng 投寄，投进邮筒 トウジィ, トウジン ヨウトン	mail a letter メイル ア レタ
とうき 冬期	dōngjì 冬季 ドンジィ	wintertime ウィンタタイム
とうき 投機	tóujī 投机 トウジィ	speculation スペキュレイション
とうき 陶器	táoqì 陶器 タオチィ	earthenware アースンウェア
とうぎ 討議	tǎolùn, shāngtǎo 讨论，商讨 タオルゥン, シァンタオ	discussion ディスカション
～する	tǎolùn, shāngtǎo 讨论，商讨 タオルゥン, シァンタオ	discuss ディスカス
どうき 動機	dòngjī 动机 ドンジィ	the motive ザ モウティヴ
どうぎ 動議	dòngyì 动议 ドンイー	motion モウション
どうぎご 同義語	tóngyìcí 同义词 トンイーツー	synonym スィノニム
とうきゅう 等級	děngjí, děngcì 等级，等次 デゥンジィ, デゥンツー	class, rank クラス, ランク

日	中	英
どうきゅうせい 同級生	(tóngbān) tóngxué (同班)同学 (トンバン) トンシュエ	classmate クラスメイト
どうきょ 同居	tóngjū 同居 トンヂュイ	living *with* リヴィング
〜する	tóngjū 同居 トンヂュイ	live with... リヴ ウィズ
どうきょう 同郷(人)	tóngxiāng 同乡 トンシアン	person from *one's* home town パーソン フラム ホウム タウン
どうぎょう 同業	tóngháng, tóngyè 同行, 同业 トンハァン, トンイエ	the same profession ザ セイム プロフェション
どうぐ 道具	gōngjù, yòngjù 工具, 用具 ゴンヂュイ, ヨンヂュイ	tool トゥール
どうくつ 洞窟	dòngxué, shāndòng 洞穴, 山洞 ドンシュエ, シャンドン	cave ケイヴ
とうげ 峠	shānkǒu 山口 シャンコウ	pass パス
どうけ 道化	huájī 滑稽 ホアジィ	buffoonery バフーナリ
〜師	xiǎochǒu, chǒujué 小丑, 丑角 シアオチョウ, チョウジュエ	clown, buffoon クラウン, バフーン
とうけい 統計	tǒngjì 统计 トンジィ	statistics スタティスティクス
〜学	tǒngjìxué 统计学 トンジィシュエ	statistics スタティスティクス
とうげい 陶芸	táocí gōngyì 陶瓷工艺 タオツー ゴンイー	ceramics スィラミクス
とうけつ 凍結	dòngjié, shàngdòng 冻结, 上冻 ドンジエ, シャンドン	freezing フリーズィング
〜する	dòngjié, shàngdòng 冻结, 上冻 ドンジエ, シャンドン	freeze フリーズ
とうこう 登校 〜する	shàngxué 上学 シャアンシュエ	go to school ゴウ トゥ スクール

日	中	英
とうごう 統合 (する)	hébìng 合并 ホォアビィン	unite, unity ユーナイト, ユーニティ
どうこう 同行	tóngxíng 同行 トンシィン	going together ゴウイング トゲザ
～する	tóngxíng, yìqǐ qù 同行，一起去 トンシィン, イーチィ チュイ	go together ゴウ トゲザ
どうこう 動向	dòngxiàng 动向 ドンシアン	trend, tendency トレンド, テンデンスィ
どうさ 動作	dòngzuò 动作 ドンヅゥオ	action アクション
とうざい 東西	dōngxī 东西 ドンシィ	east and west イースト アンド ウェスト
どうさつりょく 洞察力	dòngchálì 洞察力 ドンチャアリィ	insight インサイト
とうざよきん 当座預金	huóqī cúnkuǎn 活期存款 ホゥオチィ ツゥンクワン	current deposit カーレント ディパズィト
とうさん 倒産	dǎobì 倒闭 ダオビィ	bankruptcy バンクラプトスィ
～する	dǎobì 倒闭 ダオビィ	go bankrupt ゴウ バンクラプト
とうし 凍死 (する)	dòngsǐ 冻死 ドンスー	be frozen to death ビ フロウズン トゥ デス
とうし 投資	tóuzī 投资 トウヅー	investment インヴェストメント
～家	tóuzīrén 投资人 トウヅーレン	investor インヴェスタ
～する	tóuzī 投资 トウヅー	invest インヴェスト
とうじ 冬至	dōngzhì 冬至 ドンヂー	the winter solstice ザ ウィンタ サルスティス
とうじ 当時	dāngnián, dāngshí 当年，当时 ダァンニエン, ダァンシー	at that time アト ザト タイム

日	中	英
どうし **動詞**	dòngcí 动词 ドンツー	verb ヴァーブ
どうし **同士**	tóngbàn, huǒji 同伴，伙计 トンバン, ホゥオジ	friends, comrades フレンヅ, カムラヅ
どうじ **同時**(に)	tóngshí 同时 トンシー	at the same time アト ザ セイム タイム
～の	tóngshí 同时 トンシー	simultaneous サイマルテイニアス
とうじき **陶磁器**	táocí 陶瓷 タオツー	pottery, ceramics パタリ, スィラミクス
どうじだい **同時代**	tóng shídài 同时代 トン シーダイ	same age セイム エイヂ
～の	tóng shídài de 同时代的 トン シーダイ ダ	contemporary コンテンポレリ
とうじつ **当日**	dàngrì, dàngtiān 当日，当天 ダァンリー, ダァンティエン	*on* that day ザト デイ
どうして	wèi shénme, zěnme 为什么，怎么 ウェイ シェンマ, ヅェンマ	why ホワイ
(如何にして)	zěnme 怎么 ヅェンマ	how ハウ
どうしても	wúlùn rúhé, piān 无论如何，偏 ウゥルゥン ルゥホォア, ピエン	by all means バイ オール ミーンズ
(否定)	zěnme (...) yě 怎么(…)也 ヅェンマ (…) イエ	never ネヴァ
とうしょ **投書**(する)	tóu gǎo 投稿 トウガオ	contribute *to* カントリビュト
とうじょう **登場**	dēngtái, dēngchǎng 登台，登场 デゥンタイ, デゥンチャァン	entering エンタリング
～する	dēngtái, dēngchǎng 登台，登场 デゥンタイ, デゥンチャァン	enter, appear エンタ, アピア
とうじょう **搭乗**(する)	dēngjī, dāchéng (fēijī) 登机，搭乗(飞机) デゥンジィ, ダァチョン (フェイジィ)	boarding ボーディング

日	中	英
～ゲート	dēngjīmén 登机门 デゥンジィメン	boarding gate ボーディング ゲイト
～券	jīpiào 机票 ジィピアオ	boarding pass ボーディング パス
どうじょう 同情 (する)	tóngqíng, āilián 同情, 哀怜 トンチィン, アイリエン	sympathy スィンパスィ
とうすい 陶酔 (する)	chénzuì, táozuì 沉醉, 陶醉 チェンヅゥイ, タオヅゥイ	intoxication インタクスィケイション
どうせ	fǎnzhèng 反正 ファンチョン	anyway エニウェイ
(結局)	zǒngguī 总归 ヅォングゥイ	after all アフタ オール
とうせい 統制 (する)	tǒngzhì, guǎnzhì 统制, 管制 トンヂー, グワンヂー	control, regulate カントロウル, レギュレイト
どうせい 同性	tóngxìng 同性 トンシィン	the same sex ザ セイム セクス
どうせい 同棲 (する)	tóngjū, pínjū 同居, 姘居 トンチュイ, ピンチュイ	cohabitation コウハビテイション
とうせん 当選 (する)	dāngxuǎn, zhòngxuǎn 当选, 中选 ダァンシュエン, チォンシュエン	be elected ビ イレクテド
とうぜん 当然	yīngdāng, yīnggāi 应当, 应该 イィンダァン, イィンガイ	naturally ナチュラリ
～の	yīngdāng, yīnggāi, dāngrán 应当, 应该, 当然 イィンダァン, イィンガイ, ダァンラン	natural, right ナチュラル, ライト
どうぞ	qǐng 请 チィン	please プリーズ
とうそう 闘争	dòuzhēng 斗争 ドゥチョン	fight, struggle ファイト, ストラグル
どうそう 同窓	tóngchuāng 同窗 トンチュアン	
～会	tóngxuéhuì 同学会 トンシュエホゥイ	alumni association アラムナイ アソウスィエイション

日	中	英
～生	tóngxué, tóngchuāng 同学，同窗 トンシュエ，トンチュアン	alumnus, alumna アラムナス，アラムナ
どうぞう 銅像	tóngxiàng 铜像 トンシアン	bronze statue ブランズ スタチュー
とうだい 灯台	dēngtǎ 灯塔 デゥンタァ	lighthouse ライトハウス
どうたい 胴体	qūtǐ, qūgàn 躯体，躯干 チュイティー，チュイガン	the body, the trunk ザ バディ, ザ トランク
（船の）	chuántǐ 船体 チュワンティー	the hull ザ ハル
（飛行機の）	jīshēn 机身 ジィシェン	the fuselage ザ フューズラージュ
とうち 統治(する)	tǒngzhì 统治 トンチー	government; govern ガヴァンメント; ガヴァン
とうち 倒置(する)	dàozhì 倒置 ダオチー	inversion; invert インヴァーション; インヴァート
とうちゃく 到着(する)	dàodá, dǐdá 到达，抵达 ダオダァ，ディーダァ	arrival; arrive at アライヴァル; アライヴ
とうちょう 盗聴(する)	qiètīng 窃听 チエティン	wiretapping; tap ワイアタピング; タプ
どうちょう 同調	zàntóng 赞同 ヅァントン	alignment アラインメント
とうてい 到底	zěnme (...) yě 怎么(…)也 ヅェンマ (…) イエ	*not* at all アト オール
どうてん 同点	píngfēn 平分 ピィンフェン	tie タイ
とうと 尊[貴]い	zhēnguì, zūnguì 珍贵，尊贵 チェングゥイ，ヅゥングゥイ	noble ノウブル
（貴重）	guìzhòng, bǎoguì 贵重，宝贵 グゥイヂォン，バオグゥイ	precious プレシャス
とうとう 到頭	zhōngyú 终于 チォンユイ	at last アト ラスト

日	中	英
どうとう 同等(の)	tóngděng 同等 トンデゥン	equality, equal イクワリティ, イークワル
どうどう 堂々(たる)	tángtáng, tángtáng zhèngzhèng 堂堂，堂堂正正 タァンタァン, タァンタァン チョンチョン	stately, magnificent ステイトリ, マグニフィセント
～と	tángtáng, tángtáng zhèngzhèng 堂堂，堂堂正正 タァンタァン, タァンタァン チョンチョン	with great dignity ウィズ グレイト ディグニティ
どうとく 道徳	dàodé 道徳 ダオドゥア	morality モラリティ
～的な	dàodé de 道徳的 ダオドゥア ダ	moral モラル
とうなん 東南	dōngnán 东南 ドンナン	the southeast ザ サウスイースト
～アジア	Dōngnányà 东南亚 ドンナンヤァ	Southeast Asia サウスイースト エイジャ
とうなん 盗難	shīdào, bèidào 失盗，被盗 シーダオ, ベイダオ	robbery ラバリ
どうにか	hǎodǎi xiǎng ge bànfǎ 好歹想个办法 ハオダイ シアン ガ バンファア	somehow, barely サムハウ, ベアリ
(かろうじて)	hǎodǎi, zǒngsuàn 好歹，总算 ハオダイ, ヅォンスワン	barely ベアリ
どうにゅう 導入(する)	yǐnjìn 引进 インジン	introduction イントロダクション
とうにょうびょう 糖尿病	tángniàobìng 糖尿病 タァンニアオビィン	diabetes ダイアビーティーズ
どうねんぱい 同年輩の	tóngbèi 同辈 トンベイ	of the same age オヴ ザ セイム エイヂ
どうはん 同伴(する)	tóngbàn, xiétóng 同伴，偕同 トンバン, シエトン	company カンパニ
どうはんが 銅版画	tóngbǎnhuà 铜版画 トンバンホア	drypoint ドライポイント
とうひ 逃避(する)	táobì 逃避 タオビィ	escape イスケイプ

■動物■ ⇒ 鳥

ライオン	狮子 /shīzi シーヅ/	(㊥lion)
とら 虎	老虎 /lǎohǔ ラオホゥ/	(㊥tiger)
ひょう 豹	豹 /bào バオ/	(㊥leopard, panther)
きりん 麒麟	长颈鹿 /chángjǐnglù チャアンジィンルゥ/	(㊥giraffe)
ぞう 象	（大)象 /(dà)xiàng (ダァ)シアン/	(㊥elephant)
しか 鹿	鹿 /lù ルゥ/	(㊥deer)
ぶた 豚	猪 /zhū ヂュウ/	(㊥pig)
うし 牛	牛 /niú ニウ/	(㊥cattle)
ひつじ 羊	羊 /yáng ヤン/	(㊥sheep)
やぎ 山羊	山羊 /shānyáng シャンヤン/	(㊥goat)
くま 熊	熊 /xióng シオン/	(㊥bear)
らくだ 駱駝	骆驼 /luòtuo ルゥオトゥオ/	(㊥camel)
かば 河馬	河马 /hémǎ ホゥアマァ/	(㊥hippopotamus)
パンダ	（大)熊猫 /(dà)xióngmāo (ダァ)シオンマオ/	(㊥panda)
コアラ	考拉，桉树熊 /kǎolā, ānshùxióng カオラァ，アンシュウシオン/	(㊥koala)
カンガルー	袋鼠 /dàishǔ ダイシュウ/	(㊥kangaroo)
りす 栗鼠	松鼠 /sōngshǔ ソンシュウ/	(㊥squirrel)
さる 猿	猴子 /hóuzi ホウヅ/	(㊥monkey, ape)
ゴリラ	大猩猩 /dàxīngxing ダァシィンシィン/	(㊥gorilla)
おおかみ 狼	狼 /láng ラァン/	(㊥wolf)
たぬき 狸	貉子 /háozi ハオヅ/	(㊥raccoon dog)
きつね 狐	狐狸 /húli ホゥリ/	(㊥fox)
いのしし 猪	野猪 /yězhū イエヂュウ/	(㊥wild boar)
うさぎ 兎	兔(子) /tù(zi) トゥ(ヅ)/	(㊥rabbit)
のうさぎ 野兎	野兔 /yětù イエトゥ/	(㊥hare)
ねずみ 鼠	老鼠 /lǎoshǔ ラオシュウ/	(㊥rat, mouse)
いぬ 犬	狗 /gǒu ゴウ/	(㊥dog)
ねこ 猫	猫 /māo マオ/	(㊥cat)
くじら 鯨	鲸鱼 /jīngyú ジィンユィ/	(㊥whale)
あざらし 海豹	海豹 /hǎibào ハイバオ/	(㊥seal)
いるか 海豚	海豚 /hǎitún ハイトゥン/	(㊥dolphin)

日	中	英
とうひょう **投票**	tóupiào 投票 トウピアオ	voting ヴォウティング
～する	tóupiào 投票 トウピアオ	vote *for* ヴォウト
～箱	piàoxiāng 票箱 ピアオシアン	ballot box バロト バクス
～用紙	xuǎnpiào 选票 シュエンピアオ	voting paper ヴォウティング ペイパ
とうふ 豆腐	dòufu 豆腐 ドウフ	*tofu*, bean curd トウフー，ビーン カード
とうぶ 東部	dōngbù 东部 ドンブゥ	the eastern part ジ イースタン パート
どうふう 同封する	fù zài xìnnèi 附在信内 フゥ ヅァイ シンネイ	enclose インクロウズ
どうぶつ 動物	dòngwù 动物 ドンウゥ	animal アニマル
～園	dòngwùyuán 动物园 ドンウゥユエン	zoo ズー
とうぶん 当分	zànshí 暂时 ヅァンシー	for the time being フォー ザ タイム ビーイング
とうぶん 糖分	tángfèn 糖分 タァンフェン	sugar シュガ
とうぼう 逃亡	qiántáo, táopǎo 潜逃，逃跑 チエンタオ，タオパオ	escape イスケイプ
～する	qiántáo, táozǒu 潜逃，逃走 チエンタオ，タオヅォウ	escape *from* イスケイプ
どうほう 同胞	tóngbāo 同胞 トンバオ	brethren ブレズレン
とうほく 東北	dōngběi 东北 ドンベイ	the northeast ザ ノースイースト
どうみゃく 動脈	dòngmài 动脉 ドンマイ	artery アータリ

日	中	英
～硬化	dòngmài yìnghuà 动脉硬化 ドンマイ イィンホア	arteriosclerosis アーティアリオウスクレロウスィス
とうみん 冬眠(する)	dōngmián 冬眠 ドンミエン	hibernation ハイバネイション
とうめい 透明(な)	tòumíng 透明 トウミィン	transparency トランスペアレンスィ
どう 銅メダル	tóngpái 铜牌 トンパイ	bronze medal ブランズ メドル
とうめん 当面の	dāngqián, yǎnqián 当前，眼前 ダァンチエン, イエンチエン	for the present フォー ザ プレズント
どうもう 獰猛な	xiōngměng 凶猛 シオンモン	fierce フィアス
とうもろこし 玉蜀黍	yùmǐ 玉米 ユィミィ	corn コーン
どうやって	zěnme 怎么 ヅェンマ	how ハウ
とうゆ 灯油	dēngyóu 灯油 デゥンヨウ	kerosene ケロスィーン
とうよう 東洋	Dōngfāng 东方 ドンファアン	the East, the Orient ジ イースト, ジ オリエント
どうよう 動揺(する)	dòngyáo 动摇 ドンヤオ	agitation アヂテイション
どうよう 同様の	tóngyàng 同样 トンヤン	similar, like スィミラ, ライク
どうり 道理	dàoli 道理 ダオリ	reason リーズン
どうりょう 同僚	tóngshì 同事 トンシー	colleague カリ～グ
どうりょく 動力	dònglì, yuándònglì 动力，原动力 ドンリィ, ユエンドンリィ	power パウア
どうろ 道路	dàolù 道路 ダオルゥ	road ロウド

日	中	英
とうろく 登録(する)	dēngjì, zhùcè 登记，注册 デゥンジィ, ヂュウツゥア	registration; register レヂストレイション；レヂスタ
とうろん 討論(する)	tǎolùn, yántǎo 讨论，研讨 タオルゥン, イエンタオ	discussion; discuss ディスカション；ディスカス
どうわ 童話	tónghuà 童话 トンホアˋ	fairy tale フェアリ テイル
とうわく 当惑(する)	kùnhuò 困惑 クゥンホゥオ	embarrassment インバラスメント
とお 遠い	yuǎn 远 ユエン	far, distant ファー, ディスタント
とお 遠くに	yuǎnfāng 远方 ユエンファアン	far away ファー アウェイ
とお 遠ざかる	zǒuyuǎn, líyuǎn 走远，离远 ヅォウユエン, リィユエン	go away ゴウ アウェイ
とお 遠ざける	zhīzǒu, duǒkāi 支走，躲开 ヂーヅォウ, ドゥオカイ	keep away キープ アウェイ
とお 通す	tōng, guàntōng, tōngguò, tòuguò 通，贯通，通过，透过 トン, グワントン, トングゥオ, トウグゥオ	pass through パス スルー
(部屋に)	ràng dào lǐbian 让到里边 ラァン ダオ リィビエン	show in ショウ イン
トースト	kǎomiànbāo 烤面包 カオミエンバオ	toast トウスト
トータル	zǒngjì 总计 ヅォンジィ	the total ザ トゥタル
ドーナツ	zhámiànquānr 炸面圈儿 ヂャアミエンチュエル	doughnut ドウナト
トーナメント	táotàisài 淘汰赛 タオタイサイ	tournament トゥアナメント
ドーピング	shǐyòng xīngfènjì 使用兴奋剂 シーヨン シィンフェンジィ	doping ドウピング
とおまわ 遠回しに	wěiwǎn, rào wānzi 委婉，绕弯子 ウェイワン, ラオ ワンヅ	indirectly インディレクトリ

日	中	英
とおまわ 遠回り(する)	ràodào, ràoyuǎnr 绕道，绕远儿 ラオダオ, ラオユエル	detour ディートゥア
ドーム	yuándǐng 圆顶 ユエンディン	dome ドウム
とお 通り	jiēdào, mǎlù 街道，马路 ジエダオ, マァルゥ	road, street ロウド, ストリート
とお かか 通り掛る	lùguò, guòlù 路过，过路 ルゥグゥオ, グゥオルゥ	happen to pass ハプン トゥ パス
とお す 通り過ぎる	guòqù, jīngguò 过去，经过 グゥオチュィ, ジィングゥオ	pass by パス バイ
とお みち 通り道	tōnglù 通路 トンルゥ	the way *to* ザ ウェイ
とお 通る	tōng, tōngguò, zǒuguò 通，通过，走过 トン, トングゥオ, ヅォウグゥオ	pass パス
トーン	sèdiào 色调 ファディアオ	tone トゥン
(音)	shēngdiào, yīndiào 声调，音调 ションディアオ, インディアオ	tone トゥン
とかい 都会	chéngshì, dūshì 城市，都市 チョンシー, ドゥシー	city, town スィティ, タウン
とかげ 蜥蜴	sìjiǎoshé, xīyì 四脚蛇，蜥蜴 スージアオショァ, シィイー	lizard リザド
と 解かす	rónghuà, rónghuà 熔化，溶化 ロンホア, ロンホア	melt, dissolve メルト, ディザルヴ
と 梳かす	shū 梳 シュウ	comb コウム
とが 尖った	jiān, jiānruì 尖，尖锐 ジエン, ジエンルゥイ	pointed ポインテド
とが 咎める	zébèi, zénàn 责备，责难 ヅゥアベイ, ヅゥアナン	blame ブレイム
気が〜	liángxīn kēzé, guò yì bú qù 良心苛责，过意不去 リアンシン クァヅゥア, グゥオ イー ブゥ チュィ	feel guilty フィール ギルティ

日	中	英
とき 時	shíjiān, shíhou, shíjié 时间，时候，时节	time, hour
…する〜	... de shíhou …的时候	when
どき 土器	tǔqì 土器	earthen vessel
どぎつい	fēicháng qiángliè, cìyǎn 非常强烈，刺眼	loud
（化粧）	nóng zhuāng yàn mǒ 浓妆艳抹	heavy
どきっとする	xià yí tiào 吓一跳	be shocked
ときどき 時々	yǒushí(hou) 有时(候)	sometimes
どきどきする	xīntiào 心跳	beat, throb
ドキュメンタリー	jìlùpiàn 记录片	documentary
ドキュメント	jìlù, wénxiàn 记录，文献	document
どきょう 度胸	dǎnliàng 胆量	courage, bravery
とぎれる 途切れる	jiànduàn 间断	break, stop
と 解く	jiěkāi 解开	untie, undo
（解除）	jiěchú 解除	cancel, release
（問題を）	jiědá 解答	solve, answer
とく 得	lìyì, hǎochu 利益，好处	profit, gains

日	中	英
(有利)	hésuàn, shàngsuàn 合算，上算 ホォアスワン，シャァンスワン	advantage, benefit アドヴァンティヂ，ベニフィト
と 説く	shuōmíng 说明 シュオミィン	explain イクスプレイン
(説教)	shuōfú, quànshuō 说服，劝说 シュオフゥ，チュエンシュオ	preach プリーチ
と 研ぐ	mókuài, gàng 磨快，钢 モォクアイ，ガァン	grind, whet グラインド，ホウェト
ど 退く	duǒkāi 躲开 ドゥオカイ	get out of the way ゲト アウト オヴ ザ ウェイ
毒	dú 毒 ドゥ	poison ポイズン
~ガス	dúqì 毒气 ドゥチィ	poison gas ポイズン ギャス
とくい 特異	tèshū, yìcháng 特殊，异常 トゥアシュゥ，イーチャァン	
~体質	tèbié de tǐzhì 特别的体质 トゥアビエ ダ ティーヂー	idiosyncrasy イディオスィンクラスィ
~な	tèshū, yìcháng 特殊，异常 トゥアシュゥ，イーチャァン	peculiar ピキューリア
とくい 得意	déyì (yángyáng) 得意(扬扬) ドゥアイー (ヤンヤン)	pride プライド
(得手)	náshǒu 拿手 ナァショウ	strong point ストローング ポイント
~先	lǎo zhǔgù 老主顾 ラオ ヂュウグゥ	customer, patron カスタマ，ペイトロン
~である	náshǒu, shàncháng 拿手，擅长 ナァショウ，シャンチャァン	be good *at* ビ グド
どくがく 独学する	zìxiū, zìxué 自修，自学 ヅーシウ，ヅーシュエ	teach *oneself* ティーチ
とくぎ 特技	zhuāncháng, tècháng 专长，特长 ヂュワンチャァン，トゥアチャァン	specialty スペシャルティ

日	中	英
とくさつ 特撮	tèjì 特技 トゥアジイ	special effects スペシャル イフェクツ
とくさんひん 特産品	tèchǎn 特产 トゥアチャン	special product スペシャル プラダクト
どくじの 独自の	dútè, dāndú 独特，单独 ドゥトゥア, ダンドゥ	original, unique オリヂナル, ユーニーク
どくしゃ 読者	dúzhě 读者 ドゥヂョア	reader リーダ
とくしゅ 特殊(な)	tèshū 特殊 トゥアシュウ	special, unique スペシャル, ユーニーク
とくしゅう 特集	zhuānjí 专集 ヂュワンジイ	feature articles フィーチャ アーティクルズ
どくしょ 読書(する)	kànshū, dúshū 看书，读书 カンシュウ, ドゥシュウ	reading; read リーディング; リード
どくしょう 独唱	dúchàng 独唱 ドゥチャアン	vocal solo ヴォウカル ソウロウ
とくしょく 特色	tèdiǎn, tèsè 特点，特色 トゥアディエン, トゥアスア	characteristic キャラクタリスティク
どくしん(の) 独身(の)	dānshēn 单身 ダンシェン	celibate, single セリベト, スィングル
どくぜつ 毒舌	shuō kèbó huà 说刻薄话 シュオ クァボオ ホア	spiteful tongue スパイトフル タング
どくせん(する) 独占(する)	dúzhàn, lǒngduàn 独占，垄断 ドゥヂャン, ロンドワン	monopoly; monopolize モナポリ; モナポライズ
どくそうてき(な) 独創(的な)	dúchuàng, dúdào 独创，独到 ドゥチュアン, ドゥダオ	originality; original オリヂナリティ; オリヂナル
とくそくする 督促する	dūcù, cuīcù 督促，催促 ドゥツウ, ツゥイツウ	press, urge プレス, アーヂ
どくだんで 独断で	dúduàn, zhuānduàn 独断，专断 ドゥドワン, ヂュワンドワン	on *one's* own judgment オン オウン ヂャヂメント
とくちょう 特徴	tèdiǎn, tèzhēng 特点，特征 トゥアディエン, トゥアヂョン	characteristic キャラクタリスティク

日	中	英
とくちょう **特長**	tècháng 特长 トゥアチャアン	strong point ストローング ポイント
とくてい **特定の**	tèdìng, yídìng 特定, 一定 トゥアディン, イーディン	specific スピスィフィク
とくてん **得点**	défēn, fēnshù 得分, 分数 ドゥアフェン, フェンシュウ	score, runs スコー, ランズ
～する	dé·fēn 得分 ドゥアフェン	score スコー
どくとく **独得の**	dútè 独特 ドゥトゥア	unique, peculiar ユーニーク, ピキューリア
とく **特に**	tèbié, fènwài, tèyì 特别, 分外, 特意 トァビエ, フェンワイ, トァイー	especially イスペシャリ
とくばい **特売**	tèbié jiànmài 特别贱卖 トァビエ ジエンマイ	sale セイル
とくはいん **特派員**	tèpàiyuán 特派员 トァパイユエン	correspondent コレスパンデント
とくべつ **特別の**	tèbié 特别 トァビエ	special, exceptional スペシャル, イクセプショナル
どくへび **毒蛇**	dúshé 毒蛇 ドゥショア	venomous snake ヴェノマス スネイク
とくめい **匿名**	nìmíng 匿名 ニィミィン	anonymity アノニミティ
とくゆう **特有の**	tèyǒu 特有 トァヨウ	peculiar *to* ピキューリア
どくりつ **独立(する)**	dúlì 独立 ドゥリィ	independence インディペンデンス
～の	dúlì 独立 ドゥリィ	independent インディペンデント
どくりょく **独力で**	dúlì, zìlì 独力, 自力 ドゥリィ, ヅーリィ	by *oneself* バイ
とげ **刺・棘**	cì 刺 ツー	thorn, prickle ソーン, プリクル

日	中	英
とけい 時計	zhōngbiǎo 钟表 ヂォンビアオ	watch, clock ワチ, クラク
とける 解ける	jiěkāi, jiěxiāo 解开, 解消 ジエカイ, ジエシアオ	get loose ゲト ルース
(問題が)	jiěkāi, míngbai 解开, 明白 ジエカイ, ミィンバイ	be solved ビ サルヴド
(疑いが)	wùhuì xiāochú 误会消除 ウゥホゥイ シアオチュウ	be dispelled ビ ディスペルド
とける 溶ける	rónghuà, rónghuà 熔化, 溶化 ロンホアˋ, ロンホアˋ	melt, dissolve メルト, ディザルヴ
とげる 遂げる	wánchéng, dádào 完成, 达到 ワンチョン, ダˊダオ	accomplish, complete アカンプリシュ, カンプリート
どける 退ける	nuókāi 挪开 ヌゥオカイ	remove リムーヴ
とこ 床	chuángpù 床铺 チュアンプゥ	bed ベド
どこ	nǎli 哪里 ナァリˇ	where ホウェア
どこか	nǎge dìfang 哪个地方 ナァガ ディーファアン	somewhere サムホウェア
とこや 床屋	lǐfàdiàn 理发店 リィファアディエン	barbershop バーバシャプ
ところ 所	dìfang, bùfen 地方, 部分 ディーファアン, ブゥフェン	place, spot プレイス, スパト
(点)	dìdiǎn 地点 ディーディエン	point ポイント
(部分)	bùfen 部分 ブゥフェン	part パート
ところが	kěshì, dào 可是, 倒 クァシー, ダオ	but, however バト, ハウエヴァ
ところで	quèshuō 却说 チュエシュオ	by the way バイ ザ ウェイ

日	中	英
ところどころ 所々	zhèr nàr, yǒuxiē dìfang 这儿那儿，有些地方 チョアル ナァル, ヨウシエ ディーファアン	here and there ヒア アンド ゼア
と 閉ざす	guānbì 关闭 グワンビィ	shut, close シャト, クロウズ
とざん 登山	páshān 爬山 パァシャン	mountain climbing マウンティン クライミング
～家	dēngshān yùndòngyuán 登山运动员 デゥンシャン ユィンドンユエン	mountaineer マウティニア
～する	dēng'shān, pá'shān 登山，爬山 デゥンシャン, パァシャン	climb クライム
とし 都市	chéngshì 城市 チョンシー	city スィティ
とし 年	nián 年 ニエン	year イア
(年齢)	niánjì 年纪 ニエンジィ	age, years エイヂ, イアズ
～を取る	niánlǎo 年老 ニエンラオ	grow old グロウ オウルド
どじ	shībài, chācuò 失败，差错 シーバイ, チァアツゥオ	goof, blunder グーフ, ブランダ
としうえ 年上の	niánzhǎng 年长 ニエンヂャァン	older オウルダ
と 閉じこめる	guānzài lǐmiàn 关在里面 グワンツァイ リィミエン	shut, imprison シャト, インプリズン
と 閉じこもる	mēnzài jiāli 闷在家里 メンヅァイ ジアリィ	shut *oneself* up シャト アプ
としごろ 年頃の	hūnlíng 婚龄 ホゥンリィン	marriageable マリチャブル
としした 年下の	niánsuì xiǎo 年岁小 ニエンスゥイ シアオ	younger ヤンガ
としつき 年月	suìyuè 岁月 スゥイユエ	years イアズ

日	中	英
戸締まりする	锁门 suǒ mén スゥオ メン	lock the doors ラク ザ ドーズ
土砂	泥沙 níshā ニィシャア	earth and sand アース アンド サンド
~崩れ	山崩 shānbēng シャンボン	landslide ランドスライド
図書	图书 túshū トゥシュウ	books ブクス
土壌	泥土, 土壤 nítǔ, tǔrǎng ニィトゥ, トゥラァン	soil ソイル
図書館	图书馆 túshūguǎn トゥシュウグワン	library ライブラリ
綴じる	订(上) dìng(shang) ディン(シャァン)	bind, file バインド, ファイル
閉じる	关闭 guānbì グワンビィ	shut, close シャト, クロウズ
都心	市中心 shì zhōngxīn シー ヂォンシン	the center of a city ザ センタ オヴ ア スィティ
土星	土星 tǔxīng トゥシィン	Saturn サタン
塗装	涂抹, 涂漆 túmǒ, túqī トゥモオ, トゥチィ	painting, coating ペインティング, コウティング
土足で	不脱鞋 bù tuō xié ブゥ トゥオ シエ	with *one's* shoes on ウィズ シューズ オン
土台	地基, 根基 dìjī, gēnjī ディージィ, ゲンジィ	the foundation ザ ファウンデイション
途絶える	中断 zhōngduàn ヂォンドワン	stop, cease スタプ, スィース
戸棚	橱儿, 柜子 chúr, guìzi チュウル, グゥイヅ	cabinet, locker キャビネト, ラカ
土壇場	绝境, 最后关头 juéjìng, zuìhòu guāntóu ジュエジィン, ヅゥイホウ グワントウ	the last moment ザ ラスト モウメント

日	中	英
とち 土地	tǔdì, dìchǎn, dìpí 土地，地产，地皮 トゥディー, ディーチャン, ディーピィ	land ランド
とちゅう 途中	zhōngtú 中途 ヂォントゥ	
～下車する	zhōngtú xiàchē 中途下车 ヂォントゥ シアチョァ	stop over *at* スタプ オウヴァ
～で	zhōngtú 中途 ヂォントゥ	on *one's* way オン ウェイ
どちら	nǎge 哪个 ナァガ	which ホウィチ
（場所）	nǎli 哪里 ナァリ	where ホウェア
どちらか	nǎ yí ge 哪一个 ナァ イー ガ	either イーザ
とっか 特価	tèjià 特价 トゥァジア	special price スペシャル プライス
どっかいりょく 読解力	yuèdú nénglì 阅读能力 ユエドゥ ヌォンリィ	reading ability リーディング アビリティ
とっきゅう 特急	tèbié kuàichē 特别快车 トゥァビエ クアイチョァ	special express スペシャル イクスプレス
とっきょ 特許	zhuānlì 专利 ヂュワンリィ	patent パテント
ドッキング	xiāngjiē, duìjiē 相接，对接 シアンジエ, ドゥイジエ	docking ダキング
ドック	chuánwù 船坞 チュワンウゥ	dock ダク
とっくん 特訓	tèbié xùnliàn 特别训练 トゥァビエ シュィンリエン	special training スペシャル トレイニング
とっけん 特権	tèquán 特权 トゥァチュエン	privilege プリヴィリヂ
どっしりした	chéndiāndiān 沉甸甸 チェンディエンディエン	heavy, dignified ヘヴィ, ディグニファイド

日	中	英
とっしん 突進(する)	měngchōng, chuǎng 猛冲，闯 モンチョン, チュアン	rush, dash ラシュ, ダシュ
とつぜん 突然	hūrán, tūrán 忽然，突然 ホウラン, トウラン	suddenly サドン
と て 取っ手	bàzi, lāshou 把子，拉手 バアヅ, ラアショウ	handle, knob ハンドル, ナブ
とつにゅう 突入する	chōngrù 冲入 チォンルゥ	rush into ラシュ イントゥ
とっぱ 突破する	chōngpò, tūpò 冲破，突破 チォンポォ, トゥポォ	break through ブレイク スルー
とっぴ 突飛な	líqí 离奇 リィチィ	extravagant イクストラヴァガント
トッピング	zhuāngdiǎn 装点 ヂュアンディエン	topping タピング
トップ	dìyī míng, zuìgāo 第一名，最高 ディーイー ミン, ヅゥイガオ	the top ザ タプ
とつ 凸レンズ	tūtòujìng 凸透镜 トゥトウジン	convex lens カンヴェクス レンズ
どて 土手	dīfang, dībà 堤防，堤坝 ディーファアン, ディーバア	bank, embankment バンク, インバンクメント
とても	hěn, tǐng 很，挺 ヘン, ティン	very ヴェリ
とど 届く	(shǒu) gòudezháo, dádào (手)够得着，达到 (ショウ) ゴウダヂャオ, ダアダオ	reach リーチ
(到着)	(shōu)dào (收)到 (ショウ)ダオ	arrive *at* アライヴ
とど 届け	shēnqǐng, dēngjì 申请，登记 シェンチイン, デゥンジィ	report, notice リポート, ノウティス
とど 届ける	sòng, sòngjiāo 送，送交 ソン, ソンジアオ	report *to*, notify リポート, ノウティファイ
(送る)	sòngqù 送去 ソンチュイ	send, deliver センド, ディリヴァ

日	中	英
滞る（とどこお）	迟误，拖延 チーウウ、トゥオイエン	be delayed ビ ディレイド
（支払いが）	拖欠 トゥオチエン	be overdue ビ オウヴァデュー
整う（ととの）	整齐 チョンチィ	be in good order ビ イン グド オーダ
（準備が）	准备好 チュンベイハオ	be ready ビ レディ
整える（ととの）	整理，收拾 チョンリィ、ショウシ	put in order プト イン オーダ
（調整）	调整 ティアオチョン	adjust, fix アヂャスト、フィクス
（準備）	准备 チュンベイ	prepare プリペア
止[留]まる（とど）	停留，待 ティンリウ、ダイ	stay; remain ステイ；リメイン
止[留]める（とど）	停住，留下 ティンヂュウ、リウシア	stop, remain スタプ、リメイン
（保つ）	保留 バオリウ	retain リテイン
ドナー	（脏器的）捐献人 （ヅァンチィ ダ）ジュエンシエンレン	donor ドゥナ
唱える（とな）	提倡 ティーチャアン	recite, chant リサイト、チャント
どなた	哪位 ナァウェイ	who フー
隣（となり）	邻居，左邻右舍 リンヂュィ、ツオ リン ヨウ ショア	the next door ザ ネクスト ドー
～近所	邻居，街坊 リンヂュィ、ジエファアン	neighborhood ネイバフド
～の	邻家，隔壁，旁边 リンジア、グァビィ、パァンビエン	next ネクスト

日	中	英
怒鳴る	大声喊叫 dàshēng hǎnjiào ダアション ハンジアオ	cry, yell クライ, イェル
とに角	反正 fǎnzhèng ファンヂョン	anyway エニウェイ
どの	哪, 哪个 nǎ, nǎge ナア, ナアガ	which ホウィチ
どのくらい	多少, 多大, 多长 duōshao, duōdà, duōcháng ドゥオシャオ, ドゥオダア, ドゥオチャアン	how ハウ
トパーズ	黄玉 huángyù ホアンユイ	topaz トウパズ
飛ばす	放《气球》 fàng《qìqiú》 ファアン《チィチウ》	(let) fly (レト) フライ
(水を)	泼水 pō shuǐ ポオ シュイ	splash, spatter スプラシュ, スパタ
(省く)	跳 tiào ティアオ	skip スキプ
跳び上がる	跳起 tiàoqǐ ティアオチィ	jump up; leap チャンプ アプ; リープ
飛び降りる	跳下 tiàoxià ティアオシア	jump down チャンプ ダウン
跳び越える	跳过 tiàoguò ティアオグゥオ	jump over チャンプ オウヴァ
飛び込む	跳进 tiàojìn ティアオジン	jump into, dive into チャンプ, ダイヴ
飛び出す	跳出来 tiàochulai ティアオチュライ	fly out, jump out of フライ アウト, チャンプ アウト
飛び立つ	起飞 qǐfēi チィフェイ	fly away フライ アウェイ
(飛行機が)	起飞 qǐfēi チィフェイ	take off テイク オフ
飛び散る	迸, 溅, 飞散 bèng, jiàn, fēisàn ボン, ジエン, フェイサン	scatter スキャタ

日	中	英
飛び付く (とつ)	pūguòqu 扑过去 プゥグゥオチュイ	jump *at*, fly *at* チャンプ, フライ
トピック	huàtí, jiǎnxùn 话题, 简讯 ホアティー, ジエンシュイン	topic タピク
飛び乗る (と の)	tiàoshàng((chē)) 跳上《车》 ティアオシャァン《チョァ》	jump *into*, hop チャンプ, ハプ
扉 (とびら)	ménshàn, ménfēi 门扇, 门扉 メンシャン, メンフェイ	door ドー
跳ぶ (と)	tiào, bèng, cuān 跳, 蹦, 蹿 ティアオ, ボン, ツワン	jump, leap チャンプ, リープ
飛ぶ (と)	fēi 飞 フェイ	fly, soar フライ, ソー
溝 (どぶ)	wūshuǐgōu, yánggōu 污水沟, 阳沟 ウゥシュイゴウ, ヤンゴウ	ditch ディチ
徒歩(で) (とほ)	túbù, bùxíng 徒步, 步行 トゥブゥ, ブゥシィン	on foot オン フト
惚[恍]ける (とぼ)	zhuāng hútu, zhuāngshǎ 装糊涂, 装傻 ヂュアン ホゥトゥ, ヂュアンシャア	pretend not to know プリテンド ナト トゥ ノウ
乏しい (とぼ)	pínfá, quēfá 贫乏, 缺乏 ピンファア, チュエファア	scarce, scanty スケアス, スキャンティ
トマト	xīhóngshì, fānqié 西红柿, 番茄 シィホンシー, ファンチエ	tomato トマートゥ
戸惑う (とまど)	kùnhuò, bù zhī suǒ cuò 困惑, 不知所错 クゥンホゥオ, ブゥ チー スゥオ ツオ	be at a loss ビ アト ア ロス
止まる (と)	tíng, tíngzhǐ 停, 停止 ティン, ティンヂー	stop, halt スタプ, ホールト
泊まる (と)	zhùsù, zài ... zhù 住宿, 在(地方)住 ヂュスゥ, ヅァイ … ヂュウ	stay *at* スティ
富 (とみ)	cáifù 财富 ツァイフゥ	wealth ウェルス
ドミノ	duōmǐnuò gǔpái 多米诺骨牌 ドゥオミィヌオ グゥパイ	domino ダミノウ

日	中	英
富む	fùyù, fùyǒu 富裕,富有 フウユイ,フウヨウ	become rich ビカム リチ
弔う	jìdiàn 祭奠 ジィディエン	hold a funeral ホウルド ア フューネラル
留め金	biékòu 别扣 ビィエコウ	clasp, hook クラスプ,フク
止める	tíngzhǐ, (bǎ ...) tíngxià 停止,(把…)停下 ティンヂー,(バァ …)ティンシア	stop スタプ
(抑止する)	zhìzhǐ, zǔzhǐ 制止,阻止 ヂーヂー,ヅゥヂー	hold, check ホウルド,チェク
(禁止する)	zhìzhǐ, quànzǔ 制止,劝阻 ヂーヂー,チュエンヅゥ	forbid, stop フォビド,スタプ
(電気などを)	tíng 停 ティン	turn off ターン オフ
泊める	liú (kèrén) zhù(sù) 留(客人)住(宿) リウ(クァレン)ヂュウ(スゥ)	take... in テイク イン
留める	gùdìng 固定 グゥディン	fasten, fix ファスン,フィクス
(ボタンを)	kòushang 扣上 コウシャアン	
(心に)	liúzài xīnshang 留在心上 リウヅァイ シンシャアン	
ともかく	hǎodǎi, wúlùn rúhé 好歹,无论如何 ハオダイ,ウゥルゥン ルゥホオア	at any rate アト エニ レイト
灯[点]す	diǎn dēng 点灯 ディエンデゥン	burn; light バーン;ライト
友達	péngyou 朋友 ポンヨウ	friend フレンド
伴う	bànsuí 伴随 バンスイ	accompany, follow アカンパニ,ファロウ
…を伴って	dài ... (qù) 带(人)(去) ダイ …(チュイ)	with... ウィズ

日	中	英
共(とも)に	yìqǐ 一起 イーチィ	both, neither ボウス, ニーザ
(一緒に)	hé … yìqǐ 和(人)一起 ホォア … イーチィ	with ウィズ
共働(ともばたら)き	fūfù dōu gōngzuò, shuāngzhígōng 夫妇都工作, 双职工 フゥフゥ ドウ ゴンヅゥオ, シュアンヂーゴン	double-income ダブルインカム
土曜日(どようび)	xīngqīliù 星期六 シィンチィリウ	Saturday サタディ
虎(とら)	lǎohǔ 老虎 ラオホゥ	tiger タイガ
トライ	chángshì, shìshi kàn 尝试, 试试看 チャアンシー, シーシ カン	try トライ
～する	chíqiú chùdì défēn 持球触地得分 チーチウ チュゥディー ドゥァフェン	score a try スコーアトライ
ドライ	lěngdàn 冷淡 ルォンダン	dry ドライ
～クリーニング	gānxǐ 干洗 ガンシィ	dry cleaning ドライクリーニング
～な	lěngdàn 冷淡 ルォンダン	realistic リーアリスティク
ドライバー		
(ねじ回し)	bǎ gǎizhuī, luósīdāo 〔把〕改锥, 螺丝刀 パァ ガイヂュイ, ルゥオスーダオ	screwdriver スクルードライヴァ
(ゴルフの)	yíhào mùgān 一号木杆 イーハオ ムゥガン	driver ドライヴァ
(パソコンの)	qūdòng chéngxù 驱动程序 チュイドン チョンシュイ	driver ドライヴァ
ドライブ	dōu fēng 兜风 ドウフォン	drive ドライヴ
(コンピュータ)	qūdòngqì 驱动器 チュイドンチィ	drive ドライヴ

日	中	英
～イン	lùpáng cānguǎn 路旁餐馆 ルパアン ツァングワン	drive-in ドライヴイン
ドライヤー	chuīfēngjī 吹风机 チュイフォンジイ	drier ドライア
捕える(とら)	zhuāzhù, zhuōzhù 抓住，捉住 チュアチュウ，デュオチュウ	catch, capture キャチ，キャプチャ
トラクター	tuōlājī 拖拉机 トゥオラジイ	tractor トラクタ
トラック	huòchē, kǎchē 货车，卡车 ホゥオチョア，カァチョア	truck トラク
(競走路)	pǎodào 跑道 パオダオ	track トラク
ドラッグ	yào(wù) 药(物) ヤオ(ウゥ)	drug ドラグ
(麻薬類)	dúpǐn 毒品 ドゥピン	drug ドラグ
トラブル	jiūfēn 纠纷 ジウフェン	trouble トラブル
トラベラーズチェック	lǚxíng zhīpiào 旅行支票 リュイシィン チーピアオ	traveler's check トラヴラズ チェク
ドラマ	diànshìjù 电视剧 ディエンシーチュイ	drama ドラーマ
ドラマティックな	xìjùxìng (de) 戏剧性(的) シィヂュイシィン (ダ)	dramatic ドラマティク
ドラム	dàgǔ 大鼓 ダァグゥ	drum ドラム
トランク	(shǒu)tíxiāng, píxiāng (手)提箱，皮箱 (ショウ)ティーシアン，ピィシアン	trunk, suitcase トランク，スーツケイス
(車の)	xínglixiāng 行李箱 シィンリシアン	trunk トランク
トランクス	tiáo duǎnkù 〔条〕短裤 ティアオ ドゥワンクウ	trunks トランクス

日	中	英
トランジスター	半导体, 晶体管 バンダオティー, ジィンティーグワン bàndǎotǐ, jīngtǐguǎn	transistor トランズィスタ
トランジット	过境旅客 グゥオジィン リュィクアー guòjìng lǚkè	transit トランスィト
トランプ	扑克牌 プウクァパイ pūkèpái	cards カーヅ
トランペット	小号 シアオハオ xiǎohào	trumpet トランペト
トランポリン	蹦床 ボンチュアン bèngchuáng	trampoline トランポリン
鳥(とり)	〔只〕鸟 ヂー ニアオ zhī niǎo	bird, fowl, chicken バード, ファウル, チキン
取(と)り敢(あ)えず	姑且, 赶快 グゥチエ, ガンクアイ gūqiě, gǎnkuài	at once アト ワンス
(第一に)	首先 ショウシエン shǒuxiān	first of all ファースト オヴ オール
(当分)	暂时 ヅァンシー zànshí	for the time being フォー ザ タイム ビーイング
取(と)り上(あ)げる	拿起来 ナァチィライ náqǐlai	take up テイク アプ
(奪う)	夺取, 没收 ドゥオチュィ, モォショウ duóqǔ, mòshōu	take away テイク アウェイ
(採用)	采纳, 接受 ツァイナァ, ジエショウ cǎinà, jiēshòu	adopt アダプト
取(と)り扱(あつか)い	使用, 操纵 シーヨン, ツァオヅォン shǐyòng, cāozòng	handling, treatment ハンドリング, トリートメント
取(と)り扱(あつか)う	使用, 操纵 シーヨン, ツァオヅォン shǐyòng, cāozòng	handle, treat ハンドル, トリート
(人を)	对待, 接待 ドゥイダイ, ジエダイ duìdài, jiēdài	treat トリート
(事を)	处理 チュウリィ chǔlǐ	handle ハンドル

日	中	英
トリートメント	shūlǐ 梳理 シュウリィ	treatment トリートメント
取り入れる	xīshōu, cǎiyòng 吸收，采用 シィショウ, ツァイヨン	harvest ハーヴィスト
(受け入れる)	jiēshòu, yǐnjìn 接受，引进 ジエショウ, インジン	adopt アダプト
取り柄	yōudiǎn 优点 ヨウディエン	merit メリト

■鳥■　⇒ 動物

鳥（とり）　鸟 /niǎo ニアオ / (英bird)
鶏（にわとり）　鸡 /jī ジィ / (英fowl, chicken)
七面鳥（しちめんちょう）　吐绶鸡，火鸡 /tǔshòujī, huǒjī トゥショウジィ, ホゥオジィ / (英turkey)
アヒル　鸭(子) /yā(zi) ヤァ(ツ) / (英(domestic) duck)
白鳥（はくちょう）　天鹅 /tiān'é ティエヌゥア / (英swan)
鶴（つる）　仙鹤 /xiānhè シエンホォァ / (英crane)
鷹（たか）　鹰 /yīng イィン / (英hawk)
鷲（わし）　雕，鹫 /diāo, jiù ディアオ, ジウ / (英eagle)
コンドル　秃鹰 /tūyīng トゥイィン / (英condor)
啄木鳥（きつつき）　啄木鸟 /zhuómùniǎo ヂュオムゥニアオ / (英woodpecker)
燕（つばめ）　燕子 /yànzi イェンツ / (英swallow)
水鳥（みずとり）　水鸟 /shuǐniǎo シュイニアオ / (英waterfowl)
郭公（かっこう）　布谷 /bùgǔ ブゥグゥ / (英cuckoo)
鳩（はと）　鸽子 /gēzi ゲッツ / (英pigeon, dove)
アホウドリ　信天翁 /xìntiānwēng シンティエンウォン/ (英albatross)
鶯（うぐいす）　黄莺 /huángyīng ホアンイィン / (英Japanese nightingale)
鷗（かもめ）　海鸥 /hǎi'ōu ハイオウ / (英sea gull)
雲雀（ひばり）　云雀 /yúnquè ユィンチュエ / (英lark)
鶫（つぐみ）　斑鸫 /bāndōng バンドン / (英thrush)
烏（からす）　乌鸦 /wūyā ウゥヤァ / (英crow)
梟（ふくろう）　猫头鹰 /māotóuyīng マオトウイィン / (英owl)
ペンギン　企鹅 /qǐ'é チィウァ / (英penguin)

日	中	英
トリオ	sānchóngzòu 三重奏 サンチォンヅォウ	trio トリーオウ
と かえ 取り返す	qǔhuí, duóhuí 取回，夺回 チュイホゥイ, ドゥオホゥイ	take back, recover テイク バク, リカヴァ
と か 取り替える	huàn, jiāohuàn 换，交换 ホワン, ジアオホワン	exchange, replace イクスチェインヂ, リプレイス
と か 取り交わす	jiāohuàn 交换 ジアオホワン	exchange イクスチェインヂ
と き 取り決める	shāngdìng, xiédìng 商定，协定 シャァンディン, シエディン	arrange, agree on アレインヂ, アグリー
と く 取り組む	cóngshì, zhìlìyú 从事，致力于 ツォンシー, ヂーリィユィ	tackle タクル
と け 取り消す	qǔxiāo, chèxiāo 取消，撤消 チュイシアオ, チョアシアオ	cancel キャンセル
とりしまりやく 取締役	dǒngshì 董事 ドンシー	director ディレクタ
と し 取り締まる	qǔdì, guǎnzhì, guǎnlǐ 取缔，管制，管理 チュイディー, グワンヂー, グワンリィ	control, regulate カントロウル, レギュレイト
と しら 取り調べる	shěnwèn 审问 シェンウェン	investigate インヴェスティゲイト
と だ 取り出す	náchū 拿出 ナァチュウ	take out テイク アウト
と た 取り立てる	cuīkuǎn, cuīshōu 催款，催收 ツゥイクワン, ツゥイショウ	collect カレクト
と ちが 取り違える	nòngcuò, nácuò 弄错，拿错 ノンツゥオ, ナァツゥオ	take... for テイク フォー
トリック	guǐjì 诡计 グゥイジィ	trick トリク
と つ 取り付ける	ānzhuāng 安装 アンヂュアン	install インストール
と と 取り留めのない	bù zhuó biān jì 不着边际 ブゥ ヂュオ ビエン ジィ	incoherent インコウヒアレント

日	中	英
とりにく 鶏肉	jīròu 鸡肉 ジィロウ	chicken チキン
と のぞ 取り除く	páichú, chúdiào 排除，除掉 パイチュウ, チュウディアオ	remove リムーヴ
とりひき 取引(する)	jiāoyì 交易 ジアオイー	transactions トランサクションズ
トリプルの	sānchóng 三重 サンチォン	triple トリプル
ドリブル	yùnqiú 运球 ユィンチウ	dribble ドリブル
と ぶん 取り分	fèn'é 份额 フェンウァ	share シェア
と ま 取り巻く	wéirào 围绕 ウェイラオ	surround サラウンド
と みだ 取り乱す	fāhuāng, huāngluàn 发慌，慌乱 ファアホアン, ホアンルワン	be confused ビ カンフューズド
トリミング	xiūjiǎn 修剪 シウジエン	trimming トリミング
と もど 取り戻す	huīfù, shōufù, shōuhuí 恢复，收复，收回 ホウイフウ, ショウフウ, ショウホウイ	recover, take back リカヴァ, テイク バク
と や 取り止める	qǔxiāo, zuòbà 取消，作罢 チュイシアオ, ヅゥオバァ	cancel, call off キャンセル, コール オフ
とりょう 塗料	túliào, yánliào 涂料，颜料 トゥリアオ, イエンリアオ	paint ペイント
どりょく 努力	nǔlì 努力 ヌゥリィ	effort エファト
～する	fèndòu, nǔlì, yònggōng 奋斗，努力，用功 フェンドウ, ヌゥリィ, ヨンゴン	make an effort メイク アン ネファト
と よ 取り寄せる	dìnggòu 订购 ディンゴウ	order オーダ
ドリル	zuàn 钻 ヅワン	drill ドリル

日	中	英
(練習問題)	xítí 习题 シィティー	drill ドリル
捕[獲]る	huòdé 获得 ホゥオドォア	catch, capture キャチ, キャプチャ
採る	cǎiyòng 采用 ツァイヨン	adopt, take アダプト, テイク
(採集)	cǎijí 采集 ツァイジィ	gather, pick ギャザ, ピク
取る	ná 拿 ナァ	take, hold テイク, ホウルド
(受け取る)	jiēshòu 接受 ジエショウ	get, receive ゲト, リスィーヴ
(除去)	tuō 脱 トゥオ	take off, remove テイク オフ, リムーヴ
(盗む)	tōu 偷 トウ	steal, rob スティール, ラブ
トルコ石 (いし)	lǜsōngshí 绿松石 リュィソンシー	turquoise タークウォイズ
どれ	nǎge 哪个 ナァガ	which ホウィチ
トレード	jiāohuàn yùndòngyuán 交换运动员 ジアオホワン ユィンドンユエン	trading トレイディング
トレーナー	jiàoliàn 教练 ジアオリエン	trainer トレイナ
(シャツ)	yùndòngyī 运动衣 ユィンドンイー	sweat shirt スウェト シャート
トレーニング	duànliàn, xùnliàn 锻炼, 训练 ドワンリエン, シュィンリエン	training トレイニング
どれ位 (量)	duōshao 多少 ドゥオシャオ	how much [many] ハウ マッチ[メニ]
(程度)	duōme 多么 ドゥオマ	

■度量衡■

(距離)

ミリ　　毫米 /háomǐ ハオミィ/ (㊍millimeter)
センチ　　公分, 厘米 /gōngfēn, límǐ ゴンフェン, リィミィ/ (㊍centimeter)
メートル　　公尺, 米 /gōngchǐ, mǐ ゴンチー, ミィ/ (㊍meter)
キロ　　公里, 千米 /gōnglǐ, qiānmǐ ゴンリィ, チエンミィ/ (㊍kilometer)
ヤード　　码 /mǎ マァ/ (㊍yard)
マイル　　英里 /yīnglǐ イィンリィ/ (㊍mile)

(面積)

平方メートル　　平方米 /píngfāngmǐ ピィンファアンミィ/ (㊍square meter)
平方キロメートル　　平方公里 /píngfāng gōnglǐ ピィンファアン ゴンリィ/ (㊍square kilometer)
アール　　公亩 /gōngmǔ ゴンムゥ/ (㊍are)
ヘクタール　　公顷 /gōngqǐng ゴンチィン/ (㊍hectare)
エーカー　　英亩 /yīngmǔ イィンムゥ/ (㊍acre)

(重さ)

グラム　　克 /kè クァ/ (㊍gram)
キロ　　公斤 /gōngjīn ゴンジン/ (㊍kilogram)
オンス　　盎司 /àngsī アァンスー/ (㊍ounce)
ポンド　　(英)磅 /(yīng)bàng (イィン)バァン/ (㊍pound)
トン　　(公)吨 /(gōng)dūn (ゴン)ドゥン/ (㊍ton)

(体積)

立方センチ　　立方厘米 /lìfāng límǐ リィファアン リィミィ/ (㊍cubic centimeter)
リットル　　(公)升 /(gōng)shēng (ゴン)ション/ (㊍liter)
立方メートル　　立方米 /lìfāngmǐ リィファアンミィ/ (㊍cubic meter)

(速度)

キロ　　公里 /gōnglǐ ゴンリィ/ (㊍kilometer)
マイル　　英里 /yīnglǐ イィンリィ/ (㊍mile)
ノット　　海里 /hǎilǐ ハイリィ/ (㊍knot)

(温度)

摂氏　　摄氏 /Shèshì ショァシー/ (㊍Celsius)
華氏　　华氏 /Huáshì ホアシー/ (㊍Fahrenheit)

日	中	英
ドレス	nǚlǐfú, lǐqún 女礼服，礼裙 ニュイリィフゥ, リィチュイン	dress ドレス
ドレッシング	tiáowèizhī 调味汁 ティアオウェイヂー	dressing ドレスィング
どれ程 (ほど)	duōshao, duōme 多少，多么 ドゥオシャオ, ドゥオマ	how ハウ
取(と)れる	qǔdé 取得 チュイドゥア	be got ビ ガト
(脱落)	tuōluò, diàoxià 脱落，掉下 トゥオルオ, ディアオシア	come off カム オフ
(得られる)	néng shōuhuò, néng shēngchǎn 能收获，能生产 ヌォン ショウホゥオ, ヌォン ションチャン	be produced ビ プロデュースド
泥(どろ)	ní, lànní 泥，烂泥 ニィ, ランニィ	mud, dirt マド, ダート
徒労(とろう)	túláo, bái fèijìn 徒劳，白费劲 トゥラオ, パイ フェイジン	
～に終わる	guīyú túláo 归于徒劳 グゥイユィ トゥラオ	come to nothing カム トゥ ナスィング
どろどろの	xīlàn, zhānmǎnle ní 稀烂，沾满了泥 シィラン, ヂャンマンラ ニィ	muddy, pasty マディ, パスティ
泥棒(どろぼう)	xiǎotōur 小偷儿 シアオトウル	thief, burglar スィーフ, バーグラ
度忘れする(どわす)	yìshí xiǎngbuqǐlai 一时想不起来 イーシー シアンブチィライ	slip from *one's* memory スリプ フラム メモリ
トン	dūn 吨 ドゥン	ton タン
豚カツ(とん)	zhá zhūpái 炸猪排 ヂャア ヂュウパイ	pork cutlet ポーク カトレト
鈍感(どんかん)な	fǎnyìng chídùn 反应迟钝 ファンイィン チードゥン	stupid, dull ステューピド, ダル
鈍行(どんこう)	mànchē 慢车 マンチョア	local train ロウカル トレイン

日	中	英
^{どんつう} 鈍痛	yǐnyǐn zuòtòng 隐隐作痛 インイン ヅゥオトン	dull pain ダル ペイン
とんでもない	qǐ yǒu cǐ lǐ 岂有此理 チィ ヨウ ツー リィ	surprising, shocking サプライズィング, シャキング
(大変な)	chū hū yì liào, huāngtáng de 出乎意料, 荒唐的 チュウ ホゥ イー リアオ, ホアンタァン ダ	awful, terrible オーフル, テリーブル
(否定)	nǎr de huà, bú xiànghuà 哪儿的话, 不像话 ナァル ダ ホア, ブゥ シアンホア	Of course not! アヴ コース ナト
どんな	shénmeyàng de, zěnmeyàng de 什么样的, 怎么样的 シェンマヤン ダ, ヅェンマヤン ダ	what ホワト
トンネル	suìdào 隧道 スゥイダオ	tunnel タネル
^{とんぼ} 蜻蛉	zhī qīngtíng 〔只〕蜻蜓 ヂー チィンティン	dragonfly ドラゴンフライ
^{どんよく} 貪欲な	tānlán, tānxīn 贪婪, 贪心 タンラン, タンシン	greed グリード

日 / 中 / 英

な, ナ

名 (な)	名字 (míngzi) ミィンヅ	name ネイム
(名称)	名称 (míngchēng) ミィンチョン	name ネイム
(姓名)	姓名 (xìngmíng) シィンミィン	name ネイム
ナーバスな	神经过敏, 神经质 (shénjīng guòmǐn, shénjīngzhì) シェンジィン グゥオミン, シェンジィンヂー	nervous ナーヴァス
無い (ない)	没有, 没, 无 (méiyǒu, méi, wú) メイヨウ, メイ, ウゥ	There is no... ゼア イズ ノウ
(持っていない)	没有, 没, 无 (méiyǒu, méi, wú) メイヨウ, メイ, ウゥ	have no... ハヴ ノウ
ナイーブな	天真(的), 纯真(的) (tiānzhēn (de), chúnzhēn (de)) ティエンチェン (ダ), チュンヂェン (ダ)	naive ナーイーヴ
内科 (ないか)	内科 (nèikē) ネイクァ	internal medicine インターナル メディスィン
～医	内科医生 (nèikē yīshēng) ネイクァ イーション	physician フィズィシャン
内閣 (ないかく)	内阁 (nèigé) ネイグァ	Cabinet, Ministry キャビネト, ミニストリ
内向 (ないこう)	内向 (nèixiàng) ネイシアン	introversion イントロヴァーション
～的な	内向的(人) (nèixiàng de (rén)) ネイシアン ダ (レン)	introverted イントロヴァーテド
内緒 (ないしょ)	秘密 (mìmì) ミィミィ	secret スィークレト
内心 (ないしん)	内心, 心里, 心中 (nèixīn, xīnli, xīnzhōng) ネイシン, シンリ, シンヂォン	one's mind, one's heart マインド, ハート
内政 (ないせい)	内政 (nèizhèng) ネイヂョン	domestic affairs ドメスティク アフェアズ

日	中	英
ないせん 内戦	nèizhàn 内战 ネイヂャン	civil war スィヴィル ウォー
ないぞう 内臓	nèizàng, zàngfǔ 内脏, 脏腑 ネイヅァァン, ヅァァンフゥ	the internal organs ジ インターナル オーガンズ
ないてい 内定	nèidìng 内定 ネイディン	unofficial decision アナフィシャル ディスィジョン
ないてき 内的な	nèizài 内在 ネイヅァイ	inner, internal イナ, インターナル
(心の)	nèixīn, jīngshén 内心, 精神 ネイシン, ジィンシェン	inner イナ
ナイフ	bǎ dāozi, xiǎodāo 〔把〕刀子, 小刀 バァ ダオヅ, シアオダオ	knife ナイフ
ないぶ 内部	nèibù, nèizhōng, lǐbian 内部, 内中, 里边 ネイブゥ, ネイヂォン, リィビエン	the inside ジ インサイド
ないふくやく 内服薬	nèifúyào 内服药 ネイフゥヤオ	internal medicine インターナル メディスィン
ないめん 内面	nèibù, lǐbian, lǐmiàn 内部, 里边, 里面 ネイブゥ, リィビエン, リィミエン	inside インサイド
ないよう 内容	nèiróng 内容 ネイロン	contents, substance カンテンツ, サブスタンス
ないらん 内乱	nèiluàn 内乱 ネイルワン	civil war スィヴィル ウォー
ナイロン	nílóng, jǐnlún 尼龙, 锦纶 ニィロン, ジンルゥン	nylon ナイラン
なえ 苗	yāngzi 秧子 ヤンヅ	seedling スィードリング
なおさら	gèngjiā, yuèfā 更加, 越发 グンジア, ユエファア	still more スティル モー
なお 直す	jiūzhèng, gǎizhèng, xiūzhèng 纠正, 改正, 修正 ジウヂョン, ガイヂョン, シウヂョン	correct カレクト
(修理)	xiū(lǐ)hǎo 修(理)好 シウ(リィ)ハオ	mend, repair メンド, リペア

日	中	英
なお 治す	zhìliáo, yīzhì 治疗，医治 チーリアオ，イーヂー	cure キュア
なお 直る	gǎiguòlai 改过来 ガイグゥオライ	be corrected ビ カレクテド
（修理して）	xiū(lǐ)hǎo 修(理)好 シウ(リィ)ハオ	be repaired ビ リペアド
なお 治る	zhìhǎo 治好 ヂーハオ	get well ゲト ウェル
なか 中	lǐmiàn, lǐbian 里面，里边 リィミエン，リィビエン	the inside ジ インサイド
～に	(zài) lǐmiàn, (zài) lǐbian (在)里面，(在)里边 (ヅァイ) リィミエン，(ヅァイ) リィビエン	in, within イン，ウィズィン
なか 仲	guānxi 关系 グワンシ	relations リレイションズ
なが 長い	cháng 长 チャアン	long ロング
ながい 長生き	chángshòu 长寿 チャアンショウ	long life ロング ライフ
ながぐつ 長靴	xuēzi, chángtǒngxuē 靴子，长筒靴 シュエヅ，チャアントンシュエ	boots ブーツ
なが 長さ	chángdù, chángduǎn 长度，长短 チャアンドゥ，チャアンドワン	length レンクス
なが 流す	liú 流 リィウ	pour, drain ポー，ドレイン
（物を）	(shǐ dōngxi) liúzǒu, (使东西)流走， (シー ドンシ) リィウヅォウ， (bǎ dōngxi) chōngzǒu (把东西)冲走 (バア ドンシ) チォンヅォウ	float フロウト
ながそで 長袖	chángxiù 长袖 チャアンシウ	long sleeves ロング スリーヴズ
なかなお 仲直り	héhǎo, héjiě 和好，和解 ホオーハオ，ホオージエ	reconciliation レコンスィリエイション

日	中	英
〜する	héhǎo, héjiě 和好，和解 ホォーハオ, ホォージエ	get reconciled *with* ゲト レコンサイルド
なかなか 中々	hěn 很 ヘン	very, quite ヴェリ, クワイト
(かなり)	xiāngdāng, pō 相当，颇 シアンダァン, ポォ	rather, pretty ラザ, プリティ
なかにわ 中庭	yuànzi, tíngyuàn 院子，庭院 ユエンヅ, ティンユエン	courtyard コートヤード
ながねん 長年	duōnián 多年 ドゥオニエン	for years フォー イアズ
なか 半ば	bàn, yíbàn 半，一半 バン, イーバン	half ハフ
(いくぶん)	bàn 半 バン	partly パートリ
(途中)	bàntú, zhōngtú 半途，中途 バントゥ, ヂォントゥ	half ハフ
(中旬)	zhōngxún 中旬 ヂォンシュイン	middle ミドル
ながびく 長引く	chíyán, tuōcháng 迟延，拖长 チーイエン, トゥオチャァン	be prolonged ビ プロロングド
なかま 仲間	tóngbàn, huǒbàn 同伴，伙伴 トンバン, ホゥオバン	friend, comrade フレンド, カムラド
(同類)	tónglèi 同类 トンレイ	the same kind ザ セイム カインド
なかみ 中身	nèiróng, lǐmiàn de dōngxi 内容，里面的东西 ネイロン, リィミエンダ ドンシ	contents, substance カンテンツ, サブスタンス
なが 眺め	jǐngsè, fēngjǐng 景色，风景 ジンスァ, フォンジン	view ヴュー
なが 眺める	zhùshì, níngshì 注视，凝视 ヂュウシー, ニィンシー	see, look at スィー, ルク アト
(見渡す)	tiàowàng, wàng 眺望，望 ティアオワン, ワン	see, look at スィー, ルク アト

日	中	英
<ruby>長<rt>なが</rt></ruby><ruby>持<rt>も</rt></ruby>ち(する)	(jīngjiǔ) nàiyòng, nàijiǔ (经久)耐用，耐久 (ジィンジウ) ナイヨン，ナイジウ	durability デュアラビリティ
<ruby>中<rt>なか</rt></ruby><ruby>指<rt>ゆび</rt></ruby>	zhōngzhǐ 中指 ヂョンデー	the middle finger ザ ミドル フィンガ
<ruby>仲<rt>なか</rt></ruby><ruby>良<rt>よ</rt></ruby>し	hǎo péngyou, mìyǒu, xiānghǎo 好朋友，密友，相好 ハオ ポンヨウ，ミィヨウ，シアンハオ	close friend, chum クロウス フレンド，チャム
<ruby>流<rt>なが</rt></ruby>れ	(shuǐ)liú, (hé)liú (水)流，(河)流 (シュイ)リウ，(ホォー)リウ	stream, current ストリーム，カーレント
(時の)	tuīyí 推移 トゥイイー	the passage ザ パスィヂ
<ruby>流<rt>なが</rt></ruby>れ<ruby>星<rt>ぼし</rt></ruby>	liúxīng 流星 リウシィン	shooting star シューティング スター
<ruby>流<rt>なが</rt></ruby>れる	liú(dòng), piào(lai/qu) 流(动)，漂(来/去) リウ(ドン)，ピアオ(ライ/チュ)	flow, run フロウ，ラン
(時が)	《shíguāng》 liúshì 《时光》流逝 《シーグアン》リウシー	pass パス
<ruby>泣<rt>な</rt></ruby>き<ruby>声<rt>ごえ</rt></ruby>	kūshēng 哭声 クゥション	cry クライ
<ruby>鳴<rt>な</rt></ruby>き<ruby>声<rt>ごえ</rt></ruby>	jiàoshēng, míngshēng 叫声，鸣声 ジアオション，ミィンション	twitter トゥィタ
<ruby>泣<rt>な</rt></ruby>き<ruby>虫<rt>むし</rt></ruby>	ài kū de 爱哭的 アイ クゥ ダ	crybaby クライベイビ
<ruby>泣<rt>な</rt></ruby>く	kū, chuòqì 哭，啜泣 クゥ，チュオチィ	cry, weep クライ，ウィープ
<ruby>鳴<rt>な</rt></ruby>く	jiào, míng 叫，鸣 ジアオ，ミィン	cry クライ
(犬が)	(gǒu) fèi, jiào (狗)吠，叫 (ゴウ)フェイ，ジアオ	bark バーク
(小鳥が)	zhuàn 啭 ヂュワン	sing スィング
(猫が)	(māo) mīmī jiào (猫)咪咪叫 (マオ)ミィミィ ジアオ	mew ミュー

日	中	英
なぐさ 慰める	ānwèi, fǔwèi 安慰，抚慰 アンウェイ, フウウェイ	console, comfort カンソウル, カムファト
な 亡くす	sǐ 死 スー	lose ルーズ
な 無くす	diū, diūshī, sàngshī, shīqù 丢，丢失，丧失，失去 ディウ, ディウシー, サァンシー, シーチュイオ	lose ルーズ
な 亡くなる	sǐ, sǐqù, qùshì, shàngtiān 死，死去，去世，上天 スー, スーチュイ, チュイシー, シャァンティエン	die ダイ
な 無くなる	diū, diūshī, bú jiàn 丢，丢失，不见 ディウ, ディウシー, ブゥ ジェン	get lost ゲト ロスト
(消滅)	xiāomiè 消灭 シアオミィエ	disappear ディサピア
(尽きる)	jìn, wán, guāng 尽，完，光 ジン, ワン, グアン	run short ラン ショート
なぐ 殴る	ōudǎ, dǎ, zòu 殴打，打，揍 オウダァ, ダァ, ツォウ	strike, beat ストライク, ビート
なげ 嘆き	bēitàn, bēishāng 悲叹，悲伤 ベイタン, ベイシャァン	sorrow, grief サロウ, グリーフ
なげ 嘆く	tànˈqì, tànxī 叹气，叹息 タンチィ, タンシィ	lament, grieve ラメント, グリーヴ
な す 投げ捨てる	rēngdiào, rēngqì 扔掉，扔弃 ロンディアオ, ロンチィ	throw away スロウ アウェイ
な 投げる	rēng, pāo, zhì, tóu, shuāi 扔，抛，掷，投，摔 ロン, パオ, チー, トウ, シュアイ	throw, cast スロウ, キャスト
(放棄)	fàngqì, sǐxīn 放弃，死心 ファァンチィ, スーシン	give up ギヴ アプ
なご 和やかな	héxié, hémù, yǒuhǎo 和谐，和睦，友好 ホォーシエ, ホォームゥ, ヨウハオ	peaceful, friendly ピースフル, フレンドリ
なごり 名残	hénjì, cányú 痕迹，残余 ヘンジィ, ツァンユィ	trace, vestige トレイス, ヴェスティヂ
(別れ)	xībié 惜别 シィビエ	parting パーティング

日	中	英
情(なさ)け	同情 tóngqíng トンチン	sympathy スィンパスィ
（哀れみ）	可怜, 怜悯 kělián, liánmǐn クァリエン, リエンミン	pity ピティ
（慈悲）	恩情, 慈悲, 仁慈 ēnqíng, cíbēi, réncí エンチン, ツーベイ, レンツー	mercy マースィ
（親切）	善心 shànxīn シャンシン	kindness カインドネス
情(なさ)け無(な)い	可耻 kěchǐ クァチー	miserable, lamentable ミザラブル, ラメンタブル
梨(なし)	梨 lí リィ	pear ペア
成(な)し遂(と)げる	完成, 达成, 成事 wánchéng, dáchéng, chéngshì ワンチョン, ダァチョン, チョンシー	accomplish アカンプリシュ
馴染(なじ)む	适应, 习惯 shìyìng, xíguàn シーイン, シィグワン	become attached *to* ビカム アタチト
詰(なじ)る	责问, 责备 zéwèn, zébèi ヅゥアウェン, ヅァベイ	rebuke, blame リビューク, ブレイム
茄子(なす)	茄子 qiézi チエヅ	eggplant, aubergine エグプラント, オウバジーン
何故(なぜ)	为什么, 怎么, 为何, 何故 wèi shénme, zěnme, wèihé, hégù ウェイ シェンマ, ヅェンマ, ウェイホアr, ホォアグゥ	why ホワイ
何故(なぜ)なら	因为 yīnwèi インウェイ	because, for ビコズ, フォー
謎(なぞ)	谜, 闷葫芦 mí, mènhúlu ミィ, メンフゥル	riddle, mystery リドル, ミスタリ
名高(なだか)い	有名, 著名, 闻名 yǒumíng, zhùmíng, wénmíng ヨウミン, ヂュウミン, ウェンミン	famous フェイマス
菜種(なたね)	菜子 càizǐ ツァイヅー	rape レイプ
宥(なだ)める	安定, 稳定, 安抚 āndìng, wěndìng, ānfǔ アンディン, ウェンディン, アンフゥ	calm, soothe カーム, スーズ

日	中	英
なだらかな	pínghuǎn 平缓 ピィンホワン	gentle, fluent チェントル, フルエント
なだれ 雪崩	xuěbēng 雪崩 シュエボン	avalanche アヴァランチ
なつ 夏	xià, xiàtiān, xiàjì 夏, 夏天, 夏季 シア, シアティエン, シアジィ	summer サマ
なついん 捺印する	gài zhāng 盖章 ガイヂャァン	seal スィール
なつかしい	(lìng rén) huáiniàn, (lìng rén) xiǎngniàn (令人)怀念, (令人)想念 (リィン レン)ホアイニエン, (リィン レン)シアンニエン	sweet スウィート
なつかしむ	xiǎngniàn, sīniàn, huáiniàn 想念, 思念, 怀念 シアンニエン, スーニエン, ホアイニエン	long for ロング フォー
なづける 名付ける	qǐ míngr 起名儿 チィミィンル	name, call ネイム, コール
ナッツ	jiānguǒ 坚果 ジエングォ	nut ナト
なっとく 納得	xìnfú, lǐjiě, lǐnghuì 信服, 理解, 领会 シンフゥ, リィジエ, リィンホウイ	consent カンセント
～する	xìnfú, lǐjiě, lǐnghuì 信服, 理解, 领会 シンフゥ, リィジエ, リィンホウイ	consent to カンセント
なつめ 棗	zǎo(r) 枣(儿) ヅァオ(ル)	jujube ヂューヂュブ
ナツメグ	ròudòukòu, ròuguǒ 肉豆蔻, 肉果 ロウドウコウ, ロウグゥオ	nutmeg ナトメグ
なでしこ 撫子	hóngqúmài, shízhú 红瞿麦, 石竹 ホンチュイマイ, シーヂュウ	pink ピンク
なでる 撫でる	fǔmó, fǔmō 抚摩, 抚摸 フゥモォ, フゥモォ	stroke, pat ストロウク, パト
(愛撫)	àifǔ, fǔmō 爱抚, 抚摸 アイフゥ, フゥモォ	caress カレス
など 等	děng, děngděng 等, 等等 デォン, デォンデォン	and so on アンド ソウ オン

日	中	英
ナトリウム	nà 钠 ナァ	sodium ソウディアム
斜めの (なな)	xié, qīngxié, wāi 斜, 倾斜, 歪 シエ, チンシエ, ワイ	slant, oblique スラント, オブリーク
何 (なに)	shénme 什么 シェンマ	what ホワト
(聞き返し)	shénme? 什么？ シェンマ？	What! ホワト
何か (なに)	shénme 什么 シェンマ	something サムスィング
何も (なに)	shénme yě ..., quándōu 什么也…, 全都 シェンマ イエ …, チュエンドウ	nothing, no ナスィング, ノウ
何より (なに)	zuìhǎo, bǐ shénme dōu ... 最好, 比什么都… ヅゥイハオ, ビィ シェンマ ドウ …	above all アバヴ オール
ナビゲーター	lǐnghángyuán 领航员 リィンハァンユエン	navigator ナヴィゲイタ
ナプキン	cānjīn 餐巾 ツァンジン	napkin ナプキン
名札 (なふだ)	míngpái, xìngmíngkǎ 名牌, 姓名卡 ミィンパイ, シィンミィンカァ	name tag ネイム タグ
鍋 (なべ)	kǒu guō 〔口〕锅 コウ グゥオ	pan パン
生暖かい (なまあたた)	wēinuǎn 微暖 ウェイヌワン	uncomfortably warm アンカムフォタブリ ウォーム
生意気(な) (なまいき)	zìdà, àomàn, shénqì 自大, 傲慢, 神气 ヅーダァ, アオマン, シェンチィ	insolence; insolent インソレンス; インソレント
名前 (なまえ)	míng, míngzi 名, 名字 ミィン, ミィンヅ	name ネイム
生臭い (なまくさ)	xīng 腥 シン	fishy フィシ
怠け者 (なま もの)	lǎnhàn 懒汉 ランハン	lazy person レイズィ パースン

日	中	英
なま 怠ける	tōulǎn, xièdài 偷懒，懈怠 トウラン，シエダイ	be idle ビ アイドル
なまこ 海鼠	zhī hǎishēn 〔只〕海参 ヂー ハイシェン	sea cucumber スィー キューカンバ
なまなま 生々しい	huóshēngshēng, xiānmíng 活生生，鲜明 ホウオションション，シエンミィン	fresh, vivid フレシュ，ヴィヴィド
なま 生ぬるい	wēiwēn 微温 ウェイウェン	lukewarm ルークウォーム
(厳しくない)	bú (gòu) yángé, bú (gòu) chèdǐ 不(够)严格，不(够)彻底 ブゥ(ゴウ)イェングァ，ブゥ(ゴウ)チョァディー	lukewarm ルークウォーム
なま 生の	shēng (de) 生(的) ション (ダ)	raw ロー
なま 生ビール	zhápí, shēngpíjiǔ, xiānpíjiǔ 扎啤，生啤酒，鲜啤酒 ヂャアピィ，ションピィジウ，シエンピィジウ	draft beer ドラフト ビア
なまほうそう 生放送	zhíbō 直播 ヂーボォ	live broadcast ライヴ ブロードキャスト
なまもの 生物	xiān shípǐn, xiānhuò 鲜食品，鲜货 シエン シーピン，シエンホゥオ	uncooked food アンククト フード
なまり 鉛	qiān 铅 チエン	lead レド
なみ 波	bōlàng 波浪 ボォラァン	wave ウェイヴ
なみだ 涙	lèi, lèishuǐ, yǎnlèi 泪，泪水，眼泪 レイ，レイシュイ，イエンレイ	tears ティアズ
～を流す	liú yǎnlèi 流眼泪 リウ イエンレイ	shed tears シェド ティアズ
なみなみと	mǎnmǎn 满满 マンマン	to the brim トゥ ザ ブリム
なみ 並の	pǔtōng, yìbān, zhōngcháng, píngpíng 普通，一般，中常，平平 プゥトン，イーバン，ヂョンチァン，ピィンピィン	ordinary, common オーディネリ，カモン
なみはず 並外れた	zhuóyuè, fēifán, chūzhòng 卓越，非凡，出众 ヂュオユエ，フェイファン，チュウヂォン	extraordinary イクストローディネリ

日	中	英
なめ がわ 鞣し革	róupí 鞣皮 ロウピィ	leather レザ
なめ 滑らかな	pínghuá, guānghuá, guāngliu 平滑，光滑，光溜 ピィンホア，グアンホア，グアンリウ	smooth スムーズ
（文章や会話が）	liúlì, liúchàng 流利，流畅 リウリィ，リウチャァン	smooth スムーズ
な 舐める	tiǎn 舔 ティエン	lick, lap リク，ラプ
（侮る）	qīngshì, kànbuqǐ, xiǎokàn 轻视，看不起，小看 チィンシー，カンプチィ，シアオカン	despise ディスパイズ
なや 悩ます	kǔnǎo, kùnrǎo 苦恼，困扰 クゥナオ，クゥンラオ	torment, worry トーメント，ワーリ
（頭を）	shāng nǎojīn 伤脑筋 シャァン ナオジン	torment, worry トーメント，ワーリ
（心を）	cāoxīn 操心 ツァオシン	torment, worry トーメント，ワーリ
なや 悩み	kǔnǎo, fánnǎo 苦恼，烦恼 クゥナオ，ファンナオ	anxiety, worry アングザイエティ，ワーリ
なや 悩む	fánnǎo, kǔnǎo 烦恼，苦恼 ファンナオ，クゥナオ	suffer from サファ
なら 習う	xuéxí 学习 シュエシィ	learn ラーン
な 慣らす	shǐ xíguàn, shǐ shìyìng 使习惯，使适应 シー シィグワン，シー シーイィン	accustom アカストム
な 鳴らす	xiǎng, míng 响，鸣 シアン，ミィン	sound, ring サウンド，リング
なら 並ぶ	pái(duì), páiliè 排(队)，排列 パイ(ドゥイ)，パイリエ	line up ライン アプ
なら 並べる	bǎi 摆 パイ	arrange アレインジュ
（列挙）	lièjǔ, luóliè 列举，罗列 リエヂュィ，ルゥオリエ	enumerate イニューマレイト

日	中	英
ならわし	xíguàn, xísú, guīju 习惯, 习俗, 规矩 シィグワン, シィスゥ, グゥイジュイ	custom カスタム
(慣例)	guànlì 惯例 グワンリィ	custom カスタム
なり金 成り金	bàofāhù 暴发户 バオファアホゥ	upstart アプスタート
なり立ち 成り立ち	gòuchéng 构成 ゴウチョン	formation フォーメイション
(起源)	(chénglì de) jīngguò, yóulái (成立的)经过, 由来 (チョンリィ ダ) ジィングゥオ, ヨウライ	origin オリヂン
なり立つ 成り立つ	chénglì 成立 チョンリィ	consist of カンスィスト
なり行き 成り行き	qūshì 趋势 チュィシー	the course of ザ コース
なる 成る	chéngwéi 成为 チョンウェイ	become ビカム
(変わる)	biànchéng 变成 ビエンチョン	turn into ターン
なる 生る	jiē(guǒ) 结(果) ジエ(グオ)	grow, bear グロウ, ベア
なる 鳴る	xiǎng, míng 响, 鸣 シアン, ミィン	sound, ring サウンド, リング
なるべく 成る可く	jǐnliàng 尽量 ジンリアン	if possible イフ パスィブル
なるほど 成る程	díquè, chéngrán 的确, 诚然 ディーチュエ, チョンラン	indeed インディード
ナレーション	jiěshuō 解说 ジエシュオ	narration ナレイション
ナレーター	jiěshuōyuán, xùshùzhě 解说员, 叙述者 ジエシュオユエン, シュイシュウヂョァ	narrator ナレイタ
なれなれしい 馴れ馴れしい	guòfèn qīnnì, guòfèn qīnmì 过分亲昵, 过分亲密 グゥオフェン チンニィ, グゥオフェン チンミィ	familiar ファミリア

日	中	英
なれる 慣れる	xíguàn, guàn, shìyìng 习惯，惯，适应 シィグワン, グワン, シーイィン	get used *to* ゲト ユースト
なわ 縄	tiáo shéngzi 〔条〕绳子 ティアオ ションヅ	rope ロウプ
なわとび 縄跳び	tiào shéng 跳绳 ティアオション	jump rope チャンプ ロウプ
なわばり 縄張り	dìpán, shìli fànwéi 地盘，势力范围 ディーパン, シィリ ファンウェイ	territory テリトーリ
なんい 南緯	nánwěi 南纬 ナンウェイ	south latitude サウス ラティテュード
なんおう 南欧	Nán Ōu 南欧 ナン オウ	Southern Europe サザン ユアロプ
なんかいな 難解な	fèijiě, nándǒng 费解，难懂 フェイジエ, ナンドン	very difficult ヴェリ ディフィカルト
なんきょく 南極	nánjí 南极 ナンヂィ	the South Pole ザ サウス ポウル
～圏	nánjíquān 南极圈 ナンヂィチュエン	the Antarctic Circle ジ アンタークティク サークル
なんこう 軟膏	ruǎngāo, yàogāo 软膏，药膏 ルワンガオ, ヤオガオ	ointment オイントメント
なんじ 何時	jǐ diǎn (zhōng) 几点（钟） ジィ ディエン（ヂォン）	what time, when ホワト タイム, ホウェン
なんせい 南西	xīnán 西南 シィナン	southwest サウスウェスト
ナンセンス	wú yìyì, huāngmiù 无意义，荒谬 ウゥ イーイー, ホアンミウ	nonsense ナンセンス
なんと 何と	duōme 多么 ドゥオマ	what, how ホワト, ハウ
なんとう 南東	dōngnán 东南 ドンナン	southeast サウスイースタ
なんぱ 難破	chuánzhī shīshì 船只失事 チュワンヂー シーシー	wreck レク

日	中	英
～する	yùdào hǎinàn 遇到海难 ユイダオ ハイナン	be wrecked ビ レクド
ナンバー	hàomǎ 号码 ハオマア	number ナンバ
～プレート	páizhào, chēpái 牌照，车牌 パイチャオ，チョァパイ	license plate ライセンス プレイト
ナンバーワン	dìyī míng 第一名 ディーイー ミィン	Number 1 ナンバ ワン
なんびょう 難病	wánzhèng, nánzhìbìng 顽症，难治病 ワンヂョン，ナンヂービィン	incurable disease インキュアラブル ディズィーズ
なんぴょうよう 南氷洋	Nánbīngyáng 南冰洋 ナンビィンヤン	the Antarctic Ocean ジ アンタークティク オウシャン
なんぶ 南部	nánbù 南部 ナンブゥ	the southern part ザ サザン パート
なんぼく 南北	nánběi 南北 ナンベイ	north and south ノース アンド サウス
なんみん 難民	nànmín 难民 ナンミン	refugees レフュチーズ

に, ニ

日	中	英
に 荷	huòwù 货物 ホゥオウゥ	load ロウド
にあ 似合う	xiāngchèn, héshì 相称，合适 シアンチェン，ホォシー	become, suit ビカム，シュート
にあ 荷揚げする	qǐ'àn, xièhuò 起岸，卸货 チィアン，シエホゥオ	unload アンロウド
ニアミス	(fēijī) yìcháng jiējìn （飞机）异常接近 （フェイジィ）イーチャァン ジエジン	near miss ニア ミス
ニーズ	xūqiú 需求 シュイチウ	necessity, need ニセスィティ，ニード

日	中	英
煮え切らない	bù guǒduàn 不果断 ブウ グウオドワン	vague ヴァーグ
(不決断)	yóuyù búdìng 犹豫不定 ヨウユィ ブゥディン	irresolute イレゾルート
煮える	zhǔshú 煮熟 ヂュシュウ	boil ボイル
匂い	qìwèir 气味儿 チィウェル	smell, odor スメル, オウダ
臭う	fāchòu, yǒu chòuwèir 发臭, 有臭味儿 ファアチョウ, ヨウ チョウウェル	stink スティンク
匂う	fāxiāng, yǒu xiāngwèir 发香, 有香味儿 ファアシアン, ヨウ シアンウェル	smell スメル
二階	èr lóu 二楼 アル ロウ	the second floor ザ セコンド フロー
苦い	kǔ 苦 クゥ	bitter ビタ
逃がす	fàng 放 ファアン	let go, set free レト ゴウ, セト フリー
(取り逃がす)	méiyǒu zhuāzhù 没有抓住 メイヨウ ヂュアヂュウ	let... escape, miss レト イスケイプ, ミス
二月	èryuè 二月 アルユエ	February フェブルエリ
苦手である	bú shàncháng, bú shànyú ... 不擅长, 不善于… ブゥ シャンチャァン, ブゥ シャンユィ …	be weak *in* ビ ウィーク
似通う	xiāngfǎng, xiāngsì 相仿, 相似 シアンファアン, シアンスー	resemble リゼンブル
苦笑い	kǔxiào 苦笑 クゥシアオ	bitter smile ビタ スマイル
～する	kǔxiào 苦笑 クゥシアオ	smile bitterly スマイル ビタリ
面皰	cuóchuāng, fěncì 痤疮, 粉刺 ツオチュアン, フェンツー	pimple ピンプル

日	中	英
<ruby>賑<rt>にぎ</rt></ruby>やかな	fánhuá 繁华 ファンホア	crowded クラウディド
（活気のある）	rènao 热闹 ルァナオ	lively ライヴリ
<ruby>握<rt>にぎ</rt></ruby>る	wò 握 ウオ	grasp グラスプ
<ruby>賑<rt>にぎ</rt></ruby>わう	rènao 热闹 ルァナオ	be crowded ビ クラウディド
<ruby>肉<rt>にく</rt></ruby>	ròu 肉 ロウ	flesh, meat フレシュ, ミート
<ruby>憎<rt>にく</rt></ruby>い	kěwù, kěhèn 可恶，可恨 クァウゥ, クァヘン	hateful, detestable ヘイトフル, ディテスタブル
<ruby>肉眼<rt>にくがん</rt></ruby>	ròuyǎn 肉眼 ロウイエン	naked eye ネイキド アイ
<ruby>憎<rt>にく</rt></ruby>しみ	yuànhèn, xiányuàn 怨恨，嫌怨 ユエンヘン, シエンユエン	hatred ヘイトリド
<ruby>肉親<rt>にくしん</rt></ruby>	gǔròu 骨肉 グゥロウ	near relatives ニア レラティヴズ
<ruby>肉体<rt>にくたい</rt></ruby>	ròutǐ 肉体 ロウティー	the body, the flesh ザ バディ, ザ フレシュ
～労働	tǐlì láodòng, huólù 体力劳动，活路 ティーリィ ラオドン, ホゥオルゥ	physical labor フィズィカル レイバ
<ruby>肉離<rt>にくばな</rt></ruby>れ	jīròu lāshāng 肌肉拉伤 ジィロウ ラァシァン	torn muscle トーン マスル
<ruby>憎<rt>にく</rt></ruby>む	(yuàn)hèn (怨)恨 (ユエン)ヘン	hate ヘイト
<ruby>肉屋<rt>にくや</rt></ruby>	ròudiàn 肉店 ロウディエン	meat shop ミート シャプ
<ruby>憎<rt>にく</rt></ruby>らしい	kěhèn, kěwù 可恨，可恶 クァヘン, クァウゥ	hateful, detestable ヘイトフル, ディテスタブル
<ruby>逃<rt>に</rt></ruby>げる	táopǎo 逃跑 タオパオ	run away, escape ラン アウェイ, イスケイプ

に

日	中	英
濁す にご	nòngzhuó 弄浊 ノンヂュオ	make... muddy メイク マディ
言葉を〜	hánhu 含糊 ハンホ	speak ambiguously スピーク アンビギュアスリ
ニコチン	nígǔdīng 尼古丁 ニィグゥディン	nicotine ニコティーン
にこにこする	xiàoyínyín 笑吟吟 シアオインイン	smile, beam スマイル，ビーム

■肉■

牛肉(ぎゅうにく)　牛肉 /niúròu ニウロウ / (㊧beef)

子牛の肉(こうしのにく)　小牛肉 /xiǎoniúròu シアオニウロウ / (㊧veal)

豚肉(ぶたにく)　猪肉 /zhūròu ヂュウロウ / (㊧pork)

鶏肉(とりにく)　鸡肉 /jīròu ジィロウ / (㊧chicken)

鴨(かも)　野鸭 /yěyā イエヤァ / (㊧duck)

羊の肉(ひつじのにく)　羊肉 /yángròu ヤンロウ / (㊧ram)

子羊の肉(こひつじのにく)　羊羔肉，羔羊肉 /yánggāoròu, gāoyángròu ヤンガオロウ, ガオヤンロウ / (㊧lamb)

挽肉(ひきにく)　肉末 /ròumò ロウモォ / (㊧ground meat)

赤身(あかみ)　瘦肉 /shòuròu ショウロウ / (㊧lean)

ロース　腰肉 /yāoròu ヤオロウ / (㊧sirloin)

ヒレ肉　里脊(肉)，菲力 /lǐji(ròu), fēilì リィジィ(ロウ), フェイリィ / (㊧fillet)

サーロイン　牛腰肉 /niúyāoròu ニウヤオロウ / (㊧sirloin)

タン　舌肉 /shéròu ショァロウ / (㊧tongue)

レバー　肝 /gān ガン / (㊧liver)

鶏の股肉(とりのももにく)　鸡腿 /jītuǐ ジィトゥイ / (㊧leg)

ハム　火腿 /huǒtuǐ ホゥオトゥイ / (㊧ham)

生ハム(なまハム)　巴马火腿 /Bāmǎ huǒtuǐ バアマァ ホゥオトゥイ / (㊧Parma ham)

薫製の(くんせいの)　熏制 /xūnzhì シュインヂー / (㊧smoked)

腸詰(ちょうづめ)　腊肠 /làcháng ラァチャアン / (㊧sausage)

ベーコン　咸肉，腌肉 /xiánròu, yānròu シエンロウ, イエンロウ / (㊧bacon)

サラミ　蒜肠，萨拉米肠 /suàncháng, sàlāmǐcháng スワンチャアン, サアラァミィチャアン / (㊧salami)

日	中	英
にこやかな	xiàoróng (mǎnmiàn), héhéqìqì 笑容（满面），和和气气 シアオロン（マンミエン），ホォーホォーチィチィ	cheerful, smiling チアフル, スマイリング
にごる 濁る	húnzhuó, bù qīng 浑浊，不清 ホゥンチュオ, ブゥ チン	become muddy ビカム マディ
にさんかたんそ 二酸化炭素	èryǎnghuàtàn 二氧化碳 アルヤンホアタン	carbon dioxide カーボン ダイアクサイド
にし 西	xī 西 シィ	the west ザ ウェスト
にじ 虹	(cǎi)hóng, jiàng （彩）虹，虹 (ツァイ)ホン, ジアン	rainbow レインボウ
にしき 錦	jǐnduàn 锦缎 チンドワン	brocade ブロウケイド
にじほうていしき 二次方程式	èrcì fāngchéngshì 二次方程式 アルツー ファアンチョンシー	quadratic equation クワドラティク イクウェイション
にじます 虹鱒	hóngzūn 虹鳟 ホンヅゥン	rainbow trout レインボウ トラウト
にじむ 滲む	shèn 渗 シェン	blot ブラト
にじゅう 二重の	shuāngchóng 双重 シュアンチォン	double, dual ダブル, デュアル
にしん 鰊	fēi 鲱 フェイ	herring ヘリング
ニス	qīngqī 清漆 チィンチィ	varnish ヴァーニシュ
にせ 偽	jiǎ 假 ジア	imitation イミテイション
～の	jiǎ (de) 假(的) ジア (ダ)	imitation イミテイション
～物	màopáihuò 冒牌货 マオパイホゥオ	imitation イミテイション
にせい 二世	dì'èr dài 第二代 ディーアル ダイ	the second generation ザ セコンド ヂェナレイション

日	中	英
(ジュニア)	érzi 儿子	Junior, Jr.
(王室)	èr shì 二世	the second
にちげん 日限	qīxiàn 期限	term, deadline
にちじ 日時	rìqī hé shíjiān 日期和时间	the time, the date
にちじょう 日常	píngshí 平时	
～の	rìcháng 日常	daily
にちぼつ 日没	rìluò 日落	sunset
にちや 日夜	rìyè, zhòuyè 日夜, 昼夜	night and day
(いつも)	jīngcháng, búduàn de 经常, 不断地	night and day
にちようだいく 日曜大工	yèyú mùjiang 业余木匠	do-it-yourself
にちようび 日曜日	xīngqī(rì/tiān), lǐbàitiān 星期(日/天), 礼拜天	Sunday
にちようひん 日用品	rìyòngpǐn, xiǎobǎihuò 日用品, 小百货	daily necessaries
にっか 日課	měitiān de huódòng 每天的活动	daily work
にっかん 日刊の	rìkān 日刊	daily
にっき 日記	rìjì 日记	diary
にっきゅう 日給	rìxīn 日薪	day's wage

日	中	英
にづくり 荷造り	bāozhuāng 包装 パオチュアン	packing パキング
～する	dǎ xíngli 打行李 ダア シィンリ	pack パク
ニッケル	niè 镍 ニエ	nickel ニクル
にっこう 日光	rìguāng, yángguāng 日光, 阳光 リーグァン, ヤングァン	sunlight, sunshine サンライト, サンシャイン
にっし 日誌	rìjì, rìzhì 日记, 日志 リージィ, リーヂー	diary, journal ダイアリ, チャーナル
にっしゃびょう 日射病	zhòngshǔ, rìshèbìng 中暑, 日射病 チォンシュウ, リーショァビィン	sunstroke サンストロウク
にっしょく 日食	rìshí 日食 リーシー	solar eclipse ソウラ イクリプス
にっすう 日数	rìshù, tiānshù 日数, 天数 リーシュウ, ティエンシュウ	the number of days ザ ナンバ オヴ デイズ
にっちゅう 日中の	Rì Zhōng 日中 リー チォン	Japan-China チャパンチャイナ
にってい 日程	rìchéng 日程 リーチョン	day's program デイズ プロウグラム
ニット	biānzhīwù 编织物 ビエンヂーウゥ	knit ニト
にっとう 日当	rìxīn, rìgōngzī 日薪, 日工资 リーシン, リーゴンヅー	daily allowance デイリ アラウアンス
につ 煮詰める	áo 熬 アオ	boil down ボイル ダウン
にとう 二等	èrděng 二等 アルデゥン	the second class ザ セコンド クラス
にとうぶん 二等分する	píngfēn 平分 ピィンフェン	halve ハヴ
ニトログリセリン	xiāohuà gānyóu 硝化甘油 シアオホア ガンヨウ	nitroglycerine ナイトロウグリセリン

日	中	英
になう 担う	dān, dānfù 担, 担负 ダン, ダンフゥ	carry, bear, take キャリ, ベア, テイク
にばい 二倍	liǎng bèi 两倍 リアン ベイ	double ダブル
にばん 二番	dì'èr 第二 ディーアル	number two ナンバ トゥー
にぶい 鈍い	chídùn 迟钝 チードゥン	dull, blunt ダル, ブラント
（刃物が）	dùn 钝 ドゥン	blunt ブラント
にふだ 荷札	huòqiān 货签 ホゥオチエン	tag タグ
にほん 日本	Rìběn 日本 リーベン	Japan ヂャパン
～海	Rìběnhǎi 日本海 リーベンハイ	the Sea of Japan ザ スィー オヴ ヂャパン
～語	Rìyǔ 日语 リーユィ	Japanese ヂャパニーズ
～酒	rìběnjiǔ, qīngjiǔ 日本酒, 清酒 リーベンジウ, チィンジウ	*saké* サーキ
～人	Rìběnrén 日本人 リーベンレン	Japanese ヂャパニーズ
～料理	rìběncài 日本菜 リーベンツァイ	Japanese cooking ヂャパニーズ クキング
にもつ 荷物	xíngli 行李 シィンリ	baggage バギヂ
にやにやする	xīpíxiàoliǎn 嘻皮笑脸 シィピィシアオリエン	grin グリン
ニュアンス	xìwēi chābié 细微差别 シィウェイ チャアビエ	nuance ニュアーンス
にゅういん 入院	zhù (yī)yuàn 住(医)院 チュウ (イー)ユエン	hospitalization ハスピタライゼイション

日	中	英
～する	住(医)院 zhù (yī)yuàn ヂュウ (イー)ユエン	enter hospital エンタ ハスピタル
入荷 にゅうか	进货 jìn huò ジンホゥオ	arrival of goods アライヴァル オヴ グヅ
～する	进货 jìn huò ジンホゥオ	arrive アライヴ
入会 にゅうかい	入会 rù huì ルゥホゥイ	admission アドミション
～する	入会 rù huì ルゥホゥイ	join チョイン
入学 にゅうがく	入学 rù xué ルゥシュエ	entrance エントランス
～金	入学金 rùxuéjīn ルゥシュエジン	entrance fee エントランス フィー
～する	入学，上小学 rù xué, shàng xiǎoxué ルゥシュエ, シャアン シアオシュエ	enter a school エンタ ア スクール
乳癌 にゅうがん	乳腺癌 rǔxiàn'ái ルゥシエンアイ	breast cancer ブレスト キャンサ
入金 にゅうきん	进款，入款 jìn kuǎn, rù kuǎn ジンクワン, ルゥクワン	money received マニ リスィーヴド
入国 にゅうこく	入境 rù jìng ルゥジィン	entry into a country エントリ イントゥ ア カントリ
～管理	入境管理 rùjìng guǎnlǐ ルゥジィン グワンリィ	immigration イミグレイション
～する	入境 rù jìng ルゥジィン	enter a country エンタ ア カントリ
入札 にゅうさつ	投标 tóu biāo トウビアオ	bid, tender ビド, テンダ
～する	投标 tóu biāo トウビアオ	bid, tender ビド, テンダ
乳酸菌 にゅうさんきん	乳酸菌 rǔsuānjūn ルゥスワンヂュイン	lactic acid bacteria ラクティク アスィド バクティアリア

日	中	英
にゅうし 入試	rùxué kǎoshì 入学考试 ルュシュエ カオシー	entrance examination エントランス イグザミネイション
にゅうしゃ 入社	jìn gōngsī 进公司 ジン ゴンス-	joining a company ヂョイニング ア カンパニ
～する	jìn gōngsī 进公司 ジン ゴンス-	join a company ヂョイン ア カンパニ
にゅうしゅ 入手(する)	dédào, nádào 得到，拿到 ドァーダオ, ナァダオ	acquisition; get アクウィズィション；ゲト
にゅうじょう 入場	rùˇchǎng 入场 ルゥチャアン	entrance エントランス
～券	rùchǎngquàn 入场券 ルゥチャアンチュエン	admission ticket アドミション ティケト
～する	rùˇchǎng 入场 ルゥチャアン	enter, get in エンタ, ゲト イン
～料	piàojià 票价 ピアオジア	admission fee アドミション フィー
ニュース	xiāoxi, xīnwén 消息，新闻 シアオシ, シンウェン	news ニューズ
～キャスター	xīnwén zhǔchírén 新闻主持人 シンウェン ヂュチーレン	newscaster ニューズキャスタ
～速報	xīnwén kuàibào 新闻快报 シンウェン クアイバオ	news flash ニューズ フラシュ
にゅうせいひん 乳製品	rǔzhìpǐn 乳制品 ルゥヂービン	dairy products デアリ プラダクツ
ニュートラルの	zhōnglì 中立 ヂョンリィ	neutral ニュートラル
(ギア)	kōngdǎng 空挡 コンダァン	neutral ニュートラル
にゅうもん 入門する	rùˇmén 入门 ルゥメン	become a pupil *of* ビカム ア ピュービル
にゅうよく 入浴	xǐˇzǎo, mùyù 洗澡，沐浴 シィヅアオ, ムゥユイ	bath, bathing バス, ベイズィング

日	中	英
〜する	xǐ'zǎo, mùyù 洗澡, 沐浴 シィヅァオ, ムゥユイ	take a bath テイク ア バス
にゅうりょく 入力(する)	shūrù 输入 シュウルゥ	input インプト
にょう 尿	niào 尿 ニアオ	urine ユアリン
〜毒症	niàodúzhèng 尿毒症 ニアオドゥヂョン	uremia ユアリーミア
にら 韮	jiǔcài 韭菜 ジウツァイ	leek リーク
にらむ 睨む	dèng 瞪 ドゥン	glare *at* グレア
にりゅう 二流の	èrliú 二流 アルリウ	second-rate セコンドレイト
に 似る	xiàng 像 シアン	resemble リゼンブル
に 煮る	zhǔ 煮 ヂュウ	boil, cook ボイル, クク
(野菜などを)	áo 熬 アオ	boil, cook ボイル, クク
にわ 庭	tíngyuán, yuànzi 庭园, 院子 ティンユエン, ユエンヅ	garden, yard ガードン, ヤード
にわかあめ 俄雨	zhènyǔ, zhòuyǔ 阵雨, 骤雨 ヂェンユイ, ヂョウユイ	shower シャウア
にわ 俄かに	tūrán 突然 トゥラン	suddenly サドンリ
にわとり 鶏	jī 鸡 ジィ	fowl, chicken ファウル, チキン
にんか 認可(する)	rènkě 认可 レンクァ	authorization; authorize オーサライゼイション; オーソライズ
にんき 人気	shòu huānyíng, shēngwàng 受欢迎, 声望 ショウ ホワンイィン, ションワァン	popularity パピュラリティ

日	中	英
〜のある	hěn yǒu míngqì de (rén), 很有名气的(人), ヘン ヨウ ミィンチィ ダ (レン), hěn yǒu rénqì de (rén) 很有人气的(人) ヘン ヨウ レンチィ ダ (レン)	popular パピュラ
にんぎょう 人形	ǒurén, wán'ǒu 偶人, 玩偶 オウレン, ワンオウ	doll ダル
にんげん 人間	rén 人 レン	human being ヒューマン ビーイング
にんしき 認識(する)	rènshi 认识 レンシ	recognition; recognize レコグニション；レコグナイズ
にんじょう 人情	rénqíng 人情 レンチィン	human nature ヒューマン ネイチャ
にんしん 妊娠(する)	huái'yùn 怀孕 ホアイユィン	conception; conceive カンセプション；カンスィーヴ
にんじん 人参	húluóbo 胡萝卜 ホゥルゥオボ	carrot キャロト
にんずう 人数	rénshù 人数 レンシュウ	the number ザ ナンバ
にんそう 人相	xiàngmào 相貌 シアンマオ	physiognomy フィズィアグノミ
にんたい 忍耐(する)	rěnnài 忍耐 レンナイ	patience; be patient *with* ペイシェンス；ビ ペイシェント
にんてい 認定(する)	rèn'dìng 认定 レンディン	authorization; authorize オーサライゼイション；オーソライズ
にんにく 大蒜	(dà)suàn (大)蒜 (ダァ)スワン	garlic ガーリク
にんぷ 妊婦	yùnfù, rènfù 孕妇, 妊妇 ユィンフゥ, レンフゥ	pregnant woman プレグナント ウマン
にんむ 任務	rènwu 任务 レンウゥ	duty, office デューティ, オフィス
にんめい 任命	rènmìng 任命 レンミィン	appointment アポイントメント

日	中	英
～する	rènmìng, wěipài 任命，委派 レンミィン，ウェイパイ	appoint アポイント

ぬ, ヌ

日	中	英
縫いぐるみ	(bùzhì) wán'ǒu (布制)玩偶 (ブゥチー) ワンオウ	stuffed toy スタフト トイ
縫い目	zhēnjiao 针脚 チェンジアオ	seam スィーム
縫う	féng 缝 フォン	sew, stitch ソウ, スティチ
ヌード	luǒtǐ 裸体 ルオティー	nude ニュード
抜かす	yílòu 遗漏 イーロウ	omit, skip オミット, スキプ
抜く	chōuchū 抽出 チョウチュウ	pull out プル アウト
(除く)	chúdiào 除掉 チュウディアオ	remove リムーヴ
(省く)	shěnglüè 省略 ションリュエ	omit, skip オミット, スキプ
追い～	chāoguò 超过 チャオグゥオ	outrun アウトラン
脱ぐ	tuō 脱 トゥオ	put off プト オフ
拭う	cāqù 擦去 ツァアチュイ	wipe ワイプ
抜ける	tuōluò 脱落 トゥオルオ	come off カム オフ
(脱退)	tuìchū 退出 トゥイチュウ	leave, withdraw リーヴ, ウィズドロー

日	中	英
ぬし 主	zhǔrén 主人 ヂュウレン	master マスタ
(所有者)	suǒyǒuzhě 所有者 スゥオヨウヂョァ	owner オウナ
ぬすむ 盗む	dàoqiè 盗窃 ダオチエ	steal, rob スティール, ラブ
(剽窃)	piāoqiè 剽窃 ピアオチエ	plagiarize プレイヂアライズ
ぬの 布	bù(pǐ) 布(匹) ブゥ(ピィ)	cloth クロス
ぬま 沼	zhǎozé 沼泽 ヂャオヅァ	marsh, bog マーシュ, バグ
ぬらす 濡らす	zhānshī, nòngshī 沾湿, 弄湿 ヂャンシー, ノンシー	wet, moisten ウェト, モイスン
ぬる 塗る	mǒ, tú, cā 抹, 涂, 擦 モォ, トゥ, ツァア	paint ペイント
(薬などを)	cā《yào》 擦《药》 ツァア《ヤオ》	apply アプライ
(ジャムなどを)	mǒ《guǒjiàng》 抹《果酱》 モォ《グオジアン》	spread スプレド
ぬるい 温い	wēiwēn, bú gòu rè 微温, 不够热 ウェイウェン, ブゥ ゴウ ルァ	tepid, lukewarm テピド, ルークウォーム
ぬれる 濡れる	zhān, línshī 沾, 淋湿 ヂャン, リンシー	get wet ゲト ウェト

ね, ネ

日	中	英
ね 根	tiáo gēn 〔条〕根 ティアオ ゲン	root ルート
ねあがり 値上がり	zhǎng jià 涨价 ヂャアンジア	rise in price ライズ イン プライス

日	中	英
値上げする	jiā jià, zhǎng jià 加价，涨价 ジアジア, ヂャァンジア	raise the price レイズ ザ プライス
値打ち	jiàzhí 价值 ジアヂー	value, merit ヴァリュ, メリト
願い	xīnyuàn, yuànwàng 心愿，愿望 シンユエン, ユエンワン	wish, desire ウィシュ, ディザイア
願う	xīwàng, yuànyì 希望，愿意 シィワン, ユエンイー	wish ウィシュ
寝かす	shǐ ... shuì jiào 使…睡觉 シー … シュイジアオ	put to bed プト トゥ ベド
(体を)	shǐ ... tǎngxià 使…躺下 シー … タァンシア	lay down レイ ダウン
(物を)	(bǎ dōngxi) fàngdǎo （把东西）放倒 （バァ ドンシ）ファアンダオ	lay down レイ ダウン
(熟成・発酵)	shǐ fājiāo 使发酵 シー ファアジアオ	mature, age マチュア, エイヂ
ネガティブな	xiāojí 消极 シアオジィ	negative ネガティヴ
葱	gēn/bǎ cōng 〔根 / 把〕葱 ゲン / バァ ツォン	leek リーク
値切る	huán jià, shā jià 还价，杀价 ホワンジア, シャアジア	bargain バーギン
ネクタイ	tiáo lǐngdài 〔条〕领带 ティアオ リィンダイ	necktie, tie ネクタイ, タイ
ネグリジェ	jiàn shuìpáo, nǚshuìyī 〔件〕睡袍，女睡衣 ジエン シュイパオ, ニュィシュイイー	night gown ナイト ガウン
猫	zhī māo 〔只〕猫 ヂー マオ	cat キャト
寝言を言う	shuō mènghuà, shuō mèngyì 说梦话，说梦呓 シュオ モンホア, シュオ モンイー	talk in one's sleep トーク イン スリープ
寝込む	shuìzháo, rùshuì 睡着，入睡 シュイヂャオ, ルゥシュイ	fall asleep フォール アスリープ

日	中	英
（病気で）	wò chuáng bù qǐ, wòbìng 卧床不起，卧病 ウオ チュアン ブゥ チィ，ウオビィン	be ill in bed ビ イル イン ベド
ねころ 寝転ぶ	tǎngwò 躺卧 タァンウオ	lie down ライ ダウン
ねさ 値下がり	jiàngjià, diējià 降价，跌价 ジアンジア，ディエジア	fall in price フォール イン プライス
ねさ 値下げ	jiǎnjiā, jiàngjià 减价，降价 ジェンジア，ジアンジア	reduction リダクション
〜する	jiǎnjià, jiàngjià 减价，降价 ジェンジア，ジアンジア	reduce the price リデュース ザ プライス
ねじ 螺子	luódīng, luósī, luósīdīng 螺钉，螺丝，螺丝钉 ルゥオディン，ルオスー，ルオスーディン	screw スクルー
〜回し	gǎizhuī, luósīdāo 改锥，螺丝刀 ガイヂュイ，ルウオスーダオ	screwdriver スクルードライヴァ
ねじ 捻る	níng, niǔ 拧，扭 ニィン，ニウ	twist, turn トウィスト，ターン
（体などを）	niǔzhuǎn 扭转 ニウヂュワン	twist, turn トウィスト，ターン
ねずみ 鼠	lǎoshǔ, hàozi 老鼠，耗子 ラオシュウ，ハオヅ	rat, mouse ラト，マウス
ねた 妬む	jídù, yǎnhóng, hóngyǎn 忌妒，眼红，红眼 ジィドウ，イエンホン，ホンイエン	be jealous of, envy ビ ヂェラス，エンヴィ
ねだる	móceng, sǐqǐbáilài de yāoqiú 磨蹭，死乞白赖地要求 モォツン，スーチィバイライ ダ ヤオチウ	tease ティーズ
ねだん 値段	jiàgé, jiàqian, biāojià 价格，价钱，标价 ジアグァ，ジアチエン，ビアオジア	price プライス
ねつ 熱	rè, rèdù 热，热度 ルァ，ルァドウ	heat, fever ヒート，フィーヴァ
〜が出る	fāshāo 发烧 ファーシャオ	become feverish ビカム フィーヴァリシュ
ねつい 熱意	rèqíng 热情 ルァチイン	zeal, eagerness ズィール，イーガネス

日	中	英
ねっきょう 熱狂	kuángrè 狂热 クアンルア	enthusiasm インシューズィアズム
～する	kuángrè 狂热 クアンルア	get excited ゲト イクサイテド
～的な	kuángrè de 狂热的 クアンルア ダ	enthusiastic インシューズィアスティク
ネックレス	tiáo/gēn xiàngliàn 〔条/根〕项链 ティアオ/ゲン シアンリエン	necklace ネクリス
ねっしん 熱心	rèxīn 热心 ルァシン	zeal, eagerness ズィール, イーガネス
～な	rèxīn (de), rèchén (de), rèchéng (de) 热心(的), 热忱(的), 热诚(的) ルァシン (ダ), ルァチェン (ダ), ルァチョン (ダ)	eager, ardent イーガ, アーデント
ねっ 熱する	jiā rè 加热 ジアルア	heat ヒート
ねっちゅう 熱中する	rèzhōng, zhuānxīn 热中, 专心 ルァヂョン, デュワンシン	be absorbed in ビ アブソーブド
ネット	wǎng 网 ワン	net ネト
(テニスなどの)	qiúwǎng 球网 チウワン	net ネト
～サーフィン	liúlǎn wǎngyè 浏览网页 リウラン ワンイエ	net-surfing ネトサーフィング
～ワーク	wǎngluò 网络 ワンルオ	network ネトワーク
ねっとう 熱湯	gǔnshuǐ, kāishuǐ, rèshuǐ 滚水, 开水, 热水 グゥンシュイ, カイシュイ, ルァシュイ	boiling water ボイリング ウォタ
ねつびょう 熱病	rèbìng 热病 ルァビン	fever フィーヴァ
ねづよ 根強い	jiānjué, jiānchí 坚决, 坚持 ジエンジュエ, ジエンチ	deep-rooted ディープルーテド
ねつれつ 熱烈な	rèliè 热烈 ルァリエ	passionate, ardent パショネト, アーデント

日	中	英
ネパール	尼泊尔 Níbó'ěr ニィボアル	Nepal ニーポール
ねばねばの	粘(糊) nián(hu) ニィエン(ホ)	sticky スティキ
粘り (ねば)	粘性 niánxìng ニエンシィン	stickiness スティキネス
粘り強い (ねば づよ)	不屈不挠 bù qū bù náo ブゥ チュイ ブゥ ナオ	tenacious, persistent ティネイシャス, パスィステント
粘る (ねば)	粘, 发粘 nián, fānián ニエン, ファアニエン	be sticky ビ スティキ
(根気よく)	坚持 jiānchí ジェンチー	persevere パースィヴィア
値引き (ねび)	减价, 折扣 jiǎnjià, zhékòu ジェンジア, ヂョァコウ	discount ディスカウント
〜する	减价, 打折扣 jiǎnjià, dǎ zhékòu ジェンジア, ダァ ヂョァコウ	discount ディスカウント
寝袋 (ねぶくろ)	睡袋 shuìdài シュイダイ	sleeping-bag スリーピングバグ
寝不足 (ねぶそく)	睡眠不足 shuìmián bùzú シュイミエン ブゥヅゥ	want of sleep ワント オヴ スリープ
値札 (ねふだ)	价格标签, 标价签 jiàgé biāoqiān, biāojiàqiān ジアグァ ビアオチエン, ビアオジアチエン	price tag プライス タグ
寝坊 (ねぼう)	睡虎子, 贪睡者 shuìhǔzi, tānshuìzhě シュイホッツ, タンシュイチョァ	late riser レイト ライザ
〜する	睡懒觉 shuì lǎnjiào シュイ ランジアオ	get up late ゲトアプ レイト
寝惚ける (ねぼ)	睡迷糊 shuìmíhu シュイミィホ	be half asleep ビ ハフ アスリープ
根回し(する) (ねまわ)	酝酿, 做准备工作 yùnniàng, zuò zhǔnbèi gōngzuò ユィンニアン, ヅゥオ チュンベイ ゴンヅゥオ	groundwork グラゥンドワーク
眠い (ねむ)	困, 困倦 kùn, kùnjuàn クゥン, クゥンジュエン	be [feel] sleepy ビ [フィール] スリーピ

日	中	英
ねむけ 眠気	shuìyì 睡意 シュイイー	drowsiness ドラウズィネス
ねむり 眠り	shuìmián, jiào 睡眠，觉 シュイミィエン，ジアオ	sleep スリープ
ねむる 眠る	shuì(jiào) 睡(觉) シュイ(ジアオ)	sleep スリープ
ねらい 狙い	miáozhǔn, duìzhǔn 瞄准，对准 ミアオチュン，ドゥイヂュン	aim エイム
(目標)	mùbiāo, mùdì 目标，目的 ムゥビアオ，ムゥディー	aim エイム
(意図)	yìtú 意图 イートゥ	aim エイム
ねらう 狙う	miáo, miáozhǔn 瞄，瞄准 ミアオ，ミアオチュン	aim *at* エイム
(機会などを)	kuīsì, sìjī 窥伺，伺机 クウイスー，スージィ	aim *at* エイム
ね　はみが 練り歯磨き	yágāo 牙膏 ヤァガオ	toothpaste トゥースペイスト
ね 寝る	shuì, shuìjiào 睡，睡觉 シュイ，シュイジアオ	sleep スリープ
(寝床に入る)	jiùqǐn, ānxiē 就寝，安歇 ジウチン，アンシエ	go to bed ゴウ トゥベド
(横になる)	tǎng, wò, tǎngwò, tǎngxià 躺，卧，躺卧，躺下 タァン，ウオ，タァンウオ，タァンシア	lie down ライ ダウン
ねん 年	nián 年 ニエン	year イア
ねんいり 念入りな	zhōudào, jīngxīn, xìxīn, shènzhòng 周到，精心，细心，慎重 ヂョウダオ，チィンシン，シィシン，シェンヂォン	careful, deliberate ケアフル，ディリバレイト
ねんがじょう 年賀状	hèniánpiàn 贺年片 ホォニエンピエン	New Year's card ニュー イアズ カード
ねんかん 年間の	quánnián, yì nián 全年，一年 チュエンニエン，イー ニエン	annual, yearly アニュアル，イアリ

日	中	英
ねんきん 年金	yǎnglǎojīn, niánjīn 养老金, 年金 ヤンラオジン, ニエンジン	pension, annuity パーンスィアン, アニュイティ
ねんげつ 年月	niányuè, suìyuè, niánguāng, niánhuá 年月, 岁月, 年光, 年华 ニエンユエ, スイユエ, ニエングァン, ニエンホア	time, years タイム, イアズ
ねんざ 捻挫(する)	niǔshāng, cuòshāng 扭伤, 挫伤 ニウシャァン, ツゥオシャァン	sprain スプレイン
ねんしゅう 年収	nián shōurù 年收入 ニエン ショウルゥ	annual income アニュアル インカム
ねんしょう 燃焼(する)	ránshāo 燃烧 ランシャオ	combustion; burn カンバスチョン; バーン
ねんしょう 年少(の)	niánqīng, niánshào, niányòu 年轻, 年少, 年幼 ニエンチィン, ニエンシャオ, ニエンヨウ	youth; young ユース; ヤング
ねんしょう 年商	nián xiāoshòu'é 年销售额 ニエン シアオショウウァ	yearly turnover イアリィ ターノウヴァ
ねんすう 年数	niántóur, niánshù 年头儿, 年数 ニエントウル, ニエンシュウ	years イアズ
ねんだい 年代	niándài 年代 ニエンダイ	era イアラ
(世代)	dài, bèi 代, 辈 ダイ, ベイ	age エイヂ
ねんちゃく 粘着	niánzhuó, niánfù 粘着, 粘附 ニエンヂュオ, ニエンフゥ	adhesion アドヒージョン
ねんちゅうぎょうじ 年中行事	měinián de huódòng, niánlì 每年的活动, 年例 メイニエン ダ ホゥオドン, ニエンリィ	annual event アニュアル イヴェント
ねんちょう 年長	niánzhǎng, niánzūn 年长, 年尊 ニエンヂャァン, ニエンヅゥン	senior スィーニア
～の	niánzhǎng, niánzūn 年长, 年尊 ニエンヂャァン, ニエンヅゥン	senior スィーニア
ねんど 粘土	niántǔ 粘土 ニエントゥ	clay クレイ
ねんぱい 年配の	niánjì dà (de) 年纪大(的) ニエンジィ ダァ (ダ)	elderly, middle-aged エルダリ, ミドルエイヂド

日	中	英
ねんぴょう 年表	niánbiǎo 年表 ニエンビアオ	chronological table クラノラヂカル テイブル
ねんぽう 年俸	niánxīn 年薪 ニエンシン	annual salary アニュアル サラリ
ねんまつ 年末	niándǐ, niánzhōng, suìmù 年底，年终，岁暮 ニエンディー，ニエンヂォン，スウイムウ	the end of the year ジ エンド オヴ ザ イア
ねんりょう 燃料	ránliào 燃料 ランリアオ	fuel フュエル
ねんりん 年輪	niánlún 年轮 ニエンルゥン	annual ring アニュアル リング
ねんれい 年齢	niánlíng, niánjì, suìshu 年龄，年纪，岁数 ニエンリィン，ニエンヂィ，スウイシュ	age エイヂ
～層	niánlíng jiēcéng, niánlíng fànwéi 年龄阶层，年龄范围 ニエンリィン ヂエツン，ニエンリィン ファンウェイ	age bracket エイヂ ブラケト

の，ノ

ノイローゼ	shénjīng guānnéngzhèng, 神经官能症， シェンヂィン グワンヌォンヂョン， shénjīng shuāiruò 神经衰弱 シェンヂィンシュアイルゥオ	neurosis ニュアロウスィス
のう 脳	nǎozi, nǎojīn 脑子，脑筋 ナオヅ，ナオヂン	the brain ザ ブレイン
～溢血	nǎoyìxuè 脑溢血 ナオイーシュエ	cerebral hemorrhage セリーブラル ヘモリヂ
のうえん 農園	zhòngzhíyuán 种植园 ヂォンヂーユエン	farm, plantation ファーム，プランテイション
のうか 農家	nóngjiā 农家 ノンヂア	farmhouse ファームハウス
のうがく 農学	nóngxué 农学 ノンシュエ	agriculture アグリカルチャ

日	中	英
のうぎょう 農業	nóngyè 农业 ノンイエ	agriculture アグリカルチャ
のうぐ 農具	nóngjù 农具 ノンヂュイ	farming tool ファーミング トゥール
のうこう 濃厚 (な)	nóng 浓 ノン	thickness; thick スィクネス; スィク
のうさんぶつ 農産物	nóngchǎnpǐn 农产品 ノンチャンピン	farm produce ファーム プロデュース
のうしゅく 濃縮	nóngsuō 浓缩 ノンスゥオ	concentration カンセントレイション
～する	nóngsuō 浓缩 ノンスゥオ	concentrate カンセントレイト
のうじょう 農場	nóngchǎng 农场 ノンチャァン	farm ファーム
のうしんとう 脳震盪	nǎozhèndàng 脑震荡 ナオヂェンダァン	concussion of the brain カンカション オヴ ザ ブレイン
のうぜい 納税	nà shuì 纳税 ナァシュイ	payment of taxes ペイメント オヴ タクスィズ
のうそっちゅう 脳卒中	zhòngfēng 中风 ヂォンフォン	apoplexy アポプレクスィ
のうそん 農村	nóngcūn, xiāngcūn 农村，乡村 ノンツゥン，シアンツゥン	farm village ファーム ヴィリヂ
のうたん 濃淡	nóngdàn 浓淡 ノンダン	shading, shade シェイディング，シェイド
(色の)	shēnqiǎn 深浅 シェンチエン	light and shade ライト アンド シェイド
のうち 農地	nóngtián, zhuāngjiadì 农田，庄稼地 ノンティエン，ヂュアンジアディー	agricultural land アグリカルチュラル ランド
のうど 濃度	nóngdù 浓度 ノンドゥ	density デンスィティ
のうどう 能動	zhǔdòng 主动 ヂュゥドン	activity アクティヴィティ

日	中	英
～態	zhǔdòng tài 主动态	the active voice
～的な	zhǔdòng de 主动的	active
のうにゅう 納入	jiāonà, jiǎonà 交纳, 缴纳	deliver
～する	jiāonà, jiǎonà 交纳, 缴纳	deliver
ノウハウ	shíjì jìnéng 实际技能	know-how
(知識)	shíjì zhīshi 实际知识	know-how
のうひん 納品 (する)	jiāohuò 交货	deliver
のうみん 農民	nóngmín, zhuāngjiárén 农民, 庄稼人	peasant, farmer
のうむ 濃霧	nóngwù, dàwù 浓雾, 大雾	dense fog
のうやく 農薬	nóngyào 农药	agricultural chemicals
のうりつ 能率	xiàolǜ 效率	efficiency
～的な	yǒu xiàolǜ de 有效率的	efficient
のうりょく 能力	nénglì, běnlǐng 能力, 本领	ability, capacity
ノート	běn bǐjìběn, ge běnzi 〔本〕笔记本, 〔个〕本子	notebook
ノーマルな	zhèngcháng (de) 正常（的）	normal
のが 逃す	fàngguò 放过	let go, set free

日	中	英
(取り損なう)	cuòguò 错过 ツゥオグゥオ	fail to catch フェイル トゥ キャチ
のが 逃れる	táotuō 逃脱 タオトゥオ	escape, get off イスケイプ, ゲト オフ
(避ける)	táobì 逃避 タオビィ	avoid アヴォイド
のこぎり 鋸	bǎ jù 〔把〕锯 バァ ヂュイ	saw ソー
のこ 遺す	yíliú 遗留 イーリウ	bequeath ビクウィーズ
のこ 残す	liúxià 留下 リウシア	leave behind, save リーヴ ビハインド, セイヴ
(余らせる)	shèngxià, bǎoliú 剩下, 保留 ションシア, バオリウ	save セイヴ
のこ 残らず	yí ge bú shèng, quánbù 一个不剩, 全部 イー ガ ブウ ション, チュエンブゥ	all, wholly オール, ホウリリ
のこ 残り	shèngyú, qíyú 剩余, 其余 ションユイ, チィユイ	the rest ザ レスト
のこ 残る	liúxià 留下 リウシア	stay, remain ステイ, リメイン
(余る)	shèng 剩 ション	remain リメイン
(残存する)	cáncún 残存 ツァンツゥン	remain リメイン
ノズル	guǎnzuǐ, pēnzuǐ 管嘴, 喷嘴 グワンヅゥイ, ペンヅゥイ	nozzle ナズル
の 載せる	fàng, gē 放, 搁 ファアン, グァ	put, set プト, セト
(積む)	zhuāng shàng, zhuāngzài 装上, 装载 ヂュアン シャアン, ヂュアンヅァイ	load on ロゥド
(記載)	jìzǎi 记载 ジィヅァイ	record, publish リコード, パブリシュ

日	中	英
乗せる	ràng A shàng B, ràng A dāchéng B 让A上B，让A搭乘B	give a lift, pick up
除く	qùdiào, qǔxiāo 去掉，取消	remove
（除外）	chúwài 除外	exclude, omit
覗く	kuīshì 窥视	peep
望み	yuànwàng 愿望	wish, desire
（期待）	qīwàng 期望	hope, expectation
（見込み）	qiántú 前途	prospect, chance
望む	xīwàng 希望	want, wish
（期待）	qīwàng 期望	hope, expect
後(に)	hòulái 后来	afterward, later
～ほど	suíhòu 随后	later
ノック(する)	qiāo mén 敲门	knock
ノックアウト	jīdǎo 击倒	knockout
則る	zūnzhào, gēnjù 遵照，根据	conform to
乗っ取る	duóqǔ, jiéchí 夺取，劫持	take over
（飛行機を）	jiéchí fēijī 劫持飞机	hijack

日	中	英
喉 (のど)	喉咙，嗓子 ホウロン, サァンヅ	the throat ザ スロウト
罵る (ののし)	骂，咒骂 マァ, ヂョウマァ	abuse アビューズ
（しかる）	斥责，批评 チーヅゥァ, ピィピィン	scold; curse スコウルド; カース
延ばす (の)	拉长 ラァチャァン	lengthen, extend レンクスン, イクステンド
（延期）	延长，延期 イエンチャァン, イエンチィ	put off, delay プト オフ, ディレイ

■飲み物■

水 (みず)　水 /shuǐ シュイ/ (⑧water)

ミネラルウォーター　矿泉水 /kuàngquánshuǐ クアンチュエンシュイ/ (⑧mineral water)

炭酸水 (たんさんすい)　汽水 /qìshuǐ チィシュイ/ (⑧soda water)

赤ワイン (あか)　红葡萄酒 /hóng pútaojiǔ ホン プゥタオジゥ/ (⑧red wine)

白ワイン (しろ)　白葡萄酒 /bái pútaojiǔ バイ プゥタオジゥ/ (⑧white wine)

スパークリングワイン　起泡葡萄酒 /qǐpào pútaojiǔ チィパオ プゥタオジゥ/ (⑧sparkling wine)

ロゼ　玫瑰红葡萄酒 /méigui hóng pútaojiǔ メイグゥイ ホン プゥタオジゥ/ (⑧rosé)

ビール　啤酒 /píjiǔ ピィジゥ/ (⑧beer)

生ビール (なま)　扎啤，生啤酒，鲜啤酒 /zhápí, shēngpíjiǔ, xiānpíjiǔ チャァピィ, ションピィジゥ, シエンピィジゥ/ (⑧draft beer)

ウイスキー　威示忌 /wēishìjì ウェイシージィ/ (⑧whiskey)

シャンパン　香槟酒 /xiāngbīnjiǔ シアンビンジゥ/ (⑧champagne)

日本酒 (にほんしゅ)　日本酒 /rìběnjiǔ リーベンジゥ/ (⑧sake)

紹興酒 (しょうこうしゅ)　绍兴酒 /shàoxīngjiǔ シャオシィンジゥ/

老酒 (らおちゅう)　老酒 /lǎojiǔ ラオジゥ/

茅台酒 (まおたいしゅ)　茅台酒 /máotáijiǔ マオタイジゥ/

アルコール　酒精 /jiǔjīng ジゥジィン/ (⑧alcohol)

カクテル　鸡尾酒 /jīwěijiǔ ジィウェイジゥ/ (⑧cocktail)

日	中	英
伸ばす	yánshēn 延伸 イエンシェン	lengthen, stretch レンクスン, ストレチ
(まっすぐにする)	shēnzhí 伸直 シェンヂー	straighten ストレイトン
(才能を)	fāhuī, tígāo 发挥, 提高 ファアホウイ, ティーガオ	develop ディヴェロプ
のはら 野原	yědì 野地 イエディー	fields フィールヅ
のびのびと 伸び伸びと	shūzhǎn, chàngkuài 舒展, 畅快 シュウヂャン, チャァンクアイ	free and easy フリー アンド イーズィ

コーラ　可乐/kělè クァルァ / (㊎coke)

ジュース　果汁/guǒzhī グゥオヂー / (㊎juice)

オレンジジュース　橘子汁/júzizhī ヂュイヅヂー/ (㊎orange juice)

レモネード　柠檬水/níngméngshuǐ ニィンモンシュイ / (㊎lemonade)

ジンジャーエール　姜味汽水/jiāngwèi qìshuǐ ジアンウェイ チィシュイ / (㊎ginger ale)

ミルク　牛奶/niúnǎi ニウナイ / (㊎milk)

コーヒー　咖啡/kāfēi カァフェイ / (㊎coffee)

エスプレッソコーヒー　意大利特浓咖啡/Yìdàlì tènóng kāfēi イーダァリィ トゥナノン カァフェイ / (㊎espresso)

カフェオレ　牛奶咖啡/niúnǎi kāfēi ニウナイ カァフェイ / (㊎café au lait)

カプチーノ　卡普契诺咖啡/kǎpǔqìnuò kāfēi カァプゥチィヌゥオ カァフェイ / (㊎cappuccino)

アイスコーヒー　冷咖啡/lěng kāfēi ルォン カァフェイ / (㊎iced coffee)

こうちゃ 紅茶　红茶/hóngchá ホンチャア / (㊎tea)

ミルクティー　牛奶红茶/niúnǎi hóngchá ニウナイ ホンチャア / (㊎tea with milk)

レモンティー　柠檬红茶/níngméng hóngchá ニィンモン ホンチャア / (㊎tea with lemon)

アイスティー　冷红茶/lěng hóngchá ルォン ホンチャア / (㊎iced tea)

りょくちゃ 緑茶　绿茶/lǜchá リュイチャア / (㊎green tea)

うーろんちゃ 烏龍茶　乌龙茶/wūlóngchá ウゥロンチャア / (㊎oolong tea)

ココア　可可/kěkě クァクァ / (㊎cocoa)

日	中	英
延びる	yáncháng 延长 イエンチャァン	be put off ビ プト オフ
(距離が)	yáncháng 延长 イエンチャァン	be prolonged ビ プロロングド
伸びる	shēncháng, shūzhǎn 伸长, 舒展 シェンチャァン, シュウヂャン	extend, stretch イクステンド, ストレチ
(発展)	kuòzhǎn 扩展 クゥオヂャン	develop, grow ディヴェロプ, グロウ
述べる	xùshù, chénshù 叙述, 陈述 シュイシュウ, チェンシュウ	tell, state テル, ステイト
のぼせる	tóuhūn nǎozhàng 头昏脑涨 トウホゥン ナオヂャァン	be flushed ビ フラシュド
(夢中)	míliàn 迷恋 ミィリエン	be crazy *about* ビ クレイズィ
上[昇]り	shàng 上 シャァン	rise, ascent ライズ, アセント
昇る	shàngshēng 上升 シャァンション	rise ライズ
(昇進)	shēngjí 升级 ションジィ	be promoted ビ プロモウテド
上る	shàng 上 シャァン	go up ゴウ アプ
(ある数量に)	dádào 达到 ダダオ	amount *to*, reach アマウント, リーチ
登る	dēng, pá, shàng 登, 爬, 上 デゥン, パア, シャァン	climb クライム
蚤	zhī tiàozǎo, gèzao 〔只〕跳蚤, 疙蚤 チー ティアオヅァオ, グァヅァオ	flea フリー
飲み薬	nèifúyào 内服药 ネイフゥヤオ	internal medicine インターナル メディスィン
飲み込む	yànxià 咽下 イエンシア	swallow スワロウ

日	中	英
(理解)	了解，领会 liǎojiě, lǐnghuì リアオジエ，リィンホゥイ	understand アンダスタンド
飲み干す	喝干 hēgān ホォアガン	gulp down ガルプ ダウン
飲み水	饮用水 yǐnyòngshuǐ インヨンシュイ	drinking water ドリンキング ウォタ
飲み屋	酒吧，小饭馆 jiǔbā, xiǎo fànguǎn ジウバァ，シアオ ファングワン	tavern, bar タヴァン，バー
飲む	喝 hē ホォー	drink, take ドリンク，テイク
(受諾)	接受 jiēshòu ジエショウ	accept アクセプト
海苔	紫菜，甘紫菜 zǐcài, gānzǐcài ツーツァイ，ガンツーツァイ	laver レイヴァ
糊	浆糊，糨糊 jiànghu, jiànghu ジアンホ，ジアンホ	paste, starch ペイスト，スターチ
乗り遅れる	误车，没赶上 wù chē, méi gǎnshàng ウゥチョァ，メイ ガンシャァン	miss ミス
(時代に)	跟不上（流行） gēnbushàng (liúxíng) ゲンブシャァン（リウシィン）	be left behind ビ レフト ビハインド
乗り換え	换车，倒车 huàn chē, dǎo chē ホワンチョァ，ダオチョァ	change チェインヂ
乗組員	乘务员 chéngwùyuán チョンウゥユエン	crew クルー
乗り越す	坐过站 zuòguò zhàn ツゥオグゥオ チャン	pass パス
乗り場	车站 chēzhàn チョァヂャン	stop, platform スタプ，プラトフォーム
乗り物	交通工具 jiāotōng gōngjù ジアオトン ゴンヂュィ	vehicle ヴィーイクル
載る	登载 dēngzǎi デゥンヅァイ	be mentioned ビ メンションド

日	中	英
乗る	shàng 上 シャァン	get on ゲトオン
(自転車などに)	qí 骑 チィ	ride, take ライド, テイク
(車・飛行機などに)	(chéng)zuò (乘)坐 (チョン)ヅゥオ	ride, take ライド, テイク
のろのろと	chíhuǎn, màntūntūn 迟缓, 慢吞吞 チーホワン, マントゥントゥン	slowly, idly スロウリ, アイドリ
暢気な	yōuxián, bù huāng bù máng 悠闲, 不慌不忙 ヨウシェン, ブゥ ホアン ブゥ マアン	easy, carefree イーズィ, ケアフリー
ノンストップ	zhōngtú bù tíng 中途不停 ヂォントゥ ブゥ ティン	non-stop ナンスタプ
のんびり(する)	yōu xián zì zài, shūshūfúfú 优闲自在, 舒舒服服 ヨウ シェン ヅー ヅァイ, シュウシュウフゥフゥ	feel at ease フィール アト イーズ
～と	yōu xián zì zài, shūshūfúfú 优闲自在, 舒舒服服 ヨウ シェン ヅー ヅァイ, シュウシュウフゥフゥ	free from care フリー フラム ケア
ノンフィクション	fēixūgòu zuòpǐn 非虚构作品 フェイシュィゴウ ヅゥオピン	nonfiction ナンフィクション

は, ハ

日	中	英
歯	yá(chǐ) 牙(齿) ヤァ(チー)	tooth トゥース
刃	(dāo)rèn (刀)刃 (ダオ)レン	edge, blade エヂ, ブレイド
葉	yèzi 叶子 イエヅ	leaf リーフ
場	chǎngsuǒ, dìfang 场所, 地方 チャァンスゥオ, ディーファアン	place, the field プレイス, ザ フィールド
バー	jiǔbā 酒吧 ジゥバァ	bar バー

日	中	英
(高跳びなどの)	hénggān 横竿 ヘゥンガン	bar バー
ばあい 場合	chǎnghé, qíngkuàng, shíhou 场合，情况，时候 チャアンホオア, チンクアン, シーホウ	case, occasion ケイス, オケイジョン
パーカッション	dǎjī yuèqì 打击乐器 ダァジィ ユエチィ	percussion パーカション
パーキング	tíngchēchǎng 停车场 ティンチョアチャアン	parking パーキング
はあく 把握する	zhǎngwò, bǎwò 掌握，把握 チャアンウオ, バアウオ	grasp グラスプ
バーゲン	dàjiǎnjià, dàshuǎimài 大减价，大甩卖 ダァジエンジア, ダァシュアイマイ	bargain sale バーギン セイル
バーコード	tiáo(xíng)mǎ 条(形)码 ティアオ(シィン)マア	bar code バー コウド
パーサー	(lúnchuán, bānjī děng de) shìwùzhǎng (轮船，班机等的) 事务长 (ルゥンチュワン, バンジィ ドゥン ダ) シーウゥチャアン	purser パーサ
バージョン	bǎnběn 版本 バンベン	version ヴァージョン
バージン	chǔnǚ 处女 チュウニュイ	virgin ヴァーヂン
パーセンテージ	bǎifēnbǐ, bǎifēnlǜ 百分比，百分率 バイフェンビィ, バイフェンリュイ	percentage パセンティヂ
パーセント	bǎifēnshù, bǎi fēn zhī ... 百分数，百分之… バイフェンシュウ, バイ フェン チー…	percent パセント
パーソナリティー	gèxìng, réngé 个性，人格 グァシィン, レングァ	personality パーソナリティ
(ディスクジョッキー)	yīnyuè jiémù zhǔchírén 音乐节目主持人 インユエ ジエムゥ チュウチーレン	personality パーソナリティ
とりひき バーター取引	yìhuò jiāoyì, shíwù jiāoyì 易货交易，实物交易 イーホォオ ジアオイー, シーウゥ ジアオイー	barter バータ
バーチャルな	xūnǐ 虚拟 シュイニィ	virtual ヴァーチュアル

日	中	英
パーツ	yíbùfen 一部分 イーブゥフェン	parts パーツ
（部品）	língjiàn, pèijiàn, bùjiàn 零件，配件，部件 リィンジエン, ペイジエン, ブゥジエン	parts パーツ
パーティー	jùhuì 聚会 ヂュイホゥイ	party パーティ
ハート	nèixīn, xīncháng 内心，心肠 ネイシン, シンチャァン	the heart ザ ハート
ハード		
〜ウェア	yìngjiàn 硬件 イィンジエン	hardware ハードウェア
〜な	jīliè, jùliè 激烈，剧烈 ジィリエ, ヂュイリエ	hard ハード
パート	bànzhí, jìshí gōngzuò 半职，计时工作 バンヂー, ジィシー ゴンヅゥオ	part-time パートタイム
〜タイマー	zhōngdiǎngōng, línggōng 钟点工，零工 ヂォンディエンゴン, リィンゴン	part-timer パートタイマ
パートナー	huǒbàn 伙伴 ホゥオバン	partner パートナ
ハードル	(tiào)lán (跳)栏 (ティアオ)ラン	hurdle ハードル
〜競走	kuàlán, tiàolán 跨栏，跳栏 クアラン, ティアオラン	hurdle race ハードル レイス
バーナー	ránshāoqì 燃烧器 ランシャオチィ	burner バーナ
ハーフ	yíbàn 一半 イーバン	half ハフ
（試合の）	bànchǎng 半场 バンチャァン	half ハフ
（混血児）	hùnxuè'ér 混血儿 ホゥンシュエアル	half ハフ

日	中	英
ハーブ	yàocǎo 药草 ヤオツァオ	herb ハーブ
ハープ	shùqín 竖琴 シュウチン	harp ハープ
パーフェクトな	wánměi, wánquán, wánshàn 完美，完全，完善 ワンメイ，ワンチュエン，ワンシャン	perfect パーフィクト
バーベキュー	kǎoròu, shāokǎo 烤肉，烧烤 カオロウ，シャオカオ	barbecue バービキュー
(戸外で)	yěwài shāokǎo 野外烧烤 イエワイ シャオカオ	barbecue バービキュー
パーマ	tàngfà 烫发 タァンファア	permanent パーマネント
ハーモニー	héshēng 和声 ホォァション	harmony ハーモニ
(調和)	xiétiáo, héxié 协调，和谐 シエティアオ，ホォァシエ	harmony ハーモニ
ハーモニカ	kǒuqín 口琴 コウチン	harmonica ハーマニカ
パール	zhēnzhū, zhēnzhū 珍珠，真珠 チェンチュウ，チェンチュウ	pearl パール
はい 灰	huī 灰 ホゥイ	ash アシュ
はい 肺	fèi(zàng) 肺(脏) フェイ(ヅァァン)	the lungs ザ ラングズ
ばい 倍	liǎng bèi 两倍 リアン ベイ	twice, double トワイス，ダブル
パイ	...pái, ...pài, xiànbǐng …排，…派，馅饼 …パイ，…パイ，シエンビイン	pie, tart パイ，タート
バイアスロン	dōngjì liǎng xiàng, huáxuě shèjī 冬季两项，滑雪射击 ドンジィ リアン シアン，ホァシュエ ショァジィ	biathlon バイアスロン
はいいろ 灰色 (の)	huīsè 灰色 ホゥイスァ	gray グレイ

日	中	英
ハイウェイ	gāosù gōnglù 高速公路 ガオスゥ ゴンルゥ	expressway イクスプレスウェイ
はいえい 背泳	yǎngyǒng 仰泳 ヤンヨン	the backstroke ザ バクストロウク
ハイエナ	liègǒu 鬣狗 リエゴウ	hyena ハイイーナ
はいえん 肺炎	fèiyán 肺炎 フェイイエン	pneumonia ニュモウニア
ばいえん 煤煙	méiyān 煤烟 メイイエン	smoke, soot スモウク, スト
バイオ	shēngwù 生物 ションウゥ	bio- バイオウ
～テクノロジー	shēngwù gōngchéng, 生物工程, ションウゥ ゴンチョン, shēngwù gōngyìxué 生物工艺学 ションウゥ ゴンイーシュエ	biotechnology バイオウテクナロヂィ
パイオニア	kāituòzhě, tuòhuāngzhě 开拓者, 拓荒者 カイトゥオヂョァ, トゥオホアンヂョァ	pioneer パイオニア
(先駆者)	xiānqū, xiānfēng 先驱, 先锋 シエンチュイ, シエンフォン	pioneer パイオニア
バイオリン	bǎ xiǎotíqín 〔把〕小提琴 バァ シアオティーチン	violin ヴァイオリン
ばいかい 媒介(する)	méijiè, zhōngjiè 媒介, 中介 メイジエ, ヂョンジエ	mediation ミーディエイション
はいかつりょう 肺活量	fèihuóliàng 肺活量 フェイホゥオリアン	the breathing capacity ザ ブリーズィング カパスィティ
はいがん 肺癌	fèi'ái 肺癌 フェイアイ	lung cancer ラング キャンサ
はいき 排気ガス	fèiqì 废气 フェイチイ	exhaust gas イグゾースト ギャス
はいきぶつ 廃棄物	fèiqìwù, fèiliào, fèizhā 废弃物, 废料, 废渣 フェイチイウゥ, フェイリアオ, フェイヂャア	waste ウェイスト

日	中	英
ばいきん 黴菌	xìjūn 细菌 シィジュイン	bacteria, germ バクティアリア, ヂャーム
バイク	liàng mótuōchē 〔辆〕摩托车 リアン モォトゥオチョア	motorbike モゥタバイク
はいぐうしゃ 配偶者	pèi'ǒu 配偶 ペイオウ	spouse スパウズ
はいけい 背景	bèijǐng 背景 ペイジィン	background バクグラウンド
(舞台の)	bùjǐng 布景 ブゥジィン	setting セティング
はいけっかく 肺結核	fèijiéhé, fèibìng 肺结核, 肺病 フェイジエホォァ, フェイビイン	tuberculosis テュバーキュロウスィス
はいけつしょう 敗血症	bàixuèzhèng, bàixuèbìng 败血症, 败血病 バイシュエヂョン, バイシュエビイン	septicemia セプティスィーミア
はいご 背後	bèihòu 背后 ペイホウ	the back, the rear ザ バク, ザ リア
(影で)	mùhòu, bèidì 幕后, 背地 ムゥホウ, ベイディー	behind ビハインド
はいざら 灰皿	yān(huī)gāng, yān(huī)dié 烟(灰)缸, 烟(灰)碟 イエン(ホゥイ)ガン, イエン(ホゥイ)ディエ	ashtray アシュトレイ
はいし 廃止(する)	fèizhǐ, fèichú, qǔxiāo 废止, 废除, 取消 フェイヂー, フェイチュウ, チュイシアオ	abolition アボリション
はいしゃ 歯医者	yákē yīshēng 牙科医生 ヤァクァ イーション	dentist デンティスト
ハイジャック (する)	jiéjī, jiéchí fēijī 劫机, 劫持飞机 ジエジィ, ジエチー フェイジィ	hijack ハイヂャク
ばいしゅう 買収(する)	shōugòu, gòumǎi 收购, 购买 ショウゴウ, ゴウマイ	purchase パーチェス
(利益を与えて)	shōumǎi 收买 ショウマイ	bribe ブライブ
ばいしょう 賠償(する)	péicháng 赔偿 ペイチャァン	reparation; compensate レパレイション;カンペンセイト

日	中	英
はいしょく 配色	pèisè 配色 ペイスァ	color scheme カラ スキーム
はいすい 排水	páishuǐ 排水 パイシュイ	drainage ドレイニヂ
はいせき 排斥 (する)	páichì 排斥 パイチー	exclusion; exclude イクスクルージョン；イクスクルート
(ボイコット)	dǐzhì 抵制 ディーチー	exclusion イクスクルージョン
はいせつ 排泄 (する)	páixiè 排泄 パイシエ	excretion; excrete イクスクリーション；イクスクリート
ハイソックス	chángwà, gāotǒngwà 长袜，高筒袜 チャァンワァ，ガオトンワァ	knee socks ニー サクス
はいた 歯痛	yátòng 牙痛 ヤァトン	toothache トゥーセイク
ばいたい 媒体	méizhì, méitǐ, méijiè 媒质，媒体，媒介 メイヂー，メイティー，メイジエ	medium ミーディアム
はいたつ 配達 (する)	dìsòng, tóudì 递送，投递 ディーソン，トウディー	delivery; deliver ディリヴァリ；ディリヴァ
はいたてき 排他的な	páitā, páiwài 排他，排外 パイタァ，パイワイ	exclusive イクスクルースィヴ
バイタリティー	huólì, shēngmìnglì 活力，生命力 ホゥオリィ，ションミィンリィ	vitality ヴァイタリティ
はいち 配置 (する)	pèizhì, ānzhì, bùshǔ 配置，安置，部署 ペイヂー，アンヂー，ブゥシュウ	arrangement; arrange アレインジュメント；アレインジ
ハイテク	gāokējì, gāojìshù 高科技，高技术 ガオクァジィ，ガオジィシュウ	high tech ハイ テク
ばいてん 売店	xiǎomàibù, xiǎomàidiàn 小卖部，小卖店 シアオマイブゥ，シアオマイディエン	stall, stand ストール，スタンド
バイト	línggōng, línshígōng 零工，临时工 リィンゴン，リンシーゴン	part-time job パートタイム ヂャブ
はいとう 配当	fēnpèi 分配 フェンペイ	dividend ディヴィデンド

日	中	英
（株の）	hónglì, gǔxī 红利，股息 ホンリィ, グウシイ	dividend ディヴィデンド
ばいどく 梅毒	méidú 梅毒 メイドゥ	syphilis スィフィリス
パイナップル	bōluó, fènglí 菠萝，凤梨 ボォルウオ, フォンリィ	pineapple パイナプル
ばいばい 売買	mǎimai 买卖 マイマイ	dealing; deal in ディーリング；ディール
バイパス	pánglù, zhīlù, yūhuílù 旁路，支路，迂回路 パァンルウ, ヂールウ, ユイホイルウ	bypass バイパス
ハイヒール	gāogēnxié 高跟鞋 ガオゲンシエ	high-heeled shoes ハイヒールド シューズ
はいふ 配布（する）	fēnfā, sànfā 分发，散发 フェンファア, サンファア	distribution ディストリビューション
パイプ	yāndǒu 烟斗 イエンドウ	pipe パイプ
（管）	guǎndào, guǎnzi 管道，管子 グワンダオ, グワンヅ	pipe パイプ
ハイファイ	gāochuánzhēn, gāobǎozhēndù 高传真，高保真度 ガオチュワンチェン, ガオバオチェンドゥ	high-fidelity ハイフィデリティ
パイプオルガン	guǎnfēngqín 管风琴 グワンフォンチン	pipe organ パイプ オーガン
はいぶつ 廃物	fèiwù, fèipǐn 废物，废品 フェイウゥ, フェイピン	waste materials ウェイスト マティアリアルズ
パイプライン	guǎnlù, guǎndào 管路，管道 グワンルウ, グワンダオ	pipeline パイプライン
バイブレーション	zhèndòng, zhèndòng 振动，震动 ヂェンドン, ヂェンドン	vibration ヴァイブレイション
はいぼく 敗北	shībài, bàizhàng, bàiběi 失败，败仗，败北 シーバイ, バイヂャァン, バイベイ	defeat ディフィート
～する	shīlì, dǎ bàizhàng 失利，打败仗 シーリィ, ダァ バイヂャァン	be defeated ビ ディフィーテド

日	中	英
バイヤー	mǎifāng, mǎizhǔ 买方, 买主 マイファアン, マイヂュウ	buyer バイア
俳優 (はいゆう)	yǎnyuán 演员 イエンユエン	actor, actress アクタ, アクトレス
配慮 (はいりょ)	zhàogù, guānxīn, guānhuái 照顾, 关心, 关怀 ヂャオグゥ, グワンシン, グワンホアイ	consideration カンスィダレイション
入る (はい)	jìnrù 进入 ジンルゥ	enter, go in エンタ, ゴウ イン
（加入）	jiārù, cānjiā 加入, 参加 ジアルゥ, ツァンジア	join ヂョイン
（収容できる）	kě róngnà 可容纳 クァ ロンナァ	accommodate アカモデイト
配列 (はいれつ)	páiliè, biānpái 排列, 编排 パイリエ, ビエンパイ	arrangement アレインジュメント
パイロット	fēixíngyuán 飞行员 フェイシィンユエン	pilot パイロト
～ランプ	zhǐshìdēng, xìnhàodēng 指示灯, 信号灯 ヂーシーデゥン, シンハオデゥン	pilot lamp パイロト ランプ
バインダー	wénjiànjiā 文件夹 ウェンジエンジア	binder バインダ
這う (は)	páxíng, púfú 爬行, 匍匐 パァシィン, プゥフゥ	crawl, creep クロール, クリープ
パウダー	fěn, fěnmò 粉, 粉末 フェン, フェンモォ	powder パウダ
バウンド	tán(huí), tiào 弹(回), 跳 タン(ホゥイ), ティアオ	bound バウンド
蝿 (はえ)	cāngying 苍蝇 ツァアンイィン	fly フライ
生える (は)	zhǎng, shēng, fā 长, 生, 发 ヂャアン, ション, ファア	grow, come out グロウ, カム アウト
墓 (はか)	zuò fénmù 〔座〕坟墓 ヅゥオ フェンムゥ	grave, tomb グレイヴ, トゥーム

日	中	英
馬鹿 (な)	yúchǔn, shǎ, bèn 愚蠢，傻，笨 ユイチュン, シャア, ベン,	fool; foolish フール；フーリシュ
破壊 (する)	pòhuài, huǐhuài 破坏，毁坏 ポオホアイ, ホウイホアイ	destruction; destroy ディストラクション；ディストロイ
葉書	zhāng míngxìnpiàn 〔张〕明信片 チャアン ミィンシンピエン	postal card ポウスタル カード
剥がす	jiēkāi, bāoxià, bāoqù 揭开，剥下，剥去 ジエカイ, パオシア, パオチュイ	tear, peel テア, ピール
博士	bóshì xuéwèi 博士学位 ポォシー シュエウェイ	doctorate ダクタレト
(人)	bóshì 博士 ポォシー	doctor ダクタ
捗る	jìnzhǎn 进展 ジンチャン	make progress メイク プラグレス
儚い	wúcháng, duǎnzàn 无常，短暂 ウゥチャアン, ドワンツァン	transient トランシェント
(むなしい)	kōngxū, túláo 空虚，徒劳 コンシュイ, トゥラオ	vain ヴェイン
墓場	kuài féndì, mùdì 〔块〕坟地，墓地 クアイ フェンディー, ムゥディー	graveyard グレイヴァード
馬鹿馬鹿しい	yúchǔn, kěxiào 愚蠢，可笑 ユイチュン, クァシアオ	ridiculous, absurd リディキュラス, アブサード
計らう	chǔlǐ, ānpái 处理，安排 チュウリィ, アンパイ	manage, arrange マニヂ, アレインヂ
図らずも	búliào, búyì 不料，不意 ブゥリアオ, ブゥイー	unexpectedly アニクスペクティドリ
秤	chèng 秤 チョン	balance, scales バランス, スケイルズ
計り売り	lùn fènliàng mài 论分量卖 ルゥン フェンリアン マイ	sale by measure セイル バイ メジャ
(重量の)	lùn jīn mài 论斤卖 ルゥン ジン マイ	sale by weight セイル バイ ウェイト

日	中	英
計る（はか）	liáng, chēng 量，称 リアン, チョン	measure, weigh メジャ, ウェイ
図る（はか）	móuqiú 谋求 モウチウ	plan, attempt プラン, アテンプト
（悪事を）	qìtú 企图 チィトゥ	attempt アテンプト
破棄(する)（はき）	qǔxiāo, sīhuǐ 取消，撕毁 チュイシアオ, スーホゥイ	cancellation; cancel キャンセレイション；キャンセル
（判決を）	qǔxiāo 取消 チュイシアオ	reversal; reverse リヴァーサル；リヴァース
吐き気（はき）	ěxin, xiǎngyào ǒutù 恶心，想要呕吐 ウァシン, シアンヤオ オウトゥ	nausea ノーズィア
波及する（はきゅう）	bōjí, yǐngxiǎng 波及，影响 ボォジィ, イィンシアン	spread, influence スプレド, インフルエンス
破局（はきょく）	bēicǎn de jiéjú 悲惨的结局 ベイツァン ダ ジエヂュイ	catastrophe カタストロフィ
掃く（は）	sǎo《dì》 扫《地》 サオ《ディー》	sweep, clean スウィープ, クリーン
吐く（つばを）（は）	tuò, tǔ kǒushuǐ 唾，吐口水 トゥオ, トゥ コウシュイ	spit スピト
（へどを）	(ǒu)tù (呕)吐 (オウ)トゥ	vomit ヴァミト
履く（は）	chuān《xié》 穿《鞋》 チュワン《シエ》	put on, wear プト オン, ウェア
剥ぐ（は）	bāo(xià) 剥(下) バオ(シア)	bark, skin バーク, スキン
麦芽（ばくが）	màiyá 麦芽 マイヤァ	malt モルト
迫害(する)（はくがい）	pòhài 迫害 ポォハイ	persecution; persecute パーセキューション；パースィキュート
歯茎（はぐき）	yáchuáng, yáyín, chǐyín 牙床，牙龈，齿龈 ヤァチュアン, ヤァイン, チーイン	gums ガムズ

日	中	英
ばくげき 暴撃(する)	hōngzhà 轰炸 ホンヂャア	bombing; bomb バミング；バム
～機	hōngzhàjī 轰炸机 ホンヂャアジィ	bomber バマ
はくさい 白菜	kē báicài 〔棵〕白菜 クァ バイツァイ	Chinese cabbage チャイニーズ キャビヂ
はくし 白紙	zhāng báizhǐ 〔张〕白纸 ヂァアン バイヂー	blank paper ブランク ペイパ
はくしかてい 博士課程	bóshì kèchéng 博士课程 ボォシー クァチョン	doctor's course ダクタズ コース
はくしごう 博士号	bóshì xuéwèi 博士学位 ボォシー シュエウェイ	doctorate ダクタレト
はくしゅ 拍手する	gǔzhǎng, pāishǒu 鼓掌，拍手 グゥヂャアン，パイショウ	clap one's hands クラブ ハンヅ
はくしょ 白書	báipíshū, lánpíshū 白皮书，蓝皮书 バイピィシュウ，ランピィシュウ	white book ホワイト ブク
はくじょう 白状(する)	zhāorèn, zhāogòng 招认，招供 ヂャオレン，ヂャオゴン	confession; confess カンフェション；カンフェス
はくじょう 薄情な	bóqíng, bóxìng 薄情，薄幸 ボォチン，ボォシィン	coldhearted コウルドハーテド
ばくぜん 漠然とした	lǒngtǒng, hánhu, móhu 笼统，含糊，模糊 ロントン，ハンホ，モオホ	vaguely；vague ヴェイグリ；ヴェイグ
ばくだい 莫大な	pángdà, jùdà 庞大，巨大 パァンダア，ヂュイダア	vast, immense ヴァスト，イメンス
ばくだん 爆弾	zhàdàn 炸弹 ヂャアダン	bomb バム
はくちょう 白鳥	tiān'é 天鹅 ティエンウァ	swan スワン
バクテリア	xìjūn 细菌 シィジュイン	bacterium バクティアリアム
ばくは 爆破する	bàopò 爆破 バオポォ	blast ブラスト

は

日	中	英
ばくはつ 爆発(する) 	bàofā, bàozhà 爆发，爆炸 バオファア，バオヂャア	explosion; explode イクスプロウジョン；イクスプロウド
(火山が)	bàofā 爆发 バオファア	eruption; erupt イラプション；イラプト
はくぶつがく 博物学	bówùxué 博物学 ボォウゥシュエ	natural history ナチュラル ヒストリ
はくぶつかん 博物館	bówùguǎn 博物馆 ボォウゥグワン	museum ミューズィアム
はくらんかい 博覧会	bólǎnhuì 博览会 ボォランホゥイ	exposition エクスポズィション
はぐるま 歯車	chǐlún, yálún 齿轮，牙轮 チールゥン，ヤアルゥン	cogwheel, gear カグホウィール，ギア
はけ 刷毛	bǎ shuāzi 〔把〕刷子 バァ シュアヅ	brush ブラシュ
は 禿げ	tūtóu, tūzi 秃头，秃子 トゥトウ，トゥヅ	baldness ボールドネス
はげ 激しい	jīliè, měngliè, jùliè 激烈，猛烈，剧烈 ジィリエ，モンリエ，ヂュイリエ	violent, intense ヴァイオレント，インテンス
バケツ	shuǐtǒng 水桶 シュイトン	pail, bucket ペイル，バケト
はげ 励ます	gǔlì, miǎnlì, jīlì 鼓励，勉励，激励 グゥリィ，ミエンリィ，ジィリィ	encourage インカーリヂ
はげ 励む	nǔlì, xīnqín, fènmiǎn 努力，辛勤，奋勉 ヌゥリィ，シンチン，フェンミエン	work hard ワーク ハード
は 禿げる	tū 秃 トゥ	become bald ビカム ボールド
は 剥げる	tuōluò, bōluò, bōlí 脱落，剥落，剥离 トゥオルゥオ，ボォルゥオ，ボォリィ	come off カム オフ
はけん 派遣(する)	pàiqiǎn, chāiqiǎn 派遣，差遣 パイチエン，チャイチエン	dispatch ディスパチ
はこ 箱	hézi 盒子 ホォアヅ	box, case バクス，ケイス

日	中	英
(荷物など大型のもの)	xiāngzi 箱子 シアンヅ	box, case バクス, ケイス
はこ 運ぶ	bānyùn, yùnsòng 搬运, 运送 バンユィン, ユィンソン	carry キャリ
バザー	yìmàihuì 义卖会 イーマイホゥイ	charity bazaar チャリティ バザー
バザール	jíshì, lùtiān shìchǎng 集市, 露天市场 ジィシー, ルゥティエン シーチャァン	bazaar バザー
はさ 挟まる	jiā 夹 ジア	get in *between* ゲト イン
はさみ 鋏	bǎ jiǎndāo, jiǎnzi 〔把〕剪刀, 剪子 バァ ジエンダオ, ジエンヅ	scissors スィザズ
はさ 挟む	jiā 夹 ジア	put, hold プト, ホウルド
はさん 破産 (する)	pòchǎn, dǎobì 破产, 倒闭 ポォチャン, ダオビィ	bankruptcy; go bankrupt バンクラプトスィ; ゴウ バンクラプト
はし 橋	zuò qiáo, qiáoliáng 〔座〕桥, 桥梁 ヅゥオ チアオ, チアオリアン	bridge ブリヂ
はし 端	duān, tóu 端, 头 ドワン, トウ	end, tip エンド, ティプ
縁	biānyuán 边缘 ビエンユエン	the edge ジ エヂ
はし 箸	shuāng kuàizi 〔双〕筷子 シュアン クアイヅ	chopsticks チャプスティクス
はじ 恥	chǐrǔ, xiūchǐ 耻辱, 羞耻 チールゥ, シウチー	shame, humiliation シェイム, ヒューミリエイション
～をかく	diū˙liǎn, diū˙chǒu 丢脸, 丢丑 ディウリエン, ディウチョウ	be put to shame ビ プト トゥ シェイム
はしか 麻疹	mázhěn 麻疹 マァチェン	the measles ザ ミーズルズ
はしご 梯子	jiētī, tīzi 阶梯, 梯子 ジエティー, ティーヅ	ladder ラダ

日	中	英
～車	yúntī xiāofángchē 云梯消防车 ユィンティー シアオファアンチョア	ladder truck ラダ トラク
はじ 始まり	kāiduān, kāishǐ, qǐdiǎn 开端，开始，起点 カイドワン, カイシー, チィディエン	the beginning ザ ビギニング
（起源）	qǐyuán 起源 チィユエン	the origin ジ オリヂン
はじ 始まる	kāishǐ 开始 カイシー	begin, start ビギン, スタート
はじ 始[初]め	zuìchū, kāishǐ, kāitóu 最初，开始，开头 ヅゥイチュウ, カイシー, カイトウ	the beginning ザ ビギニング
はじ 初めて(の)	dìyī cì, chūcì, shǒucì 第一次，初次，首次 ディーイー ツー, チュウツー, ショウツー	first ファースト
はじ 初めまして	chūcì jiànmiàn 初次见面 チュウツー ジエンミエン	Nice to meet you. ナイス トゥ ミート ユー
はじ 始める	kāishǐ 开始 カイシー	begin, start, open ビギン, スタート, オウプン
パジャマ	jiàn/tào shuìyī 〔件/套〕睡衣 ジエン/タオ シュイイー	pajamas パヂャーマズ
ばじゅつ 馬術	mǎshù, qíshù 马术，骑术 マァシュウ, チィシュウ	horsemanship ホースマンシプ
はしゅつじょ 派出所	pàichūsuǒ 派出所 パイチュウスゥオ	police box ポリース バクス
ばしょ 場所	dìfang, dìdiǎn 地方，地点 ディーファアン, ディーディエン	place, site プレイス, サイト
（余地）	kòngdāng, kòngdì 空当，空地 コンダァン, コンディー	room, space ルーム, スペイス
はしら 柱	gēn zhùzi, zhùtóu 〔根〕柱子，柱头 ゲン チュウヅ, チュウトウ	pillar, post ピラ, ポウスト
～時計	guàzhōng 挂钟 グアヂョン	(wall) clock (ウォール) クラク
バジリコ	luólè 罗勒 ルゥオルア	basil バズィル

日	中	英
はし たかと 走り高跳び	tiàogāo 跳高 ティアオガオ	high jump ハイ チャンプ
はし はばと 走り幅跳び	tiàoyuǎn 跳远 ティアオユエン	broad jump ブロード チャンプ
はし 走る	pǎo 跑 パオ	run, dash ラン, ダシュ
は 恥じる	xiūkuì, cánkuì 羞愧, 惭愧 シウクゥイ, ツァンクゥイ	be ashamed ビ アシェイムド
はす 蓮	héhuā 荷花 ホォアホァ	lotus ロウタス
バス	gōnggòng qìchē 公共汽车 ゴンゴン チィチョア	bus バス
(風呂)	yùshì, xǐzǎojiān 浴室, 洗澡间 ユィシー, シィヅァオジエン	bath バス
(音楽)	dīyīn 低音 ディーイン	bass バス
パス (券)	yuèpiào 月票 ユエピアオ	commuter's ticket カミューターズ ティケト
(無料切符)	miǎnpiào 免票 ミエンピアオ	free pass フリー パス
(スポーツで)	chuán qiú 传球 チュワン チウ	pass パス
〜する	tōngguò, kǎoshàng 通过, 考上 トングゥオ, カオシァン	pass パス
は 恥ずかしい	hàixiū, xiūsào, kěchǐ 害羞, 羞臊, 可耻 ハイシウ, シウサオ, クァチー	shameful シェイムフル
(きまりがわるい)	nánwéiqíng, bù hǎoyìsi 难为情, 不好意思 ナンウェイチィン, ブゥ ハオイース	be ashamed ビ アシェイムド
ハスキーな	shāyǎ, sīyǎ 沙哑, 嘶哑 シャアヤァ, スーヤァ	husky ハスキ
バスケット	lánzi 篮子 ランヅ	basket バスケト

日	中	英
～ボール	lánqiú 篮球 ランチウ	basketball バスケットボール
外<ruby>はず</ruby>す	qǔ(xià), zhāi(xià) 取(下), 摘(下) チュイ(シア), ヂャイ(シア)	take off, remove テイク オフ, リムーヴ
(ボタンを)	jiěkāi 解开 ジエカイ	unbutton アンバトン
(席を)	tuìxí 退席 トゥイシィ	leave リーヴ
バスタオル	yùjīn 浴巾 ユイジン	bath towel バス タウエル
バス停<ruby>てい</ruby>	(qì)chēzhàn (汽)车站 (チィ)チョァヂャン	bus stop バス スタプ
バスト	xiōngwéi 胸围 シオンウェイ	bust バスト
恥<ruby>は</ruby>ずべき	kěchǐ (de) 可耻(的) クァチー(ダ)	shameful シェイムフル
パスポート	hùzhào 护照 ホゥヂャオ	passport パスポート
弾<ruby>はず</ruby>み	tánlì, tánxìng 弹力, 弹性 タンリィ, タンシィン	bound バウンド
(調子づく)	qǐjìn, láijìn 起劲, 来劲 チィジン, ライジン	momentum モウメンタム
弾<ruby>はず</ruby>む	tiào, tán, fǎntiào 跳, 弹, 反跳 ティアオ, タン, ファンティアオ	bounce, bound バウンス, バウンド
(調子づく)	qǐjìn, láijìn, xīngfèn 起劲, 来劲, 兴奋 チィジン, ライジン, シィンフェン	become lively ビカム ライヴリ
バスルーム	yùshì, xǐzǎojiān 浴室, 洗澡间 ユイシー, シィヅァオジエン	bathroom バスルム
外<ruby>はず</ruby>れ	kōngqiān, méi zhòng 空签, 没中 コンチエン, メイ ヂォン	blank ブランク
(町の)	jìntóu, jiāowài 尽头, 郊外 ジントウ, ジアオワイ	the suburbs ザ サバーブズ

日	中	英
はず 外れる	tuōluò, diàoxià 脱落，掉下 トゥオルゥオ, ディアオシア	come off カム オフ
(当たらない)	bú zhòng 不中 ブゥ ヂョン	miss, fail ミス, フェイル
パスワード	kǒulìng, mìmǎ, ànhào 口令，密码，暗号 コウリィン, ミィマァ, アンハオ	password パスワード
はせい 派生(する)	pàishēng 派生 パイション	derivation; derive *from* デリヴェイション；ディライヴ
パセリ	hélánqín, ōuqín 荷兰芹，欧芹 ホォアランチン, オウチン	parsley パースリ
パソコン	(gèrén) diànnǎo (个人)电脑 (グァレン) ディエンナオ	personal computer パーソナル カンピュータ
はそん 破損(する)	pòsǔn, sǔnhuài 破损，损坏 ポォスゥン, スゥンホアイ	damage; be damaged ダミヂ；ビ ダミヂド
はた 旗	miàn qízi, qízhì 〔面〕旗子，旗帜 ミエン チィヅ, チィヂー	flag, banner フラグ, バナ
はだ 肌	pífū 皮肤 ピィフゥ	the skin ザ スキン
バター	huángyóu, nǎiyóu 黄油，奶油 ホアンヨウ, ナイヨウ	butter バタ
パターン	xíng, móshì, shìyàng 型，模式，式洋 シィン, モォシー, シーヤン	pattern パタン
はたお 機織り	zhī'bù 织布 ヂーブゥ	weaving ウィーヴィング
(人)	zhībùgōng 织布工 ヂーブゥゴン	weaver ウィーヴァ
はだか 裸(の)	luǒtǐ, chìshēn 裸体，赤身 ルゥオティー, チーシェン	nakedness; naked ネイキドネス；ネイキド
はだぎ 肌着	nèiyī, hànshān 内衣，汗衫 ネイイー, ハンシャン	underwear アンダウェア
はたけ 畑	kuài/mǔ hàntián, tiándì 〔块/亩〕旱田，田地 クアイ/ムゥ ハンティエン, ティエンディー	field, farm フィールド, ファーム

日	中	英
はだざむ 肌寒い	qīnglěng, wēihán, liángsīsī 清冷，微寒，凉丝丝 チインルォン，ウェイハン，リアンスースー	chilly チリ
はだし 裸足	chìjiǎo 赤脚 チージアオ	bare feet ベア フィート
～で	chì(zhe) jiǎo, guāngzhe jiǎo 赤(着)脚，光着脚 チー(ヂャ) ジアオ，グアンヂャ ジアオ	barefoot ベアフト
は 果たす	shíxíng, shíjiàn 实行，实践 シーシィン，シージエン	realize, carry out リアライズ，キャリ アウト
(成就)	wánchéng, shíxiàn 完成，实现 ワンチョン，シーシエン	achieve アチーヴ
はたち 畑地	nóngtián, gēngdì 农田，耕地 ノンティエン，グンディー	fields, farm フィールヅ，ファーム
バタフライ	diéyǒng 蝶泳 ディエヨン	the butterfly stroke ザ バタフライ ストロウク
はたら 働き	gōngzuò, láodòng 工作，劳动 ゴンヅゥオ，ラオドン	work, labor ワーク，レイバ
(活動)	huódòng 活动 ホゥオドン	action, activity アクション，アクティヴィティ
(機能)	zuòyòng, gōngnéng, jīnéng 作用，功能，机能 ヅゥオヨン，ゴンヌオン，ジィヌオン	function ファンクション
(功績)	gōngláo, gōngjì 功劳，功绩 ゴンラオ，ゴンジィ	achievement アチーヴメント
はたら 働く	gōngzuò, láodòng 工作，劳动 ゴンヅゥオ，ラオドン	work ワーク
(作用)	qǐ zuòyòng, fāhuī zuòyòng 起作用，发挥作用 チィ ヅゥオヨン，ファアホゥイ ヅゥオヨン	act on アクト
はち 鉢	pén, dà wǎn 盆，大碗 ペン，ダァ ワン	bowl, pot ボウル，パト
はち 蜂	zhī fēng 〔只〕蜂 チー フォン	bee ビー
～の巣	fēngwō, fēngcháo 蜂窝，蜂巢 フォンウオ，フォンチャオ	beehive, honeycomb ビーハイヴ，ハニコウム

日	中	英
～蜜	fēngmì 蜂蜜 フォンミイ	honey ハニ
ばち 罰	bàoyìng 报应 バオイイン	punishment パニシュメント
はちがつ 八月	bāyuè 八月 バアユエ	August オーガスト
はちょう 波長	bōcháng 波长 ボオチャアン	wavelength ウェイヴレンクス
ばつ 罰	chéngfá, chǔfá, xíngfá 惩罚，处罚，刑罚 チョンファア，チュウファア，シインファア	punishment パニシュメント
はついく 発育 (する)	fāyù, chéngzhǎng 发育，成长 ファアユイ，チョンチャアン	growth; grow グロウス；グロウ
はつおん 発音 (する)	fā'yīn 发音 ファアイン	pronunciation プロナンスィエイション
はっき 発揮 (する)	fāhuī, shīzhǎn 发挥，施展 ファアホウイ，シーチャン	display, show ディスプレイ，ショウ
はっきり	qīngchu, qīngxī, míngquè 清楚，清晰，明确 チィンチュ，チィンシイ，ミィンチュエ	clearly クリアリ
～する	qīngchu (le), míngbai (le) 清楚（了），明白（了） チィンチュ（ラ），ミィンバイ（ラ）	become clear ビカム クリア
ばっきん 罰金	fá'kuǎn 罚款 ファアクワン	fine ファイン
パッキング	bāozhuāng, dǎbāo 包装，打包 バオヂュアン，ダァバオ	packing パキング
バック	hòumian, bèihòu 后面，背后 ホウミェン，ベイホウ	the back, the rear ザ バク，ザ リア
（背景）	bèijǐng 背景 ベイジン	background バクグラウンド
（後援）	hòuyuán 后援 ホウユエン	backing, support バキング，サポート
バッグ	bāo 包 バオ	bag バグ

日	中	英
パック(する)	bāozhuāng, dǎbāo 包装，打包 パオヂュアン, ダァバオ	pack パク
(美容の)	miànmó 面膜 ミエンモォ	pack パク
はっくつ 発掘(する)	fājué 发掘 ファアジュエ	excavation; excavate エクスカヴェイション；エクスカヴェイト
バックル	dàikòu 带扣 ダイコウ	buckle バクル
ばつぐん 抜群の	chūzhòng, zhuórán, zhuózhù 出众，卓然，卓著 チュウヂョン, ヂュオラン, ヂュオヂュウ	outstanding アウトスタンディング
パッケージ	bāozhuāng 包装 バオヂュアン	package パキヂ
はっけっきゅう 白血球	báixuèqiú 白血球 バイシュエチウ	white blood cell ホワイト ブラド セル
はっけつびょう 白血病	báixuèbìng 白血病 バイシュエビィン	leukemia ルーキーミア
はっけん 発見(する)	fāxiàn 发现 ファアシエン	discovery ディスカヴァリ
はつげん 発言(する)	fā'yán 发言 ファアイエン	utterance; speak アタランス；スピーク
はつこい 初恋	chūliàn 初恋 チュウリエン	first love ファースト ラヴ
はっこう 発行(する)	fāxíng 发行 ファアシィン	publication パブリケイション
~部数	fāxíngliàng 发行量 ファアシィンリアン	circulation サーキュレイション
はっさん 発散(する)	fāsàn 发散 ファアサン	emission; emit イミション；イミト
(熱や匂いなど)	sànfā 散发 サンファア	emission; emit イミション；イミト
バッジ	kē / méi huīzhāng, zhèngzhāng 〔颗/枚〕徽章，证章 クァ/メイ ホウィヂャアン, ヂョンヂャアン	badge バヂ

日	中	英
発射(する)	fāshè 发射 ファアショア	firing ファイアリング
(銃を)	kāi qiāng 开枪 カイ チアン	fire, shoot ファイア, シュート
発車(する)	kāichē, fāchē 开车，发车 カイチョア, ファアチョア	departure ディパーチャ
発信(する)	fābào 发报 ファアバオ	transmission トランスミション
(手紙を)	fāxìn 发信 ファアシン	transmission トランスミション
～人	fāxìnrén, jìjiànrén 发信人，寄件人 ファアシンレン, ジィジエンレン	sender センダ
バッシング (する)	gōngjī 攻击 ゴンジィ	bashing; bash バシング；バシュ
抜粋(する)	zhāilù 摘录 ヂャイルゥ	extract エクストラクト
発する	fā, fāchū 发，发出 ファア, ファアチュウ	give off, emit ギヴ オフ, イミト
(声を)	fā(chū) shēngyīn 发(出)声音 ファア(チュウ) ションイン	utter アタ
罰する	chǔfá, chǔfèn, chéngfá 处罚，处分，惩罚 チュウファア, チュウフェン, チョンファア	punish パニシュ
発生(する)	fāshēng, chǎnshēng, chūxiàn 发生，产生，出现 ファアション, チャンション, チュウシエン	outbreak アウトブレイク
発送(する)	fāsòng, jìchū, fāyùn 发送，寄出，发运 ファアソン, ジィチュウ, ファアユイン	sending out センディング アウト
飛蝗	zhī zhàměng, fēihuáng 〔只〕蚱蜢，飞蝗 ヂー ヂャアモン, フェイホアン	grasshopper グラスハパ
バッター	jīqiúshǒu, jīqiúyuán 击球手，击球员 ジィチウショウ, ジィチウユエン	batter バタ
発達(する)	fādá, fāzhǎn 发达，发展 ファアダア, ファアヂャン	development ディヴェロプメント

日	中	英
発注(する) はっちゅう	dìnggòu, dìng'huò 订购,订货 ディンゴウ, ディンホウオ	order オーダ
パッチワーク	pīncòu (shǒugōng)wù 拼凑(手工)物 ピンツォウ(ショウゴン)ウゥ	patchwork パチワーク
バッテリー	(xù)diànchí (蓄)电池 (シュィ)ディエンチー	battery バタリ
発展(する) はってん	fāzhǎn, kuòzhǎn, shēnzhǎn 发展,扩展,伸展 ファアチャン, クゥオチャン, シェンチャン	development ディヴェロプメント
～途上国	fāzhǎnzhōng guójiā 发展中国家 ファアチャンチョン グゥオジア	developing country ディヴェロピング カントリ
発電(する) はつでん	fā'diàn 发电 ファアディエン	generate electricity ヂェナレイト イレクトリスィティ
バット	qiúbàng 球棒 チウバァン	bat バト
発動機 はつどうき	fādòngjī, yǐnqíng 发动机,引擎 ファアドンジィ, インチィン	motor モウタ
ハットトリック	màozi xìfǎ 帽子戏法 マオツ シィファア	hat trick ハト トリク
発破 はっぱ	bàopò 爆破 バオポォ	blast ブラスト
発売(する) はつばい	fāshòu, chūshòu 发售,出售 ファアショウ, チュウショウ	sale; put on sale セイル;プト オン セイル
ハッピーエンド	dàtuányuán 大团圆 ダァトワンユエン	happy ending ハピ エンディング
発病(する) はつびょう	fā'bìng, shēng'bìng, dé'bìng 发病,生病,得病 ファアビィン, ションビィン, ドゥアビィン	attack; get sick アタク;ゲト スイク
発表(する) はっぴょう	fābiǎo, xuānbù, gōngbù 发表,宣布,公布 ファアビアオ, シュエンブゥ, ゴンブゥ	announcement アナウンスメント
(刊行)	chūbǎn 出版 チュウバン	publication; publish パブリケイション;パブリシュ
(研究などを)	fābiǎo《yánjiū chéngguǒ》 发表《研究成果》 ファアビアオ《イエンジウ チョングゥオ》	presentation プリーゼンテイション

日	中	英
はつめい 発明(する)	fāmíng 发明 ファアミィン	invention インヴェンション
は 果て	biānjì, jìntóu 边际，尽头 ビエンジィ，ジントウ	end エンド
は 果てしない	wúbiān, wúyá, wúxiàn 无边，无涯，无限 ウゥビエン，ウゥヤア，ウゥシエン	endless エンドレス
はで 派手な	fúhuá, huāshao, xiānyàn 浮华，花哨，鲜艳 フゥホアァ，ホアシャオ，シエンイエン	gay, showy ゲイ，ショウイ
はと 鳩	zhī gēzi 〔只〕鸽子 チー グァズ	pigeon, dove ピヂョン，ダヴ
ばとう 罵倒(する)	zhòumà, mànmà, tòngmà 咒骂，漫骂，痛骂 チョウマア，マンマア，トンマア	abuse; denounce アビューズ；ディナウンス
パトカー	jǐngchē, xúnluóchē 警车，巡逻车 ジィンチョア，シュインルゥオチョア	squad car スクワド カー
バドミントン	yǔmáoqiú 羽毛球 ユィマオチウ	badminton バドミントン
パトロール (する)	xúnluó, xúnchá 巡逻，巡查 シュインルゥオ，シュインチャア	patrol パトロウル
はな 花	duǒ huā 〔朵〕花 ドゥオ ホア	flower フラウア
はな 鼻	bízi 鼻子 ビィヅ	nose ノウズ
はなし 話	jù/duàn huà, huìhuà, duìhuà 〔句/段〕话，会话，对话 チュイ/ドワン ホア，ホゥイホア，ドゥイホア	talk, conversation トーク，カンヴァセイション
(物語)	gùshi 故事 グゥシ	story ストーリ
はな あ 話し合い	tánpàn, xiéshāng 谈判，协商 タンパン，シエシャァン	talk, discussion トーク，ディスカション
はな あ 話し合う	tánhuà, shāngliáng 谈话，商量 タンホア，シャァンリアン	talk *with*, discuss *with* トーク，ディスカス
はな 放す	fàngkāi, sōngkāi 放开，松开 ファアンカイ，ソンカイ	free, release フリー，リリース

日	中	英
はな 離す	fēnkāi, líkāi 分开，离开 フェンカイ，リィカイ	separate, detach セパレイト，ディタチ
はな 話す	shuō, jiǎng, tán 说，讲，谈 シュオ，ジアン，タン	speak, talk スピーク，トーク
はなたば 花束	huāshù 花束 ホアシュウ	bouquet ブーケイ

■花■   ⇒ 木

たんぽぽ
蒲公英　　蒲公英 /púgōngyīng プゴンイィン / (㊤dandelion)

な はな
菜の花　　菜花，油菜花 /càihuā, yóucàihuā ツァイホア，ヨウツァイホア / (㊤rape blossoms)

チューリップ　　郁金香 /yùjīnxiāng ユィジンシアン / (㊤tulip)

あじさい
紫陽花　　绣球花 /xiùqiúhuā シウチウホア / (㊤hydrangea)

ばら
薔薇　　玫瑰，蔷薇 /méigui, qiángwēi メイグイ，チアンウェイ / (㊤rose)

ひまわり
向日葵　　向日葵 /xiàngrìkuí シアンリークゥイ / (㊤sunflower)

あさがお
朝顔　　喇叭花，牵牛花 /lǎbahuā, qiānniúhuā ラァバホア，チエンニュウホア / (㊤morning glory)

ゆり
百合　　百合 /bǎihé バイホァ / (㊤lily)

あやめ
菖蒲　　溪荪 /xīsūn シィスゥン / (㊤flag, iris)

きく
菊　　菊花 /júhuā ジュィホア / (㊤chrysanthemum)

コスモス　　大波斯菊 /dàbōsījú ダァボォスージュィ / (㊤cosmos)

つばき
椿　　山茶 /shānchá シャンチャア / (㊤camellia)

すいせん
水仙　　水仙 /shuǐxiān シュイシエン / (㊤narcissus)

シクラメン　　仙客来 /xiānkèlái シエンクァライ / (㊤cyclamen)

カーネーション　　康乃馨，麝香石竹 /kāngnǎixīn, shèxiāng shízhú カァンナイシン，ショァシアン シーヂュウ / (㊤carnation)

マーガレット　　木春菊 /mùchūnjú ムゥチュンジュィ / (㊤marguerite)

スイートピー　　甜豌豆 /tiánwāndòu ティエンワンドウ / (㊤sweet pea)

ガーベラ　　非洲菊 /fēizhōujú フェイヂョウジュィ / (㊤gerbera)

らん
蘭　　兰花 /lánhuā ランホア / (㊤orchid)

ミモザ　　含羞草 /hánxiūcǎo ハンシウツァオ / (㊤minoza)

すみれ
菫　　堇菜 /jǐncài ジンツァイ / (㊤violet)

ぼたん
牡丹　　牡丹 /mǔdan ムゥダン / (㊤peony)

すいれん
睡蓮　　睡莲 /shuìlián シュイリエン / (㊤water lily)

日	中	英
はなぢ 鼻血	bíxiě 鼻血 ビィシエ	nosebleed ノウズブリード
バナナ	gēn/bǎ xiāngjiāo 〔根 / 把〕香蕉 ゲン / バァ シアンジアオ	banana バナナ
はなは 甚だしい	hěn, shèn, fēicháng 很, 甚, 非常 ヘン, シェン, フェイチァン	gross グロウス
はなび 花火	yānhuǒ, yànhuǒ 烟火, 焰火 イエンホゥオ, イエンホゥオ	fireworks ファイアワークス
はな 花びら	huābàn 花瓣 ホアバン	petal ペタル
はなみ 花見	guānshǎng yīnghuā 观赏樱花 グワンシァン イィンホア	cherry blossom viewing チェリ ブラソム ヴューイング
はなみず 鼻水	bítì 鼻涕 ビィティー	snivel スニヴル
はなも 鼻持ちならない	chòu bù kě wén 臭不可闻 チョウ ブウ クァ ウェン	stinking スティンキング
(不快な)	wúfǎ rěnshòu 无法忍受 ウゥファア レンショウ	disgusting ディスガスティング
はなや 花屋	(xiān)huādiàn (鲜)花店 (シエン)ホアディエン	flower shop フラウア シャプ
(人)	huājiàng, mài huā de 花匠, 卖花的 ホアジアン, マイ ホア ダ	florist フロリスト
はな 華やかな	huálì, shèngdà (de) 华丽, 盛大(的) ホアリィ, ションダァ(ダ)	gorgeous, bright ゴーヂャス, ブライト
はな 離れる	líkāi, fēnlí 离开, 分离 リィカイ, フェンリィ	leave, go away *from* リーヴ, ゴウ アウェイ
はにかむ	miǎntiǎn, hàixiū 腼腆, 害羞 ミエンティエン, ハイシウ	be shy ビ シャイ
パニック	kǒnghuāng, jīnghuāng 恐慌, 惊慌 コンホアン, ジィンホアン	panic パニク
バニラ	xiāngcǎo 香草 シアンツァオ	vanilla ヴァニラ

日	中	英
はね 羽	yǔmáo 羽毛 ユイマオ	feather, plume フェザ, プルーム
（翼）	chìbǎng, yì 翅膀, 翼 チーバァン, イー	wing ウィング
ばね	tánhuáng, fātiáo 弹簧, 发条 タンホアン, ファアティアオ	spring スプリング
ハネムーン	mìyuè lǚxíng, xīnhūn lǚxíng 蜜月旅行, 新婚旅行 ミイユエ リュイシィン, シンホゥン リュイシィン	honeymoon ハニームーン
は 跳ねる	tiào, bèng, tiàoyuè 跳, 蹦, 跳跃 ティアオ, ポン, ティアオユエ	leap, jump リープ, チャンプ
（泥・水が）	jiàn, fēijiàn 溅, 飞溅 ジエン, フェイジエン	splash スプラシュ
パネル	xiǎnshìpíng, píngmiàn, qiànbǎn 显示屏, 屏面, 嵌板 シエンシーピィン, ピィンミエン, チエンバン	panel パネル
（絵などの）	huàbǎn, túshìbǎn 画板, 图示板 ホアバン, トゥシーバン	panel パネル
はは・ははおや 母・母親	mǔqīn 母亲 ムゥチン	mother マザ
はば 幅・巾	kuāndù, fúdù 宽度, 幅度 クワンドゥ, フゥドゥ	width, breadth ウィドス, ブレドス
パパイヤ	(fān)mùguā （番）木瓜 （ファン）ムゥグア	papaya パパイア
ははかた 母方	mǔxì 母系 ムゥシィ	mother's side マザズ サイド
は 羽ばたく	zhènchì, pāidǎ (chìbǎng) 振翅, 拍打（翅膀） チェンチー, パイダァ（チーバァン）	flutter, flap フラタ, フラプ
はばつ 派閥	pàixì 派系 パイシィ	faction ファクション
はばと 幅跳び	tiàoyuǎn 跳远 ティアオユエン	broad jump ブロード チャンプ
はばひろ 幅広い	guǎngfàn, guǎngdà 广泛, 广大 グアンファン, グアンダァ	wide, broad ワイド, ブロード

日	中	英
_{はば} 阻む	zǔdǎng, dǎngzhù, zǔzhǐ 阻挡，挡住，阻止 ヅゥダァン, ダァンチュウ, ヅゥチー	prevent *from*, block プリヴェント, ブラク
ババロア	Bāfálìyà nǎiyóu 巴伐利亚奶油 バァファアリィヤァ ナイヨウ	Bavarian cream バベリアン クリーム
パフェ	dònggāo, lěnggāo 冻糕，冷糕 ドンガオ, ルォンガオ	parfait パーフェイ
パフォーマンス	biǎoyǎn, yǎnchū 表演，演出 ビアオイエン, イエンチュウ	performance パフォーマンス
_{はぶ} 省く	qùdiào, chúqù, shěngliè 去掉，除去，省略 チュィディアオ, チュウチュィ, ションリュエ	omit オウミト
（削減）	jiéshěng, jiǎnshǎo, jǐnsuō 节省，减少，紧缩 ジエション, ジエンシャオ, ジンスゥオ	save, reduce セイヴ, リデュース
ハプニング	yìwài shìjiàn, ǒufā shìjiàn 意外事件，偶发事件 イーワイ シージエン, オウファア シージエン	happening ハプニング
_は 歯ブラシ	bǎ yáshuā 〔把〕牙刷 バァ ヤァシュア	toothbrush トゥースブラシュ
_{はま・はまべ} 浜・浜辺	hǎibīn, húbīn 海滨，湖滨 ハイビン, ホゥビン	beach, seashore ビーチ, スィーショー
_{はまき} 葉巻	zhī/gēn xuějiā, yèjuǎnyān 〔支／根〕雪茄，叶卷烟 チー/ゲン シュエジア, イエジュエンイエン	cigar スィガー
_{はまぐり} 蛤	wéngé, gélí 文蛤，蛤蜊 ウェンガァ, ガァリィ	clam クラム
_は 嵌まる	tàoshàng, qiànrù 套上，嵌入 タオシャアン, チエンルゥ	fit *into* フィト
_{はみが} 歯磨き	zhī/guǎn yágāo, yáfěn 〔支／管〕牙膏，牙粉 チー/グワン ヤァガオ, ヤァフェン	toothpaste トゥースペイスト
ハム	huǒtuǐ 火腿 ホゥオトゥイ	ham ハム
_{はめつ} 破滅(する)	huǐmiè, mièwáng 毁灭，灭亡 ホゥイミエ, ミエワァン	ruin, be ruined ルーイン, ビ ルーインド
_は 嵌める	qiàn, xiāng 嵌，镶 チエン, シアン	put in, set プト イン, セト

日	中	英
(着用する)	dài《jièzhi》 戴《戒指》 ダイ《ジエヂ》	wear, put on ウェア, プト オン
(騙す)	qīpiàn, xiànhài 欺骗, 陷害 チィピエン, シエンハイ	entrap, cheat イントラプ, チート
ばめん 場面	chǎngmiàn, qíngjǐng 场面, 情景 チャアンミエン, チィンジィン	scene スィーン
(映画などの)	jìngtóu, chǎngmiàn, chǎngjǐng 镜头, 场面, 场景 ジィントウ, チャアンミエン, チャアンジィン	scene スィーン
はや 早い	zǎo 早 ヅァオ	early アーリ
はや 速い	kuài, xùnsù 快, 迅速 クアイ, シュインスゥ	quick, fast クウィク, ファスト
はやお 早起き	zǎo qǐ 早起 ヅァオ チィ	get up early ゲト アプ アーリ
はや 早く	zǎo, zǎojiù 早, 早就 ヅァオ, ヅァオジウ	early, soon アーリ, スーン
はや 速く	kuài, xùnsù 快, 迅速 クアイ, シュインスゥ	quickly, fast クウィクリ, ファスト
はやくちことば 早口言葉	ràokǒulìng 绕口令 ラオコウリィン	tongue twister タング トウィスタ
はや 速さ	sùdù, sùlǜ 速度, 速率 スゥドゥ, スゥリュイ	quickness, speed クウィクネス, スピード
はやし 林	shùlín 树林 シュウリン	forest, wood フォリスト, ウド
は 生やす	ràng《cǎo》shēngzhǎng, liú《húzi》 让《草》生长, 留《胡子》 ラアン《ツァオ》ションチャアン, リウ《ホウヅ》	grow, cultivate グロウ, カルティヴェイト
はやね 早寝する	zǎo shuì 早睡 ヅァオ シュイ	go to bed early ゴウ トゥ ベド アーリ
はや 早めに	jízǎo, tíqián, zǎo xiē 及早, 提前, 早些 ジィヅァオ, ティーチエン, ヅァオ シエ	early, in advance アーリ, イン アドヴァンス
はや 早める	jiākuài, jiāsù, tíqián 加快, 加速, 提前 ジアクアイ, ジアスゥ, ティーチエン	quicken, hasten クウィクン, ヘイスン

日	中	英
は 流行り	liúxíng, shímáo, shíshàng 流行, 时髦, 时尚 リウシィン, シーマオ, シーシャアン	fashion, mode ファション, モゥド
は 流行る	liúxíng, shímáo, shèngxíng 流行, 时髦, 盛行 リウシィン, シーマオ, ションシィン	be popular ビ パピュラ
(繁盛)	fánróng, xīngwàng 繁荣, 兴旺 ファンロン, シィンワァン	be prosperous ビ プラスペラス
(病気などが)	liúxíng, mànyán 流行, 蔓延 リウシィン, マンイエン	be prevalent ビ プレヴァレント
はら 腹	dùzi 肚子 ドゥヅ	the belly ザ ベリ
(腸)	cháng(zi) 肠(子) チャアン(ヅ)	the bowels ザ バウエルズ
(胃)	wèi 胃 ウェイ	the stomach ザ スタマク
ばら 薔薇	méigui, qiángwēi 玫瑰, 蔷薇 メイグイ, チアンウェイ	rose ロウズ
バラード	xùshìqǔ, shūqíngqǔ 叙事曲, 抒情曲 シュイシーチュイ, シュウチィンチュイ	ballade バラード
はら もど 払い戻し	fùhuán, tuìhuán 付还, 退还 フゥホワン, トゥイホワン	repayment, refund リペイメント, リファンド
はら もど 払い戻す	fùhuán, tuìhuán 付还, 退还 フゥホワン, トゥイホワン	refund, repay リファンド, リペイ
はら 払う	fùkuǎn, zhīfù, kāizhī 付款, 支付, 开支 フゥクワン, チーフゥ, カイヂー	pay ペイ
(埃を)	dǎn (huīchén), fú 掸(灰尘), 拂 ダン (ホゥイチェン), フゥ	dust ダスト
バラエティ	duōzhǒng duōyàng, fēng fù duō cǎi 多种多样, 丰富多采 ドゥオヂォン ドゥオヤン, フォン フゥ ドゥオ ツァイ	variety ヴァライエティ
は 晴らす	jiěchú, xiāochú 解除, 消除 ジエチュウ, シアオチュウ	dispel ディスペル
(うさを)	xiāochóu jiěmèn 消愁解闷 シアオチョウ ジエメン	divert ディヴァート

日	中	英
(恨みを)	xuěchú chóuhèn 雪除仇恨	revenge *oneself*
ばらす	chāikāi((jīqì)), chāixiè 拆开((机器)),拆卸	take to pieces
(暴露)	jiēlù, jiēchuān, jiēfā 揭露,揭穿,揭发	disclose, expose
パラドックス	bèilùn, fǎnlùn, miùlùn 悖论,反论,谬论	paradox
ばらばらの	língsǎn, qī líng bā luò 零散,七零八落	separate, scattered
パラボラ	pāowùxiàn 抛物线	parabola
ばら撒く	sànbō, sànfā, sànbù 散播,散发,散布	scatter
パラリンピック	cánjírén Àoyùnhuì 残疾人奥运会	the Paralympics
はらわた 腸	cháng 肠	bowels, intestines
(動物の)	nèizàng 内脏	entrails
バランス	pínghéng, jūnhéng 平衡,均衡	balance
はり 針	gēn (féng)zhēn 〔根〕(缝)针	needle
(釣り針)	diàogōu, yúgōu 钓钩,鱼钩	hook
(時計の)	biǎozhēn 表针	hand
バリウム	bèi 钡	barium
バリエーション	biànhuà, biànzhǒng 变化,变种	variation

日	中	英
はりがね 針金	tiáo/gēn tiěsī, gāngsī 〔条 / 根〕铁丝，钢丝 ティアオ/ゲン ティエスー，ガァンスー	wire ワイア
はがみ 張り紙	tiēzhǐ 贴纸 ティエヂー	bill, poster ビル，ポウスタ
（ポスター）	zhāotiē, hǎibào, xuānchuánhuà 招贴，海报，宣传画 チャオティエ，ハイバオ，シュエンチュワンホア	bill, poster ビル，ポウスタ
はりき 張り切る	gànjìnr shízú, jīnglì chōngpèi 干劲儿十足，精力充沛 ガンジル シーヅゥ，ジンリィ チォンペイ	be vigorous ビ ヴィゴラス
バリケード	lùzhàng, jiēlěi, fángzhà 路障，街垒，防栅 ルゥヂャアン，ジエレイ，ファアンヂャア	barricade バリケイド
バリトン	nánzhōngyīn 男中音 ナンヂォンイン	baritone バリトウン
はる 春	chūntiān, chūnjì 春天，春季 チュンティエン，チュンジィ	spring スプリング
は 張る	lācháng, shēnzhǎn, zhāngkāi 拉长，伸展，张开 ラァチャァン，シェンヂャン，ヂャァンカイ	stretch, extend ストレチ，イクステンド
（覆う）	fùgài 覆盖 フゥガイ	cover カヴァ
は 貼る	tiē, zhān, hú 贴，粘，糊 ティエ，ヂャン，ホゥ	stick, put on スティク，プト オン
はる 遥か(な・に)	yáoyuǎn, yáoyáo, yuǎnyuǎn 遥远，遥遥，远远 ヤオユエン，ヤオヤオ，ユエンユエン	distant, far-off ディスタント，ファーロフ
（ずっと）	...de duō, ...duō le 〔形+〕得多，〔形+〕多了 …ダ ドゥオ，…ドゥオ ラ	much マチ
バルコニー	yángtái, liángtái 阳台，凉台 ヤンタイ，リアンタイ	balcony バルコニ
はるばる 遥々 （やって来る）	yáoyuǎn, yuǎndào ér lái 遥远，远道而来 ヤオユエン，ユエンダオ アル ライ	all the way *from* オール ザ ウェイ
バルブ	fá, huómén 阀，活门 ファア，ホゥオメン	valve ヴァルヴ
は 晴れ	qíng, qíngtiān 晴，晴天 チィン，チィンティエン	fine weather ファイン ウェザ

日	中	英
バレエ	bālěiwǔ 芭蕾舞 パァレイウゥ	ballet バレイ
パレード	yóuxíng 游行 ヨウシィン	parade パレイド
バレーボール	páiqiú 排球 パイチウ	volleyball ヴァリボール
破裂(する) はれつ	pòliè 破裂 ポォリエ	explosion; explode イクスプロウジョン；イクスプロウド
パレット	tiáosèbǎn 调色板 ティアオスァバン	palette パレト
腫れ物 は もの	gēda, nóngbāo, jiēzi 疙瘩，脓包，疖子 グァダ, ノンパオ, ジェヅ	swelling, boil スウェリング, ボイル
バレリーナ	bālěiwǔ nǚ(yǎnyuán) 芭蕾舞女(演员) バァレイウゥ ニュイ(イエンユエン)	ballerina バレリーナ
腫れる は	zhǒng, zhǒngzhàng 肿，肿胀 ヂォン, ヂォンヂャァン	become swollen ビカム スウォウルン
晴れる は	qíng, fàngqíng, zhuǎn qíng 晴，放晴，转晴 チィン, ファアンチィン, ヂュワン チィン	clear up クリア アプ
(容疑が)	xiāosàn, xiāochú 消散，消除 シアオサン, シアオチュウ	be cleared ビ クリア
ばれる	bàolù, bàilù 暴露，败露 パオルゥ, パイルウ	be exposed ビ イクスポウズド
破廉恥な はれんち	wúchǐ, kěchǐ 无耻，可耻 ウゥチー, クァチー	infamous, shameless インフェマス, シェイムレス
バロック	Bāluòkèshì 巴洛克式 バァルゥオクァシー	Baroque バロウク
パロディー	huájīxìng mófǎng 滑稽性模仿 ホアジィシィン モォファアン	parody パロディ
バロメーター	qìyābiǎo, qíngyǔbiǎo 气压表，晴雨表 チィヤァビアオ, チィンユィビアオ	barometer バラミタ
パワー	lìliang 力量 リィリアン	power パウア

日	中	英
パンク	(chētāi) fàngpào (车胎)放炮 (チョァタイ) ファアンパオ	puncture パンクチャ
ばんぐみ 番組	jiémù 节目 ジエムゥ	program プログラム
バングラデシュ	Mèngjiālāguó 孟加拉国 モンジアラァグゥオ	Bangladesh バングラデシュ
ハングリーな	kěwàng 渴望 クァワァン	hungry ハングリ
はんけい 半径	bànjìng 半径 バンジィン	radius レイディアス
はんげき 反撃(する)	fǎnjī, fǎngōng 反击, 反攻 ファンジィ, ファンゴン	counterattack カウンタアタク
はんけつ 判決	pànjué 判决 パンジュエ	judgment ヂャヂメント
ばんけん 番犬	kānméngǒu, kānjiāgǒu 看门狗, 看家狗 カンメンゴウ, カンジアゴウ	watchdog ワチドーグ
はんご 反語	fǎnyǔ, fǎnwèn, fǎnhuà 反语, 反问, 反话 ファンユィ, ファンウェン, ファンホア	rhetorical question リトリカル クウェスチョン
(皮肉)	fǎnhuà, fěngcì 反话, 讽刺 ファンホア, フォンツー	irony アイアロニ
はんこう 反抗(する)	fǎnkàng, dǐkàng, wéikàng 反抗, 抵抗, 违抗 ファンカァン, ディーカァン, ウェイカァン	resistance; resist リズィスタンス; リズィスト
ばんごう 番号	hàomǎ 号码 ハオマァ	number ナンバ
ばんこく 万国の	wànguó, shìjiè, guójì 万国, 世界, 国际 ワングゥオ, シージエ, グゥオジィ	international インタナショナル
はんざい 犯罪	fànzuì, zuìxíng 犯罪, 罪行 ファンヅイ, ヅイシィン	crime クライム
～者	zuìfàn, fànrén 罪犯, 犯人 ヅイファン, ファンレン	criminal クリミナル
ばんざい 万歳	wànsuì 万岁 ワンスゥイ	cheers チアズ

日	中	英
はん 半	bàn, yíbàn 半，一半 バン, イーバン	half ハフ
はん・はんこ 判・判子	túzhāng, yìnzhāng 图章，印章 トゥヂャアン, インヂャアン	seal, stamp スィール, スタンプ
ばん 晩	wǎnshang 晚上 ワンシャアン	evening, night イーヴニング, ナイト
パン	miànbāo 面包 ミエンバオ	bread ブレド
はんい 範囲	fànwéi 范围 ファンウェイ	limit, sphere リミト, スフィア
はんいご 反意語	fǎnyìcí 反义词 ファンイーツー	antonym アントニム
はんえい 繁栄(する)	fánróng, xīngwàng, chāngshèng 繁荣，兴旺，昌盛 ファンロン, シィンワァン, チャアンション	prosperity プラスペリティ
はんおん 半音	bànyīn 半音 バンイン	half step ハフ ステプ
はんが 版画	fú/zhāng bǎnhuà 〔幅/张〕版画 フゥ/ヂャアン バンホア	print, woodcut プリント, ウドカト
ハンガー	yījià 衣架 イージア	hanger ハンガ
はんがく 半額	bànjià 半价 バンジア	half the price ハフ ザ プライス
ハンカチ	kuài/tiáo shǒupà, shǒujuàn 〔块/条〕手帕，手绢 クアイ/ティアオ ショウパア, ショウジュエン	handkerchief ハンカチフ
はんかん 反感	fǎngǎn 反感 ファンガン	antipathy アンティパスィ
はんぎゃく 反逆(する)	bèipàn, fǎnpàn, zàofǎn 背叛，反叛，造反 ベイパン, ファンパン, ヅァオファン	rebellion; rebel リベリオン; リベル
はんきょう 反響(する)	huíxiǎng 回响 ホゥイシアン	echo; echo, resound エコウ; エコウ, リザウンド
(反応)	fǎnyìng, fǎnxiǎng 反应，反响 ファンイィン, ファンシアン	echo エコウ

日	中	英
ハンサムな	yīngjùn, shuài 英俊，帅 イィンジュィン, シュアイ	handsome ハンサム
はんさよう 反作用	fǎnzuòyòng 反作用 ファンズゥオヨン	reaction リアクション
ばんさん 晩餐	wǎncān 晚餐 ワンツァン	dinner ディナ
はんじ 判事	fǎguān, shěnpànyuán 法官，审判员 ファアグワン, シェンパンユエン	judge チャヂ
はんしゃ 反射(する)	fǎnshè 反射 ファンショア	reflection リフレクション
はんじゅくたまご 半熟卵	bàn shú jīdàn 半熟鸡蛋 バン シュウ ジィダン	soft-boiled egg ソフトボイルド エグ
はんじょう 繁盛(する)	xīnglóng, fánróng, fánshèng 兴隆，繁荣，繁盛 シィンロン, ファンロン, ファンション	prosperity プラスペリティ
はんしょく 繁殖(する)	fánzhí, zīshēng 繁殖，滋生 ファンヂー, ヅーション	propagation; propagate プラパゲイション；プラパゲイト
はん 半ズボン	duǎnkù 短裤 ドワンクゥ	shorts, knee pants ショーツ, ニー パンツ
はん 反する	xiāngfǎn 相反 シアンファン	be contrary to ビ カントレリ
はんせい 反省(する)	fǎnxǐng, xǐngchá 反省，省察 ファンシィン, シィンチャア	reflection; reflect on リフレクション；リフレクト オン
ばんそう 伴奏(する)	bànzòu 伴奏 バンヅォウ	accompaniment アカンパニメント
ばんそうこう 絆創膏	xiàngpígāo, jiāobù 橡皮膏，胶布 シアンピィガオ, ジアオブゥ	plaster プラスタ
はんそく 反則	fànguī 犯规 ファングゥイ	foul ファウル
はんそで 半袖	duǎnxiù, bànxiù 短袖，半袖 ドワンシウ, バンシウ	short sleeves ショート スリーヴズ
パンダ	(dà)xióngmāo (大)熊猫 (ダァ)シオンマオ	panda パンダ

日	中	英
ハンター	lièrén, lièshǒu 猎人，猎手 リエレン，リエショウ	hunter ハンタ
はんたい 反対	xiāngfǎn, diāndǎo 相反，颠倒 シアンファン，ディエンダオ	the opposite ジ アポズィト
（抵抗・異議）	fǎnduì 反对 ファンドゥイ	opposition アポズィション
～側	duìmiàn 对面 ドゥイミエン	the opposite side ジ アポズィト サイド
バンタム級	zuìqīngliàngjí 最轻量级 ヅゥイチンリアンジィ	bantamweight バンタムウェイト
はんだん 判断（する）	pànduàn 判断 パンドワン	judgment; judge ヂャヂメント；ヂャヂ
ばんち 番地	ménpái hào(mǎ) 门牌号（码） メンパイ ハオ(マァ)	street number ストリート ナンバ
パンチ	ōudǎ, quánjī 殴打，拳击 オウダァ，チュエンジィ	punch パンチ
パンツ	jiàn kùchǎ, sānjiǎokù, nèikù 〔件〕裤衩，三角裤，内裤 ジエン クゥチャア，サンジアオクゥ，ネイクゥ	briefs, shorts ブリーフス，ショーツ
（ズボン）	kùzi 裤子 クゥヅ	pants パンツ
ハンデ(キャップ)	búlì tiáojiàn 不利条件 ブゥリィ ティアオジエン	handicap ハンディキャプ
（障害）	zhàng'ài 障碍 チャアンアイ	handicap ハンディキャプ
はんてい 判定（する）	pàndìng, pànduàn 判定，判断 パンディン，パンドワン	judgment; judge ヂャヂメント；ヂャヂ
パンティー	sānjiǎokù 三角裤 サンジアオクゥ	panties パンティズ
～ストッキング	(lián)kùwà （连）裤袜 (リエン)クゥワァ	pantihose パンティホウズ
バンド	gēn (pí)dài, yāodài 〔根〕(皮)带，腰带 ゲン (ピィ)ダイ，ヤオダイ	strap, belt ストラプ，ベルト

666

日	中	英
(楽隊)	yuèduì, yuètuán 乐队，乐团 ユエドゥイ，ユエトワン	band バンド
はんとう 半島	bàndǎo 半岛 バンダオ	peninsula ペニンシュラ
はんどうたい 半導体	bàndǎotǐ 半导体 バンダオティー	semiconductor セミコンダクタ
ハンドバッグ	(shǒu)tíbāo (手)提包 (ショウ)ティーバオ	handbag, purse ハンドバグ，パース
ハンドブック	běn shǒucè, biànlǎn 〔本〕手册，便览 ベン ショウツァ，ビエンラン	handbook ハンドブク
ハンドル	bǎbǐng, bǎshou 把柄，把手 バァビィン，バァショウ	handle ハンドル
(自動車などの)	fāngxiàngpán, duòlún 方向盘，舵轮 ファアンシアンパン，ドゥオルゥン	wheel (ホ)ウィール
(自転車などの)	chēbǎ 车把 チョアバァ	handlebars ハンドルバーズ
はんにち 半日	bàntiān 半天 バンティエン	half a day ハフ ア デイ
はんにん 犯人	zuìfàn, fànrén 罪犯，犯人 ツゥイファン，ファンレン	offender, criminal オフェンダ，クリミナル
ばんねん 晩年	wǎnnián 晚年 ワンニエン	last years ラスト イアズ
はんのう 反応 (する)	fǎnyìng 反应 ファンイィン	reaction リアクション
ばんのう 万能の	quánnéng, wànnéng 全能，万能 チュエンヌォン，ワンヌォン	almighty オールマイティ
はんぱ 半端	língtóu, língxīng 零头，零星 リィントウ，リィンシィン	fraction フラクション
バンパー	bǎoxiǎngàng 保险杠 バオシエンガァン	bumper バンパ
ハンバーガー	hànbǎobāo 汉堡包 ハンバオバオ	hamburger ハンバーガ

日	中	英
ハンバーグ(ステーキ)	hànbǎo (niúròubǐng) 汉堡(牛肉饼) ハンバオ (ニウロウビィン)	hamburg steak ハンバーグ ステイク
はんばい 販売(する)	xiāoshòu, tuīxiāo, chūshòu 销售, 推销, 出售 シアオショウ, トゥイシアオ, チュウショウ	sale; sell, deal in セイル；セル, ディール
ばんぱく 万博	wànguó bólǎnhuì 万国博览会 ワングゥオ ボォランホゥイ	Expo エクスポウ
はんぱつ 反発(する)	páichì, fǎnkàng 排斥, 反抗 パイチー, ファンカァン	repulsion; repulse, repel リパルション；リパルス, リペル
はんぷく 反復(する)	fǎnfù 反复 ファンフゥ	repetition; repeat レペティション；リピート
パンプス	(qiǎnkǒu) wúdài píxié (浅口)无带皮鞋 (チエンコウ) ウゥダイ ピィシエ	pumps パンプス
パンフレット	xiǎocèzi 小册子 シアオツゥアヅ	pamphlet, brochure パンフレト, ブロウシュア
はんぶん 半分	yíbàn, èr fēn zhī yī 一半, 二分之一 イーバン, アル フェン チー イー	half ハフ
ハンマー	bǎ chuízi, lángtou 〔把〕锤子, 榔头 バァ チュイヅ, ラァントウー	hammer ハマ
〜投げ	(zhì)liànqiú (掷)链球 (ヂー)リエンチウ	hammer throw ハマ スロウ
はんもく 反目	fǎnmù, duìlì, dídùi 反目, 对立, 敌对 ファンムゥ, ドゥイリィ, ディードゥイ	antagonism アンタゴニズム
ハンモック	diàochuáng 吊床 ディアオチュアン	hammock ハモク
や パン屋	miànbāodiàn 面包店 ミエンバオディエン	bakery ベイカリ
(人)	miànbāo shīfu 面包师傅 ミエンバオ シーフ	baker ベイカ
はんらん 反乱	pànluàn, zàofǎn 叛乱, 造反 パンルワン, ヅァオファン	revolt リヴォウルト
〜を起こす	fādòng pànluàn 发动叛乱 ファアドン パンルワン	rebel against リベル

日	中	英
はんらん **氾濫**(する)	fànlàn, chōngchì **泛滥，充斥** ファンラン, チョンチー	flood, overflow フラド, オウヴァフロウ
はんれい **凡例**	fánlì, lìyán **凡例，例言** ファンリィ, リィイエン	explanatory notes イクスプラナトーリ ノウツ
はんろん **反論**(する)	biànbó, fǎnbó **辩驳，反驳** ビエンボォ, ファンボォ	refutation; argue *against* レフュテイション；アーギュー

ひ, ヒ

日	中	英
ひ **火**	huǒ **火** ホゥオ	fire ファイア
ひ **日**	tàiyáng **太阳** タイヤン	the sun, sunlight ザ サン, サンライト
（時間）	rìzi **日子** リーヅ	day, date デイ, デイト
ひ **非**	bú duì, bú zhèngdāng **不对，不正当** ブゥ ドゥイ, ブゥ ヂョンダァン	wrong ロング
（欠点）	cuòwù, quēdiǎn **错误，缺点** ツゥオウゥ, チュエディエン	fault フォルト
び **美**	měi, měilì **美，美丽** メイ, メイリィ	beauty ビューティ
ひあい **悲哀**	bēi'āi **悲哀** ベイアイ	sadness サドネス
ピアス	ěrdīng, (chuānkǒng) ěrhuán **耳钉，(穿孔)耳环** アルディン, (チュワンコン) アルホワン	pierced earrings ピアスト イアリングズ
ひあ **日当たり**	xiàngyáng **向阳** シアンヤン	
～のよい	yángguāng hǎo (de) **阳光好(的)** ヤングアン ハオ (ダ)	sunny サニ
ピアニスト	gāngqínjiā **钢琴家** ガァンチンジア	pianist ピアニスト

日	中	英
ピアノ	gāngqín 钢琴 ガァンチン	piano ピアーノウ
ヒアリング	tīnglì 听力 ティンリィ	listening comprehension リスニング カンプリヘンション
(公聴会)	tīngzhènghuì 听证会 ティンヂョンホゥイ	hearing ヒアリング
ピーアール(する)	xuānchuán 宣传 シュエンチュワン	PR; do publicity ピーアー；ドゥー パブリスィティ
贔屓(する) ひいき	piāntǎn, piān'ài 偏袒，偏爱 ピエンタン, ピエンアイ	favor フェイヴァ
ピーク	(zuì) gāofēng, (zuì) gāocháo (最)高峰，(最)高潮 (ヅゥイ) ガオフォン,(ヅゥイ) ガオチャオ	peak ピーク
ビーズ	chuànzhū 串珠 チュワンチュウ	beads ビーヅ
ヒーター	jiārèqì, diànlú 加热器，电炉 ジアルァチィ, ディエンルゥ	heater ヒータ
ビーチ	hǎibīn 海滨 ハイビン	beach ビーチ
秀でる ひい	yōuxiù, shàncháng 优秀，擅长 ヨウシゥ, シャンチャァン	excel イクセル
ピーナッツ	huāshēng(mǐ), luòhuāshēng 花生(米)，落花生 ホアション(ミィ), ルゥオホアション	peanut ピーナト
ビーフ	niúròu 牛肉 ニウロウ	beef ビーフ
～シチュー	dùn niúròu 炖牛肉 ドゥン ニウロウ	beef stew ビーフ ステュー
～ステーキ	jiān niúpái 煎牛排 ジェン ニウパイ	beefsteak ビーフステイク
ピーマン	qīngjiāo 青椒 チンジアオ	green pepper グリーン ペパ
ビール	píjiǔ 啤酒 ピィジウ	beer ビア

日	中	英
ヒーロー	yīngxióng, míngjiàng 英雄，名将 イィンシオン，ミィンジアン	hero ヒアロウ
冷え性 (ひえしょう)	hánzhèng 寒症 ハンヂョン	have poor blood circulation ハヴ プア ブラド サーキュレイション
冷えた	(biàn)liáng de, (biàn)lěng de (变)凉的，(变)冷的 (ビエン)リアン ダ，(ビエン)ルォン ダ	cold コウルド
(関係が)	biàn lěngdàn de 变冷淡的 ビエン ルォンダン ダ	cold コウルド
冷える	fàngliáng, biànlěng 放凉，变冷 ファアンリアン，ビエンルォン	get cold ゲト コウルド
(気温が)	liáng, lěng 凉，冷 リアン，ルォン	get cold ゲト コウルド
(関係が)	lěngdàn 冷淡 ルォンダン	get cold ゲト コウルド
ピエロ	chǒujué 丑角 チョウジュエ	pierrot ピエロウ
鼻炎 (びえん)	bíyán 鼻炎 ビィイエン	nasal inflammation ネイザル インフラメイション
ビオラ	zhōngtíqín 中提琴 ヂョンティーチン	viola ヴァイオラ
被害 (ひがい)	shòuzāi 受灾 ショウヅァイ	damage ダミヂ
～者	shòuhàizhě, bèihàirén 受害者，被害人 ショウハイヂョア，ベイハイレン	sufferer, victim サファラ，ヴィクティム
控え (ひかえ)	fùběn, chāojiàn 副本，抄件 フゥベン，チャオジエン	copy, duplicate カピ，デュープリケト
(ノート)	jìlù 记录 ジィルゥ	note ノウト
(備え)	hòubǔ, yùbèi 候补，预备 ホウブゥ，ユイベイ	reserve リザーヴ
控え目な (ひかえめな)	kèqi, jǐnshèn 客气，谨慎 クァチ，ジンシェン	moderate マダレト

日	中	英
<ruby>控<rt>ひか</rt></ruby>える	kòngzhì, yìzhì 控制，抑制 コンチー，イーチー	refrain *from* リフレイン
（書き留める）	jìxià, jìlù 记下，记录 ジィシア，ジィルゥ	write down ライト ダウン
（待機する）	děnghòu, dàimìng 等候，待命 デゥンホウ，ダイミィン	wait ウェイト
<ruby>比較<rt>ひかく</rt></ruby>（する）	bǐjiào 比较 ビィジアオ	comparison; compare カンパリスン；カンペア
<ruby>美学<rt>びがく</rt></ruby>	měixué 美学 メイシュエ	aesthetics エスセティクス
<ruby>皮革製品<rt>ひかくせいひん</rt></ruby>	pígé zhìpǐn 皮革制品 ピィグァ チーピン	leather goods レザ グツ
<ruby>日陰<rt>ひかげ</rt></ruby>	bèiyīnchù, yīnliángchù 背阴处，阴凉处 ベイインチュゥ，インリアンチュゥ	the shade ザ シェイド
<ruby>日傘<rt>ひがさ</rt></ruby>	bǎ yángsǎn, hànsǎn 〔把〕阳伞，旱伞 バァ ヤンサン，ハンサン	sunshade, parasol サンシェイド，パラソル
<ruby>東<rt>ひがし</rt></ruby>	dōng(bian) 东(边) ドン(ビエン)	the east ジ イースト
～側	dōngbian 东边 ドンビエン	the esat side ジ イースト サイド
ぴかぴかする	shǎnshǎn fāguāng 闪闪发光 シャンシャン ファアグアン	glitter, twinkle グリタ，トウィンクル
<ruby>光<rt>ひかり</rt></ruby>	guāng(xiàn) 光(线) グアン(シエン)	light, ray ライト，レイ
<ruby>光<rt>ひか</rt></ruby>る	fāguāng, fāliàng 发光，发亮 ファアグアン，ファアリアン	shine, flash シャイン，フラシュ
<ruby>引<rt>ひ</rt></ruby>かれる	bèi xīyǐn 被吸引 ベイ シィイン	be charmed *with, by* ビ チャームド
<ruby>悲観<rt>ひかん</rt></ruby>（する）	bēiguān, shīwàng 悲观，失望 ベイグワン，シーワァン	pessimism ペスィミズム
～的な	bēiguān de 悲观的 ベイグワン ダ	pessimistic ペスィミスティク

日	中	英
引き上[揚]げる	diàoqǐ, tíqǐ 吊起，提起 ディアオチィ, ティーチィ	pull up プル アプ
（値段を）	tígāo 提高 ティーガオ	raise レイズ
（戻る）	chèhuí, fǎnhuí 撤回，返回 チョァホゥイ, ファンホゥイ	return リターン
率いる	shuàilǐng 率领 シュアイリィン	lead, conduct リード, カンダクト
引き受ける	chéngbàn 承办 チョンバン	undertake アンダテイク
（受託）	jiēshòu 接受 ジエショウ	accept アクセプト
引き起こす	fúqǐ 扶起 フゥチィ	raise レイズ
（惹起）	yǐnqǐ 引起 インチィ	cause コーズ
引き返す	fǎnhuí 返回 ファンホゥイ	return リターン
引き換える	jiāohuàn 交换 ジアオホワン	exchange イクスチェインヂ
引き金	bānjī 扳机 バンジィ	trigger トリガ
（誘因）	yòuyīn 诱因 ヨウイン	trigger トリガ
引き裂く	sīliè 撕裂 スーリエ	tear up テア アプ
引き下げる	lāxià 拉下 ラァシア	pull down プル ダウン
（値段を）	jiàngdī 降低 ジアンディー	reduce リデュース
引き算	jiǎnfǎ 减法 ジエンファァ	subtraction サブトラクション

日	中	英
～する	zuò jiǎnfǎ 作减法 ツゥオ ジエンファア	subtract *from* サブトラクト
ひ しお 引き潮	tuìcháo, dīcháo 退潮, 低潮 トゥイチャオ, ディーチャオ	the ebb tide ジ エブ タイド
ひ し 引き締める	lājǐn, jǐnsuō 拉紧, 紧缩 ラァジン, ジンスゥオ	tighten タイトン
ひ ず 引き摺る	tuō 拖 トゥオ	trail, drag トレイル, ドラグ
ひ だ 引き出し	chōuti 抽屉 チョウティ	drawer ドローア
(預金の)	tíqǔ 提取 ティーチュイ	withdrawal ウィズドローアル
ひ だ 引き出す	lāchū 拉出 ラァチュウ	draw out ドロー アウト
(預金を)	tíchū 提出 ティーチュウ	withdraw ウィズドロー
ひ た 引き立てる	táiju, zhàogù, gǔlì 抬举, 照顾, 鼓励 タイジュィ, チャオグゥ, グゥリィ	favor フェイヴァ
ひ つ 引き継ぐ		
(仕事を)	jiēbàn, jiāodài gōngzuò 接办, 交代工作 ジエバン, ジアオダイ ゴンヅゥオ	succeed *to* サクスィード
(地位や職務を)	jiērèn 接任 ジエレン	succeed *to* サクスィード
(財産・皇位などを)	jìchéng 继承 ジィチョン	succeed *to* サクスィード
(人に)	《bǎ gōngzuò》 jiāogěi ... 《把工作》交给(人) 《バア ゴンヅゥオ》ジアオゲイ …	hand over ハンド オウヴァ
ひ つ 引き付ける	xīyǐn, yòuhuò 吸引, 诱惑 シィイン, ヨウホゥオ	attract アトラクト
ひ つづ 引き続き	jìxù, jiēzhe 继续, 接着 ジィシュィ, ジエチャ	continuously カンティニュアスリ

日	中	英
ひ と 引き留[止]める	wǎnliú, zhìzhǐ, quànzǔ 挽留，制止，劝阻 ワンリウ，チーチー，チュエンツゥ	keep, stop キープ，スタプ
ひ と 引き取る	lǐngqǔ 领取 リィンチュイ	receive リスィーヴ
ビギナー	chūxuézhě 初学者 チュウシュエヂョア	beginner ビギナ
ひ にく 挽き肉	jiǎoròu, ròumò 绞肉，肉末 ジアオロウ，ロウモォ	minced meat ミンスド ミート
ひ に 轢き逃げ	(qìchē) yà rén hòu táopǎo (汽车)轧人后逃跑 (チィチョア) ヤァ レン ホウ タオパオ	hit and run ヒト アンド ラン
ひ ぬ 引き抜く	chōuchū 抽出 チョウチュウ	pull out プル アウト
ひ の 引き延[伸]ばす	lācháng, yáncháng 拉长，延长 ラァチャアン，イエンチャアン	stretch ストレチ
(写真を)	fàngdà 放大 ファアンダア	enlarge インラーヂ
ひ はら 引き払う	bānchūqù, líkāi 搬出去，离开 バンチュウチュイ，リィカイ	move out ムーヴ アウト
ひきょう 卑怯な	bēibǐ, bēiqiè 卑鄙，卑怯 ベイビィ，ベイチエ	mean, foul ミーン，ファウル
ひ わ 引き分ける	dǎchéng píngjú, dǎ píngshǒu 打成平局，打平手 ダァチョン ピィンチュイ，ダァ ピィンショウ	draw ドロー
ひ わた 引き渡す	jiāogěi, tíjiāo 交给，提交 ジアオゲイ，ティージアオ	hand over; deliver ハンド オウヴァ；ディリヴァ
ひ 引く	lā, tuō, qiān((shǒu)) 拉，拖，牵((手)) ラァ，トゥオ，チエン《ショウ》	pull, draw プル，ドロー
(注意などを)	yǐnqǐ, yǐn ...((zhùyì)) 引起，引(人)((注意)) インチィ，イン …《ヂュウイー》	attract アトラクト
(辞書を)	chá (cídiǎn) 查(词典) チャア (ツーディエン)	consult カンサルト
(差し引く)	jiǎnjià, kòu((shuì)) 减价，扣((税)) ジエンジア，コウ《シュイ》	deduct ディダクト

日	中	英
(電話などを)	ānzhuāng, jiàshè 安装，架设 アンヂュアン, ジアショァ	install インストール
ひ 弾く	tán 弹 タン	play プレイ
ひ 轢く	(chē) yà (rén děng) (车) 轧 (人等) (チョァ) ヤァ (レン デゥン)	run over, hit ラン オウヴァ, ヒト
ひく 低い	dī 低 ディー	low ロウ
(背が)	ǎi 矮 アイ	short ショート
ひくつ 卑屈な	bēiqū, bēi gōng qū xī 卑屈，卑躬屈膝 ベイチュイ, ベイ ゴン チュイ シィ	servile サーヴァル
ピクニック	jiāoyóu 郊游 ジアオヨウ	picnic ピクニク
びくびくする	hàipà, tí xīn diào dǎn 害怕，提心吊胆 ハイパァ, ティー シン ディアオ ダン	be scared *of* ビ スケアド
ひぐれ 日暮れ	bàngwǎn, huánghūn 傍晚，黄昏 バァンワン, ホアンホゥン	evening, dusk イーヴニング, ダスク
ひげ 髭・髯・鬚	húzi, zīxū 胡子，髭须 ホゥヅ, ヅーシュィ	mustache マスタシュ
(あごの)	húxū 胡须 ホゥシュィ	beard ビアド
(頬の)	sāixū 腮须 サイシュィ	whiskers (ホ)ウィスカズ
～を剃る	guāliǎn, guāhúzi 刮脸，刮胡子 グアリエン, グアホゥヅ	shave シェイヴ
ひげき 悲劇	bēijù, cǎnjù 悲剧，惨剧 ベイチュイ, ツァンヂュイ	tragedy トラヂェディ
ひげ 卑下する	zìbēi, biǎndī zìjǐ 自卑，贬低自己 ヅーベイ, ビエンディー ヅージィ	humble *oneself* ハンブル
ひけつ 秘訣	mìjué, qiàomén 秘诀，窍门 ミィジュエ, チアオメン	secret スィークレト

日	中	英
ひけつ 否決(する)	fǒujué, pībó 否决，批驳 フォウジュエ, ピィボォ	rejection; reject リヂェクション；リヂェクト
ひこう 飛行	fēixíng 飞行 フェイシィン	flight フライト
〜機	fēijī 飞机 フェイジィ	airplane, plane エアプレイン, プレイン
〜場	(fēi)jīchǎng (飞)机场 (フェイ)ジィチャアン	airport, airfield エアポト, エアフィールド
非公式の	fēi zhèngshì 非正式 フェイ ヂョンシー	unofficial, informal アナフィシャル, インフォーマル
ひごうほう 非合法	fēifǎ, wéifǎ 非法，违法 フェイファア, ウェイファア	illegal イリーガル
ひこく 被告	bèigào 被告 ベイガオ	defendant, the accused ディフェンダント, ジ アキューズド
ひごろ 日頃	píngshí, píngsù 平时，平素 ピィンシー, ピィンスゥ	usually, always ユージュアリ, オールウェイズ
ひざ 膝	xīgài, xītóu 膝盖，膝头 シィガイ, シィトウ	knee, lap ニー, ラプ
ビザ	qiānzhèng 签证 チエンヂョン	visa ヴィーザ
ひさいしゃ 被災者	zāimín, zāozāizhě 灾民，遭灾者 ヅァイミン, ヅァオヅァイヂョァ	sufferer サファラ
ひさしい 久しい	hǎojiǔ, xǔjiǔ 好久，许久 ハオジウ, シュィジウ	so long ソウ ローング
ひさ 久しぶり	hǎojiǔ méi jiàn 好久没见 ハオジウ メイ ジエン	after a long time アフタ ア ローング タウイム
ひざ 日差し	yángguāng 阳光 ヤングアン	the sunlight ザ サンライト
ひざまず 跪く	guì(xià) 跪(下) グゥイ(シア)	kneel down ニール ダウン
ひさん 悲惨な	bēicǎn, qīcǎn 悲惨，凄惨 ベイツァン, チィツァン	miserable, wretched ミザラブル, レチド

日	中	英
ひじ 肘	(gēbo) zhǒuzi (胳膊)肘子 (グァボ) ヂョウヅ	elbow エルボウ
ひじか いす 肘掛け椅子	fúshǒuyǐ 扶手椅 フゥショウイー	armchair アームチェア
ひしがた 菱形	língxíng 菱形 リィンシィン	rhombus, lozenge ランバス, ラズィンヂ
ビジター	fǎngwènzhě, láikè 访问者, 来客 ファアンウェンヂョァ, ライクァ	visitor ヴィズィタ
(野球の)	kèduì 客队 クァドゥイ	visitor ヴィズィタ
ビジネス	gōngzuò, shìwù, shíyè 工作, 事务, 实业 ゴンヅゥオ, シーウゥ, シーイエ	business ビズネス
〜マン	shíyèjiā, gōngsī zhíyuán 实业家, 公司职员 シーイエジア, ゴンスー ヂーユエン	businessman ビズニスマン
ひじゅう 比重	bǐzhòng, bǐlì 比重, 比例 ビィヂォン, ビィリィ	specific gravity スピスィフィク グラヴィティ
びじゅつ 美術	měishù 美术 メイシュウ	art, the fine arts アート, ザ ファイン アーツ
〜館	měishùguǎn 美术馆 メイシュウグワン	art museum アート ミューズィアム
ひじゅん 批准(する)	pīzhǔn 批准 ピィヂュン	ratification; ratify ラティフィケイション;ラティファイ
ひしょ 秘書	mìshū 秘书 ミィシュウ	secretary セクレテリ
ひじょう 非常	jǐnjí, jǐnpò 紧急, 紧迫 ジンジィ, ジンポォ	emergency イマーヂェンスィ
〜階段	tàipíngtī 太平梯 タイピィンティー	emergency staircase イマーヂェンスィ ステアケイス
〜口	jǐnjí chūkǒu, tàipíngmén 紧急出口, 太平门 ジンジィ チュウコウ, タイピィンメン	emergency exit イマーヂェンスィ エクスィト
〜な	fēicháng, tèbié 非常, 特别 フェイチァァン, トゥァビエ	unusual アニュージュアル

日	中	英
～に	fēicháng, tài ... le 非常，太…了 フェイチャアン, タイ … ラ	very, unusually ヴェリ, アニュージュアリ
ひじょう 非情	wúqíng 无情 ウゥチィン	
～な	(lěngkù) wúqíng de (冷酷)无情的 (ルオンクゥ) ウゥチィン ダ	heartless ハートレス
ひじょうきんの 非常勤の	wàipìn((gùwèn)), jiānrèn((jiǎngshī)) 外聘((顾问))，兼任((讲师)) ワイピン((グゥウェン)), ジエンレン((ジアンシー))	part-time パートタイム
ひじょうしきな 非常識な	méiyǒu chángshí, bù dǒng chánglǐ 没有常识，不懂常理 メイヨウ チャアンシー, ブゥ ドン チャアンリィ	absurd, unreasonable アブサード, アンリーズナブル
ひしょち 避暑地	bìshǔdì 避暑地 ビィシュウディー	summer resort サマ リゾート
びしょ濡れの	shītòu, rúshī 湿透，濡湿 シートウ, ルシー	wet through ウェト スルー
ビジョン	lǐxiǎng 理想 リィシアン	vision ヴィジョン
びじん 美人	měirén, měinǚ 美人，美女 メイレン, メイニュイ	beauty ビューティ
ひすい 翡翠	fěicuì 翡翠 フェイツイ	jade チェイド
ヒステリックな	xiēsīdǐlǐ (de), yìbìng (de) 歇斯底里(的)，癔病(的) シエスーディーリィ (ダ), イービィン (ダ)	hysterical ヒステリカル
ピストル	zhī shǒuqiāng 〔只〕手枪 ヂー ショウチアン	pistol ピストル
ピストン	huósāi 活塞 ホゥオサイ	piston ピストン
ひずむ 歪む	wāixié, qiáoqū 歪斜，翘曲 ワイシエ, チアオチュイ	be warped ビ ウォープド
びせいぶつ 微生物	wēishēngwù, xìjūn 微生物，细菌 ウェイションウゥ, シィジュイン	microorganism マイクロウオーガニズム
ひそ 砒素	shēn 砷 シェン	arsenic アースニク

日	中	英
ひそう 悲壮(な)	bēizhuàng (de), zhuàngliè (de) 悲壮(的), 壮烈(的) ベイヂュアン (ダ), ヂュアンリエ (ダ)	pathetic, grievous パセティク, グリーヴァス
ひぞう 脾臓	pí(zàng) 脾(脏) ピィ(ヅァァン)	spleen スプリーン
ひそ 密かな	ànzhōng, mìmì, tōutōu 暗中, 秘密, 偷偷 アンヂォン, ミィミィ, トウトウ	secret, private スィークレト, プライヴェト
ひだ 襞	zhě(zi) 褶(子) ヂョァ(ツ)	fold フォウルド
ひたい 額	étóu, nǎoménr 额头, 脑门儿 ウァトウ, ナオメル	the forehead ザ フォヘド
ひた 浸す	pào, jìn(pào) 泡, 浸(泡) パオ, ジン(パオ)	soak *in*, dip *in* ソウク, ディプ
ビタミン	wéishēngsù, wéitāmìng 维生素, 维他命 ウェイションスゥ, ウェイタァミィン	vitamin ヴァイタミン
ひだり 左	zuǒ 左 ヅゥオ	the left ザ レフト
～側	zuǒbian, zuǒmiàn 左边, 左面 ヅゥオビエン, ヅゥオミエン	the left side ザ レフト サイド
～に曲がる	wǎng zuǒ guǎi 往左拐 ワァン ヅゥオ グアイ	turn left ターン レフト
ひだりうで 左腕	zuǒ shǒubì, zuǒ gēbo 左手臂, 左胳膊 ヅゥオ ショウビィ, ヅゥオ グァボ	left arm レフト アーム
ひつう 悲痛な	bēitòng 悲痛 ベイトン	grievous, sorrowful グリーヴァス, サロウフル
ひ か 引っ掛かる	guà(shàng), qiǎ(zhù) 挂(上), 卡(住) グア(シャァン), チア(ヂュウ)	get caught *in, on* ゲト コート
ひ か 引っ掻く	sāo, náo, zhuā 搔, 挠, 抓 サオ, ナオ, ヂュア	scratch スクラチ
ひ か 引っ掛ける	guà(shàng) 挂(上) グア(シャァン)	hang ハング
ひっき 筆記(する)	bǐjì, jìxià 笔记, 记下 ビィジィ, ジィシア	note ノウト

日	中	英
〜試験	bǐshì 笔试 ピィシー	written examination リトン イグザミネイション
ひつぎ 棺	guān, língjiù 棺，灵柩 グワン, リィンジウ	coffin コフィン
ひっくりかえす 引っ繰り返す	nòngdǎo, fāndǎo 弄倒，翻倒 ノンダオ, ファンダオ	overturn オウヴァターン
（上下に）	diāndǎo 颠倒 ディエンダオ	turn upside down ターン アプサイド ダウン
（裏返しに）	fānguòlái 翻过来 ファングゥオライ	turn inside out ターン インサイド アウト
ひっくりかえる 引っ繰り返る	fān, fāndǎo 翻，翻倒 ファン, ファンダオ	overturn オウヴァターン
（倒れる）	dǎo 倒 ダオ	fall over フォール オウヴァ
びっくりする	chījīng, xià yí tiào 吃惊，吓一跳 チージィン, シア イー ティアオ	be surprised ビ サプライズド
ひづけ 日付	rìqī 日期 リーチィ	date デイト
ひっこし 引っ越し	bānjiā, qiānjū 搬家，迁居 バンジア, チェンヂュイ	moving ムーヴィング
ひっこす 引っ越す	bānjiā, qiānjū 搬家，迁居 バンジア, チェンヂュイ	move, remove ムーヴ, リムーヴ
ひっこむ 引っ込む	wèisuō, tuìsuō 畏缩，退缩 ウェイスゥオ, トゥイスゥオ	retire リタイア
ひっこめる 引っ込める	suōrù, suōhuí 缩入，缩回 スゥオルゥ, スゥオホゥイ	take back テイク バク
ピッコロ	zhī duǎndí 〔支〕短笛 チー ドワンディー	piccolo ピコロウ
ひつじ 羊	zhī yáng, miányáng 〔只〕羊，绵羊 チー ヤン, ミエンヤン	sheep シープ
ひっしの 必死の	pīnmìng 拼命 ピンミィン	desperate デスパレト

日	中	英
ひっしゃ 筆者	bǐzhě 笔者 ビィヂョァ	author, writer オーサ, ライタ
ひっしゅう 必修の	bìxiū 必修 ビィシウ	compulsory カンパルソリ
ひつじゅひん 必需品	bìxūpǐn 必需品 ビィシュィピン	necessaries ネセセリズ
ひっす 必須の	bìxū, bìxū 必需，必须 ビィシュィ, ビィシュィ	indispensable インディスペンサブル
ひっせき 筆跡	bǐjì, shǒujì 笔迹，手迹 ビィジィ, ショウジィ	handwriting ハンドライティング
ひっそりと	chénjìng, jìngqiāoqiāo 沉静，静悄悄 チェンジィン, ジィンチアオチアオ	quietly クワイエトリ
ヒッチハイク	dā(biàn)chē lǚxíng 搭(便)车旅行 ダァ(ビエン)チョァ リュィシィン	hitchhike ヒチハイク
ピッチャー	tóushǒu 投手 トウショウ	pitcher ピチャ
(水差し)	(yǒu bǐng dài zuǐ de) shuǐguàn (有柄带嘴的)水罐 (ヨウ ビィン ダイ ヅゥイ ダ) シュイグワン	pitcher ピチャ
ひってき 匹敵する	pǐdí, bǐdeshàng 匹敌，比得上 ピィディー, ビィダシャァン	be equal *to* ビ イークワル
ヒット	ānquándǎ 安全打 アンチュエンダァ	hit ヒト
(成功)	dà shòu huānyíng, chàngxiāo 大受欢迎，畅销 ダァ ショウ ホワンイィン, チャァンシアオ	hit, success ヒト, サクセス
ビット	wèi, cúnchǔ dānyuán, bǐtè 位，存储单元，比特 ウェイ, ツゥンチュウ ダンユエン, ビィトゥァ	bit ビト
ひっぱく 逼迫する	jiǒngpò, kùnjiǒng 窘迫，困窘 ジオンポォ, クゥンジオン	be pressed ビ プレスト
ひ ぱ 引っ張る	lā, chě, qiānyǐn 拉，扯，牵引 ラァ, チョァ, チエンイン	stretch ストレチ
ひづめ 蹄	tízi 蹄子 ティーヅ	hoof フーフ

日	中	英
ひつよう **必要(な)**	bìyào, xūyào **必要，需要** ビィヤオ, シュイヤオ	necessity; necessary ニセスィティ；ネセセリ
ビデ	nǚyòng zuòyùpén **女用坐浴盆** ニュイヨン ヅゥオユィペン	bidet ビーデイ
ひてい **否定(する)**	fǒudìng, fǒurèn **否定，否认** フォウディン, フォウレン	negation; deny ニゲイション；ディナイ
ビデオ	lùxiàngjī **录像机** ルシアンジィ	video ヴィディオウ
～テープ	pán lùxiàngdài 〔盘〕**录像带** パン ルシアンダイ	videotape ヴィディオウテイプ
びてき **美的な**	měi de (guānniàn), měigǎn **美的(观念)，美感** メイ ダ (グワンニエン), メイガン	aesthetic エスセティク
ひでん **秘伝**	mìchuán **秘传** ミィチュワン	secret スィークレト
ひと **人**	rén **人** レン	person, one パーソン, ワン
(人類)	rénlèi **人类** レンレイ	mankind マンカインド
(他人)	biérén **别人** ビエレン	others, other people アザズ, アザ ピープル
ひど **酷い**	cánkù, jīliè, lìhai **残酷，激烈，厉害** ツァンクゥ, ジィリエ, リィハイ	cruel, terrible クルエル, テリーブル
ひといき **一息**	chuǎn kǒu qì **喘口气** チュワン コウ チィ	breath ブレス
～で	yìkǒu qì **一口气** イー コウ チィ	at a breath アト ア ブレス
ひとがら **人柄**	rénpǐn **人品** レンピン	character キャラクタ
ひときれ **一切れ**	yí kuài, yí piàn **一块，一片** イー クアイ, イー ピエン	a piece *of* ア ピース
ひときわ **一際**	géwài, yóuqí **格外，尤其** グァワイ, ヨウチィ	particularly パティキュラリ

日	中	英
ひとくち 一口	yì kǒu 一口 イー コウ	a mouthful ア マウスフル
(飲み物)	yì kǒu 一口 イー コウ	a gulp ア ガルプ
(出資など)	yí fèn 一份 イー フェン	a share ア シェア
ひとけ 人気	rén de qìxī 人的气息 レン ダ チィシィ	
〜のない	méiyǒu rényǐng 没有人影 メイヨウ レンイィン	deserted ディザーテド
ひどけい 日時計	rìguǐ 日晷 リーグゥイ	sundial サンダイアル
ひとこと 一言	yí jù huà, yì yán 一句话，一言 イー チュイ ホア, イー イエン	a word ア ワード
ひとご 人込み	rénqún, rén shān rén hǎi 人群，人山人海 レンチュイン, レン シャン レン ハイ	crowd クラウド
ひところ 一頃	qián xiē rìzi, céng yǒu yìshí 前些日子，曾有一时 チエン シエ リーヅ, ツン ヨウ イーシー	once ワンス
ひとさ ゆび 人差し指	èrmuzhǐ, shízhǐ 二拇指，食指 アルムヂー, シーヂー	forefinger フォーフィンガ
ひと 等しい	xiāngděng, xiāngtóng 相等，相同 シアンデゥン, シアントン	be equal *to* ビ イークワル
ひとじち 人質	rénzhì 人质 レンヂー	hostage ハスティヂ
ひとそろ 一揃い	yí tào 一套 イー タオ	a set ア セト
ひと 人だかり	rén shān rén hǎi, jùjí xǔduō rén 人山人海，聚集许多人 レン シャン レン ハイ, チュイジィ シュイドゥオ レン	crowd クラウド
ひと 一つ	yí ge 一个 イー ガ	one ワン
ひとで 人手	bāngshǒu 帮手 バァンショウ	others' help アザズ ヘルプ

日	中	英
(他人の力)	biérén de bāngzhù 别人的帮助 ビエレン ダ バァンヂュウ	help, hand ヘルプ, ハンド
(働き手)	rénshǒu, láolì 人手,劳力 レンショウ, ラオリィ	hand ハンド
ひとどおり 人通り	láiwǎng xíngrén 来往行人 ライワン シィンレン	
～の多い	xíngrén hěn duō 行人很多 シィンレン ヘン ドゥオ	busy ビズィ
ひととき 一時	piànkè, zànshí 片刻,暂时 ピエンクァ, ヅァンシー	a moment ア モウメント
ひとなつ 人懐っこい	hé ǎi kě qīn, héshàn 和蔼可亲,和善 ホォアァ アイ クァ チン, ホォアシャン	amiable エイミアブル
ひとな 人並みの	pǔtōng, yìbān 普通,一般 プゥトン, イーバン	ordinary, average オーディネリ, アヴァリヂ
ひとびと 人々	rénmen 人们 レンメン	people, men ピープル, メン
ひとまえ 人前で	rénqián, zhòngrén miànqián 人前,众人面前 レンチエン, ヂョンレン ミエンチエン	in public イン パブリク
ひとみ 瞳	tóngkǒng, tóngrénr 瞳孔,瞳人儿 トンコン, トンレル	the pupil ザ ピュービル
ひとみし 人見知りする	pàshēng, rènshēng 怕生,认生 パァションー, レンション	be shy ビ シャイ
ひとめ 一目で	yì yǎn 一眼 イー イエン	at a glance アト ア グランス
ひとやす 一休み	xiē yíhuìr 歇一会儿 シエ イーホァル	rest, break レスト, ブレイク
ひとり・ひと 一人・独り	yí ge rén 一个人 イー ガ レン	one ワン
～で	yí ge rén 一个人 イー ガ レン	alone, by oneself アロウン, バイ ワンセルフ
～ぼっちで	dāndú yí (ge) rén, gūdú 单独一(个)人,孤独 ダンドゥ イー (ガ) レン, グゥドゥ	alone アロウン

日	中	英
ひと ごと い 独り言を言う	zì yán zì yǔ 自言自语 ツーイエン ツーユィ	talk to *oneself* トーク トゥ
ひとり こ 一人っ子	dúshēng zǐnǚ 独生子女 ドゥション ツーニュィ	only child オウンリ チャイルド
ひと よ 独り善がり	zì yǐ wéi shì, zì mìng bù fán 自以为是，自命不凡， ツーイーウェイシー, ツーミィンブゥファン	self-satisfaction セルフサティスファクション
ひな 雛	niǎochú 鸟雏 ニアオチュウ	chick チク
ひなた 日向で	xiàngyángchù, tàiyángdìr 向阳处，太阳地儿 シアンヤンチュウ, タイヤンディル	in the sun イン ザ サン
ひなん 避難(する)	bìnàn, táonàn 避难，逃难 ビィナン, タオナン	refuge, shelter レフューヂ, シェルタ
ひなん 非難(する)	zébèi, qiǎnzé 责备，谴责 ヅゥアベイ, チエンヅゥア	blame, censure ブレイム, センシュア
ビニール	yǐxīshùzhī 乙烯树脂 イーシィシュウヂー	vinyl ヴァイニル
〜ハウス	sùliào péng 塑料棚 スゥリアオ ポン	vinyl house ヴァイニル ハウス
ひにく 皮肉	fěngcì, fǎnyǔ 讽刺，反语 フォンツー, ファンユィ	sarcasm, irony サーキャズム, アイアロニ
〜な	fěngcì xìng de 讽刺性的 フォンツー シィン ダ	sarcastic, ironical サーキャスティク, アイラニカル
ひにょうき 泌尿器	mìniàoqì 泌尿器 ミィニアオチィ	the urinary organs ジ ユアリネリ オーガンズ
ひにん 否認(する)	fǒurèn 否认 フォウレン	denial; deny ディナイアル；ディナイ
ひにん 避妊	bìyùn 避孕 ビィユィン	contraception カントラセプション
びねつ 微熱	fā dīshāo 发低烧 ファア ディーシャオ	slight fever スライト フィーヴァ
ひね 捻る	niǔ 扭 ニウ	twist, twirl トウィスト, トワール

日	中	英
ひい 日の入り	rìmò, huánghūn 日没，黄昏 リーモォ，ホアンホゥン	sunset サンセト
ひ で 日の出	rìchū 日出 リーチュウ	sunrise サンライズ
ひばな 火花	huǒxīng, huǒhuā 火星，火花 ホゥオシィン，ホゥオホア	spark スパーク
ひばり 雲雀	yúnquè 云雀 ユィンチュエ	lark ラーク
ひはん 批判(する)	pīpàn, pīpíng 批判，批评 ピィパン，ピィピィン	criticism; criticize クリティスィズム；クリティサイズ
ひび 皹	jūnliè, cūn 皲裂，皴 ジュィンリエ，ツゥン	chap チャプ
ひび 罅	lièfèng, lièhén 裂缝，裂痕 リエフォン，リエヘン	crack クラク
ひび 響き	xiǎngshēng 响声 シアンション	sound サウンド
ひび 響く	xiǎng 响 シアン	sound, resound サウンド，リザウンド
(影響)	yǐngxiǎng 影响 イィンシアン	influence on インフルエンス
ひひょう 批評(する)	pínglùn, pīpíng 评论，批评 ピィンルゥン，ピィピィン	criticism クリティスィズム
ひふ 皮膚	pífū 皮肤 ピィフゥ	the skin ザ スキン
～科	pífūkē 皮肤科 ピィフゥクァ	dermatology デーマタロヂィ
びぶん 微分	wēifēn 微分 ウェイフェン	differential calculus ディファレンシャル キャルキュラス
ひぼう 誹謗(する)	fěibàng, chányán 诽谤，谗言 フェイバァン，チャンイエン	slander スランダ
びぼう 美貌	měimào 美貌 メイマオ	beauty ビューティ

日	中	英
ひぼん 非凡な	fēifán, zhuójué 非凡，卓绝 フェイファン, ヂュオジュエ	exceptional イクセプショナル
ひま 暇	shíjiān, xiánxiá 时间，闲暇 シージエン, シエンシア	time, leisure タイム, リージャ
～な	kòngxián 空闲 コンシエン	free, not busy フリー, ナト ビズィ
ひまご 曾孫 （男の）	zēngsūn 曾孙 ゾンスゥン	great-grandchild グレイト グランチャイルド
（女の）	zēngsūnnǚ 曾孙女 ゾンスゥンニュィ	great-grandchild グレイト グランチャイルド
ひまわり 向日葵	xiàngrìkuí, kuíhuā 向日葵，葵花 シアンリークウイ, クウイホア	sunflower サンフラウア
ひまん 肥満	féipàng 肥胖 フェイパン	obesity オウビースィティ
びみ 美味	měiwèi 美味 メイウェイ	delicacy デリカスィ
ひみつ 秘密 (の)	yǐnmì, mìmì 隐秘，秘密 インミィ, ミィミィ	secret スィークレト
びみょう 微妙な	wēimiào 微妙 ウェイミアオ	subtle, delicate サトル, デリケト
ひめい 悲鳴	jīngjiàoshēng, jiānjiào 惊叫声，尖叫 ジィンジアオション, ジエンジアオ	scream, cry スクリーム, クライ
～を上げる	jīngjiào, kǔjiào 惊叫，苦叫 ジィンジアオ, クゥジアオ	scream, cry スクリーム, クライ
ひも 紐	tiáo dàizi, shéngzi 〔条〕带子，绳子 ティアオ ダイヅ, ションツ	string, cord ストリング, コード
ひもと 火元	huǒzhǔ, qǐhuǒ chù 火主，起火处 ホウオヂュウ, チィホウオ チュウ	the origin of a fire ジ オリヂン オヴ ア ファイア
ひ 冷やかす	dǎ qù, wākǔ, cháonòng 打趣，挖苦，嘲弄 ダァチュィ, ワクゥ, チャオノン	banter, tease バンタ, ティーズ
ひゃく 百	yìbǎi 一百 イーバイ	hundred ハンドリド

日	中	英
ひやく 飛躍(する)	fēiyuè 飞跃 フェイユエ	leap, jump リープ, ヂャンプ
ひゃくにちぜき 百日咳	bǎirìké 百日咳 バイリークァ	whooping cough ホーピング コフ
ひゃくまん 百万	yìbǎiwàn 一百万 イーバイワン	million ミリオン
ひや 日焼け(する)	shàihēi 晒黑 シャイヘイ	sunburn サンバーン
～止め	fángshàigāo 防晒膏 ファアンシャイガオ	sunscreen サンスクリーン
ひ 冷やす	bīngzhèn, lěngquè 冰镇, 冷却 ビィンチェン, ルォンチュエ	cool, ice クール, アイス
ひゃっかじてん 百科事典	bǎikē quánshū 百科全书 バイクァ チュエンシュウ	encyclopedia エンサイクロウピーディア
ひゃっかてん 百貨店	bǎihuò shāngdiàn 百货商店 バイホゥオ シャァンディエン	department store ディパートメント ストー
ビヤホール	píjiǔguǎn, píjiǔyuán 啤酒馆, 啤酒园 ピィジゥグワン, ピィジゥユエン	beer hall ビア ホール
ひ 冷ややかな	lěngdàn 冷淡 ルォンダン	cold, indifferent コウルド, インディファレント
ヒヤリング	tīnglì 听力 ティンリィ	hearing ヒアリング
ひゆ てき 比喩(的な)	bǐyù (de), pìyù (de) 比喩(的), 譬喩(的) ビィユィ(ダ), ビィユィ(ダ)	figure of speech; figurative フィギャ オヴ スピーチ ; フィギュラティヴ
(隠喩)	yǐnyù, jièyù 隐喻, 借喻 インユィ, ジエユィ	metaphor メタファ
ヒューズ	bǎoxiǎnsī 保险丝 バオシエンスー	fuse フューズ
ヒューマニズム	réndào zhǔyì 人道主义 レンダオ ヂュウイー	humanism ヒューマニズム
ビュッフェ	cānshì, jiǎnyì shítáng 餐室, 简易食堂 ツァンシー, ジエンイー シータァン	buffet バフェト

日	中	英
ひょう 票	piào, xuǎnpiào 票，选票 ピアオ，シュエンピアオ	vote ヴォウト
ひょう 表	túbiǎo, biǎogé 图表，表格 トゥビアオ，ビアオグァ	table, diagram テイブル，ダイアグラム
ひょう 豹	zhī bào 〔只〕豹 チー バオ	leopard, panther レパド，パンサ
ひょう 雹	kē/lì báozi, bīngbáo 〔颗 / 粒〕雹子，冰雹 クァ/リィ バオヅ，ビィンバオ	hail ヘイル
ひよう 費用	fèiyong, jīngfèi 费用，经费 フェイヨン，ジンフェイ	cost コスト
びょう 秒	miǎo 秒 ミアオ	second セコンド
びょう 美容	měiróng 美容 メイロン	beauty treatment ビューティ トリートメント
〜院	měiróngyuàn 美容院 メイロンユエン	beauty salon ビューティ サラン
びょういん 病院	yīyuàn 医院 イーユエン	hospital ハスピタル
ひょうか（する） 評価（する）	píngjià 评价 ピンジア	estimation エスティメイション
ひょうが 氷河	tiáo bīnghé, bīngchuān 〔条〕冰河，冰川 ティアオ ビンホォァ，ビンチュワン	glacier グレイシャ
びょうき 病気	bìng, jíbìng 病，疾病 ビィン，ジィビィン	sickness, disease スィクネス，ディズィーズ
ひょうぎかい 評議会	píngyìhuì, lǐshìhuì 评议会，理事会 ピンイーホゥイ，リィシーホゥイ	council カウンスィル
ひょうきん 剽軽な	huájī, huīxié 滑稽，诙谐 ホアジィ，ホゥイシエ	facetious, funny ファスィーシャス，ファニ
ひょうけつ 評決	yìjué, tǎolùn juédìng 议决，讨论决定 イージュエ，タオルゥン ジュエディン	finding ファインディング
びょうけつ 病欠	bìngjià 病假 ビィンジア	sick leave スィク リーヴ

■病院■   ⇒ 病気

びょういん
病院　医院 /yīyuàn イーユエン/ (英hospital)

きゅうきゅうびょういん
救急病院　急救医院 /jíjiù yīyuàn ジィジウ イーユエン/ (英emergency hospital)

そうごうびょういん
総合病院　综合医院 /zōnghé yīyuàn ヅォンホォァ イーユエン/ (英general hospital)

いしゃ
医者　大夫，医生 /dàifu, yīshēng ダイフ, イーション/ (英doctor)

かんごふ
看護婦　女护士 /nǚhùshi ニュィホゥシ/ (英nurse)

レントゲン技師（ぎし）　放射科医生 /fàngshèkē yīshēng ファァンシォァ クァ イーション/ (英radiographer)

やくざいし
薬剤師　药剂师 /yàojìshī ヤオジィシー/ (英pharmacist, druggist)

かんじゃ
患者　病人，患者 /bìngrén, huànzhě ビィンレン, ホワンヂォァ/ (英patient, case)

しんさつしつ
診察室　门诊部，诊室 /ménzhěnbù, zhěnshì メンヂェンブゥ, ヂェンシー/ (英consulting room)

しゅじゅつしつ
手術室　手术室 /shǒushùshì ショウシュウシー/ (英operating room)

びょうとう
病棟　病房楼 /bìngfánglóu ビィンファァンロウ/ (英ward)

びょうしつ
病室　病房 /bìngfáng ビィンファァン/ (英sickroom, ward)

やっきょく
薬局　药房 /yàofáng ヤオファァン/ (英drugstore)

ないか
内科　内科 /nèikē ネイクァ/ (英internal medicine)

げか
外科　外科 /wàikē ワイクァ/ (英surgery)

しか
歯科　牙科 /yákē ヤァクァ/ (英dental surgery)

がんか
眼科　眼科 /yǎnkē イエンクァ/ (英ophthalmology)

さんふじんか
産婦人科　妇产科 /fùchǎnkē フゥチャンクァ/ (英obsterics and gynecology)

しょうにか
小児科　儿科 /érkē アルクァ/ (英pediatrics)

じびいんこうか
耳鼻咽喉科　耳鼻喉科 /ěrbíhóukē アルビィホウクァ/ (英otorhinolaryngology)

せいけいげか
整形外科　整形外科 /zhěngxíng wàikē ヂョンシィン ワイクァ/ (英plastic surgery)

レントゲン　爱克斯射线，X光 /àikèsī shèxiàn, X guāng アイクァスー ショァシエン, X グアン/ (英X rays)

■病気■　⇒ 病院

せきり
赤痢　　　痢疾 /lìji リィジ/ (㊍dysentery)

コレラ　　霍乱 /huòluàn ホゥオルワン/ (㊍cholea)

チフス　　伤寒 /shānghán シャアンハン/ (㊍typhoid, typhus)

マラリア　　疟疾 /nüèji ニュエジ/ (㊍malaria)

ジフテリア　白喉 /báihóu バイホウ/ (㊍diphtheria)

けっかく
結核　　　结核 /jiéhé ジェホァ/ (㊍tuberculosis)

エイズ　　艾滋病 /àizībìng アイヅービィン/ (㊍AIDS(acquired immunodeficiency syndrome))

アルツハイマー病　　阿尔茨海默病 /ā'ěrcíhǎimòbìng アァアルツーハイモォビィン/ (㊍Alzheimer's disease)

はしか
麻疹　　　麻疹 /mázhěn マァヂェン/ (㊍the measles)

かぜ
風邪　　　感冒 /gǎnmào ガンマオ/ (㊍cold, flu)

おたふく風邪　　痄腮, 流行性腮腺炎 /zhàsāi, liúxíngxìng sāixiànyán チャァサイ, リウシィンシィン サイシェンイエン/ (㊍mumps)

がん
癌　　　　癌(症) /ái(zhèng) アイ(ヂョン)/ (㊍cancer)

ずつう
頭痛　　　头痛 /tóutòng トウトン/ (㊍headache)

せいりつう
生理痛　　月经痛 /yuèjīngtòng ユエジィントン/ (㊍menstrual pain)

しょくちゅうどく
食中毒　　食物中毒 /shíwù zhòngdú シーウゥ ヂォンドゥ/ (㊍food poisoning)

もうちょうえん
盲腸炎　　阑尾炎 /lánwěiyán ランウェイイエン/ (㊍appendicitis)

ふくつう
腹痛　　　腹痛 /fùtòng フゥトン/ (㊍stomachache)

ストレス　精神压力, 疲劳 /jīngshén yālì, píláo ジィンシェン ヤァリィ, ピィラオ/ (㊍stress)

むしば
虫歯　　　虫牙, 龋齿 /chóngyá, qǔchǐ チォンヤァ, チュィチー/ (㊍decayed tooth)

ねんざ
捻挫　　　扭伤, 挫伤 /niǔshāng, cuòshāng ニウシャアン, ツゥオシャアン/ (㊍sprain)

こっせつ
骨折　　　骨折 /gǔzhé グゥヂョァ/ (㊍fracture)

だぼく
打撲　　　碰伤 /pèngshāng ポンシャアン/ (㊍bruise)

だっきゅう
脱臼　　　脱位, 脱臼 /tuōwèi, tuōjiù トゥオウェイ, トゥオジウ/ (㊍dislocation)

日	中	英
ひょうげん 表現 (する)	biǎoxiàn, biǎodá 表现，表达 ビアオシエン，ビアオダァ	expression; express イクスプレション；イクスプレス
びょうげんきん 病原菌	bìngjūn 病菌 ビィンジュイン	disease germ ディズィーズ チャーム
ひょうさつ 表札	ménpái, míngpái 门牌，名牌 メンパイ，ミィンパイ	doorplate ドープレイト
ひょうざん 氷山	zuò bīngshān 〔座〕冰山 ヅゥオ ビィンシャン	iceberg アイスバーグ
ひょうし 表紙	fēngmiàn 封面 フォンミエン	cover カヴァ
ひょうじ (する) 表示	biǎoshì 表示 ビアオシー	indication; indicate インディケイション；インディケイト
びようし 美容師	lǐfàshī, měiróngshī 理发师，美容师 リィファアシー，メイロンシー	beautician ビューティシャン
ひょうしき 標識	biāozhì, biāozhì 标识，标志 ビアオヂー，ビアオヂー	sign, mark サイン，マーク
びょうしつ 病室	bìngfáng 病房 ビィンファアン	sickroom, ward スィクルーム，ウォード
びょうしゃ (する) 描写	miáoxiě, miáohuì 描写，描绘 ミアオシエ，ミアオホゥイ	description; describe ディスクリプション；ディスクライブ
びょうじゃく 病弱な	xūruò 虚弱 シュイルゥオ	sickly スィクリ
ひょうじゅん 標準	biāozhǔn, jīzhǔn 标准，基准 ビアオヂュン，ジィヂュン	standard スタンダド
～語	biāozhǔnyǔ, pǔtōnghuà 标准语，普通话 ビアオヂュンユィ，プゥトンホア	the standard language ザ スタンダド ラングウィヂ
～的な	biāozhǔn, guīfàn 标准，规范 ビアオヂュン，グゥイファン	standard, normal スタンダド，ノーマル
ひょうしょう (する) 表彰	biǎoyáng, biǎozhāng 表扬，表彰 ビアオヤン，ビアオヂャアン	commend, honor カメンド，アナ
ひょうじょう 表情	biǎoqíng, shénqíng 表情，神情 ビアオチン，シェンチン	expression イクスプレション

日	中	英
びょうしょう 病床	bìngchuáng 病床 ビィンチュアン	sickbed スィクベド
びょうじょう 病状	bìngqíng 病情 ビィンチィン	condition カンディション
びょうしん 秒針	miǎozhēn 秒针 ミアオヂェン	the second hand ザ セコンド ハンド
ひょうてき 標的	bǎzi, mùbiāo 靶子, 目标 バァヅ, ムゥビアオ	target ターゲト
びょうてき 病的な	bìngtài (de), bú jiànkāng (de) 病态(的), 不健康(的) ビィンタイ (ダ), ブゥ ジエンカァン (ダ)	morbid モービド
びょうどう 平等(の)	píngděng 平等 ピィンデゥン	equality; equal イクワリティ; イークワル
びょうにん 病人	bìngrén, huànzhě 病人, 患者 ビィンレン, ホワンヂョァ	sick person スィク パースン
ひょうはく 漂白(する)	piǎobái 漂白 ピアオバイ	bleaching; bleach ブリーチング; ブリーチ
～剤	piǎobáifěn 漂白粉 ピアオバイフェン	bleach ブリーチ
ひょうばん 評判	píngjià, míngwàng 评价, 名望 ピィンジア, ミィンワァン	reputation レピュテイション
ひょうほん 標本	biāoběn 标本 ビアオベン	specimen, sample スペスィメン, サンプル
ひょうめい 表明(する)	biǎomíng, biǎoshì 表明, 表示 ビアオミィン, ビアオシー	manifestation マニフェステイション
ひょうめん 表面	biǎomiàn, biǎocéng 表面, 表层 ビアオミエン, ビアオツン	the surface ザ サーフェス
～張力	biǎomiàn zhānglì 表面张力 ビアオミエン チャアンリィ	surface tension サーフィス テンション
びょうりがく 病理学	bìnglǐxué 病理学 ビィンリィシュエ	pathology パサロヂィ
ひょうりゅう 漂流(する)	piāoliú, piāoyí 漂流, 漂移 ピアオリウ, ピアオイー	drift ドリフト

日	中	英
ひょうろん 評論	pínglùn, píng 评论，评 ピンルウン，ピン	criticism, review クリティスィズム，リヴュー
～家	pínglùnjiā 评论家 ピンルウンジア	critic, reviewer クリティク，リヴューア
ひよく 肥沃な	féiwò 肥沃 フェイウオ	fertile ファーティル
ひよけ 日除け	zhēyáng, zhēpéng 遮阳，遮篷 ヂョアヤン，ヂョアポン	sunshade サンシェイド
ひよこ 雛	chújī, xiǎojī 雏鸡，小鸡 チュウジィ，シアオジィ	chick チク
ひょっとして	wànyī, shuōbudìng, yěxǔ 万一，说不定，也许 ワンイー，シュオブディン，イエシュィ	perhaps パハプス
ひらおよ 平泳ぎ	wāyǒng 蛙泳 ワアヨン	the breast stroke ザ ブレスト ストロウク
ひらがな 平仮名	píngjiǎmíng 平假名 ピィンジアミィン	*hiragana* ヒラガナ
ひら 開く	kāi, dǎkāi 开，打开 カイ，ダァカイ	open オウプン
（開始）	kāishǐ 开始 カイシー	open, start オウプン，スタート
ひら 開ける	kāihuà 开化 カイホア	be civilized ビ スィヴィライズド
（発展）	fāzhǎn 发展 ファアヂャン	develop ディヴェロプ
（広がる）	kāikuò 开阔 カイクゥオ	spread, open スプレド，オウプン
ひら 平たい	píngtǎn, biǎnpíng 平坦，扁平 ピィンタン，ビエンピィン	flat, level フラト，レヴル
ピラフ	chǎofàn, huìfàn 炒饭，烩饭 チャオファン，ホウイファン	pilaf ピラーフ
ひらめ 平目	píng, yápíng 鲆，牙鲆 ピィン，ヤァピィン	flatfish フラトフィシュ

日	中	英
ひらめく 閃く	shǎndòng, shǎnshuò 闪动，闪烁 シャンドン，シャンシュオ	flash, gleam フラシュ，グリーム
（考えが）	shǎnxiàn, hūrán xiǎngchū 闪现，忽然想出 シャンシエン，ホゥラン シアンチュウ	flash フラシュ
ピリオド	jùhào 句号 ヂュイハオ	period ピアリオド
ひりつ 比率	bǐlǜ, bǐlì 比率，比例 ビィリュイ，ビィリィ	ratio レイシオウ
ひりょう 肥料	féiliào 肥料 フェイリアオ	fertilizer, manure ファーティライザ，マニュア
ひる 昼	báitiān, zhōngwǔ 白天，中午 バイティエン，ヂォンウゥ	the daytime, noon ザ デイタイム，ヌーン
ビル（ディング）	zuò dàlóu, dàshà 〔座〕大楼，大厦 ヅゥオ ダァロウ，ダァシャア	building ビルディング
ピル	kǒufú bìyùnyào 口服避孕药 コウフゥ ビィユィンヤオ	the pill ザ ピル
ひるがえる 翻る	piāoyáng, piāodòng 飘扬，飘动 ピアオヤン，ピアオドン	flutter フラタ
ひるごはん 昼御飯	dùn cì wǔfàn, wǔcān 〔顿／次〕午饭，午餐 ドゥン／ツー ウゥファン，ウゥツァン	lunch ランチ
ひるね（する） 昼寝（する）	wǔshuì, shuì wǔjiào 午睡，睡午觉 ウゥシュイ，シュイ ウゥジアオ	afternoon nap アフタヌーン ナプ
ひるま 昼間	báitiān, rìjiān 白天，日间 バイティエン，リージエン	the daytime ザ デイタイム
ひるやすみ 昼休み	wǔxiū 午休 ウゥシウ	noon recess ヌーン リセス
ひれ 鰭	qí 鳍 チィ	fin フィン
ひれい 比例	bǐlì 比例 ビィリィ	proportion プロポーション
〜する	chéng zhèngbǐ, chéng fǎnbǐ 成正比，成反比 チョン ヂョンビィ，チョン ファンビィ	be in proportion to ビ イン プロポーション

日	中	英
ひれつ 卑劣 (な)	bēiliè, bēibǐ 卑劣，卑鄙 ベイリエ, ベイビィ	mean ミーン
にく ヒレ肉	lǐji(ròu) 里脊(肉) リィジィ(ロウ)	fillet フィレト
ひろ 広い	kuānkuò, guǎngdà 宽阔，广大 クワンクゥオ, グアンダァ	wide, broad ワイド, ブロード
ヒロイン	nǚzhǔjué 女主角 ニュィヂュウジュエ	heroine ヘロウイン
ひろ 拾う	jiǎn, shí 捡，拾 ジエン, シー	pick up ピク アプ
ひろうえん 披露宴	xǐyán, jiéhūn pīlùyàn 喜筵，结婚披露宴 シィイエン, ジエホゥン ピィルゥイエン	wedding banquet ウェディング バンクウィト
ビロード	tiān'éróng 天鹅绒 ティエンウァロン	velvet ヴェルヴェト
ひろ 広がる	kuòdà, kuòzhǎn 扩大，扩展 クゥオダァ, クゥオチャン	extend, expand イクステンド, イクスパンド
ひろ 広げる	kuòzhāng, kāikuò 扩张，开阔 クゥオヂャァン, カイクゥオ	extend, expand イクステンド, イクスパンド
ひろ 広さ	kuāndù, kuānzhǎi 宽度，宽窄 クワンドゥ, クワンヂャイ	width ウィドス
ひろば 広場	guǎngchǎng 广场 グアンチャァン	open space オウプン スペイス
ひろま 広間	dàtīng 大厅 ダァティン	hall, saloon ホール, サルーン
ひろ 広まる	kuòdà, mànyán 扩大，蔓延 クゥオダァ, マンイエン	spread スプレド
(広く伝わる)	liúchuán, pǔjí 流传，普及 リゥチュワン, プゥジィ	spread スプレド
ひろ 広める	kuòdà, tuīguǎng 扩大，推广 クゥオダァ, トゥイグアン	spread スプレド
びわ 枇杷	pípa 枇杷 ピィパ	loquat ロウクワト

日	中	英
ひん 品	fēngdù 风度 フォンドゥ	elegance エリガンス
びん 瓶	píng(zi),...píng 瓶(子),…瓶 ピィン(ヅ),…ピィン	bottle バトル
びん 便	bānjī 班机 バンジィ	flight フライト
ピン	biézhēn, dàtóuzhēn 别针, 大头针 ビエヂェン, ダァトウヂェン	pin ピン
びんかん 敏感な	mǐngǎn, língmǐn 敏感, 灵敏 ミンガン, リィンミン	sensitive to センスィティヴ
ピンク	fěnhóngsè 粉红色 フェンホンスァ	pink ピンク
ひんけつ 貧血	pínxuè 贫血 ピンシュエ	anemia アニーミア
ひんこん 貧困	pínkùn, píngqióng 贫困, 贫穷 ピンクゥン, ピンチオン	poverty パヴァティ
ひんし 品詞	cílèi 词类 ツーレイ	part of speech パート オヴ スピーチ
ひんし 瀕死(の)	bīnsǐ 濒死 ビンスー	dying ダイイング
ひんしつ 品質	pǐnzhì, zhìliàng 品质, 质量 ピンヂー, ヂーリアン	quality クワリティ
ひんじゃく 貧弱な	pínfá 贫乏 ピンファア	poor, meager プア, ミーガ
(身体が)	shòuruò 瘦弱 ショウルゥオ	meager ミーガ
ひんしゅ 品種	pǐnzhǒng 品种 ピンヂォン	kind, variety カインド, ヴァライエティ
びんせん 便箋	zhāng xìnzhǐ, xìnjiān 〔张〕信纸, 信笺 ヂァァン シンヂー, シンジエン	letter paper レタ ペイパ
ピンチ	wēijī, wēijí júmiàn 危机, 危急局面 ウェイジィ, ウェイジィ ヂュイミエン	pinch ピンチ

日	中	英
～ヒッター	dàidǎzhě, jǐnjí shí dàitì 代打者，紧急时代替 ダイダァチョア，ジンジィ シー ダイティー	pinch hitter ピンチ ヒタ
(代役)	dàibànrén 代办人 ダイバンレン	pinch hitter ピンチ ヒタ
ビンテージ	gǔlǎo ér yǒu jiàzhíde 古老而有价值的 グゥラオ アル ヨウ ジアチーダ	vintage ヴィンティチ
ヒント	ànshì, qǐfā 暗示，启发 アンシー，チィファア	hint ヒント
頻度	píncì, pínlǜ 频次，频率 ピンツー，ピンリュィ	frequency フリークウェンスィ
ピント	jiāodiǎn, jiāojù 焦点，焦距 ジアオディエン，ジアオヂュィ	focus フォウカス
ピン撥ね	kèkòu, chōutóu 克扣，抽头 クァコウ，チョウトウ	kickback, rake-off キクバク，レイコフ
頻繁(な・に)	pínfán, lǚcì 频繁，屡次 ピンファン，リュイツー	frequent フリークウェント
貧乏(な)	qióng, pínqióng 穷，贫穷 チオン，ピンチオン	poverty; poor パヴァティ；プア
品目	pǐnzhǒng 品种 ピンチォン	item アイテム

ふ，フ

日	中	英
府	zhōngxīn jīguān, lǐngdǎo bùmén 中心机关，领导部门 チォンシン ジィグワン，リィンダオ ブゥメン	prefecture プリーフェクチャ
部	bùmén 部门 ブゥメン	section セクション
(本の)	běn, bù, cè 本，部，册 ベン，ブゥ，ツゥア	copy カピ
ファースト	yīlěi 一垒 イーレイ	first base ファースト ベイス

日	中	英
(一塁手)	yīlěishǒu 一垒手 イーレイショウ	first baseman ファースト ベイスマン
ファースト フード	kuàicān 快餐 クアイツァン	fast food ファスト フード
ぶあい 歩合	bǐlǜ 比率 ビィリュイ	rate, percentage レイト, パセンティヂ
ぶあいそう 無愛想な	lěngdàn 冷淡 ルオンダン	unsociable アンソウシャブル
ファイト	dòuzhì 斗志 ドウヂー	fighting spirits ファイティング スピリッツ
ファイル	wénjiànjiā 文件夹 ウェンジエンジア	file ファイル
(資料)	wénjiàn, dàng'àn 文件, 档案 ウェンジエン, ダァンアン	file ファイル
ファインダー	qǔjǐngqì 取景器 チュィジィンチィ	viewfinder ヴューファインダ
ファインプレー	miàojì 妙技 ミアオジィ	fine play ファイン プレイ
ファウル	fànguī 犯规 ファングゥイ	foul ファウル
ファジーな	móhu 模糊 モォホ	fuzzy ファズィ
ファシズム	fǎxīsī zhǔyì 法西斯主义 ファアシィスー ヂュウイー	fascism ファシズム
ファスナー	lāliàn, lāsuǒ 拉链, 拉锁 ラァリエン, ラァスゥオ	fastener ファスナ
ぶあつ 分厚い	hòu 厚 ホウ	thick スィク
ファックス	chuánzhēn 传真 チュワンヂェン	fax ファクス
ファッション	shízhuāng 时装 シーヂュアン	fashion ファション

日	中	英
(流行)	liúxíng 流行 リウシィン	fashion ファション
ファミリー	jiātíng, yì jiā 家庭，一家 ジアティン, イージア	family ファミリ
ファン	…mí, kuàngmùzhě …迷，狂慕者 …ミィ, クアンムゥヂョァ	fan ファン
ふあん 不安	bù'ān, dānxīn 不安，担心 ブゥアン, ダンシン	uneasiness アニーズィネス
〜な	bù'ān (de) 不安(的) ブゥアン (ダ)	uneasy, anxious アニーズィ, アンクシャス
ファンタジー	kōngxiǎng, huànxiǎng 空想，幻想 コンシァン, ホワンシァン	fantasy ファンタスィ
ふあんてい 不安定	bù wěndìng, bù āndìng 不稳定，不安定 ブゥ ウェンディン, ブゥ アンディン	instability インスタビリティ
〜な	bù wěndìng de, bù āndìng de 不稳定的，不安定的 ブゥ ウェンディン ダ, ブゥ アンディン ダ	unstable アンステイブル
ファンデーション	fěndǐ(shuāng) 粉底(霜) フェンディー(シュアン)	foundation ファウンデイション
ふい 不意		
〜の	chū rén yì liào de 出人意料的 チュウ レン イー リアオ ダ	sudden, unexpected サドン, アニクスペクティド
(突然の)	hūrán (de) 忽然(的) ホゥラン (ダ)	sudden サドン
(思いがけない)	yìwài (de) 意外(的) イーワイ (ダ)	unexpected アニクスペクティド
ブイ	fúbiāo 浮标 フゥビアオ	buoy ブーイ
フィアンセ(男)	wèihūnfū 未婚夫 ウェイホゥンフゥ	fiancé フィアーンセイ
(女)	wèihūnqī 未婚妻 ウェイホゥンチィ	fiancée フィアーンセイ

日	中	英
フィート	yīngchǐ 英尺 イィンチー	feet フィート
フィーリング	gǎnjué, gǎnqíng 感觉，感情 ガンジュエ，ガンチン	feeling フィーリング
フィールド	tiánjìng yùndòngchǎng 田径运动场 ティエンジィン ユィンドンチャアン	field フィールド
フィギュア スケート	huāyàng huábīng 花样滑冰 ホアヤン ホアビィン	figure skating フィギャ スケイティング
フィクション	xūgòu 虚构 シュイゴウ	fiction フィクション
ふいちょう 吹聴する	chuīxū 吹嘘 チュイシュイ	announce, trumpet アナウンス，トランペト
ふいっち 不一致	fēnqí, bù yízhì 分歧，不一致 フェンチィ，ブウ イーチー	disagreement ディサグリーメント
フィットネス クラブ	jiànshēn jùlèbù 健身俱乐部 ジェンシェン ヂュィルアブゥ	fitness center フィトネス センタ
ふいと	tūrán 突然 トゥラン	abruptly, suddenly アブラプトリ，サドンリ
フィリピン	Fēilùbīn 菲律宾 フェイリュィビン	Philippines フィリピーンズ
フィルター	lǜsèjìng 滤色镜 リュイスアジィン	filter フィルタ
（タバコの）	guòlǜzuǐ 过滤嘴 グゥオリュィヅゥイ	filter フィルタ
フィルム	jiāojuǎn 胶卷 ジアオジュエン	film フィルム
ふうあつ 風圧	fēngyā 风压 フォンヤア	wind pressure ウィンド プレシャ
ふうか 風化(する)	fēnghuà 风化 フォンホア	weathering ウェザリング
ふうが 風変わりな	qítè, gǔguài 奇特，古怪 チィトゥア，グゥグアイ	curious キュアリアス

日	中	英
ふうき 風紀	fēngjì, jìlǜ 风纪，纪律 フォンジィ, ジィリュイ	discipline ディスィプリン
ふうきり 封切	chūcì fàngyìng 初次放映 チュウツー ファアンイィン	release リリース
ブーケ	huāshù 花束 ホアシュウ	bouquet ブーケイ
ふうけい 風景	fēngjǐng, jǐngsè 风景，景色 フォンジィン, ジィンスァ	scenery スィーナリ
～画	fēngjǐnghuà 风景画 フォンジィンホア	landscape ランスケイプ
ふうさ 封鎖(する)	fēngsuǒ 封锁 フォンスゥオ	blockade ブラケイド
ふうさい 風采	xiàngmào, yíróng 相貌，仪容 シアンマオ, イーロン	appearance アピアランス
ふうし 風刺(する)	fěngcì 讽刺 フォンツー	satire; satirize サタイア ; サタライズ
ふうしゃ 風車	fēngchē 风车 フォンチォア	windmill ウィンドミル
ふうしゅう 風習	fēngsú xíguàn 风俗习惯 フォンスウ シィグワン	customs カスタムズ
ふうしん 風疹	fēngzhěn 风疹 フォンチェン	rubella ルーベラ
ふうせん 風船	qìqiú 气球 チィチゥ	balloon バルーン
ふうそく 風速	fēngsù 风速 フォンスウ	wind velocity ウィンド ヴィラスィティ
ふうぞく 風俗	fēngsú 风俗 フォンスウ	customs, manners カスタムズ, マナズ
ふうたい 風袋	pízhòng 皮重 ピィチォン	tare テア
ふうちょう 風潮	cháoliú, shíshì 潮流，时势 チャオリゥ, シーシー	the stream ザ ストリーム

日	中	英
ブーツ	chángtǒng píxuē 长筒皮靴 チャアントン ピィシュエ	boots ブーツ
ふうど 風土	fēngtǔ, shuǐtǔ 风土，水土 フォントゥ，シュイトゥ	climate クライメト
フード	fēngmào 风帽 フォンマオ	hood フド
(食べ物)	shíwù 食物 シーウゥ	food フード
ふうとう 封筒	xìnfēng 信封 シンフォン	envelope エンヴェロウプ
ふうひょう 風評	chuánwén, liúyán 传闻，流言 チュワンウェン，リウイエン	rumor ルーマ
ふうふ 夫婦	fūqī, fūfù 夫妻，夫妇 フウチィ，フウフゥ	couple カプル
ふうみ 風味	fēngwèi, wèidao 风味，味道 フォンウェイ，ウェイダオ	flavor, taste フレイヴァ，テイスト
ブーム	rècháo, ...rè 热潮，…热 ルァチャオ，…ルァ	boom ブーム
ふうりょく 風力	fēnglì 风力 フォンリィ	the force of the wind ザ フォース オヴ ザ ウィンド
プール	yóuyǒng chí 游泳池 ヨウヨン チー	swimming pool スウィミング プール
ふうん 不運(な)	bèiyùn, dǎoméi 背运，倒霉 ベイユィン，ダオメイ	bad luck; unlucky バド ラク；アンラキ
ふえ 笛	shàozi, jǐngdí 哨子，警笛 シャオヅ，ジィンディー	whistle ホウィスル
(横笛)	héngdí 横笛 ヘゥンディー	flute フルート
フェア	zhǎnxiāohuì 展销会 チャンシアオホゥイ	fair フェア
フェアな	gōngpíng, guāng míng zhèng dà 公平，光明正大 ゴンピィン，グアン ミィン チョン ダァ	fair フェア

日	中	英
フェイント	yánggōng 佯攻 ヤンゴン	feint フェイント
フェーン現象	げんしょう fēnfēng xiànxiàng 焚风现象 フェンフォン シエンシアン	foehn phenomenon フェイン フィナメノン
フェザー級	きゅう cìqīngliàngjí 次轻量级 ツーチィンリアンジィ	featherweight フェザウェイト
フェミニスト	nǚquánlùnzhě 女权论者 ニュイチュエンルゥンヂョァ	feminist フェミニスト
フェミニズム	nánnǚ píngquán zhǔyì 男女平权主义 ナンニュイ ピィンチュエン デュウイー	feminism フェミニズム
フェリーボート	zhī/sōu dùlún, dùchuán 〔只／艘〕渡轮，渡船 ヂー／ソウ ドゥルゥン, ドゥチュワン	ferry フェリ
ふ 増える	zēngduō, zēngjiā 增多，增加 ゾンドゥオ, ゾンジア	increase in インクリース
フェンシング	jījiàn, jiànshù 击剑，剑术 ジィジエン, ジエンシュウ	fencing フェンスィング
フェンス	yuánqiáng, líba 垣墙，篱笆 ユエンチアン, リィバ	fence フェンス
無遠慮な ぶえんりょ	bú kèqi 不客气 ブゥ クァチ	rude ルード
フォアボール	sìcì huàiqiú 四次坏球 スーツー ホアイチウ	base on balls ベイス オン ボールズ
フォーク	chāzi 叉子 チャアヅ	fork フォーク
フォーマット	géshi 格式 グァシ	format フォーマト
フォーマルな	zhèngshì (de), xíngshì (de) 正式(的), 形式(的) ヂョンシー (ダ), シィンシー (ダ)	formal フォーマル
フォーム	xíngshì 形式 シィンシー	form フォーム
フォーラム	lùntán 论坛 ルゥンタン	forum フォーラム

日	中	英
フォワード	qiánfēng 前锋 チエンフォン	forward フォーワド
ふおん 不穏な	bù wěn, xiǎn'è 不稳，险恶 ブゥ ウェン, シエンウァ	threatening スレトニング
ふか 部下	bùxià, bùshǔ 部下，部属 ブゥシア, ブゥシュウ	subordinate サブオーディネト
ふか 深い	shēn 深 シェン	deep, profound ディープ, プロファウンド
ふかいな 不快な	búkuài, bù yúkuài 不快，不愉快 ブゥクアイ, ブゥ ユィクアイ	unpleasant アンプレザント
ふかかいな 不可解な	fèijiě, bù kě sī yì 费解，不可思议 フェイジエ, ブゥ クァ スー イー	incomprehensible インカンプリヘンシブル
ふかけつな 不可欠な	bùkě quēshǎo, bìxū 不可缺少，必需 ブゥクァ チュエシャオ, ビィシュイ	indispensable インディスペンサブル
ふかさ 深さ	shēndù 深度 シェンドゥ	depth デプス
ぶかっこうな 不格好な	nánkàn, bù hǎokàn 难看，不好看 ナンカン, ブゥ ハオカン	unshapely アンシェイプリ
ふかのうな 不可能な	bù kěnéng, bànbudào 不可能，办不到 ブゥ クァヌォン, バンブダオ	impossible インパスィブル
ふかんぜん 不完全	bù wánquán 不完全 ブゥ ワンチュエン	imperfection インパーフェクション
〜な	bù wánquán de 不完全的 ブゥ ワンチュエン ダ	imperfect インパーフィクト
ぶき 武器	wǔqì 武器 ウゥチィ	arms, weapon アームズ, ウェポン
ふ か 吹き替え	pèiyīn 配音 ペイイン	stand-in スタンディン
ふきげんな 不機嫌な	bù gāoxìng 不高兴 ブゥ ガオシィン	bad-tempered バドテンパド
ふきそ 不起訴	bù qǐsù 不起诉 ブゥ チィスゥ	non-prosecution ノンプラスィキューシン

日	中	英
ふきそく 不規則な	bù guīzé de 不规则的 ブゥ グゥイヅゥァ ダ	irregular イレギュラ
ふ　だ 吹き出す	màochū, pēnchū 冒出，喷出 マオチュウ，ペンチュウ	spout スパウト
（笑い出す）	fāxiào 发笑 ファアシアオ	burst out laughing バースト アウト ラフィング
ふきつ 不吉な	bù jílì, bù jíxiáng 不吉利，不吉祥 ブゥ ジイリイ，ブゥ ジイシアン	ominous アミナス
ふ　でもの 吹き出物	jiēzi 疖子 ジエヅ	pimple ピンプル
ぶきみ 不気味な	lìngrén hàipà, sēnrán 令人害怕，森然 リィンレン ハイパァ，センラン	weird, uncanny ウィアド，アンキャニ
ふきゅう 普及(する)	pǔjí 普及 プゥジイ	spread, diffusion スプレド，ディフュージョン
ふきょう 不況	bù jǐngqì, xiāotiáo 不景气，萧条 ブゥ ジィンチイ，シアオティアオ	depression, slump ディプレション，スランプ
ぶきよう 不器用な	shǒu zhuō, zhuōbèn 手拙，拙笨 ショウ ヂュオ，ヂュオベン	clumsy, awkward クラムズィ，オークワド
ふきん 付近	fùjìn, línjìn 附近，邻近 フゥジン，リンジン	the neighborhood ザ ネイバフド
ふきんこう 不均衡	bù jūnhéng, bù pínghéng 不均衡，不平衡 ブゥ ジュインヘゥン，ブゥ ピンヘゥン	imbalance インバランス
ふ 拭く	cā, shì, mō, kāi 擦，拭，抹，揩 ツァア，シー，モォ，カイ	wipe ワイプ
ふ 吹く	chuī 吹 チュイ	blow ブロウ
（大言する）	chuī niú 吹牛 チュイニウ	talk big トーク ビグ
ふく 副	fù 副 フゥ	vice- ヴァイス
ふく 服	jiàn yīfu, yīshang 〔件〕衣服，衣裳 ジエン イーフ，イーシャン	clothes クロウズズ

日	中	英
ふくいん **復員**	fùyuán 复员 フウユエン	demobilization ディモウビリゼイション
ふくげん **復元(する)**	fùyuán 复原 フウユエン	restoration; restore レストレイション；リストー
ふくごう **複合(の)**	fùhé (de) 复合(的) フウホオァ(ダ)	complex; compound カンプレクス；カンパウンド
ふくざつ **複雑な**	fùzá de 复杂的 フウツァア ダ	complicated カンプリケイテド
ふくさよう **副作用**	fùzuòyòng 副作用 フウヅゥオヨン	side effect サイド イフェクト
ふくさんぶつ **副産物**	fùchǎnpǐn 副产品 フウチャンピン	by-product バイプロダクト
ふくし **副詞**	fùcí 副词 フウツー	adverb アドヴァーブ
ふくし **福祉**	fúlì 福利 フウリィ	welfare ウェルフェア
ふくしゅう **復習(する)**	fùxí, wēnxí 复习，温习 フウシィ，ウェンシィ	review リヴュー
ふくしゅう **復讐(する)**	bàochóu 报仇 バオチョウ	revenge; revenge on リヴェンヂ；リヴェンヂ
ふくじゅう **服従(する)**	fúcóng, shùncóng 服从，顺从 フウツォン，シュンツォン	obedience オビーディエンス
ふくすう **複数**	fùshù 复数 フウシュウ	the plural ザ プルアラル
ふくせい **複製**	fùyìn, fùzhì 复印，复制 フウイン，フウヂー	reproduction リープロダクション
ふくそう **服装**	fúzhuāng, fúshì 服装，服饰 フウヂュアン，フウシー	dress, clothes ドレス，クロウズズ
ふくだい **副題**	fùtí 副题 フウティー	sub-title サブタイトル
ふくつう **腹痛**	fùtòng 腹痛 フウトン	stomachache スタマケイク

日	中	英
ふくまく 腹膜	fùmó 腹膜 フウモオ	peritoneum ペリトニーアム
～炎	fùmóyán 腹膜炎 フウモオイエン	peritonitis ペリトナイティス
ふく 含む	bāokuò 包括 バオクゥオ	contain, include カンテイン, インクルード
ふく 含める	bāokuò, lièrù 包括，列入 バオクゥオ, リエルウ	include インクルード
ふくよう 服用(する)	fúyòng 服用 フウヨン	take medicine テイク メディスィン
～量	fúyòngliàng, yòngliàng 服用量，用量 フウヨンリアン, ヨンリアン	dose ドウス
ふく はぎ 脹ら脛	tuǐdùzi 腿肚子 トゥイドゥヅ	the calf ザ キャフ
ふく 脹[膨]らます	gǔ 鼓 グゥ	swell スウェル
ふく 脹[膨]らむ	péngdà 膨大 ポンダア	swell スウェル
ふくり 複利	fùlì 复利 フウリイ	compound interest カンパウンド インタレスト
ふく 膨れる	péngdà 膨大 ポンダア	swell スウェル
ふくろ 袋	kǒudai, dàizi 口袋，袋子 コウダイ, ダイヅ	bag, sac バグ, サク
ふくろう 梟	māotóuyīng, yèmāozi 猫头鹰，夜猫子 マオトウイィン, イエマオヅ	owl アウル
ふけいき 不景気	xiāotiáo, bù jǐngqì 萧条，不景气 シアオティアオ, ブゥ ジィンチィ	depression ディプレション
ふけいざい 不経済な	fèiqián, bù jīngjì, bù héshuàn 费钱，不经济，不合算 フェイチエン, ブゥ ジィンジィ, ブゥ ホァスワン	uneconomical アンイーコナミカル
ふけつ 不潔な	wūhuì, wòchuò 污秽，龌龊 ウゥホゥイ, ウオチュオ	unclean, dirty アンクリーン, ダーティ

日	中	英
ふ 老ける	shàng niánjì, lǎo 上年纪，老 シャァン ニエンジ, ラオ	grow old グロウ オウルド
ふこう 不幸(な)	búxìng (de) 不幸(的) ブゥシィン (ダ)	unhappy アンハピ
ふごう 符号	fúhào 符号 フゥハオ	sign サイン
ふごうかく 不合格	bù hégé 不合格 ブゥ ホォァグァ	failure フェイリュア
ふこうへい 不公平(な)	bù (gōng)píng, bù gōngzhèng 不(公)平，不公正 ブゥ (ゴン)ピィン, ブゥ ゴンヂョン	partiality パーシアリティ
ふごうり 不合理(な)	bù hélǐ (de) 不合理(的) ブゥ ホォアリィ (ダ)	unreasonableness アンリーズナブルネス
ふさ 房	suìzi, suì 穗子，穗 スゥイヅ, スゥイ	tuft, tassel タフト, タセル
(果実の)	(yí) chuàn, (yí) guà (一)串，(一)挂 (イー) チュワン, (イー) グア	bunch バンチ
ブザー	fēngmíngqì 蜂鸣器 フォンミィンチィ	buzzer バザ
ふさい 夫妻	fūfù, fūqī 夫妇，夫妻 フゥフゥ, フゥチィ	Mr. and Mrs. ミスタ アンド ミスィズ
ふざい 不在	bú zài 不在 ブゥ ヅァイ	absence アブセンス
ふさ 塞がる	zhànyòng, dǔsè 占用，堵塞 ヂャンヨン, ドゥスァ	be occupied ビ アキュパイド
ふさく 不作	qiànshōu 歉收 チエンショウ	bad harvest バド ハーヴィスト
ふさ 塞ぐ	dǔsè, sāi, tián 堵塞，塞，填 ドゥスァ, サイ, ティエン	close, block クロウズ, ブラク
(占める)	zhàn 占 ヂャン	occupy アキュパイ
ふざける	(kāi) wánxiào, nàozhe wánr (开)玩笑，闹着玩儿 (カイ)ワンシアオ, ナオヂャ ワル	joke, jest ヂョウク, ヂェスト

日	中	英
ぶさほう 無作法な	bù lǐmào 不礼貌 ブゥ リィマオ	rude ルード
ふさわ 相応しい	shìdàng, shìyí, xiāngpèi 适当，适宜，相配 シーダァン，シーイー，シアンペイ	suitable, becoming シュータブル，ビカミング
ふし 節	jié 节 ジエ	joint, knuckle ヂョイント，ナクル
（木・板の）	jiēzi 节子 ジエヅ	knot, gnarl ナト，ナール
（歌の）	diàozi 调子 ディアオヅ	tune, melody テューン，メロディ
ぶじ 無事(に)	píng'ān (de) 平安(地) ピィンアン（ダ）	safely セイフリ
ふしぎ 不思議	bù kě sī yì 不可思议 ブゥ クァ スー イー	wonder, mystery ワンダ，ミスタリ
～な	qíguài, qímiào 奇怪，奇妙 チィグアイ，チィミアオ	mysterious, strange ミスティアリアス，ストレインヂ
ふしぜん 不自然な	bú zìrán (de), gāngà (de) 不自然(的)，尴尬(的) ブゥ ヅーラン（ダ），ガンガァ（ダ）	unnatural アンナチャラル
ふじゆう 不自由(な)	bú zìyóu, bù hǎoshǐ 不自由，不好使 ブゥ ヅーヨウ，ブゥ ハオシー	inconvenience インコンヴィーニェンス
ふじゅうぶん 不十分な	bú gòu 不够 ブゥ ゴウ	insufficient インサフィシェント
ぶしょ 部署	bùmén 部门 ブゥメン	post ポウスト
ふしょう 負傷(する)	fùshāng, shòu shāng 负伤，受伤 フゥシャアン，ショウシャアン	wound; be injured ウーンド；ビ インヂャド
～者	shāngyuán 伤员 シャアンユエン	injured person インヂャド パースン
ぶしょう 不[無]精な	lǎn, lǎnduò 懒，懒惰 ラン，ランドゥオ	lazy レイズィ
ふしょく 腐食(する)	fǔshí 腐蚀 フゥシー	corrosion; corrode カロウヂョン；コロウド

日	中	英
ぶじょく 侮辱(する)	wūrǔ, wǔrǔ 污辱，侮辱 ウゥルゥ，ウゥルゥ	insult インサルト
ふしん 不信	bù xiāngxìn 不相信 ブゥ シアンシン	distrust ディストラスト
ふじん 夫人	fūrén, tàitai 夫人，太太 フゥレン，タイタイ	wife ワイフ
ふじん 婦人	fùnǚ 妇女 フゥニュイ	woman, lady ウマン，レイディ
ふしんせつ(な) 不親切(な)	lěngdàn (de) 冷淡(的) ルォンダン (ダ)	unkindness; unkind アンカインドネス；アンカインド
ふしんにん 不信任	bú xìnrèn 不信任 ブゥ シンレン	nonconfidence ナンカンフィデンス
ぶすい 無粋な	bù dǒng shìgù 不懂世故 ブゥ ドン シーグゥ	inelegant イネリガント
ふすう 負数	fùshù 负数 フゥシュウ	negative number ネガティヴ ナンバ
ふせい 不正(な)	fēifǎ (de), wéifǎ (de) 非法(的)，违法(的) フェイファア (ダ)，ウェイファア (ダ)	injustice インヂャスティス
ふせいかく(な) 不正確(な)	bú zhèngquè (de) 不正确(的) ブゥ ヂョンチュエ (ダ)	inaccuracy イナキュラスィ
ふせ 防ぐ	fángshǒu, shǒuwèi 防守，守卫 ファアンショウ，ショウウェイ	defend, protect ディフェンド，プロテクト
(防止)	dǐyù, fángzhǐ 抵御，防止 ディーユイ，ファアンヂー	prevent プリヴェント
ふ 伏せる	fān 翻 ファン	turn down ターン ダウン
(隠す)	yǐncáng 隐藏 インツァアン	conceal カンスィール
ぶそう 武装(する)	wǔzhuāng 武装 ウゥヂュアン	armaments; arm アーマメンツ；アーム
〜解除	jiǎoxiè, jiěchú wǔzhuāng 缴械，解除武装 ジアオシエ，ジエチュウ ウゥヂュアン	disarmament ディサームメント

日	中	英
ふそく 不足(する)	qiànquē, duǎnquē, bùzú 欠缺，短缺，不足 チエンチュエ，ドワンチュエ，ブヅウ	want, lack ワント，ラク
ふそく 不測の	búcè, yìwài 不测，意外 ブツツァ，イーワイ	unforeseen アンフォースィーン
ふぞく 付属の	fùshǔ 附属 フウシュウ	attached アタチト
ふた 蓋	gàir, gàizi 盖儿，盖子 ガイル，ガイヅ	lid リド
ふだ 札	pái, páizi 牌，牌子 パイ，パイヅ	label, tag レイベル，タグ
ぶた 豚	tóu zhū 〔头〕猪 トウ ヂュウ	pig ピグ
ぶたい 舞台	wǔtái, xìtái 舞台，戏台 ウウタイ，シイタイ	the stage ザ ステイヂ
ふたご 双子	shuāngbāotāi, luánshēng 双胞胎，孪生 シュアンパオタイ，ルワンション	twins トウィンズ
ふたた 再び	zàidù, zàicì, chóngxīn 再度，再次，重新 ヅァイドゥ，ヅァイツー，チョンシン	again, once more アゲイン，ワンス モー
ぶたにく 豚肉	kuài/piàn zhūròu 〔块／片〕猪肉 クアイ／ピエン ヂュウロウ	pork ポーク
ふたり 二人	liǎng ge rén 两个人 リアン ガ レン	two persons トゥー パースンズ
～部屋	shuāngrénfáng 双人房 シュアンレンファアン	twin room トウィン ルーム
ふたん 負担(する)	fùdān 负担 フゥダン	burden; bear, share バードン；ベア，シェア
ふだん 普段	píngcháng, píngshí, wǎngcháng 平常，平时，往常 ピィンチャアン，ピィンシー，ワァンチャァン	usual; usually ユージュアル；ユージュアリ
～着	biànfú, biànyī 便服，便衣 ピエンフウ，ピエンイー	casual wear キャジュアル ウェア
ふち 縁	jièxiàn, zhōuyuán 界线，周缘 ジエシエン，ヂョウユエン	edge, brink エヂ；ブリンク

日	中	英
ふちゅうい **不注意**	bù jīngyì, cū xīn dà yì 不经意，粗心大意 ブゥ ジィンイー, ツゥ シン ダァ イー	carelessness ケアレスネス
～な	bù jīngyì, dàyi, qīngxīn 不经意，大意，轻心 ブゥ ジィンイー, ダァイ, チィンシン	careless ケアレス
ふつう **普通**		
～選挙	pǔxuǎn 普选 プゥシュエン	universal suffrage ユーニヴァーサル サフリヂ
～の	píngcháng, pǔtōng, yìbān 平常，普通，一般 ピィンチャァン, プゥトン, イーバン	usual, general ユージュアル, ヂェネラル
～は	tōngcháng, yìbān de 通常，一般地 トンチャァン, イーバン ダ	usually ユージュアリ
～預金	huóqī cúnkuǎn 活期存款 ホゥオチィ ツゥンクワン	ordinary deposit オーディネリ ディパズィト
ぶっか **物価**	wùjià 物价 ウゥジア	prices プライスィズ
ふっかつ **復活(する)**	fùhuó, gēngshēng 复活，更生 フゥホゥオ, グンション	revival; revive リヴァイヴァル; リヴァイヴ
ぶつかる	pèngzhuàng, zhuàngjī 碰撞，撞击 ポンヂュアン, ヂュアンジィ	hit, strike ヒト, ストライク
ふっきゅう **復旧(する)**	xiūfù 修复 シウフゥ	restoration; be restored レストレイション; ビ リストード
ぶっきょう **仏教**	Fójiào 佛教 フォジアオ	Buddhism ブディズム
～徒	sēngren 僧人 スォンレン	Buddhist ブディスト
ぶつける	rēng, tóu 扔，投 ルォン, トウ	throw *at* スロウ
(衝突)	pèngshang 碰上 ポンシャァン	bump *against* バンプ
ふっこう **復興(する)**	fùxīng 复兴 フゥシィン	reconstruction リーコンストラクション

日	中	英
ふつごう 不都合	búbiàn, bù fāngbiàn 不便，不方便 ブゥビエン，ブゥ ファアンビエン	inconvenience インコンヴィーニェンス
ふっこく 復刻(する)	fānyìn 翻印 ファンイン	reproduction リープロダクション
ぶっしつ 物質	wùzhì 物质 ウゥヂー	matter, substance マタ，サブスタンス
〜的な	wùzhì fāngmiàn (de) 物质方面(的) ウゥヂー ファアンミエン (ダ)	material マティアリアル
ぶっしょく 物色する	wùsè 物色 ウゥスァ	look for ルク フォー
ぶっそう 物騒	sāorán bù'ān 骚然不安 サオラン ブゥアン	
〜な	sāoluàn, wēixiǎn 骚乱，危险 サオルワン，ウェイシエン	dangerous デインヂャラス
ぶつぞう 仏像	zūn/zuò fóxiàng 〔尊/座〕佛像 ヅゥン/ヅゥオ フォオシアン	Buddhist image ブディスト イミヂ
ぶっだ 仏陀	Fótuó, Shìjiāmóuní 佛陀，释迦牟尼 フォオトゥオ，シージアモウニィ	Buddha ブダ
ぶったい 物体	wùtǐ 物体 ウゥティー	object, thing アブヂクト，スィング
ふっとう 沸騰(する)	fèiténg 沸腾 フェイテゥン	boiling; boil ボイリング；ボイル
フットボール	zúqiú 足球 ヅゥチウ	football フトボール
フットワーク	bùfǎ 步法 ブゥファア	footwork フトワーク
ぶつぶつ言う	gūlu, nāngnang, dūnang 咕噜，嚷嚷，嘟囔 グゥル，ナァンナァン，ドゥナァン	murmur マーマ
(文句を言う)	bàoyuàn, láosāo 抱怨，牢骚 バオユエン，ラオサオ	grumble グランブル
ぶつり 物理	wùlǐ 物理 ウゥリィ	physics フィズィクス

日	中	英
～学者	wùlǐxuéjiā 物理学家 ウウリィシュエジア	physicist フィズィスィスト
ふで 筆	bǐ, máobǐ 笔，毛笔 ビィ, マオビィ	writing brush ライティング ブラシュ
ふてい 不定	búdìng 不定 ブゥディン	
～冠詞	búdìng guàncí 不定冠词 ブゥディン グワンツー	indefinite article インデフィニト アーティクル
～詞	búdìngcí 不定词 ブゥディンツー	infinitive インフィニティヴ
～の	bú quèdìng (de) 不确定(的) ブゥ チュエディン (ダ)	indefinite インデフィニト
ふてきとう 不適当な	bú shìdàng, bù héshì 不适当，不合适 ブゥ シーダァン, ブゥ ホァシー	unsuitable アンスユータブル
ふと	hūrán, ǒurán 忽然，偶然 ホゥラン, オウラン	suddenly, by chance サドンリ, バイ チャンス
ふと 太い	cū 粗 ツゥ	big, thick ビグ, スィク
(声が)	cū 粗 ツゥ	deep ディープ
ふとう 不当(な)	bú zhèngdàng (de) 不正当(的) ブゥ チョンダァン (ダ)	injustice; unjust インヂャスティス；アンヂャスト
ぶどう 葡萄	lì/kē pútao 〔粒 / 颗〕葡萄 リィ/クァ プゥタオ	grapes グレイプス
～酒	pútaojiǔ 葡萄酒 プゥタオジウ	wine ワイン
ふどうさん 不動産	búdòngchǎn, fángdìchǎn 不动产，房地产 ブゥドンチャン, ファアンディーチャン	immovables イムーヴァブルズ
ふところ 懐	huáibào 怀抱 ホアイバオ	the breast ザ ブレスト
(懐中・財布)	yāobāo 腰包 ヤオバオ	pocket, purse パケト, パース

日	中	英
ふと 太さ	cūxì 粗细 ツゥシィ	thickness スィクネス
ふとじ 太字	cūtǐ 粗体 ツゥティー	bold type ボゥルド タイプ
ふともも 太股	tiáo dàtuǐ 〔条〕大腿 ティアオ ダアトゥイ	thigh サイ
ふと 太[肥]る	fāpàng, fāfú 发胖，发福 ファアパン，ファアフゥ	grow fat グロウ ファト
ふとん 布団	tào/chuáng bèirù, bèizi 〔套/床〕被褥，被子 タオ/チュアン ペイルゥ，ペイヅ	bedclothes ベドクロウズズ
ふなびんで 船便で	hǎiyùn 海运 ハイユィン	by surface mail バイサーフィス メイル
ふなよ 船酔い	yùn chuán 晕船 ユィンチュワン	seasickness スィースィクネス
ぶなん 無難な	wú kě fēi yì 无可非议 ウゥ クァ フェイ イー	safe, pretty good セイフ，プリティ グド
ふにんしょう 不妊症	búyùnzhèng 不孕症 ブゥユィンヂョン	sterility ステリリティ
ふね 船・舟	zhī chuán, zhōují 〔只〕船，舟楫 ヂー チュワン，ヂョウジィ	boat, ship ボウト，シプ
ふねんせいの 不燃性の	bùrán, nàihuǒ 不燃，耐火 ブゥラン，ナイホゥオ	nonflammable ナンフラマブル
ふはい 腐敗(する)	xiǔhuài, fǔbài 朽坏，腐败 シウホアイ，フゥパイ	putrefaction; rot ピュートレファクション；ラト
(精神の)	fǔbài 腐败 フゥパイ	corruption カラプション
ぶひん 部品	língjiàn, pèijiàn 零件，配件 リィンジエン，ペイジエン	parts パーツ
ふぶき 吹雪	bàofēngxuě 暴风雪 バオフォンシュエ	snowstorm スノウストーム
ぶぶん 部分	(yí) bùfen (一)部分 (イー) ブゥフェン	part パート

日	中	英
ふへい **不平**	yuànqì, yuànyán, láosāo 怨气，怨言，牢骚 ユエンチィ, ユエンイエン, ラオサオ	dissatisfactions ディスサティスファクションズ
～を言う	bàoyuàn, míng bùpíng 抱怨，鸣不平 バオユエン, ミン ブゥピィン	grumble グランブル
ふへん **普遍**	pǔbiàn 普遍 プゥビエン	universality ユーニヴァーサリティ
～的な	pǔbiànxìng de 普遍性的 プゥビエンシィン ダ	universal ユーニヴァーサル
ふべん **不便(な)**	bù fāngbiàn, búbiàn 不方便，不便 ブゥ ファンビエン, ブゥビエン	inconvenience インコンヴィーニェンス
ふぼ **父母**	diēniáng, fùmǔ 爹娘，父母 ディエニアン, フゥムゥ	parents ペアレンツ
ふほう **不法**	wéifǎ, bùfǎ 违法，不法 ウェイファア, ブゥファア	unlawfulness アンローフルネス
～な	wéifǎ de, bùfǎ de 违法的，不法的 ウェイファア ダ, ブゥファア ダ	unlawful アンローフル
ふまん **不満**	bùmǎn 不满 ブゥマン	discontent ディスコンテント
～な	bùmǎn de 不满的 ブゥマン ダ	discontented ディスコンテンテド
ふみきり **踏切**	dàokǒu 道口 ダオコウ	crossing クロスィング
ふ だい **踏み台**	jiǎodēngzi 脚蹬子 ジアオデゥンヅ	footstool フトストゥール
(手段)	diànjiǎoshí 垫脚石 ディエンジアオシー	stepping-stone ステピングストウン
ふみんしょう **不眠症**	shīmiánzhèng 失眠症 シーミエンヂョン	insomnia インサムニア
ふ **踏む**	tà, cǎi 踏，踩 タァ, ツァイ	step, tread ステプ, トレド
(手続きなどを)	jīngguò 经过 ジィングゥオ	go through ゴウ スルー

日	中	英
ふめい 不明な	bùmíng 不明 ブゥミィン	unknown アンノウン
ふめいよ 不名誉	chǐrǔ, wūdiǎn 耻辱，污点 チールゥ，ウゥディエン	dishonor ディスアナ
〜な	chǐrǔ de 耻辱的 チールゥ ダ	dishonorable ディサナラブル
ふめいりょう 不明瞭な	bù míngquè 不明确 ブゥ ミィンチュエ	not clear ナト クリア
ふもと 麓	shānjiǎo, shāngēn 山脚，山根 シャンジアオ，シャンゲン	the foot ザ フト
ぶもん 部門	bùmén 部门 ブゥメン	section セクション
ふ 増やす	tiān, zēngtiān 添，增添 ティエン，ヅンティエン	increase インクリース
ふゆ 冬	dōngtiān 冬天 ドンティエン	winter ウィンタ
ふゆかい 不愉快な	búkuài, bù gāoxìng 不快，不高兴 ブゥクアイ，ブゥ ガオシィン	disagreeable ディサグリーアブル
ふよう 扶養（する）	fúyǎng, yǎnghuo 扶养，养活 フゥヤン，ヤンホゥオ	support サポート
〜家族	fúyǎng jiāshǔ 扶养家属 フゥヤン ジアシュゥ	dependent ディペンデント
ふよう 不用（な）	bù xūyào (de) 不需要（的） ブゥ シュィヤオ（ダ）	disuse ディスューズ
ぶよう 舞踊	wǔdǎo 舞蹈 ウゥダオ	dance ダンス
フライ	yóuzhà shípǐn 油炸食品 ヨウチャア シーピン	fry フライ
（野球）	téngkōngqiú 腾空球 テゥンコンチウ	fly フライ
きゅう フライ級	cìqīngliàngjí 次轻量级 ツーチィンリアンジィ	flyweight フライウェイト

日	中	英
プライド	zìháogǎn, zìzūnxīn 自豪感，自尊心 ツーハオガン, ヅーヅゥンシン	pride プライド
プライバシー	yǐnsī 隐私 インスー	privacy プライヴァスィ
フライパン	jiānguō 煎锅 ジエングゥオ	frying pan フライイング パン
プライベートな	sīrén 私人 スーレン	private プライヴェト
ブラウス	jiàn chènshān 〔件〕衬衫 ジエン チェンシャン	blouse ブラウズ
プラカード	biāoyǔpái 标语牌 ビアオユィパイ	placard プラカード
プラグ	chātóu, chāxiāo 插头，插销 チャアトウ, チャアシアオ	plug プラグ
ぶら下がる	diàochuí, xuán 吊垂，悬 ディアオチュイ, シュエン	hang, dangle ハング, ダングル
ブラシ	bǎ shuā, shuāzi 〔把〕刷，刷子 バァ シュア, シュアツ	brush ブラシュ
ブラジャー	rǔzhào 乳罩 ルゥヂャオ	brassiere, bra ブラズィア, ブラー
プラス	zhèngjí 正极 ヂョンジィ	plus プラス
プラスチック	sùliào 塑料 スゥリアオ	plastic プラスティク
フラストレーション	cuòzhé, shòucuò 挫折，受挫 ツゥオヂョァ, ショウツゥオ	frustration フラストレイション
ブラスバンド	tóngguǎn yuèduì 铜管乐队 トングワン ユエドゥイ	brass band ブラス バンド
プラチナ	báijīn, bó 白金，铂 バイジン, ボォ	platinum プラティナム
ぶらつく	xiánguàng, liūda 闲逛，溜达 シエングアン, リウダ	walk about ウォーク アバウト

日	中	英
ブラックリスト	hēimíngdān 黒名单 ヘイミィンダン	blacklist ブラクリスト
フラッシュ	shǎnguāngdēng, měiguāng 闪光灯，镁光 シャングアンデゥン, メイグアン	flashlight フラシュライト
～バック	shǎnhuí 闪回 シャンホゥイ	flashback フラシュバク
ブラッシング	shuā((yīfu)) 刷《衣服》 シュア《イーフ》	brushing ブラシング
フラット	jiànghào 降号 ジアンハオ	flat フラト
プラットフォーム	yuètái, zhàntái 月台，站台 ユエタイ, チャンタイ	platform プラトフォーム
プラネタリウム	tiānxiàngyí 天象仪 ティエンシアンイー	planetarium プラニテアリアム
フラノ	fǎlánróng 法兰绒 ファアランロン	flannel フラネル
ぶらぶらする	guàngdang, pánxuán 逛荡，盘旋 グアンダン, パンシュエン	swing, dangle スウィング, ダングル
（さまよう）	páihuái, liūda 徘徊，溜达 パイホアイ, リウダ	wander ワンダ
（怠ける）	fùxián, xián dāizhe 赋闲，闲呆着 フゥシエン, シエン ダイチャ	be lazy ビ レイズィ
プラム	lǐzi, yánglǐ 李子，洋李 リィヅ, ヤンリィ	plum プラム
プラモデル	sùliào móxíng 塑料模型 スゥリアオ モォシィン	plastic toy-model kit プラスティク トイマドル キト
フラン	Fǎláng 法郎 ファアラン	franc フランク
プラン	jìhuà, fāng'àn 计划，方案 ジィホア, ファアンアン	plan プラン
フランク(な)	tǎnshuài, shuǎngkuài 坦率，爽快 タンシュアイ, シュアンクアイ	frank フランク

日	中	英
ブランク	kōngbái 空白 コンパイ	blank ブランク
ぶらんこ	qiūqiān 秋千 チウチエン	swing, trapeze スウィング, トラピーズ
フランス	Fǎguó 法国 ファアグゥオ	France フランス
～語	Fǎyǔ 法语 ファアユィ	French フレンチ
～の	Fǎguó de 法国的 ファアグゥオ ダ	French フレンチ
～料理	Fǎguócài 法国菜 ファアグゥオツァイ	French food フレンチ フード
フランチャイズ	tèxǔ jīngyíng, zhuānyíng(quán) 特许经营, 专营(权) トゥアシュイ ジンイイン, チュワンイイン(チュエン)	franchise フランチャイズ
ブランデー	báilándì 白兰地 バイランディー	brandy ブランディ
ブランド	páizi, shāngbiāo, míngpái 牌子, 商标, 名牌 パイヅ, シァンビアオ, ミィンパイ	brand ブランド
プラント	chéngtào shèbèi 成套设备 チョンタオ ショァベイ	plant プラント
ふり 不利(な)	búlì (de) 不利(的) プゥリィ(ダ)	disadvantage ディサドヴァンティヂ
フリー	bù jūshù 不拘束 プゥ ヂュイシュウ	freedom フリーダム
～の	wú jūshù de, zìyóu de 无拘束的, 自由的 ウゥ ヂュイシュウ ダ, ヅーヨウ ダ	free フリー
プリーツ	zhězi 褶子 ヂョァヅ	pleat プリート
ブリーフ	nányòng duǎnnèikù 男用短内裤 ナンヨン ドワンネイクゥ	briefs ブリーフス
ブリーフケース	gōngwénbāo 公文包 ゴンウェンバオ	briefcase ブリーフケイス

日	中	英
ふりえき 不利益	kuīsǔn 亏损 クイスウン	disadvantage ディサドヴァンティヂ
ふりかえ 振替	zhuǎnzhàng 转账 ヂュワンヂャァン	transfer トランスファー
ふ かえ 振り返る	huí tóu, huí shǒu 回头，回首 ホゥイトウ，ホゥイショウ	look back *at* ルク バク
（過去を）	huígù, huíshǒu 回顾，回首 ホゥイグウ，ホゥイショウ	look back *upon* ルク バク
ふ こ 振り込む	zhuǎn zhàng 转账 ヂュワンヂャァン	transfer *to* トランスファー
プリペイドの	yùfù 预付 ユイフゥ	prepaid プリーペイド
ふ む 振り向く	diàotóu, huíshǒu, huítóu 掉头，回首，回头 ディアオトウ，ホゥイショウ，ホゥイトウ	turn *to*, look back ターン，ルク バク
ふりょう 不良な	bù hǎo de, bùliáng de 不好的，不良的 ブウ ハオ ダ，ブウリアン ダ	bad バド
ぶりょく 武力	bàolì, wǔlì 暴力，武力 バオリィ，ウゥリィ	military power ミリテリ パウア
フリル	zhěbiān 褶边 ヂョァビエン	frill フリル
ふりん 不倫	hūnwàiliàn 婚外恋 ホゥンワイリエン	adultery アダルタリ
プリン	bùdīng 布丁 ブウディン	pudding プディング
プリンター	dǎyìnjī 打印机 ダァインジィ	printer プリンタ
プリント	yìnshuāpǐn 印刷品 インシュアピン	copy, print カピ，プリント
～アウト	yìnchū 印出 インチュウ	printout プリントアウト
ふ 降る	jiàng 降 ジアン	fall フォール

日	中	英
雨が〜	xià (yǔ) 下(雨) シア (ユィ)	It rains. イト レインズ
雪が〜	xià (xuě), jiàng (xuě) 下(雪), 降(雪) シア (シュエ), ジアン (シュエ)	It snows. イト スノウズ
振る	huī, yáo, bǎi 挥, 摇, 摆 ホゥイ, ヤオ, バイ	shake, wave シェイク, ウェイヴ
古い	jiù 旧 ジウ	old, ancient オウルド, エインシェント
ブルー	lánsè 蓝色 ランスァ	blue ブルー
〜カラー	lánlǐng 蓝领 ランリィン	blue-collar worker ブルーカラ ワーカ
ブルース	bùlǔshì wǔqǔ 布鲁士舞曲 ブゥルゥシー ウゥチュイ	the blues ザ ブルーズ
フルーツ	shuǐguǒ 水果 シュイグゥオ	fruit フルート
フルート	zhī chángdí 〔支〕长笛 チー チャァンディー	flute フルート
ブルーベリー	lánméi 蓝莓 ランメイ	blueberry ブルーベリ
震える	dǒu, dǒudòng, fāchàn 抖, 抖动, 发颤 ドウ, ドウドン, ファアチャン	tremble, shiver トレンブル, シヴァ
古臭い	chénfǔ, lǎodiàoyá 陈腐, 老掉牙 チェンフゥ, ラオディアオヤァ	old-fashioned オウルドファションド
フルコース	quánxí 全席 チュエンシィ	six-course dinner スィクスコース ディナ
故郷	gùxiāng 故乡 グゥシアン	home, home town ホウム, ホウム タウン
ブルゾン	jiàn jiākè 〔件〕夹克 ジエン ジアクァ	blouson ブルーサン
ブルドーザー	tái tuītǔjī 〔台〕推土机 タイ トゥイトゥジィ	bulldozer ブルドウザ

日	中	英
プルトニウム	bù 钚 ブゥ	plutonium プルートウニアム
ふるほん 古本	jiùshū 旧书 ジウシュウ	used book ユースト ブク
ふ ま 振る舞う	dòngzuò, xíngdòng 动作, 行动 ドンヅゥオ, シィンドン	behave ビヘイヴ
ふる 古めかしい	gǔlǎo de 古老的 グゥラオ ダ	old-fashioned オウルドファションド
ふる 震わせる	duōsuō, chàndǒu 哆嗦, 颤抖 ドゥオスゥオ, チャンドウ	shake, tremble *with* シェイク, トレンブル
ぶれい 無礼(な)	bù lǐmào, wúlǐ 不礼貌, 无礼 ブゥ リィマオ, ウゥリィ	impolite, rude インポライト, ルード
プレー	bǐsài 比赛 ビィサイ	play プレイ
～オフ	yánchángsài 延长赛 イエンチャァンサイ	play-off プレイオフ
ブレーカー	diànliú duànlùqì 电流断路器 ディエンリウ ドゥワンルゥチィ	breaker ブレイカ
ブレーキ	zhìdòngqì, (chē)zhá 制动器, (车)闸 チードンチィ, (チョア)ヂャア	the brake ザ ブレイク
～をかける	zhìdòng, shāchē, lāzhá 制动, 刹车, 拉闸 チードン, シャアチョア, ラァヂャア	put on the brake プト オン ザ ブレイク
プレート	píngbǎn, pánzi 平板, 盘子 ピィンバン, パンヅ	plate プレイト
プレーボーイ	huāhuā gōngzǐ 花花公子 ホアホア ゴンヅー	playboy プレイボイ
フレーム	gǔzi, kuàngzi 骨子, 框子 グゥヅ, クアンヅ	frame フレイム
プレーヤー (選手)	xuǎnshǒu 选手 シュエンショウ	player プレイア

日	中	英
ブレーン	zhìnángtuán 智囊团 チーナァントワン	brains ブレインズ
ブレザー	xīfú shàngyī 西服上衣 シィフウ シャァンイー	blazer ブレイザ
プレス	chòngyājī 冲压机 チォンヤァジィ	press プレス
（報道機関）	xīnwén jīgòu 新闻机构 シンウェン ジィゴウ	the press ザ プレス
ブレスレット	shǒuzhuó 手镯 ショウチュオ	bracelet ブレイスレト
プレゼンテーション	biǎoshì 表示 ビアオシー	presentation プリーゼンテイション
プレゼント	lǐwù 礼物 リィウゥ	present プレズント
～する	sònglǐ 送礼 ソンリィ	present プリゼント
プレタポルテ	gāojí xiànchéng yīfu 高级现成衣服 ガオジィ シエンチョン イーフ	prêt-à-porter プレターポテイ
プレッシャー	yālì 压力 ヤァリィ	pressure プレシャ
フレッシュな	xīnxiān 新鲜 シンシエン	fresh フレシュ
プレハブ	yùzhì zhuāngpèishì fángwū 预制装配式房屋 ユィヂー ヂュアンペイシー ファァンウゥ	prefabrication プリーファブリケイション
～住宅	zǔzhuāngshì zhùzhái 组装式住宅 ヅゥヂュアンシー ヂュウヂャイ	prefabricated house プリーファブリケイテド ハウス
プレミアム	(dài) jiājià, zhuījiā gāojià （带）加价，追加高价 （ダイ）ジアジア，ヂュイジア ガオジア	premium プリーミアム
プレリュード	xùqǔ 序曲 シュイチュイ	prelude プレリュード
ふ 触れる	chùdòng, chùjí, jiēchù 触动，触及，接触 チュウドン，チュウジィ，ジエチュウ	touch タチ

日	中	英
(言及)	tándào, tíjí 谈到，提及 タンダオ, ティージィ	mention メンション
ふれんぞく 不連続	bù liánxù, jiànduàn 不连续，间断 ブゥ リエンシュィ, ジエンドワン	discontinuity ディスコンティニューイティ
ブレンド	hùnhé 混合 ホゥンホァア	blending ブレンディング
ふろ 風呂	yùgāng, xǐzǎojiān, zǎotáng 浴缸，洗澡间，澡堂 ユィガァン, シィヅァオジェン, ヅァオタァン バス	bath バス
～に入る	xǐ'zǎo 洗澡 シィヅァオ	take a bath テイク ア バス
プロ	nèiháng, zhuānjiā 内行，专家 ネイハァン, チュワンジア	pro プロウ
～の	nèiháng, zhuānyè 内行，专业 ネイハァン, チュワンイエ	pro プロウ
フロア	dìmiàn 地面 ディーミエン	floor フロー
ブローカー	jīngjìrén, qiánkè 经纪人，掮客 ジィンジィレン, チエンクァ	broker ブロウカ
ブロークンな	bù biāozhǔn de 不标准的 ブゥ ビアオヂュン ダ	broken ブロウクン
ブローチ	biézhēn 别针 ビエヂェン	brooch ブロウチ
ふろく 付録	fùlù 附录 フウルウ	supplement サプリメント
プログラマー	chéngxù shèjìyuán 程序设计员 チョンシュィ ショァジィユエン	programmer プロウグラマ
プログラミング	chéngxù shèjì 程序设计 チョンシュィ ショァジィ	programming プロウグラミング
プログラム	jiémù 节目 ジエムゥ	program プロウグラム
(コンピュータの)	chéngxù 程序 チョンシュィ	program プロウグラム

日	中	英
プロジェクト	gōngchéng, jìhuà 工程，计划	project
風呂敷(ふろしき)	zhāng bāofu 〔张〕包袱	cloth wrapper
プロダクション	shēngchǎn 生产	production
ブロッコリー	xīlánhuā 西兰花	broccoli
プロット	qíngjié 情节	plot
フロッピー	zhāng ruǎnpán 〔张〕软盘	floppy
プロテクター	bǎohùzhě, hùjù 保护者，护具	protector
プロデューサー	zhìpiànrén, biānzhìrén 制片人，编制人	producer
プロバイダー	wǎngluò fúwùshāng 网络服务商	provider
プロパン	bǐngwán 丙烷	propane
プロフィール	cèmiànxiàng, zhuànlüè 侧面像，传略	profile
プロペラ	luóxuánjiǎng 螺旋桨	propeller
プロポーション	shēncái yúnchèn 身材匀称	proportion
プロポーズ(する)	qiúhūn 求婚	proposal
ブロマイド	zhāng míngxīng zhàopiàn 〔张〕明星照片	bromide
プロモーション	tuīxiāo, guǎnggào 推销，广告	promotion

日	中	英
プロモーター	zànzhùzhě 赞助者 ヅァンヂュウヂォア	promoter プロモウタ
プロローグ	xùyán, kāiduān 序言，开端 シュイイエン, カイドワン	prologue プロウログ
ブロンズ	qīngtóng 青铜 チィントン	bronze ブランズ
フロント	fúwùtái 服务台 フウウタイ	front desk フラント デスク
～ガラス	kuài dǎngfēng bōli 〔块〕挡风玻璃 クアイ ダァンフォン ボォリ	windshield ウィンシールド
プロンプター	tíbáiyuán 提白员 ティーバイユエン	prompter プランプタ
ふわ 不和	bùhé 不和 ブゥホォア	discord ディスコード
ふわた 不渡り	jùfù 拒付 ヂュイフウ	dishonor ディスアナ
ふん 分	fēn 分 フェン	minute ミヌト
ぶん 文	wénzhāng 文章 ウェンヂャァン	sentence センテンス
ふんいき 雰囲気	fēnwéi, qìfēn 氛围，气氛 フェンウェイ, チィフェン	atmosphere アトモスフィア
ふんか(する) 噴火(する)	pēnhuǒ 喷火 ペンホゥオ	eruption; erupt イラプション；イラプト
ぶんか 文化	wénhuà, wénmíng 文化，文明 ウェンホア, ウェンミィン	culture カルチャ
～的な	yǒu wénhuà de 有文化的 ヨウ ウェンホア ダ	cultural カルチャラル
ふんがい(する) 憤慨(する)	fènkǎi, qìfèn 愤慨，气愤 フェンカイ, チィフェン	indignation インディグネイション
ぶんかい(する) 分解(する)	fēnjiě 分解 フェンジエ	decomposition ディーカンポズィション

日	中	英
ぶんがく **文学**	wénxué 文学 ウェンシュエ	literature リテラチャ
ぶんかつ **分割**(する)	fēngē, huàfēn 分割，划分 フェングァ, ホアフェン	division; divide ディヴィジョン；ディヴァイド
～払い	fēnqī fùkuǎn 分期付款 フェンチィ フゥクワン	installment plan インストールメント プラン
ふんきゅう **紛糾**(する)	jiūfēn 纠纷 ジウフェン	complication カンプリケイション
ぶんぎょう **分業**	fēngōng 分工 フェンゴン	division of labor ディヴィジョン オヴ レイバ
ぶんげい **文芸**	wényì 文艺 ウェンイー	arts and literature アーツ アンド リテラチャ
ぶんけん **文献**	wénjiàn, wénxiàn 文件，文献 ウェンジエン, ウェンシエン	literature リテラチャ
～学	wénxiànxué 文献学 ウェンシエンシュエ	philology フィラロディ
ぶんこ **文庫**	cóngshū, wénkù 丛书，文库 ツォンシュウ, ウェンクゥ	library ライブラリ
～本	xiùzhēnběn, xiǎoxíng píngzhuāngběn 袖珍本，小型平装本 シウチェンベン, シアオシィン ピィンヂュアンベン	pocket book パケト ブク
ぶんご **文語**	wényán 文言 ウェンイエン	literary language リタレアリ ラングウィヂ
ふんさい **粉砕**(する)	fěnsuì, pòsuì 粉碎，破碎 フェンスウイ, ポォスウイ	smash, crush スマシュ, クラシュ
ぶんし **分子**	fēnzǐ 分子 フェンヅー	molecule マレキュール
(数学)	fēnzǐ 分子 フェンヅー	numerator ニューマレイタ
(一部の者)	fēnzǐ 分子 フェンヅー	element エレメント
ふんしつ **紛失**(する)	diūshī, yíshī 丢失，遗失 ディウシー, イーシー	loss; lose ロス；ルーズ

日	中	英
～物	yíshī wù 遗失物 イーシー ウゥ	lost article ロスト アーティクル
ぶんしょ 文書	wénshū, wénjiàn 文书，文件 ウェンシュウ，ウェンジエン	document ダキュメント
ぶんしょう 文章	wénzhāng 文章 ウェンヂャアン	sentence センテンス
ふんすい 噴水	pēnquán 喷泉 ペンチュエン	fountain ファウンティン
ぶんすう 分数	fēnshù 分数 フェンシュウ	fraction フラクション
ぶんせき 分析 (する)	fēnxī, pōuxī 分析，剖析 フェンシィ，ポウシィ	analysis; analyze アナリスィス；アナライズ
ふんそう 紛争	fēnzhēng, jiūfēn 纷争，纠纷 フェンヂョン，ジウフェン	conflict カンフリクト
ぶんたい 文体	wéntǐ, tǐshì 文体，体式 ウェンティー，ティーシー	style スタイル
ぶんたん 分担 (する)	fēndān 分担 フェンダン	share シェア
ぶんちん 文鎮	zhènzhǐ 镇纸 ヂェンヂー	paperweight ペイパウェイト
ぶんつう 文通 (する)	tōngxìn 通信 トンシン	correspondence コーレスパンデンス
ぶんどき 分度器	liángjiǎoqì 量角器 リアンジアオチィ	protractor プロトラクタ
ぶんぱい 分配 (する)	fēnpèi 分配 フェンペイ	distribution ディストリビューション
ぶんぴつ 分泌	fēnmì 分泌 フェンミィ	secretion スィクリーション
ぶんぷ 分布 (する)	fēnbù 分布 フェンブゥ	distribution ディストリビューション
ふんべつ 分別	biànbiélì, pànduànlì 辨别力，判断力 ビエンビエリィ，パンドワンリィ	discretion ディスクレション

日	中	英
ぶんべん **分娩**(する)	fēnmiǎn, línpén 分娩，临盆 フェンミエン, リンペン	childbirth チャイルドバース
ぶんぼ **分母**	fēnmǔ 分母 フェンムゥ	denominator ディナミネイタ
ぶんぽう **文法**	yǔfǎ, wénfǎ 语法，文法 ユイファア, ウェンファア	grammar グラマ
ぶんぼうぐ **文房具**	wénjù 文具 ウェンヂュイ	stationery ステイショネリ
～店	wénjù diàn 文具店 ウェンヂュイ ディエン	stationery store ステイショネリ ストー
ふんまつ **粉末**	fěnmò 粉末 フェンモォ	powder パウダ
ぶんめい **文明**	wénmíng 文明 ウェンミィン	civilization スィヴィリゼイション
ぶんや **分野**	fāngmiàn, fēnyě, lǐngyù 方面，分野，领域 ファアンミエン, フェンイエ, リィンユイ	field, line フィールド, ライン
ぶんらく **文楽**	rénxíng jìngliúli 人形净琉璃 レンシィン ジィンリウリ	*Bunraku* ブンラク
ぶんり **分離**(する)	fēngē, fēnlí 分割，分离 フェングァ, フェンリィ	separation; separate セパレイション；セパレイト
ぶんりょう **分量**	fēnliàng, zhòngliàng 分量，重量 フェンリアン, ヂォンリアン	quantity クワンティティ
ぶんるい **分類**(する)	fēnlèi, fēn mén bié lèi 分类，分门别类 フェンレイ, フェン メン ビエ レイ	classification クラスィフィケイション
ぶんれつ **分裂**(する)	fēnhuà, fēnliè 分化，分裂 フェンホア, フェンリエ	split スプリト

■文具■

日本語	中国語 / ピンイン / (㊥英語)
ぶんぼうぐ 文房具	文具 /wénjù ウェンジュィ / (㊥stationery)
えんぴつ 鉛筆	铅笔 /qiānbǐ チエンビィ / (㊥pencil)
まんねんひつ 万年筆	钢笔 /gāngbǐ ガァンビィ / (㊥fountain pen)
ボールペン	圆珠笔 /yuánzhūbǐ ユエンチュウビィ / (㊥ball-point)
シャープペンシル	活心铅笔，自动铅笔 /huóxīn qiānbǐ, zìdòng qiānbǐ ホゥオシン チエンビィ, ヅードン チエンビィ / (㊥mechanical pencil)
け 消しゴム	橡皮 /xiàngpí シアンピィ / (㊥eraser, rubber)
インク	墨水 /mòshuǐ モォシュイ / (㊥ink)
コンパス	圆规 /yuánguī ユエングゥイ / (㊥compasses)
え ぐ 絵の具	颜料，水彩 /yánliào, shuǐcǎi イエンリアオ, シュイツァイ / (㊥paints, colors)
クレヨン	蜡笔 /làbǐ ラァビィ / (㊥crayon)
クレパス	蜡粉笔 /làfěnbǐ ラァフェンビィ / (㊥pastel crayon)
いろえんぴつ 色鉛筆	彩色铅笔 /cǎisè qiānbǐ ツァイスァ チエンビィ / (㊥color pencil)
パレット	调色板 /tiáosèbǎn ティアオスァバン / (㊥palette)
ノート	笔记本，本子 /bǐjìběn, běnzi ビィジィベン, ベンヅ / (㊥notebook)
スケッチブック	素描簿 /sùmiáobù スゥミアオブゥ / (㊥sketchbook)
てちょう 手帳	笔记本 /bǐjìběn ビィジィベン / (㊥notebook)
にっきちょう 日記帳	日记本 /rìjìběn リージィベン / (㊥diary)
げんこうようし 原稿用紙	稿纸 /gǎozhǐ ガオヂー / (㊥manuscript paper)
ルーズリーフ	活页（笔记本）/huóyè (bǐjìběn) ホゥオイエ（ビィジィベン）/ (㊥loose-leaf notebook)
はがき 葉書	明信片 /míngxìnpiàn ミィンシンピエン / (㊥postal card)
びんせん 便箋	信纸 /xìnzhǐ シンヂー / (㊥letter paper)
ふうとう 封筒	信封 /xìnfēng シンフォン / (㊥envelope)
バインダー	文件夹 /wénjiànjiā ウェンジエンジア / (㊥binder)
のり 糊	糨糊 /jiànghu ジアンホ / (㊥paste, starch)
がびょう 画鋲	图钉 /túdīng トゥディン / (㊥thumbtack)
セロテープ	（透明）胶带 /(tòumíng) jiāodài (トゥミィン) ジアオダィ / (㊥Scotch tape)
クリップ	卡子，夹子 /qiǎzi, jiāzi チアヅ, ジアヅ / (㊥clip)
ホッチキス	钉书器 /dìngshūqì ディンシュウチィ / (㊥stapler)

日	中	英

へ, ヘ

ヘア	tóufa 头发 トウファ	hair ヘア
～スタイル	fàxíng 发型 ファアシィン	hairstyle ヘアスタイル
～トニック	shēngfà xiāngshuǐ 生发香水 ションファア シアンシュイ	hair tonic ヘア タニク
～ブラシ	bǎ fàshuā 〔把〕发刷 バァ ファアシュア	hairbrush ヘアブラシ
ペア	yí duì 一对 イー ドゥイ	pair ペア
ベアリング	zhóuchéng 轴承 ヂョウチョン	bearing ベアリング
へい 塀	dǔ qiáng 〔堵〕墙 ドゥ チアン	wall, fence ウォール, フェンス
へいあん 平安	tàipíng, píng'ān 太平, 平安 タイピィン, ピィンアン	peace ピース
へいい 平易な	yìdǒng 易懂 イードン	easy, simple イーズィ, スィンプル
へいおん 平穏	píng'ān 平安 ピィンアン	tranquility トランクウィリティ
～な	píng'ān de 平安的 ピィンアン ダ	calm カーム
へいかい 閉会(する)	bìhuì, bìmù 闭会, 闭幕 ビィホゥイ, ビィムゥ	closing; close クロウズィング; クロウズ
へいがい 弊害	bìbìng, bìduān 弊病, 弊端 ビィビィン, ビィドワン	evil, abuse イーヴル, アビューズ
へいき 兵器	jiàn bīngqì, wǔqì 〔件〕兵器, 武器 ジェン ビィンチィ, ウゥチィ	arms, weapon アームズ, ウェポン
～庫	wǔqìkù 武器库 ウゥチィクゥ	arsenal アースィナル

日	中	英
へいき 平気	búzàihu 不在乎 ブゥヅァイホ	composure カンポウジャ
～な	lěngjìng de, búzàihu de 冷静的, 不在乎的 ルォンジィン ダ, ブゥヅァイホ ダ	calm カーム
へいきん 平均(する)	píngjūn 平均 ピィンジュィン	average アヴァリヂ
～台	pínghéngmù 平衡木 ピィンヘゥンムゥ	balance beam バランス ビーム
へいげん 平原	píngyuán 平原 ピィンユエン	plain プレイン
へいこう 平行(している)	píngxíng 平行 ピィンシィン	parallel to パラレル
～四辺形	píngxíng sìbiānxíng 平行四边形 ピィンシィン スーピエンシィン	parallelogram パラレログラム
～線	píngxíngxiàn 平行线 ピィンシィンシエン	parallel lines パラレル ラインズ
～棒	shuānggàng 双杠 シュアンガァン	parallel bars パラレル バーズ
へいこう 平衡	pínghéng 平衡 ピィンヘゥン	equilibrium イークウィリブリアム
へいごう 併合(する)	bìngtūn 并吞 ビィントゥン	absorption; absorb アブソープション; アブソーブ
へいこう 閉口する	wéinán 为难 ウェイナン	be embarrassed at, by ビ インバラスト
へいこうゆにゅう 並行輸入	liǎng tiáo qúdào jìnkǒu 两条渠道进口 リアン ティアオ チュィダオ ジンコウ	parallel imports パラレル インポーツ
へいさ 閉鎖(する)	fēngsuǒ, guānbì 封锁, 关闭 フォンスゥオ, グワンビィ	closing; close クロウズィング; クロウズ
へいし 兵士	shìbīng 士兵 シービィン	soldier ソウルヂャ
へいじつ 平日	píngrì 平日 ピィンリー	weekday ウィークデイ

日	中	英
へいじょう 平常の	píngcháng de, pǔtōng de 平常的, 普通的 ピィンチャァン ダ, プゥトン ダ	normal ノーマル
へいぜん 平然(と)	zhènjìng (de) 镇静(地) チェンジィン (ダ)	calmly カームリ
～とした	zhènjìng de 镇静的 チェンジィン ダ	calm, cool カーム, クール
へいち 平地	píngchuān, píngdì 平川, 平地 ピィンチュワン, ピィンディー	flat ground フラト グラウンド
へいてん 閉店(する)	guānˈmén, dǎyàng 关门, 打烊 グワンメン, ダアヤン	closing; close クロウズィング；クロウズ
へいねつ 平熱	zhèngcháng tǐwēn 正常体温 チョンチャァン ティーウェン	normal temperature ノーマル テンパラチャ
へいねん 平年	chángnián, píngnián 常年, 平年 チャァンニエン, ピィンニエン	ordinary year オーディネリ イア
へいほう 平方	píngfāng 平方 ピィンファアン	square スクウェア
～キロメートル	píngfāng gōnglǐ 平方公里 ピィンファアン ゴンリィ	square kilometer スクウェア キロミータ
～根	píngfānggēn 平方根 ピィンファアンゲン	square root スクウェア ルート
～メートル	píngfāngmǐ 平方米 ピィンファアンミィ	square meter スクウェア ミータ
へいぼん 平凡な	píngfán de, pǔtōng de, píngyōng de 平凡的, 普通的, 平庸的 ピィンファン ダ, プゥトン ダ, ピィンヨン ダ	common, ordinary カモン, オーディネリ
へいめん 平面	píngmiàn 平面 ピィンミエン	plane プレイン
へいや 平野	píngyuán, píngyě 平原, 平野 ピィンユエン, ピィンイエ	plain プレイン
へいわ 平和	hépíng 和平 ホォアピィン	peace ピース
～な	hépíng de 和平的 ホォアピィン ダ	peaceful ピースフル

日	中	英
ベーコン	kuài, piàn xiánròu, yānròu〔块 / 片〕咸肉，腌肉 クアイ/ピエン シエンロウ, イエンロウ	bacon ベイコン
ページ	yè 页 イエ	page ペイヂ
ベージュ	qiǎntuósè 浅驼色 チエントゥオスァ	beige ベイジュ
ベース	jīchǔ, jīběn 基础，基本 ジィチュウ, ジィベン	base ベイス
(野球の)	lěi 垒 レイ	base ベイス
(音楽)	bèisī 贝斯 ベイスー	bass ベイス
ペース	sùdù, bùdiào 速度，步调 スゥドゥ, ブゥディアオ	pace ペイス
ベースアップ	tígāo gōngzī 提高工资 ティーガオ ゴンヅー	raise in wages レイズ イン ウェイヂズ
ペースト	miànhù 面糊 ミエンホゥ	paste ペイスト
ペースメーカー	qǐbóqì 起搏器 チィボォチィ	pacemaker ペイスメイカ
(競技などで)	dàibùrén 带步人 ダイブゥレン	pacemaker ペイスメイカ
ペーパー	zhǐ 纸 ヂー	paper ペイパ
～バック	píngzhuāng 平装 ピィンヂュアン	paperback ペイパバク
ベール	miànshā 面纱 ミエンシャア	veil ヴェイル
壁画	fú bìhuà 〔幅〕壁画 フゥ ビィホァ	mural ミュアラル
僻地	piānpì dìfāng 偏僻地方 ピエンピィ ディーファアン	remote place リモゥト プレイス

日	中	英
北京（ペキン）	北京 Běijīng ベイジン	Beijing, Peking ベイヂング, ピーキング
ヘクタール	公顷 gōngqǐng ゴンチィン	hectare ヘクテア
ベクトル	向量 xiàngliàng シアンリアン	vector ヴェクタ
凹む（へこむ）	凹, 瘪 āo, biě アオ, ビエ	be dented, sink ビ デンテド, スィンク
凹んだ（へこんだ）	洼 wā ワア	dented デンテド
ベスト	最好 zuì hǎo ヅゥイ ハオ	best ベスト
（衣服の）	背心 bèixīn ベイシン	vest ヴェスト
ベストセラー	〔本〕畅销书 běn chàngxiāoshū ベン チャアンシアオシュウ	best seller ベスト セラ
臍（へそ）	肚脐 dùqí ドゥチィ	the navel ザ ネイヴェル
下手（な）（へた）	笨拙的, 不行的 bènzhuō de, bùxíng de ベンチュオ ダ, ブシィン ダ	clumsy, poor クラムズィ, プア
ベターな	更好的 gèng hǎo de グン ハオ ダ	better ベタ
隔たり（へだたり）	距离, 间隔 jùlí, jiàngé チュイリィ, ジエングァ	distance ディスタンス
（差異）	隔阂, 隔膜 géhé, gémó グァホオア, グァモオ	difference ディフレンス
隔たる（へだたる）	相隔, 相距 xiānggé, xiāngjù シアングァ, シアンチュイ	be away from ビ アウェイ
隔てる（へだてる）	分隔, 隔断 fēngé, géduàn フェングァ, グァドワン	partition パーティション
ペダル	脚蹬子 jiǎodēngzi ジアオデゥンヅ	pedal ペドル

日	中	英
(ピアノの)	tàbǎn 踏板 タァバン	pedal ペドル
別館	pèilóu 配楼 ペイロウ	annex アネクス
別居する	fēnjū 分居 フェンヂュイ	live separately リヴ セパレトリ
別荘	biéshù 别墅 ビエシュウ	villa ヴィラ
ヘッド	tóu 头 トウ	head ヘド
ベッド	chuáng 床 チュアン	bed ベド
～カバー	chuángzhào 床罩 チュアンチャオ	bedspread ベドスプレド
ペット	chǒngwù 宠物 チォンウゥ	pet ペト
ペットボトル	sùliàopíng 塑料瓶 スゥリアオピィン	PET bottle ペト バトル
ヘッドホン	ěrjī 耳机 アルジィ	headphone ヘドフォウン
ヘッドライト	chētóudēng 车头灯 チョァトウデゥン	headlight ヘドライト
別に	lìngwài 另外 リィンワイ	apart アパート
(取り立てて)	bìng méiyǒu shénme 并没有什么 ビィン メイヨウ シェンマ	in particular イン パティキュラ
別の	lìng yí ge 另一个 リィン イー ガ	different, another ディフレント, アナザ
別便	lìng jì de yóujiàn 另寄的邮件 リィン ジィ ダ ヨウジエン	separate mail セパレイト メイル
別々の	gèzì de 各自的 グァズー ダ	separate, respective セパレイト, リスペクティヴ

日	中	英
べつめい 別名	biéchēng, biémíng 别称，别名 ビエチョン，ビエミィン	another name アナザ ネイム
へつら 諂う	gōngwei, pāi mǎpì 恭维，拍马屁 ゴンウェイ，パイ マァピィ	flatter フラタ
ヘディング	tóuqiú 头球 トウチウ	heading ヘディング
ベテラン	lǎobīng, lǎoshǒu, lǎozīge 老兵，老手，老资格 ラオビィン，ラオショウ，ラオヅーガ	veteran, expert ヴェテラン，エクスパート
ベトナム	Yuènán 越南 ユエナン	Vietnam ヴィエトナーム
へとへとの	fēicháng pífá, jīng pí lì jìn 非常疲乏，精疲力尽 フェイチァン ピィファァ，ジィン ピィ リィ ジン	exhausted イグゾーステド
べとべとの	nián 粘 ニエン	sticky スティキ
ペナルティー	xíngfá 刑罚 シィンファア	penalty ペナルティ
～キック	fádiǎnqiú 罚点球 ファアディエンチウ	penalty kick ペナルティ キク
ペニシリン	qīngméisù 青霉素 チィンメイスゥ	penicillin ペニスィリン
ペニス	yīnjīng 阴茎 インジィン	the penis ザ ピーニス
いた ベニヤ板	jiāohébǎn, sānhébǎn 胶合板，三合板 ジアオホォァバン，サンホォァバン	plywood プライウド
ペパーミント	bòhe 薄荷 ボォホォ	peppermint ペパミント
へび 蛇	tiáo shé 〔条〕蛇 ティアオ ショァ	snake, serpent スネイク，サーペント
ベビー	yīng'ér 婴儿 イィンアル	baby ベイビ
～サークル	zhāng xiǎoháichuáng 〔张〕小孩床 チァァン シアオハイチュアン	playpen プレイペン

日	中	英
ヘビー級(きゅう)	zhòngliàngjí 重量级 チォンリアンジィ	heavyweight ヘヴィウェイト
ヘま	shīwù, shūhu 失误，疏忽 シーウゥ, シュウホ	blunder, goof ブランダ, グーフ
ヘモグロビン	xuèhóng dànbái 血红蛋白 シュエホン ダンバイ	hemoglobin ヒーモグロウビン
部屋(へや)	jiān fángjiān, wūzi 〔间〕房间，屋子 ジェン ファアンジエン, ウゥヅ	room ルーム
減らす	jiǎnshǎo, xuējiǎn 减少，削减 ジエンシャオ, シュエジエン	decrease, reduce ディークリース, リデュース
ベランダ	shàitái, yángtái 晒台，阳台 シャイタイ, ヤンタイ	veranda ヴェランダ
縁(へり)	biānyán 边沿 ビエンイエン	edge, border エヂ, ボーダ
ヘリウム	hài 氦 ハイ	helium ヒーリアム
謙[遜]る(へりくだる)	qiānxū 谦虚 チエンシュイ	be humble ビ ハンブル
ヘリコプター	jià zhíshēng fēijī, zhíshēngjī 〔架〕直升飞机，直升机 ジア ヂーション フェイジィ, ヂーションジィ	helicopter ヘリカプタ
ヘリポート	zhíshēngjī jīchǎng 直升机机场 ヂーションジィ ジィチャアン	heliport ヘリポート
経る(へる)	jīngguò 经过 ジィングゥオ	pass, go by パス, ゴウ バイ
減る(へる)	jiǎnqīng, jiǎnshǎo 减轻，减少 ジエンチィン, ジエンシャオ	decrease, diminish ディークリース, ディミニシュ
ベル	diànlíng 电铃 ディエンリィン	bell ベル
ベルト	tiáo dàizi, yāodài 〔条〕带子，腰带 ティアオ ダイヅ, ヤオダイ	belt ベルト
～コンベアー	pídài yùnshūjī, shūsòngdài 皮带运输机，输送带 ピィダイ ユインシュウジィ, シュウソンダイ	belt conveyor ベルト カンヴェイア

日	中	英
ヘルニア	xiǎocháng chuànqì, shànqì 小肠串气, 疝气 シアオチャアン チュワンチィ, シャンチィ	hernia ハーニア
ヘルメット	gāngkuī, tóukuī 钢盔, 头盔 ガァンクゥイ, トウクゥイ	helmet ヘルメト
へん 辺	yídài 一带 イーダイ	neighborhood ネイバフド
（図形の）	biān 边 ビエン	side サイド
べん 便	fāngbiàn 方便 ファアンビエン	convenience カンヴィーニェンス
（大便）	dàbiàn 大便 ダアビエン	bowel movement バウエル ムーヴメント
べん 弁	fámén 阀门 ファアメン	valve ヴァルヴ
ペン	zhī gāngbǐ 〔支〕钢笔 チー ガアンビィ	pen ペン
へんあつき 変圧器	biànyāqì 变压器 ビエンヤァチィ	transformer トランスフォーマ
へんか 変化 (する)	zhuǎnbiàn, biànhuà 转变, 变化 ヂュワンビエン, ビエンホア	change チェインヂ
べんかい 弁解 (する)	biànjiě, fēnbiàn 辩解, 分辩 ビエンジエ, フェンビエン	excuse イクスキューズ
へんかく 変革 (する)	biàngé, gǎigé 变革, 改革 ビエングァ, ガイグァ	change チェインヂ
へんかん 返還	fǎnhuán, guīhuán, jiāohuán 返还, 归还, 交还 ファンホワン, グゥイホワン, ジアオホワン	return リターン
べんぎ 便宜	fāngbiàn 方便 ファアンビエン	convenience カンヴィーニェンス
ペンキ	yóuqī 油漆 ヨウチィ	paint ペイント
へんきゃく 返却 (する)	fǎnhuán, jiāohuán, tuìhuán 返还, 交还, 退还 ファンホワン, ジアオホワン, トゥイホワン	return リターン

日	中	英
べんきょう 勉強 (する)	xuéxí 学习 シュエシィ	study, work スタディ, ワーク
へんきょく 編曲 (する)	biānqǔ 编曲 ビエンチュィ	arrangement アレインジメント
ペンギン	zhī qǐ'é 〔只〕企鹅 チー チィウァ	penguin ペングウィン
へんけん 偏見	chéngjiàn, piānjiàn 成见, 偏见 チョンジエン, ピエンジエン	prejudice, bias プレヂュディス, バイアス
べんご 弁護 (する)	biànhù 辩护 ビエンホゥ	defense ディフェンス
～士	lǜshī 律师 リュイシー	lawyer, barrister ローヤ, バリスタ
へんこう 変更 (する)	biàngēng, gēngdòng 变更, 更动 ビエングン, グンドン	change, alter チェインヂ, オルタ
へんさい 返済	chánghuán 偿还 チャアンホワン	repayment リペイメント
へんさん 編纂 (する)	biān, biānxiě, biānzuǎn 编, 编写, 编纂 ビエン, ビエンシエ, ビエンヅワン	edit エディト
へんじ 返事 (をする)	yìngdá, huíyīn 应答, 回音 イィンダァ, ホゥイイン	answer, reply アンサ, リプライ
へんしゅう 編集 (する)	biānjí, biānzuǎn 编辑, 编纂 ビエンジィ, ビエンヅワン	editing; edit エディティング；エディト
～者	biānjí 编辑 ビエンジィ	editor エディタ
～長	zǒngbiānjí, zhǔbiān 总编辑, 主编 ヅォンビエンジィ, ヂュウビエン	the editor in chief ジ エディタ イン チーフ
べんじょ 便所	zuò cèsuǒ 〔座〕厕所 ヅゥオ ツゥアスゥオ	lavatory, toilet ラヴァトーリ, トイレト
べんしょう 弁償 (する)	dǐcháng, péicháng 抵偿, 赔偿 ディーチャアン, ペイチャアン	reparation; pay for レパレイション；ペイ フォー
へんしょく 変色 (する)	biànsè, tuìˈshǎi 变色, 褪色 ビエンスァ, ドゥイシャイ	change of color; discolor チェインヂ オヴ カラ；ディスカラ

日	中	英
へんしん 返信	fùxìn, huíxìn 复信，回信 フウシン, ホウイシン	answer, reply アンサ, リプライ
へんじん 変人	guàiwu 怪物 グアイウ	eccentric person イクセントリク パースン
ベンジン	huīfāyóu 挥发油 ホウイファアヨウ	benzine ベンズィーン
へんずつう 偏頭痛	piāntóutòng 偏头痛 ピエントウトン	migraine マイグレイン
へんせい 編成 (する)	biānchéng, zǔchéng 编成，组成 ピエンチョン, ヅゥチョン	formation; form フォーメイション；フォーム
べんぜつ 弁舌	chúnshé, tánfēng 唇舌，谈锋 チュンショア, タンフォン	eloquence エロクウェンス
へんそう 変装 (する)	wěizhuāng, jiǎbàn 伪装，假扮 ウェイヂュアン, ジアバン	disguise ディスガイズ
ペンダント	chuíshì 垂饰 チュイシー	pendant ペンダント
ベンチ	tiáodèng, chángyǐ 条凳，长椅 ティアオデゥン, チャアンイー	bench ベンチ
ペンチ	bǎ lǎohǔqián, qiánzi 〔把〕老虎钳，钳子 バア ラオホゥチエン, チエンツ	pincers ピンサズ
ベンチャー ビジネス	fēngxiǎn tóuzī 风险投资 フォンシエン トウヅー	venture business ヴェンチャ ビズネス
へんどう 変動	biàndòng, bōdòng, fúdòng 变动，波动，浮动 ピエンドン, ボオドン, フウドン	change チェインヂ
(物価などの)	bōdòng, zhǎngfú 波动，涨幅 ボオドン, チャアンフウ	fluctuations フラクチュエイションズ
べんとう 弁当	héfàn 盒饭 ホォアファン	lunch ランチ
へんとうせん 扁桃腺	biǎntáotǐ 扁桃体 ピエンタオティー	the tonsils ザ タンスィルズ
～炎	biǎntáotǐyán 扁桃体炎 ピエンタオティーイエン	tonsillitis タンスィライティス

日	中	英
へん 変な	qíguài de 奇怪的 チィグアイ ダ	strange, peculiar ストレインヂ, ピキューリア
ペンネーム	bǐmíng 笔名 ビィミィン	pen name ペン ネイム
へんぴ 辺鄙 (な)	biānbǐ (de), piānpì (de) 边鄙(的), 偏僻(的) ビエンビィ (ダ), ビエンピィ (ダ)	remote リモウト
べんぴ 便秘 (する)	biànmì 便秘 ビエンミィ	constipation カンスティペイション
へんぴん 返品 (する)	tuìhuò 退货 トゥイホゥオ	returned goods; return リターンド グヅ; リターン
ペンフレンド	bǐyǒu 笔友 ビィヨウ	pen pal ペン パル
へんぼう 変貌 (する)	biànxíng, gǎibiàn miànmào 变形, 改变面貌 ビエンシィン, ガイビエン ミエンマオ	transfiguration トランスフィギュレイション
べんり 便利な	biànlì, fāngbiàn 便利, 方便 ビエンリィ, ファアンビエン	convenient カンヴィーニェント
べんろん 弁論	biànlùn 辩论 ビエンルゥン	discussion, debate ディスカション, ディベイト

ほ, ホ

日	中	英
ほ 歩	bù 步 ブゥ	step ステプ
ほ 穂	suì 穗 スゥイ	ear イア
ほあん 保安	bǎo'ān 保安 バオアン	security スィキュアリティ
ほいく 保育	bǎoyù 保育 バオユィ	childcare チャイルドケア
～所	tuō'érsuǒ 托儿所 トゥオアルスゥオ	day nursery デイ ナーサリ

日	中	英
ボイコット(する)	liánhé dǐzhì 联合抵制 リエンホァア ディーチー	boycott ボイカト
ボイスレコーダー	(fēijī de) lùyīn zhuāngzhì (飞机的)录音装置 (フェイジィ ダ) ルゥイン ヂュアンチー	voice recorder ヴォイス リコーダ
ホイッスル	shàodí, shàozi 哨笛, 哨子 シャオディー, シャオヅ	whistle ホウィスル
ボイラー	guōlú 锅炉 グゥオルゥ	boiler ボイラ
ホイル	lǔbó 铝箔 リュィボォ	foil フォイル
ぼいん 拇印	shǒuyìn, zhǐyìn 手印, 指印 ショウイン, ヂーイン	thumb impression サム インプレション
ポイント	défēn 得分 ドゥアフェン	point ポイント
ほう 方	fāng 方 ファアン	direction, side ディレクション, サイド
ほう 法	fǎlǜ 法律 ファアリュィ	law, rule ロー, ルール
(方法)	fāngfǎ 方法 ファアンファア	method, way メソド, ウェイ
ぼう 棒	gùnzi 棍子 グゥンヅ	stick, rod スティク, ラド
ほうあん 法案	fǎ'àn 法案 ファアアン	bill ビル
ほうい 方位	fāngwèi 方位 ファアンウェイ	direction ディレクション
ほうえい(する) 放映(する)	bōsòng, bōfàng 播送, 播放 ボォソン, ボォファアン	telecast テレキャスト
ぼうえい(する) 防衛(する)	bǎowèi, fángwèi 保卫, 防卫 バオウェイ, ファアンウェイ	defense; defend ディフェンス; ディフェンド
ぼうえき 貿易	màoyì 贸易 マオイー	trade, commerce トレイド, カマス

日	中	英
〜する	jìnxíng màoyì 进行贸易 ジンシィン マオイー	trade *with* トレイド
ぼうえんきょう 望遠鏡	jià wàngyuǎnjìng 〔架〕望远镜 ジア ワァンユエンジィン	telescope テレスコウプ
ぼうえん 望遠レンズ	chángjiāo(jù) jìngtóu 长焦(距)镜头 チャァンジアオ(ヂュイ) ジィントウ	telephoto lens テレフォウトウ レンズ
ほうおう 法王	jiàohuáng 教皇 ジアオホアン	the Pope ザ ポウプ
ぼうおん 防音の	géyīn 隔音 グァイン	soundproof サウンドプルーフ
ほうか(する) 放火(する)	fànghuǒ, zònghuǒ 放火，纵火 ファアンホゥオ, ヅォンホゥオ	set fire *to* セト ファイア
ぼうか 防火	fánghuǒ 防火 ファアンホゥオ	fire prevention ファイア プリヴェンション
ほうかい(する) 崩壊(する)	jiětǐ, kuǎtái, wǎjiě 解体，垮台，瓦解 ジエティー, クアタイ, ワァジエ	collapse カラプス
ぼうがい(する) 妨害(する)	fáng'ài, gānrǎo 妨碍，干扰 ファアンアイ, ガンラオ	obstruction オブストラクション
ほうがく 方角	fāngwèi 方位 ファアンウェイ	direction ディレクション
ほうかご 放課後	fàngxué hòu 放学后 ファアンシュエ ホウ	after school アフタ スクール
ぼうかん(する) 傍観(する)	pángguān 旁观 パァングワン	look on ルク オン
〜者	pángguānzhě 旁观者 パァングワンヂョァ	onlooker アンルカ
ほうがんな 砲丸投げ	tóuqiānqiú 投铅球 トウチエンチウ	the shot put ザ シャト プト
ほうき 箒	bǎ tiáozhou, sàozhou 〔把〕笤帚，扫帚 パァ ティアオヂョウ, サオヂョウ	broom ブルム
ぼうぎょ(する) 防御(する)	fángyù, shǒubèi, shǒuwèi 防御，守备，守卫 ファアンユイ, ショウペイ, ショウウェイ	defense ディフェンス

日	中	英
ほうげん 放言	xìn kǒu kāi hé 信口开河 シン コウ カイ ホォア	unreserved talk アンリザーヴド トーク
ほうげん 方言	fāngyán, tǔhuà 方言，土话 ファアンイエン, トゥホア	dialect ダイアレクト
ぼうけん(する) 冒険	màoxiǎn 冒险 マオシエン	adventure アドヴェンチャ
ぼうげん 暴言	cūlǔ de yáncí 粗鲁的言辞 ツゥルゥ ダ イエンツー	abusive words アビュースィヴ ワーツ
ほうけん 封建	fēngjiàn 封建 フォンジエン	
～制	fēngjiàn zhìdù 封建制度 フォンジエン チードゥ	feudalism フューダリズム
～的な	fēngjiànxìng de 封建性的 フォンジエンシィン ダ	feudal フューダル
ほうこう 方向	fāngxiàng 方向 ファアンシアン	direction ディレクション
ぼうこう 暴行	bàoxíng 暴行 バオシィン	violence, outrage ヴァイオレンス, アウトレイヂ
ほうこく(する) 報告	bàogào, tōngbào 报告，通报 バオガオ, トンバオ	report リポート
ぼうさい 防災	fángzāi 防灾 ファンツァイ	prevention of disasters プリヴェンション オヴ ディザスタズ
ほうさく 豊作	fēngchǎn 丰产 フォンチャン	good harvest グド ハーヴィスト
ほうし(する) 奉仕	xiàoláo, xiàolì 效劳，效力 シアオラオ, シアオリィ	service; serve サーヴィス ; サーヴ
ほうじ 法事	fǎshì 法事 ファアシー	Buddhist memorial service ブディスト メモーリアル サーヴィス
ぼうし 帽子	dǐng mào, màozi 〔顶〕帽，帽子 ディン マオ, マオヅ	hat, cap ハト, キャプ
ほうしき 方式	fāngshì 方式 ファアンシー	form, method フォーム, メソド

748

日	中	英
ほうしゃ 放射(する)	fàngshè, fúshè 放射，辐射 ファアンショァ，フゥショァ	radiation レイディエイション
～線	shèxiàn, fàngshèxiàn 射线，放射线 ショァシエン，ファアンショァシエン	radiant rays レイディアント レイズ
～能	fàngshèxìng 放射性 ファアンショァシィン	radioactivity レイディオウアクティヴィティ
ほうしゅう 報酬	bàochou, chóujīn 报酬，酬金 バオチョウ，チョウジン	remuneration リミューナレイション
ほうしん 方針	fāngzhēn 方针 ファアンヂェン	course, policy コース，パリスィ
ほうじん 法人	fǎrén 法人 ファアレン	juridical person ヂュアリディカル パースン
ぼうすい 防水の	fángshuǐ 防水 ファアンシュイ	waterproof ウォタプルーフ
ほうせき 宝石	bǎoshí 宝石 バオシー	jewel ヂューエル
ぼうぜん 茫然と	mángrán 茫然 マァンラン	blankly ブランクリ
ほうそう 包装(する)	bàozhuāng 包装 バオヂュアン	wrapping; wrap ラピング；ラプ
ほうそう 放送(する)	guǎngbō 广播 グアンボォ	broadcast ブロードキャスト
～局	guǎngbō diàntái 广播电台 グアンボォ ディエンタイ	broadcasting station ブロードキャスティング ステイション
ぼうそう 暴走(する)	kuángbēn 狂奔 クアンベン	drive recklessly ドライヴ レクレスリ
～族	biāochēzú 飙车族 ビアオチョアズゥ	hot-rodder ハトラダ
ほうそく 法則	fǎzé, guīlǜ 法则，规律 ファアヅゥア，グゥイリュイ	law, rule ロー，ルール
ほうたい 包帯	bēngdài 绷带 ボンダイ	bandage バンディヂ

日	中	英
～をする	bāozā 包扎 バオヅァア	bandage, dress バンディヂ, ドレス
ぼうだい 膨大な	pángdà de 庞大的 パンダァ ダ	enormous, huge イノーマス, ヒューヂ
ぼうたかと 棒高跳び	chēnggān tiàogāo 撑杆跳高 チォンガン ティアオガオ	pole vault ポウル ヴォールト
ほうち 放置する	gēzhì, zhì zhī bù lǐ 搁置，置之不理 グァチ, ヂー ヂー ブゥ リィ	leave... alone リーヴ アロウン
ぼうちゅうざい 防虫剤	fángchóngjì 防虫剂 ファアンチォンジィ	insecticide インセクティサイド
ほうちょう 包丁	bǎ càidāo 〔把〕菜刀 バァ ツァイダオ	kitchen knife キチン ナイフ
ぼうちょう 膨張(脹)(する)	péngdà, péngzhàng 膨大，膨胀 ポンダァ, ポンヂャァン	expansion イクスパンション
ほう お 放って置く	diū, gē, zhì zhī bù lǐ 丢，搁，置之不理 ディウ, グァ, ヂー ヂー ブゥ リィ	neglect, leave... alone ニグレクト, リーヴ アロウン
ほうてい 法廷	fǎtíng 法庭 ファアティン	court コート
ほうていしき 方程式	fāngchéng, fāngchéngshì 方程，方程式 ファアンチォン, ファアンチォンシー	equation イクウェイション
ほうてき 法的な	fǎlùshang 法律上 ファアリュイシャァン	legal リーガル
ほうどう 報道(する)	bàodào 报道 バオダオ	news, report ニューズ, リポート
ぼうどう 暴動	bàodòng, bàoluàn 暴动，暴乱 バオドン, バオルワン	riot ライオト
ほうにん 放任(する)	fàngrèn, fàngzòng, zòngróng 放任，放纵，纵容 ファアンレン, ファアンヅォン, ヅォンロン	noninterference ノンインタフィアレンス
ぼうはてい 防波堤	fángbōdī 防波堤 ファアンボォディー	breakwater ブレイクウォータ
ぼうはん 防犯	fángfàn, yùfáng, dīfang 防范，预防，提防 ファアンファン, ユイファアン, ディーファアン	crime prevention クライム プリヴェンション

日	中	英
ほうび 褒美	jiājiǎng, shǎngcì, jiǎng 嘉奖，赏赐，奖 ジアジアン, シァンツー, ジアン	reward リウォード
ほうふ 抱負	bàofù 抱负 バオフゥ	ambition アンビション
ほうふ 豊富 ～な	fēngzú, yōuyù 丰足，优裕 フォンズゥ, ヨウユイ	rich *in*, abundant *in* リチ, アバンダント
ぼうふう 暴風	bàofēng, fēngbào, kuángfēng 暴风，风暴，狂风 バオフォン, フォンバオ, クアンフォン	storm, gale ストーム, ゲイル
～雨	bàofēngyǔ 暴风雨 バオフォンユイ	storm, rainstorm ストーム, レインストーム
ほうふく 報復(する)	bàofù;bàofu, fùchóu 报复，复仇 バオフゥ；バオフ, フゥチョウ	retaliation; retaliate リタリエイション；リタリエイト
ぼうふざい 防腐剤	fángfǔjì 防腐剂 ファンフゥジィ	preservative プリザーヴァティヴ
ほうべん 方便	quányí zhī jì 权宜之计 チュエンイー ヂー ジィ	expedient イクスピーディエント
ほうほう 方法	bànfǎ, fāngfǎ 办法，方法 バンファア, ファアンファア	way, method ウェイ, メソド
ほうぼう 方々	dàochù 到处 ダオチュウ	everywhere エヴリホウェア
ほうまん 豊満な	fēngmǎn 丰满 フォンマン	plump プランプ
ほうむだいじん 法務大臣	sīfǎ bùzhǎng 司法部长 スーファア ブゥチャァン	the Minister of Justice ザ ミニスタ オヴ ヂャスティス
ほうむ 葬る	máizàng 埋葬 マイヅァァン	bury ベリ
ぼうめい 亡命(する)	zhèngzhì bìnàn, wángmìng 政治避难，亡命 ヂョンヂー ビィナン, ワンミィン	political asylum ポリティカル アサイラム
ほうめん 方面	fāngmiàn, lǐngyù 方面，领域 ファアンミエン, リィンユイ	district ディストリクト

日	中	英
（方向）	fāngmiàn, fāngwèi 方面，方位 ファアンミエン, ファアンウェイ	direction ディレクション
（局面）	fāngmiàn 方面 ファアンミエン	aspect アスペクト
ほうもん 訪問(する)	bàifǎng, fǎngwèn 拜访，访问 バイファアン, ファアンウェン	visit, call ヴィズィト, コール
〜販売	zhíxiāo 直销 ヂーシアオ	door-to-door selling ドータドー セリング
ほうよう 抱擁(する)	yōngbào 拥抱 ヨンバオ	embrace インブレイス
ぼうらく 暴落(する)	kuángdiē, yí luò qiān zhàng 狂跌，一落千丈 クアンディエ, イー ルゥオ チエン チャアン	heavy fall ヘヴィ フォール
ぼうり 暴利	bàolì 暴利 バオリィ	excessive profits イクセスィヴ プラフィッツ
ほう だ 放り出す	piēqì, rēngchūqu 撇弃，扔出去 ピエチィ, ルゥンチュウチュ	throw out スロウ アウト
（放棄）	fàngqì 放弃 ファアンチィ	abandon アバンドン
ほうりつ 法律	fǎlǜ 法律 ファアリュィ	law ロー
ほう な 放り投げる	pāochū 抛出 パオチュウ	throw, toss スロウ, トス
ほうりゅう 放流する	fàngchū 放出 ファアンチュウ	discharge ディスチャーヂ
（魚を）	fàng 放 ファアン	stock スタク
ぼうりょく 暴力	bàolì, wǔlì 暴力，武力 バオリィ, ウゥリィ	violence ヴァイオレンス
〜団	hēishèhuì 黑社会 ヘイショァホゥイ	gang ギャング
ボウリング	bǎolíngqiú 保龄球 バオリィンチウ	bowling ボウリング

日	中	英
ほう 放る	rēng, zhì 扔，掷 ルォン，ヂー	throw, toss スロウ，トス
ボウル	pén, pénzi 盆，盆子 ペン，ペンヅ	bowl ボウル
ほうれい 法令	fǎlìng 法令 ファアリィン	law, ordinance ロー，オーディナンス
ほうれんそう 菠薐草	bōcài 菠菜 ボォツァイ	spinach スピニチ
ほうろう 放浪（する）	liúlàng 流浪 リウラァン	wandering; wander ワンダリング；ワンダ
ほうろう 琺瑯	tángcí 搪瓷 タァンツー	enamel イナメル
ほ 吠える	hǒu, ((gǒu)) jiào 吼，《狗》叫 ホウ，《ゴウ》ジアオ	bark, howl, roar バーク，ハウル，ロー
ほお 頬	liǎnjiá, sāi 脸颊，腮 リエンジァ，サイ	cheek チーク
ボーイ	cháfáng, fúwùyuán 茶房，服务员 チャアファアン，フウウュエン	waiter, bellboy ウェイタ，ベルボイ
〜フレンド	nán péngyou 男朋友 ナン ポンヨウ	boyfriend ボイフレンド
ボーカル	shēngyuè 声乐 ションユエ	vocals ヴォウカルズ
ホース	ruǎnguǎn 软管 ルワングワン	hose ホウズ
ポーズ	jiàshi, jiàzi 架势，架子 ジアシ，ジアヅ	pose ポウズ
〜をとる	bǎi jiàzi 摆架子 バイ ジアヅ	pose ポウズ
ボーダー	jìngjiè 境界 ジィンジエ	border ボーダ
ポーター	bānyùngōng 搬运工 バンユィンゴン	porter ポータ

日	中	英
ポータブルの	手提式 shǒutíshì ショウティーシー	portable ポータブル
ボート	小艇 xiǎotǐng シアオティン	boat ボウト
ボーナス	红利, 奖金 hónglì, jiǎngjīn ホンリィ, ジアンジン	bonus ボウナス
ホープ	培养对象 péiyǎng duìxiàng ペイヤン ドゥイシアン	hope ホウプ
頬紅(ほおべに)	胭脂 yānzhi イエンヂ	rouge ルージュ
頬骨(ほおぼね)	颧骨 quángǔ チュエングゥ	cheekbones チークボウンズ
ホーム	家, 家乡 jiā, jiāxiāng ジア, ジアシアン	home ホウム
(駅の)	月台 yuètái ユエタイ	platform プラトフォーム
ホームグランド	本队球场 běnduì qiúchǎng ベンドゥイ チウチァン	home ground ホウム グラウンド
ホームシック	怀乡病 huáixiāngbìng ホアイシアンビィン	homesickness ホウムスィックネス
〜になる	思乡 sīxiāng スーシアン	get homesick ゲト ホウムスィク
ホームステイ	留学生在外国人家庭 liúxuéshēng zài wàiguórén jiātíng リウシュエション ヅァイ ワイグゥオレン ジアティン 寄住 jìzhù ジィヂュウ	homestay ホウムステイ
ホームページ	主页 zhǔyè ヂュウイエ	home-page ホウムペイヂ
ホームベース	本垒 běnlěi ベンレイ	the home base ザ ホウム ベイス
ホームラン	本垒打 běnlěidǎ ベンレイダァ	home run ホウム ラン

日	中	英
ホームルーム	bānhuì huódòng 班会活动 バンホゥイ ホゥオドン	homeroom ホウムルーム
ホームレス	liúlàngzhě 流浪者 リウラァンヂョァ	the homeless ザ ホウムレス
ホール	dàtīng 大厅 ダァティン	hall ホール
(ゴルフの)	dòng 洞 ドン	hole ホウル
～インワン	yì jī rù xué 一击入穴 イー ジィ ルゥ シュエ	hole in one ホウル イン ワン
ボール	qiú 球 チウ	ball ボール
ポール	gānzi 杆子 ガンヅ	pole ポウル
ボールペン	yuánzhūbǐ 圆珠笔 ユエンヂュウビィ	ball-point ボールポイント
ほかく 捕獲(する)	bǔhuò 捕获 ブゥホゥオ	capture キャプチャ
ぼか 暈す	nòngdàn 弄淡 ノンダン	shade off シェイド オフ
ほか 外に	lìngwài 另外 リィンワイ	besides, else ビサイヅ, エルス
ほか 外の	lìngwài de 另外的 リィンワイ ダ	another, other アナザ, アザ
ほが 朗らかな	mínglǎng 明朗 ミィンラァン	cheerful チアフル
ほかん 保管(する)	bǎoguǎn 保管 バオグワン	storage; keep, store ストーリヂ; キープ, ストー
ぼき 簿記	bùjì 簿记 ブゥジィ	bookkeeping ブキーピング
ボキャブラリー	cíhuì 词汇 ツーホゥイ	vocabulary ヴォウキャビュレリ

ほ

日	中	英
ほきゅう 補給 (する)	bǔjǐ 补给 ブゥジィ	supply サプライ
ぼきん 募金	mùjuān 募捐 ムゥジュエン	fund raising ファンド レイズィング
ぼく 僕	wǒ 我 ウオ	I, me アイ, ミ
ほくい 北緯	běiwěi 北纬 ベイウェイ	the north latitude ザ ノース ラティテュード
ボクサー	quánjījiā 拳击家 チュエンジィジア	boxer バクサ
ぼくし 牧師	mùshi 牧师 ムゥシ	pastor, parson パスタ, パースン
ぼくじょう 牧場	mùchǎng 牧场 ムゥチャアン	pasture, ranch パスチャ, ランチ
ボクシング	quánjī 拳击 チュエンジィ	boxing バクスィング
ほくせい 北西	xīběi 西北 シィベイ	northwest ノースウェスト
ぼくそう 牧草	mùcǎo 牧草 ムゥツァオ	grass グラス
〜地	cǎochǎng, cǎodì 草场, 草地 ツァオチャアン, ツァオディー	pasture, meadow パスチャ, メドウ
ぼくちく 牧畜	mùxù, xùmù 牧畜, 畜牧 ムゥシュィ, シュィムゥ	stock farming スタク ファーミング
ほくとう 北東	dōngběi 东北 ドンベイ	northeast ノースイースト
ほくとしちせい 北斗七星	běidǒuxīng 北斗星 ベイドウシィン	the Big Dipper ザ ビグ ディパ
ほくぶ 北部	běibù 北部 ベイブゥ	the northern part ザ ノーザン パート
ぼくめつ 撲滅 (する)	pūmiè 扑灭 プゥミエ	extermination エクスターミネイション

日	中	英
ほくろ 黒子	hēizǐ, hēizhì 黒子，黒痣 ヘイヅー, ヘイヂー	mole モウル
ほげい 捕鯨	bǔjīng 捕鯨 ブゥジィン	whale fishing ホウェイル フィシング
～船	sōu bǔjīngchuán 〔艘〕捕鯨船 ソウ ブゥジィンチュワン	whaler ホウェイラ
ぼけい 母系	mǔxì 母系 ムゥシィ	the maternal line ザ マターナル ライン
ほけつ 補欠	hòubèi, hòubǔ 后备，候补 ホウベイ, ホウブゥ	substitute サブスティテュート
ポケット	dōuzi, kǒudai 兜子，口袋 ドウヅ, コウダイ	pocket パケト
ぼ 惚ける	fādāi 发呆 ファアダイ	grow senile グロウ スィーナイル
ほけん 保健	bǎojiàn 保健 バオジェン	health, hygiene ヘルス, ハイヂーン
ほけん 保険	bǎoxiǎn 保险 バオシェン	insurance インシュアランス
～会社	bǎoxiǎn gōngsī 保险公司 バオシェン ゴンスー	insurance company インシュアランス カンパニ
～金	bǎoxiǎnjīn 保险金 バオシェンジン	insurance money インシュアランス マニ
～を掛ける	jiārù bǎoxiǎn 加入保险 ジアルゥ バオシェン	insure インシュア
ほご 保護(する)	bǎohù, wèihù 保护，卫护 バオホゥ, ウェイホゥ	protection; protect プロテクション；プロテクト
～色	bǎohùsè 保护色 バオホゥスァ	protective coloration プロテクティヴ カラレイション
～貿易主義	màoyì bǎohù zhǔyì 贸易保护主义 マオイー バオホゥ ヂュウイー	protectionism プロテクショニズム
ぼご 母語	mǔyǔ 母语 ムゥユイ	mother tongue マザ タング

日	中	英
ほこう 歩行	zǒulù 走路 ヅォウルウ	walk ウォーク
～者	xíngrén 行人 シィンレン	walker, pedestrian ウォーカ, ペデストリアン
ぼこう 母校	mǔxiào 母校 ムゥシアオ	alma mater アルマ メイタ
ぼこく 母国	zǔguó 祖国 ヅゥグゥオ	mother country マザ カントリ
ほこ 誇り	zìháogǎn 自豪感 ヅーハオガン	pride プライド
ほこ 誇る	jiāo'ào, zìháo 骄傲, 自豪 ジアオアオ, ヅーハオ	be proud *of* ビ プラウド
ほころ 綻びる	kāizhàn 开绽 カイヂャン	be rent ビ レント
ほし 星	xīng, xīngdǒu 星, 星斗 シィン, シィンドゥ	star スター
ポジ	zhèngpiàn 正片 ヂョンピエン	positive パズィティヴ
ほ 欲しい	yào, xīwàng 要, 希望 ヤオ, シィワァン	want, wish *for* ワント, ウィシュ
ほしうらな 星占い	zhānxīng 占星 ヂャンシィン	horoscope ホロスコウプ
ほ 欲しがる	xiǎngyào, tāntú 想要, 贪图 シアンヤオ, タントゥ	want, wish *for* ワント, ウィシュ
ほじく 穿る	kōu, wā 抠, 挖 コウ, ワァ	pick ピク
(詮索)	páo gēn wèn dǐ 刨根问底 パオ ゲン ウェン ディー	pry *into* プライ
ポジション	wèizhì 位置 ウェイヂー	position ポズィション
ほ ぶどう 干し葡萄	pútaogānr 葡萄干儿 プゥタオガル	raisins レイズンズ

日	中	英
ほしゃく 保釈	bǎoshì 保释 バオシー	bail ベイル
～金	bǎoshìjīn 保释金 バオシージン	bail ベイル
ほしゅ 保守	bǎoshǒu 保守 バオショウ	conservatism カンサーヴァティズム
～的な	bǎoshǒu de 保守的 バオショウ ダ	conservative コンサーヴァティヴ
ほしゅう 補習	(kèwài) fǔdǎo, bǔxí (课外)辅导, 补习 (クァワイ) フゥダオ, ブシィ	extra lessons エクストラ レスンズ
ほじゅう 補充(する)	bǔchōng, tiānbu 补充, 添补 ブゥチォン, ティエンブ	supplement サプリメント
ぼしゅう 募集(する)	zhēngpìn, zhāomù 征聘, 招募 ヂョンピン, ヂャオムゥ	invitation; invite インヴィテイション ; インヴァイト
(寄付などを)	mùjí 募集 ムゥジィ	collection; collect カレクション ; カレクト
ほじょ 補助(する)	bǔzhù 补助 ブゥヂュウ	assistance; assist アスィスタンス ; アスィスト
ほしょう 保証(する)	bǎozhèng, dānbǎo 保证, 担保 バオヂョン, ダンバオ	guarantee ギャランティー
～書	bāopiào, bǎozhèngshū 包票, 保证书 バオピアオ, バオヂョンシュウ	written guarantee リトン ギャランティー
～人	bǎoren 保人 バオレン	guarantor, surety ギャラントー, シュアティ
ほ 乾[干]す	shàigān 晒干 シャイガン	dry, air ドライ, エア
(池などを)	táogān 淘干 タオガン	drain ドレイン
ボス	lǎobǎn, lǎodà, dàhēng 老板, 老大, 大亨 ラオバン, ラオダァ, ダァヘゥン	boss バス
ポスター	hǎibào, xuānchuánhuà, zhāotiē 海报, 宣传画, 招贴 ハイバオ, シュエンチュワンホア, ヂャオティエ	poster ポウスタ

日	中	英
ホステス	nǚzhǔrén 女主人 ニュイヂュウレン	hostess ホウステス
ホスト	dōngdào, dōngdàozhǔ 东道，东道主 ドンダオ，ドンダオヂュウ	host ホウスト
ポスト	xìnxiāng 信箱 シンシアン	mailbox メイルバクス
ホスピス	shànzhōng yīyuàn 善终医院 シャンヂォン イーユエン	hospice ハスピス
ぼせい 母性	mǔxìng 母性 ムゥシィン	motherhood マザフド
ほそ 細い	xiānxì 纤细 シエンシィ	thin, small スィン，スモール
ほそう 舗装(する)	pūqì 铺砌 プゥチィ	pavement; pave ペイヴメント；ペイヴ
ほそく 補足(する)	bǔzú 补足 ブゥツゥ	supplement サプリメント
ほそなが 細長い	xìcháng, xiūcháng 细长，修长 シィチャァン，シウチャァン	long and slender ロング アンド スレンダ
ほぞん 保存(する)	bǎocún, bǎocáng 保存，保藏 バオツゥン，バオツァァン	preservation プレザヴェイション
ポタージュ	xīcān tāng 西餐汤 シィツァン タァン	potage ポウタージュ
ほたてがい 帆立貝	hǎishàn 海扇 ハイシャン	scallop スカロプ
ほたる 蛍	zhī yínghuǒchóng 〔只〕萤火虫 ヂー イィンホゥオチォン	firefly ファイアフライ
ボタン	kòur, kòuzi 扣儿，扣子 コウル，コウヅ	button バトン
ぼち 墓地	féndì, fényíng, mùdì 坟地，坟茔，墓地 フェンディー，フェンイィン，ムゥディー	graveyard グレイヴヤード
ほちょう 歩調	bùdiào 步调 ブゥディアオ	pace, step ペイス，ステプ

日	中	英
はっきにん 発起人	fāqǐrén 发起人 ファアチレン	promoter プロモウタ
ほっきょく 北極	běijí 北极 ベイジィ	the North Pole ザ ノース ポウル
～圏	běijíquān 北极圈 ベイジィチュエン	the Arctic Circle ジ アークティク サークル
～星	běijíxīng 北极星 ベイジィシィン	the polestar ザ ポウルスター
ホック	ànkòu 暗扣 アンコウ	hook フク
ホッケー	qūgùnqiú 曲棍球 チュイグゥンチウ	hockey ハキ
ほっさ 発作	fāzuò 发作 ファアヅゥオ	fit, attack フィト, アタク
～的な	fāzuòxìng de 发作性的 ファアヅゥオシィン ダ	fitful フィトフル
ぼっしゅう 没収(する)	chōnggōng, mòshōu 充公, 没收 チォンゴン, モオショウ	confiscation; confiscate カンフィスケイション；カンフィスケイト
ほっそく 発足	kāishǐ huódòng 开始活动 カイシー ホウオドン	inauguration イノーギュレイション
ほっそりした	qīngshòu de, xìruò de 清瘦的, 细弱的 チィンショウ ダ, シィルゥオ ダ	slender スレンダ
ホッチキス	dìngshūqì 钉书器 ディンシュチィ	stapler ステイプラ
ポット	nuǎnhú, rèshuǐpíng 暖壶, 热水瓶 ヌワンホゥ, ルァシュイピィン	pot パト
(魔法瓶)	rèshuǐpíng 热水瓶 ルァシュイピィン	thermos サーモス
ぼっとう 没頭	máitóu, zuìxīn, mángyú 埋头, 醉心, 忙于 マイトウ, ヅゥイシン, マァンユイ	devotion ディヴォウション
ほっとする	fàngxīn 放心 ファアンシン	feel relieved フィール リリーヴド

日	中	英
ホットドッグ	règǒu 热狗 ルァゴウ	hot dog ハト ドグ
ホットニュース	tiáo zuìxīn xiāoxi 〔条〕最新消息 ティアオ ヅウイシン シアオシ	hot news ハト ニュース
ホットライン	tiáo rèxiàn 〔条〕热线 ティアオ ルァシェン	the hot line ザ ハト ライン
ポップコーン	yùmǐhuār 玉米花儿 ユィミィホアル	popcorn パプコン
ポップス	shǒu liúxíng gēqǔ 〔首〕流行歌曲 ショウ リウシィン グァチュイ	pop music パプ ミューズィク
ぼつらく 没落(する)	mòluò, bàiluò 没落，败落 モォルゥオ，バイルゥオ	ruin ルーイン
ボディーガード	bǎobiāo 保镖 バオビアオ	bodyguard バディガード
ボディーチェック	sōushēn 搜身 ソウシェン	body search バディ サーチ
ボディービル	jiànměi yùndòng 健美运动 ジエンメイ ユィンドン	body building バディ ビルディング
ホテル	bīnguǎn, fàndiàn 宾馆，饭店 ビングワン，ファンディエン	hotel ホウテル
ほど 程	...zuǒyòu, chéngdù ...左右，程度 ...ヅゥオヨウ，チョンドゥ	degree ディグリー
(限度)	xiàndù 限度 シエンドゥ	bounds, limit バウンヅ，リミト
ほどう 舗道	pūlù 铺路 プゥルゥ	paved road ペイヴド ロウド
ほどう 歩道	biàndào, rénxíngdào 便道，人行道 ビエンダオ，レンシィンダオ	sidewalk サイドウォーク
～橋	guòjiē tiānqiáo 过街天桥 グゥオジエ ティエンチアオ	footbridge フトブリヂ
ほど 解く	jiěkāi 解开 ジエカイ	untie, unfasten アンタイ，アンファスン

日	中	英
ほとけ 仏	fó, fóxiàng 佛，佛像 フォオ，フォオシアン	Buddha ブダ
ほどこ 施す	shīshě 施舍 シーショア	give ギヴ
（行う）	shīxíng 施行 シーシィン	do ドゥー
ほとり 辺	biān 边 ビエン	by, near バイ，ニア
ボトル	píng, píngzi 瓶，瓶子 ピィン，ピィンヅ	bottle バトル
ほとん 殆ど	chàbuduō, jīhū 差不多，几乎 チャブドゥオ，ジィホゥ	almost, nearly オールモゥスト，ニアリ
ぼにゅう 母乳	mǔrǔ 母乳 ムウルウ	mother's milk マザズ ミルク
ほにゅうどうぶつ 哺乳動物	bǔrǔ dòngwù 哺乳动物 ブゥルゥ ドンウゥ	mammal ママル
ほね 骨	gǔtou 骨头 グウトゥ	bone ボウン
ほねお 骨折り	xīnláo, xuèhàn 辛劳，血汗 シンラオ，シュエハン	pains ペインズ
ほねぐ 骨組み	gǔjià, héngjià 骨架，桁架 グゥジア，ヘゥンジア	frame, structure フレイム，ストラクチャ
ほねやす 骨休め	xiūxi 休息 シウシ	rest レスト
ほのお 炎・焔	huǒmiáo, huǒyàn 火苗，火焰 ホゥオミアオ，ホゥオイエン	flame フレイム
ほの 仄かな	móhu yǐnyuē 模糊，隐约 モォホ，インユエ	faint フェイント
ほの 仄めかす	yǐnshè, ànshì 隐射，暗示 インショア，アンシー	hint, suggest ヒント，サグチェスト
ポピュラーな	liúxíng 流行 リウシィン	popular パピュラ

日	中	英
ボブスレー	xuěqiāo bǐsài 雪橇比賽 シュエチアオ ビィサイ	bobsleigh バブスレイ
ほぼ 保母	bǎomǔ 保母 バオムゥ	nurse ナース
ほほえ 微笑ましい	zhāo rén wēixiào 招人微笑 ヂャオ レン ウェイシアオ	pleasing プリーズィング
ほほえ 微笑み	wēixiào 微笑 ウェイシアオ	smile スマイル
ほほえ 微笑む	hánxiào, wēixiào 含笑，微笑 ハンシアオ, ウェイシアオ	smile *at* スマイル
ほ 褒める	chēngdào, chēngshǎng, kuājiǎng 称道，称赏，夸奖 チョンダオ, チョンシャァン, クアジアン	praise プレイズ
ぼやく	dūnang 嘟囔 ドゥナァン	complain カンプレイン
ぼやける	móhu 模糊 モォホ	grow dim グロウ ディム
ほゆう 保有する	bǎoyǒu 保有 バオヨウ	possess ポゼス
ほよう 保養	bǎoyǎng 保养 バオヤン	rest レスト
〜地	liáoyǎngdì 疗养地 リアオヤンディー	health resort ヘルス リゾート
ほら 法螺		
(貝)	hǎiluó 海螺 ハイルゥオ	triton トライトン
(大言)	niúpí 牛皮 ニウピィ	brag, boast ブラグ, ボウスト
〜吹き	chuīniǔ dàwáng 吹牛大王 チュイニウ ダァワァン	brag, boaster ブラグ, ボウスタ
〜を吹く	chuīniú, shuō dàhuà 吹牛，说大话 チュイニウ, シュオ ダァホア	talk big トーク ビグ

日	中	英
洞穴 (ほらあな)	shāndòng 山洞 シャンドン	cave ケイヴ
ボランティア	zhìyuànzhě 志愿者 チーユエンヂョァ	volunteer ヴァランティア
堀 (ほり)	hùchénghé, gōu 护城河，沟 ホゥチョンホァァ, ゴウ	moat, ditch モウト, ディチ
ポリープ	xīròu 息肉 シィロウ	polyp パリプ
ポリエステル	jùzhǐ 聚酯 チュイヂー	polyester パリエスタ
ポリエチレン	jùyǐxī 聚乙烯 チュイイーシィ	polyethylene パリエスィリーン
ポリオ	xiǎo'ér mábì 小儿麻痹 シアオアル マァビィ	polio ポウリオウ
ポリシー	zhèngcè, fāngzhēn 政策，方针 ヂョンツゥァ, ファァンヂェン	policy パリスィ
掘り出し物 (ほりだしもの)	ǒurán nòngdào de zhēnpǐn 偶然弄到的珍品 オウラン ノンダオ ダ ヂェンピン	find ファインド
掘り出す (ほりだす)	cǎijué 采掘 ツァイジュエ	dig out ディグ アウト
ポリ袋 (ぶくろ)	sùliàodài 塑料袋 スゥリアオダイ	poly bag パリ バグ
保留する (ほりゅう)	bǎoliú 保留 バオリウ	reserve リザーヴ
ボリューム	yīnliàng 音量 インリアン	volume ヴァリュム
捕虜 (ほりょ)	fúlǔ, zhànfú 俘虏，战俘 フゥルゥ, ヂャンフウ	prisoner プリズナ
掘る (ほる)	wā, jué, wājué 挖，掘，挖掘 ワァ, ジュエ, ワァジュエ	dig, excavate ディグ, エクスカヴェイト
彫る (ほる)	diāokè 雕刻 ディアオクァ	carve, engrave カーヴ, イングレイヴ

日	中	英
ぼる	牟取暴利 móuqǔ bàolì モゥチュィ バオリィ	charge high チャーヂ ハイ
ホルダー	架，柄 jià, bǐng ジア, ビィン	holder ホウルダ
ボルト	〔颗〕螺栓，螺丝钉 kē luóshuān, luósīdīng クァ ルゥオシュワン, ルゥオスーディン	bolt ボウルト
（電圧）	伏特 fútè フゥトゥァ	volt ヴォゥルト
ポルトガル	葡萄牙 Pútaoyá プゥタオヤァ	Portugal ポーチュガル
〜語	葡萄牙语 Pútaoyáyǔ プゥタオヤァユィ	Portuguese ポーチュギーズ
ポルノ	色情文学，黄色读物 sèqíng wénxué, huángsè dúwù スァチィン ウェンシュエ, ホアンスァ ドゥウゥ	pornography ポーナグラフィ
ホルモン	荷尔蒙，激素 hé'ěrméng, jīsù ホォアルモン, ジィスゥ	hormone ホーモウン
惚れる	恋慕，迷恋 liànmù, míliàn リエンムゥ, ミィリエン	fall in love with フォール イン ラヴ
襤褸	破布 pòbù ポォブゥ	rags ラグズ
ポロシャツ	开领短袖衬衫 kāilíng duǎnxiù chènshān カイリィン ドワンシウ チェンシャン	polo shirt ポウロウ シャート
ほろ苦い	稍苦 shāo kǔ シャオ クゥ	slightly bitter スライトリ ビタ
亡[滅]びる	衰亡，灭亡 shuāiwáng, mièwáng シュアイワァン, ミエワァン	fall, perish フォール, ペリシュ
亡[滅]ぼす	覆灭，消灭 fùmiè, xiāomiè フゥミエ, シアオミエ	ruin, destroy ルーイン, ディストロィ
ぼろぼろの	破烂不堪的 pòlàn bùkān de ポォラン ブゥカン ダ	ragged ラギド
ホン	方 fāng ファアン	phon ファン

日	中	英
ほん 本	shū, shūjí 书，书籍 シュウ, シュウジィ	book ブク
ぼん 盆	pánzi 盘子 パンヅ	tray トレイ
ほんかくてき 本格的な	zhèngshì de, zhēnzhèng de 正式的，真正的 チョンシー ダ, チェンチョン ダ	real, genuine リーアル, チェニュイン
ほんかん 本館	zhǔlóu 主楼 デュウロウ	main building メイン ビルディング
ほんき 本気	dàngzhēn 当真 ダァンヂェン	
～で	qièshí 切实 チエシー	seriously スィリアスリ
～の	dàngzhēn 当真 ダァンヂェン	serious スィリアス
ほんきょち 本拠地	gēnjùdì 根据地 ゲンヂュィディー	base ベイス
ほんしつ 本質	běnzhì, shízhì 本质，实质 ベンヂー, シーヂー	essence エセンス
(哲学で)	běnzhì 本质 ベンヂー	substance サブスタンス
～的な	běnzhì de, guānjiàn de 本质的，关键的 ベンヂー ダ, グワンジエン ダ	essential イセンシャル
ほんじつ 本日	jīnrì, jīntiān 今日，今天 ジンリー, ジンティエン	today トデイ
ほんしゃ 本社	zǒngbù 总部 ヅォンブゥ	the head office ザ ヘド オフィス
ほんしょう 本性	běnxìng, tiānxìng 本性，天性 ベンシィン, ティエンシィン	nature ネイチャ
ほんしん 本心	shíyì, zhēnxīn 实意，真心 シーイー, チェンシン	real intention リーアル インテンション
ぼんじん 凡人	pǔtōngrén, fánrén 普通人，凡人 プゥトンレン, ファンレン	mediocre person ミーディオウカ パースン

日	中	英
ほんそう 奔走する	bēnbō, bēnzǒu 奔波，奔走 ベンボォ，ベンヅォウ	make efforts メイク エファツ
ほんたい 本体	běntǐ 本体 ベンティー	main body メイン バデ
ほんだな 本棚	shūjià 书架 シュウジア	bookshelf ブクシェルフ
ぼんち 盆地	péndì 盆地 ペンディー	basin ベイスン
ほんてん 本店	zǒngdiàn 总店 ヅォンディエン	the head office ザ ヘド オフィス
ほんど 本土	běntǔ 本土 ベントゥ	the mainland ザ メインランド
ポンド	(yīng)bàng （英）镑 （イィン）バァン	pound パウンド
ほんとう 本当	zhēnshí, zhēn de 真实，真的 ヂェンシー，ヂェン ダ	truth トルース
〜に	quèshí de, zhēnzhèng de 确实地，真正地 チュエシー ダ，ヂェンヂョン ダ	truly, really トルーリ，リーアリ
〜の	zhēnshí, zhēn de 真实，真的 ヂェンシー，ヂェン ダ	true, real トルー，リーアル
ほんにん 本人	běnrén 本人 ベンレン	the person in question ザ パースン イン クウェスチョン
ほんね 本音	xīnlihuà 心里话 シンリホア	true mind トルー マインド
ほんの	yìdiǎndiǎn 一点点 イーディエンディエン	just, only ヂャスト，オウンリ
ほんのう 本能	běnnéng 本能 ベンヌォン	instinct インスティンクト
〜的な	běnnéng de 本能的 ベンヌォン ダ	instinctive インスティンクティヴ
ほんのり	shāowēi 稍微 シャオウェイ	faintly フェイントリ

日	中	英
ほんば 本場	dìdao 地道 ディーダオ	the home *of* ザ ホウム
ほんぶ 本部	zhōngyāng, zǒngbù 中央，总部 ヂォンヤン, ヅォンブゥ	the head office ザ ヘド オフィス
ポンプ	bèng, shuǐbèng 泵，水泵 ボン, シュイボン	pump パンプ
ボンベ	qìpíng 气瓶 チィピィン	gas cylinder ギャス スィリンダ
ほんみょう 本名	běnmíng 本名 ベンミィン	real name リーアル ネイム
ほんめい 本命	zuì yǒulì hòubǔ 最有力候补 ヅゥイ ヨウリィ ホウブゥ	favorite フェイヴァリト
ほんもの 本物	zhēnhuò 真货 ヂェンホゥオ	genuine article ヂェニュイン アーティクル
ほんや 本屋	shūdiàn 书店 シュウディエン	bookstore ブクストー
ほんやく(する) 翻訳(する)	fānyì, bǐyì 翻译，笔译 ファンイー, ビィイー	translation トランスレイション
～家	fānyìjiā 翻译家 ファンイージア	translator トランスレイタ
ぼんやり		
～した	móhu de 模糊的 モォホ ダ	dim, vague ディム, ヴェイグ
(呆然とした)	fādāi de 发呆的 ファアダイ ダ	absent-minded アブセントマインデド
～と	móhu de 模糊地 モォホ ダ	dimly, vaguely ディムリ, ヴェイグリ
(呆然と)	dāidāi de, shǎshǎ de 呆呆地，傻傻地 ダイダイ ダ, シャアシャア ダ	absent-mindedly アブセントマインデドリ

日	中	英

ま, マ

ま 間	kōngjiān, kòngxì 空间，空隙	space, room
（時間的）	shíjiān, jiàngé 时间，间隔	time, interval
マーガリン	rénzào huángyóu 人造黄油	margarine
マーク	jìhao 记号	mark
～する	zuò jìhao, biāojì 做记号，标记	mark
マーケット	shāngchǎng, shìchǎng 商场，市场	market
マーケティング	yíngxiāo cèlüè, xiāoshòu zhànlüè 营销策略，销售战略	marketing
まーじゃん 麻雀	fú májiàng 〔幅〕麻将	mah-jong
マージン	zhuàntou 赚头	margin
マーマレード	júzijiàng, júpí guǒjiàng 橘子酱，橘皮果酱	marmalade
まい 舞	wǔdǎo 舞蹈	dancing
まい 枚	zhāng 张	sheet, piece
まい 毎	měi, gè 每，各	every, each
まいあさ 毎朝	měitiān zǎoshang 每天早上	every morning
マイク	huàtǒng, màikèfēng 话筒，麦克风	microphone

日	中	英
マイクロバス	xiǎoxíng kèchē, miànbāochē 小型客车，面包车 シアオシィン クァチョア, ミエンバオチョア	minibus ミニバス
マイクロフィルム	wēisuō jiāojuǎn 微缩胶卷 ウェイスゥオ ジアオジュエン	microfilm マイクロウフィルム
まいご 迷子	zǒushī de háizi 走失的孩子 ヅォウシー ダ ハイヅ	stray child ストレイ チャイルド
まいじ 毎時	měixiǎoshí 每小时 メイシアオシー	an hour アン ナウア
まいしゅう 毎週	měi ge xīngqī, měi zhōu 每个星期，每周 メイ ガ シィンチィ, メイ ヂョウ	every week エヴリ ウィーク
まいそう 埋葬(する)	máizàng, xiàzàng 埋葬，下葬 マイヅァァン, シアヅァァン	burial; bury ベリアル；ベリ
まいつき 毎月	měi ge yuè, měiyuè 每个月，每月 メイ ガ ユエ, メイユエ	every month エヴリ マンス
まいど 毎度	měi cì 每次 メイ ツー	every time エヴリ タイム
まいとし 毎年	měi nián 每年 メイ ニエン	every year エヴリ イア
マイナーな	xiǎodiào, duǎndiào 小调，短调 シアオディアオ, ドワンディアオ	minor マイナ
(規模などが)	xiǎoxíng, cìyào, èrliú 小型，次要，二流 シアオシィン, ツーヤオ, アルリウ	minor マイナ
マイナス	jiǎn, fù 减，负 ジエン, フゥ	minus マイナス
(不足)	kuīsǔn, kuīqiàn 亏损，亏欠 クゥイスゥン, クゥイチエン	minus マイナス
まいにち 毎日	měitiān, tiāntiān 每天，天天 メイティエン, ティエンティエン	everyday エヴリデイ
まいねん 毎年	měinián, niánnián 每年，年年 メイニエン, ニエンニエン	every year エヴリ イア
まいばん 毎晩	měitiān wǎnshang 每天晚上 メイティエン ワンシャァン	every evening エヴリ イーヴニング

日	中	英
マイペースで	我行我素 wǒ xíng wǒ sù	at *one's* own pace
マイホーム	自己的家 zìjǐ de jiā	own house
マイル	英里 yīnglǐ	mile
マイルドな	温和，淡味 wēnhé, dànwèi	mild
舞う	跳舞，舞蹈 tiàowǔ, wǔdǎo	dance
真上に	（在）正上方 (zài) zhèng shàngfāng	right above
マウス	〔只〕老鼠，耗子 zhī lǎoshǔ, hàozi	mouse
（パソコンの）	鼠标 shǔbiāo	mouse
マウンテンバイク	〔辆〕山地车 liàng shāndìchē	mountain bike
マウンド	投手丘 tóushǒuqiū	the mound
前	前面，前边 qiánmian, qiánbian	the front
～に	以前 yǐqián	before, ago
～の	前面，前边 qiánmian, qiánbian	front, former
前売り		
～券	〔张〕预售票 zhāng yùshòupiào	advance ticket
～する	预售 yùshòu	sell in advance

日	中	英
まえがき 前書き	xùyán, qiányán 序言, 前言 シュイイエン, チエンイエン	preface プレフィス
まえがみ 前髪	éfà, liúhǎi 额发, 刘海 ウァファア, リウハイ	the forelock, bangs ザ フォーラク, バングズ
まえきん 前金	yùfùkuǎn, dìngqián 预付款, 定钱 ユィフゥクワン, ディンチエン	advance アドヴァンス
まえば 前歯	ményá 门牙 メンヤァ	front tooth フラント トゥース
まえばらい 前払い	yùfù 预付 ユィフゥ	advance payment アドヴァンス ペイメント
まえむきの 前向きの	xiàng qián kàn de tàidu 向前看的态度 シアン チエン カン ダ タイドゥ	positive パズィティヴ
まえもって 前以て	shìxiān, tíqián 事先, 提前 シーシエン, ティーチエン	beforehand ビフォーハンド
ま 負かす	dǎbài 打败 ダァバイ	beat, defeat ビート, ディフィート
まか 任せる	tīngrèn, wěituō 听任, 委托 ティンレン, ウェイトゥオ	leave, entrust リーヴ, イントラスト
ま かど 曲がり角	guǎijiǎor, wānr 拐角儿, 弯儿 グアイジアオル, ワル	corner コーナ
ま 曲がる	wān, wānqū, quánqū 弯, 弯曲, 拳曲 ワン, ワンチュイ, チュエンチュイ	bend, curve ベンド, カーヴ
（道を）	guǎiwān, zhuǎnwān 拐弯, 转弯 グアイワン, チュワンワン	turn *to* ターン
マカロニ	tōngxīnfěn 通心粉 トンシンフェン	macaroni マカロウニ
まき 薪	mùchái 木柴 ムゥチャイ	firewood ファイアウド
ま じゃく 巻き尺	píchǐ, juǎnchǐ 皮尺, 卷尺 ピィチー, ジュエンチー	tape measure テイプ メジャ
まぎ 紛らわしい	bú yì fēnbiàn 不易分辨 ブゥ イー フェンビエン	confusing カンフューズィング

日	中	英
_{まぎ}紛れる	hùnjìn, hùnzá 混进，混杂 ホゥンジン, ホゥンヅァア	be confused *with* ビ カンフューズド
(気が)	jiěmèn, xiāoqiǎn, páiqiǎn 解闷，消遣，排遣 ジエメン, シアオチエン, パイチエン	be diverted *by* ビ ディヴァーテド
_ま巻く	juǎn, guǒ, rào 卷，裹，绕 ジュエン, グゥオ, ラオ	roll ロウル
_ま撒く	sànbù 散布 サンブゥ	sprinkle, scatter スプリンクル, スキャタ
_ま蒔く	bō 播 ボォ	sow ソウ
_{まく}幕	mànzhàng, wéimù 幔帐，帷幕 マンヂャアン, ウェイムゥ	curtain カートン
(芝居)	(...) mù, chǎngmiàn (…)幕，场面 … ムゥ, チャアンミエン	act アクト
_{まくあい}幕間	mùjiān xiūxi 幕间休息 ムゥジエン シウシ	intermission インタミション
_{まぐさ}秣	cǎoliào 草料 ツァオリアオ	fodder ファダ
マグニチュード	dìzhèn zhènjí 地震震级 ディーヂェン ヂェンジィ	magnitude マグニテュード
マグネシウム	měi 镁 メイ	magnesium マグニーズィアム
_{まくら}枕	zhěntou 枕头 ヂェントウ	pillow ピロウ
_{まく}捲る	wǎn, juǎn(qǐ) 挽，卷(起) ワン, ジュエン(チィ)	turn up ターン ナプ
まぐれ	ǒurán 偶然 オウラン	fluke フルーク
_{まぐろ}鮪	zhī jīnqiāngyú 〔只〕金枪鱼 ヂー ジンチアンユィ	tuna テューナ
_ま負け	shībài, bàiběi, bài 失败，败北，败 シーバイ, バイベイ, バイ	defeat ディフィート

日	中	英
負ける	shū, shībài, bàiběi 输，失败，败北 シュウ，シーバイ，バイベイ	be defeated, lose ビ ディフィーテド, ルーズ
（値段を）	ràng jià, jiǎn jià, zhé kòu 让价，减价，折扣 ラァンジア，ジエンジア，ヂョァコウ	reduce リデュース
曲げる	quánqū, wān 拳曲，弯 チュエンチュイ，ワン	bend ベンド
孫	sūn 孙 スゥン	grandchild グランチャイルド
（息子の男児）	sūnzi 孙子 スゥンヅ	grandson グランドサン
（息子の女児）	sūnnǚ 孙女 スゥンニュイ	granddaughter グランドータ
（娘の男児）	wàisūnzi 外孙子 ワイスゥンヅ	grandson グランドサン
（娘の女児）	wàisūnnǚ 外孙女 ワイスゥンニュイ	granddaughter グランドータ
真心	chéngxīn, zhēnqíng 诚心，真情 チョンシン，チェンチィン	sincerity スィンセリティ
まごつく	huāngzhāng, huāngshénr 慌张，慌神儿 ホアンヂャアン，ホアンシェンル	be embarrassed ビ インバラスト
誠・真	zhēnshí 真实 ヂェンシー	truth トルース
（真心）	zhēnchéng 真诚 ヂェンチョン	sincerity スィンセリティ
マザコン	liànmǔ qíngjié 恋母情结 リエンムゥ チィンジエ	mother complex マザ カンプレクス
正しく	zhèngshì, jiùshì 正是，就是 ヂョンシー，ジウシー	surely, certainly シュアリ, サートンリ
摩擦（する）	mócā 摩擦 モォツァア	friction; rub *against* フリクション；ラブ
正に	zhèng shì, díquè 正是，的确 ヂョン シー，ディーチュエ	just, exactly ヂャスト, イグザクトリ

日	中	英
まさ 勝[優]る	qiángsì, shèngguò 强似，胜过 チアンスー，ションクゥオ	be superior *to* ビ シュピアリア
マジック	xìfǎ, móshù 戏法，魔术 シィファア，モォシュウ	magic マヂク
まじめ 真面目な	rènzhēn, zhèngjing 认真，正经 レンヂェン，ヂョンヂィン	serious スィリアス
ま 混[交]じる	hùn, jiāzá, hùnxiáo 混，夹杂，混淆 ホゥン，ジアヅァア，ホゥンシアオ	be mixed *with* ビ ミクスト
まじ 交わる	jiāochā, xiāngjiāo 交叉，相交 ジアオチャア，シアンジアオ	cross クロス
ます 鱒	zūnyú 鳟鱼 ヅゥンユイ	trout トラウト
ま 増す	zēngjiā, zēngdà 增加，增大 ヅンジア，ヅンダァ	increase インクリース
ますい 麻酔	mázuì 麻醉 マァヅゥイ	anesthesia アニススィージャ
まず 不味い	bù hǎochī 不好吃 ブゥ ハオチー	not good ナト グド
（拙い）	zhuōliè, bènzhuō 拙劣，笨拙 ヂュオリエ，ベンヂュオ	poor プア
（得策でない）	bù déjìn, búbiàn 不得劲，不便 ブゥ ドゥアジン，ブゥビエン	unwise アンワイズ
マスカット	shèxiāng pútao 麝香葡萄 ショアシアン プゥタオ	muscat マスカト
マスカラ	jiémáogāo 睫毛膏 ジエマオガオ	mascara マスキャラ
マスク	kǒuzhào 口罩 コウヂャオ	mask マスク
マスコミ	dàzhòng chuánbō 大众传播 ダァヂォン チュワンポォ	mass media マス ミーディア
まず 貧しい	pínqióng, pínkùn 贫穷，贫困 ピンチオン，ピンクゥン	poor プア

日	中	英
マスター	lǎobǎn 老板 ラオバン	master マスタ
(修士)	shuòshì 硕士 シュオシー	master マスタ
～キー	wànnéng yàoshi 万能钥匙 ワンヌォン ヤオシ	master key マスタ キー
マスタード	jièzi, jièmo 芥子，芥末 ジエヅ，ジエモ	mustard マスタド
ますます 益々	yuèfā, yuèjiā 越发，越加 ユエファア，ユエジア	more and more モー アンド モー
マスメディア	xuānchuán méijiè, chuán méi 宣传媒介，传媒 シュエンチュワン メイジエ，チュワン メイ	mass media マス ミーディア
ませた	zǎoshú de 早熟的 ヅァオシュウ ダ	precocious プリコウシャス
ま 混[交]ぜる	chān, hùn 搀，混 チャン，ホウン	mix, blend ミクス，ブレンド
また 股	kuà 胯 クア	the crotch ザ クラチ
また 又	yòu, zài, hái 又，再，还 ヨウ，ヅァイ，ハイ	again アゲイン
(その上)	bìngqiě, érqiě, lìngwài 并且，而且，另外 ビィンチエ，アルチエ，リィンワイ	moreover, besides モーロウヴァ，ビサイヅ
…も～	yě 也 イエ	too, also トウー，オールソウ
まだ 未だ	hái 还 ハイ	yet, still イェト，スティル
またがる 跨がる	kuà, qí 跨，骑 クア，チィ	mount マウント
またぐ 跨ぐ	kuà 跨 クア	step over, cross ステプ オウヴァ，クロス
また 待たせる	shǐ ... děngdài 使(人) 等待 シー … デゥンダイ	keep waiting キープ ウェイティング

日	中	英
またた 瞬く	zhǎyǎn 眨眼 チャアイエン	wink, blink ウィンク, ブリンク
マタニティー ドレス	yùnfùfú 孕妇服 ユィンフゥフゥ	maternity wear マターニティ ウェア
また 又は	huò, huòzhě 或, 或者 ホゥオ, ホゥオヂョア	or オー
まち 町・街	jiē, chéngshì, shìzhèn, dàjiē 街, 城市, 市镇, 大街 ジエ, チョンシー, シーヂェン, ダアジエ	town, city タウン, スィティ
まちあいしつ 待合室		
(駅の)	hòuchēshì 候车室 ホウチョァシー	waiting room ウェイティング ルーム
(病院の)	hòuzhěnshì 候诊室 ホウチェンシー	waiting room ウェイティング ルーム
ま あ 待ち合わせる	yuēhuì 约会 ユエホゥイ	wait for ウェイト
まぢか 間近	gēnqián, línjìn 跟前, 临近 ゲンチェン, リンジン	near by ニア バイ
まちが 間違い	chācuò, cuòwù 差错, 错误 チャアツゥオ, ツゥオウゥ	mistake, error ミステイク, エラ
(過失)	guòshī, guòcuò, cuòwù 过失, 过错, 错误 グゥオシー, グゥオツゥオ, ツゥオウゥ	fault, slip フォルト, スリプ
まちが 間違える	nòngcuò 弄错 ノンツゥオ	make a mistake メイク ア ミステイク
(取り違える)	nácuò 拿错 ナァツゥオ	take for テイク
まちかど 街角	jiētóu, jiēkǒu 街头, 街口 ジエトウ, ジエコウ	street corner ストリート コーナ
ま どお 待ち遠しい	yí rì sān qiū, pànwàng 一日三秋, 盼望 イー リー サン チウ, パンワァン	be looking forward to ビ ルキング フォーワド
まちな 町並み	jiēdào, jiēshang 街道, 街上 ジエダオ, ジエシャアン	houses on the street ハウズィズ オン ザ ストリート

日	中	英
まつ 松	sōngshù 松树 ソンシュウ	pine パイン
ま 待つ	děng, děngdài 等，等待 デゥン，デゥンダイ	wait ウェイト
ま か 真っ赤な	tōnghóng, xiānhóng 通红，鲜红 トンホン，シエンホン	bright red ブライト レド
まっき 末期	mòqī, wǎnqī 末期，晚期 モォチィ，ワンチィ	end, last stage エンド，ラスト ステイヂ
ま くら 真っ暗	hēi'àn, qīhēi 黑暗，漆黑 ヘイアン，チィヘイ	pitch-dark ピチダーク
ま くろ 真っ黒な	qīhēi de 漆黑的 チィヘイ ダ	deep-black ディープブラク
まつげ 睫毛	jiémáo 睫毛 ジエマオ	the eyelashes ジ アイラシズ
マッサージ （する）	ànmó, tuīná 按摩，推拿 アンモォ，トゥイナァ	massage マサージュ
ま さお 真っ青な	shēnlán (de) 深蓝（的） シェンラン（ダ）	deep blue ディープ ブルー
（顔の色が）	cāngbái, tiěqīng 苍白，铁青 ツァアンバイ，ティエチィン	pale ペイル
ま さき 真っ先に	zuìxiān 最先 ヅゥイシエン	first of all ファースト オヴ オール
ま しろ 真っ白な	jiébái, xuěbái 洁白，雪白 ジエバイ，シュエバイ	snow-white スノウホワイト
ま す 真っ直ぐ	yìzhí, jìngzhí 一直，径直 イーヂー，ジィンヂー	straight ストレイト
（正直な）	zhèngzhí, lǎoshi, chéngshí 正直，老实，诚实 チョンヂー，ラオシ，チョンシー	straight ストレイト
まった 全く	wánquán, quánrán 完全，全然 ワンチュエン，チュエンラン	quite, entirely クワイト，インタイアリ
（本当に）	jiǎnzhí, jiùshì, shízài 简直，就是，实在 ジエンヂー，ジウシー，シーヅァイ	really, truly リーアリ，トルーリ

日	中	英
(否定で)	juéduì, wánquán 绝对，完全 ジュエドゥイ, ワンチュエン	at all アト オール
まったん 末端	mòduān, jiānduān, dǐngduān 末端，尖端，顶端 モゥドワン, ジエンドワン, ディンドワン	the end ジ エンド
マッチ	gēn huǒchái 〔根〕火柴 ゲン ホゥオチャイ	match マチ
(試合)	bǐsài, jìngsài 比赛，竞赛 ビィサイ, ジンサイ	match マチ
マット	kuài diànzi 〔块〕垫子 クアイ ディエンヅ	mat マト
〜レス	chuángdiàn 床垫 チュアンディエン	mattress マトレス
まつばづえ 松葉杖	gēn dīngzìguǎi, guǎizhàng 〔根〕丁字拐，拐杖 ゲン ディンヅーグアイ, グアイヂャァン	crutches クラチズ
まつ 祭り	jìsì, miàohuì 祭祀，庙会 ジィスー, ミアオホウイ	festival フェスティヴァル
(…祭)	...jié …节 …ジェ	festival フェスティヴァル
まで	dào, zhì 到，至 ダオ, ヂー	to, as far as トゥー, アズ ファー アズ
(時)	dào, zhì 到，至 ダオ, ヂー	till, until ティル, アンティル
まと 的	jiànbǎzi 箭靶子 ジエンバァヅ	mark, target マーク, ターゲト
まど 窓	chuānghu, chuāng 窗户，窗 チュアンホ, チュアン	window ウィンドウ
〜枠	chuāngkuàng 窗框 チュアンクアン	window frame ウィンドウ フレイム
まどぐち 窓口	chuāngkǒu 窗口 チュアンコウ	window ウィンドウ
まと 纏まる	còuqí, jíhé 凑齐，集合 ツォウチィ, ジィホォア	be collected ビ カレクテド

日	中	英
<ruby>纏<rt>まと</rt></ruby>め	zǒnghé, zǒngjié, gàikuò 总合，总结，概括 ヅオンホアァ, ヅオンジエ, ガイクウォ	summary サマリ
<ruby>纏<rt>まと</rt></ruby>める	jízhōng, huìjí 集中，汇集 ジィヂォン, ホウイジィ	collect, get together カレクト, ゲト トゲザ
（整える）	zhěnglǐ 整理 チョンリィ	adjust, arrange アヂャスト, アレインジュ
（解決する）	jiějué, liǎojié, tiáotíng 解决，了结，调停 ジエジュエ, リアオジエ, ティアオティン	settle セトル
マナー	lǐmào, lǐjié 礼貌，礼节 リィマオ, リィジエ	manners マナズ
<ruby>俎<rt>まないた</rt></ruby>	zhēnbǎn, càibǎn 砧板，菜板 チェンバン, ツァイバン	cutting board カティング ボード
<ruby>眼差<rt>まなざ</rt></ruby>し	mùguāng, yǎnguāng, yǎnshén 目光，眼光，眼神 ムゥグアン, イエングアン, イエンシェン	look ルク
<ruby>真夏<rt>まなつ</rt></ruby>	shèngxià 盛夏 ションシア	midsummer ミドサマ
<ruby>学<rt>まな</rt></ruby>ぶ	xué, xuéxí 学，学习 シュエ, シュエシィ	learn, study ラーン, スタディ
マニア	àihàozhě, ...mí 爱好者，…迷 アイハオヂョア, …ミイ	maniac メイニアク
<ruby>間<rt>ま</rt></ruby>に<ruby>合<rt>あ</rt></ruby>う	gǎndeshàng, láidejí 赶得上，来得及 ガンダシャァン, ライダジィ	be in time *for* ビ イン タイム
（満たす）	gòu 够 ゴウ	answer, be enough アンサ, ビ イナフ
<ruby>間<rt>ま</rt></ruby>に<ruby>合<rt>あ</rt></ruby>わせ	quán yí zhī jì, yìngjí, línshí 权宜之计，应急，临时 チュエン イー チー ジィ, インジィ, リンシー	makeshift メイクシフト
<ruby>間<rt>ま</rt></ruby>に<ruby>合<rt>あ</rt></ruby>わせる	jiāngjiu, còuhe 将就，凑合 ジアンジウ, ツォウホオ	make... do メイク ドゥ
マニキュア	zhǐjiayóu 指甲油 ヂージアヨウ	manicure マニキュア
マニュアル	shǐyòng shuōmíng, shuōmíngshū 使用说明，说明书 シーヨン シュオミン, シュオミンシュウ	manual マニュアル

日	中	英
まぬが 免れる	miǎnde, bìmiǎn 免得，避免 ミエンダ, ビィミエン	escape イスケイプ
（回避）	bìmiǎn 避免 ビィミエン	avoid, evade アヴォイド, イヴェイド
まぬ 間抜けな	hútu, shǎguā 糊涂，傻瓜 ホゥトゥ, シャアグア	stupid, silly ステューピド, スィリ
まね 真似（する）	mófǎng, fǎngxiào 模仿，仿效 モォファアン, ファアンシアオ	imitation イミテイション
マネージャー	jīnglǐ, gànshi 经理，干事 ジィンリィ, ガンシ	manager マニヂャ
まね 招き	zhāodài 招待 チャオダイ	invitation インヴィテイション
まね 招く	yāoqǐng, yuēqǐng 邀请，约请 ヤオチィン, ユエチィン	invite インヴァイト
（招来する）	zhāozhì, dǎozhì, yǐnqǐ 招致，导致，引起 チャオヂー, ダオヂー, インチィ	cause コーズ
まば 疎らな	xīshū, xīshǎo 稀疏，稀少 シィシュウ, シィシャオ	scattered スキャタド
まひ 麻痺（する）	mábì, mámù, tānhuàn 麻痹，麻木，瘫痪 マアビィ, マアムゥ, タンホワン	paralysis パラリスィス
まひる 真昼	zhèngwǔ, dàbáitiān, báizhòu 正午，大白天，白昼 ヂョンウゥ, ダァバイティエン, バイヂョウ	midday, noon ミドデイ, ヌーン
まぶ 眩しい	yàoyǎn, cìyǎn 耀眼，刺眼 ヤオイエン, ツーイエン	glaring, dazzling グレアリング, ダズリング
まぶた 瞼	yǎnpí, yǎnjiǎn 眼皮，眼睑 イエンピィ, イエンジエン	eyelid アイリド
まふゆ 真冬	lóngdōng, yándōng 隆冬，严冬 ロンドン, イエンドン	midwinter ミドウィンタ
マフラー	tiáo wéijīn 〔条〕围巾 ティアオ ウェイジン	muffler マフラ
まほう 魔法	móshù 魔术 モォシュウ	magic マヂク

日	中	英
マホガニー	hóngmù 红木 ホンムゥ	mahogany マハガニー
まぼろし 幻	xūhuàn, huànyǐng, huànxiàng 虚幻，幻影，幻像 シュイホワン, ホワンイィン, ホワンシアン	phantom ファントム
ままごと	guòjiājia 过家家 グゥオジアジア	
～遊びをする	wán guòjiājia yóuxì 玩过家家游戏 ワン グゥオジアジア ヨウシィ	play house プレイ ハウス
まみず 真水	dànshuǐ 淡水 ダンシュイ	fresh water フレシュ ウォタ
まめ 豆	lì/kē dòuzi 〔粒 / 颗〕豆子 リィ / クァ ドウヅ	bean ビーン
まめつ 摩滅(する)	mómiè 磨灭 モォミエ	defacement ディフェイスメント
ま な 間も無く	bùjiǔ, yíhuìr 不久，一会儿 ブゥジウ, イーホゥイル	soon スーン
まも 守り	fángshǒu, hùshēnfú 防守，护身符 ファアンショウ, ホゥシェンフゥ	defense ディフェンス
まも 守る	wéihù, shǒuwèi 维护，守卫 ウェイホゥ, ショウウェイ	defend, protect ディフェンド, プロテクト
まやく 麻薬	dúpǐn 毒品 ドゥピン	narcotic, drug ナーカティク, ドラグ
～中毒	dúyǐn 毒瘾 ドゥイン	drug addiction ドラグ アディクション
まゆ 眉	méifēng 眉峰 メイフォン	eyebrow アイブラウ
～墨	méidài 眉黛 メイダイ	eyebrow pencil アイブラウ ペンスル
まよ 迷う	míshī, shīmí 迷失，失迷 ミィシー, シーミィ	hesitate ヘズィテイト
道に～	mílù 迷路 ミィルゥ	lose one's way ルーズ ウェイ

日	中	英
まよなか 真夜中	bànyè, bànyè sān gēng 半夜，半夜三更 バンイエ，バンイエ サン グン	midnight ミドナイト
マヨネーズ	dànhuángjiàng 蛋黄酱 ダンホアンジアン	mayonnaise メイオネイズ
マラソン	mǎlāsōng 马拉松 マァラァソン	marathon マラソン
マラリア	nüèji, yàozi 疟疾，疟子 ニュエジ，ヤオヅ	malaria マレアリア
マリネ	pàoròu, pàoyú 泡肉，泡鱼 パオロウ，パオユイ	marinade マリネイド
マリファナ	dàmá 大麻 ダァマァ	marihuana マリホワーナ
まる 丸	quānr, yuánxíng 圈儿，圆形 チュエル，ユエンシィン	circle, ring サークル，リング
まる 円[丸]い	yuán de 圆的 ユエン ダ	round, circular ラウンド，サーキュラ
まるくび 丸首の	yuánlǐngkǒu 圆领口 ユエンリィンコウ	round-neck ラウンドネク
まるた 丸太	yuán mùliào 圆木料 ユエン ムゥリアオ	log ログ
まるで	jiǎnzhí, quánrán 简直，全然 ジェンヂー，チュエンラン	completely, quite カンプリートリ，クワイト
（あたかも）	hǎoxiàng, fǎngfú 好像，仿佛 ハオシアン，ファアンフゥ	like *as* ライク
まるまる 丸々	wánquán, quánrán, zhěnggè 完全，全然，整个 ワンチュエン，チュエンラン，ヂョングァ	completely カンプリートリ
～とした	pànghūhū de 胖乎乎的 パァンホゥホゥ ダ	plump プランプ
まる 丸み	yuán, yuánxíng 圆，圆形 ユエン，ユエンシィン	roundish ラウンディシュ

日	中	英
まれ 稀		
～な	xīshǎo, xīhan, hǎnjiàn 稀少，希罕，罕见 シィシャオ, シィハン, ハンジエン	rare レア
～に	hěn shǎo ..., bù cháng 很少(+动)，不常 ヘン シャオ…, ブゥ チャァン	rarely, seldom レアリ, セルダム
マレーシア	Mǎláixīyà 马来西亚 マァライシィヤァ	Malaysia マレイシャ
まわ 回す	zhuàndòng 转动 ヂュワンドン	turn, spin ターン, スピン
(順に渡す)	chuándì 传递 チュワンディー	pass パス
(転送)	zhuǎnsòng, zhuǎnjiāo 转送，转交 ヂュワンソン, ヂュワンジアオ	forward フォーワド
まわ 回[周]り	zhōuwéi, sìzhōu 周围，四周 チョウウェイ, スーヂョウ	circumference サカムファレンス
(付近)	fùjìn, jìnlín 附近，近邻 フゥジン, ジンリン	the neighborhood ザ ネイバフド
まわ みち 回り道	wānlù 弯路 ワンルゥ	detour ディートゥア
まわ 回る	zhuàn, xuánzhuǎn, zhuàndòng 转，旋转，转动 ヂュワン, シュエンヂュワン, ヂュワンドン	turn round, spin ターン ラウンド, スピン
(循環)	xúnhuán 循环 シュィンホワン	circulate サーキュレイト
まん 万	wàn 万 ワン	ten thousand テン サウザンド
まんいち 万一	wànyī 万一 ワンイー	by any chance バイ エニ チャンス
まんいん 満員	mǎnyuán, mǎn'é, kèmǎn 满员，满额，客满 マンユエン, マンウァ, クァマン	
～である	mǎnyuán, mǎn'é, kèmǎn 满员，满额，客满 マンユエン, マンウァ, クァマン	be full ビ フル

日	中	英
まんえん 蔓延(する)	mànyán, zīmàn 蔓延，滋蔓 マンイエン, ヅーマン	spread スプレド
まんが 漫画	mànhuà, kǎtōng 漫画，卡通 マンホア, カァトン	cartoon, the comics カートゥーン, ザ カミクス
まんかい 満開		
〜である	shèngkāi 盛开 ションカイ	be in full bloom ビ イン フル ブルーム
まんき 満期	mǎnqī, qīmǎn, dàoqī 满期，期满，到期 マンチィ, チィマン, ダオチィ	expiration エクスピレイション
〜になる	dàoqī 到期 ダオチィ	expire イクスパイア
まんきつ 満喫する	bǎocháng, jìnqíng xiǎngshòu 饱尝，尽情享受 バオチャアン, ジンチィン シアンショウ	enjoy fully インヂョイ フリ
まんげきょう 万華鏡	wànhuātǒng 万花筒 ワンホアトン	kaleidoscope カライドスコウプ
まんげつ 満月	mǎnyuè, wàngyuè 满月，望月 マンユエ, ワンユエ	full moon フル ムーン
マンゴー	mángguǒ 芒果 マァングゥオ	mango マンゴウ
まんじゅう 饅頭	bāozi 包子 バオヅ	bun バン
まんじょう 満場	quánchǎng 全场 チュエンチャアン	whole audience ホウル オーディエンス
〜一致で	quánchǎng yízhì 全场一致 チュエンチャアン イーヂー	unanimously ユーナニマスリ
マンション	gōngyù dàlóu 公寓大楼 ゴンユィ ダァロウ	condominium カンドミニアム
まんせい 慢性の	mànxìng 慢性 マンシィン	chronic クラニク
まんぞく 満足(する)	mǎnyì, mǎnzú 满意，满足 マンイー, マンヅゥ	satisfaction サティスファクション

日	中	英
～な	lìng rén mǎnyì (de) 令人满意(的)	satisfactory
まんちょう 満潮	gāocháo, zhǎngcháo 高潮, 涨潮	high tide
まんてん 満点	mǎnfēn 满分	perfect mark
マント	dǒupeng, pīfēng 斗篷, 披风	mantle, cloak
マンドリン	màntuólín(qín) 曼陀林(琴)	mandolin
ま なか 真ん中	(zhèng) zhōngjiān (正)中间	the center of
マンネリ	qiān piān yí lǜ, yīn xún shǒu jiù 千篇一律, 因循守旧	mannerism
まんねんひつ 万年筆	zhī gāngbǐ, zìláishuǐbǐ 〔支〕钢笔, 自来水笔	fountain pen
まんび 万引き(する)	xíng qiè, tōuqiè 行窃, 偷窃	shoplifting
まんぷく 満腹である	chībǎo 吃饱	have eaten enough
まんべん 万遍なく	pǔbiàn 普遍	evenly
マンホール	yìnjǐng, jiǎnxiūkǒng 窨井, 检修孔	manhole
まんぽけい 万歩計	jìbùqì 记步器	pedometer
マンモス	měngmǎ, chángmáoxiàng 猛犸, 长毛象	mammoth

日	中	英

み, ミ

み 実	guǒshí, ...guǒ 果实，…果 グゥオシー, …グゥオ	fruit, nut フルート, ナト
み 身	shēntǐ, shēnshang 身体，身上 シェンティー, シェンシャアン	the body ザ バディ
みあ 見飽きる	kàngòu, kànnì, kànyàn 看够，看腻，看厌 カンゴウ, カンニィ, カンイエン	be sick of seeing ビ スィク オヴ スィーイング
みあ 見上げる	yǎngshì, yǎngwàng 仰视，仰望 ヤンシー, ヤンワン	look up *at, to* ルク アプ
みあ 見合わせる	hù kàn, miàn miàn xiāng qù 互看，面面相觑 ホゥ カン, ミエン ミエン シアン チュィ	look at each other ルク アト イーチ アザ
（延期）	yánhuǎn, tuīchí, tuōyán 延缓，推迟，拖延 イエンホワン, トゥイチー, トゥオイエン	put off プト オフ
みいだ 見出す	zhǎochū, zhǎodào, fāxiàn 找出，找到，发现 チャオチュウ, チャオダオ, ファアシエン	find ファインド
ミーティング	pèngtóuhuì 碰头会 ポントウホゥイ	meeting ミーティング
みうしな 見失う	míshī, kànbujiàn 迷失，看不见 ミィシー, カンブジエン	miss ミス
みうち 身内	qīnqi, qīnshǔ, jiāshǔ 亲戚，亲属，家属 チンチ, チンシュウ, ジアシュウ	relatives レラティヴズ
みえ 見栄	xūróng, páichǎng 虚荣，排场 シュイロン, パイチャアン	show, vanity ショウ, ヴァニティ
み 見える	kànjiàn, kàndejiàn 看见，看得见 カンジエン, カンダジエン	see, be seen スィー, ビ スィーン
…のように～	hǎoxiàng, sìhū, kànqǐlai 好像，似乎，看起来 ハオシアン, スーホゥ, カンチィライ	look, seem ルク, スィーム
みおく 見送る	sòngbié, sòngxíng 送别，送行 ソンビエ, ソンシィン	see off, see スィー オフ, スィー
みお 見落とす	hūlüè, kānlòu 忽略，看漏 ホゥリュエ, カンロウ	overlook, miss オウヴァルク, ミス

日	中	英
みお 見下ろす	fǔshì, fǔkàn, wǎng xià kàn 俯视，俯瞰，往下看 フゥシー, フゥカン, ワン シア カン	look down ルク ダウン
みかい 未開の	wèi kāikěn, wèi kāihuà 未开垦，未开化 ウェイ カイケン, ウェイ カイホア	primitive プリミティヴ
みかいけつ 未解決の	wèi jiějué 未解决 ウェイ ジエジュエ	unsolved アンサルヴド
みかえ 見返り	dǐyā 抵押 ディーヤァ	rewards リウォーヅ
みかく 味覚	wèijué 味觉 ウェイジュエ	taste, palate テイスト, パレト
みが 磨く		
(拭いて)	cā, cāshì, mó 擦，擦拭，磨 ツァア, ツァアシー, モォ	polish パリシュ
(刷毛で)	shuā 刷 シュア	brush ブラシュ
(技能を)	móliàn, zuānyán 磨练，钻研 モォリエン, ヅワンイエン	improve, train インプルーヴ, トレイン
みかけ 見かけ	wàiguān, wàibiǎo 外观，外表 ワイグワン, ワイビアオ	appearance アピアランス
みかた 味方	wǒfāng, huǒbàn, méngyǒu 我方，伙伴，盟友 ウオファアン, ホゥオバン, モンヨウ	friend, ally フレンド, アライ
みかづき 三日月	xīnyuè, yuèyá 新月，月牙 シンユエ, ユエヤァ	crescent クレセント
みかん 蜜柑	júzi 橘子 ジュィヅ	mandarin マンダリン
みかんせい 未完成の	wèi wánchéng de 未完成的 ウェイ ワンチョン ダ	unfinished アンフィニシュト
みき 幹	shùgàn, zhǔgàn 树干，主干 シュウガン, ヂュウガン	trunk トランク
みぎ 右	yòu 右 ヨウ	the right ザ ライト

日	中	英
～側	yòubian, yòumiàn 右边，右面 ヨウビエン，ヨウミエン	the right side ザ ライト サイド
～に曲がる	wǎng yòu guǎi 往右拐 ワン ヨウ グアイ	turn right ターン ライト
みぎうで 右腕	yòu shǒubì, yòu gēbo 右手臂，右胳膊 ヨウ ショウビィ，ヨウ グァボ	the right arm ザ ライト アーム
みぐる 見苦しい	nánkàn, bù tǐmiàn 难看，不体面 ナンカン，ブゥ ティーミエン	unsightly アンサイトリ
ミクロン	wēimǐ 微米 ウェイミィ	micron マイクラン
みごと 見事な	jīngcǎi, měimiào 精彩，美妙 ジィンツァイ，メイミアオ	splendid, admirable スプレンディド，アドミラブル
みこ 見込み	qiánjǐng, yùliào, yùxiǎng 前景，预料，预想 チエンジン，ユィリアオ，ユィシアン	prospect プラスペクト
（有望）	xīwàng, zhǐwang 希望，指望 シィワン，ヂーワン	promise, hope プラミス，ホウプ
（可能性）	kěnéng, kěnéngxìng 可能，可能性 クァヌォン，クァヌォンシィン	possibility パスィビリティ
みこん 未婚の	wèihūn (de) 未婚（的） ウェイホゥン（ダ）	unmarried, single アンマリド，スィングル
ミサイル	méi dǎodàn 〔枚〕导弹 メイ ダオダン	missile ミスィル
みさき 岬	jiǎjiǎo, hǎijiǎo 岬角，海角 ジアジアオ，ハイジアオ	cape ケイプ
みじか 短い	duǎn 短 ドワン	short, brief ショート，ブリーフ
（時間が）	duǎnzàn 短暂 ドワンヅァン	short, brief ショート，ブリーフ
（簡単で）	jiǎnduǎn 简短 ジェンドワン	short, brief ショート，ブリーフ
みじ 惨めな	bēicǎn, kělián 悲惨，可怜 ベイツァン，クァリエン	miserable ミザラブル

日	中	英
みじゅく 未熟な	wèishú 未熟 ウェイシュウ	unripe アンライプ
（技能が）	bù chéngshú, bù shúliàn 不成熟，不熟练 ブゥ チョンシュウ, ブゥ シュウリエン	immature イマテュア
みし 見知らぬ	mòshēng, shēngshū 陌生，生疏 モォション, ションシュウ	strange, unfamiliar ストレインヂ, アンファミリア
ミシン	jià féngrènjī 〔架〕缝纫机 ジア フォンレンジィ	sewing machine ソウイング マシーン
ミス	xiǎojiě 小姐 シアオジエ	Miss ミス
（誤り）	chācuò, guòshī, shūlòu 差错，过失，疏漏 チャアツゥオ, グゥオシー, シュウロウ	mistake ミステイク
みず 水	shuǐ 水 シュイ	water ウォタ
みずあ 水浴び	liángshuǐzǎo 凉水澡 リアンシュイヅァオ	bathe ベイズ
みすい 未遂の	wèisuì 未遂 ウェイスイ	attempted アテンプティド
みずいろ 水色	dànlánsè 淡蓝色 ダンランスァ	light blue ライト ブルー
みずうみ 湖	hú, húpō 湖，湖泊 ホウ, ホウポォ	lake レイク
みずがめざ 水瓶座	shuǐpíngzuò, bǎopíngzuò 水瓶座，宝瓶座 シュイピィンヅゥオ, バオピィンヅゥオ	Aquarius アクウェアリアス
みずか 自ら	qīnzì 亲自 チンヅー	personally, in person パーソナリ, イン パーソン
みずぎ 水着		
（女性の）	jiàn yóuyǒngyī 〔件〕游泳衣 ジエン ヨウヨンイー	swimming suit スウィミング シュート
（男性の）	tiáo yóuyǒngkù 〔条〕游泳裤 ティアオ ヨウヨンクゥ	swimming suit スウィミング シュート

日	中	英
みずくさ 水臭い	jiànwài, kèqi 见外，客气 ジエンワイ, クァチ	reserved, cold リザーヴド, コゥルド
みずさ 水差し	shuǐpíng, shuǐguàn 水瓶，水罐 シュイピィン, シュイグワン	pitcher ピチャ
みずしょうばい 水商売	jiēkè hángyè, yǐnshíyè 接客行业，饮食业 ジエクァ ハァンイエ, インシーイエ	entertaining trade エンタテイニング トレイド
み し 見ず知らずの	mòshēng (de), shēngshū (de) 陌生(的)，生疏(的) モォション (ダ), ションシュウ (ダ)	strange ストレインヂ
みずた 水溜まり	shuǐkēng 水坑 シュイクン	pool, puddle プール, パドル
ミステリー	bù kě sī yì, shénmì 不可思议，神秘 ブゥ クァ スー イー, シェンミィ	mystery ミスタリ
みす 見捨てる	pāoqì, yíqì 抛弃，遗弃 パオチィ, イーチィ	abandon アバンドン
みずとり 水鳥	zhī shuǐniǎo 〔只〕水鸟 ヂー シュイニアオ	waterfowl ウォタファウル
みずぶく 水脹れ	shuǐpào 水疱 シュイパオ	blister ブリスタ
ミスプリント	cuòzì, yìncuò 错字，印错 ツゥオヅー, インツゥオ	misprint ミスプリント
みずべ 水辺	shuǐbiān, shuǐjì 水边，水际 シュイビエン, シュイジィ	the waterside ザ ウォタサイド
みずぼうそう 水疱瘡	shuǐdòu 水痘 シュイドウ	chicken pox チキン パクス
みすぼ 見窄らしい	hánsuān 寒酸 ハンスワン	shabby シャビ
みずみず 瑞々しい	xiānnèn, shuǐlíng, jiāonen 鲜嫩，水灵，娇嫩 シエンネン, シュイリィン, ジアオネン	fresh フレシュ
みずむし 水虫	jiǎoxuǎn, xiānggǎngjiǎo 脚癣，香港脚 ジアオシュエン, シアンガァンジアオ	water eczema ウォタ エクスィマ
みせ 店	diànpù, shāngdiàn 店铺，商店 ディエンプゥ, シャアンディエン	store, shop ストー, シャプ

■店■　⇒ 職業

八百屋(やおや)	蔬菜店 /shūcàidiàn シュウツァイディエン / (㊍vegetable store)
花屋(はなや)	(鮮)花店 /(xiān)huādiàn (シエン)ホアディエン / (㊍flower shop)
魚屋(さかなや)	鱼店 /yúdiàn ユィディエン / (㊍fish shop)
肉屋(にくや)	肉店 /ròudiàn ロウディエン / (㊍meat shop)
酒屋(さかや)	酒店，酒铺 /jiǔdiàn, jiǔpù ジウディエン，ジウプゥ / (㊍liquor store)
パン屋(や)	面包店 /miànbāodiàn ミエンバオディエン / (㊍bakery)
薬屋(くすりや)	药房 /yàofáng ヤオファアン / (㊍pharmacy, drugstore)
文房具店(ぶんぼうぐてん)	文具店 /wénjùdiàn ウェンジュィディエン / (㊍stationery store)
靴屋(くつや)	鞋店 /xiédiàn シエディエン / (㊍shoe store)
本屋(ほんや)	书店 /shūdiàn シュウディエン / (㊍bookstore)
雑貨屋(ざっかや)	杂货铺 /záhuòpù ツァアホウオプゥ / (㊍variety store)
時計屋(とけいや)	钟表店 /zhōngbiǎodiàn チォンビアオディエン / (㊍watch store)
床屋(とこや)	理发店 /lǐfàdiàn リィファアディエン / (㊍barbershop)
クリーニング店(てん)	洗衣店 /xǐyīdiàn シィイーディエン / (㊍laundry)
タバコ屋(や)	烟店 /yāndiàn イエンディエン / (㊍tobacconist's)
ケーキ屋(や)	糕点店 /gāodiǎndiàn ガオディエンディエン / (㊍pastry shop)
玩具店(がんぐてん)	玩具店 /wánjùdiàn ワンジュィディエン / (㊍toyshop)
不動産屋(ふどうさんや)	房地产代理商 /fángdìchǎn dàilǐshāng ファアンディーチャン ダイリィシャアン / (㊍real estate agent)
家具屋(かぐや)	家具店 /jiājùdiàn ジアジュィディエン / (㊍furniture store)
キオスク	车站售货亭 /chēzhàn shòuhuòtíng チョァチャン ショウホゥオティン / (㊍kiosk)
スーパー	超级市场 /chāojí shìchǎng チャオジィ シーチャアン / (㊍supermarket)
デパート	百货商店，百货大楼 /bǎihuò shāngdiàn, bǎihuò dàlóu バイホゥオ シャアンディエン，バイホゥオ ダァロウ / (㊍department store)

日	中	英
みせいねん 未成年	wèichéngnián 未成年 ウェイチョンニエン	minority マイノリティ
み か 見せ掛け(の)	wěizhuāng, jiǎzhuāng 伪装, 假装 ウェイヂュアン, ジアヂュアン	pretense プリテンス
み か 見せ掛ける	wěizhuāng, jiǎzhuāng 伪装, 假装 ウェイヂュアン, ジアヂュアン	pretend, feign プリテンド, フェイン
み 見せびらかす	xuànyào, kuāshì, màinong 炫耀, 夸示, 卖弄 シュエンヤオ, クアシー, マイノン	show off ショウ オフ
みせもの 見世物	biǎoyǎn, yǎnchū 表演, 演出 ビアオイエン, イエンチュウ	show ショウ
み 見せる	xiǎnshì, chūshì 显示, 出示 シエンシー, チュウシー	show ショウ
(展示)	chénliè, zhǎnshì, zhǎnlǎn 陈列, 展示, 展览 チェンリエ, ヂャンシー, ヂャンラン	display ディスプレイ
みそ 味噌	(huáng)jiàng (黄)酱 (ホアン)ジアン	soy-bean paste ソイビーン ペイスト
～汁	jiàngtāng 酱汤 ジアンタァン	miso soup ミーソウ スープ
みぞ 溝	(gōu)qú, qúdào, cáo (沟)渠, 渠道, 槽 (ゴウ)チュィ, チュィダオ, ツァオ	ditch, gutter ディチ, ガタ
(隔たり)	géhé, hónggōu, chājù 隔阂, 鸿沟, 差距 グァホァァ, ホンゴウ, チャアヂュィ	gap ギャプ
みぞおち 鳩尾	xīnkǒu 心口 シンコウ	the pit ザ ピト
みそこ 見損なう	kàncuò, rèncuò 看错, 认错 カンツゥオ, レンツゥオ	fail to see フェイル トゥ スィー
(見落とす)	hūlüè, kānlòu 忽略, 看漏 ホゥリュエ, カンロウ	fail to see フェイル トゥ スィー
(評価を誤る)	kàncuò, pànduàncuò 看错, 判断错 カンツゥオ, パンドワンツゥオ	misjudge ミスヂャヂ
みそ 見初める	yí jiàn zhōng qíng, kànzhòng 一见钟情, 看中 イージエン ヂォン チィン, カンヂォン	fall in love *with* フォール イン ラヴ

日	中	英
みぞれ 霙	yǔ jiā xuě 雨夹雪 ユィ ジア シュエ	sleet スリート
みだ 見出し	biāotí 标题 ビアオティー	heading ヘディング
～語	cítiáo 词条 ツーティアオ	entry, headword エントリ, ヘドワード
み 満たす	chōngmǎn, tiánmǎn, zhuāngmǎn 充满，填满，装满 チョンマン, ティエンマン, ヂュアンマン	fill フィル
(満足させる)	mǎnzú 满足 マンヅゥ	satisfy サティスファイ
みだ 乱す	dǎluàn, rǎoluàn 打乱，扰乱 ダァルワン, ラオルワン	throw into disorder スロウ イントゥ ディスオーダ
みだ 乱れる	luàn, wěnluàn, hùnluàn 乱，紊乱，混乱 ルワン, ウェンルワン, ホゥンルワン	be out of order ビ アウト オヴ オーダ
みち 道	lù, dàolù, tújìng 路，道路，途径 ルゥ, ダオルゥ, トゥジィン	way, road ウェイ, ロウド
みちが 見違える	kàncuò, rèncuò, rènbude 看错，认错，认不得 カンツゥオ, レンツゥオ, レンブダ	take *for* テイク
みちじゅん 道順	lùxiàn, chéngxù 路线，程序 ルゥシエン, チョンシュイ	route, course ルート, コース
みちしるべ 道標	lùbiāo, lùpái, lǐchéngbēi 路标，路牌，里程碑 ルゥビアオ, ルゥパイ, リィチョンベイ	guide, signpost ガイド, サインポウスト
みちすう 未知数	wèizhīshù 未知数 ウェイヂーシュウ	unknown quantity アンノウン クワンティティ
みち 道のり	lùchéng, xíngchéng 路程，行程 ルゥチョン, シィンチョン	distance ディスタンス
みちび 導く	yǐndǎo, zhǐdǎo, lǐngdǎo 引导，指导，领导 インダオ, ヂーダオ, リィンダオ	lead, guide リード, ガイド
満ちる	mǎn, chōngmǎn, yángyì 满，充满，洋溢 マン, チョンマン, ヤンイー	be filled *with* ビ フィルド
(潮が)	zhǎng 涨 ヂャアン	rise, flow ライズ, フロウ

日	中	英
みつ 蜜	(fēng)mì (蜂)蜜 (フォン)ミィ	honey ハニ
みっかい 密会	yōuhuì, tōu qíng 幽会，偷情 ヨウホゥイ, トウチィン	clandestine meeting クランデスティン ミーティング
み 見つかる	zhǎodào, bèi fāxiàn, bèi kàndào 找到，被发现，被看到 チャオダオ, ベイ ファアシエン, ベイ カンダオ	be found ビ ファウンド
み 見つける	fāxiàn, zhǎodào 发现，找到 ファアシエン, チャオダオ	find, discover ファインド, ディスカヴァ
みっこう 密航	tōudù 偷渡 トウドゥ	secret passage スィークレト パスィヂ
みっこく 密告 (する)	mìgào, mìbào, gàomì 密告，密报，告密 ミィガオ, ミィバオ, ガオミィ	tip-off, tip ティポーフ, ティプ
みっしつ 密室	mìshì 密室 ミィシー	secret room スィークレト ルーム
みっしゅう 密集 (する)	mìjí, chóumì 密集，稠密 ミィジィ, チョウミィ	crowd クラウド
みっせつ 密接な	mìqiè, jǐnmì 密切，紧密 ミィチエ, ジンミィ	close, intimate クロウス, インティメイト
みつど 密度	mìdù 密度 ミィドゥ	density デンスィティ
みっともない	nánkàn, bù tǐmiàn, hánchen 难看，不体面，寒碜 ナンカン, ブゥ ティーミエン, ハンチェン	disgraceful ディスグレイスフル
みつにゅうこく 密入国	tōudù, qiánrù guójìng 偷渡，潜入国境 トウドゥ, チエンルゥ グゥオジィン	illegal entry into a country イリーガル エントリ イントゥ ア カントリ
みつばい 密売	sīfàn, sīshòu 私贩，私售 スーファン, スーショウ	illicit sale イリスィト セイル
みつばち 蜜蜂	zhī mìfēng 〔只〕蜜蜂 チー ミィフォン	bee ビー
みっぺい 密閉する	mìbì 密闭 ミィビィ	close up クロウズ アプ
みつ 見詰める	dīng, níngshì 盯，凝视 ディン, ニィンシー	gaze *at* ゲイズ

日	中	英
見積(も)り	估计 gūjì グゥジィ	estimate エスティメイト
見積もる	估计, 估量, 估价 gūjì, gūliáng, gūjià グゥジィ, グゥリアン, グゥジア	estimate エスティメイト
密約	密约 mìyuē ミィユエ	secret understanding スィークレト アンダスタンディング
密輸(する)	走私 zǒusī ヅォウスー	smuggling; smuggle スマグリング；スマグル
密漁(する)	偷捕, 非法捕鱼 tōubǔ, fēifǎ bǔyú トウブゥ, フェイファア ブゥユイ	poaching; poach ポウチング；ポウチ
未定の	未定 wèidìng ウェイディン	undecided アンディサイデド
未到の	未到的, 未达到的 wèidào de, wèi dádào de ウェイダオ ダ, ウェイ ダァダオ ダ	unreached アンリーチド
未踏の	杳无人迹, 足迹未到 yǎo wú rénjì, zújì wèi dào ヤオ ウゥ レンジィ, ヅゥジィ ウェイ ダオ	unexplored アニクスプロード
見通し	展望, 前景, 远景 zhǎnwàng, qiánjǐng, yuǎnjǐng チャンワン, チエンジン, ユエンジン	prospect プラスペクト
認める	看见, 看到, 认定 kànjiàn, kàndào, rèndìng カンジエン, カンダオ, レンディン	recognize レコグナイズ
(承認)	承认 chéngrèn チョンレン	accept アクセプト
(許可)	许可, 准许 xǔkě, zhǔnxǔ シュイクァ, ヂュンシュイ	admit アドミト
緑	绿色 lǜsè リュイスア	green グリーン
見取り図	〔张〕示意图, 草图 zhāng shìyìtú, cǎotú チャアン シーイートゥ, ツァオトゥ	sketch スケチ
ミドル級	中量级 zhōngliàngjí チョンリアンジィ	middleweight ミドルウェイト
見とれる	看得入迷 kànde rùmí カンダ ルゥミィ	look admiringly *at* ルク アドマイアリングリ

日	中	英
みな 皆	quán, dōu, jiē 全，都，皆 チュエン, ドウ, ジエ	all オール
みなお 見直す	chóngxīn kàn 重新看 チョンシン カン	look at... again ルク アト アゲイン
（再検討）	chóngxīn yánjiū 重新研究 チョンシン イエンジウ	reexamine リーイグザミン
（再認識）	chóngxīn rènshi 重新认识 チョンシン レンシ	think better *of* スィンク ベタ
み 見なす	kànzuò, dàngzuò 看做，当做 カンズゥオ, ダァンズゥオ	think of... *as* スィンク オヴ
みなと 港	gǎngkǒu, gǎngwān, hǎigǎng 港口，港湾，海港 ガァンコウ, ガァンワン, ハイガァン	harbor, port ハーバ, ポート
みなみ 南	nán, nánbian, nánfāng 南，南边，南方 ナン, ナンビエン, ナンファアン	the south ザ サウス
～側	nánbian, nánmiàn 南边，南面 ナンビエン, ナンミエン	the south side ザ サウス サイド
～十字星	nánshízìxīng 南十字星 ナンシーヅースィン	the Southern Cross ザ サザン クロス
～半球	nánbànqiú 南半球 ナンバンチウ	the Southern Hemisphere ザ サザン ヘミスフィア
みなもと 源	shuǐyuán, yuántóu 水源，源头 シュイユエン, ユエントウ	the source ザ ソース
（起源）	qǐyuán, lànshāng 起源，滥觞 チィユエン, ランシャァン	the origin ジ オリヂン
みなら 見習い	jiànxí, xuéxí 见习，学习 ジエンシィ, シュエシィ	apprenticeship アプレンティスシプ
（人）	jiànxíshēng, túdì, xuétú 见习生，徒弟，学徒 ジエンシィション, トウディー, シュエトウ	apprentice アプレンティス
～期間	jiànxíqī, shìyòngqī 见习期，试用期 ジエンシィチィ, シーヨンチィ	probationary period プロウベイショナリ ピアリオド
みなら 見習う	jiànxí, xuéxí, fǎngxiào 见习，学习，仿效 ジエンシィ, シュエシィ, ファアンシアオ	learn, imitate ラーン, イミテイト

日	中	英
みなり 身形	chuānzhuó, fúzhuāng, dǎban 穿着，服装，打扮 チュワンヂュオ, フゥヂュアン, ダァバン	dress, appearance ドレス, アピアランス
みな 見慣れた	kànguàn (de), shúxī (de) 看惯(的)，熟悉(的) カングワン (ダ), シュウシィ (ダ)	familiar ファミリア
みな 見慣[馴]れる	kànguàn, kànshú 看惯，看熟 カングワン, カンシュウ	get used *to* ゲト ユースト
ミニ	wēixíng, xiǎoxíng, mínǐ 微型，小型，迷你 ウェイシィン, シアオシィン, ミィニィ	mini- ミニ
みにく 見難い	kànbuqīngchu 看不清楚 カンブチンチュ	hard to see ハード トゥ スィー
みにく 醜い	nánkàn, chǒu, chǒulòu 难看，丑，丑陋 ナンカン, チョウ, チョウロウ	ugly アグリ
ミニスカート	mínǐqún, duǎnqún 迷你裙，短裙 ミィニィチュン, ドワンチュン	mini-skirt ミニスカート
ミニチュア	wēixíng, (suōxiǎo) móxíng 微型，(缩小)模型 ウェイシィン, (スウオシアオ) モォシィン	miniature ミニアチャ
ミニマム	zuìdī xiàndù, zuìxiǎo(zhí) 最低限度，最小(值) ヅゥイディー シェンドゥ, ヅゥイシァオ(ヂー)	minimum ミニマム
みぬ 見抜く	kàntòu, kànpò, shípò 看透，看破，识破 カントウ, カンポォ, シーポォ	see through スィー スルー
みね 峰	shānfēng, shāndǐng 山峰，山顶 シャンフォン, シャンディン	peak, top ピーク, タプ
(刃の)	dāobèi 刀背 ダオベイ	the back ザ バク
ミネラル	kuàngwùzhì 矿物质 クアンウゥヂー	mineral ミナラル
～ウォーター	kuàngquánshuǐ 矿泉水 クアンチュエンシュイ	mineral water ミナラル ウォタ
みのう 未納の	wèi jiǎonà 未缴纳 ウェイ ジアオナァ	unpaid アンペイド
み うえ 身の上	shēnshì, jìngyù 身世，境遇 シェンシー, ジィンユイ	circumstances サーカムスタンスィズ

日	中	英
みのが 見逃す	cuòguò, hūlüè, kānlòu 错过，忽略，看漏 ツゥオグゥオ, ホゥリュエ, カンロウ	overlook オウヴァルク
(黙認)	mòxǔ, kuānshù, zòngróng 默许，宽恕，纵容 モォシュィ, クワンシュゥ, ヅォンロン	overlook オウヴァルク
みのしろきん 身代金	shēnjià, shújīn 身价，赎金 シェンジア, シュゥジン	ransom ランソム
み まわ ひん 身の回り品	rìcháng yòngpǐn, yīwù 日常用品，衣物 リーチャァン ヨンピン, イーウゥ	belongings ビローンギングズ
みの 実る	chéngshú 成熟 チョンシュゥ	ripen ライプン
(実を結ぶ)	qǔdé chéngguǒ 取得成果 チュイドゥア チョングゥオ	bear fruit ベア フルート
みは 見晴らし	tiàowàng, jǐngzhì 眺望，景致 ティアオワン, ジィンヂー	view ヴュー
～台	tiàowàngtái 眺望台 ティアオワンタイ	lookout ルカウト
みは 見張り	kānshǒu, jiānshì, jǐngjiè 看守，监视，警戒 カンショウ, ジェンシー, ジィンジエ	watch, lookout ワチ, ルカウト
(人)	kānshǒu(rén), jiānshìzhě 看守(人)，监视者 カンショウ(レン), ジェンシーヂョァ	watch, lookout ワチ, ルカウト
みは 見張る	jiānshì, jièbèi, kānshǒu 监视，戒备，看守 ジェンシー, ジエベイ, カンショウ	watch ワチ
みぶ 身振り	dòngzuò, shēnduàn, zītài 动作，身段，姿态 ドンヅゥオ, シェンドワン, ヅータイ	gesture チェスチャ
みぶん 身分	shēnfen, zīgé 身份，资格 シェンフェン, ヅーグァ	social status ソウシャル ステイタス
～証明書	shēnfenzhèng, gōngzuòzhèng 身份证，工作证 シェンフェンヂョン, ゴンヅゥオヂョン	identity card アイデンティティ カード
みぼうじん 未亡人	guǎfu, wèiwángrén 寡妇，未亡人 グアフ, ウェイワンレン	widow ウィドウ
みほん 見本	jiàn yàngpǐn, yàngběn, huòyàng 〔件〕样品，样本，货样 ジェン ヤンピン, ヤンベン, ホゥオヤン	sample サンプル

日	中		英	
	～市	(shāngpǐn) zhǎnlǎnhuì, (商品)展览会, (シャァンピン) ヂャンランホゥイ, (shāngpǐn) jiāoyìhuì (商品)交易会 (シャァンピン) ジアオイーホゥイ	trade fair	トレイド フェア
みま 見舞い		wèiwèn, tànwàng 慰问，探望 ウェイウェン, タンワァン	inquiry	インクワイアリ
みま 見舞う		wèiwèn, tànwàng, kànwàng 慰问，探望，看望 ウェイウェン, タンワァン, カンワァン	visit	ヴィズィト
みまも 見守る		zhùshì 注视 ヂュウシー	keep *one's* eyes *on*	キープ アイズ
みまわ 見回す		zhāngwàng, huánshì, huángù 张望，环视，环顾 ヂャァンワァン, ホワンシー, ホワングゥ	look about	ルク アバウト
みまん 未満		wèi mǎn, bùzú 未满，不足 ウェイ マン, ブゥヅゥ	under, less than	アンダ, レス ザン
みみ 耳		ěrduo 耳朵 アルドゥオ	ear	イア
	～掻き	ěrwāzi, ěrwāsháor 耳挖子，耳挖勺儿 アルワァヅ, アルワァシャオル	earpick	イアピク
	～たぶ	ěrchuí 耳垂 アルチュイ	lobe	ロウブ
みみず 蚯蚓		tiáo qiūyǐn, qūshàn 〔条〕蚯蚓，曲蟮 ティアオ チウイン, チュィシャン	earthworm	アースワーム
みめい 未明に		límíng, fúxiǎo, língchén 黎明，拂晓，凌晨 リィミィン, フゥシアオ, リィンチェン	before daybreak	ビフォー デイブレイク
みもと 身元		shēnfen 身分 シェンフェン	identity	アイデンティティ
みゃく 脈		màibó 脉搏 マイボォ	pulse	パルス
	(脈動)	màidòng, bódòng 脉动，搏动 マイドン, ボォドン	pulsation	パルセイション
	(希望)	xīwàng, zhǐwàng, kěnéng 希望，指望，可能 シィワァン, ヂーワァン, クァヌオン	promise, hope	プラミス, ホウプ

日	中	英
みゃくはく 脈拍	mài, màibó, màixī 脉, 脉搏, 脉息 マイ, マイボォ, マイシィ	pulse パルス
みやげ 土産	jìniànpǐn, lǐwù 纪念品, 礼物 ジィニエンピン, リィウウ	souvenir スーヴニア
みやこ 都	dū, shǒudū 都, 首都 ドゥ, ショウドゥ	capital キャピタル
（都市）	dūshì, chéngshì 都市, 城市 ドゥシー, チョンシー	city, town スィティ, タウン
ミャンマー	Miǎndiàn 缅甸 ミエンディエン	Myanmar ミャンマ
ミュージカル	yīnyuèjù 音乐剧 インユエヂュイ	musical ミューズィカル
ミュージシャン	yīnyuèjiā, yǎnzòujiā, yuèshī 音乐家, 演奏家, 乐师 インユエジア, イエンツォウジア, ユエシー	musician ミューズィシャン
みょうあん 妙案	miàojì, hǎo zhǔyi 妙计, 好主意 ミアオジィ, ハオ ヂュウイ	good idea グド アイディア
みょうぎ 妙技	miàojì, tèjì, juéjì 妙技, 特技, 绝技 ミアオジィ, トゥアジィ, ジュエジィ	wonderful skill ワンダフル スキル
みょうごにち 明後日	hòutiān 后天 ホウティエン	the day after tomorrow ザ デイ アフタ トマロウ
みょうじ 苗[名]字	xìng, xìngshì 姓, 姓氏 シィン, シィンシー	family name ファミリ ネイム
みょう 妙な	qíguài 奇怪 チィグアイ	strange ストレインヂ
みょうにち 明日	míngtiān 明天 ミィンティエン	tomorrow トマロウ
みょうみ 妙味	miàoqù 妙趣 ミアオチュイ	charm, beauty チャーム, ビューティ
みらい 未来	wèilái 未来 ウェイライ	future フューチャ
ミリグラム	háokè 毫克 ハオクァ	milligram ミリグラム

日	中	英
ミリメートル	háomǐ 毫米 ハオミィ	millimeter ミリミータ
みりょう 魅了する	xīyǐn, mèirén 吸引, 魅人 シィイン, メイレン	fascinate ファスィネイト
みりょく 魅力	mèilì, mólì 魅力, 魔力 メイリィ, モォリィ	charm チャーム
～的な	yǒu mèilì de 有魅力的 ヨウ メイリィ ダ	charming チャーミング
み 見る	kàn 看 カン	see, look *at* スィー, ルク
(世話)	zhàogù, zhàoliào 照顾, 照料 チャオグゥ, チャオリアオ	look after ルク アフタ
ミルク	niúnǎi 牛奶 ニウナイ	milk ミルク
ミレニアム	qiānxǐ, qiānniánqī 千禧, 千年期 チェンシィ, チェンニエンチィ	millennium ミレニアム
みれん 未練	yīliàn zhī qíng 依恋之情 イーリエン ヂー チィン	attachment, regret アタチメント, リグレト
みわ 見分ける	shíbié, biànbié 识别, 辨别 シービエ, ビエンビエ	distinguish *from* ディスティングウィシュ
みわた 見渡す	sǎoshì, tiàowàng, zhǎnwàng 扫视, 眺望, 展望 サオシー, ティアオワン, ヂャンワン	look out *over* ルク アウト
みんい 民意	mínyì 民意 ミンイー	public opinion パブリク オピニオン
みんえい 民営	mínbàn, mínyíng, sīyíng 民办, 民营, 私营 ミンバン, ミンイィン, スーイィン	private management プライヴェト マニヂメント
みんかん 民間の	mínjiān, mínyòng 民间, 民用 ミンジエン, ミンヨン	private, civil プライヴェト, スィヴィル
ミンク	zhī shuǐdiāo 〔只〕水貂 ヂー シュイディアオ	mink ミンク
みんげいひん 民芸品	mínjiān gōngyìpǐn 民间工艺品 ミンジエン ゴンイーピン	folk-art article フォウクアート アーティクル

日	中	英
みんじそしょう 民事訴訟	mínshì sùsòng 民事诉讼 ミンシー スゥソン	civil action スィヴィル アクション
みんしゅう 民衆	mínzhòng, qúnzhòng, lǎobǎixìng 民众，群众，老百姓 ミンヂォン, チュィンヂォン, ラオバイシィン	the people ザ ピープル
みんしゅか 民主化	mínzhǔhuà 民主化 ミンヂュウホア	democratization ディマクラティゼイション
みんしゅしゅぎ 民主主義	mínzhǔ zhǔyì 民主主义 ミンヂュウ ヂュウイー	democracy ディマクラスィ
みんぞく 民俗	mínsú 民俗 ミンスゥ	folk customs フォウク カスタムズ
みんぞく 民族	mínzú 民族 ミンヅゥ	race, nation レイス, ネイション
ミント	bòhe 薄荷 ボオホォ	mint ミント
みんぽう 民法	mínfǎ 民法 ミンファア	the civil law ザ スィヴィル ロー
みんよう 民謡	shǒu míngē, mínyáo 〔首〕民歌，民谣 ショウ ミングァ, ミンヤオ	folk song フォウク ソング
みんわ 民話	mínjiān gùshi 民间故事 ミンジエン グゥシ	folk tale フォウク テイル

む, ム

日	中	英
む 無	wú, méiyǒu 无，没有 ウゥ, メイヨウ	nothing ナスィング
むいしき 無意識	wúyìshí, xiàyìshí 无意识，下意识 ウゥイーシー, シアイーシー	unconsciousness アンカンシャスネス
～に	wúyìshí de, xiàyìshí de 无意识地，下意识地 ウゥイーシー ダ, シアイーシー ダ	unconsciously アンカンシャスリ
むいちもん 無一文の	yī wú suǒ yǒu, bù míng yì wén 一无所有，不名一文 イー ウゥ スオ ヨウ, ブゥ ミィン イー ウェン	penniless ペニレス

日	中	英
無意味な	wú yìyì, méi yìsi 无意义，没意思 ウゥ イーイー, メイ イース	meaningless ミーニングレス
ムード	qìfēn 气氛 チィフェン	mood ムード
（気分）	xīnqíng, qíngxù 心情，情绪 シンチィン, チィンシュイ	mood ムード
無益な	wúyì, méi hǎochu 无益，没好处 ウゥイー, メイ ハオチュ	futile フューティル
無鉛の	wúqiān 无铅 ウゥチエン	unleaded アンレデド
無害な	wúhài 无害 ウゥハイ	harmless ハームレス
向かい合う	xiāngduì, miànduì 相对，面对 シアンドゥイ, ミエンドゥイ	face フェイス
向かい側	duìmiàn, duìguò 对面，对过 ドゥイミエン, ドゥイグゥオ	the opposite side ジ アポズィト サイド
向かう	xiàng, miànduì, miànxiàng 向，面对，面向 シアン, ミエンドゥイ, ミエンシアン	face, look *on* フェイス, ルク
（進む）	qù, qiánwǎng 去，前往 チュイ, チエンワァン	go *to*, leave *for* ゴウ, リーヴ
迎える	yíngjiē, chūyíng 迎接，出迎 イィンジエ, チュウイィン	meet, welcome ミート, ウェルカム
昔	cóngqián, gǔ shíhou, guòqù 从前，古时候，过去 ツォンチエン, グゥ シーホウ, グゥオチュイ	old times オウルド タイムズ
（かつて）	hěn zǎo yǐqián, céngjīng 很早以前，曾经 ヘン ヅァオ イーチエン, ツンジィン	long ago ロング アゴウ
むかつく	ěxin, fǎnwèi 恶心，反胃 ウァシン, ファンウェイ	feel sick フィール スィク
（腹が立つ）	qì▼rén, fā▼nù, shēng▼qì 气人，发怒，生气 チィレン, ファアヌウ, ションチィ	get disgusted ゲト ディスガスティド
百足	zhī/tiáo wúgōng 〔只 / 条〕蜈蚣 ヂー/ティアオ ウゥゴン	centipede センティピード

日	中	英
むかんけい 無関係な	wúguān, méiyǒu guānxi 无关，没有关系 ウグワン，メイヨウ グワンシ	irrelevant イレヴァント
むかんしん 無関心	(mò) bù guānxīn, lěngdàn (漠)不关心，冷淡 (モォ) ブグワンシン，ルォンダン	indifference インディファレンス
む 向き	fāngxiàng, cháoxiàng 方向，朝向 ファアンシアン，チャオシアン	direction ディレクション
～の	miànxiàng, shìhé 面向，适合 ミエンシアン，シーホォア	for フォー
むき 無機(の)	wújī 无机 ウゥジィ	inorganic イノーギャニク
～物	wújīwù 无机物 ウゥジィウゥ	inorganic matter イノーギャニク マタ
むぎ 麦	mài, màizi, xiǎomài 麦，麦子，小麦 マイ，マイヅ，シアオマイ	wheat ホウィート
(大麦)	dàmài 大麦 ダァマイ	barley バーリ
むきげん 無期限の	wúxiànqī 无限期 ウゥシエンチィ	indefinite インデフィニト
む　だ 剥き出しの	(chì)luǒ, luǒlù (赤)裸，裸露 (チー)ルゥオ，ルゥオルゥ	bare, naked ベア，ネイキド
むきりょく 無気力(な)	méiyǒu gànjìn, wúlì 没有干劲，无力 メイヨウ ガンジン，ウゥリィ	inactive, lazy イナクティヴ，レイズィ
むきん 無菌の	wújūn 无菌 ウゥジュィン	germ-free ヂャームフリー
む 向く	cháo, xiàng 朝，向 チャオ，シアン	turn to ターン
(適する)	duìlù, shìhé 对路，适合 ドゥイルゥ，シーホォア	suit シュート
む 剥く	bāo, xiāo 剥，削 バオ，シアオ	peel, pare ピール，ペア
むく 報いる	bàodá, bàocháng, huíbào 报答，报偿，回报 バオダァ，バオチャァン，ホウイバオ	reward for リウォード

日	中	英
(恩に)	bào'ēn 报恩 バオエン	reward *for*
むくち 無口な	chénmò guǎyán, bú ài shuōhuà 沉默寡言，不爱说话 チェンモォ グアイエン，ブゥ アイ シュオホア	taciturn, silent
むくむ	pāngzhǒng, fúzhǒng, xūzhǒng 膨肿，浮肿，虚肿 パァンヂョン，フゥヂョン，シュイヂョン	swell
むけい 無形の	wúxíng 无形 ウゥシィン	intangible
む 向ける	xiàng, cháo, zhuǎnxiàng 向，朝，转向 シアン，チャオ，チュワンシアン	turn *to*, direct *to*
むげん 無限の	wúxiàn 无限 ウゥシエン	infinite
むこ 婿	xīnláng 新郎 シンラァン	bridegroom
む 向こう	nàbiān, duìmiàn 那边，对面 ナァビエン，ドゥイミエン	the opposite side
(先方)	duìfāng 对方 ドゥイファアン	the other party
むこう 無効	wúxiào 无效 ウゥシアオ	invalidity
～の	wúxiào 无效 ウゥシアオ	invalid
む　ずね 向こう脛	yíngmiàngǔ 迎面骨 イィンミエングゥ	shin
む　み 向こう見ずな	màoshi, mǎngzhuàng, lǔmǎng 冒失，莽撞，鲁莽 マオシ，マァンチュアン，ルゥマァン	reckless
むごん 無言	wúyán, mò bú zuòshēng 无言，默不做声 ウゥイエン，モォ ブゥ ヅゥオション	silence
むざい 無罪	wúzuì 无罪 ウゥヅゥイ	innocence
むざん 無惨な	qīcǎ, bēicǎn, cánkù 凄惨，悲惨，残酷 チィツァン，ベイツァン，ツァンクゥ	miserable, cruel

日	中	英
むし 虫	kūnchóng 昆虫 クゥンチォン	insect インセクト
(みみずなど)	chóng, chóngzi 虫, 虫子 チォン, チォンヅ	worm ワーム
むじ 無地(の)	sùsè, wú huāwén 素色, 无花纹 スゥスァ, ウゥ ホアウェン	plain プレイン
む あつ 蒸し暑い	mēnrè 闷热 メンルァ	sultry サルトリ
むしくだ 虫下し	qūchóngjì 驱虫剂 チュィチォンジィ	vermifuge ヴァーミフューヂ
むし 無視する	mòshì, qīngshì, hūshì 漠视, 轻视, 忽视 モォシー, チンシー, ホゥシー	ignore イグノー
むじつ 無実	yuānwang 冤枉 ユエンワン	innocence イノセンス
～の	yuānwang de 冤枉的 ユエンワン ダ	innocent イノセント
むしば 虫歯	chóngyá, qǔchǐ, zhùchǐ 虫牙, 龋齿, 蛀齿 チォンヤァ, チュィチー, ヂュウチー	decayed tooth ディケイド トゥース
むしば 蝕む	fǔshí, qīnshí, zhùshí 腐蚀, 侵蚀, 蛀蚀 フゥシー, チンシー, ヂュウシー	spoil, affect スポイル, アフェクト
むしめがね 虫眼鏡	fàngdàjìng, tūtòujìng 放大镜, 凸透镜 ファンダァジィン, トゥトウジィン	magnifying glass マグニファイイング グラス
むじゃき 無邪気な	tiānzhēn, wúxié 天真, 无邪 ティエンヂェン, ウゥシエ	innocent, artless イノセント, アートレス
むじゅん 矛盾(する)	máodùn, dǐchù 矛盾, 抵触 マオドゥン, ディーチュウ	contradiction カントラディクション
むしょう 無償(の)	wúcháng 无偿 ウゥチャァン	gratis, voluntary グラティス, ヴァランテリ
むじょう 無常	wúcháng 无常 ウゥチャァン	mutability ミュータビリティ
むじょう 無情(な)	wúqíng (de), lěngkù (de) 无情(的), 冷酷(的) ウゥチィン(ダ), ルォンクゥ(ダ)	heartless, cold ハートレス, コゥルド

日	中	英
むじょうけん 無条件の	wútiáojiàn 无条件 ウゥティアオジエン	unconditional アンコンディショナル
むしょく 無色の	wúsè 无色 ウゥスァ	colorless カラレス
むしょく 無職の	wúyè, dàiyè 无业，待业 ウゥイエ，ダイイエ	without occupation ウィザウト アキュペイション
むし 毟る	hāo, bá, jiū 薅，拔，揪 ハオ，バァ，ジウ	pluck, pick プラク，ピク
むし 寧ろ	yǔqí ... bùrú; nìngkě 与其…不如，宁可 ユィチィ … ブゥルゥ，ニィンクァ	rather *than* ラザ
むしん 無心 (に)	tiānzhēn, wúxié 天真，无邪 ティエンチェン，ウゥシエ	innocently イノセントリ
むしんけい 無神経な	fǎnyìng chídùn, mǎn bú zàihu 反应迟钝，满不在乎 ファンイィン チードゥン，マン ブゥ ヅァイホ	insensitive インセンスィティブ
むじんぞう 無尽蔵の	wú qióng wú jìn, wúqióng 无穷无尽，无穷 ウゥ チオン ウゥ ジン，ウゥチオン	inexhaustible イニグゾースティブル
むじんとう 無人島	wúréndǎo 无人岛 ウゥレンダオ	desert island デザト アイランド
む 蒸す	zhēng 蒸 チョン	steam スティーム
むすう 無数の	wúshù 无数 ウゥシュウ	innumerable イニューマラブル
むずか 難しい	nán, kùnnan, jiānnán 难，困难，艰难 ナン，クゥンナン，ジエンナン	difficult, hard ディフィカルト，ハード
むすこ 息子	érzi, xiǎo'ér 儿子，小儿 アルヅ，シアオアル	son, boy サン，ボイ
むす つ 結び付く	liánxì, jiéhé 联系，结合 リエンシィ，ジエホァ	be tied up *with* ビ タイド アプ
むす つ 結び付ける	shuān, bǎng, jì 拴，绑，系 シュワン，バァン，ジィ	tie together, fasten タイ トゲザ，ファスン
(関係)	liánxì, liánjié, jiéhé 联系，联结，结合 リエンシィ，リエンジエ，ジエホァ	connect *with* コネクト

日	中	英
むすめ 結び目	jié, jiézi, kòuzi 结, 结子, 扣子 ジエ, ジエヅ, コウヅ	knot ナト
むす 結ぶ	jì, jié 系, 结 ジィ, ジエ	tie, bind タイ, バインド
（繋ぐ）	liánjié, liánjiē 联结, 连接 リエンジエ, リエンジエ	link *with* リンク
（契約などを）	dìng, qiāndìng, dìjié 订, 签订, 缔结 ディン, チエンディン, ディージエ	make, conclude メイク, カンクルード
むすめ 娘	nǚ'ér, nǚháir 女儿, 女孩儿 ニュイアル, ニュイハル	daughter ドータ
むせいげん 無制限の	wú xiànzhì 无限制 ウゥ シエンヂー	free, unrestricted フリー, アンリストリクティド
むせきにん 無責任（な）	bú fù zérèn 不负责任 ブゥ フゥ ヅゥアレン	irresponsibility イリスパンスィビリティ
む 噎せる	qiāng, yē 呛, 噎 チアン, イエ	be choked *by, with* ビ チョウクド
むせん 無線	wúxiàn 无线 ウゥシエン	wireless ワイアレス
むだ 無駄	làngfèi, báifèi 浪费, 白费 ラァンフェイ, バイフェイ	waste ウェイスト
～な	wúyòng, wúyì, wúxiào 无用, 无益, 无效 ウゥヨン, ウゥイー, ウゥシアオ	useless, futile ユースレス, フューティル
むだぼね 無駄骨	túláo 徒劳 トゥラオ	
～を折る	báifèi lìqi 白费力气 バイフェイ リィチ	make vain efforts メイク ヴェイン エファツ
むだん 無断で	sīzì, shànzì, wèijīng xǔkě 私自, 擅自, 未经许可 スーヅー, シャンヅー, ウェイジィン シュイクァ	without notice ウィザウト ノウティス
むたんぽ 無担保で	wú dānbǎo, wú dǐyā 无担保, 无抵押 ウゥ ダンバオ, ウゥ ディーヤァ	without security ウィザウト スィキュアリティ
むち 無知（な）	wúzhī 无知 ウゥヂー	ignorance; ignorant イグノランス；イグノラント

日	中	英
むちゃ 無茶	bú xiànghuà, qǐ yǒu cǐ lǐ 不像话，岂有此理 ブゥ シアンホァ, チィ ヨウ ツー リィ	unreasonableness アンリーズナブルネス
～な	wú dàoli, bù hélǐ 无道理，不合理 ウゥ ダオリ, ブゥ ホァリイ	unreasonable アンリーズナブル
むちゅう 夢中 (である)	rèzhōng, zhuānxīn, rùmí 热中，专心，入迷 ルァチョン, デュワンシン, ルゥミィ	be absorbed *in* ビ アブソーブド
むちんじょうしゃ 無賃乗車 (する)	wúpiào chéngchē 无票乘车 ウゥピアオ チョンチョァ	steal a ride スティール ア ライド
むてんか 無添加の	méiyǒu tiānjiā de 没有添加的 メイヨウ ティエンジア ダ	additive-free アディティヴフリー
むとんちゃく 無頓着 (な)	búzàihu, bú jièyì 不在乎，不介意 ブゥツァイホ, ブゥ ジエイー	indifference インディファレンス
むな 虚[空]しい	xū, kōng, túrán 虚，空，徒然 シュィ, コン, トゥラン	empty, vain エンプティ, ヴェイン
むね 胸	xiōngbù, xiōngpú, xiōngtáng 胸部，胸脯，胸膛 シオンブゥ, シオンプゥ, シオンタァン	the breast, the chest ザ ブレスト, ザ チェスト
～焼け	shāoxīn 烧心 シャオシン	heartburn ハートバーン
むのう 無能	wúnéng, wúcái 无能，无才 ウゥヌォン, ウゥツァイ	incompetence インカンピテンス
～な	wúnéng, wúcái 无能，无才 ウゥヌォン, ウゥツァイ	incompetent インカンピテント
むのうやく 無農薬の	wú nóngyào 无农药 ウゥ ノンヤオ	organic オーギャニク
むふんべつ 無分別 (な)	qīngshuài, mǎngzhuàng 轻率，莽撞 チィンシュアイ, マァンヂュアン	indiscretion; imprudent インディスクレション；インプルーデント
むほう 無法な	mánhèng, wúlài, wú fǎ wú tiān 蛮横，无赖，无法无天 マンヘゥン, ウゥライ, ウゥ ファア ウゥ ティエン	unjust, unlawful アンヂャスト, アンローフル
むぼう 無謀な	lǔmǎng, qīng jǔ wàng dòng 鲁莽，轻举妄动 ルゥマァン, チィン ジュィ ワァン ドン	reckless レクレス
むほん 謀叛	zàofǎn, pànluàn, fǎnpàn 造反，叛乱，反叛 ヅァオファン, パンルワン, ファンパン	rebellion リベリオン

日	中	英
むめい **無名の**	wúmíng, mò mò wú wén 无名，默默无闻 ウゥミィン, モォ モォ ウゥ ウェン	nameless, unknown ネイムレス, アンノウン
むら **村**	cūn, cūnzhuāng, cūnluò 村，村庄，村落 ツゥン, ツゥンチュアン, ツゥンルゥオ	village ヴィリヂ
むらがる **群がる**	qúnjí, chéngqún, jùjí 群集，成群，聚集 チュィンジィ, チョンチュィン, ヂュィジィ	crowd, flock クラウド, フラク
むらさき **紫**	zǐsè 紫色 ヅースァ	purple, violet パープル, ヴァイオレト
むり **無理**		
～な	miǎnqiǎng (de), bù hélǐ 勉强(的)，不合理 ミエンチアン (ダ), ブゥ ホォアリィ	unreasonable アンリーズナブル
(不可能)	bù kěnéng (de), bù néng (de) 不可能(的)，不能(的) ブゥ クァヌォン (ダ), ブゥ ヌォン (ダ)	impossible インパスィブル
むりょう **無料の**	miǎnfèi 免费 ミエンフェイ	free フリー
むりょく **無力(な)**	wúlì, wú néng wéi lì 无力，无能为力 ウゥリィ, ウゥ ヌォン ウェイ リィ	powerlessness パウアレスネス
むれ **群**	qún 群 チュィン	group, crowd グループ, クラウド
むろん **無論**	gùrán, dāngrán, búyòng shuō 固然，当然，不用说 グゥラン, ダアンラン, ブゥヨン シュオ	of course オヴ コース

め, メ

日	中	英
め **芽**	yá 芽 ヤァ	bud バド
め **目**	yǎnjing 眼睛 イエンジィン	eye アイ
めあたら **目新しい**	xīnqí, xīnxiān, xīnyǐng 新奇，新鲜，新颖 シンチィ, シンシエン, シンイィン	novel, new ナヴェル, ニュー

日	中	英
めあ **目当て**	mùdì 目的 ムゥディー	aim エイム
（目標）	mùbiāo 目标 ムゥビアオ	guide ガイド
めい **姪**		
（兄弟の娘）	zhínǚ 侄女 ヂーニュイ	niece ニース
（姉妹の娘）	shēngnǚ 甥女 ションニュイ	niece ニース
めいあん **名案**	hǎo zhǔyi, miàojì 好主意，妙计 ハオ ヂュウイ, ミアオジィ	good idea グド アイディア
めいおうせい **冥王星**	míngwángxīng 冥王星 ミィンワンシィン	Pluto プルートウ
めいが **名画**	mínghuà 名画 ミィンホア	famous picture フェイマス ピクチャ
（映画の）	zhùmíng yǐngpiàn 著名影片 チュウミィン イィンピエン	good film グド フィルム
めいかい **明快な**	míngkuài 明快 ミィンクアイ	clear, lucid クリア, ルースィド
めいかく **明確な**	míngquè, mínglǎng, qīngchu 明确，明朗，清楚 ミィンチュエ, ミィンラァン, チィンチュ	clear, accurate クリア, アキュレト
めいがら **銘柄**	páihào, páizi, shāngbiāo 牌号，牌子，商标 パイハオ, パイヅ, シャァンビアオ	brand, description ブランド, ディスクリプション
めいぎ **名義**	míngyì 名义 ミィンイー	name ネイム
めいさい **明細**	xìjié, míngxì 细节，明细 シィジエ, ミィンシィ	details ディーテイルズ
めいさく **名作**	míngzuò, jiézuò 名作，杰作 ミィンヅゥオ, ジエヅゥオ	masterpiece マスタピース
めいし **名刺**	míngpiàn 名片 ミィンピエン	visiting card ヴィズィティング カード

日	中	英
めいし 名詞	míngcí 名词 ミィンツー	noun ナウン
めいしょ 名所	míngshèng 名胜 ミィンション	noted place ノウティド プレイス
めいしょう 名称	míngchēng, míngzi 名称, 名字 ミィンチョン, ミィンツ	name, appellation ネイム, アペレイション
めい 命じる	fēnfù, mìnglìng, zhǐlìng 吩咐, 命令, 指令 フェンフゥ, ミィンリィン, ヂーリィン	order オーダ
めいしん 迷信	míxìn 迷信 ミィシン	superstition シューパスティション
めいじん 名人	gāoshǒu, néngshǒu, míngjiā 高手, 能手, 名家 ガオショウ, ヌゥンショウ, ミィンジア	master, expert マスタ, エクスパート
めいせい 名声	míngshēng, shēngjià 名声, 声价 ミィンション, ションジア	fame, reputation フェイム, レピュテイション
めいそう 瞑想	míngxiǎng 冥想 ミィンシアン	meditation メディテイション
めいちゅう 命中(する)	mìngzhòng, dǎzhòng 命中, 打中 ミィンヂォン, ダアヂォン	hit ヒト
めいてい 酩酊	mǐngdǐng (dà zuì) 酩酊（大醉） ミィンディン (ダア ヅゥイ)	drunkenness ドランクンネス
めいにち 命日	jìchén, jìrì 忌辰, 忌日 ジィチェン, ジィリー	the anniversary of ジ アニヴァーサリ オヴ a person's death ア パースンズ デス
めいはく 明白な	míngbai, qīngbái 明白, 清白 ミィンバイ, チィンバイ	clear, evident クリア, エヴィデント
めいぶつ 名物	míngchǎn 名产 ミィンチャン	special product スペシャル プラダクト
めいぼ 名簿	míngcè, míngdān 名册, 名单 ミィンツゥァ, ミィンダン	list of names リスト オヴ ネイムズ
めいめい 銘々	gèzì 各自 グァツー	each, everyone イーチ, エヴリワン

日	中	英
めいよ 名誉	míngyù, róngyù 名誉，荣誉 ミンユイ, ロンユイ	honor アナ
～毀損	sǔnhài míngyù 损害名誉 スゥンハイ ミンユイ	libel, slander ライベル, スランダ
めいりょう 明瞭な	míngliǎo, míngbai, qīngshuǎng 明了，明白，清爽 ミンリアオ, ミンパイ, チンシュアン	clear, plain クリア, プレイン
めい 滅入る	qìněi, biēmen 气馁，憋闷 チネイ, ビエメン	feel depressed フィール ディプレスト
めいれい 命令(する)	mìnglìng, zhǐlìng 命令，指令 ミンリン, チーリン	order オーダ
めいろ 迷路	mílù 迷路 ミィルゥ	maze メイズ
めいろう 明朗な	mínglǎng, kāilǎng 明朗，开朗 ミンラァン, カイラァン	cheerful, bright チアフル, ブライト
めいわく 迷惑	máfan 麻烦 マァファン	trouble, nuisance トラブル, ニュースンス
～する	wéinán 为难 ウェイナン	be troubled *with, by* ビ トラブルド
～をかける	dǎjiǎo, tiān máfan 打搅，添麻烦 ダァジアオ, ティエン マァファン	trouble, bother トラブル, バザ
めうえ 目上	shàngjí, shàngsi 上级，上司 シャァンジィ, シャァンス	superiors シュピアリアズ
(年長の)	zhǎngbèi, zūnzhǎng 长辈，尊长 ヂャァンベイ, ヅゥンヂャァン	seniors スィーニアズ
メーカー	chǎngjiā, chǎngshāng, zhìzàoshāng 厂家，厂商，制造商 チャァンジア, チャァンシャァン, チーヅァオシャァン	maker メイカ
メーキャップ	huàzhuāng, bànzhuāng 化妆，扮装 ホアヂュアン, バンヂュアン	makeup メイカプ
メーター	yíbiǎo 仪表 イービアオ	meter ミータ
メーデー	Wǔ Yī Láodòng Jié 五一劳动节 ウゥ イー ラオドン ジエ	May Day メイ デイ

日	中	英
メートル	gōngchǐ, mǐ 公尺，米 ゴンチー, ミィ	meter ミータ
～法	guójì gōngzhì, gōngzhì, mǐzhì 国际公制，公制，米制 グゥオジィ ゴンチー, ゴンチー, ミィチー	the metric system ザ メトリク スィスティム
メーンストリート	dàjiē, zhǔ gàndào 大街，主干道 ダジエ, チュウ ガンダオ	main street メイン ストリート
めおと 夫婦	fūqī, fūfù 夫妻，夫妇 フゥチィ, フゥフゥ	married couple マリド カプル
めかくし 目隠し	méngzhù yǎnjing 蒙住眼睛 モンチュウ イエンジィン	blindfold ブラインドフォウルド
めかけ 妾	xiǎolǎopo, yítàitai 小老婆，姨太太 シアオラオポ, イータイタイ	mistress ミストレス
め さ 目が覚める	xǐng(lái) 醒(来) シィン(ライ)	wake up ウェイク アプ
めかた 目方	zhòngliàng, qīngzhòng 重量，轻重 チォンリアン, チィンチォン	weight ウェイト
メカニズム	jīgòu, jīzhì 机构，机制 ジィゴウ, ジィチー	mechanism メカニズム
めがね 眼鏡	yǎnjìng 眼镜 イエンジィン	glasses グラスィズ
メガヘルツ	zhàohè 兆赫 チャオホォア	megahertz メガハーツ
メガホン	chuánshēngtǒng, huàtǒng 传声筒，话筒 チュワンションセトン, ホアトン	megaphone メガフォウン
めがみ 女神	nǚshén, shénnǚ 女神，神女 ニュイシェン, シェンニュイ	goddess ガデス
めきめき	xùnsù, xiǎnzhù 迅速，显著 シュインスゥ, シエンチュウ	remarkably リマーカブリ
め 芽キャベツ	yágānlán 芽甘蓝 ヤァガンラン	Brussels sprouts ブラスルズ スプラウツ
めぐすり 目薬	yǎnyào 眼药 イエンヤオ	eye lotion アイ ロウション

日	中	英
めくば 目配せする	shǐ yǎnsè, dì yǎnsè, jǐyǎn 使眼色，递眼色，挤眼 シー イエンスァ, ディー イエンスァ, ジィイエン	wink ウィンク
めぐ 恵まれる	fùyǒu, fùyú, fùyǒu 富有，富于，赋有 フウヨウ, フウユイ, フウヨウ	be blessed *with* ビ ブレスィド
めぐ 恵み	ēnhuì, yǔlù 恩惠，雨露 エンホゥイ, ユィルゥ	blessing, favor ブレスィング, フェイヴァ
めぐ 巡らす	wéi(rào) 围(绕) ウェイ(ラオ)	surround サラウンド
めく 捲る	fān, jiē, xiānkāi 翻，揭，掀开 ファン, ジエ, シエンカイ	turn over ターン オウヴァ
めぐ 巡る	xúnxíng, xúnyóu 巡行，巡游 シュインシィン, シュインヨウ	travel around トラヴル アラウンド
めざ 目指す	dǎsuan, yǐ ... wéi mùbiāo 打算，以…为目标 ダァスワン, イー … ウェイ ムゥビアオ	aim *at* エイム
めざ 目覚ましい	xiǎnzhù, jīngrén 显著，惊人 シエンチュウ, ジィンレン	remarkable リマーカブル
めざ　どけい 目覚まし時計	nàozhōng 闹钟 ナオヂョン	alarm clock アラーム クラク
めざ 目覚める	shuìxǐng, xǐng(lái) 睡醒，醒(来) シュイシィン, シィン(ライ)	awake アウェイク
めし 飯	fàn, fànshí 饭，饭食 ファン, ファンシ	meal ミール
（米飯）	mǐfàn 米饭 ミィファン	rice ライス
めした 目下	xiàjí, bùxià, xiàshǔ 下级，部下，下属 シアジィ, ブゥシア, シアシュウ	inferiors インフィアリアズ
めしべ 雌蕊	círuǐ 雌蕊 ツールゥイ	pistil ピスティル
メジャー	juǎnchǐ, píchǐ 卷尺，皮尺 ジュエンチー, ピィチー	tape measure テイプ メジャ
めじるし 目印	jìhao, biāozhì 记号，标志 ジィハオ, ビアオチー	sign, mark サイン, マーク

日	中	英
めす 雌	cí, pìn, mǔ 雌，牝，母 ツー，ピン，ムゥ	female フィーメイル
めずら 珍しい	xīhan, zhēnqí, xīnqí 稀罕，珍奇，新奇 シィハン，チェンチィ，シンチィ	rare, novel レア，ナヴェル
めずら 珍しがる	xīhan 稀罕 シィハン	be curious *about* ビ キュアリアス
めだ 目立つ	xiǎnyǎn 显眼 シエンイエン	be conspicuous ビ カンスピキュアス
めだま 目玉	yǎnqiú, yǎnzhūzi 眼球，眼珠子 イエンチウ，イエンチュウヅ	eyeball アイボール
～商品	quántou chǎnpǐn 拳头产品 チュエントウ チャンピン	loss leader ロス リーダ
～焼き	jiān jīdàn 煎鸡蛋 ジエン ジィダン	sunny-side up サニサイド アプ
メダル	jiǎngzhāng, jiǎngpái, jìniànzhāng 奖章，奖牌，纪念章 ジアンチャン，ジアンパイ，ジィニエンチャン	medal メドル
めちゃくちゃ 滅茶苦茶な	luàn qī bā zāo, yìtāhútú 乱七八糟，一塌糊涂 ルワン チィ パァ ヅァオ，イータアホゥトゥ	disorderly ディスオーダリ
メチル アルコール	jiǎchún, mùjīng 甲醇，木精 ジアチュン，ムゥジィン	methyl alcohol メスィル アルコホル
めっき 鍍金(する)	dù‣jīn 镀金 ドゥジン	plating; plate, gild プレイティング；プレイト，ギルド
めつ 目付き	yǎnshén 眼神 イエンシェン	eyes, look アイズ，ルク
めっきり	xiǎnzhù de 显著地 シエンチュウ ダ	remarkably リマーカブリ
メッセージ	kǒuxìn, liúyán 口信，留言 コウシン，リウイエン	message メスィヂ
めった 滅多に	nándé, hǎnjiàn, hěn shǎo 难得，罕见，很少 ナンドゥァ，ハンジエン，ヘン シャオ	seldom, rarely セルドム，レアリ
めつぼう 滅亡(する)	mièwáng, lúnwáng 灭亡，沦亡 ミエワァン，ルゥンワァン	ruin ルーイン

日	中	英
メディア	méitǐ, méijiè 媒体，媒介 メイティー，メイジエ	media ミーディア
めでた 目出度い	jílì, jíxiáng, jíqìng 吉利，吉祥，吉庆 ジィリィ，ジィシアン，ジィチィン	good, happy グド，ハピ
めど 目処	mùbiāo, méimu, tóuxù 目标，眉目，头绪 ムウビアオ，メイム，トウシュイ	prospect プラスペクト
メドレー	jíchéngqǔ, hùnhéqǔ 集成曲，混合曲 ジィチョンチュイ，ホウンホアチュイ	medley メドリ
メニュー	shípǔ, càidān, càipǔ 食谱，菜单，菜谱 シープウ，ツァイダン，ツァイプウ	menu メニュー
めのう 瑪瑙	mǎnǎo 玛瑙 マアナオ	agate アゲト
めば 芽生え(る)	fā﹅yá, méng﹅yá 发芽，萌芽 ファアヤァ，モンヤァ	sprout スプラウト
めま 目眩い	yǎnyùn 眼晕 イエンユィン	dizziness ディズィネス
〜がする	yǎnyùn, fāhūn, tóuyūn 眼晕，发昏，头晕 イエンユィン，ファアホウン，トウユィン	be dizzy ビ ディズィ
めまぐる 目紛しい	yǎn huā liáo luàn, 眼花缭乱， イエン ホア リアオ ルワン， shùn xī wàn biàn 瞬息万变 シュン シィ ワン ビエン	bewildering ビウィルダリング
メモ	bǐjì, bèiwànglù, biàntiáo 笔记，备忘录，便条 ビィジィ，ベイワンルゥ，ビエンティアオ	memo メモウ
めも 目盛り	kèdù, dùshu 刻度，度数 クァドゥ，ドウシュ	graduation グラヂュエイション
メモリー	nèicún, cúnchǔ(qì) 内存，存储(器) ネイツゥン，ツゥンチュウ(チィ)	memory メモリ
めやす 目安	biāozhǔn, guīfàn, jīzhǔn 标准，规范，基准 ビアオヂュン，グゥイファン，ジィヂュン	standard, aim スタンダド，エイム
めやに 目脂	chī, yǎnshǐ 眵，眼屎 チー，イエンシー	eye mucus アイ ミューカス

め

日	中	英
減り込む	xiànrù, xiànjìn, āoxiàn 陷入, 陷进, 凹陷 シエンルゥ, シエンジン, アオシエン	sink *into* スィンク
メリット	yōudiǎn, hǎochu 优点, 好处 ヨウディエン, ハオチュ	merit メリト
メリヤス	zhēnzhīpǐn 针织品 ヂェンヂーピン	knitted goods ニッテド グツ
メレンゲ	dànbái sūpí, dànbái tiánbǐng 蛋白酥皮, 蛋白甜饼 ダンバイ スゥピィ, ダンバイ ティエンビィン	meringue メラング
メロディー	xuánlǜ, qǔdiào 旋律, 曲调 シュエンリュィ, チュィディアオ	melody メロディ
メロドラマ	àiqíngjù 爱情剧 アイチィンヂュイ	melodrama メロドラーマ
メロン	tiánguā, xiāngguā 甜瓜, 香瓜 ティエングア, シアングア	melon メロン
芽を出す	fā′yá, méng′yá 发芽, 萌芽 ファアヤァ, モンヤァ	bud バド
綿	mián, miánhuā 棉, 棉花 ミエン, ミエンホア	cotton カトン
面	miànjù, jiǎmiàn 面具, 假面 ミエンヂュィ, ジアミエン	mask マスク
(表面)	biǎomiàn, wàibiǎo 表面, 外表 ビアオミエン, ワイビアオ	the face ザ フェイス
(側面)	cèmiàn 侧面 ツゥアミエン	aspect, side アスペクト, サイド
免疫	miǎnyì 免疫 ミエンイー	immunity イミューニティ
面会(する)	huìmiàn, huìjiàn 会面, 会见 ホゥイミエン, ホゥイジエン	interview; meet, see インタヴュー; ミート, スィー
免許(証)	zhízhào, xǔkězhèng, píngzhào 执照, 许可证, 凭照 チーチャオ, シュィクァチョン, ピィンチャオ	license ライセンス
面食らう	bù zhī suǒ cuò, shīcuò 不知所措, 失措 ブゥ チー スゥオ ツゥオ, シーツゥオ	be bewildered ビ ビウィルダド

日	中	英
めんしき 面識	rènshi, xiāngshí 认识，相识 レンシ, シアンシー	acquaintance アクウェインタンス
めんじょ 免除(する)	miǎnchú, huòmiǎn 免除，豁免 ミエンチュウ, ホゥオミエン	exemption; exempt イグゼンプション；イグゼンプト
めんじょう 免状	xǔkězhèng 许可证 シュイクァチョン	diploma, license ディプロウマ, ライセンス
(卒業証書)	bìyè zhèngshū, wénpíng 毕业证书，文凭 ビィイエ チョンシュウ, ウェンピィン	diploma ディプロウマ
めんしょく 免職(する)	miǎnzhí, jiězhí, jiěgù 免职，解职，解雇 ミエンチー, ジエチー, ジエグゥ	dismissal; dismiss ディスミサル；ディスミス
めん 面する	miànduì, miànlín 面对，面临 ミエンドゥイ, ミエンリン	face, look フェイス, ルク
めんぜい 免税	miǎnshuì 免税 ミエンシュイ	tax exemption タクス イグゼンプション
～店	miǎnshuìdiàn, 免税店， ミエンシュイディエン, miǎnshuì shāngdiàn 免税商店 ミエンシュイ シャアンディエン	duty-free shop デューティフリー シャプ
～品	miǎnshuì shāngpǐn, 免税商品， ミエンシュイ シャアンピン, miǎnshuì huòwù 免税货物 ミエンシュイ ホゥオウゥ	tax-free articles タクスフリー アーティクルズ
めんせき 面積	miànjī 面积 ミエンジィ	area エアリア
めんせつ 面接	jiējiàn 接见 ジエジエン	interview インタヴュー
～試験	miànshì 面试 ミエンシー	personal interview パーソナル インタヴュー
めんだん 面談	miàntán 面谈 ミエンタン	talk, interview トーク, インタヴュー
メンテナンス	wéixiū, bǎoyǎng 维修，保养 ウェイシウ, バオヤン	maintenance メインテナンス

日	中	英
めんどう 面倒(な)	máfan, fèishì, fèilì 麻烦，费事，费力 マァファン, フェイシー, フェイリィ	troublesome トラブルサム
めんどり 雌鳥	zhī mǔjī 〔只〕母鸡 チー ムゥジィ	hen ヘン
メンバー	chéngyuán, zǔyuán 成员，组员 チョンユエン, ヅゥユエン	member メンバ
めんみつ 綿密な	miánmì, zhōumì 绵密，周密 ミエンミィ, チョウミィ	close, minute クロウス, マイニュート
めんもく 面目	liǎnmiàn, miànmù, tǐmiàn 脸面，面目，体面 リエンミエン, ミエンムゥ, ティーミエン	honor, credit アナ, クレディト
めんるい 麺類	miàn, miàntiáo 面，面条 ミエン, ミエンティアオ	noodles ヌードルズ

も, モ

日	中	英
もう	xiànzài, mùqián 现在，目前 シエンヅァイ, ムゥチエン	now ナウ
(既に)	yǐjing 已经 イージィン	already オールレディ
(まもなく)	jiùyào, kuàiyào 就要，快要 ジウヤオ, クアイヤオ	soon スーン
もう 儲かる	zhuàn, zhuànqián 赚，赚钱 チュワン, チュワンチエン	be profitable ビ プラフィタブル
もう 儲け	zhuàntou, lìrùn 赚头，利润 チュワントゥ, リィルゥン	profit, gains プラフィト, ゲインズ
もう 儲ける	zhuàn, fācái 赚，发财 チュワン, ファアツァイ	make a profit, gain メイク ア プラフィト, ゲイン
もう あ 申し合わせ	gōngyuē, xiéyì 公约，协议 ゴンユエ, シエイー	agreement アグリーメント
もう い 申し入れ	tíyì, tí'àn 提议，提案 ティーイー, ティーアン	proposition プラポズィション

日	中	英
もう こ 申し込み	shēnqǐng, bào´míng 申请，报名 シェンチィン，バオミィン	request *for* リクウェスト
（予約などの）	yùyuē, dìng(gòu) 预约，订(购) ユイユエ，ディン(ゴウ)	subscription サブスクリプション
もう こ 申し込む	tíchū, shēnqǐng, bào´míng 提出，申请，报名 ティーチュウ，シェンチィン，バオミィン	apply *for, to* アプライ
もう た 申し立てる	chénshù, shēnsù 陈述，申诉 チェンシュウ，シェンスゥ	state, allege ステイト，アレヂ
もう で 申し出る	tíchū 提出 ティーチュウ	offer, propose オファ，プロポウズ
もう ぶん 申し分ない	méiyǒu shuō de, lǐxiǎng de 没有说的，理想的 メイヨウ シュオ ダ，リィシアン ダ	perfect, ideal パーフィクト，アイディアル
もうじゅう 猛獣	měngshòu 猛兽 モンショウ	fierce animal フィアス アニマル
もうすぐ	kuàiyào, jiùyào, yǎnkàn 快要，就要，眼看 クアイヤオ，ジウヤオ，イエンカン	soon スーン
すこ もう少し	zài ... yìdiǎnr, zài shāowēi 再…一点儿，再稍微 ヅァイ…イーディエンル，ヅァイ シャオウェイ	some more サム モー
もうそう 妄想	wàngxiǎng, mèngxiǎng 妄想，梦想 ワァンシアン，モンシアン	delusion ディルージョン
もうちょう 盲腸	mángcháng 盲肠 マァンチャァン	the appendix ジ アペンディクス
～炎	lánwěiyán, mángchángyán 阑尾炎，盲肠炎 ランウェイイエン，マァンチャァンイエン	appendicitis アペンディサイティス
もうどうけん 盲導犬	dǎomángquǎn 导盲犬 ダオマァンチュエン	seeing-eye dog スィーイングアイ ドグ
もうどく 猛毒	jùdú 剧毒 ヂュイドゥ	deadly poison デドリ ポイズン
もうはつ 毛髪	tóufa 头发 トウファ	hair ヘア
もうふ 毛布	máotǎn, tǎnzi 毛毯，毯子 マオタン，タンヅ	blanket ブランケト

日	中	英
もうまく 網膜	shìwǎngmó, wǎngmó 视网膜，网膜 シーワンモォ，ワンモォ	retina レティナ
もうもく 盲目(の)	mángmù 盲目 マァンムウ	blindness; blind ブラインドネス；ブラインド
もうれつ 猛烈な	měngliè, qiángliè 猛烈，强烈 モンリエ，チアンリエ	violent, furious ヴァイオレント，フュアリアス
もうろう 朦朧(とした)	ménglóng de 朦胧的 モンロン ダ	dim, indistinct ディム，インディスティンクト
も つ 燃え尽きる	shāojìn 烧尽 シャオジン	burn out バーン ナウト
も 燃える	shāo, ránshāo 烧，燃烧 シャオ，ランシャオ	burn, blaze バーン，ブレイズ
モーター	mǎdá, mótuō 马达，摩托 マァダァ，モォトゥオ	motor モウタ
～ボート	sōu mótuōtǐng, qìtǐng, qìchuán 〔艘〕摩托艇，汽艇，汽船 ソウ モォトゥオティン，チィティン，チィチュワン	motorboat モウタボウト
モード	shímáo, liúxíng 时髦，流行 シーマオ，リウシィン	fashion ファション
(様式)	yàngshì 样式 ヤンシー	fashion ファション
もがく	zhēngzhá 挣扎 ヂョンヂャア	struggle, writhe ストラグル，ライズ
もくげき 目撃(する)	mùjī, mùdǔ 目击，目睹 ムゥジィ，ムゥドゥ	see, witness スィー，ウィトネス
～者	mùjīzhě, mùdǔzhě 目击者，目睹者 ムゥジィチョァ，ムゥドゥチョァ	eyewitness アイウィトネス
もくざい 木材	mùcái, mùliào 木材，木料 ムゥツァイ，ムゥリアオ	wood, lumber ウド，ランバ
もくせい 木星	mùxīng, tàisuì 木星，太岁 ムゥシィン，タイスゥイ	Jupiter ヂュピタ
もくぞう 木造の	mùzào, mùzhì 木造，木制 ムゥツァオ，ムゥヂー	wooden ウドン

日	中	英
もくたん 木炭	mùtàn 木炭 ムゥタン	charcoal チャーコウル
もくてき 目的	mùdì 目的 ムゥディー	purpose パーパス
～地	mùdìdì 目的地 ムゥディーディー	destination デスティネイション
もくにん 黙認(する)	mòrèn, mòxǔ 默认，默许 モォレン, モォシュイ	tacit consent タスィット カンセント
もくはんが 木版画	mùbǎnhuà, mùkè 木版画，木刻 ムゥバンホア, ムゥクァ	woodcut ウドカト
もくひけん 黙秘権	chénmòquán, jiānmòquán 沉默权，缄默权 チェンモォチュエン, ジエンモォチュエン	the right of silence ザ ライト オヴ サイレンス
もくひょう 目標	mùbiāo, zhǐbiāo 目标，指标 ムゥビアオ, チービアオ	mark, target マーク, ターゲト
もくもく 黙々と	mòmò de 默默地 モォモォ ダ	silently サイレントリ
もくようび 木曜日	xīngqīsì 星期四 シィンチィスー	Thursday サーズディ
もぐ 潜る	qiánshuǐ 潜水 チエンシュイ	dive *into* ダイヴ
もくろく 目録	mùlù 目录 ムゥルゥ	list, catalog リスト, キャタローグ
もけい 模型	móxíng, chúxíng 模型，雏形 モォシィン, チュウシィン	model マドル
モザイク	mǎsàikè, xiāngqiànhuà 马赛克，镶嵌画 マァサイクァ, シアンチエンホア	mosaic モウゼイイク
もし	rúguǒ, jiǎrú, tǎngruò 如果，假如，倘若 ルゥグゥオ, ジアルゥ, タァンルゥオ	if イフ
もじ 文字	wénzì 文字 ウェンヅー	letter レタ
もしくは	huò, huòzhě 或，或者 ホゥオ, ホゥオヂョア	or オー

日	中	英
もしもし	wèi:wéi 喂 ウェイ；ウェイ	Hello! ヘロウ
もしゃ 模写	móxiě, miáomó, línmó 摹写, 描摹, 临摹 モォシエ, ミアオモォ, リンモォ	copy カピ
もしゅ 喪主	sāngzhǔ 丧主 サァンデュウ	the chief mourner ザ チーフ モーナ
もぞう 模造	fǎngzào, fǎngzhì 仿造, 仿制 ファァンツァオ, ファァンデー	imitation イミテイション
もた 凭れる	kào, yǐkào 靠, 倚靠 カオ, イーカオ	lean *on, against*, rest リーン, レスト
モダンな	shímáo, módēng 时髦, 摩登 シーマオ, モォデュン	modern マダン
もち 餅	niángāo, niángāo 粘糕, 年糕 ニエンガオ, ニエンガオ	rice cake ライス ケイク
も あ 持ち上がる	jǔqǐ, táiqǐ 举起, 抬起 デュイチィ, タイチィ	be lifted ビ リフテド
（隆起する）	lóngqǐ 隆起 ロンチィ	be raised ビ レイズド
も あ 持ち上げる	jǔqǐ, táiqǐ 举起, 抬起 デュイチィ, タイチィ	lift, raise リフト, レイズ
も あじ 持ち味	zīwèi, fēngwèi 滋味, 风味 ツーウェイ, フォンウェイ	peculiar flavor ピキューリア フレイヴァ
（特色）	fēnggé, tèsè 风格, 特色 フォングァ, トゥアスァ	characteristic キャラクタリスティク
も ある 持ち歩く	xiédài, dàizhe zǒu 携带, 带着走 シエダイ, ダイチャ ヅォウ	carry about キャリ アバウト
もち 用いる	yòng, shǐyòng 用, 使用 ヨン, シーヨン	use ユーズ
も かえ 持ち帰る	dàihuíqu 带回去 ダイホゥイチュ	bring... home ブリング ホウム
も こた 持ち堪える	zhīchí, jiānchí 支持, 坚持 チーチー, ジエンチー	hold on, endure ホウルド オン, インデュア

日	中	英
持ち込む	拿进，带入 nájìn, dàirù	carry in
持ち逃げする	拐[携]〈东西〉潜逃 guǎi[xié] ... qiántáo	go away *with*
持ち主	主人，物主 zhǔrén, wùzhǔ	owner
持ち運ぶ	搬运 bānyùn	carry
持ち物	携带物品 xiédài wùpǐn	belongings
勿論	当然，自然，不用说 dāngrán, zìrán, búyòng shuō	of course
持つ	拿 ná	hold
（携帯）	带，携带 dài, xiédài	have
（所有）	所有，拥有 suǒyǒu, yōngyǒu	have, possess
木管楽器	木管乐器 mùguǎn yuèqì	the woodwind
木琴	〔张〕木琴 zhāng mùqín	xylophone
勿体ぶる	摆架子，装模作样 bǎi jiàzi, zhuāng mú zuò yàng	give *oneself* airs
持って来る	带来，拿来 dàilái, nálái	bring, fetch
持って行く	带着去，拿去 dàizhe qù, náqù	take, carry
もっと	更，更加 gèng, gèngjiā	more
モットー	座右铭 zuòyòumíng	motto

日	中	英
もっと 最も	zuì, dǐng 最，顶 ヅゥイ，ディン	most モゥスト
もっと 尤もな	lǐ suǒ dāng rán, zhèngdàng (de) 理所当然，正当(的) リィ スゥオ ダァン ラン，ヂョンダァン (ダ)	reasonable リーズナブル
もっぱ 専ら	zhuānmén 专门 ヂュワンメン	chiefly, mainly チーフリ，メインリ
もつ 縺れる	jiūchán 纠缠 ジゥチャン	be tangled ビ タングルド
もてあそ 弄ぶ	wánnòng, bǎinòng, shuǎnòng 玩弄，摆弄，耍弄 ワンノン，バイノン，シュアノン	play *with* プレイ
も な 持て成す	zhāodài, kuǎndài, jiēdài 招待，款待，接待 ヂャオダイ，クワンダイ，ジエダイ	entertain エンタテイン
も はや 持て囃す	zànshǎng, gāodù píngjià 赞赏，高度评价 ヅァンシャァン，ガオドゥ ピィンジア	talk much *about* トーク マチ
モデム	tiáozhì jiětiáoqì 调制解调器 ティアオヂー ジエティアオチィ	modem モウデム
も 持てる	shòu huānyíng 受欢迎 ショウ ホワンイィン	be popular *with, among* ビ パピュラ
モデル	móshì, móxíng, xínghào 模式，模型，型号 モォシー，モォシィン，シィンハオ	model マドル
もと 元	běnyuán, gēnyuán, yuányīn 本源，根源，原因 ベンユエン，ゲンユエン，ユエンイン	the origin ジ オリヂン
（基礎）	jīchǔ 基础 ジィチュウ	the foundation ザ ファウンデイション
もどかしい	jí bù kě dài, lìng rén zháojí 急不可待，令人着急 ジィ ブゥ クァ ダイ，リィン レン チャオジィ	impatient インペイシェント
もど 戻す	tuìhuán, tuìhuí 退还，退回 トゥイホワン，トゥイホゥイ	return リターン
（吐く）	tù, ǒutù 吐，呕吐 トゥ，オウトゥ	throw up, vomit スロウ アプ，ヴァミト
もとせん 元栓	zǒngkāiguān 总开关 ヅォンカイグワン	main cock メイン カク

日	中	英
もと 基づく	yóuyú, ànzhào 由于，按照 ヨウユイ, アンヂャオ	come *from* カム
（根拠）	gēnjù, jīyú 根据，基于 ゲンヂュイ, ジィユイ	be based *on* ビ ベイスト
もとで 元手	běnqián, lǎoběn, zīběn 本钱，老本，资本 ベンチエン, ラオベン, ヅーベン	capital, fund キャピタル, ファンド
もと 求める	xīwàng, kěwàng, xiǎngyào 希望，渴望，想要 シィワン, クァワン, シアンヤオ	want ワント
（要求）	yāoqiú, qǐngqiú, zhēngqiú 要求，请求，征求 ヤオチウ, チンチウ, ヂョンチウ	ask, demand アスク, ディマンド
（捜す）	xúnqiú, zhǎo 寻求，找 シュインチウ, ヂャオ	look *for* ルク
もともと 元々	běnlái, yuánlái 本来，原来 ベンライ, ユエンライ	originally オリヂナリ
（生来）	shēnglái, tiānshēng 生来，天生 ションライ, ティエンション	by nature バイ ネイチャ
もど 戻る	fǎnhuí, huídào 返回，回到 ファンホゥイ, ホゥイダオ	return, come back リターン, カム バク
（引き返す）	tuìhuí, zhéhuí 退回，折回 トゥイホゥイ, ヂョアホゥイ	turn back ターン バク
モニター	jiānshìqì 监视器 ジエンシーチィ	monitor マニタ
もの 者	rén, zhě 人，者 レン, ヂョア	person パースン
もの 物	dōngxi, wù 东西，物 ドンシ, ウゥ	thing, object スィング, アブヂクト
ものおき 物置	duīfáng, kùfáng 堆房，库房 ドゥイファアン, クゥファアン	storeroom ストールーム
ものおと 物音	dòngjing, shēngyīn, xiǎngshēng 动静，声音，响声 ドンジン, ションイン, シアンション	noise, sound ノイズ, サウンド
ものおぼ 物覚え	jìxing, jìyìlì 记性，记忆力 ジィシン, ジィイーリィ	memory メモリ

日	中	英
ものがたり 物語	gùshi 故事 グゥシ	story ストーリ
モノクロの	hēibái, dānsè 黑白，单色 ヘイバイ，ダンスァ	monochrome マノクロウム
ものごと 物事	shìwù 事物 シーウゥ	things スィングズ
ものさ 物差し	chǐdù, chǐzi 尺度，尺子 チードゥ，チーヅ	rule, measure ルール，メジャ
ものし 物知り	bóshí, bó wén qiáng zhì, 博识，博闻强识， ボォシー，ボォ ウェン チアン チー， wànshìtōng 万事通 ワンシートン	learned man ラーニド マン
ものず 物好きな	hàoshì, hàoqí 好事，好奇 ハオシー，ハオチィ	curious キュアリアス
ものすご 物凄い	kěpà, lìhai 可怕，厉害 クァパァ，リィハイ	terrible, horrible テリブル，ホリブル
（素晴らしい）	liǎobudé, liǎobuqǐ 了不得，了不起 リアオブドゥァ，リアオブチィ	wonderful, great ワンダフル，グレイト
ものた 物足りない	bú guòyǐn, bú gòu chōngfèn 不过瘾，不够充分 ブゥ グゥオイン，ブゥ ゴウ チォンフェン	be not satisfied *with* ビ ナト サティスファイド
ものほ 物干し	shàitái 晒台 シャイタイ	clothesline クロウズズライン
ものまね 物真似	mófǎng 模仿 モォファアン	mimicry ミミクリ
～をする	mófǎng 模仿 モォファアン	mimic ミミク
モノローグ	dúbái 独白 ドゥバイ	monolog マノログ
ものわ 物分かり （のよい）	zhīqù, dǒngshì 知趣，懂事 チーチュイ，ドンシー	sensible センスィブル
モバイルの	yídòng tōngxìn 移动通信 イードン トンシン	mobile モウビル

日	中	英
もはや 最早	yǐjing 已经 イージン	already, now オールレディ, ナウ
もはん 模範	mófàn, bǎngyàng, kǎimó 模范, 榜样, 楷模 モォファン, パァンヤン, カイモォ	example, model イグザンプル, マドル
もふく 喪服	sāngfú, xiàofú 丧服, 孝服 サァンフゥ, シアオフゥ	mourning dress モーニング ドレス
もほう 模倣(する)	fǎngxiào, mófǎng 仿效, 模仿 ファアンシアオ, モォファアン	imitation; imitate イミテイション；イミテイト
もみ 樅	kē cōngshù, lěngshān 〔棵〕枞树, 冷杉 クァ ツォンシュウ, ルォンシャン	fir ファー
もみじ 紅葉	qìshù, fēngshù 槭树, 枫树 チィシュウ, フォンシュウ	maple メイプル
(葉)	hóngyè 红叶 ホンイエ	red leaves レド リーヴズ
も 揉む	róu, cuō 揉, 搓 ロウ, ツゥオ	rub ラブ
(マッサージ)	ànmó, tuīná 按摩, 推拿 アンモォ, トゥイナァ	rub, massage ラブ, マサージュ
も ごと 揉め事	jiūfēn 纠纷 ジゥフェン	trouble トラブル
も 揉める	mócā, fāshēng jiūfēn 摩擦, 发生纠纷 モォツァア, ファアション ジゥフェン	get into trouble ゲト イントゥ トラブル
もめん 木綿	miánbù, miánhua 棉布, 棉花 ミエンブゥ, ミエンホアァ	cotton カトン
もも 股	tiáo dàtuǐ 〔条〕大腿 ティアオ ダァトゥイ	the thigh ザ サイ
もも 桃	táozi 桃子 タオヅ	peach ピーチ
もや 靄	yānxiá, yānwù 烟霞, 烟雾 イエンシア, イエンウゥ	haze, mist ヘイズ, ミスト
も 萌やし	dòuyár, dòuyácài 豆芽儿, 豆芽菜 ドウヤアル, ドウヤアツァイ	bean sprout ビーン スプラウト

日	中	英
燃やす	shāo, rán, diǎnrán 烧，燃，点燃 シャオ, ラン, ディエンラン	burn バーン
模様	huāwén, huāyàng, tú'àn 花纹，花样，图案 ホアウェン, ホアヤン, トゥアン	pattern, design パタン, ディザイン
催す	jǔbàn, jǔxíng 举办，举行 デュィバン, デュィシィン	hold, give ホウルド, ギヴ
（感じる）	juéde, gǎnjué, gǎndào 觉得，感觉，感到 ジュエダ, ガンジュエ, ガンダオ	feel フィール
最寄りの	fùjìn, zuì jìn 附近，最近 フゥジン, ヅゥイ ジン	nearby ニアバイ
貰う	lǐngqǔ, shōudào, jiēshòu 领取，收到，接受 リィンチュィ, ショウダオ, ジエショウ	get, receive ゲト, リスィーヴ
…して～	qǐng/yào/ràng ... zuò ... 请 / 要 / 让(人) 做(事) チィン / ヤオ / ラァン … ヅゥオ …	have *a person do* ハヴ
洩[漏]らす	lòu 漏 ロウ	leak リーク
（秘密を）	xièlù, tòulù 泄露，透露 シエルゥ, トウルゥ	let out, leak レト アウト, リーク
森	sēnlín, shùlín 森林，树林 センリン, シュウリン	woods, forest ウッツ, フォリスト
盛る	duījī 堆积 ドゥイジィ	pile up パイル アプ
（食物を）	chéng 盛 チョン	dish up ディシュ アプ
モルト	màiyá 麦芽 マイヤァ	malt モルト
洩[漏]れる	lòu 漏 ロウ	leak, come through リーク, カム スルー
（秘密が）	xièlù, tòulù 泄露，透露 シエルゥ, トウルゥ	leak out リーク アウト
脆い	cuì, cuìruò, yìsuì 脆，脆弱，易碎 ツゥイ, ツゥイルオ, イースゥイ	fragile フラヂル

日	中	英
もん 門	(dà)mén (大)门 (ダァ)メン	gate ゲイト
もんく 文句	cíjù, cíyǔ 词句, 词语 ツーヂュイ, ツーユイ	expression, phrase イクスプレション, フレイズ
(不平)	láosāo 牢骚 ラオサオ	complaint カンプレイント
～を言う	bàoyuàn, fā láosāo 抱怨, 发牢骚 バオユエン, ファア ラオサオ	complain コンプレイン
もんげん 門限	guānmén shíjiān 关门时间 グワンメン シージエン	curfew カーフュー
モンゴル	Měnggǔ 蒙古 モングゥ	Mongolia マンゴウリア
モンタージュ	jiǎnjí, méngtàiqí 剪辑, 蒙太奇 ジエンジィ, モンタイチィ	montage マンタージュ
もんだい 問題	wèntí 问题 ウェンティー	question, problem クウェスチョン, プラブレム

日	中	英

や、ヤ

や 矢	zhī jiàn, shǐ 〔枝〕箭，矢	arrow
やえい 野営(する)	yěyíng, lùyíng 野营，露营	camping
やおちょう 八百長	zuòbì, jiǎ bǐsài 作弊，假比赛	fixed game
～をする	zuòbì, jiǎ bǐsài 作弊，假比赛	fix a game
やおや 八百屋	shūcàidiàn, càipù 蔬菜店，菜铺	vegetable store
やがい 野外で	yěwài, hùwài 野外，户外	outdoor, open-air
やがて	bùjiǔ, mǎshàng 不久，马上	soon
(いつか)	mǒutiān 某天	some time
やかま 喧しい	chǎonào, xuānnào, cáozá 吵闹，喧闹，嘈杂	noisy, clamorous
やかん 夜間	yèjiān, yèli 夜间，夜里	night, nighttime
やかん 薬缶	shuǐhú 水壶	kettle
やぎ 山羊	shānyáng 山羊	goat
や ざかな 焼き魚	kǎoyú 烤鱼	grilled fish
や そば 焼き蕎麦	chǎomiàn 炒面	chow mein
や つ 焼き付け	xǐyìn, yìnxiàng 洗印，印相	printing

日	中	英
や にく 焼き肉	kǎoròu 烤肉 カオロウ	roast meat ロウスト ミート
や ま 焼き増し	jiāyìn, jiāxǐ 加印，加洗 ジアイン, ジアシィ	extra print エクストラ プリント
や もち 焼き餅	shāobǐng 烧饼 シャオビィン	baked rice cake ベイクド ライス ケイク
～を焼く	chīcù, jídù, dùjì 吃醋，嫉妒，妒忌 チーツゥ, ジィドゥ, ドゥジィ	be jealous *of*; jealousy ビ チェラス；チェラスィ
やきゅう 野球	bàngqiú 棒球 バァンチウ	baseball ベイスボール
やきん 夜勤	yèbān, yègōng 夜班，夜工 イエバン, イエゴン	night duty ナイト デューティ
や 焼く	shāo, kǎo 烧，烤 シャオ, カオ	burn, bake バーン, ベイク
やく 役	dìwèi, zhíwèi 地位，职位 ディーウェイ, ヂーウェイ	post, position ポウスト, ポズィション
(任務)	rènwu 任务 レンウ	duty, service デューティ, サーヴィス
(劇の)	juésè 角色 ジュエスァ	the part, the role ザ パート, ザ ロウル
～に立つ	yǒuyòng, yǒuyì, yǒuzhùyú 有用，有益，有助于 ヨウヨン, ヨウイー, ヨウヂュウユィ	be useful ビ ユースフル
やく 約	dàyuē, zuǒyòu 大约，左右 ダァユエ, ヅゥオヨウ	about アバウト
やく 訳	fānyì, yìbǐ 翻译，译笔 ファンイー, イービィ	translation トランスレイション
やくいん 役員	zhíyuán, gànshi 职员，干事 ヂーユエン, ガンシ	officer, official オフィサ, オフィシャル
やくがく 薬学	yàoxué 药学 ヤオシュエ	pharmacy ファーマスィ
やくご 訳語	yìcí, fānyìcí 译词，翻译词 イーツー, ファンイーツー	translation トランスレイション

日	中	英
やくざ	liúmáng, wúlài, èrliúzi 流氓，无赖，二流子 リウマァン，ウゥライ，アルリウヅ	gangster, hoodlum ギャングスタ，フードラム
やくざい 薬剤	yàojì 药剂 ヤオジィ	medicine メディスィン
～師	yàojìshī 药剂师 ヤオジィシー	pharmacist ファーマスィスト
やくしゃ 役者	yǎnyuán 演员 イエンユエン	actor, actress アクタ，アクトレス
やくしょ 役所	jīguān, guānshǔ 机关，官署 ジィグワン，グワンシュウ	public office パブリク オフィス
やくしん 躍進(する)	yuèjìn 跃进 ユエジン	progress プラグレス
やく 訳す	fānyì 翻译 ファンイー	translate *into* トランスレイト
やくそう 薬草	yàocǎo 药草 ヤオツァオ	medicinal herb メディスィナル ハーブ
やくそく 約束	nuòyán 诺言 ヌゥオイエン	promise プラミス
～する	yuēdìng, chéngnuò 约定，承诺 ユエディン，チョンヌゥオ	promise プラミス
～手形	qīpiào 期票 チィピアオ	promissory note プラミソーリ ノウト
やくだ 役立つ	yǒuyòng, yǒuyì, yǒuzhùyú 有用，有益，有助于 ヨウヨン，ヨウイー，ヨウヂュウイ	be useful ビ ユースフル
やくにん 役人	guānyuán, guānlì 官员，官吏 グワンユエン，グワンリィ	government official ガヴァンメント オフィシャル
やくば 役場	gōngsuǒ 公所 ゴンスゥオ	town office タウン オフィス
やくひん 薬品	yàopǐn, yàowù 药品，药物 ヤオピン，ヤオウゥ	medicines メディスィンズ
やくみ 薬味	zuòliao, zuǒliào 作料，佐料 ヅゥオリアオ，ヅゥオリアオ	spice スパイス

日	中	英
やくめ 役目	rènwu, juésè 任务，角色	duty
やくわり 役割	zuòyòng, zhíwù, rènwu 作用，职务，任务	part, role
やけい 夜景	yèjǐng 夜景	night view
やけど 火傷(する)	tàngshāng, shāoshāng 烫伤，烧伤	burn
や 焼ける	shāo, shāohuǐ, ránshāo 烧，烧毁，燃烧	be burnt
(肉などが)	kǎohǎo, shāohǎo 烤好，烧好	be roasted
やこうせい 夜行性の	yèxíngxìng 夜行性	nocturnal
やこうれっしゃ 夜行列車	yèchē 夜车	night train
やさい 野菜	shūcài, qīngcài 蔬菜，青菜	vegetables
やさ 易しい	róngyì, jiǎndān 容易，简单	easy, plain
やさ 優しい	hé'ǎi, wēnróu, rèxīn 和蔼，温柔，热心	gentle, kind
やし 椰子	yēzi 椰子	palm
～の実	yēzi 椰子	coconut
やじ 野次	dàocǎi, xīluòshēng 倒彩，奚落声	catcall
～を飛ばす	hè dàocǎi, xīluò 喝倒彩，奚落	hoot, catcall
やしな 養う	fúyǎng, fǔyǎng, yǎngyù 扶养，抚养，养育	bring up

日	中	英
(扶養)	fúyǎng, gōngyǎng, yǎnghuo 扶养，供养，养活 フゥヤン，ゴンヤン，ヤンホゥオ	support, keep サポート，キープ
野次る	hè dàocǎi, xīluò 喝倒彩，奚落 ホォア ダオツァイ，シィルゥオ	hoot, catcall フート，キャトコール
矢印	jiàntóu, jiànxíng fúhào 箭头，箭形符号 ジェントウ，ジェンシィン フゥハオ	arrow アロウ
野心	yěxīn, xióngxīn 野心，雄心 イエシン，シオンシン	ambition アンビション
～的な	yǒu yìxīn de, yě xīn bó bó de 有野心的，野心勃勃的 ヨウ イエシン ダ，イエ シン ボォ ボォ ダ	ambitious アンビシャス

■野菜■ ⇒ 果物

胡瓜 　　黄瓜 /huángguā ホアングア / (㊤cucumber)
茄子 　　茄子 /qiézi チエツ / (㊤eggplant, aubergine)
人参 　　红萝卜 /hóngluóbo ホンルゥオボ / (㊤carrot)
大根 　　萝卜 /luóbo ルゥオボ / (㊤radish)
じゃが芋 　土豆儿，马铃薯 /tǔdòur, mǎlíngshǔ トゥドウル，マァリィンシュウ / (㊤potato)
里芋 　　芋头 /yùtou ユィトウ / (㊤taro)
カボチャ 　南瓜 /nánguā ナングア / (㊤pumpkin)
牛蒡 　　牛蒡 /niúbàng ニウバン / (㊤burdock)
白菜 　　白菜 /báicài バイツァイ / (㊤Chinese cabbage)
菠薐草 　　菠菜 /bōcài ボォツァイ / (㊤spinach)
葱 　　（大）葱 /(dà)cōng (ダァ)ツォン / (㊤leek)
玉葱 　　洋葱 /yángcōng ヤンツォン / (㊤onion)
莢隠元 　　豆荚，豆角儿 /dòujiá, dòujiǎor ドウジア，ドウジアオル / (㊤green bean)
枝豆 　　毛豆 /máodòu マオドウ / (㊤green soybeans)
大蒜 　　（大）蒜 /(dà)suàn (ダァ)スワン / (㊤garlic)
トマト 　西红柿 /xīhóngshì シィホンシー / (㊤tomato)
ピーマン 　青椒 /qīngjiāo チィンジアオ / (㊤green pepper)
キャベツ 　圆白菜，洋白菜，卷心菜 /yuánbáicài, yángbáicài, juǎnxīncài ユエンバイツァイ，ヤンバイツァイ，ジュエンシンツァイ / (㊤cabbage)

日	中	英
_{やす}安い	piányi, dīlián 便宜，低廉 ビエンイ，ディーリエン	cheap, inexpensive チープ，イニクスペンスィヴ
_{やす}易い	róngyì, jiǎndān 容易，简单 ロンイー，ジエンダン	easy イーズィ
…し〜	hǎo …, yìyú … 好…，易于… ハオ …，イーユイ …	be apt to ビ アプト
_{やす}安売り	jiànmài, liánjià chūshòu 贱卖，廉价出售 ジエンマイ，リエンジア チュウショウ	bargain sale バーギン セイル
_{やすげっきゅう}安月給	dī gōngzī 低工资 ディー ゴンズー	small salary スモール サラリ

芽キャベツ　芽甘蓝/yágānlán ヤァガンラン/(⊛Brussels sprouts)

レタス　莴苣/wōjù ウオヂュイ/(⊛lettuce)

アスパラガス　芦笋/lúsǔn ルゥスゥン/(⊛asparagus)

カリフラワー　花椰菜，菜花/huāyēcài, càihuā ホアイエツァイ，ツァイホア/(⊛cauliflower)

ブロッコリー　西兰花/xīlánhuā シィランホア/(⊛broccoli)

セロリ　芹菜/qíncài チンツァイ/(⊛celery)

パセリ　荷兰芹，欧芹/hélánqín, ōuqín ホァアランチン，オウチン/(⊛parsley)

グリーンピース　青豌豆/qīngwāndòu チィンワンドゥ/(⊛pea)

_{とうもろこし}玉蜀黍　玉米/yùmǐ ユィミィ/(⊛corn)

_{きのこ}茸　蘑菇/mógu モォグ/(⊛mushroom)

もやし　豆芽儿，豆芽菜/dòuyár, dòuyácài ドウヤァル，ドウヤァツァイ/(⊛sprouts)

_{かぶ}蕪　芜菁/wújīng ウゥジィン/(⊛turnip)

_{とうがん}冬瓜　冬瓜/dōngguā ドングア/(⊛wax gourd)

_{ちんげんさい}青梗菜　青梗菜，小白菜/qīnggěngcài, xiǎobáicài チィングンツァイ，シアオバイツァイ/(⊛)

_{にら}韮　韭菜/jiǔcài ジウツァイ/(⊛scallion)

_{れんこん}蓮根　藕/ǒu オウ/(⊛lotus root)

_{くわい}慈姑　慈姑/cígu ツーグ/(⊛arrowhead bulb)

_{たけのこ}筍　竹笋/zhúsǔn ヂュウスゥン/(⊛bamboo shoot)

日	中	英
^{やす}安っぽい	bù zhíqián 不值钱 ブゥ チーチエン	cheap, flashy チープ, フラシ
^{やすね}安値	liánjià 廉价 リエンジア	low price ロウ プライス
^{やす}休み	xiūxi 休息 シウシ	rest レスト
（休日）	jiàrì, xiūjià(rì), xiūxirì 假日，休假(日)，休息日 ジアリー, シウジア(リー), シウシリー	holiday, vacation ハリデイ, ヴェイケイション
^{やす}休む	xiē, xiūxi 歇，休息 シエ, シウシ	rest レスト
（欠席）	quēxí, quēqín 缺席，缺勤 チュエシィ, チュエチン	be absent *from* ビ アブセント
^{やす}安らか	ānjìng, ānníng, tiánjìng 安静，安宁，恬静 アンジィン, アンニィン, ティエンジィン	peaceful, quiet ピースフル, クワイエト
^{やす}安らぎ	ānníng, ānlè, píngjìng 安宁，安乐，平静 アンニィン, アンルァ, ピィンジィン	peace ピース
^{やすり}鑢	bǎ cuò, cuòdāo 〔把〕锉，锉刀 バァ ツゥオ, ツゥオダオ	file ファイル
^{やせい}野生の	yě, yěshēng (de) 野，野生(的) イエ, イエション (ダ)	wild ワイルド
^や痩せた	shòu, qīngshòu 瘦，清瘦 ショウ, チィンショウ	thin, slim スィン, スリム
（土地が）	jíbó, pínjí 瘠薄，贫瘠 ジィボォ, ピンジィ	poor, barren プア, バレン
^や痩せる	shòu, xiāoshòu 瘦，消瘦 ショウ, シアオショウ	become thin ビカム スィン
（土地が）	jíbò, pínjí 瘠薄，贫瘠 ジィボォ, ピンジィ	become sterile ビカム ステリル
^{やそう}野草	yěcǎo 野草 イエツァオ	wild grass ワイルド グラス
^{やたい}屋台	tānzi, dìtān 摊子，地摊 タンズ, ディータン	stall, stand ストール, スタンド

日	中	英
やたらに 矢鱈に	húluàn, héngjiā 胡乱，横加 ホゥルワン，ヘゥジア	at random アト ランダム
（過度に）	guòfènde, fēicháng 过分地，非常 グォフェンダ，フェイチャァン	excessively イクセスィヴリ
やちょう 野鳥	yěniǎo 野鸟 イエニアオ	wild bird ワイルド バード
やちん 家賃	fángqián, fángzū, zūjīn 房钱，房租，租金 ファァンチエン，ファァンヅゥ，ヅゥジン	rent レント
やっかい 厄介	máfan 麻烦 マァファン	trouble, nuisance トラブル，ニュースンス
～な	máfan, tǎoyàn, jíshǒu 麻烦，讨厌，棘手 マァファン，タオイエン，ジィショウ	troublesome トラブルサム
やっきょく 薬局	yàofáng, yàodiàn, yàopù 药房，药店，药铺 ヤオファァン，ヤオディエン，ヤオプゥ	drugstore ドラグストー
や　つ 遣っ付ける	dǎbài, jībài 打败，击败 ダァバイ，ジィバイ	beat, defeat ビート，ディフィート
（処理）	chǔlǐ, duìfu 处理，对付 チュウリィ，ドゥイフ	finish, fix フィニシュ，フィクス
やっと	hǎoróngyì, zǒngsuàn 好容易，总算 ハオロンイー，ヅォンスワン	at last アト ラスト
（かろうじて）	miǎnqiǎng 勉强 ミエンチアン	barely ベアリ
やつれる	qiáocuì, xiāoshòu 憔悴，消瘦 チアオツゥイ，シアオショウ	be worn out ビ ウォーン アウト
やど 宿	lǚguǎn, lǚshè, kèzhàn 旅馆，旅社，客栈 リュイグワン，リュイショァ，クァチャン	hotel, inn ホウテル，イン
やと ぬし 雇い主	gùzhǔ, zhǔrén, dōngjia 雇主，主人，东家 グゥヂュウ，ヂュウレン，ドンジア	employer インプロイア
やと 雇う	gù, gùyōng 雇，雇佣 グゥ，グゥヨン	employ インプロイ
やとう 野党	zàiyědǎng 在野党 ヅァイイエダァン	opposition party アポズィション パーティ

日	中	英
やどや 宿屋	lǚguǎn, lǚshè 旅馆，旅社 リュイグワン，リュイショア	inn, hotel イン，ホウテル
やなぎ 柳	kē liǔ(shù) 〔棵〕柳(树) クァ リウ(シュウ)	willow ウィロウ
やぬし 家主	fángdōng, fángzhǔ 房东，房主 ファアンドン，ファアンヂュウ	the owner of a house ジ オウナ オヴ ア ハウス
やね 屋根	wūdǐng, fángdǐng 屋顶，房顶 ウゥディン，ファアンディン	roof ルーフ
～裏	gélóu, dǐnglóu 阁楼，顶楼 グァロウ，ディンロウ	garret, attic ギャレト，アティク
～瓦	wǎ, wūdǐngwǎ 瓦，屋顶瓦 ワァ，ウゥディンワァ	roof tile ルーフ タイル
やは 矢張り	guǒrán 果然 グゥオラン	too, also トゥー，オールソウ
(依然として)	réngrán, háishi 仍然，还是 ルオンラン，ハイシ	still, all the same スティル，オール ザ セイム
(結局)	bìjìng, jiūjìng, dàodǐ 毕竟，究竟，到底 ビイジン，ジウジン，ダオディー	after all アフタ オール
やばん 野蛮な	yěmán 野蛮 イエマン	barbarous, savage バーバラス，サヴィヂ
やぶ 藪	cǎocóng, shùcóng 草丛，树丛 ツァオツォン，シュウツォン	bush ブシュ
やぶ 破る	pò, sī, chě 破，撕，扯 ポォ，スー，チョア	tear テア
(壊す)	pòhuài, sǔnhuài 破坏，损坏 ポォホアイ，スゥンホアイ	break ブレイク
(負かす)	dǎbài 打败， ダァバイ	beat, defeat ビート，ディフィート
やぶ 破れる	pò, liè 破，裂 ポォ，リエ	be torn ビ トーン
(壊れる)	pò, huài 破，坏 ポォ，ホアイ	be broken ビ ブロウクン

日	中	英
やぶ 敗れる	shū, dǎbài, shībài 输，打败，失败 シュウ，ダァバイ，シーバイ	be beaten ビ ビートン
やぼう 野望	yěxīn, shēwàng 野心，奢望 イエシン，ショアワァン	ambition アンビション
やま 山	zuò shān 〔座〕山 ヅゥオ シャン	mountain マウンティン
やまかじ 山火事	shānhuǒ 山火 シャンホゥオ	forest fire フォリスト ファイア
やま 疾しい	kuīxīn, nèijiù, kuìjiù 亏心，内疚，愧疚 クゥイシン，ネイジウ，クゥイジウ	feel guilty フィール ギルティ
やまのぼ 山登り （をする）	páshān, dēngshān 爬山，登山 パァシャン，デゥンシャン	mountaineering マウンティニアリング
やみ 闇	hēi'àn 黑暗 ヘイアン	darkness ダークネス
やみくも 闇雲に	húluàn, suíbiàn 胡乱，随便 ホゥルワン，スゥイビエン	at random, rashly アト ランダム，ラシュリ
や 止む	tíngzhǐ, tíng, zhǐ 停止，停，止 ティンヂー，ティン，チー	stop, be over スタプ，ビ オウヴァ
え やむを得ない	bùdéyǐ 不得已 ブゥドゥアイー	inevitable イネヴィタブル
や 止める	tíngzhǐ, zuòbà, fàngqì 停止，作罢，放弃 ティンヂー，ヅゥオバァ，ファアンチィ	stop, end スタプ，エンド
や 辞める	cí, tuì, lí 辞，退，离 ツー，トゥイ，リィ	resign, leave リザイン，リーヴ
（退職）	cízhí, tuìxiū 辞职，退休 ツーヂー，トゥイシウ	retire リタイア
やもめ		
（男性）	guānfū 鳏夫 グワンフゥ	widower ウィドウア
（女性）	guǎfu, shuāngfù, gūshuāng 寡妇，孀妇，孤孀 グアフ，シュアンフウ，グウシュアン	widow ウィドウ

日	中	英
稍 やや	shāo, shāoshāo, shāowēi 稍, 稍稍, 稍微 シャオ, シャオシャオ, シャオウェイ	a little, somewhat ア リトル, サムホワト
ややこしい	fùzá, máfan, fánsuǒ 复杂, 麻烦, 烦琐 フゥツァア, マァファン, ファンスゥオ	complicated カンプリケイテド
遣り甲斐 のある	láijìn, yǒu yìyì 来劲, 有意义 ライジン, ヨウ イーイー	worthwhile ワースホワイル
遣り方 や かた	bànfǎ, fāngfǎ, zuòfǎ 办法, 方法, 做法 バンファア, ファアンファア, ヅゥオファア	way, method ウェイ, メソド
遣り遂げる や と	wánchéng, zuòwán 完成, 做完 ワンチョン, ヅゥオワン	accomplish アカンプリシュ
遣り直す や なお	zài zuò, chóngzuò 再做, 重做 ヅァイ ヅゥオ, チォンヅゥオ	try again トライ アゲイン
槍投げ やりな	biāoqiāng 标枪 ビアオチアン	the javelin throw ザ ヂャヴェリン スロウ
遣り抜く や ぬ	guànchè, jiānchí, jìnxíng dàodǐ 贯彻, 坚持, 进行到底 グワンチョォ, ジエンチー, ジンシィン ダオディー	carry through キャリ スルー
遣る や	gěi, jǐyǔ 给, 给予 ゲイ, ジィユィ	give ギヴ
(行かせる)	sòng 送 ソン	send センド
(する)	zuò, gàn, nòng 做, 干, 弄 ヅゥオ, ガン, ノン	do ドゥ
遣る気 や き	gànjìn, jìntóu 干劲, 劲头 ガンジン, ジントゥ	will, drive ウィル, ドライヴ
柔[軟]らかい やわ	ruǎn, róuruǎn, xìnèn 软, 柔软, 细嫩 ルワン, ロウルワン, シィネン	soft, tender ソフト, テンダ
(態度などが)	róuhé, wēnhé 柔和, 温和 ロウホォア, ウェンホォア	soft, tender ソフト, テンダ
和らぐ やわ	huǎnhé, biàn róuhé, biàn róuruǎn 缓和, 变柔和, 变柔软 ホワンホォア, ビエン ロウホォア, ビエン ロウルワン	soften ソフン
(苦痛などが)	jiǎnqīng, huǎnjiě, huǎnhé 减轻, 缓解, 缓和 ジエンチィン, ホワンジエ, ホワンホォア	lessen レスン

日	中	英
(心が)	píngjìngxiàlai, zhèndìngxiàlai 平静下来，镇定下来 ピンジンシアライ，チェンディンシアライ	calm down カームダウン
やわ 和らげる	huǎnhé, huǎnjiě, héhuǎn 缓和，缓解，和缓 ホワンホァ，ホワンジエ，ホァホワン	soften ソフン
(苦痛などを)	jiǎnqīng, huǎnhé 减轻，缓和 ジェンチン，ホワンホァ	allay, ease アレイ，イーズ
(心を)	fàngsōng, shǐ píngjìng 放松，使平静 ファンソン，シー ピンジン	soothe, calm スーズ，カーム
やんちゃな	táoqì, wánpí 淘气，顽皮 タオチィ，ワンピィ	naughty ノーティ
やんわりと	wěiwǎn de, wēnhé de 委婉地，温和地 ウェイワン ダ，ウェンホァ ダ	softly ソフトリ

ゆ, ユ

日	中	英
ゆ 湯	kāishuǐ, rèshuǐ 开水，热水 カイシュイ，ルァシュイ	hot water ハト ウォタ
(風呂の)	xǐzǎoshuǐ 洗澡水 シィヅァオシュイ	hot water ハト ウォタ
ゆいいつ 唯一の	wéiyī (de) 惟一(的) ウェイイー (ダ)	only, unique オウンリ，ユーニーク
ゆいごん 遺言	yíyán, yízhǔ, yíshū 遗言，遗嘱，遗书 イーイエン，イーヂュウ，イーシュウ	will ウィル
ゆうい 優位	yōushì 优势 ヨウシー	advantage アドヴァンティヂ
ゆういぎ 有意義な	yǒu yìyì 有意义 ヨウ イーイー	significant スィグニフィカント
ゆううつ 憂鬱な	yōuyù, yōuchóu, yōumèn 忧郁，忧愁，忧闷 ヨウユイ，ヨウチョウ，ヨウメン	melancholy, gloomy メランカリ，グルーミ
ゆうえき 有益な	yǒuyì (de), yǒulì (de) 有益(的)，有利(的) ヨウイー (ダ)，ヨウリィ (ダ)	useful, beneficial ユースフル，ベニフィシャル

日	中	英
ゆうえつかん **優越感**	yōuyuègǎn 优越感 ヨウユエガン	sense of *one's* センス オヴ own superiority オウン シュピアリオリティ
ゆうえんち **遊園地**	yóulèyuán 游乐园 ヨウルァユエン	amusement park アミューズメント パーク
ゆうかい **誘拐（する）**	guǎipiàn, yòuguǎi, bǎngjià 拐骗，诱拐，绑架 グアイピエン, ヨウグアイ, バァンジア	abduction; kidnap アブダクション；キドナプ
ゆうがい **有害な**	yǒuhài 有害 ヨウハイ	bad, harmful バド, ハームフル
ゆうかしょうけん **有価証券**	(yǒujià) zhèngquàn （有价）证券 （ヨウジア）チョンチュエン	valuable securities ヴァリュアブル スィキュアリティズ
ゆうがた **夕方**	bàngwǎn, wǎnshang, wǎnjiān 傍晚，晚上，晚间 バァンワン, ワンシャァン, ワンジエン	late afternoon, evening レイト アフタヌーン, イーヴニング
ゆうが **優雅な**	yōuyǎ, wényǎ, sīwen 优雅，文雅，斯文 ヨウヤァ, ウェンヤァ, スーウェン	graceful, elegant グレイスフル, エリガント
ゆうかん **夕刊**	wǎnbào 晚报 ワンバオ	evening paper イーヴニング ペイパ
ゆうかん **勇敢な**	yǒnggǎn, yīngyǒng 勇敢，英勇 ヨンガン, イィンヨン	brave, courageous ブレイヴ, カレイヂャス
ゆうき **勇気**	yǒngqì, dǎnliàng 勇气，胆量 ヨンチィ, ダンリアン	courage, bravery カーリヂ, ブレイヴァリ
〜のある	yǒu yǒngqì de, yǒu dǎnliàng de 有勇气的，有胆量的 ヨウ ヨンチィ ダ, ヨウ ダンリアン ダ	courageous カレイヂャス
ゆうきゅうきゅうか **有給休暇**	dài xīn xiūjià 带薪休假 ダイ シン シウジア	paid holiday ペイド ハリデイ
ゆうぐう **優遇（する）**	yōuyù, yōudài, hòudài 优遇，优待，厚待 ヨウユィ, ヨウダイ, ホウダイ	favor; treat warmly フェイヴァ；トリート ウォームリ
ゆうぐれ **夕暮れ**	bàngwǎn, huánghūn, bómù 傍晚，黄昏，薄暮 バァンワン, ホアンホゥン, ボォムゥ	evening イーヴニング
ゆうげんがいしゃ **有限会社**	yǒuxiàn gōngsī 有限公司， ヨウシエン ゴンスー,	incorporated company インコーポレイティド カンパニ

日	中	英
	yǒuxiàn zérèn gōngsī, 有限责任公司, ヨウシエン ヅゥアレン ゴンスー gǔfèn yǒuxiàn gōngsī 股份有限公司 グゥフェン ヨウシエン ゴンスー	
ゆうけんしゃ 有権者	xuǎnmín 选民 シュエンミン	the electorate ジ イレクトレト
ゆうこう 友好	yǒuyì, yǒu'ài, yǒuhǎo 友谊,友爱,友好 ヨウイー, ヨウアイ, ヨウハオ	friendship フレンシプ
～関係	yǒuhǎo guānxi 友好关系 ヨウハオ グワンシ	friendly relations *with* フレンドリ リレイションズ
～国	yǒubāng, yǒuhǎo guójiā 友邦,友好国家 ヨウバァン, ヨウハオ グゥオジア	friendly nation フレンドリ ネイション
ゆうこう 有効(な)	yǒuxiào 有效 ヨウシアオ	validity; valid ヴァリディティ; ヴァリド
ゆうごう 融合(する)	rónghé 融合 ロンホァア	fusion; fuse フュージョン; フューズ
ゆうごはん 夕御飯	dùn wǎnfàn, wǎncān 〔顿〕晚饭,晚餐 ドゥン ワンファン, ワンツァン	supper, dinner サパ, ディナ
ユーザー	yònghù, kèhù 用户,客户 ヨンホゥ, クァホゥ	user ユーザ
ゆうざい 有罪(の)	yǒuzuì (de) 有罪(的) ヨウヅゥイ (ダ)	guilt ギルト
ゆうし 融資(する)	dàikuǎn, róngzī 贷款,融资 ダイクワン, ロンヅー	financing; finance フィナンスィング; フィナンス
ゆうしゅう 優秀な	yōuxiù, chūsè 优秀,出色 ヨウシウ, チュウスァ	excellent エクセレント
ゆうしょう 優勝	guànjūn, yōushèng, dìyī míng 冠军,优胜,第一名 グワンジュン, ヨウション, ディーイー ミィン	championship チャンピオンシプ
～する	duódé guànjūn, 夺得冠军, ドゥオドゥア グワンジュイン, huòdé dìyī míng 获得第一名 ホゥオドゥア ディーイー ミィン	win a championship ウィン ア チャンピオンシプ

日	中	英
ゆうじょう 友情	yǒuqíng, yǒuyì, yǒu'ài 友情，友谊，友爱 ヨウチィン, ヨウイー, ヨウアイ	friendship フレンシプ
ゆうしょく 夕食	dùn wǎnfàn, wǎncān 〔顿〕晚饭，晚餐 ドゥン ワンファン, ワンツァン	supper, dinner サパ, ディナ
ゆうじん 友人	péngyou, yǒurén 朋友，友人 ポンヨウ, ヨウレン	friend フレンド
ゆうずう 融通	línghuó 灵活 リィンホゥオ	flexibility フレクスィビリティ
（金の）	tōngróng, jièkuǎn 通融，借款 トンロン, ジエクワン	finance フィナンス
～する	róngzī, dàikuǎn, jièkuǎn 融资，贷款，借款 ロンズー, ダイクワン, ジエクワン	lend レンド
ユースホステル	qīngnián lǚguǎn, qīngnián lǚshè, qīngnián zhāodàisuǒ 青年旅馆，青年旅舍， チンニエン リュィグワン, チンニエン リュィショァ, 青年招待所 チンニエン ヂャオダイスゥオ	youth hostel ユース ハステル
ゆうせい 優勢な	zhàn shàngfēng, yǒu yōushì, yōuyuè 占上风，有优势，优越 ヂャン シャァンフォン, ヨウ ヨウシー, ヨウユエ	superior, predominant シュピアリア, プリダミナント
ゆうせん 優先(する)	yōuxiān 优先 ヨウシエン	priority プライアリティ
悠然と	cóngróng, yōurán 从容，悠然 ツォンロン, ヨウラン	composedly カンポウズィドリ
ゆうそう 郵送		
～する	yóujì, yóudì 邮寄，邮递 ヨウジィ, ヨウディー	send by mail センド バイ メイル
～料	yóuzī, yóufèi 邮资，邮费 ヨウヅー, ヨウフェイ	postage ポウスティヂ
ユーターン(する)	diào▼tóu, zhuǎn▼tóu 掉头，转头 ディアオトウ, ヂュワントウ	U-turn ユーターン
ゆうたいけん 優待券	zhāng yōuhuìquàn, yōudàiquàn 〔张〕优惠券，优待券 ヂャアン ヨウホゥイチュエン, ヨウダイチュエン	complimentary ticket カンプリメンタリ ティケト

日	中	英
ゆうだい 雄大な	hóngwěi, xióngwěi, xióngdà 宏伟，雄伟，雄大 ホンウェイ，シオンウェイ，シオンダァ	grand, magnificent グランド，マグニフィセント
ゆうだち 夕立	zhènyǔ, léizhènyǔ, zhòuyǔ 阵雨，雷阵雨，骤雨 チェンユィ，レイチェンユィ，チョウユィ	shower シャウア
ゆうどう 誘導(する)	yǐndǎo, yòudǎo 引导，诱导 インダオ，ヨウダオ	leading リーディング
ゆうどく 有毒な	yǒudú, yǒuhài 有毒，有害 ヨウドゥ，ヨウハイ	poisonous ポイズナス
ユートピア	shì wài táo yuán, wūtuōbāng, 世外桃源，乌托邦， シー ワイ タオ ユエン，ウゥトゥオバァン， lǐxiǎngguó 理想国 リィシアングゥオ	Utopia ユートウピア
ゆうのう 有能な	nénggàn, gànliàn, jīnghàn 能干，干练，精悍 ヌォンガン，ガンリエン，ジィンハン	able, capable エイブル，ケイパブル
ゆうはつ 誘発する	yòufā, yǐnfā, yǐnqǐ 诱发，引发，引起 ヨウファア，インファア，インチィ	cause コーズ
ゆうはん 夕飯	dùn wǎnfàn, wǎncān 〔顿〕晚饭，晚餐 ドゥン ワンファン，ワンツァン	supper, dinner サパ，ディナ
ゆうひ 夕日	xīyáng, xiéyáng 夕阳，斜阳 シィヤン，シエヤン	the setting sun ザ セティング サン
ゆうび 優美(な)	yōuměi, yōuyǎ 优美，优雅 ヨウメイ，ヨウヤァ	grace, elegance グレイス，エリガンス
ゆうびん 郵便	yóuzhèng 邮政 ヨウチョン	mail, post メイル，ポウスト
～受け	xìnxiāng 信箱 シンシアン	letter box レタ バクス
～為替	yóuzhèng huìduì, yóuhuì 邮政汇兑，邮汇 ヨウチョン ホゥイドゥイ，ヨウホゥイ	money order マニ オーダ
～局	yóujú 邮局 ヨウジュイ	post office ポウスト オフィス
～貯金	yóuzhèng cúnkuǎn 邮政存款 ヨウチョン ツゥンクワン	post-office saving ポウスト オフィス セイヴィング

日	中	英
～番号	yóuzhèng biānmǎ 邮政编码 ヨウヂョン ビエンマァ	zip code ズィプ コウド
～物	yóujiàn 邮件 ヨウジエン	mail matter メイル マタ
ユーフォー	fēidié, bùmíng fēixíng wù(tǐ) 飞碟，不明飞行物(体) フェイディエ, ブゥミン フェイシィン ウゥ(ティー)	UFO ユーエフォウ
ゆうふく 裕福な	fùyù, fùyǒu, yǒu qián 富裕，富有，有钱 フゥユィ, フゥヨウ, ヨウ チエン	rich, wealthy リチ, ウェルスィ
ゆう 夕べ	zuówǎn, zuótiān wǎnshang 昨晚，昨天晚上 ヅゥオワン, ヅゥオティエン ワンシャアン	last night ラスト ナイト
ゆうべん 雄弁な	xióngbiàn 雄辩 シオンビエン	eloquence エロクウェンス
ゆうぼう 有望な	yǒu xīwàng, yǒu chūxi, yǒu qiántú 有希望，有出息，有前途 ヨウ シィワン, ヨウ チュウシ, ヨウ チエントゥ	promising, hopeful プラミスィング, ホウプフル
ゆうぼくみん 遊牧民	yóumù mínzú 游牧民族 ヨウムゥ ミンヅゥ	nomad ノウマド
ゆうめい 有名な	zhīmíng, zhùmíng, 知名，著名， チーミィン, ヂュウミィン, wénmíng, yǒumíng 闻名，有名 ウェンミィン, ヨウミィン	famous, well-known フェイマス, ウェルノウン
ユーモア	yōumò 幽默 ヨウモォ	humor ヒューマ
ユーモラスな	yǒu yōumògǎn de 有幽默感的 ヨウ ヨウモォガン ダ	humorous ヒューマラス
ゆうや 夕焼け	wǎnxiá 晚霞 ワンシア	evening glow イーヴニング グロウ
ゆうやみ 夕闇	mùsè, huánghūn, bómù 暮色，黄昏，薄暮 ムゥスァ, ホアンホゥン, ボオムゥ	dusk, twilight ダスク, トワイライト
ゆうよ 猶予	huǎnqī, zhǎnxiàn, yánqī 缓期，展限，延期 ホワンチィ, チャンシエン, イエンチィ	delay, grace ディレイ, グレイス
～期間	yánhuǎn qījiān 延缓期间 イエンホワン チィジエン	grace period グレイス ピアリアド

日	中	英
ゆうよう 有用	yǒuyòng 有用 ヨウヨン	useful, valuable ユースフル, ヴァリュアブル
ゆうらん 遊覧	yóulǎn 游览 ヨウラン	sight-seeing サイトスィーイング
〜船	yóutǐng, yóulǎnchuán 游艇, 游览船 ヨウティン, ヨウランチュワン	pleasure boat プレジャ ボウト
〜バス	yóulǎnchē 游览车 ヨウランチョア	sight-seeing bus サイトスィーイング バス
ゆうり 有利な	yǒulì 有利 ヨウリィ	advantageous アドヴァンテイヂャス
ゆうりょ 憂慮する	yōulù, chóulù 忧虑, 愁虑 ヨウリュィ, チョウリュィ	worry *about* ワーリ
ゆうりょう 優良な	yōuliáng 优良 ヨウリアン	superior, excellent シュピアリア, エクセレント
ゆうりょう 有料の	shōufèi 收费 ショウフェイ	pay ペイ
ゆうりょく 有力な	yǒulì 有力 ヨウリィ	strong, powerful ストロング, パウアフル
ゆうれい 幽霊	guǐ, guǐhún, yōulíng 鬼, 鬼魂, 幽灵 グゥイ, グゥイホゥン, ヨウリィン	ghost ゴウスト
ユーロ	Ōuyuán 欧元 オウユエン	Euro ユアロ
ゆうわく 誘惑(する)	yòuhuò, yǐnyòu, gōuyǐn 诱惑, 引诱, 勾引 ヨウホゥォ, インヨウ, ゴウイン	temptation テンプテイション
ゆか 床	dì, dìbǎn, dìmiàn 地, 地板, 地面 ディー, ディーバン, ディーミエン	floor フロー
ゆかい 愉快な	yúkuài, kāixīn, kuàihuo 愉快, 开心, 快活 ユィクアイ, カイシン, クアイホゥォ	pleasant, cheerful プレザント, チアフル
ゆが 歪む	wāi, wāixié, wāiniǔ 歪, 歪斜, 歪扭 ワイ, ワイシエ, ワイニウ	be distorted ビ ディストーテド
ゆが 歪める	nòngwāi, wāiqū, wān 弄歪, 歪曲, 弯 ノンワイ, ワイチュィ, ワン	distort, bend ディストート, ベンド

日	中	英
ゆかり 縁	yīnyuán, yuánfèn, guānxi 因缘，缘分，关系 インユエン, ユエンフェン, グワンシ	connection カネクション
ゆき 雪	xuě 雪 シュエ	snow スノウ
〜が降る	xiàxuě, jiàngxuě 下雪，降雪 シアシュエ, ジアンシュエ	It snows. イト スノウズ
ゆくえ 行方	qùxiàng, xiàluò, xíngzōng 去向，下落，行踪 チュイシアン, シアルゥオ, シィンゾン	whereabouts ホウェアアバウツ
〜不明の	shīzōng de, xiàluò bùmíng de 失踪的，下落不明的 シーヅォン ダ, シアルゥオ プゥミィン ダ	missing ミスィング
ゆげ 湯気	rèqì 热气 ルァチィ	steam, vapor スティーム, ヴェイパ
ゆけつ 輸血 (する)	shūxuè 输血 シュウシュエ	blood transfusion ブラド トランスフュージョン
ゆ 揺さぶる	yáodòng, yáohàn, yáohuàng 摇动，摇撼，摇晃 ヤオドン, ヤオハン, ヤオホアン	shake, move シェイク, ムーヴ
ゆしゅつ 輸出 (する)	chūkǒu, shūchū 出口，输出 チュウコウ, シュウチュウ	export エクスポート
〜国	chūkǒuguó, shūchūguó 出口国，输出国 チュウコウグゥオ, シュウチュウグゥオ	exporting country エクスポーティング カントリ
ゆす 濯ぐ	shuàn, piǎo, chōng 涮，漂，冲 シュワン, ピアオ, チォン	rinse リンス
ゆすり 強請	qiāozhà 敲诈 チアオチャア	blackmail ブラクメイル
ゆず う 譲り受ける	jìchéng, chéngshòu 继承，承受 ジィチョン, チョンショウ	take over テイク オウヴァ
(遺産など)	jìchéng, chéngshòu 继承，承受 ジィチョン, チョンショウ	inherit インヘリト
ゆす 強請る	lèsuǒ, qiāozhà, ézhà 勒索，敲诈，讹诈 ルァスゥオ, チアオチャア, ウァチャア	extort, blackmail イクストート, ブラクメイル
ゆず 譲る	ràng, rànggěi, zhuǎnràng 让，让给，转让 ラァン, ラァンゲイ, チュワンラァン	hand over, give ハンド オウヴァ, ギヴ

日	中	英
(売る)	mài, chūmài, chūshòu 卖，出卖，出售 マイ, チュウマイ, チュウショウ	sell セル
(譲歩)	ràngbù, ràngfènr 让步，让份儿 ラァンブゥ, ラァンフェンル	concede *to* カンスィード
ゆせい 油性の	yóuxìng 油性 ヨウシン	oily オイリ
ゆそう 輸送(する)	yùnshū, shūsòng, bānyùn 运输，输送，搬运 ユィンシュウ, シュウソン, バンユィン	transport; carry トランスポート；キャリ
ゆた 豊かな	fēngfù, fùyù, fēngyù 丰富，富裕，丰裕 フォンフゥ, フゥユィ, フォンユィ	abundant, rich アバンダント, リチ
ゆだ 委ねる	fùtuō, tuōfù, wěituō 付托，托付，委托 フゥトゥオ, トゥオフゥ, ウェイトゥオ	entrust *with* イントラスト
ゆだん 油断(する)	mábì, shīshén, dàyì 麻痹，失神，大意 マァビィ, シーシェン, ダアイー	carelessness ケアレスネス
ゆちゃく 癒着(する)	zhānlián 粘连 チャンリエン	adhesion; adhere アドヒージョン；アドヒア
ゆっくり	mànmàn, bù huāng bù máng (de) 慢慢，不慌不忙(地) マンマン, ブゥ ホアン ブゥ マァン (ダ)	slowly スロウリ
ゆ たまご 茹で卵	zhǔjīdàn 煮鸡蛋 チュウジィダン	boiled egg ボイルド エグ
ゆ 茹でる	zhǔ 煮 チュウ	boil ボイル
ゆでん 油田	yóutián 油田 ヨウティエン	oil field オイル フィールド
ゆとり	yúdì, kuānyù, chōngyù 余地，宽裕，充裕 ユィディー, クワンユィ, チョンユィ	room ルーム
(気持ちの)	xiánqíng 闲情 シエンチン	time to spare タイム トゥ スペア
ユニークな	dútè, dúdào 独特，独到 ドゥトゥア, ドゥダオ	unique ユーニーク
ユニセフ	Liánhéguó Értóng Jījīn 联合国儿童基金 リエンホォアグゥオ アルトン ジィジン	UNICEF ユーニセフ

日	中	英
ユニバーシアード	Shìjiè Dàxuéshēng Yùndònghuì 世界大学生运动会 シージエ ダアシュエション ユィンドンホゥイ	the Universiade ザ ユーニヴァースィアード
ユニフォーム	tào zhìfú 〔套〕制服 タオ チーフウ	uniform ユーニフォーム
輸入(する)	jìnkǒu, shūrù 进口, 输入 ジンコウ, シュウルゥ	import; introduce インポート；イントロデュース
ユネスコ	Liánhéguó Jiào Kē Wén Zǔzhī 联合国教科文组织 リエンホォアグゥオ ジアオ クァ ウェン ヅゥチー	UNESCO ユネスコウ
指	zhī zhǐ, zhǐtou, shǒuzhǐ 〔只〕指, 指头, 手指 チー チー, チートウ, ショウチー	finger フィンガ
(足の)	zhī jiǎozhǐ 〔只〕脚趾 チー ジアオチー	toe トウ
指輪	jièzhi, zhǐhuán 戒指, 指环 ジエチ, チーホワン	ring リング
弓	gōng 弓 ゴン	bow バウ
夢	mèng 梦 モン	dream ドリーム
(理想)	lǐxiǎng 理想 リィシアン	dream ドリーム
～を見る	zuò mèng 做梦 ヅゥオモン	dream ドリーム
由来	yóulái, láilì, gēnyóu 由来, 来历, 根由 ヨウライ, ライリィ, ゲンヨウ	the origin ジ オリヂン
～する	láizì, qǐyuán yú, fāyuán yú 来自, 起源于, 发源于 ライヅー, チィユエン ユイ, ファアユエン ユイ	originate in オリヂネイト
百合	bǎihé 百合 バイホォア	lily リリ
揺り籠	yáolán 摇篮 ヤオラン	cradle クレイドル
緩い	sōng 松 ソン	loose ルース

日	中	英
(規制が)	kuān, bù yán 宽，不严 クワン，ブゥ イエン	lenient リーニエント
ゆ 揺るがす	zhèndàng, zhèndòng, zhènhàn 震荡，震动，震撼 チェンダアン，チェンドン，チェンハン	shake, swing シェイク，スウィング
ゆる 許し	xǔkě, zhǔnxǔ, pīzhǔn 许可，准许，批准 シュイクァ，チュンシュイ，ピィチュン	permission, allow パミション，アラウ
ゆる 許す	yǔnxǔ, zhǔnxǔ, rènkě 允许，准许，认可 ユインシュー，チュンシュイ，レンクァ	allow, permit アラウ，パミト
(容赦する)	yuánliàng, ráoshù, kuānshù 原谅，饶恕，宽恕 ユエンリアン，ラオシュウ，クワンシュウ	forgive, pardon フォギヴ，パードン
ゆる 緩む	sōngdòng, sōngchí, sōnghuǎn 松动，松弛，松缓 ソンドン，ソンチー，ソンホワン	loosen ルースン
(寒さが)	huǎnhé 缓和 ホワンホォア	abate アベイト
(気が)	sōngxiè, fàngsōng 松懈，放松 ソンシエ，ファアンソン	relax リラクス
ゆる 緩める	fàngsōng, sōngchí, sōngkāi 放松，松弛，松开 ファアンソン，ソンチー，ソンカイ	loosen, unfasten ルースン，アンファスン
(速度を)	fàngmàn 放慢 ファアンマン	slow down スロウ ダウン
ゆる 緩やかな	sōng (de) 松(的) ソン (ダ)	loose ルース
(傾斜が)	pínghuǎn (de), bù dǒu (de) 平缓(的)，不陡(的) ピィンホワン (ダ)，ブゥ ドウ (ダ)	gentle チェントル
(規制などが)	kuān (de), bù yán (de) 宽(的)，不严(的) クワン (ダ)，ブゥ イエン (ダ)	lenient リーニエント
ゆ 揺れ	yáohuàng, zhèndòng, yáodòng 摇晃，震动，摇动 ヤオホアン，チェンドン，ヤオドン	shaking シェイキング
ゆ 揺れる	diānbǒ, zhèndòng 颠簸，震动 ディエンボォ，チェンドン	shake, sway シェイク，スウェイ

よ, ヨ

日	中	英
よ 世	shìshàng, shìjiè, rénjiān 世上，世界，人间 シーシァン, シージエ, レンジエン	the world, life ザ ワールド, ライフ
(時代)	shídài, niándài 时代，年代 シーダイ, ニエンダイ	the age ジ エイヂ
よ 夜	yè(jiān), yèwǎn, wǎnshang 夜(间)，夜晚，晚上 イエ(ジエン), イエワン, ワンシァン	night, evening ナイト, イーヴニング
よあ 夜明け	límíng, tiānliàng, pòxiǎo 黎明，天亮，破晓 リィミーン, ティエンリアン, ポォシアオ	dawn, daybreak ドーン, デイブレイク
～前	língchén, qīngchén 凌晨，清晨 リィンチェン, チィンチェン	before dawn ビフォー ドーン
よ 酔い	zuìyì, jiǔjìn 醉意，酒劲 ヅゥイイー, ジウジン	drunkenness ドランクンネス
よ 良[善]い	hǎo 好 ハオ	good グド
よいん 余韻	yúyùn, yúwèi, yúyīn 余韵，余味，余音 ユイユイン, ユイウェイ, ユイイン	reverberations リヴァーバレイションズ
よ 酔う	zuì 醉 ヅゥイ	get drunk ゲト ドランク
船に～	yùnchuán 晕船 ユィチュワン	get seasick ゲト スィースィク
車に～	yùnchē 晕车 ユィンチョア	get carsick ゲト カースィク
飛行機に～	yùnjī, hángkōngbìng 晕机，航空病 ユィンジィ, ハアンコンビィン	get airsick ゲト エアスィク
よう 用	jiàn shìr, shìqing 〔件〕事儿，事情 ジエン シャル, シーチィン	business ビズネス
ようい 用意 (する)	zhǔnbèi, yùbèi 准备，预备 ヂュンベイ, ユィベイ	preparations; prepare プレパレイションズ; プリペア
ようい 容易な	róngyì, jiǎndān 容易，简单 ロンイー, ジエンダン	easy, simple イーズィ, スィンプル

日	中	英
ようい 要因	yīnsù, yàosù 因素，要素 インスゥ, ヤオスゥ	factor ファクタ
ようえき 溶液	róngyè 溶液 ロンイエ	solution ソルーション
ようかい 溶解(する)	róngjiě, róngjiě, rónghuà 溶解，融解，熔化 ロンヂィエ, ロンヂィエ, ロンホア	melting メルティング
ようがん 溶岩	róngyán 熔岩 ロンイエン	lava ラーヴァ
ようき 容器	róngqì, chéngqì 容器，盛器 ロンチィ, チョンチィ	receptacle リセプタクル
ようぎ 容疑	xiányí 嫌疑 シエンイー	suspicion サスピション
～者	xiányífàn 嫌疑犯 シエンイーファン	suspect サスペクト
ようきな 陽気な	kuàihuo, kāilǎng, mínglǎng 快活，开朗，明朗 クアイフゥオ, カイラァン, ミィンラァン	cheerful, lively チアフル, ライヴリ
ようきゅう 要求	yāoqiú, xūyào, tiáojiàn 要求，需要，条件 ヤオチウ, シュイヤオ, ティアオジエン	demand, request ディマンド, リクウェスト
～する	yāoqiú 要求 ヤオチウ	demand, require ディマンド, リクワイア
ようぐ 用具	yòngjù, qìjù, gōngjù 用具，器具，工具 ヨンジュイ, チィジュイ, ゴンジュイ	tools トゥールズ
ようけん 用件	jiàn shìr, shìqing 〔件〕事儿，事情 ジエン シャル, シーチィン	business ビズネス
ようご 用語	yòngyǔ 用语 ヨンユイ	wording ワーディング
(語彙)	cuòcí, yòngyǔ 措辞，用语 ツゥオツー, ヨンユイ	vocabulary ヴォウキャビュレリ
(術語)	shùyǔ 术语 シュウユイ	term, terminology ターム, ターミナロヂィ
ようこそ	huānyíng 欢迎 ホワンイィン	Welcome. ウェルカム

日	中	英
ようさい 要塞	yàosài 要塞 ヤオサイ	fortress フォートレス
ようさん 養蚕	yǎngcán 养蚕 ヤンツァン	sericulture セリカルチャ
ようし 用紙	zhāng biǎogé, zhǐzhāng 〔张〕表格，纸张 チャン ビアオグァ，チーチャン	form フォーム
ようし 養子	jìzǐ, yǎngzǐ 继子，养子 ジィツー，ヤンツー	adopted child アダプテド チャイルド
ようじ 幼児	yòu'ér, xiǎo'ér 幼儿，小儿 ヨウアル，シアオアル	baby, child ベイビ，チャイルド
ようじ 楊枝	zhī yáqiān 〔枝〕牙签 チー ヤァチエン	toothpick トゥースピク
ようじ 用事	jiàn shìr, shìqing 〔件〕事儿，事情 ジエン シャル，シーチン	business ビズネス
ようしき 様式	shìyàng, géshì, yàngshì 式样，格式，样式 シーヤン，グァシ，ヤンシー	mode, style モウド，スタイル
ようしゃ 容赦する	ráoshù, róngrěn, yuánliàng 饶恕，容忍，原谅 ラオシュウ，ロンレン，ユエンリアン	pardon, forgive パードン，フォギヴ
ようじょ 養女	jìnǚ, yǎngnǚ 继女，养女 ジィニュイ，ヤンニュイ	adopted daughter アダプティド ドータ
ようしょく 養殖(する)	yǎngzhí 养殖 ヤンチー	cultivation カルティヴェイション
ようじん 要人	yàorén 要人 ヤオレン	important person インポータント パースン
ようじん 用心(する)	dāngxīn, xiǎoxīn, liúˊshén 当心，小心，留神 ダンシン，シアオシン，リウシェン	attention アテンション
ようす 様子	yàngzi, qíngxing, qíngzhuàng 样子，情形，情状 ヤンヅ，チンシン，チンチュアン	the state of affairs ザ ステイト オヴ アフェアズ
(外見)	múyàng, wàibiǎo, zhuàngmào 模样，外表，状貌 ムゥヤン，ワイビアオ，チュアンマオ	appearance アピアランス
(態度)	tàidu, zītài, shéntài 态度，姿态，神态 タイドゥ，ヅータイ，シェンタイ	attitude アティテュード

日	中	英
(兆候)	jìxiàng, yùzhào, zhēnghòu 迹像，预兆，征候 ジシアン，ユィヂャオ，ヂョンホウ	sign, indication サイン，インディケイション
ようするに 要するに	zǒng ér yán zhī, zǒngzhī 总而言之，总之 ヅォン アル イエン チー，ヅォンチー	in short イン ショート
ようせい 要請(する)	qǐngqiú, yāoqiú, kěnqiú 请求，要求，恳求 チンチウ，ヤオチウ，ケンチウ	demand, request ディマンド，リクウェスト
ようせき 容積	róngjī 容积 ロンジィ	capacity, volume カパスィティ，ヴァリュム
ようせつ 溶接(する)	hàn, hànjiē 焊，焊接 ハン，ハンジエ	welding; weld ウェルディング；ウェルド
ようそ 要素	yàosù, yīnsù, yuánsù 要素，因素，元素 ヤオスゥ，インスゥ，ユエンスゥ	element, factor エレメント，ファクタ
ようだい 容体	bìngzhuàng, bìngqíng 病状，病情 ビンヂュアン，ビンチィン	condition カンディション
ようちえん 幼稚園	yòu'éryuán 幼儿园 ヨウアルユエン	kindergarten キンダガートン
ようち 幼稚な	yòuzhì, tiānzhēn 幼稚，天真 ヨウヂー，ティエンヂェン	childish チャイルディシュ
ようちゅう 幼虫	tiáo yòuchóng 〔条〕幼虫 ティアオ ヨウチョン	larva ラーヴァ
ようつう 腰痛	yāotòng 腰痛 ヤオトン	lumbago ランベイゴウ
ようてん 要点	yàodiǎn, tíyào, zhāiyào 要点，提要，摘要 ヤオディエン，ティーヤオ，チャイヤオ	the point, the gist ザ ポイント，ザ ヂスト
ようと 用途	yòngtú, yòngchu, yòngchǎng 用途，用处，用场 ヨントゥ，ヨンチュウ，ヨンチャアン	use, purpose ユース，パーパス
ようとん 養豚	yǎngzhū 养猪 ヤンチュウ	pig-farming ピグファーミング
ようにん 容認する	róngxǔ, yǔnxǔ, chéngrèn 容许，允许，承认 ロンシュィ，ユィンシュィ，チョンレン	admit, approve of アドミト，アプルーヴ
ようねん 幼年	tóngnián, yòunián 童年，幼年 トンニエン，ヨウニエン	early childhood アーリ チャイルドフド

日	中	英
ようび **曜日**	xīngqī, lǐbài 星期，礼拜 シィンチィ, リィバイ	day ディ
ようふ 養父	yǎngfù 养父 ヤンフゥ	foster father フォスタ ファーザ
ようふく **洋服**	jiàn/tào xīfú, xīzhuāng 〔件 / 套〕西服，西装 ジエン/タオ シィフゥ, シィヂュアン	clothes, dress クロウズズ, ドレス
ようぶん 養分	yǎngfèn, yíngyǎng 养分，营养 ヤンフェン, イィンヤン	nourishment ナーリシュメント
ようぼ 養母	yǎngmǔ 养母 ヤンムゥ	foster mother フォスタ マザ
ようほう 養蜂	yǎngfēng 养蜂 ヤンフォン	apiculture エイピカルチャ
ようぼう 容貌	róngmào, róngyán, miànmào 容貌，容颜，面貌 ロンマオ, ロンイエン, ミエンマオ	looks ルクス
ようもう 羊毛	yángmáo 羊毛 ヤンマオ	wool ウル

■曜日■ ⇒ 時間，季節・月

ようび 曜日	星期/xīngqī シィンチィ / (英day)	
にちようび 日曜日	星期天/xīngqītiān シィンチィティエン / (英Sunday)	
げつようび 月曜日	星期一/xīngqīyī シィンチィイー / (英Monday)	
かようび 火曜日	星期二/xīngqī'èr シィンチィアル / (英Tuesday)	
すいようび 水曜日	星期三/xīngqīsān シィンチィサン / (英Wednesday)	
もくようび 木曜日	星期四/xīngqīsì シィンチィスー / (英Thursday)	
きんようび 金曜日	星期五/xīngqīwǔ シィンチィウゥ / (英Friday)	
どようび 土曜日	星期六/xīngqīliù シィンチィリウ / (英Saturday)	
しゅう 週	星期，周/xīngqī, zhōu シィンチィ, ヂョウ / (英week)	
しゅうまつ 週末	周末/zhōumò ヂョウモォ / (英weekend)	
へいじつ 平日	平日/píngrì ピィンリー / (英weekday)	
きゅうじつ 休日	休息日，假日/xiūxirì, jiàrì シウシリー, ジアリー/ (英holiday, vacation)	
さいじつ 祭日	节日/jiérì ジエリー / (英national holiday, festival day)	

日	中	英
ようやく 要約 (する)	zhāilù, zhāiyào, gàiyào 摘录，摘要，概要 チャイルゥ，チャイヤオ，ガイヤオ	summary サマリ
ようや 漸く	hǎobù róngyì, zǒngsuàn, zhōngyú 好不容易，总算，终于 ハオブゥ ロンイー，ヅォンスワン，ヂォンユイ	at last アト ラスト
ようりょう 要領	yàolǐng, yàodiǎn, tígāng 要领，要点，提纲 ヤオリィン，ヤオディエン，ティーガァン	the point, the gist ザ ポイント，ザ ヂスト
ようりょくそ 葉緑素	yèlǜsù 叶绿素 イエリュィスゥ	chlorophyll クローラフィル
ヨーグルト	suānnǎi 酸奶 スワンナイ	yoghurt ヨウガト
ヨード	diǎn 碘 ディエン	iodine アイオダイン
～チンキ	diǎndīng 碘酊 ディエンディン	tincture of iodine ティンクチャ オヴ アイオダイン
ヨーロッパ	Ōuzhōu 欧州 オウヂョウ	Europe ユアロブ
よか 余暇	yèyú shíjiān, yúxiá 业余时间，余暇 イエユィ シージエン，ユィシア	leisure リージャ
ヨガ	yújiā 瑜伽 ユィジア	yoga ヨウガ
よ あ 善かれ悪しかれ	hǎodǎi, hǎolài, wúlùn rúhé 好歹，好赖，无论如何 ハオダイ，ハオライ，ウゥルゥン ルゥホォア	good or bad グド オー バド
よかん 予感 (する)	yùgǎn 预感 ユィガン	presentiment プリゼンティメント
よき 予期 (する)	yùqī 预期 ユィチイ	anticipation アンティスィペイション
よきん 預金 (する)	cúnkuǎn, chǔxù 存款，储蓄 ツゥンクゥアン，チュウシュー	deposit ディパズィト
よく 欲	yùwàng, yùniàn 欲望，欲念 ユィワン，ユィニエン	desire ディザイア
よ 良く	qiǎomiào, shúliàn 巧妙，熟练 チアオミアオ，シュウリエン	well ウェル

日	中	英
(十分に)	hǎohāor 好好儿 ハオハオル	fully, well フリ, ウェル
(しばしば)	chángcháng, wǎngwǎng, shícháng 常常, 往往, 时常 チャァンチャァン, ワンワン, シーチャァン	often オフン
よくあさ 翌朝	dì'èr tiān zǎoshang, 第二天早上, ディアル ティエン ヅァオシャァン, dì'èr tiān zǎochén 第二天早晨 ディアル ティエン ヅァオチェン	the next morning ザ ネクスト モーニング
よくあつ 抑圧(する)	yāpò, yāzhì, yāyì 压迫, 压制, 压抑 ヤァポォ, ヤァヂー, ヤァイー	suppression サプレション
よくしつ 浴室	yùshì, xǐzǎojiān 浴室, 洗澡间 ユィシー, シィヅァオジエン	bathroom バスルム
よくじつ 翌日	dì'èr tiān, cìrì, yìrì 第二天, 次日, 翌日 ディアル ティエン, ツーリー, イーリー	the next day ザ ネクスト デイ
よくせい 抑制(する)	yìzhì, kòngzhì, kèzhì 抑制, 控制, 克制 イーヂー, コンヂー, クァチー	control カントロウル
よくそう 浴槽	yùchí, yùgāng, yùpén 浴池, 浴缸, 浴盆 ユィチー, ユィガァン, ユィペン	bathtub バスタブ
よくねん 翌年	dì'èr nián, yìnián 第二年, 翌年 ディアル ニエン, イーニエン	the next year ザ ネクスト イア
よくば 欲張り(な)	tānlán, tānxīn, tān dé wú yàn (de) 贪婪, 贪心, 贪得无厌(的) タンラン, タンシン, タン ドゥァ ウゥ イエン (ダ)	greedy グリーディ
よくぼう 欲望	yùwàng, yùniàn 欲望, 欲念 ユィワァン, ユィニエン	desire, ambition ディザイア, アンビション
よくよう 抑揚	yìyáng 抑扬 イーヤン	intonation イントウネイション
よくりゅう 抑留	kòuliú, jūliú 扣留, 拘留 コウリウ, ジュィリウ	detention ディテンション
よけい 余計な	duōyú (de), éwài (de) 多余(的), 额外(的) ドゥオユィ (ダ), ウァワイ (ダ)	excessive イクセスィヴ
よ 避[除]ける	duǒbì, duǒkāi, bìràng 躲避, 躲开, 避让 ドゥオビィ, ドゥオカイ, ビィラァン	avoid アヴォイド

日	中	英
よげん 予言 (する)	yùyán 预言 ユイイエン	prediction プリディクション
～者	yùyánjiā 预言家 ユイイエンジア	prophet プラフェト
よこ 横	héng 横 ヘゥン	the side ザ サイド
(幅)	kuāndù, fúdù 宽度, 幅度 クワンドゥ, フゥドゥ	the width ザ ウィドス
よこう 予行	yùxíng 预行 ユイシィン	rehearsal リハーサル
よこぎ 横切る	chuānguò, héngchuān 穿过, 横穿 チュワングゥオ, ヘゥンチュワン	cross クロス
よこく 予告 (する)	yùgào 预告 ユイガオ	previous notice プリーヴィアス ノウティス
よご 汚す	nòngzāng, zhānwū, wūrǔ 弄脏, 沾污, 污辱 ノンヅァアン, チャンウゥ, ウゥルゥ	soil, stain ソイル, ステイン
よこ 横たえる	héng, fàngdǎo 横, 放倒 ヘゥン, ファアンダオ	lay down レイ ダウン
(身を)	tǎngxià, héngwò 躺（下）, 横卧 タァン(シア), ヘゥンウオ	lie down ライ ダウン
よこ 横たわる	tǎng, hénggèn 躺, 横亘 タン, ヘゥンゲン	lie down ライ ダウン
よこめ み 横目で見る	xiéshì, cèshì, cèmù 斜视, 侧视, 侧目 シエシー, ツゥアシー, ツゥアムゥ	cast a glance キャスト ア グランス
よご 汚れ	wūgòu, wūjì, wūzì 污垢, 污迹, 污渍 ウゥゴウ, ウゥジィ, ウゥヅー	dirt, stain ダート, ステイン
よご 汚れる	zāng 脏 ヅァアン	become dirty ビカム ダーティ
よさん 予算	yùsuàn 预算 ユイスワン	budget バヂェト
～を立てる	zuò yùsuàn 做预算 ヅゥオ ユイスワン	make a budget メイク ア バヂェト

日	中	英
よしゅう 予習(する)	yùxí 预习 ユィシィ	preparation プレパレイション
よしん 余震	yúzhèn 余震 ユィチェン	aftershock アフタショク
よ 止す	tíngzhǐ, zuòbà 停止，作罢 ティンチー, ヅゥオバァ	stop スタプ
よ 寄せる	shǐ ... kàojìn, jìshēn 使…靠近，寄身 シー … カオジン, ジィシェン	draw up ドロー アプ
(脇へ動かす)	nuódòng, nuókāi, yíkāi 挪动，挪开，移开 ヌゥオドン, ヌゥオカイ, イーカイ	put aside プト アサイド
よせん 予選	yùsài 预赛 ユィサイ	preliminary contest プリリミネリ カンテスト
よそ 余所	biéchù, biéjiā, bié de dìfang 别处，别家，别的地方 ビエチュウ, ビエジア, ビエ ダ ディーファアン	another place アナザ プレイス
よそう 予想(する)	yùxiǎng, yùliào, yùcè 预想，预料，预测 ユィシアン, ユィリアオ, ユィツゥア	expectation エクスペクテイション
よそお 装う	dǎban 打扮 ダバン	wear ウェア
(ふりをする)	jiǎzhuāng, wěizhuāng, zhuāngbàn 假装，装扮，伪装 ジアチュアン, ウェイチュアン, チュアンバン	pretend プリテンド
よそく 予測(する)	yùcè, yùliào 预测，预料 ユィツゥア, ユィリアオ	prediction プリディクション
よそみ 余所見する	wǎng biéchù kàn 往别处看 ワン ビエチュウ カン	look away ルク アウェイ
よそもの 余所者	wàidìrén, wàiláihù, wàilùrén 外地人，外来户，外路人 ワイディーレン, ワイライホウ, ワイルウレン	stranger ストレインヂャ
よそよそしい	jiànwài, lěngdàn, shūyuǎn 见外，冷淡，疏远 ジエンワイ, ルォンダン, シュウユエン	cold コウルド
(無関心な)	lěngdàn 冷淡 ルォンダン	indifferent インディファレント
よだれ 涎	dī xiánshuǐ, kǒushuǐ 〔滴〕涎水，口水 ディー シエンシュイ, コウシュイ	slaver スラヴァ

日	中	英
よち 余地	yúdì 余地 ユィディー	room, space ルーム, スペイス
よっきゅう 欲求	yùwàng, yùqiú 欲望, 欲求 ユィワン, ユィチウ	desire ディザイア
ヨット	fānchuán, yóutǐng 帆船, 游艇 ファンチュワン, ヨウティン	yacht ヤト
よ ぱら 酔っ払い	zuìhàn, zuìguǐ 醉汉, 醉鬼 ヅゥイハン, ヅゥイグゥイ	drunk ドランク
よ ぱら 酔っ払う	zuì, hēzuì 醉, 喝醉 ヅゥイ, ホァヅゥイ	get drunk ゲト ドランク
よてい 予定	yùdìng, jìhuà, dǎsuan 预定, 计划, 打算 ユィディン, ジィホア, ダァスワン	plan, program プラン, プログラム
よとう 与党	zhízhèngdǎng 执政党 ヂーヂョンダン	the Government party ザ ガヴァンメント パーティ
よどお 夜通し	chèyè, tōngxiāo, zhěngyè 彻夜, 通宵, 整夜 チョァイエ, トンシアオ, ヂョンイエ	all night オール ナイト
よなか 夜中に	bànyè, zǐyè, yèbàn 半夜, 子夜, 夜半 バンイエ, ヅーイエ, イエバン	at midnight アト ミドナイト
よ なか 世の中	shìjiān, shìshàng, rénjiān 世间, 世上, 人间 シージエン, シーシャァン, レンジエン	the world, life ザ ワールド, ライフ
よはく 余白	kòngbái 空白 コンバイ	blank, space ブランク, スペイス
よび 予備	hòubèi, yùbèi, bèipǐn 后备, 预备, 备品 ホウベイ, ユィベイ, ベイピン	reserve, spare リザーヴ, スペア
～の	bèiyòng (de) 备用(的) ベイヨン(ダ)	reserve, spare リザーヴ, スペア
よ か 呼び掛ける	hūhuàn, zhàohuàn, zhāohu 呼唤, 召唤, 招呼 ホゥホワン, ヂャオホワン, ヂャオホ	call コール
よ ごえ 呼び声	hūhuànshēng 呼唤声 ホゥホワンション	cry, call クライ, コール
よ 呼ぶ	jiào, hǎn 叫, 喊 ジアオ, ハン	call コール

日	中	英
(招く)	yāoqǐng, yuēqǐng 邀请，约请 ヤオチン, ユエチン	invite *to* インヴァイト
(称する)	jiào, chēngwéi, jiàozuò 叫，称为，叫做 ジアオ, チョンウェイ, ジアオヅオ	call, name コール, ネイム
よぶん 余分な	fùyu, shèngyú, yíngyú 富余，剩余，盈余 フゥユイ, ションユイ, イィンユイ	excess イクセス
よほう 予報	yùbào 预报 ユイバオ	forecast フォーキャスト
よぼう 予防(する)	yùfáng 预防 ユイファアン	prevention プリヴェンション
～注射	fángyìzhēn 防疫针 ファアンイーチェン	preventive injection プリヴェンティヴ インチェクション
よみがえ 蘇る	fùhuó, fùsū, sūxǐng 复活，复苏，苏醒 フゥホゥオ, フゥスゥ, スゥシィン	revive リヴァイヴ
よ もの 読み物	dúwù 读物 ドゥウゥ	reading リーディング
よ 読む	kàn, yuèdú, yuèlǎn 看，阅读，阅览 カン, ユエドゥ, ユエラン	read リード
よめ 嫁	xīnniáng, xīnfù 新娘，新妇 シンニィアン, シンフゥ	bride ブライド
(妻)	qīzi, tàitai, nèirén 妻子，太太，内人 チィヅ, タイタイ, ネイレン	wife ワイフ
(息子の妻)	xífù, érxífur 媳妇，儿媳妇儿 シィフゥ, アルシィフル	daughter-in-law ドータインロー
よやく 予約(する)	yùyuē, yùdìng 预约，预订 ユイユエ, ユイディン	reservation レザヴェイション
よゆう 余裕	yúdì 余地 ユイディー	room ルーム
(時間)	fùyú (shíjiān) 富余(时间) フゥユイ (シージエン)	time to spare タイム トゥ スペア
(金銭)	shèngyú, yíngyú 剩余，盈余 ションユイ, イィンユイ	money to spare マニ トゥ スペア

日	中	英
よ か 寄り掛かる	kào, yǐkào 靠，倚靠 カオ，イーカオ	lean *against* リーン
（頼る）	yīkào, yīlài, yǐkào 依靠，依赖，倚靠 イーカオ，イーライ，イーカオ	depend *on* ディペンド
よ そ 寄り添う	yīwēi, āijìn, tiējìn 依偎，挨近，贴近 イーウェイ，アイジン，ティエジン	draw close ドロー クロウス
よ みち 寄り道する	ràodào, ràolù, rào quānzi 绕道，绕路，绕圈子 ラオダオ，ラオルゥ，ラオ チュエンヅ	stop on *one's* way スタプ オン ウェイ
よ より良い	gèng hǎo (de) 更好（的） グン ハオ（ダ）	better ベタ
よ 依る	gēnjù, ànzhào, yīzhào 根据，按照，依照 ゲンジュイ，アンヂャオ，イーヂャオ	be based *on* ビ ベイスド
よ 因る	yóuyú, yīnwèi 由于，因为 ヨウユイ，インウェイ	be due *to* ビ デュー
よ 寄る	kàojìn, āijìn, jiējìn 靠近，挨近，接近 カオジン，アイジン，ジエジン	approach アプロウチ
（脇へ）	kàobiān, ràngkāi 靠边，让开 カオビエン，ラァンカイ	step aside ステプ アサイド
（立ち寄る）	shùnlù qù 顺路去 シュンルゥ チュイ	call *at, on* コール
よる 夜	yè(jiān), yèwǎn, wǎnshang 夜(间)，夜晚，晚上 イエ(ジエン)，イエワン，ワンシャァン	night ナイト
よろこ 喜ばす	shǐ gāoxìng 使高兴 シー ガオシィン	please, delight プリーズ，ディライト
よろこ 喜び	xǐyuè, lèqù, huānlè 喜悦，乐趣，欢乐 シィユエ，ルアチュイ，ホワンルア	joy, delight チョイ，ディライト
よろこ 喜ぶ	gāoxìng, xǐhuan, xīnxǐ 高兴，喜欢，欣喜 ガオシィン，シィホワン，シンシィ	be glad, be pleased ビ グラド，ビ プリーズド
よろこ 喜んで	gāoxìng de, lèyì de, xīnrán de 高兴地，乐意地，欣然地 ガオシィン ダ，ルアイー ダ，シンラン ダ	with pleasure ウィズ プレジャ
よろめく	liàngqiàng, pánshān, dōng dǎo xī wāi 踉跄，蹒跚，东倒西歪 リアンチアン，パンシャン，ドン ダオ シィ ワイ	stagger スタガ

よ

日	中	英
よろん 世論	yúlùn, shìlùn 舆论, 世论 ユィルゥン, シールゥン	public opinion パブリク オピニオン
よわ 弱い	ruò, bóruò, cuìruò 弱, 薄弱, 脆弱 ルゥオ, ボォルゥオ, ツゥイルゥオ	weak ウィーク
（身体が）	ruǎnruò, xūruò, bìngruò 软弱, 虚弱, 病弱 ルワンルゥオ, シュイルゥオ, ビィンルゥオ	poor in, delicate プア, デリケト
（気が）	nuòruò, ruǎnruò 懦弱, 软弱 ヌゥオルゥオ, ルワンルゥオ	timid ティミド
（光などが）	wēiruò 微弱 ウェイルゥオ	feeble, faint フィーブル, フェイント
よわ 弱さ	ruòdiǎn, quēdiǎn 弱点, 缺点 ルゥオディエン, チュエディエン	weakness ウィークネス
よわ 弱まる	jiǎnruò, biànruò, shuāiruò 减弱, 变弱, 衰弱 ジエンルゥオ, ビエンルゥオ, シュアイルゥオ	weaken, abate ウィークン, アベイト
よわ 弱み	ruòdiǎn, quēdiǎn 弱点, 缺点 ルゥオディエン, チュエディエン	weak point ウィーク ポイント
よわむし 弱虫	dǎnxiǎoguǐ, pàsǐguǐ, nuòfū 胆小鬼, 怕死鬼, 懦夫 ダンシアオグゥイ, パアスーグゥイ, ヌゥオフウ	coward カウアド
よわ 弱める	jiǎnruò, xuēruò, shǐ shuāiruò 减弱, 削弱, 使衰弱 ジエンルゥオ, シュエルゥオ, シー シュアイルゥオ	weaken ウィークン
よわ 弱る	jiǎnruò, shuāiruò, shuāituì 减弱, 衰弱, 衰退 ジエンルゥオ, シュアイルゥオ, シュアイトゥイ	grow weak グロウ ウィーク
（困る）	wéinán, kùnjiǒng 为难, 困窘 ウェイナン, クゥンジオン	be worried ビ ワーリド

日	中	英

ら, ラ

ラード	zhūyóu 猪油 ヂュヨウ	lard ラード
ラーメン	miàntiáo 面条 ミエンティアオ	Chinese noodles チャイニーズ ヌードルズ
らいう 雷雨	léiyǔ 雷雨 レイユィ	thunderstorm サンダストーム
らいうん 雷雲	léiyún 雷云 レイユィン	thundercloud サンダクラウド
ライオン	tóu shīzi 〔头〕狮子 トウ シーヅ	lion ライオン
らいきゃく 来客	láikè 来客 ライクァ	visitor ヴィズィタ
らいげつ 来月	xià ge yuè, xiàyuè 下个月，下月 シア ガ ユエ，シアユエ	next month ネクスト マンス
らいしゅう 来週	xiàxīngqī, xiàzhōu 下星期，下周 シアシンチィ，シアヂョウ	next week ネクスト ウィーク
らいせ 来世	láishēng, láishì 来生，来世 ライション，ライシー	the next world ザ ネクスト ワールド
ライセンス	xǔkězhèng, zhízhào 许可证，执照 シュィクァヂョン，ヂーヂャオ	license ライセンス
ライター	dǎhuǒjī 打火机 ダァホウォジィ	lighter ライタ
ライト	dēng, diàndēng, dēnghuǒ 灯，电灯，灯火 デゥン，ディエンデゥン，デゥンホウオ	light ライト
ライト級 きゅう	qīngliàngjí 轻量级 チィンリアンジィ	lightweight ライトウェイト
らいにち 来日する	lái Rì, lái Rìběn 来日，来日本 ライ リー，ライ リーベン	visit Japan ヴィズィト ヂャパン
らいねん 来年	míngnián, láinián 明年，来年 ミィンニエン，ライニエン	next year ネクスト イア

日	中	英
ライバル	díshǒu, duìshǒu 敌手，对手 ディーショウ, ドゥイショウ	rival ライヴァル
らいひん 来賓	láibīn, guìkè, jiābīn 来宾，贵客，嘉宾 ライビン, グゥイクァ, ジアビン	guest ゲスト
ライブ	shíkuàng 实况 シークアン	live ライヴ
ライフスタイル	shēnghuó fāngshì 生活方式 ションホゥオ ファアンシー	lifestyle ライフスタイル
ライフル	zhī láifùqiāng 〔枝〕来复枪 チー ライフゥチアン	rifle ライフル
ライフワーク	yìshēng de shìyè, 一生的事业， イーション ダ シーイエ, bìshēng de shìyè 毕生的事业 ビィション ダ シーイエ	lifework ライフワーク
むぎ ライ麦	hēimài 黑麦 ヘイマイ	rye ライ
らいめい 雷鳴	léimíng, léishēng 雷鸣，雷声 レイミン, レイション	roll of thunder ロウル オヴ サンダ
らいれき 来歴	láilì, láilu 来历，来路 ライリィ, ライルゥ	history ヒストリ
（起源）	qǐyuán, fāyuán 起源，发源 チィユエン, ファアユエン	origin オリヂン
（経歴）	jīnglì, zīlì 经历，资历 ジィンリィ, ヅーリィ	career カリア
らくえん 楽園	lèyuán, tiāntáng 乐园，天堂 ルァユエン, ティエンタアン	paradise パラダイス
らくが 落書き（する）	luàn xiě, luàn huà, túxiě 乱写，乱画，涂写 ルワン シエ, ルワン ホア, トゥシエ	scribble スクリブル
らくご 落伍する	diàoʼduì, luòʼwǔ 掉队，落伍 ディアオドゥイ, ルゥオウゥ	drop out of ドラプ アウト
らくさ 落差	luòchā 落差 ルゥオチァア	gap ギャプ

日	中	英
らくさつ 落札する	zhòngbiāo, débiāo 中标，得标 ヂォンビアオ，ドゥアビアオ	make a successful bid メイク ア サクセスフル ビド
らくせん 落選する	luòxuǎn 落选 ルゥオシュエン	be defeated *in* ビ ディフィーテド
らくだ 駱駝	tóu luòtuo 〔头〕骆驼 トウ ルゥオトゥオ	camel キャメル
らくだい 落第する	bù jígé, liújí 不及格，留级 ブゥ ジィグァ，リュジィ	fail *in* フェイル
らくたん 落胆する	huīxīn, sàngˇqì, qìněi 灰心，丧气，气馁 ホゥイシン，サァンチィ，チィネイ	be discouraged ビ ディスカリヂド
らくちゃく 落着する	jiějué, liǎojié 解决，了结 ジエジュエ，リアオジエ	be settled ビ セトルド
らくてん 楽天	lètiān, lèguān 乐天，乐观 ルァティエン，ルァグワン	
〜的な	lèguān de 乐观的 ルァグワン ダ	optimistic アプティミスティク
らく 楽な	róngyì, qīngsōng, jiǎnbiàn 容易，轻松，简便 ロンイー，チィンソン，ジエンビエン	easy イーズィ
（安楽な）	shūshì, shūfu, ānlè 舒适，舒服，安乐 シュウシー，シュウフ，アンルァ	comfortable カンフォタブル
らくのう 酪農	zhìlào, làonóng 制酪，酪农 ヂーラオ，ラオノン	dairy デアリ
〜家	làonónghù 酪农户 ラオノンホゥ	dairy farmer デアリ ファーマ
ラグビー	gǎnlǎnqiú 橄榄球 ガンランチウ	Rugby ラグビ
らくよう 落葉	piàn luòyè 〔片〕落叶 ピエン ルゥオイエ	fallen leaves フォールン リーヴズ
〜樹	luòyèshù 落叶树 ルゥオイエシュウ	deciduous tree ディスィヂュアス トリー
らくらい 落雷	luòléi, pīlì, pīléi 落雷，霹雳，霹雷 ルゥオレイ，ピィリィ，ピィレイ	thunderbolt サンダボウルト

日	中	英
らくらく 楽々	róngyì, qīngyì 容易，轻易 ロンイー，チィンイー	easily イーズィリ
ラケット	pāizi, qiúpāi 拍子，球拍 パイヅ，チゥパイ	racket ラケト
ラジウム	léi 镭 レイ	radium レイディアム
ラジエーター	sànrèqì 散热器 サンルァチイ	radiator レイディエイタ
ラジオ	tái shōuyīnjī 〔台〕收音机 タイ ショウインジィ	radio レイディオウ
ラジカセ	tái shōulùjī 〔台〕收录机 タイ ショウルゥジィ	boom box ブーム バクス
ラジコン	wúxiànkòngzhì 无线控制 ウゥシエンコンヂー wúxiàndiàn kòngzhì 无线电控制 ウゥシエンディエン コンヂー	radio control レイディオウ カントロウル
ラスト	zuìhòu 最后 ヅゥイホウ	the last ザ ラスト
ラズベリー	shùméi 树莓 シュウメイ	raspberry ラズベリ
らせん 螺旋	luóxuán 螺旋 ルゥオシュエン	spiral スパイアラル
らたい 裸体の	luǒtǐ, chìshēn 裸体，赤身 ルゥオティー，チーシェン	naked, nude ネイキド，ニュード
らち 拉致(する)	bǎngjià 绑架 バァンジア	taking away; take away テイキング アウェイ；テイク アウェイ
ラッカー	pēnqī 喷漆 ペンチィ	lacquer ラカ
らっか 落下する	luòxià, xiàjiàng 落下，下降 ルゥオシア，シアジアン	drop, fall ドラプ，フォール
らっかん 楽観(する)	lèguān 乐观 ルァグワン	be optimistic *about* ビ アプティミスティク

日	中	英
～的な	lèguān de 乐观的 ルアグワン ダ	optimistic アプティミスティク
ラッキーな	xìngyùn, jiǎoxìng, hǎoyùn de 幸运，侥幸，好运的 シィンユイン, ジアオシィン, ハオユイン ダ	lucky ラキ
ラッシュアワー	(jiāotōng) gāofēng shíjiān （交通）高峰时间 (ジアオトン) ガオフォン シージエン	the rush hour ザ ラシュ アウア
らっぱ 喇叭	lǎba 喇叭 ラァバ	trumpet, bugle トランペト, ビューグル
ラップ	bǎoxiānmó 保鲜膜 バオシエンモオ	wrap ラプ
(音楽)	yínkuàibǎn 吟快板 インクアイバン	rap music ラプ ミューズィク
ラップタイム	yì quān shíjiān, yí tàng shíjiān 一圈时间，一趟时间 イー チュエン シージエン, イー タァン シージエン	lap time ラプ タイム
らつわん 辣腕の	jīngmíng qiánggàn, nénggàn 精明强干，能干 ジィンミィン チアンガン, ヌォンガン	shrewd シュルード
ラテン		
～語	Lādīngyǔ 拉丁语 ラァディンユイ	Latin ラティン
～の	Lādīng de 拉丁的 ラァディン ダ	Latin ラティン
ラブシーン	liàn'ài chǎngmiàn 恋爱场面 リエンアイ チァンミエン	love scene ラヴ スィーン
ラフな	cūcāo, cūlüè, dàgài 粗糙，粗略，大概 ツゥツァオ, ツゥリュエ, ダァガイ	rough ラフ
ラブレター	fēng qíngshū 〔封〕情书 フォン チィンシュウ	love letter ラヴ レタ
ラベル	biāoqiān, biāopái 标签，标牌 ビアオチエン, ビアオパイ	label レイベル
ラベンダー	xūnyīcǎo 熏衣草 シュインイーツァオ	lavender ラヴィンダ

ら

日	中	英
ラム	〔块/片〕羊羔肉，羔羊肉 kuài/piàn yánggāoròu, gāoyángròu	lamb
(ラム酒)	朗姆酒，兰姆酒 lǎngmǔjiǔ, lánmǔjiǔ	rum
ラメ	金银织锦，金银锦缎 jīnyín zhījǐn, jīnyín jǐnduàn	lame
ラリー	拉力赛 lālìsài	rally
欄 らん	栏 lán	column
蘭 らん	兰，兰花 lán, lánhuā	orchid
卵黄 らんおう	蛋黄，卵黄 dànhuáng, luǎnhuáng	the yolk
欄外 らんがい	栏外，页边的空白 lánwài, yèbiān de kòngbái	the margin
ランキング	排名(榜)，名次，等级 páimíng(bǎng), míngcì, děngjí	ranking
ランク	等级，级别 děngjí, jíbié	rank
乱雑な らんざつ	杂乱，乱七八糟 záluàn, luàn qī bā zāo	disorderly
乱視 らんし	散光 sǎnguāng	astigmatism
卵巣 らんそう	卵巢 luǎncháo	ovary
ランチ	〔顿〕午饭，午餐 dùn wǔfàn, wǔcān	lunch
乱闘 らんとう	混战，乱斗 hùnzhàn, luàn dòu	confused fight
ランドセル	双背带书包，背包 shuāngbèidài shūbāo, bēibāo	satchel

日	中	英
ランナー	sàipǎo yùndòngyuán 赛跑运动员 サイパオ ユィンドンユエン	runner ラナ
(野球の)	pǎolěiyuán 跑垒员 パオレイユエン	runner ラナ
ランニング	pǎobù 跑步 パオブゥ	running ラニング
らんぱく 卵白	dànbái, luǎnbái 蛋白，卵白 ダンパイ，ルワンパイ	albumen アルビューメン
ランプ	zhǎn dēng 〔盏〕灯 チャン デゥン	lamp ランプ
らんぼう 乱暴	bàolì, wǔlì 暴力，武力 パオリィ，ウゥリィ	violence ヴァイオレンス
～する	dòngwǔ 动武 ドンウゥ	do violence ドゥ ヴァイオレンス
～な	cūbào, cūyě, cūlǔ 粗暴，粗野，粗鲁 ツゥパオ，ツゥイエ，ツゥルゥ	violent, rough ヴァイオレント，ラフ
らんよう 濫用(する)	lànyòng, luànyòng 滥用，乱用 ランヨン，ルワンヨン	abuse アビュース

り，リ

日	中	英
り 理	lǐ, dàoli 理，道理 リィ，ダオリ	reason リーズン
(真理)	zhēnlǐ 真理 チェンリィ	truth トルース
リアリズム	xiànshí zhǔyì 现实主义 シエンシー チュウイー	realism リーアリズム
リアリティ	zhēnshíxìng, xiànshíxìng 真实性，现实性 チェンシーシィン，シエンシーシィン	reality リアリティ
リアルな	zhēnshí (de), xiànshí (de), bīzhēn 真实(的)，现实(的)，逼真 チェンシー (ダ)，シエンシー (ダ)，ビィチェン	real リーアル

日	中	英
リアルタイム	实时 shíshí シーシー	real time リーアル タイム
リーグ	联盟，同盟，联合会 liánméng, tóngméng, liánhéhuì リエンモン, トンモン, リエンホォアホウィ	league リーグ
～戦	联赛 liánsài リエンサイ	the league series ザ リーグ スィアリーズ
リース	租赁，出租 zūlìn, chūzū ヅゥリン, チュウヅゥ	lease リース
リーダー	领导(人)，领袖，首领 lǐngdǎo(rén), lǐngxiù, shǒulǐng リィンダオ(レン), リィンシウ, ショウリィン	leader リーダ
～シップ	领导地位，领导权 lǐngdǎo dìwèi, lǐngdǎoquán リィンダオ ディーウェイ, リィンダオチュエン	leadership リーダシプ
リードする	领先 lǐngxiān リィンシエン	lead by リード
リール	线轴儿 xiànzhóur シエンヂョウル	reel リール
利益 (りえき)	利益，益处，好处 lìyì, yìchu, hǎochu リィイー, イーチュ, ハオチュ	profit, return プラフィト, リターン
理科 (りか)	理科 lǐkē リィクァ	science サイエンス
理解(する) (りかい)	理解，了解，明白 lǐjiě, liǎojiě, míngbai リィジエ, リアオジエ, ミィンバイ	comprehension カンプリヘンション
利害 (りがい)	利害，利弊，得失 lìhài, lìbì, déshī リィハイ, リィビィ, ドゥアシー	interests インタレスツ
力学 (りきがく)	力学 lìxué リィシュエ	dynamics ダイナミクス
力説(する) (りきせつ)	强调，极力主张 qiángdiào, jílì zhǔzhāng チアンディアオ, ジィリィ ヂュウヂャァン	emphasize エンファサイズ
リキュール	利口酒，香甜酒 lìkǒujiǔ, xiāngtiánjiǔ リィコウジウ, シアンティエンジウ	liqueur リカー
力量 (りきりょう)	力量，能力，本领 lìliang, nénglì, běnlǐng リィリアン, ヌオンリィ, ベンリィン	ability アビリティ

日	中	英
りく **陸**	lù, lùdì 陆，陆地 ルウ，ルウデイー	land ランド
リクエスト	yāoqiú, qǐngqiú 要求，请求 ヤオチウ，チィンチウ	request リクウェスト
りくぐん 陸軍	lùjūn 陆军 ルウジュイン	the army ジ アーミ
りくじょうきょうぎ 陸上競技	tiánjìngsài 田径赛 ティエンジィンサイ	athletic sports アスレティク スポーツ
りくち 陸地	lùdì 陆地 ルウデイー	land ランド
りくつ **理屈**	lùnlǐ, dàoli, shìlǐ 论理，道理，事理 ルウンリィ，ダオリ，シーリィ	reason, logic リーズン，ラヂク
リクライニング シート	xiéyǐ 斜椅 シエイー	reclining seat リクライニング スィート
りくろ 陸路	lùlù, hànlù 陆路，旱路 ルウルウ，ハンルウ	by land バイ ランド
りけん 利権	zhuānlìquán, tèxǔ, tèquán 专利权，特许，特权 チュワンリィチュエン，トゥアシュイ，トゥアチュエン	rights ライツ
りこ 利己	zìsī, lìjǐ, zì sī zì lì 自私，利己，自私自利 ズースー，リィジィ，ズー スー ズー リィ	the self ザ セルフ
～主義	lìjǐ zhǔyì 利己主义 リィジィ チュウイー	selfishness セルフィシュネス
～的な	zìsī (de), zìwǒ (de) 自私(的)，自我(的) ズースー (ダ)，ズーウオ (ダ)	egoistic イーゴウイスティク
りこう **利口な**	cōngmíng, línglì, jīling 聪明，伶俐，机灵 ツオンミィン，リィンリィ，ジィリィン	clever, bright クレヴァ，ブライト
リコール(する)	bàmiǎn 罢免 バアミエン	recall リコール
(欠陥車の)	zhàohuí quēxiàn chǎnpǐn 召回缺陷产品 ヂャオホゥイ チュエシエン チャンピン	recall リコール
りこん 離婚(する)	lí▼hūn 离婚 リィホウン	divorce ディヴォース

日	中	英
リサイクル	zài(shēng) lìyòng, 再(生)利用, ツァイ(ション) リィヨン, xúnhuán lìyòng 循环利用 シュインホワン リィヨン	recycling リーサイクリング
リサイタル	dúzòuhuì, dúchànghuì 独奏会, 独唱会 ドゥヅォウホウイ, ドゥチャァンホウイ	recital リサイタル
りさん 離散する	shīsàn, lísàn, liúsàn 失散, 离散, 流散 シーサン, リィサン, リウサン	be scattered ビ スキャタド
りし 利子	lìxī, lìqian, zǐjīn 利息, 利钱, 子金 リィシィ, リィチエン, ヅージン	interest インタレスト
りじ 理事	dǒngshì, lǐshì 董事, 理事 ドンシー, リィシー	director, manager ディレクタ, マニヂャ
りじゅん 利潤	lìrùn, yínglì, zhuàntou 利润, 赢利, 赚头 リィルゥン, イインリィ, ヂュワントウ	profit, gain プラフィト, ゲイン
りしょく 利殖	shēngcái, yínglì, lǐcái 生财, 营利, 理财 ションツァイ, イインリィ, リィツァイ	money-making マニメイキング
りす 栗鼠	zhī sōngshǔ, huīshǔ 〔只〕松鼠, 灰鼠 チー ソンシュウ, ホウイシュウ	squirrel スクワーレル
リスク	fēngxiǎn 风险 フォンシエン	risk リスク
リスト	míngdān, mùlù, yìlǎnbiǎo 名单, 目录, 一览表 ミィンダン, ムゥルゥ, イーランビアオ	list リスト
リストラ	chóngzǔ, chóngjiàn, chóngxīn zǔjiàn 重组, 重建, 重新组建 チォンヅゥ, チォンジエン, チォンシン ヅゥジエン	restructuring リーストラクチャリング
リズミカルな	yǒu jiézòu (de) 有节奏(的) ヨウ ジエヅォウ (ダ)	rhythmical リズミカル
リズム	jiézòu, jiépāi, jiélǜ 节奏, 节拍, 节律 ジエヅォウ, ジエパイ, ジエリュイ	rhythm リズム
りせい 理性	lǐxìng, lǐzhì 理性, 理智 リィシィン, リィヂー	reason リーズン
～的な	lǐxìng (de), lǐzhì (de) 理性(的), 理智(的) リィシィン (ダ), リィヂー (ダ)	rational ラショナル

日	中	英
りそう 理想	lǐxiǎng 理想 リィシアン	ideal アイディアル
～郷	shì wài táo yuán, wūtuōbāng, 世外桃源，乌托邦， シー ワイ タオ ユエン, ウゥトゥオバァン, lǐxiǎngguó 理想国 リィシアングゥオ	Utopia ユートゥピア
～主義	lǐxiǎng zhǔyì 理想主义 リィシアン チュウイー	idealism アイディアリズム
～的な	lǐxiǎnghuà (de) 理想化(的) リィシアンホア (ダ)	ideal アイディアル
リゾート	dùjià shèngdì, xiūyǎng shèngdì 度假胜地，休养胜地 ドゥジア ションディー, シウヤン ションディー	resort リゾート
りそく 利息	lìxī, lìqian, zǐjīn 利息，利钱，子金 リィシィ, リィチエン, ツージン	interest インタレスト
りちてき 理知的な	lǐzhì (de) 理智(的) リィヂー (ダ)	intellect インテレクト
リチウム	lǐ 锂 リィ	lithium リスィアム
りちぎ 律義な	zhōngshí, chéngshí, yìqi 忠实，诚实，义气 ヂォンシー, チョンシー, イーチ	honest アニスト
りつ 率	lǜ, bǐlǜ, bǐzhí 率，比率，比值 リュイ, ビィリュイ, ビィヂー	rate レイト
(百分率)	bǎifēnbǐ, bǎifēnlǜ 百分比，百分率 バイフェンビィ, バイフェンリュイ	percentage パセンティヂ
りっきょう 陸橋	gāojiàqiáo, tiānqiáo 高架桥，天桥 ガオジアチアオ, ティエンチアオ	viaduct ヴァイアダクト
りっこうほ 立候補		
～者	hòuxuǎnrén 候选人 ホウシュエンレン	candidate キャンディデイト
～する	cānjiā jìngxuǎn 参加竞选 ツァンジア ジィンシュエン	run for ラン フォー

日	中	英
りっしょう 立証する	shuōmíng, zhèngmíng, zhèngshí 说明，证明，证实 シュオミィン, チョンミィン, チョンシー	prove プルーヴ
りったい 立体	lìtǐ 立体 リィティー	solid サリド
～交差	lìtǐ jiāochā, lìjiāoqiáo 立体交叉，立交桥 リィティー ジアオチァア, リィジアオチアオ	grade separation グレイド セパレイション
～的な	lìtǐ (de) 立体（的） リィティー (ダ)	solid サリド
りっち 立地	suǒzài dìdiǎn, wèizhi 所在地点，位置 スゥオヅァイ ディーディエン, ウェイヂ	location ロウケイション
リットル	gōngshēng 公升 ゴンション	liter リータ
りっぱ 立派な	tánghuáng, chónggāo, chūsè 堂皇，崇高，出色 タァンホアン, チョンガオ, チュウスァ	excellent, splendid エクセレント, スプレンディド
りっぷく 立腹(する)	shēngˋqì, fāˋnù, nǎonù 生气，发怒，恼怒 ションチィ, ファアヌゥ, ナオヌゥ	get angry ゲト アングリ
りっぽう 立法	lìfǎ 立法 リィファア	legislation レヂスレイション
～権	lìfǎquán 立法权 リィファアチュエン	legislative power レヂスレイティヴ パウア
りっぽう 立方	lìfāng 立方 リィファアン	cube キューブ
～根	lìfānggēn 立方根 リィファアンゲン	the cube root of ザ キューブ ルート
～体	lìfāngtǐ, zhèngfāngtǐ, lìfāng 立方体，正方体，立方 リィファアティー, チォンファアンティー, リィファアン	cube キューブ
～メートル	lìfāngmǐ, lìfāng 立方米，立方 リィファアンミィ, リィファアン	cubic meter キュービク ミータ
りてん 利点	yōudiǎn, hǎochu, yìchu 优点，好处，益处 ヨウディエン, ハオチュ, イーチュ	advantage アドヴァンティヂ
りとう 離島	gūdǎo 孤岛 グゥダオ	isolated island アイソレイティド アイランド

日	中	英
リトグラフ	fú shíbǎnhuà 〔幅〕石版画 フゥ シーバンホア	lithograph リソグラフ
リトマス 試験紙	zhāng shíruǐ shìzhǐ 〔张〕石蕊试纸 チャアン シールゥイ シーヂー	litmus paper リトマス ペイパ
リニア モーターカー	cíxuánfú lièchē 磁悬浮列车 ツーシュエンフゥ リエチョア	linear motorcar リニア モウタカー
離乳食	duànnǎi shípǐn 断奶食品 ドワンナイ シーピン	baby food ベイビ フード
理念	lǐniàn 理念 リィニエン	idea アイディア
リハーサル	páiyǎn, páiliàn, yùyǎn 排演, 排练, 预演 パイイエン, パイリエン, ユイイエン	rehearsal リハーサル
リバーシブルの	shuāngmiàn (de), 双面(的), シュアンミエン (ダ), liǎngmiàn kě yòng (de) 两面可用(的) リアンミエン クァ ヨン (ダ)	reversible リヴァースィブル
理髪	lǐfà 理发 リィファア	haircut ヘアカト
～店	lǐfàdiàn 理发店 リィファアディエン	barbershop バーバシャプ
リハビリ	kāngfù duànliàn 康复锻炼 カァンフゥ ドワンリエン	rehabilitation リハビリテイション
利払い	fùxī 付息 フゥシィ	interest payment インタレスト ペイメント
離反する	pànlí, bèilí 叛离, 背离 パンリィ, ベイリィ	be estranged from ビ イストレインヂド
リビングルーム	qǐjūshì 起居室 チィチュイシー	living room リヴィング ルーム
リフォームする	fānxīn, fāngǎi, gǎizuò 翻新, 翻改, 改做 ファンシン, ファンガイ, ガイヅゥオ	remodel リーマドル
理不尽な	wúlǐ, wúlài, méiyǒu dàoli 无理, 无赖, 没有道理 ウゥリィ, ウゥライ, メイヨウ ダオリ	unreasonable アンリーズナブル

日	中	英
リフト (スキー場)	diàntī, shēngjiàngjī 电梯, 升降机 ディエンティー, ションジアンジィ	chair lift チェア リフト
リプリント	fānbǎn, fānyìn 翻版, 翻印 ファンバン, ファンイン	reprint リープリント
リベート	huíkòu 回扣 ホゥイコウ	rebate リーベイト
離別(する)	líbié, fēn shǒu 离别, 分手 リィビエ, フェンショウ	separation; separate セパレイション；セパレイト
リベット	kē/méi mǎodīng 〔颗／枚〕铆钉 クァ／メイ マオディン	rivet リヴェト
リベラルな	zìyóu, zìyóu zhǔyì de 自由, 自由主义的 ヅーヨウ, ヅーヨウ ヂュウイーダ	liberal リベラル
リポート	bàogào 报告 バオガオ	report リポート
リボン	tiáo dàizi, sīdài, duàndài 〔条〕带子, 丝带, 缎带 ティアオ ダイヅ, スーダイ, ドワンダイ	ribbon リボン
利回り	shōuyìlǜ 收益率 ショウイーリュイ	yield イールド
裏面	hòumian, bèimiàn 后面, 背面 ホウミエン, ベイミエン	the back ザ バク
リモコン	yáokòng, yuǎnjùlí cāozòng 遥控, 远距离操纵 ヤオコン, ユエンジュイリィ ツァオゾン	remote control リモウト カントロウル
リヤカー	liàng guàchē, liǎng lún tuōchē 〔辆〕挂车, 两轮拖车 リアン グアチョア, リアン ルゥン トゥオチョア	trailer, cart トレイラ, カート
略	shěnglüè 省略 ションリュエ	omission オウミション
略語	lüèyǔ, suōxiě 略语, 缩写 リュエユイ, スゥオシエ	abbreviation アブリヴィエイション
略式の	jiǎnlüè 简略 ジエンリュエ	informal インフォーマル

日	中	英
りゃく 略す	suōduǎn, yāsuō 缩短，压缩 スゥオドワン，ヤァスゥオ	abridge, abbreviate アブリヂ，アブリーヴィエイト
（省く）	shěngliè, cónglüè 省略，从略 ションリュエ，ツォンリュエ	omit オウミト
りゃくだつ 略奪する	lièduó, qiǎnglüè, qiǎngjié 掠夺，抢掠，抢劫 リュエドゥオ，チアンリュエ，チアンジエ	plunder, pillage ブランダ，ピリヂ
りゅう 竜	tiáo lóng 〔条〕龙 ティアオ ロン	dragon ドラゴン
りゆう 理由	lǐyóu, dàoli, yuángù 理由，道理，缘故 リィヨウ，ダオリ，ユエングゥ	reason, cause リーズン，コーズ
りゅういき 流域	liúyù 流域 リウユィ	valley, basin ヴァリ，ベイスン
りゅうい 留意する	liúxīn, zhùyì 留心，注意 リウシン，チュウイー	pay attention to ペイ アテンション
りゅうがく 留学(する)	liúxué 留学 リウシュエ	study abroad スタディ アブロード
～生	liúxuéshēng 留学生 リウシュエション	foreign student フォリン ステューデント
りゅうこう 流行	liúxíng, shímáo, shíshàng 流行，时髦，时尚 リウシィン，シーマオ，シーシャアン	fashion, vogue ファション，ヴォウグ
（病気・思想の）	chuánbō, mànyán 传播，蔓延 チュワンボォ，マンイエン	prevalence プレヴァレンス
～歌	liúxíng gēqǔ 流行歌曲 リウシィン グァチュイ	popular song パピュラ ソング
～する	fēngxíng, liúxíng, shèngxíng 风行，流行，盛行 フォンシィン，リウシィン，ションシィン	be in fashion ビ イン ファション
りゅうさん 硫酸	liúsuān 硫酸 リウスワン	sulfuric acid サルフュアリク アスィド
りゅうざん 流産	liúchǎn, xiǎochǎn, xiǎoyuè 流产，小产，小月 リウチャン，シアオチャン，シアオユエ	abortion アボーション
～する	liúchǎn 流产 リウチャン	have a miscarriage ハヴ ア ミスキャリヂ

日	中	英
りゅうし 粒子	lìzǐ 粒子 リィヅー	particle パーティクル
りゅうしゅつ 流出(する)	liúchū, liúshī 流出，流失 リウチュウ, リウシー	outflow; flow out アウトフロウ；フロウ アウト
りゅうせんけい 流線型の	liúxiànxíng (de) 流线型(的) リウシエンシィン (ダ)	streamlined ストリームラインド
りゅうちょう 流暢に	liúlì (de), liúchàng (de), tōngchàng (de) 流利(地)，流畅(地)，通畅(地) リウリィ (ダ), リウチャァン (ダ), トンチャァン (ダ)	fluently フルエントリ
りゅうつう 流通(する)	liútōng 流通 リウトン	circulation; circulate サーキュレイション；サーキュレイト
りゅうどう 流動(する)	liúdòng, fúdòng 流动，浮动 リウドン, フウドン	fluctuation; flow フラクチュエイション；フロウ
～的な	liúdòngxìng de 流动性的 リウドンシィン ダ	fluid フルーイド
りゅうにゅう 流入(する)	liúrù 流入 リウルゥ	inflow; flow in インフロウ；フロウ イン
りゅうねん 留年(する)	liú˙jí, dūn˙bān 留级，蹲班 リウジィ, ドゥンバン	remain in the same class リメイン イン ザ セイム クラス
りゅうは 流派	liúpài, pàibié 流派，派别 リウパイ, パイビエ	school スクール
リューマチ	fēngshībìng 风湿病 フォンシービィン	rheumatism ルーマティズム
リュックサック	bèibāo, bèináng 背包，背囊 ベイバオ, ベイナァン	rucksack ラクサク
りょう 漁	bǔ˙yú, dǎ˙yú 捕鱼，打鱼 ブウユイ, ダァユイ	fishing フィシング
りょう 寮	sùshè 宿舍 スウショア	dormitory ドーミトーリ
りょう 猟	dǎ˙liè, shòuliè 打猎，狩猎 ダァリエ, ショウリエ	hunting, shooting ハンティング, シューティング

日	中	英
りょう 量	fēnliàng, shùliàng 分量，数量 フェンリアン，シュウリアン	quantity クワンティティ
りよう 理容	lǐ'fà 理发 リィファア	haircut ヘアカト
～師	lǐfàshī 理发师 リィファアシー	hairdresser ヘアドレサ
りよう 利用(する)	lìyòng, yùnyòng 利用，运用 リィヨン，ユィンヨン	usage; use, utilize ユースィヂ；ユーズ，ユーティライズ
りょういき 領域	lǐngyù 领域 リィンユィ	domain ドウメイン
りょうが 陵駕(する)	língjià, shèngguò, shèngyú 凌驾，胜过，胜于 リィンジア，ションヴゥオ，ションユィ	excellence; surpass エクセレンス；サーパス
りょうかい 了解(する)	liǎojiě, liàngjiě 了解，谅解 リアオジェ，リアンジェ	understanding アンダスタンディング
りょうがえ 両替	huànqián 换钱 ホワンチエン	exchange イクスチェインヂ
(外貨などを)	duìhuàn 兑换 ドゥイホワン	exchange イクスチェインヂ
～機	huòbì duìhuànqì, huànqiánjī 货币兑换器，换钱机 ホウオビィ ドゥイホワンチィ，ホワンチエンジィ	money changer マニ チェインヂャ
～する	huànqián 换钱 ホワンチエン	change, exchange *into* チェインヂ，イクスチェインヂ
(外貨などを)	duìhuàn 兑换 ドゥイホワン	change, exchange *into* チェインヂ，イクスチェインヂ
りょうがわ 両側	liǎngbiān, liǎngcè, liǎngpáng 两边，两侧，两旁 リアンビエン，リアンツゥア，リアンパァン	both sides ボウス サイヅ
りょうきん 料金	...fèi, fèiyong …费，费用 …フェイ，フェイヨン	charge, fee チャーヂ，フィー
りょうくう 領空	lǐngkōng 领空 リィンコン	airspace エアスペイス
りょうこう 良好な	liánghǎo 良好 リアンハオ	good グド

日	中	英
りょうし 漁師	yúfū 渔夫 ユイフウ	fisherman フィシャマン
りょうし 猟師	lièrén, lièhù, lièshǒu 猎人, 猎户, 猎手 リエレン, リエホウ, リエショウ	hunter ハンタ
りょうじ 領事	lǐngshì 领事 リィンシー	consul カンスル
～館	lǐngshìguǎn 领事馆 リィンシーグワン	consulate カンスレト
りょうしき 良識	liángzhī 良知 リアンヂー	good sense グド センス
りょうしゅうしょ 領収書	zhāng fāpiào, shōujù, 〔张〕发票, 收据, ヂャァン ファアピアオ, ショウジュイ, shōutiáo 收条 ショウティアオ	receipt リスィート
りょうしょう 了承(する)	liàngjiě, tóngyì, chéngrèn 谅解, 同意, 承认 リアンジエ, トンイー, チョンレン	consent; consent カンセント；カンセント
りょうしん 両親	shuāngqīn, fùmǔ, diēniáng 双亲, 父母, 爹娘 シュアンチン, フウムウ, ディエニアン	parents ペアレンツ
りょうしん 良心	liángxīn, línghún, xīngān 良心, 灵魂, 心肝 リアンシン, リンホゥン, シンガン	conscience カンシェンス
りょうせい 良性の	liángxìng 良性 リアンシィン	benign ビナイン
りょうせいるい 両生類	liǎngqī dòngwù 两栖动物 リアンチィ ドンウゥ	the amphibia ジ アンフィビア
りょうて 両手	shuāngshǒu 双手 シュアンショウ	both hands ボウス ハンヅ
りょうど 領土	lǐngtǔ, guótǔ, jiāngtǔ 领土, 国土, 疆土 リィントゥ, グウオトゥ, ジアントゥ	territory テリトーリ
りょうほう 両方	liǎngbiān, liǎngzhě, shuāngfāng 两边, 两者, 双方 リアンビエン, リアンチョァ, シュアンファアン	both ボウス
りょうめん 両面	liǎngmiàn 两面 リアンミエン	both sides ボウス サイヅ

日	中	英
りょうよう 療養 (する)	疗养, 养病, 休养 liáoyǎng, yǎngbìng, xiūyǎng	recuperate
りょうり 料理 (する)	烹调, 烹饪, 做饭, 菜肴 pēngtiáo, pēngrèn, zuò fàn	cooking; cook
~店	饭馆, 餐馆, 餐厅, 餐馆 fànguǎn, cānguǎn, cāntīng	restaurant
りょうりつ 両立 (する)	并立, 两立, 兼立, 并存 bìnglì, liǎnglì, jiānlì, bìngcún	compatibility
りょかく 旅客	旅客 lǚkè	traveler
(乗客)	乘客 chéngkè	passenger
~機	客[乘]客机 jià kèjī	passenger plane
りょかん 旅館	旅馆, 旅店, 旅舍, 旅店 lǚguǎn, lǚdiàn, lǚshè, lǚdiàn	hotel, inn
りょくちゃ 緑茶	[杯]绿茶 bēi lǜchá	green tea
りょけん 旅券	护照 (本) hùzhào (běn)	passport
りょこう 旅行	旅行, 旅游 lǚxíng, lǚyóu	travel, trip
~社	(家) 旅行社 jiā lǚxíngshè	travel agency
~する	旅行, 旅游 lǚxíng, lǚyóu	travel
~費	旅费, 路费, 路资 lǚfèi, lùfèi, pánchan	traveling expenses
リラックス	放松, 松散, 轻松 fàngsōng, sōngsǎn, qīngsōng	relaxation; relax
りりく (する) 離陸	起飞 qǐfēi	takeoff; take off

日	中	英
利率 りりつ	利率 lìlǜ リュイリュイ	the rate of interest
リレー	接力 jiēlì ジエリイ	relay
（競争）リレー	接力赛跑 jiēlì sàipǎo ジエリイ サイパオ	relay
履歴 りれき	履历 lǚlì リュイリイ	career
～書 りれきしょ	履历书 lǚlìshū リュイリイシュウ	curriculum vitae
理論 りろん	理论 lǐlùn リイルン	theory
～的 りろんてき	理论上，理论性 lǐlùnshàng, lǐlùnxìng リイルンシャン、リイルンシン	theoretical
隣家 りんか	隔壁，邻居，邻家 gébì, línjū, línjiā ガアビイ、リンジュイ、リンジア	the next door
輪郭 りんかく	轮廓 lúnkuò ルンクオ	outline
（あらまし）	轮廓，梗概，概要 lúnkuò, gěnggài, gàiyào ルンクオ、ガンガイ、ガイヤオ	outline
林業 りんぎょう	林业 línyè リンイエ	forestry
リンク	溜冰场，滑冰场 liūbīngchǎng, huábīngchǎng リウビンチャン、ホアビンチャン	skating rink
リンク	比赛场 bǐsàichǎng ビイサイチャン	the ring
（指輪）	戒指，指环 jièzhi, zhǐhuán ジエチ、チイホアン	ring
林檎 りんご	苹果 píngguǒ ピングオ	apple
隣国 りんごく	邻邦，邻国 línbāng, línguó リンバン、リングオ	neighboring country

日	中	英
りんしつ 隣室	gébì 隔壁	next room
りんじ 臨時の	línshí, zànshí 临时，暂时	temporary, special
りんじゅう 臨終	línzhōng, línwēi 临终，临危	death, deathbed
りんしょう 臨床の	línchuáng 临床	clinical
りんじん 隣人	línjū, línrén, jiēfang 邻居，邻人，街坊	neighbor
リンス	hùfàsù, rùnsī 护发素，润丝	rinse
～する	chá/tú hùfàsù (搽/涂)护发素	rinse
りんせつ 隣接の	línjiē, pílín, pílián 邻接，毗邻，毗连	neighboring, adjacent
リンチ	sīxíng 私刑	lynch
りんね 輪廻	lúnhuí 轮回	metempsychosis
リンパ	línbā, línbāyè 淋巴，淋巴液	lymph
～腺	línbājié 淋巴结	lymph gland
りんり 倫理	lúnlǐ 伦理	ethics
～的な	lúnlǐxìng de 伦理性的	ethical, moral

る，ル

日	中	英
るい 類	lèi, zhǒnglèi 类，种类 レイ，ヂォンレイ	kind, sort カインド，ソート
るいけい 類型	lèixíng 类型 レイシィン	type, pattern タイプ，パタン
るいご 類語	jìnyìcí 近义词 ジンイーツー	synonym スィノニム
るいじ（する） 類似	lèisì 类似 レイスー	resemblance; resemble リゼンブランス；リゼンブル
るいすい（する） 類推	lèibǐ, lèituī 类比，类推 レイビィ，レイトゥイ	analogy; infer アナロヂィ；インファー
るいせき（する） 累積	lěijī 累积 レイジィ	accumulation アキューミュレイシォン
ルーキー	xīnshǒu, shēngshǒu, xīnrén 新手，生手，新人 シンショウ，ションショウ，シンレン	rookie ルキ
ルーズな	sǎnmàn, sōngxiè, lǎnsǎn 散漫，松懈，懒散 サンマン，ソンシエ，ランサン	loose ルース
ルーツ	qǐyuán, gēnyuán 起源，根源 チィユエン，ゲンユエン	roots ルーツ
ルート	lùxiàn, tújìng, qúdào 路线，途径，渠道 ルゥシエン，トゥジィン，チュィダオ	route, channel ルート，チャネル
（平方根）	(fāng)gēn, gēnhào (方)根，根号 （ファアン）ゲン，ゲンハオ	root ルート
ルーペ	fàngdàjìng, tūtòujìng 放大镜，凸透镜 ファアンダァジィン，トゥトウジィン	loupe ループ
ルーム	jiān fángjiān, wūzi 〔间〕房间，屋子 ジエン ファアンジエン，ウゥヅ	room ルーム
～メイト	wèi tóngwū 〔位〕同屋 ウェイ トンウゥ	roommate ルームメイト

日	中	英
ルール	guīzé 规则 グゥイヅゥア	rule ルール
るす 留守	bú zàijiā 不在家 ブゥ ヅァイジア	absence アブセンス
〜にする	wàichú 外出 ワイチュウ	be out ビ アウト
〜番	kānjiā, kānmén(rén) 看家，看门(人) カンジア，カンメン(レン)	caretaking ケアテイキング
(人)	kānjiā de 看家的 カンジア ダ	caretaker ケアテイカ
〜電話	bù lùyīn diànhuà 〔部〕录音电话 ブゥ ルウイン ディエンホア	answerphone アンサフォウン
ルビー	kē hóngbǎoshí 〔颗〕红宝石 クァ ホンバオシー	ruby ルービ
るふ 流布する	liúchuán, liúbù, liúbō 流传，流布，流播 リウチュワン，リウブゥ，リウボォ	circulate サーキュレイト
ルポルタージュ	bàogào wénxué, tèxiě 报告文学，特写 バオガオ ウェンシュエ，トゥアシエ	reportage リポーティヂ

れ，レ

日	中	英
れい 例	lì, lìzi 例，例子 リィ，リィヅ	example イグザンプル
れい 礼	jūgōng, xínglǐ 鞠躬，行礼 デュイゴン，シィンリィ	bow, salutation バウ，サリュテイション
(礼儀)	lǐ, lǐmào, lǐjié 礼，礼貌，礼节 リィ，リィマオ，リィジエ	etiquette, manners エティケト，マナズ
(感謝)	dàoxiè, zhìxiè 道谢，致谢 ダオシエ，ヂーシエ	thanks サンクス
レイアウト	bǎnmiàn shèjì, bǎnshì 版面设计，版式 バンミエン ショァジィ，バンシー	the layout ザ レイアウト

日	中	英
れいえん 霊園	zuò língyuán, gōngmù 〔座〕陵园，公墓 ヅゥオ リィンユエン，ゴンムゥ	cemetery セミテリ
レイオフ	xiàgǎng, línshí jiěgù 下岗，临时解雇 シアガァン，リンシー ジエグゥ	lay-off レイオーフ
れいか 零下	língxià 零下 リィンシア	below zero ビロウ ズィアロウ
れいがい 例外	lìwài 例外 リィワイ	exception イクセプション
れいがい 冷害	lěnghài 冷害 ルォンハイ	damage from cold weather ダミヂ フラム コウルド ウェザ
れいかん 霊感	línggǎn, língjī 灵感，灵机 リィンガン，リィンジィ	inspiration インスピレイション
れいき 冷気	lěngqì, liángqì 冷气，凉气 ルォンチイ，リアンチイ	chill, cold チル，コウルド
れいぎ 礼儀	lǐmào, lǐjié 礼貌，礼节 リィマオ，リィジエ	etiquette, manners エティケト，マナズ
れいきゃく 冷却(する)	lěngquè 冷却 ルォンチュエ	refrigeration; cool リフリヂャレイション；クール
れいきゅうしゃ 霊柩車	liàng língchē, jiùchē, bìnchē 〔辆〕灵车，柩车，殡车 リアン リィンチョア，ジウチョア，ビンチョア	hearse ハース
れいぐう(する) 冷遇	lěngyù, lěngluò, lěngdài 冷遇，冷落，冷待 ルォンユイ，ルォンルゥオ，ルォンダイ	cold treatment コウルド トリートメント
れいこく(な) 冷酷	lěngkù wúqíng, juéqíng 冷酷无情，绝情 ルォンクゥ ウゥチィン，ジュエチィン	cruelty; cruel クルエルティ；クルエル
れいこん 霊魂	hún, línghún, húnlíng 魂，灵魂，魂灵 ホゥン，リィンホゥン，ホゥンリィン	the soul ザ ソウル
れいじょう 礼状	fēng gǎnxièxìn, xiètiě 〔封〕感谢信，谢帖 フォン ガンシエシン，シエティエ	letter of thanks レタ オヴ サンクス
れいせいな 冷静	lěngjìng, zhèndìng, chénzhuó 冷静，镇定，沉着 ルォンジィン，チェンディン，チェンヂュオ	cool, calm クール，カーム
れいせん 冷戦	lěngzhàn 冷战 ルォンチャン	cold war コウルド ウォー

日	中	英
れいぞうこ 冷蔵庫	bīngxiāng 冰箱	refrigerator
れいたん 冷淡な	lěngdàn, lěngmò, dànmò 冷淡，冷漠，淡漠	cold, indifferent
れいだんぼう 冷暖房	lěngnuǎnqì, kōngtiáo 冷暖气，空调	air conditioning
れいとう 冷凍(する)	lěngdòng, bīngdòng 冷冻，冰冻	freezing; freeze
～庫	bīngguì, lěngguì, bīngxiāng 冰柜，冷柜，冰箱	freezer
～食品	lěngdòng shípǐn 冷冻食品	frozen foods
れいはい 礼拝(する)	lǐbài, cháobài 礼拜，朝拜	worship
～堂	jiàotáng, lǐbàitáng 教堂，礼拜堂	chapel
れいふく 礼服	jiàn/tào lǐfú 〔件/套〕礼服	full dress
れいぼう 冷房	lěngqì 冷气	air conditioning
レインコート	jiàn yǔyī 〔件〕雨衣	raincoat
レーサー	chēshǒu, sàishǒu 车手，赛手	racer
レーザー	jīguāng, léishè 激光，雷射	laser
レース	huābiān 花边	lace
(競走)	sàipǎo 赛跑	race
レーダー	léidá 雷达	radar

日	中	英
レート	bǐlǜ 比率 ピィリュイ	rate レイト
れきし 歴史	lìshǐ 历史 リィシー	history ヒストリ
～の	lìshǐ(xìng) de 历史(性)的 リィシー(シィン) ダ	historic, historical ヒストーリク, ヒストーリカル
れきだい 歴代の	lìdài, lìjiè, lìcì 历代，历届，历次 リィダイ, リィジエ, リィツー	successive サクセスィヴ
レギュラーの	zhèngshì, zhèngguī 正式，正规 ヂョンシー, ヂョングゥイ	regular レギュラ
レクリエーション	wényú, yúlè huódòng, 文娱，娱乐活动， ウェンユイ, ユイルァ ホゥオドン, wéntǐ huódòng 文体活动 ウェンティー ホゥオドン	recreation レクリエイション
レコード	jìlù 记录 ジィルゥ	record レコド
(音盤)	zhāng chàngpiàn, chàngpán 〔张〕唱片，唱盘 ヂァァン チァァンピエン, チァァンパン	record, disk レコド, ディスク
レジ	tái shōukuǎnjī, shōuyínjī 〔台〕收款机，收银机 タイ ショウクワンジィ, ショウインジィ	cash register キャシュ レヂスタ
レシート	fāpiào, shōujù, shōutiáo 发票，收据，收条 ファアピアオ, ショウヂュイ, ショウティアオ	receipt リスィート
レシーバー	jiēshōujī 接收机 ジエショウジィ	receiver リスィーヴァ
(テニスなど)	jiēqiúyuán 接球员 ジエチゥユエン	receiver リスィーヴァ
レシーブする	jiēqiú 接球 ジエチゥ	receive リスィーヴ
レシピ	pēngtiáofǎ, pēngrènfǎ 烹调法，烹饪法 ポンティアオファァ, ポンレンファァ	recipe レスィピ
レジャー	yèyú shíjiān, yúxiá, xiánxiá 业余时间，余暇，闲暇 イエユイ シージエン, ユイシア, シエンシア	leisure リージャ

日	中	英
レストラン	cāntīng, cānguǎn, fànguǎn 餐厅，餐馆，饭馆 ツァンティン, ツァングワン, ファングワン	restaurant レストラント
レスラー	shuāijiāo xuǎnshǒu 摔跤选手 シュアイジアオ シュエンショウ	wrestler レスラ
レスリング	shuāijiāo 摔跤 シュアイジアオ	wrestling レスリング
レセプション	zhāodàihuì 招待会 チャオダイホゥイ	reception リセプション
レタス	wōjù, shēngcài 莴苣，生菜 ウオチュィ, ションツァイ	lettuce レティス
れつ 列	liè, duì, hángliè 列，队，行列 リエ, ドゥイ, ハァンリエ	line, row, queue ライン, ラウ, キュー
～を作る	páiduì, lièduì 排队，列队 パイドゥイ, リエドゥイ	form a line フォーム ア ライン
れつあく 劣悪な	èliè, dīliè, cūliè 恶劣，低劣，粗劣 ウァリエ, ディーリエ, ツゥリエ	inferior, poor インフィアリア, プア
レッカー車	qīngzhàngchē, qiānyǐnchē 清障车，牵引车 チンヂャンチョア, チエンインチョア	wrecker レカ
れっきょ 列挙(する)	lièjǔ, luóliè 列举，罗列 リエヂュィ, ルゥオリエ	enumeration; enumerate イニューマレイション；イニューメレイト
れっしゃ 列車	liè huǒchē, lièchē 〔列〕火车，列车 リエ ホゥオチョア, リエチョア	train トレイン
レッスン	kè, gōngkè 课，功课 クァ, ゴンクァ	lesson レスン
れっせき 列席(する)	chūxí, lièxí 出席，列席 チュウシィ, リエシィ	attendance; attend アテンダンス；アテンド
レッテル	biāoqiān, biāopái 标签，标牌 ビアオチエン, ビアオパイ	label レイベル
れっとう 列島	lièdǎo 列岛 リエダオ	islands アイランツ
レディー	nǚshì, guìfùrén, shūnǚ 女士，贵妇人，淑女 ニュィシー, グゥイフゥレン, シュウニュィ	lady レイディ

日	中	英
レトリック	xiūcí 修辞 シウツー	rhetoric レトリク
レトルト	qūjǐngzèng 曲颈甑 チュイジィンヅン	retort リトート
～食品	ruǎnguàntou (shípǐn) 软罐头（食品） ルワングワントウ（シーピン）	retort リトート
レトロな	fǎnggǔshì, huáijiù de 仿古式，怀旧的 ファアングゥシー, ホアイジウ ダ	retrospective レトロスペクティヴ
レバー	gānzàng, …gān 肝脏，…肝 ガンヅァアン, …ガン	liver リヴァ
（取っ手）	bānshou 扳手 バンショウ	lever レヴァ
レパートリー	bǎoliú jiémù, shàngyǎn jiémù 保留节目，上演节目 バオリウ ジエムゥ, シャアンイエン ジエムゥ	repertory レパートリ
レフェリー	cáipàn(yuán) 裁判（员） ツァイパン(ユエン)	referee レファリー
レフト	zuǒbian 左边 ヅゥオビエン	the left ザ レフト
（野球の）	zuǒwàichǎng 左外场 ヅゥオワイチャアン	left field レフト フィールド
レベル	shuǐpíng, chéngdù, shuǐzhǔn 水平，程度，水准 シュイピィン, チョンドゥ, シュイチュン	level レヴル
レポーター	tōngxùnyuán, cǎifǎng jìzhě 通讯员，采访记者 トンシュィンユエン, ツァイファアン ジィチョァ	reporter リポータ
レポート	bàogào 报告 バオガオ	report リポート
レモン	níngméng 柠檬 ニィンモン	lemon レモン
_{れんあい}恋愛(する)	(tán) liàn'ài （谈）恋爱 (タン) リエンアイ	love; fall in love *with* ラヴ；フォール イン ラヴ
～結婚	liàn'ài jiéhūn 恋爱结婚 リエンアイ ジエホゥン	love match ラヴ マチ

日	中	英
れんが 煉瓦	kuài zhuān(tóu) 〔块〕砖〔头〕 クアイ ヂュワン(トウ)	brick ブリク
れんきゅう 連休	liánxiū, liánxù jiàrì 连休，连续假日 リエンシウ，リエンシュイ ジアリー	consecutive holidays カンセキュティヴ ハリデイズ
れんけい 連携	hézuò, xiézuò, xiéshǒu 合作，协作，携手 ホォアヅゥオ，シエヅゥオ，シエショウ	cooperation, tie-up コウアパレイション，タイアプ
れんけつ 連結(する)	liánjié 联结 リエンジエ	connection; connect カネクション；コネクト
れんこう 連行(する)	dàizǒu 带走 ダイヅォウ	take to テイク
れんごう 連合(する)	liánhé 联合 リエンホォア	union; be united ユーニョン；ビ ユーナイテド
れんこん 蓮根	ǒu, liáncài 藕，莲菜 オウ，リエンツァイ	lotus root ロウタス ルート
れんさ 連鎖	liánsuǒ 连锁 リエンスゥオ	chain, link チェイン，リンク
～反応	liánsuǒ fǎnyìng, liànshì fǎnyìng 连锁反应，链式反应 リエンスゥオ ファンイィン，リエンシー ファンイィン	chain reaction チェイン リアクション
れんさい 連載	liánzǎi 连载 リエンヅァイ	serial publication スィリアル パブリケイション
レンジ	lúzào 炉灶 ルゥヅァオ	range レインヂ
電子～	tái wēibōlú 〔台〕微波炉 タイ ウェイポォルウ	microwave oven マイクロウェイヴ アヴン
れんじつ 連日	liánrì, liántiān 连日，连天 リエンリー，リエンティエン	every day エヴリ デイ
れんしゅう 練習(する)	liànxí, fǎnfù xuéxí 练习，反复学习 リエンシィ，ファンフゥ シュエシィ	practice プラクティス
レンズ	jìngtóu, jìngpiàn, tòujìng 镜头，镜片，透镜 ジィントウ，ジィンピエン，トウジィン	lens レンズ
れんそう 連想(する)	liánxiǎng 联想 リエンシアン	association アソウスィエイション

日	中	英
連続(する) れんぞく	liánxù 连续 リエンシュイ	continuation カンティニュエイション
連帯 れんたい	liándài, tuánjié, liánhé 连带, 团结, 联合 リエンダイ, トワンジエ, リエンホォア	solidarity サリダリティ
〜感	liándàigǎn, yìtǐgǎn 连带感, 一体感 リエンダイガン, イーティーガン	sense of solidarity センス オヴ サリダリティ
〜保証人	liándài bǎozhèngrén 连带保证人 リエンダイ バオヂョンレン	joint surety チョイント シュアティ
レンタカー	zū(lìn qì)chē, zūyòng qìchē 租(赁汽)车, 租用汽车 ヅゥ(リン チィ)チョァ, ヅゥヨン チィチョァ	rent-a-car レンタカー
レンタル	chūzū, zūlìn 出租, 租赁 チュウヅゥ, ヅゥリン	rental レンタル
レントゲン	àikèsī shèxiàn X[爱克斯]射线 アイクァスー ショァシエン	X rays エクス レイズ
連敗 れんぱい	liánbài 连败 リエンバイ	series of defeats スィリーズ オヴ ディフィーツ
連盟 れんめい	liánméng 联盟 リエンモン	league リーグ
連絡(する) れんらく	liánluò, liánxì, liánjiē 联络, 联系, 连接 リエンルゥオ, リエンシィ, リエンジエ	liaison, contact リエイゾーン, カンタクト
連立 れんりつ	liánlì, liánhé 联立, 联合 リエンリィ, リエンホォア	coalition コウアリション

日	中	英

ろ, ロ

ろ 炉	[座]火炉, 炉子 zuò huǒlú, lúzi	fireplace
原子〜	原子炉 yuánzilú	nuclear reactor
ロイヤリティー	专利(使用)费 zhuānlì (shǐyòng)fèi	royalty
ろう 蝋	蜡 là	wax
ろう 牢	牢房, 牢狱, 监狱 láofáng, láoyù, jiānyù	prison, jail
ろうあしゃ 聾唖者	聋哑人 lóngyǎrén	deaf-mute
ろうか 廊下	[条]走廊, 过道 tiáo zǒuláng, guòdào	corridor
ろうか 老化(する)	老化 lǎohuà	senility; age
ろうがん 老眼	老花眼, 老视眼 lǎohuāyǎn, lǎoshìyǎn	presbyopia
ろうきゅう 老朽	老朽, 陈旧 lǎoxiǔ, chénjiù	
〜化した	已老朽的 yǐ lǎoxiǔ de	old, decrepit
ろうご 老後	晚年, 晚岁 wǎnnián, wǎnsuì	old age
ろうさいほけん 労災保険	工伤保险 gōngshāng bǎoxiǎn	workmen's accident compensation insurance
ろうし 労使	劳资 láozī	labor and management

日	中	英
ろうじん **老人**	lǎoniánrén, lǎorén 老年人，老人 ラオニエンレン, ラオレン	old man オウルド マン
ろうすい **老衰**	shuāilǎo 衰老 シュアイラオ	senility スィニリティ
ろうそく **蝋燭**	zhī làzhú 〔支〕蜡烛 チー ラァチュウ	candle キャンドル
ろうどう **労働（する）**	láodòng, gōngzuò 劳动，工作 ラオドン, ゴンヅゥオ	labor, work レイバ, ワーク
～組合	gōnghuì 工会 ゴンホゥイ	labor union レイバ ユーニオン
～災害	gōngshāng 工伤 ゴンシャァン	labor accident レイバ アクスィデント
～時間	láodòng shíjiān 劳动时间 ラオドン シージエン	working hours ワーキング アウアズ
～者	láodòngzhě, gōngrén, zhígōng 劳动者，工人，职工 ラオドンチョァ, ゴンレン, チーゴン	laborer, worker レイバラ, ワーカ
～争議	láozī jiūfēn 劳资纠纷 ラオヅー ジウフェン	labor dispute レイバ ディスピュート
～力	láodònglì, láolì, réngōng 劳动力，劳力，人工 ラオドンリィ, ラオリィ, レンゴン	manpower, labor マンパウア, レイバ
ろうどく **朗読（する）**	lǎngdú, lǎngsòng 朗读，朗诵 ラァンドゥ, ラァンソン	reading; read, recite リーディング；リード, リサイト
ろうねん **老年**	lǎonián 老年 ラオニエン	old age オウルド エイヂ
ろうばい **狼狽（する）**	huāngluàn, cānghuáng shīcuò 慌乱，仓皇失措 ホアンルワン, ツァァンホアン シーツゥオ	confusion; be upset カンフュージョン；ビ アプセト
ろうひ **浪費（する）**	làngfèi, zāotà, báifèi 浪费，糟蹋，白费 ラァンフェイ, ツァオタァ, バイフェイ	waste ウェイスト
ろうりょく **労力**	láolì, rénlì 劳力，人力 ラオリィ, レンリィ	pains, trouble ペインズ, トラブル
ろうれい **老齢**	lǎolíng, gāolíng 老龄，高龄 ラオリィン, ガオリィン	old age オウルド エイヂ

日	中	英
ローカルな	dìfāng 地方 ディーファアン	local ロウカル
ローション	huàzhuāngshuǐ, huālùshuǐ 化妆水，花露水 ホアヂュアンシュイ, ホアルゥシュイ	lotion ロウション
ロース	yāoròu 腰肉 ヤオロウ	sirloin サーロイン
ロースト	kǎo 烤 カオ	roast ロウスト
～ビーフ	kǎoniúròu 烤牛肉 カオニウロウ	roast beef ロウスト ビーフ
ロータリー	huánxíngdǎo, huándǎo, zhuànpán 环行岛，环岛，转盘 ホワンシィンダオ, ホワンダオ, ヂュワンパン	rotary, roundabout ロウタリ, ラウンダバウト
～エンジン	zhuànggāngshì fādòngjī 转缸式发动机 ヂュワンガァンシー ファアドンジィ	rotary engine ロウタリ エンヂン
ローテーション	lúnzhí, lúnbān, lúnhuàn 轮值，轮班，轮换 ルゥンヂー, ルゥンバン, ルゥンホワン	rotation ロウテイション
ロードショー	xīnpiàn tèyuē fàngyìng, lùyǎn 新片特约放映，路演 シンピエン トゥアユエ ファアンイィン, ルゥイエン	road show ロウド ショウ
ロープ	tiáo shéngsuǒ, suǒzi 〔条〕绳索，索子 ティアオ ションスゥオ, スゥオヅ	rope ロウプ
～ウエイ	suǒdào 索道 スゥオダオ	ropeway ロウプウェイ
ローマ字	Luómǎzì 罗马字 ルゥオマァズー	the Latin alphabet ザ ラティン アルファベト
ローラー スケート	hànbīng 旱冰 ハンビィン	roller skating ロウラ スケイティング
ローン	dàikuǎn, jièkuǎn 贷款，借款 ダイクワン, ジエクワン	loan ロウン
ろか 濾過(する)	guòlǜ 过滤 グゥオリュィ	filtration; filter フィルトレイション ; フィルタ
ろくおん 録音(する)	lùyīn 录音 ルゥイン	recording; record, tape リコーディング ; リコード, テイプ

日	中	英
ろくが 録画(する)	lùxiàng 录像 ルシアン	videotape recording ヴィディオウテイプ リコーディング
ろくがつ 六月	liùyuè 六月 リウユエ	June ヂューン
ろくまく 肋膜	xiōngmó, lèimó 胸膜，肋膜 シオンモォ，レイモォ	the pleura ザ プルアラ
～炎	xiōngmóyán, lèimóyán 胸膜炎，肋膜炎 シオンモォイエン，レイモォイエン	pleurisy プルアリスィ
ロケーション	wàijǐng pāishè 外景拍摄 ワイジィン パイショァ	location ロウケイション
ロケット	méi huǒjiàn 〔枚〕火箭 メイ ホゥオジエン	rocket ラケト
ろこつ 露骨な	lùgǔ, háowú yǎnshì 露骨，毫无掩饰 ルウグゥ，ハオウゥ イエンシー	plain, blunt プレイン，ブラント
ろじ 路地	hútòng, xiǎoxiàng, lǐlòng 胡同，小巷，里弄 ホゥトン，シアオシアン，リィロン	alley, lane アリ，レイン
ロシア	Éluósī 俄罗斯 ウァルゥオスー	Russia ラシャ
～語	Éyǔ 俄语 ウァユイ	Russian ラシャン
ロジック	luójí, luójíxué, lùnlǐxué 逻辑，逻辑学，论理学 ルゥオジィ，ルゥオジィシュエ，ルゥンリィシュエ	logic ラヂク
ろしゅつ 露出(する)	lùchū, luǒlù 露出，裸露 ルゥチュウ，ルゥオルゥ	exposure; expose イクスポウジャ；イクスポウズ
ロス	sǔnhào, làngfèi, xiāohào 损耗，浪费，消耗 スゥンハオ，ラァンフェイ，シアオハオ	loss ロス
ろせん 路線	xiànlù, zhé 线路，辙 シエンルゥ，ヂョア	route, line ルート，ライン
～図	xiànlùtú 线路图 シエンルゥトゥ	route map ルート マプ
ロッカー	yīguì, chúguì 衣柜，橱柜 イーグゥイ，チュウグゥイ	locker ラカ

日	中	英
ロック	yáogǔnyuè 摇滚乐 ヤオグゥンユエ	rock music ラク ミューズィク
ロッククライミング	pānyán 攀岩 パンイエン	rock-climbing ラククライミング
ロックンロール	yáogǔnyuè 摇滚乐 ヤオグゥンユエ	rock'n'roll ラクンロウル
ろっこつ 肋骨	lèigǔ 肋骨 レイグゥ	rib リブ
ロッジ	shānzhōng xiǎowū 山中小屋 シャンチョン シアオウゥ	lodge ラヂ
ろてん 露店	(xiǎo)tān, tānzi (小)摊, 摊子 (シアオ)タン, タンヅ	stall, booth ストール, ブース
ロビー	méntīng, xiūxitīng, xiūxishì 门厅, 休息厅, 休息室 メンティン, シウシティン, シウシシー	lobby ラビ
ロブスター	zhī lóngxiā 〔只〕龙虾 ヂー ロンシア	lobster ラブスタ
ロボット	jīqìrén, jīxièrén 机器人, 机械人 ジィチィレン, ジィシエレン	robot ロウボト
ロマンス	luómànsī, àiqíng gùshi 罗曼司, 爱情故事 ルゥオマンスー, アイチィン グゥシ	romance ロウマンス
ロマンチスト	làngmàn zhǔyìzhě 浪漫主义者 ラァンマン ヂュウイーヂョア	romanticist ロウマンティスィスト
ロマンチックな	luómàndìkè, làngmàn 罗曼蒂克, 浪漫 ルゥオマンディークァ, ラァンマン	romantic ロマンティク
ろめんでんしゃ 路面電車	yǒuguǐ diànchē 有轨电车 ヨウグゥイ ディエンチョア	streetcar ストリートカー
ろんぎ 論議(する)	zhēnglùn, yìlùn, shāngtǎo 争论, 议论, 商讨 ヂョンルゥン, イールゥン, シャァンタオ	discussion ディスカション
ろんきょ 論拠	lùnjù, lùnzhèng 论据, 论证 ルゥンヂュイ, ルゥンヂョン	basis of an argument ベイスィス オヴ アン アーギュメント
ロングセラー	chángxiāoshū 长销书 チャァンシアオシュウ	longtime seller ローングタイム セラ

日	中	英
ロングラン	chángqī shàngyǎn 长期上演 チャァンチィ シャァンイエン	long run ロング ラン
ろん 論じる	tánlùn, yìlùn, lùnshù 谈论, 议论, 论述 タンルゥン, イールゥン, ルゥンシュゥ	discuss, argue ディスカス, アーギュー
ろんそう 論争(する)	biànlùn, zhēnglùn, lùnzhàn 辩论, 争论, 论战 ビエンルゥン, ヂョンルゥン, ルゥンチャン	dispute ディスピュート
ろんてん 論点	lùndiǎn 论点 ルゥンディエン	the point at issue ザ ポイント アト イシュー
ろんぶん 論文	lùnwén 论文 ルゥンウェン	essay, thesis エセイ, スィースィス
ろんり 論理	lùnlǐ, luóji 论理, 逻辑 ルゥンリィ, ルゥオジィ	logic ラヂク
～学	luójixué, lùnlǐxué 逻辑学, 论理学 ルゥオジィシュエ, ルゥンリィシュエ	logic ラヂク
～的な	luójixìng (de) 逻辑性(的) ルゥオジィシィン (ダ)	logical ラヂカル

わ, ワ

日	中	英
わ 輪	quān, huán 圈, 环 チュエン, ホワン	circle, ring サークル, リング
わ 和	hé, héshù 和, 和数 ホォア, ホォアシュゥ	the sum ザ サム
(調和)	héxié, xiétiáo, tiáohé 和谐, 协调, 调和 ホォアシエ, シエティアオ, ティアオホォア	harmony ハーモニ
(平和)	hépíng, tàipíng 和平, 太平 ホォアピィン, タイピィン	peace ピース
ワールド	shìjiè 世界 シージエ	world ワールド
～カップ	shìjièbēi 世界杯 シージエベイ	the World Cup ザ ワールド カプ

日	中	英
ワイアレスの	wúxiàn, wúshéng 无线，无绳 ウゥシエン，ウゥション	wireless ワイアレス
ワイシャツ	chènshān 衬衫 チェンシャン	shirt シャート
わいせつ 猥褻な	wěixiè, yínhuì 猥亵，淫秽 ウェイシエ，インホウイ	obscene オブスィーン
ワイパー	guāshuǐqì 刮水器 グアシュイチィ	wiper ワイパ
ワイヤー	tiáo tiěsī 〔条〕铁丝 ティアオ ティエスー	wire ワイア
わいろ 賄賂	huìlù 贿赂 ホウイルゥ	bribery, bribe ブライバリ，ブライブ
ワイン	píng/bēi pútaojiǔ 〔瓶／杯〕葡萄酒 ピィン／ペイ プゥタオジウ	wine ワイン
わおん 和音	héyīn, héxián 和音，和弦 ホォアイン，ホォアシエン	harmony ハーモニ
わか 若い	niánqīng, niánqīng 年轻，年青 ニエンチィン，ニエンチィン	young ヤング
わかい 和解する	héjiě, héhǎo 和解，和好 ホォアジエ，ホォアハオ	be reconciled *with* ビ レコンサイルド
わかがえ 若返る	fǎn lǎo huán tóng, biàn niánqīng 返老还童，变年轻 ファン ラオ ホワン トン，ビエン ニエンチィン	grow younger グロウ ヤンガ
わか 若さ	niánqīng, niánqīng 年轻，年青 ニエンチィン，ニエンチィン	youth ユース
わ 沸かす	shāokāi 烧开 シャオカイ	boil ボイル
わ 分かつ	fēnkāi 分开 フェンカイ	share *with* シェア
わかば 若葉	nènyè 嫩叶 ネンイエ	young leaves ヤング リーヴズ
わ まま 我が儘	rènxìng, zìsī 任性，自私 レンシィン，ヅースー	selfishness セルフィシュネス

日	中	英
〜な	rènxìng (de), zìsī (de) 任性(的)，自私(的) レンシィン（ダ），ズースー（ダ）	selfish, willful セルフィシュ，ウィルフル
わかもの 若者	qīngnián, niánqīngrén, 青年，年青人， チィンニエン，ニエンチィンレン， xiǎohuǒzi 小伙子 シァオホゥオツ	young man ヤング マン
わ や 分からず屋	bù tōng qínglǐ de rén, 不通情理的人， ブゥトン チィンリィ ダ レン， bù dǒngshì de rén 不懂事的人 ブゥ ドンシー ダ レン	blockhead ブラクヘド
わ にく 分かり難い	fèijiě, nándǒng 费解，难懂 フェイジエ，ナンドン	hard to understand ハード トゥ アンダスタンド
わ やす 分かり易い	píngyì, tōngsú, qiǎnxiǎn 平易，通俗，浅显 ピィンイー，トンスゥ，チエンシエン	easy, simple イーズィ，スィンプル
わ 分かる	míngbai, zhīdào, dǒngde 明白，知道，懂得 ミィンバイ，チーダオ，ドンダ	understand, realize アンダスタンド，リアライズ
わか 別れ	biélí, fēnlí 别离，分离 ビエリィ，フェンリィ	parting, farewell パーティング，フェアウェル
わ 分かれる	fēnlí 分离 フェンリィ	branch off *from* ブランチ オーフ
（区分）	qūfēn, qūbié, huàfēn 区分，区别，划分 チュイフェン，チュイビエ，ホァフェン	be divided *into* ビ ディヴァイデド
わか 別れる	fēnˇshǒu, fēnbié, líkāi 分手，分别，离开 フェンショウ，フェンビエ，リィカイ	part *from* パート
わかわか 若々しい	zhāoqì péngbó, shàozhuàng 朝气蓬勃，少壮 チャオチィ ポンボォ，シャオチュアン	young and fresh ヤング アンド フレシュ
わき 脇	pángbiān, pángcè 旁边，旁侧 パァンビエン，パァンツゥア	the side ザ サイド
わき した 脇の下	yèxià, yèwō, gāzhiwō 腋下，腋窝，胳肢窝 イエシア，イエウオ，ガァヂウオ	the armpit ジ アームピト
わきばら 脇腹	cèfù, yāowō 侧腹，腰窝 ツゥアフゥ，ヤオウオ	side サイド

日	中	英
わきみち 脇道	chàlù, jiàndào 岔路，间道 チャアルゥ，ジエンダオ	bypath バイパス
わきやく 脇役	pèijué, pèiyǎn 配角，配演 ペイジュエ，ペイエン	supporting player サポーティング プレイヤ
わ 沸く	(gǔn)kāi, fèiténg (滚)开，沸腾 (グゥン)カイ，フェイテゥン	boil ボイル
わ 湧く	yǒng 涌 ヨン	gush, flow ガシュ，フロウ
わく 枠	kuàng, kuàngzi, biānkuàng 框，框子，边框 クアン，クアンヅ，ビエンクアン	frame, rim フレイム，リム
(範囲)	fànwéi, jièxiàn, xiànzhì 范围，界限，限制 ファンウェイ，ジエシエン，シエンヂー	framework, limit フレイムワーク，リミト
わくせい 惑星	xíngxīng 行星 シィンシィン	planet プラネト
ワクチン	yìmiáo 疫苗 イーミアオ	vaccine ヴァクスィン
わけ 訳	dàoli, lǐyóu, yuángù 道理，理由，缘故 ダオリ，リィヨウ，ユエングゥ	reason, cause リーズン，コーズ
わ まえ 分け前	fèn'é, (fēn)pèi'é 份额，(分)配额 フェンウァ，(フェン)ペイウァ	share シェア
わ 分ける	fēngē 分割 フェングァ	divide, part ディヴァイド，パート
(分離)	fēnlí, fēnkāi 分离，分开 フェンリィ，フェンカイ	separate, part セパレイト，パート
(区別)	biànbié, huàfēn, qūbié 辨别，划分，区别 ビエンビエ，ホアフェン，チュイビエ	classify クラスィファイ
(分配)	fēnpèi, fēnfā, fēnsòng 分配，分发，分送 フェンペイ，フェンファア，フェンソン	distribute, share ディストリビュト，シェア
わ 輪ゴム	xiàngpíjīn, xiàngpíquān 橡皮筋，橡皮圈 シアンピィジン，シアンピィチュエン	rubber band ラバ バンド
ワゴン	liàng shǒutuīchē 〔辆〕手推车 リアン ショウトゥイチョア	wagon ワゴン

日	中	英
（自動車）	lǚxíngchē, miànbāochē 旅行车，面包车 リュィシィンチョァ, ミエンバオチョァ	station wagon ステイション ワゴン
わざ 技・業	jìyì, jìnéng, běnlǐng 技艺，技能，本领 ジィイー, ジィヌォン, ベンリィン	performance パフォーマンス
わざと	gùyìde, cúnxīnde 故意地，存心地 グウイーダ, ツゥンシンダ	on purpose オン パーパス
わさび 山葵	shānkuí, shānyúcài 山葵，山萮菜 シャンクゥイ, シャンユィツァイ	horseradish ホースラディシュ
わざわい 災い	huòhuàn, zāihuò, zāihuàn 祸患，灾祸，灾患 ホゥオホワン, ヅァイホゥオ, ヅァイホワン	misfortune ミスフォーチュン
わざわざ	tèyìde 特意地 トゥアイーダ	deliberately ディリバレトリ
わし 鷲	diāo, jiù 雕，鹫 ディアオ, ジウ	eagle イーグル
わしょく 和食	rìběncān, rìshì fàncài 日本餐，日式饭菜 リーベンツァン, リーシー ファンツァイ	Japanese food ヂャパニーズ フード
わ	わず 僅かな	yìdiǎnr, shǎoxǔ 一点儿，少许 イーディアル, シャオシュィ	a few, a little ア フュー, ア リトル
わずら 煩わしい	máfan, nìfan, fánsuǒ 麻烦，腻烦，烦琐 マァファン, ニィファン, ファンスゥオ	troublesome トラブルサム
わずら 煩わす	tiān máfan, fánrǎo, fánláo 添麻烦，烦扰，烦劳 ティエン マァファン, ファンラオ, ファンラオ	trouble トラブル
わす もの 忘れ物	yíshīwù 遗失物 イーシーウゥ	thing left behind スィング レフト ビハインド
～をする	bǎ (dōngxi) wàngzài ... 把(东西)忘在(地方) バァ (ドンシ) ワンヅァイ …	forget フォゲト
わす 忘れる	wàng(diào), wàngjì 忘(掉)，忘记 ワン(ディアオ), ワンジィ	forget フォゲト
わせい 和声	héshēng 和声 ホォアション	harmony ハーモニ
ワセリン	fánshìlín, kuàngzhī 凡士林，矿脂 ファンシーリン, クアンヂー	vaseline ヴァセリーン

日	中	英
わた 綿	mián, miánhuā 棉，棉花 ミエン，ミエンホアァ	cotton カトン
わだい 話題	huàtí 话题 ホアティー	topic タピク
わだかま 蟠り	dào géhé, céng gémó 〔道〕隔阂，〔层〕隔膜 ダオ グァホァァ，ツン グァモォ	bad feelings バド フィーリングズ
わたし 私	wǒ 我 ウオ	I, myself アイ，マイセルフ
〜の	wǒ de 我的 ウオ ダ	my マイ
わたし 私たち	wǒmen 我们 ウオメン	we ウィー
〜の	wǒmen de 我们的 ウオメン ダ	our アウア
わた 渡す	dì(jiāo) ..., jiāo(gěi) ... 递(交)(东西)，交(给)(人) ディー(ジアオ) …，ジアオ(ゲイ) …	hand ハンド
（引き渡す）	yíjiāo, sòngjiāo, jiāofù 移交，送交，交付 イージアオ，ソンジアオ，ジアオフゥ	hand over ハンド オウヴァ
わた 渡る	guò, dù(guò) 过，渡(过) グゥオ，ドゥ(グゥオ)	cross, go over クロス，ゴウ オウヴァ
ワックス	là 蜡 ラァ	wax ワクス
ワット	wǎtè, wǎ 瓦特，瓦 ワァトゥア，ワァ	watt ワト
わな 罠	luówǎng, quāntào, xiànjǐng 罗网，圈套，陷阱 ルゥオワン，チュエンタオ，シエンジィン	trap トラプ
〜を掛ける	shè xiànjǐng, shè quāntào 设陷阱，设圈套 ショア シエンジィン，ショア チュエンタオ	set a trap セト ア トラプ
わ 詫び	dàoqiàn, péilǐ 道歉，赔礼 ダオチエン，ペイリィ	apology アパロヂィ
わび 侘しい	jìmò, luòmò, gūjì 寂寞，落寞，孤寂 ジィモォ，ルゥオモォ，グゥジィ	lonely ロウンリ

日	中	英
(みすぼらしい)	hánchen 寒碜 ハンチェン	poor, miserable プア, ミザラブル
わ 詫びる	dào‛qiàn, péi‛lǐ, xiè‛zuì 道歉, 赔礼, 谢罪 ダオチエン, ペイリィ, シエヅゥイ	apologize *to* アパロチャイズ
わふう 和風の	rìběnshì, rìshì 日本式, 日式 リーベンシー, リーシー	Japanese style チャパニーズ スタイル
わへいこうしょう 和平交渉	hétán, hépíng tánpàn 和谈, 和平谈判 ホアタン, ホアピン タンパン	peace negotiation ピース ニゴウシエイション
わめ 喚く	hǎnjiào, jiàorǎng, jiàoxiāo 喊叫, 叫嚷, 叫嚣 ハンジアオ, ジアオラァン, ジアオシアオ	give a cry ギヴ ア クライ
わら 笑い	xiào 笑 シアオ	laugh, laughter ラフ, ラフタ
～話	xiàohua, xiàotán 笑话, 笑谈 シアオホア, シアオタン	funny story ファニ ストーリ
わら 笑う	xiào, fāxiào 笑, 发笑 シアオ, ファアシアオ	laugh ラフ
わら 笑わせる	dòuxiàor, yǐn rén fāxiào 逗笑儿, 引人发笑 ドウシアオル, イン レン ファアシアオ	make laugh メイク ラフ
(滑稽)	kěxiào 可笑 クァシアオ	ridiculous, absurd リディキュラス, アブサード
わりあい 割合	bǐlì, bǐlǜ 比例, 比率 ビィリィ, ビィリュィ	rate, ratio レイト, レイシオウ
わ あ 割り当て	fèn'é, pèi'é 份额, 配额 フェンウァ, ペイウァ	assignment アサインメント
わ あ 割り当てる	fēnpèi, wěipài, tānpài 分配, 委派, 摊派 フェンペイ, ウェイパイ, タンパイ	assign アサイン
わ かん 割り勘にする	fēntān, jūntān, AA zhì 分摊, 均摊, ＡＡ制 フェンタン, ジュィンタン, AA ヂー	go Dutch *for* ゴウ ダチ
わ こ 割り込む	chā‛zuǐ, chā‛huà, dǎ‛chà 插嘴, 插话, 打岔 チャアヅゥイ, チャアホア, ダァチャア	cut in カト イン
(列に)	jǐ, chā‛duì, jiāsāir 挤, 插队, 加塞儿 ジィ, チャアドゥイ, ジアサイル	jump a queue チャンプ ア キュー

日	中	英
わ ざん 割り算	chúfǎ 除法 チュウファア	division ディヴィジョン
わりだか 割高な	jiàqián jiào guì 价钱较贵 ジアチェン ジアオ グゥイ	rather expensive ラザ イクスペンスィヴ
わりびき 割引	zhékòu, jiǎnjià 折扣，减价 ヂョァコウ，ジェンジア	discount ディスカウント
わ び 割り引く	dǎ zhé, jiǎnjià 打折，减价 ダァ ヂョァ，ジェンジア	discount, reduce ディスカウント，リデュース
わ ま 割り増し	jiājià 加价 ジアジア	premium プリーミアム
〜料金	fùjiāfèi 附加费 フゥジアフェイ	extra charge エクストラ チャーヂ
わ 割る	pòliè, dǎhuài, zá 破裂，打坏，砸 ポォリエ，ダァホアイ，ヅァア	break, crack ブレイク，クラク
（分割）	(fēn)gē, fēnkāi, huàfēn (分)割，分开，划分 (フェン)グァ，フェンカイ，ホアフェン	divide *into* ディヴァイド
（裂く）	chě, sī 扯，撕 チョァ，スー	split, chop スプリト，チャプ
わる 悪い	huài 坏 ホアイ	bad, wrong バド，ロング
わるがしこ 悪賢い	jiānhuá, jiǎozhà, jiǎohuá 奸猾，狡诈，狡猾 ジェンホア，ジアオチャア，ジアオホア	cunning, sly カニング，スライ
わるくち 悪口	huàihuà 坏话 ホアイホア	abuse アビューズ
〜を言う	shuō huàihuà, dǐhuǐ 说坏话，诋毁 シュオ ホアイホア，ディーホゥイ	speak ill *of* スピーク イル
ワルツ	yuánwǔqǔ, huá'ěrzī 圆舞曲，华尔兹 ユエンウゥチュイ，ホアアルヅー	waltz ウォールツ
わる 悪ふざけ	èzuòjù, xìnòng 恶作剧，戏弄 ウァヅゥオヂュイ，シィノン	nasty trick ナスティ トリク
わるもの 悪者	ègùn, huàirén, huàidàn 恶棍，坏人，坏蛋 ウァグゥン，ホアイレン，ホアイダン	bad guy, villain バド ガイ，ヴィリン

日	中	英
わるよ 悪酔いする	zuìde nánshòu 醉得难受 ヅゥイダ ナンショウ	get sick from drink ゲト スィク フラム ドリンク
わ め 割れ目	lièfèng, lièxì, lièkǒu 裂缝，裂隙，裂口 リエフォン, リエシィ, リエコウ	crack, split クラク, スプリト
わ 割れる	pò, suì 破，碎 ポォ, スゥイ	break ブレイク
（裂ける）	pòliè, lièkāi 破裂，裂开 ポォリエ, リエカイ	crack, split クラク, スプリト
われわれ 我々	wǒmen 我们 ウオメン	we, ourselves ウィー, アウアセルヴズ
わん 湾	wān, hǎiwān 湾，海湾 ワン, ハイワン	bay, gulf ベイ, ガルフ
わんがん 湾岸	hǎiwān yán'àn 海湾沿岸 ハイワン イエンアン	coast コウスト
わんきょく 湾曲する	wānqū 弯曲 ワンチュイ	curve, bend カーヴ, ベンド
わんぱく 腕白な	tiáopí, wánpí, táoqì 调皮，顽皮，淘气 ティアオピィ, ワンピィ, タオチィ	naughty ノーティ
ワンピース	jiàn liányīqún, bùlājí 〔件〕连衣裙，布拉吉 ジェン リエンイーチュィン, ブゥラァジィ	dress, one-piece ドレス, ワンピース
ワンマン	dú duàn zhuān xíng, dúcáizhě 独断专行，独裁者 ドゥ ドワン ヂュワン シィン, ドゥツァイヂョァ	dictator ディクテイタ
わんりょく 腕力	bìlì, wànlì 臂力，腕力 ビィリィ, ワンリィ	physical strength フィズィカル ストレンクス

日常会話表現

目次

あいさつ 914	電話 927
お礼を言う 916	道を尋ねる 928
謝る 917	交通機関の利用 929
肯定・同意 917	食事 931
否定・拒否 918	買い物 935
尋ねる 919	トラブル 936
問い返す 921	助けを求める 937
許可・依頼 921	苦情を言う 938
紹介 923	宿泊 939
誘う 924	病院・薬局 941
感情・好み 925	時刻・日にち・曜日・月・季節
約束・予約 926	 943

■あいさつ■

●おはようございます.
Good morning.
你早。/ 早上好。
Nǐ zǎo./ Zǎoshang hǎo.
ニィ ヅァオ. / ヅァオシァァン ハオ.

●こんにちは.
Hello!
你好。/ 您好。/ 你们好。
Nǐ hǎo./ Nín hǎo./ Nǐmen hǎo.
ニィ ハオ. / ニン ハオ. / ニィメン ハオ.

●(親しい人に)やあ.
Hello./ Hi!
你好！
Nǐ hǎo!
ニィ ハオ！

●こんばんは.
Good evening.
晚上好。
Wǎnshang hǎo.
ワンシァァン ハオ.

●おやすみなさい.
Good night.
晚安。
Wǎn'ān.
ワンアン.

●はじめまして.
How do you do?/ Nice to meet you.
初次见面。
Chūcì jiànmiàn.
チュウツー ジエンミエン.

●お元気ですか.
How are you?
你身体好吗？
Nǐ shēntǐ hǎo ma?
ニィ シェンティー ハオ マ？

●調子はどう？
How are you doing?
你好吗？
Nǐ hǎo ma?
ニィ ハオ マ？

●はい，元気です．あなたは？
I'm fine. And you?
我很好，你呢？
Wǒ hěn hǎo, nǐ ne?
ウオ ヘン ハオ, ニィ ナ？

●まあどうということもなくやってます.
Nothing to complain about.
还好。
Hái hǎo.
ハイ ハオ.

- ●まあまあです.
  So-so.
  还可以。
  Hái kěyǐ.
  ハイ クァイー.

- ●お久しぶりです.
  I haven't seen you for a long time.
  好久不见了。/ 好久没见了。
  Hǎojiǔ bú jiàn le./ Hǎojiǔ méi jiàn le.
  ハオジウ ブゥ ジエン ラ. / ハオジウ メイ ジエン ラ.

- ●会えてうれしいです.
  Nice [Good] to see you.
  见到你我很高兴。
  Jiàndào nǐ wǒ hěn gāoxìng.
  ジエンダオ ニィ ウオ ヘン ガオシィン.

- ●また明日.
  See you tomorrow.
  明天见。
  Míngtiān jiàn.
  ミィンティエン ジエン.

- ●じゃあまたあとで.
  See you later.
  回头见。
  Huítóu jiàn.
  ホゥイトウ ジエン.

- ●さようなら.
  Good-bye./ See you.
  再见。
  Zàijiàn.
  ヅァイジエン.

- ●また近いうちに.
  See you soon.
  改天见。
  Gǎitiān jiàn.
  ガイティエン ジエン.

- ●どうぞ, 楽しい旅を!
  Have a nice trip!
  祝你旅途愉快!
  Zhù nǐ lǚtú yúkuài!
  ヂュウ ニィ リュイトゥ ユイクアイ!

- ●バイバイ.
  bye(-bye).
  拜拜。
  Bàibai.
  バイバイ.

日常会話

■お礼をいう■

● ありがとう.
Thank you./ Thanks.
谢谢。
Xièxie.
シエシエ.

● どうもありがとう.
Thanks a lot.
多谢。
Duōxiè.
ドゥオシエ.

● どうもありがとうございます.
Thank you very much.
非常感谢。
Fēicháng gǎnxiè.
フェイチャァン ガンシエ.

● いろいろとお世話になりました.
Thank you for everything.
添了不少麻烦了。
Tiānle bù shǎo máfan le.
ティエンラ ブゥ シャオ マァファン ラ.

● ご親切にありがとう.
Thank you for your kindness.
谢谢你对我的好意。
Xièxie nǐ duì wǒ de hǎoyì.
シエシエ ニィ ドゥイ ウオ ダ ハオイー.

● おみやげをありがとう.
Thank you for the present.
谢谢你的礼物。
Xièxie nǐ de lǐwù.
シエシエ ニィ ダ リィウゥ.

● お礼の申し上げようもありません.
I can't thank you enough.
实在不胜感谢。
Shízài búshèng gǎnxiè.
シーヅァイ ブゥション ガンシエ.

● どういたしまして.
You are welcome.
不客气。 / 别客气。
Bú kèqi./ Bié kèqi.
ブゥ クァチ. / ビエ クァチ.

- こちらこそ.
  The pleasure is mine./ My pleasure.
  不用谢。
  Búyòng xiè.
  プゥヨン シエ.

■謝る■

- ごめんなさい.
  Excuse me.
  对不起。
  Duìbuqǐ.
  ドゥイブチィ.

- どうもすみません.
  Excuse me./Pardon me!
  抱歉。
  Bàoqiàn.
  バオチエン.

- だいじょうぶですか？
  Are you all right?
  要紧吗？
  Yàojǐn ma?
  ヤオジン マ？

- だいじょうぶです.
  That's all right.
  不要紧。
  Bú yàojǐn.
  ブゥ ヤオジン.

- 気にしなくていいです.
  Don't worry about it.
  别介意。
  Bié jièyì.
  ビエ ジエイー.

- 遅れてすみません.
  Sorry [I'm sorry] I'm late.
  对不起，我来晚了。
  Duìbuqǐ, wǒ láiwǎn le.
  ドゥイブチィ, ウオ ライワン ラ.

- 待たせてすみません.
  I'm sorry to have kept you waiting.
  对不起，让你久等了。
  Duìbuqǐ, ràng nǐ jiǔděng le.
  ドゥイブチィ, ラァン ニィ ジウデゥン ラ.

■肯定・同意■

- はい (そうです).
  Yes.
  对。／ 是的。
  Duì./ Shì de.
  ドゥイ. ／ シー ダ.

- そのとおりです.
  That's right./ Exactly!
  是的，你说得很对。
  Shì de, nǐ shuōde hěn duì.
  シー ダ, ニィ シュオダ ヘン ドゥイ.

- そうだと思います.
  I think so.
  我也这样想。
  Wǒ yě zhèyàng xiǎng.
  ウオ イエ ヂョァヤン シアン.

- わかりました.
  I understand.
  我明白了。
  Wǒ míngbai le.
  ウオ ミィンバイ ラ.

●まったく同感です．
I quite agree.
我也有同感。/ 我赞成。
Wǒ yě yǒu tónggǎn./ Wǒ zànchéng.
ウオ イエ ヨウ トンガン． / ウオ ヅァンチョン．

●いいですよ．
All right./ O.K!
好。/ 行。/ 可以。
Hǎo./ Xíng./ Kěyǐ.
ハオ． / シィン． / クァイー．

●時と場合によります．
That depends time and situation.
要看时间和情况。
Yào kàn shíjiān hé qíngkuàng.
ヤオ カン シージエン ホォァ チィンクアン．

■否定・拒否■

●いいえ．
No.
不。/ 不是。/ 没有。
Bù./ Bú shì./ Méiyǒu.
ブゥ． / ブゥ シー． / メイヨウ．

●もう十分です．
That's enough.
已经够了。
Yǐjing gòu le.
イージィン ゴウラ．

●知りません．
I don't know.
我不知道。
Wǒ bù zhīdào.
ウオ ブゥ ヂーダオ．

●今は忙しいのです．
I'm busy now.
现在我很忙。
Xiànzài wǒ hěn máng.
シエンヅァイ ウオ ヘン マァン．

●いいえ，結構です．
No, thank you.
不要，谢谢。
Bú yào, xièxie.
ブゥ ヤオ，シエシエ．

●それは別の問題です．
That's another matter [thing].
那是另一回事。
Nà shì lìng yì huí shì.
ナァ シー リィン イー ホゥイ シー．

●そうは思いません．
I don't think so.
我倒不这样认为。
Wǒ dào bú zhèyàng rènwéi.
ウオ ダオ ブゥ ヂョアヤン レンウェイ．

●急いでいますので．
I'm in a hurry.
现在我很着急。
Xiànzài wǒ hěn zháojí.
シエンヅァイ ウオ ヘン ヂャオジィ．

- ●先約があります.
  I have an appointment.
  我另有前约。
  Wǒ lìng yǒu qián yuē.
  ウオ リィン ヨウ チエン ユエ.

■尋ねる■

- ●すみませんが….
  Excuse me, but...
  对不起。／ 劳驾。
  Duìbuqǐ./ Láojià.
  ドゥイブチィ. / ラオジア.

- ●ちょっとお尋ねしたいのですが.
  May I ask you a question?
  请问。／ 打听一下儿。
  Qǐng wèn./ Dǎ tīng yíxiàr.
  チィン ウェン. / ダァ ティン イーシアル.

- ●最寄の駅はどこですか.
  Where is the nearest station?
  离这儿最近的车站在哪里？
  Lí zhèr zuì jìn de chēzhàn zài nǎli?
  リィ ヂョアル ヅゥイ ジン ダ チョアヂャン ヅァイ ナァリ?

- ●張さんではありませんか？
  Aren't you Mr. Zhang?
  您是不是张先生？
  Nín shì bu shì Zhāng xiānsheng?
  ニン シー ブ シー ヂァァン シエンション?

- ●私を覚えていらっしゃいますか.
  Do you remember me?
  你还认识我吗？
  Nǐ hái rènshi wǒ ma?
  ニィ ハイ レンシ ウオ マ?

- ●お名前はなんとおっしゃいますか.
  May I have your name please?
  您叫什么名字？
  Nín jiào shénme míngzi?
  ニン ジアオ シェンマ ミィンヅ?

●お名前はどう書きますか．
How do you spell your name?
您的名字，怎么写？
Nín de míngzi, zěnme xiě?
ニン ダ ミィンヅ，ヅェンマ シエ？

●どこからいらしたのですか．
Where are you from?
您是从哪里来的？
Nín shì cóng nǎli lái de?
ニン シー ツォン ナァリ ライ ダ？

●お仕事は何をなさっていますか．
What do you do?
您做什么工作？
Nín zuò shénme gōngzuò?
ニン ヅゥオ シェンマ ゴンヅゥオ？

●これは何ですか．
What's this?
这是什么？
Zhè shì shénme?
ヂョア シー シェンマ？

●何時まであいていますか．
Until what time are you open?
几点关门？
Jǐ diǎn guānmén?
ジィ ディエン グワンメン？

●それはどこにあるのですか．
Where is it?
它在哪里？
Tā zài nǎli?
タァ ヅァイ ナァリ？

●この席はあいていますか．
Is this seat taken?
这里有人坐吗？
Zhèli yǒu rén zuò ma?
ヂョアリィ ヨウ レン ヅゥオ マ？

●いいレストランを教えてくれませんか．
Could you recommend a good restaurant?
请告诉我名餐馆。
Qǐng gàosu wǒ míng cānguǎn.
チィン ガオスゥ ウオ ミィン ツァングワン．

●トイレはどこですか．
Where is the rest room?
厕所在哪里？／洗手间在哪里？
Cèsuǒ zài nǎli?/ Xǐshǒujiān zài nǎli?
ツゥアスゥオ ヅァイ ナァリ？／シィショウジエン ヅァイ ナァリ？

●それはどういう意味ですか．
What does that mean?
(那)是什么意思？
(Nà) shì shénme yìsi?
(ナァ) シー シェンマ イースゥ？

●なぜですか．
Why?
为什么？
Wèi shénme?
ウェイ シェンマ？

■問い返す■

●もう一度おっしゃってください.
Could you say that again, please?
请再说一遍。
Qǐng zài shuō yí biàn.
チン ヅァイ シュオ イー ビエン.

●なに？
What?
什么？
Shénme?
シェンマ？

●よく聞こえません.
I can't hear you.
我听不清楚。
Wǒ tīngbuqīngchu.
ウオ ティンブチンチュウ.

●お話がよくわかりませんでした.
I didn't catch you.
我不明白你的意思。
Wǒ bù míngbai nǐ de yìsi.
ウオ ブウ ミィンパイ ニィ ダ イース.

●ほんと？
Really?
真的吗？
Zhēn de ma?
ヂェン ダ マ？

●ちょっと待って.
Wait a minute.
请等一下儿。
Qǐng děng yíxiàr.
チン デゥン イーシアル.

●なるほど.
Well, I see.
原来是这样。
Yuánlái shì zhèyàng.
ユエンライ シー ヂョァヤン.

■許可・依頼■

●たばこを吸ってもいいですか.
Do you mind if I smoke?
可以抽烟吗？
Kěyǐ chōuyān ma?
クァイー チョウイエン マ？

●これをもらってもいいですか.
May I have this?
可以要这个吗？
Kěyǐ yào zhège ma?
クァイー ヤオ ヂョァガ マ？

●お願いがあるのですが.
Can I ask you a favor?
我想请你帮一下忙。
Wǒ xiǎng qǐng nǐ bāng yíxià máng.
ウオ シアン チン ニィ バァン イーシア マアン.

●ちょっと２,３分いいですか.
Can you spare me a few minutes?
你能给我几分钟时间吗？
Nǐ néng gěi wǒ jǐ fēnzhōng shíjiān ma?
ニィ ヌォン ゲイ ウオ ジィ フェンヂョン シージエン マ？

●ここで写真を撮ってもいいですか.
Is it all right to take pictures here?
在这儿可以照相吗？
Zài zhèr kěyǐ zhàoxiàng ma?
ヅァイ ヂョァル クァイー ヂャオシアン マ？

●中に入ってもいいですか.
May I go inside?
我可以进来吗？
Wǒ kěyǐ jìnlái ma?
ウオ クァイー ジンライ マ？

●写真を撮っていただけませんか.
Could you please take a photo of us?
请给我们照一张相。
Qǐng gěi wǒmen zhào yì zhāng xiàng.
チィン ゲイ ウオメン ヂャオ イー ヂァァン シアン.

●ここに書いてください.
Could you write that down?
请在这里写一下儿。
Qǐng zài zhèlǐ xiě yíxiàr.
チィン ヅァイ ヂョァリィ シエ イーシアル.

●急いでください.
Please hurry.
请快点儿。
Qǐng kuài diǎnr.
チィン クアイ ディアル.

●砂糖を取ってください.
Could you pass me the sugar?
请把砂糖递给我。
Qǐng bǎ shātáng dìgěi wǒ.
チィン バア シャアタァン ディーゲイ ウオ.

●もう少しゆっくり話してください.
Speak more slowly, please.
请再慢点儿说。
Qǐng zài màn diǎnr shuō.
チィン ヅァイ マン ディアル シュオ.

- 会社へ電話してください.
  Call me at the office, please.
  请给公司打电话。
  Qǐng gěi gōngsī dǎ diànhuà.
  チィン ゲイ ゴンスー ダァ ディエンホア.

- 書類をファックスしてくれませんか.
  Would you fax that document, please?
  请把资料用传真送给我。
  Qǐng bǎ zīliào yòng chuánzhēn sònggěi wǒ.
  チィン バァ ヅーリアオ ヨン チュワンヂェン ソンゲイ ウオ.

- メールで連絡してもらえますか.
  Could you send me a message by e-mail?
  请用电子邮件跟我联系。
  Qǐng yòng diànzǐ yóujiàn gēn wǒ liánxì.
  チィン ヨン ディエンヅー ヨウジエン ゲン ウオ リエンシィ.

■紹介■

- 私は鈴木健次です.
  My name is Kenji Suzuki.
  我叫铃木健次。
  Wǒ jiào Língmù Jiàncì.
  ウオ ジアオ リィンムゥ ジエンツー.

- 日本から来ました.
  I'm from Japan.
  我是从日本来的。
  Wǒ shì cóng Rìběn lái de.
  ウオ シー ツォン リーベン ライ ダ.

- 友人の田中君を紹介します.
  Can I introduce my friend Tanaka?
  我给你介绍一下儿我的朋友田中先生。
  Wǒ gěi nǐ jièshào yíxiàr wǒ de péngyou Tiánzhōng xiānsheng.
  ウオ ゲイ ニィ ジエシャオ イーシアル ウオ ダ ポンヨウ ティエンヂォン シエンション.

- こちらは斉藤さんの奥さんです.
  This is Mrs. Saito.
  这位是齐藤先生的夫人。
  Zhè wèi shì Zhāiténg xiānsheng de fūrén.
  ヂョア ウェイ シー ヂャイテゥン シエンション ダ フゥレン.

- 学生［看護婦］です.
  I am a student [nurse].
  我是学生[护士]。
  Wǒ shì xuésheng[hùshi].
  ウオ シー シュエション[ホゥシ].

日常会話

●銀行[コンピューター会社]に勤めています．
I work in a bank [for a computer firm].
我在银行[电脑公司]工作。
Wǒ zài yínháng[diànnǎo gōngsī] gōngzuò.
ウオ ヅァイ インハァン[ディエンナオ ゴンスー] ゴンヅゥオ.

●こちらへは休暇で来ました．
I am on vacation here.
我是请了假来这里的。
Wǒ shì qǐngle jià lái zhèlǐ de.
ウオ シー チィンラ ジア ライ ヂョァリィ ダ.

●仕事で来ています．
I am here on business.
我来这里工作。
Wǒ lái zhèlǐ gōngzuò.
ウオ ライ ヂョァリィ ゴンヅゥオ.

■誘う■

●映画に行きませんか．
Shall we go to the movies?
我们一起去看电影，怎么样？
Wǒmen yìqǐ qù kàn diànyǐng, zěnmeyàng?
ウオメン イーチィ チュイ カン ディエンイィン，ヅェンマヤン？

●コーヒーでも飲みませんか．
Would you like a cup of coffee?
我们一起喝咖啡，怎么样？
Wǒmen yìqǐ hē kāfēi, zěnmeyàng?
ウオメン イーチィ ホォァ カァフェイ，ヅェンマヤン？

●いっしょに行きませんか．
Won't you come along?
我们一起去，好吗？
Wǒmen yìqǐ qù, hǎo ma?
ウオメン イーチィ チュイ，ハオ マ？

●あなたもどうですか．
How about you?
你呢？
Nǐ ne?
ニィ ナ？

●はい，もちろん．
Yes, I'd love to.
当然可以。
Dāngrán kěyǐ.
ダァンラン クァイー.

●ぜひうちにいらしてください．
Please come to visit me.
请到我家来。
Qǐng dào wǒ jiā lái.
チィン ダオ ウオ ジア ライ.

■感情・好み■

● 来てくれるとうれしいのですが.
I'd be glad [happy] if you could come.
如果你来的话，我就很高兴。
Rúguǒ nǐ lái de huà, wǒ jiù hěn gāoxìng.
ルーグゥオ ニィ ライ ダ ホア, ウオ ジウ ヘン ガオシィン.

● 楽しかった.
I've had a good time.
我过得很愉快。
Wǒ guòde hěn yúkuài.
ウオ グゥオダ ヘン ユィクアイ.

● すごい！
Great!/ Terrific!
真了不起！
Zhēn liǎobuqǐ!
ヂェン リアオブチィ！

● 感動しました.
That's very moving.
我深受感动。
Wǒ shēn shòu gǎndòng.
ウオ シェン ショウ ガンドン.

● 信じられません.
I can't believe it!
我不能相信。
Wǒ bù néng xiāngxìn.
ウオ ブゥ ヌォン シアンシン.

● 驚きました.
What a surprise!
我吃了一惊。
Wǒ chīle yì jīng.
ウオ チーラ イー ジィン.

● 悲しいです.
I feel sad.
我很悲痛。
Wǒ hěn bēitòng.
ウオ ヘン ベイトン.

● わあ，おいしい.
How delicious!
真好吃。
Zhēn hǎochī.
ヂェン ハオチー.

● おもしろい.
What fun!
真有趣。／真有意思。
Zhēn yǒuqù./ Zhēn yǒu yìsi.
ヂェン ヨウチュィ. ／ ヂェン ヨウ イース.

● わくわくします.
I'm so excited!
我很激动。
Wǒ hěn jīdòng.
ウオ ヘン ジィドン.

● どうしよう.
What shall [should] I do?
怎么办？
Zěnme bàn?
ヅェンマ バン？

● 寂しいです.
I'm lonely.
我很寂寞。
Wǒ hěn jìmò.
ウオ ヘン ジィモォ.

● 怖いです.
I'm scared.
我很害怕。
Wǒ hěn hàipà.
ウオ ヘン ハイパァ.

- ●心配です．
  I'm worried.
  我很担心。
  Wǒ hěn dānxīn.
  ウオ ヘン ダンシン．

- ●残念です．
  That's too bad.
  我很遗憾。
  Wǒ hěn yíhàn.
  ウオ ヘン イーハン．

- ●気に入りました．
  I like it.
  我很喜欢。
  Wǒ hěn xǐhuan.
  ウオ ヘン シィホワン．

- ●気に入りません．
  I don't like it.
  我不喜欢。
  Wǒ bù xǐhuan.
  ウオ ブゥ シィホワン．

■約束・予約■

- ●いつお会いしましょうか．
  When shall we meet?
  我们什么时候见面呢？
  Wǒmen shénme shíhou jiànmiàn ne?
  ウオメン シェンマ シーホウ ジエンミエン ナ？

- ●5時でご都合はいかがでしょうか．
  Would 5 o'clock be a convenient time to meet?
  我们5点钟见面，怎么样？
  Wǒmen wǔ diǎnzhōng jiànmiàn, zěnmeyàng?
  ウオメン ウゥ ディエンヂォン ジエンミエン，ヅェンマヤン？

- ●何曜日がいいですか．
  What day will suit you?
  星期几对你方便？
  Xīngqī jǐ duì nǐ fāngbiàn?
  シィンチィ ジィ ドゥイ ニィ ファアンビエン？

- ●金曜日はいかがですか．
  How about Friday?
  星期五，怎么样？
  Xīngqīwǔ, zěnmeyàng?
  シィンチィウゥ，ヅェンマヤン？

- ●私はそれで結構です．
  That suits me fine.
  可以。／ 行。
  Kěyǐ./ Xíng.
  クァイー．／ シィン．

- ●レストランに電話して席を予約したら？
  Why don't you call the restaurant and reserve a table?
  你给餐馆打电话订座位吧。
  Nǐ gěi cānguǎn dǎ diànhuà dìng zuòwèi ba.
  ニィ ゲイ ツァングワン ダァ ディエンホア ディン ヅゥオウェイ バ．

- ●お約束ですか.
  Do you have an appointment?
  你有预约吗？
  Nǐ yǒu yùyuē ma?
  ニィ ヨウ ユィユエ マ？

- ●予約が必要ですか.
  Is an appointment necessary?
  要预订吗？
  Yào yùdìng ma?
  ヤオ ユィディン マ？

- ●4時に歯医者の予約があります.
  I've got a dental appointment at 4 o'clock.
  4点我要到牙科去。
  Sì diǎn wǒ yào dào yákē qù.
  スー ディエン ウオ ヤオ ダオ ヤァクァ チュィ.

■電話■

- ●もしもし，李さんはいらっしゃいますか.
  Hello. Is Mr. Li there?
  喂，李先生在吗？
  Wèi, Lǐ xiānsheng zài ma?
  ウェイ，リィ シエンション ヅァイ マ？

- ●私は田中と申します.
  My name is Tanaka.
  我叫田中。
  Wǒ jiào Tiánzhōng.
  ウオ ジアオ ティエンヂォン.

- ●楊さんをお願いしたいのですが.
  May I speak to Mr. Yang?
  请找一下儿杨先生。
  Qǐng zhǎo yíxiàr Yáng xiānsheng.
  チィン ヂャオ イーシアル ヤン シエンション.

- ●何番におかけですか.
  What number are you calling?
  您打多少号？
  Nín dǎ duōshao hào?
  ニン ダァ ドゥオシャオ ハオ？

日常会話

日常会話

- そのままでお待ちください.
  Please hold (the line).
  请稍微等一下儿。
  Qǐng shāowēi děng yíxiàr.
  チィン シャオウェイ デゥン イーシアル.

- ただ今ほかの電話に出ております.
  She is on another line right now.
  她现在接别的电话。
  Tā xiànzài jiē bié de diànhuà.
  タァ シエンヅァイ ジエ ビエ ダ ディエンホア.

- 電話があったことをお伝えください.
  Please tell her I called.
  请您告诉她我打过电话找她。
  Qǐng nín gàosu tā wǒ dǎguo diànhuà zhǎo tā.
  チィン ニン ガオスゥ タァ ウオ ダァグゥオ ディエンホア チャオ タァ.

- あとでこちらからかけなおします.
  I'll call you back later.
  以后我再给你打。
  Yǐhòu wǒ zài gěi nǐ dǎ.
  イーホウ ウオ ヅァイ ゲイ ニィ ダァ.

■ 道を尋ねる ■

- …はどこでしょうか.
  Where's …?
  …在哪里？
  … zài nǎli?
  … ヅァイ ナァリ？

- …に行きたいのですが.
  I'd like to go to …
  我想去…。
  Wǒ xiǎng qù ….
  ウオ シアン チュィ ….

- ここはどこでしょうか.
  Where am I?
  请问，我在哪里？
  Qǐngwèn, wǒ zài nǎli?
  チィンウェン，ウオ ヅァイ ナァリ？

- この道は市庁舎へ行けますか.
  Does this street lead to City Hall?
  这条路通到市官厅吗？
  Zhè tiáo lù tōngdào shìguāntīng ma?
  チョア ティアオ ルゥ トンダオ シーグワンティン マ？

- 遠いですか.
  Is it far from here?
  离这里远吗？
  Lí zhèlǐ yuǎn ma?
  リィ ヂョァリィ ユエン マ？

- 歩いて行けますか.
  Can I walk there?
  到那里能不能走着去？
  Dào nàli néng bu néng zǒuzhe qù?
  ダオ ナァリ ヌォン ブ ヌォン ヅォウヂャ チュィ？

- すぐそこですよ.
  It's only a short distance.
  离这里很近。
  Lí zhèlǐ hěn jìn.
  リィ ヂョァリィ ヘン ジン．

- ここからだとかなりありますよ.
  It's quite a distance from here.
  离这里很远。
  Lí zhèlǐ hěn yuǎn.
  リィ ヂョァリィ ヘン ユエン．

■交通機関の利用■

- 地下鉄の駅はどこですか.
  Where is the subway station?
  地铁站在哪里？
  Dìtiězhàn zài nǎli?
  ディーティエヂャン ヅァイ ナァリ？

- 切符売り場はどこですか.
  Where is the ticket office?
  售票处在哪里？
  Shòupiàochù zài nǎli?
  ショウピアオチュウ ヅァイ ナァリ？

- この電車は…に行きますか.
  Does this train stop at...?
  这辆列车开往…吗？
  Zhè liàng lièchē kāiwǎng ... ma?
  ヂョァ リアン リエチョァ カイワァン … マ？

日常会話

● 乗り換えが必要ですか．
Do I need to transfer?
要换车吗？
Yào huànchē ma?
ヤオ ホワンチョァ マ？

● どこで乗り換えるのですか．
At which station do I transfer?
在哪个车站换车呢？
Zài nǎge chēzhàn huànchē ne?
ヅァイ ナァガ チョァヂャン ホワンチョァ ナ？

● どこで降りたらいいですか．
Where should I get off?
在哪里下车好呢？
Zài nǎli xiàchē hǎo ne?
ヅァイ ナァリ シアチョァ ハオ ナ？

● タクシー乗り場はどこですか．
Where can I get a taxi?
出租汽车站在哪里？
Chūzū qìchēzhàn zài nǎli?
チュウヅゥ チィチョァヂャン ヅァイ ナァリ？

● …ホテルまでお願いします． ● いくらですか．
To the Hotel.../ please.　　　How much is the fare?
请到…饭店。　　　　　　　多少钱？
Qǐng dào ... fàndiàn.　　　　Duōshao qián?
チィン ダオ … ファンディエン．　　ドゥオシャオ チエン？

● おつりは取っておいてください．
Keep the change.
不用找零钱。
Búyòng zhǎo língqián.
ブゥヨン ヂャオ リィンチエン．

● 天津まで2枚ください．
Two round-trip tickets to Tianjin, please.
到天津要两张票。
Dào Tiānjīn yào liǎng zhāng piào.
ダオ ティエンジン ヤオ リアン ヂャァン ピアオ．

● 片道です． ／ 往復です．
One way, please./ Round-trip, please.
要单程票。 ／ 要往返票。
Yào dānchéngpiào./ Yào wǎngfǎnpiào.
ヤオ ダンチョンピアオ． ／ ヤオ ワァンファンピアオ．

■食事■

●夕食はふだんは何時ごろですか.
When do you usually eat dinner?
你平时什么时候吃晚饭呢？
Nǐ píngshí shénme shíhou chī wǎnfàn ne?
ニィ ピィンシー シェンマ シーホウ チー ワンファン ナ?

●お昼は何を食べようか.
What shall we eat for lunch?
我们午饭吃什么？
Wǒmen wǔfàn chī shénme?
ウオメン ウゥファン チー シェンマ?

●食事に行きませんか.
Shall we go and eat together?
我们一起去吃饭吧。
Wǒmen yìqǐ qù chīfàn ba.
ウオメン イーチィ チュィ チーファン バ.

●四川料理なんかどうですか.
How about Sichuan cuisine?
四川菜，怎么样？
Sìchuāncài, zěnmeyàng?
スーチュワンツァイ, ヅェンマヤン?

●ごちそうしますよ.
I'll treat you.
我请客。
Wǒ qǐngkè.
ウオ チィンクア.

●ギョーザ，手を出してください.
Help yourself to the dumpling.
你多吃点饺子。
Nǐ duō chī diǎn jiǎozi.
ニィ ドゥオ チー ディエン ジアオヅ.

●スープの味はいかがですか.
What do you think of the soup?
这个汤，味道怎么样？
Zhège tāng, wèidao zěnmeyang?
ヂョァガ タァン, ウェイダオ ヅェンマヤン?

日常会話

- たいへんおいしかったです，ごちそうさま．
  The meal was delicious, thank you.
  都吃饱了，谢谢。
  Dōu chībǎo le, xièxie.
  ドウ チーバオ ラ, シエシエ.

- 気に入ってもらえてうれしいです．
  I'm glad you liked it.
  你能满意我很高兴。
  Nǐ néng mǎnyì wǒ hěn gāoxìng.
  ニィ ヌォン マンイー ウオ ヘン ガオシィン.

- この店は食べ物はおいしくて値段も手ごろだよ．
  The food in this restaurant is good and the prices aren't bad.
  这家餐馆的菜又可口又经济。
  Zhè jiā cānguǎn de cài yòu kěkǒu yòu jīngjì.
  ヂョア ジア ツァングワン ダ ツァイ ヨウ クァコウ ヨウ ジィンジィ.

- 7時に予約をしました．
  I have a reservation for seven o'clock.
  我7点钟预约好了。
  Wǒ qī diǎnzhōng yùyuēhǎo le.
  ウオ チィ ディエンヂォン ユィユエハオ ラ.

- 2[3]人です．
  Do you have a table for two [three]?
  两位[三位]。
  Liǎng wèi[Sān wèi].
  リアン ウェイ[サン ウェイ].

- メニューを見せてください．
  Could I have a menu, please?
  请给我看菜单。
  Qǐng gěi wǒ kàn càidān.
  チィン ゲイ ウオ カン ツァイダン.

- お勧めはなんですか．
  What do you recommend?
  你推荐什么菜？
  Nǐ tuījiàn shénme cài?
  ニィ トゥイジエン シェンマ ツァイ?

- この店の自慢料理は何ですか．
  What's your specialty?
  这家餐馆的名菜是什么？
  Zhè jiā cānguǎn de míngcài shì shénme?
  ヂョア ジア ツァングワン ダ ミィンツァイ シー シェンマ?

- ハム・ソーセージの盛り合わせをください.
  I'd like a sausage plate, please.
  我要火腿和香肠的拼盘。
  Wǒ yào huǒtuǐ hé xiāngcháng de pīnpán.
  ウオ ヤオ ホウオトウイ ホァア シアンチァアン ダ ピンパン.

- 魚[肉]のほうにします.
  I'd like the fish [meat].
  我要鱼[肉]。
  Wǒ yào yú[ròu].
  ウオ ヤオ ユィ[ロウ].

- 角煮もください.
  I'd like a Dongpo pork too, please.
  还要东坡肉。
  Hái yào dōngpōròu.
  ハイ ヤオ ドンポオロウ.

- デザートには何がありますか.
  What do you have for dessert?
  点心有什么？
  Diǎnxin yǒu shénme?
  ディエンシン ヨウ シェンマ?

- 私はアイスクリームにします.
  I'd like some ice-cream.
  我要冰激凌。
  Wǒ yào bīngjilíng.
  ウオ ヤオ ピィンジリィン.

- ワインをグラスでください.
  A glass of wine please.
  请给我拿一杯葡萄酒。
  Qǐng gěi wǒ ná yì bēi pútaojiǔ.
  チィン ゲイ ウオ ナァ イー ベイ プゥタオジウ.

- お勘定をお願いします.
  Check, please.
  请结账。 / 买单。
  Qǐng jiézhàng./ mǎidān
  チィン ジエヂァアン. / マイダン.

- クレジットカードでお願いします.
  By credit card, please.
  我用信用卡结账。
  Wǒ yòng xìnyòngkǎ jiézhàng.
  ウオ ヨン シンヨンカァ ジエヂァアン.

日常会話

●テイクアウトでハンバーガー２個をお願いします．
Two hamburgers to go, please.
请包起两个汉堡包来。
Qǐng bāoqǐ liǎng ge hànbǎobāo lái.
チィン バオチィ リアン ガ ハンバオバオ ライ．

●ホットドッグとオレンジジュースをください．
A hot dog and an orange juice, please.
请给我热狗和橘子水。
Qǐng gěi wǒ règǒu hé júzishuǐ.
チィン ゲイ ウオ ルァゴウ ホォァ チュィヅシュイ．

●スモール[ミディアム，ラージ]をお願いします．
A small [medium, large], please.
请给我小的[中间的，大的]。
Qǐng gěi wǒ xiǎo de[zhōngjiān de, dà de].
チィン ゲイ ウオ シアオ ダ[チォンジエン ダ，ダァ ダ]．

●ここで食べます．
I'll eat it here.
我在这里吃。
Wǒ zài zhèlǐ chī.
ウオ ヅァイ ヂョァリィ チー．

●持ち帰ります．
I'd like this to go, please.
我要带走。
Wǒ yào dàizǒu.
ウオ ヤオ ダイヅォウ．

■買い物■

- **いらっしゃいませ**
  May I help you?
  欢迎光临。
  Huānyíng guānglín.
  ホワンイィン グアンリン.

- **ちょっと見ているだけです.**
  I'm just looking, thank you.
  我只是在看着呢。
  Wǒ zhǐshì zài kànzhe ne.
  ウオ ヂーシー ヅァイ カンヂャ ナ.

- **…はありますか.**
  Do you have …?
  你有…吗？
  Nǐ yǒu … ma?
  ニィ ヨウ … マ？

- **あれを見せてくださいますか.**
  Could you show me that one, please?
  请给我看那个。
  Qǐng gěi wǒ kàn nàge.
  チィン ゲイ ウオ カン ナァガ.

- **ほかのを見せてくださいますか.**
  Could you show me another one, please?
  请给我看别的。
  Qǐng gěi wǒ kàn bié de.
  チィン ゲイ ウオ カン ビエ ダ.

- **サイズがわかりません.**
  I don't know my size.
  我不知道自己的尺码。
  Wǒ bù zhīdào zìjǐ de chǐmǎ.
  ウオ ブゥ ヂーダオ ヅージィ ダ チーマァ.

- **素材はなんですか.**
  What kind of fabric is this?
  这个质料是什么？
  Zhège zhìliào shì shénme?
  ヂョァガ ヂーリアオ シー シェンマ？

- **色違いのものはありますか.**
  Do you have another color?
  有其他颜色的吗？
  Yǒu qítā yánsè de ma?
  ヨウ チィタァ イエンスァ ダ マ？

- **違うデザインはありますか.**
  Do you have another style?
  有不同的样式的吗？
  Yǒu bù tóng de yàngshì de ma?
  ヨウ ブゥ トン ダ ヤンシー ダ マ？

- **試着してもいいですか.**
  Can I try this on?
  可以试一下儿这件衣服吗？
  Kěyǐ shì yíxiàr zhè jiàn yīfu ma?
  クァイー シー イーシアル ヂョァ ジエン イーフ マ？

日常会話

- ●ぴったりです.
  It fits me perfectly!
  这件衣服很合适。
  Zhè jiàn yīfu hěn héshì.
  ジョァ ジエン イーフ ヘン ホォァシー.

- ●ちょっときつい[ゆるい]です.
  It's a bit tight [loose].
  有点儿紧[松]。
  Yǒudiǎnr jǐn[sōng].
  ヨウディエンル ジン[ソン].

- ●いくらですか.
  How much (is it)?
  多少钱？
  Duōshao qián?
  ドゥオシャオ チエン?

- ●気に入りましたが値段がちょっと高すぎます.
  I like it but the price is a bit too high.
  我很喜欢这个，但是价格太贵。
  Wǒ hěn xǐhuan zhège, dànshì jiàgé tài guì.
  ウオ ヘン シィホワン ジョァガ, ダンシー ジアグァ タイ グゥイ.

- ●まけてもらえますか.
  Can you give me a discount?
  能不能让价？
  Néng bu néng ràngjià?
  ヌォン ブ ヌォン ラァンジア?

- ●これをください.
  I'll take this, please.
  我要这个。
  Wǒ yào zhège.
  ウオ ヤオ ジョァガ.

- ●袋をいただけますか.
  Could I have a bag?
  请给我袋子。
  Qǐng gěi wǒ dàizi.
  チィン ゲイ ウオ ダイヅ.

■トラブル■

- ●ちょっと困っています.
  I have a problem.
  我有个问题。
  Wǒ yǒu ge wèntí.
  ウオ ヨウ ガ ウェンティー.

- ●道に迷いました.
  I think I got lost.
  我迷路了。
  Wǒ mílù le.
  ウオ ミィルゥ ラ.

● 息子がいなくなりました．
My son is lost.
我看丢了儿子。
Wǒ kàndiūle érzi.
ウオ カンディウラ アルヅ.

● パスポートをなくしました．
I lost my passport.
我丢了护照了。
Wǒ diūle hùzhào le.
ウオ ディウラ ホゥヂャオ ラ.

● 部屋に鍵を忘れました．
I've locked myself out.
我把钥匙忘在房间里了。
Wǒ bǎ yàoshi wàngzài fángjiānli le.
ウオ バァ ヤオシ ワンヅァイ ファアンジエンリ ラ.

● 財布をすられました．
I've been pickpocketed.
我的钱包被人窃走了。
Wǒ de qiánbāo bèi rén qièzǒu le.
ウオ ダ チエンバオ ベイ レン チエヅォウ ラ.

● かばんを盗まれました．
Someone has stolen my bag.
我的书包被人偷走了。
Wǒ de shūbāo bèi rén tōuzǒu le.
ウオ ダ シュウバオ ベイ レン トウヅォウ ラ.

● これを通りで拾いました．
I found this on the street.
我在大街上捡了这个。
Wǒ zài dàjiēshang jiǎnle zhège.
ウオ ヅァイ ダアジエシャアン ジエンラ ヂョァガ.

● 警察はどこですか．
Where is the police station?
公安局在哪里？
Gōng'ānjú zài nǎli?
ゴンアンヂュィ ヅァイ ナァリ？

■助けを求める■

● 助けて！
Help!
救命！
Jiùmìng!
ジウミィン！

● 火事だ！
Fire!
失火了！
Shīhuǒ le!
シーホゥオ ラ！

●どろぼう！
Thief!
小偷！
Xiǎotōu!
シアオトウ！

●おまわりさん！
Police!
警察！
Jǐngchá!
ジィンチャア！

●お医者さんを呼んで！
Call a doctor!
请医生！
Qǐng yīshēng!
チィン イーション！

●救急車を！
Get an ambulance!
请叫急救车！
Qǐng jiào jíjiùchē!
チィン ジアオ ジィジィウチョァ！

●交通事故です！
There's been an accident!
出了交通事故！
Chūle jiāotōng shìgù!
チュウラ ジアオトン シーグゥ！

●計算が間違っています．
This calculation is wrong.
计算错了。
Jìsuàn cuò le.
ジィスワン ツゥオ ラ．

■苦情を言う■

●おつりが足りません．
This is not the correct change.
零钱不够。
Língqián búgòu.
リィンチエン ブゥゴウ．

●話が違います．
That's not what you said.
说话前后不符。
Shuōhuà qiánhòu bùfú.
シュオホア チエンホウ ブフゥ．

●これは火が通っていません．
This isn't cooked.
这个做得没熟。
Zhège zuòde méi shú.
ヂョアガ ヅゥオダ メイ シュウ．

●スープがしょっぱ過ぎます．
The soup is a bit too salty.
这个汤太咸了。
Zhège tāng tài xián le.
ヂョアガ タァン タイ シエン ラ．

●これは注文していません．
I didn't order this.
我没有点这个菜。
Wǒ méiyǒu diǎn zhège cài.
ウオ メイヨウ ディエン ヂョアガ ツァイ．

●頼んだものがまだきません．
Our order hasn't arrived yet.
我们点过的菜还没有来。
Wǒmen diǎnguò de cài hái méiyǒu lái.
ウオメン ディエングゥオ ダ ツァイ ハイ メイヨウ ライ．

- ●値段が高すぎます．
  The bill is too much.
  价格太贵了。
  Jiàgé tài guì le.
  ジアグァ タイ グゥイ ラ．

- ●シャワーがでません．
  The shower doesn't work.
  淋浴坏了。
  Línyù huài le.
  リンユィ ホアイ ラ．

- ●お湯がでません．
  There isn't any hot water.
  热水不出来。
  Rèshuǐ bù chūlái.
  ルァシュイ ブゥ チュウライ．

- ●この部屋はうるさいです．
  This room is too noisy.
  这个房间太吵闹了。
  Zhège fángjiān tài chǎonào le.
  ヂョァガ ファアンジエン タイ チャオナオ ラ．

■宿泊■

- ●部屋はありますか．
  Do you have a room for the night?
  有空房间吗？
  Yǒu kòng fángjiān ma?
  ヨウ コン ファアンジエン マ？

- ●ツイン[シングル]をお願いします．
  A twin room, please.
  我要双[单]人房。
  Wǒ yào shuāng[dān]rénfáng.
  ウオ ヤオ シュアン[ダン]レンファアン．

- ●眺めのいい部屋をお願いします．
  I'd like a room with a nice view.
  我要风景好的房间。
  Wǒ yào fēngjǐng hǎo de fángjiān.
  ウオ ヤオ フォンジィン ハオ ダ ファアンジエン．

- ●1泊です．／ 2[3]泊です．
  One night. / Two [Three] nights.
  住一天。／ 住两[三]天。
  Zhù yì tiān./ Zhù liǎng[sān] tiān.
  ヂュウ イー ティエン．／ ヂュウ リアン[サン] ティエン．

- ●朝食は付いてますか．
  Is breakfast included?
  包括早餐吗？
  Bāokuò zǎocān ma?
  バオクゥオ ヅァオツァン マ？

日常会話

● 木村です．チェックインをお願いします．
I'd like to check in. My name is Kimura.
我叫木村。我要登记住宿。
Wǒ jiào Mùcūn. Wǒ yào dēngjì zhùsù.
ウオ ジアオ ムゥツゥン．ウオ ヤオ デゥンジィ デュウスゥ．

● 日本から予約しました．
I made a reservation in Japan.
我在日本预订好了。
Wǒ zài Rìběn yùdìnghǎo le.
ウオ ヅァイ リーベン ュィディンハオ ラ．

● 部屋を見せてください．
Please show me the room.
请给我看看房间。
Qǐng gěi wǒ kànkan fángjiān.
チィン ゲイ ウオ カンカン ファアンジエン．

● もっと静かな部屋はありますか．
Do you have any quieter rooms?
有没有再安静一点儿的房间？
Yǒu méiyǒu zài ānjìng yìdiǎnr de fángjiān?
ヨウ メイヨウ ヅァイ アンジィン イーディアル ダ ファアンジエン？

● この部屋にします．
I'll take this room.
我选这个房间。
Wǒ xuǎn zhège fángjiān.
ウオ シュエン チョァガ ファアンジエン．

● クレジットカードは使えますか．
Can I use a credit card?
能不能用信用卡？
Néng bu néng yòng xìnyòngkǎ?
ヌォン ブ ヌォン ヨン シンヨンカァ？

● 朝食はどこでできますか．
Where can I have breakfast?
在哪里吃早饭？
Zài nǎli chī zǎofàn?
ヅァイ ナァリ チー ヅァオファン？

● チェックアウトは何時ですか．
What time is check-out?
几点要办离店手续？
Jǐ diǎn yào bàn lí diàn shǒuxù?
ジィ ディエン ヤオ バン リィ ディエン ショウシュィ？

■病院・薬局■

● この近くに病院[薬局]はありますか.
Is there a hospital [drugstore] near here?
这里附近有医院[药店]吗?
Zhèlǐ fùjìn yǒu yīyuàn[yàodiàn] ma?
チョァリィ フゥジン ヨウ イーユエン[ヤオディエン] マ?

● 病院に連れて行ってください.
Please take me to a hospital.
请把我送到医院去。
Qǐng bǎ wǒ sòngdào yīyuàn qù.
チン バア ウオ ソンダオ イーユエン チュイ.

● 日本語の話せる医師はいますか.
Is there a Japanese-speaking doctor?
有没有会说日语的医生?
Yǒu méiyǒu huì shuō Rìyǔ de yīshēng?
ヨウ メイヨウ ホウイ シュオ リーユィ ダ イーション?

● 気分が悪いのですが.
I don't feel well.
我有点儿不舒服。
Wǒ yǒudiǎnr bù shūfu.
ウオ ヨウディアル ブゥ シュウフ.

● 下痢をしています.
I have diarrhea.
我闹了肚子了。
Wǒ nàole dùzi le.
ウオ ナオラ ドゥヅ ラ.

● 胃が痛みます.
My stomach hurts.
胃疼。
Wèi téng.
ウェイ テゥン.

● 頭[喉]が痛いです.
I have a headache [a sore throat].
头[嗓子]疼。
Tóu[sǎngzi] téng.
トウ[サアンヅ] テゥン.

● ここがとても痛いんです.
It hurts a lot here.
这里很疼。
Zhèlǐ hěn téng.
チョァリィ ヘン テゥン.

● 熱があります.
I have a fever.
我有点儿发烧。
Wǒ yǒudiǎnr fāshāo.
ウオ ヨウディアル ファアシャオ.

日常会話

●咳がひどいんです．
I'm coughing a lot.
我咳嗽得很厉害。
Wǒ késoude hěn lìhai.
ウオ クァソウダ ヘン リィハイ．

●目に何か入りました．
I have something in my eye.
我的眼睛里有什么东西。
Wǒ de yǎnjingli yǒu shénme dōngxi.
ウオ ダ イエンジィンリ ヨウ シェンマ ドンシ．

●やけどをしました．
I've burned myself.
我烧伤了。
Wǒ shāoshāng le.
ウオ シャオシャァン ラ．

●風邪薬をください．
I'd like some medicine for a cold, please.
请给我感冒药。
Qǐng gěi wǒ gǎnmàoyào.
チィン ゲイ ウオ ガンマオヤオ．

●頭痛薬はありますか．
Do you have medicine for a headache?
有头疼药吗？
Yǒu tóuténgyào ma?
ヨウ トウテゥンヤオ マ？

●眠くならないのにしてください．
I'd like something that won't make me sleepy.
我要不发困的。
Wǒ yào bù fākùn de.
ウオ ヤオ ブゥ ファアクゥン ダ．

●便秘の薬をください．
I'd like a laxative, please.
请给我便秘药。
Qǐng gěi wǒ biànmìyào.
チィン ゲイ ウオ ビエンミィヤオ．

●けがをしました．
I've injured myself.
我受伤了。
Wǒ shòushāng le.
ウオ ショウシャァン ラ．

●私はアレルギー体質です．
I have allergies.
我是过敏症的。
Wǒ shì guòmǐnzhèng de.
ウオ シー グゥオミンヂョン ダ．

●1日に何回飲むのですか．
How many times a day should I take this?
一天要吃几次药呢？
Yì tiān yào chī jǐ cì yào ne?
イー ティエン ヤオ チー ジィ ツー ヤオ ナ？

■時刻・日にち・曜日・月・季節■

● (今) 何時ですか.
What time is it (now)?
现在几点？
Xiànzài jǐ diǎn?
シエンヅァイ ジィ ディエン？

● 2 時です.
It's two o'clock.
两点钟。
Liǎng diǎnzhōng.
リアン ディエンヂョン.

● 3 時を回ったところです.
It's just after three (o'clock).
已经过了三点了。
Yǐjing guòle sān diǎn le.
イージィン グゥオラ サン ディエン ラ.

● 1 時半です.
Half past one.
一点半。
Yì diǎn bàn.
イー ディエン バン.

● 4 時 15 分です.
Quarter past four./ Four fifteen.
四点一刻。 / 四点十五分。
Sì diǎn yí kè./ Sì diǎn shíwǔ fēn.
スー ディエン イー クァ. / スー ディエン シーウゥ フェン.

● 6 時 10 分前です.
Ten to six.
差十分六点。
Chà shí fēn liù diǎn.
チャア シー フェン リウ ディエン.

● 私の時計は少し遅れて [進んで] います.
My watch is a little slow [fast].
我的手表慢[快]一点儿。
Wǒ de shǒubiǎo màn[kuài] yìdiǎnr.
ウオ ダ ショウビアオ マン[クアイ] イーディアル.

● 今日は何日ですか.
What's the date (today)?
今天几号？
Jīntiān jǐ hào?
ジンティエン ジィ ハオ？

● 4 月 18 日です.
It's April 18th.
4 月 18 号。
Sìyuè shíbā hào.
スーユエ シーバァ ハオ.

● こちらへは 3 月 2 日に来ました.
I got here on 2nd of March.
我是 3 月 2 号来这里的。
Wǒ shì sānyuè èr hào lái zhèlǐ de.
ウオ シー サンユエ アル ハオ ライ ヂョァリィ ダ.

- 今日は何曜日ですか.
What day (of the week) is it today?
今天星期几？
Jīntiān xīngqī jǐ?
ジンティエン シィンチィ ジィ？

- 火曜です.
Tuesday.
星期二。
Xīngqī'èr.
シィンチィアル.

- 彼とは木曜日に会います.
I'll meet him on Thursday.
星期四我跟他见面。
Xīngqīsì wǒ gēn tā jiànmiàn.
シィンチィスー ウオ ゲン タァ ジエンミエン.

- 先週の金曜日は大雪でした.
We had heavy snow last Friday.
上星期五下了大雪。
Shàng xīngqīwǔ xiàle dàxuě.
シャアン シィンチィウゥ シアラ ダァシュエ.

- 5月に[の上旬に]上海へ発ちます.
I'll leave for Shanghai in [at the beginning of] May.
5月[上旬]我去上海。
Wǔyuè [shàngxún] wǒ qù Shànghǎi.
ウゥユエ [シャアンシュイン] ウオ チュイ シャアンハイ.

中日英
辞典

汉语・日语・英语

A, a

* **阿哥** /āgē/ アァグァ (名) (英 big brother) 兄さん
* **阿拉伯语** /Ālābóyǔ/ アァラァボォュィ (名) (英 Arabic) アラビア語
* **阿姨** /āyí/ アァイー (名) (英 auntie) 小母さん
** **啊** /ā/ アァ (叹) (英 oh) 強い驚きを表す
* **挨** /āi/ アイ (动) 順を追う
* **哎呀** /āiyā/ アイヤァ (叹) (英 oh) 驚いたり，意外に思ったりするときに発する言葉
  唉 /āi/ アイ (叹) (英 yes) はい
  挨 /ái/ アイ (动) (英 endure) …の目に遭う
  癌 /ái/ アイ (名) (英 cancer) 癌
** **矮** /ǎi/ アイ (形) (英 short) (背が)低い
** **爱** /ài/ アイ (动) (英 love) 愛する
* **爱好** /àihào/ アイハオ (动, 名) (英 hobby) 趣味(とする)
* **爱护** /àihù/ アイホゥ (动) (英 treasure and protect) 大切にし保護する
* **爱情** /àiqíng/ アイチン (名) (英 love) 愛情
** **爱人** /àiren/ アイレン (名) (英 husband/wife) 夫または妻
  安 /ān/ アン (动, 形) (英 set) 安定させる，安定している
  安定 /āndìng/ アンディン (形, 动) (英 stabilize) 安定させる，安定している
** **安静** /ānjìng/ アンジィン (形) (英 quiet) 静かな
** **安排** /ānpái/ アンパイ (动, 名) (英 arrange) (物事を)都合よく処理する(こと)
* **安全** /ānquán/ アンチュエン (形, 名) (英 safe) 安全(な)
* **安慰** /ānwèi/ アンウェイ (动) (英 comfort) 慰め(る)
* **安心** /ān xīn/ アン シン (动) (英 calm) (気持ちが)落ち着く
  安装 /ānzhuāng/ アンチュアン (动) (英 install) (機会や器具を)取り付ける
* **按** /àn/ アン (动) (英 press) (手や指で)押す
  一 (介) …に応じて
  按期 /ànqī/ アンチィ (副) (英 on the appointed date) 期日通りに
* **按时** /ànshí/ アンシー (副) (英 on time, according to schedule) 時間通りに
* **按照** /ànzhào/ アンチァオ (介) (英 according to...) …に照らして
* **暗** /àn/ アン (形) (英 dark) くらい
  暗暗 /àn'àn/ アンアン (副) (英 secretly) 密かに
* **岸** /àn/ アン (名) (英 bank, shore) 岸
  熬 /áo/ アオ (动) (英 simmer) (穀類を水に入れて)長時間煮る
  奥秘 /àomì/ アオミィ (名) (英 mystery) 神秘

B, b

  扒 /bā/ バァ (动) (英 hang on) (ぺたりと張り付くように)つかまる
** **八** /bā/ バァ (数) (英 eight) 八
* **拔** /bá/ バァ (动) (英 extract, pull out) 抜く
  把 /bǎ/ バァ (动) (英 grasp, grip) 握る
  把握 /bǎwò/ バァウオ (动) (英 grasp, grip (firmly)) (しっかりと)握る
  一 (名) (英 confidence) 自信
  坝 /bà/ バァ (名) (英 dam) ダム
  罢工 /bà gōng/ バァ ゴン (动, 名) (英 strike / go on strike) (労働者が)ストライキ(を行う)
** **爸爸** /bàba/ バァバ (名) (英 father) おとうさん
** **白** /bái/ バイ (形) (英 white) 白

い —(副)(英 vainly) いたずらに
白白 /báibái バイバイ/(副)(英 vainly) むだに
*白菜 /báicài バイツァイ/(名)(英 Chinese cabbage) 白菜
*白天 /báitiān バイティエン/(名)(英 noon) 昼
**百 /bǎi バイ/(数)(英 one hundred) 百
百货 /bǎihuò バイホゥオ/(名)(英 various sundry products) 百貨
**摆 /bǎi バイ/(动)(英 line up, arrange) 並べる
摆脱 /bǎituō バイトゥオ/(动)(英 break loose, free oneself) (牽制, 束縛, 困難などから)抜け出す
*败 /bài バイ/(动)(英 suffer defeat) (戦争や競技に)負ける
拜访 /bàifǎng バイファアン/(动)(英 visit) 訪問する
拜会 /bàihuì バイホゥイ/(动)(英 visit) 訪問する
**班 /bān バン/(名)(英 class) クラス
*班长 /bānzhǎng バンチャアン/(名)(英 class leader) 班長, 級長
**搬 /bān バン/(动)(英 carry, transport) 運ぶ
般 /bān バン/(助)(英 sort, kind) …のようだ
*板 /bǎn バン/(名)(英 board) 板
瓣 /bàn バン/(名)(英 flower petals) 花びら
**半 /bàn バン/(数)(英 half) 半分
*半岛 /bàndǎo バンダオ/(名)(英 peninsula) 半島
*半导体 /bàndǎotǐ バンダオティー/(名)(英 semiconductor) 半導体
*半拉 /bànlǎ バンラァ/(名)(英 half) 半分
*半天 /bàntiān バンティエン/(英 half day) 半日
*半夜 /bànyè バンイエ/(名)(英 half night) 半夜
**办 /bàn バン/(动)(英 do) する
**办法 /bànfǎ バンファア/(名)(英 method) 方法
*办公 /bàngōng バン ゴン/(动)(英 do office work) 事務を執る
**办公室 /bàngōngshì バンゴンシー/(名)(英 office) 事務室
办理 /bànlǐ バンリィ/(动)(英 handle, deal with) 取り扱う
*办事 /bànshì バン シー/(动)(英 work, do work) 仕事をする
*帮 /bāng バァン/(动)(英 assist, help) 助ける
—(名)(英 both sides) 両側, 側面
*帮忙 /bāngmáng バァン マァン/(动)(英 help, assist) 手伝う
**帮助 /bāngzhù バァンチュウ/(动)(英 assist, help) 助ける
*榜样 /bǎngyàng バァンヤン/(名)(英 example) 手本
绑 /bǎng バァン/(动)(英 tie) (縄や紐で) 縛る
棒 /bàng バァン/(名)(英 stick, pole) 棒 —(形)(英 great, good) すばらしい
磅 /bàng バァン/(量)(英 pound) ポンド
*傍晚 /bàngwǎn バァンワン/(英 evening) 夕方
*包 /bāo バオ/(动)(英 wrap) (紙, 布などで)包む
包袱 /bāofu バオフ/(名)(英 wrapping cloth) 風呂敷
包含 /bāohán バオハン/(动)(英 include, contain) 含む
*包括 /bāokuò バオクゥオ/(动)(英 include, contain) (…を)含む
包围 /bāowéi バオウェイ/(动)(英 surround) (周りを)取り囲む
*包子 /bāozi バオツ/(名)(英 Chinese-style buns) (中華)饅頭
剥 /bāo バオ/(动)(英 peel) (表皮などを)剥く
*薄 /báo バオ/(形)(英 thin) 薄い
*保 /bǎo バオ/(动)(英 preserve, keep) 保持する
*保持 /bǎochí バオチー/(动)(英 keep, retain) 保持する
*保存 /bǎocún バオツゥン/(动)(英 preserve) 保存する

保管 /bǎoguǎn バオグワン/(动, 名)(㊥ store) 保管(する)

*保护 /bǎohù バオホゥ/(动, 名)(㊥ protect) 保護(する)

*保留 /bǎoliú バオリウ/(动)(㊥ retain (the original shape)) (原型を)保つ

保密 /bǎo·mì バオミィ/(动)(㊥ observe confidentiality) 機密を守る

保守 /bǎoshǒu バオショウ/(动)(㊥ protect, guard) 守る
— (形)(㊥ conservative) 保守的である

*保卫 /bǎowèi バオウェイ/(动)(㊥ defend) 防衛する

保险 /bǎoxiǎn バオシエン/(名)(㊥ insurance) 保険
— (形)(㊥ sure) 確かである

保障 /bǎozhàng バオチャァン/(动, 名)(㊥ secure) 保障(する)

*保证 /bǎozhèng バオチョン/(动, 名)(㊥ guarantee) 保証(する)

**饱 /bǎo バオ/(形)(㊥ full) 満腹である

*宝贵 /bǎoguì バオグゥイ/(形)(㊥ precious) 希少価値のある

宝石 /bǎoshí バオシー/(名)(㊥ jewel, gem) 宝石

**抱 /bào バオ/(动)(㊥ hold, embrace) 抱える

*抱歉 /bàoqiàn バオチエン/(动)(㊥ be sorry, regret) 済まなく思う

**报 /bào バオ/(名)(㊥ newspaper) 新聞
— (动)(㊥ report) 報告する

报仇 /bào·chóu バオチョウ/(动)(㊥ avenge) 仇を討つ

报酬 /bàochou バオチョウ/(名)(㊥ reward) 報酬

*报到 /bào dào バオダオ/(动)(㊥ report one's arrival) 到着を報告する

报道 /bàodào バオダオ/(动, 名)(㊥report, cover) 報道(する)

*报导 /bàodǎo バオダオ/(动, 名)(㊥ report, cover) 報道(する)

报复 /bàofù バオフゥ/(动, 名)(㊥ revenge) 報復(する)

*报告 /bàogào バオガオ/(动, 名)(㊥report) 報告(する)

报刊 /bàokān バオカン/(名)(㊥newspapers and magazines) 新聞, 雑誌の総称

*报名 /bào·míng バオミィン/(㊥apply) 申し込む

报社 /bàoshè バオショァ/(名)(㊥ newspaper publisher) 新聞社

*报纸 /bàozhǐ バオチー/(名)(㊥ newspaper) 新聞

暴露 /bàolù バオルゥ/(动)(㊥ expose, reveal) 暴露する

暴雨 /bàoyǔ バオユィ/(名)(㊥ tempest, strong rains) 暴雨

爆发 /bàofā バオファア/(动)(㊥ explode) 爆発する

爆炸 /bàozhà バオチャア/(动)(㊥ explode) 爆発する

*杯 /bēi ベイ/(名)(㊥ teacup) 湯のみ —(量) 湯のみやコップに入ったものを数える

**杯子 /bēizi ベイヅ/(名)(㊥ cup) コップ

*碑 /bēi ベイ/(名)(㊥ stone monument) 石碑

悲哀 /bēi'āi ベイアイ/(形)(㊥sad, sorrowful) 悲しい

悲观 /bēiguān ベイグワン/(形)(㊥ pessimistic) 悲観的な

*悲痛 /bēitòng ベイトン/(形)(㊥sad) 心が痛むほど悲しい

*背 /bēi ベイ/(动)(㊥ carry on one's back) 背負う

背包 /bēibāo ベイバオ/(名)(㊥ backpack) リュックサック

**北 /běi ベイ/(名)(㊥ north) 北

**北边 /běibiān ベイビエン/(名)(㊥north side) 北側

*北部 /běibù ベイブゥ/(名)(㊥ northern part) 北部

*北方 /běifāng ベイファアン/(名)(㊥the north) 北(の方)

*北面 /běimiàn ベイミエン/(名)(㊥north side) 北側

辈 /bèi ベイ/(名, 量)(㊥ generation) 世代

*背 /bèi ベイ/(名)(㊥ back) 背

*背后 /bèihòu ベイホウ/(名)(㊥

back) 背後
背景 /bèijǐng ベイジン/ (名) (㊥ background) 背景
背诵 /bèisòng ベイソン/ (动) (㊥ recite from memory) 暗誦する
****倍** /bèi ベイ/ (量) (㊥ double) 倍
****被** /bèi ベイ/ (介) (㊥ by) …に
被动 /bèidòng ベイドン/ (形) (㊥ passive) 受動的な
被迫 /bèipò ベイポォ/ (动) (㊥ be forced) 強いられる
***被子** /bèizi ベイツ/ (名) (㊥ comforter, quilt) 掛け布団
奔 /bēn ベン/ (动) (㊥ run fast) 速く走る
奔跑 /bēnpǎo ベンパオ/ (动) (㊥ run) 走る
****本** /běn ベン/ (名) (㊥ capital) 元金
— (量) 書物を数える, 冊
***本来** /běnlái ベンライ/ (形, 副) (㊥ original, essential) 本来(の)
***本领** /běnlǐng ベンリン/ (名) (㊥skill, ability) 腕前
本人 /běnrén ベンレン/ (代) (㊥the person himself/herself) 本人
本身 /běnshēn ベンシェン/ (代) (㊥ oneself) 自身
***本事** /běnshì ベンシー/ (名) (小説, 戯曲, 映画などが基づく) 真実の事跡, 能力
***本质** /běnzhì ベンチー/ (名) (㊥ essence) 本質
****本子** /běnzi ベンツ/ (名) (㊥ notebook) ノート
奔 /bèn ベン/ (动) (㊥ head (toward)) (目的地に)向かって行く — (介) (㊥ toward) …に向かって
***笨** /bèn ベン/ (形) (㊥ foolish, stupid) 愚かである
甭 /béng ボン/ (副) (㊥ don't have to do) …する必要がない
***逼** /bī ビィ/ (动) (㊥ force) 強制する
鼻子 /bízi ビィツ/ (名) (㊥ nose) 鼻
****比** /bǐ ビィ/ (动) (㊥ compare) 比べる
— (介) (㊥ compared with, than) …と比べて, …より
比方 /bǐfang ビィファン/ (名) (㊥ example) たとえ
****比较** /bǐjiào ビィジアオ/ (动) (㊥ compare) 比較する
— (副) (㊥ comparatively) 比較的
***比例** /bǐlì ビィリィ/ (名) (㊥ proportion) 比例
***比如** /bǐrú ビィルゥ/ (动) (㊥ for example) たとえば
****比赛** /bǐsài ビィサイ/ (动, 名) (㊥ match, game / play a match) 試合(する)
****笔** /bǐ ビィ/ (名) (㊥ pen, brush) 毛筆, ペン, 鉛筆などの総称
***笔记** /bǐjì ビィジィ/ (名) (㊥ writing) 筆記
笔试 /bǐshì ビィシー/ (名) (㊥written examination) 筆記試験
彼此 /bǐcǐ ビィツー/ (代) (㊥ both) 両方
毕竟 /bìjìng ビィジン/ (副) (㊥ in the end, finally) 結局
***毕业** /bì'yè ビィイエ/ (动) (㊥ graduate) 卒業する
***闭** /bì ビィ/ (动) (㊥ close, shut) (目や口を)閉じる
闭幕 /bì'mù ビィムゥ/ (动) (㊥end) (芝居が)はねる
必定 /bìdìng ビィディン/ (副) (㊥surely) きっと
***必然** /bìrán ビィラン/ (形) (㊥ necessary, inevitable) 必然的な
必修 /bìxiū ビィシウ/ (动) (㊥ 必ず修める
必需 /bìxū ビィシュィ/ (动) (㊥ be inevitable) 欠くことができない
****必须** /bìxū ビィシュィ/ (副) (㊥ must, have to) 必ず…しなければならない
***必要** /bìyào ビィヤオ/ (形) (㊥ necessary) 必要である
***避** /bì ビィ/ (动) (㊥ avoid, evade) 避ける
***避免** /bìmiǎn ビィミエン/ (动) (㊥

avoid, evade) 避ける
**边 /biān ビエン /(名) (英 edge, brim) ふち，へり
*边…边… /biān... biān... ビエン…ビエン…/(副) (英 do... while...) …しながら…する
边疆 /biānjiāng ビエンジアン /(名) (英 border region) 辺境
边界 /biānjiè ビエンジエ /(名) (英 boundary) 境界
边缘 /biānyuán ビエンユエン /(名) (英 edge, frame) 縁
*编 /biān ビエン /(动) (英 braid, plait) (紐などを)編む
编辑 /biānjí ビエンジィ /(动) (英 edit, compile) 編集する
—(名) (英 editor) 編集者
编制 /biānzhì ビエンチー /(动，名) (英 form) 編成(する)
*扁 /biǎn ビエン /(形) (英 flat) 扁平な
便利 /biànlì ビエンリィ /(形) (英 convenient) 便利な
—(动) 便宜をはかる
*便条 /biàntiáo ビエンティアオ /(名) (英 note) 書付
便于 /biànyú ビエンユィ /(动) (英 be convenient for) …に便利である，…しやすい
**变 /biàn ビエン /(动) (英 change) (性質や状態が)変わる
**变成 /biàn chéng ビエン チョン /(动) (英 change into) …に変わる
变动 /biàndòng ビエンドン /(动，名) (英 fluctuate) 変動(する)
变革 /biàngé ビエングァ /(动，名) (英 reform) 変革(する)
**变化 /biànhuà ビエンホア /(动，名) (英 change) 変化(する)
辩论 /biànlùn ビエンルゥン /(动，名) (英 argue, debate) 弁論(する)
*遍 /biàn ビエン /(量) (英 times) 回
—(动)あまねくゆきわたる
*标点 /biāodiǎn ビアオディエン /(名) 句読点やかっこなどの文章記号
标语 /biāoyǔ ビアオユィ /(名) (英 slogan) スローガン

标志 /biāozhì ビアオヂー /(动，名) (英 sign, mark) 標識(となる)
*标准 /biāozhǔn ビアオチュン /(形，名) (英 standard) 標準(的)な
**表 /biǎo ビアオ /(名) (英 surface, front, outside) 表
*表达 /biǎodá ビアオダァ /(动) (英 express) (考えたことや感じたことを)表現する
*表面 /biǎomiàn ビアオミエン /(名) (英 surface) 表面
*表明 /biǎomíng ビアオミィン /(动) (英 express) 表明する
表情 /biǎoqíng ビアオチィン /(名) (英 expression) 表情
**表示 /biǎoshì ビアオシー /(动) (英 express) (言葉，行為で)表す
**表现 /biǎoxiàn ビアオシエン /(动，名) (英 express) 表現(する)
*表演 /biǎoyǎn ビアオイエン /(动，名) (英 perform) 出演(する)
*表扬 /biǎoyáng ビアオヤン /(动) (英 award) 表彰する
憋 /biē ビェ /(动) (英 restrain, refrain from) 抑える
*别 /bié ビェ /(副) …するな
—(动) (英 pin down) クリップやピンでとめる
别处 /biéchù ビェチュウ /(名) other place) ほかのところ
*别的 /biéde ビェダァ /(代) (英 separate, different) 別の
*别人 /biérén ビェレン /(名) (英 other people) ほかの人
别字 /biézì ビェヅー /(名) 当て字
*宾馆 /bīnguǎn ビングワン /(名) (英 hotel) (高級な)ホテル
*兵 /bīng ビィン /(名) (英 weapon) 兵器，兵隊
*冰 /bīng ビィン /(名) (英 ice) 氷
冰棍儿 /bīnggùnr ビィングゥル /(名) (英 popsicle) アイスキャンデー
饼 /bǐng ビィン /(名) (英 pancake) 小麦粉をこねて薄く円盤状に延ばし，平鍋で焼くか蒸すかした食べ物の総称
*饼干 /bǐnggān ビィンガン /(名) (英 biscuit) ビスケット

**病 /bìng ビィン/(动、名)(英 become ill) 病気(になる)
病床 /bìngchuáng ビィンチュアン/(名)(英 bed) (病院の)ベッド, 病床
*病房 /bìngfáng ビィンファアン/(名)(英 hospital room) 病室
*病菌 /bìngjūn ビィンジュィン/(名)(英 disease-causing germs) 病原菌
病情 /bìngqíng ビィンチィン/(名)(英 symptoms) 病状
*病人 /bìngrén ビィンレン/(名)(英 sick person) 病人
*并 /bìng ビィン/(副)(英 别に…ない)
— (动)(英 combine) 併せる
*并且 /bìngqiě ビィンチエ/(连)(英 moreover) しかも
*冰箱 /bīngxiāng ビィンシアン/(英 refrigerator) 冷蔵庫
*玻璃 /bōli ボォリ/(名)(英 glass) ガラス
剥削 /bōxuē ボォシュエ/(动、名)(英 exploit) 搾取(する)
播送 /bōsòng ボォソン/(动)(英 broadcast) テレビで放送する
拨 /bō ボォ/(动)(英 move) (手足や棒などで物を)動かす
波浪 /bōlàng ボォラァン/(名)(英 wave) 波
菠菜 /bōcài ボォツァイ/(名)(英 spinach) ホウレンソウ
博士 /bóshì ボォシー/(名)(英 professor, doctor) 博士
博物馆 /bówùguǎn ボォウウグワン/(名)(英 museum) 博物館
薄弱 /bóruò ボォルゥオ/(形)(英 weak) 薄弱である
*伯伯 /bóbo ボォボ/(名)(英 uncle) 伯父
*伯父 /bófù ボォフゥ/(名)(英 uncle) (自分の)父親の兄
*伯母 /bómǔ ボォムゥ/(名)(英 aunt) 伯母
*脖子 /bózi ボォツ/(名)(英 neck, head) 首
*捕 /bǔ ブゥ/(动)(英 capture) 捕らえる
*补 /bǔ ブゥ/(动)(英 repair, mend) 繕う
*补充 /bǔchōng ブゥチョン/(动)(英 replenish, restock) 補充する
*补ʼ课 /bǔ ʼkè ブゥクァ/(动)(英 take extra classes) 補講する
*补习 /bǔxí ブゥシィ/(动)(英 have an extra lesson) 補習する
**不 /bù ブゥ/(副)(英 no) いいえ
不安 /bù ʼān ブゥアン/(形)(英 unsteady) 不安定である
不比 /bùbǐ ブゥビィ/(动)(英 different from…) …とはちがう
*不必 /bùbì ブゥビィ/(副)(英 no need for…) …するには及ばない
不曾 /bùcéng ブゥツン/(副)(英 never had *done*) かつて…したことがない
**不错 /búcuò ブゥツゥオ/(形)(英 good) 良い
*不大 /búdà ブゥダァ/(副)(英 not very…) あまり…ではない
**不但 /búdàn ブゥダン/(连)(英 not only…) …ばかりでなく
*不得不 /bùdébù ブゥドゥアブゥ/(副)(英 have no choice but to…) …せざるを得ない
*不得了 /bùdéliǎo ブゥドゥアリアオ/(形)(英 be serious) 大変だ
*不断 /búduàn ブゥドワン/(副)(英 constantly) 絶えず
不对 /búduì ブゥドゥイ/(形)(英 mistaken) 間違いである
*不敢当 /bùgǎndāng ブゥガンダァン/(英 You flatter me!) 恐れ入ります
不够 /búgòu ブゥゴウ/(形)(英 insufficient) 不足である
不顾 /búgù ブゥグゥ/(动)(英 do not attempt) 試みない
*不管 /bùguǎn ブゥグワン/(连)(英 no matter…) …をしようと
*不过 /búguò ブゥグゥオ/(副)(英 no more than) …にすぎない
**不好意思 /bù hǎoyìsi ブゥ ハオイース/(形)(英 embarrassing) 恥ずかしい
不见 /bújiàn ブゥジェン/(动)(英

do not meet) 会わない
不见得 /bújiàndé ブジェンドゥエ/(动) (🈎 not likely) …とは思えない
不禁 /bùjīn ブジン/(副) (🈎 in spite of *oneself*) 思わず
*不仅 /bùjǐn ブジン/(动，连) (🈎 not just...) …だけでない
**不久 /bùjiǔ ブジウ/(副) (🈎 before long) ほどなく
不觉 /bùjué ブジュエ/(副) (🈎 unknowingly) 思わず
**不可 /bùkě ブクァ/(动) (🈎 must not) いけない
不利 /búlì ブリィ/(形) (🈎 disadvantageous) 不利な
不料 /búliào ブリアオ/(连) (🈎 unexpectedly) 意外にも
*不论 /búlùn ブルゥン/(连) (🈎 no matter (who, what, how)) たとえ(誰，何，どんな)であろうと
不满 /bùmǎn ブマン/(形) (🈎 dissatisfied) 不満な
不免 /bùmiǎn ブミエン/(副) (🈎 cannot help *doing*) …せざるを得ない
*不平 /bùpíng ブピィン/(形，名) (🈎 unfair, unjust) 不公平(な)
*不然 /bùrán ブラン/(连) (🈎 if so not) そうでなければ
**不如 /bùrú ブルゥ/(动) (🈎 be no match for) …に及ばない
— (连) …する方がよい
*不少 /bùshǎo ブシャオ/(形) (🈎 not few) 少なくない
不是 /búshi ブシ/(名) (🈎 oversight, mistake) 手落ち
不是…而是… /bú shì... ér shì... ブゥ シー… アル シー…/(连) (🈎 not..., but...) …ではなくて…だ
不是…就是… /bú shì... jiù shì... ブシー… ジウ シー…/(连) (🈎 if not... then...) …でなければ…だ
*不是吗 /bú shì ma ブゥ シー マ/(组) …ではないか
不停 /bùtíng ブティン/(副) (🈎 continually) 絶えず

**不同 /bùtóng ブトン/(形) (🈎 different) 異なる
不像话 /búxiànghuà ブシアンホァ/(形) (🈎 ridiculous, impossible) 話にならない
*不行 /bùxíng ブシィン/(形) (🈎 no good) いけない
*不幸 /búxìng ブシィン/(形) (🈎 unhappy) 不幸せである
*不许 /bùxǔ ブシュィ/(动) (🈎 must not *do*) …してはならない
**不要 /búyào ブヤオ/(副) (🈎 Do not) …してはいけない
*不要紧 /bú yàojǐn ブゥ ヤオジン/(形) (🈎 no problem) 差し支えない
*不一定 /bù yídìng ブゥ イーディン/(组) (🈎 not necessarily) …とは決まっていない
**不用 /búyòng ブヨン/(副) (🈎 do not have to *do*) …する必要がない
不由得 /bùyóude ブヨウダ/(副) (🈎 involuntarily) 思わず
不在乎 /búzàihu ブゥツァイホ/(动) (🈎 pay no heed to) 気に掛けない
不怎么样 /bù zěnmeyàng ブゥ ツェンマヤン/(组) (🈎 not very good) あまり良くない
不止 /bùzhǐ ブヂー/(动) (🈎 do not stop) 止まらない
不只 /bùzhǐ ブヂー/(连) (🈎 not only...) …ばかりでない
*不住 /búzhù ブゥチュワ/(组) (🈎 cannot) …できない
不足 /bùzú ブゥツ/(形) (🈎 insufficient) 不十分である
**布 /bù ブゥ/(名) (🈎 cloth) 布
布告 /bùgào ブガオ/(名) (🈎 proclamation) 布告
*布置 /bùzhì ブヂー/(动) (🈎 decorate) (部屋などを)装飾する
步 /bù ブゥ/(量) 歩数を数える
步骤 /bùzhòu ブゥヂョウ/(名) step, procedure) 段取り
*部 /bù ブゥ/(名) (🈎 part) 部分
— (量) 本や映画を数える

* 部队 /bùduì ブドゥイ/(名)(英 military unit) 部隊
** 部分 /bùfen ブフェン/(名)(英 part) 部分
* 部门 /bùmén ブメン/(名)(英 division, section) 部門
部署 /bùshǔ ブシュウ/(动)(英 take measures) 手を打つ
* 部长 /bùzhǎng ブチャン/(名)(英 minister) 大臣

C, c

** 擦 /cā ツァア/(动)(英 rub) 摩擦する
* 猜 /cāi ツァイ/(动)(英 try to guess) (なぞや答えを)当てようとする
猜想 /cāixiǎng ツァイシアン/(动,名)(英 guess) 推量(する)
裁缝 /cáifeng ツァイフォン/(名)(英tailor) 仕立屋
裁判 /cáipàn ツァイパン/(动)(英 judge) 裁判する
* 材料 /cáiliào ツァイリアオ/(名)(英material) 材料
才 /cái/(名)(英 talent) 才能 —(副)(英 just now) 今しがた
才能 /cáinéng ツァイヌォン/(名)(英 talent) 才能
财产 /cáichǎn ツァイチャン/(名)(英property, assets) 財産
财富 /cáifù ツァイフウ/(名)(英 wealth) 富
财政 /cáizhèng ツァイヂョン/(名)(英 finances) 財政
* 踩 /cǎi ツァイ/(动)(英 step on) 踏む
* 采 /cǎi ツァイ/(动)(英 pluck) 摘み取る
* 采购 /cǎigòu ツァイゴウ/(动)(英 purchase) (官庁や企業のために)購入する
* 采取 /cǎiqǔ ツァイチュイ/(动)(英 take) (方針, 手段, 態度などを)とる
* 采用 /cǎiyòng ツァイヨン/(动)(英 adopt) 採用する
* 彩色 /cǎisè ツァイスァ/(英 various colors) 様々な色
** 菜 /cài ツァイ/(名)(英 vegetable, dish) 野菜, 料理
餐车 /cānchē ツァンチョァ/(名)(英 dining car) (列車の)食堂車
* 餐厅 /cāntīng ツァンティン/(名)(英 dining room) 食堂
** 参观 /cānguān ツァングワン/(动)(英 visit, observe) 参観する
** 参加 /cānjiā ツァンジア/(英participate) 参加する
参考 /cānkǎo ツァンカオ/(动)(英 consult, refer to) 参考にする
参谋 /cānmóu ツァンモウ/(名)(英 advisor, counselor) 参謀 —(动) 相談にのる
蚕 /cán ツァン/(名)(英 silkworms) カイコ
残酷 /cánkù ツァンクゥ/(形)(英 cruel, atrocious) 残酷である
惭愧 /cánkuì ツァンクゥイ/(形)(英 feel embarrassed) 恥ずかしく思う
惨 /cǎn ツァン/(形)(英 tragic) 悲惨である
灿烂 /cànlàn ツァンラン/(形)(英 shine brilliantly) きらびやかに輝く
苍白 /cāngbái ツァンパイ/(形)(英 pale) 青白い, 血の気のない
苍蝇 /cāngying ツァアンイィン/(名)(英 fly) ハエ
舱 /cāng ツァアン/(名)(英 passenger cabin) (飛行機, 船の)客室
仓库 /cāngkù ツァアンクゥ/(名)(英storehouse) 倉庫
* 藏 /cáng ツァアン/(动)(英 hide) 隠れる, 隠す
** 操场 /cāochǎng ツァオチャン/(名)(英 sports grounds) 運動場
操心 /cāo˙xīn ツァオシン/(动)(英 worry) 気を使う
操纵 /cāozòng ツァオゾン/(动)(英 operate) (機械を)操作する
操作 /cāozuò ツァオヅゥオ/(动)(英 operate) (機械などの)操作を

する
- **草** /cǎo/ ツァオ /(名) (㋪ grass) 草
- 草案 /cǎo'àn/ ツァオアン /(名) (法令や条例などの)草案
- *草地 /cǎodì/ ツァオディー /(名) (㋪ lawn, grass) 芝生
- *草原 /cǎoyuán/ ツァオユエン /(名) (㋪ grasslands) 草原
- *厕所 /cèsuǒ/ ツァスゥオ /(名) (㋪ toilet) トイレ
- 侧 /cè/ ツァ /(名) (㋪ side, nearby) かたわら
  — (动) (㋪ incline) 傾ける
- *册 /cè/ ツァ /(量) (㋪ a volume, a book) 冊
- 测 /cè/ ツァ /(动) (㋪ measure, survey) 測量する
- 测量 /cèliáng/ ツァリアン /(动) (㋪ measure) 測量する
- 测试 /cèshì/ ツァシー /(动, 名) (㋪ test) (機械, 計器などを)テスト(する)
- *测验 /cèyàn/ ツァイエン /(动, 名) (㋪ measure) (機械や一定の方法で)測定(する)
- **层 /céng/ ツン /(量) 重なっている物を数える
- *曾 /céng/ ツン /(副) (㋪ at one time, once) かつて
- *曾经 /céngjīng/ ツンジィン /(副) (㋪ once) かつて
- *插 /chā/ チァア /(动) (㋪ insert) 挿す
- 插秧 /chā'yāng/ チァアヤン /(动) (㋪ plant rice) 田植えをする
- *叉子 /chāzi/ チァアツ /(名) (㋪ fork) フォーク
- 差别 /chābié/ チァアビエ /(名) (㋪ disparity, gap) 隔たり
- **茶 /chá/ チァア /(名) (㋪ tea) お茶
- 茶馆 /cháguǎn/ チァアグワン /(名) (㋪ tea shop) (中国式)喫茶店
- 茶话会 /cháhuàhuì/ チァアホアホゥイ /(名) (㋪ tea party) 茶話会
- 茶叶 /cháyè/ チァアイエ /(㋪ tea leaves) 茶の葉
- **查 /chá/ チァア /(动) (㋪ check) 検査する
- *差 /chà/ チァア /(形) (㋪ poor, lacking) ひどい
  — (动) (㋪ lack) 足りない, 欠ける
- *差不多 /chàbuduō/ チァアブドゥオ /(形) (㋪ not very different, almost) ほとんど差のない, 大多数の
- *差点儿 /chàdiǎnr/ チァアディアル /(副) (㋪ nearly) もう少しで
- *拆 /chāi/ チァイ /(动) (㋪ take apart) (合わさったものや組み立てたものを)はずす
- 铲 /chǎn/ チァン /(动) (㋪ scoop) (シャベルで)すくう
- *产量 /chǎnliàng/ チャンリアン /(名) (㋪ output) 生産高
- *产品 /chǎnpǐn/ チャンピン /(名) (㋪ product, produce) 生産物
- *产生 /chǎnshēng/ チャンション /(动) (㋪ occur) 発生する
- 产物 /chǎnwù/ チャンウゥ /(名) (㋪ product, produce) 産物
- 产值 /chǎnzhí/ チャンヂー /(名) (㋪ production) 生産額
- 颤动 /chàndòng/ チャンドン /(动) (㋪ tremble, shiver) 震える
- 颤抖 /chàndǒu/ チャンドゥ /(动) (㋪ shake violently) (身体が)ぶるぶる震える
- *尝 /cháng/ チァァン /(动) (㋪ taste) (食物, 調味料を)味わう
- **常 /cháng/ チァァン /(副) (㋪ always) しょっちゅう
- **常常 /chángcháng/ チァァンチァァン /(副) (㋪ often) しばしば
- 常识 /chángshí/ チァンシー /(名) (㋪ common sense) 常識
- **长 /cháng/ チァァン /(形) (㋪ long) 長い
- 长度 /chángdù/ チァアンドゥ /(名) (㋪ length) 長さ
- 长久 /chángjiǔ/ チァアンジウ /(形) (㋪ for a long time) 長い間
- *长期 /chángqī/ チァアンチ /(形) (㋪ long-term) 長期にわたる
- *长途 /chángtú/ チァアントゥ /(名) (㋪ long distance) 長い道のり
- 长远 /chángyuǎn/ チァアンユエン /

(形) (⊛ long-term) 長期の
肠 /cháng チャァン /(名) (⊛ intestines) 腸
厂长 /chǎngzhǎng チャァンヂャァン /(名) (⊛ factory chief) 工場長
**场 /chǎng チャァン /(量) 文化体育活動の回数を数える
场地 /chǎngdì チャァンディー /(名) (⊛ place) 場所
场合 /chǎnghé チャァンホァァ /(名) (⊛ situation) 場面, 状況
场面 /chǎngmiàn チャァンミエン /(名) (⊛ scene) (劇, 映画などの) 場面
**唱 /chàng チャァン /(动) (⊛ sing) 歌う
超额 /chāo'é チャオウァ /(动) (⊛ exceed) (ノルマを) 超過する
*超过 /chāoguò チャオグゥオ /(动) (⊛ pass) 追い越す
*抄 /chāo チャオ /(动) (⊛ copy) (文章を) 写す
*抄写 /chāoxiě チャオシエ /(动) (⊛ copy) 写す
钞票 /chāopiào チャオピアオ /(名) (⊛ bill) 紙幣
**朝 /cháo チャオ /(动) (⊛ direct) (…に) 向ける
—(介) (⊛ towards) …に向かって
潮 /cháo チャオ /(名) (⊛ tide) 潮
潮湿 /cháoshī チャオシー /(形) (⊛ damp, moist) じっとり湿った
*吵 /chǎo チャオ /(动) (⊛ make noise) 騒がしくする
吵架 /chǎo·jià チャオジア /(动) (⊛ quarrel) 口論する
炒 /chǎo チャオ /(动) (⊛ stir-fry) 炒める
**车 /chē チョァ / (名) (⊛ car, wheel) 車
*车间 /chējiān チョァジエン /(名) (⊛ workshop) 作業場
车辆 /chēliàng チョァリアン /(名) (⊛ car, wheel) 車
车厢 /chēxiāng チョァシアン /(名) (⊛ car, coach) 車輌
**车站 /chēzhàn チョァヂャン /(名) (⊛ station) 駅

▶ chénggōng

扯 /chě チョァ /(动) (⊛ pull) 引っ張る
撤 /chè チョァ /(动) (⊛ remove) 取り除く
*彻底 /chèdǐ チョァディー /(形) (⊛ thorough) 徹底的な
尘土 /chéntǔ チェントゥ /(名) (⊛ dust) 塵
沉 /chén チェン /(动) (⊛ sink) (水の中で) 沈む
—(形) (⊛ heavy) 重い
*沉默 /chénmò チェンモォ /(动) 沈黙する (⊛ keep silent)
—(形) (⊛ reticent) 無口な
沉思 /chénsī チェンスー /(动) (⊛ be absorbed in thought) 深く考え込む
沉重 /chénzhòng チェンヂョン /(形) (⊛ heavy) (目方が) 重い
陈列 /chénliè チェンリエ /(动) display) 陈列する
*趁 /chèn チェン /(介) (⊛ using) …を利用して
*衬衫 /chènshān チェンシャン /(名) (⊛ dress shirt) ワイシャツ
*衬衣 /chènyī チェンイー /(名) (⊛ underwear) 下着
撑 /chēng チョン /(动) (⊛ hold, crutch) 支える, 突っかい棒をする
*称 /chēng チョン / (动) (⊛ call, name) …と称する
称呼 /chēnghu チョンホ /(动) (⊛ call) 呼ぶ —(名) 呼称
*称赞 /chēngzàn チョンヅァン /(动) (⊛ praise) 称賛する
*城 /chéng チョン /(名) (⊛ castle wall, city) 城壁, 都市
**城市 /chéngshì チョンシー / (名) (⊛ city) 都市
**成 /chéng チョン /(动) (⊛ succeed) 成功する, …になる
—(量) 一割, 十分の一
成本 /chéngběn チョンベン /(名) (⊛ cost) 原価
*成分(成份) /chéngfèn チョンフェン /(名) (⊛ ingredients) 成分
*成功 /chénggōng チョンゴン /(动) (⊛ succeed) 成功する

*成果 /chéngguǒ チョングゥオ/(名)(英 results) 成果

**成绩 /chéngjì チョンジィ/(名)(英 results, records) 成績

*成就 /chéngjiù チョンジウ/(动)(英 accomplish) 成就(する)

*成立 /chénglì チョンリィ/(动)(英 establish) (組織や機構などが)創立される

成千上万 /chéng qiān shàng wàn チョン チエン シャァン ワン/(成)数の非常に多いさま

*成熟 /chéngshú チョンシュウ/(动)(英 ripen) (植物の実が)熟する ― (形)(英 ripe) 熟した

成天 /chéngtiān チョンティエン/(副)(英 all day long) 一日中

*成为 /chéngwéi チョンウェイ/(动)(英 become) …になる

成语 /chéngyǔ チョンユィ/(名)(英 idiom) 成語, 慣用句

成员 /chéngyuán チョンユエン/(名)(英 member) メンバー

*成长 /chéngzhǎng チョンチャァン/(动)(英 grow) 成長する

*乘 /chéng チョン/(动)(英 ride) 乗る

乘客 /chéngkè チョンクァ/(名)(英 passenger) 乗客

盛 /chéng チョン/(动)(英 serve) (飲食物などを)盛る

*程度 /chéngdù チョンドゥ/(名)(英 degree) 程度

程序 /chéngxù チョンシュィ/(名)(英 order) 順序

*诚恳 /chéngkěn チョンケン/(形)(英 wholehearted) 真心がこもっている

*诚实 /chéngshí チョンシー/(形)(英 faithful) 誠実である

承包 /chéngbāo チョンバオ/(动)(英 undertake) (工事を)請け負う

承担 /chéngdān チョンダン/(动)(英 bear) 引き受ける

*承认 /chéngrèn チョンレン/(动)(英 recognize) 認める

**吃 /chī チー/(动)(英 eat) 食べる

*吃惊 /chī'jīng チージィン/(动)(英 be astonished) 驚く

吃苦 /chī'kǔ チークゥ/(动)(英 suffer hardships) 苦労する

吃亏 /chī'kuī チークゥイ/(动)(英 suffer losses) 損をする

吃力 /chīlì チーリィ/(形)(英 laborious) 骨の折れる

持久 /chíjiǔ チージウ/(形)(英 patient) 持続的な

迟 /chí チー/(形)(英 slow) (進み方が)遅い

**迟到 /chídào チーダオ/(动)(英 be late) 遅刻する

*尺 /chǐ チー/(量) 尺

尺寸 /chǐcun チーツゥン/(名)(英 size) サイズ

尺子 /chǐzi チーツ/(名)(英 ruler) 物差し

赤道 /chìdào チーダオ/(名)(英 Equator) 赤道

*翅膀 /chìbǎng チーバァン/(名)(英 wing) 翼

*充分 /chōngfèn チォンフェン/(形)(英 enough) 充分な

*充满 /chōngmǎn チォンマン/(动)(英 be filled) 満ちる

充实 /chōngshí チォンシー/(动)(英 fulfill) 充実させる ― (形)(英 substantial) 充実した

*充足 /chōngzú チォンヅゥ/(形)(英 sufficient) 充分である

*冲 /chōng チォン/(动)(英 pour) (湯などを)注ぐ

冲击 /chōngjī チォンジィ/(动)(英 rush, pour) (水流が物に)突き当たる ― (名)(英 shock) 衝撃

冲突 /chōngtū チォントゥ/(动,名)(英 collide) 衝突(する)

*虫子 /chóngzi チォンツ/(名)(英 worm) 虫

*重 /chóng チォン/(副)(英 again) 再び

*重叠 /chóngdié チォンディエ/(动)(英 pile up) (同じ物が)幾重にも重なる

*重复 /chóngfù チォンフゥ/(动)(英 repeat) 重複する

*重新 /chóngxīn チォンシン/(副)(英 once again) 再び

*崇高 /chónggāo チォンガオ/(形)

(🈩 sublime) 崇高な

冲 /chòng チョン/(介) (🈩 towards) …に向かって

— (🈩 punch) パンチで穴をあける

****抽象** /chōuxiàng チョウシアン/(形) (🈩 abstract) 抽象的である

****抽烟** /chōu yān チョウイエン/(动) (🈩 smoke) タバコを吸う

****愁** /chóu チョウ/(动) (🈩 worry) 心配する

仇 /chóu チョウ/(名) (🈩 vengeance) 憎しみ, 恨み

仇恨 /chóuhèn チョウヘン/(动, 名) (🈩 hate) 憎悪(する)

丑 /chǒu チョウ/(形) (🈩 ugly) 醜い

****臭** /chòu チョウ/(形) (🈩 smell bad) 臭い

****初一** /chū yī チョウ イー/(名) 陰暦のついたち

****初步** /chūbù チョウブゥ/(形) (🈩 elementary) 初歩の

****初级** /chūjí チョウジィ/(形) (🈩 beginner level) 初級の

初期 /chūqī チョウチィ/(名) (🈩 early stage) 初期

初中 /chūzhōng チョウヂョン/(名) (🈩 junior high school) 中学校

******出** /chū チュウ/(动) (🈩 go out) 出る

****出版** /chūbǎn チョウバン/(动) (🈩 publish) 出版する

****出发** /chūfā チョウファア/(动) (🈩 depart) 出発する

****出口** /chū kǒu チョウコウ/(动) (🈩 export) 輸出(する)

******出来** /chū lái チョウライ/(动) (🈩 come out) (内から外に) 出てくる

出路 /chūlù チョウルゥ/(名) (🈩 exit) 出口

出卖 /chūmài チョウマイ/(动) (🈩 sell) 売る

出门 /chū mén チョウメン/(动) (🈩 go out) 外出する

出难题 /chū nántí チョウ ナンティー/(组) (🈩 present a difficult question) 難題を出す

******出去** /chū qù チョウチュイ/(动) (🈩 go out) (内から外へ) 出る

出身 /chūshēn チョウシェン/(动, 名) (🈩 come from) 出身(である)

****出生** /chūshēng チョウション/(动) (🈩 be born) 生まれる

出事 /chū shì チョウシー/(动) (🈩 occur) 事故が起こる

****出席** /chū xí チョウシィ/(动) (🈩 attend) 出席(する)

出息 /chūxi チョウシ/(名) (🈩 future) 前途

******出现** /chūxiàn チョウシエン/(动) (🈩 appear) 出現する

出洋相 /chū yángxiàng チョウ ヤンシアン/(动) (🈩 make a spectacle of *oneself*) 失態を演じる

****出院** /chū yuàn チョウユエン/(动) (🈩 leave the hospital) 退院する

出租 /chūzū チョウヅゥ/(动) (🈩 lease) 賃貸しする

******出租汽车** /chūzū qìchē チョウヅゥ チィチョァ/(名) (🈩 taxi) タクシー

****厨房** /chúfáng チョウファアン/(名) (🈩 kitchen) 台所

****除** /chú チュウ/(动) (🈩 exclude) 除く

— (介) (🈩 with the exception of) …を除いて

除非 /chúfēi チョウフェイ/(连) (🈩 not... unless...) …しないかぎり…しない

******除了…以外** /chúle... yǐwài チュウラ … イーワイ/(组) (🈩 with the exception of) …を除いて

****处** /chǔ チュウ/(动) (🈩 be, exist) 存在する

****处分** /chǔfèn チョウフェン/(动, 名) (🈩 dispose of) 処分(する)

****处理** /chǔlǐ チュウリィ/(动) (🈩 handle, treat) 処理する

处于 /chǔyú チュウユィ/(动) (🈩 be placed in) (ある状態に) 置かれる

处处 /chùchù チュウチュウ/(副) (🈩 everywhere) 至る所に

******穿** /chuān チュワン/(动) (🈩 open a hole) 穴を開ける

****传** /chuán チュワン/(动) (🈩 be

transmitted) 伝わる
*传播 /chuánbō チュワンボォ/(动)(英 scatter) 振り撒く
传达 /chuándá チュワンダァ/(动)(英 communicate) 伝達する
传染 /chuánrǎn チュワンラン/(动)(英 be contagious) 伝染する
传说 /chuánshuō チュワンシュオ/(动)(英 rumor) あれこれうわさする —(名)(英 legend) 言い伝え
*传统 /chuántǒng チュワントン/(名)(英 tradition) 伝統
**船 /chuán チュワン/(名)(英 ship) 船
喘 /chuǎn チュワン/(动)(英 gasp) あえぐ
串 /chuàn チュワン/(动)(英 string) 貫く —(量) 数珠つなぎになった物を数える
**窗户 /chuānghu チュアンホ/(名)(英 window) 窓
窗口 /chuāngkǒu チュアンコウ/(名)(英 window) 窓口
窗帘 /chuānglián チュアンリエン/(名)(英 curtains) カーテン
窗台 /chuāngtái チュアンタイ/(名)(英 windowsill) 窓敷居
**床 /chuáng チュアン/(名)(英 bed) ベッド
床单 /chuángdān チュアンダン/(名)(英 sheets) シーツ
*闯 /chuǎng チュアン/(动)(英 rush, bolt) まっしぐらに突進する
*创 /chuàng チュアン/(动)(英 begin) 始める
创立 /chuànglì チュアンリィ/(动)(英 establish) 創立する
创新 /chuàngxīn チュアンシン/(动)(英 renew) 古い物を捨てて新しい物を作り出す
*创造 /chuàngzào チュアンヅァオ/(动)(英 create) 創造する
*创作 /chuàngzuò チュアンヅゥオ/(动.名)(英 create) 創作(する)
**吹 /chuī チュイ/(动)(英 blow) 吹く
垂 /chuí チュイ/(动)(英 hang, droop) 垂れる
垂直 /chuízhí チュイヂー/(形)(英 vertical) 垂直な
春季 /chūnjì チュンジィ/(名)(英 spring season) 春季
*春节 /Chūn Jié チュン ジエ/(名)(英 Lunar New Year) 旧正月, 春節
**春天 /chūntiān チュンティエン/(名)(英 spring) 春
纯 /chún チュン/(形)(英 pure) 飾り気のない
纯洁 /chúnjié チュンジエ/(形)(英 chaste) 純潔である —(动)(英 cleanse) 浄化する
**磁带 /cídài ツーダイ/(名)(英 magnetic tape) 磁気テープ
瓷 /cí ツー/(名)(英 ceramics) 磁器
**词 /cí ツー/(名)(英 words and phrases) 語句
*词典 /cídiǎn ツーディエン/(名)(英 dictionary) 辞書
词汇 /cíhuì ツーホゥイ/(名)(英 vocabulary) 語彙
此刻 /cǐkè ツークァ/(名)(英 the present) 現在
*此外 /cǐwài ツーワイ/(连)(英 apart from this) このほか
*刺 /cì ツー/(动)(英 stab) (先端の尖った物で)突き刺す
刺激 /cìjī ツージィ/(动)(英 stimulate) 刺激(する)
**次 /cì ツー/(量)(英 times) (繰り返し現れることに用いる)回 —(形)(英 second-class) 二流の
次要 /cìyào ツーヤオ/(形)(英 secondary) さほど重要ではない
伺候 /cìhou ツーホウ/(动)(英 attend on) かしずく
*聪明 /cōngmíng ツォンミィン/(形)(英 intelligent) 聡明である
匆忙 /cōngmáng ツォンマァン/(形)(英 busy) 慌しい
**从 /cóng ツォン/(介)(英 from) …から
*从不(没) /cóng bù(méi) ツォンブゥ(メイ)/(组) 今で…していない
*从…出发 /cóng... chūfā ツォン… チュウファア/(组)(英 depart

from)…から出発する
*从此 /cóngcǐ ツォンツー/(副)(英 from now on) これから
**从…到… /cóng... dào...ツォン…ダオ…/(组)(英 from... to...) …から…まで
*从而 /cóng'ér ツォンアル/(连)(英 therefore) したがって
*从来 /cónglái ツォンライ/(副)(英 until now) 今まで, ずっと
**从…起 /cóng... qǐ ツォン…チィ/(组)(英 from) …から
**从前 /cóngqián ツォンチエン/(名)(英 previously) 以前
从容 /cóngróng ツォンロン/(形)(英 calm) 落ち着き払っている
*从事 /cóngshì ツォンシー/(动)(英 be engaged) 携わる
凑 /còu ツォウ/(动)(英 gather) 集まる, 集める
*粗 /cū ツゥ/(形)(英 thick) 太い
粗心 /cūxīn ツゥシン/(形)(英 hasty) そそっかしい
粗心大意 /cūxīn dàyì ツゥシン ダイー/(成)(英 thoughtless) 迂闊である
*醋 /cù ツゥ/(名)(英 vinegar) 酢
*促进 /cùjìn ツゥジン/(动)(英 promote) 促進する
促使 /cùshǐ ツゥシー/(动)(英 urge) (…するように)しむける
窜 /cuàn ツワン/(动)(英 scurry) 逃げ回る
*催 /cuī ツイ/(动)(英 press) 催促する
摧毁 /cuīhuǐ ツイホゥイ/(动)(英 pound and crush) 打ち砕く
村庄 /cūnzhuāng ツゥンヂュアン/(名)(英 village) 村
村子 /cūnzi ツゥンヅ/(名)(英 village) 村
*存 /cún ツゥン/(动)(英 keep) 保存する
*存在 /cúnzài ツゥンヅァイ/(动, 名)(英 exist) 存在(する)
*寸 /cùn ツゥン/(量)(長さの単位)寸
搓 /cuō ツゥオ/(动)(英 rub)(両手で)揉む

*措施 /cuòshī ツゥオシー/(名)(英 measures) 措置
挫折 /cuòzhé ツゥオヂョァ/(动, 名)(英 setback) 挫折(する)
**错 /cuò ツゥオ/(形)(英 mistaken) 間違っている
— (名)(英 mistake) 誤り
**错误 /cuòwù ツゥオウゥ/(名)(英 error) 過ち
错字 /cuòzì ツゥオヅー/(名)(英 misused letter) 誤字

D, d

*搭 /dā ダァ/(动)(英 put up) 架け渡す, 組み立てる
*答应 /dāying ダァイィン/(动)(英 agree) 承知する
*答 /dá ダァ/(动)(英 answer) 答える
*答案 /dá'àn ダァアン/(名)(英 answer) 答案
答复 /dáfù ダァフゥ/(动, 名)(英 reply, answer) 回答(する)
*答卷 /dájuàn ダァジュエン/(名)(英 answer sheet) 答案
达成 /dáchéng ダァチョン/(动)(英 come to agreement) (合意に)達する
*达到 /dádào ダァダオ/(动)(英 attain) 達する
**打 /dǎ ダァ/(动)(英 hit) 打つ, なぐる — (介)(英 from) …から
打败 /dǎbài ダァバイ/(动)(英 beat, defeat) 打ち負かす
*打扮 /dǎban ダァバン/(动)(英 dress up) 装う
*打倒 /dǎdǎo ダァダオ/(动)(英 overthrow) 打倒(する)
打击 /dǎjī ダァジィ/(动)(英 beat) 打ちたたく
打架 /dǎ·jià ダァジア/(动)(英 exchange blows) 殴り合いをする
打交道 /dǎ jiāodào ダァ ジアオダオ/(英 associate with) 付き合う
打量 /dǎliang ダァリアン/(动)(英 observe) (人の身なりや姿

打破 /dǎpò ダァポォ/(动)（㊥ break）打破する

***打扰** /dǎrǎo ダァラオ/(动)（㊥ bother）邪魔をする

打扫 /dǎsǎo ダァサオ/(动)（㊥ clean）掃除する

**打算 /dǎsuàn ダァスワン/(动)（㊥ intend to）…するつもりだ
　─(名)（㊥ intention）心積もり

***打听** /dǎting ダァティン/(动)（㊥ inquire）尋ねる

打仗 /dǎ'zhàng ダァヂァン/(动)（㊥ go to war）戦争する

打招呼 /dǎ zhāohu ダァ チャオホ/(动)（㊥ greet）挨拶する

***打针** /dǎ'zhēn ダァチェン/(动)（㊥ give an injection）注射する

****大** /dà ダァ/(形)（㊥ large, big）大きい

大半 /dàbàn ダァバン/(名, 副)（㊥ most, almost）ほとんど
　─(数) ほとんど

大便 /dàbiàn ダァビエン/(动, 名)（㊥ bowel movement）大便（をする）

大大 /dàdà ダァダァ/(副)（㊥ very much）大いに

***大胆** /dàdǎn ダァダン/(形)（㊥ bold）大胆である

大道 /dàdào ダァダオ/(名)（㊥ the right path）正道

大地 /dàdì ダァディー/(名)（㊥ the land）大地

大都 /dàdōu ダァドウ/(副)（㊥ almost, mostly）ほぼ

大队 /dàduì ダァドゥイ/(名)（㊥ battalion）大隊

***大多数** /dàduōshù ダァドゥオシュウ/(数)（㊥ great majority）大多数

大方 /dàfang ダァファアン/(形)（㊥ generous）気前が良い

****大概** /dàgài ダァガイ/(副)（㊥ about）だいたいの

大哥 /dàgē ダァグァ/(名)（㊥ oldest brother）一番上の兄

***大会** /dàhuì ダァホゥイ/(名)（㊥ general assembly）総会

***大伙儿** /dàhuǒr ダァホゥオル/(代)（㊥ everyone）みんな

****大家** /dàjiā ダァジア/(代)（㊥ everyone）みんな

***大街** /dàjiē ダァジエ/(名)（㊥ avenue, boulevard）大通り

大力 /dàlì ダァリィ/(副)（㊥ vigorously）強力に

***大量** /dàliàng ダァリアン/(形)（㊥ a lot of）大量の

***大陆** /dàlù ダァルゥ/(名)（㊥ continent）大陸

***大米** /dàmǐ ダァミィ/(名)（㊥ rice）米

大脑 /dànǎo ダァナオ/(名)（㊥ cerebrum）大脳

***大批** /dàpī ダァピィ/(形)（㊥ great quantities of）大量の

***大人** /dàren ダァレン/(名)（㊥ adult）大人

大嫂 /dàsǎo ダァサオ/(名)（㊥ sister-in-law）長兄の妻

****大声** /dàshēng ダァション/(名)（㊥ loud voice）大声

大使 /dàshǐ ダァシー/(名)（㊥ ambassador）大使

***大使馆** /dàshǐguǎn ダァシーグワン/(名)（㊥ embassy）大使館

***大小** /dàxiǎo ダァシアオ/(名)（㊥ size）大きさ

***大型** /dàxíng ダァシィン/(形)（㊥ large-scale）大型の

****大学** /dàxué ダァシュエ/(名)（㊥ university）大学

***大衣** /dàyī ダァイー/(名)（㊥ overcoat）オーバー（コート）

大意 /dàyì ダァイー/(名)（㊥ basic meaning）大意

***大约** /dàyuē ダァユエ/(副)（㊥ about）だいたい

大致 /dàzhì ダァヂー/(形)（㊥ most）だいたいの

大众 /dàzhòng ダァヂォン/(名)（㊥ general public）大衆

大自然 /dàzìrán ダァヅーラン/(名)（㊥ mother nature）大自然

***呆** /dāi ダイ/(形)（㊥ dull, stupid）愚かな

—(動)(英 stay) 滞在する

大夫 /dàifu ダイフ/(名)(英 doctor) 医者

戴 /dài ダイ/(動)(英 wear)（帽子を）被る

带 /dài ダイ/(動)(英 carry) 携帯する

带儿 /dàir ダル/(名)(英 belt) ベルト、おび

带动 /dàidòng ダイドン/(動)(英 show an example) 手本を示す

带领 /dàilǐng ダイリィン/(動)(英 lead) 引率する

带头 /dài'tóu ダイトウ/(動)(英 lead) 先頭に立って導く

代 /dài ダイ/(動)(英 act for) 代理で…する

代办 /dàibàn ダイバン/(動. 名)(英 do in *someone's* place) 代行(する)

代表 /dàibiǎo ダイビアオ/(動. 名)(英 represent) 代表(する)

代价 /dàijià ダイジア/(名)(英 price) 代価

代理 /dàilǐ ダイリィ/(動)(英 act on *someone's* behalf) 代理する

*代替 /dàitì ダイティー/(動)(英 substitute) 代わりを務める

*袋 /dài ダイ/(名)(英 bag) 袋
—(量) 袋入りのものを数える

*待 /dài ダイ/(動)(英 treat) 扱う

待遇 /dàiyù ダイユィ/(名)(英 treatment) 待遇

逮捕 /dàibǔ ダイブゥ/(動)(英 arrest) 逮捕する

耽误 /dānwu ダンウ/(動)(英 delay) 遅らせる

担 /dān ダン/(動)(英 carry)（肩で）担ぐ

担负 /dānfù ダンフゥ/(動)(英 bear)（責任、仕事、費用などを）負う

*担任 /dānrèn ダンレン/(動)(英 hold the position of) 担当する

*担心 /dān'xīn ダンシン/(動)(英 worry) 心配する

*单 /dān ダン/(形)(英 single) 単一の、奇数の
—(副)(英 only) ただ、単に

单纯 /dānchún ダンチュン/(形)(英 simple) 単純である

*单词 /dāncí ダンツー/(名)(英 word) 単語

*单调 /dāndiào ダンディアオ/(形)(英 monotonous) 単調な

单独 /dāndú ダンドゥ/(副)(英 alone) 単独で

*单位 /dānwèi ダンウェイ/(名)(英 unit) 単位

胆 /dǎn ダン/(名)(英 guts) 度胸

*但 /dàn ダン/(連)(英 however) しかし

**但是 /dànshì ダンシー/(連)(英 however) しかし

*淡 /dàn ダン/(形)(英 thin)（液体、気体が）薄い

诞生 /dànshēng ダンション/(動)(英 be born) 誕生する

*蛋 /dàn ダン/(名)(英 egg) 卵

蛋白质 /dànbáizhì ダンバイチー/(名)(英 protein) たんぱく質

*蛋糕 /dàngāo ダンガオ/(名)(英 sponge cake) カステラ、ケーキ

**当 /dāng ダァン/(介)(英 to...) …に対して
—(動)(英 work as) 担当する
—(助動)(英 should) 当然…すべきである

当初 /dāngchū ダァンチュウ/(名)(英 beginning) 最初

当代 /dāngdài ダァンダイ/(名)(英 the present age) この時代

*当…的时候 /dāng...de shíhou ダァン…ダ シーホウ/(組)(英 at that time) ちょうどその時に

*当地 /dāngdì ダァンディー/(名)(英 the actual place) 現地

当家 /dāng'jiā ダァンジア/(動)(英 manage) 家事の切り盛りをする

当面 /dāng'miàn ダァンミエン/(動)(英 in *one's* face) 面と向かって

*当年 /dāngnián ダァンニエン/(名)(英 at that time) 当時

*当前 /dāngqián ダァンチエン/(名)(英 now) 今現在

**当然 /dāngrán ダァンラン/(形)(英 natural) 当然の

**当时 /dāngshí ダンシー/(名)(英

dāngzhōng ▶

at the time) 当時
当中 /dāngzhōng ダンチォン/(名)(®among) 真ん中
***挡** /dǎng ダン/(动)(® block, obstruct) 遮る
党 /dǎng ダン/(名)(® party) 党
党派 /dǎngpài ダンパイ/(名)(®party faction) 党派
党委 /dǎngwěi ダンウェイ/(名) 政党の各級の党委員会の略称
***党员** /dǎngyuán ダンユエン/(名)(® party member) 党員
***当** /dàng ダン/(动)(® be equivalent to) …に相当する
***当做** /dàngzuò ダンズゥオ/(动)(® regard as...) …と見なす
档案 /dàng'àn ダンアン/(名)(®preserved documents) 保存書類,公文書
****刀** /dāo ダオ/(名)(® sword) 刀
***刀子** /dāozi ダオツ/(名)(® knife) ナイフ
****倒** /dǎo ダオ/(动)(® fall) 倒れる
倒霉 /dǎoméi ダオメイ/(形)(®unlucky) 運が悪い
倒腾 /dǎoteng ダオテゥン/(动)(® stir) ひっかき回す
***岛** /dǎo ダオ/(名)(® island) 島
岛屿 /dǎoyǔ ダオユィ/(名)(® islands) 島嶼
导弹 /dǎodàn ダオダン/(名)(® missile) ミサイル
导师 /dǎoshī ダオシー/(名)(®instructor) 指導教官
导演 /dǎoyǎn ダオイエン/(动)(® direct) (演劇や映画を)演出する —(名)(® director) 演出家
导致 /dǎozhì ダオヂー/(动)(®guide) 導く
****到** /dào ダオ/(动)(® arrive) 着く
***到处** /dàochù ダオチュウ/(副)(®everywhere) 至る所
***到达** /dàodá ダオダァ/(动)(® arrive at, reach) 到達する
***到底** /dào ˇdǐ ダオディ/(动)(®do... until the end) 最後まで…する
***到底** /dàodǐ ダオディー/(副)(®

at last) とうとう,ついに
到…为止 /dào... wéizhǐ ダオ…ウェイヂー/(组)(® until) …までに
***倒** /dào ダオ/(® turn upside down) 逆さまにする
***倒(是)** /dào(shì) ダオ(シー)/(副)(® on the contrary) むしろ,ところが,反対に
***道** /dào ダオ/(动)(® say) 言う
***道** /dào ダオ/(量)(®) 川や細長い物を数える
***道** /dào ダオ/(名)(® road) 道
道德 /dàodé ダオドゥァ/(名)(®moral) 道徳
***道理** /dàolǐ ダオリィ/(名)(® reason) わけ
***道路** /dàolù ダオルゥ/(名)(®road) 道路
***道歉** /dào ˇqiàn ダオチエン/(动)(® apologize) わびる
****得** /dé ドゥァ/(动)(® gain, get) 得る
得病 /dé ˇbìng ドゥァビィン/(动)(® become ill) 病気にかかる
***得到** /dédào ドゥァダオ/(® get) 得る
得了 /déliǎo ドゥァリアオ/(形)(®completed) 無事に済む
得意 /déyì ドゥァイー/(形)(®proud) 得意になる
***德语** /Déyǔ ドゥァユィ/(名)(® German) ドイツ語
***德文** /Déwén ドゥァウェン/(名)(® German) ドイツ語
****的** /de ダ/(助)(® of) の
***…的话** /... dehuà …ダホア/(组)(® if) …ということなら
****地** /de ダ/(助) ほかの語句の後に付けて,動詞,形容詞の修飾語を作る
****得** /de ダ/(助) (動詞や形容詞の後に用い)結果,程度を表す補語を導く
***…得很** /...de hěn…ダ ヘン/(组) (形容詞や一部の動詞の後に用いて)程度の高いこと,甚だしいことを表す
****得** /děi ディ/(助动)(® must) …

しなければならない
灯 /dēng デゥン/（名）(英 light)（照明用の）明かり
灯火 /dēnghuǒ デゥンホゥオ/（名）(英 light) 明かり
灯笼 /dēnglong デゥンロン/（名）(英 lantern) 提灯
* **登** /dēng デゥン/（动）(英 climb) 登る
* **登记** /dēngjì デゥンジィ/（动）(英 register) 登記する
蹬 /dēng デゥン/（动）(英 stamp) 力を入れて踏む
** **等** /děng デゥン/（动）(英 wait) 待つ
** **等** /děng デゥン/（量）(英 rank) 等級
** **等** /děng デゥン/（助）(英 and so forth) など
* **等待** /děngdài デゥンダイ/（动）(英 wait) 待つ
* **等到** /děngdào デゥンダオ/（连）(英 after) …してから
等候 /děnghòu デゥンホゥ/（动）(英 wait) 待つ
* **等于** /děngyú デゥンユィ/（动）(英 be equal to)（数量が）…に等しい
瞪 /dèng デゥン/（动）(英 open one's eyes wide)（目を）見張る
凳子 /dèngzi デゥンズ/（名）(英 stool)（背もたれのない）腰掛け
堤 /dī ディー/（名）(英 embankment) 土手
** **低** /dī ディー/（形）(英 short, low)（高さが）低い
— （动）(英 lower) 低くする
滴 /dī ディー/（动）(英 drip)（滴を）垂らす，垂れる
* **滴** /dī ディー/（量）滴を数える
* **敌人** /dírén ディーレン/（名）(英 enemy) 敵
* **的确** /díquè ディーチュエ/（副）(英 surely) 確かに
抵 /dǐ ディー/（动）(英 stretch) 突っ張る，支える
抵抗 /dǐkàng ディーカァン/（动）(英 resist) 抵抗する
底 /dǐ ディー/（名）(英 bottom) 底
底片 /dǐpiàn ディーピエン/（名）(英 negatives)（写真の）ネガ

* **底下** /dǐxia ディーシア/（名）(英 down) 下
** **地** /dì ディー/（名）(英 the land, the earth) 大地，地球
地板 /dìbǎn ディーバン/（名）(英 wooden floor) 板敷の床
地步 /dìbù ディーブゥ/（名）(英 situation)（主として悪い）状況
* **地带** /dìdài ディーダイ/（名）(英 region) 地帯
地道 /dìdao ディーダオ/（名）(英 underground passage) 地下道
* **地点** /dìdiǎn ディーディエン/（名）(英 spot, site) 地点
* **地方** /dìfāng ディーファアン/（名）(英 province) 地方
** **地方** /dìfang ディーファアン/（名）(英 place) 所
地理 /dìlǐ ディーリィ/（名）(英 geography) 地理
* **地面** /dìmiàn ディーミエン/（名）(英 ground) 地面
* **地球** /dìqiú ディーチウ/（名）(英 the earth) 地球
* **地区** /dìqū ディーチュィ/（名）(英 district) 地区
地势 /dìshì ディーシー/（名）(英 topography) 地勢
地毯 /dìtǎn ディータン/（名）(英 carpet) じゅうたん
* **地图** /dìtú ディートゥ/（名）(英 map) 地図
* **地位** /dìwèi ディーウェイ/（名）(英 rank, status) 地位
* **地下** /dìxià ディーシア/（名）(英 underground) 地下
地形 /dìxíng ディーシィン/（名）(英 geography) 地形
地震 /dìzhèn ディーチェン/（名）(英 earthquake) 地震
* **地址** /dìzhǐ ディーヂー/（名）(英 address) 住所
地质 /dìzhì ディーヂー/（名）(英 geology) 地質
地主 /dìzhǔ ディーヂュウ/（名）(英 land owner) 地主
** **第** /dì ディー/（头）整数の前において順序を表す
** **第一** /dìyī (ディーイー)/（数）

dìdi

- **弟弟** /dìdi ディーディ/ (名) (英 first) 第一の
- **弟弟** /dìdi ディーディ/ (名) (英 younger brother) 弟
- **弟兄** /dìxiong ディーシオン/ (名) (英 brother) (男) 兄弟
- **递** /dì ディー/ (動) (英 hand over) 手渡す
- **点** /diǎn ディエン/ (名) (英 dot, point) 点
- **点** /diǎn ディエン/ (量) 少量の物を数える
- **点** /diǎn ディエン/ (動) (英 mark with dots) 点を打つ, うなずく
- **点心** /diǎnxin ディエンシン/ (名) (英 snack, dim sum) 点心, 軽食
- **点钟** /diǎnzhōng ディエンチォン/ (名) (英 o'clock) (時刻を示す)時
- **典礼** /diǎnlǐ ディエンリィ/ (名) (英 ceremony) 式典
- **典型** /diǎnxíng ディエンシィン/ (形, 名) (英 typical) 典型(的な)
- **电** /diàn ディエン/ (名) (英 electricity) 電気
- **电报** /diànbào ディエンパオ/ (名) (英 telegram) 電報
- **电车** /diànchē ディエンチョァ/ (名) (英 train) 電車, トロリーバス
- **电池** /diànchí ディエンチー/ (名) (英 battery) 電池
- **电灯** /diàndēng ディエンドゥン/ (名) (英 electric lamp) 電灯
- **电风扇** /diànfēngshàn ディエンフォンシャン/ (英 electric fan) 扇風機
- **电话** /diànhuà ディエンホア/ (名) (英 telephone) 電話
- **电力** /diànlì ディエンリィ/ (名) (英 electrical power) 電力
- **电铃** /diànlíng ディエンリィン/ (名) (英 bell) ベル
- **电流** /diànliú ディエンリウ/ (名) (英 electrical current) 電流
- **电炉** /diànlú ディエンルゥ/ (名) (英 electric stove) 電気ストーブ, 電気コンロ
- **电脑** /diànnǎo ディエンナオ/ (名) (英 computer) コンピュータ
- **电器** /diànqì ディエンチィ/ (名) (英 electrical appliances) 電気器具
- **电扇** /diànshàn ディエンシャン/ (名) (英 electric fan) 扇風機
- **电视** /diànshì ディエンシー/ (名) (英 television) テレビ
- **电视台** /diànshìtái ディエンシータイ/ (名) (英 television broadcasting station) テレビ放送局
- **电台** /diàntái ディエンタイ/ (名) (英 wireless station) 無線電信局, ラジオ放送局
- **电梯** /diàntī ディエンティー/ (名) (英 elevator) エレベーター
- **电线** /diànxiàn ディエンシエン/ (名) (英 power lines) 電線
- **电压** /diànyā ディエンヤァ/ (名) (英 voltage) 電圧
- **电影** /diànyǐng ディエンイィン/ (名) (英 movie) 映画
- **电影院** /diànyǐngyuàn ディエンイィンユエン/ (名) (英 movie theater) 映画館
- **电子** /diànzǐ ディエンツー/ (名) (英 electron) 電子
- **店** /diàn ディエン/ (名) (英 shop) 店
- **惦记** /diànjì ディエンジィ/ (動) (英 keep thinking about) 気にかける
- **垫** /diàn ディエン/ (動) (英 lay underneath) (物を厚く, 高くまたは平らにするために)下に当てる
- **奠定** /diàndìng ディエンディン/ (動) (英 strengthen) (土台を)固める
- **雕刻** /diāokè ディアオクァ/ (動, 名) (英 sculpt) 彫刻(する)
- **掉** /diào ディアオ/ (動) (英 fall) 落ちる
- **吊** /diào ディアオ/ (動) (英 hang, suspend) 吊るす
- **钓** /diào ディアオ/ (動) (英 fish) (魚などを)釣る
- **调** /diào ディアオ/ (動) (英 transfer) 異動する
- **调查** /diàochá ディアオチャア/ (動, 名) (英 investigate) 調査(する)
- **调动** /diàodòng ディアオドン/ (動) (英 transfer) 異動する
- **跌** /diē ディエ/ (動) (英 fall)

down) 転ぶ
爹 /diē ディエ/(名)(❀ father) 父
叠 /dié ディエ/(动)(❀ stack, pile) 積み重ねる
盯 /dīng ディン/(动)(❀ stare, look closely) 見つめる
钉 /dīng ディン/(动)(❀ remind, urge) 催促する
钉子 /dīngzi ディンヅ/(名)(❀ nail) 釘
***顶** /dǐng ディン/(名)(❀ the very top) てっぺん
***顶** /dǐng ディン/(动)(❀ place on top) (頭上に)載せる
顶 /dǐng ディン/(副)(❀ most) もっとも
顶 /dǐng ディン/(量) 帽子やテントなどのようにてっぺんのあるものを数える
***定** /dìng ディン/(动)(❀ settle down) 決める, 定める
定期 /dìngqī ディンチ/(形)(❀ regular, periodic) 定期的な
***订** /dìng ディン/(动)(❀ order, book, conclude) (条約, 契約などを)取り決める, 予約する
订婚 /dìng▼hūn ディンホゥン/(动)(❀ engage to marry) 婚約する
****丢** /diū ディウ/(动)(❀ lose) 紛失する
****东** /dōng ドン/(名)(❀ east) 東
***东北** /dōngběi ドンベイ/(名)(❀ northeast) 東北
****东边** /dōngbiān ドンビエン/(名)(❀ east side) 東側
***东部** /dōngbù ドンブゥ/(名)(❀ eastern region) 東部
***东方** /dōngfāng ドンファアン/(名)(❀ east side) 東側
***东面** /dōngmiàn ドンミエン/(名)(❀ eastern region) 東部
***东南** /dōngnán ドンナン/(名)(❀ southeast) 東南
****东西** /dōngxi ドンシ/(名)(❀ thing) 物
冬季 /dōngjì ドンヂィ/(名)(❀ winter season) 冬季
****冬天** /dōngtiān ドンティエン/(名)(❀ winter) 冬
****懂** /dǒng ドン/(动)(❀ find, understand) 分かる
***懂得** /dǒngde ドンダ/(动)(❀ understand) 理解している
懂事 /dǒngshì ドンシー/(形)(❀ understanding things) 道理をわきまえた
****动** /dòng ドン/(动)(❀ move) 動く, 動かす
动机 /dòngjī ドンヂィ/(名)(❀ motive) 動機
动静 /dòngjing ドンヂィン/(名)(❀ noise) 物音, 動向
动力 /dònglì ドンリィ/(名)(❀ motive power) 動力
***动人** /dòngrén ドンレン/(形)(❀ moving) 感動的な
***动身** /dòng▼shēn ドンシェン/(动)(❀ depart) 出発する
***动手** /dòng▼shǒu ドンショウ/(动)(❀ commence) 着手する
****动物** /dòngwù ドンウゥ/(名)(❀ animal) 動物
***动物园** /dòngwùyuán ドンウゥユエン/(名)(❀ zoo) 動物園
动摇 /dòngyáo ドンヤオ/(动)(❀ distress) 動揺する
***动员** /dòngyuán ドンユエン/(动)(❀ mobilize) (戦争などに)動員する
***动作** /dòngzuò ドンヅゥオ/(名)(❀ actions) 動作
***冻** /dòng ドン/(动)(❀ freeze) 凍る
***洞** /dòng ドン/(名)(❀ hole) 穴
****都** /dōu ドウ/(副)(❀ all, whole) みんな
抖 /dǒu ドウ/(动)(❀ tremble) 震える
陡 /dǒu ドウ/(形)(❀ steep slope) 傾斜が急である
斗 /dòu ドウ/(动)(❀ fight) 闘争する
***斗争** /dòuzhēng ドウヂョン/(动, 名)(❀ struggle) 闘争(する)
***豆腐** /dòufu ドウフ/(名)(❀ soy bean curd) 豆腐

豆浆 /dòujiāng ドウジアン/(名)([英]soy milk) 豆乳

豆子 /dòuzi ドウヅ/(名)([英]bean) 豆

*逗 /dòu ドウ/(动)([英] amuse, tease) あやす, からかう

毒 /dú ドゥ/(形)([英] poisonous) 悪辣な

— (动)([英] kill... with poison) 毒で殺す

毒 /dú ドゥ/(名)([英] poison) 毒

*独立/dúlì ドゥリィ/(动)([英] gain independence) 独立する

独特 /dútè ドゥトゥァ/(形)([英] unique) 独特の

独自 /dúzì ドゥヅー/(副)([英] by oneself) 自分ひとりで

⁑读 /dú ドゥ/(动)([英] read, study) 読む, 学ぶ

*读书 /dú▾shū ドゥシュウ/(动)([英]read a book) 本を読む, 学校で学ぶ

读物 /dúwù ドゥウゥ/(名)([英] reading material) 読み物

*读者 /dúzhě ドゥヂョァ/(名)([英] readers) 読者

*堵 /dǔ ドゥ/(动)([英] block) (移動していく人や物の運動を止めるために)塞ぐ

*肚子 /dùzi ドゥヅ/(名)([英] belly) 腹

*度 /dù ドゥ/(量)([英] degree) 角度や温度などを表す

*度过 /dùguò ドゥグゥオ/(动)([英] spend) (時間, 休暇を)過ごす

*渡 /dù ドゥ/(动)([英] cross) 渡る

*端 /duān ドワン/(动)([英] hold horizontally) (両手または片手で物を水平に保つようにして)持つ

端正 /duānzhèng ドワンヂョン/(形)([英] decent) きちんとした

— (动)([英] straighten up) (態度・心構えを)正しくする

⁑短 /duǎn ドワン/(形)([英] short) 短い

*短期 /duǎnqī ドワンチィ/(名)([英] a short period) 短い期間

⁑锻炼 /duànliàn ドワンリエン/(动)([英] train, discipline) 鍛える

⁑段 /duàn ドワン/(量) 長いものの区切りを数える

*断 /duàn ドワン/(动)([英] cut) 切る

*堆 /duī ドゥイ/(动)([英] stack) 積む

堆 /duī ドゥイ/(名)([英] heap, pile) 積み上げたもの, 山

— (量)([英] a pile of) ひと山

堆积 /duījī ドゥイジィ/(动)([英] heap, stack) 積み上げる

兑换 /duìhuàn ドゥイホワン/(动)([英] change money) 両替する

*队 /duì ドゥイ/(名)([英] team) チーム

*队伍 /duìwu ドゥイウ/(名)([英] army) 軍隊

队员 /duìyuán ドゥイユエン/(名)([英] unit/squad member) 隊員, チームのメンバー

*队长 /duìzhǎng ドゥイヂャァン/(名)([英] captain) 主将, 隊長

⁑对 /duì ドゥイ/(形)([英] correct) 正しい

*对 /duì ドゥイ/(量)([英] a pair of) 二つで一組のものを数える

*对比 /duìbǐ ドゥイビィ/(动, 名)([英] compare and contrast) 対比(する)

⁑对不起 /duìbuqǐ ドゥイブチィ/(动)([英] sorry) 申し訳ない

*对待 /duìdài ドゥイダイ/(动)([英] deal with) (事に)対処する

对得起 /duìdeqǐ ドゥイダチィ/(动) 申し訳が立つ

*对方 /duìfāng ドゥイファアン/(名)([英] opponent) 相手

*对付 /duìfu ドゥイフ/(动)([英] deal with) 対処する

*对话 /duìhuà ドゥイホア/(动, 名)([英] dialogue) 対話(する)

对…来说 /duì... láishuō ドゥイ… ライシュオ/([英] with regard to...) …についていえば

对了 /duì le ドゥイ ラ/(组)([英] by the way) ところで

对立 /duìlì ドゥイリィ/(动)([英] confrontation) 対立する

对门 /duìmén ドゥイメン/(名)([英]

the house across the street) 向かいの家
* **对面** /duìmiàn ドゥイミエン/(名) (英 right across from) 真向かい
* **对象** /duìxiàng ドゥイシアン/(名) (英 object, target, fiancé) 対象, 恋人
* **对于** /duìyú ドゥイユィ/(介) (英 regarding...) …について
* **吨** /dūn ドゥン/(量) (英 ton) (重量の単位) トン
* **蹲** /dūn ドゥン/(动) (英 squat) (尻を地面などに着けずに)しゃがむ
* **顿** /dùn ドゥン/(量) (英 times) 動作の回数を表す

顿时 /dùnshí ドゥンシー/(副) (英 immediately) 直ちに

哆嗦 /duōsuō ドゥオスゥオ/(动) (英 tremble) 震える
* **多** /duō ドゥオ/(形) (英 much, many) 多い
* **多** /duō ドゥオ/(副) (英 how much) どれだけ (程度や数を尋ねる)
* **多** /duō ドゥオ/(数) (英 more than...) (数量詞の後につけて用いる) …あまり (端数を表す)

多半 /duōbàn ドゥオバン/(副) (英 probably) たぶん

多亏 /duōkuī ドゥオクゥイ/(动) (英 thanks to...) …のおかげである

多劳多得 /duō láo duō dé ドゥオ ラオ ドゥオ ドゥア/(成) (英 divide) 労働に応じて分配する
* **多么** /duōme ドゥオマ/(副) (英 how!) なんと
* **多少** /duōshao ドゥオシャオ/(代) (英 how many) (数量を問う) いくら
* **多数** /duōshù ドゥオシュウ/(名) (英 numerous) 多数

多余 /duōyú ドゥオユィ/(形) (英 excessive) 余分な
* **夺** /duó ドゥオ/(动) (英 seize, wrest) 奪う

夺取 /duóqǔ ドゥオチュイ/(动) (英 capture) 奪取する
* **躲** /duǒ ドゥオ/(动) (英 dodge, avoid) 身をかわす
* **朵** /duǒ ドゥオ/(量) 花や雲またはそれに似た物を数える

E, e

* **鹅** /é ゥァ/(名) (英 goose) ガチョウ

俄语 /Éyǔ ゥァユィ/(名) (英 Russian) ロシア語

俄文 /Éwén ゥァウェン/(名) (英 Russian) ロシア語

恶心 /ěxin ゥァシン/(动) (英 nauseous) 吐き気をもよおす

恶 /è ゥァ/(形) (英 heinous, vicious) 凶悪な

恶化 /èhuà ゥァホア/(动) (英 degenerate) 悪化する

恶劣 /èliè ゥァリエ/(形) (英 poor, inferior) 劣悪な
* **饿** /è ゥァ/(形) (英 hungry) ひもじい
* **而** /ér アル/(连) (英 therefore) しかして

而后 /érhòu アルホウ/(连) (英 after that) それから
* **而且** /érqiě アルチエ/(连) (英 moreover) かつ, さらに

儿女 /érnǚ アルニュィ/(名) (英 children) (広く)子供
* **儿童** /értóng アルトン/(名) (英 children) 児童
* **儿子** /érzi アルヅ/(名) (英 son) 息子
* **耳朵** /ěrduo アルドゥオ/(名) (英 ear) 耳
* **二** /èr アル/(数) (英 two) 二

F, f

* **发** /fā ファア/(动) (英 dispatch, send) 発送する
* **发表** /fābiǎo ファアビアオ/(动) (英 present, publicize) (公に意見を)発表する
* **发出** /fāchū ファアチュウ/(动) (英 emit, issue) (音や疑問などを)発する

*发达 /fādá ファアダァ/(形)(㊦ progressive) 発達した
发电 /fā'diàn ファアディエン/(动)(㊦ generate electricity) 発電する
*发动 /fādòng ファアドン/(动)(㊦ start) 始める
*发抖 /fādǒu ファアドウ/(动)(㊦ tremble) 震える
*发挥 /fāhuī ファアホゥイ/(动)(㊦ display, exhibit) 発揮する
发觉 /fājué ファアジュエ/(动)(㊦ realize) 気がつく
*发明 /fāmíng ファアミィン/(动, 名)(㊦ invent) 発明(する)
**发烧 /fā'shāo ファアシャオ/(动)(㊦ get a fever) 熱が出る
发射 /fāshè ファアショァ/(动)(㊦ launch, shoot) 発射する
**发生 /fāshēng ファアション/(动)(㊦ occur, happen) 発生する
**发现 /fāxiàn ファアシエン/(动, 名)(㊦ make a discovery) (研究, 考察の結果)発見(する)
发行 /fāxíng ファアシィン/(动)(㊦ issue) 発行する
*发言 /fā'yán ファアイエン/(动)(㊦ make a speech) 発言する
发扬 /fāyáng ファアヤン/(动)(伝統, 精神などを)提唱し盛んにする
发育 /fāyù ファアユィ/(动)(㊦ grow) 発育する
**发展 /fāzhǎn ファアチャン/(动, 名)(㊦ develop) 発展(する)
罚 /fá ファア/(动)(㊦ punish) 罰する
*法郎 /fǎláng ファアラァン/(名)(㊦ franc) (貨幣単位の)フラン
法令 /fǎlìng ファアリィン/(名)(㊦ law, statute) 法令
*法律 /fǎlǜ ファアリュィ/(名)(㊦ law) 法律
**法语 /Fǎyǔ ファアユィ/(名)(㊦ French) フランス語
**法文 /Fǎwén ファアウェン/(名)(㊦ French) フランス語
法院 /fǎyuàn ファアユエン/(名)(㊦ court) 裁判所
法制 /fǎzhì ファアヂー/(名)(㊦ law, legislation) 法制
法子 /fǎzi ファアヅ/(名)(㊦ method) 方法
番 /fān ファン/(量)(㊦ times) 回
**翻 /fān ファン/(动)(㊦ fall over) (物が)ひっくり返る
翻身 /fān'shēn ファンシェン/(动)(㊦ turn in one's sleep) 寝返りを打つ
**翻译 /fānyì ファンイー/(动, 名)(㊦ translate) 翻訳(する), 通訳(する)
*繁荣 /fánróng ファンロン/(形)(㊦ flourishing) 繁栄している
— (动)(㊦ flourish) 繁栄させる
繁殖 /fánzhí ファンヂー/(动)(㊦ reproduce, breed) 繁殖する
凡是 /fánshì ファンシー/(副)(㊦ all, everything) すべて, およそ
烦 /fán ファン/(形)(㊦ suffer) いらいらする
反 /fǎn ファン/(动)(㊦ oppose) 反対する
— (形)(㊦ opposite) 逆の
反 /fǎn ファン/(副)(㊦ rather) むしろ, 予期に反して
*反动 /fǎndòng ファンドン/(形)(㊦ reactionary) 反動的な
**反对 /fǎnduì ファンドゥイ/(动)(㊦ oppose) 反対する
反面 /fǎn'ér ファンアル/(副)(㊦ instead) かえって
*反复 /fǎnfù ファンフゥ/(动)(㊦ repeat) 反復する
— (副)(㊦ repeatedly) 繰り返し
反击 /fǎnjī ファンジィ/(动)(㊦ counterattack) 反撃
*反抗 /fǎnkàng ファンカァン/(动)(㊦ resist) 抵抗する
反问 /fǎnwèn ファンウェン/(动)(㊦ return a question) 反問する
*反应 /fǎnyìng ファンイィン/(动, 名)(㊦ response) 反応(する)
*反映 /fǎnyìng ファンイィン/(动)(㊦ reflect) 反映(する)
*反正 /fǎnzhèng ファンヂョン/(副)(㊦ in any case, anyhow) ど

うせ，どのみち

返 /fǎn ファン/(动) ([英] return) 返る

*范围 /fànwéi ファンウェイ/(名) ([英] range, extent) 範囲

*犯 /fàn ファン/(动) ([英] commit) 犯す

犯人 /fànrén ファンレン/(名) ([英] culprit, criminal) 犯人

犯罪 /fàn▾zuì ファンヅゥイ/(动) ([英] commit a crime) 罪を犯す

⁑饭 /fàn ファン/(名) ([英] rice, meal) ご飯

⁑饭店 /fàndiàn ファンディエン/(名) ([英] hotel) ホテル

饭馆 /fànguǎn ファングワン/(名) ([英] restaurant) レストラン

泛滥 /fànlàn ファンラン/(动) ([英] flooding) (河川が)氾濫する

*方 /fāng ファアン/(形) ([英] square) 方形の

方 /fāng ファアン/(名) ([英] square) 四角，立方体

*方案 /fāng'àn ファアンアン/(名) ([英] plan) 計画

⁑方便 /fāngbiàn ファアンビエン/(形) ([英] convenient) 便利な

一 (动) 便利になるようにする

⁑方法 /fāngfǎ ファアンファア/(名) ([英] method) 方法

⁑方面 /fāngmiàn ファアンミエン/(名) ([英] direction, aspect) 方面

*方式 /fāngshì ファアンシー/(名) ([英] method) 方式

⁑方向 /fāngxiàng ファアンシアン/(名) ([英] direction) 方向

*方针 /fāngzhēn ファアンチェン/(名) ([英] policy) 方針

⁑房间 /fángjiān ファアンジエン/(名) ([英] room) 部屋

房屋 /fángwū ファアンウゥ/(名) ([英] house) 家屋

*房子 /fángzi ファアンヅ/(名) ([英] house) 家屋

*防 /fáng ファアン/(动) ([英] prevent) 防ぐ

防守 /fángshǒu ファアンショウ/(动) ([英] protect) 守る

防御 /fángyù ファアンユィ/(动) ([英] defend) 防御する

*防止 /fángzhǐ ファアンチー/(动) ([英] prevent) 防止する

防治 /fángzhì ファアンチー/(动) ([英] prevention and treatment) 予防と治療

妨碍 /fáng'ài ファアンアイ/(动) ([英] obstruct) 妨げる

*仿佛 /fǎngfú ファアンフゥ/(动) ([英] resemble) 似ている

⁑访问 /fǎngwèn ファアンウェン/(动) ([英] visit, call on) 訪問する

纺 /fǎng ファアン/(动) ([英] spin) 紡ぐ

*纺织 /fǎngzhī ファアンチー/(动) ([英] spin and weave) 紡績をする

⁑放 /fàng ファアン/(动) ([英] release) 置く

*放大 /fàngdà ファアンダァ/(动) ([英] make large) 拡大する

⁑放假 /fàng▾jià ファアンジア/(动) ([英] enter recess) 休みになる

*放弃 /fàngqì ファアンチィ/(动) ([英] abandon) 放棄する

放手 /fàng▾shǒu ファアンショウ/(动) ([英] let go) 手を放す

放松 /fàngsōng ファアンソン/(动) ([英] loosen) 緩める，気を抜く

*放心 /fàng▾xīn ファアンシン/(动) ([英] set *one's* mind at ease) 安心する

放学 /fàng▾xué ファアンシュエ/(动) ([英] the school is on recess) 学校が引ける

放映 /fàngyìng ファアンイィン/(动) ([英] project) 映写する

非 /fēi フェイ/(副) ([英] by all means) ぜひとも…しなければならない

*非…不可 /fēi... bùkě フェイ … ブゥクァ/(组) ([英] must) ぜひとも…しなければならない

⁑非常 /fēicháng フェイチャァン/(副) ([英] extremely) 非常に

⁑飞 /fēi フェイ/(动) ([英] fly) (羽で)飛ぶ

⁑飞机 /fēijī フェイジィ/(名) ([英] airplane) 飛行機

飞快 /fēikuài フェイクアイ/(形) ([英]

F

fast as the wind) 飛ぶように速い

飞行 /fēixíng フェイシィン/(动)(㊥fly) (飛行機やロケットが)空を飛ぶ

飞跃 /fēiyuè フェイユエ/(形,名)(㊥ leap) 飛躍(的な)

*肥 /féi フェイ/(形)(㊥ fat, fertile) 肥えている

肥料 /féiliào フェイリアオ/(名)(㊥fertilizer) 肥料

肥皂 /féizào フェイゾァオ/(名)(㊥soap) 石けん

*肺 /fèi フェイ/(名)(㊥ lungs) 肺

废 /fèi フェイ/(动)(㊥ abolish) 廃止する

废除 /fèichú フェイチュウ/(动)(㊥dispose of) 廃棄する

废话 /fèihuà フェイホア/(名)(㊥ idle talk) 余計な話

废墟 /fèixū フェイシュィ/(名)(㊥ruins) 廃墟

沸腾 /fèiténg フェイテゥン/(动)(㊥boil) 沸騰する

*费 /fèi フェイ/(动)(㊥ spend) 費やす

费力 /fèi'lì フェイリィ/(动)(㊥ need great effort) 骨を折る,手間取る

*费用 /fèiyòng フェイヨン/(名)(㊥ expense) 費用

*吩咐 /fēnfù フェンフゥ/(动)(㊥tell on, inform) 言い付ける

**分 /fēn フェン/(动)(㊥ divide) 分ける

**分 /fēn フェン/(量) 貨幣の単位

*分别 /fēnbié フェンビエ/(动)(㊥separate) 分かれる
— (副) それぞれ

分布 /fēnbù フェンブゥ/(动)(㊥distribute) 分布する

分割 /fēngē フェングァ/(动)(㊥divide) 分割する

分工 /fēn'gōng フェンゴン/(动,名)(㊥ divide work) 分業(する)

分解 /fēnjiě フェンジエ/(动)(㊥disassemble) 分解する

分离 /fēnlí フェンリィ/(动)(㊥ separate) 分離する

分裂 /fēnliè フェンリエ/(动)(㊥split) 分裂する

分泌 /fēnmì フェンミィ/(动)(㊥secrete) 分泌する

分明 /fēnmíng フェンミィン/(形)(㊥ clear, obvious) 明らかな

*分配 /fēnpèi フェンペイ/(动)(㊥distribute) 分配する

分散 /fēnsàn フェンサン/(动)(㊥ disperse) 分散させる
— (形) 分散した

分数 /fēnshù フェンシュウ/(名)(㊥ points) (成績の)点数

*分析 /fēnxī フェンシィ/(动,名)(㊥analysis / analyze) 分析(する)

**…分之… /... fēn zhī...…/ フェンヂー …/(组) (分数で)…分の…

**分钟 /fēnzhōng フェンヂォン/(量)(㊥ minutes) (時間を示す)分

分子 /fēnzǐ フェンズー/(名)(㊥ element, molecule) (分数の,原始結合体の)分子

*纷纷 /fēnfēn フェンフェン/(形)(㊥numerous and various) 雑多な

坟 /fén フェン/(名)(㊥ mound) 墓

粉 /fěn フェン/(名)(㊥ powder) 粉

*粉笔 /fěnbǐ フェンビィ/(名)(㊥ chalk) チョーク

粉碎 /fěnsuì フェンスイ/(动)(㊥ crush into pieces) 粉々にする

分量 /fènliàng フェンリアン/(名)(㊥ weight) 重さ

分子 /fènzǐ フェンズー/(名)(㊥element, molecule) (社会の)分子,構成要因

*奋斗 /fèndòu フェンドウ/(动)(㊥ struggle) 奮闘する

*份 /fèn フェン/(量) 組や揃いになったものを数える

*愤怒 /fènnù フェンヌゥ/(形)(㊥ anger) 怒り狂った

粪 /fèn フェン/(名)(㊥ dung) 糞

丰产 /fēngchǎn フォンチャン/(形,名)(㊥ abundant harvest) 豊作(の)

*丰富 /fēngfù フォンフゥ/(形)(㊥

abundant) 豊富な
—(动) 豊かにする
丰收 /fēngshōu フォンショウ/(动)(英 abundant crop) 豊作になる
封 /fēng フォン/(动)(英 close, seal) 閉じる
*封 /fēng フォン/(量) 封入された物を数える
*封建 /fēngjiàn フォンジエン/(形)(英 feudal) 封建的な
封锁 /fēngsuǒ フォンスォオ/(动)(英 close off) 封鎖する
风 /fēng フォン/(名)(英 wind) 風
风格 /fēnggé フォングァ/(名)(英 style) 流儀, 作風
*风景 /fēngjǐng フォンジン/(名)(英 scenery) 風景
*风力 /fēnglì フォンリィ/(名)(英 wind velocity) 風力
风气 /fēngqì フォンチィ/(名)(英 atmosphere) 気風, 風潮
*风俗 /fēngsú フォンスゥ/(名)(英 customs) 風俗
疯 /fēng フォン/(形)(英 insane) 気が狂った
疯狂 /fēngkuáng フォンクアン/(形)(英 insane) 気が狂っている
*逢 /féng フォン/(动)(英 encounter) 出会う
缝 /féng フォン/(动)(英 sew) 縫う
讽刺 /fěngcì フォンツー/(动)(英 satirize) 諷刺する
佛教 /Fójiào フォオジアオ/(名)(英 Buddhism) 仏教
*否定 /fǒudìng フォウディン/(动)(英 negate) 否定する
*否则 /fǒuzé フォウヅエ/(连)(英 otherwise) さもなくば
夫妻 /fūqī フゥチィ/(名)(英 husband and wife) 夫妻
夫人 /fūrén フゥレン/(名)(英 wife) 夫人
*扶 /fú フゥ/(动)(英 support, prop up) (倒れないように手で)支える
幅 /fú フゥ/(量) 布地や絵画を数える
*符合 /fúhé フゥホァ/(动)(英 conform to, fit) 符合する
服 /fú フゥ/(动)(英 take, swallow (medicine)) (薬を)飲む
*服从 /fúcóng フゥツォン/(动)(英 obey, submit) 服従する
服务 /fúwù フゥウゥ/(动)(英 serve) 奉仕する
服务员 /fúwùyuán フゥウゥユエン/(名)(英 employees) (ホテルやレストランの)従業員
*浮 /fú フゥ/(动)(英 float) 浮かぶ
辅导 /fǔdǎo フゥダオ/(动)(英 instruct, tutor) 補習する
腐蚀 /fǔshí フゥシー/(动)(英 corrode) 腐蝕する
腐朽 /fǔxiǔ フゥシウ/(形)(英 decayed) 腐った
*副 /fù フゥ/(量) セットや組になっているものを数える
*副食 /fùshí フゥシー/(名)(英 side dish) 副食
复活节 /Fùhuó Jié フゥホウオ ジエ/(名)(英 Easter) (キリスト教の)復活祭
*复述 /fùshù フゥシュウ/(动)(英 repeat) 復唱する
复习 /fùxí フゥシィ/(动)(英 review) 復習する
*复印 /fùyìn フゥイン/(动)(英 reproduce, copy) 複写する, コピーする
复杂 /fùzá フゥヅアァ/(形)(英 complicated) 複雑な
复制 /fùzhì フゥヂー/(动)(英 reproduce) 複製する
*付 /fù フゥ/(动)(英 pay) 支払う
父亲 /fùqīn フゥチン/(名)(英 father) 父
负 /fù フゥ/(动)(英 bear the burden) 負担する
负担 /fùdān フゥダン/(动, 名)(英 bear the burden) 負担(する)
负责 /fùzé フゥヅゥァ/(动)(英 bear responsibility) 責任を負う
—(形)(英 responsible) 責任感の強い
*富 /fù フゥ/(形)(英 rich) 財産が

多い
富有 /fùyǒu フヮヨウ/(动)(㊥ be rich in) …に富む
— (形)(㊥ rich) 裕福な
富裕 /fùyù フヮユィ/(形)(㊥ wealthy) 富裕な
附近 /fùjìn フヮジン/(名)(㊥ vicinity) 附近
*妇女 /fùnǚ フヮニュィ/(名)(㊥ woman) 婦女
妇人 /fùrén フヮレン/(名)(㊥ married woman) 既婚の女性

G, g

**该 /gāi ガイ/(助动)(㊥ must) …するのが当然である
*该 /gāi ガイ/(代)(㊥ this) この
**改 /gǎi ガイ/(动)(㊥ change, alter) 変える
改编 /gǎibiān ガイビエン/(动)(㊥change, modify) 原作に基づいて作りかえる
**改变 /gǎibiàn ガイビエン/(动)(㊥ change, be altered) 変わる, 変える
*改革 /gǎigé ガイグァ/(动, 名)(㊥reform) 改革(する)
*改进 /gǎijìn ガイジン/(动, 名)(㊥improve) 改善する
改良 /gǎiliáng ガイリアン/(动)(㊥ improve) 改良する
*改善 /gǎishàn ガイシャン/(动)(㊥improve) 改善する
改造 /gǎizào ガイヅァオ/(动)(㊥ remodel, modify) 改造する
改正 /gǎizhèng ガイヂョン/(动)(㊥rectify) 改める
*概括 /gàikuò ガイクゥオ/(动)(㊥summary) 概括する
*概念 /gàiniàn ガイニエン/(名)(㊥concept) 概念
*盖 /gài ガイ/(动)(㊥ lid) 蓋をする
盖子 /gàizi ガイツ/(名)(㊥ lid) 蓋
*干杯 /gān bēi ガンベイ/(动)(㊥ toast) 乾杯する
*干脆 /gāncuì ガンツゥイ/(形)

(㊥clear-cut) きっぱりしている
干旱 /gānhàn ガンハン/(形)(㊥ dry, parched) 乾燥しきった
**干净 /gānjìng ガンジィン/(形)(㊥clean) 清潔な
干扰 /gānrǎo ガンラオ/(动, 名)(㊥ disturb) 邪魔(する)
干涉 /gānshè ガンシォァ/(动)(㊥interfere) 干渉(する)
*干燥 /gānzào ガンヅァオ/(形)(㊥dry) 乾燥している
*杆子 /gānzi ガンツ/(名)(㊥ pole, rod) 竿, 棒
*肝 /gān ガン/(名)(㊥ liver) 肝臓
*赶 /gǎn ガン/(动)(㊥ pursue) 追う
*赶紧 /gǎnjǐn ガンジン/(副)(㊥ in a great rush) 大急ぎで
*赶快 /gǎnkuài ガンクァイ/(副)(㊥ quickly, at once) 早く
赶忙 /gǎnmáng ガンマァン/(副)(㊥ hurriedly, hastily) 急いで
赶上 /gǎnshàng ガンシャン/(动)(㊥ catch up) 追いつく
**感到 /gǎndào ガンダオ/(动)(㊥ feel, sense) 感じる
*感动 /gǎndòng ガンドン/(动)(㊥be moved) 感動する
*感激 /gǎnjī ガンジィ/(动)(㊥feel grateful) (人の厚意に)心を強く動かされる
*感觉 /gǎnjué ガンジュエ/(动, 名)(㊥ feeling) 感じ(る)
**感冒 /gǎnmào ガンマオ/(动, 名)(㊥ (catch)cold) 風邪(をひく)
*感情 /gǎnqíng ガンチィン/(名)(㊥emotions) 感情
感受 /gǎnshòu ガンシォウ/(动)(㊥ perceive) 感じとる
— (名)感じとったこと
*感想 /gǎnxiǎng ガンシアン/(名)(㊥impression) 感想
**感谢 /gǎnxiè ガンシエ/(动)(㊥ be grateful) 感謝する
*感兴趣 /gǎn xìngqù ガン シィンチュィ/(组)(㊥ have interest) 興味を覚える
**敢 /gǎn ガン/(助动)(㊥ dare

- **敢于** /gǎnyú ガンユィ/（动）（英 have the courage to *do*) …するだけの勇気がある
- **干** /gàn ガン/（动）（英 do) …する
- **干部** /gànbù ガンブゥ/（名）（英 executive) 幹部
- **干活儿** /gàn'huór ガンホゥオル/（动）（英 do work) 力仕事をする
- **干劲** /gànjìn ガンジン/（名）（英 eagerness) 意気込み
- **干吗** /gànmá ガンマァ/（副）（英 why) どうして
- **刚** /gāng ガン/（副）（英 just now) …したばかりである
- **刚才** /gāngcái ガァンツァイ/（名）（英 a while ago) さきほど
- **刚刚** /gānggāng ガァンガァン/（副）（英 just) ちょうどいま
- **钢** /gāng ガァン/（名）（英 steel) 鋼鉄
- **钢笔** /gāngbǐ ガンビィ/（名）（英 pen) ペン
- **缸** /gāng ガァン/（名）（英 jug, pot) 甕
- **纲领** /gānglǐng ガァンリィン/（名）（英 general policy) 綱領
- **岗位** /gǎngwèi ガァンウェイ/（名）兵士や巡査の受け持ちの位置
- **港** /gǎng ガァン/（名）（英 port) 港
- **港币** /gǎngbì ガァンビィ/（名）（英 Hong Kong dollar) 香港ドル
- **港口** /gǎngkǒu ガァンコウ/（名）（英 port) 港
- **高** /gāo ガオ/（形）（英 high) 高い
- **高潮** /gāocháo ガオチャオ/（名）（英 climax) クライマックス
- **高大** /gāodà ガオダァ/（形）（英 tall and large) 高くて大きい
- **高等** /gāoděng ガオデゥン/（形）（英 advanced) 高等な
- **高度** /gāodù ガオドゥ/（形,名）（英 high level) 高度(な)
- **高峰** /gāofēng ガオフォン/（名）（英 high mountain) 高峰, ピーク
- **高级** /gāojí ガオジィ/（形）（英 high class) 高級な
- **高粱** /gāoliang ガオリアン/（名）コウリャン
- **高尚** /gāoshàng ガオシャァン/（形）（英 dignified) 高尚な
- **高速** /gāosù ガオスゥ/（形）（英 high speed) 高速の
- **高兴** /gāoxìng ガオシィン/（动）（英 be pleased) 喜ぶ
  ―（形）（英 pleased) うれしい
- **高压** /gāoyā ガオヤァ/（名）（英 high pressure) 高圧
- **高原** /gāoyuán ガオユエン/（名）（英 highlands, plateau) 高原
- **高中** /gāozhōng ガオチォン/（名）（英 high school) 高等学校
- **搞** /gǎo ガオ/（动）（英 do) やる
- **稿** /gǎo ガオ/（名）（英 manuscript) 原稿
- **告** /gào ガオ/（动）（英 accuse, sue) 告発する
- **告别** /gào'bié ガオビエ/（动）（英 say farewell) いとま乞いをする
- **告辞** /gào'cí ガオツー/（动）（英 say farewell) いとま乞いをする
- **告诉** /gàosu ガオスゥ/（动）（英 inform) 告げる
- **哥哥** /gēge グァガ/（名）（英 elder brother) 兄
- **歌** /gē グァ/（名）（英 song) 歌
- **歌唱** /gēchàng グァチャァン/（动）（英 sing) 歌う
- **歌剧** /gējù グァジュィ/（名）（英 opera) 歌劇
- **歌曲** /gēqǔ グァチュィ/（名）（英 song) 歌曲
- **歌颂** /gēsòng グァソン/（动）（英 sing praises of) 賛美する
- **搁** /gē グァ/（动）（英 place, put down) 置く
- **鸽子** /gēzi グァヅ/（名）（英 pigeon) ハト
- **胳膊** /gēbo グァボ/（名）（英 arm) 腕
- **胳臂** /gēbei グァベイ/（名）（英 arm) 腕
- **割** /gē グァ/（动）（英 cut) 切る,

刈る
- *革命 /gémìng ガミィン/(動,名)(㊀ revolution) 革命(を起こす)
- 革新 /géxīn ガシン/(動,名)(㊀ reform) 革新(する)
- 格外 /géwài ガワイ/(副)(㊀ especially) とりわけ
- *隔 /gé ガ/(動)(㊀ separate) 隔てる
- *隔壁 /gébì ガビィ/(名)(㊀next door) 隣室, 隣家
- 隔阂 /géhé ガホォァ/(名)(㊀ gap, divide) わだかまり
- 个 /gè ガ/(量)(㊀ piece) 個
- *个别 /gèbié ガビエ/(形)(㊀ individually) 個別の
- 个儿 /gèr ガル/(名)(㊀ physique) 大きさ
- *个人 /gèrén ガレン/(名)(㊀ individual) 個人
- *个体 /gètǐ ガティー/(名)(㊀ individual) 個体, 個人
- 个体户 /gètǐhù ガティーホゥ/(名)(㊀ privately-managed enterprise) 個人事業主
- 个性 /gèxìng ガシィン/(名)(㊀ individuality) 個性
- 个子 /gèzi ガヅ/(名)(㊀ height) 背丈
- **各 /gè ガ/(代)(㊀ each, every) おのおの
- 各式各样 /gèshì gèyàng ガシーガヤン/(成)(㊀ diverse) 種々さまざまの
- 各种 /gèzhǒng ガチォン/(形)(㊀ various) 種々の
- 各自 /gèzì ガヅー/(代)(㊀ each person, respective) 各自
- **给 /gěi ゲイ/(動)(㊀ give, grant) 与える
- 给以 /gěiyǐ ゲイイー/(動)(㊀ give, grant) 与える, 授ける
- **根 /gēn ゲン/(名)(㊀ root) 根
  ― (量) 細長いものを数える
- *根本 /gēnběn ゲンベン/(形,副)(㊀ root, fundamental) 根本(的な)
- *根据 /gēnjù ゲンチュイ/(動,介)(㊀ according to) …によれば
  ―(名)拠り所
- 根源 /gēnyuán ゲンユエン/(名)(㊀origin, root) 根源
- **跟 /gēn ゲン/(介,連)(㊀ and) …と
- 跟前 /gēnqián ゲンチエン/(名)(㊀ near) そば, 面前
- 耕地 /gēngdì ゲンディー/(動,名)(㊀ cultivate / the fields) 田畑(を耕す)
- **更 /gèng ゲン/(副)(㊀ more) いっそう, もっと
- 更加 /gèngjiā ゲンジア/(副)(㊀ increasingly) ますます
- **工厂 /gōngchǎng ゴンチャァン/(名)(㊀ factory) 工場
- *工程 /gōngchéng ゴンチョン/(名)(㊀ construction) 工事, 工程
- *工程师 /gōngchéngshī ゴンチョンシー/(名)(㊀ engineer) 技師
- 工地 /gōngdì ゴンディー/(名)(㊀ construction site) 建築現場
- *工夫 /gōngfu ゴンフ/(名)(㊀ time, leisure) 時間, ひま
- *工会 /gōnghuì ゴンホゥイ/(名)(㊀ labor union) 労働組合
- *工具 /gōngjù ゴンチュイ/(名)(㊀ tool) 工具, 道具
- 工龄 /gōnglíng ゴンリィン/(名)(㊀ length of a laborer's service) 労働者の勤続年数
- 工钱 /gōngqian ゴンチエン/(名)(㊀ wages, pay) 手間賃
- **工人 /gōngrén ゴンレン/(名)(㊀ laborer) 労働者
- 工序 /gōngxù ゴンシュイ/(名)(㊀ process) 製造工程
- *工业 /gōngyè ゴンイエ/(名)(㊀ industry) 工業
- *工艺品 /gōngyìpǐn ゴンイィピン/(名)(㊀ handicraft) 工芸品
- *工资 /gōngzī ゴンヅー/(名)(㊀ wages) 賃金
- *工作 /gōngzuò ゴンヅゥオ/(動,名)(㊀ work, labor) 仕事(をする)
- 攻 /gōng ゴン/(動)(㊀ attack) 攻める
- 攻击 /gōngjī ゴンジィ/(動)(㊀ attack) 攻撃する
- 攻克 /gōngkè ゴンクァ/(動)(㊀

capture) 攻略する

*功夫 /gōngfu/ ゴンフ/(名)（⊛ work, martial arts) 腕前, カンフー

功课 /gōngkè/ ゴンクァ/(名)（⊛ lesson, class) 授業, 学業

功劳 /gōngláo/ ゴンラオ/(名)（⊛ distinguished service) 功労

功能 /gōngnéng/ ゴンヌォン/(名)（⊛ function) 功能

*供 /gōng/ ゴン/(动)（⊛ supply) 供給する

*供给 /gōngjǐ/ ゴンジィ/(动)（⊛ supply) 供給する

供应 /gōngyìng/ ゴンイィン/(动)（⊛ supply) 供給する

公 /gōng/ ゴン/(形) オスの

公安 /gōng'ān/ ゴンアン/(名)（⊛ public security) 公安, 警察

公布 /gōngbù/ ゴンブゥ/(动)（⊛ announce) 公布する

*公费 /gōngfèi/ ゴンフェイ/(名)（⊛ public expense) 公費

*公共 /gōnggòng/ ゴンゴン/(形)（⊛ public) 公共の

**公共汽车 /gōnggòng qìchē/ ゴンゴン チィチョァ/(名)（⊛ bus) バス

**公斤 /gōngjīn/ ゴンジン/(量)（⊛ kilogram) キログラム

*公开 /gōngkāi/ ゴンカイ/(动)（⊛ open) 公開する
— (形)（⊛ open, public) 公然の

**公理 /gōnglǐ/ ゴンリィ/(名)（⊛ theorem, justice) 公理, 道理

*公路 /gōnglù/ ゴンルゥ/(名)（⊛ motorway) 自動車道路

公民 /gōngmín/ ゴンミン/(名)（⊛ citizen) 公民

公顷 /gōngqǐng/ ゴンチィン/(量)（⊛ hectare) ヘクタール

公式 /gōngshì/ ゴンシー/(名)（⊛ formula) 公式

*公司 /gōngsī/ ゴンスー/(名)（⊛ company, corporation) 会社

公用 /gōngyòng/ ゴンヨン/(形)（⊛ public) 共用の

*公用电话 /gōngyòng diànhuà/ ゴンヨン ディエンホア/(名)（⊛ public telephone) 公衆電話

*公元 /gōngyuán/ ゴンユエン/(名)（⊛ A.D., the Christian Era) 西暦紀元

**公园 /gōngyuán/ ゴンユエン/(名)（⊛ park) 公園

宫 /gōng/ ゴン/(名)（⊛ palace) 宮殿

宫殿 /gōngdiàn/ ゴンディエン/(名)（⊛ palace) 宮殿

弓 /gōng/ ゴン/(名)（⊛ bow) 弓

巩固 /gǒnggù/ ゴングゥ/(动)（⊛ strengthen) 強固にする
— (形)（⊛ firm, solid) 強固な

*贡献 /gòngxiàn/ ゴンシエン/(动, 名)（⊛ contribute) 貢献(する)

*共 /gòng/ ゴン/(副)（⊛ in sum) 全部で

*共产党 /gòngchǎndǎng/ ゴンチャンダァン/(名)（⊛ the Communist Party) 共産党

共和国 /gònghéguó/ ゴンホォアグウォ/(名)（⊛ republic) 共和国

共青团 /gòngqīngtuán/ ゴンチィントワン/(名)（⊛ communist youth association) 共産主義青年団

*共同 /gòngtóng/ ゴントン/(形)（⊛ joint, cooperative) 共同の

钩 /gōu/ ゴウ/(动)（⊛ hook) 鉤

钩子 /gōuzi/ ゴウツ/(名)（⊛ hook) 鉤

勾结 /gōujié/ ゴウジエ/(动)（⊛ conspire) 結託する

沟 /gōu/ ゴウ/(名)（⊛ gap, groove) 溝

*狗 /gǒu/ ゴウ/(名)（⊛ dog) 犬

*构成 /gòuchéng/ ゴウチョン/(动)（⊛ constitute) 構成する

*构造 /gòuzào/ ゴウツァオ/(名)（⊛ structure) 構造

购买 /gòumǎi/ ゴウマイ/(动)（⊛ buy) 購買する

**够 /gòu/ ゴウ/(动)（⊛ enough, attain) 達する, 足りる

辜负 /gūfù/ グゥフゥ/(动)（⊛ disappoint) 背く

*估计 /gūjì/ グゥジィ/(动, 名)（⊛ estimate) 見積もり(をする)

孤立 /gūlì グゥリィ/(动)(英 isolate) 孤立させる
— (形)(英 isolated) 孤立した
* **姑姑** /gūgu グゥグ/(名)(英 one's father's sisters) 父の姉妹
** **姑娘** /gūniang グゥニアン/(名)(英 unmarried woman) 未婚の女性
* **鼓** /gǔ グゥ/(名)(英 drum) 太鼓
鼓动 /gǔdòng グゥドン/(动)(英 agitate) 煽動する
* **鼓励** /gǔlì グゥリィ/(动. 名)(英 encourage) 激励(する)
* **鼓舞** /gǔwǔ グゥウゥ/(动. 名)(英 cheer) 鼓舞(する)
* **鼓掌** /gǔ▾zhǎng グゥチャァン/(动)(英 applaud) 拍手する
* **古** /gǔ グゥ/(形)(英 aged, old) 古びた
* **古代** /gǔdài グゥダイ/(名)(英 ancient times) 古代
古典 /gǔdiǎn グゥディエン/(名)(英 classics) 古典
* **古迹** /gǔjì グゥジィ/(名)(英 historic site) 旧跡
* **古老** /gǔlǎo グゥラオ/(形)(英 old, ancient) 古い
骨干 /gǔgàn グゥガン/(名)(英 backbone) 骨幹
* **骨头** /gútou グゥトウ/(名)(英 bone) 骨
谷子 /gǔzi グゥツ/(名)(英 millet) 粟
股 /gǔ グゥ/(量) 細長い物を数える
雇 /gù グゥ/(动)(英 hire) 雇う
** **故事** /gùshi グゥシ/(名)(英 story) 物語
* **故乡** /gùxiāng グゥシアン/(名)(英 homeland) 故郷
* **故意** /gùyì グゥイー/(形)(英 intentional) 故意の
* **顾** /gù グゥ/(动)(英 look after) 配慮する
* **顾客** /gùkè グゥクァ/(名)(英 customers) 顧客
顾问 /gùwèn グゥウェン/(名)(英 advisor) 顧問
固定 /gùdìng グゥディン/(动)(英 fix) 固定する

— (形)(英 fixed) 不変の
固然 /gùrán グゥラン/(副)(英 of course ... but) もとより…であるが
固体 /gùtǐ グゥティー/(名)(英 solid matter) 固体
** **刮** /guā グァ/(动)(英 blow, shave) (風が)吹く；剃る
瓜 /guā グァ/(名)(英 gourd) 瓜
瓜子 /guāzǐ グァツー/(名)(英 ウリ類の種
寡妇 /guǎfu グァフ/(名)(英 widow) 未亡人
** **挂** /guà グァ/(动)(英 hang) 掛ける
* **挂号** /guà▾hào グァハオ/(动)(英 register) 受付に申込む
乖 /guāi グァイ/(形)(英 well-behaved) おとなしい
* **拐** /guǎi グァイ/(动)(英 turn, bend) 曲がる
拐弯儿 /guǎi▾wānr グァイワル/(动)(英 turn the corner) 角を曲がる
* **怪** /guài グァイ/(形)(英 funny, strange) おかしい
怪 /guài グァイ/(动)(英 blame) とがめる
怪 /guài グァイ/(副)(英 quite, very) かなり
怪不得 /guàibude グァイブダ/(副)(英 no wonder) どうりで
** **关** /guān グワン/(动)(英 close, shut) 閉める
关 /guān グワン/(名)(英 checkpoint) 関所
关怀 /guānhuái グワンホアイ/(动)(英 show loving care for) 配慮する
* **关键** /guānjiàn グワンジエン/(名)(英 the crucial point) 肝心な点
关头 /guāntóu グワントゥ/(名)(英 critical moment) 重大な時機
** **关系** /guānxi グワンシ/(动)(英 concern) 関わる
— (名)(英 relation) 関係
** **关心** /guānxīn グワンシン/(动)(英 pay great attention to) 関

心を持つ
*关于 /guānyú グヮンユィ/(介)(英 regarding...) …に関して
*关照 /guānzhào グヮンチャオ/(英 look after) 面倒を見る
*官 /guān グヮン/(名)(英 government official) 役人
官僚主义 /guānliáo zhǔyì グヮンリアオ チュウイー/(名)(英 bureaucratic) 官僚主義
观测 /guāncè グヮンツァァ/(动)(英 survey) 観測する
*观察 /guānchá グヮンチァア/(动)(英 observe) 観察する
*观点 /guāndiǎn グヮンディエン/(名)(英 viewpoint) 観点
观看 /guānkàn グヮンカン/(动)(英 vist, inspect) 参観する
观念 /guānniàn グヮンニエン/(名)(英 concept) 観念
*观众 /guānzhòng グヮンヂォン/(名)(英 spectators) 観衆
*管 /guǎn グヮン/(动)(英 manage, administer) 管理する
管道 /guǎndào グヮンダオ/(名)(英 pipe) パイプ
*管理 /guǎnlǐ グヮンリィ/(动)(英 manage) 管理する
管子 /guǎnzi グヮンヅ/(名)(英 tube) 管
*冠军 /guànjūn グヮンジュィン/(名)(英 champion) 優勝
罐 /guàn グヮン/(名)(英 can, tin) 缶, びん, つぼ
*罐头 /guàntou グヮントウ/(名)(英 canned goods) 缶詰
惯 /guàn グヮン/(动)(英 become familiar with) 慣れる
灌 /guàn グヮン/(动)(英 give water) 水をやる
灌溉 /guàngài グヮンガイ/(动)(英 irrigate) 灌漑する
*贯彻 /guànchè グヮンチョァ/(动)(英 accomplish) 貫徹する
*光 /guāng グヮン/(名)(英 light) 光
光 /guāng グヮン/(动)(英 expose) むき出しにする
*光 /guāng グヮン/(形)(英 glossy, smooth) つるつるしている
*光 /guāng グヮン/(副)(英 only) ただ…だけ
光彩 /guāngcǎi グヮンツァイ/(名)(英 color scheme) 彩り
光滑 /guānghuá グヮンホア/(形)(英 glossy, smooth) つるつるしている
*光辉 /guānghuī グヮンホゥイ/(名)(英 brilliance) 光輝
— (形)(英 brilliant) 輝かしい
光临 /guānglín グヮンリン/(动)(英) ご来訪くださる
*光明 /guāngmíng グヮンミィン/(形)(英 brilliant, bright) 輝かしい
*光荣 /guāngróng グヮンロン/(形)(英 honorable) 光栄ある
*光线 /guāngxiàn グヮンシエン/(名)(英 ray) 光線
广 /guǎng グヮン/(形)(英 wide) 範囲が広い
*广播 /guǎngbō グヮンボォ/(动.名)(英 broadcast) 放送(する)
*广场 /guǎngchǎng グヮンチャァン/(名)(英 public square) 広場
*广大 /guǎngdà グヮンダァ/(形)(英 vast) 広大な
*广泛 /guǎngfàn グヮンファン/(形)(英 widespread) 多方面の, 広範囲な
*广告 /guǎnggào グヮンガオ/(名)(英 advertisement) 広告
*广阔 /guǎngkuò グヮンクゥオ/(形)(英 vast) 広大な
*逛 /guàng グヮン/(动)(英 wander idly) ぶらぶら歩く
*规定 /guīdìng グゥイディン/(动.名)(英 regulate, prescribe) 規定(する)
规划 /guīhuà グゥイホア/(名.动)(英 plan) 計画
规矩 /guīju グゥイチュ/(形)(英 ordely) きちんとした
— (名)(英 rules, regulations) 決まり
*规律 /guīlǜ グゥイリュィ/(名)(英 law) 法則

*规模 /guīmó グゥイモォ/(名)(英 scale) 規模

规则 /guīzé グゥイズゥァ/(形)(英 regular) 規則的な
— (名)(英 rule, regulation) 規則

归 /guī グゥイ/(动)(英 attribute to) …に帰する

轨道 /guǐdào グゥイダオ/(名)(英 rail) レール

*鬼 /guǐ グゥイ/(名)(英 ghost) 幽霊

柜台 /guìtái グゥイタイ/(名)(英 shop counter) 商店のカウンター

柜子 /guìzi グゥイヅ/(名)(英 cupboard) 戸棚

*跪 /guì グゥイ/(动)(英 kneel) ひざまずく

**贵 /guì グゥイ/(形)(英 valuable, expensive) 高価な, 地位が高い

贵宾 /guìbīn グゥイビン/(英 distinguished guest) 貴賓

**贵姓 /guìxìng グゥイシィン/(名) お名前は？

*滚 /gǔn グゥン/(动)(英 roll, tumble) 転がる

棍子 /gùnzi グゥンヅ/(名)(英 stick, rod) 棒

*锅 /guō グゥオ/(名)(英 cooking pot) 鍋

锅炉 /guōlú グゥオルゥ/(名)(英 boiler) ボイラー

**国 /guó グゥオ/(名)(英 country, nation) 国

国防 /guófáng グゥオファアン/(名)(英 national defense) 国防

国籍 /guójí グゥオジィ/(名)(英 nationality) 国籍

*国际 /guójì グゥオジィ/(名)(英 international) 国際

**国家 /guójiā グゥオジア/(名)(英 nation, country) 国

国民党 /guómíndǎng グゥオミンダァン/(名) 中国国民党

国旗 /guóqí グゥオチィ/(名)(英 national flag) 国旗

国庆节 /Guóqìng Jié グゥオチィンジエ/(名) 中国の建国記念日(10月1日)

*国王 /guówáng グゥオワァン/(名)(英 monarch, sovereign of the nation) 国王

国务院 /guówùyuàn グゥオウゥユエン/(名)(英 the State Council) 国務院(中国の中央政府)

国营 /guóyíng グゥオイィン/(形)(英 state-operated) 国営の

*果然 /guǒrán グゥオラン/(副)(英 as expected, really) はたして, 案の定

果实 /guǒshí グゥオシー/(名)(英 fruit) 果実

果树 /guǒshù グゥオシュウ/(名)(英 fruit tree) 果樹

裹 /guǒ グゥオ/(动)(英 wrap) 包む

**过 /guò グゥオ/(动)(英 pass through) 通る

过 /guò グゥオ/(副)(英 too) …すぎる

**过 /guo グゥオ/(助) 経験を表すアスペクト

*过程 /guòchéng グゥオチョン/(名)(英 process) 過程

过渡 /guòdù グゥオドゥ/(形)(英 transitional) 過渡的な

过分 /guòfèn グゥオフェン/(副)(英 do... too much) 過分に

**过来 /guòlái グゥオライ/(动)(英 come) やって来る

*过年 /guò'nián グゥオニエン/(动)(英 celebrate the new year) 新年を祝う

**过去 /guòqù グゥオチュィ/(名)(英 the past) 過去

*过去 /guòqù グゥオチュィ/(动) こちらからあちらに動いてゆく

H, h

**哈哈 /hāhā ハァハァ/(象声)(英 ha-ha) 笑い声を表す

咳 /hāi ハイ/(叹)(英 oh) 後悔, いぶかしさ, 滅入った気分を表す

**还 /hái ハイ/(副)(英 still, yet)

まだ

还是 /háishi ハイシ/(副)(英 still) 依然として

― (连)(英 or) それとも

孩子 /háizi ハイツ/(名)(英 child) 子供

海 /hǎi ハイ/(名)(英 sea) 海

海拔 /hǎibá ハイバァ/(名)(英 altitude above sea level) 海抜

*海关 /hǎiguān ハイグワン/(名)(英 customs) 税関

海军 /hǎijūn ハイジュィン/(名)(英 navy) 海軍

海面 /hǎimiàn ハイミエン/(名)(英 sea surface) 海面

海峡 /hǎixiá ハイシア/(名)(英 strait, channel) 海峡

*海洋 /hǎiyáng ハイヤン/(名)(英 sea, ocean) 海洋

*害 /hài ハイ/(名)(英 harm, injury) 害を及ぼす

害虫 /hàichóng ハイチォン/(名)(英 harmful insects) 害虫

*害处 /hàichu ハイチュ/(名)(英 harm, evil) 弊害

*害怕 /hàipà ハイパァ/(动)(英 fear, be afraid) 怖がる

*含 /hán ハン/(动)(英 include, contain) 含む

含糊 /hánhu ハンホ/(形)(英 vague) 曖昧な

含量 /hánliàng ハンリアン/(名)(英 content) 含有量

**寒假 /hánjià ハンジア/(名)(英 winter vacation) 冬休み

*寒冷 /hánlěng ハンルォン/(形)(英 cold) 寒い

**喊 /hǎn ハン/(动)(英 shout) 叫ぶ

喊叫 /hǎnjiào ハンジアオ/(动)(英 shout) 叫ぶ

旱 /hàn ハン/(形)(英 drought) 雨の降らない

焊 /hàn ハン/(动)(英 weld) 溶接する

*汗 /hàn ハン/(名)(英 perspiration, sweat) 汗

**汉语 /Hànyǔ ハンユィ/(名)(英 Chinese) 中国語

**汉字 /Hànzì ハンツー/(名)(英 Chinese characters) 漢字

*行 /háng ハァン/(量) 行や列になったものを数える

行 /háng ハァン/(名)(英 line) 列

行列 /hángliè ハァンリエ/(名)(英 line, queue, row) 列，行列

行业 /hángyè ハァンイエ/(名)(英 type of occupation) 職種

*航空 /hángkōng ハァンコン/(名)(英 aviation) 航空

航行 /hángxíng ハァンシィン/(动)(英 sail, fly) 航行する

*毫不 /háo bù ハオ ブゥ/(副)(英 not... in the least) 少しも…でない

毫米 /háomǐ ハオミィ/(量)(英 millimeters) ミリメートル

*毫无 /háo wú ハオ ウゥ/(副)(英 not at all) ちっとも…がない

**好 /hǎo ハオ/(形)(英 good) 良い

**好 /hǎo ハオ/(副)(英 quite, very) ずいぶん

好 /hǎo ハオ/(形)(英 for ease of *do*ing) …するのによいように

好比 /hǎobǐ ハオビィ/(动)(英 as though) あたかも

**好吃 /hǎochī ハオチー/(形)(英 delicious, tasty) 美味しい

**好处 /hǎochu ハオチュ/(名)(英 advantages) 有利な点

*好好儿 /hǎohāor ハオハル/(形)(英 excellent) 立派な

― (副)(英 thoroughly) しっかりと

*好久 /hǎojiǔ ハオジウ/(名)(英 for a long time) 長い間

**好看 /hǎokàn ハオカン/(形)(英 beautiful) 美しい

*好容易 /hǎoróngyì ハオロンイー/(副)(英 just barely) やっとのことで

*好听 /hǎotīng ハオティン/(形)(英 pleasant to hear) 聴いて気持ちがいい

*好玩儿 /hǎowánr ハオワル/(形)(英 amusing) 面白い，楽しい

**好像 /hǎoxiàng ハオシアン/(动)(英 it is almost as if) まるで…のようだ

* 好些 /hǎoxiē ハオシエ/(数)(英 many, numerous) 沢山
耗 /hào ハオ/(动)(英 spend) 費やす
** 号 /hào ハオ/(名)(英 size) 号, サイズ
* 号码 /hàomǎ ハオマァ/(名)(英 number) 番号
* 号召 /hàozhào ハオチャオ/(动, 名)(英 call upon, address) 呼びかけ(る)
* 好 /hào ハオ/(动)(英 like, be fond) 好く
好奇 /hàoqí ハオチィ/(形)(英 curious) 好奇心が強い
呵 /hē ホァ/(叹) 驚きを表す
** 喝 /hē ホァ/(动)(英 drink, swallow) 飲む
核 /hé ホァ/(名)(英 seed) 果実の種子
** 和 /hé ホァ/(介, 连)(英 with) …と(いっしょ)
* 和平 /hépíng ホァピィン/(形, 名)(英 peace/peaceful) 平和(な)
何必 /hébì ホァビィ/(副)(英 no need to do) …する必要はないではないか
何况 /hékuàng ホァクアン/(连) いわんや…においてをや
* 合 /hé ホァ/(动)(英 close) 閉める
合唱 /héchàng ホァチァァン/(动, 名)(英 chorus/sing together) 合唱(する)
合成 /héchéng ホァチョン/(动)(英 synthesize) 合成する
合法 /héfǎ ホァファ/(形)(英 lawful, legal) 合法的な
合格 /hégé ホァグァ/(动)(英 pass) 合格する
合金 /héjīn ホァヂン/(名)(英 alloy) 合金
* 合理 /hélǐ ホァリィ/(形)(英 stand to reason) 理に適っている
** 合适 /héshì ホァシー/(形)(英 suitable) ちょうど良い
合算 /hésuàn ホァスワン/(形)(英 worth-while) 割に合う
* 合同 /hétong ホァトン/(名)(英 contract) 契約
* 合作 /hézuò ホァゾゥオ/(动)(英 cooperate) 協力する
* 盒 /hé ホァ/(名)(英 container) 小箱型の容器
—(量) 小箱に入ったものを数える
* 河 /hé ホァ/(名)(英 river) 川
河流 /héliú ホァリウ/(名)(英 rivers) 河川
* 嘿 /hēi ヘイ/(叹)(英 hey!) 呼びかけたり注意を促したりする時に発する言葉
** 黑 /hēi ヘイ/(形)(英 black) 黒い
* 黑暗 /hēi'àn ヘイアン/(形)(英 dark) 暗い
* 黑板 /hēibǎn ヘイバン/(名)(英 blackboard) 黒板
黑夜 /hēiyè ヘイイエ/(英 dark night) 闇夜
痕迹 /hénjì ヘンヂィ/(名)(英 traces) 痕跡
** 很 /hěn ヘン/(副)(英 terribly, extremely) たいへん
狠 /hěn ヘン/(形)(英 vicious) 凶悪な
* 恨 /hèn ヘン/(动)(英 hold a grudge, resent) 恨む
恨不得 /hènbude ヘンブダ/(动)(英 irritably want to do something) 何かをしたくてならない
* 哼 /hēng ヘゥン/(动)(英 hum) 鼻歌を歌う
横 /héng ヘゥン/(动)(英 lay) 横にする
—(形)(英 horizontal) 横の
宏伟 /hóngwěi ホンウェイ/(形)(英 brave and grand) 雄壮偉大な
洪水 /hóngshuǐ ホンシュイ/(名)(英 flood) 洪水
** 红 /hóng ホン/(形)(英 red) 赤い
* 红茶 /hóngchá ホンチァァ/(名)(英 tea, black tea) 紅茶
* 红旗 /hóngqí ホンチィ/(名)(英 red flag) 赤旗

喉咙 /hóulóng ホウロン/(名)(㊥ throat) のど

*猴子 /hóuzi ホウヅ/(名)(㊥ monkey) 猿

吼 /hǒu ホウ/(動)(㊥ bark, howl) ほえる

*厚 /hòu ホウ/(形)(㊥ thick) 厚い

**后 /hòu ホウ/(形, 名)(㊥ back, behind) 後ろ(の)

**后边 /hòubian ホウビエン/(名)(㊥ after, behind) 後ろ

后代 /hòudài ホウダイ/(名)(㊥ later generations) 後世

后方 /hòufāng ホウファアン/(名)(㊥ the rear) 後方

后果 /hòuguǒ ホウグウオ/(名)(㊥ result) 最終的な結果

*后悔 /hòuhuǐ ホウホイ/(動)(㊥ regret) 後悔する

*后来 /hòulái ホウライ/(副)(㊥ afterward) その後

*后面 /hòumian ホウミエン/(名)(㊥back, behind) 後ろ

*后年 /hòunián ホウニエン/(名)(㊥ the year after next) 再来年

*后天 /hòutiān ホウティエン/(名)(㊥ the day after tomorrow) 明後日

后头 /hòutou ホウトウ/(名)(㊥ back, behind) 後ろ

后退 /hòutuì ホウトゥイ/(動)(㊥ retreat, recede) 後退する

*呼 /hū ホウ/(動)(㊥ exhale, breathe out) 息を吐き出す

呼呼 /hūhū ホウホウ/(象声)(㊥sound of the wind) 風の音

*呼吸 /hūxī ホウシィ/(動)(㊥ breathe) 呼吸する

**忽然 /hūrán ホウラン/(副)(㊥ suddenly) 急に, 不意に

忽视 /hūshì ホウシー/(動)(㊥make light of) 軽視する

*壶 /hú ホッ/(名)(㊥ vase, jar) 壺, ポット, きゅうす

胡乱 /húluàn ホウルワン/(形)(㊥ confused, random) いい加減な, でたらめな

胡说 /húshuō ホウシュオ/(動, 名)(㊥ nonsense) でたらめ(を言う)

胡同 /hútòng ホウトン/(名)(㊥ alley) 路地

*胡子 /húzi ホウヅ/(名)(㊥ beard, whiskers) ひげ

蝴蝶 /húdié ホウディエ/(名)(㊥butterfly) チョウ

*糊涂 /hútu ホウトゥ/(形)(㊥ stupid) 愚かな

**湖 /hú ホウ/(名)(㊥ lake) 湖

护 /hù ホウ/(動)(㊥ protect) かばう

*护士 /hùshi ホウシ/(名)(㊥ nurse) 看護婦

*护照 /hùzhào ホウヂャオ/(名)(㊥ passport) パスポート

**互相 /hùxiāng ホウシアン/(副)(㊥ mutually) 相互に

互助 /hùzhù ホウヂュウ/(動)(㊥ help one another) 互いに助け合う

*户 /hù ホウ/(名)(㊥ household) 世帯

**花 /huā ホア/(形)(㊥ colorful) 色とりどりの
— (名)(㊥ flower) 花

**花 /huā ホア/(動)(㊥ spend) (時間や金を)遣う

花朵 /huāduǒ ホアドゥオ/(名)(㊥ flower) 花の総称

花生 /huāshēng ホアション/(名)(㊥ peanut) 落花生

*花园 /huāyuán ホアユエン/(名)(㊥ flower garden) 庭園

哗哗 /huāhuā ホアホア/(象声)(㊥ gushing) 大きな水音, 物がぶつかる音を表す

*划 /huá ホア/(動)(㊥ row) (船を)漕ぐ

华侨 /huáqiáo ホアチアオ/(名) 華僑

华人 /huárén ホアレン/(名)(㊥ Chinese person) 華人

*滑 /huá ホア/(形)(㊥ slippery) つるつるしている

*滑冰 /huá'bīng ホアビィン/(動, 名)(㊥ skate) スケート(をする)

滑雪 /huá'xuě ホアシュエ/(動, 名)(㊥ ski) スキー(をする)

**画 /huà ホア/(動)(㊥ paint,

draw) 描く

画 /huà ホア/(名)(英 picture) 絵

*画报 /huàbào ホアバオ/(名)(英 magazine) 画報

画家 /huàjiā ホアジア/(名)(英 painter) 画家

画蛇添足 /huà shé tiān zú ホア ショア ティエン ヅゥ/(成)(英 add unnecessarily) 蛇足を加える

*划 /huà ホア/(動)(英 separate, divide) 分ける

*化 /huà ホア/(動)(英 change) …化する

化工 /huàgōng ホアゴン/(名)(英 chemical industry) 化学工業

化合 /huàhé ホアホァ/(動)(英 chemically combine) 化合する

化石 /huàshí ホアシー/(名)(英 fossil) 化石

化学 /huàxué ホアシュエ/(名)(英 chemistry) 化学

化验 /huàyàn ホアイエン/(動, 名)(英 chemical examination) 化学検査(をする)

话 /huà ホア/(名)(英 words) 言葉

话剧 /huàjù ホアヂュィ/(名)(英 western-style theater) 新劇

怀 /huái ホアイ/(動, 名)(英 bosom, breast) 懐(に抱く)

怀念 /huáiniàn ホアイニエン/(動)(英 remember, recall) なつかしむ

怀疑 /huáiyí ホアイイー/(動)(英 doubt) 疑う

坏 /huài ホアイ/(形)(英 wrong, bad) 悪い

*坏处 /huàichu ホアイチュ/(名)(英 harm, fault) 害, 欠点

坏蛋 /huàidàn ホアイダン/(名)(英 bad person) ろくでなし

欢呼 /huānhū ホワンホゥ/(動)(英cheer) 歓呼する

欢乐 /huānlè ホワンルァ/(形)(英joy) 喜び

*欢送 /huānsòng ホワンソン/(動)(英 see off) 歓送する

欢喜 /huānxǐ ホワンシィ/(形)(英joyous) 嬉しい

欢迎 /huānyíng ホワンイィン/(動)(英 welcome) 歓迎する

*环 /huán ホワン/(名)(英 ring, circle) 輪

*环境 /huánjìng ホワンジィン/(名)(英 surroundings) 環境

还 /huán ホワン/(動)(英 return) 帰す, 返す

缓和 /huǎnhé ホワンホァ/(動)(英 ease, relax) 緩和する

缓缓 /huǎnhuǎn ホワンホワン/(形)(英 slowly) ゆっくりとした

缓慢 /huǎnmàn ホワンマン/(形)(英 sluggish) 緩慢な

换 /huàn ホワン/(動)(英 swap, exchange) 交換する

患 /huàn ホワン/(動)(英 suffer) 患う

幻灯 /huàndēng ホワンデゥン/(名)(英 slide) 幻灯

幻想 /huànxiǎng ホワンシアン/(動, 名)(英 imagine, daydream) 空想(する)

唤 /huàn ホワン/(動)(英 call) 大声で呼ぶ

荒 /huāng ホアン/(動)(英 waste (land)) (土地が)荒れる

*慌 /huāng ホアン/(動)(英 be flustered) 慌てる ― (形)(英 in a hurry) 慌てた

慌忙 /huāngmáng ホアンマァン/(形)(英 busy) 慌しい

黄 /huáng ホアン/(形)(英 yellow) 黄色の

*黄瓜 /huángguā ホアングア/(名)(英 cucumber) キュウリ

黄昏 /huánghūn ホアンホゥン/(名)(英 dusk) 黄昏

黄色 /huángsè ホアンスァ/(名)(英 yellow) 黄色

*黄油 /huángyóu ホアンヨウ/(名)(英 butter) バター

*皇帝 /huángdì ホアンディー/(名)(英 emperor) 皇帝

晃 /huǎng ホアン/(動)(英 glaring, dazzling) 光がきらめく

*灰 /huī ホゥイ/(形)(英 gray) 灰

灰 /huī ホゥイ/(名)(⊛ ash) 灰

灰尘 /huīchén ホゥイチェン/(名)(⊛ dust) ほこり

灰心 /huīxīn ホゥイシン/(动)(⊛ be disappointed) がっかりする

*挥 /huī ホゥイ/(动)(⊛ shake) ふるう

辉煌 /huīhuáng ホゥイホアン/(形)(⊛ brilliant, bright) 輝かしい

*恢复 /huīfù ホゥイフゥ/(动)(⊛ recover) 回復する

**回 /huí ホゥイ/(动)(⊛ back) 帰る

**回 /huí ホゥイ/(量)(⊛ times, rounds) 回

*回答 /huídá ホゥイダァ/(动.名)(⊛ reply) 回答(する)

*回来 /huílái ホゥイライ/(动)(⊛ return) 帰って来る

*回去 /huíqù ホゥイチュィ/(动)(⊛ go back) 帰って行く

*回头 /huítóu ホゥイトゥ/(副)(⊛ later) 後ほど

回想 /huíxiǎng ホゥイシアン/(动)(⊛ look back on) 回想する

*回信 /huíxìn ホゥイシン/(动.名)(⊛ submit a reply) 返信(を出す)

*回忆 /huíyì ホゥイイー/(动.名)(⊛ remember, recall) 回想(する)

毁 /huǐ ホゥイ/(动)(⊛ break, destroy) 壊す

**会 /huì ホゥイ/(助动.动)(⊛ can, able to *do*) …することができる

**会 /huì ホゥイ/(名)(⊛ meeting) 会合

*会场 /huìchǎng ホゥイチャァン/(名)(⊛ meeting place) 会場

*会话 /huìhuà ホゥイホア/(动.名)(⊛ conversation) 会話

*会见 /huìjiàn ホゥイジエン/(动)(⊛ meet) 会う

会客 /huìkè ホゥイクァ/(动)(⊛ meet with guests) 客に会う

*会谈 /huìtán ホゥイタン/(动.名)(⊛ discuss) 会談(する)

*会议 /huìyì ホゥイイー/(名)(⊛ meeting) 会議

汇 /huì ホゥイ/(动)(⊛ meet, converge) (流れが一つに)集まる

汇报 /huìbào ホゥイバオ/(动)(⊛ report) (資料や情報をまとめて上役あるいは大衆に)報告する

汇款 /huìkuǎn ホゥイクワン/(动.名)(⊛ remit) 為替送金(する)

昏 /hūn ホゥン/(动)(⊛ lose consciousness) 意識を失う

*昏迷 /hūnmí ホゥンミィ/(动)(⊛ lose consciousness) 人事不省になる

*婚姻 /hūnyīn ホゥンイン/(名)(⊛ marriage) 婚姻

浑身 /húnshēn ホゥンシェン/(名)(⊛ *one's* entire body) 全身

*混 /hùn ホゥン/(动)(⊛ mix, stir) 混ぜる

混合 /hùnhé ホゥンホア/(动)(⊛ mix, blend) 混合する

混乱 /hùnluàn ホゥンルワン/(形)(⊛ confuse) 混乱した

混凝土 /hùnníngtǔ ホゥンニィントゥ/(名)(⊛ concrete) コンクリート

混淆 /hùnxiáo ホゥンシアオ/(动)(⊛ mix, mingle) ごちゃまぜにする

**活 /huó ホゥオ/(动)(⊛ live) 生きる

**活 /huó ホゥオ/(名)(⊛ work) 仕事

**活动 /huódòng ホゥオドン/(动)(⊛ move *one's* body) 身体を動かす

— (名)(⊛ activity) 活動

活该 /huógāi ホゥオガイ/(形)(⊛ serve ... right) 当り前だ

*活泼 /huópo ホゥオポ/(形)(⊛ active) 活発な

*活跃 /huóyuè ホゥオユエ/(动)(⊛ enliven) 活気を与える

— (形)(⊛ lively, active) 活発な

伙 /huǒ ホゥオ/(量) 人の群れを数える

伙伴 /huǒbàn ホゥオバン/(名)(㊥ comrades, mates) 仲間

*__伙食__ /huǒshí ホゥオシー/(名)(㊥ meals) 給食

*__火__ /huǒ ホゥオ/(名)(㊥ fire) 火

*__火柴__ /huǒchái ホゥオチャイ/(名)(㊥ matches) マッチ

**__火车__ /huǒchē ホゥオチョァ/(名)(㊥ train) 汽車

火箭 /huǒjiàn ホゥオジエン/(名)(㊥ rocket) ロケット

火力 /huǒlì ホゥオリィ/(名)(㊥ thermal power) 火力

火焰 /huǒyàn ホゥオイエン/(名)(㊥ flame) 火焰, 炎

火药 /huǒyào ホゥオヤオ/(名)(㊥ gunpowder) 火薬

*__获得__ /huòdé ホゥオドゥア/(动)(㊥ attain, gain) 獲得する

或多或少 /huò duō huò shǎo ホゥオ ドゥオ ホゥオ シャオ/(组)(㊥ more or less) 多かれ少なかれ

*__或者__ /huòzhě ホゥオチョァ/(连)(㊥ or) …するかそれとも
—(副)(㊥ perhaps) あるいは…かもしれない

*__货__ /huò ホゥオ/(名)(㊥ goods, products) 商品

货币 /huòbì ホゥオビィ/(名)(㊥ currency, money) 貨幣

货物 /huòwù ホゥオウゥ/(名)(㊥ product, merchandise) 商品

J, j

*__几乎__ /jīhū ジィホゥ/(副)(㊥ almost) ほとんど, すんでのところで

*__基本__ /jīběn ジィベン/(形, 名)(㊥ basic) 基本的(な)
—(副)(㊥ almost) ほぼ

基层 /jīcéng ジィツン/(名)(㊥ base level)(組織の)末端

*__基础__ /jīchǔ ジィチュゥ/(名)(㊥ foundation) 基礎

基地 /jīdì ジィディー/(名)(㊥ (military) base) 基地

*__机场__ /jīchǎng ジィチァン/(名)(㊥ airport) 空港

机动 /jīdòng ジィドン/(形)(㊥ mechanical) 機械じかけの

机构 /jīgòu ジィゴウ/(名)(㊥ structure) 組織, 機構

*__机关__ /jīguān ジィグワン/(名)(㊥ organization) 役所, 機関

机会 /jīhuì ジィホゥイ/(名)(㊥ opportunity) 機会

机器 /jīqì ジィチィ/(名)(㊥ machine) 機械

*__机械__ /jīxiè ジィシエ/(名)(㊥ machine) 機械

*__积极__ /jījí ジィジィ/(形)(㊥ active) 建設的な, 積極的な

*__积极性__ /jījíxìng ジィジィシィン/(名)(㊥ assertiveness) 積極性

积累 /jīlěi ジィレイ/(动, 名)(㊥ accumulate) 蓄積(する)

肌肉 /jīròu ジィロウ/(名)(㊥ muscle) 筋肉

饥饿 /jī'è ジィウァ/(形)(㊥ starved, hungry) 空腹な

*__激动__ /jīdòng ジィドン/(动)(㊥ excite)(感情が)高ぶる

*__激烈__ /jīliè ジィリエ/(形)(㊥ fierce, violent) 激しい

激素 /jīsù ジィスゥ/(名)(㊥ hormone) ホルモン

**__鸡__ /jī ジィ/(名)(㊥ chicken, hen) ニワトリ

**__鸡蛋__ /jīdàn ジィダン/(名)(㊥ egg) 鶏卵

*__极__ /jí ジィ/(副)(㊥ extremely) 極めて

极端 /jíduān ジィドワン/(形, 名)(㊥ extreme) 極端(な)

**__…极了__ /…jí le…ジィラ/(㊥ very, quite) とても

*__极其__ /jíqí ジィチィ/(副)(㊥ extremely) 極めて

**__集合__ /jíhé ジィホァ/(动)(㊥ gather) 集まる, 集める

*__集体__ /jítǐ ジィティー/(名)(㊥ group) 集団

集团 /jítuán ジィトワン/(名)(㊥ group) 集団

*集中 /jízhōng ジィチォン/（动）（英 concentrate）集中する
— (形)（英 centralized）集中した
*及格 /jí'gé ジィグァ/（动）（英 pass）合格する
及时 /jíshí ジィシー/（形）（英 timely）タイムリーな
**急 /jí ジィ/（动）（英 anxious）焦る，焦らせる
*急忙 /jímáng ジィマァン/（形）（英 hurried, hasty）慌しい
急躁 /jízào ジィツァオ/（形）（英 irritable）せっかちで怒りっぽい
疾病 /jíbìng ジィビィン/（名）（英 illness, disease）病気
即将 /jíjiāng ジィジアン/（副）（英 soon）間もなく
即使 /jíshǐ ジィシー/（连）（英 even if）たとえ…であろうとも
*级 /jí ジィ/（名）（英 grade, rank）等級，レベル
级别 /jíbié ジィビエ/（名）（英 rating, rank）等級の区分
给予 /jǐyǔ ジィユィ/（动）（英 grant, give）与える
**挤 /jǐ ジィ/（动）（英 crowd）ひしめき合う，押しのけて入る
— (形)（英 crowded）ひしめきあった
**几 /jǐ ジィ/（代）（英 how many）いくつ
技能 /jìnéng ジィヌォン/（名）（英 skill, ability）技能
技巧 /jìqiǎo ジィチアオ/（名）（英 skill, technique）技巧，テクニック
**技术 /jìshù ジィシュウ/（名）（英 technology, skill）技術
*技术员 /jìshùyuán ジィシュウユエン/（名）（英 technician）技術員
*季节 /jìjié ジィジエ/（名）（英 season）季節
**寄 /jì ジィ/（动）（英 post, mail）郵送する
寂寞 /jìmò ジィモォ/（形）（英 lonesome）寂しい
**计划 /jìhuà ジィホァ/（动，名）（英 plan）計画（する）
*计算 /jìsuàn ジィスワン/（动）（英 calculate）計算する
— (名)（英 calculation, plan）計画
计算机 /jìsuànjī ジィスワンジィ/（名）（英 calculator）計算機，コンピュータ
**记 /jì ジィ/（动）（英 learn, memorize）覚える，書き入れる
*记得 /jìde ジィダ/（动）（英 remember）覚えている
*记录 /jìlù ジィルゥ/（动，名）（英 record）記録（する）
*记忆 /jìyì ジィイー/（动，名）（英 memory, remember）記憶（する）
记载 /jìzǎi ジィツァイ/（动，名）（英 record）記載（する）
*记者 /jìzhě ジィチォア/（名）（英 reporter）記者
*既 /jì ジィ/（连）（英 now that…）…である以上
*既…也… /jì… yě… ジィ…イエ…/（组）（英 in addition to）…のうえに…だ
*既…又… /jì… yòu… ジィ…ヨウ…/（组）（英 in addition to）…のうえに…だ
*既然 /jìrán ジィラン/（连）（英 now that…）…である以上
继承 /jìchéng ジィチォン/（动）（英 inherit）相続する，受けつぐ
**继续 /jìxù ジィシュィ/（动）（英 continue）継続する
*纪律 /jìlǜ ジィリュィ/（名）（英 rules）規律，風紀
*纪念 /jìniàn ジィニエン/（动）（英 commemorate）記念する
*纪念 /jìniàn ジィニエン/（名）（英 memorial）記念の品，記念の日
*夹 /jiā ジア/（动）（英 clasp）はさむ
夹子 /jiāzi ジアツ/（名）（英 folder）物を挟む道具
**家 /jiā ジア/（名）（英 family, home, house）家庭
— (量) 家や企業などを数える
*家伙 /jiāhuo ジアホゥオ/（名）（英

tool, guy) 道具, 奴, 野郎

*家具 /jiājù ジアチュィ/(名)(㋥ furniture) 家具

家属 /jiāshǔ ジアシュ// (名)(㋥ family) 家族

*家庭 /jiātíng ジアティン/(名)(㋥ family, household) 家庭

*家乡 /jiāxiāng ジアシアン/(名)(㋥ hometown) 郷里

**加 /jiā ジア/(动)(㋥ add) 足す

*加工 /jiāˇgōng ジア ゴン/(动)(㋥ process) 加工する, 手を加える

加紧 /jiājǐn ジアジン/(动)(㋥ strengthen) 強化する

*加强 /jiāqiáng ジアチアン/(动)(㋥ strengthen) 強める

加入 /jiārù ジアルゥ/(动)(㋥ add, join) 加える, 参加する

加速 /jiāsù ジアスゥ/(动)(㋥ quicken) 加速する, 促進する

*加以 /jiāyǐ ジアイー/(动)(㋥ add more) 動作を加える

— (连)(㋥ beside) そのうえ

加油 /jiāˇyóu ジアヨウ/(动)(㋥ lubricate, refuel, make effort) 給油する, 頑張る

甲 /jiǎ ジア/(名)(㋥ shell) 甲殻

假 /jiǎ ジア/(形)(㋥ fake) にせの

假如 /jiǎrú ジアルゥ/(连)(㋥ if) もしも…なら

假若 /jiǎruò ジアルゥオ/(连)(㋥ if) もしも…なら

假使 /jiǎshǐ ジアシー/(连)(㋥ if) もしも…なら

价 /jià ジア/(名)(㋥ price) 価格

*价格 /jiàgé ジアグァ/(名)(㋥ price) 価格

价钱 /jiàqian ジアチエン/(名)(㋥ price) 値段

*价值 /jiàzhí ジアチー/(名)(㋥ value) 価値

架 /jià ジア/(动)(㋥ support) 支える, 組立てる

— (量) 支えのついた物や機械を数える

架子 /jiàzi ジアツ/(名)(㋥ shelf, stool) 棚, 台, 枠

驾驶 /jiàshǐ ジアシー/(动)(㋥ operate) 操縦する, 運転する

假 /jià ジア/(名)(㋥ rest, recess) 休み

假期 /jiàqī ジアチィ/(名)(㋥ vacation, leave) 休暇期間

*假条 /jiàtiáo ジアティアオ/(名)(㋥ notice of absence) 欠席届

嫁 /jià ジア/(动)(㋥ marry) 嫁ぐ

歼灭 /jiānmiè ジエンミエ/(动)(㋥ exterminate) 打ち滅ぼす

监督 /jiāndū ジエンドゥ/(动,名)(㋥ supervise) 監督(する)

监视 /jiānshì ジエンシー/(动)(㋥ watch, observe) 監視する

监狱 /jiānyù ジエンユィ/(名)(㋥ prison) 監獄

**坚持 /jiānchí ジエンチー/(动)(㋥ persist in) 堅持する

*坚定 /jiāndìng ジエンディン/(形)(㋥ firm, solid) 揺るぎない

— (动)(㋥ firm) 確固たるものにする

坚固 /jiāngù ジエングゥ/(形)(㋥ solid, steadfast) 堅固な

*坚决 /jiānjué ジエンジュエ/(形)(㋥ resolute) 断固たる

*坚强 /jiānqiáng ジエンチアン/(形)(㋥ solid, steadfast) 堅固な

坚硬 /jiānyìng ジエンイィン/(形)(㋥ hard) 堅い

*尖 /jiān ジエン/(形)(㋥ sharp, pointed) 尖った

*尖锐 /jiānruì ジエンルイ/(形)(㋥ sharp, keen) 鋭い, 尖った

尖子 /jiānzi ジエンツ/(名)(㋥ distinguished person) 抜きんでた人物

*间 /jiān ジエン/(量) 部屋を数える

煎 /jiān ジエン/(动)(㋥ fry) 鍋に少量の油を入れて焼く

兼 /jiān ジエン/(动)(㋥ combine, serve as both... and...) 兼ねる

*肩 /jiān ジエン/(名)(㋥ shoulder) 肩

*艰巨 /jiānjù ジエンヂュィ/(形)(㋥ extremely difficult) 極めて困難な

*艰苦 /jiānkǔ ジエンクゥ/(形)(㋥

full of hardship) 苦難に満ちた
艰难 /jiānnán ジエンナン/ (形) (㊀ difficult, hard) 困難な
检查 /jiǎnchá ジエンチァア/ (动) (㊀ inspect) 検査する
检讨 /jiǎntǎo ジエンタオ/ (动) (㊀ criticize *one*self) 自己批判をする
　—(名) 自己批判の文
检验 /jiǎnyàn ジエンイエン/ (动) (㊀ inspect) 検査する
碱 /jiǎn ジエン/ (名) (㊀ alkali) アルカリ, ソーダ
*拣 /jiǎn ジエン/ (动) (㊀ select) 選ぶ
*捡 /jiǎn ジエン/ (动) (㊀ pick up) 拾う
简便 /jiǎnbiàn ジエンビエン/ (形) (㊀ convenient) 簡便な
简单 /jiǎndān ジエンダン/ (形) (㊀ easy, simple) 簡単な
简直 /jiǎnzhí ジエンヂー/ (副) (㊀ simply, at all) まったく
*剪 /jiǎn ジエン/ (动) (㊀ cut) 切る
*减 /jiǎn ジエン/ (动) (㊀ decrease) 減らす, 引く
减轻 /jiǎnqīng ジエンチィン/ (动) (㊀ lighten) 軽減する
减少 /jiǎnshǎo ジエンシャオ/ (动) (㊀ decrease) 減る, 減らす
鉴定 /jiàndìng ジエンディン/ (动) (㊀ evaluate) 鑑定する
贱 /jiàn ジエン/ (形) (㊀ inexpensive) (値段が)安い
见 /jiàn ジエン/ (动) (㊀ see, look, meet) 見る, 会う
见解 /jiànjiě ジエンジエ/ (名) (㊀ view, opinion) 見解
见面 /jiàn•miàn ジエンミエン/ (动) (㊀ meet) 対面する
*箭 /jiàn ジエン/ (名) (㊀ arrow) 矢
件 /jiàn ジエン/ (量) 衣類(主として上着)を数える
健康 /jiànkāng ジエンカァン/ (形) (㊀ healthy) 健康な
健全 /jiànquán ジエンチュエン/ (形) (㊀ in good condition) 健全な
　—(动) 健全化する
*渐渐 /jiànjiàn ジエンジエン/ (副) (㊀ gradually) だんだん, 次第に
溅 /jiàn ジエン/ (动) (㊀ splash, splatter) (液体が)はねる, とびちる
*建 /jiàn ジエン/ (动) (㊀ build) 建てる
*建立 /jiànlì ジエンリィ/ (动) (㊀ establish) 建設する, 樹立する
建设 /jiànshè ジエンショァ/ (动) (㊀ build, establish) 建設する
*建议 /jiànyì ジエンイー/ (动, 名) (㊀ suggest) 提案(する)
建造 /jiànzào ジエンツァオ/ (动) (㊀ build, construct) 建造する
*建筑 /jiànzhù ジエンヂュウ/ (动) (㊀ build, construct) 建築する
　—(名) (㊀ building) 建物
僵 /jiāng ジアン/ (形) (㊀ stiff) 硬直した
*将 /jiāng ジアン/ (介) (㊀ …を(目的語を前に引き出す働きをする)
*将 /jiāng ジアン/ (副) (㊀ just now about to *do*) まもなく…しようとする
将军 /jiāng•jūn ジアンジュィン/ (动) (㊀ check) (中国将棋で)王手を掛ける
将来 /jiānglái ジアンライ/ (名) (㊀ future) 将来
*将要 /jiāngyào ジアンヤオ/ (副) (㊀ soon) まもなく, もうすぐ
江 /jiāng ジアン/ (名) (㊀ large river) 大きな川
*奖 /jiǎng ジアン/ (动) (㊀ praise) 奨励する
　—(名) (㊀ prize) 賞, 褒美
奖金 /jiǎngjīn ジアンジン/ (名) (㊀ prize money) 賞金
奖励 /jiǎnglì ジアンリィ/ (动) (㊀ encourage) 奨励する
*奖学金 /jiǎngxuéjīn ジアンシュエジン/ (名) (㊀ scholarship, grant) 奨学金
讲 /jiǎng ジアン/ (动) (㊀ speak, talk) 話す

*讲话 /jiǎng'huà ジアンホア/(动,名)(英 speak, talk) 話(をする)

讲究 /jiǎngjiu ジアンジウ/(形)(英 refined) 洗練された
— (动)(英 particular about) 重んじる, 凝る

讲课 /jiǎng'kè ジアンクァ/(动)(英 lecture) 講義をする

讲义 /jiǎngyì ジアンイー/(名)(英 teaching materials) 講義プリント

*讲座 /jiǎngzuò ジアンヅゥオ/(名)(英 lecture course) 講座

酱 /jiàng ジアン/(名)(英 soybean paste) 味噌, 糊状の食品

*酱油 /jiàngyóu ジアンヨウ/(名)(英 soy sauce) 醤油

*降 /jiàng ジアン/(动)(英 fall, drop) 下がる, 下げる

*降低 /jiàngdī ジアンディー/(动)(英 lower, fall) 下がる, 下げる

焦急 /jiāojí ジアオジィ/(形)(英 anxious) 焦る

胶卷 /jiāojuǎn ジアオジュエン/(名)(英 film) フィルム

** 交 /jiāo ジアオ/(动)(英 hand over, pay) 渡す, 支払う

交代 /jiāodài ジアオダイ/(动)(英 hand over) 交替する

*交换 /jiāohuàn ジアオホワン/(动)(英 exchange) 交換する

*交际 /jiāojì ジアオジィ/(动)(英 associate with) 交際する

*交流 /jiāoliú ジアオリウ/(动)(英 exchange) 交流する

交谈 /jiāotán ジアオタン/(动)(英 discuss) 話し合う

*交通 /jiāotōng ジアオトン/(名)(英 traffic) 交通

交易 /jiāoyì ジアオイー/(动,名)(英 commerce, trade) 取り引き(をする)

*郊区 /*jiāoqū* ジアオチュイ/(名)(英 suburbs) 郊外地区

** 教 /jiāo ジアオ/(动)(英 teach) 教える

浇 /jiāo ジアオ/(动)(英 water) (水を)撒く

*骄傲 /jiāo'ào ジアオアオ/(形)(英 haughty, arrogant) 奢り高ぶった

搅 /jiǎo ジアオ/(动)(英 mix, stir) かきまぜる

**脚 /jiǎo ジアオ/(名)(英 foot) 足(くるぶしよりした)

脚步 /jiǎobù ジアオブゥ/(名)(英 pace, step) 歩幅, 歩どり

狡猾 /jiǎohuá ジアオホア/(形)(英 sly, cunning) 狡猾な

*角 /jiǎo ジアオ/(名)(英 horn, corner) 角(つの), かど, すみ

角度 /jiǎodù ジアオドゥ/(名)(英 angle) 角度

角落 /jiǎoluò ジアオルゥオ/(名)(英 corner) すみ

**饺子 /jiǎozi ジアオヅ/(名)(英 dumpling) 餃子

*教材 /jiàocái ジアオツァイ/(名)(英 teaching materials) 教材

教导 /jiàodǎo ジアオダオ/(动)(英 teach) 教える

教练 /jiàoliàn ジアオリエン/(动,名)(英 train) コーチ(する)

*教师 /jiàoshī ジアオシー/(名)(英 teacher) 教師

**教室 /jiàoshì ジアオシー/(名)(英 classroom) 教室

教授 /jiàoshòu ジアオショウ/(名)(英 professor) 教授

教堂 /jiàotáng ジアオタァン/(名)(英 church) キリスト教の教会

*教学 /jiàoxué ジアオシュエ/(名)(英 education) 教育

*教训 /jiàoxun ジアオシュィン/(动,名)(英 teach a lesson) 教訓(を与える)

教研室 /jiàoyánshì ジアオイエンシー/(名)(英 laboratory, seminar, office) 研究室

**教育 /jiàoyù ジアオユィ/(动,名)(英 education) 教育(する)

*教员 /jiàoyuán ジアオユエン/(名)(英 teacher) 教員

*较 /jiào ジアオ/(介)(英 compare) …と比べて
— (副)(英 comparatively) 比較的

叫 /jiào ジアオ/(动) (＊ scream, be named) 叫ぶ，名を…という

叫 /jiào ジアオ/(介) …される(受身を表す)

*叫做 /jiàozuò ジアオヅゥオ/(动) (＊ be called) 名を…という

觉 /jiào ジアオ/(名) (＊ sleep) 眠り

揭 /jiē ジェ/(动) (＊ peel off) 剥がす

揭露 /jiēlù ジェルゥ/(动) (＊ expose, uncover) 暴き出す

接 /jiē ジェ/(动) (＊ receive) 受けとる，迎える

*接触 /jiēchù ジェチュウ/(动) (＊ touch) 触れる

*接待 /jiēdài ジェダイ/(动) (＊ entertain) もてなす

*接见 /jiējiàn ジェジエン/(动) (＊ interview) 客に会う

*接近 /jiējìn ジェジン/(动) (＊ approach) 接近する
—(形) (＊ near) 近い

接连 /jiēlián ジェリエン/(副) (＊ continuously) 続けざまに

*接受 /jiēshòu ジェショウ/(动) (＊ take, accept) 受け入れる

**接着 /jiēzhe ジェチャ/(副) (＊ successively) 引き続いて

**街 /jiē ジェ/(名) (＊ boulevard) 大通り，街

*街道 /jiēdào ジェダオ/(名) (＊ boulevard) 大通り，町内

阶层 /jiēcéng ジェツン/(名) (＊ class, stratum) 階層

*阶段 /jiēduàn ジェドワン/(名) (＊ stage, level) 段階

*阶级 /jiējí ジェジィ/(名) (＊ class, rank) 階級

结 /jiē ジェ/(动) (＊ fruit) 結実する

*结实 /jiēshi ジェシ/(形) (＊ strong, sturdy) 丈夫な

截 /jié ジェ/(动) (＊ sever, cut off) 断ち切る

*节 /jié ジェ/(名) (＊ joint) 節
—(量) 区切りのあるものを数える

**节目 /jiémù ジェムゥ/(名) (＊ program) 番組，プログラム

*节日 /jiérì ジェリー/(名) (＊ holiday) 祝祭日

*节省 /jiéshěng ジェション/(动) (＊ economize) 節約(する)

*节约 /jiéyuē ジェユエ/(动) (＊ economize) 節約する

竭力 /jiélì ジェリィ/(副) (＊ make an effort) 力を尽くして

洁白 /jiébái ジェバイ/(形) (＊ pure white) 真っ白な

结 /jié ジェ/(动) (＊ tie) 結ぶ
—(名) (＊ knot) 結び目

*结构 /jiégòu ジェゴウ/(名) (＊ composition, structure) 構成，構造

结果 /jiéguǒ ジェグゥオ/(名) (＊result) 結果

**结果 /jiéguǒ ジェグゥオ/(副) (＊ in the end) 結局

*结合 /jiéhé ジェホァ/(动) (＊connect, tie together) 結びつける，結びつく

*结婚 /jié'hūn ジェホゥン/(动) (＊ marry) 結婚する

*结论 /jiélùn ジェルゥン/(名) (＊conclusion) 結論

**结束 /jiéshù ジェシュウ/(动) (＊ end, finish) 終る

*解 /jiě ジェ/(动) (＊ dissolve, loosen) 解く，ほどく

*解答 /jiědá ジェダァ/(动) (＊solve, answer) 解答する

*解放 /jiěfàng ジェファアン/(动) (＊liberate) 解放する

解放军 /jiěfàngjūn ジェファアンジュィン/(名) (＊ the Chinese People's Liberation Army) 解放軍

**解决 /jiějué ジェジュエ/(动) (＊ solve) 解決する

解剖 /jiěpōu ジェポウ/(动) (＊ dissect) 解剖する

*解释 /jiěshì ジェシー/(动) (＊interpret, explain) 解釈する，説明する

**姐姐 /jiějie ジェジェ/(名) (＊ elder sister) 姉

界线 /jièxiàn ジェシエン/(名) (＊boundary) 境界線

借 /jiè ジェ/(动)(英 borrow) 借りる, 貸す

借口 /jièkǒu ジェコウ/(动, 名)(英 excuse) 口実(にする)

介绍 /jièshào ジェシャオ/(动)(英 introduce) 紹介する

届 /jiè ジェ/(量) 定期的な行事の回数を数える

斤 /jīn ジン/(量) 重さの単位, 500g

金 /jīn ジン/(名)(英 gold) 金

金属 /jīnshǔ ジンシュウ/(名)(英 metal) 金属

金鱼 /jīnyú ジンユィ/(名)(英 goldfish) 金魚

今后 /jīnhòu ジンホウ/(名)(英 from now on) 今後

今年 /jīnnián ジンニエン/(名)(英 this year) 今年

今日 /jīnrì ジンリー/(名)(英 today) 今日

今天 /jīntiān ジンティエン/(名)(英 today) 今日

紧 /jǐn ジン/(形)(英 tight) ぴんと張った

— (动)(英 stretch, tighten) きつくする

紧急 /jǐnjí ジンジィ/(形)(英 urgent) 緊急の

紧密 /jǐnmì ジンミィ/(形)(英 close) 緊密な

紧俏 /jǐnqiào ジンチアオ/(形) 売れ行きがよく供給が追いつかない

紧张 /jǐnzhāng ジンチァァン/(形)(英 strained, tense) 緊張した, 緊迫した

仅仅 /jǐnjǐn ジンジン/(副)(英 just merely) わずかに

尽 /jǐn ジン/(动)(英 do the best one can) 最大限の力を尽くす

尽管 /jǐnguǎn ジングワン/(副) 思いのままに

— (连) …ではあっても

尽量 /jǐnliàng ジンリアン/(副)(英 as... as possible) できるだけ

谨慎 /jǐnshèn ジンシェン/(形)(英 cautious, discreet) 慎重な

进 /jìn ジン/(动)(英 enter) 入る

进步 /jìnbù ジンブゥ/(形)(英 progressive) 進歩的な

— (动)(英 progress) 進歩する

进攻 /jìngōng ジンゴン/(动)(英 attack) 進攻する

进化 /jìnhuà ジンホア/(动)(英 evolve) 進化する

进军 /jìnjūn ジンジュィン/(动)(英 march) 進軍する

进口 /jìnˇkǒu ジンコウ/(动)(英 import) 輸入する

进来 /jìnlái ジンライ/(动)(英 come in) 入ってくる

进去 /jìnqù ジンチュィ/(动)(英 enter inside) 中へ入っていく

进入 /jìnrù ジンルゥ/(动)(英 enter) 入る

进行 /jìnxíng ジンシィン/(动)(英 put into effect) 実施する

进修 /jìnxiū ジンシウ/(动)(英 further training) 研修する

进一步 /jìn yí bù ジン イーブゥ/(形)(英 furthermore) さらに踏み込んだ

禁止 /jìnzhǐ ジンチー/(动)(英 prohibit) 禁止する

近 /jìn ジン/(形)(英 near) 近い

近代 /jìndài ジンダイ/(名)(英 modern era) 近代

近来 /jìnlái ジンライ/(名)(英 recently) 近頃

浸 /jìn ジン/(动)(英 soak, immerse) 浸す, ふやかす

尽 /jìn ジン/(动)(英 exhaust) 尽きる, なくなる

尽力 /jìnˇlì ジン リィ/(动)(英 put *one's* best effort into...) 全力を尽くす

劲 /jìn ジン/(名)(英 strength) 力, 活力

京剧(京戏) /jīngjù(jīngxì) ジィンチュィ(ジィンシィ)/(名)(英 Peking opera) 京劇

惊 /jīng ジィン/(动)(英 be astonished) 驚く

惊动 /jīngdòng ジィンドン/(动)(英 astonish, amaze) 驚かす

惊奇 /jīngqí ジンチィ/(形) (⊕ surprised) あっけにとられた
惊人 /jīngrén ジンレン/(形) (⊕ amazing) 驚異的な
惊讶 /jīngyà ジンヤァ/(形) (⊕ be amazed) 仰天する
惊异 /jīngyì ジンイー/(形) (⊕ be amazed) 仰天する
精 /jīng ジン/(形) (⊕ smart) 賢い、きめこまやかな
精彩 /jīngcǎi ジンツァイ/(形) (⊕ brilliant) 見事な
*精力 /jīnglì ジンリィ/(名) (⊕ vigor, energy) 活力
精神 /jīngshén ジンシェン/(名) (⊕ spirit, mind) 精神
精神 /jīngshen ジンシェン/(形、名) (⊕ vitality) 活力(あふれる)
精细 /jīngxì ジンシィ/(形) (⊕ minute) 緻密な
精致 /jīngzhì ジンチー/(形) (⊕ exquisite) 精緻な
鲸鱼 /jīngyú ジンユィ/(名) (⊕ whale) 鯨
*经 /jīng ジン/(动) (⊕ pass) 経過する、持ちこたえる
—(介) (⊕ after) …を経て
经常 /jīngcháng ジンチァアン/(形) (⊕ normal, ordinary) ふだんの
—(副) (⊕ always) しょっちゅう
经费 /jīngfèi ジンフェイ/(名) (⊕ expenses) 経費
经过 /jīngguò ジングゥオ/(动) (⊕ pass through) 通りすぎる
—(名) (⊕ passing) 経過
—(介) (⊕ through) …を通じて
经济 /jīngjì ジンジィ/(名) (⊕ economy) 経済
*经理 /jīnglǐ ジンリィ/(动) (⊕ operate, manage) 経営、管理する
—(名) (⊕ administrator, manager) 経営者
*经历 /jīnglì ジンリィ/(动、名) (⊕ experience) 経験(する)
经验 /jīngyàn ジンイエン/(名) (⊕ experience) 経験
经营 /jīngyíng ジンイィン/(动) (⊕ operate, manage) 経営する
*井 /jǐng ジン/(名) (⊕ well) 井戸
*警察 /jǐngchá ジンチャア/(名) (⊕ police) 警察
警告 /jǐnggào ジンガオ/(动) (⊕ warn) 警告する
警惕 /jǐngtì ジンティー/(动) (⊕ be on guard) 警戒する
景色 /jǐngsè ジンスァ/(名) (⊕ scenery) 景色
景物 /jǐngwù ジンウゥ/(名) (⊕ scenery) 光景、みもの
景象 /jǐngxiàng ジンシアン/(名) (⊕ scene) 情景
*静 /jìng ジン/ (⊕ calm, quiet) 静かな
*敬爱 /jìng'ài ジンアイ/(动) (⊕ love and respect) 敬愛する
敬酒 /jìng jiǔ ジンジウ/(动) (⊕ propose a toast) 酒を勧める
*敬礼 /jìng lǐ ジンリィ/(动) (⊕ salute) 敬礼する
*镜子 /jìngzi ジンツ/(名) (⊕ mirror) 鏡
竟 /jìng ジン/(副) (⊕ unexpectedly) 意外にも、なんと
竟然 /jìngrán ジンラン/(副) (⊕ unexpectedly) 意外にも、なんと
*竞赛 /jìngsài ジンサイ/(动、名) (⊕ competition/compete) 競技(する)
竞争 /jìngzhēng ジンチョン/(动) (⊕ race, compete) 競争する
净 /jìng ジン/(形) (⊕ clean) 清潔な
净 /jìng ジン/(副) (⊕ only, just) ただ…だけ
*究竟 /jiūjìng ジウジン/(副) (⊕ after all, in the end) 結局のところ
*纠正 /jiūzhèng ジウヂョン/(动) (⊕ revise, correct) 改める、正

揪 /jiū ジウ/(动) (英 grasp firmly) しっかりつかむ,ひっぱる

**久 /jiǔ ジウ/(形) (英 long) (時間が)長い

**九 /jiǔ ジウ/(数) (英 nine) 9

**酒 /jiǔ ジウ/(名) (英 liquor, wine) 酒

酒店 /jiǔdiàn ジウディエン/(名) (英 liquor shop, hotel) 酒屋,ホテル

*救 /jiù ジウ/(动) (英 save) 救う

**旧 /jiù ジウ/(形) (英 old) 古い

舅舅 /jiùjiu ジウジウ/(名) (英 one's mother's brother) 母の兄弟

舅母 /jiùmu ジウム/(名) (英 the wife of one's mother's brother) 母の兄弟の妻

*就 /jiù ジウ/(介) (英 about) …について

**就 /jiù ジウ/(副) (英 immediately) すぐ

——(连) (英 if) かりに…でも

*就是 /jiùshì ジウシー/(形) (英 absolutely right) ごもっとも

就是说 /jiùshì shuō ジウシー シュオ/(组) (英 in other words) 言い換えれば,すなわち

就是…也… /jiùshì... yě... ジウシー … イェ …/(组) (英 even if) たとえ…でも

居民 /jūmín ヂュイミン/(名) (英 resident) 居住民

居然 /jūrán ヂュイラン/(副) (英 unexpectedly) 意外にも,なんと

居住 /jūzhù ヂュイチュウ/(动) (英 live, inhabit) 居住する

局 /jú ヂュイ/(名) (英 bureau) 局

局部 /júbù ヂュイブウ/(名) (英 part) 一部分

局面 /júmiàn ヂュイミエン/(名) (英 phase, aspect) 局面

*局长 /júzhǎng ヂュイチァァン/(名) (英 bureau chief) 局長

**橘子 /júzi ヂュイヅ/(名) (英 tangerine) ミカン

**举 /jǔ ヂュイ/(动) (英 raise, uphold) 上に挙げる

举办 /jǔbàn ヂュイバン/(动) (英 hold) 開催する

*举行 /jǔxíng ヂュイシィン/(动) (英 hold) 挙行する

聚 /jù ヂュイ/(动) (英 gather) 集まる,集める

聚集 /jùjí ヂュイジィ/(动) (英 gather) 集める,集まる

聚精会神 /jù jīng huì shén ヂュイ ジィン ホゥイ シェン/(成) (英 concentrate one's mind) 精神を集中して

*拒绝 /jùjué ヂュイジュエ/(动) (英 reject) 拒絶する

据 /jù ヂュイ/(介) (英 according to, based on) …に基づいて

*据说 /jùshuō ヂュイシュオ/(动) (英 according to what they say) 聞くところによれば

*巨大 /jùdà ヂュイダァ/(形) (英 gigantic, enormous) 巨大な

*具备 /jùbèi ヂュイベイ/(动) (英 have) 有する

*具体 /jùtǐ ヂュイティー/(形) (英 concrete) 具体的な

*具有 /jùyǒu ヂュイヨウ/(动) (英 endow, provide) 具える

*距离 /jùlí ヂュイリィ/(名)(英 distance) 距離

*距离 /jùlí ヂュイリィ/(动) (英 be away from) 距離がある,距たる

*俱乐部 /jùlèbù ヂュイレェブウ/(名) (英 club) クラブ

**句 /jù ヂュイ/(量) 言葉を数える

**句子 /jùzi ヂュイヅ/(名) (英 sentence) 文

*剧场 /jùchǎng ヂュイチァァン/(名) (英 theater) 劇場

剧烈 /jùliè ヂュイリエ/(形) (英 fierce, violent) 激しい

剧院 /jùyuàn ヂュイユエン/(名) (英 theater) 劇場

*卷 /juǎn ジュエン/(动) (英 roll,

wind)巻く
卷 /juǎn ジュエン/(量)巻いたものを数える
觉 /jué ジュエ/(动)(㊇ feel)感じる
**觉得 /juéde ジュエダ/(动)(㊇ feel)感じる,思う
*觉悟 /juéwù ジュエウゥ/(动,名)(㊇ awareness, become aware of)自覚(する)
*决 /jué ジュエ/(副)(㊇ absolutely, definitely)決して
**决定 /juédìng ジュエディン/(动,名)(㊇ decide)決定(する)
决口 /jué'kǒu ジュエコウ/(动)(㊇ give way)(堤防が)決壊する
*决心 /juéxīn ジュエシン/(动,名)(㊇ determine, resolve)決心(する)
决议 /juéyì ジュエイー/(名)(㊇ resolution)決議
绝 /jué ジュエ/(形)(㊇ unique)二つとない,他を寄せつけない
*绝对 /juéduì ジュエドゥイ/(形)(㊇ absolute)絶対の
均匀 /jūnyún ジュィンユィン/(形)(㊇ balanced, even)平均している
*军 /jūn ジュィン/(名)(㊇ army)軍
军备 /jūnbèi ジュィンペイ/(名)(㊇ armament)軍備
*军队 /jūnduì ジュィンドゥイ/(名)(㊇ army)軍隊
军官 /jūnguān ジュィングワン/(名)(㊇ officer)士官,将校
军舰 /jūnjiàn ジュィンジエン/(名)(㊇ battleship)軍艦
军人 /jūnrén ジュィンレン/(名)(㊇ soldier)軍人
*军事 /jūnshì ジュィンシー/(名)(㊇ military matters)軍事

K, k

**咖啡 /kāfēi カァフェイ/(名)(㊇ coffee)コーヒー
**卡车 /kǎchē カァチョァ/(名)(㊇ truck)トラック
**开 /kāi カイ/(动)(㊇ open)開ける
开办 /kāibàn カイバン/(动)(㊇ found, establish)設立する
开除 /kāichú カイチュウ/(动)(㊇ dismiss, expel)除名する
开动 /kāidòng カイドン/(动)(㊇ drive, operate)運転する
开发 /kāifā カイファア/(动)(㊇ develop)開発する
开饭 /kāi'fàn カイファン/(动)(㊇ prepare a meal)食事の膳立てをする
*开放 /kāifàng カイファアン/(动)(㊇ bloom)(花が)咲く
*开会 /kāi'huì カイホゥイ/(动)(㊇ hold a meeting)会を開く,会に出席する
*开课 /kāi'kè カイクァ/(动)(㊇ class begins)授業が始まる
开口 /kāi'kǒu カイコウ/(动)(㊇ open *one's* mouth)口を開く,話し始める
*开明 /kāimíng カイミィン/(形)(㊇ open-minded and progressive)進歩的で物分かりが良い
开幕 /kāi'mù カイムゥ/(动)(㊇ rise of the curtain)芝居・会議などが始まる
*开辟 /kāipì カイピィ/(动)(㊇ cut open up)切り開く
开设 /kāishè カイショァ/(动)(㊇ set up)開設する
**开始 /kāishǐ カイシー/(动,名)(㊇ begin)始め(る)
开水 /kāishuǐ カイシュイ/(名)(㊇ hot water)湯,熱湯
**开玩笑 /kāi wánxiào カイ ワンシアオ/(㊇ make a joke)冗談を言う
**开学 /kāi'xué カイシュエ/(动)学期が始まる
*开演 /kāiyǎn カイイエン/(动)(㊇ raise the curtain)開演する
开夜车 /kāi yèchē カイ イエチョァ/(㊇ stay up all night)徹夜する
开展 /kāizhǎn カイチャン/(动)(㊇

develop) 展開する
刊物 /kāiwù カイウゥ/(名)（⊛ publication）刊行物
看 /kān カン/(动)（⊛ look after）見守る
****砍** /kǎn カン/(动)（⊛ cut, chop）（刀や斧で）切る
****看** /kàn カン/(动)（⊛ look at, see）見る
****看病** /kàn‑bìng カンビィン/(动)（⊛ examine medically）診察する，診療を受ける
***看不起** /kànbuqǐ カンブチィ/(动)（⊛ look down on）見下げる
看法 /kànfǎ カンファア/(名)（⊛ view）見方
****看见** /kànjiàn カンジエン/(动)（⊛ see, find）目に入る，見かける，見える
***看来** /kànlái カンライ/(⊛ seem, appear）見たところ…と思う
***看样子** /kàn yàngzi カン ヤンツ/(组)（⊛ it looks as if）見たところ
***扛** /káng カァン/(动)（⊛ carry on shoulder）肩でかつぐ
抗议 /kàngyì カァンイー/(动)（⊛ protest, object）抗議する
***考** /kǎo カオ/(动)（⊛ test, examine）試験する，試験を受ける
考察 /kǎochá カオチャア/(动)（⊛ inspect）実地に調査する，視察する，考察する
***考虑** /kǎolǜ カオリュィ/(动)（⊛ consider）考慮する
考试 /kǎoshì カオシー/(动，名)（⊛ test, exam）試験（する）
考验 /kǎoyàn カオイエン/(动，名)（⊛ test, trial）試練（を与える）
***烤** /kǎo カオ/(动)（⊛ broil, roast）焙る，火にあたる
***靠** /kào カオ/(动)（⊛ lean on）寄りかかる，頼る
靠近 /kàojìn カオジン/(动)（⊛ approach）すぐ近くにある，接近する
****棵** /kē クァ/(量) 木，草を数える

***颗** /kē クァ/(量) 粒状のものを数える
***科** /kē クァ/(名)（⊛ department）科，課
科技 /kējì クァジィ/(名)（⊛ scientific technology）科学技術
科普 /kēpǔ クァプゥ/(名)（⊛ the popularization of science）科学の普及
****科学** /kēxué クァシュエ/(形，名)（⊛ science）科学(的な)
科学家 /kēxuéjiā クァシュエジア/(名)（⊛ scientist）科学者
***科学院** /kēxuéyuàn クァシュエユエン/(名)（⊛ academy of science）科学院，アカデミー
***科研** /kēyán クァイエン/(名)（⊛ scientific research）科学研究
***科长** /kēzhǎng クァヂャァン/(名)（⊛ section chief）課長
壳 /ké クァ/(名)（⊛ shell）殻
****咳嗽** /késou クァソウ/(动)（⊛ cough）咳をする
***可** /kě クァ/(副)（⊛ indeed）まったく，実に
— (连)（⊛ but）しかし
***可爱** /kě'ài クァアイ/(形)（⊛ cute, charming）可愛い
可不是 /kěbushì クァブシー/(组)（⊛ that's right）そうですよ
可见 /kějiàn クァジエン/(连)…であることがわかる
***可靠** /kěkào クァカオ/(形)（⊛ trustworthy）信頼できる
***可怜** /kělián クァリエン/(形)（⊛ pitiful）哀れな
— (动)（⊛ feel pity）憐れむ
****可能** /kěnéng クァヌォン/(副)（⊛ may be）かもしれない
— (名)（⊛ possibility）可能性
***可怕** /kěpà クァパァ/(形)（⊛ scary）恐ろしい
可巧 /kěqiǎo クァチアオ/(副)（⊛ coincidentally）折りよく，折悪しく

⁑可是 /kěshì クァシー/(连) ([英] however) しかし
可惜 /kěxī クァシィ/(形) ([英] regrettable) 惜しい
可笑 /kěxiào クァシアオ/(形) ([英] funny) おかしい
可行 /kěxíng クァシィン/(形) 実行して良い
⁑可以 /kěyǐ クァイー/(助动) ([英] able to *do*) …できる, …してよい
*可以 /kěyǐ クァイー/(形) まずまずよろしい
⁑渴 /kě クァ/(形) ([英] thirsty) 喉が渇いた
渴望 /kěwàng クァワァン/(动) ([英] crave, desire) 切望する
⁑克 /kè クァ/(量) ([英] gram) グラム
*克服 /kèfú クァフゥ/(动) ([英] overcome) 克服する
*刻 /kè クァ/(动) ([英] cut, carve) 刻む, 彫る
⁑刻 /kè クァ/(量) ([英] quarter) 15 分間
*刻苦 /kèkǔ クァクゥ/(形) ([英] hard-working) 勤勉この上ない
客观 /kèguān クァグワン/(形, 名) ([英] objectivity) 客観(的な)
⁑客气 /kèqi クァチ/(形) ([英] polite, modest) 遠慮深い
一(动) ([英] be reserved) 遠慮する
*客人 /kèrén クァレン/(名) ([英] guest) 客
客厅 /kètīng クァティン/(名) ([英] living room) 応接間
⁑课 /kè クァ/(名) ([英] class) 授業
⁑课本 /kèběn クァベン/(名) ([英] text book) 教科書
*课程 /kèchéng クァチョン/(名) ([英] course, curriculum) 課程
课堂 /kètáng クァタァン/(名) ([英] classroom) 教室
⁑课文 /kéwén クァウェン/(名) 教科書中の本文
*肯 /kěn ケン/(助动) ([英] do… willingly) 進んで…する
*肯定 /kěndìng ケンディン/(动) ([英] affirm) 肯定する
一(形) ([英] affirmative) 肯定(的な)
坑 /kēng クン/(名) ([英] hole) 穴, くぼみ
*空 /kōng コン/(形) ([英] empty) 空っぽの
*空间 /kōngjiān コンジエン/(名) ([英] space) 空間
空军 /kōngjūn コンジュィン/(名) ([英] air force) 空軍
⁑空气 /kōngqì コンチィ/(名) ([英] air) 空気
*空前 /kōngqián コンチエン/(形) ([英] unprecedented) 空前の
*空中 /kōngzhōng コンヂォン/(名) ([英] in the air) 空中
恐怖 /kǒngbù コンブゥ/(形) ([英] fearful) 恐怖の
*恐怕 /kǒngpà コンパァ/(副) ([英] probably) おそらく…だろう
*孔 /kǒng コン/(名) ([英] hole) 穴
空 /kòng コン/(动) ([英] empty out, vacate) 空にする
一(形) ([英] unused) 使われていない
*空儿 /kòngr コンル/(名) 空いている時間や場所
*控制 /kòngzhì コンヂー/(动) ([英] control) 制御する
⁑口 /kǒu コウ/(名) ([英] gateway, mouth) 出入口, 容器の口
一(量)家族の人数, 口に入れたもの口から出したものを数える
*口袋 /kǒudai コウダイ/(名) ([英] pocket) ポケット
*口号 /kǒuhào コウハオ/(名) ([英] slogan) スローガン
口气 /kǒuqì コウチィ/(名) ([英] tone) 語気, 口調
口试 /kǒushì コウシー/(动, 名) ([英] oral examination) 口頭試問(をする)
口头 /kǒutóu コウトウ/(形) ([英] oral) 口頭で
⁑口语 /kǒuyǔ コウユィ/(名) ([英] colloquial language) 口語

- *扣 /kòu コウ/(动)(英 hang, button, lock) ボタンや掛け金を掛ける
- 枯 /kū クウ/(形)(英 died, withered) 枯れた
- **哭 /kū クウ/(动)(英 cry) 泣く
- 窟窿 /kūlong クウロン/(名)(英 hole) 穴
- **苦 /kǔ クウ/(形)(英 bitter, hard) 苦い, 苦しい
- *裤子 /kùzi クウツ/(名)(英 pants) ズボン
- 夸 /kuā クア/(动)(英 exaggerate) 大げさに言う
- 垮 /kuǎ クア/(动)(英 fall apart) 崩れる, 倒れる
- *跨 /kuà クア/(动)(英 straddle) またぐ
- **块 /kuài クアイ/(名)(英 chunk, mass) 塊
  - —(量) かたまり状のものを数える
- *筷子 /kuàizi クアイツ/(名)(英 chopsticks) 箸
- **快 /kuài クアイ/(形)(英 rapid) (速度が)速い
- 快餐 /kuàicān クアイツァン/(名)(英 fast food) ファーストフード
- 快活 /kuàihuo クアイホウオ/(形)(英 happy, cheerful) 愉快な
- *宽 /kuān クワン/(形)(英 wide) 幅が広い
- 宽阔 /kuānkuò クワンクゥオ/(形)(英 expansive, wide) 広い
- **款 /kuǎn クワン/(名)(英 money, funds) 金銭, 経費
- 款待 /kuǎndài クワンダイ/(动)(英 receive with warm hospitality) 懇ろにもてなす
- 筐 /kuāng クアン/(名)(英 basket, cage) 籠
- 狂 /kuáng クアン/(形)(英 haughty) ひどく高慢な
- 狂风 /kuángfēng クアンフォン/(名)(英 tempest) あらし
- *矿 /kuàng クアン/(名)(英 ore) 鉱床, 鉱石
- 矿石 /kuàngshí クアンシー/(名)(英 ore, mineral) 鉱石
- 况且 /kuàngqiě クアンチエ/(连)(英 in addition) そのうえ
- 昆虫 /kūnchóng クウンチョン/(名)(英 insect) 昆虫
- *捆 /kǔn クウン/(动)(英 bind) 縛る, 束ねる
- *困 /kùn クウン/(动)(英 suffer) 苦しむ, 困る
  - —(形)(英 sleepy) 眠い
- **困难 /kùnnan クウンナン/(形, 名)(英 difficult) 困難(な)
- *扩大 /kuòdà クウオダア/(动)(英 expand, enlarge) 拡大する
- 阔 /kuò クウオ/(形)(英 rich) 豊かな

L, l

- **拉 /lā ラァ/(动)(英 pull, draw) 引く
- *垃圾 /lājī ラァジィ/(名)(英 trash) ゴミ
- 喇叭 /lǎba ラァバ/(名)(英 trumpet, bugle) ラッパ
- 蜡烛 /làzhú ラァヂュウ/(名)(英 candle) ろうそく
- 辣 /là ラァ/(形)(英 spicy, hot) 辛い
- 辣椒 /làjiāo ラァジアオ/(名)(英 chili pepper) 唐辛子
- *啦 /la ラ/(助) 感嘆または阻止の意味を兼ねた断定的な口調を表す
- **来 /lái ライ/(动)(英 come, arrive) 来る
- 来宾 /láibīn ライビン/(名)(英 visitor, guest) 来賓
- *来不及 /láibují ライブジィ/(英 not enough time) 間に合わない
- *来得及 /láidejí ライダジィ/(英 there is still enough time to do) まだ…する時間がある
- 来回 /láihuí ライホゥイ/(名, 副)(英 make a round-trip) 往復する

来客 /láikè ライクァ/(名)(英 visitor) 来客
来往 /láiwǎng ライワン/(动,名)(英 come and go, contacts) 行き来(する)
*来信 /láixìn ライシン/(名)(英 letter) 送られてきた手紙
来源 /láiyuán ライユエン/(名)(英 source) 源
*来自 /láizì ライヅー/(动)(英 comes from...) …からくる
蓝 /lán ラン/(形)(英 blue) 青い
*拦 /lán ラン/(动)(英 block, obstruct) 遮る
篮球 /lánqiú ランチウ/(名)(英 basketball) バスケットボール
篮子 /lánzi ランヅ/(名)(英 hand basket) 手提げ籠
*懒 /lǎn ラン/(形)(英 lazy) 怠惰な
*烂 /làn ラン/(形)(英 rotten) 腐った, 傷んだ
*狼 /láng ラァン/(名)(英 wolf) 狼
*朗读 /lǎngdú ラァンドゥ/(动)(英 read aloud) 朗読する
朗诵 /lǎngsòng ラァンソン/(动)(英 recite) 朗誦する
*浪 /làng ラァン/(名)(英 wave) 波
*浪费 /làngfèi ラァンフェイ/(动)(英 waste) 無駄遣い(をする)
*捞 /lāo ラオ/(动)(英 scoop up) すくう
劳动 /láodòng ラオドン/(名,动)(英 labor, work) 労働(する)
劳驾 /láo‧jià ラオジア/(英 Excuse me but...) すみませんが
牢 /láo ラオ/(形)(英 solid, steadfast) 堅固な
牢固 /láogù ラオグゥ/(形)(英 solid, steadfast) 堅固な
牢骚 /láosāo ラオサオ/(名,动)(英 grumble) 不平(を言う)
老 /lǎo ラオ/(形)(英 aged) 年取った
*老(是) /lǎo(shì) ラオ(シー)/(副)(英 always) いつも…だ

*老百姓 /lǎobǎixìng ラオバイシン/(名)(英 the people) 庶民
*老板 /lǎobǎn ラオバン/(名)(英 shopkeeper) 商店の主人
*老大妈(大妈) /lǎodàmā (dàmā) ラオダァマァ(ダァマァ)/(名)(英 aunt) おばさん
*老大娘(大娘) /lǎodàniáng (dàniáng) ラオダアニアン(ダアニアン)/(名)(英 elderly lady, grandmother) おばあさん
*老大爷(大爷) /lǎodàyé(dàye) ラオダアイエ(ダアイエ)/(名)(英 uncle, old man) おじさん, おじいさん
*老虎 /lǎohǔ ラオホゥ/(名)(英 tiger) トラ
老年 /lǎonián ラオニエン/(名)(英 old age) 老年
老婆 /lǎopo ラオポ/(名)(英 wife) 女房
*老人 /lǎorén ラオレン/(名)(英 elderly person) 老人
*老人家 /lǎorenjia ラオレンジア/(名) 老人に対する敬称
老师 /lǎoshī ラオシー/(名)(英 teacher) 先生
*老实 /lǎoshí ラオシ/(形)(英 sincere) 誠実な
*老太太 /lǎotàitai ラオタイタイ/(名) 老婦人に対する敬称
*老头儿 /lǎotóur ラオトウル/(名)(英 elderly person) 老人
老乡 /lǎoxiāng ラオシアン/(名)(英 a person from one's home town) 同郷人
姥姥 /lǎolao ラオラオ/(名)(英 maternal grandmother) 母方のおばあさん
乐 /lè ルァ/(动)(英 fun) 楽しい
*乐观 /lèguān ルァグワン/(形)(英 optimistic) 楽観的な
了 /le ラ/(助) すでに起きた動作に用いる
*雷 /léi レイ/(名)(英 thunder) 雷
*累 /lèi レイ/(形)(英 tired, fatigue) 疲れた
*类 /lèi レイ/(名,量)(英 a vari-

类似 /lèisì レイスー/(形)(英 resemble, similar to) 類似した

类型 /lèixíng レイシィン/(名)(英 category, type) 類型

冷 /lěng ルォン/(形)(英 cold) 寒い

冷静 /lěngjìng ルォンジィン/(形)(英 calm, composed) 冷静な

冷却 /lěngquè ルォンチュエ/(动)(英 refrigerate, cool) 冷却する

冷饮 /lěngyǐn ルォンイン/(名)(英 cold drink) 冷たい飲み物

愣 /lèng ルォン/(动)(英 dumbfounded) 呆然とする

* **厘米** /límǐ リィミィ/(量)(英 centimeter) センチメートル

梨 /lí リィ/(名)(英 pear) 梨

* **黎明** /límíng リィミィン/(名)(英 dawn) 黎明

** **离** /lí リィ/(介)(英 from, to) …から, …まで

* **离婚** /lí'hūn リィホゥン/(动)(英 divorce) 離婚する

** **离开** /lí'kāi リィカイ/(动)(英 separate, leave) 離れる

理 /lǐ リィ/(动)(英 manage) 管理する

理 /lǐ リィ/(名)(英 reason) 道理

* **理发** /lǐ'fà リィファア/(英 get a haircut) 理髪する

* **理解** /lǐjiě リィジエ/(动, 名)(英 understand) 理解(する)

* **理论** /lǐlùn リィルゥン/(名)(英 theory) 理論

* **理想** /lǐxiǎng リィシアン/(名)(英 ideal) 理想

* **理由** /lǐyóu リィヨウ/(名)(英 reason) 理由

** **里** /lǐ リィ/(名)(英 inside) 中

** **里** /lǐ リィ/(量)(距離の単位) 500 メートル

** **里边** /lǐbian リィビエン/(名)(英 inside) 中

* **里面** /lǐmiàn リィミエン/(名)(英 inside) 中

里头 /lǐtou リィトウ/(名)(英 inside) 中

礼 /lǐ リィ/(名)(英 courtesy) 礼儀

礼拜 /lǐbài リィバイ/(名)(英 week) 週

* **礼拜天(礼拜日)** /lǐbàitiān (lǐbàirì) リィバイティエン(リィバイリー)/(名)(英 Sunday) 日曜日

* **礼貌** /lǐmào リィマオ/(名)(英 manners) 礼儀

* **礼堂** /lǐtáng リィタアン/(名)(英 auditorium) 講堂

* **礼物** /lǐwù リィウゥ/(名)(英 gift) 贈り物

历年 /lìnián リィニエン/(名) 歴年

** **历史** /lìshǐ リィシー/(名)(英 history) 歴史

利 /lì リィ/(名)(英 profit) 利益

* **利害(厉害)** /lìhai リィハイ/(形)(英 awesome) 凄い

利润 /lìrùn リィルゥン/(英 profit) 利潤

* **利益** /lìyì リィイー/(名)(英 benefit) 利益

** **利用** /lìyòng リィヨン/(动)(英 use) 利用(する)

* **例** /lì リィ/(名)(英 example) 事例

** **例如** /lìrú リィルゥ/(动)(英 for example) 例えば

* **例子** /lìzi リィヅ/(名)(英 example) 例

* **立** /lì リィ/(动)(英 stand) 立つ

* **立场** /lìchǎng リィチァン/(名)(英 position, standpoint) 立場

* **立方** /lìfāng リィファアン/(名)(英 cube) 立方

* **立即** /lìjí リィジィ/(副)(英 immediately) 直ちに

** **立刻** /lìkè リィクァ/(副)(英 immediately) 即刻

* **粒** /lì リィ/(量) 粒状のものを数える

* **力** /lì リィ/(名)(英 strength) 力

* **力量** /lìliang リィリアン/(名)(英 strength) 力

* **力气** /lìqi/ リィチ/(名)(英 strength) 腕力，体力

力求 /lìqiú/ リィチウ/(动)(英 do as much as possible) できるだけ…するよう努力する

* **力所能及** /lì suǒ néng jí/ リィスゥオ ヌォン ジィ/(英 within one's power) 力の及ぶかぎり

力争 /lìzhēng/ リィヂョン/(动) 全力で(…できるよう)取り組む

* **哩** /li/ リィ/(助) 確認・強調の意を表す語気助詞

** **俩** /liǎ/ リア/(数)(英 two people) 二人

* **联合** /liánhé/ リエンホァ/(动)(英 form an alliance) 連合する

* **联欢** /liánhuān/ リエンホワン/(动)(英 get together) 交歓する

联络 /liánluò/ リエンルゥオ/(动)(英 contact) 連絡する

联盟 /liánméng/ リエンモン/(名)(英 alliance) 同盟

** **联系** /liánxì/ リエンシィ/(动，名)(英 contact) 連絡(する)

* **连** /lián/ リエン/(动)(英 connect) つながる

— (副)(英 successively) 連続して

** **连…都(也)** /lián…dōu(yě)/ リエン…ドウ(イエ)/(英 even) …さえも

连接 /liánjiē/ リエンジエ/(动)(英 connect) つながる

* **连忙** /liánmáng/ リエンマァン/(副)(英 promptly) 急いで

* **连续** /liánxù/ リエンシィ/(动)(英 continue) 連続する

** **脸** /liǎn/ リエン/(名)(英 face) 顔

脸色 /liǎnsè/ リエンスァ/(名)(英 complexion) 顔色

* **恋爱** /liàn'ài/ リエンアイ/(动，名)(英 love) 恋愛(する)

炼 /liàn/ リエン/(动)(英 refine, reinforce) 純化，強化する

* **练** /liàn/ リエン/(动)(英 practice) 練習する

* **练习** /liànxí/ リエンシィ/(动，名)(英 practice) 練習する

* **粮食** /liángshi/ リアンシ/(名)(英 food, provisions) 食糧

* **凉** /liáng/ リアン/(形)(英 cold) 冷たい

** **凉快** /liángkuai/ リアンクアイ/(形)(英 cool) 涼しい

凉水 /liángshuǐ/ リアンシュイ/(名)(英 cold water) 冷たい水

* **量** /liáng/ リアン/(动)(英 measure) 量る

* **良好** /liánghǎo/ リアンハオ/(形)(英 fine, good) 良好な

* **两** /liǎng/ リアン/(量) 重さの単位，50 グラム

** **两** /liǎng/ リアン/(数)(英 two) 2

两旁 /liǎngpáng/ リアンパァン/(名)(英 both sides) 両側

** **辆** /liàng/ リアン/(量) 車を数える

量 /liàng/ リアン/(名)(英 quantity, amount) 分量

** **亮** /liàng/ リアン/(形)(英 bright) 明るい

谅解 /liàngjiě/ リアンジエ/(动)(英 forgive) 了承する

* **聊天儿** /liáo·tiānr/ リアオティエンル/(动)(英 make small talk) 世間話をする

** **了** /liǎo/ リアオ/(动)(英 finish, end) 終る

* **了不起** /liǎobuqǐ/ リアオブチィ/(英 wonderful) 素晴らしい

** **了解** /liǎojiě/ リアオジエ/(动)(英 understand, agree) 理解する，了解する

* **列** /liè/ リエ/(动)(英 line up) 並ぶ

— (量) 列になったものを数える

列车 /lièchē/ リエチョァ/(名)(英 train) 列車

裂 /liè/ リエ/(动)(英 tear, split) 裂ける

烈士 /lièshì/ リエシー/(名) 烈士

猎人 /lièrén/ リエレン/(名)(英 hunter) 猟師

* **临** /lín/ リン/(动)(英 face, look out on) 臨む

* **临时** /línshí/ リンシー/(形)(英 provisional, temporary) 臨時の

- *邻居 /línjū リンヂュイ/(名)(英 neighbor) 隣近所(の人)
- 淋 /lín リン/(动)(英 pour) 注ぐ
- **零 /líng リン/(数)(英 zero) 0
- 零件 /língjiàn リィンジエン/(名)(英 components, parts) 部品
- *零钱 /língqián リィンチエン/(名)(英 change) 小銭
- *铃 /líng リン/(名)(英 bell) 鈴
- 灵魂 /línghún リィンホゥン/(名)(英 spirit, soul) 霊魂
- 灵活 /línghuó リィンホゥオ/(形)(英 agile, nimble) 敏捷な
- *领 /lǐng リィン/(动)(英 lead, command) 率いる
- **领导 /lǐngdǎo リィンダオ/(动)(英 guide, instruct) 指導する ―(名)(英 leader, instructor) 指導者
- 领会 /lǐnghuì リィンホゥイ/(动)(英 understand) 理解(する)
- 领土 /lǐngtǔ リィントゥ/(名)(英 territory) 領土
- *领袖 /lǐngxiù リィンシウ/(名)(英 leader) 領袖
- 领域 /lǐngyù リィンユイ/(名)(英 territory) 領域
- *另 /lìng リィン/(代)(英 another) 別の
- *另外 /lìngwài リィンワイ/(代)(英 another) 別の
- 令 /lìng リィン/(动)(英 have, make) …に…させる
- 溜 /liū リウ/(动)(英 slide, skate) 滑る
- **留 /liú リウ/(动)(英 stay) 留まる
- **留念 /liú'niàn リウニエン/(动)(英 keep as a souvenir) 記念として残す
- 留学 /liú'xué リウシュエ/(动)(英 study abroad) 留学(する)
- **留学生 /liúxuéshēng リウシュエション/(名)(英 student from abroad) 留学生
- **流 /liú リウ/(动)(英 flow) 流れる
- 流传 /liúchuán リウチュワン/(动)(英 spread, propagate) 広く伝わる
- 流动 /liúdòng リウドン/(动)(英 flow) 流動する
- *流利 /liúlì リウリィ/(形)(英 fluent) 流暢な
- 流氓 /liúmáng リウマァン/(名)(英 hoodlum) ごろつき
- 流水 /liúshuǐ リウシュイ/(名)(英 flowing water) 流れる水
- 流行 /liúxíng リウシィン/(动)(英 come into fashion) 流行する
- 流域 /liúyù リウユイ/(名)(英 valley, basin) 流域
- 柳树 /liǔshù リウシュウ/(名)(英 willow) 柳
- **六 /liù リウ/(数)(英 six) 6
- *龙 /lóng ロン/(名)(英 dragon) 竜
- 笼子 /lóngzi ロンツ/(名)(英 basket, cage) 籠
- 拢 /lǒng ロン/(动)(英 put together, add, match) 合わせる
- 垄断 /lǒngduàn ロンドワン/(动)(英 monopolize, have exclusively) 独占する
- 笼罩 /lǒngzhào ロンヂャオ/(动)(英 cover) 被う
- **楼 /lóu ロウ/(名)(英 building) 2階建て以上の建物
- 楼道 /lóudào ロウダオ/(名)(英 corridor) 廊下
- 楼房 /lóufáng ロウファアン/(名)(英 building) 2階建て以上の建物
- *楼梯 /lóutī ロウティー/(名)(英 stairs, steps) 階段
- 搂 /lǒu ロウ/(动)(英 hold, hug) 抱く
- *漏 /lòu ロウ/(动)(英 leak) 漏れる
- *露 /lòu ロウ/(动)(英 appear, expose) 現われる
- 露面 /lòu'miàn ロウミエン/(动)(英 appear) 姿を見せる
- 喽 /lou ロウ/(助) 予期または仮定の動作に用いる
- 炉子 /lúzi ルッヅ/(名)(英 small (portable) cooking stove) コ

ンロ，ストーブ
** **路** /lù ルゥ/(名)(英 road, path) 道
路过 /lùguò ルゥグゥオ/(动)(英 pass) 通過する
路口 /lùkǒu ルゥコウ/(名)(英 intersection, crossing) 交差点
* **路上** /lùshang ルゥシァン/(名)(英 on the road) 路上
* **路线** /lùxiàn ルゥシエン/(名)(英 route) 道筋
露 /lù ルゥ/(动)(英 expose) あらわにする
* **录像** /lù'xiàng ルゥシアン/(动)(英 record... on video tape) 録画する
** **录音** /lù'yīn ルゥイン/(动)(英 record) 録音する
* **录音机** /lùyīnjī ルゥインジィ/(名)(英 tape recorder) テープレコーダー
陆地 /lùdì ルゥディー/(名)(英 the land) 陸地
陆军 /lùjūn ルゥジュイン/(名)(英 the army) 陸軍
* **陆续** /lùxù ルゥシュイ/(副)(英 one after another, successively) 次々と
驴 /lǘ リュィ/(名)(英 donkey) ロバ
铝 /lǚ リュィ/(名)(英 aluminum) アルミニウム
* **旅馆** /lǚguǎn リュィグワン/(名)(英 inn, hotel) 旅館
* **旅客** /lǚkè リュィクァ/(名)(英 traveler) 旅行客
* **旅途** /lǚtú リュィトゥ/(名)(英 during *one's* trip) 道中
** **旅行** /lǚxíng リュィシィン/(动)(英 travel) 旅行する
旅游 /lǚyóu リュィヨウ/(动)(英 go sightseeing tour) 観光旅行をする
绿 /lǜ リュィ/(形)(英 green) 緑の
** **乱** /luàn ルワン/(形)(英 disturbed, confused) 乱れた
掠夺 /lüèduó リュエドゥオ/(动)(英 plunder) 略奪する

* **轮船** /lúnchuán ルゥンチュワン/(名)(英 steamship, steamboat) 汽船
轮廓 /lúnkuò ルゥンクゥオ/(名)(英 outline) 輪郭
轮流 /lúnliú ルゥンリウ/(副)(英 by turns) 順番に
轮子 /lúnzi ルゥンツ/(名)(英 wheel) 車輪
论 /lùn ルン/(介)…によって，…について言えば
* **论文** /lùnwén ルゥンウェン/(名)(英 treatise, paper) 論文
* **萝卜** /luóbo ルゥオボ/(名)(英 radish) 大根
逻辑 /luójí ルゥオジィ/(名)(英 logic) 論理
锣 /luó ルゥオ/(名)(英 gong) 銅鑼
* **落** /luò ルゥオ/(动)(英 fall) 落ちる
* **落后** /luòhòu ルゥオホウ/(形)(英 backward) (人よりも)遅れた
骆驼 /luòtuo ルゥオトゥオ/(名)(英 camel) 駱駝

M, m

** **妈妈** /māma ママ/(名)(英 mother) おかあさん
** **麻烦** /máfan マァファン/(动)(英 trouble) 煩わす
— (形)(英 troublesome) 面倒な
* **码头** /mǎtou マァトウ/(名)(英 wharf, pier) 埠頭
** **马** /mǎ マァ/(名)(英 horse) 馬
* **马虎** /mǎhu マァホ/(形)(英 careless) そそっかしい
* **马克** /mǎkè マァクァ/(名)(英 mark) (ドイツのユーロ以前の貨幣単位)マルク
马克思主义 /Mǎkèsī zhǔyì マァクァスー ヂュイー/(名)(英 Marxism) マルクス主義
* **马路** /mǎlù マァルゥ/(名)(英 main street) 大通り
** **马上** /mǎshàng マァシァン/(副)

(㊥ immediately) すぐに
* **骂** /mà マァ/(动)(㊥ curse, scold) 罵る
** **嘛** /ma マ/(助) 当然だ, 当然そうなるべきだ, という感情, 気分を表す
** **吗** /ma マ/(助) 質問, 疑問を表す
* **埋** /mái マイ/(动)(㊥ bury) 埋める
* **买** /mǎi マイ/(动)(㊥ buy) 買う
* **买卖** /mǎimai マイマイ/(名)(㊥ business) 商売
** **卖** /mài マイ/(动)(㊥ sell) 売る
* **迈** /mài マイ/(动)(㊥ step forward) 足を踏み出す
瞒 /mán マン/(动)(㊥ cover up) (真実を)隠す
* **馒头** /mántou マントウ/(名) 中国式蒸パン
** **满** /mǎn マン/(形)(㊥ full) いっぱいの, 満ちている
满腔 /mǎnqiāng マンチアン/(形) (㊥ with a heart full of) 胸いっぱいの
** **满意** /mǎnyì マンイー/(动)(㊥ be satisfied with) 満足する
* **满足** /mǎnzú マンヅゥ/(动)(㊥ be satisfied with) 満足する, 満たす
** **慢** /màn マン/(形)(㊥ slow) (速度が)遅い
漫长 /màncháng マンチァン/(形) (㊥ endless) (先が見えないほど)とても長い
盲目 /mángmù マァンムゥ/(形)(㊥ blind) 盲目の
** **忙** /máng マァン/(形)(㊥ busy) 忙しい
* **猫** /māo マオ/(名)(㊥ cat) 猫
* **毛** /máo マオ/(名)(㊥ hair)(動植物の)毛
毛笔 /máobǐ マオビィ/(名) (㊥brush) 毛筆
* **毛病** /máobìng マオビィン/(名) (㊥defect) 欠点
* **毛巾** /máojīn マオジン/(名) (㊥towel) タオル
毛线 /máoxiàn マオシエン/(名) (㊥ woolen yarn) 毛糸
* **毛衣** /máoyī マオイー/(名)(㊥ sweater) セーター
毛泽东思想 /Máo Zédōng sīxiǎng マオ ヅゥアドン スーシアン/(名)(㊥ Maoism) 毛沢東思想
* **矛盾** /máodùn マオドゥン/(形, 名) (㊥ contradiction) 矛盾(している)
茅台酒 /máotáijiǔ マオタイジウ/ (名) 茅台酒
* **冒** /mào マオ/(动)(㊥ emit, give off) 噴き出す
* **帽子** /màozi マオヅ/(名)(㊥ hat) 帽子
* **贸易** /màoyì マオイー/(名)(㊥ trade) 貿易
梅花 /méihuā メイホア/(名) (㊥ ume blossoms) 梅の花
* **煤** /méi メイ/(名)(㊥ coal) 石炭
* **煤气** /méiqì メイチィ/(名) (㊥ coal gas) 石炭ガス
* **没** /méi メイ/(㊥ do not possess) (所有の否定)持っていない
　— (副)(㊥ not yet) まだ…していない
* **没错** /méi'cuò メイツゥオ/(动) (㊥ that's right) そのとおりである
* **没关系** /méi guānxi メイ グワンシ/(动)(㊥ it doesn't matter) かまわない
* **没什么** /méi shénme メイ シェンマ/(动)(㊥ it's nothing) 何でもない
* **没事儿** /méi shìr メイ シール/(动) (㊥ It's nothing.) 用事がない, 大したことはない
没说的 /méishuōde メイシュオダ/ (形)(㊥ perfect) 指摘すべきことが何もない, 申し分ない
** **没意思** /méi yìsi メイ イース/(组) (㊥ boring) 退屈である
* **没用** /méi'yòng メイヨン/(动)(㊥ be useless) 役に立たない
** **没有** /méiyǒu メイヨウ/(动)(㊥ do not have) 持っていない
　— (副)(㊥ not yet) …しな

かった，まだ…していない
眉毛 /méimao メイマオ/(名) ([英] eyebrow) 眉
眉头 /méitóu メイトウ/(名) 眉間
**每 /měi メイ/(代) ([英] each) 一つ一つ
*每 /měi メイ/(副) ([英] every) …ごとに
*美 /měi メイ/(形)([英] beautiful) 美しい
美观 /měiguān メイグワン/(形) ([英] beautiful) 美しい
*美好 /měihǎo メイハオ/(形) ([英] lovely) うるわしい
*美丽 /měilì メイリィ/(形) ([英] fine) 綺麗な
*美术 /měishù メイシュウ/(名) ([英] creative art) 造形美術
*美元 /měiyuán メイユエン/(名) ([英] US dollar) 米ドル
**妹妹 /mèimei メイメイ/(名) ([英] younger sister) 妹
闷 /mēn メン/(形) ([英] stuffy) 空気が淀んでいる
一(动) ([英] confine *oneself*) 閉じこもる
**门 /mén メン/(名)([英] gateway) 出入口
一(量) ([英] gateway) 科目を数える
**门口 /ménkǒu メンコウ/(名) ([英] entrance and exit) 出入口
门诊 /ménzhěn メンチェン/(动, 名) ([英] examine) 外来患者の診察(をする)
闷 /mèn メン/(形) ([英] depressed) 気がふさぐ
**们 /men メン/(尾) 人称代詞や人を指す名詞の後に付けて複数を表す
蒙 /mēng モン/(动) ([英] deceive) 騙す
猛 /měng モン/(形) ([英] violent) はげしい
猛烈 /měngliè モンリエ/(形) ([英] violent) 猛烈な
猛然 /měngrán モンラン/(副) ([英] suddenly) 突然
*梦 /mèng モン/(名) ([英] dream) 夢
梦想 /mèngxiǎng モンシアン/(动, 名) ([英] fantasy) 夢想(する)
眯 /mī ミィ/(动) ([英] narrow *one's* eyes) 目を細める
迷 /mí ミィ/(动) ([英] get lost) 迷う
迷糊 /míhu ミィホ/(形) ([英] blurred) (意識や目が)はっきりしない
迷信 /míxìn ミィシン/(动) ([英] believe blindly) 盲信する
一(名) ([英] superstition) 迷信
谜语 /míyǔ ミィユィ/(名) ([英] riddle) なぞなぞ
*米 /mǐ ミィ/(名) ([英] rice) 米
**米(公尺) /mǐ(gōngchǐ) ミィ(ゴンチー)/(量) ([英] meter) メートル
**米饭 /mǐfàn ミィファン/(名) ([英] rice) 米の飯
*秘密 /mìmì ミィミィ/(形, 名) ([英] secret) 秘密(の)
秘书 /mìshū ミィシュウ/(名) ([英] secretary) 秘書
蜜 /mì ミィ/(名) ([英] honey) ハチミツ
*蜜蜂 /mìfēng ミィフォン/(名) ([英] honey bee) 蜜蜂
*密 /mì ミィ/(形) ([英] dense, close) 隙間が小さい，密な
*密切 /mìqiè ミィチエ/(动) ([英] make close) 密接にする
一(形) ([英] close) 密接な
*棉花 /miánhua ミエンホア/(名) ([英] cotton) 綿花
*棉衣 /miányī ミエンイー/(名) ([英] wadded clothes) 綿入れ(の服)
免得 /miǎnde ミエンダ/(动) ([英] so as not to) …しないで済む(ように)
勉强 /miǎnqiǎng ミエンチアン/(动) ([英] force) 無理に強いる
*面 /miàn ミエン/(量) 平たいものを数える
**面包 /miànbāo ミエンバオ/(名) ([英] bread) パン

M

面对 /miànduì ミエンドゥイ/(动)(㊐ face) 直面する

面粉 /miànfěn ミエンフェン/(名)(㊐ flour) 小麦粉

***面积** /miànjī ミエンジィ/(名)(㊐ area) 面積

面孔 /miànkǒng ミエンコン/(名)(㊐ face) 顔

***面临** /miànlín ミエンリン/(动)(㊐ face) (…に)面している

***面貌** /miànmào ミエンマオ/(名)(㊐ looks) 顔付き

***面前** /miànqián ミエンチエン/(名)(㊐ front) 目の前

面条儿 /miàntiáor ミエンティアオル/(名)(㊐ noodle) 麺類

苗 /miáo ミアオ/(名)(㊐ young plant) 苗

***描写** /miáoxiě ミアオシエ/(动. 名)(㊐ describe) 描写(する)

***秒** /miǎo ミアオ/(量)(㊐ second) 秒

***庙** /miào ミアオ/(名)(㊐ temple) 祖先の霊を祭る所

***妙** /miào ミアオ/(形)(㊐ wonderful) 素晴らしい

***灭** /miè ミエ/(动)(㊐ go out) (火や光が)消える

灭亡 /mièwáng ミエワン/(动)(㊐ be ruined) 滅びる

民兵 /mínbīng ミンビィン/(名)(㊐ militiaman) 民兵

民间 /mínjiān ミンジエン/(名)民間

民用 /mínyòng ミンヨン/(形)(㊐ civil) 民用の

***民主** /mínzhǔ ミンヂュウ/(形. 名)(㊐ democratic) 民主(的な)

民族 /mínzú ミンヅゥ/(名)(㊐ race) 民族

敏捷 /mǐnjié ミンジエ/(形)(㊐ quick) 敏捷な

明白 /míngbai ミンバイ/(形)(㊐ clear) 明白な
— (动)(㊐ see) わかる

***明亮** /míngliàng ミンリアン/(形)(㊐ bright) (光線が)明るい

明明 /míngmíng ミンミィン/(副)(㊐ evidently) 明らかに

明年 /míngnián ミンニエン/(名)(㊐ next year) 来年

***明确** /míngquè ミンチュエ/(形)(㊐ clear) 明確な
— (动)(㊐ clarify) 明確にする

明天 /míngtiān ミンティエン/(名)(㊐ tomorrow) 明日

***明显** /míngxiǎn ミンシエン/(形)(㊐ obvious) はっきりしている

明信片 /míngxìnpiàn ミンシンピエン/(名)(㊐ postcard) 郵便葉書

鸣 /míng ミン/(动)(㊐ warble) (鳥獣や昆虫が)鳴く

***名** /míng ミン/(名)(㊐ name) 名前
— (量) 人数を数える, 順位を表す

***名胜** /míngshèng ミンション/(名)(㊐ scenic spot) 名勝

名字 /míngzi ミンヅ/(名)(㊐ name) 名前

命 /mìng ミン/(名)(㊐ life) 命, 運命
— (动)(㊐ order) 命じる

***命令** /mìnglìng ミンリィン/(动. 名)(㊐ order) 命令(する)

***命运** /mìngyùn ミンユィン/(名)(㊐ destiny) 運命

***摸** /mō モォ/(动)(㊐ touch) (手で)触る

模范 /mófàn モォファン/(名)(㊐ model) 模範

***模仿** /mófǎng モォファアン/(动)(㊐ imitate) 真似る

模糊 /móhu モォホ/(形)(㊐ vague) ぼんやりした

模型 /móxíng モォシィン/(名)(㊐ model) 模型

***磨** /mó モォ/(动)(㊐ rub) 摩擦する

摩托车 /mótuōchē モォトゥオチョァ/(名)(㊐ motorbike) オートバイ

抹 /mǒ モォ/(动)(㊐ spread) 塗る

末 /mò モォ/(名)(㊐ powder) 粉末

墨 /mò モォ/(名) (＊ink) 墨
*墨水 /mòshuǐ モォシュイル/(名) (＊ink) 墨汁，インク
陌生 /mòshēng モォション/(形) (＊unfamiliar) よく知らない
*某 /mǒu モウ/(代) (＊a certain) 某…
某些 /mǒuxiē モウシエ/(代) (＊certain) いくつかの
*模样 /múyàng ムヤン/(名) (＊one's features) 顔形
*亩 /mǔ ムゥ/(量) ムー（面積の単位）
*母 /mǔ ムゥ/(形) (＊female) 雌の
*母亲 /mǔqīn ムゥチン/(名) (＊mother) 母親
墓 /mù ムゥ/(名) (＊tomb) 墓
幕 /mù ムゥ/(名) (＊screen) 幕, スクリーン
木材 /mùcái ムゥツァイ/(名) (＊wood) 木材
*木头 /mùtou ムゥトウ/(名) (＊wood) 木ぎれ
*目标 /mùbiāo ムゥビアオ/(名) (＊target) 目標
*目的 /mùdì ムゥディー/(名) (＊purpose) 目的
目光 /mùguāng ムゥグアン/(名) 眼光
*目前 /mùqián ムゥチエン/(名) (＊at present) 目下, 現在
牧场 /mùchǎng ムゥチァァン/(名) (＊ranch) 牧場
牧民 /mùmín ムゥミン/(名) 牧畜民

N, n

*拿 /ná ナァ/(动) (＊take, grasp) 手に持つ
*哪 /nǎ ナァ/(代) (＊which) どの, どれ
*哪个 /nǎge ナァガ/(代) (＊which one) どれ, どの
*哪里（哪儿）/nǎli(nǎr) ナァリ(ナァル)/(代) (＊where) どこ
*哪怕 /nǎpà ナァパァ/(连) (＊even if) たとえ…としても
*哪些 /nǎxiē ナァシエ/(代) (＊which ones) どれら
*那 /nà ナァ/(代) (＊that) あの
*那 /nà ナァ/(连) (＊then) それでは
*那边 /nàbiān ナァビエン/(代) (＊there) そこ, あそこ
*那个 /nàge ナァガ/(代) (＊that) あの, その, あれ, それ
*那里（那儿）/nàli(nàr) ナァリ(ナァル)/(代) (＊over there) あそこ, そこ
*那么 /nàme ナァマ/(代) (＊such) あんな, そんな
*那么 /nàme ナァマ/(连) (＊if so) それなら
*那些 /nàxiē ナァシエ/(代) (＊those) あれら, それら
*那样 /nàyàng ナァヤン/(代) (＊such) あんな, そんな
奶 /nǎi ナイ/(名) (＊milk) 乳, 乳房
*奶奶 /nǎinai ナイナイ/(名) (＊grandmother on the father's side) 父方の祖母
耐 /nài ナイ/(动) (＊endure) 耐える
耐烦 /nàifán ナイファン/(形) (＊patient) 我慢強い
*耐心 /nàixīn ナイシン/(形) (＊patient) 辛抱強い
— (名) (＊patience) 我慢強さ
*耐用 /nàiyòng ナイヨン/(形) (＊durable) (物が)丈夫な
*南 /nán ナン/(名) (＊south) 南
*南边 /nánbian ナンビエン/(名) (＊south side) 南側
*南部 /nánbù ナンブゥ/(名) (＊southern part) 南部
*南方 /nánfāng ナンファアン/(名) (＊the south) 南の方
*南面 /nánmiàn ナンミエン/(名) (＊south side) 南側
*男 /nán ナン/(形) (＊man's, male) 男の
*男人 /nánrén ナンレン/(名) (＊man) 男

男子 /nánzǐ ナンズー/(名)(英 man, boy) 男子

难 /nán ナン/(形)(英 difficult) 難しい

难道 /nándào ナンダオ/(副)(英 Do you really mean to say ...) まさか…ではあるまい

难得 /nándé ナンドゥァ/(形)(英 hard to get) 得難い, 貴重な

难怪 /nánguài ナングアイ/(副)(英 no wonder) 道理で, なるほど

难过 /nánguò ナングゥオ/(形)(英 hard, sad) (生活が)苦しい, 悲しい

难看 /nánkàn ナンカン/(形)(英 ugly) 醜い

难受 /nánshòu ナンショウ/(形)(英 hard) (身体的に)辛い

难题 /nántí ナンティー/(名)(英 difficult problem) 難題

难以 /nányǐ ナンイー/(副)(英 hard to do) …し難い

脑袋 /nǎodai ナオダイ/(名)(英 head) 頭

脑筋 /nǎojīn ナオジン/(名)(英 brain) 頭脳

脑力 /nǎolì ナオリィ/(名)(英 intellect) 知力, 知能

脑子 /nǎozi ナオヅ/(名)(英 brain) 脳

闹 /nào ナオ/(动)(英 noisy) 騒々しい

闹笑话 /nào xiàohua ナオ シアオホア/(动) しくじって笑い者になる

闹着玩儿 /nàozhe wánr ナオチャワル/(动)(英 joke) 冗談を言う, ふざける

呢 /ne ナ/(助) 疑問文の文末に用い, 答えを催促する気分を表す

内部 /nèibù ネイブゥ/(名)(英 interior) 内部

内科 /nèikē ネイクァ/(名)(英 internal medicine) 内科

内容 /nèiróng ネイロン/(名)(英 content) 内容

嫩 /nèn ネン/(形)(英 young) (植物などが)若い, やわらかい

能 /néng ヌォン/(助动)(英 can) …できる, 上手だ, 可能性がある

能干 /nénggàn ヌォンガン/(形)(英 able) 有能な

能歌善舞 /néng gē shàn wǔ ヌォン グァ シャン ウゥ/(成) 歌や踊りが上手である

能够 /nénggòu ヌォンゴウ/(助动)(英 can) …できる

能力 /nénglì ヌォンリィ/(名)(英 ability) 能力

能量 /néngliàng ヌォンリアン/(名)(英 energy) エネルギー

能源 /néngyuán ヌォンユエン/(名)(英 energy source) エネルギー源

泥 /ní ニィ/(名)(英 mud) 泥

泥土 /nítǔ ニィトゥ/(名)(英 soil) 土壌

你 /nǐ ニィ/(代)(英 you) あなた

你们 /nǐmen ニィメン/(代)(英 you) あなたたち

年 /nián ニエン/(名)(英 year) 年

年代 /niándài ニエンダイ/(名)(英 age, period) 年代, 時代

年级 /niánjí ニエンジィ/(名)(英 grade) 学年

年纪 /niánjì ニエンジィ/(名)(英 age) 年齢

年龄 /niánlíng ニエンリィン/(名)(英 age) 年齢

年青 /niánqīng ニエンチィン/(形)(英 young) 年が若い

年轻 /niánqīng ニエンチィン/(形)(英 young) 年が若い

念 /niàn ニエン/(动) 音読する, 学校で勉強する, 心にかける

念书 /niàn shū ニエンシュウ/(动)(英 read, study) 本を読む, 学校で勉強する

娘 /niáng ニアン/(名)(英 mother) 母

鸟 /niǎo ニアオ/(名)(英 bird) 鳥

捏 /niē ニエ/(动)(英 pinch) 指先でつまむ

您 /nín ニン/(代)(英 you) あなた (敬称)

拧 /nǐng ニィン/(动)(㊥ twist) ねじる

宁可 /nìngkě ニィンクァ/(连)むしろ…の方が良い

牛 /niú ニウ/(名)(㊥ cow) 牛

牛奶 /niúnǎi ニウナイ/(名)(㊥ milk) 牛乳

*扭 /niǔ ニウ/(动)(㊥ turn) ねじる, 向きを変える

扭转 /niǔzhuǎn ニウヂュワン/(动)(㊥ change direction) 向きを変える

*浓 /nóng ノン/(形)(㊥ thick) 濃い

农场 /nóngchǎng ノンチァン/(名)(㊥ farm) 農場

农村 /nóngcūn ノンツゥン/(名)(㊥ farm village) 農村

农具 /nóngjù ノンヂュイ/(名)(㊥ farm tool) 農具

农贸市场 /nóngmào shìchǎng ノンマオ シーチァン/(名)(㊥ free market) 自由市場

农民 /nóngmín ノンミン/(名)(㊥ farmer) 農民

农田 /nóngtián ノンティエン/(名)(㊥ cultivated land) 耕地

农药 /nóngyào ノンヤオ/(名)(㊥ agricultural chemical) 農薬

农业 /nóngyè ノンイエ/(名)(㊥ agriculture) 農業

农作物 /nóngzuòwù ノンゾゥオウゥ/(名)(㊥ crops) 農作物

*弄 /nòng ノン/(动)(㊥ handle) いじる, 手に入れる, する

奴隶 /núlì ヌゥリィ/(名)(㊥ slave) 奴隷

努力 /nǔ'lì ヌゥリィ/(动, 名)(㊥ (make an) effort) 努力(する)

*女 /nǚ ニュイ/(形)(㊥ female) 女性の

女儿 /nǚ'ér ニュイアル/(名)(㊥ daughter) 娘

女人 /nǚrén ニュイレン/(名)(㊥ woman) 女

女士 /nǚshì ニュイシー/(名)(㊥ lady) 女史

女子 /nǚzǐ ニュイヅー/(名)(㊥ female, girl) 女子

*暖 /nuǎn ヌワン/(形)(㊥ warm) 暖かい

—(动)(㊥ warm) 暖める

暖和 /nuǎnhuo ヌワンホゥオ/(形)(㊥ warm) 暖かい

—(动)(㊥ warm) 暖める

*暖水瓶 /nuǎnshuǐpíng ヌワンシュイピィン/(名)(㊥ thermos) 魔法瓶

*暖气 /nuǎnqì ヌワンチィ/(名)(㊥ heating) 暖房, スチーム

O, o

噢 /ō オォ/(叹)(㊥ Oh!) ああ, そうかという気持ちを表すときに発する言葉

哦 /ó オォ/(叹)(㊥ Why!) 半信半疑の気持ちを表すときに発する言葉

偶尔 /ǒu'ěr オウアル/(副)(㊥ occasionally) たまに

偶然 /ǒurán オウラン/(形)(㊥ accidental) 偶然の

P, p

趴 /pā パァ/(动)(㊥ lie on one's stomach) 腹這いになる

**爬 /pá パァ/(动)(㊥ crawl) 這う, よじ登る

*怕 /pà パァ/(动)(㊥ fear) 恐れる

*怕 /pà パァ/(副)(㊥ probably) おそらく

*拍 /pāi パイ/(动)(㊥ pat) 叩く

拍摄 /pāishè パイショァ/(动)(㊥ take a picture) 撮影する

拍子 /pāizi パイヅ/(名)(㊥ racket) ラケット

*排 /pái パイ/(名, 量)(㊥ queue) 列(になったものを数える)

*排 /pái パイ/(动)(㊥ arrange) 並べる

排斥 /páichì パイチー/(动)(㊥ exclude) 排斥する

排列 /páiliè パイリエ/(动)(㊥ put

in order) 順序よく並べる
⁑**排球** /páiqiú パイチウ/(名) ([英] volleyball) バレーボール
*__牌__ /pái パイ/(名) ([英] signboard, plate) 看板，商標，札
牌子 /páizi パイヅ/(名) ([英] signboard, plate) 看板，商標，札
⁑**派** /pài パイ/(动) ([英] dispatch) 派遣する
攀 /pān パン/(动) ([英] climb) よじ登る
攀登 /pāndēng パンデゥン/(动) ([英] clamb) よじ登る
盘 /pán パン/(动) ([英] circle, coil) ぐるぐる回る，巻く
*__盘__ /pán パン/(名) ([英] plate) 大きな皿
*__盘子__ /pánzi パンヅ/(名) ([英] dish) 大きな皿
*__盼望__ /pànwàng パンワァン/(动) ([英] look forward to, hope for) 待ち望む
*__判断__ /pànduàn パンドワン/(动，名) ([英] judge) 判断(する)
*__旁__ /páng パァン/(名)漢字の偏
⁑**旁边** /pángbiān パァンビエン/(名) ([英] side) かたわら
*__胖__ /pàng パァン/(形) ([英] fat) (人が)太っている
抛 /pāo パオ/(动) ([英] throw) 投げる
⁑**跑** /pǎo パオ/(动) ([英] run) 走る
⁑**跑步** /pǎo▾bù パオブゥ/(动) ([英] run) 駆け足をする
*__炮__ /pào パオ/(名) ([英] gun) 大砲
炮弹 /pàodàn パオダン/(名) ([英] shell) 砲弾
泡 /pào パオ/(动) ふやかす
一(名) ([英] bubble) 泡
培养 /péiyǎng ペイヤン/(动) ([英] cultivate) 培養する
培育 /péiyù ペイユィ/(动) ([英] bring up) 育てる
*__赔__ /péi ペイ/(动)([英] compensate) 弁償する
赔偿 /péicháng ペイチャァン/(动) ([英] compensation) 弁償する
*__陪__ /péi ペイ/(动)([英] accompany) お供をする
陪同 /péitóng ペイトン/(动) ([英] accompany) お供をする
配 /pèi ペイ/(动) ([英] get married) 夫婦になる
*__配合__ /pèihé ペイホォァ/(动) ([英] cooperate) 分業に協力する
佩服 /pèifú ペイフゥ/(动) ([英] admire) 感服する
*__喷__ /pēn ペン/(动) ([英] spout) 噴き出す
*__盆__ /pén ペン/(名) ([英] bowl, basin) 鉢，たらい
盆地 /péndì ペンディー/(名) ([英] basin) 盆地
蓬勃 /péngbó ポンボォ/(形) ([英] lively) 活気あふれる
棚 /péng ポン/(名) ([英] hut) 小屋，日よけ雨よけの棚
膨胀 /péngzhàng ポンチャァン/(动) ([英] expand) 膨張する
⁑**朋友** /péngyou ポンヨウ/(名) ([英] friend) 友人
*__捧__ /pěng ポン/(动) ([英] hold) 両手でささげ持つ
⁑**碰** /pèng ポン/(动) ([英] touch, meet) ぶつかる，偶然出くわす
碰钉子 /pèng dīngzi ポン ディンヅ/(动) ([英] be refused) 断られる
*__碰见__ /pèng▾jiàn ポンジエン/(动) ([英] come across) 偶然出会う
批 /pī ピィ/(动) 意見またはコメントを書きつける
*__批__ /pī ピィ/(量) まとまった数の人や商品を数える
*__批判__ /pīpàn ピィパン/(动) ([英] criticize) 批判する
⁑**批评** /pīpíng ピィピィン/(动) ([英] criticize) 批判する，しかる
*__批准__ /pīzhǔn ピィヂュン/(动) ([英] ratify) 批准する，承認する
*__披__ /pī ピィ/(动) ([英] wear) (肩に)掛ける，はおる
⁑**啤酒** /píjiǔ ピィジウ/(名) ([英] beer) ビール
*__脾气__ /píqi ピィチ/(名) ([英] character) (人の)性質，気性
疲倦 /píjuàn ピィジュエン/(形) ([英] tired) 疲れた

P

＊疲劳 /píláo ピィラオ /(形) ([英] tired) 疲れた
一 (名) ([英] fatigue) 疲労
＊皮 /pí ピィ /(名) ([英] skin) 皮, 皮膚
＊皮肤 /pífū ピィフゥ /(名) ([英] skin) 皮膚
＊匹 /pǐ ピィ /(量) 馬や驢馬を数える, 生地を数える
屁股 /pìgu ピィグ /(名) ([英] hips) 尻
譬如 /pìrú ピィルゥ /(动) ([英] for example) 例える
＊＊篇 /piān ピエン /(量) 文章を数える
偏 /piān ピエン /(形) ([英] biased) 偏った
＊偏 /piān ピエン /(副) ([英] on purpose) わざと, あくまで
偏偏 /piānpiān ピエンピエン /(副) ([英] on purpose) わざと, あいにく
＊＊便宜 /piányi ピエンイ /(形) ([英] cheap) (値段が)安い
＊＊片 /piàn ピエン /(量, 名) 平たく薄いもの(を数える)
＊片面 /piànmiàn ピエンミエン /(形) ([英] one-sided) 一方的な
＊骗 /piàn ピエン /(动) ([英] deceive) 騙す
＊飘 /piāo ピアオ /(动) ([英] wave, flutter) 翻る
飘扬 /piāoyáng ピアオヤン /(动) ([英] flutter) 風に翻る
＊＊漂亮 /piàoliang ピアオリアン /(形) ([英] pretty) 綺麗な
＊＊票 /piào ピアオ /(名) ([英] ticket) 切符
拼 /pīn ピン /(动) ([英] collect) 寄せ集める
＊拼命 /pīn▾mìng ピンミィン /(动, 副) ([英] do at the risk of *one's* life) 命がけで(やる)
贫苦 /pínkǔ ピンクゥ /(形) ([英] poor) 貧しい
贫穷 /pínqióng ピンチオン /(形) ([英] poor) 貧しい
品德 /pǐndé ピンドゥァ /(名) ([英] *one's* natural qualities) 品性, 人格
品质 /pǐnzhì ピンヂー /(名) ([英] character) 資質
＊品种 /pǐnzhǒng ピンヂォン /(名) ([英] breed) 品種
＊乒乓球 /pīngpāngqiú ピィンパァンチウ /(名) ([英] ping-pong) 卓球
＊＊苹果 /píngguǒ ピィングゥオ /(名) ([英] apple) リンゴ
＊平 /píng ピィン /(形) ([英] flat) 平らな
＊平安 /píng'ān ピィンアン /(形) ([英] peaceful) 安らかな
＊平常 /píngcháng ピィンチャァン /(形) ([英] usual) ありふれた
一 (名) 普段
＊平等 /píngděng ピィンデゥン /(形, 名) ([英] equal) 平等(な)
平凡 /píngfán ピィンファン /(形) ([英] commonplace) 平凡な
＊平方 /píngfāng ピィンファアン /(名) ([英] square) 平方
平衡 /pínghéng ピィンヘゥン /(形) ([英] balanced) バランスのとれた
＊平静 /píngjìng ピィンジィン /(形) ([英] calm) おだやかな
＊平均 /píngjūn ピィンジュィン /(动) ([英] average) 平均する
一 (形) ([英] even, equal) 均等な
＊平时 /píngshí ピィンシー /(名) ([英] ordinarily) 普段
平行 /píngxíng ピィンシィン /(形) ([英] parallel) 同等の, 同時進行の
一 (动) ([英] parallel) 平行する
＊平原 /píngyuán ピィンユエン /(名) ([英] plain) 平原
凭 /píng ピィン /(动) ([英] lean) 寄りかかる
一 (介) …に基づいて
＊＊瓶 /píng ピィン /(名) ([英] bottle) ビン
一 (量) ビンに入っているものを数える
＊瓶子 /píngzi ピィンヅ /(名) ([英] bottle) ビン

P

píng ▶

评 /píng ピィン/(动)(英 criticize) 批評する

评价 /píngjià ピィンジァ/(动, 名)(英 assess) 評価(する)

评论 /pínglùn ピィンルゥン/(动, 名)(英 comment on) 評論(する)

*坡 /pō ポォ/(名)(英 slope) 坂

泼 /pō ポォ/(动)(英 spray) (液体を)まく

**破 /pò ポォ/(动)(英 break) (物が)壊れる

— (形)(英 broken) おんぼろの

破产 /pò ˇ chǎn ポォチャン/(动)(英 go bankrupt) 破産する

*破坏 /pòhuài ポォホアイ/(动)(英 destroy) ぶち壊す

破烂 /pòlàn ポォラン/(形)(英 ragged) おんぼろの

迫害 /pòhài ポォハイ/(动)(英 persecute) 迫害する

*迫切 /pòqiè ポォチエ/(形)(英 urgent) 切実な

*扑 /pū プゥ/(动)(英 jump on) 飛びかかる

*铺 /pū プゥ/(动)(英 spread out, lay) 広げる, 敷く

葡萄 /pútao プゥタオ/(名)(英 grape) ブドウ

朴素 /pǔsù プゥスゥ/(形)(英 simple) 飾り気がない

*普遍 /pǔbiàn プゥビエン/(形)(英 universal) 普遍的な

普及 /pǔjí プゥジィ/(动)(英 popularize) 普及する, 普及させる

*普通 /pǔtōng プゥトン/(形)(英 usual) 普通の

普通话 /pǔtōnghuà プゥトンホアア/(名)(英 common language) 共通語

Q, q

*期 /qī チィ/(量) 定期刊行物の号数を数える

*期间 /qījiān チィジエン/(名)(英 period) 期間

欺负 /qīfu チィフ/(动)(英 bully) いじめる

*欺骗 /qīpiàn チィピエン/(动)(英 deceive) だます

*妻子 /qīzi チィヅ/(名)(英 wife) 妻

**七 /qī チィ/(数)(英 seven) 七

漆 /qī チィ/(名)(英 lacquer) 漆

*其次 /qícì チィツー/(成)(英 next) 二番目, 二の次

其实 /qíshí チィシー/(副)(英 actually) 実は

*其他 /qítā チィタァ/(代)(英 others) その他

*其它 /qítā チィタァ/(代)(英 others) その他

*其余 /qíyú チィユィ/(代)(英 left over) それ以外

*其中 /qízhōng チィチォン/(名) その中

棋 /qí チィ/(名)(英 Chinese Chess) 囲碁, 将棋

*奇怪 /qíguài チィグアイ/(形)(英 strange) 不思議な

— (动)(英 wonder) 不思議に思う

奇迹 /qíjì チィジィ/(名)(英 miracle) 奇跡

*齐 /qí チィ/(形)(英 complete) 揃っている

— (动)(英 get a complete set of) 揃える

旗袍 /qípáo チィパオ/(名) チャイナドレス

旗帜 /qízhì チィチー/(名)(英 flag) 旗

*旗子 /qízi チィヅ/(名)(英 flag) 旗

**骑 /qí チィ/(动)(英 ride) またがって乗る

**起 /qǐ チィ/(动)(英 rise) 起きる, 立ち上がる

起初 /qǐchū チィチュウ/(副)(英 at first) 最初は

**起床 /qǐ ˇ chuáng チィチュアン/(动)(英 get up) 起きる

起飞 /qǐfēi チィフェイ/(动)(英 take off) 離陸する

起来 /qǐlái チィライ/(动)(㊀ stand up, get up) 立ち上がる, 起床する
起义 /qǐyì チィイー/(动)(㊀ rise in arms) 武装蜂起する
起源 /qǐyuán チィユエン/(动)(㊀ originate) …に始まる ─(名)(㊀ origine) 起源
*企图 /qǐtú チィトゥ/(动)(㊀ try) 企む ─(名)(㊀ try) 企み
*企业 /qǐyè チィイエ/(名)(㊀ enterprise) 企業
*启发 /qǐfā チィファア/(动)(㊀ enlighten) 啓発する
器材 /qìcái チィツァイ/(名)(㊀ equipment) 器材
器官 /qìguān チィグワン/(名)(㊀ organ) 器官
气 /qì チィ/(名)(㊀ gas) 気体, ガス
*气 /qì チィ/(动)(㊀ get angry) 怒る
气氛 /qìfēn チィフェン/(名)(㊀ atmosphere) 雰囲気
气愤 /qìfèn チィフェン/(形)(㊀ angry) 怒る
气概 /qìgài チィガイ/(名)(㊀ spirit) 気概
*气候 /qìhòu チィホウ/(名)(㊀ climate) 気候
气体 /qìtǐ チィティー/(名)(㊀ gas) 気体
气味 /qìwèi チィウェイ/(名)(㊀ smell) 匂い, 香り
*气温 /qìwēn チィウェン/(名)(㊀ temperature) 気温
*气象 /qìxiàng チィシアン/(名)(㊀ weather) 気象
气压 /qìyà チィヤァ/(名)(㊀ air pressure) 気圧
*汽车 /qìchē チィチョァ/(名)(㊀ automobile) 自動車
汽船 /qìchuán チィチュワン/(名)(㊀ steamship) 蒸気船
*汽水 /qìshuǐ チィシュイ/(名)(㊀ soda pop) サイダー
*汽油 /qìyóu チィヨウ/(名)(㊀ gasoline) ガソリン
恰当 /qiàdàng チアダァン/(形)(㊀ appropriate) 適切な
恰好 /qiàhǎo チアハオ/(副)(㊀ just right) タイミングのよい, 都合のよい
恰恰 /qiàqià チアチア/(副)(㊀ just) ちょうど
*牵 /qiān チェン/(动)(㊀ pull) 引く
铅 /qiān チェン/(名)(㊀ lead) 鉛
**铅笔 /qiānbǐ チェンビィ/(名)(㊀ pencil) 鉛筆
**千 /qiān チェン/(数)(㊀ thousand) 千
千方百计 /qiān fāng bǎi jì チェン ファアン バイ ジィ/(成)(㊀ take all possible steps) あらゆる方法を講ずる
千克 /qiānkè チェンクァ/(量)(㊀ kilogram) キログラム
*千万 /qiānwàn チェンワン/(副)(㊀ without fail) ぜひとも, くれぐれも
签订 /qiāndìng チェンディン/(动)(㊀ conclude) 締結調印する
谦虚 /qiānxū チェンシュィ/(形)(㊀ modest) 謙虚な
**钱 /qián チェン/(名)(㊀ money) お金
**前 /qián チェン/(名)(㊀ front) 前
**前边 /qiánbian チェンビエン/(名)(㊀ front) 前
前方 /qiánfāng チェンファアン/(名)(㊀ ahead) 前方
前后 /qiánhòu チェンホウ/(名)(㊀ front and back) 前後
*前进 /qiánjìn チェンジン/(动)(㊀ advance, progress) 前進する, 発展する
*前面 /qiánmian チェンミエン/(名)(㊀ front) 前
*前年 /qiánnián チェンニエン/(名)(㊀ two years ago) 一昨年
*前天 /qiántiān チェンティエン/(名)(㊀ two days ago) 一昨日
前头 /qiántou チェントウ/(名)(㊀ before) 前
前途 /qiántú チェントゥ/(名)(㊀ *one's* future) 前途, 未来
**浅 /qiǎn チェン/(形)(㊀ shallow)

浅い
- *欠 /qiàn チエン/(动)(英 owe) 借りがある, 不足する
- 歉意 /qiànyì チエンイー/(名) 済まない気持ち
- *枪 /qiāng チアン/(名)(英 gun, spear) 銃, 槍
- **墙 /qiáng チアン/(名)(英 wall) 壁
- 墙壁 /qiángbì チアンビィ/(名)(英 wall) 壁
- *强 /qiáng チアン/(形)(英 powerful)(力が)強い,(比較して)よりよい
- *强大 /qiángdà チアンダァ/(形)(英 mighty) 強大な
- *强盗 /qiángdào チアンダオ/(名)(英 burglar) 強盗
- *强调 /qiángdiào チアンディアオ/(动)(英 emphasize) 強調する
- *强度 /qiángdù チアンドゥ/(名)(英 strength) 強度
- *强烈 /qiángliè チアンリエ/(形)(英 severe) 強烈な
- 强迫 /qiǎngpò チアンポォ/(动)(英 compel) 強要する
- *抢 /qiǎng チアン/(动)(英 snatch) 奪いとる, ひったくる
- *敲 /qiāo チアオ/(动)(英 knock, beat) 叩く
- *悄悄 /qiāoqiāo チアオチアオ/(副)(英 softly, stealthily) ひっそりと, こっそりと
- **桥 /qiáo チアオ/(名)(英 bridge) 橋
- *桥梁 /qiáoliáng チアオリアン/(名)(英 bridge) 橋
- *瞧 /qiáo チアオ/(动)(英 look) 見る
- *巧 /qiǎo チアオ/(形)(英 skillful) 巧妙な
- *巧妙 /qiǎomiào チアオミアオ/(形)(英 clever) 巧妙な
- 翘 /qiào チアオ/(动) 上にそり返る
- *切 /qiē チエ/(动)(英 cut) 切る
- *且 /qiě チエ/(副)(英 for a while) しばらく
- 切实 /qièshí チエシー/(形)(英 realistic) 現実的な
- 侵犯 /qīnfàn チンファン/(动)(英 infringe) 侵犯する
- *侵略 /qīnlüè チンリュエ/(动)(英 invade) 侵略する
- 侵入 /qīnrù チンルゥ/(动)(英 invade) 侵入する
- 亲 /qīn チン/(形)(英 close) 親密な
- *亲爱 /qīn'ài チンアイ/(形)(英 dear) 親愛なる
- *亲戚 /qīnqi チンチ/(名)(英 relatives) 親戚
- *亲切 /qīnqiè チンチエ/(形)(英 close) 親しみ深い,(他人に)熱心な
- 亲热 /qīnrè チンルァ/(形)(英 friendly) 親しみあふれる
- 亲人 /qīnrén チンレン/(名)(英 family) 身内, 家族
- 亲眼 /qīnyǎn チンイエン/(副)(英 with one's own eyes) 自分の眼で
- *亲自 /qīnzì チンヅー/(副)(英 by oneself) 自分で
- 琴 /qín チン/(名) 弦楽器やリード楽器の総称
- 勤劳 /qínláo チンラオ/(形)(英 deligent) 勤勉によく働く
- *青 /qīng チン/(形)(英 blue, green) 青色の, 緑色の
- 青菜 /qīngcài チンツァイ/(名)(英 vegetables) 野菜
- 青春 /qīngchūn チンチュン/(名)(英 youth) 青春
- **青年 /qīngnián チンニエン/(名)(英 youth) 青年
- 青蛙 /qīngwā チンワァ/(名)(英 frog) トノサマガエル
- **轻 /qīng チン/(形)(英 light) 軽い
- 轻视 /qīngshì チンシー/(动)(英 make light of) 軽視する, 侮る
- *轻松 /qīngsōng チンソン/(形)(英 relaxed) 気楽な
- 轻易 /qīngyì チンイー/(形)(英 easy) たやすい, 軽々しい
- 倾向 /qīngxiàng チンシアン/(动)

(㊥ be inclined to) …に傾く
— (名) (㊥ tendency) 傾向
*清 /qīng チン/ (形) (㊥ clean) 澄んだ
清晨 /qīngchén チンチェン/ (名) (㊥ early morning) 早朝
清除 /qīngchú チンチュウ/ (動) (㊥ clear away) 一掃する
**清楚 /qīngchu チンチュ/ (形) (㊥ clear) はっきりした
清洁 /qīngjié チンジエ/ (形) (㊥ clean) 清潔な
清晰 /qīngxī チンシィ/ (形) (㊥ clear, distinct) 明瞭な
清醒 /qīngxǐng チンシィン/ (形) (㊥ calm) (頭脳が)冷静な
**晴 /qíng チン/ (形) (㊥ clear) 晴れた
晴天 /qíngtiān チンティエン/ (名) (㊥ clear sky) 晴天
情报 /qíngbào チンパオ/ (名) (㊥ information) 情報
*情景 /qíngjǐng チンジィン/ (名) (㊥ scene) 情景
**情况 /qíngkuàng チンクアン/ (名) (㊥ circumstances) 情況
*情形 /qíngxing チンシィン/ (名) (㊥ situation) 状況
*情绪 /qíngxù チンシュイ/ (名) (㊥ mood) 気分，情緒
**请 /qǐng チン/ (動) (㊥ ask) 頼む，求める
**请假 /qǐng jià チンジア/ (動) (㊥ take leave) 休暇をもらう
请教 /qǐngjiào チンジアオ/ (㊥ ask for instruction) 教えを請う
*请客 /qǐng kè チンクァ/ (動) (㊥ invite) 客を招待する
*请求 /qǐngqiú チンチウ/ (動) (㊥ ask) 頼む — (名) 願い事
请示 /qǐngshì チンシー/ (動) (㊥ ask for direction) 指示を仰ぐ
*请问 /qǐngwèn チンウェン/ (動) (㊥ May I ask...?) お尋ねします
*庆祝 /qìngzhù チンヂュウ/ (動) (㊥ celebrate) 祝う

*穷 /qióng チオン/ (形) (㊥ poor) 貧しい
穷人 /qióngrén チオンレン/ (名) (㊥ poor person) 貧乏人
秋季 /qiūjì チウジィ/ (名) (㊥ autumn season) 秋季
**秋天 /qiūtiān チウティエン/ (名) (㊥ autumn) 秋
丘陵 /qiūlíng チウリィン/ (名) (㊥ hill) 丘陵
**球 /qiú チウ/ (名) (㊥ ball) 球，球体
*球场 /qiúchǎng チウチャアン/ (名) (㊥ court, field) 球技場
*求 /qiú チウ/ (動) (㊥ ask) 頼む
*区 /qū チュイ/ (名) (㊥ ward) 区
*区别 /qūbié チュイビエ/ (名, 動) (㊥ distinguish) 区別する
区域 /qūyù チュイユイ/ (名) (㊥ district) 区域，地区
曲折 /qūzhé チュイヂョァ/ (形) (㊥ bending) 曲がりくねった
*渠 /qú チュイ/ (名) (㊥ canal) 人工水路
渠道 /qúdào チュイダオ/ (名) (㊥ irrigation channel) 人工の用水路，ルート
*取 /qǔ チュイ/ (動) (㊥ take) 受け取る，手に取る
**取得 /qǔdé チュイドゥア/ (動) (㊥ gain) 得る
*取消 /qǔxiāo チュイシアオ/ (動) (㊥ cancel) 取り消す
娶 /qǔ チュイ/ (動) (㊥ take a wife) めとる
趣味 /qùwèi チュイウェイ/ (名) (㊥ interest) 面白味
**去 /qù チュイ/ (動) (㊥ go) 行く
**去年 /qùnián チュイニエン/ (名) (㊥ last year) 去年
*圈 /quān チュエン/ (名) (㊥ circle, ring) 輪
圈子 /quānzi チュエンヅ/ (名) (㊥ circle, ring) 輪，範囲
权利 /quánlì チュエンリィ/ (名) (㊥ right) 権利
权力 /quánlì チュエンリィ/ (名) (㊥ power) 権力
**全 /quán チュエン/ (形) (㊥ com-

plete) 揃っている
- **全部** /quánbù チュエンブゥ/(形)(英 all) 全部の
- 全局 /quánjú チュエンヂュイ/(名) 全体の状況
- *全面 /quánmiàn チュエンミエン/(形)(英 overall) 全面的な
- **全体 /quántǐ チュエンティー/(名)(英 whole) 全体, 全員
- 拳头 /quántóu チュエントゥ/(名)(英 fist) 拳骨
- 劝 /quàn チュエン/(動)(英 advise) 説得する, 助言する
- 劝告 /quàngào チュエンガオ/(動,名)(英 exhort) 説諭(する)
- *缺 /quē チュエ/(動)(英 be short of) 不足する, 欠ける
- 缺点 /quēdiǎn チュエディエン/(名)(英 fault) 欠点
- *缺乏 /quēfá チュエファア/(動)(英 lack) 欠乏する
- *缺少 /quēshǎo チュエシャオ/(動)(英 be short of) 不足する
- *却 /què チュエ/(副)(英 but) けれども, ところが
- *确定 /quèdìng チュエディン/(動)(英 settle) 確定する, 請け合う
- **确实 /quèshí チュエシー/(形)(英 certain) 確かな
- *裙子 /qúnzi チュインツ/(名)(英 skirt) スカート
- *群 /qún チュイン/(量) 群をなした人や物を数える
- 群岛 /qúndǎo チュインダオ/(名)(英 group of islands) 群島
- 群众 /qúnzhòng チュインヂォン/(名)(英 mass) 大衆, 民衆

R, r

- *然而 /rán'ér ランアル/(連)(英 however) しかし
- **然后 /ránhòu ランホウ/(連)(英 after that) その後
- 燃料 /ránliào ランリアオ/(名)(英 fuel) 燃料
- *燃烧 /ránshāo ランシャオ/(動)(英 burn) 燃焼する
- *染 /rǎn ラン/(動)(英 dye) 染める
- 染料 /rǎnliào ランリアオ/(名)(英 dyes) 染料
- *嚷 /rǎng ラァン/(動)(英 cry) 大声で叫ぶ
- *让 /ràng ラァン/(動)(英 allow) 譲る, …させる ―(介)…される
- 饶 /ráo ラオ/(動)(英 forgive) 許す
- *绕 /rào ラオ/(動)(英 go round) 巻く
- *惹 /rě ラァ/(動)(英 provoke) (良くない事柄を)引き起こす
- *热 /rè ラァ/(形)(英 hot) 熱い ―(動)(英 warm) 温める
- *热爱 /rè'ài ラァアイ/(動)(英 adore) 熱愛する
- 热带 /rèdài ラァダイ/(名)(英 tropics) 熱帯
- 热量 /rèliàng ラァリアン/(名)(英 calorie) カロリー
- *热烈 /rèliè ラァリエ/(形)(英 passionate) 熱烈な
- *热闹 /rènao ラァナオ/(形)(英 lively) 賑やかな ―(動)(英 liven) 賑やかにする
- **热情 /rèqíng ラァチン/(形)(英 hearty) 心がこもっている
- *热水瓶 /rèshuǐpíng ラァシュイピン/(名)(英 thermos) 魔法瓶
- *热心 /rèxīn ラァシン/(形)(英 eager) 熱心な
- **人 /rén レン/(名)(英 human) 人間
- *人才 /réncái レンツァイ/(名)(英 human resources) 人材
- *人材 /réncái レンツァイ/(名)(英 human resources) 人材
- *人工 /réngōng レンゴン/(形)(英 artificial) 人工の
- *人家 /rénjiā レンジア/(名)(英 house) 人家
- 人家 /rénjia レンジア/(代)(英 other people) ひとさま, 自分
- *人间 /rénjiān レンジエン/(名)(英 this world) この世

* **人口** /rénkǒu レンコウ/（名）（⑧ population）人口
* **人类** /rénlèi レンレイ/（名）（⑧ humankind）人類
* **人力** /rénlì レンリィ/（名）（⑧ human power）人力
** **人们** /rénmen レンメン/（名）（⑧ people）人々
** **人民** /rénmín レンミン/（名）（⑧ people）人民
* **人民币** /rénmínbì レンミンビィ/（名）人民元(中国の貨幣単位)
* **人群** /rénqún レンチュィン/（名）（⑧crowd of people）人の群
* **人士** /rénshì レンシー/（名）（⑧ celebrity）人士, 名士
* **人体** /réntǐ レンティー/（名）（⑧human body）人体
* **人物** /rénwù レンウゥ/（名）（⑧person）人物
* **人心** /rénxīn レンシン/（名）（⑧ public feelings）人心
* **人员** /rényuán レンユエン/（名）（⑧ staff）人員
* **人造** /rénzào レンヅァオ/（形）（⑧ artificial）人造の, 人工の
* **忍** /rěn レン/（动）（⑧ endure）耐える
* **忍不住** /rěnbuzhù レンブチュゥ/（动）（⑧ unable to endure）辛抱できない
* **忍耐** /rěnnài レンナイ/（动）（⑧ endure）忍耐する
* **忍受** /rěnshòu レンショウ/（动）（⑧ endure）我慢する
* **任** /rèn レン/（连）（⑧ even if）…にかかわらず
* **任** /rèn レン/（动）（⑧ appoint）任命する
** **任何** /rènhé レンホァ/（代）（⑧ any）いかなる
* **任务** /rènwu レンウゥ/（名）（⑧ one's duty）任務
* **任性** /rènxìng レンシィン/（形）（⑧ wilful）わがままな
* **任意** /rènyì レンイー/（副）（⑧ freely）気ままに
* **认** /rèn レン/（动）（⑧ recognize）見分ける
* **认得** /rènde レンダ/（动）（⑧ recognize）見知っている
** **认识** /rènshi レンシ/（动）（⑧ know, recognize）見知っている　—（名）（⑧ knowledge）認識
** **认为** /rènwéi レンウェイ/（动）（⑧ consider）…と考える
** **认真** /rènzhēn レンチェン/（形）（⑧ serious）まじめな
* **扔** /rēng ルォン/（动）（⑧ throw）投げる
* **仍旧** /réngjiù ルォンジウ/（副）（⑧ still）依然として
* **仍然** /réngrán ルォンラン/（副）（⑧ still）依然として
* **日报** /rìbào リーバオ/（名）（⑧ daily newspaper）日刊新聞
* **日常** /rìcháng リーチァン/（形）（⑧ daily）日常の
* **日程** /rìchéng リーチョン/（名）（⑧ schedule）日程, スケジュール
* **日记** /rìjì リージィ/（名）（⑧ diary）日記
* **日期** /rìqī リーチィ/（名）（⑧ date）期日
* **日夜** /rìyè リーイエ/（名）（⑧ day and night）昼夜
* **日益** /rìyì リーイー/（副）（⑧ day by day）日に日に
* **日用** /rìyòng リーヨン/（形）（⑧ for daily use）日用の
* **日用品** /rìyòngpǐn リーヨンピン/（名）（⑧ things for daily use）日用品
** **日语** /Rìyǔ リーユィ/（名）（⑧ Japanese language）日本語
** **日文** /Rìwén リーウェン/（名）（⑧ Japanese language）日本語
* **日元** /rìyuán リーユエン/（名）（⑧ Japanese Yen）日本円
** **日子** /rìzi リーヅ/（名）（⑧ day）日, 暮らし
* **荣幸** /róngxìng ロンシィン/（形）（⑧ honored）光栄な
* **溶液** /róngyè ロンイエ/（名）（⑧ solution）溶液
* **容** /róng ロン/（动）（⑧ allow,

contain) 容れる, 収容する
容器 /róngqì ロンチィ/(名)(㊀container) 容器
容许 /róngxǔ ロンシュィ/(动)(㊀permit) 許容する
**容易 /róngyì ロンイー/(形)(㊀easy) 簡単な
揉 /róu ロウ/(动)(㊀ rub) 揉む
柔软 /róuruǎn ロウルワン/(形)(㊀soft) 柔らかい, 柔軟な
**肉 /ròu ロウ/(名)(㊀ meat) 肉
如此 /rúcǐ ルッツー/(代)(㊀ like this) この(その)ようである
*如果 /rúguǒ ルグゥオ/(连)(㊀if) もしも…なら
*如何 /rúhé ルゥホァ/(代)(㊀ how, what) どのように
*如今 /rújīn ルゥジン/(名)(㊀nowadays) 近頃
如同 /rútóng ルゥトン/(动)(㊀same as...) …と同じである
如下 /rúxià ルゥシア/(动)(㊀as follows) 次の通りである
*软 /ruǎn ルワン/(形)(㊀ soft) 軟らかい
软弱 /ruǎnruò ルワンルゥオ/(形)(㊀ weak) 軟弱な
若干 /ruògān ルゥオガン/(代)(㊀some) 若干
*弱 /ruò ルゥオ/(形)(㊀ weak) 弱い, 劣る

S, s

*撒 /sā サア/(动)(㊀ release) 放す
*洒 /sǎ サア/(动)(㊀ sprinkle) (液体を)撒く
塞 /sāi サイ/(动)(㊀ stuff) (隙間に)詰める
*赛 /sài サイ/(动)(㊀ compete) (…を)競う
**三 /sān サン/(数)(㊀ three) 三
*伞 /sǎn サン/(名)(㊀ umbrella) 傘
散 /sǎn サン/(动, 形)(㊀ fall apart) ばらばらである
散文 /sǎnwén サンウェン/(名)(㊀prose) 散文
散 /sàn サン/(动)(㊀scatter) 散る
散布 /sànbù サンブゥ/(动)(㊀spray) 散布する
*散步 /sàn'bù サンブゥ/(动)(㊀take a walk) 散歩する
*嗓子 /sǎngzi サァンヅ/(名)(㊀ throat) 喉
丧失 /sàngshī サァンシー/(动)(㊀lose) 喪失する
扫 /sǎo サオ/(动)(㊀ sweep) (箒で)掃く
*嫂子 /sǎozi サオヅ/(名)(㊀ sister in law) 兄嫁
色彩 /sècǎi スァツァイ/(名)(㊀color) 色
*森林 /sēnlín センリン/(名)(㊀forest) 森林
杀 /shā シャア/(动)(㊀ kill) 殺す
*沙发 /shāfā シャアファア/(名)(㊀sofa) ソファー
*沙漠 /shāmò シャアモォ/(名)(㊀desert) 砂漠
*沙子 /shāzi シャアヅ/(名)(㊀sand) 砂
纱 /shā シャア/(名)(㊀ yarn, gauze) 紡ぎ糸, ガーゼ
*傻 /shǎ シャア/(形)(㊀ stupid) 愚かな
*晒 /shài シャイ/(动)(㊀ expose to the sun) (太陽に)晒す
删 /shān シャン/(动)(㊀ delete) (文字,文章を)削る
**山 /shān シャン/(名)(㊀ mountain) 山
山地 /shāndì シャンディー/(名)(㊀mountain region) 山地
山峰 /shānfēng シャンフォン/(名)(㊀ peak) 山の峰
山谷 /shāngǔ シャングゥ/(名)(㊀valley) 谷
*山脉 /shānmài シャンマイ/(名)(㊀mountain range) 山脈
山区 /shānqū シャンチュィ/(名)(㊀mountain region) 山地
*闪 /shǎn シャン/(动)(㊀ dodge) 避ける

闪电 /shǎndiàn シャンディエン/(名)(英 lightning) 稲妻
闪烁 /shǎnshuò シャンシュオ/(动)(英 flicker)(光が)ちらちらする
*善于 /shànyú シャンユィ/(动)(英 be proficient in...) …に長けている
扇子 /shànzi シャンツ/(名)(英 fan) 扇子
*伤 /shāng シャン/(动, 名)(英 injure) 傷(つける)
伤害 /shānghài シャンハイ/(动)(英 damage) 害する
伤口 /shāngkǒu シャンコウ/(名)(英 wound) 傷口
伤脑筋 /shāng nǎojīn シャン ナオジン/(动)(英 distress) 頭を悩ます
*伤心 /shāngˇxīn シャンシン/(动)(英 feel sad) 悲しむ
*商场 /shāngchǎng シャンチャン/(名)(英 market) マーケット
**商店 /shāngdiàn シャンディエン/(名)(英 retail shop) 商店
*商量 /shāngliáng シャンリアン/(动)(英 consult) 相談する
商品 /shāngpǐn シャンピン/(名)(英 commodity) 商品
商人 /shāngrén シャンレン/(名)(英 merchant) 商人
*商业 /shāngyè シャンイエ/(名)(英 commerce) 商業
*上 /shàng シャン/(名)(英 up, above) 上
*上 /shàng シャン/(动)(英 rise) 上がる
上班 /shàngˇbān シャンバン/(动)(英 go to work) 出勤する
*上边 /shàngbian シャンビエン/(名)(英 above) 上の方
*上当 /shàngˇdàng シャンダァン/(动)(英 be taken in) だまされる
上帝 /Shàngdì シャンディー/(名) 神
*上级 /shàngjí シャンジィ/(名)(英 superior) 上司

**上课 /shàngˇkè シャンクァ/(动)(英 go to class) 授業に出る
**上来 /shàngˇlái シャンライ/(动)(英 come up)(低い所から高いところへ)上がってくる
*上面 /shàngmian シャンミエン/(名)(英 the upper part) 上
**上去 /shàngˇqù シャンチュィ/(动)(英 go up)(低いところから高いところへ)上っていく
上升 /shàngshēng シャンション/(动)(英 rise) 昇る
上述 /shàngshù シャンシュウ/(形)(英 the above mentioned) 上述の
上头 /shàngtou シャントウ/(名)(英 above) 上
**上午 /shàngwǔ シャンウゥ/(名)(英 morning, a.m.) 午前
上下 /shàngxià シャンシア/(名)(英 upper part and lower part) 上下
**上学 /shàngˇxué シャンシュエ/(动)(英 go to school) 学校へ行く
上旬 /shàngxún シャンシュイン/(名)(英 the early part of the month) 上旬
*上衣 /shàngyī シャンイー/(名)(英 jacket)(ズボンに対しての)上着
上游 /shàngyóu シャンヨウ/(名)(英 the upper stream)(河川の)上流
*稍 /shāo シャオ/(副)(英 a little) 少し
*稍微 /shāowēi シャオウェイ/(副)(英 a little) 少し
*烧 /shāo シャオ/(动)(英 burn) 燃やす
*勺子 /sháozi シャオツ/(名)(英 spoon) 匙
**少 /shǎo シャオ/(形)(英 a few)(数量が)少ない
— (动)(英 be lacking) 欠ける
*少数 /shǎoshù シャオシュウ/(形)(英 minority) 少数の
*少年 /shàonián シャオニエン/(名)

(英 boy) 少年

少女 /shàonǚ/ シャオニュィ/(名)(英 girl) 少女

少先队 /shàoxiānduì/ シャオシェンドゥイ/(名) 少年先鋒隊

哨兵 /shàobīng/ シャオビィン/(名)(英 guard) 哨兵

*蛇 /shé/ ショァ/(名)(英 snake) 蛇

*舌头 /shétou/ ショァトゥ/(名)(英 tongue) 舌

舍不得 /shěbude/ ショァブダ/(动)(英 grudge) もったいない

舍得 /shěde/ ショァダ/(动)(英 give willingly) 惜しまない

摄氏 /shèshì/ ショァシー/(名)(英 centigrade) 摂氏温度

摄影 /shèyǐng/ ショァイィン/(动)(英 take a photo) 写真を撮る

*射 /shè/ ショァ/(动)(英 shoot)(矢を)射る

射击 /shèjī/ ショァジィ/(动)(英 shoot) 射撃する

社会 /shèhuì/ ショァホゥイ/(名)(英 society) 社会

*社会学 /shèhuìxué/ ショァホゥイシュエ/(名)(英 sociology) 社会学

社会主义 /shèhuì zhǔyì/ ショァホゥイ チュウイー/(名)(英 socialism) 社会主義

社论 /shèlùn/ ショァルゥン/(名)(英 editorial)(新聞,雑誌の)社説

设 /shè/ ショァ/(动)(英 establish) 設ける

*设备 /shèbèi/ ショァベイ/(名)(英 facilities) 設備

设法 /shèfǎ/ ショァファア/(动)(英 think up a way) 方法を考える,策を講じる

*设计 /shèjì/ ショァジィ/(动,名)(英 design) 設計(する)

设想 /shèxiǎng/ ショァシアン/(动,名)(英 imagine) 想像(する)

申请 /shēnqǐng/ シェンチィン/(动)(英 apply) 申請する

*伸 /shēn/ シェン/(动)(英 stretch)(身体または物体の一部を)伸ばす

*身边 /shēnbiān/ シェンビエン/(名)(英 one's side) 身辺

身材 /shēncái/ シェンツァイ/(名) figure, stature) 体格

身分(身份) /shēnfen/ シェンフェン/(名)(英 status) 身分

身体 /shēntǐ/ シェンティー/(名)(英 body) 身体

身子 /shēnzi/ シェンヅ/(名)(英 body) 身体

深 /shēn/ シェン/(形)(英 deep) 深い

深度 /shēndù/ シェンドゥ/(名)(英 depth) 深さ

*深厚 /shēnhòu/ シェンホウ/(形)(英 profound)(感情が)深い

*深刻 /shēnkè/ シェンクァ/(形)(英 deep) 深い

*深入 /shēnrù/ シェンルゥ/(动)(英 enter deeply) 深く入る

*深夜 /shēnyè/ シェンイエ/(名)(英 deep in the night) 深夜

什么 /shénme/ シェンマ/(代)(英 what) 何

什么的 /shénmede/ シェンマダ/(代)(英 and so on) …とか

*神 /shén/ シェン/(名)(英 god) 神

神话 /shénhuà/ シェンホア/(名)(英 myth) 神話

*神经 /shénjīng/ シェンジィン/(名)(英 nerves) 神経

*神秘 /shénmì/ シェンミィ/(形)(英 mysterious) 神秘的な

神气 /shénqì/ シェンチィ/(形,名)(英 expression) 表情

神情 /shénqíng/ シェンチィン/(名)(英 expression) 表情

神圣 /shénshèng/ シェンション/(形)(英 holy) 神聖な

审查 /shěnchá/ シェンチアァ/(动)(英 examine) 審査する

婶子 /shěnzi/ シェンヅ/(名)(英 aunt) 叔母

甚至 /shènzhì/ シェンチー/(副,连)(英 so far as to) ひいては

慎重 /shènzhòng/ シェンチォン/(形)(英 careful) 慎重な

声 /shēng/ ション/(名,量)(英 voice) 声

- **声调** /shēngdiào ションディアオ/ (名) (英 tone) 声調
- **声明** /shēngmíng ションミィン/ (动, 名) (英 announce) 声明(する)
- **声音** /shēngyīn ションイン/ (名) (英 voice, cry) (人, 動物の)声
- **生** /shēng ション/ (动) (英 give birth) 生む
- **生** /shēng ション/ (形) (英 green, uncooked) 熟していない, 生の
- **生病** /shēng'bìng ション'ビィン/ (英 get ill) 病気になる
- **生产** /shēngchǎn ションチャン/ (动, 名) (英 produce) 生産(する)
- **生词** /shēngcí ションツー/ (名) (英 new word) 知らない単語, 新出単語
- **生存** /shēngcún ションツゥン/ (动) (英 survive) 生存する
- **生动** /shēngdòng ションドン/ (形) (英 vivid) 生き生きとした
- **生活** /shēnghuó ションホゥオ/ (名, 动) (英 life) 生活(する)
- **生理** /shēnglǐ ションリィ/ (名) (英 physiology) 生理
- **生命** /shēngmìng ションミィン/ (名) (英 life) 生命
- **生气** /shēng'qì ションチィ/ (动) (英 get angry) 腹を立てる
- **生日** /shēngri ションリ/ (名) (英 birthday) 誕生日
- **生物** /shēngwù ションウゥ/ (名) (英 creature) 生物
- **生意** /shēngyi ションイ/ (名) (英 business) 商売
- **生长** /shēngzhǎng ションチャン/ (动) (英 grow up) 生長する
- **升** /shēng ション/ (动) (英 rise) 昇る
- **绳子** /shéngzi ションヅ/ (名) (英 rope) 縄
- **省** /shěng ション/ (名) (英 province) 省
- **省** /shěng ション/ (动) (英 save) 節約する
- **省得** /shěngde ションダ/ (连) (英 so as to avoid) (好ましくないことを)しないで済むように
- **省长** /shěngzhǎng ションチャン/ (名) (英 governor of province) 省長
- **圣诞节** /Shèngdàn Jié ションダンジエ/ (名) (英 Christmas) クリスマス
- **剩** /shèng ション/ (动) (英 remain) 残る
- **剩余** /shèngyú ションユィ/ (动) (英 remain) 残る
- **胜** /shèng ション/ (动) (英 win) 勝つ
- **胜利** /shènglì ションリィ/ (动, 名) (英 (win) a victory) 勝利(を収める)
- **师范** /shīfàn シーファン/ (名) (英 teacher's college) 師範学校
- **师傅** /shīfu シーフ/ (名) (英 master worker) 師匠
- **失败** /shībài シーバイ/ (动, 名) (英 fail) 失敗(する)
- **失掉** /shīdiào シーディアオ/ (动) (英 lose) 失う
- **失眠** /shī'mián シーミエン/ (动) (英 be insomniac) 眠れなくなる
- **失去** /shīqù シーチュィ/ (动) (英 lose) 失う
- **失望** /shīwàng シーワァン/ (动) (英 be disappointed) 失望する
- **失业** /shī'yè シーイエ/ (动) (英 lose one's job) 失業する
- **狮子** /shīzi シーヅ/ (名) (英 lion) ライオン
- **施工** /shī'gōng シーゴン/ (动) (英 under construction) 施工する
- **湿** /shī シー/ (形) (英 moist) 湿った
- **湿润** /shīrùn シールゥン/ (形) (英 damp, humid) (土壌や空気が)湿っていて潤いがある
- **诗** /shī シー/ (名) (英 poem) 詩
- **诗人** /shīrén シーレン/ (名) (英 poet) 詩人
- **十** /shí シー/ (数) (英 ten) 十
- **十分** /shífēn シーフェン/ (副) (英 very) 十分に
- **石头** /shítou シートゥ/ (名) (英

shíyóu ▶

stone) 石
- **石油** /shíyóu シーヨウ/(名)(英 petroleum) 石油
- **拾** /shí シー/(動)(英 pick up) 拾う
- **时常** /shícháng シーチァン/(副)(英 always) 常に
- **时代** /shídài シーダイ/(名)(英 era) 時代
- **时候** /shíhou シーホウ/(名)(英 time) 時間
- **时机** /shíjī シージィ/(名)(英 opportunity) 時機
- **时间** /shíjiān シージエン/(名)(英 time) 時間
- **时节** /shíjié シージエ/(名)(英 season) 季節
- **时刻** /shíkè シークァ/(名)(英 time) 時刻
- **时期** /shíqī シーチィ/(名)(英 period) 時期
- **时时** /shíshí シーシー/(副)(英 always) いつも
- **食品** /shípǐn シーピン/(名)(英 food) 食料品
- **食堂** /shítáng シータァン/(名)(英 dining hall) 食堂
- **食物** /shíwù シーウゥ/(名)(英 food) 食べ物
- **实话** /shíhuà シーホア/(名)(英 real story) 実話
- **实际** /shíjì シージィ/(名, 形)(英 reality, practical) 実際(の)
- **实践** /shíjiàn シージエン/(動, 名)(英 practice)(自分の主張や約束を)実践(する)
- **实况** /shíkuàng シークアン/(名)(英 live, on the spot) 実況
- **实施** /shíshī シーシー/(英 put into effect)(政策や政令などを)実施する
- **实事求是** /shí shì qiú shì シーシー チウ シー/(成)(英 seek truth from facts) 事実に基づいて真実を求める
- **实习** /shíxí シーシィ/(動)(英 practice) 実習する
- **实现** /shíxiàn シーシエン/(動)(英 realize) 実現する
- **实行** /shíxíng シーシィン/(動)(英 carry out) 実行する
- **实验** /shíyàn シーイエン/(動, 名)(英 experiment) 実験(する)
- **实用** /shíyòng シーヨン/(形)(英 practical) 実用的な
- **实在** /shízài シーザイ/(形)(英 real) 嘘偽りがない
- **实质** /shízhì シーチー/(名)(英 substance) 実質
- **使得** /shǐde シーダ/(動)(英 make, let) …に…をさせる
- **使劲** /shǐ′jìn シージン/(動)(英 exert effort) 力を入れる
- **使用** /shǐyòng シーヨン/(動)(英 use) 使用する
- **始终** /shǐzhōng シーチォン/(副)(英 all along) 始終
- **示威** /shìwēi シーウェイ/(動)(英 demonstrate) デモをする
- **士兵** /shìbīng シービィン/(名)(英 soldier) 兵士
- **世纪** /shìjì シージィ/(名)(英 century) 世紀
- **世界** /shìjiè シージエ/(名)(英 the world) 世界
- **似的** /sìde シーダ/(助)(英 as if...)(まるで)…のようだ
- **事** /shì シー/(名)(英 affair) 事
- **事故** /shìgù シーグゥ/(名)(英 accident) 事故
- **事迹** /shìjì シージィ/(名)(英 achievement) 事績
- **事件** /shìjiàn シージエン/(名)(英 event) 事件
- **事情** /shìqing シーチィン/(名)(英 matter) 事
- **事实** /shìshí シーシー/(名)(英 fact) 事実
- **事物** /shìwù シーウゥ/(名)(英 things) 事物
- **事务** /shìwù シーウゥ/(名)(英 work to be done)(なすべき)仕事
- **事先** /shìxiān シーシエン/(英 in advance) 事前
- **事业** /shìyè シーイエ/(名)(英 project) 事業
- **逝世** /shìshì シーシー/(動)(英

pass away) 逝去する
势力 /shìli シーリ/(名) ([英] power) 勢力
⁑是 /shì シー/(动) …である
是非 /shìfēi シーフェイ/ (名) ([英]right or wrong) 是非
是否 /shìfǒu シーフォウ/(副) ([英] whether...) …であるかどうか
*适当 /shìdàng シーダァン/(形) ([英]suitable) 適当な
*适合 /shìhé シーホォア/(动) ([英] suit) 適合する
适宜 /shìyí シーイー/(形) ([英] suitable) ふさわしい
*适应 /shìyìng シーイィン/ (动) ([英]adapt) 適応する
*适用 /shìyòng シーヨン/(形, 动) ([英] be fit to use) 使用に適する
⁑市 /shì シー/(名) ([英] market) 市
*市场 /shìchǎng シーチャァン/(名) ([英] market) 市場
市长 /shìzhǎng シーヂャァン/(名) ([英] mayor) 市長
⁑试 /shì シー/(动) ([英] attempt) 試みる
*试卷 /shìjuàn シージュエン/(名) ([英] exam paper) 試験答案
*试验 /shìyàn シーイエン/(动, 名) ([英] test) テスト(する)
⁑收 /shōu ショウ/(动) ([英] receive) 収める
收割 /shōugē ショウグァ/(动) ([英] reap) (農作物を)刈り取る
*收获 /shōuhuò ショウホゥオ/(动, 名) ([英] reap) (農作物を)収穫する
收集 /shōují ショウジィ/(动) ([英] collect) 集める
*收入 /shōurù ショウルゥ/(动, 名) ([英] income) 収入(がある)
⁑收拾 /shōushi ショウシ/(动) ([英] clean up) 片付ける
收缩 /shōusuō ショウスゥオ/(动) ([英] shrink) 収縮する
*收音机 /shōuyīnjī ショウインジィ/(名) ([英] radio) ラジオ
⁑手 /shǒu ショウ/(名) ([英] hand) 手
⁑手表 /shǒubiǎo ショウビアオ/(名) ([英] watch) 腕時計
*手段 /shǒuduàn ショウドワン/(名) ([英] means) 手段
*手工 /shǒugōng ショウゴン/(名) ([英] handicraft) 手仕事
*手绢(手帕) /shǒujuàn(shǒupà) ショウジュエン(ショウパァ)/(名) ([英] handkerchief) ハンカチ
手枪 /shǒuqiāng ショウチアン/(名) ([英] pistol) ピストル
手势 /shǒushì ショウシー/(名) ([英] gesture) 手真似
*手术 /shǒushù ショウシュウ/(名) ([英] operation) 手術
*手套 /shǒutào ショウタオ/(名) ([英] gloves) 手袋
*手续 /shǒuxù ショウシュィ/(名) ([英] procedures) 手続
*手指 /shǒuzhǐ ショウヂー/(名) ([英]fingers) 手の指
⁑首都 /shǒudū ショウドゥ/(名) ([英] capital) 首都
*首先 /shǒuxiān ショウシエン/(副) ([英] first of all) 真っ先に
守 /shǒu ショウ/(动) ([英] guard) 守る
寿命 /shòumìng ショウミィン/(名) ([英] life) 寿命
售货 /shòu▾huò ショウホゥオ/(动) ([英] sell goods) 販売する
*受 /shòu ショウ/(动) ([英] receive) 受ける
*瘦 /shòu ショウ/(形) ([英] slender) 痩せた
*蔬菜 /shūcài シュウツァイ/(名) ([英] vegetables) 野菜
*叔叔 /shūshu シュウシュ/(名) ([英] uncle) 叔父
梳 /shū シュウ/(动) ([英] comb) (髭や髪の毛を)とかす
梳子 /shūzi シュウヅ/(名) ([英] comb) 櫛
⁑输 /shū シュウ/(动) ([英] lose) 負ける
舒畅 /shūchàng シュウチャァン/(形) ([英] leisurely) 伸び伸びとして気持ちがいい

S

- **舒服** /shūfu シュフ/(形)(㊥ comfortable) 気分が良い
- **舒适** /shūshì シュウシー/(形)(㊥ comfortable) 心地よい
- **书** /shū シュウ/(名)(㊥ books) 書物
- **书包** /shūbāo シュウバオ/(名)(㊥ satchel)(多くは学生の)鞄
- **书本** /shūběn シュウベン/(名)(㊥ books) 書物
- **书店** /shūdiàn シュウディエン/(名)(㊥ book shop) 書店
- **书籍** /shūjí シュウジィ/(名)(㊥ publications) 書籍
- **书记** /shūji シュウジ/(名)(㊥ clerk) 書記
- **书架** /shūjià シュウジア/(名)(㊥ bookshelf) 本棚
- **熟** /shú シュウ/(形)(㊥ mature)(食物の実が)熟する
- **熟练** /shúliàn シュウリエン/(形)(㊥skillful) 熟練している
- **熟悉** /shúxī シュウシィ/(动)(㊥ know well) よく知っている
- **暑假** /shǔjià シュウジア/(名)(㊥summer holidays) 夏休み
- **数** /shǔ シュウ/(动)(㊥ count)(数または順序を)数える
- **属于** /shǔyú シュウユィ/(动)(㊥ belong to...) …に属する
- **树** /shù シュウ/(名)(㊥ tree) 木
- **树立** /shùlì シュウリィ/(动)(㊥establish) 樹立する
- **树林** /shùlín シュウリン/(名)(㊥ woods) 林
- **树木** /shùmù シュウムゥ/(名)(㊥tree) 樹木
- **束** /shù シュウ/(量) 束ねた物を数える
- **束缚** /shùfù シュウフゥ/(动)(㊥restrain) 束縛する
- **数** /shù シュウ/(名)(㊥ number) 数
- **数据** /shùjù シュウヂュィ/(名)(㊥data) データ
- **数量** /shùliàng シュウリアン/(名)(㊥ quantity) 数量
- **数目** /shùmù シュウムゥ/(名)(㊥ number) 数
- **数学** /shùxué シュウシュエ/(名)(㊥ mathematics) 数学
- **数字** /shùzì シュウヅー/(名)(㊥ numbers) 数字
- **刷** /shuā シュア/(动)(㊥ brush) 磨く
- **刷子** /shuāzi シュアヅ/(名)(㊥ brush) ブラシ
- **耍** /shuǎ シュア/(动)(㊥ play) 操る
- **摔** /shuāi シュアイ/(动)(㊥ fall down) 転ぶ
- **衰弱** /shuāiruò シュアイルゥオ/(形)(㊥ weak)(身体が)衰弱した
- **甩** /shuǎi シュアイ/(动)(㊥ throw)(手, 腕, 髪などを)振る
- **率领** /shuàilǐng シュアイリィン/(动)(㊥ command)(軍隊や集団を)率いる
- **拴** /shuān シュワン/(动)(㊥ tie, fasten) つなぐ
- **霜** /shuāng シュアン/(名)(㊥ frost) 霜
- **双** /shuāng シュアン/(量)(㊥ pair of) 対になっているものを数える
- **双方** /shuāngfāng シュアンファアン/(名)(㊥ both sides) 双方
- **谁** /shuí(shéi) シュイ(シェイ)/(代)(㊥ who) 誰
- **水** /shuǐ シュイ/(名)(㊥ water) 水
- **水稻** /shuǐdào シュイダオ/(名)(㊥paddy rice) 水稲
- **水分** /shuǐfèn シュイフェン/(名)(㊥ moisture) 水分
- **水果** /shuǐguǒ シュイグゥオ/(名)(㊥ fruit) 果物
- **水库** /shuǐkù シュイクゥ/(名)(㊥reservoir) ダム
- **水利** /shuǐlì シュイリィ/(名)(㊥ water supply) 水利
- **水力** /shuǐlì シュイリィ/(名)(㊥water power) 水力
- **水泥** /shuǐní シュイニィ/(名)(㊥ cement) セメント

※**水平** /shuǐpíng シュイピィン/(名)(英 horizontal) 水平

※**睡** /shuì シュイ/(动)(英 sleep) 眠る

※**睡觉** /shuì'jiào シュイジアオ/(动)(英 sleep) 眠る

睡眠 /shuìmián シュイミエン/(名)(英 sleep) 睡眠

税 /shuì シュイ/(名)(英 tax) 税

顺 /shùn シュン/(形) 同じ方向の — (动)(英 put in order) そろえる

顺 /shùn シュン/(介)(英 along) …に沿って

※**顺便** /shùnbiàn シュンビエン/(副)(英 conveniently) ついでに

※**顺利** /shùnlì シュンリィ/(形)(英 smooth) 順調な

顺手 /shùnshǒu シュンショウ/(形)(英 go well) 順調な

※**说** /shuō シュオ/(动)(英 say) 言う

说不定 /shuōbudìng シュオブディン/(动)(英 maybe) はっきり言えない

说法 /shuōfa シュオファ/(名)(英 the way of saying) 言い方

说服 /shuō'fú シュオフゥ/(动)(英 persuade) 説得する

※**说明** /shuōmíng シュオミィン/(动,名)(英 explain) 説明(する)

※**撕** /sī スー/(动)(英 tear) (手で)引き裂く

思考 /sīkǎo スーカオ/(动)(英 think) 思考する

思念 /sīniàn スーニエン/(动)(英 long for) 懐かしむ

思索 /sīsuǒ スースウオ/(动)(英 ponder) 思索する

思维 /sīwéi スーウェイ/(名)(英 thought) 思惟

※**思想** /sīxiǎng スーシアン/(名)(英 thought) 思想

私人 /sīrén スーレン/(名)(英 individual) 個人

私有 /sīyǒu スーヨウ/(动)(英 privately own) 私有する

※**司机** /sījī スージィ/(名)(英 driver) 運転手

司令 /sīlìng スーリィン/(名)(英 commander) 司令官

※**丝** /sī スー/(名)(英 silk thread) 絹糸

丝毫 /sīháo スーハオ/(名)(英 a bit) わずか

※**死** /sǐ スー/(动)(英 die) 死ぬ

死 /sǐ スー/(形)(英 fixed) 固定した

死亡 /sǐwáng スーワァン/(动)(英 die) 死亡する

※**四** /sì スー/(数)(英 four) 四

四处 /sìchù スーチュウ/(名)(英 everywhere) 方々

四面八方 /sì miàn bā fāng スー ミエン バァ ファアン/(英 all around) 四方八方

四周 /sìzhōu スーヂョウ/(名)(英 circumstance) 周囲

※**似乎** /sìhū スーホゥ/(副)(英 it seems...) …らしい

饲养 /sìyǎng スーヤン/(动)(英 raise) 飼育する

※**松** /sōng ソン/(形)(英 loose) ゆるい — (动)(英 loosen) ゆるめる

松树 /sōngshù ソンシュウ/(名)(英 pine tree) 松の木

※**送** /sòng ソン/(动)(英 deliver) (人や物，文書を)届ける

送礼 /sòng'lǐ ソンリィ/(英 present) 贈り物をする

※**送行** /sòng'xíng ソンシィン/(动)(英 see off) 見送る

搜集 /sōují ソウジィ/(动)(英 collect) 捜し集める

艘 /sōu ソウ/(量) 船を数える

俗话 /súhuà スゥホア/(名)(英 proverb) ことわざ

速成 /sùchéng スゥチョン/(动)(英 train intensively) 速成する

※**速度** /sùdù スゥドゥ/(名)(英 speed) 速度

※**塑料** /sùliào スゥリアオ/(名)(英 plastic) プラスチック

※**宿舍** /sùshè スゥショァ/(名)(英 dormitory) 寄宿舎

※**酸** /suān スワン/(形)(英 sour) 酸っぱい

- ** 算 /suàn スワン/(动)(英 count) 勘定する
- * 算了 /suàn le スワン ラ/(动)(英 let it be) よしとする
- 算是 /suànshì スワンシー/(动)(英 count as) …といえる
- 算数 /suàn'shù スワンシュウ/(英 count) 有効である
- ** 虽然 /suīrán スイラン/(连)(英 though) …ではあるけれども
- 虽说 /suīshuō スイシュオ/(连)(英 even) …とはいっても
- * 随 /suí スイ/(动)(英 follow…) …について行く
- * 随便 /suíbiàn スイビエン/(形)(英 at one's convenience) 気ままな
- 随后 /suíhòu スイホウ/(副)(英 after that) (その)後で
- 随即 /suíjí スイジィ/(副)(英 soon) すぐさま
- 随时 /suíshí スイシー/(副)(英 at any time) いつでも
- 随手 /suíshǒu スイショウ/(副)(英 conveniently) ついでに
- * 碎 /suì スイ/(动)(英 break) 砕ける
- ** 岁 /suì スイ/(量)(英 year old) 年齢を数える
- 岁数 /suìshu スイシュ/(名)(英 age) 年齢
- 孙女 /sūnnǚ スゥンニュィ/(名)(英 granddaughter) 孫娘
- 孙子 /sūnzi スゥンヅ/(名)(英 grandchild) 孫
- 损害 /sǔnhài スゥンハイ/(动)(英 damage) 損害を与える
- 损坏 /sǔnhuài スゥンホアイ/(动)(英 destroy) 壊す
- * 损失 /sǔnshī スゥンシー/(动, 名)(英 loss) 損失(する)
- * 缩 /suō スゥオ/(动)(英 shrink) 縮まる
- 缩短 /suōduǎn スゥオドワン/(动)(英 shorten) 短縮する
- 缩小 /suōxiǎo スゥオシアオ/(动)(英 reduce) 縮小する
- 锁 /suǒ スゥオ/(名)(英 lock) 錠
- 锁 /suǒ スゥオ/(动)(英 lock) 鍵を掛ける
- * 所 /suǒ スゥオ/(量) 家屋などを数える
- * 所 /suǒ スゥオ/(助) 他動詞の前に用い, 名詞句を作る
- * 所谓 /suǒwèi スゥオウェイ/(形)(英 so called) …というのは
- ** 所以 /suǒyǐ スゥオイー/(连)(英 therefore) 従って
- ** 所有 /suǒyǒu スゥオヨウ/(形)(英 all) あらゆる
- 所在 /suǒzài スゥオヅァイ/(名)(英 location) 在り処

T, t

- ** 他 /tā タァ/(代)(英 he/him) 彼
- ** 他们 /tāmen タァメン/(代)(英 they/them) 彼等
- * 它 /tā タァ/(代)(英 it) それ
- * 它们 /tāmen タァメン/(代)(英 they/them) それら
- ** 她 /tā タァ/(代)(英 she/her) 彼女
- ** 她们 /tāmen タァメン/(代)(英 they/them) 彼女たち
- 塌 /tā タァ/(动)(英 collapse) (建物など立体的なものが)崩れる
- 踏实 /tāshi タァシ/(形)(英 steady) (仕事や学習が)着実な
- * 塔 /tǎ タァ/(名)(英 pagoda) (仏教建築の)塔
- 踏 /tà タァ/(动)(英 step on) 踏む
- * 抬 /tái タイ/(动)(英 raise, carry) 持ち上げる, 複数の人が手や肩で持ち運ぶ
- * 台 /tái タイ/(名) 台 —(量) 台数を数える
- ** 太 /tài タイ/(副)(英 too) あまりにも…すぎる
- * 太太 /tàitai タイタイ/(名)(英 Madam) 奥さん
- ** 太阳 /tàiyáng タイヤン/(名)(英 sun) 太陽
- ** 态度 /tàidu タイドゥ/(名)(英 attitude) (話し方, 歩き方など

摊 /tān タン/(动)(英 spread out) （平に）広げる，敷く
摊 /tān タン/(名)(英 stall) 屋台，露店
**谈 /tán タン/(动)(英 talk) 話す
*谈话 /tánˇhuà タンホア/(动)(英 talk) 話をする
谈话 /tánhuà タンホア/(名)(英 conversation) 談話
谈论 /tánlùn タンルゥン/(动)(英 discuss) 議論する
*谈判 /tánpàn タンパン/(动)(英 negotiate) 交渉する
*弹 /tán タン/(动)(英 snap, play) （弾性を利用して）はじく，楽器などを弾く
坦克 /tǎnkè タンクァ/(名)(英 tank) 戦車
*毯子 /tǎnzi タンヅ/(名)(英 carpet, blanket) じゅうたん，毛布
*探 /tàn タン/(动)(英 search) 探す
探索 /tànsuǒ タンスゥオ/(动)(英 explore) 探索する
叹气 /tànˇqì タンチィ/(动)(英 sigh) ため息をつく
**汤 /tāng タン/(名)(英 soup) スープ
**糖 /táng タン/(名)(英 sugar, candy) 砂糖，あめ
倘若 /tǎngruò タァンルオ/(连)(英 if) もしも…ならば
*躺 /tǎng タン/(动)(英 lie down) （人や動物が）横になる
*趟 /tàng タン/(量) 往復する動作の回数を数える
*烫 /tàng タン/(形)(英 hot) 火傷しそうに熱い ——(动)(英 heat up, burn) 熱くする，火傷する
*掏 /tāo タオ/(动)(英 dig) （手または道具で）とり出す，掘る
桃 /táo タオ/(名)(英 peach) 桃
*逃 /táo タオ/(动)(英 run away) 逃げる
逃避 /táobì タオビィ/(动)(英 run away) 逃避する
**讨论 /tǎolùn タオルゥン/(动)(英 discuss) 討論する
*讨厌 /tǎoyàn タオイエン/(形)(英 disgusting) 嫌らしい ——(动)(英 dislike) 嫌う
*套 /tào タオ/(动)(英 cover) （外側に）被せる ——(量)セットになったものを数える
特 /tè トゥァ/(副)(英 very, especially) とても
**特别 /tèbié トゥァビエ/(形)(英 special) 特別な ——(副)(英 especially) 格別に，とりわけ
*特此 /tècǐ トゥァツー/(副) （公文書や手紙の末尾で）まずは…まで
*特点 /tèdiǎn トゥァディエン/(名)(英 special feature) 特徴
*特殊 /tèshū トゥァシュウ/(形)(英 particular) 特殊な
特务 /tèwu トゥァウウ/(名)(英 spy) スパイ
特征 /tèzhēng トゥァヂョン/(名)(英 characteristic) 特徴
**疼 /téng テゥン/(形)(英 hurt) 痛い
**踢 /tī ティー/(动)(英 kick) 蹴る
*提 /tí ティー/(动)(英 carry) 手に提げる
提包 /tíbāo ティーバオ/(名)(英 handbag) 手提げ鞄
*提倡 /tíchàng ティーチャァン/(动)(英 promote) 提唱する
提纲 /tígāng ティーガァン/(名)(英 outline) 要綱，概要
**提高 /tígāo ティーガオ/(动)(英 raise) 引き上げる，向上させる
*提供 /tígōng ティーゴン/(动)(英 provide) 提供する
*提前 /tíqián ティーチエン/(动)(英 advance) （予定の時間を）繰り上げる
提问 /tíwèn ティーウェン/(动)(英 question) （先生が生徒に）問題を出す
提醒 /tíˇxǐng ティーシィン/(动)(英 remind) （忘れないように）注意を与える
提议 /tíyì ティーイー/(动, 名)(英

propose) 提議(する)
*題 /tí ティー/(名)(英 title) 題目, テーマ
*題目 /tímù ティームゥ/(名)(英 title) 題目, テーマ
体操 /tǐcāo ティーツァオ/(名)(英 gymnastics) 体操
*体会 /tǐhuì ティーホゥイ/(动, 名)(英 sense) 体得(する)
*体積 /tǐjī ティージィ/(名)(英 cubic volume) 体積
体力 /tǐlì ティーリィ/(名)(英 physical strength) 体力
体面 /tǐmiàn ティーミエン/(形,名)(英 face) 体面(が立つ)
体温 /tǐwēn ティーウェン/(名)(英 body temperature) 体温
*体系 /tǐxì ティーシィ/(名)(英 system) 体系
体現 /tǐxiàn ティーシエン/(动)(英 embody) 体現する
**体育 /tǐyù ティーユィ/(名)(英 physical education) 体育
*体育場 /tǐyùchǎng ティーユィチャン/(名)(英 ground) グラウンド
*体育館 /tǐyùguǎn ティーユィグワン/(名)(英 gymnasium) 体育館
*替 /tì /(动)(英 take place of) …に替わる ―(介)(英 on behalf of) …のために
**天 /tiān ティエン/(名)(英 sky) 空
天才 /tiāncái ティエンツァイ/(名)(英 genius) 天才
天空 /tiānkōng ティエンコン/(名)(英 sky) 空
**天気 /tiānqì ティエンチィ/(名)(英 weather) 天気
天然 /tiānrán ティエンラン/(形)(英 natural) 天然の, 自然の
天然ガス /tiānránqì ティエンランチィ/(名)(英 natural gas) 天然ガス
天上 /tiānshàng ティエンシャアン/(名)(英 heaven) 天上, 空
天文 /tiānwén ティエンウェン/(名)(英 astronomy) 天文
天下 /tiānxià ティエンシア/(名)(英 the whole world) 天下
*天真 /tiānzhēn ティエンチェン/(形)(英 innocent) 無邪気な
天主教 /Tiānzhǔjiào ティエンヂュウジアオ/(名)(英 Catholicism) カトリック教
*添 /tiān ティエン/(动)(英 add) 追加する, 増やす
*填 /tián ティエン/(动)(英 fill) (窪みや穴を)埋める, ふさぐ
*田 /tián ティエン/(名)(英 rice field) 田
田地 /tiándì ティエンディー/(名)(英 farms) 田畑
*田野 /tiányě ティエンイエ/(名)(英 field) 野外
*甜 /tián ティエン/(形)(英 sweet) 甘い
*挑 /tiāo ティアオ/(动)(英 choose) 選ぶ
挑選 /tiāoxuǎn ティアオシュエン/(动)(英 select) 選択する
**条 /tiáo ティアオ/(量) 細長い物を数える
**条件 /tiáojiàn ティアオジエン/(名)(英 condition) 条件
条例 /tiáolì ティアオリィ/(名)(英 regulations) 条例
*条約 /tiáoyuē ティアオユエ/(名)(英 treaty) 条約
調節 /tiáojié ティアオジエ/(动)(英 adjust) 調節する
調皮 /tiáopí ティアオピィ/(形)(英 mischievous) 腕白な
*調整 /tiáozhěng ティアオヂョン/(动)(英 adjust) 調整する
**跳 /tiào ティアオ/(动)(英 jump) 跳ぶ
跳動 /tiàodòng ティアオドン/(动) 脈打つ, 鼓動する
**跳舞 /tiào wǔ ティアオウゥ/(动)(英 dance) ダンスをする
*貼 /tiē ティエ/(动) 貼る
*鉄 /tiě ティエ/(名)(英 iron) 鉄
*鉄路 /tiělù ティエルゥ/(名)(英 railway) 鉄道
**聴 /tīng ティン/(动)(英 listen to) 聴く
**聴見 /tīngjiàn ティンジエン/(动)(英 hear) 耳に入る, 聞こえる

*听讲 /tīng jiǎng/ ティンジアン /(动) (英 attend lectures) 講義や講演を聴く

**听说 /tīng shuō/ ティンシュオ /(动) (英 I hear) 聞くところによると…である

**听写 /tīngxiě/ ティンシエ /(动) (英 dictate) 書取りをする，ディクテーションをする

**停 /tíng/ ティン /(动) (英 stop) 停止する

停留 /tíngliú/ ティンリウ /(动) (英 stay) 留まる

*停止 /tíngzhǐ/ ティンチー /(动) (英 stop) 停止する

亭子 /tíngzi/ ティンツ /(名) (英 pavilion) あずまや

挺 /tǐng/ ティン /(动) (英 straight) 真っ直ぐにする

**挺 /tǐng/ ティン /(副) (英 pretty) とても

**通 /tōng/ トン /(动) 通じる，通る

通常 /tōngcháng/ トンチァァン /(形) (英 normal) 通常，平常

**通过 /tōngguò/ トングゥオ /(动) (英 pass through) 通過する — (介) …を通じて

通顺 /tōngshùn/ トンシュン /(形) (英 smooth) 筋が通っている

通信 /tōng xìn/ トンシン /(动) (英 correspond) 文通する，通信する

*通讯 /tōngxùn/ トンシュィン /(动) (英 communicate) 通信する — (名) ニュースを報道する文

**通知 /tōngzhī/ トンチー /(动, 名) (英 notice, inform) 通知(する)

*同 /tóng/ トン /(动) (英 same) …を同じくする

*同 /tóng/ トン /(介, 连) (英 and) …と

同伴 /tóngbàn/ トンバン /(名) (英 partner) 仲間

同胞 /tóngbāo/ トンバオ /(名) (英 brother) 兄弟姉妹，同胞

同盟 /tóngméng/ トンモン /(名) (英 alliance) 同盟

*同情 /tóngqíng/ トンチィン /(动) (英 sympathize) 同情する

**同时 /tóngshí/ トンシー /(名, 连) (英 simultaneously) 同時(に)

*同屋 /tóngwū/ トンウゥ /(名) (英 roommate) ルームメート

**同学 /tóngxué/ トンシュエ /(名) (英 classmate) 同級生

**同样 /tóngyàng/ トンヤン /(形) (英 same) 同様である — (连) (英 same as) 同様に

**同意 /tóngyì/ トンイー /(动) (英 agree) 同意する

**同志 /tóngzhì/ トンヂー /(名) (英 comrade) 同志，…さん

*铜 /tóng/ トン /(名) (英 copper) 銅

*桶 /tǒng/ トン /(名) (英 tub) 桶，かめ

统计 /tǒngjì/ トンジィ /(动, 名) (英(gather) statistics) 統計(を取る)

统统 /tǒngtǒng/ トントン /(副) (英 totally) 全て

*统一 /tǒngyī/ トンイー /(动) (英 unite) 統一する — (形) (英 united) 統一的な

*统治 /tǒngzhì/ トンヂー /(动) (英 rule) 統治する

*痛 /tòng/ トン /(动) (英 hurt) 痛む

*痛苦 /tòngkǔ/ トンクゥ /(形) (英 agonizing) 苦しい

**痛快 /tòngkuài/ トンクアイ /(形) (英 delighted) 痛快な，うれしい

*偷 /tōu/ トゥ /(动) (英 steal) 盗む

*偷偷 /tōutōu/ トゥトゥ /(副) (英 secretly) こっそりと，ひそかに

*投 /tóu/ トゥ /(动) (英 throw) 投げる

投机 /tóujī/ トゥジィ /(形) (英 congenial) 気が合う — (动) (英 speculate) 投機する

*投入 /tóurù/ トゥルゥ /(动) (英 throw in) ある状態に入る，投入する — (名) (英 investigation) 投資

投降 /tóuxiáng/ トゥシアン /(动) (英 surrender) 投降する

tóu

- **头** /tóu トウ/(名)(英 head) 頭 —(量) 役畜の頭数を数える
- *头 /tóu トウ/(形)(英 first) 一番初めの
- *头发 /tóufa トウファ/(名)(英 hair) 頭髪
- 头脑 /tóunǎo トウナオ/(名)(英 brains) 頭脳
- *透 /tòu トウ/(动)(英 pass through)(気体、液体、光線などが)通る —(形)(英 thorough) 透徹した
- 透明 /tòumíng トウミィン/(形)(英 transparent) 透明な
- *突出 /tūchū トゥチュウ/(动)(英 stand out) 際立たせる —(形)(英 outstanding) 突き出ている
- *突击 /tūjī トゥジィ/(动)(英 assault) 突撃する
- 突破 /tūpò トゥポォ/(动)(英 break through) 突破する
- **突然 /tūrán トゥラン/(形)(英 sudden) 突然の
- *图 /tú トゥ/(名)(英 drawing) 図
- 图画 /túhuà トゥホア/(名)(英 drawing) 図画
- **图书馆 /túshūguǎn トゥシュウグワン/(名)(英 library) 図書館
- 徒弟 /túdì トゥディー/(名)(英 apprentice) 弟子
- 途径 /tújìng トゥジィン/(名)(英 way) 道程、ルート
- *涂 /tú トゥ/(动)(英 smear) 塗る
- *土 /tǔ トゥ/(名)(英 dust) 土
- 土 /tǔ トゥ/(形)(英 rustic, local) 地方的な、田舎っぽい
- *土地 /tǔdì トゥディー/(名)(英 land) 土地
- *土豆 /tǔdòu トゥドウ/(名)(英 potato) ジャガイモ
- 土壤 /tǔrǎng トゥラァン/(名)(英 soil) 土壌
- *吐 /tǔ トゥ/(动)(英 spit)(口の中の物を)吐き出す
- *吐 /tù トゥ/(动)(英 vomit) 嘔吐する
- *兔子 /tùzi トゥヅ/(名)(英 rabbit) ウサギ
- *团 /tuán トワン/(名)(英 lump, group) まとまり、集団 —(量) 一まとまりのものを数える
- **团结 /tuánjié トワンジエ/(动)(英 unite) 団結する
- 团体 /tuántǐ トワンティー/(名)(英 group, union) 団体
- 团员 /tuányuán トワンユエン/(名)(英 member) 団員、中国共産主義青年団の団員
- 团长 /tuánzhǎng トワンヂャアン/(名)(英 leader) 団長
- **推 /tuī トゥイ/(动)(英 push) 推す
- 推迟 /tuīchí トゥイチー/(动)(英 postpone) 遅らせる、引き延ばす
- 推辞 /tuīcí トゥイツー/(动)(英 decline) 辞退する
- *推动 /tuīdòng トゥイドン/(动)(英 promote) 促進する
- 推翻 /tuīfān トゥイファン/(动)(英 knock down) 打ち倒す、覆す
- *推广 /tuīguǎng トゥイグアン/(动)(英 promote) 推し広める
- 推荐 /tuījiàn トゥイジエン/(动)(英 recommend) 推薦する
- 推进 /tuījìn トゥイジン/(动)(英 promote) 推進する
- **腿 /tuǐ トゥイ/(名)(英 leg) 足(足首からもものつけ根まで)
- *退 /tuì トゥイ/(动)(英 step back) 後へ下がる、後退する
- 退步 /tuìbù トゥイブゥ/(动, 名)(英 step back) 後退(する)
- 退休 /tuìxiū トゥイシウ/(动)(英 retire) 定年退職する
- 吞 /tūn トゥン/(动)(英 swallow) 丸呑みにする
- *拖 /tuō トゥオ/(动)(英 pull) 引く
- 拖拉机 /tuōlājī トゥオラァジィ/(名)(英 tractor) トラクター
- *托 /tuō トゥオ/(动) 手のひらに載せる、支える
- 托儿所 /tuō'érsuǒ トゥオアルスゥオ/(名)(英 nursery) 託児所

*脱 /tuō トゥオ /(动) (㊥ take off) (髪の毛などが) 抜ける, 脱ぐ

*脱离 /tuōlí トゥオリィ /(动) (㊥ leave) 離れる

驮 /tuó トゥオ /(动) (㊥ carry on the back) 役畜の背中に載せる

妥当 /tuǒdàng トゥオダァン /(形) (㊥ proper) 妥当な

W, w

*挖 /wā ワァ /(动) (㊥ dig) (道具や手で) 掘る

娃娃 /wáwa ワワ /(名) (㊥ baby) 赤ん坊, 子供

瓦 /wǎ ワァ /(名) (㊥ tile) 瓦

*袜子 /wàzi ワヅ /(名) (㊥ socks) 靴下

*歪 /wāi ワイ /(形) (㊥ warped) 歪んだ

歪曲 /wāiqū ワイチュィ /(动) (㊥ bend, warp) 歪曲する

**外边 /wàibian ワイビエン /(名) (㊥ outside) 外側

外部 /wàibù ワイブゥ /(名) (㊥ external) 外部

*外地 /wàidì ワイディー /(名) (㊥ outside area) よその土地

**外国 /wàiguó ワイグオ /(名) (㊥ foreign country) 外国

*外交 /wàijiāo ワイジアオ /(名) (㊥ diplomacy) 外交

外界 /wàijiè ワイジエ /(名) (㊥ outside world) 外界

外科 /wàikē ワイクァ /(名) (㊥ surgical department) 外科

*外面 /wàimian ワイミエン /(名) (㊥ outside) 表面, 外見

外头 /wàitou ワイトゥ /(名) (㊥ outside) 外

外衣 /wàiyī ワイイー /(名) (㊥ outerwear) 上着

**外语(外文) /wàiyǔ (wàiwén) ワイユィ (ワイウェン) /(名) (㊥ foreign language) 外国語

外祖父 /wàizǔfù ワイヅゥフゥ /(名) (㊥ maternal grandfather) 母方の祖父

外祖母 /wàizǔmǔ ワイヅゥムゥ /(名) (㊥ maternal grandmother) 母方の祖母

*弯 /wān ワン /(动) (㊥ bend) 曲げる

*弯 /wān ワン /(形) (㊥ bent) 曲がった

弯曲 /wānqū ワンチュィ /(形) (㊥ winding) 曲がっている

**玩 /wán ワン /(动) (㊥ play) 遊ぶ

玩笑 /wánxiào ワンシアオ /(动) (㊥ joke) ふざける ━(名) (㊥ joke) 冗談

玩意儿 /wányìr ワンイール /(名) (㊥ toy) おもちゃ

顽固 /wángù ワングゥ /(形) (㊥ stubborn) 頑固な

顽强 /wánqiáng ワンチアン /(形) (㊥ indomitable) 不屈の

丸 /wán ワン /(量) 丸薬を数える

**完 /wán ワン /(动) (㊥ end, finish) 終わる

完备 /wánbèi ワンベイ /(形) (㊥ fully equipped) 完備している

**完成 /wánchéng ワンチョン /(动) (㊥ complete) 完成する

**完全 /wánquán ワンチュエン /(形) (㊥ whole) 完全な

完善 /wánshàn ワンシャン /(动) (㊥ complete) 完璧に仕上げる

完善 /wánshàn ワンシャン /(形) (㊥ perfect) 完璧な

*完整 /wánzhěng ワンチョン /(形) (㊥ in perfect order) すっかり整っている

**碗 /wǎn ワン /(名) (㊥ bowl) 茶わん, 鉢

挽 /wǎn ワン /(动) (㊥ pull) 引く, 引っ張る

挽救 /wǎnjiù ワンジウ /(动) (㊥ save) (危険状態から) 救う

**晚 /wǎn ワン /(形) (㊥ late) (時間的に) 遅い

晚报 /wǎnbào ワンバオ /(名) (㊥ evening paper) 夕刊

**晚饭 /wǎnfàn ワンファン /(名) (㊥ supper) 夕飯

wǎnhuì ▶

晚会 /wǎnhuì ワンホゥイ/(名)(㊛ evening gathering) 晩の集まり

晚上 /wǎnshang ワンシァン/(名)(㊛ evening) 夜

万 /wàn ワン/(数)(㊛ ten thousand) 万

万分 /wànfēn ワンフェン/(副)(㊛ extremely) この上なく

万古长青 /wàn gǔ cháng qīng ワン グゥ チァン チン/(成)(㊛ eternal) 永遠に変わらない

万岁 /wànsuì ワンスゥイ/(动)(㊛ long live) 万歳, 永遠に栄えあれ

万万 /wànwàn ワンワン/(副)(㊛ absolutely) 決して…ない

万一 /wànyī ワンイー/(名) 万分の一 ━(副) 万が一

网 /wǎng ワン/(名)(㊛ net) 網

*網球 /wǎngqiú ワンチウ/(名)(㊛ tennis) テニス

往 /wǎng ワン/(动)(㊛ go) 行く, 去る ━(介)(㊛ toward) …に向けて

往来 /wǎnglái ワンライ/(动)(㊛ pass) 通行する, つきあう

往往 /wǎngwǎng ワンワン/(副)(㊛ often) しばしば, しょっちゅう

*望 /wàng ワン/(动)(㊛ view) 眺める, 遠くを見る

忘 /wàng ワン/(动)(㊛ forget) 忘れる

*忘记 /wàngjì ワンジィ/(动)(㊛ forget) 忘れる

威胁 /wēixié ウェイシエ/(动)(㊛ threaten) 威嚇する

微小 /wēixiǎo ウェイシアオ/(形)(㊛ minute) 微小な

*微笑 /wēixiào ウェイシアオ/(动)(㊛ smile) 微笑む

*危害 /wēihài ウェイハイ/(动, 名)(㊛ harm) 危害(を及ぼす)

危机 /wēijī ウェイジィ/(名)(㊛ crisis) 危機

危险 /wēixiǎn ウェイシエン/(形, 名)(㊛ dangerous/danger) 危険(である)

违背 /wéibèi ウェイベイ/(动)(㊛ act against) 背く, 違反する

*违反 /wéifǎn ウェイファン/(动)(㊛ violate) (法則, 規約などに)違反する

*围 /wéi ウェイ/(动)(㊛ enclose) 囲む

围巾 /wéijīn ウェイジン/(名)(㊛ scarf) 襟巻き, スカーフ

*围绕 /wéirào ウェイラオ/(动)(㊛ go around) 巡る, (ある物の周りを)ぐるぐる回る

为 /wéi ウェイ/(动)(㊛ act as) …になる, …に充当する

为难 /wéinán ウェイナン/(动)(㊛ embarrass) 困らせる ━(形)(㊛ troublesome) 手の焼ける

为首 /wéishǒu ウェイショウ/(动) …を代表とする, …を先頭とする

为止 /wéizhǐ ウェイチー/(动) …までで終わる

维持 /wéichí ウェイチー/(动)(㊛ maintain) 維持する

*维护 /wéihù ウェイホゥ/(动)(㊛ protect) 守る

维生素 /wéishēngsù ウェイションスゥ/(名)(㊛ vitamin) ビタミン

委屈 /wěiqū ウェイチュィ/(动) 不当な扱いをさせる

委托 /wěituō ウェイトゥオ/(动)(㊛ entrust) 委託する

*委员 /wěiyuán ウェイユエン/(名)(㊛ committee) 委員

伟大 /wěidà ウェイダァ/(形)(㊛ great) 偉大な

尾巴 /wěiba ウェイバ/(名)(㊛ tail) (動物の)尾

未必 /wèibì ウェイビィ/(副)(㊛ not necessarily) …とはかぎらない

*未来 /wèilái ウェイライ/(名)(㊛ future) 未来, 将来

味 /wèi ウェイ/(名)(㊛ taste) 味, におい

*味道 /wèidao ウェイダオ/(名)(㊛ flavor) 味, 面白さ

*胃 /wèi ウェイ/(名)(㊛ stom-

ach) 胃

** 喂 /wèi ウェイ /(叹) ([英] hey!) おい

* 喂 /wèi ウェイ /(动) ([英] feed) 餌をやる，ごはんを食べさせる

** 位 /wèi ウェイ /(量) 敬意をもって人を数える

位于 /wèiyú ウェイユィ /(动) ([英]locate) …に位置する

* 位置 /wèizhi ウェイヂ /(名) ([英] location) 位置

慰问 /wèiwèn ウェイウェン /(动) ([英] comfort) 慰問する

* 卫生 /wèishēng ウェイション /(形，名) ([英] sanitation/sanitary) 衛生(的な)

* 卫星 /wèixīng ウェイシィン /(名) ([英] satellite) 衛星

** 为 /wèi ウェイ /(介) ([英] for) …のために

** 为了 /wèile ウェイラ /(介) ([英] for,in order to) …のために

** 为什么 /wèi shénme ウェイ シェンマ /(副) ([英] why) なぜ

温 /wēn ウェン /(形) ([英] warm) 温かい 一 (动) ([英] warm) 温める

温带 /wēndài ウェンダイ /(名) ([英] temperate zones) 温帯

* 温度 /wēndù ウェンドゥ /(名) ([英] temperature) 温度

温和 /wēnhé ウェンホォァ/(形) ([英] mild) 温暖な，温和な

* 温暖 /wēnnuǎn ウェンヌワン /(动) ([英] warm) 温める 一 (形) ([英] warm) 暖かい

蚊子 /wénzi ウェンヅ /(名) ([英] mosquito) 蚊

** 文化 /wénhuà ウェンホア /(名) ([英] culture) 文化

* 文件 /wénjiàn ウェンジエン /(名) ([英] document) 文書

* 文明 /wénmíng ウェンミィン /(形，名) ([英] civilized, civilization) 文明(的な)

* 文物 /wénwù ウェンウゥ /(名) ([英] cultural assets) 文化財

** 文学 /wénxué ウェンシュエ /(名) ([英] literature) 文学

** 文学家 /wénxuéjiā ウェンシュエジア /(名) ([英] writer) 作家，文学者

** 文艺 /wényì ウェンイー /(名) ([英] art and literature) 文芸

** 文章 /wénzhāng ウェンヂャァン /(名) ([英] article) 文章

* 文字 /wénzì ウェンヅー /(名) ([英] letter) 文字

* 闻 /wén ウェン /(动) ([英] smell) においをかぐ

闻名 /wénmíng ウェンミィン /(动) ([英] become famous) 名が知られる，評判になる

吻 /wěn ウェン /(动) ([英] kiss) 口づけをする

* 稳 /wěn ウェン /(形) ([英] steady) 安定している

* 稳定 /wěndìng ウェンディン /(形) ([英] steady) 安定している

** 问 /wèn ウェン /(动) ([英] question) 問う

** 问好 /wèn▾hǎo ウェンハオ /(动) 安否やご機嫌を伺う

* 问候 /wènhòu ウェンホウ /(动) 安否やご機嫌を伺う

** 问题 /wèntí ウェンティー /(名) ([英] question) 問題

** 我 /wǒ ウオ /(代) ([英] I/me) 私

** 我们 /wǒmen ウオメン /(代) ([英] we/us) われわれ

卧 /wò ウオ /(动) ([英] lie down) 横になる

* 握 /wò ウオ /(动) ([英] grasp) 握る

** 握手 /wò▾shǒu ウオショウ /(动) ([英] shake hands) 握手する

* 污染 /wūrǎn ウゥラン /(动) ([英] pollute) 汚染する

诬篾 /wūmiè ウゥミエ /(动) ([英] slander) 中傷する

* 屋 /wū ウゥ /(名) ([英] room) 部屋

** 屋子 /wūzi ウゥヅ /(名) ([英] room) 部屋

无比 /wúbǐ ウゥビィ /(形) ([英] unprecedented) 比類がない

无产阶级 /wúchǎn jiējí ウゥチャン ジエジィ /(名) ([英] proletariat)

W

プロレタリアート
无法 /wúfǎ ウゥファア/(动) …する方法がない
无可奈何 /wú kě nàihé ウゥクァ ナイホァア/(成) 手の打ちようがない
*__无论__ /wúlùn ウゥルゥン/(连) (㊊ regardless of) …を問わず
无论如何 /wúlùn rúhé ウゥルゥン ルゥホァア/(成) (㊊ whatever) とにもかくにも
无情 /wúqíng ウゥチィン/(形) (㊊ heartless) 無慈悲な
*__无数__ /wúshù ウゥシュウ/(形) (㊊ infinite) 無数の
无所谓 /wúsuǒwèi ウゥスゥオウェイ/(动) (㊊ indifferent) どうでもかまわない
无限 /wúxiàn ウゥシエン/(形) (㊊ limitless) 無限の
无线电 /wúxiàndiàn ウゥシエンディエン/(名) (㊊ radio, wireless phone) ラジオ, 無線電話
无疑 /wúyí ウゥイー/(形) (㊊ no doubt) 疑いない
*__武器__ /wǔqì ウゥチィ/(名) (㊊ weapon) 武器
*__武术__ /wǔshù ウゥシュウ/(名) (㊊ martial arts) 武術
武装 /wǔzhuāng ウゥチュアン/(动, 名) (㊊ armament) 武装(する)
**__五__ /wǔ ウゥ/(数) (㊊ five) 五
**__午饭__ /wǔfàn ウゥファン/(名) (㊊ lunch) 昼食
舞蹈 /wǔdǎo ウゥダオ/(动, 名) (㊊ dance) ダンス(をする)
舞会 /wǔhuì ウゥホゥイ/(名) (㊊ dance party) ダンスパーティー
舞台 /wǔtái ウゥタイ/(名) (㊊ stage) 舞台
侮辱 /wǔrǔ ウゥルゥ/(动) (㊊ insult) 侮辱する
*__雾__ /wù ウゥ/(名) (㊊ fog) 霧
*__物价__ /wùjià ウゥジア/(名) (㊊ prices) 物価
**__物理__ /wùlǐ ウゥリィ/(名) (㊊ reason, physics) 物の道理, 物理学

物品 /wùpǐn ウゥピン/(名) (㊊ goods) 品物
物体 /wùtǐ ウゥティー/(名) (㊊ object) 物体
*__物质__ /wùzhì ウゥチー/(名) (㊊ matter) 物質
物资 /wùzī ウゥツー/(名) (㊊ goods) 物資
误 /wù ウゥ/(动) (㊊ be late) 遅れる, 手間取る
*__误会__ /wùhuì ウゥホゥイ/(动, 名) (㊊ misunderstand) 誤解(する)

X, x

*__西__ /xī シィ/(名) (㊊ west) 西
*__西北__ /xīběi シィペイ/(名) (㊊ northwest) 西北
**__西边__ /xībian シィビエン/(名) (㊊ west side) 西側
*__西部__ /xībù シィブゥ/(名) (㊊ western part) 西部
*__西餐__ /xīcān シィツァン/(名) (㊊ western food) 西洋料理
*__西方__ /xīfāng シィファアン/(名) (㊊ the west) 西の方
西服 /xīfú シィフゥ/(㊊ western clothes) 洋服
*__西瓜__ /xīguā シィグア/(名) (㊊ watermelon) スイカ
*__西红柿__ /xīhóngshì シィホンシー/(名) (㊊ tomato) トマト
*__西面__ /xīmiàn シィミエン/(名) (㊊ west side) 西側
*__西南__ /xīnán シィナン/(名) (㊊ southwest) 西南
西医 /xīyī シィイー/(名) (㊊ western medical technology) 西洋医(学)
*__吸__ /xī シィ/(动) (㊊ breathe) 吸い込む
吸取 /xīqǔ シィチュイ/(动) (㊊ absorb) (水分, 栄養を)吸い取る
*__吸收__ /xīshōu シィショウ/(动) (㊊ absorb) 吸収する
*__吸烟__ /xī▼yān シィイエン/(

smoke) タバコを吸う

*吸引 /xīyǐn シィイン /(动)(㊥ attract) (関心, 注意, 注目などを) 引き付ける

*牺牲 /xīshēng シィション /(动)(㊥ sacrifice) 犠牲になる

稀 /xī シィ /(形)(㊥ scattered) まばらな

锡 /xī シィ /(名)(㊥ tin) 錫

**希望 /xīwàng シィワァン /(动, 名)(㊥ hope) 希望(する)

袭击 /xíjī シィジィ /(动)(㊥ attack) 襲撃する

**习惯 /xíguàn シィグワン /(名, 动)(㊥ custom) 習慣

媳妇 /xífù シィフゥ /(名)(㊥ son's wife) 嫁

喜爱 /xǐ'ài シィアイ /(动)(㊥ like) 好む

*喜欢 /xǐhuan シィホワン /(动)(㊥ like) 好む

喜悦 /xǐyuè シィユエ /(形)(㊥ happy) 喜ばしい

*洗 /xǐ シィ /(动)(㊥ wash) 洗う

*洗衣机 /xǐyījī シィイージィ /(名)(㊥ laundry machine) 洗濯機

**洗澡 /xǐ▼zǎo シィヅァオ /(㊥ take a bath) 風呂に入る

**系 /xì シィ /(名)(㊥ department) 学部

*系统 /xìtǒng シィトン /(名)(㊥ system) システム

*戏 /xì シィ /(名)(㊥ play) 芝居

戏剧 /xìjù シィヂュィ /(名)(㊥ play) 演劇

*细 /xì シィ /(形)(㊥ thin) 細い

细胞 /xìbāo シィバオ /(名)(㊥ cell) 細胞

*细菌 /xìjūn シィジュィン /(名)(㊥ germ) 細菌

*细心 /xìxīn シィシン /(形)(㊥ careful) 注意深い

细致 /xìzhì シィヂー /(形)(㊥ careful) 入念な

瞎 /xiā シア /(动)(㊥ go blind) 失明する ━ (副)(㊥ foolishly) むやみに

虾 /xiā シア /(名)(㊥ shrimp) エビ

峡谷 /xiágǔ シアグゥ /(名)(㊥ gorge) 峡谷

**下 /xià シア /(动)(㊥ go down) 下りる

**下 /xià シア /(名)(㊥ beneath) 下

**下 /xià シア /(量) 動作の回数を表す

*下班 /xià▼bān シアバン /(动) 退勤する

**下边 /xiàbiān シアビエン /(名)(㊥ below) 下の方

下降 /xiàjiàng シアジアン /(动)(㊥ decline) 下がる

**下课 /xià▼kè シアクァ /(动) 授業が終わる

**下来 /xiàlái シアライ /(动) 動作が高いところから低いところへなされることを示す方向補語

下列 /xiàliè シアリエ /(形)(㊥ following) 下記の

*下面 /xiàmian シアミエン /(名)(㊥ below) 下の方

**下去 /xiàqù シアチュィ /(动)(㊥ descend) 降りて行く

**下午 /xiàwǔ シアウゥ /(名)(㊥ afternoon) 午後

下旬 /xiàxún シアシュィン /(名)(㊥ the last ten days of a month) 下旬

下游 /xiàyóu シアヨウ /(名)(㊥ downstream) 川下

*夏 /xià シア /(名)(㊥ summer) 夏

夏季 /xiàjì シアジィ /(名)(㊥ summer) 夏季

*夏天 /xiàtiān シアティエン /(名)(㊥ summer) 夏

*吓 /xià シア /(动)(㊥ be frightened) 驚く

*掀 /xiān シエン /(动)(㊥ lift) めくる

**先 /xiān シエン /(副)(㊥ first) 先に

*先后 /xiānhòu シエンホウ /(名, 副)(㊥ one after another) 前後(して)

- *先进 /xiānjìn シエンジン /(形)(英 advanced) 先進的な
- **先生 /xiānsheng シエンション /(名)(英 Mr.)(男性に対する敬称) …さん
- *鲜 /xiān シエン /(形)(英 fresh) 新鮮な
- *鲜花 /xiānhuā シエンホア /(名)(英 fresh flowers) 生花
- 鲜明 /xiānmíng シエンミィン /(形)(英 clear) 鮮明な
- 鲜血 /xiānxuè シエンシュエ /(名)(英 fresh blood) 鮮血
- 鲜艳 /xiānyàn シエンイエン /(形)(英 bright-colored) 鮮やかな
- *纤维 /xiānwéi シエンウェイ /(名)(英 fiber) 繊維
- 咸 /xián シエン /(形)(英 salty) 塩辛い
- *闲 /xián シエン /(形)(英 leisure) 暇な
- 闲话 /xiánhuà シエンホア /(名)(英 idle talk) 無駄口
- 嫌 /xián シエン /(动)(英 dislike) 嫌う
- *显得 /xiǎnde シエンダ /(动)(英 seem) …のように見える
- *显然 /xiǎnrán シエンラン /(形)(英 evident) 明らかな
- 显示 /xiǎnshì シエンシー /(动)(英 show) 明示する
- *显著 /xiǎnzhù シエンヂュウ /(形)(英 distinct) 顕著な
- 险 /xiǎn シエン /(形)(英 dangerous) 危ない
- 现 /xiàn シエン /(副)(英 on th spot) その場で
- 现成 /xiànchéng シエンチョン /(形)(英 ready-made) 出来合いの
- **现代 /xiàndài シエンダイ /(名)(英 modern) 現代, 近代
- *现代化 /xiàndàihuà シエンダイホア /(动, 名)(英 modernization/modernize) 近代化(する)
- *现实 /xiànshí シエンシー /(名)(英 reality) 現実
- *现象 /xiànxiàng シエンシアン /(名)(英 phenomenon) 現象
- **现在 /xiànzài シエンヅァイ /(名)(英 present) 現在
- *献 /xiàn シエン /(动)(英 offer, donate) 捧げる
- *县 /xiàn シエン /(名)(英 county) 県
- 县城 /xiànchéng シエンチョン /(名)(英 county seat) 県都
- *羡慕 /xiànmù シエンムゥ /(动)(英 envy) 羨む
- 宪法 /xiànfǎ シエンファア /(名)(英 constitution) 憲法
- 陷 /xiàn シエン /(动)(英 fall in) 落ち込む
- *限制 /xiànzhì シエンヂー /(动, 名)(英 limit) 制限(する)
- *线 /xiàn シエン /(名)(英 thread) 糸
- 线路 /xiànlù シエンルゥ /(名)(英 route) 路線
- *相当 /xiāngdāng シアンダァン /(形)(英 suitable) ふさわしい
- 相对 /xiāngduì シアンドゥイ /(动, 形)(英 relative) 相対する
- *相反 /xiāngfǎn シアンファン /(形)(英 opposite) たがいに反対の
- *相互 /xiānghù シアンホゥ /(形)(英 mutual) 相互の
- 相似 /xiāngsì シアンスー /(形)(英 similar) 似た
- *相同 /xiāngtóng シアントン /(形)(英 the same) 同じの
- **相信 /xiāngxìn シアンシン /(动)(英 believe) 信じる
- **香 /xiāng シアン /(形)(英 smell nice) よい香りの
- *香肠 /xiāngcháng シアンチャァン /(名)(英 sausage) 腸詰め
- **香蕉 /xiāngjiāo シアンジアオ /(名)(英 banana) バナナ
- 香烟 /xiāngyān シアンイエン /(名)(英 cigarette) タバコ
- *香皂 /xiāngzào シアンヅァオ /(名)(英 soap) 石けん
- *箱子 /xiāngzi シアンツ /(名)(英 box, trunk) 箱, トランク
- 乡村 /xiāngcūn シアンツゥン /(名)(英 farm village) 農村
- *乡下 /xiāngxia シアンシア /(名)(英

countryside) 田舎
- **詳細** /xiángxì シアンシィ/(形)(英 detailed) 詳細な
- **想** /xiǎng シアン/(动)(英 think) 思う ― (助动)(英 want) …したい
- **想法** /xiǎngfa シアンファ/(名)(英 idea) 考え
- **想念** /xiǎngniàn シアンニエン/(动)(英 miss) 恋しがる
- **想像** /xiǎngxiàng シアンシアン/(动)(英 imagine) 想像する
- **响** /xiǎng シアン/(形)(英 ring, echo, sound) 鳴らす，響く
- **响亮** /xiǎngliàng シアンリアン/(形)(英 loud and clear) よく響く
- **响应** /xiǎngyìng シアンイィン/(动)(英 respond) 呼応する
- **享受** /xiǎngshòu シアンショウ/(动)(英 enjoy) 享受する
- **项** /xiàng シアン/(量)(英 item) 項
- **项目** /xiàngmù シアンムゥ/(名)(英 item) 項目
- **相声** /xiàngsheng シアンション/(名)(英 comic dialogue) 漫才
- **像** /xiàng シアン/(动，名)(英 resemble) 似ている
- **向** /xiàng シアン/(介)(英 towards) …に向かって
- **向导** /xiàngdǎo シアンダオ/(名)(英 guide) ガイド
- **向来** /xiànglái シアンライ/(副)(英 all along) これまでずっと
- **象** /xiàng シアン/(名)(英 elephant) ゾウ
- **象征** /xiàngzhēng シアンヂョン/(动，名)(英 symbolize/symbol) 象徴(する)
- **削** /xiāo シアオ/(动)(英 pare with a knife) 削る
- **消除** /xiāochú シアオチュウ/(动)(英 remove) 取り除く
- **消毒** /xiāo•dú シアオドゥ/(动)(英 disinfect) 消毒する
- **消费** /xiāofèi シアオフェイ/(动)(英 spend) 消費する
- **消耗** /xiāohào シアオハオ/(动，名)(英 spend) 消耗(する)
- **消化** /xiāohuà シアオホア/(动)(英 digest) 消化する
- **消极** /xiāojí シアオジィ/(形)(英 passive) 消極的な
- **消灭** /xiāomiè シアオミエ/(动)(英 vanish) 消滅する
- **消失** /xiāoshī シアオシー/(动)(英 disappear) 消失する
- **消息** /xiāoxi シアオシ/(名)(英 news) 情報
- **晓得** /xiǎode シアオダ/(动)(英 know) 知っている
- **小** /xiǎo シアオ/(形)(英 small) 小さい
- **小便** /xiǎobiàn シアオビエン/(名)(英 urine) 小便
- **小孩儿** /xiǎoháir シアオハイル/(英 child) 子供
- **小伙子** /xiǎohuǒzi シアオホゥオヅ/(名)(英 young man) 若者
- **小姐** /xiǎojiě シアオジエ/(名)(英 young lady) お嬢さん
- **小麦** /xiǎomài シアオマイ/(名)(英 wheat) 小麦
- **小朋友** /xiǎopéngyou シアオポンヨウ/(名)(英 child) 子供
- **小时** /xiǎoshí シアオシー/(名)(英 an hour) 1時間
- **小说** /xiǎoshuō シアオシュオ/(名)(英 novel) 小説
- **小心** /xiǎoxīn シアオシン/(动)(英 pay attention) 気をつける
- **小学** /xiǎoxué シアオシュエ/(名)(英 elementary school) 小学校
- **小组** /xiǎozǔ シアオヅゥ/(名)(英 group) グループ
- **校长** /xiàozhǎng シアオヂャン/(名)(英 principal) 校長
- **笑** /xiào シアオ/(动)(英 laugh) 笑う
- **笑话** /xiàohua シアオホア/(英 joke) 笑い話
- **笑容** /xiàoróng シアオロン/(名)(英 smile) 笑顔
- **效果** /xiàoguǒ シアオグゥオ/(名)(英 effect) 効果
- **效率** /xiàolǜ シアオリュィ/(名)(英 efficiency) 効率

xiē

- ****些** /xiē シエ/(量)(㊀ some) 不定の数量をあらわす
- ***歇** /xiē シエ/(动)(㊀ rest) 一息つく
- **鞋** /xié シエ/(名)(㊀ shoe) 靴
- **协定** /xiédìng シエディン/(名)(㊀ agreement) 協定
- **协会** /xiéhuì シエホゥイ/(名)(㊀ association) 協会
- **协助** /xiézhù シエヂュウ/(动)(㊀ collaborate, help) 援助する
- **协作** /xiézuò シエヅゥオ/(动,名)(㊀ cooperation) 協力(する)
- ***斜** /xié シエ/(形)(㊀ slanting) 斜めの
- ****写** /xiě シエ/(动)(㊀ write) 書く
- **写作** /xiězuò シエヅゥオ/(动)(㊀ write) 文章を書く
- ***血** /xiě シエ/(名)(㊀ blood) 血
- **卸** /xiè シエ/(动)(㊀ unload) (荷を)下ろす
- ****谢谢** /xièxie シエシエ/(动)(㊀ Thank you.) ありがとう
- **欣赏** /xīnshǎng シンシァン/(动)(㊀ enjoy) 楽しむ
- ****辛苦** /xīnkǔ シンクゥ/(形)(㊀ hard) つらい
- **辛勤** /xīnqín シンチン/(形)(㊀diligent) 勤勉な
- ****新** /xīn シン/(形)(㊀ new) 新しい
- ****新年** /xīnnián シンニエン/(名)(㊀ new year) 新年
- **新生** /xīnshēng シンション/(形)(㊀newborn) 新しく生まれた
- **新式** /xīnshì シンシー/(形)(㊀ new-style) 新式の
- ****新闻** /xīnwén シンウェン/(名)(㊀ news) ニュース
- ***新鲜** /xīnxiān シンシエン/(形)(㊀ fresh) 新鮮な
- **新型** /xīnxíng シンシィン/(形)(㊀ latest model) 新型の
- ****心** /xīn シン/(名)(㊀ heart) 心
- **心爱** /xīn'ài シンアイ/(形)(㊀ be loved) お気に入りの
- ***心得** /xīndé シンドゥァ/(名)(㊀ understanding) 会得したもの
- **心理** /xīnlǐ シンリィ/(名)(㊀ mentality) 心理
- ***心情** /xīnqíng シンチィン/(名)(㊀ feelings) 気持ち
- **心事** /xīnshì シンシー/(名)(㊀ concern) 考え事
- **心思** /xīnsi シンス/(名)(㊀ thought) 考え
- **心意** /xīnyì シンイー/(名)(㊀ kindness) 厚意
- ***心脏** /xīnzàng シンヅァン/(名)(㊀ heart) 心臓
- ***信** /xìn シン/(动)(㊀ believe) 信じる
- ****信** /xìn シン/(名)(㊀ letter) 手紙
- ***信封** /xìnfēng シンフォン/(名)(㊀ envelope) 封筒
- **信号** /xìnhào シンハオ/(名)(㊀ signal) 信号
- **信念** /xìnniàn シンニエン/(名)(㊀belief) 信念
- **信任** /xìnrèn シンレン/(动,名)(㊀ confidence) 信任(する)
- **信息** /xìnxī シンシィ/(名)(㊀information) 情報
- ***信心** /xìnxīn シンシン/(名)(㊀ self-confidence) 自信
- ****星期** /xīngqī シンチィ/(名)(㊀ week) 週間
- ***星期日** /xīngqīrì シンチィリー/(名)(㊀ Sunday) 日曜日
- ***星期天** /xīngqītiān シンチィティエン/(名)(㊀ Sunday) 日曜日
- ***星星** /xīngxing シンシン/(名)(㊀ stars) 星
- ***兴奋** /xīngfèn シンフェン/(形)(㊀ excited) 興奮した
- **形成** /xíngchéng シンチョン/(动)(㊀ form) 形成する
- ***形容** /xíngróng シィンロン/(动)(㊀ describe) 形容する
- ***形式** /xíngshì シィンシー/(名)(㊀form) 形式
- ***形势** /xíngshì シィンシー/(名)(㊀ situation) 形勢
- **形态** /xíngtài シンタイ/(名)(㊀form) 形態
- ***形象** /xíngxiàng シィンシアン/(名)

(英 image) イメージ
*形状 /xíngzhuàng シィンヂュアン /(名)(英 shape) 形状
**行 /xíng シィン /(形)(英 all right) よろしい
*行动 /xíngdòng シィンドン /(动, 名)(英 act, action) 行動(する)
*行李 /xíngli シィンリ /(名)(英 baggage) 手荷物
行人 /xíngrén シィンレン /(名)(英 pedestrian) 歩行者
行驶 /xíngshǐ シィンシー /(动)(英 run) (乗り物が)進む
行为 /xíngwéi シィンウェイ /(名)(英 actions) 行為
行星 /xíngxīng シィンシィン /(名)(英 planet) 惑星
行政 /xíngzhèng シィンヂョン /(名)(英 administration) 行政
*醒 /xǐng シィン /(动)(英 wake up) 目覚める
兴高采烈 /xìng gāo cǎi liè シィン ガオ ツァイ リエ /(成)(英 in great delight) 有頂天である
*兴趣 /xìngqù シィンチュイ /(名)(英 interest) 興味
*幸福 /xìngfú シィンフゥ /(形)(英 happy) 幸福な
幸亏 /xìngkuī シィンクゥイ /(副)(英 luckily) 運よく
*性 /xìng シィン /(名)(英 gender, sex) 性
性别 /xìngbié シィンビエ /(名)(英 gender) 性別
*性格 /xìnggé シィングァ /(名)(英 character) 性格
性能 /xìngnéng シィンヌォン /(名)(英 performance) 性能
*性质 /xìngzhì シィンヂー /(名)(英 nature, character) 性質
**姓 /xìng シィン /(动, 名)(英 surname) (…という)姓(である)
*姓名 /xìngmíng シィンミィン /(名)(英 name) 姓名
*兄弟 /xiōngdì シオンディー /(名)(英 brothers) 兄弟
凶 /xiōng シオン /(形)(英 fierce, violent) おそろしい, ひどい
凶恶 /xiōng'è シオンウァ /(形)(英 ferocious) 凶悪な
*胸 /xiōng シオン /(名)(英 breast) 胸
*雄伟 /xióngwěi シオンウェイ /(形)(英 grand) 雄大な
*熊猫 /xióngmāo シオンマオ /(名)(英 giant panda) パンダ
**休息 /xiūxi シウシ /(动)(英 take a rest) 休む
*修 /xiū シウ /(动)(英 repair) 修理する
*修改 /xiūgǎi シウガイ /(动, 名)(英 revise) 修正する
修建 /xiūjiàn シウジエン /(动)(英 construct) 建設する
*修理 /xiūlǐ シウリィ /(动)(英 repair) 修理する
修正 /xiūzhèng シウヂョン /(动)(英 revise) 修正する
修筑 /xiūzhù シウヂュウ /(动)(英 build) 築く
锈 /xiù シウ /(名, 动)(英 rust) さび(る)
绣 /xiù シウ /(动)(英 embroider) 刺繍する
**需要 /xūyào シュイヤオ /(动, 名)(英 need) 必要(とする)
*虚心 /xūxīn シュイシン /(形)(英 modest) 謙虚な
*许 /xǔ シュイ /(动, 副)(英 allow, permit) 許す
**许多 /xǔduō シュイドゥオ /(形)(英 many) 多い
叙述 /xùshù シュイシュウ /(动)(英 narrate) 叙述する
*宣布 /xuānbù シュエンブゥ /(动)(英 declare) 宣布する
*宣传 /xuānchuán シュエンチュワン /(动, 名)(英 propagate) 宣伝する
宣告 /xuāngào シュエンガオ /(动)(英 declare) 宣告する
宣言 /xuānyán シュエンイエン /(名)(英 declaration) 宣言
悬 /xuán シュエン /(动)(英 hang) 掛ける
悬崖 /xuányá シュエンヤァ /(名)(英 cliff) 断崖
旋转 /xuánzhuǎn シュエンヂュワン /

(动)(英 revolve) 回転する

*选 /xuǎn シュエン/(动)(英 choose) 選ぶ

*选举 /xuǎnjǔ シュエンヂュィ/(动, 名)(英 elect(ion)) 選挙(する)

选修 /xuǎnxiū シュエンシウ/(动)(英 elect a course) 履修する

*选择 /xuǎnzé シュエンヅゥァ/(动)(英 choose) 選択する

**学 /xué シュエ/(动)(英 learn) 学ぶ

*学费 /xuéfèi シュエフェイ/(名)(英 tuition) 学費

学会 /xuéhuì シュエホゥイ/(名)(英 leaned society) 学会

学科 /xuékē シュエクァ/(名)(英 course, subject) 学科

学年 /xuénián シュエニエン/(名)(英 school year) 学年

*学期 /xuéqī シュエチィ/(名)(英 term) 学期

**学生 /xuésheng シュエション/(名)(英 student) 学生

学时 /xuéshí シュエシー/(名)(英 period) 時限

*学术 /xuéshù シュエシュウ/(名)(英 learning) 学術

学说 /xuéshuō シュエシュオ/(名)(英 theory) 学説

学位 /xuéwèi シュエウェイ/(名)(英 degree) 学位

*学问 /xuéwen シュエウェン/(名)(英 study) 学問

**学习 /xuéxí シュエシィ/(动, 名)(英 learn) 学習(する)

**学校 /xuéxiào シュエシアオ/(名)(英 school) 学校

学员 /xuéyuán シュエユエン/(名)(英 student) 受講生

**学院 /xuéyuàn シュエユエン/(名)(英 college) 単科大学, 学部

学者 /xuézhě シュエヂョァ/(名)(英 scholar) 学者

学制 /xuézhì シュエヂー/(名)(英 educational system) 学制

**雪 /xuě シュエ/(名)(英 snow) 雪

雪花 /xuěhuā シュエホア/(名)(英 snowflake) 雪片

血管 /xuèguǎn シュエグワン/(名)(英 blood vessel) 血管

血汗 /xuèhàn シュエハン/(名)(英 labor) 労力

*血液 /xuèyè シュエイエ/(名)(英 blood) 血液

循环 /xúnhuán シュィンホワン/(动, 名)(英 circulate) 循環(する)

询问 /xúnwèn シュィンウェン/(动)(英 inquire) 尋ねる

寻 /xún シュィン/(动)(英 search) 探す

*寻找 /xúnzhǎo シュィンヂャオ/(动)(英 search) 探す

*训练 /xùnliàn シュィンリエン/(动)(英 train) 訓練する

*迅速 /xùnsù シュィンスゥ/(形)(英 rapid) 迅速な

Y, y

*压 /yā ヤァ/(动)(英 press, pressure)(上から)重みを加える

压力 /yālì ヤァリィ/(名)(英 pressure) 圧力

*压迫 /yāpò ヤァポォ/(动)(英 oppress) 圧迫する, 抑圧する

压缩 /yāsuō ヤァスウォ/(动)(英 compress) 圧縮する

压制 /yāzhì ヤァヂー/(动)(英 suppress) 抑圧する

押 /yā ヤァ/(动)(英 mortgage) 抵当に入れる

鸭子 /yāzi ヤァツ/(名)(英 duck) アヒル

芽 /yá ヤァ/(名)(英 bud) 草木の芽

*牙 /yá ヤァ/(名)(英 tooth/teeth) 歯

牙齿 /yáchǐ ヤァチー/(名)(英 tooth/teeth) 歯

牙膏 /yágāo ヤァガオ/(名)(英 toothpaste) 練り歯磨き

*牙刷 /yáshuā ヤァシュア/(名)(英 toothbrush) 歯ブラシ

亚军 /yàjūn ヤァジュィン/(名)(英

runner-up) 準優勝

烟 /yān イエン/(名)(英 smoke, cigarette) 煙, タバコ

烟囱 /yāncōng イエンツォン/(名)(英 chimney) 煙突

淹 /yān イエン/(动)(英 be flooded) 水に浸る

*盐 /yán イエン/(名)(英 salt) 食塩

严 /yán イエン/(形)(英 strict) 厳密な, 厳格な

*严格 /yángé イエングァ/(形)(英 strict) 厳格な, 厳しい ― (动) 厳しくする

严禁 /yánjìn イエンジン/(动)(英 prohibit strictly) 厳禁する

严厉 /yánlì イエンリィ/(形)(英 strict, severe) 厳しい

严密 /yánmì イエンミィ/(形)(英 tight, rigid) すきまのない, 手抜かりのない

*严肃 /yánsù イエンスゥ/(形)(英 solemn, grave) 厳粛な

*严重 /yánzhòng イエンヂォン/(形)(英 grave) 重大な

研究 /yánjiū イエンジウ/(动)(英 study, research) 研究する

研究生 /yánjiūshēng イエンジウション/(名)(英 graduate student) 大学院生

*研究所 /yánjiūsuǒ イエンジウスゥオ/(名)(英 research institute) 研究所

研制 /yánzhì イエンヂー/(动)(英 develop) 開発する

岩石 /yánshí イエンシー/(名)(英 rock) 岩石

*延长 /yáncháng イエンチャァン/(动)(英 prolong, extend) 延長する

颜色 /yánsè イエンスァ/(名)(英 color) 色

*沿 /yán イエン/(介)(英 along) …に沿って

沿海 /yánhǎi イエンハイ/(名)(英 coastal) 沿海

掩盖 /yǎngài イエンガイ/(动)(英 cover) 覆う

掩护 /yǎnhù イエンホゥ/(动)(英 shield, cover) 援護する

*眼 /yǎn イエン/(名)(英 eye) 眼, 小さな穴

眼光 /yǎnguāng イエングアン/(名)(英 glance, look) 視線, まなざし

眼睛 /yǎnjing イエンジィン/(名)(英 eye) 眼

*眼镜 /yǎnjìng イエンジィン/(名)(英 glasses, eyeglasses) 眼鏡

眼看 /yǎnkàn イエンカン/(动)(英 watch) 手をつかねて見る ― (副)(英 in a moment) 見るまに

*眼泪 /yǎnlèi イエンレイ/(名)(英 tears) 涙

*眼前 /yǎnqián イエンチエン/(名)(英 before (under) one's (very) eyes) 目の前

*演 /yǎn イエン/(动)(英 act, show) 演じる, 上演する

演出 /yǎnchū イエンチュウ/(动,名)(英 stage, give a performance) 公演(する)

演说 /yǎnshuō イエンシュオ/(动)(英 speech, address) 演説する

*演员 /yǎnyuán イエンユエン/(名)(英 actor) 俳優

燕子 /yànzi イエンヅ/(名)(英 swallow) ツバメ

厌恶 /yànwù イエンウゥ/(动)(英 dislike, hate) 嫌悪する

*咽 /yàn イエン/(动)(英 swallow) 飲み込む

*宴会 /yànhuì イエンホゥイ/(名)(英 banquet) 宴会

扬 /yáng ヤン/(动)(英 raise) 高くあげる

羊 /yáng ヤン/(名)(英 sheep) ヒツジ

洋 /yáng ヤン/(形)(英 foreign, modern) 洋風の, 現代的な

*阳光 /yángguāng ヤングアン/(名)(英 sunshine) 日光

氧化 /yǎnghuà ヤンホアア/(动)(英 oxidize) 酸化する

氧气 /yǎngqì ヤンチィ/(名)(英 oxygen) 酸素

*仰 /yǎng ヤン/(动)(英 raise

yǎng ▶

one's head) ふり仰ぐ
*养 /yǎng ヤン/(动)(英 support, bring up) 養う, 育てる
养成 /yǎngchéng ヤンチョン/(动)(英 cultivate) 身に付ける
养料 /yǎngliào ヤンリアオ/(名)(英 nourishment) 養分
*样 /yàng ヤン/(量)(英 type) 種類を数える
**样子 /yàngzi ヤンツ/(名)(英 figure, shape) 形
**要求 /yāoqiú ヤオチウ/(动,名)(英 demand) 要求(する)
邀请 /yāoqǐng ヤオチィン/(动)(英 invite) 招請する
*腰 /yāo ヤオ/(名)(英 waist) 腰
*摇 /yáo ヤオ/(动)(英 shake, quake) 揺れる, 振る
摇摆 /yáobǎi ヤオバイ/(动)(英 shake, rock) 揺れる, 振る
摇晃 /yáohuàng ヤオホアン/(动)(英 sway) ゆらゆらする
遥远 /yáoyuǎn ヤオユエン/(形)(英 remote, faraway) 遥かに遠い
窑 /yáo ヤオ/(名)(英 kiln) (レンガや陶器などを焼く)窯
谣言 /yáoyán ヤオイエン/(名)(英 rumor) デマ
*咬 /yǎo ヤオ/(动)(英 bite) 噛む
**药 /yào ヤオ/(名)(英 medicine, drug) 薬
药方 /yàofāng ヤオファアン/(名)(英 prescription) 処方
药品 /yàopǐn ヤオピン/(名)(英 medicines, drugs) 薬品
药水儿 /yàoshuǐr ヤオシュアル/(名)(英 liquid medicine) 水薬
药物 /yàowù ヤオウゥ/(名)(英 drugs) 薬物
**要 /yào ヤオ/(动)(英 want) 欲しい ― (助动)(英 want) …したい
要 /yào ヤオ/(连)(英 if) もし…ならば
要不 /yàobù ヤオブゥ/(连)(英 or, otherwise) さもなくば
要不然 /yàobùrán ヤオブラン/(连)(英 or, otherwise) さもなくば

1040

要不是 /yàobushì ヤオブシー/(连)(英 if it were not for) もし…でなかったら
要点 /yàodiǎn ヤオディエン/(名)(英 point) (言葉や文章の)要点
要好 /yàohǎo ヤオハオ/(形) 仲が良い, 向上心に富む
*要紧 /yàojǐn ヤオジン/(形)(英 important) 重要な
**要是 /yàoshi ヤオシ/(连)(英 if) もし…ならば
钥匙 /yàoshi ヤオシ/(名)(英 key) 鍵
*爷爷 /yéye イエイエ/(名)(英 paternal grandfather) 父方の祖父
野兽 /yěshòu イエショウ/(名)(英 beast) 野獣
冶金 /yějīn イエジン/(名)(英 metallurgy) 冶金
**也 /yě イエ/(副)(英 too) …も (並列関係を示す)
**也许 /yěxǔ イエシュィ/(副)(英 perhaps, maybe) もしかしたら…かもしれない
*页 /yè イエ/(量)(英 page) ページを数える
*业务 /yèwù イエウゥ/(名)(英 job, work) 業務
*业余 /yèyú イエユィ/(形)(英 amateur) アマチュアの, 余暇の
*叶子 /yèzi イエツ/(名)(英 leaf) 葉っぱ
夜间 /yèjiān イエジエン/(名)(英 night) 夜
*夜里 /yèli イエリ/(名)(英 night, midnight) 夜, 深夜
*夜晚 /yèwǎn イエワン/(名)(英 night) 夜
液体 /yètǐ イエティー/(名)(英 liquid) 液体
**一 /yī イー/(数)(英 one) 一
**一 /yī イー/(副)(英 a little) ちょっと…してみる
**一般 /yìbān イーバン/(形)(英 common) 同じの, 普通の
*一半 /yíbàn イーバン/(名)(英 half) 半分

*一边 /yìbiān イービエン/(名)(㊐ one side) 片側

*一边…一边… /yìbiān … yìbiān …イービエン … イービエン …/(組)(㊐ …しながら…する

一带 /yídài イーダイ/(名)(㊐ the whole (area)) 一帯

一道 /yídào イーダオ/(副)(㊐ together) つれだって

*一点儿 /yìdiǎnr イーディアル/(名)(㊐ a little) 少し

一定 /yídìng イーディン/(形)(㊐ certain) 決まった ―(副)(㊐ surely) きっと

* 一方面…一方面… / yìfāngmiàn … yìfāngmiàn …イーファアンミエン … イーファアンミエン …/(副)(㊐ one…, the other…) 一方では…, 他方では…

*一共 /yígòng イーゴン/(副)(㊐ in total) 合わせて

一会儿 /yíhuìr イーホゥイル/(副, 名)(㊐ for a while) ちょっとの間

*一…就… /yī … jiù …イー … ジウ …/(組)(㊐ as soon as) …するとすぐ…

一口气 /yì kǒu qì イー コウ チィ/(副)(㊐ in one breath) 一息に

*一块儿 /yíkuàir イークァル/(副)(㊐ together) 一緒に

一连 /yìlián イーリエン/(副)(㊐ in a row) 続けざまに

一路平安 /yí lù píng'ān イール ピィン アン/(組)(㊐ Have a nice trip!) 道中ご無事で

一路顺风 /yí lù shùn fēng イール シュン フォン/(組)(㊐ Have a nice trip!) 道中ご無事で

一面…一面… /yímiàn … yímiàn …イーミエン … イーミエン …/(副)(㊐ at the same time) …しながら…する

一旁 /yìpáng イーパァン/(名)(㊐ the side) 傍ら

*一齐 /yìqí イーチィ/(副)(㊐ at the same time) 一斉に

*一起 /yìqǐ イーチィ/(副)(㊐ together) 一緒に

*一切 /yíqiè イーチエ/(代)(㊐ all, whole) 一切(の)

*一生 /yìshēng イーション/(名)(㊐ whole life, lifetime) 一生

*一时 /yìshí イーシー/(名)(㊐ a period of time) ある一時期 ―(副)(㊐ for the moment) とっさに

*一同 /yìtóng イートン/(副)(㊐ at the same time) 一斉に

一系列 /yíxìliè イーシィリエ/(形)(㊐ a series of) 一連の

*一下 /yíxià イーシア/(数)(㊐ a bit) (動詞の後に用いて)ちょっと…する

一下 /yíxià イーシア/(副)(㊐ immediately) すぐに

*一下子 /yíxiàzi イーシアヅ/(副)(㊐ immediately) すぐに

一向 /yíxiàng イーシアン/(副)(㊐ all the way) 今までずっと

*一些 /yìxiē イーシエ/(量)(㊐ a little) 少し

一心 /yìxīn イーシン/(形) 気持ちがまとまっている ―(副)(㊐ wholeheartedly) ひたすら, 一途に

一行 /yìxíng イーシィン/(名)(㊐ party, company) 一行, 一団

*一样 /yíyàng イーヤン/(形)(㊐ same) 同じな

*一…也… /yī … yě …イー … イエ …/(㊐ not… at all) 一つも…(しない)

一一 /yīyī イーイー/(副)(㊐ one by one) ひとつひとつ, いちいち

一再 /yízài イーヅァイ/(副)(㊐ over and over) 何度も

一阵 /yízhèn イーチェン/(数, 量)(㊐ for some time) ひとしきり

*一直 /yìzhí イーチー/(副)(㊐ straight) 真っ直ぐに, ずっと

*一致 /yízhì イーチー/(形)(㊐ consistent) 一致している

医疗 /yīliáo イーリアオ/(动)(㊐ medical treatment) 医療

*医生 /yīshēng イーション/(名)(㊐

yīwùshì ►

doctor) 医者
- *医务室 /yīwùshì イーウゥシー/(名)(㊥ infirmary) 医務室
- *医学 /yīxué イーシュエ/(名)(㊥ medical science) 医学
- **医院 /yīyuàn イーユエン/(名)(㊥ hospital) 病院
- 依旧 /yījiù イージウ/(形)(㊥ as before) 相変わらずの
- 依据 /yījù イージュイ/(名)(㊥ basis) 根拠 ―(介)(㊥ according to) …に基づいて
- *依靠 /yīkào イーカオ/(动)(㊥ depend, rely) 頼る ―(名)(㊥ grounds) よりどころ
- 依然 /yīrán イーラン/(形)(㊥ still) 昔のままの
- 依照 /yīzhào イーチャオ/(动)(㊥ accord to) 従う ―(介)(㊥ according to) …に従って
- 伊斯兰教 /Yīsīlánjiào イースーランジアオ/(名)(㊥ Islam) イスラム教
- **衣服 /yīfu イーフ/(名)(㊥ clothes) 服
- 遗产 /yíchǎn イーチャン/(名)(㊥ legacy) 遺産
- 遗憾 /yíhàn イーハン/(形, 动)(㊥ regret) 残念(な)
- 遗留 /yíliú イーリウ/(动)(㊥ leave over) 残す
- *移动 /yídòng イードン/(动)(㊥ move, shift) 移動する
- 仪表 /yíbiǎo イービアオ/(名)(㊥ gauge, meter) 計器, メーター
- *仪器 /yíqì イーチィ/(名)(㊥ instrument) 計器, 器具
- 仪式 /yíshì イーシー/(名)(㊥ ceremony) 儀式
- *疑问 /yíwèn イーウェン/(动, 名)(㊥ question) 疑問
- 疑心 /yíxīn イーシン/(动, 名)(㊥ doubt, suspicion) 疑念(を起こす)
- 姨 /yí イー/(名)(㊥ aunt) 母の姉妹
- **椅子 /yǐzi イーツ/(名)(㊥ chair)(背もたれのある)椅子
- **已经 /yǐjing イージィン/(副)(㊥ already, yet) すでに
- *以 /yǐ イー/(介, 连)(㊥ with, in order to) …を用いて, …によって
- 以便 /yǐbiàn イービエン/(连)(㊥ in order to) …するために
- **以后 /yǐhòu イーホウ/(名)(㊥ after) 以後
- *以及 /yǐjí イージィ/(连)(㊥ and, as well as) 及び
- *以来 /yǐlái イーライ/(㊥ since) …以来
- *以内 /yǐnèi イーネイ/(名)(㊥ within) 以内
- **以前 /yǐqián イーチエン/(名)(㊥ before) 以前
- *以上 /yǐshàng イーシャン/(名)(㊥ more than) 以上
- *以外 /yǐwài イーワイ/(名)(㊥ except) 以外, …のほか
- **以为 /yǐwéi イーウェイ/(动)(㊥ think) …と思う, 思い込む
- *以下 /yǐxià イーシア/(名)(㊥ less than) 以下, 次
- 以至 /yǐzhì イーチー/(连)(㊥ until) …に至るまで
- 以致 /yǐzhì イーチー/(连)(㊥ result in) …の結果になる
- 艺术 /yìshù イーシュウ/(名)(㊥ art) 芸術
- 抑制 /yìzhì イーチー/(动)(㊥ restrain) 抑える
- **亿 /yì イー/(数)(㊥ hundred million) 億
- *意见 /yìjiàn イージエン/(名)(㊥ opinion) 意見
- 意识 /yìshí イーシー/(动, 名)(㊥ consciousness) 意識(する)
- *意思 /yìsi イース/(名)(㊥ meaning) 意味
- *意外 /yìwài イーワイ/(形)(㊥ unexpected) 意外な ―(名) 万一のこと
- 意味着 /yìwèizhe イーウェイチャ/(动)(㊥ mean) 意味している
- **意义 /yìyì イーイー/(名)(㊥ significance) 意味, 価値
- *意志 /yìzhì イーチー/(名)(㊥

毅力 /yìlì イーリィ/(名)(㊀ will) 意志の力

义务 /yìwù イーウゥ/(名)(㊀ duty) 義務

议会 /yìhuì イーホゥイ/(名)(㊀ assembly) 議会

*__议论__ /yìlùn イールゥン/(动, 名)(㊀ discuss) 議論(する)

*__异常__ /yìcháng イーチャァン/(形)(㊀ uncommon, unusual) 尋常でない, 異常な

*__因此__ /yīncǐ インツー/(连)(㊀ so, therefore) それゆえ

*__因而__ /yīn'ér インアル/(连)(㊀ so, therefore) したがって

*__因素__ /yīnsù インスゥ/(名)(㊀ element) 要素, 要因

*__因为__ /yīnwèi インウェイ/(连)(㊀ because, since) …なので

音 /yīn イン/(名)(㊀ sound) 音

*__音乐__ /yīnyuè インユエ/(名)(㊀ music) 音楽

*__阴__ /yīn イン/(形)(㊀ cloudy) 曇っている

阴谋 /yīnmóu インモウ/(名)(㊀ conspiracy) 陰謀

阴天 /yīntiān インティエン/(名)(㊀ cloudy weather) 曇天

*__银__ /yín イン/(名)(㊀ silver) 銀

*__银行__ /yínháng インハァン/(名)(㊀ bank) 銀行

银幕 /yínmù インムゥ/(名)(㊀ screen) (映画の)スクリーン

饮料 /yǐnliào インリアオ/(名)(㊀ drink, beverage) 飲料, ソフトドリンク

引 /yǐn イン/(动)(㊀ lead, quote) 引く, 導く

引导 /yǐndǎo インダオ/(动)(㊀ lead) 引率する

引进 /yǐnjìn インジン/(动)(㊀ introduce) 導入する

*__引起__ /yǐnqǐ インチィ/(动)(㊀ cause) 引き起こす

隐约 /yǐnyuē インユエ/(形)(㊀ subtle) かすかな

*__印__ /yìn イン/(动)(㊀ print) 印刷する

印染 /yìnrǎn インラン/(动)(㊀ print) 捺染する

*__印刷__ /yìnshuā インシュア/(动)(㊀ print) 印刷する

*__印象__ /yìnxiàng インシアン/(名)(㊀ impression) 印象

英镑 /yīngbàng イィンバァン/(名)(㊀ pound) 英ポンド

英明 /yīngmíng イィンミィン/(形)(㊀ clever, wise) 英明な

*__英雄__ /yīngxióng イィンシオン/(名)(㊀ hero) 英雄

*__英勇__ /yīngyǒng イィンヨン/(形)(㊀ courageous, brave) 勇ましい

*__英语(英文)__ /Yīngyǔ(Yīngwén) イィンユイ(イィンウェン)/(名)(㊀ English) 英語

婴儿 /yīng'ér イィンアル/(名)(㊀ newborn baby) 嬰児

*__应当__ /yīngdāng イィンダァン/(助动)(㊀ should, ought to) …すべきである

*__应该__ /yīnggāi イィンガイ/(助动)(㊀ must, have to) …すべきである

*__营养__ /yíngyǎng イィンヤン/(名)(㊀ nourishment) 栄養

*__营业__ /yíngyè イィンイエ/(动)(㊀ do business) 営業する

迎 /yíng イィン/(动)(㊀ welcome) 迎える

*__迎接__ /yíngjiē イィンジエ/(动)(㊀ welcome) 迎える

*__赢__ /yíng イィン/(动)(㊀ win)(勝負に)勝つ

影片 /yǐngpiàn イィンピエン/(名)(㊀ movie, cinema) 映画

*__影响__ /yǐngxiǎng イィンシアン/(动, 名)(㊀ influence, effect) 影響(する)

*__影子__ /yǐngzi イィンツ/(名)(㊀ shadow) 影

应酬 /yìngchóu イィンチョウ/(动)(㊀ receive, serve) 応対する ―(名)(㊀ social appointment) つきあい

应付 /yìngfù イィンフゥ/(动)(㊀ cope with) 対処する

yìngyāo

应邀 /yìngyāo インヤオ/(动)(英 accept an invitation) 招待に応じる

*__应用__ /yìngyòng インヨン/(动)(英 apply) 応用する

*__硬__ /yìng イン/(形)(英 hard, solid) 硬い

__硬__ /yìng イン/(副)(英 by force) むりやりに

*__拥抱__ /yōngbào ヨンバオ/(动)(英 hug) 抱擁する

*__拥护__ /yōnghù ヨンホゥ/(动)(英 support) 擁護する

__拥挤__ /yōngjǐ ヨンジィ/(动)(英 crowd, push) 押しあう ―(形)(英 crowded) 混みあっている

__踊跃__ /yǒngyuè ヨンユエ/(动)(英 jump) 跳び上がる ―(形)(英 enthusiastic) 熱烈な

__涌__ /yǒng ヨン/(动)(英 spring, rise) わき出る

**__永远__ /yǒngyuǎn ヨンユエン/(副)(英 forever) 永久に

*__勇敢__ /yǒnggǎn ヨンガン/(形)(英 courageous, brave) 勇敢な

*__勇气__ /yǒngqì ヨンチィ/(名)(英 courage) 勇気

**__用__ /yòng ヨン/(动)(英 use) 用いる

*__用不着__ /yòngbuzháo ヨンブチャオ/(动)(英 have no need for) 使えない, 必要としない

*__用处__ /yòngchu ヨンチュ/(名)(英 use) 用途

*__用功__ /yòng'gōng ヨンゴン/(动)(英 study hard) 一生懸命勉強する ―(形)(英 diligent) 勉強熱心な

__用力__ /yòng'lì ヨンリィ/(动)(英 exert one's strength) 力を入れる

__用品__ /yòngpǐn ヨンピン/(名)(英 supplies) 用品

__用途__ /yòngtú ヨントゥ/(名)(英 use) 用途

__用心__ /yòng'xīn ヨンシン/(动)(英 concentrate) 気持ちを集中する

*__优点__ /yōudiǎn ヨウディエン/(名)(英 merit) 長所

*__优良__ /yōuliáng ヨウリアン/(形)(英 excellent) 優れた

*__优美__ /yōuměi ヨウメイ/(形)(英 graceful) 優美な

__优胜__ /yōushèng ヨウション/(形)(英 the very best) 最優秀の

__优势__ /yōushì ヨウシー/(名)(英 superiority) 優勢, 優位

*__优秀__ /yōuxiù ヨウシウ/(形)(英 excellent, superior) 優秀な

__优越__ /yōuyuè ヨウユエ/(形)(英 superior) 優れている

*__悠久__ /yōujiǔ ヨウジウ/(形)(英 long) 悠久の

**__尤其__ /yóuqí ヨウチィ/(副)(英 especially) とりわけ

*__由__ /yóu ヨウ/(介)…が(動作・行為の主体を表す)

*__由于__ /yóuyú ヨウユィ/(介)(英 due to...) …による(原因・理由を表す)

__邮包__ /yóubāo ヨウバオ/(名)(英 parcel) 郵便小包

**__邮局__ /yóujú ヨウチュィ/(名)(英 post office) 郵便局

**__邮票__ /yóupiào ヨウピアオ/(名)(英 stamp) 郵便切手

__犹豫__ /yóuyù ヨウユィ/(形)(英 hesitate) ためらう

*__油__ /yóu ヨウ/(名)(英 oil) 油

__油田__ /yóutián ヨウティエン/(名)(英 oil field) 油田

__游__ /yóu ヨウ/(动)(英 swim) 泳ぐ

*__游览__ /yóulǎn ヨウラン/(动)(英 go sight-seeing) 遊覧する

__游戏__ /yóuxì ヨウシィ/(名)(英 play, game) 遊び

__游行__ /yóuxíng ヨウシィン/(动)(英 parade, demonstrate) 行進する

**__游泳__ /yóu'yǒng ヨウヨン/(动, 名)(英 swim) 水泳(する)

*__游泳池__ /yóuyǒngchí ヨウヨンチー/(名)(英 swimming pool) プール

**__有__ /yǒu ヨウ/(动)(英 have, hold) 持つ

⁑**有的** /yǒude ヨウダ/(代) ([英] some) あるもの, ある人

***有的是** /yǒudeshì ヨウダシー/(动) ([英] have plenty of) たくさんある

***有(一)点儿** /yǒu(yì)diǎnr ヨウ(イー)ディアル/(副) ([英] a little) 少し

***有关** /yǒuguān ヨウグワン/(动) ([英] be related to) 関係がある, 関連する

有机 /yǒujī ヨウジィ/(形) ([英] organic) 有機の

***有利** /yǒulì ヨウリィ/(形) ([英] advantageous) 有利な

***有力** /yǒulì ヨウリィ/(形) ([英] influential) 強力な

有两下子 /yǒu liǎng xiàzi ヨウリアン シアヅ/(动) ([英] able, capable) なかなか手腕がある

⁑**有名** /yǒumíng ヨウミィン/(形) ([英] famous) 有名な

***有趣** /yǒuqù ヨウチュィ/(形) ([英] interesting) 面白い

***有时** /yǒushí ヨウシー/(副) ([英] sometimes) 時には

⁑**有时候** /yǒushíhou ヨウシーホウ/(副) ([英] sometimes) 時には

有限 /yǒuxiàn ヨウシエン/(形) ([英] limited) 限りがある

***有效** /yǒuxiào ヨウシアオ/(形) ([英] effective) 有効な

⁑**有些** /yǒuxiē ヨウシエ/(代) ([英] a part of..., some) ある一部の

有一些 /yǒu yìxiē ヨウ イーシエ/(副) ([英] a little) 少し

有意 /yǒuyì ヨウイー/(动) ([英] have a mind to) …する気がある —(形) ([英] intentional) 故意の

有益 /yǒuyì ヨウイー/(形) ([英] useful, beneficial) 有益な

⁑**有意思** /yǒu yìsi ヨウ イース/(动) ([英] interesting, meaningful) 有意義である, 面白い

***有用** /yǒu▾yòng ヨウヨン/(动) ([英] useful) 役に立つ

友爱 /yǒu'ài ヨウアイ/(形, 名) ([英] friendship) 友愛(の)

⁑**友好** /yǒuhǎo ヨウハオ/(形, 名) ([英] friendly) 友好(的な)

⁑**友谊** /yǒuyì ヨウイー/(名) ([英] friendship) 友誼

***右边** /yòubian ヨウビエン/(名) ([英] right side) 右側, 右

⁑**又** /yòu ヨウ/(副) ([英] again) また, 重ねて

幼儿园 /yòu'éryuán ヨウアルユエン/(名) ([英] kindergarten) 幼稚園

幼稚 /yòuzhì ヨウヂー/(形) ([英] childish) 幼稚な

***于是** /yúshì ユィシー/(连) ([英] consequently) そこで

愚蠢 /yúchǔn ユィチュン/(形) ([英] stupid, silly) 愚かな

⁑**鱼** /yú ユィ/(名) ([英] fish) 魚

⁑**愉快** /yúkuài ユィクアイ/(形) ([英] happy, joyful) 愉快な

渔民 /yúmín ユィミン/(名) ([英] fisherman) 漁民

娱乐 /yúlè ユィルァ/(动) ([英] have fun) 楽しむ —(名) ([英] amusement) 娯楽

⁑**雨** /yǔ ユィ/(名) ([英] rain) 雨

***雨衣** /yǔyī ユィイー/(名) ([英] raincoat) レーンコート

与其 /yǔqí ユィチィ/(连) ([英] than) …よりもむしろ

宇宙 /yǔzhòu ユィヂョウ/(名) ([英] the universe, space) 宇宙

***语调** /yǔdiào ユィディアオ/(名) ([英] intonation) イントネーション

⁑**语法** /yǔfǎ ユィファア/(名) ([英] grammar) 文法

***语气** /yǔqì ユィチィ/(名) ([英] *one's* way of talking) 口調, 口振り

语文 /yǔwén ユィウェン/(名) ([英] language and literature) 言語と文学, (教科としての)国語

⁑**语言** /yǔyán ユィイエン/(名) ([英] language) 言語

***语音** /yǔyīn ユィイン/(名) ([英] (vocal) sound) 音声

***羽毛球** /yǔmáoqiú ユィマオチウ/(名) ([英] badminton) バドミ

ントン

*玉米 /yùmǐ ユィミィ/(名)(英 corn) トウモロコシ

浴室 /yùshì ユィシー/(名)(英 bathroom) 浴室

*遇 /yù ユィ/(动)(英 meet, encounter) (偶然に)会う

**遇到 /yù‧dào ユィダオ/(动)(英 meet) 出会う, ぶつかる

*遇见 /yù‧jiàn ユィジエン/(动)(英 meet by chance) 偶然に出会う

寓言 /yùyán ユィイエン/(名)(英 fable) 寓話

预报 /yùbào ユィバオ/(动)(英 forecast) 予報する

*预备 /yùbèi ユィベイ/(动)(英 prepare) 準備する

预防 /yùfáng ユィファアン/(动)(英 prevent) 予防する

预告 /yùgào ユィガオ/(动, 名)(英 advance notice) 予告(する)

**预习 /yùxí ユィシィ/(动)(英 prepare one's lesson) 予習する

预先 /yùxiān ユィシエン/(副)(英 beforehand) 事前に, あらかじめ

预祝 /yùzhù ユィヂュウ/(动)(英 wish) …となるよう祈る

冤枉 /yuānwang ユエンワァン/(动)(英 accuse falsely) 無実の罪を着せる ―(形)(英 bitter) くやしい, 無念な

元旦 /Yuándàn ユエンダン/(名)(英 New Year's Day) 元旦

元素 /yuánsù ユエンスゥ/(名)(英 element) 要素, 元素

元宵 /yuánxiāo ユエンシアオ/(名)(英 Lantern Festival) 陰暦1月15日の夜, 元宵の日(に食べる団子)

**原来 /yuánlái ユエンライ/(形)(英 original) 元の ―(副) なんだ…だったのか

原理 /yuánlǐ ユエンリィ/(名)(英 principle) 原理

**原谅 /yuánliàng ユエンリアン/(动)(英 forgive) 許す

*原料 /yuánliào ユエンリアオ/(名)(英 material) 原料

原始 /yuánshǐ ユエンシー/(形)(英 primitive) 原始の, 最初の

原先 /yuánxiān ユエンシエン/(名)(英 original) もともと

*原因 /yuányīn ユエンイン/(名)(英 cause) 原因

*原则 /yuánzé ユエンヅゥア/(名)(英 principle) 原則

原子 /yuánzǐ ユエンヅー/(名)(英 atom) 原子

原子弹 /yuánzǐdàn ユエンヅーダン/(名)(英 atomic bomb) 原子爆弾

援助 /yuánzhù ユエンヂュウ/(动)(英 aid, assist) 援助する

园林 /yuánlín ユエンリン/(名)(英) 観賞, 遊覧用の庭園

圆满 /yuánmǎn ユエンマン/(形)(英 satisfactory) 円満な

*圆珠笔 /yuánzhūbǐ ユエンヂュウビィ/(名)(英 ball-point pen) ボールペン

猿人 /yuánrén ユエンレン/(名)(英 ape man) 原人

缘故 /yuángù ユエングゥ/(名)(英 cause) 原因

**远 /yuǎn ユエン/(形)(英 far, distant) 遠い

愿 /yuàn ユエン/(动)(英 hope, wish) 望む, …したいと思う

*愿望 /yuànwàng ユエンワァン/(名)(英 hope, wish) 願望

**愿意 /yuànyì ユエンイー/(动)(英 wish, be willing to…) …したいと思う

怨 /yuàn ユエン/(动)(英 blame) 非難する

*院 /yuàn ユエン/(名)(英 court) 中庭

*院长 /yuànzhǎng ユエンヂァン/(名)(英 director) 病院長, 学院長

*院子 /yuànzi ユエンヅ/(名)(英) 塀や垣根で囲った住宅, またはその中庭

*约 /yuē ユエ/(动)(英 arrange a time) 予め取り決める ―(副)(英 about) およそ

*约会 /yuēhuì ユエホゥイ/(动, 名)(英 date) デート(をする)

*越…越… /yuè ... yuè ... ユエ … ユエ …/(副) …であればあるほどますます…

*越来越… /yuè lái yuè ...ユエ ライ ユエ …/(副) (翻 more and more) ますます…

跃进 /yuèjìn ユエジン/ (動) (翻 leap forward) 躍進する

**月 /yuè ユエ/(名) (翻 month, moon) (年月の)月, (暦の)月

**月光 /yuèguāng ユエグアン/(名) (翻 moonlight) 月光

**月亮 /yuèliang ユエリアン/(名) (翻 moon) (空の)月

**月球 /yuèqiú ユエチウ/(名) (翻 moon) (空の)月

乐器 /yuèqì ユエチィ/(名) (翻 musical instrument) 楽器

*阅读 /yuèdú ユエドゥ/(動) (翻 read) 閲読する

*阅览室 /yuèlǎnshì ユエランシー/(名) (翻 reading room) 閲覧室

晕 /yūn ユィン/(動) (翻 feel dizzy, faint) 気を失う, ぼうっとする

**云 /yún ユィン/(名)(翻 cloud) 雲

*允许 /yǔnxǔ ユィンシュィ/(動) (翻 allow, permit) 許す

*运 /yùn ユィン/(動) (翻 transport) 運ぶ

**运动 /yùndòng ユィンドン/ (動, 名) (翻 exercise) 運動(する)

*运动会 /yùndònghuì ユィンドン ホウイ/(名) (翻 athletic meet) 運動会, 競技会

—运动员 /yùndòngyuán ユィンドン ユエン/(名) (翻 athlete) スポーツ選手

运气 /yùnqi ユィンチ/(名) (翻 luck) 運

*运输 /yùnshū ユィンシュウ/(動, 名) (翻 transport) 運送する

*运用 /yùnyòng ユィンヨン/(動) (翻 utilize, apply) 運用する

运转 /yùnzhuǎn ユィンチュワン/ (動) (翻 run) (天体が)運行する

Z, z

砸 /zá ツァア/(動) (翻 smash, pound) たたく, 突く

*杂 /zá ツァア/(形) (翻 miscellaneous) 雑多な

*杂技 /zájì ツァアジィ/(名) (翻 acrobatics) 曲芸

杂文 /záwén ツァアウェン/(名) (翻 essay) 雑文, エッセイ

杂志 /zázhì ツァアチー/(名) (翻 magazine) 雑誌

杂质 /zázhì ツァアチー/(名) (翻 impurity) 不純物

栽 /zāi ツァイ/(動) (翻 plant) 植える

*灾害 /zāihài ツァイハイ/(名) (翻 disaster) 災害

灾难 /zāinàn ツァイナン/(名) (翻 disaster, misfortune) 災難

载 /zǎi ツァイ/(動) (翻 record) 記載する

载重 /zàizhòng ツァイチォン/(動) (翻 load) 積載する

**再 /zài ツァイ/(副) (翻 again) ふたたび, …した上で

**再见 /zàijiàn ツァイチィエン/(感) (翻 Good-bye.) さようなら

再三 /zàisān ツァイサン/(副) (翻 again and again) 再三, 度々

再说 /zàishuō ツァイシュオ/(動) …にしてからにする —(連) (翻 besides) その上

**在 zài ツァイ/(動) (翻 exist) 存在する —(介) (翻 in, at, on) 時間・場所・範囲などを示す

**在 /zài ツァイ/(副) (翻 be doing) …している (動作・進行を表す)

在于 /zàiyú ツァイユィ/(動) (翻 consist in) (原因, 目的, 本質などが)…にある

在座 /zàizuò ツァイヅゥオ/(動) (翻 attend a meeting with) 同席している

**咱 /zán ツァン/(代) (翻 we) われわれ (相手方を含む)

**咱们 /zánmen ツァンメン/(代) (翻 we/us) われわれ (相手方を含

- *暂时 /zànshí ツァンシー/(形)(㊧ for a short time) 一時の, 暫時の
- *赞成 /zànchéng ツァンチョン/(動)(㊧ agree) 賛成する
- 赞美 /zànměi ツァンメイ/(動)(㊧ praise) 賛美する
- 赞扬 /zànyáng ツァンヤン/(動)(㊧ speak highly) 褒め称える
- **脏 /zāng ツァン/(形)(㊧ dirty) 汚い
- 遭 /zāo ツァオ/(動)(㊧ meet with)(良くないことに)遭遇する
- *遭到 /zāodào ツァオダオ/(動)(㊧ meet with)(良くないことに)出会う
- *遭受 /zāoshòu ツァオショウ/(動)(㊧ suffer)(損害などを)被る
- 遭遇 /zāoyù ツァオユィ/(動)(㊧ meet with)(良くないことに)出会う
- 糟 /zāo ツァオ/(形)(㊧ rotten) 朽ちた
- *糟糕 /zāogāo ツァオガオ/(形)(㊧ terrible) めちゃめちゃな
- 凿 /záo ツァオ/(動)(㊧ dig, drill) うがつ, 彫る
- **早 /zǎo ツァオ/(形)(㊧ early) (時間的に)早い
- **早晨(早上) /zǎochen(zǎoshang) ツァオチェン(ツァオシャン)/(名)(㊧ morning) 朝
- **早饭 /zǎofàn ツァオファン/(名)(㊧ breakfast) 朝食
- 早期 /zǎoqī ツァオチィ/(名)(㊧ early stage) 早期
- 早晚 /zǎowǎn ツァオワン/(名)(㊧ day and night) 朝晩 ―(副)(㊧ sooner or later) 遅かれ早かれ
- 早已 /zǎoyǐ ツァオイー/(副)(㊧ long ago) 早くに, 夙に
- *造 /zào ツァオ/(動)(㊧ make, build) 作る
- *造句 /zào jù ツァオチュィ/(動)(㊧ write a sentence) 文を作る
- 责备 /zébèi ツゥアベイ/(動)(㊧ blame) 責める, とがめる
- *责任 /zérèn ツゥアレン/(名)(㊧ responsibility) 責任
- **怎么 /zěnme ヅェンマ/(代)(㊧ how) どのように, どうして
- **怎么样 /zěnmeyàng ヅェンマヤン/(代)(㊧ how, how about) どんな, どのような
- **怎样 /zěnyàng ヅェンヤン/(代)(㊧ how) どんな
- 增产 /zēngchǎn ツォンチャン/(動)(㊧ increase production) 増産する
- *增加 /zēngjiā ツォンジア/(動)(㊧ increase) 増加する
- 增进 /zēngjìn ツォンジン/(動)(㊧ enhance) 増進する
- 增强 /zēngqiáng ツォンチアン/(動)(㊧ reinforce) 強める, 高める
- *增长 /zēngzhǎng ツォンチャン/(動)(㊧ increase) 増加する, 高める
- 赠送 /zèngsòng ツォンソン/(動)(㊧ send, present) 贈る
- *扎 /zhā チァア/(動)(㊧ stick) 刺す
- 扎实 /zhāshi チァアシ/(形)(㊧ sturdy, solid) 丈夫な
- 渣 /zhā チァア/(名)(㊧ dregs) しぼりかす
- 炸 /zhá チァア/(動)(㊧ fry) 油で揚げる
- 炸 /zhà チァア/(動)(㊧ burst) 破裂する
- *摘 /zhāi チァイ/(動)(㊧ pick, remove) 摘み取る
- *窄 /zhǎi チァイ/(形)(㊧ narrow) 幅が狭い
- 债 /zhài チァイ/(名)(㊧ debt) 借金
- 沾 /zhān チァン/(動)(㊧ get wet, be stained) 濡れる, しみる
- *粘 /zhān チァン/(動)(㊧ starch) のり付けする
- 盏 /zhǎn チャン/(量)(㊧) 明かりの数を数える
- 崭新 /zhǎnxīn チャンシン/(形)(㊧ brand-new) 真新しい
- *展出 /zhǎnchū チャンチュゥ/(動)(㊧

(愛 exhibit) 展示する

*展开 /zhǎn'kāi チャンカイ/(动)（愛 open) 開く, 広げる

*展览 /zhǎnlǎn チャンラン/(动)（愛 exhibit) 展覧する

—(名)（愛 exhibition) 展覧(会)

*展览会 /zhǎnlǎnhuì チャンランホゥイ/(名)（愛 exhibition) 展覧会, 見本市

*占 /zhàn チャン/(动)（愛 occupy) 占拠する, 占領する

占领 /zhànlǐng チャンリィン/(动)（愛 occupy) 占領する

占有 /zhànyǒu チャンヨウ/(动)（愛 occupy) 占有する, 占める

战场 /zhànchǎng チャンチャァン/(名)（愛 battlefield) 戦場

战斗 /zhàndòu チャンドウ/(动, 名)（愛 battle, fight) 戦闘(する), 闘争(する)

战略 /zhànlüè チャンリュエ/(名)（愛 strategy) 戦略

*战胜 /zhànshèng チャンション/(动)（愛 win (a victory)) 勝利をおさめる

*战士 /zhànshì チャンシー/(名)（愛 warrior) 戦士

战术 /zhànshù チャンシュウ/(名)（愛 tactics) 戦術

战线 /zhànxiàn チャンシエン/(名)（愛 the front) 戦線

战友 /zhànyǒu チャンヨウ/(名)（愛 fellow soldier) 戦友

*战争 /zhànzhēng チャンヂョン/(名)（愛 war) 戦争

*站 /zhàn チャン/(动)（愛 stand) 立つ, 立ち止まる

*站 /zhàn チャン/(名)（愛 station) 駅

*章 /zhāng チャァン/(量) 歌曲, 詩, 文章などの段落を数える

张 /zhāng チャァン/(动)（愛 open, extend) 開く, 広げる

张 /zhāng チャァン/(量) 平らなものを数える

张望 /zhāngwàng チャァンワァン/(动)（愛 peep) (隙間などから) 覗く

*长 /zhǎng チャァン/(形)（愛 senior) 年長の

—(动)（愛 grow) 生える, 育つ

掌声 /zhǎngshēng チャァンション/(名)（愛 applause) 拍手の音

*掌握 /zhǎngwò チャァンウオ/(动)（愛 grasp) 把握する, マスターする

*涨 /zhǎng チャァン/(动)（愛 rise) (水位や物価が) 高くなる

*丈 /zhàng チャァン/(量) 長さの単位

*丈夫 /zhàngfu チャァンフ/(名)（愛 husband) 夫

胀 /zhàng チャァン/(动)（愛 expand) ふくれる, 膨張する

障碍 /zhàng'ài チャァンアイ/(动, 名)（愛 obstacle) 妨げ(る)

招 /zhāo チャオ/(动)（愛 beckon) 手招きする

*招待 /zhāodài チャオダイ/(动)（愛 entertain) 接待する

*招待会 /zhāodàihuì チャオダイホゥイ/(名)（愛 welcoming party, reception) 歓迎会

* 招呼 /zhāohu チャオホ/(动)（愛 call) 呼ぶ

招手 /zhāo'shǒu チャオショウ/(动)（愛 beckon) 手招きする

* 着 /zháo チャオ/(动)（愛 touch, contact) 接触する, 着く

*着急 /zháo'jí チャオジィ/(形)（愛 feel anxious) 焦る, いらだつ

着凉 /zháo'liáng チャオリアン/(动)（愛 catch a cold) 風邪を引く

*找 /zhǎo チャオ/(动)（愛 seek, look for) 探す, 訪ねる

*照 /zhào チャオ/(动)（愛 shine) 照らす —(介)（愛 according to) …のとおりに

*照常 /zhàocháng チャオチャァン/(形)（愛 as usual) いつものような

*照顾 /zhàogù チャオグゥ/(动)（愛 look after, consider) 配慮する

照例 /zhàolì チャオリィ/(副)（愛 as usual) 例によって

* 照片(相片) /zhàopiàn

(xiàngpiàn) チャオピエン(シアンピエン)/(名)(英 photograph) 写真

照相 /zhào'xiàng チャオシアン/(动)(英 take a picture (photograph)) 写真をとる

照相机 /zhàoxiàngjī チャオシアンジィ/(名)(英 camera) 写真機, カメラ

照样 /zhàoyàng チャオヤン/(副)(英 as usual) 相変わらず

照耀 /zhàoyào チャオヤオ/(动)(英 shine) 輝く, 照る

罩 /zhào チャオ/(动)(英 cover) 覆う

召集 /zhàojí チャオジィ/(动)(英 call, convene) 召集する

*召开 /zhàokāi チャオカイ/(动)(英 convene) 招集して会議を開く

遮 /zhē ヂョア/(动)(英 hide, obstruct) さえぎる

*折 /zhé ヂョァ/(动)(英 break) 折る

折合 /zhéhé ヂョアホォァ/(动)(英 convert) 換算する

折磨 /zhémó ヂョアモォ/(动)(英 torture) 苦しめる, さいなむ

*哲学 /zhéxué ヂョアシュエ/(名)(英 philosophy) 哲学

**这 /zhè ヂョァ/(代)(英 this) この, これ, その, それ

*这边 /zhèbiān ヂョアビエン/(代)(英 here) こちら

**这个 /zhège ヂョアガ/(代)(英 this) この, これ

这会儿 /zhèhuìr ヂョアホゥイル/(代)(英 at this time) この時, 今頃

**这里(这儿) /zhèlǐ(zhèr) ヂョアリィ(ヂョアル)/(代)(英 here) ここ, そこ

**这么 /zhème ヂョアマ/(代)(英 like this) このように

**这些 /zhèxiē ヂョアシエ/(代)(英 these) これら, これらの

**这样 /zhèyàng ヂョアヤン/(代)(英 in this way) こんな, こんなに

这样一来 /zhèyàng yì lái ヂョアヤン イー ライ/(组) こうなると

**着 /zhe ヂャ/(助)(英 be doing) …している(動作の持続を表す)

珍贵 /zhēnguì ヂェングゥイ/(形)(英 precious, valuable) 貴重な

珍惜 /zhēnxī ヂェンシィ/(动)(英 cherish) 大切にする

珍珠 /zhēnzhū ヂェンヂュウ/(名)(英 pearl) 真珠

**真 /zhēn ヂェン/(副)(英 really) 本当に, 確かに ―(形)(英 true) 真実の

*真理 /zhēnlǐ ヂェンリィ/(名)(英 truth) 真理

*真实 /zhēnshí ヂェンシー/(形)(英 true) 真実の

真是 /zhēnshi ヂェンシ/(副)(英 Oh, my!) ほんとにまあ, 全くもう

**真正 /zhēnzhèng ヂェンヂョン/(形)(英 genuine) 正真正銘の

*针 /zhēn ヂェン/(名)(英 needle) 針

*针对 /zhēnduì ヂェンドゥイ/(动)(英 aim at) ねらいを定める

针灸 /zhēnjiǔ ヂェンジウ/(名, 动)(英 acupuncture) 鍼灸

枕头 /zhěntou ヂェントウ/(名)(英 pillow) 枕

震动 /zhèndòng ヂェンドン/(动)(英 quake) 震動する

振动 /zhèndòng ヂェンドン/(动)(英 vibrate) 振動する

镇 /zhèn ヂェン/(名)(英 town) 県の下の行政単位

镇静 /zhènjìng ヂェンジィン/(形)(英 calm) 平静な ―(动)(英 calm) 落ち着かせる

镇压 /zhènyā ヂェンヤァ/(动)(英 suppress) 鎮圧する

*阵 /zhèn ヂェン/(量) ひと区切りの時間を示す

阵地 /zhèndì ヂェンディー/(名)(英 position) 陣地

蒸发 /zhēngfā ヂョンファア/(动)(英 evaporate) 蒸発する

蒸汽 /zhēngqì ヂョンチィ/(名)(英 steam, vapor) 蒸気

挣扎 /zhēngzhá ヂョンヂァア/(动)(

（㊄ struggle) もがく，あがく

*睁 /zhēng チョン/(动)（㊥ open one's eyes) 目を開ける

征服 /zhēngfú チョンフゥ/(动)（㊥ conquer) 征服する

*征求 /zhēngqiú チョンチウ/(动)（㊥ solicit) 募る，意見を求める

*争 /zhēng チョン/(动)（㊥ fight over) 争う

争夺 /zhēngduó チョンドゥオ/(动)（㊥ scramble) 争奪する

*争论 /zhēnglùn チョンルゥン/(动)（㊥ debate) 論争する

*争取 /zhēngqǔ チョンチゥイ/(动)（㊥ strive for) 勝ち取る

整 /zhěng チョン/(形)（㊥ all, whole) 完全な — (动)（㊥ rectify) 整える

整顿 /zhěngdùn チョンドゥン/(动)（㊥ rectify) 整える

整风 /zhěngfēng チョンフォン/(动)（㊥ rectify) 思想・考え方・仕事のやり方を正す

*整个 /zhěnggè チョングァ/(形)（㊥ the whole) 全体の

*整理 /zhěnglǐ チョンリィ/(动)（㊥ arrange) 整理する

*整齐 /zhěngqí チョンチィ/(形)（㊥ tidy) 整然としている

整体 /zhěngtǐ チョンティー/(名)（㊥ the whole) 全体

*正 /zhèng チョン/(副)（㊥ just) ちょうど…にしているところだ

*正 /zhèng チョン/(形)（㊥ right, correct) 正しい

*正常 /zhèngcháng チョンチャァン/(形)（㊥ normal) 正常な

正当 /zhèngdāng チョンダァン/(动)（㊥ just) ちょうど…の時に当たる

*正好 /zhènghǎo チョンハオ/(形)（㊥ just right) ちょうど良い

正经 /zhèngjing チョンジィン/(形)（㊥ sober, honest) 真面目な，正直な

正面 /zhèngmiàn チョンミエン/(㊥ the front) 正面

*正确 /zhèngquè チョンチュエ/(形)（㊥ right, correct) 正しい

*正式 /zhèngshì チョンシー/(形)（㊥ formal) 正式の

正义 /zhèngyì チョンイー/(形，名)（㊥ justice) 正義

*正在 /zhèngzài チョンヅァイ/(副)（㊥ just) ちょうど…している

*政策 /zhèngcè チョンツァ/(名)（㊥ policy) 政策

政党 /zhèngdǎng チョンダァン/(名)（㊥ political party) 政党

*政府 /zhèngfǔ チョンフゥ/(名)（㊥ government) 政府

政权 /zhèngquán チョンチュエン/(名)（㊥ regime, political power) 政権

*政治 /zhèngzhì チョンヂー/(名)（㊥ politics) 政治

症状 /zhèngzhuàng チョンチュアン/(名)（㊥ symptom) 症状

挣 /zhèng チョン/(动)（㊥ earn, struggle) かせぐ，脱け出す

证件 /zhèngjiàn チョンジエン/(名)（㊥ credentials) 証明書類

证据 /zhèngjù チョンヂュイ/(名)（㊥ proof, evidence) 証拠

*证明 /zhèngmíng チョンミィン/(动，名)（㊥ prove) 証明(する)

证实 /zhèngshí チョンシー/(动)（㊥ verify) 実証する

证书 /zhèngshū チョンシュウ/(名)（㊥ certificate) 証書

*只 /zhī チー/(量) 対になっている物の1つを数える

枝 /zhī チー/(名)（㊥ branch) 枝 — (量) 棒状のものを数える

支 /zhī チー/(动)（㊥ support) 支える，堪える

*支 /zhī チー/(量) 集団・棒状のもの・楽曲などを数える

*支持 /zhīchí チーチー/(动)（㊥ support) 持ちこたえる，支持する

支配 /zhīpèi チーペイ/(动)（㊥ allocate) 割り振る

*支援 /zhīyuán チーユエン/(动，名)（㊥ support, aid) 支援する

*知道 /zhīdào チーダオ/(动)（㊥

知识 /zhīshi チーシ/(名)(㊥ knowledge) 知識

知识分子 /zhīshi fènzǐ チーシフェンヅー/(名)(㊥ intellectual) 知識人

*之后 /zhī hòu チー ホウ/(名)(㊥ after) …の後　—(连)(㊥ after) その後

**之间 /zhī jiān チー ジェン/(名)(㊥ between, among) …の間

之类 /zhī lèi チー レイ/(名)(㊥ a kind (sort) of...) …の類

之内 /zhī nèi チー ネイ/(名)(㊥ within) …の内, …以内

*之前 /zhī qián チー チェン/(名)(㊥ before) …の前

*之上 /zhī shàng チー シャァン/(名)(㊥ above, more) …以上, …の上

之外 /zhī wài チー ワイ/(名)(㊥ except) …の他, …の外

*之下 /zhī xià チー シァ/(㊥ below) …以下, …の下

*之一 /zhī yī チー イー/(名)(㊥ one of...) …の一つ

*之中 /zhī zhōng チー チョン/(名)(㊥ in, among) …の中, …のうち

*织 /zhī チー/(动)(㊥ weave) (布などを)織る

*职工 /zhígōng チーゴン/(名)(㊥ employee) 従業員

*职业 /zhíyè チーイエ/(名)(㊥ occupation) 職業

职员 /zhíyuán チーユエン/(名)(㊥ staff) 職員

*直 /zhí チー/(形)(㊥ straight) 真っ直ぐの　—(动)(㊥ straighten) 真っ直ぐにする

*直 /zhí チー/(副)(㊥ directly, continuous) 直接, しきりに

直达 /zhídá チーダァ/(动)(㊥ go direct) (汽車などが)直通する

*直到 /zhídào チーダオ/(动)(㊥ (時間的に)ずっと…まで至る

*直接 /zhíjiē チージエ/(形)(㊥ direct, directly) 直接の

直径 /zhíjìng チージィン/(名)(㊥ diameter) 直径

*植物 /zhíwù チーウゥ/(名)(㊥ plant) 植物

殖民地 /zhímíndì チーミンディー/(名)(㊥ colony) 植民地

*执行 /zhíxíng チーシィン/(动)(㊥ execute) 執行する

值 /zhí チー/(动)(㊥ be worth) 値する

*值得 /zhídé チードゥァ/(动)(㊥ be worth) …するに値する

**指 /zhǐ チー/(动)(㊥ point) 指差す

指标 /zhǐbiāo チービアオ/(名)(㊥ index) 指標, 目標

*指出 /zhǐchū チーチュゥ/(动)(㊥ point out) 指し示す

*指导 /zhǐdǎo チーダオ/(动)(㊥ instruct) 指導する

指点 /zhǐdiǎn チーディエン/(动)(㊥ guide) 指し示す, 教える

*指挥 /zhǐhuī チーホゥイ/(动)(㊥ conduct) 指揮する　—(名)(㊥ conductor) 指揮者

指南针 /zhǐnánzhēn チーナンチェン/(名)(㊥ compass) 羅針盤

*指示 /zhǐshì チーシー/(动, 名)(㊥ direct(ive)) 指示(する)

指头 /zhǐtou チートウ/(名)(㊥ finger) 指

指引 /zhǐyǐn チーイン/(动)(㊥ guide) 導く

*止 /zhǐ チー/(动)(㊥ stop) 止まる, やめる

**只 /zhǐ チー/(副)(㊥ only) ただ…だけ

只得 /zhǐdé チードゥァ/(副)(㊥ …するほかない

**只好 /zhǐhǎo チーハオ/(副)(㊥ …するほかない

*只是 /zhǐshì チーシー/(副)(㊥ only) ただ…に過ぎない　—(连)…ではあるが

*只要 /zhǐyào チーヤオ/(㊥ …しさえすれば

*只有 /zhǐyǒu チーヨゥ/(副)(㊥ …するしかない　—(连)…してはじめて

**纸 /zhǐ チー/(名)(㊥ paper) 紙

志愿 /zhìyuàn チーユエン/(动，名)（英 volunteer）志願(する)

*至今 /zhìjīn チージン/(副)（英 until now）今なお

*至少 /zhìshǎo チーシャオ/(副)（英 at least）少なくとも

至于 /zhìyú チーユィ/(动)（英 go as far as）…ということになる
—(介)（英 concerning）…については

制 /zhì チー/(动)（英 make, build）作る，製造する

*制定 /zhìdìng チーディン/(动)（英 establish）制定する

*制订 /zhìdìng チーディン/(动)（英 establish）制定する

*制度 /zhìdù チードゥ/(名)（英 system）制度

制造 /zhìzào チーヅァオ/(动)（英 produce）製造する

制止 /zhìzhǐ チーチー/(动)（英 stop）制止する

制作 /zhìzuò チーヅゥオ/(动)（英 produce）製造する

智慧 /zhìhuì チーホゥイ/(名)（英 wisdom）知恵

*秩序 /zhìxù チーシュィ/(名)（英 order）秩序

质 /zhì チー/(名)（英 quality）質，品質

*质量 /zhìliàng チーリアン/(名)（英 quality）品質

*治 /zhì チー/(动)（英 cure）治療する

治疗 /zhìliáo チーリアオ/(动)（英 cure）治療する

中部 /zhōngbù チョンブゥ/(名)（英 the center, the middle）中部

*中餐 /zhōngcān チョンツァン/(名)（英 Chinese food）中国料理

中断 /zhōngduàn チョンドワン/(动)（英 suspend）中断する

*中间 /zhōngjiān チョンジエン/(名)（英 center, middle）真ん中

中年 /zhōngnián チョンニエン/(名)（英 middle age）中年

*中文 /Zhōngwén チョンウェン/(名)（英 Chinese）中国語

*中午 /zhōngwǔ チョンウゥ/(名)（英 noon）正午，昼

*中心 /zhōngxīn チョンシン/(名)（英 center, middle）真ん中

*中学 /zhōngxué チョンシュエ/(名)（英 junior high school）中学校と高等学校

中旬 /zhōngxún チョンシュィン/(名)（英 the middle 10 days of a month）中旬

*中央 /zhōngyāng チョンヤン/(名)（英 center, middle）中央

*中药 /zhōngyào チョンヤオ/(名)（英 Chinese medicine）漢方薬

中医 /zhōngyī チョンイー/(名)（英 Chinese medicine）中国医学，漢方医

忠诚 /zhōngchéng チョンチョン/(形)（英 loyal）忠実な

忠实 /zhōngshí チョンシー/(形)（英 loyal）忠実な

*钟 /zhōng チョン/(名)（英 clock）掛時計，置時計

*钟头 /zhōngtóu チョントゥ/(名)（英 hour）時間

衷心 /zhōngxīn チョンシン/(名)（英 from the bottom of one's heart）真心

终身 /zhōngshēn チョンシェン/(名)（英 throughout one's life）一生，生涯

*终于 /zhōngyú チョンユィ/(副)（英 at last）ついに

**种 /zhǒng チョン/(名)（英 seed）種 —(量)種類を数える

种类 /zhǒnglèi チョンレイ/(名)（英 kind, sort）種類

*种子 /zhǒngzi チョンヅ/(名)（英 seed）種子

肿 /zhǒng チョン/(动)（英 swell）腫れる

中 /zhòng チョン/(动)（英 hit, fit）あたる

*种 /zhòng チョン/(动)（英 plant, sow）種を蒔く

种植 /zhòngzhí チォンチー/(动)(㊎ plant) 植える
**重 /zhòng チォン/(形)(㊎ heavy) 重い
*重大 /zhòngdà チォンダァ/(形)(㊎ important) 重大な
*重点 /zhòngdiǎn チォンディエン/(形, 名)(㊎ point) 重点(的な)
*重量 /zhòngliàng チォンリアン/(名)(㊎ weight) 重量
*重视 /zhòngshì チォンシー/(动)(㊎ respect) 重視する
**重要 /zhòngyào チォンヤオ/(形)(㊎ important) 重要な
*周到 /zhōudào チョウダオ/(形)(㊎ thorough) 周到な
周末 /zhōumò チョウモォ/(名)(㊎ weekend) 週末
周年 /zhōunián チョウニエン/(名)(㊎ anniversary) 周年, まる1年
**周围 /zhōuwéi チョウウェイ/(名)(㊎ circumference) 周囲
粥 /zhōu チョウ/(名)(㊎ gruel) 粥
皱 /zhòu チョウ/(动)(㊎ wrinkle) しわを寄せる
皱纹 /zhòuwén チョウウェン/(名)(㊎ wrinkle) しわ
*株 /zhū チュウ/(量) 樹木を数える
**猪 /zhū チュウ/(名)(㊎ pig) 豚
*逐步 /zhúbù チュウブウ/(副)(㊎ gradually) 次第に
*逐渐 /zhújiàn チュジェン/(副)(㊎ gradually) 次第に
*竹子 /zhúzi チュウツ/(名)(㊎ bamboo) 竹
*煮 /zhǔ チュウ/(动)(㊎ boil) 煮る
嘱咐 /zhǔfù チュウフウ/(动)(㊎ exhort) 言い付ける
主持 /zhǔchí チュウチー/(动)(㊎ host, officiate) 主宰する
*主动 /zhǔdòng チュウドン/(形)(㊎ initiative) 自発的な
*主观 /zhǔguān チュウグワン/(形, 名)(㊎ subjective) 主観(的な)
主力 /zhǔlì チュウリィ/(名)(㊎ main force) 主力

主权 /zhǔquán チュウチュエン/(名)(㊎ sovereignty) 主権
*主人 /zhǔrén チュウレン/(名)(㊎ host) 主人
*主任 /zhǔrèn チュウレン/(名)(㊎chief) 主任
*主席 /zhǔxí チュウシィ/(名)(㊎ chairman) 主席
**主要 /zhǔyào チュウヤオ/(形)(㊎main) 主要な
**主意 /zhǔyi チュウイ/(名)(㊎ idea) 意見, 考え
*主张 /zhǔzhāng チュウチャン/(动, 名)(㊎ advocate) 主張(する)
*著名 /zhùmíng チュウミィン/(形)(㊎ famous) 著名な
*著作 /zhùzuò チュウツオ/(动, 名)(㊎ writing) 著作(を著す)
柱子 /zhùzi チュウツ/(名)(㊎ column) 柱
助手 /zhùshǒu チュウショウ/(名)(㊎ assistant) 助手
铸 /zhù チュウ/(动)(㊎ cast) 鋳る, 鋳造する
*住 /zhù チュウ/(动)(㊎ live, stay) 住む, 泊まる
*住院 /zhù'yuàn チュウユエン/(动)(㊎ be in the hospital) (病院に) 入院する
住宅 /zhùzhái チュウチャイ/(名)(㊎ residence) 住宅
注射 /zhùshè チュウショァ/(动)(㊎ inject) 注射する
注视 /zhùshì チュウシー/(动)(㊎ look attentively at) 注視する
*注意 /zhù'yì チュウイー/(动)(㊎ pay attention to) 注意する
**祝 /zhù チュウ/(动)(㊎ wish, celebrate) 祈る
*祝贺 /zhùhè チュウホォア/(动)(㊎ celebrate) 祝う
祝愿 /zhùyuàn チュウユエン/(动)(㊎ wish) 祈る
驻 /zhù チュウ/(动)(㊎ stay, station) 駐留する, 駐在する
*抓 /zhuā チュア/(动)(㊎ grasp) つかむ
*抓紧 /zhuājǐn チュアジン/(动)(㊎ grasp) しっかりつかむ

专 /zhuān チュワン/(形)(英 expert, technical) 専門的な
——(副) もっぱら

***专家** /zhuānjiā チュワンジア/(名)(英 specialist) 専門家

专门 /zhuānmén チュワンメン/(形)(英 special) 専門の

***专心** /zhuānxīn チュワンシン/(形)(英 absorbed) 専念した

***专业** /zhuānyè チュワンイエ/(名)(英 major (subject)) 専攻学科

专政 /zhuānzhèng チュワンチョン/(动)(英 rule as a dictatorship) 独裁政治を行う

砖 /zhuān チュワン/(名)(英 brick) レンガ

***转** /zhuǎn チュワン/(动)(英 turn)(方向・位置などを)変える

转变 /zhuǎnbiàn チュワンビエン/(动)(英 change, transform) 変わる，転換する

转播 /zhuǎnbō チュワンボォ/(动)(英 relay) 中継放送する

转达 /zhuǎndá チュワンダァ/(动)(英 convey) 取り次ぐ

转动 /zhuǎndòng チュワンドン/(动)(英 turn around)(身体を)動かす，回す

***转告** /zhuǎngào チュワンガオ/(动)(英 give a message) 伝言する

转化 /zhuǎnhuà チュワンホア/(动)(英 transform) 転化する

转入 /zhuǎnrù チュワンルゥ/(动)(英 switch to) 繰り入れる，転入する

转弯 /zhuǎn‧wān チュワンワン/(动)(英 turn) 曲り角を曲がる

转移 /zhuǎnyí チュワンイー/(动)(英 transfer) 移す，移動する

赚 /zhuàn チュワン/(动)(英 earn) 儲ける

***转** /zhuàn チュワン/(动)(英 spin) ぐるぐる回る

转动 /zhuàndòng チュワンドン/(动)(英 rotate) 回転する

桩 /zhuāng チュワン/(名)(英 pile, stake) 杭

***庄稼** /zhuāngjia チュワンジア/(名)(英 crops) 農作物

***庄严** /zhuāngyán チュワンイエン/(形)(英 solemn) 厳かな

****装** /zhuāng チュワン/(动)(英 decorate) 飾る，装う

装备 /zhuāngbèi チュワンベイ/(动，名)(英 equip(ment)) 装備(する)

装饰 /zhuāngshì チュワンシー/(动，名)(英 decorate) 装飾(する)

装置 /zhuāngzhì チュワンチー/(动)(英 install) 取り付ける
——(名)(英 equipment) 装置，器具

***撞** /zhuàng チュワン/(动)(英 bump) ぶつける，ぶつかる

幢 /zhuàng チュワン/(量) 建物を数える

壮 /zhuàng チュワン/(形，动)(英 strong, powerful) 強い，丈夫な

壮大 /zhuàngdà チュワンダァ/(动)(英 become strong) 強大になる ——(形)(英 strong) 強大な

壮丽 /zhuànglì チュワンリィ/(形)(英 magnificent) 壮麗な

***状况** /zhuàngkuàng チュワンクアン/(名)(英 situation) 状況

***状态** /zhuàngtài チュワンタイ/(名)(英 state) 状態

***追** /zhuī チュイ/(动)(英 pursue, chase) 追う，追いかける

追求 /zhuīqiú チュイチウ/(动)(英 pursue) 追求する，求愛する

***准** /zhǔn チュン/(动)(英 permit) 許可する
——(形)(英 right) 正しい
——(副)(英 certainly) 必ず

****准备** /zhǔnbèi チュンベイ/(动)(英 prepare) 準備する，…するつもりである

***准确** /zhǔnquè チュンチュエ/(形)(英 exact, accurate) 正確な

***准时** /zhǔnshí チュンシー/(副)(英 punctually, on time) 時間通りに

***捉** /zhuō チュオ/(动)(英 seize)

捕まえる
桌子 /zhuōzi チュオツ/(名) ([英] desk) 机, テーブル
着手 /zhuóshǒu チュオショウ/(动) ([英] start, set to work) 着手する, 開始する
着重 /zhuózhòng チュオヂォン/(动) ([英] stress) 重点を置く, 強調する
资本 /zīběn ヅーベン/(名) ([英] capital) 資本
资本家 /zīběnjiā ヅーベンジア/(名) ([英] capitalist) 資本家
资本主义 /zīběn zhǔyì ヅーベン チュウイー/(名) ([英] capitalism) 資本主義
资产阶级 /zīchǎn jiējí ヅーチャン ジエジィ/(名)([英] bourgeoisie) ブルジョアジー
资格 /zīgé ヅーグァ/(名) ([英] qualification) 資格
资金 /zījīn ヅージン/(名) ([英] fund) 資金
* **资料** /zīliào ヅーリアオ/(名) ([英] material, data) 資料
* **资源** /zīyuán ヅーユエン/(名) ([英](natural) resources) (天然)資源
姿势 /zīshì ヅーシー/(名) ([英] posture) 姿勢
姿态 /zītài ヅータイ/(名) ([英] carriage, attitude) 姿, 態度
* **紫** /zǐ ヅー/(形) ([英] purple) 紫色の
* **仔细**/zǐxì ヅーシィ/(形)([英] careful) 注意深い
子弹 /zǐdàn ヅーダン/(名) ([英] bullet) 銃弾, 弾丸
* **自从** /zìcóng ヅーツォン/(介) ([英] from...) …より, …から
* **自动** /zìdòng ヅードン/(形) ([英] voluntary, automatic) 自ら進んで, ひとりでに
* **自费** /zìfèi ヅーフェイ/(形) ([英] *one's* own expense) 自費, 私費
自豪 /zìháo ヅーハオ/(形) ([英] feel proud of) 誇らしい
** **自己** /zìjǐ ヅージィ/(代) ([英] oneself, self) 自分, 自分たち
* **自觉** /zìjué ヅージュエ/(动) ([英] become aware) 自覚する
—(形) 自覚的な
自来水 /zìláishuǐ ヅーライシュイ/(名) ([英] running water) 水道, 水道水
自满 /zìmǎn ヅーマン/(动) ([英] be self-satisfied) 自己満足する, うぬぼれる
* **自然** /zìrán ヅーラン/(形, 名) ([英] natural, nature) 自然(な)
自身 /zìshēn ヅーシェン/(名) ([英] oneself) 自身, 自体
自始至终 /zì shǐ zhì zhōng ヅー シー チー ヂォン/(成) ([英] from beginning to end) 始めから終りまで, 終至
自私 /zìsī ヅースー/(形) ([英] selfish) 利己的な
* **自我** /zìwǒ ヅーウオ/(代) ([英] (one)self, ego) 自ら
自相矛盾 /zìxiāng máodùn ヅーシアン マオドゥン/(组) ([英] contradict *oneself*) 自己矛盾する
自信 /zìxìn ヅーシン/(动) ([英] be self-confident) 自信がある
** **自行车** /zìxíngchē ヅーシィンチョァ/(名) ([英] bicycle) 自転車
* **自学** /zìxué ヅーシュエ/(动) ([英] study by oneself) 独学する
自言自语 /zì yán zì yǔ ヅー イエン ヅー ユィ/(成) ([英] talk to oneself) 独り言をいう
* **自由** /zìyóu ヅーヨウ/(名, 形) ([英] free(dom)) 自由(な)
自愿 /zìyuàn ヅーユエン/(动) ([英] volunteer) 自分から進んでする, 志願する
自治 /zìzhì ヅーチー/(动, 名) ([英] autonomy) 自治(を行う)
自治区 /zìzhìqū ヅーチーチュィ/(名) 民族自治区
自主 /zìzhǔ ヅーチュウ/(动) ([英] be independent) 自主性をもつ
** **字**/zì ヅー/(名) ([英] letter, character) 字, ことば
字典 /zìdiǎn ヅーディエン/(名) ([英]

dictionary) 字典
字母 /zìmǔ ヅームゥ/(名)(圈 letter) 表音文字
宗教 /zōngjiào ヅォンジアオ/(名)(圈 religion) 宗教
宗派 /zōngpài ヅォンパイ/(名)(圈 denomination) 宗派
***综合** /zōnghé ヅォンホァァ/(动)(圈 synthesize) 総合する
— (形)(圈 comprehensive) 総合的な
总 /zǒng ヅォン/(动)(圈 summarize) 集める, まとめる
— (形)(圈 all) すべての
— (副)(圈 always, after all) いつも, ずっと, どのみち
总得 /zǒngděi ヅォンデイ/(副) どうしても…しなければならない
总而言之 /zǒng ér yán zhī ヅォン アル イエン ヂー/(成)(圈 in short) 要するに
总共 /zǒnggòng ヅォンゴン/(副)(圈 in all) 全部で
***总结** /zǒngjié ヅォンジエ/(动, 名)(圈 summarize) 総括(する)
***总理** /zǒnglǐ ヅォンリィ/(名)(圈 the Prime Minister) 総理
总算 /zǒngsuàn ヅォンスワン/(副)(圈 at long last) やっとのことで
***总统** /zǒngtǒng ヅォントン/(名)(圈 the President) 大統領
总之 /zǒngzhī ヅォンヂー/(连)(圈 in short) 要するに
****走** /zǒu ヅォウ/(动)(圈 walk) 歩く
***走道** /zǒudào ヅォウダオ/(圈 pavement) 歩道
走后门 /zǒu hòumén ヅォウ ホウメン/(动)(圈 enter through the back door) 裏口から入る, 裏取引する
走廊 /zǒuláng ヅォウラァン/(名)(圈 corridor) 回廊, 渡り廊下
走弯路 /zǒu wānlù ヅォウ ワンルゥ/(动)(圈 detour) 回り道をする
租 /zū ヅゥ/(动)(圈 rent) 賃借りする

足 /zú ヅゥ/(形)(圈 enough) 足りる, 十分な
****足球** /zúqiú ヅゥチウ/(名)(圈 football, soccer) サッカー
祖父 /zǔfù ヅゥフゥ/(名)(圈 grandfather) 祖父
***祖国** /zǔguó ヅゥグゥオ/(名)(圈 home(land)) 祖国, 母国
祖母 /zǔmǔ ヅゥムゥ/(名)(圈 grandmother) 祖母
祖先 /zǔxiān ヅゥシエン/(名)(圈 ancestor) 祖先
阻碍 /zǔ'ài ヅゥアイ/(动, 圈obstruct) 妨げ(る)
阻力 /zǔlì ヅゥリィ/(名)(圈 resistance) 抵抗, 抵抗力
阻止 /zǔzhǐ ヅゥヂー/(动)(圈 prevent from) 阻止する
***组** /zǔ ヅゥ/(名)(圈 group) 組, グループ
组成 /zǔchéng ヅゥチョン/(动)(圈 constitute) 構成する
组长 /zǔzhǎng ヅゥチァァン/(名)(圈 chief) サークル・グループの長
***组织** /zǔzhī ヅゥヂー/(动, 名)(圈 organize) 組織(する)
***钻** /zuān ヅワン/(动)(圈 make a hole) 穴を開ける
***钻研** /zuānyán ヅワンイエン/(动)(圈 study) 研鑽する
****嘴** /zuǐ ヅゥイ/(名)(圈 mouth) 口
嘴唇 /zuǐchún ヅゥイチュン/(名)(圈 lips) 唇
***醉** /zuì ヅゥイ/(动)(圈 get drunk) 酔う
****最** /zuì ヅゥイ/(副)(圈 the most, the best) 最も
****最初** /zuìchū ヅゥイチュゥ/(名)(圈 first) 最初
***最好** /zuìhǎo ヅゥイハオ/(副) …に越したことはない
****最后** /zuìhòu ヅゥイホウ/(名)(圈 last) 最後
****最近** /zuìjìn ヅゥイジン/(名)(圈 recently) 最近, 近い未来
罪 /zuì ヅゥイ/(名)(圈 sin, crime) 罪

罪恶 /zuì'è ツゥイウァ/(名)(英 sin, crime, evil) 罪悪

罪行 /zuìxíng ツゥイシィン/(名)(英 crime) 犯罪行為

***尊敬** /zūnjìng ツゥンジィン/(动)(英 respect) 尊敬する

尊重 /zūnzhòng ツゥンヂョン/(动)(英 respect) 尊重する

***遵守** /zūnshǒu ツゥンショウ/(动)(英 observe) 遵守する

****昨天** /zuótiān ツゥオティエン/(名)(英 yesterday) 昨日

***左边** /zuǒbian ツゥオビエン/(名)(英 left side) 左側

***左右** /zuǒyòu ツゥオヨウ/(动)(英 decide, influence) 影響する ——(名)(英 right and left) 左と右 ——(助)(英 about) …ぐらい，…ほど

****做** /zuò ツゥオ/(动)(英 make) 作る

***做法** /zuòfǎ ツゥオファア/(名)(英 way) やり方

***做客** /zuò‵kè ツゥオクァ/(动)(英 be a guest) (客として)よその家を訪ねる

***做梦** /zuò‵mèng ツゥオモン/(动)(英 dream) 夢を見る

****作** /zuò ツゥオ/(动)(英 do) 行う，する

作风 /zuòfēng ツゥオフォン/(名)(英 style) やり方，態度，作風

***作家** /zuòjiā ツゥオジア/(名)(英 writer, author) 作家

***作品** /zuòpǐn ツゥオピン/(名)(英 work) 作品

***作为** /zuòwéi ツゥオウェイ/(动)(英 regard as) …とする，…とみなす ——(名)(英 action) 行為 ——(介)(英 as) …たる者として

***作文** /zuò‵wén ツゥオウェン/(动)(英 write a composition) 文章を書く ——(名)(英 composition) 作文

作物 /zuòwù ツゥオウゥ/(名)(英 crops) 作物，農作物

****作业** /zuòyè ツゥオイエ/(名)(英 homework) 宿題

***作用** /zuòyòng ツゥオヨン/(动，名)(英 function) 作用(する)

作战 /zuò‵zhàn ツゥオヂャン/(英 fight) 戦う

***作者** /zuòzhě ツゥオヂョァ/(名)(英 writer, author) 作者

****坐** /zuò ツゥオ/(动)(英 sit) 坐る

***坐班** /zuò‵bān ツゥオバン/(动)(英) 毎日時間通りに出勤，退勤する

****座** /zuò ツゥオ/(量) 比較的固定したもの，大型のものを数える

座儿 /zuòr ツゥオル/(名)(英 seat) 座席

***座谈** /zuòtán ツゥオタン/(动)(英 discuss) 座談する

***座位** /zuòwèi ツゥオウェイ/(名)(英 seat) 座席

索 引

*日本の漢字（音読み五十音順）と簡体字を対照させています．
中日英辞典（ピンイン配列）を引くときの参考にしてください．

	あ				いん	引	引	yǐn
						院	院	yuàn
あ	阿	阿	ā			允	允	yǔn
	亜(亞)	亚	yà			隠(隱)	隐	yǐn
あい	愛	爱	ài			陰	阴	yīn
	挨	挨	āi, ái			飲(飲)	饮	yǐn
	鞋	鞋	xié	う		雨	雨	yǔ
	娃	娃	wá			宇	宇	yǔ
	哇	哇	wa			羽	羽	yǔ
あく	握	握	wò			于	于	yú
	悪(惡)	恶	è	うん		運	运	yùn
あつ	圧(壓)	压	yā			云・雲	云	yún
あん	安	安	ān			暈	晕	yūn
	按	按	àn	えい		永	永	yǒng
	暗	暗	àn			英	英	yīng
い	意	意	yì			営(營)	营	yíng
	異	异	yì			嬰	婴	yīng
	胃	胃	wèi			衛(衛)	卫	wèi
	威	威	wēi			影	影	yǐng
	医(醫)	医	yī			栄(榮)	荣	róng
	遺	遗	yí			贏	赢	yíng
	維	维	wéi	えき		液	液	yè
	椅	椅	yǐ	えつ		越	越	yuè
	已	已	yǐ			閲	阅	yuè
	偉	伟	wěi	えん		円(圓)	圆	yuán
	委	委	wěi			宴	宴	yàn
	伊	伊	Yī			掩	掩	yǎn
	違	违	wéi			縁	缘	yuán
	慰	慰	wèi			怨	怨	yuàn
	移	移	yí			冤	冤	yuān
	易	易	yì			演	演	yǎn
	囲(圍)	围	wéi			援	援	yuán
	位	位	wèi			沿	沿	yán
	為(爲)	为	wéi			遠	远	yuǎn
	衣	衣	yī			延	延	yán
	以	以	yǐ			厭	厌	yàn
	依	依	yī			猿	猿	yuán
	倚	倚	yǐ			塩(鹽)	盐	yán
	姨	姨	yí			園	园	yuán
いち	一	一	yī			燕	燕	yàn
いん	咽	咽	yàn			鉛	铅	qiān
	印	印	yìn			淹	淹	yān
	員	员	yuán			烟・煙	烟	yān
	因	因	yīn	お		汚	污	wū

おう	鴨	鸭	yā	が	画(畫)	画	huà
	応(應)	应	yīng,		瓦	瓦	wǎ
	往	往	wǎng		餓	饿	è
	翁	翁	wēng		牙	牙	yá
	奥(奧)	奥	ào		臥	卧	wò
	横	横	héng		芽	芽	yá
おく	億	亿	yì		我	我	wǒ
	屋	屋	wū		俄	俄	é
おつ	乙	乙	yǐ		呀	呀	ya, yā
おん	音	音	yīn		哦	哦	ò, é
	温	温	wēn	かい	怪	怪	guài
	穏(穩)	稳	wěn		改	改	gǎi
					海	海	hǎi
か					回・廻	回	huí
か	価(價)	价	jià		快	快	kuài
	家	家	jiā		会(會)	会	huì
	歌	歌	gē		解	解	jiě
	瓜	瓜	guā		階	阶	jiē
	蝦	虾	xiā		恢	恢	huī
	夥	伙	huǒ		壊(壞)	坏	huài
	化	化	huà		乖	乖	guāi
	可	可	kě		塊	块	kuài
	架	架	jià		界	界	jiè
	課	课	kè		介	介	jiè
	仮(假)	假	jiǎ, jià		届	届	jiè
	科	科	kē		灰	灰	huī
	呵	呵	hē		開	开	kāi
	果	果	guǒ		懐(懷)	怀	huái
	寡	寡	guǎ		拐	拐	guǎi
	貨	货	huò		匯	汇	huì
	顆	颗	kē	がい	外	外	wài
	河	河	hé		害	害	hài
	加	加	jiā		概	概	gài
	佳	佳	jiā		該	该	gāi
	嘩	哗	huā		咳	咳	hāi
	下	下	xià		咳	咳	ké
	過	过	guò		蓋	盖	gài
	夏	夏	xià		街	街	jiē
	何	何	hé		孩	孩	hái
	鍋	锅	guō	かく	嚇	吓	xià
	花	花	huā		覚(覺)	觉	jué
	華	华	huá		各	各	gè
	火	火	huǒ		核	核	hé
	嫁	嫁	jià		覚(覺)	觉	jiào
	哥	哥	gē		確	确	què
	找	找	zhǎo		拡(擴)	扩	kuò
	裹	裹	guǒ		獲・穫	获	huò
が	駕	驾	jià		擱	搁	gē

	繁体	簡体	pinyin
かく	革	革	gé
	殼(殻)	壳	ké
	格	格	gé
	角	角	jiǎo
	較	较	jiào
	隔	隔	gé
	劃	划	huá, huà
がく	学(學)	学	xué
	楽(樂)	乐	yuè
かつ	活	活	huó
	滑	滑	huá
	闊	阔	kuò
	喝	喝	hē
	渇	渴	kě
	割	割	gē
	瞎	瞎	xiā
かん	敢	敢	gǎn
	間	间	jiān
	汗	汗	hàn
	甘	甘	gān
	陥(陷)	陷	xiàn
	乾・干	干	gān
	完	完	wán
	官	官	guān
	感	感	gǎn
	灌	灌	guàn
	閑	闲	xián
	環	环	huán
	換	换	huàn
	還	还	hái
	看	看	kān
	刊	刊	kāi
	勧(勸)	劝	quàn
	観(觀)	观	guān
	漢	汉	Hàn
	患	患	huàn
	肝	肝	gān
	簡	简	jiǎn
	缶・罐	罐	guàn
	鑑	鉴	jiàn
	貫	贯	guàn
	監	监	jiān
	館	馆	guǎn
	艱	艰	jiān
	旱	旱	hàn
	看	看	kàn
	冠	冠	guān
	歓(歡)	欢	huān
	緩	缓	huǎn
	管	管	guǎn
	寒	寒	hán
	関(關)	关	guān
	喊	喊	hǎn
	慣	惯	guàn
	寛	宽	kuān
	還	还	huán
	卷	卷	juǎn
	幹・干	干	gàn
	喚	唤	huàn
	款	款	kuǎn
	咸・鹹	咸	xián
	揀	拣	jiǎn
	杆	杆	gān
がん	岩	岩	yán
	顏	颜	yán
	含	含	hán
	癌	癌	ái
	頑	顽	wán
	元	元	yuán
	玩	玩	wán
	岸	岸	àn
	丸	丸	wán
	眼	眼	yǎn
	願(願)	愿	yuàn
き	器	器	qì
	起	起	qǐ
	鬼	鬼	guǐ
	帰(歸)	归	guī
	輝	辉	huī
	棋	棋	qí
	飢	饥	jī
	奇	奇	qí
	危	危	wēi
	幾・几	几	jī, jǐ
	企	企	qǐ
	期	期	qī
	汽	汽	qì
	季	季	jì
	規	规	guī
	軌	轨	guǐ
	騎	骑	qí
	気(氣)	气	qì
	希	希	xī
	基	基	jī
	紀	纪	jì
	揮	挥	huī
	記	记	jì

				きょ	去	去	qù
					居	居	jū
き	既	既	jì		虚	虚	xū
	其	其	qí		距	距	jù
	貴	贵	guì		許	许	xǔ
	機・机	机	jī		巨	巨	jù
	旗	旗	qí		拒	拒	jù
	肌	肌	jī		渠	渠	qú
	稀	稀	xī		据・拠(據)	据	jù
	寄	寄	jì	ぎょ	漁	渔	yú
	喜	喜	xǐ		魚	鱼	yú
	毀	毁	huǐ	きょう	驕	骄	jiāo
	跪	跪	guì		恐	恐	kǒng
	毅	毅	yì		驚	惊	jīng
	櫃	柜	guì		響	响	xiǎng
ぎ	技	技	jì		鏡	镜	jìng
	欺	欺	qī		協	协	xié
	疑	疑	yí		教	教	jiāo, jiào
	義	义	yì		郷	乡	xiāng
	議	议	yì		凶	凶	xiōng
	戯(戲)	戏	xì		峡(峽)	峡	xiá
	儀	仪	yí		享	享	xiǎng
	犠(犧)	牺	xī		競	竞	jìng
きつ	喫・吃	吃	chī		京	京	jīng
	橘	橘	jú		狂	狂	kuáng
きゃく	脚	脚	jiǎo		叫	叫	jiào
	却	却	què		況・况	况	kuàng
	客	客	kè		強	强	qiáng
きゅう	仇	仇	chóu		供	供	gōng
	急	急	jí		共	共	gòng
	丘	丘	qiū		橋	桥	qiáo
	及	及	jí		竟	竟	jìng
	窮	穷	qióng		向・嚮	向	xiàng
	級	级	jí		胸	胸	xiōng
	九	九	jiǔ		僵	僵	jiāng
	給	给	gěi		夾	夹	jiā
	糾	纠	jiū		筐	筐	kuāng
	給	给	jǐ		鞏	巩	gǒng
	舅	舅	jiù	ぎょう	仰	仰	yǎng
	吸	吸	xī		暁(曉)	晓	xiǎo
	救	救	jiù		業	业	yè
	球	球	qiú		澆	浇	jiāo
	旧(舊)	旧	jiù		翹	翘	qiào
	宮	宫	gōng	きょく	局	局	jú
	求	求	qiú		曲	曲	qū
	休	休	xiū		極	极	jí
	弓	弓	gōng	ぎょく	玉	玉	yù
	究	究	jiū	きん	金	金	jīn
ぎゅう	牛	牛	niú		均	均	jūn
きょ	挙・舉(擧)	举	jǔ				

きん	斤	斤	jīn	けつ	決	决	jué
	禁	禁	jìn		結	结	jiē
	近	近	jìn		欠・缺	欠	qiàn
	欣	欣	xīn		欠・缺	缺	quē
	謹	谨	jǐn		潔	洁	jié
	緊	紧	jǐn		血	血	xiě, xuè
	勤	勤	qín		結	结	jié
	琴	琴	qín		歇	歇	xiē
	僅	仅	jǐn		竭	竭	jié
	掀	掀	xiān	げつ	月	月	yuè
ぎん	銀	银	yín	けん	拳	拳	quán
く	句	句	jù		嫌	嫌	xián
	区(區)	区	qū		兼	兼	jiān
	俱	俱	jù		堅	坚	jiān
	苦	苦	kǔ		肩	肩	jiān
ぐ	愚	愚	yú		險(險)	险	xiǎn
	具	具	jù		件	件	jiàn
くう	空	空	kōng, kòng		圏	圈	quān
ぐう	遇	遇	yù		県(縣)	县	xiàn
	偶	偶	ǒu		献(獻)	献	xiàn
	寓	寓	yù		懸	悬	xuán
くつ	窟	窟	kū		研	研	yán
くん	訓	训	xùn		謙	谦	qiān
	裙	裙	qún		牽	牵	qiān
ぐん	群	群	qún		健	健	jiàn
	軍	军	jūn		検(檢)	检	jiǎn
けい	兄	兄	xiōng		建	建	jiàn
	掲	揭	jiē		顕(顯)	显	xiǎn
	形	形	xíng		憲	宪	xiàn
	軽(輕)	轻	qīng		権(權)	权	quán
	計	计	jì		見	见	jiàn
	慶	庆	qìng		歉	歉	qiàn
	傾	倾	qīng		臉	脸	liǎn
	警	警	jǐng	げん	現	现	xiàn
	系・係・繋	系	xì		限	限	xiàn
	経(經)	经	jīng		厳(嚴)	严	yán
	景	景	jǐng		幻	幻	huàn
	境	境	jìng		原	原	yuán
	敬	敬	jìng	こ	減	减	jiǎn
	継(繼)	继	jì		胡	胡	hú
	鶏(鷄)	鸡	jī		枯	枯	kū
	啓	启	qǐ		固	固	gù
	勁	劲	jìn		顧	顾	gù
	挂	挂	guà		故	故	gù
げい	鯨	鲸	jīng		姑	姑	gū
	迎	迎	yíng		個・箇	个	gè
	藝・芸	艺	yì		孤	孤	gū
げき	劇	剧	jù		鼓	鼓	gǔ
	激	激	jī		壺	壶	hú

こ	戸	户	hù	こう	抗	抗	kàng
	糊	糊	hú		講	讲	jiǎng
	古	古	gǔ		航	航	háng
	誇	夸	kuā		工	工	gōng
	股	股	gǔ		控	控	kòng
	跨	跨	kuà		洪	洪	hóng
	湖	湖	hú		構	构	gòu
	雇	雇	gù		交	交	jiāo
	呼	呼	hū		皇	皇	huáng
	估	估	gū		肯	肯	kěn
	蝴	蝴	hú		鋼	钢	gāng
	辜	辜	gū		坑	坑	kēng
ご	五	五	wǔ		勾	勾	gōu
	午	午	wǔ		購	购	gòu
	娯	娱	yú		項	项	xiàng
	語	语	yǔ		甲	甲	jiǎ
	誤	误	wù		幸	幸	xìng
	護	护	hù		更	更	gèng
	互	互	hù		耗	耗	hào
こう	晃	晃	huǎng		好	好	hǎo
	恰	恰	qià		好	好	hào
	厚	厚	hòu		敲	敲	qiāo
	孔	孔	kǒng		攻	攻	gōng
	荒	荒	huāng		高	高	gāo
	慌	慌	huāng		耕	耕	gēng
	行	行	háng, xíng		巧	巧	qiǎo
	功	功	gōng		巷	巷	xiàng
	狗	狗	gǒu		綱	纲	gāng
	後・后	后	hòu		膠	胶	jiāo
	江	江	jiāng		喉	喉	hóu
	降	降	jiàng		光	光	guāng
	公	公	gōng		広(廣)	广	guǎng
	崗	岗	gǎng		宏	宏	hóng
	咬	咬	yǎo		吼	吼	hǒu
	香	香	xiāng		溝	沟	gōu
	鈎	钩	gōu		貢	贡	gòng
	攪・撹	搅	jiǎo		港	港	gǎng
	硬	硬	yìng		砿・礦・鉱(鑛)	矿	kuàng
	校	校	xiào		扣	扣	kòu
	考	考	kǎo		扛	扛	káng
	黄	黄	huáng		猴	猴	hóu
	興	兴	xīng		缸	缸	gāng
	餃	饺	jiǎo		靠	靠	kào
	口	口	kǒu		鴿	鸽	gē
	紅	红	hóng	ごう	合・閤	合	hé
	稿	稿	gǎo		剛	刚	gāng
	興	兴	xìng		号(號)	号	hào
	郊	郊	jiāo		毫	毫	háo
	狡	狡	jiǎo		盒	盒	hé

読み	繁体	簡体	ピンイン
ごう	哈	哈	hā
	熬	熬	áo
こく	黑	黑	hēi
	刻	刻	kè
	国(國)	国	guó
	告	告	gào
	克·剋	克	kè
	谷·穀	谷	gǔ
	哭	哭	kū
こつ	忽	忽	hū
	骨	骨	gǔ
こん	今	今	jīn
	恨	恨	hèn
	困	困	kùn
	婚	婚	hūn
	昏	昏	hūn
	混	混	hùn
	渾	浑	hún
	痕	痕	hén
	昆	昆	kūn
	棍	棍	gùn
	根	根	gēn
	很	很	hěn
	狠	狠	hěn
	跟	跟	gēn

さ

読み	繁体	簡体	ピンイン
さ	叉	叉	chā
	鎖	锁	suǒ
	査	查	chá
	左	左	zuǒ
	差	差	chà
	些	些	xiē
	沙	沙	shā
	差	差	chā
	紗	纱	shā
	做	做	zuò
	搓	搓	cuō
	渣	渣	zhā
ざ	坐	坐	zuò
	座	座	zuò
	挫	挫	cuò
さい	彩	彩	cǎi
	采	采	cǎi
	債	债	zhài
	再	再	zài
	才·纔	才	cái
	細	细	xì
	齊(齊)	齐	qí
	猜	猜	cāi
	賽	赛	sài
	災	灾	zāi
	裁	裁	cái
	晒	晒	shài
	洒·灑	洒	sǎ
	載	载	zǎi
	妻	妻	qī
	歲	岁	suì
	菜	菜	cài
	碎(碎)	碎	suì
	栽	栽	zāi
	最	最	zuì
	催	催	cuī
	塞	塞	sāi
	摧	摧	cuī
ざい	在	在	zài
	材	材	cái
	財	财	cái
	罪	罪	zuì
さく	作	作	zuò
	削	削	xiāo
	錯	错	cuò
	昨	昨	zuó
	炸	炸	zhá
	鑿	凿	záo
	窄	窄	zhǎi
	醋	醋	cù
さつ	殺	杀	shā
	冊	册	cè
	刷	刷	shuā
	擦	擦	cā
	扎	扎	zhā
ざつ	雜(雜)	杂	zá
さん	蠶(蠶)	蚕	cán
	傘	伞	sǎn
	酸	酸	suān
	三	三	sān
	算	算	suàn
	燦	灿	càn
	慘(慘)	惨	cǎn
	贊(贊)	赞	zàn
	撒	撒	sā
	產	产	chǎn
	散	散	sǎn
	餐	餐	cān
	參(參)	参	cān
	山	山	shān

さん	删	删	shān		而 而 ér
	盏	盏	zhǎn		自 自 zì
	鑽	钻	zuān		示 示 shì
ざん	竄	窜	cuàn	じ	兒(兒) 儿 ér
	殘(殘)	残	cán		次 次 cì
	慚	惭	cán		時 时 shí
	暫	暂	zàn		似 似 shì, sì
	嶄	崭	zhǎn		耳 耳 ěr
し	至	至	zhì		持 持 chí
	市	市	shì		瓷 瓷 cí
	糸(絲)	丝	sī		色 色 sè
	伺	伺	cì	しき	忸 忸 niǔ
	枝	枝	zhī	じく	七 七 qī
	飼	饲	sì	しち	漆 漆 qī
	紙	纸	zhǐ	しつ	失 失 shī
	嘴	嘴	zuǐ		室 室 shì
	此	此	cǐ		質 质 zhì
	子	子	zǐ		濕(濕) 湿 shī
	志	志	zhì		執 执 zhí
	之	之	zhī		疾 疾 jí
	士	士	shì	じつ	實(實) 实 shí
	思	思	sī	しゃ	卸 卸 xiè
	支	支	zhī		謝 谢 xiè
	死	死	sǐ		車 车 chē
	詞	词	cí		射 射 shè
	試	试	shì		社 社 shè
	仔	仔	zǐ		寫(寫) 写 xiě
	詩	诗	shī		遮 遮 zhē
	姿	姿	zī		捨・舍(舍) 舍 shě
	師	师	shī		斜 斜 xié
	資	资	zī		煮 煮 zhǔ
	只(衹・隻)	只	zhī, zhǐ		者 者 zhě
	使	使	shǐ		這 这 zhè
	司	司	sī		借・藉 借 jiè
	翅	翅	chì	じゃ しゃく	蛇 蛇 shé
	止	止	zhǐ		勺 勺 sháo
	刺	刺	cì	じゃく	尺 尺 chǐ
	始	始	shǐ		弱 弱 ruò
	紫	紫	zǐ		惹 惹 rě
	指	指	zhǐ		寂 寂 jì
	四	四	sì		若 若 ruò
	私	私	sī	しゅ	株 株 zhū
	厠	厕	cè		首 首 shǒu
	駛	驶	shǐ		酒 酒 jiǔ
	施	施	shī		趣 趣 qù
	獅	狮	shī		腫 肿 zhǒng
じ	事	事	shì		種 种 zhǒng, zhòng
	字	字	zì		手 手 shǒu
	磁	磁	cí		取 取 qǔ

しゅ	主	主	zhǔ	しょ	書	书	shū
	守	守	shǒu		所	所	suǒ
	娶	娶	qǔ		処(處)	处	chǔ, chù
じゅ	受	受	shòu		初	初	chū
	樹	树	shù	じょ	女	女	nǚ
	需	需	xū		助	助	zhù
	寿(壽)	寿	shòu		除	除	chú
しゅう	秋・鞦	秋	qiū		如	如	rú
	愁	愁	chóu		叙(敍)	叙	xù
	終	终	zhōng		舒	舒	shū
	修	修	xiū	しょう	章	章	zhāng
	襲	袭	xí		焦	焦	jiāo
	臭	臭	chòu		炒	炒	chǎo
	周	周	zhōu		勝	胜	shèng
	宗	宗	zōng		嘗	尝	cháng
	習	习	xí		鐘・鍾	钟	zhōng
	集	集	jí		傷	伤	shāng
	収(收)	收	shōu		消	消	xiāo
	聚	聚	jù		廠	厂	chǎng
	皺	皱	zhòu		障	障	zhàng
	就	就	jiù		商	商	shāng
	拾	拾	shí		小	小	xiǎo
	售	售	shòu		少	少	shǎo
	綉	绣	xiù		省	省	shěng, xǐng
	銹	锈	xiù		掌	掌	zhǎng
じゅう	重	重	zhòng, chóng		哨	哨	shào
	充	充	chōng		奬(奬)	奖	jiǎng
	十	十	shí		称(稱)	称	chēng
	什	什	shén, shí		詳	详	xiáng
	住	住	zhù		召	召	zhào
	揉	揉	róu		症	症	zhèng
	柔	柔	róu		衝・冲	冲	chōng
	从・從(從)	从	cóng		承	承	chéng
しゅく	叔	叔	shū		抄	抄	chāo
	粥	粥	zhōu		証(證)	证	zhèng
	宿	宿	sù		醤	酱	jiàng
	祝	祝	zhù		将(將)	将	jiāng, jiàng
	縮	缩	suō		照	照	zhào
じゅく	熟	熟	shú		唱	唱	chàng
しゅつ	出・齣	出	chū		焼(燒)	烧	shāo
しゅん	春	春	chūn		升・昇	升	shēng
じゅん	純	纯	chún		松・鬆	松	sōng
	順	顺	shùn		招	招	zhāo
	准・準	准	zhǔn		稍	稍	shāo
	循	循	xún		床	床	chuáng
	遵	遵	zūn		笑	笑	xiào
	詢	询	xún		墙	墙	qiáng
しょ	暑	暑	shǔ		悄	悄	qiāo
	且	且	qiě		鈔	钞	chāo

じょう	剰(剩)	剩	shèng	じん	陣	陣	zhèn
	上	上	shàng		尋	寻	xún
	状	状	zhuàng		尽(盡・儘)	尽	jǐn
	条(條)	条	tiáo		尽(盡・儘)	尽	jìn
	饒	饶	ráo		人	人	rén
	蒸	蒸	zhēng	す	須	须	xū
	城	城	chéng	すい	雖	虽	suī
	浄(淨)	净	jìng		衰	衰	shuāi
	丈	丈	zhàng		推	推	tuī
	畳(疊)	叠	dié		酔(醉)	醉	zuì
	常	常	cháng		睡	睡	shuì
	情	情	qíng		垂	垂	chuí
	縄(繩)	绳	shéng		誰	谁	shuí, shéi
	乗(乘)	乘	chéng		吹	吹	chuī
	場	场	chǎng		水	水	shuǐ
	娘	娘	niáng	ずい	随(隨)	随	suí
	譲(讓)	让	ràng	すう	数(數)	数	shǔ, shù
	繞	绕	rào		崇	崇	chóng
	仍	仍	réng	すん	寸	寸	cùn
しょく	織	织	zhī	ぜ	是	是	shì
	植	植	zhí	せい	青	青	qīng
	職	职	zhí		勢	势	shì
	食	食	shí		井	井	jǐng
	嘱(囑)	嘱	zhǔ		清	清	qīng
	殖	殖	zhí		請	请	qǐng
しん	侵	侵	qīn		声(聲)	声	shēng
	親	亲	qīn		醒	醒	xǐng
	神	神	shén		静(靜)	静	jìng
	心	心	xīn		姓	姓	xìng
	震	震	zhèn		性	性	xìng
	新	新	xīn		成	成	chéng
	辛	辛	xīn		生	生	shēng
	審	审	shěn		制・製	制	zhì
	慎(愼)	慎	shèn		精	精	jīng
	浸	浸	jìn		政	政	zhèng
	進	进	jìn		誠	诚	chéng
	伸	伸	shēn		聖	圣	Shèng
	針	针	zhēn		征	征	zhēng
	振	振	zhèn		正	正	zhèng
	深	深	shēn		整	整	zhěng
	信	信	xìn		西	西	xī
	真(眞)	真	zhēn		晴	晴	qíng
	身	身	shēn		星	星	xīng
	申	申	shēn		盛	盛	chéng, shèng
	森	森	sēn		逝	逝	shì
	襯	衬	chèn		世	世	shì
じん	甚	甚	shèn	せい	撕	撕	sī
	迅	迅	xùn	ぜい	擠	挤	jǐ
	塵	尘	chén		税	税	shuì

				漸	漸	jiàn
せき	赤	赤	chì	然	然	rán
	石	石	shí	全	全	quán
	錫	锡	xī	前	前	qián
	責	责	zé	ぜん		
	積	积	jī	そ	姐	姐	jiě
せつ	折	折	zhé		梳	梳	shū
	切	切	qiē, qiè		組	组	zǔ
	設	设	shè		粗	粗	cū
	節	节	jié		蔬	蔬	shū
	説	说	shuō		租	租	zū
	摂(攝)	摄	shè		塑	塑	sù
	接	接	jiē		措	措	cuò
	雪	雪	xuě		祖	祖	zǔ
	截	截	jié		阻	阻	zǔ
ぜつ	舌	舌	shé	そう	遭	遭	zāo
	絶	绝	jué		相	相	xiàng
せん	浅(淺)	浅	qiǎn		蒼	苍	cāng
	洗	洗	xǐ		操	操	cāo
	賎・賤	贱	jiàn		争(爭)	争	zhēng
	穿	穿	chuān		艘	艘	sōu
	扇	扇	shàn		押	押	yā
	串	串	chuàn		糟	糟	zāo
	先	先	xiān		創	创	chuàng
	銭(錢)	钱	qián		草	草	cǎo
	千・韆	千	qiān		倉	仓	cāng
	占	占	zhàn		層	层	céng
	煎	煎	jiān		挿(插)	插	chā
	選	选	xuǎn		捜(搜)	搜	sōu
	繊(纖)	纤	xiān		霜	霜	shuāng
	尖	尖	jiān		庄・荘・莊	庄	zhuāng
	旋	旋	xuán		早	早	zǎo
	鮮	鲜	xiān		送	送	sòng
	閃	闪	shǎn		双(雙)	双	shuāng
	宣	宣	xuān		綜	综	zōng
	剪	剪	jiǎn		総(總)	总	zǒng
	顫	颤	chàn		喪	丧	sàng
	羨	羡	xiàn		叢	丛	cóng
	殲	歼	jiān		匆	匆	cōng
	専(專)	专	zhuān		想	想	xiǎng
	染	染	rǎn		相	相	xiāng
	戦(戰)	战	zhàn		壮(壯)	壮	zhuàng
	箭	箭	jiàn		聡(聰)	聪	cōng
	濺	溅	jiàn		掃	扫	sǎo
	磚	砖	zhuān		箱	箱	xiāng
	簽・籤	签	qiān		走	走	zǒu
	綫・線	线	xiàn		装(裝)	装	zhuāng
	船	船	chuán		窓・窗	窗	chuāng
ぜん	喘	喘	chuǎn		痩	瘦	shòu
	善	善	shàn		槍	枪	qiāng

そう	曾	曾	céng	たい	退隊	退队	tuì duì
	湊	凑	còu		台・臺	台	tái
	嫂	嫂	sǎo		戴	戴	dài
	怎	怎	zěn		対(對)	对	duì
	抓	抓	zhuā		堆	堆	duī
	搶	抢	qiǎng		態	态	tài
	艙	舱	cāng		逮	逮	dài
ぞう	贈	赠	zèng		袋	袋	dài
	蔵(藏)	藏	cáng, zàng		太	太	tài
	象	象	xiàng		待	待	dài
	像	像	xiàng		腿	腿	tuǐ
	増	增	zēng		抬	抬	tái
	造	造	zào	だい	代	代	dài
	臓(臟)	脏	zāng		大	大	dà, dài
そく	足	足	zú		第	第	dì
	促	促	cù		題	题	tí
	側	侧	cè	たく	托・託	托	tuō
	則	则	zé		拆	拆	chāi
	即	即	jí	たつ	達	达	dá
	束	束	shù	だつ	奪	夺	duó
	測	测	cè		脱	脱	tuō
	速	速	sù	たん	淡	淡	dàn
	捉	捉	zhuō		毯	毯	tǎn
ぞく	俗	俗	sú		但	但	dàn
	属(屬)	属	shǔ		探	探	tàn
そつ	率	率	shuài		短	短	duǎn
そん	損	损	sǔn		単(單)	单	dān
	存	存	cún		誕	诞	dàn
	尊	尊	zūn		嘆	叹	tàn
	孫	孙	sūn		耽	耽	dān
	村	村	cūn		胆(膽)	胆	dǎn
	蹲	蹲	dūn		蛋	蛋	dàn
					鍛	锻	duàn
		た			担(擔)	担	dān
た	多	多	duō		端	端	duān
	他	他	tā		坦	坦	tǎn
	它	它	tā		攤	摊	tān
だ	躱	躲	duǒ		站	站	zhàn
	妥	妥	tuǒ		賺	赚	zhuàn
	打	打	dǎ	だん	男	男	nán
	駄	驮	tuó		弾(彈)	弹	tán
	兌	兑	duì		暖	暖	nuǎn
	拿	拿	ná		段	段	duàn
	朶	朵	duǒ		談	谈	tán
たい	帯(帶)	带	dài		団(團)	团	tuán
	替	替	tì		断(斷)	断	duàn
	体(體)	体	tǐ		灘	滩	tān
	耐	耐	nài	ち	値	值	zhí

ち	池	池	chí	ちょく	直	直	zhí
	治	治	zhì	ちん	沈	沉	chén
	知	知	zhī		珍	珍	zhēn
	地	地	de		鎮(鎭)	镇	zhèn
	地	地	dì		闖	闯	chuǎng
	致・緻	致	zhì		陳	陈	chén
	智	智	zhì		枕	枕	zhěn
	遅(遲)	迟	chí		趁	趁	chèn
ちく	竹	竹	zhú	つい	追	追	zhuī
	逐	逐	zhú	つう	痛	痛	tòng
ちつ	秩	秩	zhì		通	通	tōng
ちゃ	茶	茶	chá	てい	挺	挺	tǐng
ちゃく	着	着	zháo, zhuó, zhe		弟	弟	dì
ちゅう	鋳(鑄)	铸	zhù		釘	钉	dīng
	丑・醜	丑	chǒu		底	底	dǐ
	注	注	zhù		堤	堤	dī
	忠	忠	zhōng		定	定	dìng
	駐	驻	zhù		提	提	tí
	衷	衷	zhōng		訂	订	dìng
	抽	抽	chōu		抵	抵	dǐ
	厨	厨	chú		亭	亭	tíng
	中	中	zhōng, zhòng		逓(遞)	递	dì
	柱	柱	zhù		程	程	chéng
	虫(蟲)	虫	chóng		停	停	tíng
	冲・沖	冲	chòng		低	低	dī
ちょ	猪	猪	zhū		蹄	蹄	tí
	著	著	zhù	でい	泥	泥	ní
ちょう	朝	朝	zhāo, cháo	てき	滴	滴	dī
	頂	顶	dǐng		摘	摘	zhāi
	潮	潮	cháo		敵	敌	dí
	長	长	zhǎng		的	的	dí, dì, de
	聴(聽)	听	tīng		適	适	shì
	調	调	diào, tiáo	てつ	跌	跌	diē
	丁	丁	dīng		哲	哲	zhé
	腸	肠	cháng		鉄(鐵)	铁	tiě
	超	超	chāo		撤	撤	chè
	庁(廳)	厅	tīng		徹	彻	chè
	彫・雕	雕	diāo	てん	填	填	tián
	挑	挑	tiāo		典	典	diǎn
	帳	帐	zhàng		天	天	tiān
	跳	跳	tiào		転(轉)	转	zhuǎn
	釣	钓	diào		転(轉)	转	zhuàn
	吊	吊	diào		点(點)	点	diǎn
	鳥	鸟	niǎo		甜	甜	tián
	長	长	cháng		添	添	tiān
	張	张	zhāng		展	展	zhǎn
	貼	贴	tiē	てん	店	店	diàn
	涨	涨	zhǎng		奠	奠	diàn
	脹	胀	zhàng		沾	沾	zhān

でん	田	田	tián	とう	踏	踏	tà
	伝(傳)	传	chuán		冬・鼕	冬	dōng
	電	电	diàn		斗・鬪	斗	dòu
と	堵	堵	dǔ		豆	豆	dòu
	兔	兔	tù		桃	桃	táo
	図(圖)	图	tú		湯	汤	tāng
	途	途	tú		幢	幢	zhuàng
	徒	徒	tú		抖	抖	dǒu
	吐	吐	tǔ		档	档	dàng
	都	都	dōu		罩	罩	zhào
	渡	渡	dù	どう	動・働	动	dòng
	肚	肚	dù		同	同	tóng
	塗	涂	tú		銅	铜	tóng
ど	怒	怒	nù		洞	洞	dòng
	度	度	dù		道	道	dào
	土	土	tǔ		導	导	dǎo
	努	努	nǔ		閙・鬧	闹	nào
	奴	奴	nú	とく	得	得	dé
とう	頭	头	tóu		得	得	de
	到	到	dào		德	德	dé
	疼	疼	téng		特	特	tè
	桶	桶	tǒng	どく	毒	毒	dú
	套	套	tào		独(獨)	独	dú
	凍	冻	dòng		読(讀)	读	dú
	答	答	dā	とつ	突	突	tū
	糖	糖	táng		吶	呐	nà
	島	岛	dǎo	とん	頓	顿	dùn
	逗	逗	dòu		噸	吨	dūn
	掏	掏	tāo	どん	吞	吞	tūn
	倒	倒	dǎo, dào		嫩	嫩	nèn
	偸	偷	tōu				
	掉	掉	diào		**な**		
	撞	撞	zhuàng				
	筒	筒	tǒng	な	那	那	nà
	刀	刀	dāo	ない	内	内	nèi
	塔	塔	tǎ	なん	軟	软	ruǎn
	投	投	tóu		難	难	nán
	等	等	děng		南	南	nán
	当(當)	当	dāng	に	二	二	èr
	党(黨)	党	dǎng	にく	肉	肉	ròu
	灯(燈)	灯	dēng	にち	日	日	rì
	統	统	tǒng	にゅう	入	入	rù
	搭	搭	dā	にん	任	任	rèn
	透	透	tòu		忍	忍	rěn
	討	讨	tǎo		認	认	rèn
	逃	逃	táo	ねい	寧	宁	níng, nìng
とう	登	登	dēng	ねつ	熱	热	rè
	東	东	dōng		捏	捏	niē
				ねん	年	年	nián

ねん	念	念	niàn	はく	陌	陌	mò
	燃	燃	rán	ばく	爆	爆	bào
	粘	粘	zhān		幕	幕	mù
のう	濃	浓	nóng	はち	八	八	bā
	能	能	néng	はつ	溌	泼	pō
	農	农	nóng		発(發)・髪(髮)	发	fā
	脳(腦)	脑	nǎo		撥	拨	bō
				ばつ	抜(拔)	拔	bá
は					罰	罚	fá
					襪	袜	wà
は	波	波	bō	はん	犯	犯	fàn
	派	派	pài		畔	畔	pàn
	爬	爬	pá		攀	攀	pān
	玻	玻	bō		判	判	pàn
	破	破	pò		半	半	bàn
	把	把	bǎ		反	反	fǎn
	坡	坡	pō		搬	搬	bān
	菠	菠	bō		板	板	bǎn
ば	馬	马	mǎ		班	班	bān
	罵	骂	mà		般	般	bān
はい	牌	牌	pái		繁	繁	fán
	拝(拜)	拜	bài		凡	凡	fán
	杯	杯	bēi		煩	烦	fán
	背	背	bēi, bèi		播	播	bō
	排	排	pái		飯	饭	fàn
	敗	败	bài		泛	泛	fàn
	肺	肺	fèi		胖	胖	pàng
	配	配	pèi		范・範	范	fàn
	廃(廢)	废	fèi	ばん	晩	晚	wǎn
	輩	辈	bèi		番	番	fān
	佩	佩	pèi		盤	盘	pán
	擺	摆	bǎi		挽	挽	wǎn
ばい	売(賣)	卖	mài	ひ	否	否	fǒu
	梅	梅	méi		彼	彼	bǐ
	煤	煤	méi		皮	皮	pí
	倍	倍	bèi		比	比	bǐ
	買	买	mǎi		肥	肥	féi
	賠	赔	péi		避	避	bì
	陪	陪	péi		碑	碑	bēi
	培	培	péi		譬	譬	pì
はく	薄	薄	báo		飛	飞	fēi
	伯	伯	bó		批	批	pī
	白	白	bái		非	非	fēi
	博	博	bó		悲	悲	bēi
	迫	迫	pò		被	被	bèi
	薄	薄	bó		秘(祕)	秘	mì
	拍	拍	pāi		罷	罢	bà
	剥	剥	bāo, bō		費	费	fèi
	怕	怕	pà		披	披	pī

ひ	疲	疲	pí		部	部	bù
	屁	屁	pì		葡	葡	pú
	脾	脾	pí		舞	舞	wǔ
び	尾	尾	wěi	ふう	風	风	fēng
	鼻	鼻	bí		諷	讽	fěng
	微	微	wēi		瘋	疯	fēng
	美	美	měi	ふく	副	副	fù
	眉	眉	méi		幅	幅	fú
ひつ	匹	匹	pǐ		服	服	fú
	必	必	bì		復・複・覆	复	fù
	畢	毕	bì	ふつ	沸	沸	fèi
	逼	逼	bī	ぶつ	物	物	wù
	筆	笔	bǐ		仏(佛)	佛	fó
ひゃく	百	百	bǎi	ふん	憤	愤	fèn
ひょう	氷・冰	冰	bīng		糞	粪	fèn
	表	表	biǎo		粉	粉	fěn
	漂	漂	piào		吻	吻	wěn
	標	标	biāo		噴	喷	pēn
	票	票	piào		分	分	fēn, fèn
	評	评	píng		紛	纷	fēn
	飄	飘	piāo		奮	奋	fèn
	凭・憑	凭	píng		墳	坟	fén
びょう	描	描	miáo		吩	吩	fēn
	苗	苗	miáo	ぶん	蚊	蚊	wén
	猫	猫	māo		聞	闻	wén
	廟	庙	miào		文	文	wén
	秒	秒	miǎo	へい	柄	柄	bǐng
	病	病	bìng		閉	闭	bì
ひん	品	品	pǐn		瓶	瓶	píng
	貧	贫	pín		兵	兵	bīng
	賓	宾	bīn		平	平	píng
びん	敏	敏	mǐn		餅(餠)	饼	bǐng
ふ	浮	浮	fú		并	并	bìng
	夫	夫	fū		苹	苹	píng
	父	父	fù	べい	米	米	mǐ
	付	付	fù	へき	壁	壁	bì
	布	布	bù	べつ	別	别	bié
	不	不	bú	へん	片	片	piàn
	婦	妇	fù		騙	骗	piàn
	普	普	pǔ		偏	偏	piān
	腐	腐	fǔ		篇	篇	piān
	負	负	fù		編	编	biān
	符	符	fú		返	返	fǎn
	誣	诬	wū		扁	扁	biǎn
	扶	扶	fú		変(變)	变	biàn
	附	附	fù		辺(邊)	边	biān
	俯	俯	fǔ		遍	遍	biàn
ぶ	侮	侮	wǔ	べん	便	便	biàn, pián
	武	武	wǔ		勉	勉	miǎn

べん	弁(瓣)	瓣	bàn
	弁(辯)	辩	biàn
ほ	步	步	bù
	畝	亩	mǔ
	補	补	bǔ
	保	保	bǎo
	捕	捕	bǔ
	輔	辅	fǔ
	鋪	铺	pū
ぼ	姥	姥	lǎo
	墓	墓	mù
	母	母	mǔ
	媽	妈	mā
ほう	逢	逢	féng
	飽	饱	bǎo
	呆	呆	dāi
	泡	泡	pào
	方	方	fāng
	縫	缝	féng
	捧	捧	pěng
	抱	抱	bào
	宝(寶)	宝	bǎo
	棚	棚	péng
	包	包	bāo
	朋	朋	péng
	封	封	fēng
	放	放	fàng
	法	法	fǎ
	帮	帮	bāng
	抛	抛	pāo
	報	报	bào
	訪	访	fǎng
	豊(豐)	丰	fēng
	蓬	蓬	péng
	炮	炮	pào
	磅	磅	bàng
ぼう	傍	傍	bàng
	茅	茅	máo
	妨	妨	fáng
	旁	旁	páng
	紡	纺	fǎng
	暴	暴	bào
	防	防	fáng
	忘	忘	wàng
	忙	忙	máng
	房	房	fáng
	望	望	wàng
	某	某	mǒu
	棒	棒	bàng
ぼう	膨	膨	péng
	貿	贸	mào
	冒	冒	mào
	帽	帽	mào
	榜	榜	bǎng
ほく	北	北	běi
ぼく	墨	墨	mò
	撲	扑	pū
	朴・樸	朴	pǔ
	牧	牧	mù
ぼつ	没	没	méi, mò
ほん	奔	奔	bēn, bèn
	本	本	běn
	翻	翻	fān
	笨	笨	bèn
ぼん	盆	盆	pén

ま

ま	麻	麻	má
	磨	磨	mó
	摩	摩	mó
	嘛	嘛	ma
まい	埋	埋	mái
	妹	妹	mèi
	每	每	měi
	邁	迈	mài
まつ	抹	抹	mǒ
	末	末	mò
まん	瞞	瞒	mán
	慢	慢	màn
	万(萬)	万	wàn
	漫	漫	màn
	饅	馒	mán
	満(滿)	满	mǎn
み	味	味	wèi
	未	未	wèi
みつ	密	密	mì
	蜜	蜜	mì
みょう	妙	妙	miào
みん	民	民	mín
む	霧	雾	wù
	矛	矛	máo
	夢	梦	mèng
	无・無	无	wú
	碼	码	mǎ
めい	命	命	mìng
	名	名	míng
	鳴	鸣	míng

めい	謎	谜	mí	よ	預	预	yù
	迷	迷	mí		与(與)	与	yǔ
	明	明	míng		余・餘	余	yú
めつ	滅	灭	miè	よう	謠(謠)	谣	yáo
めん	免	免	miǎn		叶・葉	叶	yè
	棉	棉	mián		要	要	yāo, yào
	面・麵	面	miàn		窯	窑	yáo
も	模	模	mō, mó, mú		揚	扬	yáng
もう	網	网	wǎng		腰	腰	yāo
	毛	毛	máo		樣(樣)	样	yàng
	猛	猛	měng		陽	阳	yáng
	蒙・朦・濛	蒙	méng		遥(遙)	遥	yáo
	盲	盲	máng		羊	羊	yáng
もく	木	木	mù		洋	洋	yáng
	目	目	mù		踊	踊	yǒng
もん	悶	闷	mēn, mèn		頁	页	yè
	問	问	wèn		養	养	yǎng
	門	门	mén		搖(搖)	摇	yáo
	們	们	men		容	容	róng
					溶	溶	róng
					用	用	yòng
					邀	邀	yāo

や

や	爺	爷	yé
	也	也	yě
	野	野	yě
	冶	冶	yě
	夜	夜	yè
やく	約	约	yuē
	躍	跃	yuè
	薬・藥(葉)	药	yào
	鑰	钥	yào
ゆ	油	油	yóu
	愉	愉	yú
	輸	输	shū
	愈	愈	yù
ゆう	雄	雄	xióng
	熊	熊	xióng
	友	友	yǒu
	猶	犹	yóu
	游	游	yóu
	又	又	yòu
	右	右	yòu
	尤	尤	yóu
	優	优	yōu
	有	有	yǒu
	由	由	yóu
	勇	勇	yǒng
	悠	悠	yōu
	郵	邮	yóu

					擁	拥	yōng
					幼	幼	yòu
					涌	涌	yǒng
				よく	浴	浴	yù
					抑	抑	yì

ら

ら	鑼	锣	luó
	蘿	萝	luó
	邏	逻	luó
らい	雷	雷	léi
	来(來)	来	lái
らく	落	落	luò
	楽(樂)	乐	lè, yuè
	駱	骆	luò
らつ	辣	辣	là
	拉	拉	lā
	喇	喇	lǎ
らん	藍	蓝	lán
	爛	烂	làn
	卵	卵	luǎn
	籃	篮	lán
	乱(亂)	乱	luàn
	懶	懒	lǎn
り	里・裏	里	lǐ
	梨	梨	lí

り	哩	哩	li	れい	黎	黎	lí	
	利	利	lì	れき	歷・曆	历	lì	
	理	理	lǐ	れつ	裂	裂	liè	
	離	离	lí		列	列	liè	
りき	力	力	lì		烈	烈	liè	
りく	陸	陆	lù	れん	恋(戀)	恋	liàn	
りつ	立	立	lì		連	连	lián	
りゃく	略	略	lüè		煉	炼	liàn	
	掠	掠	lüè		練	练	liàn	
りゅう	溜	溜	liū		聯	联	lián	
	竜(龍)	龙	lóng	ろ	露	露	lòu	
	粒	粒	lì		路	路	lù	
	流	流	liú		露	露	lù	
	柳	柳	liǔ		炉(爐)	炉	lú	
	留	留	liú		驢	驴	lǘ	
りょ	旅	旅	lǚ	ろう	老	老	lǎo	
りょう	聊	聊	liáo		狼	狼	láng	
	瞭・了	了	liǎo, le		籠・篭	笼	lóng	
	料	料	liào		籠・篭	笼	lǒng	
	糧	粮	liáng		弄	弄	nòng	
	良	良	liáng		浪	浪	làng	
	量	量	liáng, liàng		朗	朗	lǎng	
	領	领	lǐng		漏	漏	lòu	
	両(兩)	两	liǎng		労(勞)	劳	láo	
	涼・凉	凉	liáng		楼(樓)	楼	lóu	
	諒	谅	liàng		壟	垄	lǒng	
	亮	亮	liàng		牢	牢	láo	
	俩	俩	liǎ		撈	捞	lāo	
	輛・輌	辆	liàng		蝋	蜡	là	
	猟(獵)	猎	liè	ろく	緑	绿	lǜ	
りん	隣・鄰	邻	lín		六	六	liù	
	厘	厘	lí		録	录	lù	
	輪	轮	lún	ろん	論	论	lùn	
	臨	临	lín					
	淋	淋	lín			わ		
るい	累	累	lèi	わ	話	话	huà	
	類	类	lèi		和	和	hé	
れい	鈴	铃	líng	わい	歪	歪	wāi	
	零	零	líng		矮	矮	ǎi	
	令	令	lìng	わく	或	或	huò	
	例	例	lì	わん	碗	碗	wǎn	
	冷	冷	lěng		弯・彎	弯	wān	
	礼(禮)	礼	lǐ					
	霊(靈)	灵	líng					

●その他（JIS以外）

啊	ā	嘿	hēi	碰	pèng
哎	āi	哼	hēng	啤	pí
唉	āi	碱	jiǎn	拼	pīn
扒	bā	捡	jiǎn	乒	pīng
坝	bà	揪	jiū	瞧	qiáo
爸	bà	咖	kā	嚷	rǎng
办	bàn	卡	kǎ	扔	rēng
绑	bǎng	砍	kǎn	嗓	sǎng
甭	béng	烤	kǎo	傻	shǎ
憋	biē	棵	kē	婶	shěn
脖	bó	裤	kù	耍	shuǎ
踩	cǎi	垮	kuǎ	摔	shuāi
铲	chǎn	筷	kuài	甩	shuǎi
吵	chǎo	捆	kǔn	拴	shuān
扯	chě	垃	lā	她	tā
撑	chēng	啦	la	塌	tā
蹬	dēng	拦	lán	倘	tǎng
瞪	dèng	愣	lèng	躺	tǎng
凳	dèng	另	lìng	趟	tàng
惦	diàn	拢	lǒng	烫	tàng
垫	diàn	搂	lǒu	踢	tī
爹	diē	喽	lou	拖	tuō
盯	dīng	铝	lǚ	挖	wā
丢	diū	吗	ma	喂	wèi
懂	dǒng	眯	mī	嗡	wēng
陡	dǒu	哪	nǎ, na	媳	xí
哆	duō	奶	nǎi	氧	yǎng
仿	fǎng	呢	ne	哟	yo
份	fèn	你	nǐ	砸	zá
赶	gǎn	您	nín	咱	zán
搞	gǎo	拧	nǐng	挣	zhēng
胳	gē	扭	niǔ	睁	zhēng
够	gòu	噢	ō	挣	zhèng
滚	gǔn	趴	pā	桩	zhuāng
逛	guàng	盼	pàn	桌	zhuō
焊	hàn	跑	pǎo		

2002年6月10日　初版発行

デイリー日中英・中日英辞典

2015年1月20日　　第9刷発行

監　　修　池田　巧（いけだ・たくみ）

編　　集　三省堂編修所

発 行 者　株式会社 三省堂　代表者 北口克彦

印 刷 者　三省堂印刷株式会社
　　　　　（DTP　株式会社ジャレックス）

発 行 所　株式会社 三省堂
　　　　　〒101-8371
　　　　　東京都千代田区三崎町二丁目22番14号
　　　　　　　電話　編集　(03) 3230-9411
　　　　　　　　　　営業　(03) 3230-9412
　　　　　http://www.sanseido.co.jp/
　　　　　振替口座　00160-5-54300

〈デイリー日中英・1088 pp.〉

落丁本・乱丁本はお取替えいたします

ISBN978-4-385-12223-6

Ⓡ本書の全部または一部を無断で複写複製(コピー)することは、著作権法上での例外を除き、禁じられています。本書からの複写を希望される場合は、日本複製権センター(03-3401-2382)にご連絡ください。

シンプルな3か国語辞典

デイリー日仏英・仏日英辞典
村松定史［監修］日仏英は1万3千項目、仏日英は5千項目。カナ発音付き。2色刷。

デイリー日独英・独日英辞典
渡辺 学［監修］日独英は1万4千項目、独日英は6千項目。カナ発音付き。2色刷。

デイリー日伊英・伊日英辞典
藤村昌昭［監修］日伊英は1万5千項目、伊日英は9千項目。カナ発音付き。2色刷。

デイリー日西英・西日英辞典
上田博人・アントニオ＝ルイズ＝ティノコ［監修］日西英1万5千、西日英6千。カナ発音付き。2色刷。

デイリー日葡英・葡日英辞典
黒沢直俊・ホナウデ＝ポリート・武田千香［監修］日葡英1万5千、葡日英7千。カナ発音付き。2色刷。

デイリー日露英・露日英辞典
井桁貞義［監修］日露英は1万4千項目、露日英は9千項目。カナ発音付き。2色刷。

デイリー日韓英・韓日英辞典
福井 玲・尹 亭仁［監修］日韓英は1万4千項目、韓日英は6千項目。カナ発音付き。2色刷。

デイリー日中英・中日英辞典
池田 巧［監修］日中英は1万3千項目、中日英は5千項目。カナ発音付き。2色刷。

デイリー日タイ英・タイ日英辞典
宇戸清治［監修］日タイ英は1万2千項目、タイ日英は9千項目。カナ発音付き。2色刷。

コラム：タイトル一覧

アクセサリー	ネックレス, イヤリング, ブローチ, 指輪…………	8
味	甘い, 辛い, 苦い, 濃い, 薄い, 酸っぱい,……………	11
家	玄関, 寝室, 屋根, キッチン, 浴室,………………	33
衣服	スーツ, スカート, ズボン, ダウンジャケット, ネクタイ,……	50
色	白, 黒, 赤, 黄緑, 紺, ベージュ,………………	55
インターネット	サーバー, アドレス, Eメール, アットマーク,……	57
家具	テーブル, 箪笥, カーテン, 机, 椅子, 本棚,…………	131
家族	夫, 妻, 父, 母, 兄, 従兄弟, 叔母, 養子, 末っ子,……	142
体	頭, 目, 肩, 肘, 膝, 眉, 鼻, 腹, 手首,…………	157
木	根, 幹, 松, 柳, 欅, 白樺, 桜, アカシヤ,…………	172
気象	晴れ, 曇り, 雨, 台風, 気温, 気圧, 低気圧,………	178
季節・月	春, 夏, 秋, 冬, 一月, 十二月,………………	180
果物	苺, バナナ, パイナップル, 桃, 西瓜, メロン,……	212
化粧品	口紅, アイシャドー, 化粧水, パック, シャンプー,…	232
コンピュータ	パソコン, バグ, メモリ, ハブ, アイコン,………	282
サッカー	ワールドカップ, レッドカード, フーリガン,…………	300
時間	年, 週, 午前, 朝, 夜, 明日, 昨日,………………	317
職業	医者, 会社員, 公務員, 教員, 編集者, 弁護士,……	372
食器	グラス, コーヒーポット, 皿, スプーン, 箸,………	377
人体	脳, 骨, 血管, 胃, 肝臓, 心臓, 肺,………………	389
数字	1, 10, 100, 万, 億, 2倍,…………………	400
スポーツ	体操, 卓球, 野球, テニス, ゴルフ, スキー,……	416
台所用品	鍋, フライパン, 包丁, ボウル, 泡立て器,………	470
電気製品	冷房, 暖房, 掃除機, 冷蔵庫, 電子レンジ, テレビ,……	545
動物	ライオン, ゴリラ, 虎, パンダ, 犬, 猫, 猿,……	560
鳥	鶏, 白鳥, 鶴, 燕, 鳩, 雲雀, 鴎, ペンギン,……	581
度量衡	ミリ, メートル, マイル, キロ, トン, 摂氏,……	585
肉	牛肉, 豚肉, 挽肉, ロース, サーロイン, ハム,……	604
飲み物	水, コーラ, カフェオレ, 紅茶, 紹興酒, 老酒,……	626
花	菜の花, 蘭, 紫陽花, 菊, 菫, 百合, 椿,………	654
病院	救急病院, 看護婦, 内科, 外科, 小児科, 薬局,……	691
病気	エイズ, 結核, 盲腸炎, コレラ, 風邪, 癌,………	692
文房具	ボールペン, ホッチキス, 原稿用紙, セロテープ,……	733
店	八百屋, 花屋, 本屋, クリーニング店, 雑貨屋,……	793
野菜	大根, トマト, ピーマン, レタス, 青梗菜, 人参,……	838
曜日	日曜日, 水曜日, 土曜日, 平日, 週末,…………	860